EL

LIBRO DE MORMÓN

Otro Testamento de Jesucristo

Publicado por
La Iglesia de Jesucristo de los Santos de los Últimos Días
Salt Lake City, Utah, EE. UU.

La primera edición en inglés se publicó en 1830,
en Palmyra, Nueva York, EE. UU.

Tenga a bien enviarnos comentarios o sugerencias por correo electrónico a
scriptures@ChurchofJesusChrist.org o por correo normal a
Scriptures Coordination, 50 East North Temple Street, 24th Floor,
Salt Lake City, UT 84150-3220 USA.

Printed in China 5/2023
English approval: 3/15
Translation approval: 3/15
Translation of the Book of Mormon
Spanish

EL

LIBRO DE MORMÓN

UN RELATO ESCRITO POR

LA MANO DE MORMÓN

SOBRE PLANCHAS

TOMADO DE LAS PLANCHAS DE NEFI

Por tanto, es un compendio de los anales del pueblo de Nefi, así como de los lamanitas — Escrito a los lamanitas, quienes son un resto de la casa de Israel, y también a los judíos y a los gentiles — Escrito por vía de mandamiento, por el espíritu de profecía y de revelación — Escrito y sellado, y escondido para los fines del Señor, con objeto de que no fuese destruido — Ha de aparecer por el don y el poder de Dios para que sea interpretado — Sellado por la mano de Moroni, y escondido para los propósitos del Señor, a fin de que apareciese en el debido tiempo por medio de los gentiles — A interpretarse por el don de Dios.

Contiene también un compendio tomado del Libro de Éter, el cual es una relación del pueblo de Jared, que fue esparcido en la ocasión en que el Señor confundió el lenguaje de los del pueblo, cuando estaban edificando una torre para llegar al cielo — Lo cual sirve para mostrar al resto de la casa de Israel cuán grandes cosas el Señor ha hecho por sus padres; y para que conozcan los convenios del Señor y sepan que no son ellos desechados para siempre — Y también para convencer al judío y al gentil de que Jesús es el Cristo, el Eterno Dios, que se manifiesta a sí mismo a todas las naciones — Y ahora bien, si hay faltas, estas son equivocaciones de los hombres; por tanto, no condenéis las cosas de Dios, para que aparezcáis sin mancha ante el tribunal de Cristo.

TRADUCCIÓN ORIGINAL DE LAS PLANCHAS AL IDIOMA INGLÉS
POR JOSÉ SMITH, HIJO.

TABLA DE MATERIAS

INTRODUCCIÓN

El Libro de Mormón es un volumen de escritura sagrada semejante a la Biblia. Es una historia de la comunicación de Dios con antiguos habitantes de las Américas y contiene la plenitud del Evangelio eterno.

Escribieron el libro muchos antiguos profetas por el espíritu de profecía y revelación. Sus palabras, escritas sobre planchas de oro, fueron citadas y compendiadas por un profeta e historiador llamado Mormón. El registro contiene un relato de dos grandes civilizaciones. Una llegó procedente de Jerusalén en el año 600 a.C. y tiempo después se dividió en dos naciones conocidas como los nefitas y los lamanitas. La otra había llegado mucho antes, cuando el Señor confundió las lenguas en la Torre de Babel. Este grupo se conoce con el nombre de jareditas. Después de miles de años, todos fueron destruidos con excepción de los lamanitas, los cuales se hallan entre los antecesores de los indios de las Américas.

El acontecimiento de mayor trascendencia que se encuentra registrado en el Libro de Mormón es el ministerio personal del Señor Jesucristo entre los nefitas poco después de Su resurrección. En él se expone la doctrina del Evangelio, se describe el plan de salvación, y se dice a los hombres lo que deben hacer para lograr la paz en esta vida y la salvación eterna en la vida venidera.

Después de terminar sus escritos, Mormón entregó la historia a su hijo Moroni, el cual le agregó unas palabras y escondió las planchas en el cerro Cumorah. El 21 de septiembre de 1823, el mismo Moroni, para entonces un ser glorificado y resucitado, se le apareció al profeta José Smith y le instruyó concerniente al antiguo registro y a la destinada traducción de este al idioma inglés.

En la ocasión oportuna, se entregaron las planchas a José Smith, quien las tradujo por el don y el poder de Dios. El libro se publica hoy en muchos idiomas como testimonio nuevo y adicional de que Jesucristo es el Hijo del Dios viviente, y de que todos aquellos que quieran venir a Él y obedecer las leyes y las ordenanzas de Su Evangelio podrán salvarse.

Concerniente a esta historia, el profeta José Smith dijo: "Declaré a los hermanos que el Libro de Mormón era el más correcto de todos los libros sobre la tierra, y la piedra clave de nuestra religión; y que un hombre se acercaría más a Dios al seguir sus preceptos que los de cualquier otro libro".

Además de José Smith, el Señor dispuso que otros once hombres vieran con sus propios ojos las planchas de oro y fueran testigos especiales de la veracidad y de la divinidad del Libro de Mormón. Sus testimonios escritos se incluyen en esta obra bajo los títulos "El Testimonio de Tres Testigos" y "El Testimonio de Ocho Testigos".

Invitamos a toda persona, dondequiera que se encuentre, a leer el Libro de Mormón, a meditar en su corazón el mensaje que contiene y luego a preguntar a Dios, el Padre Eterno, en el nombre de Cristo, si el libro es verdadero. Quienes así lo hagan y pidan con fe lograrán un testimonio de la veracidad y la divinidad del libro por el poder del Espíritu Santo. (Véase Moroni 10:3–5).

Aquellos que obtengan este testimonio divino del Santo Espíritu también llegarán a saber, por el mismo poder, que Jesucristo es el Salvador del mundo, que José Smith ha sido Su revelador y profeta en estos últimos días, y que La Iglesia de Jesucristo de los Santos de los Últimos Días es el reino del Señor que de nuevo se ha establecido sobre la tierra, en preparación para la segunda venida del Mesías.

EL TESTIMONIO DE TRES TESTIGOS

Conste a todas las naciones, tribus, lenguas y pueblos a quienes llegare esta obra, que nosotros, por la gracia de Dios el Padre, y de nuestro Señor Jesucristo, hemos visto las planchas que contienen esta relación, la cual es una historia del pueblo de Nefi, y también de los lamanitas, sus hermanos, y también del pueblo de Jared, que vino de la torre de que se ha hablado. Y también sabemos que han sido traducidas por el don y el poder de Dios, porque así su voz nos lo declaró; por tanto, sabemos con certeza que la obra es verdadera. También testificamos haber visto los grabados sobre las planchas; y se nos han mostrado por el poder de Dios y no por el de ningún hombre. Y declaramos con palabras solemnes que un ángel de Dios bajó del cielo, y que trajo las planchas y las puso ante nuestros ojos, de manera que las vimos y las contemplamos, así como los grabados que contenían; y sabemos que es por la gracia de Dios el Padre, y de nuestro Señor Jesucristo, que vimos y testificamos que estas cosas son verdaderas. Y es maravilloso a nuestra vista. Sin embargo, la voz del Señor nos mandó que testificásemos de ello; por tanto, para ser obedientes a los mandatos de Dios, testificamos estas cosas. Y sabemos que si somos fieles en Cristo, nuestros vestidos quedarán limpios de la sangre de todos los hombres, y nos hallaremos sin mancha ante el tribunal de Cristo, y moraremos eternamente con Él en los cielos. Y sea la honra al Padre, y al Hijo, y al Espíritu Santo, que son un Dios. Amén.

Oliver Cowdery
David Whitmer
Martin Harris

EL TESTIMONIO DE OCHO TESTIGOS

Conste a todas las naciones, tribus, lenguas y pueblos a quienes llegare esta obra, que José Smith, hijo, el traductor de ella, nos ha mostrado las planchas de que se ha hablado, las que tienen la apariencia del oro; y hemos palpado con nuestras manos cuantas hojas el referido Smith ha traducido; y también vimos los grabados que contenían, todo lo cual tiene la apariencia de una obra antigua y de hechura exquisita. Y testificamos esto con palabras solemnes, y que el citado Smith nos ha mostrado las planchas de que hemos hablado, porque las hemos visto y sopesado, y con certeza sabemos que el susodicho Smith las tiene en su poder. Y damos nuestros nombres al mundo en testimonio de lo que hemos visto. Y no mentimos, pues Dios es nuestro testigo.

Christian Whitmer	Hiram Page
Jacob Whitmer	Joseph Smith, padre
Peter Whitmer, hijo	Hyrum Smith
John Whitmer	Samuel H. Smith

EL TESTIMONIO DEL PROFETA JOSÉ SMITH

Las propias palabras del profeta José Smith en cuanto a la aparición del Libro de Mormón son las siguientes:

"En la noche del. . . día 21 de septiembre [1823]. . . me puse a orar pidiéndole a Dios Todopoderoso. . .

"Encontrándome así, en el acto de suplicar a Dios, vi que se aparecía una luz en mi cuarto, y que siguió aumentando hasta que la habitación quedó más iluminada que al mediodía; cuando repentinamente se apareció un personaje al lado de mi cama, de pie en el aire, porque sus pies no tocaban el suelo.

"Llevaba puesta una túnica suelta de una blancura exquisita. Era una blancura que excedía a cuanta cosa terrenal jamás había visto yo; y no creo que exista objeto alguno en el mundo que pudiera presentar tan extraordinario brillo y blancura. Sus manos estaban desnudas, y también sus brazos, un poco más arriba de la muñeca; y de igual manera los pies, así como las piernas, poco más arriba de los tobillos. También tenía descubiertos la cabeza y el cuello, y pude darme cuenta de que no llevaba puesta más ropa que esta túnica, porque estaba abierta de tal manera que podía verle el pecho.

"No solo tenía su túnica esta blancura singular, sino que toda su persona era gloriosa más de lo que se puede describir, y su faz era como un vivo relámpago. El cuarto estaba sumamente iluminado, pero no con la brillantez que había en torno de su persona. Cuando lo vi por primera vez, tuve miedo; mas el temor pronto se apartó de mí.

"Me llamó por mi nombre, y me dijo que era un mensajero enviado de la presencia de Dios, y que se llamaba Moroni; que Dios tenía una obra para mí, y que entre todas las naciones, tribus y lenguas se tomaría mi nombre para bien y para mal, o sea, que se iba a hablar bien o mal de mí entre todo pueblo.

"Dijo que se hallaba depositado un libro, escrito sobre planchas de oro, el cual daba una relación de los antiguos habitantes de este continente, así como del origen de su procedencia. También declaró que en él se encerraba la plenitud del evangelio eterno cual el Salvador lo había comunicado a los antiguos habitantes.

"Asimismo, que junto con las planchas estaban depositadas dos piedras en aros de plata, las cuales, aseguradas a un pectoral, formaban lo que se llamaba el Urim y Tumim; que la posesión y uso de estas piedras era lo que constituía a los 'videntes' en los días antiguos o anteriores, y que Dios las había preparado para la traducción del libro. . .

"Por otra parte, me manifestó que cuando yo recibiera las planchas de que él había hablado —porque aún no había llegado el tiempo para obtenerlas— no habría de enseñarlas a nadie, ni el pectoral con el Urim y Tumim, sino únicamente a aquellos a quienes se me mandase que las enseñara; si lo hacía, sería destruido. Mientras hablaba conmigo acerca de las planchas, se manifestó a mi mente la visión de tal modo que pude ver el lugar donde estaban depositadas; y con tanta claridad y distinción, que reconocí el lugar cuando lo visité.

"Después de esta comunicación, vi que la luz en el cuarto empezaba a juntarse en derredor del personaje que me había estado hablando; y así continuó hasta que el cuarto una vez más quedó a obscuras, exceptuando alrededor de su persona inmediata; cuando repentinamente vi abrirse algo como un conducto que iba directamente hasta el cielo, y él ascendió hasta desaparecer por completo, y el cuarto quedó tal como había estado antes de aparecerse esta luz celestial.

"Me quedé reflexionando sobre la singularidad de la escena, y maravillándome grandemente de lo que me había dicho este mensajero extraordinario, cuando en medio de mi meditación de pronto descubrí que mi cuarto empezaba a iluminarse de nuevo, y en lo que me pareció un instante, el mismo mensajero celestial apareció una vez más al lado de mi cama.

"Empezó, y otra vez me dijo las mismísimas cosas que me había relatado en su primera visita, sin la menor variación; después de lo cual me informó de grandes juicios que vendrían sobre la tierra, con gran desolación causada por el hambre, la espada y pestilencias; y que esos penosos juicios vendrían sobre la tierra en esta generación. Habiéndome referido estas cosas, de nuevo ascendió como lo había hecho anteriormente.

"Ya para entonces eran tan profundas las impresiones que se me habían grabado en la mente, que el sueño había huido de mis ojos, y yacía dominado por el asombro de lo que había visto y oído. Pero cuál no sería mi sorpresa al ver de nuevo al mismo mensajero al lado de mi cama, y oírlo repasar o repetir las mismas cosas que antes; y añadió una advertencia, diciéndome que Satanás procuraría tentarme (a causa de la situación indigente de la familia de mi padre) a que obtuviera las planchas con el fin de hacerme rico. Esto él me lo prohibió, y dijo que, al obtener las planchas, no tuviera presente más objeto que el de glorificar a Dios, y que ningún otro motivo influyera en mí sino el de edificar su reino; de lo contrario, no podría obtenerlas.

"Después de esta tercera visita, de nuevo ascendió al cielo como antes, y otra vez me quedé meditando en lo extraño de lo que acababa de experimentar; cuando casi inmediatamente después que el mensajero celestial hubo ascendido por tercera vez, cantó el gallo, y vi que estaba amaneciendo; de modo que, nuestras conversaciones deben de haber durado toda aquella noche.

"Poco después me levanté de mi cama y, como de costumbre, fui a desempeñar las faenas necesarias del día; pero al querer trabajar como en otras ocasiones, hallé que se me habían agotado a tal grado las fuerzas, que me sentía completamente incapacitado. Mi padre, que estaba trabajando cerca de mí, vio que algo me sucedía y me dijo que me fuera a casa. Partí de allí con la intención de volver a casa, pero al querer cruzar el cerco para salir del campo en que estábamos, se me acabaron completamente las fuerzas, caí inerte al suelo y por un tiempo no estuve consciente de nada.

"Lo primero que pude recordar fue una voz que me hablaba, llamándome por mi nombre. Alcé la vista, y vi, a la altura de mi cabeza, al mismo mensajero, rodeado de luz como antes. Entonces me relató otra vez todo lo que me había referido la noche anterior, y me mandó que fuera a mi padre y le hablara acerca de la visión y mandamientos que había recibido.

"Obedecí; regresé a donde estaba mi padre en el campo, y le declaré todo el asunto. Me respondió que era de Dios, y me dijo que fuera e hiciera lo que el mensajero me había mandado. Salí del campo y fui al lugar donde el mensajero me había dicho que estaban depositadas las planchas, y debido a la claridad de la visión que había visto tocante al lugar, en cuanto llegué allí, lo reconocí.

"Cerca de la aldea de Manchester, condado de Ontario, estado de Nueva York, se levanta una colina de tamaño regular, y la más elevada de todas las de la comarca. Por el costado occidental del cerro, no lejos de la cima, debajo de una piedra de buen tamaño, yacían las planchas, depositadas en una caja de piedra. En el centro, y por la parte superior, esta piedra era gruesa y redonda, pero más delgada hacia los extremos; de modo que se podía ver la parte céntrica sobre la superficie del suelo, mientras que alrededor de la orilla estaba cubierta de tierra.

"Habiendo quitado la tierra, conseguí una palanca que logré introducir debajo de la orilla de la piedra, y con un ligero esfuerzo la levanté. Miré dentro de la caja, y efectivamente vi allí las planchas, el Urim y Tumim y el pectoral, como lo había dicho el mensajero. La caja en que se hallaban estaba hecha de piedras, colocadas en una especie de cemento. En el fondo de la caja había dos piedras puestas transversalmente, y sobre estas descansaban las planchas y los otros objetos que las acompañaban.

"Intenté sacarlas, pero me lo prohibió el mensajero; y de nuevo se me informó que aún no había llegado el tiempo de sacarlas, ni llegaría sino hasta después de cuatro años, a partir de esa fecha; pero me dijo que debía ir a ese lugar precisamente un año después, y que él me esperaría allí; y que había de seguir haciéndolo así hasta que llegara el tiempo para obtener las planchas.

"De acuerdo con lo que se me había mandado, acudía al fin de cada año, y en esa ocasión encontraba allí al mismo mensajero, y en cada una de nuestras entrevistas recibía de él instrucciones e inteligencia concernientes a lo que el Señor iba a hacer, y cómo y de qué manera se conduciría su reino en los últimos días. . .

"Por fin llegó el momento de obtener las planchas, el Urim y Tumim y el pectoral. El día veintidós de septiembre de mil ochocientos veintisiete, habiendo ido al fin de otro año, como de costumbre, al lugar donde estaban depositados, el mismo mensajero celestial me los entregó con esta advertencia: que yo sería responsable de ellos; que si permitía que se extraviaran por algún descuido o negligencia mía, sería desarraigado; pero que si me esforzaba con todo mi empeño por preservarlos hasta que él (el mensajero) viniera por ellos, entonces serían protegidos.

"Pronto supe por qué había recibido tan estrictos mandatos de guardarlos, y por qué me había dicho el mensajero que cuando terminara lo que se requería de mí, él vendría por ellos. Porque no bien se supo que yo los tenía, comenzaron a hacerse los más tenaces esfuerzos por privarme de ellos. Se recurrió a cuanta estratagema se pudo inventar para realizar ese propósito. La persecución llegó a ser más severa y enconada que antes, y grandes números de personas andaban continuamente al acecho para quitármelos, de ser posible. Pero mediante la sabiduría de Dios, permanecieron seguros en mis manos hasta que cumplí con ellos lo que se requirió de mí. Cuando el mensajero, de conformidad con el arreglo, llegó por ellos, se los entregué; y él los tiene a su cargo hasta el día de hoy, dos de mayo de mil ochocientos treinta y ocho".

Para una narración más completa, véase José Smith—Historia en la Perla de Gran Precio.

La historia antigua que así salió de la tierra, como la voz de un pueblo que hablaba desde el polvo, fue traducida a un lenguaje moderno [el idioma inglés] por el don y el poder de Dios, según la afirmación divina lo ha atestiguado, y se publicó por primera vez al mundo en inglés en el año 1830 con el título de THE BOOK OF MORMON.

UNA BREVE EXPLICACIÓN ACERCA DEL LIBRO DE MORMÓN

El Libro de Mormón es una historia sagrada de pueblos de la América antigua, la cual se grabó en planchas de metal. Las fuentes de donde se compiló esta historia incluyen las siguientes:

1. *Las Planchas de Nefi,* que eran de dos clases: las planchas menores y las planchas mayores. Las primeras tenían que ver más en particular con asuntos espirituales y con el ministerio y las enseñanzas de los profetas, mientras que las segundas se ocupaban principalmente de la historia seglar de los pueblos a los que se referían (1 Nefi 9:2–4). Sin embargo, desde la época de Mosíah, también en las planchas mayores se incluyeron asuntos de considerable importancia espiritual.
2. *Las Planchas de Mormón,* que se componen de un compendio de las planchas mayores de Nefi, hecho por Mormón, con muchos comentarios. Estas planchas también contenían una continuación de la historia escrita por Mormón con aditamentos de su hijo Moroni.
3. *Las Planchas de Éter,* que contienen una historia de los jareditas. Esta historia la compendió Moroni, el cual añadió comentarios propios e incorporó dicho compendio en la historia general con el título de "Libro de Éter".
4. *Las Planchas de Bronce,* que el pueblo de Lehi llevó de Jerusalén en el año 600 a.C. Estas contenían "los cinco libros de Moisés. . . y asimismo la historia de los judíos desde su principio. . . hasta el comienzo del reinado de Sedequías, rey de Judá; y también las profecías de los santos profetas" (1 Nefi 5:11–13). En el Libro de Mormón aparecen muchos pasajes de estas planchas que citan a Isaías y a otros profetas bíblicos, así como a varios profetas que la Biblia no menciona.

El Libro de Mormón se compone de quince partes o divisiones principales, llamadas, con una sola excepción, libros, los que generalmente llevan el nombre de su autor principal. La primera parte (o sea, los primeros seis libros que terminan con el de Omni) es una traducción de las planchas menores de Nefi. Entre los libros de Omni y de Mosíah se encuentra una inserción llamada las Palabras de Mormón. Dicha inserción enlaza la narración grabada en las planchas menores con el compendio que hizo Mormón de las planchas mayores.

La parte más extensa, desde Mosíah hasta el capítulo 7 de Mormón, es una traducción del compendio que hizo Mormón de las planchas mayores de Nefi. La parte final, desde el capítulo 8 de Mormón hasta el fin de la obra, fue grabada por Moroni hijo de Mormón, el cual, después de terminar la historia de la vida de su padre, hizo un compendio de la historia jaredita (llamado el libro de Éter) y posteriormente añadió las partes que se conocen como el libro de Moroni.

Alrededor del año 421 de la era cristiana, Moroni, el último de los profetas e historiadores nefitas, selló los anales sagrados y los escondió para los fines del Señor, para que apareciesen en los postreros días, de acuerdo con lo que la voz de Dios predijo por medio de Sus antiguos profetas. En el año 1823 de nuestra era, ese mismo Moroni, para entonces un ser resucitado, visitó al profeta José Smith y subsiguientemente le entregó las planchas grabadas.

Con respecto a esta edición: La portada original que precede inmediatamente a la página de la tabla de materias se ha tomado de las planchas y es parte del texto sagrado. Las introducciones escritas con el tipo de letra no cursiva, tal como en 1 Nefi y las que preceden inmediatamente al capítulo 9 de Mosíah, también son una parte del texto sagrado. Las introducciones en cursiva, como en los encabezamientos de los capítulos, no son originales al texto, pero se incluyen como ayudas de estudio para su conveniencia en la lectura.

En ediciones anteriores del Libro de Mormón publicadas en inglés se han perpetuado algunos pequeños errores de texto. Esta edición contiene correcciones que son apropiadas para que el material vaya de conformidad con manuscritos originales, así como con las primeras ediciones revisadas por el profeta José Smith.

ILUSTRACIONES

El Señor Jesucristo
Pintura de Heinrich Hofmann

El profeta José Smith
Pintura de Alvin Gittins

Véase "El Testimonio del profeta José Smith", páginas XI–XIV

Lehi halla la Liahona

Pintura de Arnold Friberg

Véase 1 Nefi 16, páginas 39–42

Lehi y su gente llegan a la tierra prometida
Pintura de Arnold Friberg

Véase 1 Nefi 18, páginas 48–51

Alma bautiza en las aguas de Mormón

Pintura de Arnold Friberg

Véase Mosíah 18, páginas 214–217

Samuel el Lamanita profetiza
Pintura de Arnold Friberg

Véase Helamán 16, páginas 490–492

Jesucristo visita las Américas

Pintura de John Scott

Véase 3 Nefi 11, páginas 517–521

Moroni entierra el registro nefita
Pintura de Tom Lovell

Véase Mormón 8, páginas 580–584

EL PRIMER LIBRO DE NEFI

SU REINADO Y MINISTERIO

Relato de Lehi, de su esposa Saríah y de sus cuatro hijos, que se llamaban (empezando por el mayor) Lamán, Lemuel, Sam y Nefi. El Señor advierte a Lehi que salga de la tierra de Jerusalén, porque este profetiza al pueblo sobre su iniquidad, y tratan de quitarle la vida. Lehi viaja tres días por el desierto con su familia. Nefi, acompañado de sus hermanos, vuelve a la tierra de Jerusalén por los anales de los judíos. El relato de sus padecimientos. Toman por esposas a las hijas de Ismael. Salen para el desierto con sus familias. Sus padecimientos y aflicciones en el desierto. Rumbo de sus viajes. Llegan a las grandes aguas. Se rebelan los hermanos de Nefi contra él. Él los confunde y construye un barco. Dan al lugar el nombre de Abundancia. Atraviesan los grandes mares hasta llegar a la tierra prometida, etcétera. Esto es según la narración de Nefi, o en otras palabras, yo, Nefi, escribí estos anales.

CAPÍTULO 1

Nefi da principio a la historia de su pueblo — Lehi ve en visión un pilar de fuego y lee en un libro de profecías — Alaba a Dios, predice la venida del Mesías y profetiza la destrucción de Jerusalén — Es perseguido por los judíos. Aproximadamente 600 a.C.

YO, [a]Nefi, nací de [b]buenos [c]padres y recibí, por tanto, alguna [d]instrucción en toda la ciencia de mi padre; y habiendo conocido muchas [e]aflicciones durante el curso de mi vida, siendo, no obstante, altamente favorecido del Señor todos mis días; sí, habiendo logrado un conocimiento grande de la bondad y los [f]misterios de Dios, escribo, por tanto, la [g]historia de los hechos de mi vida.

2 Sí, hago la relación en el [a]lenguaje de mi padre, que se compone de la ciencia de los judíos y el idioma de los egipcios.

3 Y sé que la historia que escribo es [a]verdadera; y la escribo de mi propia mano, con arreglo a mis conocimientos.

4 Pues sucedió que al comenzar el [a]primer año del reinado de [b]Sedequías, rey de Judá (mi padre Lehi había morado en [c]Jerusalén toda su vida), llegaron muchos [d]profetas ese mismo año profetizando al pueblo que se

---

[1 NEFI]
1 1*a* GEE Nefi hijo de Lehi.
b Prov. 22:1.
c DyC 68:25, 28. GEE Padres.
d Enós 1:1; Mos. 1:2–3. GEE Enseñar.
e GEE Adversidad.
f GEE Misterios de Dios.
g GEE Escrituras.
2*a* Mos. 1:2–4; Morm. 9:32–33.
3*a* 1 Ne. 14:30; Mos. 1:6; Éter 5:1–3; DyC 17:6.
4*a* 598 a.C.; véase Cronología en el Apéndice.
b 2 Cró. 36:10; Jer. 52:3–5; Omni 1:15.
c 1 Cró. 9:3.
d 2 Rey. 17:13–15; 2 Cró. 36:15–16; Jer. 7:25–26. GEE Profeta.

arrepintiera, o la gran ciudad de [e]Jerusalén sería destruida.

5 Aconteció, por tanto, que mientras iba por su camino, mi padre [a]Lehi oró al Señor, sí, con todo su [b]corazón, a favor de su pueblo.

6 Y ocurrió que mientras estaba orando al Señor, apareció ante él, sobre una roca, un [a]pilar de fuego; y fue mucho lo que vio y oyó; y se estremeció y tembló extremadamente por las cosas que vio y oyó.

7 Y sucedió que volvió a su casa en Jerusalén, y se echó sobre su lecho, [a]dominado por el Espíritu y por las cosas que había visto.

8 Y dominado de esta manera por el Espíritu, fue arrebatado en una [a]visión, en la que vio abrirse los [b]cielos, y creyó ver a Dios sentado en su trono, rodeado de innumerables concursos de ángeles, en actitud de estar cantando y alabando a su Dios.

9 Y sucedió que vio a Uno que descendía del cielo, y vio que su [a]resplandor era mayor que el del sol al mediodía.

10 Y vio también que lo seguían otros [a]doce, cuyo brillo excedía al de las estrellas del firmamento.

11 Y descendieron y avanzaron por la faz de la tierra; y el primero llegó hasta donde estaba mi padre, y le dio un [a]libro y le mandó que lo leyera.

12 Y sucedió que mientras leía, fue lleno del [a]Espíritu del Señor.

13 Y leyó, diciendo: ¡Ay, ay de ti, Jerusalén, porque he visto tus [a]abominaciones! Sí, mi padre leyó muchas cosas concernientes a [b]Jerusalén: que sería destruida, así como sus habitantes; que muchos perecerían por la espada y muchos serían [c]llevados cautivos a Babilonia.

14 Y acaeció que cuando mi padre hubo leído y visto muchas cosas grandes y maravillosas, prorrumpió en exclamaciones al Señor, tales como: ¡Cuán grandes y maravillosas son tus obras, oh Señor Dios Todopoderoso! ¡Tu trono se eleva en las alturas de los cielos, y tu poder, y tu bondad y misericordia se extienden sobre todos los habitantes de la tierra; y porque eres misericordioso, no dejarás perecer a los que [a]acudan a ti!

15 Así se expresaba mi padre en alabanzas a su Dios; porque

4*e* Jer. 26:18; 2 Ne. 1:4; Hel. 8:20.
5*a* GEE Lehi, padre de Nefi.
b Stg. 5:16.
6*a* Éx. 13:21; Hel. 5:24, 43; DyC 29:12; JS—H 1:16.
7*a* Dan. 10:8; 1 Ne. 17:47; Moisés 1:9–10; JS—H 1:20.
8*a* 1 Ne. 5:4. GEE Visión.
b Ezeq. 1:1; Hech. 7:55–56; 1 Ne. 11:14; Hel. 5:45–49; DyC 137:1.
9*a* JS—H 1:16–17.
10*a* GEE Apóstol.
11*a* Ezeq. 2:9.
12*a* DyC 6:15.
13*a* 2 Rey. 24:18–20; 2 Cró. 36:14.
b 2 Rey. 23:27; 24:2; Jer. 13:13–14; 2 Ne. 1:4.
c 2 Rey. 20:17–18; 2 Ne. 25:10; Omni 1:15.
14*a* Alma 5:33–36; 3 Ne. 9:14.

su alma se regocijaba y todo su corazón estaba henchido a causa de las cosas que había visto, sí, que el Señor le había mostrado.

16 Y yo, Nefi, no doy cuenta completa de lo que mi padre ha escrito, porque ha escrito muchas cosas que vio en visiones y sueños; y ha escrito también muchas cosas que [a]profetizó y habló a sus hijos, de las que no daré cuenta entera,

17 sino que haré una relación de los hechos de mi vida. He aquí, haré un [a]compendio de los [b]anales de mi padre sobre planchas que he preparado con mis propias manos; por tanto, después que los haya compendiado, escribiré la historia de mi propia vida.

18 Por lo tanto, quisiera que supieseis que después que el Señor hubo mostrado a mi padre Lehi tantas cosas maravillosas, sí, con respecto a la [a]destrucción de Jerusalén, he aquí, mi padre salió entre el pueblo y empezó a [b]profetizar y a declararles concerniente a lo que él había visto y oído.

19 Y aconteció que los judíos se [a]burlaron de él por las cosas que testificó de ellos, porque verdaderamente les testificó de sus maldades y abominaciones; y les dio testimonio de que las cosas que había visto y oído, así como las que había leído en el libro, manifestaban claramente la venida de un [b]Mesías y también la redención del mundo.

20 Y cuando los judíos oyeron esto, se irritaron contra él, sí, tal como contra los profetas de la antigüedad, a quienes habían [a]echado fuera, y apedreado, y matado; y procuraron también quitarle la vida. Pero he aquí, yo, Nefi, os mostraré que las tiernas [b]misericordias del Señor se extienden sobre todos aquellos que, a causa de su fe, él ha escogido, para hacerlos poderosos, sí, hasta tener el poder de librarse.

CAPÍTULO 2

Lehi lleva a su familia al desierto junto al mar Rojo — Abandonan sus bienes — Lehi ofrece un sacrificio al Señor y enseña a sus hijos a guardar los mandamientos — Lamán y Lemuel murmuran contra su padre — Nefi es obediente y ora con fe; el Señor le habla y es escogido para gobernar a sus hermanos. Aproximadamente 600 a.C.

PORQUE he aquí, aconteció que el Señor habló a mi padre, sí, aun en un sueño, y le dijo: Bendito eres tú, Lehi, por lo que has hecho; y porque has sido fiel, y has declarado a este pueblo las

16*a* 1 Ne. 7:1.
17*a* 1 Ne. 9:2–5.
b 1 Ne. 6:1–3; 19:1–6; 2 Ne. 5:29–33; DyC 10:38–46.
18*a* 2 Ne. 25:9–10; DyC 5:20.
b GEE Profecía, profetizar.
19*a* 2 Cró. 36:15–16; Jer. 25:4; 1 Ne. 2:13; 7:14.
b GEE Mesías.
20*a* Hel. 13:24–26.
b Alma 34:38; DyC 46:15. GEE Misericordia, misericordioso.

cosas que yo te mandé, he aquí,
tratan de [a]quitarte la vida.
2 Y sucedió que el Señor le
[a]mandó a mi padre, en un [b]sueño,
que [c]partiese para el desierto con
su familia.
3 Y aconteció que fue [a]obediente
a la palabra del Señor; por tanto,
hizo lo que el Señor le mandó.
4 Y ocurrió que salió para el desierto; y abandonó su casa, y la
tierra de su herencia, y su oro, su
plata y sus objetos preciosos, y
no llevó nada consigo, salvo a su
familia, y provisiones y tiendas,
y se [a]dirigió al desierto.
5 Y descendió por los contornos cerca de las riberas del [a]mar
Rojo, y viajó por el desierto por
los lados que están más próximos
a este mar; y viajó por el desierto
con su familia, integrada por Saríah, mi madre, y [b]Lamán, Lemuel
y Sam, mis hermanos mayores.
6 Y aconteció que después de
haber viajado tres días por el desierto, asentó su tienda en un [a]va-
lle situado a la orilla de un río
de agua.
7 Y sucedió que erigió un [a]al-
tar de [b]piedras y presentó una
ofrenda al Señor, y dio [c]gracias
al Señor nuestro Dios.
8 Y al río que desaguaba en
el mar Rojo dio el nombre de
Lamán; y el valle se extendía por
las riberas del río y llegaba hasta
cerca de su desembocadura.
9 Y cuando mi padre vio que
las aguas del río desembocaban
en la fuente del mar Rojo, habló
a Lamán, diciendo: ¡Oh, si fueras
semejante a este río, fluyendo
continuamente en la fuente de
toda rectitud!
10 Y dijo también a Lemuel: ¡Oh,
si fueras tú semejante a este valle, firme, constante e inmutable
en guardar los mandamientos
del Señor!
11 Esto habló por causa de la
dureza de cerviz de Lamán y Lemuel; pues he aquí, [a]murmura-
ban contra su [b]padre en muchas
cosas, porque era un hombre [c]vi-
sionario, y los había sacado de la
tierra de Jerusalén, abandonando
la tierra de su herencia, y su oro,
y su plata y objetos preciosos,
para perecer en el desierto. Y
decían que había hecho esto por
motivo de las locas imaginacio-
nes de su corazón.
12 Y así era como Lamán y Lemuel, que eran los mayores, murmuraban en contra de su padre; y
hacían esto porque [a]no conocían
la manera de proceder de aquel
Dios que los había creado.
13 Ni creían tampoco que

2 1*a* 1 Ne. 7:14.
2*a* 1 Ne. 5:8; 17:44.
b GEE Sueños.
c Gén. 12:1; 2 Ne. 10:20; Éter 1:42; Abr. 2:3.
3*a* GEE Obediencia, obediente, obedecer.
4*a* 1 Ne. 10:4; 19:8.
5*a* 1 Ne. 16:14; DyC 17:1.
b GEE Lamán.
6*a* 1 Ne. 9:1.
7*a* Gén. 12:7–8; Éx. 24:4; Abr. 2:17.
b Éx. 20:25; Deut. 27:5–6.
c GEE Acción de gracias, agradecido, agradecimiento.
11*a* 1 Ne. 17:17. GEE Murmurar.
b Prov. 20:20.
c 1 Ne. 5:2–4.
12*a* Moisés 4:6.

aquella gran ciudad de Jerusalén
pudiera ser [a]destruida conforme
a las palabras de los profetas; y
eran semejantes a los judíos que
estaban en Jerusalén, los cuales
procuraban quitarle la vida a mi
padre.
14 Y aconteció que mi padre les
habló en el valle de Lemuel con
[a]poder, pues estaba lleno del Espíritu, al grado de que sus cuerpos [b]temblaron delante de él, y
los confundió, de modo que no
osaron hablar contra él; por tanto,
hicieron lo que él les mandó.
15 Y vivía mi padre en una
tienda.
16 Y sucedió que yo, Nefi,
siendo muy joven todavía, aunque grande de estatura, y teniendo grandes deseos de conocer
los [a]misterios de Dios, clamé por
tanto al Señor; y he aquí que él
me [b]visitó y [c]enterneció mi corazón, de modo que [d]creí todas
las palabras que mi [e]padre había
hablado; así que no me rebelé en
contra de él como lo habían hecho
mis hermanos.
17 Y le hablé a Sam, declarándole las cosas que el Señor me
había manifestado por medio de
su Santo Espíritu. Y aconteció que
él creyó en mis palabras.
18 Mas he aquí, Lamán y Lemuel no quisieron escuchar mis
palabras; por lo que, [a]afligido por
la dureza de sus corazones, rogué
al Señor por ellos.
19 Y aconteció que el Señor me
habló, diciendo: Bendito eres tú,
Nefi, a causa de tu [a]fe, porque me
has buscado diligentemente con
humildad de corazón.
20 Y según guardéis mis mandamientos, [a]prosperaréis y seréis conducidos a una [b]tierra de
promisión, sí, a una tierra que
yo he preparado para vosotros,
una tierra escogida sobre todas
las demás.
21 Y según se rebelen tus hermanos contra ti, serán [a]separados de
la presencia del Señor.
22 Y según tú guardes mis mandamientos, serás puesto por [a]go-
bernante y maestro sobre tus
hermanos.
23 Porque he aquí, el día en
que se rebelaren contra mí, yo
los [a]maldeciré con penosa maldición, y no tendrán ningún poder sobre tu posteridad, a menos
que ella también se rebelare contra mí.
24 Y si tu posteridad se rebelare contra mí, ellos les serán por
[a]azote a tus descendientes, para

13*a* Jer. 13:14; 1 Ne. 1:13.
14*a* GEE Poder.
b 1 Ne. 17:45.
16*a* GEE Misterios de Dios.
b Sal. 8:4; Alma 17:10; DyC 5:16. GEE Revelación.
c 1 Rey. 18:37; Alma 5:7.
d 1 Ne. 11:5.
e GEE Padre terrenal; Profeta.
18*a* Alma 31:24; 3 Ne. 7:16.
19*a* 1 Ne. 7:12; 15:11.
20*a* Josué 1:7; 1 Ne. 4:14; Mos. 1:7.
b Deut. 33:13–16; 1 Ne. 5:5; 7:13; Moisés 7:17–18. GEE Tierra prometida.
21*a* 2 Ne. 5:20–24; Alma 9:13–15; 38:1.
22*a* Gén. 37:8–11; 1 Ne. 3:29.
23*a* Deut. 11:28; 1 Ne. 12:22–23; DyC 41:1.
24*a* Josué 23:13; Jue. 2:22–23.

[b]estimularlos en los caminos del
recuerdo.

CAPÍTULO 3

Los hijos de Lehi vuelven a Jerusalén para conseguir las planchas de bronce — Labán se niega a entregarlas — Nefi exhorta y anima a sus hermanos — Labán se apodera de sus bienes y procura matarlos — Lamán y Lemuel golpean a Nefi y a Sam, y son reprendidos por un ángel. Aproximadamente 600–592 a.C.

Y ACONTECIÓ que después de hablar con el Señor, yo, Nefi, volví
a la tienda de mi padre.
2 Y sucedió que me habló, diciendo: He aquí, he soñado un
[a]sueño, en el que el Señor me ha
mandado que tú y tus hermanos
volváis a Jerusalén.
3 Pues he aquí, Labán tiene los
anales de los judíos, así como una
[a]genealogía de mis antepasados;
y están grabados sobre planchas
de bronce.
4 Por lo que el Señor me ha
mandado que tú y tus hermanos vayáis a la casa de Labán, y
procuréis los anales y los traigáis
aquí al desierto.
5 Y he aquí, tus hermanos murmuran, diciendo que lo que yo les
he requerido es cosa difícil; pero
no soy yo quien se lo requiere,
sino que es un mandamiento del
Señor.
6 Por lo tanto, ve tú, hijo mío, y
el Señor te favorecerá porque [a]no
has murmurado.
7 Y sucedió que yo, Nefi, dije a
mi padre: [a]Iré y haré lo que el Señor ha mandado, porque sé que
él nunca da [b]mandamientos a los
hijos de los hombres sin [c]prepa-
rarles una vía para que cumplan
lo que les ha mandado.
8 Y aconteció que mi padre
quedó altamente complacido al
oír estas palabras, porque com-
prendió que el Señor me había
bendecido.
9 Y yo, Nefi, y mis hermanos
emprendimos la marcha por el
desierto, con nuestras tiendas,
para subir a la tierra de Jerusalén.
10 Y aconteció que cuando hubimos subido a la tierra de Jerusalén, yo y mis hermanos
deliberamos unos con otros.
11 Y [a]echamos suertes para ver
cuál de nosotros iría a la casa de
Labán. Y sucedió que la suerte
cayó sobre Lamán, y fue y entró
en la casa de Labán y habló con
él mientras estaba sentado en su
casa.
12 Y le pidió a Labán los anales
que estaban grabados sobre las
planchas de bronce que contenían
la [a]genealogía de mi padre.
13 Y he aquí, aconteció que

24*b* 2 Ne. 5:25.
3 2*a* GEE Sueños.
3*a* 1 Ne. 5:14.
6*a* GEE Sostenimiento de líderes de la Iglesia.
7*a* 1 Sam. 17:32; 1 Rey. 17:11–15. GEE Fe; Obediencia, obediente, obedecer.
b GEE Mandamientos de Dios.
c Gén. 18:14; Filip. 4:13; 1 Ne. 17:3, 50; DyC 5:34.
11*a* Neh. 10:34; Hech. 1:26.
12*a* 1 Ne. 3:3; 5:14.

Labán se llenó de ira y lo echó
de su presencia; y no quiso que
él tuviera los anales. Por tanto, le
dijo: He aquí, tú eres un ladrón,
y te voy a matar.
14 Pero Lamán huyó de su presencia, y nos contó lo que Labán
había hecho. Y empezamos a afli-
girnos en extremo, y mis hermanos estaban a punto de volver a
mi padre en el desierto.
15 Pero he aquí, yo les dije: Así
como el Señor vive, y como nosotros vivimos, no descenderemos
hasta nuestro padre en el desierto
hasta que hayamos cumplido lo
que el Señor nos ha mandado.
16 Por tanto, seamos fieles en
guardar los mandamientos del
Señor. Descendamos, pues, a la
tierra de la [a]herencia de nuestro
padre, pues he aquí, él dejó oro y
plata y toda clase de riquezas; y
ha hecho todo esto a causa de los
[b]mandamientos del Señor.
17 Porque sabía que Jerusalén
debe ser [a]destruida a causa de la
iniquidad del pueblo.
18 Pues he aquí, han [a]rechazado
las palabras de los profetas. Por
tanto, si mi padre hubiera permanecido en el país después de habérsele [b]mandado salir de él, habría
perecido también. Por lo que ha
sido necesario que salga del país.
19 Y he aquí, es prudente para
Dios que obtengamos estos
[a]anales a fin de que preservemos
para nuestros hijos el idioma de
nuestros padres;
20 y también para [a]preservarles
las palabras que han salido de la
boca de todos los santos profetas,
las cuales les han sido dadas por
el Espíritu y poder de Dios, desde
el principio del mundo, hasta el
día de hoy.
21 Y aconteció que, hablando de
este modo, persuadí a mis hermanos a que fueran fieles en guardar
los mandamientos de Dios.
22 Y sucedió que descendimos a
la tierra de nuestra herencia y recogimos nuestro [a]oro, y nuestra plata
y todos nuestros objetos preciosos.
23 Y después de haber recogido
estas cosas, volvimos a la casa de
Labán.
24 Y acaeció que entramos
donde estaba Labán, y le pedimos
que nos diera los anales que estaban grabados sobre las [a]planchas
de bronce, a cambio de los cuales
le entregaríamos nuestro oro, y
nuestra plata, y todas nuestras
cosas preciosas.
25 Y aconteció que cuando Labán vio nuestros bienes, y que
eran grandes en extremo, él los
[a]codició; por lo que nos echó
fuera y mandó a sus siervos que
nos mataran, a fin de apoderarse
de nuestros bienes.
26 Sucedió, pues, que huimos

16*a* 1 Ne. 2:4.
b 1 Ne. 2:2; 4:34.
17*a* 2 Cró. 36:16–20; Jer. 39:1–9; 1 Ne. 1:13.
18*a* GEE Rebelión.
b 1 Ne. 16:8.
19*a* Omni 1:17; Mos. 1:2–6.
20*a* GEE Escrituras — Las Escrituras deben preservarse.
22*a* 1 Ne. 2:4.
24*a* 1 Ne. 3:3.
25*a* GEE Codiciar.

delante de los siervos de Labán, y
nos vimos obligados a abandonar
nuestros bienes, que cayeron en
manos de Labán.
27 Y huimos al desierto sin que
nos alcanzaran los siervos de Labán, y nos escondimos en la oque-
dad de una roca.
28 Y aconteció que Lamán se
irritó conmigo y también con mi
padre; y lo mismo hizo Lemuel,
porque se dejó llevar por las palabras de Lamán. Por tanto, Lamán
y Lemuel nos hablaron muchas
[a]palabras ásperas a nosotros, sus
hermanos menores, y hasta nos
golpearon con una vara.
29 Y sucedió que mientras nos
golpeaban con la vara, he aquí,
vino un [a]ángel del Señor y se puso
ante ellos, y les habló, diciendo:
¿Por qué golpeáis a vuestro hermano menor con una vara? ¿No
sabéis que el Señor lo ha escogido
para ser [b]gobernante sobre vosotros, y esto a causa de vuestras
iniquidades? He aquí, subiréis
de nuevo a Jerusalén y el Señor
entregará a Labán en vuestras
manos.
30 Y luego que nos hubo hablado, el [a]ángel se fue.
31 Y después que el ángel hubo
partido, Lamán y Lemuel empezaron otra vez a [a]murmurar,
diciendo: ¿Cómo es posible que
el Señor entregue a Labán en
nuestras manos? He aquí, es un
hombre poderoso, y puede mandar a cincuenta, sí, y aun puede
matar a cincuenta; luego, ¿por
qué no a nosotros?

CAPÍTULO 4

Nefi mata a Labán por mandato del Señor y luego obtiene las planchas de bronce por una estratagema — Zoram opta por unirse a la familia de Lehi en el desierto. Aproximadamente 600–592 a.C.

Y ACONTECIÓ que hablé a mis hermanos diciéndoles: Subamos de
nuevo a Jerusalén, y seamos [a]fie-
les en guardar los mandamientos del Señor, pues he aquí, él es
más poderoso que toda la tierra.
¿Por qué, pues, no ha de ser más
[b]poderoso que Labán con sus cincuenta, o aun con sus decenas de
millares?
2 Subamos pues, y seamos [a]fuer-
tes como [b]Moisés; porque él de
cierto habló a las aguas del [c]mar
Rojo y se apartaron a uno y otro
lado, y nuestros padres salieron
de su cautividad sobre tierra seca,
y los ejércitos de Faraón los persiguieron y se ahogaron en las
aguas del mar Rojo.
3 He aquí, a vosotros os consta
la certeza de esto, y también
sabéis que un [a]ángel os ha hablado; ¿cómo, pues, podéis dudar? Subamos hasta allá; el Señor
puede librarnos como a nuestros

28*a* 1 Ne. 17:17–18.
29*a* 1 Ne. 4:3; 7:10.
GEE Ángeles.
b 1 Ne. 2:22.
30*a* 1 Ne. 16:38.
31*a* GEE Murmurar.
4 1*a* GEE Fe;
Valor, valiente.
b 1 Ne. 7:11–12.
2*a* Deut. 11:8.
b GEE Moisés.
c Éx. 14:21;
1 Ne. 17:26;
Mos. 7:19.
3*a* 1 Ne. 3:29–31; 7:10.

padres, y destruir a Labán como
a los egipcios.
4 Y cuando hube hablado estas
palabras, todavía estaban irritados, y continuaron murmurando;
sin embargo, me siguieron hasta
que llegamos a los muros de Jerusalén.
5 Y era ya de noche; e hice que
se ocultaran fuera del muro. Y
cuando se hubieron escondido,
yo, Nefi, entré furtivamente en
la ciudad y me dirigí a la casa
de Labán.
6 E iba [a]guiado por el Espíritu,
sin [b]saber de antemano lo que
tendría que hacer.
7 No obstante, seguí adelante, y
al acercarme a la casa de Labán vi
a un hombre, y este había caído
al suelo delante de mí, porque
estaba ebrio de vino.
8 Y al acercarme a él, hallé que
era Labán.
9 Y percibiendo su [a]espada, la
saqué de la vaina; y el puño era
de oro puro, labrado de una manera admirable, y vi que la hoja
era de un acero finísimo.
10 Y aconteció que el Espíritu
me [a]constriñó a que matara a Labán; pero dije en mi corazón: Yo
nunca he derramado sangre humana. Y me sobrecogí y deseé no
tener que matarlo.
11 Y el Espíritu me dijo de
nuevo: He aquí el [a]Señor lo ha
puesto en tus manos. Sí, y yo
también sabía que había intentado quitarme la vida, y que él no
quería escuchar los mandamientos del Señor; y además, se había
[b]apoderado de nuestros bienes.
12 Y sucedió que otra vez me
dijo el Espíritu: Mátalo, porque el
Señor lo ha puesto en tus manos;
13 he aquí que el Señor [a]mata a
los [b]malvados para que se cumplan sus justos designios. Es [c]me-
jor que muera un hombre a dejar
que una nación degenere y perezca en la incredulidad.
14 Y cuando yo, Nefi, hube oído
estas palabras, me acordé de las
que el Señor me había hablado
en el desierto, diciendo: [a]En tanto
que tus descendientes guarden
mis [b]mandamientos, [c]prosperarán
en la [d]tierra de promisión.
15 Sí, y también consideré que
no podrían guardar los mandamientos del Señor según la ley
de Moisés, a menos que tuvieran
esa ley.
16 Y también sabía que la [a]ley
estaba grabada sobre las planchas
de bronce.
17 Y además, sabía que el Señor había puesto a Labán en mis
manos para este fin: que yo obtu-
viese los anales, de acuerdo con
sus mandamientos.

6*a* GEE Espíritu Santo; Inspiración, inspirar.
b Heb. 11:8.
9*a* 2 Ne. 5:14; DyC 17:1.
10*a* Alma 14:11.
11*a* 1 Sam. 17:41–49.
b 1 Ne. 3:26.
13*a* 1 Ne. 17:33–38; DyC 98:31–32.
b GEE Inicuo, iniquidad.
c Alma 30:47.
14*a* Omni 1:6; Mos. 2:22; Éter 2:7–12.
b GEE Mandamientos de Dios.
c 1 Ne. 2:20.
d 1 Ne. 17:13–14; Jacob 2:12.
16*a* GEE Ley de Moisés.

18 Por lo que, obedeciendo la voz del Espíritu y cogiendo a Labán por los cabellos, le corté la cabeza con su propia [a]espada.

19 Y después que le hube cortado la cabeza con su propia espada, tomé las ropas de Labán y me vestí con ellas, poniéndomelas todas, y me ceñí los lomos con su armadura.

20 Y cuando hube hecho todo esto, me dirigí al lugar donde se hallaba el tesoro de Labán. Y al acercarme a ese sitio, encontré al [a]siervo de Labán que guardaba las llaves del tesoro, e imitando la voz de su amo, le mandé que me acompañara al lugar del tesoro.

21 Y él supuso que yo era su amo Labán, pues vio la ropa y también la espada ceñida a mi cintura.

22 Y me habló concerniente a los ancianos de los judíos, porque sabía que su amo Labán había estado entre ellos durante la noche.

23 Y le hablé como si yo hubiese sido Labán.

24 Y también le dije que yo tenía que llevar los grabados, que estaban sobre las [a]planchas de bronce, a mis hermanos mayores que se hallaban del otro lado de las murallas.

25 Y también le mandé que me siguiera.

26 Y creyendo él que me refería a los hermanos de la iglesia, y que era en verdad Labán, a quien yo había matado, me siguió.

27 Y me habló muchas veces acerca de los ancianos de los judíos, mientras me dirigía hacia donde estaban mis hermanos fuera de las murallas.

28 Y aconteció que cuando Lamán me vio, se asustó en extremo, lo mismo que Lemuel y Sam; y huyeron de mi presencia, porque creían que era Labán, y que me había quitado la vida, e iba a matarlos también a ellos.

29 Y aconteció que los llamé, y ellos me oyeron; por tanto, cesaron de huir de mi presencia.

30 Y cuando el siervo de Labán vio a mis hermanos, empezó a temblar, y estaba a punto de huir de mí y volver a la ciudad de Jerusalén.

31 Y yo, Nefi, siendo un hombre grande de estatura, y habiendo recibido mucha [a]fuerza del Señor, prendí al siervo de Labán y lo detuve para que no se escapara.

32 Y sucedió que le dije que si quería escuchar mis palabras, así como vive el Señor, y como vivo yo, que si prestaba atención a nuestras palabras, le perdonaríamos la vida.

33 Y le hablé, sí, le hice [a]juramento de que no tenía por qué temer; que sería libre como nosotros si descendía con nosotros al desierto.

34 Y también le dije: Ciertamente el Señor nos ha [a]mandado

18*a* 1 Sam. 17:51.
20*a* 2 Ne. 1:30.
24*a* 1 Ne. 3:12, 19–24; 5:10–22.
31*a* Mos. 9:17; Alma 56:56.
33*a* GEE Juramento.
34*a* 1 Ne. 2:2; 3:16.

hacer esto; y, ¿no debemos ser
diligentes en guardar los mandamientos del Señor? Por lo tanto,
si desciendes al desierto adonde
está mi padre, habrá lugar para
ti entre nosotros.
35 Y sucedió que [a]Zoram cobró
ánimo al oír las palabras que le
hablé. Ahora bien, Zoram era el
nombre de este siervo; y prometió que descendería al desierto
adonde estaba nuestro padre. Sí,
y también nos hizo juramento de
que permanecería desde entonces
con nosotros.
36 Ahora bien, deseábamos
que permaneciera con nosotros
por esta razón: que los judíos
no supieran de nuestra huida al
desierto, no fuera que nos persiguieran y nos destruyeran.
37 Y aconteció que cuando Zoram se [a]juramentó, cesaron nuestros temores con respecto a él.
38 Y sucedió que tomamos las
planchas de bronce y al siervo
de Labán, y partimos para el desierto y viajamos hacia la tienda
de nuestro padre.

CAPÍTULO 5

Saríah se queja contra Lehi — Ambos se regocijan por el regreso de sus hijos — Ofrecen sacrificios — Las planchas de bronce contienen los escritos de Moisés y de los profetas — En ellas se indica que Lehi es descendiente de José — Lehi profetiza acerca de sus descendientes y de la preservación de las planchas. Aproximadamente 600–592 a.C.

Y ACONTECIÓ que después de haber viajado por el desierto hasta
donde estaba nuestro padre, he
aquí, este se llenó de gozo; y también mi madre [a]Saríah se regocijó
en extremo, porque verdaderamente se había afligido por nosotros;
2 porque creía que habíamos
perecido en el desierto, y también
se había quejado contra mi padre,
diciéndole que era visionario, y
dijo: Tú nos has sacado de la tierra
de nuestra herencia, y mis hijos
ya no existen y nosotros pereceremos en el desierto.
3 Y según esta manera de hablar,
mi madre se había quejado contra
mi padre.
4 Y había sucedido que mi padre le había hablado, diciendo: Sé
que soy hombre [a]visionario, porque si no hubiera visto las cosas
de Dios en una [b]visión, no habría
conocido su bondad, sino que hubiera permanecido en Jerusalén y
perecido con mis hermanos.
5 Pero he aquí, he obtenido una
[a]tierra de promisión y me regocijo en estas cosas; sí, y yo [b]sé
que el Señor librará a mis hijos
de las manos de Labán, y los
hará volver a nosotros en el desierto.
6 Y con estas palabras mi padre

35*a* 1 Ne. 16:7;
2 Ne. 5:5–6.
GEE Zoram, zoramitas.
37*a* Josué 9:1–21; Ecle. 5:4.
GEE Juramento.
5 1*a* GEE Saríah.
4*a* 1 Ne. 2:11.
b 1 Ne. 1:8–13.
GEE Visión.
5*a* 1 Ne. 2:20; 18:8, 22–23.
GEE Tierra prometida.
b GEE Fe.

Lehi consoló a mi madre Saríah,
con respecto a nosotros, mientras
viajábamos por el desierto hacia
la tierra de Jerusalén para obtener
los anales de los judíos;
7 y cuando volvimos a la tienda
de mi padre, se llenaron de gozo;
y mi madre se consoló.
8 Y ella habló, diciendo: Ahora
sé con certeza que el Señor ha
[a]mandado a mi marido que huya
al desierto; sí, y también sé de seguro que el Señor ha protegido
a mis hijos, los ha librado de las
manos de Labán y les ha dado
poder para [b]llevar a cabo lo que
el Señor les ha mandado. Y según esta manera de hablar se expresó ella.
9 Y aconteció que se regocijaron
en extremo, y ofrecieron [a]sacri-
ficios y holocaustos al Señor; y
dieron [b]gracias al Dios de Israel.
10 Y después de haber dado gracias al Dios de Israel, mi padre
Lehi tomó los anales que estaban
grabados sobre las [a]planchas de
bronce, y los examinó desde el
principio.
11 Y vio que contenían los
cinco [a]libros de Moisés, los cuales relataban la historia de la
creación del mundo, y también
de Adán y Eva, nuestros primeros padres;
12 y asimismo la [a]historia de los
judíos desde su principio, aun
hasta el comienzo del reinado de
Sedequías, rey de Judá;
13 y también las profecías de los
santos profetas desde el principio, hasta comenzar el reinado de
[a]Sedequías, y muchas profecías
declaradas por boca de [b]Jeremías.
14 Y aconteció que mi padre
Lehi también halló sobre las
[a]planchas de bronce la genealogía de sus padres, por lo que
supo que descendía de [b]José, sí,
aquel José que era hijo de [c]Jacob,
que fue [d]vendido para Egipto y
[e]preservado por la mano del Señor para que salvara del hambre
a su padre Jacob y a toda su casa.
15 Y también fueron [a]librados
del cautiverio y conducidos fuera
del país de Egipto por el mismo
Dios que los había preservado.
16 Así fue que mi padre Lehi
descubrió la genealogía de sus
antepasados. Y Labán también
era descendiente de [a]José, por lo
que él y sus padres habían llevado los anales.

8*a* 1 Ne. 2:2.
b 1 Ne. 3:7.
9*a* Mos. 2:3;
3 Ne. 9:19–20.
GEE Ley de Moisés.
b GEE Acción de gracias, agradecido, agradecimiento.
10*a* 1 Ne. 4:24, 38; 13:23.
GEE Planchas de bronce.
11*a* 1 Ne. 19:23.
GEE Pentateuco.
12*a* 1 Cró. 9:1.
GEE Escrituras.
13*a* 2 Rey. 24:18;
Jer. 37:1.
b Esd. 1:1;
Jer. 36:17–32;
1 Ne. 7:14;
Hel. 8:20.
14*a* 1 Ne. 3:3, 12.
GEE Planchas de bronce.
b 2 Ne. 3:4;
Alma 10:3.
GEE José hijo de Jacob.
c GEE Jacob hijo de Isaac.
d Gén. 37:29–36.
e Gén. 45:4–5.
15*a* Éx. 13:17–18;
Amós 3:1–2;
1 Ne. 17:23–31;
DyC 103:16–18;
136:22.
16*a* 1 Ne. 6:2.

17 Y cuando mi padre vio todas
estas cosas, fue lleno del Espíritu
y empezó a profetizar acerca de
sus descendientes:
18 Que estas planchas de bronce
irían a todas las naciones, tribus,
lenguas y pueblos que fueran de
su simiente.
19 Por tanto, dijo que estas planchas [a]nunca perecerían, ni jamás
el tiempo las empañaría. Y profetizó muchas cosas en cuanto a su
posteridad.
20 Y sucedió que hasta este
punto mi padre y yo habíamos
guardado los mandamientos que
el Señor nos había mandado.
21 Y habíamos obtenido los
anales que el Señor nos había
mandado, y los escudriñamos y
descubrimos que eran deseables;
sí, de gran [a]valor para nosotros,
por motivo de que podríamos
[b]preservar los mandamientos del
Señor para nuestros hijos.
22 Por lo tanto, fue en la sabiduría del Señor que los lleváramos
con nosotros mientras viajábamos
por el desierto hacia la tierra de
promisión.

CAPÍTULO 6

Nefi escribe acerca de las cosas de Dios — El propósito de Nefi es persuadir a los hombres a venir al Dios de Abraham y ser salvos. Aproximadamente 600–592 a.C.

AHORA bien, yo, Nefi, no doy la
genealogía de mis padres en [a]esta
parte de mis anales; ni tampoco
la daré en ningún otro momento
sobre estas [b]planchas que estoy
escribiendo, porque se halla en
los anales que mi [c]padre ha llevado, y por eso no la escribo en
esta obra.
2 Básteme decir que somos descendientes de [a]José.
3 Y no me parece importante
ocuparme en una narración completa de todas las cosas de mi padre, porque no se pueden escribir
sobre [a]estas planchas, pues deseo
el espacio para escribir acerca de
las cosas de Dios.
4 Porque toda mi intención es
[a]persuadir a los hombres a que
[b]vengan al Dios de Abraham, y al
Dios de Isaac, y al Dios de Jacob,
y sean salvos.
5 De modo que no escribo las
cosas que [a]agradan al mundo,
sino las que agradan a Dios y a
los que no son del mundo.
6 Por tanto, daré un mandamiento a mis descendientes de
que no ocupen estas planchas con
cosas que no sean de valor para
los hijos de los hombres.

CAPÍTULO 7

Los hijos de Lehi vuelven a Jerusalén e invitan a Ismael y a su familia a unirse a ellos en su viaje — Lamán

19*a* Alma 37:4–5.
21*a* GEE Escrituras — El valor de las Escrituras.
b 2 Ne. 25:26.
6 1*a* 2 Ne. 4:14–15.
b 1 Ne. 9:2.
c 1 Ne. 1:16–17; 19:1–6.
2*a* 1 Ne. 5:14–16.
3*a* Jacob 7:27; Jarom 1:2, 14; Omni 1:30.
4*a* Juan 20:30–31. Véase la portada del Libro de Mormón.
b 2 Ne. 9:41, 45, 51.
5*a* 1 Tes. 2:4; P. de Morm. 1:4.

y otros se rebelan — Nefi exhorta a sus hermanos a tener fe en el Señor — Lo atan con cuerdas y proyectan quitarle la vida — Es librado por el poder de la fe — Sus hermanos le piden perdón — Lehi y los que lo acompañan ofrecen sacrificios y holocaustos. Aproximadamente 600–592 a.C.

Y AHORA quisiera que supieseis
que cuando mi padre Lehi hubo
concluido de [a]profetizar concerniente a su posteridad, el Señor
le habló de nuevo, diciendo que
no convenía que él, Lehi, llevase
a su familia sola al desierto; sino
que sus hijos debían tomar [b]mu-
jeres por [c]esposas para levantar
posteridad para el Señor en la
tierra de promisión.
2 Y aconteció que el Señor le
[a]mandó que yo, Nefi, y mis hermanos volviésemos a la tierra de
Jerusalén, y lleváramos a Ismael
y su familia al desierto.
3 Y aconteció que yo, Nefi, y
mis hermanos viajamos [a]otra vez
por el desierto para subir a Jerusalén.
4 Y sucedió que llegamos a la
casa de Ismael, y hallamos favor ante sus ojos, de modo que
pudimos anunciarle las palabras
del Señor.
5 Y el Señor ablandó el corazón
de Ismael y los de su casa; por
tanto, viajaron con nosotros al
desierto a la tienda de nuestro
padre.
6 Y mientras íbamos por el desierto, he aquí que Lamán y Lemuel, dos de las hijas, y los dos
[a]hijos de Ismael y sus familias se
rebelaron contra nosotros, es decir, contra mí, Nefi, y contra Sam
y contra Ismael, y su esposa y sus
otras tres hijas.
7 Y aconteció que en su rebelión
deseaban regresar a la tierra de
Jerusalén.
8 Y yo, Nefi, [a]afligido por la dureza de sus corazones, les hablé,
sí, a Lamán y a Lemuel, diciendo:
He aquí, vosotros sois mis hermanos mayores y, ¿cómo es que
sois tan duros de corazón, y tan
ciegos de entendimiento, que tenéis necesidad de que yo, vuestro
hermano menor, tenga que hablaros, sí, y daros el ejemplo?
9 ¿Cómo es que no habéis escuchado la palabra del Señor?
10 ¿Cómo es que os habéis [a]ol-
vidado de haber visto a un ángel
del Señor?
11 Sí, y, ¿cómo es que habéis
olvidado cuán grandes cosas el
Señor ha hecho por nosotros, [a]li-
brándonos de las manos de Labán, y también ayudándonos a
obtener los anales?
12 Sí, y, ¿cómo es que habéis olvidado que el Señor tiene poder
de hacer todas las [a]cosas según
su voluntad, para los hijos de los

7 1*a* 1 Ne. 5:17–19.
b 1 Ne. 16:7.
c GEE Matrimonio.
2*a* 1 Ne. 16:7–8.
3*a* 1 Ne. 3:2–3.
6*a* 2 Ne. 4:10.
8*a* Alma 31:2; Moisés 7:41.
10*a* Deut. 4:9; 1 Ne. 3:29; 4:3.
11*a* 1 Ne. 4.
12*a* 1 Ne. 17:50; Alma 26:12.

hombres, si es que ejercen la [b]fe
en él? Por tanto, seámosle fieles.
13 Y si es que le somos fieles,
obtendremos la [a]tierra de promisión; y sabréis en un tiempo venidero que será cumplida la palabra
del Señor respecto a la [b]destruc-
ción de Jerusalén; porque todo
cuanto el Señor ha dicho respecto
de su destrucción se cumplirá.
14 Pues he aquí, el Espíritu del
Señor pronto cesará de luchar
con ellos; porque han [a]rechazado
a los profetas y han arrojado a
[b]Jeremías en una prisión. Y han
procurado quitarle la [c]vida a mi
padre, hasta el punto de hacerlo
huir del país.
15 Y ahora bien, he aquí os digo
que si volvéis a Jerusalén, también pereceréis con ellos. Así
pues, si lo preferís, subid allá,
y recordad las palabras que os
hablo, que si vais, también pereceréis; porque así me constriñe a
hablar el Espíritu del Señor.
16 Y aconteció que cuando yo,
Nefi, hube hablado estas palabras a mis hermanos, se irritaron
contra mí. Y se lanzaron sobre
mí, porque se habían enojado en
extremo, y me [a]ataron con cuerdas, pues intentaban quitarme la
vida, para luego abandonarme
en el desierto, a fin de que fuera
devorado por animales salvajes.
17 Pero aconteció que oré al Señor, diciendo: ¡Oh Señor, según
mi fe en ti, líbrame de las manos
de mis hermanos; sí, dame fuerzas para [a]romper estas ligaduras
que me sujetan!
18 Y cuando hube pronunciado
estas palabras, he aquí, fueron
sueltas las ligaduras de mis manos y de mis pies, y poniéndome
delante de mis hermanos, les hablé otra vez.
19 Y aconteció que se enfurecieron conmigo de nuevo y trataron de apoderarse de mí; pero he
aquí, una de las [a]hijas de Ismael,
sí, y también su madre y uno de
los hijos de Ismael, suplicaron a
mis hermanos de tal manera que
ablandaron sus corazones, y cesaron en sus esfuerzos por quitarme la vida.
20 Y sucedió que se sintieron
apesadumbrados de su maldad,
al grado de que se inclinaron delante de mí, suplicándome que
les perdonara aquello que habían
hecho conmigo.
21 Y aconteció que les [a]perdoné
sinceramente todo cuanto me habían hecho, y los exhorté a que
pidieran al Señor su Dios que los
perdonara. Y aconteció que así
lo hicieron. Y después de haber
orado al Señor, emprendimos otra
vez la marcha hacia la tienda de
nuestro padre.
22 Y aconteció que bajamos a la
tienda de nuestro padre; y cuando
yo, mis hermanos y toda la casa de

12*b* 1 Ne. 3:7; 15:11.
13*a* 1 Ne. 2:20.
GEE Tierra prometida.
b 2 Rey. 25:1–21;
2 Ne. 6:8; 25:10;
Omni 1:15; Hel. 8:20–21.
14*a* Ezeq. 5:6;
1 Ne. 1:18–20; 2:13.
GEE Rebelión.
b Jer. 37:15–21.
c 1 Ne. 2:1.
16*a* 1 Ne. 18:11–15.
17*a* Alma 14:26–28.
19*a* 1 Ne. 16:7.
21*a* GEE Perdonar.

Ismael hubimos llegado a la tienda
de mi padre, ellos dieron [a]gracias
al Señor su Dios; y le ofrecieron
[b]sacrificios y holocaustos.

CAPÍTULO 8

Lehi ve una visión del árbol de la vida — Come de su fruto y desea que su familia haga lo mismo — Ve una barra de hierro, un sendero estrecho y angosto y el vapor de tinieblas que envuelve a los hombres — Saríah, Nefi y Sam comen del fruto, pero Lamán y Lemuel no quieren hacerlo. Aproximadamente 600–592 a.C.

Y ACONTECIÓ que habíamos recogido toda suerte de semillas de
toda especie, tanto de granos de
todas clases, como de todo género
de frutas.
2 Y sucedió que mientras mi padre estaba en el desierto, nos habló, diciendo: He aquí, he [a]soñado
un sueño o, en otras palabras, he
visto una [b]visión.
3 Y he aquí, a causa de las cosas
que he visto, tengo por qué regocijarme en el Señor por motivo
de [a]Nefi y de Sam; porque tengo
razón para suponer que ellos y
también muchos de sus descendientes se salvarán.
4 Pero he aquí, [a]Lamán y Lemuel, temo en gran manera por
causa de vosotros; pues he aquí,
me pareció ver en mi sueño un
desierto obscuro y lúgubre.
5 Y aconteció que vi a un hombre vestido con un [a]manto blanco,
el cual llegó y se puso delante
de mí.
6 Y sucedió que me habló y me
mandó que lo siguiera.
7 Y aconteció que mientras lo
seguía, vi que me hallaba en un
desierto obscuro y lúgubre.
8 Y después de haber caminado
en la obscuridad por el espacio de
muchas horas, empecé a implorarle
al Señor que tuviera [a]misericordia
de mí, de acuerdo con la multitud
de sus tiernas misericordias.
9 Y aconteció que después de haber orado al Señor, vi un [a]campo
grande y espacioso.
10 Y sucedió que vi un [a]árbol
cuyo [b]fruto era deseable para hacer a uno feliz.
11 Y aconteció que me adelanté
y comí de su [a]fruto; y percibí que
era de lo más dulce, superior a
todo cuanto yo había probado
antes. Sí, y vi que su fruto era
blanco, y excedía a toda [b]blancura
que yo jamás hubiera visto.
12 Y al comer de su fruto,
mi alma se llenó de un [a]gozo
inmenso; por lo que [b]deseé que
participara también de él mi
familia, pues sabía que su fruto
era [c]preferible a todos los demás.

22*a* GEE Acción de gracias, agradecido, agradecimiento.
b 1 Ne. 5:9.
8 2*a* GEE Revelación; Sueños.
b 1 Ne. 10:17. GEE Visión.
3*a* 1 Ne. 8:14–18.
4*a* 1 Ne. 8:35–36.
5*a* JS—H 1:30–32.
8*a* GEE Misericordia, misericordioso.
9*a* Mateo 13:38.
10*a* Gén. 2:9; Apoc. 2:7; 22:2; 1 Ne. 11:4, 8–25. GEE Árbol de la vida.
b Alma 32:41–43.
11*a* Alma 5:34.
b 1 Ne. 11:8.
12*a* GEE Gozo.
b Alma 36:24.
c 1 Ne. 15:36.

13 Y al dirigir la mirada en
derredor, por si acaso descu-
bría a mi familia también, vi un
[a]río de agua; y corría cerca del
árbol de cuyo fruto yo estaba
comiendo.
14 Y miré para ver de dónde
procedía, y vi su fuente no muy
lejos de mí; y en su manantial vi
a vuestra madre, Saríah, y a Sam
y a Nefi; y estaban allí como si no
supieran a dónde ir.
15 Y aconteció que les hice señas
y también les dije en voz alta que
vinieran hacia mí y participaran
de aquel fruto que era preferible
a todos los demás.
16 Y sucedió que vinieron hacia
mí y también comieron del fruto
del árbol.
17 Y aconteció que yo sentí deseos de que Lamán y Lemuel vinieran y comieran también de
aquel fruto; por tanto, dirigí la
vista hacia el manantial del río
por si acaso los veía.
18 Y aconteció que los vi, pero
[a]no quisieron venir hacia mí para
comer del fruto.
19 Y percibí una [a]barra de hierro que se extendía por la orilla
del río y conducía al árbol donde
yo estaba.
20 Y vi también un sendero
[a]estrecho y angosto que corría
a un lado de la barra de hierro
hasta el árbol, al lado del cual
me hallaba; y también pasaba por
donde brotaba el manantial hasta
un [b]campo grande y espacioso a
semejanza de un mundo.
21 Y vi innumerables concursos
de gentes, muchas de las cuales
se estaban apremiando a fin de
llegar al [a]sendero que conducía al
árbol al lado del cual me hallaba.
22 Y aconteció que se adelantaron y emprendieron la marcha
por el sendero que conducía al
árbol.
23 Y ocurrió que surgió un [a]va-
por de tinieblas, sí, un sumamente
extenso vapor de tinieblas, tanto
así que los que habían entrado
en el sendero se apartaron del
camino, de manera que se desviaron y se perdieron.
24 Y sucedió que vi a otros que
se adelantaban, y llegaron y se
asieron del extremo de la barra de
hierro, y avanzaron a través del
vapor de tinieblas, asidos a la barra de hierro, hasta que llegaron y
participaron del [a]fruto del árbol.
25 Y después de haber comido
del fruto del árbol, miraron en
derredor de ellos, como si se hallasen [a]avergonzados.
26 Y yo también dirigí la mirada alrededor, y vi del otro lado
del río un edificio grande y [a]es-
pacioso que parecía erguirse

13*a* 1 Ne. 12:16–18; 15:26–29.
18*a* 2 Ne. 5:20–25.
19*a* Sal. 2:9; Apoc. 12:5; TJS Apoc. 19:15 (Apéndice — Biblia); 1 Ne. 8:30; 11:25; 15:23–24.
20*a* Mateo 7:14; 2 Ne. 31:17–20.
b Mateo 13:38.
21*a* GEE Camino (vía).
23*a* 1 Ne. 12:17; 15:24.
24*a* 1 Ne. 8:10–12.
25*a* Rom. 1:16; 2 Tim. 1:8; Alma 46:21; Morm. 8:38.
26*a* 1 Ne. 11:35–36; 12:18.

en el aire, a gran altura de la tierra.

27 Y estaba lleno de personas, tanto ancianas como jóvenes, hombres así como mujeres; y la ropa que vestían era excesivamente fina; y se hallaban en [a]actitud de estar burlándose y señalando con el dedo a los que habían llegado hasta el fruto y estaban comiendo de él.

28 Y después que hubieron [a]probado del fruto, se [b]avergonzaron a causa de los que se mofaban de ellos; y [c]cayeron en senderos prohibidos y se perdieron.

29 Y ahora bien, yo, Nefi, no relato [a]todas las palabras de mi padre;

30 pero para ser breve en lo que escribo, he aquí, él vio otras multitudes que avanzaban; y llegaron y se agarraron del extremo de la [a]barra de hierro; y siguieron hacia adelante, asidos constantemente a la barra de hierro, hasta que llegaron, y se postraron, y comieron del fruto del árbol.

31 Y vio también otras [a]multitudes que se dirigían a tientas hacia el grande y espacioso edificio.

32 Y aconteció que muchos se ahogaron en las profundidades de la [a]fuente; y muchos otros desaparecieron de su vista, desviándose por senderos extraños.

33 Y grande era la multitud que entraba en aquel singular edificio. Y después de entrar en él nos señalaban con dedo de [a]escarnio a mí y también a los que participaban del fruto; pero no les hicimos caso.

34 Estas son las palabras de mi padre: Pues todos los que les [a]hicieron caso se perdieron.

35 Y ni [a]Lamán ni Lemuel comieron del fruto, dijo mi padre.

36 Y aconteció que luego que mi padre hubo relatado todas las palabras de su sueño o visión, que fueron muchas, nos dijo que a causa de estas cosas que había visto en la visión, temía en gran manera por Lamán y Lemuel; sí, temía que fueran desterrados de la presencia del Señor.

37 Y entonces los exhortó, con todo el sentimiento de un tierno [a]padre, a que escucharan sus consejos, para que quizá el Señor tuviera misericordia de ellos y no los desechara; sí, mi padre les predicó.

38 Y después de haberles predicado, y también profetizado de muchas cosas, les mandó que guardaran los mandamientos del Señor; y cesó de hablarles.

CAPÍTULO 9

Nefi prepara dos juegos de anales — A cada uno se da el nombre de

27*a* GEE Orgullo.
28*a* 2 Pe. 2:19–22.
b Marcos 4:14–20; 8:38; Lucas 8:11–15; Juan 12:42–43.
c GEE Apostasía.
29*a* 1 Ne. 1:16–17.
30*a* 1 Ne. 15:23–24.
31*a* Mateo 7:13.
32*a* 1 Ne. 15:26–29.
33*a* GEE Persecución, perseguir.
34*a* Éx. 23:2.
35*a* 1 Ne. 8:17–18; 2 Ne. 5:19–24.
37*a* GEE Familia; Padres.

lanchas de Nefi — Las planchas mayores contienen una historia seglar; as menores tienen que ver principalnente con cosas sagradas. Aproximalamente 600–592 a.C.

Y TODAS estas cosas mi padre vio, oyó y dijo mientras vivía en una tienda en el [a]valle de Lemuel, como también muchísimas otras cosas más que no se pueden escribir sobre estas planchas.

2 Ahora bien, ya que he hablado de estas planchas, he aquí, no son las mismas sobre las que escribo la historia completa de mi pueblo; pues a [a]aquellas en que hago la relación completa de mi pueblo he dado el nombre de Nefi; y por tanto, se llaman las planchas de Nefi, conforme a mi propio nombre; y estas planchas también se llaman las planchas de Nefi.

3 Sin embargo, he recibido un mandato del Señor de que hiciera estas planchas para el [a]objeto especial de que se grabase una relación del [b]ministerio de mi pueblo.

4 Sobre las otras planchas se debe grabar la historia del reinado de los reyes, y las guerras y contiendas de mi pueblo; por lo tanto, estas planchas son mayormente para el ministerio; y las [a]otras son principalmente para el reinado de los reyes, y las guerras y contenciones de mi pueblo.

5 Por tanto, el Señor me ha mandado hacer estas planchas para un [a]sabio propósito suyo, el cual me es desconocido.

6 Pero el Señor [a]sabe todas las cosas desde el principio; por tanto, él prepara una vía para realizar todas sus obras entre los hijos de los hombres; porque, he aquí, él tiene todo [b]poder para el cumplimiento de todas sus palabras. Y así es. Amén.

CAPÍTULO 10

Lehi predice la cautividad en Babilonia — Habla de la venida entre los judíos de un Mesías, un Salvador, un Redentor — Lehi habla también de la venida del que bautizaría al Cordero de Dios — Lehi habla de la muerte y de la resurrección del Mesías — Compara el esparcimiento y el recogimiento de Israel con un olivo — Nefi habla acerca del Hijo de Dios, del don del Espíritu Santo y de la necesidad de que haya rectitud. Aproximadamente 600–592 a.C.

Y AHORA yo, Nefi, procedo a hacer un relato sobre [a]estas planchas de la historia de mis hechos, y mi reinado y ministerio; así pues, para continuar con mi relación, debo decir algo más

9 1*a* 1 Ne. 2:4–6, 8, 14–15; 16:6.
2*a* 1 Ne. 19:2, 4; Jacob 3:13–14; P. de Morm. 1:2–11; DyC 10:38–40. GEE Planchas.
3*a* DyC 3:19.
b 1 Ne. 6:3.
4*a* Jacob 1:2–4; P. de Morm. 1:10.
5*a* 1 Ne. 19:3; P. de Morm. 1:7; Alma 37:2, 12, 14.
6*a* 2 Ne. 9:20; DyC 38:2; Moisés 1:6, 35. GEE Omnisciente.
b Mateo 28:18.
10 1*a* 1 Ne. 9:1–5; 19:1–6; Jacob 1:1–4.

acerca de las cosas de mi padre y también de mis hermanos.

2 Porque he aquí, aconteció que luego que mi padre hubo concluido de relatar acerca de su [a]sueño, y también de exhortarlos a ejercer toda diligencia, les habló acerca de los judíos,

3 que después que fuesen destruidos, sí, esa gran ciudad de [a]Jerusalén, y muchos de ellos fuesen [b]llevados cautivos a [c]Babilonia, [d]volverían otra vez de acuerdo con el propio y debido tiempo del Señor, sí, volverían de su cautividad; y después de volver de su cautividad, poseerían otra vez la tierra de su herencia.

4 Sí, [a]seiscientos años después de la partida de mi padre de Jerusalén, el Señor Dios levantaría a un [b]profeta entre los judíos: sí, un [c]Mesías, o, en otras palabras, un Salvador del mundo.

5 Y también habló concerniente a los profetas: del gran número que había [a]testificado de estas cosas referentes a este Mesías de quien él había hablado, o sea, de este Redentor del mundo.

6 Por lo tanto, todo el género humano se hallaba en un estado perdido y [a]caído, y lo estaría para siempre, a menos que confiase en este Redentor.

7 Y también les habló acerca de un [a]profeta que habría de preceder al Mesías, para preparar la vía del Señor;

8 sí, y que saldría y proclamaría en el desierto: [a]Preparad el camino del Señor y enderezad sus sendas, porque entre vosotros se halla uno a quien no conocéis; y más poderoso es que yo, y de quien no soy digno de desatar la correa de su zapato. Y mi padre habló mucho tocante a esta cosa.

9 Y mi padre dijo que bautizaría en [a]Betábara, del otro lado del Jordán; y también dijo que [b]bautizaría con agua; que aun bautizaría al Mesías con agua;

10 y que después de haber bautizado al Mesías con agua, vería y daría testimonio de haber bautizado al [a]Cordero de Dios, que quitaría los pecados del mundo.

11 Y aconteció que luego que mi padre hubo dicho estas palabras, habló a mis hermanos tocante al evangelio que sería predicado entre los judíos, y también concerniente a que los judíos [a]degenerarían en la [b]incredulidad. Y luego que hubiesen

2*a* 1 Ne. 8.
3*a* Ester 2:6; 2 Ne. 6:8; Hel. 8:20–21.
b 587 a.C.; véase Cronología en el Apéndice. 2 Ne. 25:10.
c Ezeq. 24:2; 1 Ne. 1:13; Omni 1:15.
d Jer. 29:10; 2 Ne. 6:8–9.
4*a* 1 Ne. 19:8; 2 Ne. 25:19; 3 Ne. 1:1.
b 1 Ne. 22:20–21.
c GEE Mesías.
5*a* Jacob 7:11; Mos. 13:33; Hel. 8:19–24; 3 Ne. 20:23–24.
6*a* GEE Caída de Adán y Eva.
7*a* 1 Ne. 11:27; 2 Ne. 31:4.
8*a* Isa. 40:3; Mateo 3:1–3.
9*a* Juan 1:28.
b GEE Juan el Bautista.
10*a* GEE Cordero de Dios.
11*a* Jacob 4:14–18.
b Morm. 5:14.

[c]dado muerte al Mesías que habría de venir, y después de haber
sido muerto, [d]resucitaría de entre
los muertos y se manifestaría a
los gentiles por medio del [e]Espí-
ritu Santo.
12 Sí, mucho habló mi padre
acerca de los gentiles y también
de la casa de Israel, que se les
compararía a un [a]olivo, cuyas
ramas serían desgajadas y [b]es-
parcidas sobre toda la faz de
la tierra.
13 Por tanto, dijo que era necesario que fuéramos conducidos
unánimemente a la [a]tierra de promisión, para que se cumpliese la
palabra del Señor de que seríamos dispersados sobre toda la
faz de la tierra.
14 Y que después que la casa
de Israel fuese esparcida, sería
de nuevo [a]recogida; o, en una
palabra, después que los [b]genti-
les hubiesen recibido la plenitud
del evangelio, las ramas naturales
del [c]olivo, o sea, los restos de la
casa de Israel, serían injertados,
o llegarían al conocimiento del
verdadero Mesías, su Señor y su
Redentor.
15 Y con estas palabras mi padre profetizó y habló a mis hermanos, y también muchas otras
cosas que no escribo en este libro;
porque he escrito en mi [a]otro libro cuanto me pareció conveniente.
16 Y todas estas cosas, de las
cuales he hablado, sucedieron
mientras mi padre vivía en una
tienda en el valle de Lemuel.
17 Y aconteció que después que
yo, Nefi, hube oído todas las [a]pa-
labras de mi padre concernientes
a las cosas que había visto en su
[b]visión, y también las cosas que
habló por el poder del Espíritu
Santo, poder que recibió por la
fe que tenía en el Hijo de Dios
—y el Hijo de Dios era el [c]Mesías
que habría de venir— yo, Nefi,
sentí deseos de que también yo
viera, oyera y supiera de estas
cosas, por el poder del [d]Espíritu
Santo, que es el don de Dios para
todos aquellos que lo buscan [e]di-
ligentemente, tanto en tiempos
[f]pasados como en el tiempo en
que se manifieste él mismo a los
hijos de los hombres.
18 Porque él es siempre
el [a]mismo ayer, hoy y para
siempre; y la vía ha sido preparada para todos los hombres
desde la fundación del mundo,
si es que se arrepienten y vienen a él.

11*c* GEE Crucifixión; Jesucristo.
d GEE Resurrección.
e GEE Espíritu Santo.
12*a* Gén. 49:22–26; 1 Ne. 15:12; 2 Ne. 3:4–5; Jacob 5; 6:1–7. GEE Olivo, Viña del Señor.
b 1 Ne. 22:3–8. GEE Israel — El esparcimiento de Israel.
13*a* 1 Ne. 2:20. GEE Tierra prometida.
14*a* GEE Israel — La congregación de Israel.
b 1 Ne. 13:42; DyC 14:10.
c Jacob 5:8, 52, 54, 60, 68.
15*a* 1 Ne. 1:16–17.
17*a* Enós 1:3; Alma 36:17.
b 1 Ne. 8:2.
c GEE Mesías.
d GEE Espíritu Santo.
e Moro. 10:4–5, 7, 19.
f DyC 20:26.
18*a* Heb. 13:8; Morm. 9:9; DyC 20:12. GEE Trinidad.

19 Porque el que con diligencia
busca, hallará; y los [a]misterios
de Dios le serán descubiertos
por el poder del [b]Espíritu Santo,
lo mismo en estos días como en
tiempos pasados, y lo mismo en
tiempos pasados como en los
venideros; por tanto, la [c]vía del
Señor es un giro eterno.
20 Recuerda, pues, oh hombre,
que por todos tus hechos serás
traído a [a]juicio.
21 Por lo que, si habéis procurado hacer lo malo en los días
de vuestra [a]probación, entonces
os halláis [b]impuros ante el tribunal de Dios; y ninguna cosa impura puede morar con Dios; así
que, debéis ser desechados para
siempre.
22 Y el Espíritu Santo me da
autoridad para que declare estas
cosas y no las retenga.

CAPÍTULO 11

Nefi ve el Espíritu del Señor y se le muestra el árbol de la vida en una visión — Ve a la madre del Hijo de Dios y aprende acerca de la condescendencia de Dios — Ve el bautismo, el ministerio y la crucifixión del Cordero de Dios — Ve también el llamamiento y ministerio de los Doce Apóstoles del Cordero. Aproximadamente 600–592 a.C.

PUES sucedió que después que
hube deseado conocer las cosas
que mi padre había visto, y creyendo que el Señor podía hacér-
melas saber, mientras estaba yo
sentado [a]reflexionando sobre esto,
fui [b]arrebatado en el Espíritu del
Señor, sí, hasta una [c]montaña extremadamente alta que nunca
antes había visto, y sobre la cual
nunca había puesto mis pies.
2 Y me dijo el Espíritu: He aquí,
¿qué es lo que tú deseas?
3 Y yo dije: Deseo ver las cosas
que mi padre [a]vio.
4 Y el Espíritu me dijo: ¿Crees
que tu padre vio el [a]árbol del cual
ha hablado?
5 Y respondí: Sí, tú sabes que
[a]creo todas las palabras de mi
padre.
6 Y cuando hube pronunciado
estas palabras, el Espíritu exclamó en voz alta: ¡Hosanna al
Señor, el Más Alto Dios, porque
él es Dios sobre toda la [a]tierra,
sí, sobre todo! Y bendito eres tú,
Nefi, porque [b]crees en el Hijo del
Más Alto Dios; por lo tanto, verás
las cosas que has deseado.
7 Y he aquí, esto te será dado
por [a]señal: que después que hayas

19*a* GEE Misterios de Dios.
b GEE Espíritu Santo.
c Alma 7:20; DyC 3:2; 35:1.
20*a* Ecle. 12:14; 2 Ne. 9:46. GEE Juicio final.
21*a* Alma 34:32–35.
b 1 Cor. 6:9–10; 3 Ne. 27:19; DyC 76:50–62; Moisés 6:57.
11 1*a* DyC 76:19. GEE Meditar.
b 2 Cor. 12:1–4; Apoc. 21:10; 2 Ne. 4:25; Moisés 1:1.
c Deut. 10:1; Éter 3:1.
3*a* 1 Ne. 8:2–34.
4*a* 1 Ne. 8:10–12; 15:21–22.
5*a* 1 Ne. 2:16.
6*a* Éx. 9:29; 2 Ne. 29:7; 3 Ne. 11:14; Moisés 6:44.
b GEE Creencia, creer.
7*a* GEE Señal.

visto el árbol que dio el fruto que tu padre probó, también verás a un hombre que desciende del cielo, y lo presenciarás; y después que lo hayas presenciado, [b]darás testimonio de que es el Hijo de Dios.

8 Y aconteció que me dijo el Espíritu: ¡Mira! Y miré y vi un árbol; y era semejante al [a]que mi padre había visto; y su belleza era muy superior, sí, sobrepujaba a toda otra belleza; y su [b]blancura excedía a la blancura de la nieve misma.

9 Y sucedió que después que hube visto el árbol, le dije al Espíritu: Veo que me has mostrado el árbol que es más [a]precioso que todos.

10 Y me preguntó: ¿Qué deseas tú?

11 Y le dije: Deseo saber la [a]interpretación de ello, pues le hablaba como habla el hombre; porque vi que tenía la [b]forma de hombre. No obstante, yo sabía que era el Espíritu del Señor; y él me hablaba como un hombre habla con otro.

12 Y aconteció que me dijo: ¡Mira! Y miré para verlo, pero no lo vi más, pues se había retirado de mi presencia.

13 Y sucedió que miré, y vi la gran ciudad de Jerusalén, y también otras ciudades. Y vi la ciudad de Nazaret, y en [a]ella vi a una [b]virgen, y era sumamente hermosa y blanca.

14 Y ocurrió que vi abrirse los [a]cielos; y un ángel descendió y se puso delante de mí, y me dijo: Nefi, ¿qué es lo que ves?

15 Y le contesté: Una virgen, más hermosa y pura que toda otra virgen.

16 Y me dijo: ¿Comprendes la condescendencia de Dios?

17 Y le respondí: Sé que ama a sus hijos; sin embargo, no sé el significado de todas las cosas.

18 Y me dijo: He aquí, la [a]virgen que tú ves es la [b]madre del Hijo de Dios, según la carne.

19 Y aconteció que vi que fue llevada en el Espíritu; y después que hubo sido llevada en el [a]Espíritu por cierto espacio de tiempo, me habló el ángel, diciendo: ¡Mira!

20 Y miré, y vi de nuevo a la virgen llevando a un [a]niño en sus brazos.

21 Y el ángel me dijo: ¡He aquí, el [a]Cordero de Dios, sí, el [b]Hijo del [c]Padre Eterno! ¿Comprendes el significado del [d]árbol que tu padre vio?

22 Y le contesté, diciendo: Sí, es el [a]amor de Dios que se derrama ampliamente en el corazón de

---

7*b* GEE Testimonio.
8*a* 1 Ne. 8:10.
b 1 Ne. 8:11.
9*a* 1 Ne. 11:22–25.
11*a* Gén. 40:8.
b Éter 3:15–16.
13*a* Mateo 2:23.
b Lucas 1:26–27; Alma 7:10. GEE María, madre de Jesús.
14*a* Ezeq. 1:1; 1 Ne. 1:8.
18*a* Isa. 7:14; Lucas 1:34–35.
b Mos. 3:8.
19*a* Mateo 1:20.
20*a* Lucas 2:16.
21*a* GEE Cordero de Dios.
b GEE Jesucristo.
c GEE Trinidad — Dios el Padre.
d 1 Ne. 8:10; Alma 5:62. GEE Árbol de la vida.
22*a* GEE Amor.

los hijos de los hombres; por lo
tanto, es más deseable que todas
las cosas.
23 Y él me habló, diciendo: Sí, y
el de mayor [a]gozo para el alma.
24 Y cuando hubo pronunciado
estas palabras, me dijo: ¡Mira! Y
miré, y vi al Hijo de Dios que [a]iba
entre los hijos de los hombres; y
vi a muchos que caían a sus pies
y lo adoraban.
25 Y aconteció que vi que la
[a]barra de hierro que mi padre
había visto representaba la palabra de Dios, la cual conducía
a la fuente de [b]aguas vivas o [c]ár-
bol de la vida; y estas aguas son
una representación del amor de
Dios; y también vi que el árbol
de la vida representaba el amor
de Dios.
26 Y el ángel me dijo de nuevo:
¡Mira, y ve la [a]condescendencia
de Dios!
27 Y miré, y [a]vi al Redentor
del mundo, de quien mi padre
había hablado, y vi también al
[b]profeta que habría de preparar
la vía delante de él. Y el Cordero
de Dios se adelantó y fue [c]bau-
tizado por él; y después que fue
bautizado, vi abrirse los cielos, y
al Espíritu Santo descender del
cielo y reposar sobre él en forma
de [d]paloma.
28 Y vi que salió, ejerciendo
su ministerio entre el pueblo
con [a]poder y gran gloria; y se
reunían las multitudes para escucharlo; y vi que lo echaron de
entre ellos.
29 Y vi también a [a]doce más que
lo seguían. Y aconteció que fueron llevados en el Espíritu de delante de mi faz, de modo que no
los vi más.
30 Y aconteció que me habló de
nuevo el ángel, diciendo: ¡Mira! Y
miré, y vi que se abrían de nuevo
los cielos, y que descendían [a]án-
geles sobre los hijos de los hombres; y les ministraban.
31 Y de nuevo me habló, diciendo: ¡Mira! Y miré, y vi al
Cordero de Dios que iba entre
los hijos de los hombres. Y vi a
multitudes de personas que estaban enfermas y afligidas con toda
clase de males, y con [a]demonios y
con [b]espíritus impuros; y el ángel
me habló y me mostró todas estas
cosas. Y fueron [c]sanadas por el
poder del Cordero de Dios; y los
demonios y los espíritus impuros
fueron echados fuera.
32 Y aconteció que me habló
otra vez el ángel, diciendo: ¡Mira!
Y miré, y vi al Cordero de Dios,
y que el pueblo lo apresó; sí, vi
que el Hijo del sempiterno Dios

23*a* GEE Gozo.
24*a* Lucas 4:14–21.
25*a* 1 Ne. 8:19.
b GEE Agua(s) viva(s).
c Gén. 2:9; Alma 32:40–41; Moisés 4:28, 31.
26*a* 1 Ne. 11:16–33.
27*a* 2 Ne. 25:13.
b Mateo 11:10; 1 Ne. 10:7–10; 2 Ne. 31:4.
c GEE Bautismo, bautizar.
d GEE Paloma, señal de la.
28*a* DyC 138:25–26.
29*a* GEE Apóstol.
30*a* GEE Ángeles.
31*a* Marcos 5:15–20; Mos. 3:5–7. GEE Diablo.
b GEE Espíritu — Espíritus inmundos.
c GEE Sanar, sanidades.

fue [a]juzgado por el mundo; y yo
vi, y doy testimonio.
33 Y yo, Nefi, vi que fue levantado sobre la [a]cruz y [b]muerto por
los pecados del mundo.
34 Y después que fue muerto, vi
a las multitudes de la tierra, y que
estaban reunidas para combatir
contra los apóstoles del Cordero;
porque así llamó a los doce el ángel del Señor.
35 Y estaban reunidas las multitudes de la tierra; y vi que se
hallaban en un vasto y espacioso
[a]edificio, semejante al que mi padre vio. Y de nuevo me habló el
ángel del Señor, diciendo: He
aquí el mundo y su sabiduría;
sí, he aquí, la casa de Israel se ha
reunido para combatir contra los
doce apóstoles del Cordero.
36 Y aconteció que vi, y doy testimonio de que el grande y espacioso edificio representaba el
[a]orgullo del mundo; y cayó, y su
caída fue grande en extremo. Y me
habló otra vez el ángel del Señor,
diciendo: Así será la destrucción
de todas las naciones, tribus, lenguas y pueblos que combatan contra los doce apóstoles del Cordero.

CAPÍTULO 12

Nefi ve en visión la tierra de promisión; la rectitud, la iniquidad y la caída de sus habitantes; la venida del Cordero de Dios entre ellos; que los Doce Discípulos y los Doce Apóstoles juzgarán a Israel; y el estado aborrecible y sucio de aquellos que degeneran en la incredulidad. Aproximadamente 600–592 a.C.

Y ACONTECIÓ que me dijo el ángel: Mira y ve a tu posteridad
y también la posteridad de tus
hermanos. Y miré, y vi la [a]tierra
de promisión; y vi multitudes
de gentes, sí, cual si fuera en tan
inmenso número como la arena
del mar.
2 Y sucedió que vi a las multitudes reunidas para combatir
unas contra otras; y vi [a]guerras y
rumores de guerras, y vi la gran
mortandad causada por la espada
entre los de mi pueblo.
3 Y aconteció que vi pasar muchas generaciones en guerras y
contiendas en la tierra; y vi un
gran número de ciudades, sí, tantas que no las conté.
4 Y aconteció que vi un [a]vapor de
[b]tinieblas sobre la faz de la tierra
de promisión; y vi relámpagos,
y oí truenos y terremotos y toda
clase de ruidos estrepitosos; y vi
que se hendieron las rocas y la tierra; y vi montañas desplomarse en
pedazos; y vi las llanuras tornarse
escabrosas; y vi que se [c]hundieron
muchas ciudades; y vi que muchas
otras fueron abrasadas por fuego;
y vi muchas que cayeron a tierra
por causa de los terremotos.
5 Y sucedió que después de
presenciar estas cosas, vi que el

32*a* Marcos 15:17–20.
33*a* Juan 19:16–19; Mos. 3:9–10; 3 Ne. 27:14. GEE Cruz.
b GEE Expiación, expiar.
35*a* 1 Ne. 8:26; 12:18.
36*a* GEE Orgullo.
12 1*a* GEE Tierra prometida.
2*a* Enós 1:24; Morm. 8:7–8. GEE Guerra.
4*a* Hel. 14:20–28.
b 1 Ne. 19:10.
c 3 Ne. 8:14.

[a]vapor de tinieblas desaparecía de sobre la faz de la tierra; y he aquí, vi multitudes que no habían caído a causa de los grandes y terribles juicios del Señor.

6 Y vi abrirse los cielos, y al [a]Cordero de Dios que descendía del cielo; y bajó y se manifestó a los que no habían caído.

7 Y también vi y doy testimonio de que el Espíritu Santo descendió sobre otros [a]doce; y fueron ordenados de Dios, y escogidos.

8 Y el ángel me habló, diciendo: He aquí los doce discípulos del Cordero que han sido escogidos para ministrar a los de tu descendencia.

9 Y me dijo: ¿Te acuerdas de los [a]doce apóstoles del Cordero? He aquí, ellos son los que [b]juzgarán a las doce tribus de Israel; por tanto, los doce ministros de tu posteridad serán juzgados por ellos, pues vosotros sois de la casa de Israel.

10 Y estos [a]doce ministros que tú ves juzgarán a tu posteridad. Y he aquí, son justos para siempre; porque a causa de su fe en el Cordero de Dios, sus [b]vestidos son emblanquecidos en su sangre.

11 Y el ángel me dijo: ¡Mira! Y miré, y vi que murieron en rectitud [a]tres generaciones; y sus vestidos eran blancos, así como los del Cordero de Dios; y me dijo el ángel: Estos son emblanquecidos en la sangre del Cordero, a causa de su fe en él.

12 Y yo, Nefi, también vi a muchos de los de la [a]cuarta generación que murieron en rectitud.

13 Y sucedió que vi reunidas a las multitudes de la tierra.

14 Y el ángel me dijo: He aquí tu posteridad, y también la de tus hermanos.

15 Y ocurrió que miré y vi a los de mi posteridad reunidos en multitudes [a]contra la posteridad de mis hermanos; y se hallaban congregados para la batalla.

16 Y el ángel me habló, diciendo: He aquí la fuente de aguas [a]sucias que tu padre vio; sí, el [b]río del que habló; y sus profundidades son las profundidades del [c]infierno.

17 Y los [a]vapores de tinieblas son las tentaciones del diablo que [b]ciegan los ojos y endurecen el corazón de los hijos de los hombres, y los conducen hacia [c]caminos anchos, de modo que perecen y se pierden.

18 Y el vasto y espacioso [a]edificio que tu padre vio representa

5*a* 3 Ne. 8:20; 10:9.
6*a* 2 Ne. 26:1, 9; 3 Ne. 11:3–17.
7*a* 3 Ne. 12:1; 19:12–13.
9*a* Lucas 6:13.
b Mateo 19:28; DyC 29:12. GEE Juicio final.
10*a* 3 Ne. 27:27; Morm. 3:18–19.
b Apoc. 7:14; Alma 5:21–27; 13:11–13; 3 Ne. 27:19–20.
11*a* 2 Ne. 26:9–10; 3 Ne. 27:30–32.
12*a* Alma 45:10–12; Hel. 13:5, 9–10; 3 Ne. 27:32; 4 Ne. 1:14–27.
15*a* Morm. 6.
16*a* GEE Inmundicia, inmundo.
b 1 Ne. 8:13; 15:26–29.
c GEE Infierno.
17*a* 1 Ne. 8:23; 15:24; DyC 10:20–32.
b GEE Apostasía.
c Mateo 7:13–14.
18*a* 1 Ne. 8:26; 11:35–36.

las vanas [b]ilusiones y el [c]orgullo de los hijos de los hombres. Y un grande y terrible [d]abismo los separa; sí, la palabra de la [e]justicia del Dios Eterno y el Mesías, que es el Cordero de Dios, de quien el Espíritu Santo da testimonio desde el principio del mundo hasta hoy, y desde ahora y para siempre.

19 Y mientras el ángel pronunciaba estas palabras, vi que la posteridad de mis hermanos combatía contra la mía, según la palabra del ángel; y a causa del orgullo de mi posteridad y de las [a]tentaciones del diablo, vi que la posteridad de mis hermanos [b]venció a los de mi descendencia.

20 Y aconteció que miré, y vi que los de la posteridad de mis hermanos habían vencido a la mía; y se repartieron en multitudes sobre la superficie de la tierra.

21 Y los vi reunirse en multitudes; y vi entre ellos [a]guerras y rumores de guerras; y en guerras y rumores de guerras, vi pasar muchas generaciones.

22 Y el ángel me dijo: He aquí que estos [a]degenerarán en la incredulidad.

23 Y aconteció que vi, que después que hubieron degenerado en la incredulidad, se convirtieron en una gente [a]obscura, aborrecible y [b]sucia, llena de [c]ocio y de todo género de abominaciones.

CAPÍTULO 13

Nefi ve en visión el establecimiento de la iglesia del diablo entre los gentiles, el descubrimiento y la colonización de las Américas, la pérdida de muchas partes claras y preciosas de la Biblia, el estado resultante de la apostasía de los gentiles, la restauración del Evangelio, el advenimiento de las Escrituras de los últimos días y la edificación de Sion. Aproximadamente 600–592 a.C.

Y ACONTECIÓ que el ángel me habló, diciendo: ¡Mira! Y miré, y vi muchas naciones y reinos.

2 Y me dijo el ángel: ¿Qué ves? Y yo dije: Veo muchas naciones y reinos.

3 Y me dijo él a mí: Estas son las naciones y los reinos de los gentiles.

4 Y aconteció que vi entre las naciones de los [a]gentiles la formación de una [b]grande iglesia.

5 Y el ángel me dijo: He aquí la formación de una iglesia que es la más abominable de todas las demás iglesias, que [a]mata a los santos de Dios, sí, y los atormenta y los oprime, y los unce con

18*b* Jer. 7:24.
c GEE Orgullo.
d Lucas 16:26;
1 Ne. 15:28–30.
e GEE Justicia.
19*a* GEE Tentación, tentar.
b Jarom 1:10;
P. de Morm. 1:1–2.
21*a* Morm. 8:8;
Moro. 1:2.
GEE Guerra.
22*a* 1 Ne. 15:13;
2 Ne. 26:15.
23*a* 2 Ne. 26:33.
b 2 Ne. 5:20–25.
c GEE Ociosidad, ocioso.
13 4*a* GEE Gentiles.
b 1 Ne. 13:26, 34; 14:3, 9–17.
5*a* Apoc. 17:3–6;
1 Ne. 14:13.

un [b]yugo de hierro, y los reduce al cautiverio.

6 Y aconteció que vi esta [a]grande y abominable iglesia, y vi que el [b]diablo fue su fundador.

7 Y vi también [a]oro y plata y sedas y escarlatas y linos de fino tejido y toda especie de vestiduras preciosas; y vi muchas rameras.

8 Y el ángel me habló, diciendo: He aquí, el oro y la plata, las sedas y escarlatas, y los linos de fino tejido, y los preciosos vestidos, y las rameras, son lo que [a]desea esta grande y abominable iglesia.

9 Y también, por motivo de las alabanzas del mundo, [a]destruyen a los santos de Dios y los reducen al cautiverio.

10 Y sucedió que miré, y vi muchas aguas; y estas separaban a los gentiles de la posteridad de mis hermanos.

11 Y aconteció que el ángel me dijo: He aquí, la ira de Dios está sobre la posteridad de tus hermanos.

12 Y miré, y vi entre los gentiles a un hombre que estaba separado de la posteridad de mis hermanos por las muchas aguas; y vi que el [a]Espíritu de Dios descendió y obró sobre él; y el hombre partió sobre las muchas aguas, sí, hasta donde estaban los descendientes de mis hermanos que se encontraban en la tierra prometida.

13 Y aconteció que vi al Espíritu de Dios que obraba sobre otros gentiles, y salieron de su cautividad, cruzando las muchas aguas.

14 Y sucedió que vi muchas [a]multitudes de gentiles sobre la [b]tierra de promisión, y vi que la ira de Dios vino sobre los descendientes de mis hermanos, y fueron [c]dispersados delante de los gentiles, y afligidos.

15 Y vi que el Espíritu del Señor estaba sobre los gentiles, y prosperaron y obtuvieron la [a]tierra por herencia; y vi que eran blancos y muy [b]bellos y hermosos, semejantes a los de mi pueblo antes que los [c]mataran.

16 Y aconteció que yo, Nefi, vi que los gentiles que habían salido de la cautividad se humillaron delante del Señor, y el poder del Señor estaba con [a]ellos.

17 Y vi que las madres patrias de los gentiles se hallaban reunidas sobre las aguas, y sobre la tierra también, para combatirlos.

18 Y vi que el poder de Dios estaba con ellos, y también que la ira de Dios pesaba sobre todos aquellos que estaban

5*b* Jer. 28:10–14.
6*a* DyC 88:94.
GEE Diablo — La iglesia del diablo.
b 1 Ne. 22:22–23.
7*a* Morm. 8:36–38.
8*a* Apoc. 18:10–24;
Morm. 8:35–38.
9*a* Apoc. 13:4–7.
12*a* GEE Inspiración, inspirar.
14*a* 2 Ne. 1:11;
Morm. 5:19–20.
b GEE Tierra prometida.
c 1 Ne. 22:7–8.
GEE Israel — El esparcimiento de Israel.
15*a* 2 Ne. 10:19.
b 2 Ne. 5:21.
c Morm. 6:17–22.
16*a* DyC 101:80.

congregados en contra de ellos
para la lucha.
19 Y yo, Nefi, vi que los gentiles
que habían salido de la cautividad fueron [a]librados por el poder
de Dios de las manos de todas las
demás naciones.
20 Y ocurrió que yo, Nefi, vi que
prosperaron en la tierra; y vi un
[a]libro, y lo llevaban entre ellos.
21 Y me dijo el ángel: ¿Sabes tú
el significado del libro?
22 Y le respondí: No lo sé.
23 Y dijo: He aquí, proviene de
la boca de un judío. Y yo, Nefi,
miré el libro; y el ángel me dijo:
El [a]libro que ves es una [b]historia
de los [c]judíos, el cual contiene los
convenios que el Señor ha hecho
con la casa de Israel; y también
contiene muchas de las profecías
de los santos profetas; y es una
narración semejante a los grabados sobre las [d]planchas de bronce,
aunque menos en número. No
obstante, contienen los convenios
que el Señor ha hecho con la casa
de Israel; por tanto, son de gran
valor para los gentiles.
24 Y el ángel del Señor me dijo:
Has visto que el libro salió de la
boca de un judío, y cuando salió
de la boca del judío, contenía la
plenitud del evangelio del Señor, de quien dan testimonio los
doce apóstoles; y ellos testifican
conforme a la verdad que está en
el Cordero de Dios.
25 Por lo tanto, estas cosas proceden en su pureza de los [a]judíos
a los [b]gentiles, según la verdad
que está en Dios.
26 Y después que proceden por
la mano de los doce apóstoles
del Cordero, de los judíos [a]a los
gentiles, tú ves la formación de
una [b]iglesia [c]grande y abominable, que es la más abominable de
todas las demás iglesias, pues, he
aquí, ha [d]despojado el evangelio
del Cordero de muchas partes
que son [e]claras y sumamente preciosas, y también ha quitado muchos de los convenios del Señor.
27 Y ha hecho todo esto para
pervertir las vías correctas del
Señor, para cegar los ojos y endurecer el corazón de los hijos de
los hombres.
28 Por tanto, ves tú que después
que el libro ha pasado por las manos de esa grande y abominable
iglesia, se han quitado muchas cosas claras y preciosas del libro, el
cual es el libro del Cordero de Dios.
29 Y después que se quitaron
estas cosas claras y de gran valor, va entre todas las naciones
de los gentiles; y luego que va
entre todas las naciones de los
gentiles, sí, aun hasta el otro lado
de las muchas aguas que has

19*a* 2 Ne. 10:10–14; 3 Ne. 21:4; Éter 2:12.
20*a* 1 Ne. 14:23.
23*a* 1 Ne. 13:38; 2 Ne. 29:4–12.
b GEE Escrituras.
c 2 Ne. 3:12.
d 1 Ne. 5:10–13.
25*a* 2 Ne. 29:4–6; DyC 3:16. GEE Judíos.
b GEE Gentiles.
26*a* Mateo 21:43.
b GEE Apostasía — Apostasía de la Iglesia cristiana primitiva.
c 1 Ne. 13:4–6; 14:3, 9–17.
d Morm. 8:33; Moisés 1:41.
e 1 Ne. 14:20–26; AdeF 1:8.

visto, entre los gentiles que han
salido del cautiverio, tú ves que
—a causa de las muchas cosas claras y preciosas que se han quitado
del libro, cosas que eran claras al
entendimiento de los hijos de los
hombres, según la claridad que
hay en el Cordero de Dios— a
causa de estas cosas que se han
suprimido del evangelio del Cordero, muchísimos tropiezan, sí,
de tal modo que Satanás tiene
gran poder sobre ellos.
30 No obstante, tú ves que los
gentiles que han salido de la cautividad, y que, gracias al poder
de Dios, han sido elevados sobre
todas las demás naciones que hay
en la superficie de la tierra, que
es una tierra escogida sobre todas las demás, la cual es la tierra
que el Señor Dios dio a tu padre
por convenio para que fuese la
[a]herencia de sus descendientes;
por tanto, ves que el Señor Dios
no permitirá que los gentiles destruyan completamente a los de la
[b]mezcla de tu descendencia que
se hallan entre tus hermanos.
31 Ni permitirá tampoco que los
gentiles [a]destruyan a la posteridad de tus hermanos.
32 Ni permitirá el Señor Dios
que los gentiles permanezcan
para siempre en ese horrible estado de ceguedad, en el que ves
que están a causa de las partes
claras y sumamente preciosas del
evangelio del Cordero que ha suprimido esa iglesia [a]abominable,
cuya formación tú has visto.
33 Por tanto, dice el Cordero de
Dios: Seré misericordioso con los
gentiles, aun al grado de visitar
al resto de la casa de Israel con
gran juicio.
34 Y aconteció que el ángel del
Señor me habló, diciendo: He
aquí, dice el Cordero de Dios,
después que haya visitado al
[a]resto de la casa de Israel —y este
resto del que hablo es la posteridad de tu padre— por lo tanto,
después que los haya visitado
con juicio, y los haya herido por
la mano de los gentiles, y después que los gentiles [b]tropiecen
muchísimo a causa de las partes
más claras y preciosas que fueron suprimidas del [c]evangelio
del Cordero por esa abominable
iglesia, que es la madre de las rameras, dice el Cordero, seré misericordioso con los gentiles en
aquel día, de tal modo que haré
[d]llegar a ellos, por medio de mi
propio poder, mucho de mi evangelio que será claro y precioso,
dice el Cordero.
35 Porque he aquí, dice el Cordero: Yo mismo me manifestaré
a los de tu posteridad, por lo
que escribirán muchas cosas que
yo les suministraré, las cuales

30*a* GEE Tierra prometida.
b Alma 45:10–14.
31*a* 2 Ne. 4:7; 10:18–19; Jacob 3:5–9; Hel. 15:12; 3 Ne. 16:8–9; Morm. 5:20–21.
32*a* GEE Diablo — La iglesia del diablo.
34*a* GEE José hijo de Jacob.
b 1 Ne. 14:1–3; 2 Ne. 26:20.
c GEE Evangelio.
d DyC 10:62. GEE Restauración del Evangelio.

serán claras y preciosas; y después que tu posteridad sea destruida y degenere en la incredulidad, lo mismo que la de tus hermanos, he aquí que [a]estas cosas serán escondidas, a fin de que sean manifestadas a los gentiles por el don y el poder del Cordero.

36 Y en ellas estará escrito mi [a]evangelio, dice el Cordero, y mi [b]roca y mi salvación.

37 Y [a]bienaventurados aquellos que procuren establecer a mi [b]Sion en aquel día, porque tendrán el [c]don y el poder del Espíritu Santo; y si [d]perseveran hasta el fin, serán enaltecidos en el último día y se salvarán en el [e]reino eterno del Cordero; y los que [f]publiquen la paz, sí, nuevas de gran gozo, ¡cuán bellos serán sobre las montañas!

38 Y aconteció que vi al resto de la posteridad de mis hermanos, y también vi que el [a]libro del Cordero de Dios, que había salido de la boca del judío, llegó de los gentiles [b]al resto de la posteridad de mis hermanos.

39 Y después que hubo llegado a ellos, vi otros [a]libros que vinieron por el poder del Cordero, de los gentiles a ellos, para [b]convencer a los gentiles y al resto de la posteridad de mis hermanos, y también a los judíos que se encontraban esparcidos sobre toda la superficie de la tierra, de que los escritos de los profetas y de los doce apóstoles del Cordero son [c]verdaderos.

40 Y el ángel me habló, diciendo: Estos [a]últimos anales que has visto entre los gentiles, [b]establecerán la verdad de los [c]primeros, los cuales son los de los doce apóstoles del Cordero, y darán a conocer las cosas claras y preciosas que se les han quitado, y manifestarán a todas las familias, lenguas y pueblos que el Cordero de Dios es el Hijo del Eterno Padre, y es el [d]Salvador del mundo; y que es necesario que todos los hombres vengan a él, o no serán salvos.

41 Y han de venir conforme a las palabras que serán establecidas por boca del Cordero; y las palabras del Cordero se darán a conocer en los anales de tu posteridad, como también en los anales de los doce apóstoles del Cordero; por lo que los dos serán reunidos en [a]uno solo; porque

---

35*a* 2 Ne. 27:6; 29:1–2. GEE Libro de Mormón.
36*a* 3 Ne. 27:13–21.
b Hel. 5:12; 3 Ne. 11:38–39. GEE Roca.
37*a* DyC 21:9.
b GEE Sion.
c GEE Don del Espíritu Santo.
d 3 Ne. 27:16. GEE Perseverar.
e GEE Gloria celestial.
f Isa. 52:7; Mos. 15:14–18; 3 Ne. 20:40.
38*a* 1 Ne. 13:23; 2 Ne. 29:4–6.
b Morm. 5:15.
39*a* GEE Escrituras — Se profetiza la publicación de las Escrituras.
b Ezeq. 37:15–20; 2 Ne. 3:11–12.
c 1 Ne. 14:30.
40*a* 2 Ne. 26:16–17; 29:12. GEE Libro de Mormón.
b Morm. 7:8–9.
c GEE Biblia.
d Véase la portada del Libro de Mormón. Moisés 1:6.
41*a* Ezeq. 37:17.

hay [b]un Dios y un [c]Pastor sobre
toda la tierra.
42 Y viene el tiempo en que él se
manifestará a todas las naciones,
tanto a los [a]judíos como también
a los gentiles; y después que se
haya manifestado a los judíos y
también a los gentiles, entonces se
manifestará a los gentiles y también a los judíos; y los [b]últimos
serán los primeros, y los [c]prime-
ros serán los últimos.

CAPÍTULO 14

Un ángel le informa a Nefi acerca de las bendiciones y las maldiciones que caerán sobre los gentiles — Solamente hay dos iglesias: la Iglesia del Cordero de Dios y la iglesia del diablo — Los santos de Dios son perseguidos en todas las naciones por la iglesia grande y abominable — El apóstol Juan escribirá tocante al fin del mundo. Aproximadamente 600–592 a.C.

Y SUCEDERÁ que si los [a]gentiles
escucharen al Cordero de Dios
el día en que él mismo se manifieste a ellos, tanto en palabra,
como también en [b]poder, real y
verdaderamente, para quitar sus
[c]tropiezos,
2 y no endurecieren sus corazones contra el Cordero de Dios,
serán contados entre la posteridad de tu padre; sí, serán [a]conta-
dos entre los de la casa de Israel;
y serán para siempre un pueblo
[b]bendito sobre la tierra prometida, y no serán llevados más al
cautiverio; y la casa de Israel ya
no será confundida.
3 Y ese profundo [a]abismo que
ha cavado para ellos esa grande
y abominable iglesia, la cual
fundaron el diablo y sus hijos
para conducir las almas de los
hombres al infierno, sí, ese profundo abismo que ha sido cavado para la destrucción de los
hombres, se llenará con aquellos
que lo abrieron, hasta su completa destrucción, dice el Cordero de Dios; no la destrucción
del alma, a menos que sea el
arrojarla en aquel [b]infierno que
no tiene fin.
4 Porque he aquí que esto va de
conformidad con la cautividad
del diablo, y también con la justicia de Dios, sobre todos los que
cometan iniquidades y abominaciones ante él.
5 Y aconteció que el ángel me
habló a mí, Nefi, diciendo: Tú
has visto que si los gentiles se
arrepienten, les irá bien; y también sabes acerca de los convenios
del Señor con la casa de Israel; y

41*b* Deut. 6:4; Juan 17:21–23; 2 Ne. 31:21.
c GEE Buen Pastor.
42*a* DyC 90:8–9; 107:33; 112:4.
b Jacob 5:63.
c Lucas 13:30; 1 Ne. 15:13–20.

14 1*a* 3 Ne. 16:6–13. GEE Gentiles.
b 1 Tes. 1:5; 1 Ne. 14:14; Jacob 6:2–3.
c Isa. 57:14; 1 Ne. 13:29, 34; 2 Ne. 26:20.
2*a* Gál. 3:7, 29; 2 Ne. 10:18–19; 3 Ne. 16:13; 21:6, 22; Abr. 2:9–11.
b 2 Ne. 6:12; 10:8–14; 3 Ne. 16:6–7; 20:27.
3*a* 1 Ne. 22:14; DyC 109:25.
b GEE Condenación, condenar; Infierno.

también has oído que el que no se
[a]arrepienta deberá perecer.
6 Por lo tanto, [a]¡ay de los gentiles, si es que endurecen sus corazones contra el Cordero de Dios!
7 Porque viene el día, dice el
Cordero de Dios, en que haré una
obra grande y [a]maravillosa entre
los hijos de los hombres, una obra
que será sempiterna, ya para una
cosa u otra; ya para convencerlos
a la paz y [b]vida eterna, o entregarlos a la dureza de sus corazones y
ceguedad de sus mentes hasta ser
llevados al cautiverio, y también
a la destrucción, tanto temporal
como espiritualmente, según la
[c]cautividad del diablo, de la cual
he hablado.
8 Y aconteció que cuando el ángel hubo hablado estas palabras,
me dijo: ¿Recuerdas los [a]conve-
nios del Padre con la casa de Israel? Yo le contesté: Sí.
9 Y sucedió que me dijo: Mira,
y ve esa grande y abominable
iglesia que es la madre de las abominaciones, cuyo fundador es el
[a]diablo.
10 Y me dijo: He aquí, no hay
más que [a]dos iglesias solamente;
una es la iglesia del Cordero de
Dios, y la [b]otra es la iglesia del
diablo; de modo que el que no
pertenece a la iglesia del Cordero
de Dios, pertenece a esa grande
iglesia que es la madre de las abominaciones, y es la [c]ramera de
toda la tierra.
11 Y aconteció que miré y vi a
la ramera de toda la tierra, y se
asentaba sobre muchas [a]aguas;
y [b]tenía dominio sobre toda la
tierra, entre todas las naciones,
tribus, lenguas y pueblos.
12 Y sucedió que vi la iglesia
del Cordero de Dios, y sus números eran [a]pocos a causa de
la iniquidad y las abominaciones de la ramera que se asentaba sobre las muchas aguas.
No obstante, vi que la iglesia del
Cordero, que eran los santos de
Dios, se extendía también sobre
[b]toda la superficie de la tierra;
y sus dominios sobre la faz de
la tierra eran pequeños, a causa
de la maldad de la gran ramera
a quien yo vi.
13 Y ocurrió que vi que la gran
madre de las abominaciones reunió multitudes sobre toda la superficie de la tierra, entre todas
las naciones de los gentiles, para
[a]combatir contra el Cordero de
Dios.
14 Y aconteció que yo, Nefi,
vi que el poder del Cordero de

5*a* GEE Arrepentimiento, arrepentirse.
6*a* 2 Ne. 28:32.
7*a* Isa. 29:14; 1 Ne. 22:8; 2 Ne. 27:26; 29:1–2; DyC 4:1. GEE Restauración del Evangelio.
b GEE Vida eterna.
c 2 Ne. 2:26–29; Alma 12:9–11.
8*a* GEE Abraham, convenio de (convenio abrahámico).
9*a* 1 Ne. 15:35; DyC 1:35. GEE Diablo.
10*a* 1 Ne. 22:23.
b 1 Ne. 13:4–6, 26.
c Apoc. 17:5, 15; 2 Ne. 10:16.
11*a* Jer. 51:13; Apoc. 17:15.
b DyC 35:11.
12*a* Mateo 7:14; 3 Ne. 14:14; DyC 138:26.
b DyC 90:11.
13*a* Apoc. 17:1–6; 18:24; 1 Ne. 13:5; DyC 123:7–8.

Dios descendió sobre los santos
de la iglesia del Cordero y sobre el pueblo del convenio del
Señor, que se hallaban dispersados sobre toda la superficie de
la tierra; y tenían por armas su
rectitud y el [a]poder de Dios en
gran gloria.
15 Y sucedió que vi que la ira
de Dios se [a]derramó sobre aquella grande y abominable iglesia,
de tal modo que hubo guerras
y rumores de guerras entre todas las [b]naciones y familias de
la tierra.
16 Y cuando empezó a haber
[a]guerras y rumores de guerras
entre todas las naciones que pertenecían a la madre de las abominaciones, me habló el ángel,
diciendo: He aquí, la ira de Dios
está sobre la madre de las rameras; y he aquí, tú ves todas estas
cosas;
17 y cuando llegue el [a]día en
que la [b]ira de Dios sea derramada sobre la madre de las rameras, que es la iglesia grande
y abominable de toda la tierra,
cuyo fundador es el diablo, entonces, en ese día, empezará la
[c]obra del Padre, preparando la
vía para el cumplimiento de sus
[d]convenios que él ha hecho con
su pueblo que es de la casa de
Israel.
18 Y aconteció que el ángel me
habló, diciendo: ¡Mira!
19 Y miré, y vi a un hombre
que estaba vestido con un manto
blanco.
20 Y el ángel me dijo: ¡He ahí
[a]uno de los doce apóstoles del
Cordero!
21 He aquí, él verá y escribirá el
resto de estas cosas; sí, y también
muchas que han sucedido.
22 Y escribirá también sobre el
fin del mundo.
23 Por tanto, las cosas que él
escriba son justas y verdaderas;
y he aquí, están escritas en el [a]li-
bro que tú has visto salir de la
boca del judío. Y en la época en
que salieron de la boca del judío,
o sea, cuando el libro salió de la
boca del judío, las cosas que estaban escritas eran claras y puras, y las más [b]preciosas y fáciles
para el entendimiento de todos
los hombres.
24 Y he aquí, las cosas que este
[a]apóstol del Cordero escribirá
son muchas de las que tú ya has
visto; y he aquí, el resto tú lo
verás.
25 Pero las que verás en adelante, no escribirás; porque el
Señor Dios ha ordenado que las
[a]escriba el apóstol del Cordero
de Dios.
26 Y ha habido también otros a

14*a* Jacob 6:2; DyC 38:32–38.
15*a* DyC 1:13–14.
b Marcos 13:8; DyC 87:6.
16*a* 1 Ne. 22:13–14; Morm. 8:30.
17*a* GEE Últimos días, postreros días.
b 1 Ne. 22:15–16.
c 3 Ne. 21:7, 20–29. GEE Restauración del Evangelio.
d Morm. 8:21, 41. GEE Abraham, convenio de (convenio abrahámico).
20*a* Apoc. 1:1–3; 1 Ne. 14:27.
23*a* 1 Ne. 13:20–24; Morm. 8:33.
b 1 Ne. 13:28–32.
24*a* Éter 4:16.
25*a* Juan 20:30–31; Apoc. 1:19.

quienes el Señor ha mostrado
todas las cosas, y las han escrito;
y han sido [a]selladas, según la
verdad que está en el Cordero,
para aparecer en su pureza a la
casa de Israel en el propio y debido tiempo del Señor.
27 Y yo, Nefi, oí, y testifico que
el nombre del apóstol del Cordero era [a]Juan, según la palabra
del ángel.
28 Y he aquí que a mí, Nefi, se
me prohíbe escribir el resto de las
cosas que vi y oí; por lo que me
basta con las que he escrito; y no
he escrito más que una pequeña
parte de lo que vi.
29 Y doy testimonio de que yo vi
las cosas que mi [a]padre vio, y el
ángel del Señor me las hizo saber.
30 Y ahora ceso de hablar tocante a las cosas que vi cuando fui
llevado en el Espíritu; y si todas
las cosas que vi no están escritas,
las que he escrito son [a]verdade-
ras. Y así es. Amén.

CAPÍTULO 15

Los de la posteridad de Lehi recibirán de los gentiles el Evangelio en los postreros días — El recogimiento de Israel se compara a un olivo cuyas ramas naturales serán injertadas nuevamente — Nefi interpreta la visión del árbol de la vida y dice que la justicia de Dios separa a los malos de los justos. Aproximadamente 600–592 a.C.

Y OCURRIÓ que después que yo,
Nefi, hube sido arrebatado en el
Espíritu, y hube visto todas estas
cosas, volví a la tienda de mi padre.
2 Y sucedió que vi a mis hermanos, y estaban disputando entre
sí concerniente a las cosas que mi
padre les había hablado.
3 Porque verdaderamente les
habló muchas grandes cosas que
eran difíciles de [a]comprender, a
menos que uno recurriera al Señor;
y como eran duros de corazón, no
acudían al Señor como debían.
4 Y yo, Nefi, estaba apesadumbrado por la dureza de sus corazones, como también a causa de
las cosas que yo había visto, las
cuales sabía que inevitablemente
habrían de suceder, debido a la
gran iniquidad de los hijos de
los hombres.
5 Y aconteció que me sentí abatido por causa de mis [a]aflicciones,
porque las consideraba mayores que cualquier otra cosa, por
motivo de la [b]destrucción de mi
pueblo, porque yo había visto
su caída.
6 Y aconteció que después de
haber recobrado la [a]fuerza, hablé
a mis hermanos, deseando saber
la causa de sus disputas.
7 Y dijeron: He aquí, no podemos comprender las palabras

26*a* 2 Ne. 27:6–23; Éter 3:21–27; 4:4–7; DyC 35:18; JS—H 1:65.
27*a* Apoc. 1:1–3.
29*a* 1 Ne. 8.
30*a* 2 Ne. 33:10–14.
15 3*a* 1 Cor. 2:10–12; Alma 12:9–11.
5*a* GEE Adversidad.
b Enós 1:13; Morm. 6:1.
6*a* Moisés 1:10; JS—H 1:20, 48.

que nuestro padre ha hablado
concernientes a las ramas naturales del olivo, y también con respecto a los gentiles.
8 Y les dije: ¿Habéis [a]preguntado
al Señor?
9 Y me contestaron: No, porque
el Señor no nos da a conocer tales
cosas a nosotros.
10 He aquí, les dije: ¿Cómo es
que no guardáis los mandamientos del Señor? ¿Cómo es que queréis perecer a causa de la [a]dureza
de vuestros corazones?
11 ¿No recordáis las cosas que el
Señor ha dicho: Si no endurecéis
vuestros corazones, y me [a]pedís
con fe, creyendo que recibiréis,
guardando diligentemente mis
mandamientos, de seguro os serán manifestadas estas cosas?
12 He aquí, os digo que la casa
de Israel fue comparada a un
olivo por el Espíritu del Señor
que estaba en nuestro padre; y
he aquí, ¿no hemos sido desgajados de la casa de Israel? ¿No
somos nosotros una [a]rama de la
casa de Israel?
13 Ahora bien, lo que nuestro
padre quiere decir concerniente
al injerto de las ramas naturales,
por medio de la plenitud de los
gentiles, es que en los días postreros, cuando nuestros descendientes hayan [a]degenerado en la incredulidad, sí, por el espacio de muchos años, y muchas generaciones después que el [b]Mesías sea manifestado en la carne a los hijos de los hombres, entonces la plenitud del [c]evangelio del Mesías vendrá a los gentiles; y de los [d]gentiles vendrá al resto de nuestra posteridad.
14 Y en aquel día el resto de los
de nuestra [a]posteridad sabrán que son de la casa de Israel, y que son el pueblo del [b]convenio del Señor; y entonces sabrán y llegarán al [c]conocimiento de sus antepasados, y también al conocimiento del evangelio de su Redentor, que él ministró a sus padres. Por tanto, llegarán al conocimiento de su Redentor y de los principios exactos de su doctrina, para que sepan cómo venir a él y ser salvos.
15 Y entonces, ¿no se regocijarán en aquel día, y alabarán a su sempiterno Dios, su [a]roca y su salvación? Sí, ¿no recibirán en aquel día la fuerza y nutrición de la verdadera [b]vid? Sí, ¿no vendrán al verdadero rebaño de Dios?
16 He aquí, os digo que sí; se

8*a* Mos. 26:13; Alma 40:3. GEE Oración.
10*a* GEE Apostasía.
11*a* Stg. 1:5–6; Enós 1:15; Moro. 7:26; DyC 18:18. GEE Pedir.
12*a* Gén. 49:22–26; 1 Ne. 10:12–14; 19:24. GEE Lehi, padre de Nefi.
13*a* 1 Ne. 12:22–23; 2 Ne. 26:15.
b GEE Mesías.
c GEE Evangelio.
d 1 Ne. 13:42; 22:5–10; DyC 14:10. GEE Gentiles.
14*a* 2 Ne. 10:2; 3 Ne. 5:21–26; 21:4–7.
b GEE Abraham, convenio de (convenio abrahámico).
c 2 Ne. 3:12; 30:5; Morm. 7:1, 9–10; DyC 3:16–20. Véase también la portada del Libro de Mormón.
15*a* GEE Roca.
b Gén. 49:11; Juan 15:1.

hará memoria de ellos otra vez
entre la casa de Israel; y siendo
una rama natural del olivo, serán [a]injertados en el olivo verdadero.
17 Y esto es lo que nuestro padre
quiere decir; y nos da a entender
que no sucederá sino hasta después que los hayan dispersado
los gentiles; y se refiere a que se
llevará a cabo por medio de los
gentiles, a fin de que el Señor manifieste a estos su poder, precisamente porque será [a]rechazado
por los judíos, o sea, por los de la
casa de Israel.
18 Por tanto, nuestro padre no
ha hablado solamente de nuestra posteridad, sino también de
toda la casa de Israel, indicando
el convenio que se ha de cumplir
en los postreros días, convenio
que el Señor hizo con nuestro
padre Abraham, diciendo: En tu
[a]posteridad serán benditas todas
las familias de la tierra.
19 Y aconteció que yo, Nefi, les
hablé mucho respecto de estas
cosas; sí, les hablé concerniente a
la [a]restauración de los judíos en
los postreros días.
20 Y les repetí las palabras de
[a]Isaías, quien se refirió a la restauración de los judíos, o sea, de
la casa de Israel; y que después
que fuesen restaurados, no volverían a ser confundidos ni esparcidos otra vez. Y sucedió que
hablé muchas palabras a mis hermanos, de modo que se tranqui-
lizaron y se [b]humillaron ante el
Señor.
21 Y aconteció que de nuevo me
hablaron, diciendo: ¿Qué significa
esta cosa que nuestro padre vio en
un sueño? ¿Qué significado tiene
el [a]árbol que vio?
22 Y yo les dije: Era una representación del [a]árbol de la vida.
23 Y me dijeron: ¿Qué significa
la [a]barra de hierro, que nuestro
padre vio, que conducía al árbol?
24 Y les dije que era la [a]palabra
de Dios; y que quienes escucharan la palabra de Dios y se [b]afe-
rraran a ella, no perecerían jamás;
ni los vencerían las [c]tentaciones
ni los ardientes [d]dardos del [e]ad-
versario para cegarlos y llevarlos
hasta la destrucción.
25 Por tanto, yo, Nefi, los exhorté
a que [a]escucharan la palabra del
Señor; sí, les exhorté con todas
las energías de mi alma y con
toda la facultad que poseía, a que
obedecieran la palabra de Dios
y se acordaran siempre de guardar sus mandamientos en todas
las cosas.
26 Y me dijeron: ¿Qué significa

16*a* Jacob 5:60–68.
17*a* GEE Crucifixión.
18*a* Gén. 12:1–3; Abr. 2:6–11.
19*a* 1 Ne. 19:15. GEE Israel — La congregación de Israel.
20*a* 1 Ne. 19:23.
b 1 Ne. 16:5, 24, 39.
21*a* 1 Ne. 8:10–12.
22*a* 1 Ne. 11:4, 25; Moisés 3:9.
23*a* 1 Ne. 8:19–24.
24*a* GEE Palabra de Dios.
b 1 Ne. 8:30; 2 Ne. 31:20.
c 1 Ne. 8:23. GEE Tentación, tentar.
d Efe. 6:16; DyC 3:8; 27:17.
e GEE Diablo.
25*a* DyC 11:2; 32:4; 84:43–44.

el [a]río de agua que nuestro padre vio?
27 Y les respondí que el [a]agua
que mi padre vio representaba
la [b]inmundicia; y que su mente
se hallaba absorta a tal grado en
otras cosas que no vio la suciedad
del agua.
28 Y les dije que era un [a]abismo
horroroso que separaba a los inicuos del árbol de la vida, y también de los santos de Dios.
29 Y les dije que era una representación de aquel [a]infierno terrible que el ángel me dijo había
sido preparado para los inicuos.
30 Y les dije que nuestro padre
también vio que la [a]justicia de
Dios separaba a los malos de los
justos; y su resplandor era como
el de una llama de fuego que asciende hasta Dios para siempre
jamás y no tiene fin.
31 Y me preguntaron: ¿Significa
esto el tormento del cuerpo en los
días de [a]probación, o significa el
estado final del alma, después de
la [b]muerte del cuerpo temporal,
o se refiere a las cosas que son
temporales?
32 Y aconteció que les dije que
aquello era una representación de
cosas temporales así como espirituales; porque habría de llegar
el día en que serían juzgados por
sus [a]obras; sí, según las obras
efectuadas por el cuerpo temporal en sus días de probación.
33 Por lo tanto, si [a]morían en su
iniquidad, tendrían que ser [b]de-
sechados también, con respecto
a las cosas que son espirituales,
las cuales se relacionan con la
rectitud; de modo que deberán
comparecer ante Dios para ser
[c]juzgados según sus [d]obras. Y si
sus obras han sido [e]inmundicia,
por fuerza ellos son inmundos; y
si son inmundos, por fuerza ellos
no pueden [f]morar en el reino de
Dios; de lo contrario, el reino de
Dios también sería inmundo.
34 Pero he aquí, os digo que el
reino de Dios no es [a]inmundo, y
ninguna cosa impura puede entrar en el reino de Dios; de modo
que es necesario que se prepare
un lugar de inmundicia para lo
que es inmundo.
35 Y se ha preparado un lugar;
sí, aquel [a]infierno horroroso de
que he hablado, y quien lo ha
preparado es el [b]diablo. Por tanto,
el estado final de las almas de los
hombres es morar en el reino de
Dios, o ser expulsados, por razón de esa [c]justicia a que me he
referido.

26*a* 1 Ne. 8:13.
27*a* 1 Ne. 12:16.
b GEE Inmundicia, inmundo.
28*a* Lucas 16:26; 1 Ne. 12:18; 2 Ne. 1:13.
29*a* GEE Infierno.
30*a* GEE Justicia.
31*a* Alma 12:24; 42:10; Hel. 13:38.
b Alma 40:6, 11–14.
32*a* GEE Obras.
33*a* Mos. 15:26; Moro. 10:26.
b Alma 12:12–16; 40:26.
c GEE Juicio final.
d 3 Ne. 27:23–27.
e 2 Ne. 9:16; DyC 88:35.
f Sal. 15; 24:3–4; Alma 11:37; DyC 76:50–70; Moisés 6:57.
34*a* GEE Inmundicia, inmundo.
35*a* 2 Ne. 9:19; Mos. 26:27. GEE Infierno.
b 1 Ne. 14:9; DyC 1:35.
c GEE Justicia.

36 Así que los malos son desechados de entre los justos, y también de aquel [a]árbol de la vida,
cuyo fruto es el más precioso y
el más [b]apetecible de todos los
frutos; sí, y es el más [c]grande de
todos los [d]dones de Dios. Y así
hablé a mis hermanos. Amén.

CAPÍTULO 16

Los inicuos hallan dura la verdad — Los hijos de Lehi se casan con las hijas de Ismael — La Liahona marca el camino que deben seguir por el desierto — De cuando en cuando se escriben en la Liahona mensajes del Señor — Muere Ismael; su familia murmura por motivo de sus aflicciones. Aproximadamente 600–592 a.C.

Y ACONTECIÓ que después que yo,
Nefi, hube terminado de hablar a
mis hermanos, he aquí, ellos me
dijeron: Tú nos has declarado cosas duras, más de lo que podemos
aguantar.
2 Y sucedió que les dije que
yo sabía que había hablado palabras duras contra los inicuos,
según la verdad; y a los [a]jus-
tos he justificado, y testificado
que ellos habrían de ser enaltecidos en el postrer día; por tanto,
los [b]culpables hallan la [c]verdad
dura, porque los [d]hiere hasta el
centro.
3 Ahora bien, mis hermanos, si
vosotros fuerais justos y desearais
escuchar la verdad y prestarle
atención, a fin de [a]andar rectamente delante de Dios, no mur-
muraríais por causa de la verdad,
ni diríais: Tú hablas cosas duras
en contra de nosotros.
4 Y aconteció que yo, Nefi, exhorté a mis hermanos con toda
diligencia a guardar los mandamientos del Señor.
5 Y sucedió que se [a]humillaron
ante el Señor, de tal modo que
sentí gozo y grandes esperanzas
de que anduvieran por las sendas
de la rectitud.
6 Ahora bien, todas estas cosas
se dijeron y se hicieron mientras
mi padre vivía en una tienda en
el valle al que dio el nombre de
Lemuel.
7 Y sucedió que yo, Nefi, tomé
por [a]esposa a una de las [b]hijas de
Ismael; e igualmente mis hermanos se casaron con las hijas de Ismael, y también [c]Zoram tomó por
esposa a la hija mayor de Ismael.
8 Y así cumplió mi padre con
todos los mandamientos del Señor que le habían sido dados. Y
también yo, Nefi, había sido altamente bendecido del Señor.

36*a* Gén. 2:9; 2 Ne. 2:15.
b 1 Ne. 8:10–12; Alma 32:42.
c DyC 6:13.
d DyC 14:7. GEE Vida eterna.
16 2*a* En las Escrituras, el término justo connota dignidad, integridad y santidad.
b Juan 3:20; 2 Ne. 33:5; Enós 1:23; Hel. 14:10. GEE Culpa.
c Prov. 15:10; 2 Ne. 1:26; 9:40; Hel. 13:24–26.
d Hech. 5:33; Mos. 13:7.
3*a* DyC 5:21. GEE Andar, andar con Dios.
5*a* 1 Ne. 16:24, 39; 18:4.
7*a* GEE Matrimonio.
b 1 Ne. 7:1.
c 1 Ne. 4:35; 2 Ne. 5:5–6.

9 Y aconteció que la voz del Señor habló a mi padre en la noche,
y le mandó que a la mañana siguiente continuara su camino por
el desierto.
10 Y ocurrió que al levantarse
mi padre por la mañana, y al dirigirse a la entrada de la tienda, con
gran asombro vio en el suelo una
[a]esfera de bronce fino, esmerada-
mente labrada; y en la esfera había dos agujas, una de las cuales
marcaba el camino que debíamos
seguir por el desierto.
11 Y aconteció que recogimos
cuanto habíamos de llevar al desierto, y todo el resto de nuestras
provisiones que el Señor nos había dado; y juntamos semillas
de todas clases para llevar al
desierto.
12 Y sucedió que tomamos nuestras tiendas y partimos para el
desierto, allende el río Lamán.
13 Y aconteció que durante cuatro días seguimos un curso casi
hacia el sudsudeste, y asenta-
mos nuestras tiendas otra vez;
y dimos al lugar el nombre de
Shazer.
14 Y acaeció que tomamos nuestros arcos y flechas, y salimos al
desierto a cazar, a fin de obtener alimento para nuestras familias. Y después que hubimos
procurado alimentos para ellas,
volvimos a nuestras familias en
el desierto, al lugar llamado Shazer. Y emprendimos de nuevo la
marcha por el desierto, llevando
la misma dirección, mantenién-
donos en los parajes más fértiles
del desierto que lindaban con el
[a]mar Rojo.
15 Y aconteció que viajamos por
el espacio de muchos días, ca-
zando por el camino lo necesario
para nuestro sustento, con nuestros arcos, y nuestras flechas, y
nuestras piedras y hondas.
16 Y seguimos las [a]indicaciones
de la esfera, la cual nos dirigió
por los parajes más fértiles del
desierto.
17 Y después que hubimos viajado por el espacio de muchos
días, plantamos nuestras tiendas
por algún tiempo, para que de
nuevo pudiéramos descansar y
obtener alimento para nuestras
familias.
18 Y aconteció que yo, Nefi, al
salir a cazar, he aquí, rompí mi
arco, que era de [a]acero fino; y
después que rompí mi arco, mis
hermanos se enojaron contra mí
a causa de la pérdida de mi arco,
porque no obtuvimos alimentos.
19 Y aconteció que volvimos sin
alimento a nuestras familias, y
por estar muy fatigadas a causa
de sus viajes, sufrieron mucho
por la falta de víveres.
20 Y ocurrió que Lamán y Lemuel y los hijos de Ismael empezaron a murmurar en gran
manera por motivo de sus padecimientos y aflicciones en el

10*a* Alma 37:38–46.
GEE Liahona.
14*a* DyC 17:1.
16*a* 1 Ne. 16:10, 16, 26; 18:12; Alma 37:38–46.
18*a* 2 Sam. 22:35.

desierto; y también mi padre empezó a murmurar contra el Señor su Dios; sí, y todos se sentían sumamente afligidos, tanto así que murmuraron contra el Señor.

21 Ahora bien, sucedió que yo, Nefi, habiéndome afligido con mis hermanos por la pérdida de mi arco, y como sus arcos habían perdido su elasticidad, empezó a dificultársenos en extremo, sí, a tal grado que no podíamos obtener alimento.

22 Y sucedió que yo, Nefi, hablé mucho a mis hermanos, porque habían endurecido otra vez sus corazones, aun hasta [a]quejarse contra el Señor su Dios.

23 Y aconteció que yo, Nefi, hice un arco de madera, y una flecha de un palo recto; por tanto, me armé con un arco y una flecha, y con una honda y piedras, y le dije a mi [a]padre: ¿A dónde debo ir para obtener alimento?

24 Y aconteció que él [a]preguntó al Señor, porque se habían humillado a causa de mis palabras; pues les dije muchas cosas con toda la energía de mi alma.

25 Y ocurrió que la voz del Señor habló a mi padre; y verdaderamente fue [a]reprendido por haber murmurado en contra del Señor, a tal grado que sintió una intensa aflicción.

26 Y sucedió que la voz del Señor le dijo: Mira la esfera y ve las cosas que están escritas.

27 Y aconteció que cuando mi padre vio las cosas que estaban escritas sobre la esfera, temió y tembló en gran manera, y también mis hermanos y los hijos de Ismael y nuestras esposas.

28 Y aconteció que yo, Nefi, vi las agujas que estaban en la esfera, y que funcionaban de acuerdo con la [a]fe, diligencia y atención que nosotros les dábamos.

29 Y también se escribía sobre ellas una escritura nueva que era fácil de leer, la que nos daba [a]entendimiento respecto a las vías del Señor; y se escribía y cambiaba de cuando en cuando, según la fe y diligencia que nosotros le dábamos. Y así vemos que por [b]pequeños medios el Señor puede realizar grandes cosas.

30 Y aconteció que yo, Nefi, ascendí hasta la cima de la montaña conforme a las indicaciones dadas sobre la esfera.

31 Y sucedió que maté animales silvestres, de modo que obtuve alimento para nuestras familias.

32 Y aconteció que volví a nuestras tiendas, llevando los animales que había matado; y cuando vieron que yo había obtenido alimento, ¡cuán grande fue su gozo! Y aconteció que se humillaron ante el Señor y le dieron gracias.

33 Y ocurrió que reanudamos

22*a* Éx. 16:8; Núm. 11:1.
23*a* Éx. 20:12; Mos. 13:20.
24*a* GEE Oración.
25*a* Éter 2:14. GEE Castigar, castigo.
28*a* Alma 37:40. GEE Fe.
29*a* GEE Entender, entendimiento.
b 2 Rey. 5:13; Stg. 3:4; Alma 37:6–7, 41; DyC 123:16.

nuestra jornada, viajando aproximadamente en la misma dirección que tomamos al principio; y después de haber viajado por el espacio de muchos días, plantamos nuestras tiendas de nuevo para permanecer allí algún tiempo.

34 Y aconteció que murió [a]Ismael, y fue enterrado en el lugar llamado Nahom.

35 Y sucedió que las hijas de Ismael se lamentaron sobremanera a causa de la muerte de su padre, y por motivo de sus [a]aflicciones en el desierto; y murmuraron contra mi padre por haberlas sacado de la tierra de Jerusalén, diciendo: Nuestro padre ha muerto; sí, y nosotras hemos andado errantes por el desierto, y hemos padecido mucha aflicción, hambre, sed y fatiga; y después de todos estos sufrimientos, hemos de perecer de hambre en el desierto.

36 Y así era como murmuraban contra mi padre y también contra mí; y querían volver a Jerusalén.

37 Y Lamán dijo a Lemuel, y también a los hijos de Ismael: He aquí, [a]matemos a nuestro padre y también a nuestro hermano Nefi, el cual se ha impuesto como [b]gobernante y maestro de nosotros, que somos sus hermanos mayores.

38 Ahora dice que el Señor ha hablado con él, y también que ha recibido la ministración de [a]ángeles. Mas he aquí, a nosotros nos consta que él nos miente; y nos dice estas cosas, y obra muchas otras por medio de sus astutos artificios para engañar nuestros ojos, pensando, quizá, que logrará conducirnos a algún desierto extraño; y después de llevarnos, él tiene pensado hacerse nuestro rey y gobernante para hacer con nosotros según su voluntad y placer. Y así era como mi hermano Lamán incitaba sus corazones a la ira.

39 Y aconteció que el Señor estaba con nosotros; sí, la voz del Señor vino y les habló muchas palabras, y los [a]amonestó severamente; y después que los reprendió la voz del Señor, apaciguaron su cólera y se arrepintieron de sus pecados, al grado que el Señor nos bendijo otra vez con alimento, de modo que no perecimos.

CAPÍTULO 17

Se le manda a Nefi construir un barco — Sus hermanos se le oponen — Él los exhorta contándoles de nuevo la historia de los tratos de Dios con Israel — Nefi se llena del poder de Dios — Prohíbe a sus hermanos que lo toquen, no sea que se marchiten como una caña seca. Aproximadamente 592–591 a.C.

Y SUCEDIÓ que emprendimos otra vez nuestro viaje por el desierto, y nos dirigimos casi hacia el este de allí en adelante. Y viajamos y pasamos por muchas

34*a* 1 Ne. 7:2–6.
35*a* GEE Adversidad.
37*a* 1 Ne. 17:44.
GEE Asesinato.
b Gén. 37:9–11; 1 Ne. 2:22; 18:10.
38*a* 1 Ne. 3:30–31; 4:3.
39*a* GEE Castigar, castigo.

aflicciones en el desierto; y nuestras mujeres dieron a luz hijos en el yermo.

2 Y tan grandes fueron las bendiciones del Señor sobre nosotros, que aunque vivimos de carne [a]cruda en el desierto, nuestras mujeres tuvieron abundante leche para sus niños, y eran fuertes, sí, aun como los hombres; y empezaron a soportar sus viajes sin murmurar.

3 Y así vemos que los mandamientos de Dios se deben cumplir. Y si los hijos de los hombres [a]guardan los mandamientos de Dios, él los alimenta y los fortifica, y [b]provee los medios por los cuales pueden cumplir lo que les ha mandado; por tanto, él nos proporcionó lo necesario mientras permanecimos en el desierto.

4 Y permanecimos por el espacio de muchos años, sí, ocho años en el desierto.

5 Y llegamos a la tierra que llamamos Abundancia, a causa de sus muchos frutos y también miel silvestre; y el Señor preparó todo esto para que no pereciéramos. Y vimos el mar, al que dimos el nombre de Irreántum, lo cual, interpretado, significa muchas aguas.

6 Y aconteció que plantamos nuestras tiendas a orillas del mar; y a pesar de que habíamos sufrido numerosas [a]aflicciones y mucha dificultad, sí, tantas que no podemos escribirlas todas, nos regocijamos en extremo cuando llegamos a las playas del mar; y llamamos al lugar Abundancia, por causa de su mucha fruta.

7 Y aconteció que después que yo, Nefi, había estado muchos días en la tierra de Abundancia, la voz del Señor vino a mí, diciendo: Levántate y sube al monte. Y acaeció que me levanté y subí al monte, y clamé al Señor.

8 Y aconteció que el Señor me habló, diciendo: Construirás un barco, según la [a]manera que yo te mostraré, para que yo lleve a tu pueblo a través de estas aguas.

9 Y yo dije: Señor, ¿a dónde debo ir para encontrar el mineral para fundir, a fin de que yo haga las herramientas para construir el barco, según el modo que tú me has mostrado?

10 Y aconteció que el Señor me dijo a dónde debía ir para encontrar el mineral a fin de que yo hiciera herramientas.

11 Y sucedió que yo, Nefi, hice un fuelle con pieles de animales para avivar el fuego; y después que hube hecho el fuelle que necesitaba para avivar la llama, golpeé dos piedras, la una contra la otra, para producir fuego.

12 Porque hasta entonces el Señor no había permitido que encendiésemos mucho fuego al viajar por el desierto; pues dijo:

17 2*a* 1 Ne. 17:12.
3*a* Mos. 2:41; Alma 26:12. GEE Obediencia, obediente, obedecer.
b 1 Ne. 3:7.
6*a* 2 Ne. 4:20.
8*a* 1 Ne. 18:2.

Yo haré que vuestros alimentos os sean sabrosos para que no tengáis que [a]cocerlos;

13 y también seré vuestra luz en el desierto; y [a]prepararé el camino delante de vosotros, si es que guardáis mis mandamientos. Por lo tanto, al grado que guardéis mis mandamientos, seréis conducidos hacia la [b]tierra prometida; y [c]sabréis que yo soy el que os conduce.

14 Sí, y el Señor también dijo: Después que hayáis llegado a la tierra prometida, [a]sabréis que yo, el Señor, soy [b]Dios; y que yo, el Señor, os libré de la destrucción; sí, que yo os saqué de la tierra de Jerusalén.

15 Por tanto, yo, Nefi, me esforcé por guardar los mandamientos del Señor, y exhorté a mis hermanos a que fueran fieles y diligentes.

16 Y sucedió que hice herramientas con el metal que fundí de la roca.

17 Y cuando vieron mis hermanos que estaba a punto de [a]construir un barco, empezaron a murmurar contra mí, diciendo: Nuestro hermano está loco, pues se imagina que puede construir un barco; sí, y también piensa que puede atravesar estas grandes aguas.

18 Y así murmuraron mis hermanos contra mí, y no quisieron trabajar, pues no creyeron que yo era capaz de construir un barco, ni creían tampoco que había recibido instrucciones del Señor.

19 Y ahora bien, aconteció que yo, Nefi, me sentí sumamente afligido a causa de la dureza de su corazón; y cuando ellos vieron que empezaba a afligirme, se alegraron sus corazones al grado de que se [a]regocijaron por causa de mí, diciendo: Sabíamos que tú no podías construir un barco, pues sabíamos que te faltaba juicio; por tanto, no puedes ejecutar tan grande obra.

20 Tú te pareces a nuestro padre, que se dejó llevar por las [a]imaginaciones locas de su corazón; sí, nos ha sacado de la tierra de Jerusalén, y hemos andado errantes por el desierto estos muchos años; y nuestras mujeres han trabajado, aun estando embarazadas; y han dado a luz hijos en el desierto, y han padecido todo menos la muerte; y habría sido mejor que ellas hubieran muerto antes de salir de Jerusalén, que haber pasado por estas aflicciones.

21 He aquí, hemos padecido en el desierto estos muchos años; y durante este tiempo hubiéramos podido disfrutar de nuestras posesiones y de la tierra de nuestra herencia; sí, y hubiéramos podido ser dichosos.

22 Y sabemos que el pueblo que se hallaba en la tierra de Jerusalén era [a]justo, porque guardaba

12*a* 1 Ne. 17:2.
13*a* Alma 37:38–39.
b 1 Ne. 2:20; Jacob 2:12.
c Éx. 6:7.
14*a* 2 Ne. 1:4.
GEE Testimonio.
b DyC 5:2.
17*a* 1 Ne. 18:1–6.
19*a* GEE Persecución, perseguir.
20*a* 1 Ne. 2:11.
22*a* 1 Ne. 1:13.

los estatutos y juicios del Señor, así como todos sus mandamientos según la ley de Moisés; por tanto, sabemos que es un pueblo justo; y nuestro padre lo ha juzgado, y nos ha sacado porque escuchamos sus palabras; sí, y nuestro hermano es semejante a él. Y con esta clase de palabras mis hermanos murmuraban y se quejaban de nosotros.

23 Y aconteció que yo, Nefi, les hablé, diciendo: ¿Creéis vosotros que nuestros padres, que eran los hijos de Israel, habrían sido librados de las manos de los egipcios si no hubiesen escuchado las palabras del Señor?

24 Sí, ¿suponéis vosotros que habrían sido conducidos fuera del cautiverio si el Señor no hubiese mandado a Moisés que los [a]librara de la esclavitud?

25 Vosotros sabéis que los hijos de Israel se hallaban en la [a]esclavitud; y sabéis que estaban sobrecargados con [b]tareas gravosas de soportar; por lo tanto, sabéis que debe haber sido cosa grata para ellos ser librados de su servidumbre.

26 Y vosotros sabéis que [a]Moisés recibió del Señor el mandamiento de hacer esa gran obra, y que por su [b]palabra se dividieron las aguas del mar Rojo, a uno y otro lado, y cruzaron por tierra seca.

27 Pero sabéis que los egipcios que componían los ejércitos de Faraón se ahogaron en el mar Rojo.

28 Y también sabéis que los hijos de Israel fueron alimentados con [a]maná en el desierto.

29 Sí, y también sabéis que Moisés, por su palabra, según el poder de Dios que había en él, [a]hirió la roca, y salió agua, para que los hijos de Israel calmasen su sed.

30 Y a pesar de ser guiados, yendo el Señor su Dios, su Redentor, delante de ellos, conduciéndolos de día y dándoles luz de noche, y haciendo por ellos todo cuanto al hombre le era [a]propio recibir, endurecieron sus corazones y cegaron sus mentes e [b]injuriaron a Moisés y al Dios verdadero y viviente.

31 Y aconteció que según su palabra los [a]destruyó; y según su palabra los [b]guio; y según su palabra hizo por ellos todas las cosas; y no se hizo nada salvo que fuese por su palabra.

32 Y después que hubieron cruzado el río Jordán, él los hizo fuertes para [a]arrojar a los habitantes de esa tierra, sí, para esparcirlos hasta su destrucción.

33 Y ahora bien, ¿pensáis

24*a* Éx. 3:2–10; 1 Ne. 19:10; 2 Ne. 3:9; 25:20.
25*a* Gén. 15:13–14.
b Éx. 1:11; 2:11.
26*a* Hech. 7:22–39.
b Éx. 14:21–31; 1 Ne. 4:2; Mos. 7:19; Hel. 8:11; DyC 8:3; Moisés 1:25.
28*a* Éx. 16:4, 14–15, 35; Núm. 11:7–8; Deut. 8:3; Mos. 7:19.
29*a* Éx. 17:6; Núm. 20:11; Deut. 8:15; 1 Ne. 20:21.
30*a* DyC 18:18; 88:64–65.
b Éx. 32:8; Núm. 14:2–3; Ezeq. 20:13–16; DyC 84:23–25.
31*a* Núm. 26:65.
b 1 Ne. 5:15; DyC 103:16–18.
32*a* Núm. 33:52–53; Josué 24:8.

vosotros que los habitantes de
esa tierra, que se hallaban en la
tierra de promisión, y que fueron echados por nuestros padres,
pensáis vosotros que eran justos?
He aquí, os digo que no.
34 ¿Pensáis vosotros que nuestros padres hubieran sido más
favorecidos que ellos si estos hubiesen sido justos? Yo os digo
que no.
35 He aquí, el Señor estima a
toda [a]carne igual; el que es [b]justo
es [c]favorecido de Dios. Pero he
aquí, los de este pueblo habían
rechazado toda palabra de Dios,
y habían llegado a la madurez de
la iniquidad; y la plenitud de la
ira de Dios estaba sobre ellos. Y
el Señor maldijo la tierra contra
ellos y la bendijo para nuestros
padres; sí, la maldijo contra ellos
para su destrucción, y la bendijo
para nuestros padres al grado de
que se enseñorearon de ella.
36 He aquí, el Señor [a]creó la [b]tie-
rra para que fuese [c]habitada; y
ha creado a sus hijos para que la
posean.
37 Y [a]levanta a la nación justa,
y destruye a las naciones de los
inicuos.
38 Y conduce a los justos a [a]tie-
rras preciosas, y [b]destruye a los
inicuos, y maldice la tierra por
causa de ellos.
39 Reina en las alturas de los
cielos, porque son su trono; y esta
tierra es el [a]escabel de sus pies.
40 Y ama a los que lo aceptan
como su Dios. He aquí, él amó
a nuestros padres, e hizo [a]con-
venio con ellos, sí, con Abraham, [b]Isaac y [c]Jacob; y recordó
los convenios que había hecho;
por tanto, los sacó de la tierra
de [d]Egipto.
41 Y los afligió en el desierto
con su vara, porque [a]endure-
cieron sus corazones aun como
vosotros lo habéis hecho; y el
Señor los afligió a causa de sus
iniquidades. Envió [b]serpientes
ardientes voladoras entre ellos;
y cuando los mordieron, dispuso un medio para que [c]sana-
ran; y la tarea que tenían que
cumplir era mirar; y por causa
de la [d]sencillez de la manera, o
por ser tan fácil, hubo muchos
que perecieron.
42 Y endurecieron sus corazones de cuando en cuando, y [a]vi-
lipendiaron a [b]Moisés y también

35*a* Hech. 10:15, 34; Rom. 2:11; 2 Ne. 26:23–33.
b Sal. 55:22; 1 Ne. 22:17.
c 1 Sam. 2:30; Sal. 97:10; 145:20; Alma 13:4; DyC 82:10.
36*a* GEE Creación, crear.
b GEE Tierra.
c Isa. 45:18; Abr. 3:24–25.
37*a* Prov. 14:34; 1 Ne. 4:13; Éter 2:10; DyC 117:6.
38*a* GEE Tierra prometida.
b Lev. 20:22.
39*a* Isa. 66:1; DyC 38:17; Abr. 2:7.
40*a* GEE Abraham, convenio de (convenio abrahámico).
b Gén. 21:12; DyC 27:10.
c Gén. 28:1–5.
d Deut. 4:37.
41*a* 2 Rey. 17:7–23.
b Núm. 21:4–9; Deut. 8:15; Alma 33:18–22.
c Juan 3:13–15; 2 Ne. 25:20.
d Alma 37:44–47; Hel. 8:15.
42*a* Núm. 14:1–12. GEE Rebelión.
b DyC 84:23–24.

a Dios. No obstante, sabéis que
por su incomparable poder fueron conducidos a la tierra de promisión.
43 Y ahora, después de todas
estas cosas, ha llegado el tiempo
en que se han vuelto inicuos, sí,
casi hasta la madurez; y no sé si
en este día están a punto de ser
destruidos, porque sé que ciertamente vendrá el día en que deben
ser destruidos, salvo unos pocos
solamente que serán llevados al
cautiverio.
44 Por tanto, el Señor [a]mandó a
mi padre que partiera para el desierto; y los judíos también procuraron matarlo; sí, y [b]vosotros
también habéis procurado quitarle la vida. Por tanto, sois homicidas en vuestros corazones y
sois como ellos.
45 Sois [a]prontos en cometer iniquidad, pero lentos en recordar al
Señor vuestro Dios. Habéis visto a
un [b]ángel; y él os habló; sí, habéis
oído su voz de cuando en cuando;
y os ha hablado con una voz apacible y delicada, pero habíais [c]de-
jado de sentir, de modo que no
pudisteis sentir sus palabras; por
tanto, os ha hablado como con
voz de trueno que hizo temblar
la tierra como si fuera a partirse.
46 Y vosotros también sabéis
que por el [a]poder de su palabra
omnipotente él puede hacer que
la tierra deje de ser; sí, y sabéis
que por su palabra él puede hacer que los lugares escabrosos
se hagan llanos, y los lugares
llanos se hiendan. Oh, ¿cómo,
pues, podéis ser tan duros de
corazón?
47 He aquí, mi alma se parte de
angustia por causa de vosotros;
y mi corazón está adolorido, porque temo que seréis desechados
para siempre jamás. He aquí, estoy [a]lleno del Espíritu de Dios,
a tal extremo que mi cuerpo [b]no
tiene fuerzas.
48 Y aconteció que cuando
hube hablado estas palabras, se
enojaron conmigo, y quisieron
arrojarme al fondo del mar; y al
acercarse para asirme, les hablé,
diciendo: En el nombre del Dios
Todopoderoso, os mando que no
me [a]toquéis, porque estoy lleno
del [b]poder de Dios, aun hasta con-
sumirme la carne; y cualquiera
que ponga sus manos sobre mí se
[c]marchitará como una caña seca;
y será como nada ante el poder
de Dios, porque Dios lo herirá.
49 Y aconteció que yo, Nefi, les
dije que no debían murmurar más
contra su padre; tampoco debían
negarme su trabajo, pues Dios me
había mandado que construyera
un barco.
50 Y les dije: [a]Si Dios me hubiese mandado hacer todas las
cosas, yo podría hacerlas. Si me
mandara que dijese a esta agua:

44*a* 1 Ne. 2:1–2.
b 1 Ne. 16:37.
45*a* Mos. 13:29.
b 1 Ne. 4:3.
c Efe. 4:19.
46*a* Hel. 12:6–18.
47*a* Miqueas 3:8.
b 1 Ne. 19:20.
48*a* Mos. 13:3.
b 2 Ne. 1:26–27.
GEE Poder.
c 1 Rey. 13:4–7.
50*a* Filip. 4:13;
1 Ne. 3:7.

Conviértete en tierra, se volvería
tierra; y si yo lo dijera, se haría.
51 Ahora bien, si el Señor tiene
tan grande poder, y ha hecho
tantos milagros entre los hijos
de los hombres, ¿cómo es que
no puede [a]enseñarme a construir
un barco?
52 Y sucedió que yo, Nefi, dije
muchas cosas a mis hermanos, a
tal grado que quedaron confundidos y no pudieron contender contra mí; ni se atrevieron a poner la mano encima de mí, ni a tocarme con sus dedos, sí, por el espacio de muchos días. Y no osaban hacer esto por temor de consumirse delante de mí, tan poderoso era el [a]Espíritu de Dios; y así era como había obrado en ellos.
53 Y sucedió que el Señor me
dijo: Extiende de nuevo tu mano hacia tus hermanos, y no se consumirán delante de ti, pero los sacudiré, dice el Señor, y esto haré para que sepan que yo soy el Señor su Dios.
54 Y aconteció que extendí mi
mano hacia mis hermanos, y no se consumieron delante de mí; pero el Señor los sacudió según su palabra que había hablado.
55 Y ellos entonces dijeron: Sa-
bemos con certeza que el Señor está contigo, pues sabemos que es el poder del Señor lo que nos ha sacudido; y se postraron ante mí, y estaban a punto de [a]adorarme, pero no se lo permití, y les dije: Soy vuestro hermano, por cierto, vuestro hermano menor; por tanto, adorad al Señor vuestro Dios, y honrad a vuestro padre y a vuestra madre para que vuestros [b]días sean largos en la tierra que el Señor vuestro Dios os dé.

CAPÍTULO 18

Se termina el barco — Se mencionan los nacimientos de Jacob y de José — El grupo se embarca hacia la tierra prometida — Los hijos de Ismael y sus esposas toman parte en el holgorio y en la rebelión — Nefi es atado, y el barco es impulsado hacia atrás por una terrible tempestad — Nefi es liberado, y, por medio de su oración, cesa la tormenta — El grupo llega a la tierra prometida. Aproximadamente 591–589 a.C.

Y ACONTECIÓ que adoraron al Señor, y fueron conmigo; y labramos maderos con maestría singular. Y el Señor me mostraba de cuando en cuando la forma en que debía yo trabajar los maderos del barco.
2 Ahora bien, yo, Nefi, no labré
los maderos en la forma aprendida por los hombres, ni construí el barco según la manera del hombre, sino que lo hice según el modo que me había mostrado el Señor; por lo tanto, no fue conforme a la manera de los hombres.
3 Y yo, Nefi, subía con frecuen-
cia al monte y a menudo [a]oraba

51*a* Gén. 6:14–16; 1 Ne. 18:1.
52*a* GEE Espíritu Santo.
55*a* Hech. 14:11–15.
b Éx. 20:12; Mos. 13:20.
18 3*a* GEE Oración.

al Señor; por lo que el Señor me
[b]manifestó grandes cosas.
4 Y aconteció que cuando hube
acabado el barco, conforme a la
palabra del Señor, vieron mis hermanos que era bueno y que su
ejecución era admirable en extremo; por lo que de nuevo se
[a]humillaron ante el Señor.
5 Y sucedió que llegó a mi padre
la voz del Señor de que debíamos
levantarnos y entrar en el barco.
6 Y aconteció que al día siguiente, después que hubimos
preparado todas las cosas, mucha fruta y [a]carne del desierto, y
miel en abundancia y provisiones
según lo que el Señor nos había
mandado, entramos en el barco
con todas nuestras cargas y nuestras semillas y todo cuanto habíamos traído con nosotros, cada
cual según su edad; por tanto,
todos entramos en el barco, con
nuestras mujeres y nuestros hijos.
7 Ahora bien, mi padre había
engendrado dos hijos en el desierto; el mayor se llamaba [a]Jacob,
y [b]José, el menor.
8 Y aconteció que después
que todos hubimos entrado en
el barco, y llevado con nosotros
nuestras provisiones y las cosas
que se nos había mandado, nos
hicimos a la [a]mar; y fuimos impelidos por el viento hacia la [b]tierra
prometida.
9 Y después de haber sido impelidos por el viento por el espacio de muchos días, he aquí, mis
hermanos y los hijos de Ismael,
y también sus esposas, empezaron a holgarse, de tal manera
que comenzaron a bailar, y a
cantar, y a hablar groseramente,
sí, al grado de olvidarse del poder mediante el cual habían sido
conducidos hasta allí; sí, se entregaron a una rudeza desmedida.
10 Y yo, Nefi, empecé a temer en
extremo, no fuese que el Señor se
enojara con nosotros, y nos hiriera
por nuestras iniquidades, y fuésemos hundidos en las profundidades del mar. Por tanto, yo, Nefi,
empecé a hablarles seriamente;
pero he aquí, se [a]irritaron contra mí, diciendo: No queremos
que nuestro hermano menor nos
[b]gobierne.
11 Y aconteció que Lamán y Lemuel me tomaron y me ataron con
unas cuerdas, y me maltrataron
mucho; no obstante, el Señor lo
[a]permitió a fin de mostrar su poder para dar cumplimiento a sus
palabras que había hablado con
respecto a los malvados.
12 Y aconteció que después que
me hubieron atado al grado de no
poder moverme, la [a]brújula que
el Señor había preparado para
nosotros cesó de funcionar.

3*b* GEE Revelación.
4*a* 1 Ne. 16:5.
6*a* 1 Ne. 17:2.
7*a* 2 Ne. 2:1.
b 2 Ne. 3:1.
8*a* 2 Ne. 10:20.
b 1 Ne. 2:20.
GEE Tierra prometida.
10*a* 1 Ne. 17:17–55.
b Gén. 37:9–11;
1 Ne. 16:37–38;
2 Ne. 1:25–27.
11*a* Alma 14:11.
12*a* 1 Ne. 16:10, 16, 26;
2 Ne. 5:12;
Alma 37:38–47;
DyC 17:1.

13 Por tanto, no supieron
por dónde habían de dirigir el
barco, y en esto se desató una
fuerte tempestad, sí, una tempestad fuerte y terrible, y fuimos
[a]impulsados hacia atrás sobre
las aguas durante tres días; y
empezaron a temer en gran manera que fueran a ahogarse en
el mar. Sin embargo, no me de-
sataban.
14 Y al cuarto día de haber sido
impelidos hacia atrás, la tempestad comenzó a empeorar.
15 Y sucedió que estábamos a
punto de ser tragados en las profundidades del mar. Y después
que hubimos sido arrojados hacia atrás sobre las aguas durante
cuatro días, mis hermanos empezaron a [a]ver que los juicios de
Dios estaban sobre ellos, y que
tendrían que perecer a menos que
se arrepintieran de sus iniquidades. Por tanto, se llegaron a mí y
me desataron las ligaduras de las
muñecas, y he aquí, estas estaban
sumamente hinchadas; y también
se me habían hinchado mucho
los tobillos, y el dolor era grande.
16 No obstante, acudía a mi Dios
y lo [a]alababa todo el día; y no
murmuré contra el Señor a causa
de mis aflicciones.
17 Ahora bien, mi padre Lehi
les había dicho muchas cosas, y
también a los hijos de [a]Ismael;
pero he aquí que ellos profe-
rían muchas amenazas a cualquiera que hablara en mi favor;
y siendo mis padres de una edad
muy avanzada, y habiendo padecido mucha aflicción a causa
de sus hijos, cayeron enfermos,
sí, aun tuvieron que guardar
cama.
18 Y a causa de su dolor y mucha pena, y la iniquidad de mis
hermanos, llegaron casi al punto
de ser llevados de esta vida para
volver a su Dios; sí, sus cabellos
blancos estaban a punto de ser
depositados en el polvo; sí, hasta
estuvieron a punto de ser sepultados con dolor en las aguas.
19 Y también Jacob y José,
siendo jóvenes todavía, y teniendo necesidad de mucho sostén, se acongojaron a causa de
las aflicciones de su madre; y ni
[a]mi esposa con sus lágrimas y
súplicas, ni tampoco mis hijos,
lograron ablandar el corazón de
mis hermanos y conseguir que
estos me soltaran.
20 Y no había nada sino el poder
de Dios, que amenazaba destruirlos, que ablandara sus corazones; así que, cuando se vieron
próximos a ser sepultados en las
profundidades del mar, se arrepintieron de lo que habían hecho conmigo, tanto así que me
desataron.
21 Y aconteció que después que
me hubieron soltado, he aquí,
tomé la brújula, y funcionó conforme a mis deseos. Y ocurrió
que oré al Señor; y después de
haber orado, los vientos cesaron,

13*a* Mos. 1:17.
15*a* Hel. 12:3.
16*a* Alma 36:28.
17*a* 1 Ne. 7:4–20.
19*a* 1 Ne. 7:19; 16:7.

y la tempestad se aplacó, y hubo
gran calma.
22 Y sucedió que yo, Nefi, dirigí el barco de manera que na-
vegamos de nuevo hacia la tierra
prometida.
23 Y ocurrió que después que
hubimos navegado por el espacio de muchos días, llegamos a
la [a]tierra prometida; y avanzamos sobre la tierra, y plantamos
nuestras tiendas; y la llamamos
la tierra prometida.
24 Y aconteció que empezamos
a cultivar la tierra y a plantar semillas; sí, sembramos todas las semillas que habíamos traído de la
tierra de Jerusalén; y sucedió que
crecieron extraordinariamente;
por tanto, fuimos bendecidos en
abundancia.
25 Y ocurrió que encontramos en
la tierra de promisión, mientras
viajábamos por el desierto, que
había animales de toda especie en
los bosques; tanto la vaca como el
buey, y el asno, y el caballo, y la
cabra, y la cabra montés, y toda
clase de animales silvestres, los
cuales el hombre podía utilizar.
Y hallamos toda clase de minerales, tanto oro, como plata, como
cobre.

CAPÍTULO 19

Nefi hace unas planchas de metal y graba en ellas la historia de su pueblo — El Dios de Israel vendrá seiscientos años después de la salida de Lehi de Jerusalén — Nefi habla de los sufrimientos y la crucifixión del Señor — Los judíos serán despreciados y esparcidos hasta los últimos días, cuando vuelvan ellos al Señor. Aproximadamente 588–570 a.C.

Y ACONTECIÓ que me mandó el
Señor, por tanto, hice unas planchas de metal para grabar sobre
ellas la historia de mi pueblo.
Y sobre las [a]planchas que hice,
grabé la historia de mi [b]padre, y
también nuestros viajes en el desierto y las profecías de mi padre;
y también muchas de mis propias
profecías he grabado sobre ellas.
2 Y yo no sabía en la ocasión en
que las hice que el Señor me man-
daría hacer [a]estas planchas; por
tanto, la historia de mi padre, y
la genealogía de sus padres, y la
mayor parte de todo cuanto hicimos en el desierto están grabadas
sobre aquellas primeras planchas
de que he hablado; de modo que
en las primeras planchas ciertamente se hace más particular
mención de lo que aconteció antes
que yo hiciera [b]estas.
3 Y después que hube hecho
estas planchas, según me fue
mandado, yo, Nefi, recibí el mandamiento de que el ministerio
y las profecías, sus partes más
claras y preciosas, se escribie-
sen sobre [a]estas planchas; y que
las cosas que fuesen escritas se
guardaran para la instrucción
de mi pueblo que iba a poseer el

23*a* GEE Tierra prometida.
19 1*a* GEE Planchas.
b 1 Ne. 1:16–17; 6:1–3.
2*a* 2 Ne. 5:30.
b 1 Ne. 9:1–5.
3*a* Jacob 1:1–4; 3:13–14; 4:1–4.

país, y también para otros [b]sabios propósitos, los cuales son conocidos al Señor.

4 Por lo que yo, Nefi, grabé una historia sobre las otras planchas, la cual da una relación, o sea, da una relación más detallada de las guerras, y contiendas y destrucciones de mi pueblo. Y esto he hecho, y he mandado a mi pueblo lo que debe hacer cuando yo ya no esté; y que estas planchas deben transmitirse de una generación a otra, o sea, de un profeta a otro, hasta recibir mandamientos adicionales del Señor.

5 Y más adelante daré cuenta de cómo [a]hice estas planchas; y ahora bien, he aquí, prosigo de acuerdo con lo que he hablado; y esto lo hago para que se [b]conserven las cosas más sagradas para el conocimiento de mi pueblo.

6 Sin embargo, no escribo nada sobre planchas a no ser que yo lo considere [a]sagrado. Ahora bien, si yerro, también los de la antigüedad erraron; no que quiera excusarme por causa de otros hombres, sino por motivo de la [b]debilidad que hay en mí, según la carne, quiero disculparme.

7 Porque las cosas que algunos hombres consideran que son de gran valor, tanto para el cuerpo como para el alma, otros las tienen en [a]nada y las huellan bajo sus pies. Sí, hasta al mismo Dios de Israel [b]huellan los hombres bajo sus pies. Digo que lo huellan bajo sus pies, pero me expresaré de otra manera: lo estiman como nada, y no dan oídos a la voz de sus consejos.

8 Y he aquí, él ha de [a]venir, según las palabras del ángel, [b]seiscientos años después del tiempo de la salida de mi padre de Jerusalén.

9 Y el mundo, a causa de su iniquidad, lo juzgará como cosa de ningún valor; por tanto, lo azotan, y él lo soporta; lo hieren y él lo soporta. Sí, [a]escupen sobre él, y él lo soporta, por motivo de su amorosa bondad y su longanimidad para con los hijos de los hombres.

10 Y el [a]Dios de nuestros padres, que fueron [b]llevados fuera de Egipto, fuera de la servidumbre, y a quienes también preservó en el desierto, sí, el [c]Dios de Abraham, y de Isaac, y el Dios de Jacob se [d]entrega a sí mismo

---

3*b* 1 Ne. 9:4–5; P. de Morm. 1:7; DyC 3:19–20; 10:1–51.
5*a* 2 Ne. 5:28–33.
b GEE Escrituras — Las Escrituras deben preservarse.
6*a* Véase la portada del Libro de Mormón. GEE Santo (adjetivo).
b Morm. 8:13–17; Éter 12:23–28.
7*a* 2 Ne. 33:2; Jacob 4:14.
b GEE Rebelión.
8*a* GEE Jesucristo — Profecías acerca de la vida y la muerte de Jesucristo.
b 1 Ne. 10:4; 2 Ne. 25:19.
9*a* Isa. 50:5–6; Mateo 27:30.
10*a* 2 Ne. 26:12; Mos. 7:27; 27:30–31; Alma 11:38–39; 3 Ne. 11:14–15.
b Éx. 3:2–10; 6:6; 1 Ne. 5:15; DyC 136:22.
c Gén. 32:9; Mos. 7:19; DyC 136:21. GEE Jehová.
d GEE Expiación, expiar.

como hombre, según las palabras del ángel, en manos de hombres inicuos para ser [e]levantado, según las palabras de [f]Zenoc, y para ser [g]crucificado, según las palabras de Neum, y para ser enterrado en un [h]sepulcro, de acuerdo con las palabras de [i]Zenós, palabras que él habló tocante a tres días de [j]tinieblas, los cuales serán una señal de su muerte que se dará a los que habitaren las islas del mar, y más especialmente dada a los que son de la [k]casa de Israel.

11 Porque así habló el profeta: Ciertamente el Señor Dios [a]visitará a toda la casa de Israel en ese día; a algunos con su voz, a causa de su rectitud, para su inmensa alegría y salvación, y a otros con los [b]truenos y relámpagos de su poder, por tempestades, por fuego, por humo y vapores de [c]tinieblas, y por el [d]hendimiento de la tierra y [e]montañas que se levantarán.

12 Y [a]todas estas cosas ciertamente deben venir, dice el profeta [b]Zenós. Y se henderán las [c]rocas de la tierra; y a causa de los gemidos de la tierra, muchos de los reyes de las islas del mar se verán constreñidos a exclamar por el Espíritu de Dios: ¡El Dios de la naturaleza padece!

13 Y en cuanto a los que se hallen en Jerusalén, dice el profeta, serán [a]azotados por todos los pueblos, porque [b]crucifican al Dios de Israel, y apartan sus corazones, desechando señales y prodigios, y el poder y la gloria del Dios de Israel.

14 Y porque apartan sus corazones, dice el profeta, y han [a]despreciado al Santo de Israel, vagarán en la carne y perecerán, y serán un [b]escarnio y un [c]oprobio, y serán aborrecidos entre todas las naciones.

15 No obstante, dice el profeta, cuando llegue el día en que [a]no vuelvan más sus corazones contra el Santo de Israel, entonces él se acordará de los [b]convenios que hizo con sus padres.

16 Sí, entonces se acordará de las [a]islas del mar; sí, y a todos los que son de la casa de Israel yo [b]recogeré de las cuatro partes de

---

10*e* 3 Ne. 27:14.
f Alma 33:15; 34:7; Hel. 8:19–20; 3 Ne. 10:15–16. GEE Escrituras — Escrituras que se han perdido; Zenoc.
g 2 Ne. 6:9; Mos. 3:9. GEE Crucifixión.
h Mateo 27:60; Lucas 23:53; 2 Ne. 25:13.
i Jacob 6:1; Hel. 15:11. GEE Zenós.
j 1 Ne. 12:4–5; Hel. 14:20, 27; 3 Ne. 8:3, 19–23; 10:9.
k 3 Ne. 16:1–4.
11*a* 3 Ne. 9; DyC 5:16.
b Hel. 14:20–27; 3 Ne. 8:5–23.
c Lucas 23:44–45; 3 Ne. 8:19–20.
d 2 Ne. 26:5.
e 3 Ne. 8:10.
12*a* Hel. 14:20–28.
b Jacob 5:1.
c Mateo 27:51.
13*a* Lucas 23:27–30.
b 2 Ne. 10:3.
14*a* Isa. 53:3–6; Mos. 14:3–6.
b GEE Judíos.
c Deut. 28:37; 1 Rey. 9:7; 3 Ne. 16:9.
15*a* 1 Ne. 22:11–12.
b GEE Abraham, convenio de (convenio abrahámico).
16*a* 1 Ne. 22:4; 2 Ne. 10:21.
b Isa. 49:20–22. GEE Israel — La congregación de Israel.

la tierra, dice el Señor, según las palabras del profeta Zenós.

17 Sí, y toda la tierra [a]verá la salvación del Señor, dice el profeta; toda nación, tribu, lengua y pueblo serán bendecidos.

18 Y yo, Nefi, he escrito estas cosas a los de mi pueblo, para que tal vez los persuada a que se acuerden del Señor su Redentor.

19 Por tanto, hablo a toda la casa de Israel, por si acaso llegasen a obtener [a]estas cosas.

20 Pues he aquí, tengo impresiones en el espíritu, que me agobian al grado de que se debilitan todas mis coyunturas, por los que se hallan en Jerusalén; porque si el Señor en su misericordia no me hubiera manifestado lo concerniente a ellos, así como lo había hecho a los antiguos profetas, yo también habría perecido.

21 Y ciertamente él mostró a los antiguos [a]profetas todas las cosas [b]concernientes a ellos; y también mostró a muchos tocante a nosotros; por tanto, es preciso que sepamos lo que a ellos atañe, porque está escrito sobre las planchas de bronce.

22 Y aconteció que yo, Nefi, les enseñé estas cosas a mis hermanos; y sucedió que les leí muchas cosas que estaban grabadas sobre las [a]planchas de bronce, a fin de que supieran acerca de los hechos del Señor en otras tierras, entre los pueblos de la antigüedad.

23 Y les leí muchas cosas que estaban escritas en los [a]libros de Moisés; pero a fin de convencerlos más plenamente de que creyeran en el Señor su Redentor, les leí lo que escribió el profeta [b]Isaías; porque [c]comparé todas las Escrituras a nosotros mismos para nuestro [d]provecho e instrucción.

24 Por tanto, les hablé, diciendo: Escuchad las palabras del profeta, vosotros que sois un resto de la casa de Israel, una [a]rama que ha sido desgajada; escuchad las palabras del profeta que fueron escritas a toda la casa de Israel, y comparáoslas a vosotros mismos, para que podáis tener esperanza, así como vuestros hermanos de quienes habéis sido separados; porque de esta manera es como el profeta ha escrito.

CAPÍTULO 20

El Señor revela Sus propósitos a Israel — Israel ha sido escogido en el horno de la aflicción y ha de salir de Babilonia — Compárese con Isaías 48. Aproximadamente 588–570 a.C.

17*a* Isa. 40:4–5.
19*a* Enós 1:16; Morm. 5:12; 7:9–10.
21*a* 2 Rey. 17:13; Amós 3:7. GEE Profeta.
b 3 Ne. 10:16–17.
22*a* 1 Ne. 22:1.
23*a* Éx. 17:14; 1 Ne. 5:11; Moisés 1:40–41.
b 1 Ne. 15:20; 2 Ne. 25:4–6; 3 Ne. 23:1.
c GEE Escrituras — El valor de las Escrituras.
d 2 Ne. 4:15.
24*a* Gén. 49:22–26; 1 Ne. 15:12; 2 Ne. 3:4–5.

ESCUCHAD y oíd esto, oh casa de
Jacob, que os llamáis del nombre
de Israel, y habéis salido de las
aguas de Judá, o sea, de las aguas
del [a]bautismo, los que juráis por
el nombre del Señor y hacéis mención del Dios de Israel, mas no
juráis ni en verdad ni en rectitud.
2 Y no obstante que de la [a]ciu-
dad santa os hacéis nombrar, no
os [b]apoyáis en el Dios de Israel,
que es el Señor de los Ejércitos.
Sí, el Señor de los Ejércitos es su
nombre.
3 He aquí, yo he declarado las
cosas [a]anteriores desde el principio; y salieron de mi boca, y las
mostré. De improviso las mostré.
4 Y lo hice porque sabía que
[a]eres obstinado, y tendón de hierro es tu cerviz, y tu frente de
bronce;
5 y te las he declarado aun desde
el principio; antes que sucedie-
ran te las manifesté; y las manifesté por temor de que dijeses: Mi
[a]ídolo las hizo; mis imágenes de
escultura y de fundición mandaron estas cosas.
6 Lo viste y lo oíste todo; y, ¿no
queréis anunciarlo? Y que desde
entonces te he mostrado cosas
nuevas, sí, cosas ocultas que no
sabías.
7 Ahora son creadas, y no desde
el principio, ni aun antes del día
en que las oíste te fueron declaradas, para que no dijeras: He aquí,
yo las sabía.
8 Sí, y tú no oíste ni supiste;
sí, no se abrió desde entonces
tu oído; pues sabía yo que se-
rías muy desleal, y fuiste llamado
[a]transgresor desde el vientre.
9 No obstante, por causa de mi
[a]nombre diferiré mi ira, y para
alabanza mía me contendré para
no talarte.
10 He aquí, te he purificado;
te he escogido en el horno de la
[a]aflicción.
11 Por mí, sí, por mi propia
causa, lo haré, para que no sea
amancillado mi [a]nombre; y mi
honra [b]no la daré a otro.
12 Óyeme, Jacob, y tú, Israel,
a quien llamé; pues yo mismo
soy; yo el [a]primero, yo el postrero
también.
13 Mi mano [a]fundó también la
tierra, y mi diestra extendió los
cielos; los llamo, y se presentan
juntamente.
14 Juntaos todos vosotros y oíd:
¿Quién entre ellos les ha anunciado estas cosas? El Señor lo
amó; sí, y [a]cumplirá su palabra
que por ellos ha declarado, y
ejecutará su voluntad en [b]Babi-
lonia, y su brazo caerá sobre los
caldeos.
15 También dice el Señor: Yo,

20 1*a* GEE Bautismo, bautizar.
2*a* Isa. 52:1. GEE Jerusalén.
b Es decir, confiar.
3*a* Isa. 46:9–10.
4*a* Es decir, Israel.
5*a* GEE Idolatría.
8*a* Sal. 58:3.
9*a* 1 Sam. 12:22; Sal. 23:3; 1 Juan 2:12.
10*a* GEE Adversidad.
11*a* Jer. 44:26.
b Isa. 42:8; Moisés 4:1–4.
12*a* Apoc. 1:17; 22:13. GEE Alfa y Omega; Primogénito.
13*a* Sal. 102:25. GEE Creación, crear.
14*a* 1 Rey. 8:56; DyC 64:31; 76:3.
b GEE Babel, Babilonia.

el Señor, he hablado; sí, lo llamé a
declarar, y lo traje; y él hará próspero su camino.
16 Allegaos a mí; no he hablado
en [a]secreto; desde el principio,
desde el momento en que se declaró, yo he hablado; y el Señor
Dios me ha enviado, y su Espíritu.
17 Y así dice el Señor, [a]Redentor
tuyo, el Santo de Israel: Yo lo he
enviado; el Señor tu Dios que te
enseña provechosamente, que te
[b]guía por la vía por la que debes
andar, él lo ha hecho.
18 Oh, si hubieras escuchado
mis [a]mandamientos: habría sido
entonces tu paz como un río, y
tu rectitud cual las ondas del
mar;
19 y como la arena tu [a]descen-
dencia, y los renuevos de tus entrañas como los granitos de ella;
su nombre no habría sido cortado,
ni raído de mi presencia.
20 [a]Salid de Babilonia, huid de
entre los caldeos: declarad con
voz de cantos; publicadlo, llevadlo hasta lo postrero de la tierra; decid: Redimió el Señor a
Jacob, su [b]siervo.
21 Y no tuvieron [a]sed; los llevó
por los desiertos; les hizo brotar
aguas de la [b]roca; hendió la peña,
y salieron las aguas.
22 Y a pesar de haber hecho todo
esto, y más, no hay [a]paz para los
inicuos, dice el Señor.

CAPÍTULO 21

El Mesías será una luz a los gentiles y pondrá en libertad a los presos — Israel será recogido con poder en los últimos días — Reyes serán sus ayos — Compárese con Isaías 49. Aproximadamente 588–570 a.C.

Y ADEMÁS: ¡Oídme, oh casa de Israel, todos vosotros los que habéis
sido separados y echados fuera
por causa de la iniquidad de los
pastores de mi pueblo; sí, todos
vosotros que habéis sido separados y esparcidos, quienes sois
de mi pueblo, oh casa de Israel!
¡Oídme, [a]islas del mar, y escuchad, pueblos [b]lejanos! El Señor
me llamó desde el vientre; desde
las entrañas de mi madre hizo él
mención de mi nombre.
2 Y puso mi boca como espada
aguda: me cubrió con la sombra de su mano, y me puso por
saeta pulida; me guardó en su
aljaba;
3 y me dijo: ¡Mi [a]siervo eres tú,
oh Israel; en ti seré glorificado!
4 Pero yo dije: Por demás he
trabajado, en vano y sin provecho
he consumido mi fuerza; ciertamente mi causa está ante el Señor,
y mi obra con mi Dios.

16*a* Isa. 45:19.
17*a* GEE Redentor.
b GEE Inspiración, inspirar; Revelación.
18*a* Ecle. 8:5.
19*a* Gén. 22:15–19; Oseas 1:10.
20*a* Jer. 51:6; DyC 133:5–14.
b Isa. 44:1–2, 21.
21*a* Isa. 41:17–20.
b Éx. 17:6; Núm. 20:11; 1 Ne. 17:29; 2 Ne. 25:20.
22*a* GEE Paz.
21 1*a* 1 Ne. 22:4; 2 Ne. 10:20–22.
b DyC 1:1.
3*a* Lev. 25:55; Isa. 41:8; DyC 93:45–46.

5 Ahora bien, dice el Señor — que me [a]formó desde el vientre para ser su siervo, para hacer volver a él a Jacob— aun cuando Israel no sea reunido, con todo, glorioso seré ante los ojos del Señor, y mi fortaleza será el Dios mío.

6 Y dijo: Poco es que tú me seas siervo para levantar las [a]tribus de Jacob y restaurar los preservados de Israel. También te pondré por [b]luz de los [c]gentiles, para que seas mi salvación hasta lo postrero de la tierra.

7 Así dice el Señor, el Redentor de Israel, el Santo suyo, al menospreciado del hombre, al abominado de las naciones, al siervo de soberanos: Reyes verán y se levantarán; y príncipes también adorarán, a causa del Señor que es fiel.

8 Así dice el Señor: ¡En el tiempo propicio os he escuchado, oh islas del mar, y en el día de salvación os he ayudado! Y os preservaré, y a [a]mi siervo os daré por convenio del pueblo, para establecer la tierra, para hacer heredar las desoladas heredades;

9 para que digáis a los [a]presos: ¡Salid!; y a los que están en [b]tinieblas: ¡Manifestaos! En los caminos serán [c]apacentados, y en todas las alturas habrá pastos para ellos.

10 No tendrán hambre ni sed, ni el calor ni el sol los afligirá; porque el que tiene de ellos misericordia los guiará, y los conducirá a manantiales de aguas.

11 Y tornaré en camino todos mis montes, y mis [a]calzadas serán elevadas.

12 ¡Y entonces, oh casa de Israel, he aquí, [a]estos vendrán de lejos; y he aquí, estos del norte y del occidente; y estos de la tierra de Sinim!

13 [a]¡Cantad, oh cielos, y alégrate, oh tierra, porque serán asentados los pies de los que están en el oriente! ¡Prorrumpid en alabanzas, oh montes! porque ellos no serán heridos más, pues el Señor ha consolado a su pueblo, y de sus afligidos tendrá misericordia.

14 Mas he aquí, Sion ha dicho: El Señor me abandonó, y de mí se ha olvidado mi Señor; pero él mostrará que no.

15 Porque, ¿puede una [a]mujer olvidar a su niño de pecho al grado de no compadecerse del hijo de sus entrañas? ¡Pues aun cuando ella se [b]olvidare, yo nunca me olvidaré de ti, oh casa de Israel!

16 Pues he aquí, te tengo grabada en las [a]palmas de mis manos; tus muros están siempre delante de mí.

17 Tus hijos se apresurarán

5*a* Isa. 44:24.
6*a* GEE Israel — Las doce tribus de Israel.
b DyC 103:8–10; Abr. 2:10–11.
c 3 Ne. 21:11.
8*a* 2 Ne. 3:6–15; 3 Ne. 21:8–11; Morm. 8:16, 25.
9*a* GEE Salvación de los muertos.
b 2 Ne. 3:5.
c Ezeq. 34:14.
11*a* Isa. 62:10; DyC 133:23–32.
12*a* Isa. 43:5–6.
13*a* Isa. 44:23.
15*a* GEE Mujer(es).
b Isa. 41:17; Alma 46:8; DyC 61:36.
16*a* Zac. 13:6.

contra tus destructores; y los que
te [a]asolaron se apartarán de ti.
18 ¡Alza tus ojos y mira alrededor; todos estos se han [a]reunido
y vendrán a ti! Y vivo yo, dice el
Señor, que de todos serás vestida,
como de vestidura de adorno, y
de ellos serás ceñida como novia.
19 Porque tus sitios desiertos y
desolados, y la tierra de tu destrucción, ahora serán demasiado
estrechos por causa de los moradores; y los que te devoraban
serán arrojados lejos.
20 Los niños que tendrás, después de haber perdido a los primeros, dirán otra vez a tus oídos:
Demasiado estrecho es para mí
este sitio; dame lugar para que
yo habite.
21 Entonces [a]dirás en tu corazón: ¿Quién me engendró a estos, dado que he perdido a mis
hijos, y estoy [b]desolada, cautiva
y voy errante de un lado a otro?
¿Y quién crio a estos? He aquí,
fui abandonada; ¿dónde estuvieron estos?
22 Así dice el Señor Dios: He
aquí, yo alzaré mi mano a los
[a]gentiles, y levantaré mi [b]estan-
darte al pueblo; y traerán en
[c]brazos a tus hijos, y en hombros
llevarán a tus hijas.
23 Y [a]reyes serán tus [b]ayos, y sus
reinas, tus nodrizas; con el rostro
hacia la tierra se postrarán ante ti,
y lamerán el polvo de tus pies; y
sabrás que yo soy el Señor; porque los que me [c]esperan no serán
avergonzados.
24 ¿Pues será quitada la presa al
poderoso?; o, ¿serán librados los
[a]cautivos legítimos?
25 Pero así dice el Señor: Aun
los cautivos le serán quitados al
poderoso, y la presa del tirano
será librada; porque contenderé
con el que contienda contigo, y
salvaré a tus hijos.
26 Y a los que te oprimen haré
[a]comer su propia carne; y con su
propia sangre serán embriagados
como con vino; y [b]conocerá toda
carne que yo, el Señor, soy tu Salvador y tu Redentor, el [c]Fuerte
de Jacob.

CAPÍTULO 22

Israel será esparcido sobre toda la faz de la tierra — Los gentiles alimentarán y nutrirán a Israel con el Evangelio en los últimos días — Israel será congregado y se salvará, y los inicuos arderán como rastrojo — El reino del diablo será destruido y Satanás será atado. Aproximadamente 588–570 a.C.

Y ACONTECIÓ que después que
yo, Nefi, hube leído estas cosas
que estaban grabadas sobre las
[a]planchas de bronce, mis hermanos vinieron a mí, y me dijeron:
¿Qué significan estas cosas que

17*a* 3 Ne. 21:12–20.
18*a* Miqueas 4:11–13.
21*a* Es decir, Sion.
b Isa. 54:1; Gál. 4:27.
22*a* Isa. 66:18–20.
b Isa. 11:12; 18:3.
c 1 Ne. 22:8; 2 Ne. 10:8–9.
23*a* Isa. 60:16.
b 1 Ne. 22:6.
c 2 Ne. 6:13; DyC 98:2; 133:10–11, 45.
24*a* 1 Ne. 21:25.
26*a* 1 Ne. 22:13–14.
b Mos. 11:22.
c GEE Jehová.
22 1*a* 1 Ne. 19:22; 2 Ne. 4:2.

has leído? He aquí, ¿deben en-
tenderse conforme a cosas que
son espirituales, que se verificarán según el espíritu, y no según
la carne?
2 Y yo, Nefi, les contesté: He
aquí, la voz del Espíritu las [a]ma-
nifestó al profeta; porque por el
[b]Espíritu son reveladas a los [c]pro-
fetas todas las cosas que acontecerán a los hijos de los hombres
según la carne.
3 Por tanto, lo que he leído tiene
que ver con cosas [a]temporales así
como espirituales; porque parece
que la casa de Israel será [b]disper-
sada, tarde o temprano, sobre
toda la superficie de la tierra, y
también entre todas las naciones.
4 Y he aquí, hay muchos de
quienes ningún conocimiento
tienen ya los que están en Jerusalén; sí, la mayor parte de todas
las [a]tribus han sido [b]llevadas; y se
encuentran esparcidas acá y allá
sobre las [c]islas del mar; y dónde
se hallan, ninguno de nosotros
sabe, solo sabemos que se las han
llevado.
5 Y desde que se las han llevado, se han profetizado estas cosas concernientes a ellas,
así como a todos aquellos que
más tarde serán dispersados y
confundidos a causa del Santo de
Israel, porque endurecerán sus
corazones contra él; por lo que
serán dispersados entre todas
las naciones, y serán [a]odiados
por todos los hombres.
6 No obstante, después que
sean [a]nutridos por los [b]genti-
les, y el Señor haya levantado
su mano sobre los gentiles y
los haya puesto por estandarte,
y sus [c]hijos hayan sido llevados
en los brazos de los gentiles, y
sus hijas sobre sus hombros,
he aquí, estas cosas de que se
habla son temporales; porque así
son los convenios del Señor con
nuestros padres; y se refiere a
nosotros en los días venideros, y
también a todos nuestros hermanos que son de la casa de Israel;
7 y significa que viene el
tiempo, después que toda la casa
de Israel haya sido dispersada y
confundida, en que el Señor Dios
levantará una nación poderosa
entre los [a]gentiles, sí, sobre la superficie de esta tierra; y nuestros
descendientes serán [b]esparcidos
por ellos.
8 Y después que nuestra posteridad haya sido dispersada, el
Señor Dios procederá a efectuar
una [a]obra maravillosa entre los

2*a* 2 Pe. 1:19–21.
b GEE Espíritu Santo.
c GEE Profecía, profetizar.
3*a* DyC 29:31–34.
b 1 Ne. 10:12–14; 2 Ne. 25:14–16. GEE Israel — El esparcimiento de Israel.
4*a* GEE Israel — Las diez tribus perdidas de Israel.
b 2 Ne. 10:22.
c 1 Ne. 21:1; 2 Ne. 10:8, 20.
5*a* 1 Ne. 19:14.
6*a* 1 Ne. 21:23.
b GEE Gentiles.
c 1 Ne. 15:13.
7*a* 3 Ne. 20:27.
b 1 Ne. 13:12–14; 2 Ne. 1:11.
8*a* Isa. 29:14; 1 Ne. 14:7; 2 Ne. 27:26. GEE Restauración del Evangelio.

[b]gentiles, que será de gran [c]valor para nuestra posteridad; por tanto, se compara a que serán nutridos por los gentiles y llevados en sus brazos y sobre sus hombros.

9 Y también será de [a]valor a los gentiles; y no solamente a los gentiles, sino [b]a toda la [c]casa de Israel, para dar a conocer los [d]convenios del Padre de los cielos con Abraham, que dicen: En tu [e]posteridad serán [f]benditas todas las familias de la tierra.

10 Y quisiera, mis hermanos, que supieseis que no pueden ser bendecidas todas las familias de la tierra, a menos que el Señor [a]desnude su brazo a los ojos de las naciones.

11 Por lo que el Señor Dios procederá a desnudar su brazo a los ojos de todas las naciones, al llevar a efecto sus convenios y su evangelio para con los que son de la casa de Israel.

12 Por tanto, los sacará otra vez de su cautividad, y serán [a]reunidos en las tierras de su herencia; y serán sacados de la obscuridad y de las [b]tinieblas; y sabrán que el [c]Señor es su [d]Salvador y su Redentor, el [e]Fuerte de Israel.

13 Y la sangre de esa grande y [a]abominable iglesia, que es la ramera de toda la tierra, se volverá sobre su propia cabeza; porque [b]guerrearán entre sí, y la espada de sus [c]propias manos descenderá sobre su propia cabeza; y se emborracharán con su propia sangre.

14 Y toda [a]nación que luche contra ti, oh casa de Israel, se volverá la una contra la otra, y [b]caerán en la fosa que cavaron para entrampar al pueblo del Señor. Y todos los que [c]combatan contra Sion serán destruidos, y esa gran ramera que ha pervertido las vías correctas del Señor, sí, esa grande y abominable iglesia caerá a [d]tierra, y grande será su caída.

15 Porque he aquí, dice el profeta, se acerca rápidamente el tiempo en que Satanás no tendrá más poder sobre el corazón de los hijos de los hombres; porque pronto se acerca el día en que todos los soberbios y todos los que obran inicuamente serán como [a]rastrojo; y está cerca

---

8*b* 2 Ne. 10:10–11; 3 Ne. 16:4–7; Morm. 5:19.
c 1 Ne. 15:13–18; 3 Ne. 5:21–26; 21:7.
9*a* 1 Ne. 14:1–5.
b 2 Ne. 30:1–7.
c 2 Ne. 29:13–14.
d Deut. 4:31.
e GEE Abraham, convenio de (convenio abrahámico).
f Gén. 12:2–3; 3 Ne. 20:27; Abr. 2:9–11.
10*a* Isa. 52:10.
12*a* GEE Israel — La congregación de Israel.
b GEE Tinieblas espirituales.
c 2 Ne. 6:10–11.
d GEE Salvador.
e GEE Jehová.
13*a* GEE Diablo — La iglesia del diablo.
b 1 Ne. 14:3, 15–17.
c 1 Ne. 21:26.
14*a* Lucas 21:10.
b Isa. 60:12; 1 Ne. 14:3; DyC 109:25.
c 2 Ne. 10:13; 27:3.
d Isa. 25:12.
15*a* Isa. 5:23–24; Nahúm 1:10; Mal. 4:1; 2 Ne. 15:24; 26:4–6; DyC 64:23–24; 133:64.

el día en que han de ser [b]quemados.

16 Pues está próximo el tiempo en que la plenitud de la [a]ira de Dios será derramada sobre todos los hijos de los hombres; porque no consentirá que los inicuos destruyan a los justos.

17 Por lo tanto, [a]preservará a los [b]justos por su poder, aun cuando tuviese que venir la plenitud de su ira, y serán preservados los justos aun hasta la destrucción de sus enemigos por fuego. Por tanto, los justos no tienen por qué temer; porque así dice el profeta: Se salvarán, aun como si fuese por fuego.

18 He aquí, os digo, mis hermanos, que estas cosas deben venir muy pronto; sí, debe haber sangre y fuego y vapor de humo; y es menester que sea sobre la superficie de esta tierra; y sobrevendrá a los hombres según la carne, si es que endurecen sus corazones en contra del Santo de Israel.

19 Pues he aquí, los justos no perecerán; porque ciertamente vendrá el tiempo en que todos los que combatan contra Sion serán talados.

20 Y el Señor ciertamente preparará una vía para su pueblo, a fin de cumplir las palabras que habló Moisés, diciendo: El Señor vuestro Dios os levantará a un [a]profeta, semejante a mí; a él oiréis en todo lo que os dijere. Y sucederá que todos aquellos que no quieran escuchar a ese profeta serán [b]desarraigados de entre el pueblo.

21 Y ahora bien, yo, Nefi, os declaro que este [a]profeta de quien habló Moisés era el Santo de Israel; por tanto, [b]juzgará con justicia.

22 Y los justos no tienen por qué temer, pues ellos son los que no serán confundidos. Mas es el reino del diablo, el cual será edificado entre los hijos de los hombres, el cual está establecido entre aquellos que se encuentran en la carne;

23 porque pronto llegará el tiempo en que todas las [a]iglesias que se hayan establecido para obtener ganancia, y todas las que hayan sido edificadas para lograr poder sobre la carne, y las que se hayan fundado para hacerse [b]populares ante los ojos del mundo, y aquellas que busquen las concupiscencias de la carne, y las cosas del mundo, y cometan toda clase de iniquidades, en fin, todos los que pertenezcan al reino del diablo son los que deberán temer, [c]temblar y estremecerse; ellos son los que deben ser humillados hasta el

15*b* Sal. 21:9; 3 Ne. 25:1; DyC 29:9. GEE Tierra — La purificación de la tierra.
16*a* 1 Ne. 14:17.
17*a* 2 Ne. 30:10; Moisés 7:61.
b 1 Ne. 17:33–40.
20*a* Juan 4:19; 7:40.
b DyC 133:63.
21*a* Deut. 18:15, 18; Hech. 3:20–23; 1 Ne. 10:4; 3 Ne. 20:23.
b Sal. 98:9; Moisés 6:57.
23*a* 1 Ne. 14:10; 2 Ne. 26:20. GEE Supercherías sacerdotales.
b Lucas 6:26; Alma 1:3.
c 2 Ne. 28:19.

polvo; ellos son los que deben ser [d]consumidos como el rastrojo; y esto según las palabras del profeta.
24 Y rápidamente se acerca el tiempo en que los justos han de ser conducidos como [a]becerros de la manada, y el Santo de Israel ha de reinar con dominio, y fuerza, y potestad, y gran gloria.
25 Y [a]recoge a sus hijos de las cuatro partes de la tierra; y cuenta a sus ovejas, y ellas lo conocen; y habrá un redil y un [b]pastor; y él apacentará a sus ovejas, y en él hallarán [c]pasto.
26 Y a causa de la rectitud del pueblo del Señor, [a]Satanás no tiene poder; por consiguiente, no se le puede desatar por el espacio de [b]muchos años; pues no tiene poder sobre el corazón del pueblo, porque el pueblo mora en rectitud, y el Santo de Israel [c]reina.
27 Y ahora bien, he aquí, yo, Nefi, os declaro que todas estas cosas deben acontecer según la carne.
28 Pero he aquí, todas las naciones, tribus, lenguas y pueblos vivirán con seguridad en el Santo de Israel, si es que se [a]arrepienten.
29 Y ahora, yo, Nefi, concluyo, porque no me atrevo aún a hablar más tocante a estas cosas.
30 Por tanto, mis hermanos, quisiera que consideraseis que las cosas que se han escrito en las [a]planchas de bronce son verdaderas; y testifican que el hombre debe ser obediente a los mandamientos de Dios.
31 Por lo tanto, no debéis suponer que mi padre y yo somos los únicos que las hemos atestiguado y también enseñado. Por tanto, si sois obedientes a los [a]mandamientos, y perseveráis hasta el fin, seréis salvos en el postrer día. Y así es. Amén.

EL SEGUNDO LIBRO DE NEFI

Relación de la muerte de Lehi. Los hermanos de Nefi se rebelan en contra de él. El Señor amonesta a Nefi a salir para el desierto. Sus viajes por el desierto, etc.

23*d* 2 Ne. 26:6.
24*a* Amós 6:4; Mal. 4:2; 3 Ne. 25:2.
25*a* GEE Israel — La congregación de Israel.
b GEE Buen Pastor.
c Sal. 23.
26*a* Apoc. 20:2; Alma 48:17; DyC 43:31; 45:55; 88:110; 101:28. GEE Diablo.
b Jacob 5:76.
c GEE Milenio.
28*a* GEE Arrepentimiento, arrepentirse; Perdonar.
30*a* 2 Ne. 4:2.
31*a* Mateo 19:17. GEE Mandamientos de Dios.

CAPÍTULO 1

Lehi profetiza acerca de una tierra de libertad — Los de su posteridad serán dispersados y afligidos si rechazan al Santo de Israel — Exhorta a sus hijos a ceñirse con la armadura de la rectitud. Aproximadamente 588–570 a.C.

Y ACONTECIÓ que después
que yo, Nefi, hube concluido
de enseñar a mis hermanos, nuestro [a]padre Lehi les habló muchas
cosas también, y les recordó cuán
grandes cosas el Señor había hecho por ellos al sacarlos de la tierra de Jerusalén,
2 y les habló de sus [a]rebeliones
sobre las aguas, y de las misericordias de Dios al salvarles la
vida, para que no fuesen hundidos en el mar;
3 y también les habló tocante a
la tierra de promisión que habían
obtenido, de cuán misericordioso
había sido el Señor en advertir-
nos que saliéramos de la tierra
de Jerusalén.
4 Porque he aquí, les dijo, he
visto una [a]visión, por la cual yo
sé que Jerusalén está destruida;
y si hubiésemos permanecido en
[b]Jerusalén, también habríamos
[c]perecido.
5 Pero, dijo él, a pesar de nuestras aflicciones, hemos obtenido
una [a]tierra de promisión, una
tierra [b]escogida sobre todas las
demás; una tierra que el Señor
Dios hizo convenio conmigo de
que sería una tierra para la herencia de mi posteridad. Sí, el
Señor me ha dado esta tierra por
[c]convenio a mí y a mis hijos para
siempre, y también para todos
aquellos que la mano del Señor
conduzca de otros países.
6 Por tanto, yo, Lehi, profetizo
según el Espíritu que obra en mí,
que [a]nadie vendrá a esta tierra a
menos que sea traído por la mano
del Señor.
7 Por tanto, esta tierra está
[a]consagrada a quienes él traiga.
Y en caso de que le sirvan según los mandamientos que él ha
dado, será para ellos una tierra
de [b]libertad; por lo que nunca
serán reducidos al cautiverio; si
tal sucediere, será por causa de
la iniquidad; porque si abunda
la iniquidad, [c]maldita será la
tierra por causa de ellos; pero
para los justos será bendita para
siempre.
8 Y he aquí, es prudente que esta
tierra no llegue todavía al conocimiento de otras naciones; pues he
aquí, muchas naciones sobrelle-
narían la tierra, de modo que no
habría lugar para una herencia.
9 Por tanto, yo, Lehi, he obtenido la promesa de que, [a]si aquellos que el Señor Dios trae de la
tierra de Jerusalén obedecen sus

---

1 1*a* GEE Patriarca, patriarcal.
2*a* 1 Ne. 18:9–20.
4*a* GEE Visión.
b 2 Rey. 24:14–15; Jer. 44:2; 1 Ne. 1:4; Hel. 8:20.
c Alma 9:22.
5*a* GEE Tierra prometida.
b Éter 2:9–10.
c GEE Convenio.
6*a* 2 Ne. 10:22.
7*a* Mos. 29:32; Alma 46:10, 20.
b 2 Ne. 10:11. GEE Libertad, libre.
c Alma 45:10–14, 16; Morm. 1:17; Éter 2:8–12.
9*a* 2 Ne. 4:4; Alma 9:13.

mandamientos, [b]prosperarán sobre la superficie de esta tierra y
serán preservados de todas las
demás naciones, a fin de que
posean esta tierra para sí mismos. Y en caso de que [c]guarden
sus mandamientos, serán bendecidos sobre la superficie de
la tierra; y no habrá quien los
moleste ni les quite la tierra de
su herencia; y habitarán seguros
para siempre.
10 Pero he aquí, cuando llegue
el día en que degeneren en la incredulidad, después de haber recibido tan grandes bendiciones
de la mano del Señor —teniendo
el conocimiento de la creación de
la tierra y de todos los hombres,
conociendo las grandes y maravillosas obras del Señor desde la
creación del mundo, habiéndoseles dado el poder para hacer
todas las cosas por la fe; teniendo
todos los mandamientos desde el
principio, y habiendo sido conducidos por su infinita bondad
a esta preciosa tierra de promisión— he aquí, digo que si llega
el día en que rechacen al Santo
de Israel, el verdadero [a]Mesías,
su Redentor y su Dios, he aquí,
los juicios del que es justo descenderán sobre ellos.
11 Sí, él traerá sobre ellos a
[a]otras naciones, a las que dará
poder, y les quitará la tierra de
sus posesiones, y hará que sean
[b]dispersados y afligidos.
12 Sí, al pasar de una generación
a otra habrá [a]efusión de sangre y
grandes calamidades entre ellos;
por lo tanto, hijos míos, quisiera
que recordaseis, sí, quisiera que
escuchaseis mis palabras.
13 ¡Oh que despertaseis; que
despertaseis de ese profundo
sueño, sí, del sueño del [a]in-
fierno, y os sacudieseis de las
espantosas [b]cadenas que os tienen atados, cadenas que sujetan
a los hijos de los hombres a tal
grado que son llevados cautivos
al eterno [c]abismo de miseria y
angustia!
14 ¡Despertad y levantaos del
polvo! ¡Escuchad las palabras
de un [a]padre tembloroso, cuyo
cuerpo pronto tendréis que
entregar a la fría y silenciosa
[b]tumba, de donde ningún viajero
puede volver; unos días más,
y seguiré el [c]camino de toda la
tierra!
15 Pero he aquí, el Señor ha [a]re-
dimido a mi alma del infierno;
he visto su gloria, y estoy para
siempre envuelto entre los [b]bra-
zos de su [c]amor.
16 Y mi deseo es que os acordéis de observar los [a]estatutos
y los juicios del Señor; he aquí,

9*b* Deut. 29:9.
c GEE Obediencia, obediente, obedecer.
10*a* GEE Mesías.
11*a* 1 Ne. 13:12–20; Morm. 5:19–20.
b 1 Ne. 22:7.
12*a* Morm. 1:11–19; 4:11.
13*a* GEE Infierno.
b Alma 12:9–11.
c 1 Ne. 15:28–30; Hel. 3:29–30.
14*a* GEE Padres.
b GEE Muerte física.
c Josué 23:14.
15*a* Alma 36:28.
GEE Expiación, expiar.
b Jacob 6:5; Alma 5:33; 3 Ne. 9:14.
c Rom. 8:39.
GEE Amor.
16*a* Deut. 4:5–8; 2 Ne. 5:10–11.

esta ha sido la ansiedad de mi
alma desde el principio.
17 Mi corazón ha estado agobiado de pesar de cuando en
cuando, pues he temido que por
la dureza de vuestros corazones,
el Señor vuestro Dios viniese en
la plenitud de su [a]ira sobre vosotros, y fueseis [b]talados y destruidos para siempre;
18 o que una maldición os sobreviniera por el espacio de [a]muchas
generaciones; y fueseis castigados
por la espada y por el hambre, y fueseis aborrecidos, y llevados según la
voluntad y cautividad del [b]diablo.
19 ¡Oh hijos míos, que no os sucedan estas cosas, sino que seáis
un pueblo escogido y [a]favorecido
del Señor! Mas he aquí, hágase su
voluntad, porque sus [b]vías son
para siempre justas.
20 Y él ha dicho: [a]Si guardáis mis
[b]mandamientos, [c]prosperaréis en
la tierra; pero si no guardáis mis
mandamientos, seréis desechados
de mi presencia.
21 Y ahora bien, para que mi
alma se regocije en vosotros, y mi
corazón salga de este mundo con
gozo por causa vuestra, a fin de
que no sea yo llevado con pena
y dolor a la tumba, levantaos del
polvo, hijos míos, y sed [a]hombres,
y estad resueltos en [b]una sola voluntad y con un solo corazón,
unidos en todas las cosas, para
que no descendáis al cautiverio;
22 para que no seáis maldecidos con una grave maldición;
ni que tampoco traigáis el desagrado de un Dios [a]justo sobre
vosotros para la destrucción, sí,
la eterna destrucción del cuerpo
y del alma.
23 Despertad, hijos míos; ceñíos
con la [a]armadura de la rectitud.
Sacudíos de las cadenas con las
cuales estáis sujetos, y salid de
la obscuridad, y levantaos del
polvo.
24 No os rebeléis más en contra
de vuestro hermano, cuyas manifestaciones han sido gloriosas,
y quien ha guardado los mandamientos desde la época en que
salimos de Jerusalén; y el cual
ha sido un instrumento en las
manos de Dios para traernos a
la tierra de promisión; porque si
no hubiese sido por él, habríamos
perecido de [a]hambre en el desierto; no obstante, habéis intentado [b]quitarle la vida; sí, y él ha
padecido mucha angustia a causa
de vosotros.
25 Y yo temo y tiemblo en extremo que por causa de vosotros
él padezca de nuevo; porque he
aquí, lo habéis acusado de que
pretendió poder y [a]autoridad sobre vosotros; mas yo sé que él

17*a* 2 Ne. 5:21–24; Alma 3:6–19.
b Mos. 12:8.
18*a* 1 Ne. 12:20–23.
b GEE Diablo.
19*a* GEE Escogido (adjetivo o sustantivo).
b Oseas 14:9.
20*a* Jarom 1:9; Mos. 1:6–7; Alma 9:13–14.
b Lev. 26:3–14; Joel 2:23–26.
c Sal. 67:6; Mos. 2:21–25.
21*a* 1 Sam. 4:9; 1 Rey. 2:2.
b Moisés 7:18.
22*a* DyC 3:4.
23*a* Efe. 6:11–17.
24*a* 1 Ne. 16:32.
b 1 Ne. 16:37.
25*a* Gén. 37:9–11.

no ha procurado poder ni autoridad sobre vosotros; sino que ha procurado la gloria de Dios y vuestro propio bienestar eterno.
26 Y habéis murmurado porque él ha sido claro con vosotros. Decís que ha recurrido a la [a]aspereza; decís que se ha enojado con vosotros; mas he aquí, que su severidad fue el rigor del poder de la palabra de Dios que estaba en él; y lo que vosotros llamáis ira fue la verdad, según la que se halla en Dios, la cual él no pudo reprimir, expresándose intrépidamente concerniente a vuestras iniquidades.
27 Y es menester que el [a]poder de Dios esté con él, aun hasta mandaros que obedezcáis. Mas he aquí, no fue él, sino el [b]Espíritu del Señor que en él estaba, el cual le [c]abrió la boca para que hablara, de modo que no la podía cerrar.
28 Y ahora bien, hijo mío, Lamán, y también Lemuel y Sam, y también vosotros, hijos míos, que sois hijos de Ismael, he aquí, si escucháis la voz de Nefi, no pereceréis. Y si lo escucháis, os dejo una [a]bendición, sí, mi primera bendición.
29 Pero si no queréis escucharlo, retiro mi [a]primera bendición, sí, mi bendición, y quedará sobre él.
30 Y ahora te hablo a ti, Zoram: He aquí, tú eres el [a]siervo de Labán; no obstante, has sido traído de la tierra de Jerusalén, y sé que tú eres un amigo fiel de mi hijo Nefi para siempre.
31 Por lo tanto, porque has sido fiel, tu posteridad será bendecida [a]con su posteridad, para que vivan prósperamente por largo tiempo sobre la faz de esta tierra; y nada, a menos que sea la iniquidad entre ellos, dañará ni perturbará su prosperidad sobre la superficie de esta tierra para siempre.
32 Así pues, si guardáis los mandamientos del Señor, él ha consagrado esta tierra para la seguridad de tu posteridad con la de mi hijo.

CAPÍTULO 2

La redención viene por medio del Santo Mesías — La libertad para escoger (el albedrío) es esencial para la existencia y el progreso — Adán cayó para que los hombres existiesen — Los hombres son libres para escoger la libertad y la vida eterna. Aproximadamente 588–570 a.C.

Y AHORA, Jacob, te hablo a ti: Tú eres mi [a]primer hijo nacido en los días de mi tribulación en el desierto. Y he aquí, tú has padecido aflicciones y mucho pesar en tu infancia a causa de la rudeza de tus hermanos.
2 No obstante, Jacob, mi primer hijo nacido en el desierto, tú conoces la grandeza de Dios; y él

26*a* Prov. 15:10; 1 Ne. 16:2; Moro. 9:4; DyC 121:41–43.
27*a* 1 Ne. 17:48.
b DyC 121:43.
c DyC 33:8.
28*a* GEE Primogenitura.
29*a* Abr. 1:3.
30*a* 1 Ne. 4:20, 35.
31*a* 2 Ne. 5:6.
2 1*a* 1 Ne. 18:7.

consagrará tus aflicciones para
tu provecho.
3 Por consiguiente, tu alma será
bendecida, y vivirás en seguridad
con tu hermano Nefi; y tus días se
emplearán al servicio de tu Dios.
Por tanto, yo sé que tú estás redimido a causa de la justicia de tu
Redentor; porque has visto que
en la plenitud de los tiempos él
vendrá para traer la salvación a
los hombres.
4 Y en tu juventud has [a]visto
su gloria; por lo tanto, bienaventurado eres, así como lo serán aquellos a favor de quienes
él ejercerá su ministerio en la
carne; porque el Espíritu es el
mismo, ayer, hoy y para siempre.
Y la vía está preparada desde la
caída del hombre, y la salvación
es [b]gratuita.
5 Y los hombres son suficientemente instruidos para [a]discernir
el bien del mal; y la ley es dada a
los hombres. Y por la ley ninguna
carne se [b]justifica, o sea, por la
ley los hombres son [c]desarraiga-
dos. Sí, por la ley temporal fueron
desterrados; y también por la ley
espiritual perecen en cuanto a lo
que es bueno, y llegan a ser desdichados para siempre.
6 Por tanto, la [a]redención viene
en el Santo [b]Mesías y por medio
de él, porque él es lleno de [c]gracia
y de verdad.
7 He aquí, él se ofrece a sí mismo
en [a]sacrificio por el pecado, para
satisfacer los fines de la ley, por
todos los de corazón quebrantado
y de espíritu contrito; y por nadie más se pueden satisfacer los
[b]fines de la ley.
8 Por lo tanto, cuán grande es
la importancia de dar a conocer estas cosas a los habitantes
de la tierra, para que sepan que
ninguna carne puede morar en
la presencia de Dios, [a]sino por
medio de los méritos, y misericordia, y gracia del Santo Mesías, quien da su vida, según la
carne, y la vuelve a tomar por el
poder del Espíritu, para efectuar
la [b]resurrección de los muertos,
siendo el primero que ha de resucitar.
9 De manera que él es las primicias para Dios, pues él [a]interce-
derá por todos los hijos de los
hombres; y los que crean en él
serán salvos.
10 Y por motivo de la [a]inter-
cesión hecha por todos, todos
los hombres vienen a Dios; de

4*a* 2 Ne. 11:3; Jacob 7:5.
b GEE Gracia.
5*a* Moro. 7:16.
b Rom. 3:20; 2 Ne. 25:23; Alma 42:12–16. GEE Justificación, justificar.
c 1 Ne. 10:6; 2 Ne. 9:6–38; Alma 11:40–45; 12:16, 24; 42:6–11; Hel. 14:15–18.
6*a* 1 Ne. 10:6; 2 Ne. 25:20; Alma 12:22–25. GEE Plan de redención.
b GEE Mesías.
c Juan 1:14, 17; Moisés 1:6.
7*a* GEE Expiación, expiar.
b Rom. 10:4.
8*a* 2 Ne. 25:20; 31:21; Mos. 4:8; 5:8; Alma 38:9.
b 1 Cor. 15:20; Alma 7:12; 12:24–25; 42:23. GEE Resurrección.
9*a* Isa. 53; Mos. 14:12; 15:8–9.
10*a* GEE Redentor.

modo que comparecen ante su presencia para que él los [b]juzgue de acuerdo con la verdad y [c]santidad que hay en él. Por tanto, los fines de la ley que el Santo ha dado, para la imposición del castigo que se ha fijado, el cual castigo que se ha fijado se halla en oposición a la felicidad que se ha fijado, para cumplir los fines de la [d]expiación;

11 porque es preciso que haya una [a]oposición en todas las cosas. Pues de otro modo, mi primer hijo nacido en el desierto, no se podría llevar a efecto la rectitud ni la iniquidad, ni tampoco la santidad ni la miseria, ni el bien ni el mal. De modo que todas las cosas necesariamente serían un solo conjunto; por tanto, si fuese un solo cuerpo, habría de permanecer como muerto, no teniendo ni vida ni muerte, ni corrupción ni incorrupción, ni felicidad ni miseria, ni sensibilidad ni insensibilidad.

12 Por lo tanto, tendría que haber sido creado en vano; de modo que no habría habido ningún [a]objeto en su creación. Esto, pues, habría destruido la sabiduría de Dios y sus eternos designios, y también el poder, y la misericordia, y la [b]justicia de Dios.

13 Y si decís que [a]no hay ley, decís también que no hay pecado. Si decís que no hay pecado, decís también que no hay rectitud. Y si no hay rectitud, no hay felicidad. Y si no hay rectitud ni felicidad, tampoco hay castigo ni miseria. Y si estas cosas no existen, Dios [b]no existe. Y si no hay Dios, nosotros no existimos, ni la tierra; porque no habría habido creación de cosas, ni para actuar ni para que se actúe sobre ellas; por consiguiente, todo se habría desvanecido.

14 Y ahora bien, hijos míos, os hablo estas cosas para vuestro provecho e instrucción; porque hay un Dios, y él ha [a]creado todas las cosas, tanto los cielos como la tierra y todo cuanto en ellos hay; tanto las cosas que actúan como aquellas sobre las cuales se [b]actúa.

15 Y para realizar sus eternos [a]designios en cuanto al objeto del hombre, después que hubo creado a nuestros primeros padres, y los animales del campo, y las aves del cielo, y en fin, todas las cosas que se han creado, era menester una oposición; sí, el [b]fruto [c]prohibido en oposición al [d]árbol de la vida, siendo dulce el uno y amargo el otro.

16 Por lo tanto, el Señor Dios le

10 *b* GEE Juicio final.
c GEE Santidad.
d 2 Ne. 9:7, 21–22, 26; Alma 22:14; 33:22; 34:9.
11 *a* DyC 29:39; 122:5–9. GEE Adversidad.
12 *a* DyC 88:25–26. GEE Tierra — Se creó para el hombre.
b GEE Justicia.
13 *a* 2 Ne. 9:25.
b Alma 42:13.
14 *a* GEE Creación, crear.
b DyC 93:30.
15 *a* Isa. 45:18; Alma 42:26; Moisés 1:31, 39.
b Gén. 3:6; Alma 12:21–23.
c Gén. 2:16–17; Moisés 3:17.
d Gén. 2:9; 1 Ne. 15:22, 36; Alma 32:40.

concedió al hombre que [a]obrara
por sí mismo. De modo que el
hombre no podía actuar por sí
a menos que lo [b]atrajera lo uno
o lo otro.
17 Y yo, Lehi, de acuerdo con
las cosas que he leído, debo suponer que un [a]ángel de Dios había
[b]caído del cielo, según lo que está
escrito; por tanto, se convirtió en
un diablo, habiendo procurado
lo malo ante Dios.
18 Y porque había caído del
cielo, y llegado a ser miserable
para siempre, [a]procuró igualmente la miseria de todo el género humano. Por tanto, dijo a
[b]Eva, sí, esa antigua serpiente,
que es el diablo, el padre de todas
las [c]mentiras, así le dijo: Come
del fruto prohibido, y no morirás,
sino que serás como Dios, [d]cono-
ciendo el bien y el mal.
19 Y después que Adán y Eva
hubieron [a]comido del fruto prohibido, fueron echados del Jardín
de [b]Edén, para cultivar la tierra.
20 Y tuvieron hijos, sí, la [a]familia
de toda la tierra.
21 Y los días de los hijos de los
[a]hombres fueron prolongados,
según la voluntad de Dios, para
que se [b]arrepintiesen mientras se
hallaran en la carne; por lo tanto,
su estado llegó a ser un estado de
[c]probación, y su tiempo fue prolongado, conforme a los mandamientos que el Señor Dios dio a
los hijos de los hombres. Porque
él dio el mandamiento de que todos los hombres se arrepintieran;
pues mostró a todos los hombres
que estaban [d]perdidos a causa de
la transgresión de sus padres.
22 Pues, he aquí, si Adán no
hubiese transgredido, no habría
caído, sino que habría permanecido en el Jardín de Edén. Y todas
las cosas que fueron creadas habrían permanecido en el mismo
estado en que se hallaban después
de ser creadas; y habrían permanecido para siempre, sin tener fin.
23 Y no hubieran tenido [a]hijos;
por consiguiente, habrían permanecido en un estado de inocencia, sin sentir gozo, porque
no conocían la miseria; sin hacer
lo bueno, porque no conocían el
pecado.
24 Pero he aquí, todas las cosas
han sido hechas según la sabiduría de aquel que todo lo [a]sabe.
25 [a]Adán [b]cayó para que los

16*a* 2 Ne. 10:23; Alma 12:31. GEE Albedrío.
b DyC 29:39–40.
17*a* GEE Diablo.
b Isa. 14:12; 2 Ne. 9:8; Moisés 4:3–4; Abr. 3:27–28.
18*a* 2 Ne. 28:19–23; 3 Ne. 18:18; DyC 10:22–27.
b GEE Eva.
c 2 Ne. 28:8; Moisés 4:4.
d Gén. 3:5; Alma 29:5; Moro. 7:15–19.
19*a* Alma 12:31. GEE Caída de Adán y Eva.
b GEE Edén.
20*a* DyC 138:38–39.
21*a* Alma 12:24; Moisés 4:23–25.
b Alma 34:32. GEE Arrepentimiento, arrepentirse.
c GEE Mortal, mortalidad.
d Jacob 7:12.
23*a* Moisés 5:11.
24*a* GEE Trinidad.
25*a* GEE Adán.
b Moisés 6:48. GEE Caída de Adán y Eva.

hombres existiesen; y [c]existen los
hombres para que tengan [d]gozo.
26 Y el [a]Mesías vendrá en la plenitud de los tiempos, a fin de [b]re-
dimir a los hijos de los hombres
de la caída. Y porque son redimidos de la caída, han llegado a
quedar [c]libres para siempre, discerniendo el bien del mal, para
actuar por sí mismos, y no para
que se actúe sobre ellos, a menos
que sea por el castigo de la [d]ley en
el grande y último día, según los
mandamientos que Dios ha dado.
27 Así pues, los hombres son [a]li-
bres según la carne; y les son dadas todas las cosas que para ellos
son propias. Y son libres para [b]es-
coger la libertad y la [c]vida eterna,
por medio del gran Mediador de
todos los hombres, o escoger la
cautividad y la muerte, según la
cautividad y el poder del diablo;
pues él busca que todos los hombres sean miserables como él.
28 Y ahora bien, hijos míos, quisiera que confiaseis en el gran
[a]Mediador y que escuchaseis sus
grandes mandamientos; y sed
fieles a sus palabras y escoged la
vida eterna, según la voluntad de
su Santo Espíritu;
29 y no escojáis la muerte eterna
según el deseo de la carne y la
iniquidad que hay en ella, que da
al espíritu del diablo el poder de
[a]cautivar, de hundiros en el [b]in-
fierno, a fin de poder reinar sobre
vosotros en su propio reino.
30 Os he hablado estas pocas
palabras a todos vosotros, hijos
míos, en los últimos días de mi
probación; y he escogido la buena
parte, según las palabras del profeta. Y no tengo ninguna otra intención sino el eterno bienestar
de vuestras almas. Amén.

CAPÍTULO 3

José, en Egipto, vio a los nefitas en visión — Profetizó en cuanto a José Smith, el vidente de los últimos días, en cuanto a Moisés, que libraría a Israel; y en cuanto al advenimiento del Libro de Mormón. Aproximadamente 588–570 a.C.

Y AHORA te hablo a ti, José, mi
[a]postrer hijo. Tú naciste en el desierto de mis aflicciones; sí, tu
madre te dio a luz en la época de
mis mayores angustias.
2 Y el Señor te consagre también
a ti esta [a]tierra, la cual es una tierra tan preciosa, por herencia tuya
y la herencia de tu posteridad
con tus hermanos, para vuestra
seguridad para siempre, si es que
guardáis los mandamientos del
Santo de Israel.
3 Y ahora bien, José, mi último hijo, a quien he traído del

25*c* GEE Mortal, mortalidad.
d Moisés 5:10. GEE Gozo; Hombre(s).
26*a* GEE Mesías.
b GEE Plan de redención.
c Alma 42:27; Hel. 14:30.
d GEE Ley.
27*a* Gál. 5:1; Moisés 6:56.
b GEE Albedrío.
c GEE Vida eterna.
28*a* GEE Mediador.
29*a* Rom. 6:16–18; Alma 12:11.
b GEE Infierno.
3 1*a* 1 Ne. 18:7.
2*a* 1 Ne. 2:20. GEE Tierra prometida.

desierto de mis aflicciones, el
Señor te bendiga para siempre,
porque tu posteridad no será enteramente [a]destruida.
4 Porque he aquí, tú eres el fruto
de mis lomos; y yo soy descendiente de [a]José que fue llevado
[b]cautivo a Egipto. Y grandes fueron los convenios que el Señor
hizo con José.
5 Por lo tanto, José realmente
[a]vio nuestro día. Y recibió del Señor la promesa de que del fruto
de sus lomos el Señor Dios levantaría una [b]rama [c]justa a la casa
de Israel; no el Mesías, sino una
rama que iba a ser desgajada, mas
no obstante, sería recordada en
los convenios del Señor de que
el [d]Mesías sería manifestado a
ellos en los últimos días, con el
espíritu de poder, para sacarlos
de las [e]tinieblas a la luz; sí, de la
obscuridad oculta y del cautiverio
a la libertad.
6 Porque José en verdad testificó diciendo: El Señor mi Dios
levantará a un [a]vidente, el cual
será un vidente escogido para los
del fruto de mis [b]lomos.
7 Sí, José verdaderamente dijo:
Así me dice el Señor: Levantaré a
un [a]vidente escogido del fruto de
tus lomos, y será altamente estimado entre los de tu simiente. Y
a él daré el mandamiento de que
efectúe una obra para el fruto
de tus lomos, sus hermanos, la
cual será de mucho valor para
ellos, aun para llevarlos al conocimiento de los convenios que yo
he hecho con tus padres.
8 Y le daré el mandamiento de
que [a]no haga ninguna otra obra,
sino la que yo le mande. Y lo haré
grande a mis ojos, porque ejecutará mi obra.
9 Y será grande como [a]Moisés,
de quien dije que os lo levantaría
para [b]librar a mi pueblo, ¡oh casa
de Israel!
10 Y levantaré a Moisés para
librar a tu pueblo de la tierra de
Egipto.
11 Pero del fruto de tus lomos
levantaré a un vidente, y a él
daré [a]poder para llevar mi palabra a los de tu descendencia;
y no solamente para llevarles
mi palabra, dice el Señor, sino
para convencerlos de mi palabra que ya se habrá declarado
entre ellos.
12 Por lo tanto, el fruto de
tus lomos [a]escribirá, y el fruto
de los lomos de [b]Judá [c]escri-
birá; y lo que escriba el fruto
de tus lomos, y también lo que
escriba el fruto de los lomos
de Judá, crecerán juntamente

3*a* 2 Ne. 9:53.
4*a* Gén. 39:1–2; 45:4; 49:22–26; 1 Ne. 5:14–16.
b Gén. 37:29–36.
5*a* TJS Gén. 50:24–38 (Apéndice — Biblia); 2 Ne. 4:1–2.
b Gén. 49:22–26; 1 Ne. 15:12; 19:24. GEE Viña del Señor.
c Jacob 2:25.
d 2 Ne. 6:14; DyC 3:16–20.
e Isa. 42:16.
6*a* 3 Ne. 21:8–11; Morm. 8:16. GEE Vidente.
b DyC 132:30.
7*a* GEE Smith, hijo, José.
8*a* DyC 24:7, 9.
9*a* Moisés 1:41.
b Éx. 3:7–10; 1 Ne. 17:24.
11*a* DyC 5:3–4.
12*a* GEE Libro de Mormón.
b 1 Ne. 13:23–29.
c GEE Biblia.

para [d]confundir las falsas doctrinas, y poner fin a las contenciones, y establecer la paz entre
los del fruto de tus lomos, y [e]lle-
varlos al [f]conocimiento de sus
padres en los postreros días, y
también al conocimiento de mis
convenios, dice el Señor.
13 Y de la debilidad él será hecho fuerte, el día en que mi obra
empiece entre todo mi pueblo
para restaurarte, oh casa de Israel,
dice el Señor.
14 Y así profetizó José, diciendo:
He aquí, el Señor bendecirá a ese
vidente, y los que traten de destruirlo serán confundidos; porque
se cumplirá esta promesa que he
recibido del Señor tocante al fruto
de mis lomos. He aquí, estoy seguro
del cumplimiento de esta promesa;
15 y su [a]nombre será igual que el
mío; y será igual que el [b]nombre
de su padre. Y será semejante a
mí, porque aquello que el Señor
lleve a efecto por su mano, por
el poder del Señor, guiará a mi
pueblo a la salvación.
16 Sí, José así profetizó: Estoy
seguro de esto, así como estoy
seguro de la promesa de Moisés; porque el Señor me ha dicho:
[a]Preservaré a tu descendencia
para siempre.
17 Y ha dicho el Señor: Levantaré a un Moisés; y le daré poder
en una vara, y le daré prudencia
para escribir. Mas no desataré
su lengua para que hable mucho, porque no lo haré grande
en cuanto a la palabra. Pero le
[a]escribiré mi ley, con el dedo de
mi propia mano, y prepararé a un
[b]portavoz para él.
18 Y también me dijo el Señor:
Levantaré a uno para el fruto de
tus lomos, y prepararé para él un
portavoz. Y he aquí, le concederé
que escriba la escritura del fruto
de tus lomos, para el fruto de tus
lomos; y el portavoz de tus lomos
la declarará.
19 Y las palabras que él escriba
serán las que yo en mi sabiduría
juzgue conveniente que lleguen al
fruto de tus lomos; y será como si
los del [a]fruto de tus lomos les hubiesen clamado [b]desde el polvo,
porque conozco su fe.
20 Y [a]clamarán desde el polvo;
sí, el arrepentimiento a sus hermanos, sí, aun después de haber
pasado sobre ellos muchas generaciones. Y sucederá que su clamor saldrá, sí, según la sencillez
de sus palabras.
21 A causa de su fe sus [a]palabras
saldrán de mi boca a sus hermanos, que son el fruto de tus lomos;
y la debilidad de sus palabras yo
fortaleceré en su fe, a fin de que
recuerden mi convenio que hice
con tus padres.
22 Y ahora bien, he aquí, mi hijo

12*d* Ezeq. 37:15–20; 1 Ne. 13:38–41; 2 Ne. 29:8; 33:10–11.
e Moro. 1:4.
f 1 Ne. 15:14; 2 Ne. 30:5; Morm. 7:1, 5, 9–10.
15*a* DyC 18:8.
b JS—H 1:3.
16*a* Gén. 45:1–8.
17*a* Deut. 10:2, 4; Moisés 2:1.
b Éx. 4:16.
19*a* DyC 28:8.
b Isa. 29:4; 2 Ne. 27:13; 33:13; Morm. 9:30; Moro. 10:27.
20*a* 2 Ne. 26:16; Morm. 8:23.
21*a* 2 Ne. 29:2.

José, así fue como [a]profetizó mi
padre de antaño.
23 Por lo tanto, bendito eres por
causa de este convenio; porque
tus descendientes no serán destruidos, pues escucharán las palabras del libro.
24 Y se levantará entre ellos uno
poderoso que efectuará mucho
bien, tanto en palabras como en
obras, siendo un instrumento en
las manos de Dios, con gran fe,
para obrar potentes maravillas y
realizar aquello que es grande a la
vista de Dios, para efectuar mucha
restauración a la casa de Israel y
a la posteridad de tus hermanos.
25 Y ahora bien, bendito eres tú,
José. He aquí, eres pequeño; escucha, por tanto, las palabras de tu
hermano Nefi, y será hecho contigo de conformidad con las palabras que he hablado. Recuerda
las palabras de tu padre, que está
para morir. Amén.

CAPÍTULO 4

Lehi aconseja y bendice a su posteridad — Muere y es sepultado — Nefi se gloría en la bondad de Dios — Nefi pone su confianza en el Señor para siempre. Aproximadamente 588–570 a.C.

Y AHORA yo, Nefi, hablo respecto a las profecías de las
cuales ha hablado mi padre,
concernientes a [a]José, que fue
llevado a Egipto.
2 Porque he aquí, él verdaderamente profetizó acerca de toda
su posteridad; y no hay muchas
[a]profecías mayores que las que él
escribió. Y profetizó concerniente
a nosotros y nuestras generaciones venideras; y está escrito en
las planchas de bronce.
3 Por tanto, luego que mi padre
hubo concluido de hablar concerniente a las profecías de José,
llamó a la familia de Lamán, sus
hijos y sus hijas, y les dijo: He
aquí, mis hijos e hijas, vosotros
que sois los hijos e hijas de mi
[a]primogénito, quisiera que escuchaseis mis palabras.
4 Porque el Señor Dios ha dicho
que: [a]Al grado que guardéis mis
mandamientos, prosperaréis en
el país; y si no guardáis mis mandamientos, seréis desechados de
mi presencia.
5 Mas he aquí, mis hijos e hijas, no puedo descender a la
tumba sin dejar sobre vosotros
una [a]bendición; porque he aquí,
sé que si sois instruidos en la
[b]senda que debéis seguir, no la
abandonaréis.
6 Por tanto, si sois maldecidos, he aquí, dejo mi bendición
sobre vosotros, para que os sea
quitada la maldición, y recaiga
sobre la [a]cabeza de vuestros
padres.
7 Por tanto, a causa de mi bendición el Señor Dios [a]no permitirá que perezcáis; por tanto,

22*a* 2 Ne. 3:5.
4 1*a* Gén. 39:1–2.
2*a* 2 Ne. 3:5.
3*a* GEE Primogénito.
4*a* 2 Ne. 1:9.
5*a* GEE Bendiciones patriarcales.
b Prov. 22:6.
6*a* DyC 68:25–29.
7*a* 2 Ne. 30:3–6; DyC 3:17–18.

será [b]misericordioso con vosotros
y con vuestra posteridad para
siempre.
8 Y aconteció que luego que mi
padre hubo concluido de hablar
a los hijos de Lamán, hizo venir
ante él a los hijos e hijas de Lemuel.
9 Y les habló diciendo: He aquí,
mis hijos e hijas, vosotros que sois
hijos e hijas de mi segundo hijo,
he aquí, os dejo la misma bendición que dejé a los hijos e hijas
de Lamán; por consiguiente, no
seréis destruidos por completo,
sino que al fin vuestra descendencia será bendecida.
10 Y ocurrió que cuando mi padre hubo concluido de hablar con
ellos, he aquí, se dirigió a los hijos de [a]Ismael, sí, y a todos los
de su casa.
11 Y luego que hubo acabado de
hablarles, habló a Sam, diciendo:
Bendito eres tú y tu posteridad,
pues heredarás el país, así como
tu hermano Nefi; y tu posteridad
será contada con la de él; y tú serás aun como tu hermano, y tu
posteridad será como la suya, y
tú serás bendecido todos tus días.
12 Y aconteció que después que
mi padre, Lehi, hubo hablado a
todos los de su casa, según los
sentimientos de su corazón y el
Espíritu del Señor que había en
él, mi padre envejeció. Y aconteció que murió y fue sepultado.
13 Y aconteció que no muchos
días después de su muerte, Lamán, Lemuel y los hijos de Ismael
se enojaron conmigo a causa de
las amonestaciones del Señor.
14 Porque yo, Nefi, me sentía
constreñido a hablarles según
la palabra de él; porque yo les
había hablado muchas cosas, y
también mi padre, antes de morir; y muchas de estas palabras
están escritas sobre mis [a]otras
planchas, porque una parte con
más historia está escrita sobre mis
otras planchas.
15 Y sobre [a]estas escribo las cosas de mi alma, y muchas de las
Escrituras que están grabadas
sobre las planchas de bronce.
Porque mi alma se deleita en las
Escrituras, y mi corazón las [b]me-
dita, y las escribo para la [c]instruc-
ción y el beneficio de mis hijos.
16 He aquí, mi [a]alma se deleita
en las cosas del Señor, y mi [b]cora-
zón medita continuamente en las
cosas que he visto y oído.
17 Sin embargo, a pesar de la
gran [a]bondad del Señor al mostrarme sus grandes y maravillosas obras, mi corazón exclama:
¡Oh, [b]miserable hombre que
soy! Sí, mi corazón se entristece
a causa de mi carne. Mi alma

7*b* 1 Ne. 13:31; 2 Ne. 10:18–19; Jacob 3:5–9; Hel. 15:12–13.
10*a* 1 Ne. 7:6.
14*a* 1 Ne. 1:16–17; 9:4.
15*a* 1 Ne. 6:4–6.
b GEE Escrituras; Meditar.
c 1 Ne. 19:23.
16*a* GEE Acción de gracias, agradecido, agradecimiento.
b GEE Corazón.
17*a* 2 Ne. 9:10; DyC 86:11.
b Rom. 7:24.

se aflige a causa de mis iniquidades.
18 Me veo circundado a causa
de las tentaciones y pecados que
tan fácilmente me [a]asedian.
19 Y cuando deseo regocijarme,
mi corazón gime a causa de mis
pecados; no obstante, sé en quién
he confiado.
20 Mi Dios ha sido mi apoyo;
él me ha guiado por entre mis
aflicciones en el desierto; y me
ha preservado sobre las aguas
del gran mar.
21 Me ha llenado con su [a]amor
hasta consumir mi carne.
22 Ha confundido a mis [a]enemigos hasta hacerlos temblar delante de mí.
23 He aquí, él ha oído mi clamor
durante el día, y me ha dado conocimiento en [a]visiones durante
la noche.
24 Y de día me he hecho osado
en ferviente [a]oración ante él; sí,
he elevado mi voz a las alturas;
y descendieron ángeles y me ministraron.
25 Y mi cuerpo ha sido [a]conducido en las alas de su Espíritu
hasta montañas muy altas; y mis
ojos han visto grandes cosas, sí,
demasiado grandes para el hombre; por lo tanto, se me mandó
que no las escribiera.
26 Entonces, si he visto tan
grandes cosas, si el Señor en su
condescendencia para con los hijos de los hombres los ha visitado
con tanta misericordia, [a]¿por qué
ha de llorar mi corazón, y permanecer mi alma en el valle del
dolor, y mi carne deshacerse, y
mi fuerza desfallecer por causa
de mis aflicciones?
27 Y, ¿por qué he de [a]ceder al
pecado a causa de mi carne? Sí,
¿y por qué sucumbiré a las [b]tentaciones, de modo que el maligno
tenga lugar en mi corazón para
destruir mi [c]paz y contristar mi
alma? ¿Por qué me enojo a causa
de mi enemigo?
28 ¡Despierta, alma mía! No desfallezcas más en el pecado. ¡Regocíjate, oh corazón mío, y no des
más lugar al [a]enemigo de mi alma!
29 No vuelvas a enojarte a causa
de mis enemigos. No debilites mi
fuerza por motivo de mis aflicciones.
30 ¡Regocíjate, oh mi corazón, y
clama al Señor y dile: Oh Señor, te
alabaré para siempre! Sí, mi alma
se regocijará en ti, mi Dios, y la
[a]roca de mi salvación.
31 ¿Redimirás mi alma, oh Señor? ¿Me librarás de las manos
de mis enemigos? ¿Harás que yo
tiemble al aparecer el [a]pecado?
32 ¡Estén cerradas continuamente delante de mí las puertas
del infierno, pues quebrantado
está mi [a]corazón y contrito mi

18*a* Rom. 7:21–23; Heb. 12:1; Alma 7:15.
21*a* GEE Amor.
22*a* 1 Ne. 17:52.
23*a* GEE Visión.
24*a* Stg. 5:16; 1 Ne. 2:16.
25*a* 1 Ne. 11:1; Moisés 1:1–2.
26*a* Sal. 43:5.
27*a* Rom. 6:13.
b GEE Tentación, tentar.
c GEE Paz.
28*a* GEE Diablo.
30*a* 1 Cor. 3:11. GEE Roca.
31*a* Rom. 12:9; Alma 13:12.
32*a* GEE Corazón quebrantado.

espíritu! ¡No cierres, oh Señor,
las puertas de tu justicia delante
de mí, para que yo [b]ande por la
senda del apacible valle, para que
me ciña al camino llano!
33 ¡Oh Señor, envuélveme con el
manto de tu justicia! ¡Prepara, oh
Señor, un camino para que escape
delante de mis enemigos! ¡Ende-
reza mi sendero delante de mí! No
pongas tropiezo en mi camino, antes bien despeja mis vías ante mí;
y no obstruyas mi sendero, sino
más bien las vías de mi enemigo.
34 ¡Oh Señor, en ti he puesto mi
confianza, y en ti [a]confiaré para
siempre! No pondré mi [b]confianza
en el brazo de la carne; porque sé
que maldito es aquel que [c]confía
en el brazo de la carne. Sí, maldito
es aquel que pone su confianza
en el hombre, o hace de la carne
su brazo.
35 Sí, sé que Dios dará [a]liberal-
mente a quien pida. Sí, mi Dios
me dará, si no [b]pido [c]impropia-
mente. Por lo tanto, elevaré hacia
ti mi voz; sí, clamaré a ti, mi Dios,
roca de mi rectitud. He aquí, mi
voz ascenderá para siempre hacia
ti, mi [d]roca y mi Dios sempiterno.
Amén.

CAPÍTULO 5

Los nefitas se separan de los lamanitas, cumplen con la ley de Moisés, y edifican un templo — Por motivo de su incredulidad, los lamanitas son separados de la presencia del Señor, son maldecidos, y se convierten en azote para los nefitas. Aproximadamente 588–559 a.C.

He aquí, sucedió que yo, Nefi,
clamé mucho al Señor mi Dios,
por motivo de la [a]ira de mis hermanos.
2 Pero he aquí, su ira aumentó
contra mí, a tal grado que trataron
de quitarme la vida.
3 Sí, murmuraron contra mí,
diciendo: Nuestro hermano menor piensa [a]gobernarnos, y nos
ha sobrevenido mucha angustia
por causa de él. Matémoslo, pues,
para que ya no seamos afligidos
más por causa de sus palabras.
Porque he aquí, no queremos que
él sea nuestro gobernante; pues a
nosotros, sus hermanos mayores,
nos corresponde gobernar a este
pueblo.
4 Ahora bien, no escribo sobre
estas planchas todo lo que murmuraron contra mí. Pero me basta
con decir que trataron de quitarme la vida.
5 Y aconteció que el Señor me
[a]advirtió a mí, [b]Nefi, que me apartara de ellos y huyese al desierto,
con todos los que quisieran acompañarme.
6 Sucedió, pues, que yo, Nefi,
tomé a mi familia, y también a
[a]Zoram y su familia, y a Sam, mi

32*b* GEE Andar, andar con Dios.
34*a* GEE Confianza, confiar.
b Sal. 44:6–8.
c Jer. 17:5; Morm. 3:9; 4:8.
35*a* Stg. 1:5.
b GEE Oración.
c Hel. 10:5.
d Deut. 32:4.
5 1*a* 2 Ne. 4:13–14.
3*a* 1 Ne. 16:37–38; Mos. 10:14–15.
5*a* GEE Inspiración, inspirar.
b Mos. 10:13.
6*a* 1 Ne. 4:35; 16:7; 2 Ne. 1:30–32.

hermano mayor, y su familia, y a Jacob y José, mis hermanos menores, y también a mis hermanas y a todos los que quisieron ir conmigo. Y todos los que quisieron acompañarme eran aquellos que creían en las [b]amonestaciones y revelaciones de Dios; y por este motivo escucharon mis palabras.

7 Y llevamos nuestras tiendas y todo cuanto nos fue posible, y viajamos por el desierto por el espacio de muchos días. Y después que hubimos viajado durante muchos días, plantamos nuestras tiendas.

8 Y mi pueblo quiso que diéramos el nombre de [a]Nefi a ese sitio; por tanto, lo llamamos Nefi.

9 Y todos los que se hallaban conmigo optaron por llamarse el [a]pueblo de Nefi.

10 Y nos afanamos por cumplir con los juicios, y los estatutos y mandamientos del Señor en todas las cosas, según la [a]ley de Moisés.

11 Y el Señor estaba con nosotros, y prosperamos en gran manera; porque plantamos semillas, y a cambio, cosechamos abundantemente. Y empezamos a criar rebaños, manadas y animales de toda clase.

12 Y yo, Nefi, también había traído los anales que estaban grabados sobre las [a]planchas de bronce; y también la [b]esfera o [c]brújula que la mano del Señor había preparado para mi padre, de acuerdo con lo que se ha escrito.

13 Y aconteció que comenzamos a prosperar en extremo, y a multiplicarnos en el país.

14 Y yo, Nefi, tomé la [a]espada de Labán, y conforme a ella hice muchas espadas, no fuera que, de algún modo, los del pueblo que ahora se llamaban [b]lamanitas cayeran sobre nosotros y nos destruyeran; porque yo conocía su odio contra mí y mis hijos y aquellos que eran llamados mi pueblo.

15 Y enseñé a mi pueblo a construir edificios y a trabajar con toda clase de madera, y de [a]hierro, y de cobre, y de bronce, y de acero, y de oro, y de plata y de minerales preciosos que había en gran abundancia.

16 Y yo, Nefi, edifiqué un [a]templo, y lo construí según el modelo del [b]templo de Salomón, salvo que no se construyó de tantos materiales [c]preciosos, pues no se hallaban en esa tierra; por tanto, no se pudo edificar como el templo de Salomón. Pero la manera de su construcción fue semejante a la del templo de Salomón; y su obra fue sumamente hermosa.

6*b* GEE Amonestación, amonestar.
8*a* Omni 1:12, 27; Mos. 9:1–4; 28:1.
9*a* Jacob 1:13–14.
10*a* 2 Ne. 11:4. GEE Ley de Moisés.
12*a* Mos. 1:3–4. GEE Planchas.
b Mos. 1:16.
c 1 Ne. 16:10, 16, 26; 18:12, 21; Alma 37:38–47; DyC 17:1.
14*a* 1 Ne. 4:9; Jacob 1:10; P. de Morm. 1:13.
b GEE Lamanitas.
15*a* Éter 10:23.
16*a* GEE Templo, Casa del Señor.
b 1 Rey. 6, 2 Cró. 3.
c DyC 124:26–27.

17 Y aconteció que yo, Nefi, hice que mi pueblo fuese [a]industrioso y que trabajase con sus manos.

18 Y aconteció que ellos quisieron que yo fuera su [a]rey. Pero yo, Nefi, deseaba que no tuvieran rey; no obstante, hice por ellos cuanto estaba en mi poder.

19 Y he aquí, se habían cumplido las palabras del Señor a mis hermanos, palabras que habló en cuanto a ellos, que yo sería su [a]gobernante y su [b]maestro. Por tanto, yo había sido su gobernante y maestro, según los mandatos del Señor, hasta la ocasión en que trataron de quitarme la vida.

20 Por tanto, se cumplió la palabra que el Señor me habló, diciendo: Por cuanto ellos [a]no quieren escuchar tus palabras, serán [b]separados de la presencia del Señor. Y he aquí, fueron separados de su presencia.

21 Y él había hecho caer la [a]maldición sobre ellos, sí, una penosa maldición, a causa de su iniquidad. Porque he aquí, habían endurecido sus corazones contra él, de modo que se habían vuelto como un pedernal; por tanto, ya que eran blancos y sumamente bellos y [b]deleitables, el Señor Dios hizo que los cubriese una [c]piel de color obscuro, para que no atrajeran a los de mi pueblo.

22 Y así dice el Señor Dios: Haré que sean [a]aborrecibles a tu pueblo, a no ser que se arrepientan de sus iniquidades.

23 Y malditos serán los descendientes de aquel que se [a]mezcle con la posteridad de ellos; porque serán maldecidos con la misma maldición. Y el Señor lo habló; y así fue.

24 Y a causa de la maldición que vino sobre ellos, se convirtieron en un pueblo [a]ocioso, lleno de maldad y astucia, y cazaban animales salvajes en el desierto.

25 Y el Señor Dios me dijo: Serán un azote a tus descendientes para estimularlos a que se acuerden de mí; y si no se acuerdan de mí, ni escuchan mis palabras, los azotarán hasta la destrucción.

26 Y acaeció que yo, Nefi, [a]consagré a Jacob y a José para que fuesen sacerdotes y maestros sobre la tierra de mi pueblo.

27 Y aconteció que vivimos de una manera feliz.

28 Y habían transcurrido treinta años desde que salimos de Jerusalén.

29 Y yo, Nefi, había llevado los anales de mi pueblo hasta entonces sobre mis planchas, las que yo había hecho.

17*a* Gén. 3:19; DyC 42:42.
18*a* Jacob 1:9, 11.
19*a* 1 Ne. 2:22.
b GEE Enseñar.
20*a* 2 Ne. 2:21.
b Alma 9:14.
21*a* GEE Maldecir, maldiciones.
b 4 Ne. 1:10.
c 2 Ne. 26:33; 3 Ne. 2:14–16.
22*a* 1 Ne. 12:23.
23*a* GEE Matrimonio — El matrimonio entre personas de distintas religiones.
24*a* GEE Ociosidad, ocioso.
26*a* Jacob 1:18–19; Mos. 23:17.

30 Y sucedió que el Señor Dios
me dijo: Haz [a]otras planchas; y
grabarás sobre ellas muchas cosas
que son gratas a mis ojos, para el
beneficio de tu pueblo.
31 Por tanto, yo, Nefi, para ser
obediente a los mandatos del Señor, fui e hice [a]estas planchas sobre
las cuales he grabado estas cosas.
32 Y grabé lo que es agradable a
Dios. Y si mi pueblo se complace
con las cosas de Dios, se complacerá con mis grabados que están
sobre estas planchas.
33 Y si mi pueblo desea saber la
parte más particular de la historia de mi pueblo, debe buscarla
en mis otras planchas.
34 Y bástame decir que habían
transcurrido cuarenta años, y ya
habíamos tenido guerras y contiendas con nuestros hermanos.

CAPÍTULO 6

Jacob narra la historia judía: El cautiverio de los judíos en Babilonia y su regreso; el ministerio y la crucifixión del Santo de Israel; la ayuda recibida de los gentiles; y la restauración de los judíos en los últimos días cuando crean en el Mesías. Aproximadamente 559–545 a.C.

Las palabras de Jacob, hermano
de Nefi, las cuales habló al pueblo de Nefi:
2 He aquí, amados hermanos
míos, que yo, Jacob, habiendo
sido llamado por Dios y ordenado conforme a su santo orden,
y habiendo sido consagrado por
mi hermano Nefi, a quien tenéis
por [a]rey o protector, y de quien
dependéis para que os dé seguridad, he aquí, vosotros sabéis
que os he hablado muchísimas
cosas.
3 Sin embargo, os hablo otra
vez, porque anhelo el bienestar
de vuestras almas. Sí, grande es
mi preocupación por vosotros, y
a vosotros mismos os consta que
siempre lo ha sido. Porque os he
exhortado con toda diligencia y
os he enseñado las palabras de mi
padre; y os he hablado tocante a
todas las cosas que están escritas,
desde la creación del mundo.
4 Y ahora bien, he aquí, quisiera
hablaros acerca de cosas que son
y que están por venir; por tanto,
os leeré las palabras de [a]Isaías. Y
son las palabras que mi hermano
ha deseado que os declare. Y os
hablo para vuestro bien, para que
conozcáis y glorifiquéis el nombre
de vuestro Dios.
5 Ahora bien, las palabras que
os leeré son las que habló Isaías
acerca de toda la casa de Israel;
por tanto, se os pueden comparar, porque pertenecéis a la casa
de Israel. Y hay muchas cosas que
Isaías ha hablado, las cuales se os
pueden comparar, pues sois de la
casa de Israel.
6 Y estas son las palabras: [a]Así
dice el Señor Dios: He aquí, yo
alzaré mi mano a los gentiles,
y levantaré mi [b]estandarte a los

30*a* 1 Ne. 19:1–6.
31*a* GEE Planchas.
6 2*a* Jacob 1:9, 11.
4*a* 3 Ne. 23:1.
6*a* Isa. 49:22–23.
b GEE Estandarte.

pueblos; y traerán en brazos a tus hijos, y en hombros llevarán a tus hijas.

7 Y reyes serán tus ayos, y sus reinas, tus nodrizas; con el rostro hacia la tierra se postrarán ante ti y lamerán el polvo de tus pies; y sabrás que yo soy el Señor; porque los que me [a]esperan no serán avergonzados.

8 Y ahora yo, Jacob, quisiera hablar algo concerniente a estas palabras. Porque he aquí, el Señor me ha manifestado que los que se hallaban en [a]Jerusalén, de donde vinimos, han sido destruidos y [b]llevados cautivos.

9 No obstante, el Señor me ha mostrado que [a]volverán otra vez. Y también me ha mostrado que el Señor Dios, el Santo de Israel, se ha de manifestar a ellos en la carne; y que después que se haya manifestado, lo azotarán y lo [b]crucificarán, según las palabras del ángel que me lo comunicó.

10 Y después que hayan empedernido sus corazones y endurecido sus cervices contra el Santo de Israel, he aquí, los [a]juicios del Santo de Israel vendrán sobre ellos. Y se aproxima el día en que serán heridos y afligidos.

11 Por lo que, después que sean echados de un lado a otro, pues así dice el ángel, muchos serán afligidos en la carne, y no se les permitirá perecer a causa de las oraciones de los fieles; y serán dispersados y heridos y odiados; sin embargo, el Señor será misericordioso con ellos, para que [a]cuando lleguen al [b]conocimiento de su Redentor, sean [c]reunidos de nuevo en las tierras de su herencia.

12 Y benditos son los [a]gentiles, acerca de quienes el profeta ha escrito; porque he aquí, si es que se arrepienten y no luchan contra Sion, ni se unen a esa grande y [b]abominable iglesia, serán salvos; porque el Señor Dios cumplirá sus [c]convenios que ha hecho a sus hijos; y por esta causa el profeta ha escrito estas cosas.

13 Por tanto, los que luchen contra Sion y contra el pueblo del convenio del Señor lamerán el polvo de sus pies; y el pueblo del Señor no será [a]avergonzado. Porque los del pueblo del Señor son aquellos que lo [b]esperan; pues todavía esperan la venida del Mesías.

14 Y he aquí, según las palabras del profeta, el Mesías se

7*a* DyC 133:45; Moisés 1:6.
8*a* Ester 2:6; 1 Ne. 7:13; 2 Ne. 25:10; Omni 1:15; Hel. 8:20–21.
b 2 Rey. 24:10–16; 25:1–12. GEE Israel — El esparcimiento de Israel.
9*a* 1 Ne. 10:3.
b 1 Ne. 19:10, 13; Mos. 3:9; 3 Ne. 11:14–15. GEE Crucifixión.
10*a* Mateo 27:24–25.
11*a* 1 Ne. 22:11–12; 2 Ne. 9:2.
b Oseas 3:5.
c GEE Israel — La congregación de Israel.
12*a* 1 Ne. 14:1–2; 2 Ne. 10:9–10.
b GEE Diablo — La iglesia del diablo.
c GEE Abraham, convenio de (convenio abrahámico).
13*a* 3 Ne. 22:4.
b Isa. 40:31; 1 Ne. 21:23; DyC 133:45.

dispondrá por [a]segunda vez a recuperarlos; por lo tanto, cuando
llegue el día en que en él crean,
él se [b]manifestará a ellos con poder y gran gloria, hasta la [c]des-
trucción de sus enemigos, y no
será destruido ninguno que crea
en él.
15 Y los que no crean en él serán [a]destruidos tanto por [b]fuego,
como por tempestades, y por temblores de tierra, por la efusión de
sangre y por [c]pestilencia y por
hambre. Y sabrán que el Señor es
Dios, el Santo de Israel.
16 [a]¿Pues será quitada la presa
al poderoso o será librado el [b]cau-
tivo legítimo?
17 Empero así dice el Señor:
Aun los [a]cautivos le serán quitados al poderoso, y la presa del
tirano será librada; porque el Dios
[b]Fuerte [c]librará a su pueblo del
convenio. Pues así dice el Señor:
Yo contenderé con aquellos que
contiendan contigo;
18 y a los que te oprimen daré
de comer su propia carne; y con
su propia sangre serán embriagados como con vino dulce;
y conocerá toda carne que
yo, el Señor, soy tu Salvador
y tu [a]Redentor, el [b]Fuerte de
Jacob.

CAPÍTULO 7

Jacob continúa leyendo en Isaías: Isaías habla en lenguaje mesiánico — El Mesías tendrá lengua de sabios — Entregará Sus espaldas al heridor — No será confundido — Compárese con Isaías 50. Aproximadamente 559–545 a.C.

Sí, porque esto dice el Señor: ¿Te
he repudiado yo, o te he echado
de mi lado para siempre? Pues
así dice el Señor: ¿Dónde está la
carta de divorcio de tu madre? ¿A
quién te he abandonado, o a cuál
de mis acreedores te he vendido?
Sí, ¿a quién te he vendido? He
aquí, por vuestras maldades os
habéis [a]vendido, y por vuestras
iniquidades es repudiada vuestra madre.
2 Por tanto, cuando vine, no
hubo nadie; cuando [a]llamé, nadie respondió. Oh casa de Israel,
¿se ha acortado mi mano para no
redimir?; o, ¿no hay en mí poder para librar? He aquí, con mi
reprensión hago secar el [b]mar;
vuelvo sus [c]ríos en desiertos, sus
[d]peces hieden porque las aguas
se han secado, y mueren de sed.
3 Visto de [a]obscuridad los cielos, y de [b]cilicio hago su cubierta.
4 El Señor Dios me dio [a]lengua

14*a* Isa. 11:11; 2 Ne. 25:17; 29:1.
b 2 Ne. 3:5.
c 1 Ne. 22:13–14.
15*a* 2 Ne. 10:16; 28:15; 3 Ne. 16:8. GEE Últimos días, postreros días.
b Jacob 6:3.
c DyC 97:22–26.
16*a* Isa. 49:24–26.
b Es decir, el pueblo del convenio del Señor, como dice en el vers. 17.
17*a* 1 Ne. 21:25.
b GEE Jehová.
c 2 Rey. 17:39.
18*a* GEE Redentor.
b Gén. 49:24; Isa. 60:16.
7 1*a* GEE Apostasía.
2*a* Prov. 1:24–25; Isa. 65:12; Alma 5:37.
b Éx. 14:21; Sal. 106:9; DyC 133:68–69.
c Josué 3:15–16.
d Éx. 7:21.
3*a* Éx. 10:21.
b Apoc. 6:12.
4*a* Lucas 2:46–47.

de sabios para saber hablarte en sazón, oh casa de Israel. Cuando estás cansada, él vela de aurora a aurora; él abre mi oído para que oiga como los sabios.

5 El Señor Dios me abrió el [a]oído, y no fui rebelde ni me torné atrás.

6 Entregué mis espaldas al [a]heridor, y mis mejillas a los que arrancaban la barba. No escondí mi rostro de la humillación ni del esputo.

7 Porque el Señor Dios me ayudará, de modo que no seré confundido. Por eso he puesto mi rostro como pedernal, y sé que no seré avergonzado.

8 Y el Señor está cerca, y me justifica. ¿Quién contenderá conmigo? Presentémonos juntos. ¿Quién es mi adversario? Acérquese a mí, y yo lo heriré con la fuerza de mi boca.

9 Porque el Señor Dios me ayudará. Y todos los que me [a]condenen, he aquí, todos envejecerán como ropa de vestir, y la polilla se los comerá.

10 ¿Quién hay entre vosotros que teme al Señor, que obedece la [a]voz de su siervo, que anda en tinieblas y carece de luz?

11 He aquí, todos vosotros que encendéis fuego, que os rodeáis de centellas, andad a la luz de vuestro [a]fuego y de las centellas que encendisteis. Esto os vendrá de mi mano: en angustia yaceréis.

CAPÍTULO 8

Jacob continúa leyendo en Isaías: En los últimos días, el Señor consolará a Sion y recogerá a Israel — Los redimidos irán a Sion en medio de gran gozo — Compárese con Isaías 51 y 52:1–2. Aproximadamente 559–545 a.C.

Oídme, los que seguís la rectitud. Mirad a la [a]roca de donde fuisteis cortados, y al hueco de la cantera de donde os sacaron.

2 Mirad a Abraham vuestro [a]padre, y a [b]Sara que os dio a luz; porque lo llamé a él solo, y lo bendije.

3 Porque el Señor consolará a [a]Sion; consolará todas sus soledades y tornará su [b]desierto en Edén, y su soledad en huerto del Señor. Allí habrá alegría y gozo, alabanza y voz de melodía.

4 ¡Atiende a mi palabra, oh pueblo mío, y escúchame, nación mía!, porque de mí saldrá una [a]ley y estableceré mi justicia para [b]luz del pueblo.

5 Cercana está mi justicia; salido ha mi [a]salvación, y mi brazo juzgará a los pueblos. En mí esperarán las [b]islas, y en mi brazo confiarán.

6 Alzad a los cielos vuestros ojos, y mirad la tierra abajo;

5*a* DyC 58:1.
6*a* Mateo 27:26; 2 Ne. 9:5.
9*a* Rom. 8:31.
10*a* DyC 1:38.
11*a* Jue. 17:6.

8 1*a* GEE Roca.
2*a* Gén. 17:1–8; DyC 132:49.
b Gén. 24:36.
3*a* GEE Sion.
b Isa. 35:1–2, 6–7.
4*a* O sea, enseñanza, doctrina. Isa. 2:3. GEE Evangelio.
b GEE Luz, luz de Cristo.
5*a* GEE Salvación.
b 2 Ne. 10:20.

porque los [a]cielos se [b]desvanecerán como humo, y la tierra se [c]envejecerá como ropa de vestir; y de igual manera perecerán sus moradores. Pero mi salvación será para siempre, y mi justicia no será abrogada.
7 Oídme, los que conocéis la rectitud, pueblo en cuyo corazón he escrito mi ley: No temáis la afrenta del hombre, ni tengáis [a]miedo de sus ultrajes.
8 Porque como a vestidura los comerá la polilla, como a la lana los consumirá el gusano. Pero mi justicia permanecerá para siempre, y mi salvación de generación en generación.
9 ¡Despierta, despierta; vístete de [a]poder, oh brazo del Señor! Despierta como en los días antiguos. ¿No eres tú el que cortó a Rahab e hirió al dragón?
10 ¿No eres tú el que secó el mar, las aguas del gran abismo; quien tornó las profundidades del mar en camino, [a]para que pasaran los redimidos?
11 Por tanto, los [a]redimidos del Señor volverán e irán a Sion [b]cantando; y perpetuo gozo y santidad habrá sobre sus cabezas; alegría y regocijo alcanzarán, y huirán el dolor y el [c]llanto.
12 [a]Yo soy aquel; sí, yo soy el que os consuela. He aquí, ¿quién eres tú para [b]temer al hombre, que es mortal, y al hijo del hombre, que será como el [c]heno?
13 ¿Y para [a]olvidar al Señor tu Hacedor, que extendió los cielos y fundó la tierra; y temer continuamente todos los días a causa del furor del opresor, como si estuviera presto para destruir? ¿Y en dónde está el furor del opresor?
14 El cautivo desterrado se da prisa para ser suelto, para que no muera en la celda, ni le falte su pan.
15 Pero yo soy el Señor tu Dios, cuyas [a]olas se embravecieron; el Señor de los Ejércitos es mi nombre.
16 Y en tu boca he puesto mis palabras, y con la sombra de mi mano te cubrí, para yo extender los cielos, y fundar los cimientos de la tierra, y decir a Sion: He aquí, tú eres mi [a]pueblo.
17 ¡Despierta, despierta, levántate, oh Jerusalén, tú que has bebido de la mano del Señor el [a]cáliz de su [b]furor; que has bebido los sedimentos del cáliz de temor hasta vaciarlos!
18 De todos los hijos que dio a luz, no hay quien la guíe; ni quien la tome de la mano, de todos los hijos que crio.
19 A ti han venido estos dos

6*a* 2 Pe. 3:10.
b En hebreo, ser dispersados. Sal. 102:25–27.
c En hebreo, descomponerse.
7*a* Sal. 56:4, 11; DyC 122:9.
9*a* DyC 113:7–8.
10*a* Isa. 35:8.
11*a* GEE Redención, redimido, redimir.
b Isa. 35:10.
c Apoc. 21:4.
12*a* DyC 133:47; 136:22.
b Jer. 1:8.
c Isa. 40:6–8; 1 Pe. 1:24.
13*a* Jer. 23:27.
15*a* 1 Ne. 4:2.
16*a* 2 Ne. 3:9; 29:14.
17*a* Isa. 29:9; Jer. 25:15.
b Lucas 21:24.

[a]hijos que te compadecerán —
tu asolamiento y destrucción, y
el hambre y la espada— y, ¿con
quién te consolaré yo?
20 Tus hijos desfallecieron con
excepción de estos dos; se hallan
tendidos en las encrucijadas de
todas las calles; como toro sal-
vaje en una red, llenos están del
furor del Señor, de la reprensión
de tu Dios.
21 Por tanto, oye esto ahora, tú,
afligida y [a]ebria, mas no de vino,
22 así dice tu Señor, el Señor y
tu Dios que [a]aboga la causa de
su pueblo: He aquí, he quitado
de tu mano el cáliz de temor, los
sedimentos del cáliz de mi furor;
nunca más lo volverás a beber.
23 Sino lo [a]pondré en manos de
los que te afligen, los que dijeron a
tu alma: Póstrate para que pasemos
por encima; y tú pusiste tu cuerpo
como el suelo, y como la calle, para
los que pasaran por encima.
24 [a]¡Despierta, despierta, vístete
de tu [b]poder, oh [c]Sion! ¡Vístete tus
ropas de hermosura, oh Jerusalén,
ciudad santa! Porque [d]nunca más
vendrá a ti el incircunciso ni el
inmundo.
25 ¡Sacúdete del polvo, [a]leván-
tate y toma asiento, oh Jerusalén!
¡Suelta las [b]ataduras de tu cuello,
oh cautiva hija de Sion!

CAPÍTULO 9

Jacob explica que los judíos serán reunidos en todas sus tierras de promisión — La Expiación rescata al hombre de la Caída — Los cuerpos de los muertos saldrán de la tumba; y sus espíritus, del infierno y del paraíso — Serán juzgados — La Expiación rescata de la muerte, del infierno, del diablo y del tormento sin fin — Los justos serán salvos en el reino de Dios — Se exponen las consecuencias del pecado — El Santo de Israel es el guardián de la puerta. Aproximadamente 559–545 a.C.

AHORA bien, amados hermanos
míos, he leído estas cosas para
que sepáis de los [a]convenios del
Señor que ha concertado con toda
la casa de Israel,
2 que él ha declarado a los judíos por boca de sus santos profetas, aun desde el principio, de
generación en generación, hasta
que llegue la época en que sean
[a]restaurados a la verdadera iglesia y redil de Dios, cuando sean
[b]reunidos en las [c]tierras de su herencia, y sean establecidos en todas sus tierras de promisión.
3 He aquí, mis amados hermanos, os hablo estas cosas para que
os regocijéis y [a]levantéis vuestras
cabezas para siempre, a causa de

19*a* Apoc. 11:3.
21*a* 2 Ne. 27:4.
22*a* Jer. 50:34.
23*a* Zac. 12:9.
24*a* Isa. 52:1–2.
b DyC 113:7–8.
c GEE Sion.
d Joel 3:17.
25*a* Es decir, levantarse del polvo y sentarse con decoro, al ser al fin redimida.
b DyC 113:9–10.
9 1*a* GEE Abraham, convenio de (convenio abrahámico).
2*a* 2 Ne. 6:11. GEE Restauración del Evangelio.
b GEE Israel — La congregación de Israel.
c 2 Ne. 10:7–8. GEE Tierra prometida.
3*a* TJS Sal. 24:7–10 (Apéndice — Biblia).

las bendiciones que el Señor Dios conferirá a vuestros hijos.

4 Porque sé que habéis escudriñado mucho, un gran número de vosotros, para saber acerca de cosas futuras; por tanto, yo sé que vosotros sabéis que nuestra carne tiene que perecer y morir; no obstante, en nuestro [a]cuerpo veremos a Dios.

5 Sí, yo sé que sabéis que él se manifestará en la carne a los de Jerusalén, de donde vinimos, porque es propio que sea entre ellos; pues conviene que el gran [a]Creador se deje someter al hombre en la carne y muera por [b]todos los hombres, a fin de que todos los hombres queden sujetos a él.

6 Porque así como la muerte ha pasado sobre todos los hombres, para cumplir el misericordioso [a]designio del gran Creador, también es menester que haya un poder de [b]resurrección, y la resurrección debe venir al hombre por motivo de la [c]caída; y la caída vino a causa de la transgresión; y por haber caído el hombre, fue [d]desterrado de la presencia del Señor.

7 Por tanto, es preciso que sea una [a]expiación [b]infinita, pues a menos que fuera una expiación infinita, esta corrupción no podría revestirse de incorrupción. De modo que el [c]primer juicio que vino sobre el hombre habría tenido que [d]permanecer infinitamente. Y siendo así, esta carne tendría que descender para pudrirse y desmenuzarse en su madre tierra, para no levantarse jamás.

8 ¡Oh, la [a]sabiduría de Dios, su [b]misericordia y [c]gracia! Porque he aquí, si la [d]carne no se levantara más, nuestros espíritus tendrían que estar sujetos a ese ángel que [e]cayó de la presencia del Dios Eterno, y se convirtió en el [f]diablo, para no levantarse más.

9 Y nuestros espíritus habrían llegado a ser como él, y nosotros seríamos diablos, [a]ángeles de un diablo, para ser [b]separados de la presencia de nuestro Dios y permanecer con el padre de las [c]mentiras, en la miseria como él; sí, iguales a ese ser que [d]engañó a nuestros primeros padres, quien se [e]transforma casi en [f]ángel

4*a* Job 19:26; Alma 11:41–45; 42:23; Hel. 14:15; Morm. 9:13.
5*a* GEE Creación, crear.
b Juan 12:32; 2 Ne. 26:24; 3 Ne. 27:14–15.
6*a* GEE Plan de redención.
b GEE Resurrección.
c GEE Caída de Adán y Eva.
d 2 Ne. 2:5.
7*a* GEE Expiación, expiar.
b Alma 34:10.
c Mos. 16:4–5; Alma 42:6, 9, 14.
d Mos. 15:19.
8*a* Job 12:13; Abr. 3:21. GEE Sabiduría.
b GEE Misericordia, misericordioso.
c GEE Gracia.
d DyC 93:33–34.
e Isa. 14:12; 2 Ne. 2:17–18; Moisés 4:3–4; Abr. 3:27–28.
f GEE Diablo.
9*a* Jacob 3:11; Alma 5:25, 39.
b Apoc. 12:7–9.
c GEE Mentiras.
d Gén. 3:1–13; Mos. 16:3; Moisés 4:5–19.
e 2 Cor. 11:14; Alma 30:53.
f DyC 129:8.

de luz, e incita a los hijos de
los hombres a [g]combinaciones
secretas de asesinato y a toda
especie de obras secretas de
tinieblas.
10 ¡Oh cuán grande es la bondad
de nuestro Dios, que prepara un
medio para que escapemos de
las garras de este terrible monstruo; sí, ese monstruo, [a]muerte
e [b]infierno, que llamo la muerte
del cuerpo, y también la muerte
del espíritu!
11 Y a causa del medio de la
[a]liberación de nuestro Dios, el
Santo de Israel, esta [b]muerte de la
cual he hablado, que es la temporal, entregará sus muertos; y esta
muerte es la tumba.
12 Y esta [a]muerte de que he hablado, que es la muerte espiritual, entregará sus muertos; y
esta muerte espiritual es el [b]in-
fierno. De modo que la muerte
y el infierno han de entregar sus
muertos, y el infierno ha de entregar sus espíritus cautivos, y
la tumba sus cuerpos cautivos, y
los cuerpos y los [c]espíritus de los
hombres serán [d]restaurados los
unos a los otros; y es por el poder de la resurrección del Santo
de Israel.
13 ¡Oh cuán grande es el [a]plan
de nuestro Dios! Porque por otra
parte, el [b]paraíso de Dios ha de
entregar los espíritus de los justos, y la tumba los cuerpos de los
justos; y el espíritu y el cuerpo
son [c]restaurados de nuevo el uno
al otro, y todos los hombres se tornan incorruptibles e [d]inmortales;
y son almas vivientes, teniendo
un [e]conocimiento [f]perfecto semejante a nosotros en la carne,
salvo que nuestro conocimiento
será perfecto.
14 Por lo que tendremos un
[a]conocimiento perfecto de toda
nuestra [b]culpa, y nuestra impureza, y nuestra [c]desnudez; y los
[d]justos, hallándose [e]vestidos de
[f]pureza, sí, con el [g]manto de rectitud, tendrán un conocimiento
perfecto de su gozo y de su rectitud.
15 Y acontecerá que cuando
todos los hombres hayan pasado de esta primera muerte a
vida, de modo que hayan llegado a ser inmortales, deben
comparecer ante el [a]tribunal
del Santo de Israel; y entonces
viene el [b]juicio, y luego deben
ser juzgados según el santo juicio de Dios.

9*g* GEE Combinaciones secretas.
10*a* Mos. 16:7–8; Alma 42:6–15.
b GEE Infierno.
11*a* GEE Libertador.
b GEE Muerte física.
12*a* GEE Muerte espiritual.
b DyC 76:81–85.
c GEE Espíritu.
d GEE Resurrección.
13*a* GEE Plan de redención.
b DyC 138:14–19. GEE Paraíso.
c Alma 11:43.
d GEE Inmortal, inmortalidad.
e DyC 130:18–19.
f GEE Perfecto.
14*a* Mos. 3:25; Alma 5:18.
b GEE Culpa.
c Morm. 9:5.
d GEE Justo.
e Prov. 31:25.
f GEE Pureza, puro.
g DyC 109:76.
15*a* GEE Juicio final.
b Sal. 19:9; 2 Ne. 30:9.

16 Y tan cierto como vive el Señor, porque el Señor Dios lo ha
dicho, y es su [a]palabra eterna que
no puede [b]dejar de ser, aquellos
que son justos serán justos todavía, y los que son [c]inmundos
serán [d]inmundos todavía; por lo
tanto, los inmundos son el [e]dia-
blo y sus ángeles; e irán al [f]fuego
eterno, preparado para ellos; y
su tormento es como un [g]lago de
fuego y azufre, cuya llama asciende para siempre jamás, y no
tiene fin.
17 ¡Oh, la grandeza y la [a]jus-
ticia de nuestro Dios! Porque él
ejecuta todas sus palabras, y han
salido de su boca, y su ley se debe
cumplir.
18 Mas he aquí, los justos, los
[a]santos del Santo de Israel, aquellos que han creído en el Santo de
Israel, quienes han soportado las
[b]cruces del mundo y menospreciado la vergüenza de ello, estos
[c]heredarán el [d]reino de Dios que
fue preparado para ellos [e]desde la
fundación del mundo, y su gozo
será completo para [f]siempre.
19 ¡Oh, la grandeza de la misericordia de nuestro Dios, el Santo
de Israel! Pues él [a]libra a sus santos de ese [b]terrible monstruo, el
diablo y muerte e [c]infierno, y de
ese lago de fuego y azufre, que es
tormento sin fin.
20 ¡Oh, cuán grande es la [a]santi-
dad de nuestro Dios! Pues él [b]sabe
todas las cosas, y no existe nada
sin que él lo sepa.
21 Y viene al mundo para [a]sal-
var a todos los hombres, si estos
escuchan su voz; porque he aquí,
él sufre los dolores de todos los
hombres, sí, los [b]dolores de toda
criatura viviente, tanto hombres
como mujeres y niños, que pertenecen a la familia de [c]Adán.
22 Y sufre esto a fin de que la
resurrección llegue a todos los
hombres, para que todos comparezcan ante él en el gran día
del juicio.
23 Y él manda a todos los hombres que se [a]arrepientan y se [b]bau-
ticen en su nombre, teniendo
perfecta fe en el Santo de Israel,
o no pueden ser salvos en el reino
de Dios.
24 Y si no se arrepienten, ni
creen en su [a]nombre, ni se bautizan en su nombre, ni [b]perseveran

16*a* 1 Rey. 8:56; DyC 1:38; Moisés 1:4.
b DyC 56:11.
c GEE Inmundicia, inmundo.
d 1 Ne. 15:33–35; Alma 7:21; Morm. 9:14; DyC 88:35.
e GEE Diablo.
f Mos. 27:28.
g Apoc. 21:8; 2 Ne. 28:23; DyC 63:17.
17*a* GEE Justicia.
18*a* GEE Santo (sustantivo).
b Lucas 14:27.
c DyC 45:58; 84:38.
d GEE Exaltación.
e Alma 13:3.
f GEE Vida eterna.
19*a* DyC 108:8.
b 1 Ne. 15:35.
c GEE Infierno.
20*a* GEE Santidad.
b Alma 26:35; DyC 38:2.
21*a* GEE Salvación.
b DyC 18:11; 19:18.
c GEE Adán.
23*a* GEE Arrepentimiento, arrepentirse.
b GEE Bautismo, bautizar.
24*a* GEE Jesucristo — El tomar sobre sí el nombre de Jesucristo.
b GEE Perseverar.

hasta el fin, deben ser [c]condenados; pues el Señor Dios, el Santo de Israel, lo ha dicho.

25 Por tanto, él ha dado una [a]ley; y donde [b]no se ha dado ninguna ley, no hay castigo; y donde no hay castigo, no hay condenación; y donde no hay condenación, las misericordias del Santo de Israel tienen derecho a reclamarlos por motivo de la expiación; porque son librados por el poder de él.

26 Porque la [a]expiación satisface lo que su [b]justicia demanda de todos aquellos a quienes [c]no se ha dado la [d]ley, por lo que son librados de ese terrible monstruo, muerte e infierno, y del diablo, y del lago de fuego y azufre, que es tormento sin fin; y son restaurados a ese Dios que les dio [e]aliento, el cual es el Santo de Israel.

27 ¡Pero ay de aquel a quien la [a]ley es dada; sí, que tiene todos los mandamientos de Dios, como nosotros, y que los quebranta, y malgasta los días de su probación, porque su estado es terrible!

28 ¡Oh ese sutil [a]plan del maligno! ¡Oh las [b]vanidades, y las flaquezas, y las necedades de los hombres! Cuando son [c]instruidos se creen [d]sabios, y no escuchan el [e]consejo de Dios, porque lo menosprecian, suponiendo que saben por sí mismos; por tanto, su sabiduría es locura, y de nada les sirve; y perecerán.

29 Pero bueno es ser instruido, si [a]hacen caso de los [b]consejos de Dios.

30 Mas ¡ay de los [a]ricos, aquellos que son ricos según las cosas del mundo! Pues porque son ricos desprecian a los [b]pobres, y persiguen a los mansos, y sus corazones están en sus tesoros; por tanto, su tesoro es su dios. Y he aquí, su tesoro perecerá con ellos también.

31 ¡Ay de los sordos que no quieren [a]oír!, porque perecerán.

32 ¡Ay de los ciegos que no quieren ver!, porque perecerán también.

33 ¡Ay de los incircuncisos de corazón!, porque el conocimiento de sus iniquidades los herirá en el postrer día.

34 ¡Ay del [a]embustero!, porque será arrojado al [b]infierno.

24*c* GEE Condenación, condenar.
25*a* Stg. 4:17. GEE Ley.
b Rom. 4:15; 2 Ne. 2:13; Alma 42:12–24. GEE Responsabilidad, responsable.
26*a* 2 Ne. 2:10; Alma 34:15–16. GEE Expiación, expiar.
b GEE Justicia.
c Mos. 3:11.
d Mos. 15:24; DyC 137:7.
e Gén. 2:7; DyC 93:33; Abr. 5:7.
27*a* Lucas 12:47–48.
28*a* Alma 28:13.
b GEE Vanidad, vano.
c Lucas 16:15; 2 Ne. 26:20; 28:4, 15.
d Prov. 14:6; Jer. 8:8–9; Rom. 1:22. GEE Orgullo; Sabiduría.
e Alma 37:12. GEE Consejo.
29*a* 2 Ne. 28:26.
b Jacob 4:10.
30*a* Lucas 12:34; 1 Tim. 6:10; DyC 56:16.
b GEE Pobres.
31*a* Ezeq. 33:30–33; Mateo 11:15; Mos. 26:28; DyC 1:2, 11, 14; Moisés 6:27.
34*a* Prov. 19:9. GEE Honestidad, honradez; Mentiras.
b GEE Infierno.

35 ¡Ay del asesino que [a]mata intencionalmente!, porque [b]morirá.
36 ¡Ay de los que cometen [a]for-
nicaciones!, porque serán arrojados al infierno.
37 Sí, ¡ay de aquellos que [a]ado-
ran ídolos!, porque el diablo de
todos los diablos se deleita en
ellos.
38 Y en fin, ¡ay de todos aquellos que mueren en sus pecados!,
porque [a]volverán a Dios, y verán su rostro y quedarán en sus
pecados.
39 ¡Oh, mis amados hermanos,
recordad la horridez de transgredir contra ese Dios Santo, y
también lo horrendo que es su-
cumbir a las seducciones de ese
[a]astuto ser! Tened presente que
ser de [b]mente carnal es [c]muerte,
y ser de mente espiritual es [d]vida
[e]eterna.
40 ¡Oh, amados hermanos míos,
escuchad mis palabras! Recordad
la grandeza del Santo de Israel.
No digáis que he hablado cosas
duras contra vosotros, porque
si lo hacéis, ultrajáis la [a]verdad;
pues he hablado las palabras de
vuestro Hacedor. Sé que las palabras de verdad son [b]duras contra
toda impureza; mas los justos no
las temen, porque aman la verdad
y no son perturbados.
41 Así pues, amados hermanos
míos, [a]venid al Señor, el Santo.
Recordad que sus sendas son justas. He aquí, la [b]vía para el hombre es [c]angosta, mas se halla en
línea recta ante él; y el guardián
de la [d]puerta es el Santo de Israel;
y allí él no emplea ningún sir-
viente, y no hay otra entrada sino
por la puerta; porque él no puede
ser engañado, pues su nombre es
el Señor Dios.
42 Y al que llamare, él abrirá;
y los [a]sabios, y los instruidos, y
los que son ricos, que se [b]inflan
a causa de su conocimiento y su
sabiduría y sus riquezas, sí, estos son los que él desprecia; y a
menos que desechen estas cosas,
y se consideren [c]insensatos ante
Dios y desciendan a las profundidades de la [d]humildad, él no
les abrirá.
43 Mas las cosas del sabio y del
prudente les serán [a]encubiertas
para siempre; sí, esa felicidad que
está preparada para los santos.
44 ¡Oh, mis queridos hermanos, recordad mis palabras! He

35*a* Éx. 20:13; Mos. 13:21.
b GEE Pena de muerte.
36*a* 3 Ne. 12:27–29. GEE Castidad.
37*a* GEE Idolatría.
38*a* Alma 40:11, 13.
39*a* 2 Ne. 28:20–22; 32:8; Mos. 2:32; 4:14; Alma 30:53.
b Rom. 8:6. GEE Carnal.
c GEE Muerte espiritual.
d Prov. 11:19.
e GEE Vida eterna.
40*a* GEE Verdad.
b 1 Ne. 16:2; 2 Ne. 28:28; 33:5.
41*a* 1 Ne. 6:4; Jacob 1:7; Omni 1:26; Moro. 10:30–32.
b 2 Ne. 31:17–21; Alma 37:46; DyC 132:22, 25.
c Lucas 13:24; 2 Ne. 33:9; Hel. 3:29–30.
d 2 Ne. 31:9, 17–18; 3 Ne. 14:13–14; DyC 43:7; 137:2.
42*a* Mateo 11:25.
b GEE Orgullo.
c 1 Cor. 3:18–21.
d GEE Humildad, humilde, humillar (afligir).
43*a* 1 Cor. 2:9–16.

aquí, me quito mis vestidos y los sacudo ante vosotros; ruego al Dios de mi salvación que me mire con su ojo que [a]todo lo escudriña; por tanto, sabréis, en el postrer día, cuando todos los hombres sean juzgados según sus obras, que el Dios de Israel vio que [b]sacudí vuestras iniquidades de mi alma, y que me presento con tersura ante él, y estoy [c]limpio de vuestra sangre.

45 ¡Oh, mis queridos hermanos, apartaos de vuestros pecados! Sacudid de vosotros las [a]cadenas de aquel que quiere ataros fuertemente; venid a aquel Dios que es la [b]roca de vuestra salvación.

46 Preparad vuestras almas para ese día glorioso en que se administrará [a]justicia al justo; sí, el día del [b]juicio, a fin de que no os encojáis de miedo espantoso; para que no recordéis vuestra horrorosa [c]culpa con claridad, y os sintáis constreñidos a exclamar: ¡Santos, santos son tus juicios, oh Señor Dios [d]Todopoderoso; mas reconozco mi culpa; violé tu ley, y mías son mis transgresiones; y el diablo me ha atrapado, por lo que soy presa de su terrible miseria!

47 Mas he aquí, mis hermanos, ¿conviene que yo os despierte a la terrible realidad de estas cosas? ¿Atormentaría yo vuestras almas si vuestras mentes fueran puras? ¿Sería yo franco con vosotros, según la claridad de la verdad, si os hallaseis libres del pecado?

48 He aquí, si fueseis santos, os hablaría de cosas santas; pero como no sois santos, y me consideráis como maestro, es menester que os [a]enseñe las consecuencias del [b]pecado.

49 He aquí, mi alma aborrece el pecado, y mi corazón se deleita en la rectitud; y [a]alabaré el santo nombre de mi Dios.

50 Venid, hermanos míos, todos los que tengáis sed, venid a las [a]aguas; y venga aquel que no tiene dinero, y compre y coma; sí, venid y comprad vino y leche, sin [b]dinero y sin precio.

51 Por lo tanto, no gastéis dinero en lo que no tiene valor, ni vuestro [a]trabajo en lo que no puede satisfacer. Escuchadme diligentemente, y recordad las palabras que he hablado; y venid al Santo de Israel y [b]saciaos de lo que no perece ni se puede corromper, y deléitese vuestra alma en la plenitud.

52 He aquí, amados hermanos míos, recordad las palabras de vuestro Dios; orad a él continuamente durante el día, y dad [a]gracias a su santo nombre en

44*a* Jacob 2:10.
b Jacob 1:19.
c Jacob 2:2; Mos. 2:28.
45*a* 2 Ne. 28:22; Alma 36:18.
b GEE Roca.
46*a* GEE Justicia.
b GEE Juicio final.
c Mos. 3:25.
d 1 Ne. 1:14; Moisés 2:1.
48*a* Alma 37:32.
b GEE Pecado.
49*a* 1 Ne. 18:16.
50*a* GEE Agua(s) viva(s).
b Alma 42:27.
51*a* Isa. 55:1–2.
b 2 Ne. 31:20; 32:3; 3 Ne. 12:6.
52*a* GEE Acción de gracias, agradecido, agradecimiento.

la noche. Alégrese vuestro corazón.
53 Y considerad cuán grandes
son los [a]convenios del Señor, y
cuán grandes sus condescendencias para con los hijos de los
hombres; y a causa de su grandeza, y su gracia y [b]misericor-
dia, nos ha prometido que los de
nuestra posteridad no serán completamente destruidos, según la
carne, sino que los preservará; y
en generaciones futuras llegarán
a ser una [c]rama justa de la casa
de Israel.
54 Y ahora bien, mis hermanos,
quisiera hablaros más; pero mañana os declararé el resto de mis
palabras. Amén.

CAPÍTULO 10

Jacob explica que los judíos crucificarán a su Dios — Serán dispersados hasta que empiecen a creer en Él — América será una tierra de libertad donde ningún rey gobernará — Reconciliaos con Dios y lograd la salvación por medio de Su gracia. Aproximadamente 559–545 a.C.

Y AHORA bien, yo, Jacob, os hablo
otra vez, amados hermanos míos,
concerniente a esta [a]rama justa de
la cual he hablado.
2 Pues he aquí, las [a]prome-
sas que hemos logrado son
promesas para nosotros según
la carne; por tanto, así como se
me ha manifestado que muchos
de nuestros hijos perecerán en la
carne a causa de la incredulidad,
Dios, sin embargo, tendrá misericordia de muchos; y nuestros
hijos serán restaurados para que
obtengan aquello que les dará el
verdadero conocimiento de su
Redentor.
3 Por tanto, como os dije, debe
ser menester que Cristo —pues
anoche me dijo el [a]ángel que
ese sería su nombre— [b]venga
entre los judíos, entre aquellos
que son de los más inicuos del
mundo; y ellos lo [c]crucificarán.
Porque así conviene a nuestro
Dios, y no hay ninguna otra nación sobre la tierra que [d]crucifi-
caría a su [e]Dios.
4 Porque si se efectuasen entre
otras naciones los grandes [a]mi-
lagros, se arrepentirían y sabrían
que él es su Dios.
5 Mas a causa de [a]supercherías
sacerdotales e iniquidades, los
de Jerusalén endurecerán su cerviz contra él, para que sea crucificado.
6 Así que, por motivo de sus
iniquidades, vendrán sobre ellos
destrucciones, hambres, pes-
tes y efusión de sangre; y los
que no sean destruidos serán

53*a* GEE Convenio.
b GEE Misericordia, misericordioso.
c GEE Viña del Señor.
10 1*a* 1 Ne. 15:12–16; 2 Ne. 3:5; Jacob 5:43–45.
2*a* 1 Ne. 22:8; 3 Ne. 5:21–26; 21:4–7.
3*a* 2 Ne. 25:19; Jacob 7:5; Moro. 7:22.
b GEE Jesucristo — Profecías acerca de la vida y la muerte de Jesucristo.
c 1 Ne. 11:33; Mos. 3:9; DyC 45:52–53.
d Lucas 23:20–24.
e 1 Ne. 19:10.
4*a* GEE Milagros.
5*a* Lucas 22:2. GEE Supercherías sacerdotales.

[a]dispersados entre todas las naciones.

7 Pero he aquí, así dice el [a]Señor Dios: [b]Cuando llegue el día en que crean en mí, que yo soy Cristo, he hecho convenio con sus padres que entonces serán restaurados en la carne, sobre la tierra, a las tierras de su herencia.

8 Y acontecerá que serán [a]congregados de su larga dispersión, desde las [b]islas del mar y desde las cuatro partes de la tierra; y serán grandes a mis ojos las naciones de los gentiles, dice Dios, en [c]llevarlos a las tierras de su herencia.

9 [a]Sí, los reyes de los gentiles les serán por ayos, y sus reinas por nodrizas; por tanto, grandes son las [b]promesas del Señor a los gentiles, porque él lo ha dicho; y, ¿quién puede disputarlo?

10 Mas he aquí, esta tierra, dice Dios, será la tierra de tu herencia, y los [a]gentiles serán bendecidos sobre la tierra.

11 Y esta tierra será una tierra de [a]libertad para los gentiles; y no habrá [b]reyes sobre la tierra que se levanten sobre los gentiles.

12 Y fortificaré esta tierra contra todas las otras naciones.

13 Y el que [a]combata contra Sion [b]perecerá, dice Dios.

14 Porque quien levante rey contra mí, perecerá; pues yo, el Señor, el [a]rey de los cielos, seré su rey, y eternamente seré una [b]luz para aquellos que oigan mis palabras.

15 Por lo tanto, por esta causa, a fin de que se cumplan mis [a]convenios que he concertado con los hijos de los hombres, que realizaré para ellos mientras estén en la carne, he de destruir las obras [b]secretas de [c]tinieblas, y de asesinatos, y de abominaciones.

16 De modo que quien pugne contra [a]Sion, tanto judío como gentil, esclavo como libre, varón como mujer, perecerá; pues son [b]ellos los que constituyen la ramera de toda la tierra; porque [c]aquellos que [d]no son conmigo, [e]contra mí son, dice nuestro Dios.

17 Porque [a]cumpliré mis promesas que he hecho a los hijos de los hombres, que realizaré para ellos mientras estén en la carne.

6*a* 1 Ne. 19:13–14. GEE Israel — El esparcimiento de Israel.
7*a* GEE Señor.
b 2 Ne. 25:16–17.
8*a* GEE Israel — La congregación de Israel.
b 1 Ne. 22:4; 2 Ne. 10:20–22; DyC 133:8.
c 1 Ne. 22:8.
9*a* Isa. 49:22–23.
b 1 Ne. 22:8–9; DyC 3:19–20.
10*a* 2 Ne. 6:12.
11*a* GEE Libertad, libre.
b Mos. 29:31–32.
13*a* 1 Ne. 22:14, 19.
b Isa. 60:12.
14*a* Alma 5:50; DyC 38:21–22; 128:22–23; Moisés 7:53.
b GEE Luz, luz de Cristo.
15*a* GEE Convenio.
b Hel. 3:23. GEE Combinaciones secretas.
c GEE Tinieblas espirituales.
16*a* GEE Sion.
b 1 Ne. 13:4–5.
c 1 Ne. 14:10.
d 1 Ne. 22:13–23; 2 Ne. 28:15–32; 3 Ne. 16:8–15; Éter 2:9.
e Mateo 12:30.
17*a* DyC 1:38.

18 Por consiguiente, mis amados hermanos, así dice nuestro Dios: Afligiré a tu posteridad por mano de los [a]gentiles; no obstante, ablandaré el corazón de los gentiles para que les sean como un padre; por tanto, los gentiles serán [b]bendecidos y [c]contados entre los de la casa de Israel.

19 Por tanto, [a]consagraré esta tierra a tu posteridad, y a aquellos que sean contados entre los de tu posteridad, como la tierra de su herencia, para siempre; porque es una tierra escogida, me dice el Señor, sobre todas las otras tierras; por tanto, es mi voluntad que me adoren todos los hombres que en ella moren, dice Dios.

20 Ahora bien, amados hermanos míos, en vista de que nuestro clemente Dios nos ha dado tan gran conocimiento acerca de estas cosas, acordémonos de él, y dejemos a un lado nuestros pecados, y no inclinemos la cabeza, porque no somos desechados; sin embargo, hemos sido [a]expulsados de la tierra de nuestra herencia; pero se nos ha guiado a una [b]tierra mejor, pues el Señor ha hecho del mar nuestro [c]camino, y nos hallamos en una [d]isla del mar.

21 Pero grandes son las promesas del Señor para los que se hallan en las [a]islas del mar; por tanto, ya que dice islas, debe haber más que esta, y también las habitan nuestros hermanos.

22 Porque he aquí, el Señor Dios ha [a]llevado a algunos de la casa de Israel, de cuando en cuando, según su voluntad y placer. Y ahora bien, he aquí, el Señor se acuerda de todos los que han sido dispersados; por tanto, se acuerda de nosotros también.

23 Anímense, pues, vuestros corazones, y recordad que sois [a]libres para [b]obrar por vosotros mismos, para [c]escoger la vía de la muerte interminable, o la vía de la vida eterna.

24 Por tanto, mis amados hermanos, reconciliaos con la voluntad de Dios, y no con la voluntad del diablo y la carne; y recordad, después de haberos reconciliado con Dios, que tan solo en la [a]gracia de Dios, y por ella, sois [b]salvos.

25 Así pues, Dios os levante de la muerte por el poder de la resurrección, y también de la muerte eterna por el poder de la [a]expiación, a fin de que seáis recibidos en el reino eterno de Dios, para que lo alabéis por medio de la divina gracia. Amén.

18*a* Lucas 13:28–30; DyC 45:7–30.
b Efe. 3:6.
c Gál. 3:7, 29; 1 Ne. 14:1–2; 3 Ne. 16:13; 21:6, 22; 30:2; Abr. 2:9–11.
19*a* 2 Ne. 3:2.
20*a* 1 Ne. 2:1–4.
b 1 Ne. 2:20. GEE Tierra prometida.
c 1 Ne. 18:5–23.
d Isa. 11:10–12.
21*a* 1 Ne. 19:15–16; 22:4.
22*a* 1 Ne. 22:4.
23*a* GEE Albedrío.
b 2 Ne. 2:16.
c Deut. 30:19.
24*a* GEE Gracia.
b GEE Salvación.
25*a* GEE Expiación, expiar.

CAPÍTULO 11

Jacob vio a su Redentor — La ley de Moisés simboliza a Cristo y prueba que Él vendrá. Aproximadamente 559–545 a.C.

AHORA bien, [a]Jacob habló muchas
otras cosas a mi pueblo en esa
ocasión; sin embargo, solamente
he hecho [b]escribir estas cosas,
porque lo que he escrito me basta.
2 Y ahora yo, Nefi, escribo más
de las palabras de [a]Isaías, porque
mi alma se deleita en sus palabras. Porque compararé sus palabras a mi pueblo, y las enviaré
a todos mis hijos, pues él verdaderamente vio a mi [b]Redentor, tal
como yo lo he visto.
3 Y mi hermano Jacob también
lo [a]ha visto como lo he visto yo;
por tanto, transmitiré las palabras
de ellos a mis hijos, para probar-
les que mis palabras son verdaderas. Por tanto, ha dicho Dios, por
las palabras de [b]tres estableceré
mi palabra. No obstante, Dios envía más testigos y confirma todas
sus palabras.
4 He aquí, mi alma se deleita en
[a]comprobar a mi pueblo la verdad
de la [b]venida de Cristo; porque
con este fin se ha dado la [c]ley de
Moisés; y todas las cosas que han
sido dadas por Dios al hombre,
desde el principio del mundo,
son símbolo de él.
5 Y mi alma también se deleita
en los [a]convenios que el Señor ha
hecho a nuestros antepasados; sí,
mi alma se deleita en su gracia, y
en su justicia, y poder, y misericordia en el gran y eterno plan de
liberación de la muerte.
6 Y mi alma se deleita en comprobar a mi pueblo que [a]salvo que
Cristo venga, todos los hombres
deben perecer.
7 Porque si [a]no hay Cristo, no
hay Dios; y si Dios no existe,
nosotros no existimos, porque
no habría habido [b]creación. Mas
hay un Dios, y es Cristo; y él
viene en la plenitud de su propio tiempo.
8 Y ahora escribo algunas de
las palabras de Isaías, para que
aquellos de mi pueblo que vean
estas palabras eleven sus corazones y se regocijen por todos
los hombres. Ahora bien, estas
son las palabras, y podéis com-
pararlas a vosotros y a todos los
hombres.

CAPÍTULO 12

Isaías ve el templo de los postreros días, el recogimiento de Israel, el juicio y la paz milenarios — Los altivos y los inicuos serán humillados a la Segunda Venida — Compárese con Isaías 2. Aproximadamente 559–545 a.C.

11 1*a* 2 Ne. 6:1–10.
b 2 Ne. 31:1.
2*a* 3 Ne. 23:1.
b GEE Redentor.
3*a* 2 Ne. 2:3; Jacob 7:5.
b 2 Ne. 27:12; Éter 5:2–4; DyC 5:11.
4*a* 2 Ne. 31:2.
b Jacob 4:5; Jarom 1:11; Alma 25:15–16; Éter 12:19.
c 2 Ne. 5:10.
5*a* GEE Abraham, convenio de (convenio abrahámico).
6*a* Mos. 3:15.
7*a* 2 Ne. 2:13.
b GEE Creación, crear.

Lo que [a]vio [b]Isaías hijo de
Amoz, concerniente a Judá y
Jerusalén:
2 Y acontecerá en los postreros
días, que el [a]monte de la [b]casa
del Señor será establecido como
cabeza de los [c]montes, y será
exaltado sobre los collados, y
todas las naciones correrán hacia él.
3 Y vendrán muchos pueblos y
dirán: Venid, y subamos al monte
del Señor, a la casa del Dios de
Jacob; y nos enseñará acerca de
sus caminos, y [a]caminaremos por
sus sendas; porque de Sion saldrá
la [b]ley, y de Jerusalén la palabra
del Señor.
4 Y [a]juzgará entre las naciones,
y reprenderá a muchos pueblos;
y forjarán sus espadas en rejas de
arado, y sus lanzas en hoces. No
alzará espada nación contra nación, ni se adiestrarán más para
la guerra.
5 Venid, oh casa de Jacob, y ca-
minemos a la luz del Señor; sí,
venid, porque todos os habéis
[a]descarriado, cada cual por sus
sendas de maldad.
6 Por lo que tú, oh Señor, has
desamparado a tu pueblo, la casa
de Jacob, porque [a]llenos están de
los modos de oriente, y escuchan
a los agoreros como los [b]filisteos,
y con los hijos de extranjeros se
[c]enlazan.
7 Su tierra también está llena de
plata y oro, sus tesoros no tienen
fin; también su tierra está llena
de caballos, y sus carros son sin
número.
8 Su tierra también está llena
de [a]ídolos; adoran la obra de sus
propias manos, aquello que han
hecho sus mismos dedos.
9 Y el hombre vil [a]no se inclina,
ni el grande se humilla; por tanto,
no lo perdones.
10 ¡Oh malvados, meteos en la
peña y [a]escondeos en el polvo!
Porque el temor del Señor y la
gloria de su majestad os herirán.
11 Y sucederá que la mirada altiva del hombre será abatida, y
la soberbia de los hombres será
humillada, y solo el Señor será
exaltado en aquel día.
12 Porque el [a]día del Señor de
los Ejércitos pronto vendrá sobre todas las naciones, sí, sobre
cada una; sí, sobre el [b]orgulloso

12 1*a* En hebreo, khazah, que significa "prever", lo que quiere decir que Isaías recibió el mensaje por medio de una visión del Señor.
b En los capítulos del 12 al 24 de 2 Nefi, Nefi cita de las planchas de bronce los capítulos del 2–14 de Isaías. Hay algunas diferencias en el texto, en las cuales el lector debe fijarse.
2*a* Joel 3:17. GEE Sion.
b GEE Templo, Casa del Señor.
c DyC 49:25.
3*a* GEE Andar, andar con Dios.
b En hebreo, enseñanza o doctrina. GEE Evangelio.
4*a* 2 Ne. 21:2–9.
5*a* 2 Ne. 28:14; Mos. 14:6; Alma 5:37.
6*a* Es decir, llenos de enseñanzas y creencias extranjeras. Sal. 106:35.
b GEE Filisteos.
c En hebreo, se dan la mano con, o hacen convenio con.
8*a* GEE Idolatría.
9*a* Es decir, ante Dios; en lugar de ello, adora ídolos.
10*a* Alma 12:14.
12*a* GEE Segunda venida de Jesucristo.
b Mal. 4:1; 2 Ne. 23:11; DyC 64:24.

y soberbio, y sobre todo el que se ensalza; y serán abatidos.
13 Sí, y el día del Señor vendrá sobre todos los cedros del Líbano, porque son altos y erguidos; y sobre todas las encinas de Basán;
14 y sobre todos los montes altos, y sobre todos los collados; y sobre todas las naciones que se ensalcen, y sobre todo pueblo;
15 y sobre toda torre alta, y sobre todo muro reforzado;
16 y sobre todos los barcos del [a]mar, y sobre toda nave de Tarsis, y sobre todos los panoramas agradables.
17 Y la altivez del hombre será abatida, humillada será la soberbia de los hombres; y solo el Señor será ensalzado en [a]aquel día.
18 Y quitará por completo los ídolos.
19 Y los hombres se meterán en las cavernas de las rocas y en las cuevas de la tierra, porque el temor del Señor caerá sobre ellos y la gloria de su majestad los herirá, cuando se levante para estremecer la tierra terriblemente.
20 En aquel día [a]arrojará el hombre a los topos y murciélagos sus ídolos de plata y sus ídolos de oro que se ha hecho para adorarlos;
21 para meterse en las hendiduras de las rocas y en las cavernas de los peñascos, porque el temor del Señor vendrá sobre ellos, y los herirá la majestad de su gloria, cuando se levante para estremecer la tierra terriblemente.
22 [a]Dejaos del hombre, cuyo aliento está en su nariz; pues, ¿en qué debe ser estimado?

CAPÍTULO 13

Judá y Jerusalén serán castigadas por su desobediencia — El Señor litiga con Su pueblo y lo juzga — Las hijas de Sion son maldecidas y atormentadas por sus costumbres mundanas — Compárese con Isaías 3. Aproximadamente 559–545 a.C.

PORQUE he aquí que el Señor, el Señor de los Ejércitos, quita de Jerusalén y de Judá el apoyo y el sostén; todo sustento de pan, y todo socorro de agua;
2 el valiente y el hombre de guerra, el juez y el profeta, el prudente y el anciano;
3 el capitán de cincuenta, y el hombre respetable, y el consejero, y el artífice diestro, y el hábil orador.
4 Y niños les pondré por príncipes, y niños pequeños serán sus gobernantes.
5 Y el pueblo se hará violencia unos a otros, y cada cual contra su prójimo. El niño se portará

16*a* La versión griega (Septuaginta) tiene una frase que el hebreo no tiene, y el hebreo tiene una frase que el griego no tiene; pero 2 Nefi 12:16 tiene las dos. Sal. 48:7; Ezeq. 27:25.
17*a* Es decir, el día de la venida del Señor en gloria.
20*a* En hebreo, abandonar.
22*a* Es decir, dejad de depender del hombre mortal, el cual tiene poco poder comparado con Dios. Moisés 1:10.

ıltivamente con el anciano, y el
ʻillano contra el noble.
6 Cuando el hombre tomare a su
ıermano, de la familia de su pa-
lre, y le dijere: Tú tienes manto,
é tú nuestro gobernante, y no sea
•sta [a]ruina bajo tu mano,
7 este jurará en aquel día, di-
iendo: No seré el [a]sanador, pues
•n mi casa no hay ni pan ni qué
ʻestir; no me hagáis gobernante
lel pueblo.
8 Pues [a]arruinada está Jerusalén,
· [b]Judá caída; porque sus lenguas
ʻ sus obras han sido contra el
ɜeñor para provocar los ojos de
u gloria.
9 La apariencia de sus rostros
estifica en contra de ellos, y pu-
•lica que su pecado es como el de
Sodoma, y no lo pueden ocultar.
Ay de sus almas!, porque se han
ecompensado maldad para sí
nismos.
10 Decid a los justos que a ellos
es irá [a]bien, porque comerán del
ruto de sus obras.
11 ¡Ay de los impíos!, porque
•erecerán; pues el pago de sus
ıanos vendrá sobre ellos.
12 Los opresores de mi pueblo
son niños, y mujeres lo gobiernan. ¡Oh pueblo mío, los que te
[a]guían te hacen errar, y pervierten
el curso de tus sendas!
13 El Señor se levanta para [a]li-
tigar, se pone en pie para juzgar
al pueblo.
14 Vendrá el Señor a juicio contra los ancianos de su pueblo y
contra sus [a]príncipes; porque habéis [b]devorado la [c]viña y el [d]des-
pojo del [e]pobre en vuestras casas.
15 ¿Qué pretendéis? Majáis a
mi pueblo, y moléis las caras de
los pobres, dice el Señor Dios de
los Ejércitos.
16 Dice además el Señor: Por
cuanto las hijas de Sion son altivas, y andan con cuello erguido y
ojos desvergonzados, y caminan
como si [a]bailaran, y producen
tintineo con los pies;
17 herirá, pues, el Señor la mo-
llera de las hijas de Sion con
sarna, y [a]descubrirá su desnudez.
18 En aquel día quitará el Señor
la ostentación de sus ajorcas, y
[a]redecillas, y [b]lunetas;

3 6*a* Isa. 3:6.
7*a* En hebreo, el que venda una herida; es decir, no puedo resolver vuestros problemas.
8*a* Jer. 9:11.
b Lam. 1:3.
9*a* Gén. 19:1, 4–7, 24–25. GEE Homosexual, comportamiento.
10*a* Deut. 12:28.
12*a* Isa. 9:16.
13*a* En hebreo, contender. Miq. 6:2; DyC 45:3–5.
14*a* En hebreo, gobernantes o líderes.
b En hebreo, consumido o quemado.
c Isa. 5:7.
d Es decir, ganancia ilícita.
e 2 Ne. 28:12–13.
16*a* Es decir, caminar con pasos cortos y rápidos de un modo afectado.
17*a* Modismo hebraico que significa "avergonzarlas, humillarlas".
18*a* Es probable que se trate de redecillas para el cabello. Las autoridades en la materia no siempre concuerdan con respecto a la índole de los adornos de mujer que se mencionan en los versículos 18–23.
b Es decir, adornos en forma de luna en cuarto creciente.

19 los collares, y los brazaletes, y los [a]rebociños;

20 las cofias, los adornos de las piernas, los tocados, los pomitos de olor y los zarcillos;

21 los anillos, y los joyeles para la nariz;

22 las [a]mudas de ropa de gala, y los mantos, y las tocas, y las bolsas;

23 los [a]espejos, y los linos finos, y los rebozos, y los velos.

24 Y sucederá que en lugar de perfumes, habrá hediondez; y [a]soga en lugar de cinturón; y en lugar de cabellos peinados, calvicie; y en lugar de mantos, cilicio; y [b]quemadura en lugar de hermosura.

25 Tus varones caerán a espada, y tus fuertes en la batalla.

26 Y sus puertas se lamentarán y enlutarán, y ella, desolada, se sentará en tierra.

CAPÍTULO 14

Sion y sus hijas serán redimidas y purificadas en el día milenario — Compárese con Isaías 4. Aproximadamente 559–545 a.C.

Y EN aquel día siete mujeres echarán mano de un hombre, diciendo: Nuestro propio pan comeremos, y con nuestra propia ropa nos vestiremos; tan solo déjanos llevar tu nombre par quitar nuestro [a]oprobio.

2 En aquel día el [a]renuevo de Señor será bello y glorioso, y e fruto de la tierra excelente y her moso para los de Israel que haya escapado.

3 Y acontecerá que los que fue ren dejados en Sion, y los qu quedaren en Jerusalén, serán lla mados santos, todos los que e Jerusalén estén inscritos entre lo vivientes,

4 [a]cuando el Señor haya [b]lavad la inmundicia de las hijas de Sior y limpiado la sangre de Jerusalé de en medio de ella con espírit de juicio y con espíritu de [c]ardi miento.

5 Y creará el Señor, sobre tod morada del monte de Sion, y so bre sus asambleas, una [a]nube humo de día, y resplandor d fuego y llamas de noche, porqu sobre toda la gloria de Sion habr una defensa.

6 Y habrá un tabernáculo par sombra contra el calor del día, para [a]refugio y abrigo contra e turbión y contra el aguacero.

CAPÍTULO 15

La viña del Señor (Israel) será asc lada, y Su pueblo será esparcido — Les sobrevendrán calamidades e

19*a* En hebreo, velos.
22*a* En hebreo, ropas resplandecientes.
23*a* O sea, ropas transparentes.
24*a* En hebreo, andrajos.
b O sea, señal de quemadura (marca de la esclavitud).

14 1*a* Es decir, el estigma del no haberse casado ni haber tenido hijos.
2*a* Isa. 60:21; 2 Ne. 3:5; Jacob 2:25.
4*a* Es decir, cuando el Señor haya purificado la tierra.
b GEE Lavado, lavamientos, lavar.
c Mal. 3:2–3; 4:1.
5*a* Éx. 13:21.
6*a* Isa. 25:4; DyC 115:6.

u estado apóstata y de esparci-
iento — El Señor alzará estandarte
las naciones y recogerá a Israel —
Compárese con Isaías 5. Aproxima-
'amente 559–545 a.C.

' ENTONCES cantaré a mi muy
.mado el [a]cantar de mi amado
especto de su viña. Mi amado
enía una viña en un collado muy
értil.
2 Y la cercó y despedregó y la
lantó de [a]vides escogidas, y edi-
icó una torre en medio de ella,
también hizo un lagar; y espe-
aba que diese uvas, y dio uvas
ilvestres.
3 Ahora pues, oh habitantes de
erusalén y varones de Judá, juz-
;ad, os ruego, entre mí y mi viña.
4 ¿Qué más podía hacerse por
ni viña que yo no haya hecho?
Por qué, cuando esperaba que
rodujese uvas, uvas silvestres
rodujo?
5 Pues ahora os diré lo que voy
hacer con mi viña: Le [a]quitaré
u vallado, y será consumida; de-
ribaré su cerca, y será hollada;
6 y la asolaré; no será podada ni
avada, sino que en ella crecerán
cardos y espinos; también man-
laré a las nubes que no [b]derra-
nen lluvia sobre ella.
7 Porque la [a]viña del Señor de
los Ejércitos es la casa de Israel, y
los hombres de Judá son su planta
deleitosa. Y él esperaba justicia,
y he aquí vileza; rectitud, y he
aquí clamor.
8 ¡Ay de los que juntan [a]casa
con casa, hasta no haber más lugar, para [b]quedar solos en medio
de la tierra!
9 En mis oídos ha dicho el Señor de los Ejércitos: En verdad,
muchas casas han de quedar
asoladas, y grandes y hermosas ciudades quedarán sin habitantes.
10 Sí, diez yugadas de viña pro-
ducirán un [a]bato; y un homer de
semilla producirá una efa.
11 ¡Ay de los que se levantan
temprano por la mañana para
[a]seguir la embriaguez; que continúan hasta la noche, hasta que
los enciende el [b]vino!
12 Arpas, vihuelas, tamboriles,
flautas y vino hay en sus banque-
tes; mas no [a]observan la obra del
Señor, ni consideran las obras de
sus manos.
13 Por tanto, mi pueblo ha ido
en cautiverio, porque carece de
[a]conocimiento; y perecen de hambre sus nobles, y su multitud se
seca de sed.
14 Por tanto, el infierno en-
sanchó su seno, y abrió su boca

5 1*a* Es decir, El profeta compone el cántico o parábola poética de una viña, en el que pone de manifiesto la misericordia de Dios y la indiferencia de Israel.
2*a* Jer. 2:21.
5*a* Sal. 80:12.
6*a* Isa. 7:23; 32:13.
b Jer. 3:3.
7*a* GEE Viña del Señor.
8*a* Miqueas 2:1–2.
b Es decir, para quedarse a morar solos. Los ricos terratenientes absorben las pequeñas fincas de los pobres.
10*a* Ezeq. 45:10–11.
11*a* Prov. 23:30–32.
b GEE Palabra de Sabiduría.
12*a* Sal. 28:5.
13*a* Oseas 4:6. GEE Conocimiento.

desmedidamente; y allá descenderá la gloria de ellos, y su multitud, y su algazara, y el que en ello se huelga.

15 Y el hombre vil será humillado, y el varón poderoso será abatido, y los ojos del altivo serán bajados.

16 Mas el Señor de los Ejércitos será ensalzado en [a]juicio, y el Dios Santo será santificado en justicia.

17 Entonces los corderos pacerán según su costumbre, y los lugares desolados de los ricos los comerán los extraños.

18 ¡Ay de los que arrastran la iniquidad con cuerdas de [a]vanidad, y el pecado [b]como si fuera con coyundas de carro;

19 quienes dicen: Dése prisa; [a]haga presto su obra para que podamos [b]verla; acérquese y venga el consejo del Santo de Israel para que lo conozcamos!

20 ¡Ay de los que a lo malo [a]llaman bueno, y a lo bueno malo; que ponen [b]tinieblas por luz, y luz por tinieblas; que ponen lo amargo por dulce, y lo dulce por amargo!

21 ¡Ay de los que son [a]sabios a sus propios ojos, y prudentes de lante de sí mismos!

22 ¡Ay de los que son valiente para beber vino, y varones fuerte para mezclar licores;

23 que justifican al inicuo po cohecho, y [a]quitan al justo su rec titud!

24 Por tanto, así como el [a]fueg devora el [b]rastrojo, y la llam consume la [c]paja, su raíz ser podredumbre, y sus flores se des vanecerán como polvo; porqu han desechado la ley del Señor d los Ejércitos, y han [d]despreciad la palabra del Santo de Israel.

25 Por esta causa se encendió e furor del Señor contra su puebl y extendió contra él su mano, y l hirió; y se estremecieron los colla dos, y sus cadáveres fueron des trozados en medio de las calles Con todo esto, no se ha aplacad su [a]ira, sino que aún está exten dida su mano.

26 Y alzará [a]estandarte a la naciones de lejos, y les [b]silbar desde el cabo de la tierra; y h aquí que [c]vendrán presto y acele radamente; y entre ellos no habr cansado, ni quien tropiece.

27 Nadie dormitará ni s

16*a* GEE Jesucristo — Es juez.
18*a* GEE Vanidad, vano.
b Es decir, están amarrados a sus pecados como las bestias a su carga.
19*a* Jer. 17:15.
b Es decir, no creerán en el Mesías sino hasta que lo vean.
20*a* Moro. 7:14, 18; DyC 64:16; 121:16.
b 1 Juan 1:6.
21*a* Prov. 3:5–7; 2 Ne. 28:15.
23*a* Es decir, quitan al justo sus derechos legítimos.
24*a* Abd. 1:18; Mal. 4:1–2; 2 Ne. 20:17.
b Joel 2:5; 1 Ne. 22:15, 23; 2 Ne. 26:4, 6; DyC 64:23–24; 133:64.
c Lucas 3:17; Mos. 7:29–31.
d 2 Sam. 12:7–9.
25*a* DyC 63:32; Moisés 6:27.
26*a* GEE Estandarte.
b El silbido será la señal del recogimiento Isa. 7:18; 2 Ne. 29:2.
c GEE Israel — La congregación de Israel.

lormirá; a ninguno le será de-
atado el cinto de los lomos, ni
e le romperá la correa de sus
:apatos;
28 sus flechas estarán aguzadas,
todos sus arcos entesados; y los
ascos de sus caballos serán como
le pedernal, las ruedas de sus ca-
ros como torbellino y su rugido
:omo de león.
29 Rugirán como [a]leoncillos; sí,
bramarán y se echarán sobre la
presa, y la llevarán seguros, y no
habrá quien se la quite.
30 Y en aquel día rugirán contra
ellos como el bramido del mar; y
i miraren hacia la tierra, he aquí,
inieblas y tribulación, y la luz se
obscurecerá en sus cielos.

CAPÍTULO 16

saías ve al Señor — Son perdonados os pecados de Isaías — Él es llamado profetizar — Profetiza que los judíos rechazarán las enseñanzas de Cristo — Un resto volverá — Compárese con Isaías 6. Aproximadamente 559–545 a.C.

EN el [a]año en que murió el rey
Jzías, vi también al Señor senado sobre un trono alto y enal-
ecido, y las faldas de su ropa
lenaban el templo.
2 Encima del trono estaban los
serafines; cada uno de ellos te-
ía seis alas; con dos se cubrían
el rostro, con dos los pies, y con
dos volaban.
3 Y el uno exclamaba al otro,
diciendo: ¡Santo, santo, santo es
el Señor de los Ejércitos; toda la
tierra está llena de su gloria!
4 Y a la voz del que clamaba,
se estremecieron los [a]quiciales
de las puertas, y la casa se llenó
de humo.
5 Entonces dije yo: ¡Ay de mí!,
pues soy [a]perdido; porque soy
hombre de labios inmundos, y
habito entre un pueblo de labios
inmundos; por cuanto mis ojos
han visto al Rey, el Señor de los
Ejércitos.
6 Entonces voló hacia mí uno de
los serafines con un [a]carbón encendido en la mano, el cual había
tomado del altar con las tenazas;
7 y tocó con él sobre mi boca, y
dijo: He aquí, esto ha tocado tus
labios, y tu [a]iniquidad es quitada,
y borrado es tu pecado.
8 Y luego oí la voz del Señor
decir: ¿A quién enviaré, y quién
irá por nosotros? Entonces dije:
Heme aquí, envíame a mí.
9 Y él dijo: Ve y di a este pueblo:
Oíd bien, mas no entendieron; ved
por cierto, mas no percibieron.
10 Deja que se endurezca el
corazón de este pueblo, y que
se entorpezcan sus oídos, y que
sean cerrados sus ojos; no sea que
vea con sus ojos, y [a]oiga con sus

29*a* 3 Ne. 21:12–13.
16 1*a* Es decir, hacia 750 a.C.
2*a* GEE Querubines.
4*a* En hebreo, temblaron los cimientos de los umbrales.
5*a* En hebreo, cortado, aniquilado; es decir, acongojado al reconocer tanto sus propios pecados como los de su pueblo.
6*a* Es decir, un símbolo de purificación.
7*a* GEE Remisión de pecados.
10*a* Mateo 13:14–15.

oídos, y entienda con su corazón,
y sea convertido y sanado.
11 Yo entonces dije: Señor, ¿hasta
cuándo? Y él respondió: Hasta
que las ciudades queden asoladas
y sin habitantes, y las casas sin
hombre, y la tierra enteramente
desierta;
12 y el Señor haya [a]echado lejos
a los hombres, porque habrá gran
desolación en medio de la tierra.
13 Mas todavía quedará una
décima parte, y volverá, y será
consumida; como el terebinto y
como la encina que guardan en sí
su substancia cuando echan sus
hojas; así la santa semilla será su
[a]substancia.

CAPÍTULO 17

Efraín y Siria guerrean contra Judá — Cristo nacerá de una virgen — Compárese con Isaías 7. Aproximadamente 559–545 a.C.

Y EN los días de Acaz hijo de Jo-
tam, hijo de Uzías, rey de Judá,
aconteció que Rezín, rey de Siria,
y Peca hijo de Remalías, rey de
Israel, vinieron sobre Jerusalén
para combatirla, mas no pudieron
prevalecer contra ella.
2 Y fue dado el aviso a la casa
de David, diciendo: Siria se ha
confederado con [a]Efraín. Y se le
estremeció el corazón, y el corazón de su pueblo, como los
árboles del bosque se sacude
con el viento.
3 Entonces dijo el Señor a Isaías
Sal ahora a encontrar a Acaz, t
y tu hijo [a]Sear-jasub, al extrem
del conducto del estanque supe
rior, por el camino del campo de
lavador;
4 y dile: Ten cuidado, y perma
nece tranquilo; [a]no temas, ni des
fallezca tu corazón por estos do
cabos de tizón encendidos qu
humean, por causa de la furios
ira de Rezín y de Siria, y del hij
de Remalías.
5 Porque Siria, Efraín y el hij
de Remalías han tomado ma
acuerdo contra ti, diciendo:
6 Subamos contra Judá y hos
tiguémosla, y [a]abramos brech
en ella para nosotros, y pongá
mosle rey en su centro; sí, al hij
de Tabeel.
7 Así dice el Señor Dios: No sub
sistirá ni acontecerá.
8 Porque la cabeza de Siria e
Damasco, y la cabeza de Da
masco, Rezín; y dentro de se
senta y cinco años, Efraín ser
quebrantado hasta dejar de se
pueblo.
9 Y la cabeza de Efraín es Sa
maria, y la cabeza de Samaria, e
hijo de Remalías. Si [a]no creéis, d
cierto no permaneceréis.
10 Además, habló el Señor otr
vez a Acaz, diciendo:

12*a* 2 Rey. 17:18, 20.
13*a* Es decir, al igual que el árbol, aunque sus hojas sean esparcidas, la vida y el potencial de producir semilla permanecen en él.
17 2*a* Es decir, a todo Israel del norte se le conoció por el nombre de Efraín, que era la tribu principal del norte.
3*a* En hebreo, el remanente volverá.
4*a* Es decir, no te alarmes ante el ataque; a esos dos reyes les queda poco fuego.
6*a* En hebreo, dividirla.
9*a* 2 Cró. 20:20.

11 Pide para ti una [a]señal del Se-
ıor tu Dios; pídela ya sea abajo en
o profundo, o en lo alto arriba.
12 Mas dijo Acaz: No pediré, ni
tentaré al Señor.
13 Y él respondió: Oíd ahora
osotros, ¡oh casa de David! ¿Es
osa pequeña para vosotros mo-
estar a los hombres, que moles-
éis también a mi Dios?
14 Por tanto, el Señor mismo
os dará una señal: He aquí que
ına [a]virgen concebirá y dará a
uz un hijo, y llamará su nombre
Emanuel.
15 Mantequilla y miel comerá,
ıasta que sepa desechar lo malo
escoger lo bueno.
16 Porque antes que el [a]niño
epa desechar lo malo y escoger
o bueno, la tierra que tú aborre-
es será abandonada de sus [b]dos
eyes.
17 El Señor [a]traerá sobre ti, so-
ore tu pueblo y sobre la casa de
u padre, días cuales nunca han
enido desde el día en que [b]Efraín
e apartó de Judá, esto es, al rey
le Asiria.
18 Y acontecerá que en aquel día
l Señor [a]silbará a la mosca que
stá en la parte lejana de Egipto,
a la abeja que se halla en la tie-
ra de Asiria.
19 Y vendrán y se establecerán
odas en los valles desolados, y
en las hendiduras de las rocas,
y en todo zarzal y en toda mata.
20 En aquel día [a]afeitará el Señor con navaja alquilada, por
los de la otra parte del río, por
el [b]rey de Asiria, la cabeza y pe-
los de los pies; y también raerá
la barba.
21 Y acontecerá en aquel día
que un hombre [a]criará una vaca
y dos ovejas;
22 y acontecerá que por la abundancia de leche que ellas darán,
comerá mantequilla; porque
mantequilla y miel comerán todos los que permanecieren en
la tierra.
23 Y sucederá que en aquel día,
todo lugar en donde había mil
vides que valían mil siclos de
[a]plata, se quedará para cardos
y espinas.
24 Con flechas y arcos los hombres entrarán allá, porque toda la
tierra será cardos y espinas.
25 Y a todos los collados que
fueren cavados con azada, no llegarán por temor a los cardos y
espinas, mas serán para pasto
de bueyes y para ser pisados de
[a]ganado menor.

CAPÍTULO 18

Cristo será por tropezadero y piedra de tropiezo — Buscad al Señor y no

11*a* GEE Señal.
12*a* Es decir, poner a prueba.
14*a* GEE Virgen.
b En hebreo, Dios con nosotros. GEE Emanuel.
16*a* 2 Ne. 18:4.
b 2 Rey. 15:30; 16:9.
17*a* 2 Cró. 28:19–21.
b 1 Rey. 12:16–19.
18*a* O sea, silbar; es decir, dar la señal, convocar. Isa. 5:26.
20*a* Es decir, esa tierra será despoblada por un invasor extranjero.
b 2 Rey. 16:5–9.
21*a* Es decir, sólo quedarán unos pocos sobrevivientes que se basten a sí mismos.
23*a* O sea, piezas de plata.
25*a* En hebreo, ovejas, o cabras.

a los adivinos que atisban — Vol-
veos a la ley y al testimonio para
recibir orientación — Compárese
con Isaías 8. Aproximadamente
559–545 a.C.

ADEMÁS, la palabra del Señor me
dijo: Toma una tabla grande, y
escribe en ella con caracteres de
hombre tocante a [a]Maher-shalal-
hash-baz.
2 Y tomé por [a]testigos fieles para
atestiguar, al sacerdote Urías y a
Zacarías hijo de Jeberequías.
3 Y me allegué a la [a]profetisa, y
concibió y dio a luz un hijo. Entonces me dijo el Señor: Llámalo
Maher-shalal-hash-baz.
4 Pues he aquí, antes que el
[a]niño [b]sepa decir: Padre mío y
madre mía, serán quitadas las
riquezas de Damasco y el [c]des-
pojo de Samaria delante del rey
de Asiria.
5 Y me habló el Señor otra vez,
diciendo:
6 Por cuanto este pueblo desecha las aguas de [a]Siloé, que co-
rren plácidamente, y se huelga
con [b]Rezín y el hijo de Remalías;
7 el Señor, pues, hará subir [a]so-
bre ellos las aguas del río, fuertes y muchas, es decir, al rey de
Asiria y toda su gloria; y subirá
sobre todos sus arroyos y pasará
sobre todas sus riberas.
8 Y [a]fluirá por Judá; se desbor-
dará e inundará; y llegará hasta
la garganta; y la extensión de sus
alas llenará la anchura de tu tierra, ¡oh [b]Emanuel!
9 [a]¡Reuníos, oh pueblos, y seréis
quebrantados! ¡Escuchad, todos
vosotros los de países lejanos;
ceñíos, y seréis quebrantados;
apercibíos, y seréis quebrantados!
10 Reuníos en consejo, y será
anulado; hablad palabra, y no
permanecerá; [a]porque Dios está
con nosotros.
11 Porque el Señor de este
modo me habló con mano fuerte,
y me instruyó que no anduviese
por el camino de este pueblo,
diciendo:
12 No llaméis [a]conspiración a
todo lo que este pueblo llama
conspiración; ni temáis lo que
ellos temen, ni tengáis miedo.
13 Al Señor de los Ejércitos santificad; y [a]sea él vuestro temor, y
sea él vuestro miedo.
14 Y él será por [a]santuario; pero
por tropezadero y [b]piedra de tropiezo a las dos casas de Israel; por
trampa y lazo a los habitantes de
Jerusalén.

18 1*a* En hebreo, para precipitarse al despojo, se apresura a la presa.
2*a* GEE Testigo.
3*a* Es decir, su esposa.
4*a* 2 Ne. 17:16.
b Isa. 8:4.
c 2 Rey. 15:29.
6*a* Gén. 49:10; TJS Gén. 50:24 (Apéndice — Biblia).
b Isa. 7:1.
7*a* Es decir, sobre Israel del norte primero.
8*a* Es decir, Asiria también penetrará en Judá.
b GEE Emanuel.
9*a* Es decir, formar alianzas.
10*a* Es decir, Judá (la tierra de Emanuel) se salvará. Sal. 46:7.
12*a* Es decir, Judá no debe atenerse a confabulaciones secretas con otras gentes por razones de seguridad.
13*a* Es decir, ser reverente y humilde ante Dios.
14*a* Ezeq. 11:15–21.
b 1 Pe. 2:4–8; Jacob 4:14–15.

15 Y muchos de ellos [a]tropeza-
rán y caerán; y serán quebrantados, entrampados y apresados.
16 Ata el testimonio; sella la [a]ley
entre mis discípulos.
17 Y yo esperaré al Señor, el cual
[a]oculta su cara de la casa de Jacob,
y en él confiaré.
18 He aquí, yo y los hijos que el
Señor me ha dado somos a Israel
por [a]señales y presagios de parte
del Señor de los Ejércitos, que habita en el monte de Sion.
19 Y cuando os dijeren: Preguntad a los [a]evocadores, y a los [b]adi-
vinos que atisban y hablan entre
dientes: [c]¿No debe un pueblo consultar a su Dios para que los vivos
oigan [d]de los muertos?
20 ¡A la ley y al testimonio! Y
si no [a]hablaren conforme a esta
palabra, es porque no hay luz
en ellos.
21 Y [a]pasarán por la tierra, duramente acosados y hambrientos;
y acontecerá que cuando tengan
hambre, se enojarán y maldecirán
a su rey y a su Dios, y alzarán la
vista hacia arriba.
22 Y mirarán hacia la tierra, y
contemplarán tribulación y tinieblas, obscuridad de angustia;
y serán expulsados a las tinieblas.

CAPÍTULO 19

Isaías habla del Mesías — El pueblo que andaba en tinieblas verá una gran luz — Un niño nos es nacido — Será el Príncipe de Paz y reinará sobre el trono de David — Compárese con Isaías 9. Aproximadamente 559–545 a.C.

SIN embargo, la obscuridad no
será como lo fue en su oprobio,
cuando él primero afligió ligeramente la [a]tierra de Zabulón y la
de Neftalí, y después la angustió
más penosamente por la costa
del mar Rojo, del otro lado del
Jordán, en Galilea de las naciones.
2 El pueblo que andaba en [a]tinie-
blas ha visto una gran luz; sobre
los que moraban en la tierra de
la sombra de muerte, la luz ha
resplandecido.
3 Tú has multiplicado la nación
y [a]aumentado el gozo; se alegran
delante de ti, como se regocijan en
la siega; como se alegran los hombres cuando se reparten el despojo.
4 Porque has quebrado el yugo
de su carga, y la vara de su hombro, y el cetro de su opresor.

15*a* Mateo 21:42–44.
16*a* En hebreo, enseñanzas, o doctrina. GEE Evangelio.
17*a* Isa. 54:8.
18*a* Es decir, el nombre de Isaías y de sus hijos significan: "Jehová salva", "El remanente volverá"; y "Para precipitarse al despojo, se apresura a la presa". 2 Ne. 17:3; 18:3.
19*a* Lev. 20:6.
b Es decir, hechiceros, evocadores.
c 1 Sam. 28:6–20.
d O sea, a favor de.
20*a* Es decir, los médiums espiritistas (también en los vers. 21–22).
21*a* Es decir, Israel sería llevado al cautiverio porque no escucharía y sería desobediente.
19 1*a* Mateo 4:12–16.
2*a* La "obscuridad" y las "tinieblas" eran la apostasía y el cautiverio; la "gran luz" es Cristo.
3*a* Isa. 9:3.

5 Porque toda batalla del guerrero es con ruido estruendoso y con vestidos revolcados en sangre; pero esto será con quemadura y pábulo de fuego.

6 Porque un [a]niño nos es nacido, un hijo nos es dado; y sobre sus hombros estará el [b]principado; y se llamará su nombre Admirable, Consejero, Dios [c]Fuerte, [d]Padre Eterno, Príncipe de [e]Paz.

7 Del aumento de su [a]dominio y paz no [b]habrá fin, sobre el trono de David y sobre su reino, a fin de disponerlo y confirmarlo con juicio y con justicia, desde ahora y para siempre. El celo del Señor de los Ejércitos hará esto.

8 El Señor envió su palabra a Jacob, y cayó en [a]Israel.

9 Y la sabrá todo el pueblo, hasta Efraín y los habitantes de Samaria, que con soberbia y altivez de corazón dicen:

10 Los ladrillos han caído, mas construiremos con piedra labrada; derribados han sido los sicómoros, mas los repondremos con cedros.

11 Por lo tanto, el Señor dispondrá a los adversarios de [a]Rezín contra él, y juntará a sus enemigos;

12 los sirios por delante y los filisteos por detrás, y a boca llena [a]devorarán a Israel. Con todo esto, no se ha mitigado su [b]ira, sino que su mano aún está extendida.

13 Pero el pueblo [a]no se vuelve hacia aquel que lo castiga, ni busca al Señor de los Ejércitos.

14 Por tanto, el Señor cortará de Israel cabeza y cola, rama y caña, en un mismo día.

15 El anciano es la cabeza; y el profeta que enseña mentiras es la cola.

16 Porque los caudillos de este pueblo lo hacen errar; y los que ellos guían son destruidos.

17 Por tanto, el Señor no se complacerá en sus jóvenes, ni de sus huérfanos y viudas tendrá [a]misericordia; porque todos son hipócritas y malhechores, y toda boca habla [b]necedades. Con todo esto, no se ha mitigado su ira, sino que su [c]mano aún está extendida.

18 Porque la maldad quema como fuego; devorará los cardos y espinas; y levantará llama en lo espeso de los bosques, y ascenderán como humo en remolinos.

19 Por la ira del Señor de los Ejércitos se obscurecerá la tierra, y el pueblo será como pábulo de fuego; [a]nadie tendrá piedad de su hermano.

20 Y el hombre arrebatará a su diestra, y sentirá hambre; y

6*a* Isa. 7:14; Lucas 2:11.
b Mateo 28:18.
c Tito 2:13–14.
d Alma 11:38–39, 44.
e Juan 14:27.
7*a* GEE Gobierno.
b Dan. 2:44.
8*a* Es decir, el mensaje profético que sigue (vers. 8–21) es una amonestación a las diez tribus del norte, llamadas Israel.
11*a* 2 Rey. 16:5–9.
12*a* 2 Rey. 17:6, 18.
b Isa. 5:25; 10:4.
13*a* Amós 4:6–12.
17*a* GEE Misericordia, misericordioso.
b 2 Ne. 9:28–29.
c Jacob 5:47; 6:4.
19*a* Miqueas 7:2–6.

[a]comerá a su siniestra, y no quedará satisfecho; cada cual comerá la carne de su propio brazo:
21 [a]Manasés a [b]Efraín, y Efraín a Manasés; y ambos estarán contra [c]Judá. Con todo esto, no se ha mitigado su ira, sino que su mano aún está extendida.

CAPÍTULO 20

La destrucción de Asiria es un símbolo de la destrucción de los inicuos a la Segunda Venida — Pocas personas quedarán después que el Señor venga de nuevo — El resto de los de Jacob volverán en ese día — Compárese con Isaías 10. Aproximadamente 559–545 a.C.

¡Ay de aquellos que establecen decretos injustos y ponen por escrito la opresión que prescriben,
2 para apartar del [a]juicio a los necesitados y para quitar el derecho a los pobres de mi pueblo; para que las [b]viudas sean su presa y para robar a los huérfanos!
3 ¿Y qué haréis en el día de la [a]visitación, y en la desolación que vendrá de lejos? ¿A quién iréis para que os ayude? ¿En dónde dejaréis vuestra gloria?
4 Sin mí se doblegarán ante los cautivos, y entre los muertos caerán. Con todo esto, no se ha mitigado su ira, sino que su mano aún está extendida.
5 ¡Oh asirio, la vara de mi ira, y el báculo en su mano es [a]su indignación!
6 Lo enviaré [a]contra una nación hipócrita, y contra el pueblo de mi ira le encargaré que se lleve los despojos, y arrebate la presa, y los pise como el lodo de las calles.
7 Aunque no es tal su designio, ni en su corazón lo piensa así; en su corazón solo está el destruir y exterminar naciones no pocas.
8 Pues dice: ¿No son reyes todos mis príncipes?
9 ¿No es Calno como Carquemis, Hamat como Arfad, y Samaria como Damasco?
10 Así como [a]mi mano ha fundado los reinos de los ídolos, y cuyas imágenes grabadas han sobrepujado a las de Jerusalén y a las de Samaria,
11 ¿no haré con Jerusalén y sus ídolos como hice a Samaria y sus ídolos?
12 Por tanto, sucederá que cuando el Señor haya ejecutado su obra completa sobre el monte de Sion y Jerusalén, yo castigaré el [a]fruto del soberbio corazón del rey de [b]Asiria y la gloria de su altiva mirada.
13 Porque [a]dice: Mediante el poder de mi mano he hecho estas cosas, y con mi sabiduría, pues soy prudente; y he quitado los confines de los pueblos, y les he

20*a* Deut. 28:53–57.
21*a* GEE Manasés.
b GEE Efraín.
c GEE Judá.
20 2*a* O sea, Justicia.
b GEE Viuda.
3*a* Es decir, castigo.
5*a* Isa. 10:5.
6*a* Es decir, contra Israel.
10*a* Es decir, la mano del rey de Asiria (vers. 10–11).
12*a* Es decir, la altiva jactancia.
b Sof. 2:13.
13*a* Es decir, el rey de Asiria (habla en los vers. 13–14).

saqueado sus tesoros y he derribado, como hombre valiente, a los habitantes;

14 y mi mano halló, cual nido, las riquezas del pueblo; y como se recogen los huevos abandonados, así recogí de toda la tierra; y no hubo quien moviese el ala, ni abriese la boca, ni piase.

15 [a]¿Se jactará el [b]hacha contra aquel que con ella corta? ¿Se exaltará la sierra contra el que la mueve? ¡Como si se enalteciese la vara contra aquel que la levanta, o se engrandeciese el bastón como si no fuera palo!

16 Por tanto, el Señor, el Señor de los Ejércitos, enviará flaqueza entre sus robustos; y bajo [a]su gloria encenderá una llama, como llama de fuego.

17 Y la luz de Israel será por fuego, y su Santo por llama, y quemarán y abrasarán en un día sus cardos y espinas;

18 y [a]consumirán la gloria de su bosque y de su campo fructífero, alma y cuerpo; y serán como el desfallecimiento de un abanderado.

19 Y los árboles que [a]queden de su bosque serán en número que un niño podrá contarlos.

20 Y sucederá en [a]aquel día que el resto de Israel, y los que hayan escapado de la [b]casa de Jacob, nunca más se [c]apoyarán en aquel que los hirió, sino que se apoyarán con verdad en el Señor, el Santo de Israel.

21 El [a]resto retornará, sí, el resto de Jacob, al Dios fuerte.

22 Porque aunque tu pueblo Israel fuere como la arena del mar, sin embargo, un resto de él volverá; la [a]consumación decretada [b]rebosará en rectitud.

23 Porque el Señor Dios de los Ejércitos [a]hará la consumación ya determinada en toda la tierra.

24 Por lo tanto, así dice el Señor Dios de los Ejércitos: Pueblo mío que moras en Sion, no temas al asirio. Con vara te herirá, y levantará su palo contra ti a la [a]manera de Egipto.

25 Mas de aquí a poco tiempo cesarán la indignación y mi cólera para su destrucción.

26 Y el Señor de los Ejércitos levantará un azote contra él,

15*a* En todas las metáforas de este versículo se formula la misma pregunta: ¿Prevalecerá el hombre (p. ej., el rey de Asiria) contra Dios?
b Es decir, ¿Prosperará el rey contra Dios?
16*a* Es decir, la del rey de Asiria (véanse también los vers. 17–19).
18*a* Es decir, Asiria desaparecerá completamente.
19*a* Es decir, el remanente del ejército de Asiria.
20*a* Es decir, los últimos días.
b Amós 9:8–9.
c Es decir, depender de.
21*a* Isa. 11:11–12.
22*a* DyC 63:34. GEE Mundo — El fin del mundo.
b Es decir, aun cuando sobrevenga el castigo, habrá misericordia.
23*a* Es decir, llevará a cabo la destrucción decretada.
24*a* Es decir, como lo hicieron los egipcios en tiempos anteriores. Éx. 1:13–14.

semejante a la matanza de [a]Ma-
dián en la peña de Horeb; y así
como su vara fue sobre el mar,
así la levantará él a la manera
de Egipto.
27 Y acontecerá en aquel día
que será quitada su [a]carga de sobre tus hombros, y su yugo de tu
cerviz; y el yugo será destruido a
causa de la [b]unción.
28 [a]Ha llegado hasta Ayat, ha
pasado a Migrón; en Micmas ha
guarecido sus carros.
29 Han pasado el paso; se han
alojado en Geba; Ramá tiembla;
Gabaa de Saúl ha huido.
30 Alza la voz, ¡oh hija de Ga-
lim! Haz que se oiga hasta Lais,
¡oh pobre Anatot!
31 Madmena ha sido abandonada; los habitantes de Gebim se
juntan para huir.
32 Aún permanecerá él ese día
en Nob; levantará su mano contra el monte de la hija de Sion, el
collado de Jerusalén.
33 He aquí, el Señor, Jehová de
los Ejércitos, desgajará la rama
con terror; y serán talados los de
[a]gran estatura, y los altivos serán
humillados.
34 Y cortará con hierro las espe-
suras de los bosques, y el Líbano
caerá por mano de uno poderoso.

CAPÍTULO 21

La vara del tronco de Isaí (Cristo) juzgará con justicia — En el Milenio, el conocimiento de Dios cubrirá la tierra — El Señor levantará estandarte a las naciones y recogerá a Israel — Compárese con Isaías 11. Aproximadamente 559–545 a.C.

Y SALDRÁ una [a]vara del [b]tronco
de [c]Isaí, y un vástago retoñará
de sus raíces.
2 Y sobre él reposará el [a]Espíritu
del Señor; el espíritu de sabiduría
y de entendimiento, el espíritu de
consejo y de poder, el espíritu de
conocimiento y de temor del Señor;
3 y le dará penetrante entendimiento en el temor del Señor; y
no [a]juzgará según la vista de sus
ojos, ni reprenderá por lo que oigan sus oídos;
4 sino que con [a]justicia juzgará
a los pobres, y [b]reprenderá con
equidad por los [c]mansos de la
tierra; y con la vara de su boca
herirá la tierra, y con el aliento de
sus labios matará al impío.
5 Y la justicia será el ceñidor de
sus lomos, y la fidelidad el cinturón de sus [a]riñones.
6 Y morará también el lobo con
el cordero, y el leopardo con el
cabrito se acostará; el becerro, el

26*a* Gén. 25:1–2; Jue. 7:25.
27*a* Isa. 14:25.
b GEE Ungido, el.
28*a* Se describe el avance de los ejércitos asirios hacia Jerusalén; en seguida (vers. 33–34), se describe, con sentido figurado, el juicio del Señor contra ellos.
33*a* Hel. 4:12–13.
21 1*a* DyC 113:3–4.
b DyC 113:1–2.
c Isaí era el padre de David; se hace referencia a la línea genealógica real de David en la que Jesús había de nacer. Miqueas 5:2; Heb. 7:14. GEE Isaí.
2*a* Isa. 61:1–3.
3*a* Juan 7:24.
4*a* Sal. 72:2–4; Mos. 29:12.
b En hebreo, decidir.
c GEE Mansedumbre, manso.
5*a* O sea, cintura.

leoncillo y el cebón andarán juntos, y un niño los pastoreará.

7 Y la vaca y la osa pacerán, sus crías se echarán juntas; y el león comerá paja como el buey.

8 Y el niño de pecho jugará sobre la cueva del [a]áspid, y el recién destetado extenderá su mano sobre la caverna de la víbora.

9 No [a]dañarán, ni destruirán en todo mi santo monte; porque la tierra estará llena del [b]conocimiento del Señor, como las aguas cubren el mar.

10 Y en [a]aquel día habrá una [b]raíz de Isaí, la cual estará puesta por estandarte [c]al pueblo; los [d]gentiles la buscarán, y su descanso será glorioso.

11 Y acontecerá en aquel día, que el Señor volverá a extender su mano, por [a]segunda vez, para recobrar los restos de su pueblo que quedaren, de Asiria, y de Egipto, y de Patros, y de Cus, y de Elam, y de Sinar, y de Hamat, y de las islas del mar.

12 Y levantará [a]estandarte a las naciones, y congregará a los [b]desterrados de Israel, y [c]reunirá a los dispersos de Judá de los cuatro cabos de la tierra.

13 La [a]envidia de Efraín también se disipará, y los enemigos de Judá serán talados; [b]Efraín no envidiará a [c]Judá, ni Judá hostigará a Efraín;

14 sino que [a]volarán sobre los hombros de los filisteos hacia el occidente; saquearán juntos a los de oriente; sobre Edom y Moab pondrán su mano, y los hijos de Ammón los obedecerán.

15 Y el Señor destruirá del todo la [a]lengua del mar de Egipto; y con su viento impetuoso extenderá su mano sobre el río, y lo herirá en sus siete brazos y hará que los hombres pasen por él a pie enjuto.

16 Y habrá [a]camino real, desde Asiria, para el resto de su pueblo que hubiere quedado, como lo hubo para Israel el día en que subió de la tierra de Egipto.

CAPÍTULO 22

En los días del Milenio todos los hombres alabarán al Señor — Él morará entre ellos — Compárese con Isaías 12. Aproximadamente 559–545 a.C.

8*a* Pequeña serpiente venenosa de Egipto.
9*a* Isa. 2:4. GEE Milenio.
b DyC 101:32–33; 130:9.
10*a* Es decir, los últimos días. JS—H 1:40.
b Rom. 15:12; DyC 113:5–6.
c O sea, a él.
d DyC 45:9–10.
11*a* 2 Ne. 6:14; 25:17; 29:1.
12*a* GEE Estandarte.
b 3 Ne. 15:15; 16:1–4.
c Neh. 1:9; 1 Ne. 22:10–12; DyC 45:24–25. GEE Israel — La congregación de Israel.
13*a* Jer. 3:18.
b Las tribus encabezadas por Judá y Efraín eran históricamente adversarias (después de los sucesos que se describen en 1 Rey. 12:16–20). En los últimos días se reconciliarán. Ezeq. 37:16–22. GEE Envidia.
c GEE Judá.
14*a* Es decir, atacar las laderas occidentales que eran territorio filisteo.
15*a* Zac. 10:11.
16*a* Isa. 35:8; DyC 133:27.

Y DIRÁS en aquel día: ¡Te alabaré,
oh Señor! Aunque estabas enojado conmigo, tu ira se ha apartado, y me has consolado.
2 He aquí, Dios es mi salvación;
[a]confiaré y no temeré, porque el
Señor [b]JEHOVÁ es mi fortaleza y
mi canción; y también ha llegado
a ser salvación para mí.
3 Por tanto, con gozo sacaréis
[a]agua de las fuentes de la salvación.
4 Y en aquel día diréis: [a]¡Alabad
al Señor, aclamad su nombre, sus
obras pregonad entre el pueblo,
declarad que su nombre es ensalzado!
5 [a]¡Cantad al Señor!, porque él
ha hecho cosas admirables; esto
es sabido por toda la tierra.
6 [a]¡Da voces y canta, oh mora-
dora de Sion!, porque grande es
el Santo de Israel en medio de ti.

CAPÍTULO 23

La destrucción de Babilonia es un símbolo de la destrucción que habrá a la Segunda Venida — Será un día de ira y de venganza — Babilonia (el mundo) caerá para siempre — Compárese con Isaías 13. Aproximadamente 559–545 a.C.

[a]CARGA de [b]Babilonia que vio
Isaías hijo de Amoz:
2 ¡Levantad [a]bandera sobre lo
alto del monte, alzadles la voz;
señalad con la mano para que
entren por las puertas de los nobles!
3 He dado mandamiento a
mis [a]santificados; he llamado
asimismo a mis valientes, porque mi ira no está sobre los
que se huelgan con mi enalte-
cimiento.
4 El estruendo de la multitud en
las montañas, como de un gran
pueblo, un tumultuoso ruido de
los [a]reinos de las naciones [b]con-
gregadas; el Señor de los Ejércitos
dispone las tropas para la batalla.
5 Vienen de un país lejano, de lo
postrero de los cielos, sí, el Señor
y las armas de su indignación,
para destruir toda la tierra.
6 ¡Aullad, porque el día del Señor está cerca! Vendrá como destrucción del Todopoderoso.
7 Por tanto, todas las manos se
debilitarán; el corazón de todo
hombre desfallecerá;
8 y se llenarán de miedo; angustias y dolores se apoderarán de
ellos; se mirarán asombrados los
unos a los otros; sus rostros serán
como llamas.
9 He aquí que el día del Señor
viene, cruel, con indignación e

---

22 2*a* Mos. 4:6; Hel. 12:1.
b Éx. 15:2; Sal. 83:18. GEE Jehová.
3*a* GEE Agua(s) viva(s).
4*a* GEE Acción de gracias, agradecido, agradecimiento.
5*a* DyC 136:28.
6*a* Isa. 54:1; Sof. 3:14.
23 1*a* Es decir, un mensaje de fatalidad.
b La histórica destrucción de la malvada Babilonia, profetizada en Isa. 13 y 14, se ha hecho símbolo de la destrucción final de todo el mundo inicuo. DyC 133:5, 7, 14. GEE Babel, Babilonia.
2*a* O sea, pendón. GEE Estandarte.
3*a* O sea, santos.
4*a* Zac. 14:2–3.
b Zac. 12:3.

ira ardiente para asolar la tierra;
y [a]raer de ella a los pecadores.
10 Porque las estrellas de los cielos y sus constelaciones no darán su luz; el [a]sol se obscurecerá al salir, y la luna no hará resplandecer su luz.
11 Y [a]castigaré al mundo por su maldad, y a los impíos por su iniquidad; y haré cesar la arrogancia de los [b]soberbios, y abatiré la altivez de los terribles.
12 Y haré al [a]varón más precioso que el oro fino, y más que el oro de Ofir al hombre.
13 Por tanto, haré temblar los cielos, y la tierra se [a]moverá de su lugar en la ira del Señor de los Ejércitos, y en el día de su furiosa indignación.
14 Y será como la corza [a]perseguida, y como oveja sin pastor; y cada cual se volverá a su propio pueblo, y huirá a su propia tierra.
15 Todo el que fuere orgulloso será traspasado; sí, y todo el que se hubiere juntado con los malos, caerá por la espada.
16 Sus niños también serán estrellados ante sus ojos; sus casas serán saqueadas, y violadas sus mujeres.
17 He aquí, incitaré contra ellos a los medos, quienes no estimarán la plata ni el oro, ni los codiciarán.
18 Sus arcos también destrozarán a los mancebos; y no tendrán compasión del fruto del vientre; ni sus ojos perdonarán a los niños.
19 Y Babilonia, la gloria de los reinos, [a]ornamento de la excelencia de los caldeos, vendrá a ser como cuando Dios destruyó a [b]Sodoma y a Gomorra.
20 Nunca más será [a]habitada, ni morarán en ella de generación en generación; el árabe no plantará tienda allí, ni pastores tendrán allí manadas;
21 sino que las fieras del [a]desierto se echarán allí, y sus casas estarán llenas de animales aullantes; y allí morarán búhos y allí danzarán los [b]sátiros.
22 Y los animales silvestres de las islas aullarán en sus desoladas [a]casas, y los [b]dragones en sus palacios deleitosos; y su tiempo está cerca, y su día no será prolongado. Pues la destruiré prestamente; sí, porque tendré misericordia de mi pueblo, mas los impíos perecerán.

CAPÍTULO 24

Israel será recogido y disfrutará de reposo milenario — Lucifer fue echado del cielo por su rebelión — Israel triunfará sobre Babilonia

9 *a* GEE Tierra — La purificación de la tierra.
10 *a* GEE Mundo — El fin del mundo.
11 *a* Mal. 4:1.
b DyC 64:24.
12 *a* Isa. 4:1–4.
13 *a* GEE Tierra — El estado final de la tierra.
14 *a* O sea, el ciervo perseguido.
19 *a* Es decir, vanidad.
b Gén. 19:24–25; Deut. 29:23; 2 Ne. 13:9.
20 *a* Jer. 50:3, 39–40.
21 *a* Isa. 34:14–15.
b En hebreo, machos cabríos, o demonios.
22 *a* En hebreo, palacios.
b En hebreo, (quizá) chacales, perros salvajes.

(el mundo) — Compárese con Isaías 14. Aproximadamente 559–545 a.C.

PORQUE el Señor tendrá piedad
de Jacob, y todavía [a]escogerá a
Israel, y lo establecerá en su propia tierra; y [b]extranjeros se juntarán con ellos y se unirán a la casa
de Jacob.
2 [a]Y los pueblos los tomarán y
los llevarán a su lugar; sí, desde
lejos hasta los extremos de la tierra; y retornarán a sus [b]tierras de
promisión. Y la casa de Israel los
poseerá, y la tierra del Señor será
para [c]siervos y siervas; y cautivarán a aquellos de quienes fueron
cautivos; y regirán a sus opresores.
3 Y sucederá en aquel día, que
el Señor te hará [a]descansar de tu
angustia y de tu temor, y del duro
cautiverio en el que te viste obligado a servir.
4 Y acontecerá en aquel día, que
tomarás este proverbio contra el
rey de [a]Babilonia, y dirás: ¡Cómo
ha cesado el opresor, cómo ha fenecido la ciudad de oro!
5 El Señor ha quebrantado la
vara de los impíos, el cetro de los
gobernantes.
6 El que hería al pueblo en ira
con golpe continuo, aquel que
gobernaba a las naciones con
saña, es perseguido, y nadie lo
impide.
7 Toda la tierra descansa y está
en paz; los hombres prorrumpen
en [a]cantos.
8 Sí, los [a]abetos se regocijan por
causa de ti, y también los cedros
del Líbano, diciendo: Desde que
tú [b]caíste, no ha subido [c]cortador
contra nosotros.
9 El [a]infierno abajo se conmueve
para recibirte a tu llegada; te ha
despertado a los [b]muertos, sí, a
todos los príncipes de la tierra; a
todos los reyes de las naciones ha
levantado de sus tronos.
10 Todos estos darán voces y te
dirán: ¿También tú te debilitaste
como nosotros? ¿Como nosotros
has llegado a ser?
11 Tu pompa descendió al sepulcro; ya no se oye sonido de
tus liras; gusanos son tu lecho, y
gusanos te cubren.
12 [a]¡Cómo caíste del cielo,
oh [b]Lucifer, hijo de la mañana!
¡Has sido cortado hasta el suelo,
tú que debilitabas a las naciones!
13 Porque dijiste en tu corazón: [a]Ascenderé hasta el cielo;
por encima de las estrellas de

24 1*a* Zac. 1:17.
b Isa. 60:3–5, 10.
2*a* Es decir, otras naciones ayudarán a Israel.
b GEE Tierra prometida.
c Isa. 60:14.
3*a* Josué 1:13; DyC 84:24.
4*a* GEE Babel, Babilonia.
7*a* Isa. 55:12.
8*a* En hebreo, cipreses.
b Es decir, desde que moriste.
c En hebreo, el cortador (de árboles) no ha venido contra nosotros.
9*a* GEE Infierno.
b Es decir, espíritus desincorporados.
12*a* DyC 76:26.
b En hebreo, lucero matutino, hijo del alba. Se habla de Lucifer como del soberano del mundo inicuo (Babilonia), el que gobierna toda maldad. GEE Diablo; Lucifer o Lucero.
13*a* Moisés 4:1–4.

Dios levantaré mi trono, y me
sentaré también sobre el monte
de la congregación, hacia los lados del [b]norte;
14 ascenderé por encima de las
alturas de las nubes; seré semejante al Altísimo.
15 Mas tú precipitado serás
hasta el infierno, a los lados del
[a]abismo.
16 Te mirarán [a]de cerca los que
te vieren, y te contemplarán y dirán: ¿Es este el hombre que hizo
temblar la tierra, que sacudió los
reinos;
17 que hizo del mundo un desierto, y destruyó sus ciudades, y
nunca abrió la cárcel a sus presos?
18 Todos los reyes de las naciones, sí, todos yacen en gloria,
cada uno en su [a]propia casa;
19 mas tú echado eres de tu
sepulcro como [a]rama abominable, como residuo de aquellos
que fueron muertos, atravesa-
dos por la espada, que descienden a las piedras del [b]abismo;
como cadáver hollado bajo los
pies.
20 No serás sepultado junto
con ellos, porque has desolado
tu tierra y has hecho perecer a
tu pueblo; la [a]posteridad de los
[b]malhechores para siempre no
será reconocida.
21 Preparad matanza para sus
hijos por las [a]iniquidades de sus
padres; para que no se levanten,
ni posean la tierra, ni llenen de
ciudades la faz del mundo.
22 Porque yo me levantaré contra ellos, dice el Señor de los
Ejércitos; y raeré de Babilonia
el [a]nombre y residuo, hijo y [b]so-
brino, dice el Señor.
23 Y la convertiré en [a]morada de
avetoros y en lagunas de agua; y
la barreré con escoba de destrucción, dice el Señor de los Ejércitos.
24 El Señor de los Ejércitos ha
jurado, diciendo: Ciertamente
como lo he pensado, así sucederá,
y como lo he propuesto, así será
confirmado;
25 que al [a]asirio traeré a mi tierra, y en [b]mis collados lo hollaré;
entonces será apartado de ellos el
[c]yugo de él, y la carga de él será
quitada de sus hombros.
26 [a]Este es el propósito que se ha
determinado sobre toda la tierra;
y esta, la mano que se extiende
sobre todas las naciones.
27 Porque el Señor de los Ejércitos ha propuesto y, ¿quién
lo abrogará? Su mano está

13*b* Es decir, la morada de los dioses según la creencia de los babilonios. Sal. 48:2.
15*a* 1 Ne. 14:3.
16*a* En hebreo, te mirarán con los ojos entrecerrados y reflexionarán sobre ti.
18*a* Es decir, su sepultura familiar.
19*a* Es decir, rama rechazada, cortada y desechada.
b Es decir, el mismísimo fondo.
20*a* Sal. 21:10–11; 37:28.
b GEE Inicuo, iniquidad.
21*a* Éx. 20:5.
22*a* Prov. 10:7.
b Job 18:19.
23*a* Isa. 34:11–15.
25*a* El tema cambia al ataque y a la derrota de Asiria en Judá, 701 a.C. (vers. 24–27). 2 Rey. 19:32–37; Isa. 37:33–38.
b Es decir, los montes de Judá y de Israel.
c Isa. 10:27.
26*a* Es decir, al fin todas las naciones mundanas serán así derribadas.

extendida y, ¿quién la hará tor-
nar atrás?
28 El [a]año en que murió el rey
Acaz fue esta carga.
29 No te regocijes tú, Filistea
oda, por haberse quebrado la
vara del que te hería; porque de
a raíz de la culebra saldrá el áspid, y su fruto será una ardiente
serpiente voladora.
30 Y los primogénitos de los pobres comerán, y los menesterosos
reposarán seguros; y haré morir
de hambre a tu raíz, y él matará
a tu residuo.
31 ¡Aúlla, oh puerta! ¡Clama,
oh ciudad! Tú, Filistea entera, di-
suelta estás; porque del norte vendrá un humo, y ninguno quedará
solo en su tiempo determinado.
32 ¿Qué responderán entonces
los mensajeros de las naciones?
Que el Señor fundó a [a]Sion, y que
los [b]pobres de su pueblo se [c]aco-
gerán a ella.

CAPÍTULO 25

Nefi se deleita en la claridad — En los últimos días se entenderán las profecías de Isaías — Los judíos volverán de Babilonia, crucificarán al Mesías y serán dispersados y azotados — Serán restaurados cuando crean en el Mesías — Este vendrá por vez primera seiscientos años después de haber salido Lehi de Jerusalén — Los nefitas observan la ley de Moisés y creen en Cristo, que es el Santo de Israel. Aproximadamente 559–545 a.C.

AHORA bien, yo, Nefi, hablo algo
con relación a las palabras que
he escrito, palabras que fueron
pronunciadas por boca de Isaías.
Pues he aquí, Isaías habló muchas
cosas que a muchos de los de mi
pueblo les fue [a]difícil comprender, porque no saben concerniente
a la manera de profetizar entre
los judíos.
2 Porque yo, Nefi, no les he enseñado muchas cosas respecto
de las costumbres de los judíos;
porque sus [a]obras fueron obras
de tinieblas, y sus hechos fueron
hechos de abominaciones.
3 Por tanto, escribo a mi pueblo,
a todos aquellos que en lo futuro
reciban estas cosas que yo escribo,
para que conozcan los juicios de
Dios y sepan que vienen sobre todas las naciones, según la palabra
que él ha declarado.
4 Por tanto, escuchad, oh pueblo mío, que sois de la casa de
Israel, y dad oídos a mis palabras; pues aunque las palabras
de Isaías no os son claras a vosotros, sin embargo, son claras
para todos aquellos que son llenos del [a]espíritu de [b]profecía.
Pero os declaro una profecía,
de acuerdo con el espíritu que
hay en mí; por tanto, profetizaré

28*a* Es decir, hacia 720 a.C., se profetizó esta destrucción acerca de los filisteos y se vaticinó que Judá sería protegido.
b 2 Rey. 16:20.
32*a* GEE Sion.
b Sof. 3:12.
c O sea, buscarán refugio en ella.
25 1*a* 2 Ne. 25:5–6.
2*a* 2 Rey. 17:13–20.
4*a* GEE Espíritu Santo.
b GEE Profecía, profetizar.

según la [c]claridad que en mí ha
habido desde la ocasión en que
salí de Jerusalén con mi padre;
porque, he aquí, mi alma se deleita en la claridad para con mi
pueblo, a fin de que aprenda.
5 Sí, y mi alma se deleita en
las palabras de [a]Isaías, porque
salí de Jerusalén, y mis ojos han
visto las cosas de los [b]judíos, y
sé que ellos entienden las cosas
de los profetas, y no hay ningún otro pueblo que entienda,
como ellos, las cosas que fueron
pronunciadas a los judíos, salvo
que sean instruidos conforme
a la manera de las cosas de los
judíos.
6 Mas he aquí, yo, Nefi, no he
enseñado a mis hijos conforme a
la manera de los judíos; pero yo
mismo he morado en Jerusalén,
por lo que sé acerca de las regiones circunvecinas; y he mencio-
nado a mis hijos acerca de los
juicios de Dios que han [a]aconte-
cido entre los judíos, de acuerdo
con todo lo que Isaías ha hablado,
y no lo escribo.
7 Mas, he aquí, procedo con mi
propia profecía, de acuerdo con
mi [a]claridad, en la que sé que
nadie puede errar; sin embargo,
en los días en que se cumplan las
profecías de Isaías, en la época
que se realicen, los hombres sabrán de seguro.
8 Por tanto, son de [a]valor a los
hijos de los hombres; y a los que
suponen que no lo son, yo hablaré
más particularmente, y limitaré
mis palabras a mi [b]propio pueblo;
porque sé que serán de gran valor
para ellos en los [c]postreros días;
porque entonces las entenderán;
por consiguiente, es para su bien
que las he escrito.
9 Y así como una generación
ha sido [a]destruida entre los judíos a causa de la iniquidad, de
igual manera han sido destruidos
de generación en generación, según sus iniquidades; y ninguno
de ellos ha sido destruido jamás
sin que se lo hayan [b]predicho los
profetas del Señor.
10 Por tanto, les ha sido dicho
concerniente a la destrucción que
vendría sobre ellos inmediatamente después que saliera mi
padre de Jerusalén; sin embargo,
endurecieron sus corazones, y
conforme a mi profecía, han sido
[a]destruidos, salvo aquellos que
fueron [b]llevados cautivos a Babilonia.
11 Y hablo esto a causa del espíritu que está en mí. Y a pesar
de que han sido llevados, volverán otra vez y poseerán la tierra

4*c* 2 Ne. 31:3; 33:5–6; Jacob 4:13.
5*a* 1 Ne. 19:23; 3 Ne. 23:1.
b GEE Judíos.
6*a* 2 Ne. 6:8; Hel. 8:20–21.
7*a* 2 Ne. 32:7; Alma 13:23.
8*a* GEE Escrituras — El valor de las Escrituras.
b Enós 1:13–16; Morm. 5:12–15; DyC 3:16–20.
c GEE Últimos días, postreros días.
9*a* Jer. 39:4–10; Mateo 23:37–38.
b Amós 3:7; 1 Ne. 1:13.
10*a* 1 Ne. 7:13; 2 Ne. 6:8; Omni 1:15; Hel. 8:20–21.
b 2 Rey. 24:14; Jer. 52:3–16.

de Jerusalén; por tanto, serán nuevamente [a]restaurados a la tierra
de su herencia.
12 Pero he aquí, habrá entre
ellos guerras y rumores de guerras; y cuando llegue el día en
que el [a]Unigénito del Padre, sí,
el Padre del cielo y de la tierra,
se manifieste él mismo a ellos en
la carne, he aquí, lo rechazarán
por causa de sus iniquidades, y
la dureza de sus corazones, y lo
duro de su cerviz.
13 He aquí, lo [a]crucificarán; y
después de ser puesto en un [b]se-
pulcro por el espacio de [c]tres días,
se [d]levantará de entre los muertos, con sanidad en sus alas; y todos los que crean en su nombre
serán salvos en el reino de Dios.
Por tanto, mi alma se deleita en
profetizar concerniente a él, porque he [e]visto su día, y mi corazón
magnifica su santo nombre.
14 Y he aquí, acontecerá que
después que el [a]Mesías haya
resucitado de entre los muertos, y se haya manifestado a su
pueblo, a cuantos quieran creer
en su nombre, he aquí, Jerusalén
será [b]destruida otra vez; porque,
¡ay de aquellos que combatan
contra Dios y el pueblo de su
iglesia!
15 Por tanto, los [a]judíos serán
[b]dispersados entre todas las naciones; sí, y también [c]Babilonia
será destruida; por consiguiente,
otras naciones dispersarán a los
judíos.
16 Y después que hayan sido
dispersados, y el Señor Dios los
haya azotado por otros pueblos,
por el espacio de muchas generaciones, sí, de generación en
generación, hasta que sean persuadidos a [a]creer en Cristo, el
Hijo de Dios, y la expiación, que
es infinita para todo el género
humano; y cuando llegue ese día
en que crean en Cristo, y adoren
al Padre en su nombre, con corazones puros y manos limpias,
y no esperen más a otro Mesías,
entonces, en esa época, llegará el
día en que sea menester que crean
estas cosas.
17 Y el Señor volverá a extender
su mano por segunda vez para
[a]restaurar a su pueblo de su estado perdido y caído. Por tanto,
él procederá a efectuar una [b]obra
maravillosa y un prodigio entre
los hijos de los hombres.
18 Por consiguiente, él les manifestará sus [a]palabras, las cuales los [b]juzgarán en el postrer
día, porque les serán dadas con

11*a* Esd. 1:1–4; Jer. 24:5–7.
12*a* GEE Unigénito.
13*a* Lucas 23:33.
b Juan 19:41–42; 1 Ne. 19:10.
c Lucas 24:6–7; Mos. 3:10.
d GEE Resurrección.
e 1 Ne. 11:13–34.
14*a* GEE Mesías.
b Lucas 21:24; JS—M 1:1–18.
15*a* GEE Judíos.
b Neh. 1:8–9; 2 Ne. 10:6.
c GEE Babel, Babilonia.
16*a* 2 Ne. 10:6–9; 30:7; Morm. 5:14.
17*a* 2 Ne. 21:11–12; 29:1. GEE Restauración del Evangelio.
b Isa. 29:14; 2 Ne. 27:26; 3 Ne. 28:31–33.
18*a* 2 Ne. 29:11–12; 33:11, 14–15.
b GEE Juicio final.

el fin de [c]convencerlos del verdadero Mesías que ellos rechazaron; y para convencerlos de que no deben esperar más a un Mesías que ha de venir, pues no ha de venir otro, salvo que sea un [d]Mesías falso que engañe al pueblo; porque no hay sino un Mesías de quien los profetas han hablado, y ese Mesías es el que los judíos rechazarán.

19 Pues, según las palabras de los profetas, el [a]Mesías viene [b]seiscientos años a partir de la ocasión en que mi padre salió de Jerusalén; y según las palabras de los profetas, y también la palabra del [c]ángel de Dios, su nombre será Jesucristo, el Hijo de Dios.

20 Y ahora bien, hermanos míos, he hablado claramente para que no podáis errar; y como vive el Señor Dios, que [a]sacó a Israel de la tierra de Egipto, y dio poder a Moisés para [b]sanar a las naciones después de haber sido mordidas por las serpientes ponzoñosas, si ponían sus ojos en la [c]serpiente que él levantó ante ellas, y también le dio poder para que hiriera la [d]peña y
brotara el agua; sí, he aquí o
digo que así como estas cosa
son verdaderas, y como el Seño
Dios vive, no hay otro [e]nombr
dado debajo del cielo sino el d
este Jesucristo, de quien he ha
blado, mediante el cual el hom
bre pueda ser salvo.

21 De modo que por esta caus
el Señor Dios me ha prometid
que estas cosas que [a]escribo se
rán guardadas, y preservada
y entregadas a los de mi poste
ridad, de generación en gene
ración, para que se cumpla l
promesa hecha a José, que s
linaje no [b]perecería jamás, mien
tras durase la tierra.

22 Por tanto, estas cosas irá
de generación en generació
mientras dure la tierra; e irán d
acuerdo con la voluntad y dese
de Dios; y por ellas serán [a]juzga
das las naciones que las posean
según las palabras que están es
critas.

23 Porque nosotros trabajamo
diligentemente para escribir,
fin de [a]persuadir a nuestros hijos
así como a nuestros hermanos
a creer en Cristo y a reconci
liarse con Dios; pues sabemo
que es por la [b]gracia por la qu

18*c* 2 Ne. 26:12–13.
d GEE Anticristo.
19*a* GEE Jesucristo — Profecías acerca de la vida y la muerte de Jesucristo.
b 1 Ne. 10:4; 3 Ne. 1:1, 13.
c 2 Ne. 10:3.
20*a* Éx. 3:7–10; 1 Ne. 17:24, 31; 19:10.
b Juan 3:14; 1 Ne. 17:41.
c Núm. 21:8–9; Alma 33:19; Hel. 8:14–15.
d Éx. 17:6; Núm. 20:11; 1 Ne. 17:29; 20:21.
e Oseas 13:4; Hech. 4:10–12; Mos. 5:8; Moisés 6:52. GEE Salvador.
21*a* 2 Ne. 27:6–14.
b Amós 5:15; 2 Ne. 3:16; Alma 46:24–27.
22*a* 2 Ne. 29:11; 33:10–15; 3 Ne. 27:23–27.
23*a* GEE Niño(s).
b Rom. 3:23–24; 2 Ne. 2:4–10; Mos. 13:32; Alma 42:12–16; DyC 138:4. GEE Gracia.

nos salvamos, después de [c]hacer
cuanto podamos;
24 y a pesar de que creemos
en Cristo, [a]observamos la ley de
Moisés, y [b]esperamos anhelosamente y con firmeza en Cristo,
hasta que la ley sea cumplida.
25 Pues para este fin se dio la
ley; por tanto, para nosotros la
ley ha [b]muerto, y somos vivificados en Cristo a causa de nuestra
fe; guardamos, empero, la ley, a
causa de los mandamientos.
26 Y [a]hablamos de Cristo, nos
regocijamos en Cristo, predicamos de Cristo, [b]profetizamos de
Cristo y escribimos según nuestras
profecías, para que [c]nuestros hijos
sepan a qué fuente han de acudir
para la [d]remisión de sus pecados.
27 Por lo tanto, hablamos concerniente a la ley para que nuestros
hijos sepan que la ley ya no rige;
y, entendiendo que la ley ya no
rige, [a]miren ellos adelante hacia
aquella vida que está en Cristo, y
sepan con qué fin fue dada la ley. Y
para que, después de cumplirse la
ley en Cristo, no endurezcan contra él sus corazones, cuando la ley
tenga que ser abrogada.
28 Y ahora bien, he aquí, pueblo mío, sois gente [a]dura de
cerviz; por tanto, os he hablado
claramente, para que no podáis
malentender. Y las palabras que
he hablado quedarán como
un [b]testimonio contra vosotros; pues bastan para [c]enseñar
a cualquier hombre la vía correcta; porque la vía correcta
consiste en creer en Cristo y no
negarlo; porque al negarlo, también negáis a los profetas y la
ley.
29 Y ahora bien, he aquí, os digo
que la vía correcta es creer en
Cristo y no negarlo; y Cristo es
el Santo de Israel; por tanto, debéis inclinaros ante él y adorarlo
con todo vuestro [a]poder, mente y
fuerza, y con toda vuestra alma; y
si hacéis esto, de ninguna manera
seréis desechados.
30 Y hasta donde fuere necesario, debéis observar las prácticas
y las [a]ordenanzas de Dios hasta
que sea cumplida la ley que fue
dada a Moisés.

CAPÍTULO 26

Cristo ejercerá Su ministerio entre los nefitas — Nefi prevé la destrucción de los de su pueblo — Estos hablarán desde el polvo — Los gentiles

23*c* Stg. 2:14–26. GEE Obras.
24*a* Jacob 4:4–5.
b La expresión en inglés "look forward to" que se traduce aquí significa tanto esperar anhelosamente en Cristo como mirar hacia lo futuro a Cristo.
25*a* GEE Ley de Moisés.
b Rom. 7:4–6.
26*a* Jacob 4:12; Jarom 1:11; Mos. 3:13.
b Lucas 10:23–24.
c GEE Niño(s).
d GEE Remisión de pecados.
27*a* La expresión en inglés "look forward to" que se traduce aquí significa tanto esperar anhelosamente en Cristo como mirar hacia lo futuro a Cristo.
28*a* Mos. 3:14.
b GEE Testimonio.
c 2 Ne. 33:10.
29*a* Deut. 6:5; Mar. 12:29–31.
30*a* GEE Ordenanzas.

establecerán iglesias falsas y combinaciones secretas — El Señor prohíbe que los hombres empleen las supercherías sacerdotales. Aproximadamente 559–545 a.C.

Y DESPUÉS que Cristo haya [a]resucitado de entre los muertos, se os [b]manifestará a vosotros, mis hijos, y mis amados hermanos, y las palabras que él os hable serán la [c]ley que observaréis.

2 Pues he aquí, os digo que he visto que pasarán muchas generaciones, y habrá grandes guerras y contiendas entre mi pueblo.

3 Y después que el Mesías haya venido, se darán a mi pueblo [a]señales de su [b]nacimiento, y también de su muerte y resurrección; y grande y terrible será aquel día para los malvados, porque perecerán; y perecen porque rechazan a los profetas y a los santos, y los apedrean y los matan; por lo que el clamor de la [c]sangre de los santos ascenderá desde la tierra hasta Dios en contra de ellos.

4 Por tanto, el día que viene [a]abrasará a todos los soberbios y a los que obran inicuamente, dice el Señor de los Ejércitos, porque serán como rastrojo.

5 Y a los que matan a los profetas y a los santos, las profundidades de la tierra los [a]tragarán
dice el Señor de los Ejércitos; y
[b]montañas los cubrirán, y torbellinos los arrebatarán, y edificios
caerán sobre ellos y los desme-
nuzarán y reducirán a polvo.

6 Y serán visitados con truenos
y relámpagos, y terremotos, y con
toda clase de destrucciones; porque el fuego de la ira del Señor
se encenderá contra ellos, y serán
como rastrojo, y el día que viene
los consumirá, dice el Señor de
los Ejércitos.

7 ¡Oh, el dolor y la angustia de
mi alma por la pérdida de los de
mi pueblo que serán muertos!
Porque yo, Nefi, lo he visto, y
casi me consume ante la presencia del Señor; pero tengo que
clamar a mi Dios: ¡Tus vías son
[a]justas!

8 Pero he aquí, los justos que
escuchan las palabras de los profetas y no los destruyen, sino
que [a]esperan anhelosamente y
con firmeza en Cristo, aguar-
dando las señales que son declaradas, a pesar de todas las
[b]persecuciones, he aquí, son
ellos los que [c]no perecerán.

9 Mas el Hijo de Justicia se les

26 1*a* 3 Ne. 11:1–12.
b 1 Ne. 11:7; 12:6.
c 3 Ne. 15:2–10.
3*a* 1 Ne. 12:4–6. GEE Señal.
b GEE Jesucristo — Profecías acerca de la vida y la muerte de Jesucristo.
c Gén. 4:10; 2 Ne. 28:10; Morm. 8:27.
4*a* 3 Ne. 8:14–24; 9:3, 9.
5*a* 1 Ne. 19:11; 3 Ne. 10:14.
b 3 Ne. 8:10; 9:5–8.
7*a* GEE Justicia.
8*a* La expresión en inglés "look forward to" que se traduce aquí significa tanto esperar anhelosamente en Cristo como mirar hacia lo futuro a Cristo
b GEE Persecución, perseguir.
c 3 Ne. 10:12–13.

[a]aparecerá; y él los [b]sanará, y tendrán [c]paz con él hasta que hayan transcurrido [d]tres generaciones, y muchos de la [e]cuarta generación hayan fallecido en rectitud.

10 Y cuando estas cosas hayan transcurrido, sobrevendrá a mi pueblo una presta [a]destrucción; porque a pesar del dolor de mi alma, yo la he visto; por tanto, sé que acontecerá; y ellos se venden por nada; porque como recompensa de su orgullo y su necedad, segarán destrucción; porque se entregan al diablo, y escogen las obras de tinieblas más bien que la luz; por tanto, tendrán que bajar al [b]infierno.

11 Porque el Espíritu del Señor no [a]siempre luchará con el hombre. Y cuando el Espíritu cesa de luchar con el hombre, entonces viene una presta destrucción, y esto contrista mi alma.

12 Y así como hablé acerca de [a]convencer a los [b]judíos de que Jesús es el [c]verdadero Cristo, es menester que los gentiles también sean convencidos de que Jesús es el Cristo, el Dios Eterno;

13 y que se manifiesta por el poder del [a]Espíritu Santo a cuantos en él creen; sí, a toda nación, tribu, lengua y pueblo, obrando grandes milagros, señales y maravillas entre los hijos de los hombres, según su fe.

14 Mas he aquí, os profetizo concerniente a los [a]postreros días, los días en que el Señor Dios [b]manifestará estas cosas a los hijos de los hombres.

15 Después que mi posteridad y la posteridad de mis hermanos hayan degenerado en la incredulidad, y hayan sido heridos por los gentiles; sí, después que el Señor Dios haya acampado en contra de ellos por todos lados, y los haya sitiado con baluarte y levantado fuertes contra ellos; y después que hayan sido abatidos hasta el polvo, aun hasta dejar de existir, con todo esto, las palabras de los justos serán escritas, y las oraciones de los fieles serán oídas, y todos los que hayan degenerado en la incredulidad no serán olvidados;

16 porque aquellos que serán destruidos les [a]hablarán desde la tierra, y sus palabras susurrarán desde el polvo, y su voz será como uno que evoca a los espíritus; porque el Señor Dios le dará poder para que susurre concerniente a ellos, como si fuera desde la tierra; y su habla susurrará desde el polvo.

17 Porque así dice el Señor Dios: [a]Escribirán las cosas que se

---

9*a* 3 Ne. 11:8–15.
b 3 Ne. 17:7–9.
c 4 Ne. 1:1–4.
d 1 Ne. 12:11–12; 3 Ne. 27:30–32.
e Alma 45:10–12; Hel. 13:9–10.
10*a* Alma 45:9–14; Morm. 8:1–9.
b GEE Infierno.
11*a* Éter 2:15.
12*a* 2 Ne. 25:18.
b 2 Ne. 30:7; Morm. 5:14. GEE Judíos.
c Morm. 3:21.
13*a* GEE Espíritu Santo.
14*a* GEE Últimos días, postreros días.
b GEE Restauración del Evangelio.
16*a* Isa. 29:4; Moro. 10:27; Moisés 7:62. GEE Libro de Mormón.
17*a* 2 Ne. 29:12.

harán entre ellos, y serán escritas y selladas en un libro; y aquellos que hayan degenerado en la incredulidad no las tendrán, porque [b]procuran destruir las cosas de Dios.

18 Por tanto, así como los que han sido destruidos fueron talados prestamente, y la multitud de sus fuertes será como el [a]rastrojo que desaparece, sí, así dice el Señor Dios: Será en un instante, repentinamente.

19 Y sucederá que los que hayan degenerado en la incredulidad serán [a]heridos por mano de los gentiles.

20 Y los gentiles se ensalzan con la [a]soberbia de sus ojos, y han [b]tropezado a causa de lo grande de su [c]tropezadero, y han establecido muchas [d]iglesias; sin embargo, menosprecian el poder y los milagros de Dios, y se predican su propia sabiduría y su propia [e]instrucción, para enriquecerse y [f]moler la faz de los pobres.

21 Y se edifican muchas iglesias que causan [a]envidias, y contiendas, y malicia.

22 Y también existen [a]combinaciones secretas, como en los tiempos antiguos, según las combinaciones del diablo, porque él es el fundador de todas estas cosas; sí, el fundador del asesinato y de las obras de tinieblas; sí, y los lleva del cuello con cordel de lino, hasta que los ata para siempre jamás con sus fuertes cuerdas.

23 Porque he aquí, amados hermanos míos, os digo que el Señor Dios no obra en la obscuridad.

24 Él no hace nada a menos que sea para el beneficio del mundo; porque él [a]ama al mundo, al grado de dar su propia vida para traer a [b]todos los hombres a él. Por tanto, a nadie manda él que no participe de su salvación.

25 He aquí, ¿acaso exclama él a alguien, diciendo: Apártate de mí? He aquí, os digo que no; antes bien, dice: [a]Venid a mí, vosotros, todos los extremos de la tierra, [b]comprad leche y miel sin dinero y sin precio.

26 He aquí, ¿ha mandado él a alguno que salga de las sinagogas, o de las casas de adoración? He aquí, os digo que no.

27 ¿Ha mandado él a alguien que no participe de su [a]salvación? He aquí, os digo que no, sino que la ha [b]dado gratuitamente para todos los hombres; y ha mandado a su pueblo que persuada a todos los hombres a que se [c]arrepientan.

28 He aquí, ¿ha mandado el

17*b* Enós 1:14.
18*a* Morm. 5:16–18.
19*a* 3 Ne. 16:8–9; 20:27–28.
20*a* GEE Orgullo.
b 1 Ne. 13:29, 34. GEE Apostasía.
c Ezeq. 14:4.
d 1 Ne. 14:10; 22:23; Morm. 8:28.
e 2 Ne. 9:28; Morm. 9:7–8.
f Isa. 3:15; 2 Ne. 13:15.
21*a* GEE Envidia.
22*a* GEE Combinaciones secretas.
24*a* Juan 3:16.
b 3 Ne. 27:14–15.
25*a* Alma 5:33–35; 3 Ne. 9:13–14.
b Isa. 55:1–2.
27*a* GEE Salvación.
b Efe. 2:8; 2 Ne. 25:23.
c GEE Arrepentimiento, arrepentirse.

Señor a alguien que no participe
de su bondad? He aquí, os digo:
No; sino que [a]todo hombre tiene
tanto privilegio como cualquier
otro, y a nadie se le prohíbe.
29 Él manda que no haya supercherías; porque he aquí, son [a]su-
percherías sacerdotales el que los
hombres prediquen y se constituyan a sí mismos como una luz al
mundo, con el fin de obtener lucro y [b]alabanza del mundo; pero
no buscan el bien de Sion.
30 He aquí, el Señor ha vedado
esto; por tanto, el Señor Dios ha
dado el mandamiento de que todos los hombres tengan [a]caridad,
y esta caridad es [b]amor. Y a menos
que tengan caridad, no son nada.
Por tanto, si tuviesen caridad,
no permitirían que pereciera el
obrero en Sion.
31 Mas el obrero en [a]Sion traba-
jará para Sion; porque si trabaja
por [b]dinero, perecerá.
32 Y además, el Señor Dios ha
[a]mandado a los hombres no cometer homicidio; no mentir; no
robar; no tomar el nombre del Señor su Dios en [b]vano; no envidiar;
no tener malicia; no contender
unos con otros; no cometer fornicaciones; y no hacer ninguna
de estas cosas; porque los que tal
hagan, perecerán.
33 Porque ninguna de estas
iniquidades viene del Señor,
porque él hace lo que es bueno
entre los hijos de los hombres; y
nada hace que no sea claro para
los hijos de los hombres; y él invita a todos ellos a que vengan
a él y participen de su bondad;
y a nadie de los que a él vienen
[a]desecha, sean negros o blancos, esclavos o libres, varones
o mujeres; y se acuerda de los
[b]paganos; y [c]todos son iguales
ante Dios, tanto los judíos como
los gentiles.

CAPÍTULO 27

Tinieblas y apostasía cubrirán la tierra en los últimos días — El Libro de Mormón saldrá a luz — Tres testigos darán testimonio del libro — El hombre instruido dirá que no puede leer el libro sellado — El Señor ejecutará una obra maravillosa y un prodigio — Compárese con Isaías 29. Aproximadamente 559–545 a.C.

Mas he aquí que en los [a]últimos
días, o sea, en los días de los
gentiles, sí, he aquí que todas
las naciones de los gentiles, y
también los judíos, tanto los que
vengan a esta tierra como los
que se hallen sobre otras tierras,
sí, sobre todas las tierras del
mundo, he aquí, estarán ebrios

28*a* Rom. 2:11; 1 Ne. 17:33–35.
29*a* GEE Supercherías sacerdotales.
b DyC 121:34–37.
30*a* Moro. 7:47–48. GEE Caridad.
b GEE Amor.
31*a* GEE Sion.
b Jacob 2:17–19; DyC 11:7; 38:39.
32*a* GEE Mandamientos de Dios.
b GEE Profanidad.
33*a* Hech. 10:9–35, 44–45.
b Alma 26:37.
c Rom. 2:11; 1 Ne. 17:35.
27 1*a* GEE Últimos días, postreros días.

de iniquidad y de toda clase de abominaciones.

2 Y cuando venga ese día, los visitará el Señor de los Ejércitos con truenos y con terremotos, y con un gran estruendo, y con borrasca, y con tempestad, y con la [a]llama de fuego devorador.

3 Y todas las [a]naciones que [b]pugnen contra Sion y que la acongojen serán como sueño de visión nocturna; sí, les será como al hambriento que sueña; y he aquí, come, mas despierta y su alma está vacía; o como un sediento que sueña; y he aquí, bebe, pero cuando despierta, está desfallecido, y su alma siente hambre; sí, aun así será con la multitud de todas las naciones que pugnen contra el monte de Sion.

4 Porque he aquí, todos vosotros que obráis iniquidad, deteneos y asombraos, porque gritaréis y clamaréis; sí, estaréis ebrios, mas no de vino; titubearéis, mas no de licor.

5 Porque he aquí, el Señor ha derramado sobre vosotros el espíritu de un profundo sueño; pues he aquí que habéis cerrado vuestros ojos y rechazado a los profetas; y a vuestros gobernantes y a los videntes él ha cubierto a causa de vuestra iniquidad.

6 Y acontecerá que el Señor Dios os [a]manifestará las palabras de un [b]libro; y serán las palabras de los que han dormido.

7 Y he aquí, el libro estará [a]sellado; y en él habrá una [b]revelación de Dios, desde el principio del mundo, hasta su [c]fin.

8 Por lo tanto, a causa de las cosas que están [a]selladas, [b]no se entregarán estas cosas selladas en el día de las maldades y abominaciones del pueblo. Por tanto, les será retenido el libro;

9 mas el libro será entregado a un [a]hombre, y él entregará las palabras del libro, que son las palabras de aquellos que han dormido en el polvo, y entregará estas palabras a [b]otro;

10 mas no entregará las palabras que están selladas, ni tampoco entregará el libro. Porque el libro será sellado por el poder de Dios, y la revelación que fue sellada se guardará en el libro hasta que llegue el propio y debido tiempo del Señor en que aparezcan; porque he aquí, revelan todas las cosas desde la fundación del mundo hasta su fin.

11 Y vendrá el día en que las palabras del libro, que fueron selladas, se leerán desde los techos de las casas; y serán leídas por el poder de Cristo, y se [a]revelarán a los hijos de los hombres todas las

2*a* Isa. 24:6; 66:15–16; Jacob 6:3; 3 Ne. 25:1.
3*a* Isa. 29:7–8.
b 1 Ne. 22:14.
6*a* Jarom 1:2; Morm. 5:12–13.
b 2 Ne. 26:16–17; 29:12. GEE Libro de Mormón.
7*a* Isa. 29:11–12; Éter 3:25–27; 4:4–7.
b Mos. 8:19.
c Éter 13:1–12.
8*a* Éter 5:1.
b 3 Ne. 26:9–12; Éter 4:5–6.
9*a* DyC 17:5–6.
b JS—H 1:64–65.
11*a* Lucas 12:3; Morm. 5:8; DyC 121:26–31.

cosas jamás habidas entre ellos, y cuantas habrá aun hasta el fin de la tierra.

12 Por tanto, el día en que se entregue el libro al hombre de quien he hablado, quedará oculto dicho libro de los ojos del mundo para que no lo vea ojo alguno, salvo [a]tres [b]testigos que lo verán por el poder de Dios, además de aquel a quien el libro será entregado; y testificarán de la verdad del libro y de las cosas que contiene.

13 Y nadie más lo verá, sino unos pocos, conforme a la voluntad de Dios, para dar testimonio de su palabra a los hijos de los hombres; porque el Señor Dios ha dicho que las palabras de los fieles hablarían cual si fuera de [a]entre los muertos.

14 Por tanto, el Señor Dios procederá a sacar a luz las palabras del libro; y en la boca de cuantos testigos a él le plazca, establecerá su palabra; y, ¡ay de aquel que [a]rechace la palabra de Dios!

15 Mas he aquí, acontecerá que el Señor Dios dirá a aquel a quien entregará el libro: Toma estas palabras que no están selladas y entrégalas a otro, para que las muestre al instruido, diciendo: Te ruego que [a]leas esto. Y el instruido dirá: Trae aquí el libro, y yo las leeré.

16 Y ahora bien, por causa de la gloria del mundo, y para obtener [a]lucro dirán esto, y no para la gloria de Dios.

17 Y el hombre dirá: No puedo traer el libro, porque está sellado.

18 Entonces dirá el instruido: No puedo leerlo.

19 Por tanto, acontecerá que el Señor Dios de nuevo entregará el libro y las palabras que contiene al que no es instruido, el cual dirá: No soy instruido.

20 Entonces el Señor Dios le dirá: Los instruidos no las leerán porque las han rechazado, y yo puedo efectuar mi propia obra; por tanto, tú leerás las palabras que yo te daré.

21 [a]No toques las cosas que están selladas, pues las manifestaré en mi propio y debido tiempo; porque mostraré a los hijos de los hombres que puedo ejecutar mi propia obra.

22 Por tanto, cuando hayas leído las palabras que te he mandado, y obtenido los [a]testigos que te he prometido, entonces sellarás otra vez el libro, y lo esconderás para mis propósitos, a fin de que yo preserve las palabras que no has leído, hasta que en mi propia sabiduría me parezca oportuno revelar todas las cosas a los hijos de los hombres.

23 Porque he aquí, yo soy Dios; y soy un Dios de [a]milagros; y

12*a* 2 Ne. 11:3; Éter 5:2–4; DyC 5:11, 15; 17:1.
b Deut. 19:15.
13*a* 2 Ne. 3:19–20; 33:13–15; Moro. 10:27.
14*a* 2 Ne. 28:29–30; Éter 4:8.
15*a* Isa. 29:11–12; JS—H 1:65.
16*a* GEE Supercherías sacerdotales.
21*a* Éter 5:1.
22*a* GEE Testigos del Libro de Mormón.
23*a* GEE Milagros.

manifestaré al mundo que soy el [b]mismo ayer, hoy y para siempre; y no obro entre los hijos de los hombres sino de [c]conformidad con su fe.

24 Y otra vez acontecerá que el Señor dirá a aquel que lea las palabras que le han de ser entregadas:

25 [a]Por cuanto este pueblo se me acerca con su boca, y con sus labios me [b]honra, mas su corazón ha alejado de mí, y su temor para conmigo le es inculcado por los [c]preceptos de los hombres,

26 procederé yo, por tanto, a ejecutar una [a]obra maravillosa entre este pueblo; sí, una [b]obra maravillosa y un prodigio; porque la sabiduría de sus sabios e instruidos perecerá, y el entendimiento de sus prudentes será escondido.

27 Y, [a]¡ay de aquellos que procuran con afán esconder sus designios del Señor! Y sus obras se hacen en las tinieblas, y dicen: ¿Quién nos ve, y quién nos conoce? Y dicen también: Ciertamente tu obra de trastornar las cosas de arriba abajo será estimada como el barro del [b]alfarero. Mas he aquí, dice el Señor de los Ejércitos, les mostraré que conozco todas sus obras. ¿Pues acaso dirá la obra del artífice: Él no me hizo? O, ¿dirá lo construido del constructor: No tenía inteligencia?

28 Pero he aquí, dice el Señor de los Ejércitos: Enseñaré a los hijos de los hombres que de aquí a muy poco tiempo el Líbano se convertirá en campo fértil; y el campo fértil será apreciado como un bosque.

29 [a]Y en aquel día los sordos oirán las palabras del libro, y los ojos de los ciegos verán de en medio de la obscuridad y de las tinieblas.

30 Y los [a]mansos también aumentarán, y su [b]gozo será en el Señor; y los pobres entre los hombres se regocijarán en el Santo de Israel.

31 Porque así como vive el Señor, verán que el [a]violento es reducido a la nada, y es consumido el escarnecedor; y todos los que velan por la iniquidad son talados;

32 y los que hacen [a]ofensor al hombre por una palabra, y tienden trampa al que reprende a la [b]puerta, y [c]apartan al justo por una pequeñez.

33 Por tanto, el Señor que redimió a Abraham así dice, respecto a la casa de Jacob: Ahora Jacob no se avergonzará, ni su rostro se pondrá pálido.

34 Mas cuando él [a]vea a sus hijos, obra de mis manos, en su centro, santificarán ellos mi

23*b* Heb. 13:8.
c Heb. 11; Éter 12:7–22.
25*a* Isa. 29:13.
b Mateo 15:8.
c 2 Ne. 28:31.
26*a* 1 Ne. 22:8; 2 Ne. 29:1–2.
GEE Restauración del Evangelio.
b Isa. 29:14; 2 Ne. 25:17.
27*a* Isa. 29:15.
b Jer. 18:6.
29*a* Isa. 29:18.
30*a* GEE Mansedumbre, manso.
b DyC 101:36.
31*a* Isa. 29:20.
32*a* Lucas 11:54.
b Amós 5:10.
c 2 Ne. 28:16.
34*a* Isa. 29:23–24.

nombre y santificarán al Santo
de Jacob, y temerán al Dios de
Israel.
35 Y también los que [a]erraron
en espíritu vendrán al entendimiento; y los que murmuraron
[b]aprenderán doctrina.

CAPÍTULO 28

En los últimos días se establecerán muchas iglesias falsas — Enseñarán doctrinas falsas, vanas e insensatas — Abundará la apostasía por motivo de los maestros falsos — El diablo enfurecerá el corazón de los hombres — Él enseñará todo género de doctrinas falsas. Aproximadamente 559–545 a.C.

Y AHORA bien, hermanos míos, he
aquí que os he hablado según el
Espíritu me ha constreñido; por
tanto, sé que ciertamente se han
de verificar.
2 Y las cosas que se escribirán,
procedentes del [a]libro, serán de
gran [b]valor para los hijos de los
hombres, y particularmente para
nuestra posteridad, que es un
resto de la casa de Israel.
3 Porque sucederá en aquel día
que las [a]iglesias que se hayan establecido, mas no para el Señor,
dirán la una a la otra: ¡He aquí
que yo, yo soy la del Señor!; y dirán las demás: ¡Yo, yo soy la del
Señor! Y así hablarán todos los
que hayan establecido iglesias,
mas no para el Señor;
4 y contenderán una con otra;
y sus sacerdotes disputarán entre sí, y enseñarán con su [a]cono-
cimiento, y negarán al Espíritu
Santo, el cual inspira a hablar.
5 Y [a]niegan el [b]poder de Dios, el
Santo de Israel, y dicen al pueblo:
Escuchadnos y oíd nuestro precepto; pues he aquí, hoy [c]no hay
Dios, porque el Señor y Redentor
ha acabado su obra y ha dado su
poder a los hombres;
6 he aquí, escuchad mi precepto:
Si dijeren que hay un milagro hecho por la mano del Señor, no lo
creáis, pues hoy ya no es un Dios
de [a]milagros; ya ha terminado
su obra.
7 Sí, y habrá muchos que dirán:
[a]Comed, bebed y divertíos, porque mañana moriremos; y nos
irá bien.
8 Y también habrá muchos que dirán: Comed, bebed y divertíos; no
obstante, temed a Dios, pues él [a]jus-
tificará la comisión de unos cuantos pecados; sí, [b]mentid un poco,
aprovechaos de alguno por causa
de sus palabras, tended [c]trampa
a vuestro prójimo; en esto no hay
mal; y haced todas estas cosas, porque mañana moriremos; y si es que
somos culpables, Dios nos dará

35*a* 2 Ne. 28:14;
DyC 33:4.
b Dan. 12:4.
28 2*a* GEE Libro de Mormón.
b 1 Ne. 13:34–42; 22:9;
3 Ne. 21:6.
3*a* 1 Cor. 1:10–13;
1 Ne. 22:23;
4 Ne. 1:25–29;
Morm. 8:28, 32–38.
4*a* 2 Ne. 9:28.
5*a* 2 Ne. 26:20.
b 2 Tim. 3:5.
c Alma 30:28.
6*a* Morm. 8:26; 9:15–26.
7*a* 1 Cor. 15:32;
Alma 30:17–18.
8*a* Morm. 8:31.
b DyC 10:25;
Moisés 4:4.
GEE Mentiras.
c Prov. 26:27;
1 Ne. 14:3.

algunos azotes, y al fin nos salvaremos en el reino de Dios.

9 Sí, y habrá muchos que de esta manera enseñarán falsas, vanas e [a]insensatas [b]doctrinas; y se engreirán en sus corazones, y tratarán afanosamente de ocultar sus designios del Señor, y sus obras se harán en las tinieblas.

10 Y la [a]sangre de los santos clamará desde el suelo contra ellos.

11 Sí, todos se han salido de la [a]senda; se han [b]corrompido.

12 A causa del [a]orgullo, y a causa de falsos maestros y falsa doctrina, sus iglesias se han corrompido y se ensalzan; se han infatuado a causa de su orgullo.

13 [a]Roban a los [b]pobres por motivo de sus bellos santuarios; roban a los pobres por razón de sus ricas vestiduras; y persiguen a los mansos y a los pobres de corazón, porque se han engreído con su [c]orgullo.

14 Llevan [a]erguida la cerviz, y enhiesta la cabeza; sí, y por motivo del orgullo, de la iniquidad, de abominaciones y fornicaciones, todos se han [b]extraviado, salvo unos pocos que son los humildes discípulos de Cristo; sin embargo, son guiados de tal manera que a menudo yerran porque son enseñados por los preceptos de los hombres.

15 ¡Oh los [a]sabios, los instruidos y los ricos que se inflan con el [b]orgullo de sus corazones, y todos aquellos que predican falsas doctrinas, y todos aquellos que cometen fornicaciones y pervierten la vía correcta del Señor! [c]¡Ay, ay, ay de ellos, dice el Señor Dios Todopoderoso, porque serán arrojados al infierno!

16 ¡Ay de aquellos que [a]repudian al justo por una pequeñez y vilipendian lo que es bueno, y dicen que no vale nada! Porque llegará el día en que el Señor Dios visitará súbitamente a los habitantes de la tierra; y el día en que hayan llegado al [b]colmo sus iniquidades, perecerán.

17 Mas he aquí, si los habitantes de la tierra se arrepienten de sus iniquidades y abominaciones, no serán destruidos, dice el Señor de los Ejércitos.

18 Mas he aquí, esa grande y abominable iglesia, la [a]ramera de toda la tierra, tendrá que [b]desplomarse, y grande será su caída.

19 Porque el reino del diablo ha de [a]estremecerse, y los que a él pertenezcan deben ser provocados a arrepentirse, o el [b]diablo

9*a* Ezeq. 13:3; Hel. 13:29.
b Mateo 15:9.
10*a* Apoc. 6:9–11; 2 Ne. 26:3; Morm. 8:27; Éter 8:22–24; DyC 87:7.
11*a* Hel. 6:31.
b Morm. 8:28–41; DyC 33:4.
12*a* Prov. 28:25.
13*a* Ezeq. 34:8.
b Hel. 4:12.
c Alma 5:53.
14*a* Prov. 21:4.
b Isa. 53:6.
15*a* Prov. 3:5–7.
b GEE Orgullo.
c 3 Ne. 29:5.
16*a* Isa. 29:21.
b Éter 2:9–10.
18*a* Apoc. 19:2.
b 1 Ne. 14:3, 17.
19*a* 1 Ne. 22:23.
b Alma 34:35.

os prenderá con sus sempiternas
cadenas, y serán movidos a có-
era, y perecerán;
20 porque he aquí, en aquel día
él [a]enfurecerá los corazones de los
hijos de los hombres, y los agitará
a la ira contra lo que es bueno.
21 Y a otros los [a]pacificará y los
adormecerá con seguridad carnal,
de modo que dirán: Todo va bien
en Sion; sí, Sion prospera, todo va
bien. Y así el [b]diablo engaña sus
almas, y los conduce astutamente
al infierno.
22 Y he aquí, a otros los lisonjea
y les cuenta que no hay [a]infierno;
y les dice: Yo no soy el diablo,
porque no lo hay; y así les susurra al oído, hasta que los prende
con sus terribles [b]cadenas, de las
cuales no hay liberación.
23 Sí, son atrapados por la
muerte y el infierno; y la muerte,
el infierno y el diablo, y todos los
que hayan caído en su poder deben presentarse ante el trono de
Dios y ser [a]juzgados según sus
obras, de donde tendrán que ir
al lugar preparado para ellos, sí,
un [b]lago de fuego y azufre, que
es tormento sin fin.
24 Por tanto, ¡ay del reposado
en Sion!
25 ¡Ay de aquel que exclama:
Todo está bien!
26 Sí, ¡ay de aquel que [a]escucha
los preceptos de los hombres, y
niega el poder de Dios y el don
del Espíritu Santo!
27 Sí, ¡ay de aquel que dice: Hemos recibido, y no [a]necesitamos
más!
28 Y por fin, ¡ay de todos aquellos que tiemblan, y están [a]enoja-
dos a causa de la verdad de Dios!
Pues he aquí, aquel que está edificado sobre la [b]roca, la recibe con
gozo; y el que está fundado sobre
un cimiento arenoso, tiembla por
miedo de caer.
29 ¡Ay del que diga: Hemos recibido la palabra de Dios, y [a]no
[b]necesitamos más de la palabra
de Dios, porque ya tenemos suficiente!
30 Pues he aquí, así dice el Señor Dios: Daré a los hijos de los
hombres línea por línea, [a]pre-
cepto por precepto, un poco aquí
y un poco allí; y benditos son
aquellos que escuchan mis preceptos y prestan atención a mis
consejos, porque aprenderán [b]sa-
biduría; pues a quien [c]reciba, le
daré [d]más; y a los que digan: Tenemos bastante, les será quitado
aun lo que tuvieren.
31 ¡Maldito es aquel que pone su
[a]confianza en el hombre, o hace
de la carne su brazo, o escucha

19*c* Alma 12:11.
20*a* DyC 10:20–27.
21*a* Morm. 8:31.
b 2 Ne. 9:39.
22*a* GEE Infierno.
b Alma 36:18.
23*a* GEE Jesucristo — Es juez, Juicio final.
b 2 Ne. 9:16, 19, 26.
26*a* 2 Ne. 9:29.
27*a* Alma 12:10–11.
28*a* 2 Ne. 9:40; 33:5. GEE Rebelión.
b Mateo 7:24–27. GEE Roca.
29*a* 2 Ne. 27:14; Éter 4:8.
b 2 Ne. 29:3–10.
30*a* Isa. 28:9–13; DyC 98:12.
b GEE Sabiduría.
c Lucas 8:18.
d Alma 12:10; DyC 50:24.
31*a* DyC 1:19–20.

los preceptos de los hombres, salvo cuando sus preceptos sean dados por el poder del Espíritu Santo!

32 [a]¡Ay de los gentiles, dice el Señor Dios de los Ejércitos! Porque no obstante que les extenderé mi brazo de día en día, me negarán. Sin embargo, si se arrepienten y vienen a mí, seré misericordioso con ellos, porque mi [b]brazo está extendido todo el día, dice el Señor Dios de los Ejércitos.

CAPÍTULO 29

Muchos gentiles rechazarán el Libro de Mormón — Dirán: "No necesitamos más Biblia" — El Señor habla a muchas naciones — Él juzgará al mundo de acuerdo con los libros que se escriban. Aproximadamente 559–545 a.C.

MAS he aquí que habrá muchos —el día en que yo proceda a ejecutar una [a]obra maravillosa entre ellos, a fin de que yo recuerde mis [b]convenios que he hecho con los hijos de los hombres, para que extienda mi mano por [c]segunda vez, para restaurar a los de mi pueblo que son de la casa de Israel;

2 y también para que yo recuerde las promesas que te he hecho a ti, Nefi, y también a tu padre, que me acordaría de tu posteridad; y que las [a]palabras de tu posteridad procederían de mi boca a tu posteridad; y mis palabras [b]resonarán hasta los extremos de la tierra, por [c]estandarte a los de mi pueblo que son de la casa de Israel;

3 y porque mis palabras resonarán— muchos de los gentiles dirán: ¡Una [a]Biblia! ¡Una Biblia! ¡Tenemos una Biblia, y no puede haber más Biblia!

4 Mas así dice el Señor Dios: Oh necios, tendrán una Biblia; y procederá de los [a]judíos, mi antiguo pueblo del convenio. ¿Y qué agradecimiento manifiestan a los judíos por la [b]Biblia que de ellos recibieron? Sí, ¿qué pretenden decir con eso los gentiles? ¿Recuerdan ellos los afanes y los trabajos y las aflicciones de los judíos, y su diligencia para conmigo en llevar la salvación a los gentiles?

5 Oh gentiles, ¿os habéis acordado de los judíos, mi antiguo pueblo del convenio? No; sino que los habéis maldecido y [a]aborrecido, y no habéis procurado recuperarlos. Mas he aquí, yo haré volver todas estas cosas sobre vuestra propia cabeza; porque yo, el Señor, no he olvidado a mi pueblo.

32*a* 1 Ne. 14:6.
b Jacob 5:47; 6:4.
29 1*a* 2 Ne. 27:26. GEE Restauración del Evangelio.
b GEE Abraham, convenio de (convenio abrahámico).
c 2 Ne. 6:14; 21:11–12; 25:17. GEE Israel — La congregación de Israel.
2*a* 2 Ne. 3:18–21.
b Isa. 5:26; 2 Ne. 15:26; Moro. 10:28.
c 1 Ne. 21:22. GEE Estandarte.
3*a* 1 Ne. 13:23–25. GEE Biblia; Libro de Mormón.
4*a* DyC 3:16. GEE Judíos.
b GEE Judá — El palo de Judá.
5*a* 3 Ne. 29:8.

6 ¡Oh necio, que dirás: Una [a]Bi-
blia; tenemos una Biblia y no necesitamos más Biblia! ¿Tendríais
una Biblia, de no haber sido por
los judíos?
7 ¿No sabéis que hay más de
una nación? ¿No sabéis que yo,
el Señor vuestro Dios, he [a]creado
a todos los hombres, y que me
acuerdo de los que viven en las
[b]islas del mar; y que gobierno
arriba en los cielos y abajo en
la tierra; y manifiesto mi palabra a los hijos de los hombres,
sí, sobre todas las naciones de
la tierra?
8 ¿Por qué murmuráis por tener
que recibir más de mi palabra?
¿No sabéis que el testimonio de
[a]dos naciones os es un [b]testigo de
que yo soy Dios, que me acuerdo
tanto de una nación como de
otra? Por tanto, hablo las mismas palabras, así a una como a
otra nación. Y cuando las dos [c]na-
ciones se junten, el testimonio de
las dos se juntará también.
9 Y hago esto para mostrar a
muchos que soy el [a]mismo ayer,
hoy y para siempre; y que declaro
mis palabras según mi voluntad. Y no supongáis que porque
hablé una [b]palabra, no puedo
hablar otra; porque aún no está
terminada mi obra; ni se acabará
hasta el fin del hombre; ni desde
entonces para siempre jamás.
10 Así que no por tener una Biblia debéis suponer que contiene
todas mis [a]palabras; ni tampoco
debéis suponer que no he hecho
escribir otras más.
11 Porque mando a [a]todos los
hombres, tanto en el este, como en
el oeste, y en el norte, así como en
el sur y en las islas del mar, que
[b]escriban las palabras que yo les
hable; porque de los [c]libros que
se escriban [d]juzgaré yo al mundo,
cada cual según sus obras, conforme a lo que esté escrito.
12 Porque he aquí, hablaré a los
[a]judíos, y lo escribirán; y hablaré
también a los nefitas, y estos lo
[b]escribirán; y también hablaré a
las otras tribus de la casa de Israel que he conducido lejos, y lo
escribirán; y también hablaré a
[c]todas las naciones de la tierra, y
ellas lo escribirán.
13 Y acontecerá que los [a]judíos
tendrán las palabras de los nefitas, y los nefitas tendrán las palabras de los judíos; y los nefitas
y los judíos tendrán las palabras
de las [b]tribus perdidas de Israel;
y estas poseerán las palabras de
los nefitas y los judíos.

6*a* 1 Ne. 13:38.
7*a* GEE Creación, crear.
b 1 Ne. 22:4.
8*a* Ezeq. 37:15–20; 1 Ne. 13:38–41; 2 Ne. 3:12.
b Mateo 18:16. GEE Testigo.
c Oseas 1:11.
9*a* Heb. 13:8.
b GEE Revelación.
10*a* GEE Escrituras — Se profetiza la publicación de las Escrituras.
11*a* Alma 29:8.
b 2 Tim. 3:16.
c GEE Libro de la vida.
d 2 Ne. 25:22; 33:11, 14–15. GEE Juicio final.
12*a* 1 Ne. 13:23–29.
b 1 Ne. 13:38–42; 2 Ne. 26:17.
c 2 Ne. 26:33.
13*a* Morm. 5:12–14.
b GEE Israel — Las diez tribus perdidas de Israel.

14 Y sucederá que mi pueblo, que es de la [a]casa de Israel, será reunido sobre las tierras de sus posesiones; y mi palabra se reunirá también en [b]una. Y manifestaré a los que luchen contra mi palabra y contra mi pueblo, que es de la [c]casa de Israel, que yo soy Dios, y que hice [d]convenio con Abraham de que me acordaría de su [e]posteridad [f]para siempre.

CAPÍTULO 30

Los gentiles convertidos serán contados entre los del pueblo del convenio — Muchos lamanitas y muchos judíos creerán en la palabra y llegarán a ser deleitables — Israel será restaurado y los inicuos serán destruidos. Aproximadamente 559–545 a.C.

Y AHORA bien, he aquí, amados hermanos míos, quisiera hablaros; porque yo, Nefi, no quisiera permitiros suponer que sois más justos de lo que serán los gentiles. Pues he aquí, a no ser que guardéis los mandamientos de Dios, todos pereceréis igualmente; y a causa de las palabras que se han dicho, no debéis suponer que los gentiles serán totalmente destruidos.

2 Porque he aquí, os digo que cuantos de los gentiles se arrepienten son el pueblo del [a]convenio del Señor; y cuantos [b]judíos no se arrepientan serán talados; porque el Señor no hace convenio con nadie sino con aquellos que se [c]arrepienten y creen en su Hijo, que es el Santo de Israel.

3 Y ahora quisiera profetizaros algo más acerca de los judíos y los gentiles. Porque después que aparezca el libro de que he hablado, y se haya escrito para los gentiles y sellado nuevamente para los fines del Señor, habrá muchos que [a]creerán las palabras que estén escritas; y [b]ellos las llevarán al resto de nuestra posteridad.

4 Y entonces el resto de nuestra posteridad sabrá acerca de nosotros: cómo fue que salimos de Jerusalén, y que ellos son descendientes de los judíos;

5 y el evangelio de Jesucristo será declarado entre [a]ellos; por lo que [b]les será restaurado el [c]conocimiento de sus padres, como también el conocimiento de Jesucristo que hubo entre sus padres.

6 Y entonces se regocijarán porque sabrán que es una bendición para ellos de la mano de Dios; y las escamas de tinieblas empezarán a caer de sus ojos; y antes que pasen muchas generaciones entre ellos, se

14*a* Jer. 3:17–18.
b Ezeq. 37:16–17.
c 1 Ne. 22:8–9.
d Gén. 12:1–3; 1 Ne. 17:40; 3 Ne. 20:27; Abr. 2:9. GEE Abraham, convenio de (convenio abrahámico).
e DyC 132:30.
f Gén. 17:7.

30 2*a* Gál. 3:26–29.
b Mateo 8:10–13. GEE Judíos.
c GEE Arrepentimiento, arrepentirse.

3*a* 3 Ne. 16:6–7.
b 1 Ne. 22:8–9.

5*a* 3 Ne. 21:3–7, 24–26.
b DyC 3:20.
c 1 Ne. 15:14; 2 Ne. 3:12; Morm. 7:1, 9–10.

convertirán en una gente pura y [a]deleitable.

7 Y acontecerá que los [a]judíos que estén dispersos empezarán también a creer en Cristo; y [b]comenzarán a congregarse sobre la faz de la tierra; y cuantos crean en Cristo también llegarán a ser una gente deleitable.

8 Y sucederá que el Señor Dios empezará su obra entre todas las naciones, tribus, lenguas y pueblos, para llevar a cabo la restauración de su pueblo sobre la tierra.

9 Y con justicia [a]juzgará el [b]Señor Dios a los pobres, y con equidad reprenderá por los [c]mansos de la tierra. Y herirá a la tierra con la vara de su boca, y con el aliento de sus labios matará al impío.

10 Porque rápidamente se acerca el [a]tiempo en que el Señor Dios ocasionará una gran [b]división entre el pueblo, y destruirá a los inicuos; y [c]preservará a su pueblo, sí, aun cuando tenga que [d]destruir a los malvados por fuego.

11 Y la [a]justicia será el ceñidor de sus lomos, y la fidelidad el cinturón de sus riñones.

12 [a]Y entonces morará el lobo con el cordero; y el leopardo con el cabrito se acostará, y el becerro, el leoncillo y el cebón andarán juntos; y un niño los pastoreará.

13 Y la vaca y la osa pacerán; sus crías se echarán juntas; y el león comerá paja como el buey.

14 Y el niño de pecho jugará en la cueva del áspid, y el recién destetado extenderá la mano sobre la caverna del basilisco.

15 No dañarán, ni destruirán en todo mi santo monte; porque la tierra estará llena del conocimiento del Señor, como las aguas cubren el mar.

16 Por tanto, las cosas de [a]todas las naciones serán divulgadas; sí, todas las cosas se darán a [b]conocer a los hijos de los hombres.

17 No hay nada secreto que no haya de ser [a]revelado; no hay obra de tinieblas que no haya de salir a luz; nada hay sellado sobre la tierra que no haya de ser desatado.

18 Por tanto, todas las cosas que han sido reveladas a los hijos de los hombres serán reveladas en aquel día; y Satanás [a]no tendrá más poder sobre el corazón de los hijos de los hombres por mucho tiempo. Y ahora, amados hermanos míos, doy fin a mis palabras.

6*a* DyC 49:24; 109:65.
7*a* 2 Ne. 29:13–14.
b 2 Ne. 25:16–17.
9*a* 2 Ne. 9:15.
b Isa. 11:4–9.
c GEE Mansedumbre, manso.
10*a* GEE Últimos días, postreros días.
b DyC 63:53–54.
c Moisés 7:61.
d 1 Ne. 22:15–17, 23. GEE Tierra — La purificación de la tierra.
11*a* Isa. 11:5–9.
12*a* Isa. 65:25. GEE Milenio.
16*a* DyC 101:32–35; 121:28–29.
b Éter 4:6–7.
17*a* DyC 1:2–3.
18*a* Apoc. 20:1–3; Éter 8:26.

CAPÍTULO 31

Nefi explica por qué fue bautizado Cristo — Los hombres deben seguir a Cristo, ser bautizados, recibir el Espíritu Santo y perseverar hasta el fin para ser salvos — El arrepentimiento y el bautismo son la puerta que conduce a la senda estrecha y angosta — Los que guarden los mandamientos después de su bautismo tendrán la vida eterna. Aproximadamente 559–545 a.C.

Y AHORA, amados hermanos míos,
yo, Nefi, ceso de [a]profetizaros. Y
no puedo escribir sino unas cuantas cosas que de cierto sé que han
de acontecer; ni tampoco puedo
escribir más que unas pocas de
las palabras de mi hermano Jacob.
2 Por tanto, las cosas que he escrito me bastan, con excepción
de unas pocas palabras que debo
hablar acerca de la [a]doctrina de
Cristo; por tanto, os hablaré claramente, según la claridad de mis
profecías.
3 Porque mi alma se deleita en
la claridad; porque así es como
el Señor Dios obra entre los hijos
de los hombres. Porque el Señor
Dios [a]ilumina el entendimiento;
pues él habla a los hombres de
acuerdo con el [b]idioma de ellos,
para que entiendan.
4 Por tanto, quisiera que recordaseis que os he hablado
concerniente a ese [a]profeta que
el Señor me ha mostrado, el cual
ha de bautizar al [b]Cordero de
Dios, que quitará los pecados
del mundo.
5 Ahora bien, si el Cordero de
Dios, que es santo, tiene necesidad de ser [a]bautizado en el agua
para cumplir con toda justicia,
¡cuánto mayor es, entonces, la
necesidad que tenemos nosotros,
siendo impuros, de ser bautizados, sí, en el agua!
6 Y ahora, quisiera preguntaros,
amados hermanos míos, ¿cómo
cumplió el Cordero de Dios con
toda justicia bautizándose en el
agua?
7 ¿No sabéis que era santo?
Mas no obstante que era santo, él
muestra a los hijos de los hombres
que, según la carne, él se humilla
ante el Padre, y testifica al Padre
que le sería [a]obediente al observar
sus mandamientos.
8 Por tanto, después que fue
bautizado con agua, el Espíritu Santo descendió sobre él en
[a]forma de [b]paloma.
9 Y además, esto muestra a los
hijos de los hombres la angostura
de la senda, y la estrechez de la
[a]puerta por la cual ellos deben
entrar, habiéndoles él puesto el
ejemplo por delante.
10 Y dijo a los hijos de los hombres: [a]Seguidme. Por tanto, mis

31 1*a* 2 Ne. 25:1–4.
2*a* 2 Ne. 11:6–7.
3*a* GEE Luz, luz de Cristo.
b DyC 1:24.
4*a* 1 Ne. 10:7; 11:27.
GEE Juan el Bautista.
b GEE Cordero de Dios.
5*a* Mateo 3:11–17.
GEE Bautismo, bautizar.
7*a* Juan 5:30.
GEE Obediencia, obediente, obedecer.
8*a* 1 Ne. 11:27.
b GEE Paloma, señal de la
9*a* 2 Ne. 9:41;
3 Ne. 14:13–14;
DyC 22:4.
10*a* Mateo 4:19; 8:22; 9:9.

amados hermanos, ¿podemos [b]se-
guir a Jesús, a menos que estemos
dispuestos a guardar los mandamientos del Padre?
11 Y el Padre dijo: Arrepentíos,
arrepentíos y sed bautizados en el
nombre de mi Amado Hijo.
12 Y además, vino a mí la voz
del Hijo, diciendo: A quien se
bautice en mi nombre, el Padre
[a]dará el Espíritu Santo, como a
mí; por tanto, [b]seguidme y haced las cosas que me habéis visto
hacer.
13 Por tanto, amados hermanos míos, sé que si seguís al Hijo
con íntegro propósito de corazón,
sin acción hipócrita y sin engaño
ante Dios, sino con verdadera
intención, arrepintiéndoos de
vuestros pecados, testificando al
Padre que estáis dispuestos a tomar sobre vosotros el nombre de
Cristo por medio del [a]bautismo,
sí, siguiendo a vuestro Señor y
Salvador y descendiendo al agua,
según su palabra, he aquí, entonces recibiréis el Espíritu Santo; sí,
entonces viene el [b]bautismo de
fuego y del Espíritu Santo; y entonces podéis hablar con [c]lengua
de ángeles y prorrumpir en alabanzas al Santo de Israel.
14 Mas he aquí, amados hermanos míos, así vino a mí la voz
del Hijo, diciendo: Después de
haberos arrepentido de vuestros
pecados y testificado al Padre,
por medio del bautismo de agua,
que estáis dispuestos a guardar
mis mandamientos, y habéis recibido el bautismo de fuego y del
Espíritu Santo y podéis hablar
con una nueva lengua, sí, con la
lengua de ángeles, si después de
esto me [a]negáis, [b]mejor os habría
sido no haberme conocido.
15 Y oí la voz del Padre que decía: Sí, las palabras de mi Amado
son verdaderas y fieles. Aquel
que persevere hasta el fin, este
será salvo.
16 Y ahora bien, amados hermanos míos, por esto sé que a menos
que el hombre [a]persevere hasta
el fin, siguiendo el [b]ejemplo del
Hijo del Dios viviente, no puede
ser salvo.
17 Por tanto, haced las cosas
que os he dicho que he visto que
hará vuestro Señor y Redentor;
porque por esta razón se me han
mostrado, para que sepáis cuál es
la puerta por la que debéis entrar.
Porque la puerta por la cual debéis entrar es el arrepentimiento
y el [a]bautismo en el agua; y entonces viene una [b]remisión de
vuestros pecados por fuego y por
el Espíritu Santo.

10*b* Moro. 7:11; DyC 56:2.
12*a* GEE Don del Espíritu Santo.
b Lucas 9:57–62; Juan 12:26.
13*a* Gál. 3:26–27.
b GEE Don del Espíritu Santo; Fuego.
c 2 Ne. 32:2–3.
14*a* Mateo 10:32–33; Alma 24:30; DyC 101:1–5. GEE Pecado imperdonable.
b 2 Pe. 2:21.
16*a* Alma 5:13; 38:2; DyC 20:29.
b GEE Jesucristo — El ejemplo de Jesucristo.
17*a* Mos. 18:10. GEE Bautismo, bautizar.
b GEE Remisión de pecados.

18 Y entonces os halláis en este [a]estrecho y angosto [b]camino que conduce a la vida eterna; sí, habéis entrado por la puerta; habéis obrado de acuerdo con los mandamientos del Padre y del Hijo; y habéis recibido el Espíritu Santo, que da [c]testimonio del Padre y del Hijo, para que se cumpla la promesa hecha por él, que lo recibiríais si entrabais en la senda.

19 Y ahora bien, amados hermanos míos, después de haber entrado en esta estrecha y angosta senda, quisiera preguntar si ya quedó [a]hecho todo. He aquí, os digo que no; porque no habéis llegado hasta aquí sino por la palabra de Cristo, con [b]fe inquebrantable en él, [c]confiando íntegramente en los méritos de aquel que es poderoso para salvar.

20 Por tanto, debéis [a]seguir adelante con firmeza en Cristo, teniendo un fulgor perfecto de [b]esperanza y [c]amor por Dios y por todos los hombres. Por tanto, si marcháis adelante, [d]deleitándoos en la palabra de Cristo, y [e]perseveráis hasta el fin, he aquí, así dice el Padre: Tendréis la vida eterna.

21 Y ahora bien, amados hermanos míos, esta es la [a]senda; y [b]no hay otro camino, ni [c]nombre dado debajo del cielo por el cual el hombre pueda salvarse en el reino de Dios. Y ahora bien, he aquí, esta es la [d]doctrina de Cristo, y la única y verdadera doctrina del [e]Padre, y del Hijo, y del Espíritu Santo, que son [f]un Dios, sin fin. Amén.

CAPÍTULO 32

Los ángeles hablan por el poder del Espíritu Santo — Los hombres deben orar y adquirir así el conocimiento que imparte el Espíritu Santo. Aproximadamente 559–545 a.C.

Y AHORA bien, he aquí, amados hermanos míos, supongo que estaréis meditando en vuestros corazones en cuanto a lo que debéis hacer después que hayáis entrado en la senda. Mas he aquí, ¿por qué meditáis estas cosas en vuestros corazones?

2 ¿No os acordáis que os dije que después que hubieseis [a]recibido el Espíritu Santo, podríais hablar con [b]lengua de ángeles? ¿Y cómo podríais hablar con lengua de ángeles sino por el Espíritu Santo?

3 Los [a]ángeles hablan por el

18*a* 1 Ne. 8:20.
b Prov. 4:18. GEE Camino (vía).
c Hech. 5:29–32.
19*a* Mos. 4:10.
b GEE Fe.
c DyC 3:20.
20*a* GEE Andar, andar con Dios.
b GEE Esperanza.
c GEE Amor.
d Más literalmente: "hacer banquete o festín". Es decir, disfrutar de la palabra de Dios como de un banquete.
e GEE Perseverar.
21*a* Hech. 4:10–12; 2 Ne. 9:41; Alma 37:46; DyC 132:22, 25.
b Mos. 3:17.
c GEE Jesucristo — El tomar sobre sí el nombre de Jesucristo.
d Mateo 7:28; Juan 7:16–17.
e GEE Trinidad.
f 3 Ne. 11:27, 35–36. GEE Unidad.
32 2*a* 3 Ne. 9:20.
b 2 Ne. 31:13.
3*a* GEE Ángeles.

poder del Espíritu Santo; por
lo que declaran las palabras de
Cristo. Por tanto, os dije: [b]Deleitaos
en las palabras de Cristo;
porque he aquí, las palabras de
Cristo os dirán todas las cosas
que debéis hacer.
4 Por tanto, si después de haber
hablado yo estas palabras, no podéis
entenderlas, será porque no
[a]pedís ni llamáis; así que no sois
llevados a la luz, sino que debéis
perecer en las tinieblas.
5 Porque he aquí, os digo otra
vez, que si entráis por la senda
y recibís el Espíritu Santo, él os
mostrará todas las cosas que debéis
hacer.
6 He aquí, esta es la doctrina de
Cristo, y no se dará otra doctrina
sino hasta después que él se os
[a]manifieste en la carne. Y cuando
se os manifieste en la carne, las
cosas que él os diga os esforzaréis
por cumplir.
7 Y ahora bien, yo, Nefi, no
puedo decir más; el Espíritu hace
cesar mis palabras, y quedo a solas
para lamentar a causa de la
[a]incredulidad, y la maldad, y la
ignorancia y la obstinación de los
hombres; porque no quieren buscar
conocimiento, ni entender el
gran conocimiento, cuando les es
dado con claridad, sí, con toda la
[b]claridad de la palabra.
8 Y ahora bien, amados hermanos
míos, percibo que aún estáis meditando
en vuestros corazones; y me
duele tener que hablaros concerniente
a esto. Porque si escuchaseis
al Espíritu que enseña al hombre a
[a]orar, sabríais que os es menester
orar; porque el [b]espíritu malo no
enseña al hombre a orar, sino le
enseña que no debe orar.
9 Mas he aquí, os digo que debéis
[a]orar siempre, y no desmayar; que
nada debéis hacer ante el Señor,
sin que primero oréis al Padre en
el [b]nombre de Cristo, para que él
os consagre vuestra acción, a fin de
que vuestra obra sea para el [c]beneficio
de vuestras almas.

CAPÍTULO 33

Las palabras de Nefi son verdaderas — Estas testifican de Cristo — Aquellos que crean en Cristo creerán en las palabras de Nefi, las cuales se presentarán como testimonio ante el tribunal del juicio. Aproximadamente 559–545 a.C.

Y AHORA bien, yo, Nefi, no puedo
escribir todas las cosas que se
enseñaron entre mi pueblo; ni
soy tan [a]poderoso para escribir
como para hablar; porque
cuando un hombre [b]habla por el
poder del Santo Espíritu, el poder
del Espíritu Santo lo lleva al

3*b* Más literalmente: "hacer banquete o festín". Es decir, disfrutar de la palabra de Dios como de un banquete. Véase Jer. 15:16.
4*a* GEE Pedir.
6*a* 3 Ne. 11:8.
7*a* GEE Incredulidad.
b 2 Ne. 31:2–3; Jacob 4:13.
8*a* GEE Oración.
b Mos. 4:14. GEE Diablo.
9*a* 3 Ne. 20:1; DyC 75:11.
b Moisés 5:8.
c Alma 34:27.
33 1*a* Éter 12:23 24.
b DyC 100:7–8.

corazón de los hijos de los hombres.
2 Pero he aquí, hay muchos que
[a]endurecen sus corazones contra el Espíritu Santo, de modo
que no tiene cabida en ellos; por
tanto, desechan muchas cosas que
están escritas y las consideran
como nada.
3 Mas yo, Nefi, he escrito lo que
he escrito; y lo estimo de gran [a]va-
lor, especialmente para mi pueblo. Porque continuamente [b]ruego
por ellos de día, y mis ojos bañan
mi almohada de noche a causa de
ellos; y clamo a mi Dios con fe, y
sé que él oirá mi clamor.
4 Y sé que el Señor Dios consagrará mis oraciones para el beneficio de mi pueblo. Y las palabras
que he escrito en debilidad serán hechas [a]fuertes para ellos;
pues los [b]persuaden a hacer el
bien; les hacen saber acerca de
sus padres; y hablan de Jesús, y
los persuaden a creer en él y a
perseverar hasta el fin, que es la
[c]vida eterna.
5 Y hablan [a]ásperamente contra el pecado, según la [b]claridad
de la verdad; por tanto, nadie se
enojará con las palabras que he
escrito, a menos que sea del espíritu del diablo.
6 Me glorío en la claridad; me
glorío en la verdad; me glorío en
mi Jesús, porque él ha [a]redimido
mi alma del infierno.
7 Tengo [a]caridad para con mi
pueblo, y gran fe en Cristo de que
ante su tribunal hallaré a muchas
almas sin mancha.
8 Tengo caridad para con el [a]ju-
dío; digo judío, porque me refiero
a aquellos de quienes vine.
9 Tengo también caridad para
con los [a]gentiles. Mas he aquí,
para ninguno de estos puedo
tener esperanza, a menos que se
[b]reconcilien con Cristo y entren
por la [c]puerta angosta, y [d]cami-
nen por la [e]senda estrecha que
guía a la vida, y continúen en
la senda hasta el fin del día de
probación.
10 Y ahora bien, mis amados
hermanos, y también vosotros
los judíos y todos los extremos
de la tierra, escuchad estas palabras y [a]creed en Cristo; y si no
creéis en estas palabras, creed
en Cristo. Y si creéis en Cristo,
creeréis en estas [b]palabras, porque son las [c]palabras de Cristo,
y él me las ha dado; y [d]enseñan
a todos los hombres que deben
hacer lo bueno.
11 Y si no son las palabras de
Cristo, juzgad; porque en el postrer día Cristo os manifestará con

2*a* Hel. 6:35–36.
3*a* GEE Escrituras — El valor de las Escrituras.
b Enós 1:9–12; P. de Morm. 1:8.
4*a* Éter 12:26–27.
b Moro. 7:13.
c GEE Vida eterna.
5*a* 1 Ne. 16:1–3; 2 Ne. 9:40.
b 2 Ne. 31:3; Jacob 4:13.
6*a* GEE Redención, redimido, redimir.
7*a* GEE Caridad.
8*a* GEE Judíos.
9*a* GEE Gentiles.
b GEE Expiación, expiar.
c 2 Ne. 9:41.
d GEE Andar, andar con Dios.
e Hel. 3:29–30; DyC 132:22.
10*a* GEE Creencia, creer.
b GEE Libro de Mormón.
c Moro. 10:27–29.
d 2 Ne. 25:28.

[a]poder y gran gloria que son sus palabras; y ante su [b]tribunal nos veremos cara a cara, vosotros y yo, y sabréis que él me ha mandado escribir estas cosas, a pesar de mi debilidad.

12 Y ruego al Padre en el nombre de Cristo que muchos de nosotros, si no todos, nos salvemos en su [a]reino, en ese grande y postrer día.

13 Y ahora bien, amados hermanos míos, todos los que sois de la casa de Israel, y todos vosotros, ¡oh extremos de la tierra!, os hablo como la voz de uno que [a]clama desde el polvo: Adiós, hasta que venga ese gran día.

14 Y vosotros, los que no queréis participar de la bondad de Dios, ni respetar las [a]palabras de los judíos, ni mis [b]palabras, ni las palabras que saldrán de la boca del Cordero de Dios, he aquí, me despido de vosotros para siempre, porque estas palabras os [c]condenarán en el postrer día.

15 Pues lo que sello en la tierra será presentado contra vosotros ante el [a]tribunal del juicio; porque así me lo ha mandado el Señor, y yo debo obedecer. Amén.

EL LIBRO DE JACOB

HERMANO DE NEFI

Palabras de su predicación a sus hermanos. Confunde a un hombre que trata de derribar la doctrina de Cristo. Algunas palabras acerca de la historia del pueblo de Nefi.

CAPÍTULO 1

Jacob y José procuran persuadir a los hombres a creer en Cristo y a guardar Sus mandamientos — Muere Nefi — Predomina la iniquidad entre los nefitas. Aproximadamente 544–421 a.C.

PORQUE he aquí, aconteció que ya habían pasado cincuenta y cinco años desde que Lehi había salido de Jerusalén; por tanto, Nefi me dio a mí, [a]Jacob, un [b]mandato respecto de las [c]planchas menores sobre las cuales estas cosas están grabadas.

2 Y me dio a mí, Jacob, un mandato de que escribiera sobre estas planchas algunas de las cosas que considerara yo más preciosas; y que no tratara más que

11*a* Éter 5:4; Moro. 7:35.
b Apoc. 20:12; Moro. 10:34.
12*a* GEE Gloria celestial.
13*a* Isa. 29:4; 2 Ne. 26:16.
14*a* GEE Biblia.
b GEE Libro de Mormón.
c 2 Ne. 29:11; Éter 4:8–10.
15*a* P. de Morm. 1:11.
[JACOB]
1 1*a* GEE Jacob hijo de Lehi.
b Jacob 7:27.
c 2 Ne. 5:28–33; Jacob 3:13–14. GEE Planchas.

ligeramente la historia de este pueblo, llamado el pueblo de Nefi.
3 Porque dijo que la historia de su pueblo debería grabarse sobre sus otras planchas, y que yo debía preservar estas planchas y transmitirlas a mi posteridad, de generación en generación.
4 Y que si hubiese predicaciones que fuesen sagradas, o revelación que fuese grande, o profecías, yo debería grabar sus puntos principales sobre estas planchas, y tratar estas cosas cuanto me fuera posible, por causa de Cristo y por el bien de nuestro pueblo.
5 Porque, por causa de la fe y el gran afán, verdaderamente se nos había hecho saber concerniente a nuestro pueblo y las cosas que le habían de [a]sobrevenir.
6 Y también tuvimos muchas revelaciones y el espíritu de mucha profecía; por tanto, sabíamos de [a]Cristo y su reino, que había de venir.
7 Por lo que trabajamos diligentemente entre los de nuestro pueblo, a fin de persuadirlos a [a]venir a Cristo, y a participar de la bondad de Dios, para que entraran en su [b]reposo, no fuera que de algún modo él jurase en su ira que no [c]entrarían, como en la [d]provocación en los días de tentación, cuando los hijos de Israel estaban en el [e]desierto.
8 Por tanto, quisiera Dios que persuadiéramos a todos los hombres a no [a]rebelarse contra Dios para [b]provocarlo a ira, sino que todos los hombres creyeran en Cristo y contemplaran su muerte, y sufrieran su [c]cruz, y soportaran la vergüenza del mundo; por tanto, yo, Jacob, tomo a mi cargo cumplir con el mandato de mi hermano Nefi.
9 Y Nefi empezaba a envejecer, y vio que pronto había de [a]morir; por tanto, [b]ungió a un hombre para que fuera rey y director de su pueblo, según los reinados de los [c]reyes.
10 Y como el pueblo amaba a Nefi en extremo, porque había sido para ellos un gran protector, pues había empuñado la [a]espada de Labán en su defensa, y había trabajado toda su vida por su bienestar,
11 por tanto, el pueblo quería conservar la memoria de su nombre, y a quienquiera que gobernara en su lugar, lo llamarían Nefi segundo, Nefi tercero, etcétera, según los reinados de los reyes; y así los llamó el pueblo, cualesquiera que fuesen sus nombres.

5*a* 1 Ne. 12.
6*a* 1 Ne. 10:4–11; 19:8–14.
7*a* 2 Ne. 9:41; Omni 1:26; Moro. 10:32.
b GEE Descansar, descanso (reposo).
c Núm. 14:23; Deut. 1:35–37; DyC 84:23–25.
d Heb. 3:8.
e Núm. 26:65; 1 Ne. 17:23–31.
8*a* GEE Rebelión.
b 1 Ne. 17:30; Alma 12:36–37; Hel. 7:18.
c TJS Mateo 16:25–26 (Apéndice — Biblia); Lucas 14:27.
9*a* 2 Ne. 1:14.
b GEE Unción.
c 2 Ne. 6:2; Jarom 1:7.
10*a* 1 Ne. 4:9; 2 Ne. 5:14; P. de Morm. 1:13; Mos. 1:16; DyC 17:1.

12 Y aconteció que Nefi murió.
13 Ahora bien, los del pueblo
que no eran [a]lamanitas eran [b]ne-
fitas; no obstante, se llamaban
nefitas, jacobitas, josefitas, [c]zo-
ramitas, lamanitas, lemuelitas e
ismaelitas.
14 Mas yo, Jacob, no los dis-
tinguiré en adelante por estos
nombres, sino que [a]llamaré lamanitas a los que busquen la
destrucción del pueblo de Nefi,
y a los que simpaticen con Nefi,
llamaré [b]nefitas, o [c]pueblo de
Nefi, según los reinados de los
reyes.
15 Y aconteció que el pueblo de
Nefi, bajo el reinado del segundo
rey, empezó a ser duro de corazón
y a entregarse un tanto a prácticas
inicuas, deseando tener muchas
[a]esposas y concubinas, a semejanza de David en la antigüedad,
y también Salomón, su hijo.
16 Sí, y también empezaron
a buscar mucho oro y plata, y
a ensalzarse un tanto en el orgullo.
17 Por tanto, yo, Jacob, les hablé
estas palabras, mientras les enseñaba en el [a]templo, habiendo
primeramente obtenido mi [b]man-
dato del Señor.
18 Porque yo, Jacob, y mi hermano José, habíamos sido [a]con-
sagrados sacerdotes y maestros
de este pueblo, por mano de
Nefi.
19 Y magnificamos nuestro [a]ofi-
cio ante el Señor, tomando sobre
nosotros la [b]responsabilidad, trayendo sobre nuestra propia cabeza
los pecados del pueblo si no le enseñábamos la palabra de Dios con
toda diligencia; para que, trabajando con todas nuestras fuerzas,
su sangre no manchara nuestros
vestidos; de otro modo, su [c]sangre
caería sobre nuestros vestidos, y
no seríamos hallados sin mancha
en el postrer día.

CAPÍTULO 2

Jacob condena el amor a las riquezas, el orgullo y la falta de castidad — Los hombres pueden buscar riquezas con el fin de ayudar a sus semejantes — El Señor manda que ningún varón de entre los nefitas puede tener más de una esposa — El Señor se deleita en la castidad de las mujeres. Aproximadamente 544–421 a.C.

PALABRAS que Jacob, hermano de
Nefi, dirigió al pueblo de Nefi,
después de la muerte de Nefi:
2 Pues bien, mis amados hermanos, yo, Jacob, según la responsabilidad bajo la cual me
hallo ante Dios, de magnificar
mi oficio con seriedad, y para
limpiar mis vestidos de vuestros

13*a* Enós 1:13; DyC 3:18.
b GEE Nefitas.
c 1 Ne. 4:35; 4 Ne. 1:36–37.
14*a* Mos. 25:12; Alma 2:11.
b 2 Ne. 4:11.
c 2 Ne. 5:9.
15*a* DyC 132:38–39.
17*a* 2 Ne. 5:16. GEE Templo, Casa del Señor.
b GEE Llamado, llamado por Dios, llamamiento.
18*a* 2 Ne. 5:26.
19*a* GEE Oficial, oficio.
b DyC 107:99–100. GEE Mayordomía, mayordomo.
c 2 Ne. 9:44.

pecados, he subido hoy hasta el templo para declararos la palabra de Dios.

3 Y vosotros mismos sabéis que hasta aquí he sido diligente en el oficio de mi llamamiento; pero hoy me agobia el peso de un deseo y afán mucho mayor por el bien de vuestras almas, que el que hasta ahora he sentido.

4 Pues he aquí, hasta ahora habéis sido obedientes a la palabra del Señor que os he dado.

5 Mas he aquí, escuchadme y sabed que con la ayuda del omnipotente Creador del cielo y de la tierra, puedo hablaros tocante a vuestros [a]pensamientos, cómo es que ya empezáis a obrar en el pecado, pecado que para mí es muy abominable, sí, y abominable para Dios.

6 Sí, contrista mi alma, y me hace encoger de vergüenza ante la presencia de mi Hacedor, el tener que testificaros concerniente a la maldad de vuestros corazones.

7 Y también me apena tener que ser tan [a]audaz en mis palabras relativas a vosotros, delante de vuestras esposas e hijos, muchos de los cuales son de sentimientos sumamente tiernos, [b]castos y delicados ante Dios, cosa que agrada a Dios;

8 y supongo que han subido hasta aquí para oír la agradable [a]palabra de Dios; sí, la palabra que sana el alma herida.

9 Por tanto, agobia mi alma el que sea constreñido, por el estricto mandamiento que recibí de Dios, a amonestaros según vuestros delitos y agravar las heridas de los que ya están heridos, en lugar de consolarlos y sanar sus heridas; y a los que no han sido heridos, en lugar de que se [a]deleiten con la placentera palabra de Dios, colocar puñales para traspasar sus almas y herir sus delicadas mentes.

10 Mas a pesar de la magnitud de la tarea, debo obrar según los estrictos [a]mandamientos de Dios, y hablaros concerniente a vuestras iniquidades y abominaciones, en presencia de los puros de corazón y los de corazón quebrantado, y bajo la mirada del ojo [b]penetrante del Dios Omnipotente.

11 Por tanto, debo deciros la verdad, conforme a la [a]claridad de la palabra de Dios. Porque he aquí, al dirigirme al Señor, la palabra vino a mí, diciendo: Jacob, sube hasta el templo mañana, y declara a este pueblo la palabra que te daré.

12 Y ahora bien, he aquí, hermanos míos, esta es la palabra que os declaro, que muchos de vosotros habéis empezado a buscar oro, plata y toda clase de

2 5*a* Alma 12:3; DyC 6:16. GEE Trinidad.
7*a* DyC 121:43.
b GEE Virtud.
8*a* Alma 31:5.
9*a* Más literalmente: "hacer banquete o festín". Es decir, disfrutar de la palabra de Dios como de un banquete.
10*a* GEE Mandamientos de Dios.
b 2 Ne. 9:44.
11*a* 2 Ne. 25:4; 31:2–3.

[a]minerales preciosos que tan co-
piosamente abundan en esta tierra, que para vosotros y vuestra
posteridad es una [b]tierra de promisión.
13 Y tan benignamente os ha
favorecido la mano de la pro-
videncia, que habéis obtenido
muchas riquezas; y porque algunos de vosotros habéis adquirido más abundantemente
que vuestros hermanos, os [a]en-
vanecéis con el orgullo de vuestros corazones, y andáis con el
cuello erguido y la cabeza en
alto por causa de vuestras ropas
costosas, y perseguís a vuestros
hermanos porque suponéis que
sois mejores que ellos.
14 Y ahora bien, hermanos
míos, ¿suponéis que Dios os justifica en esto? He aquí, os digo
que no; antes bien, os condena;
y si persistís en estas cosas, sus
juicios os sobrevendrán acelera-
damente.
15 ¡Oh, si él os mostrara que
puede traspasaros, y que con una
mirada de su ojo puede humillaros hasta el polvo!
16 ¡Oh, si os librara de esta iniquidad y abominación! ¡Oh, si
escuchaseis la palabra de sus mandamientos, y no permitieseis que
este [a]orgullo de vuestros corazones destruyera vuestras almas!
17 Considerad a vuestros
hermanos como a vosotros mismos; y sed afables con todos y
liberales con vuestros [a]bienes,
para que [b]ellos sean ricos como
vosotros.
18 Pero antes de buscar [a]rique-
zas, buscad el [b]reino de Dios.
19 Y después de haber logrado
una esperanza en Cristo obten-
dréis riquezas, si las buscáis; y las
buscaréis con el fin de [a]hacer bien:
para vestir al desnudo, alimentar
al hambriento, libertar al cautivo
y suministrar auxilio al enfermo
y al afligido.
20 Y ahora bien, hermanos
míos, os he hablado acerca del
orgullo; y aquellos de vosotros
que habéis afligido a vuestro
prójimo, y lo habéis perseguido
a causa del orgullo de vuestros
corazones por las cosas que Dios
os dio, ¿qué tenéis que decir de
esto?
21 ¿No creéis que tales cosas
son abominables para aquel
que creó toda carne? Y ante su
vista un ser es tan precioso como
el otro. Y toda carne viene del
polvo; y con el mismo fin él los
ha creado: para que guarden sus
[a]mandamientos y lo glorifiquen
para siempre.
22 Y ahora ceso de hablaros concerniente a este orgullo. Y si no
fuera que debo hablaros de un
crimen más grave, mi corazón

12*a* 1 Ne. 18:25; Hel. 6:9–11; Éter 10:23.
b 1 Ne. 2:20. GEE Tierra prometida.
13*a* Morm. 8:35–39.
16*a* GEE Orgullo.
17*a* GEE Bienestar; Limosna.
b 4 Ne. 1:3.
18*a* 1 Rey. 3:11–13; Marcos 10:17–27; 2 Ne. 26:31; DyC 6:7. GEE Riquezas.
b Lucas 12:22–31.
19*a* Mos. 4:26.
21*a* DyC 11:20; Abr. 3:25–26.

se regocijaría grandemente a causa de vosotros.

23 Mas la palabra de Dios me agobia a causa de vuestros delitos más graves. Porque he aquí, dice el Señor: Este pueblo empieza a aumentar en la iniquidad; no entiende las Escrituras, porque trata de justificar sus fornicaciones, a causa de lo que se escribió acerca de David y su hijo Salomón.

24 He aquí, David y [a]Salomón en verdad tuvieron muchas [b]esposas y concubinas, cosa que para mí fue abominable, dice el Señor.

25 Por tanto, el Señor dice así: He sacado a este pueblo de la tierra de Jerusalén por el poder de mi brazo, a fin de levantar para mí una rama [a]justa del fruto de los lomos de José.

26 Por tanto, yo, el Señor Dios, no permitiré que los de este pueblo hagan como hicieron los de la antigüedad.

27 Por tanto, hermanos míos, oídme y escuchad la palabra del Señor: Pues entre vosotros ningún hombre tendrá sino [a]una esposa; y concubina no tendrá ninguna;

28 porque yo, el Señor Dios, me deleito en la [a]castidad de las mujeres. Y las fornicaciones son una abominación para mí; así dice el Señor de los Ejércitos.

29 Por lo tanto, este pueblo guardará mis mandamientos, dice el Señor de los Ejércitos, o [a]maldita sea la tierra por su causa.

30 Porque si yo quiero levantar [a]posteridad para mí, dice el Señor de los Ejércitos, lo mandaré a mi pueblo; de lo contrario, mi pueblo obedecerá estas cosas.

31 Porque yo, el Señor, he visto el dolor y he oído el lamento de las hijas de mi pueblo en la tierra de Jerusalén; sí, y en todas las tierras de mi pueblo, a causa de las iniquidades y abominaciones de sus maridos.

32 Y no permitiré, dice el Señor de los Ejércitos, que el clamor de las bellas hijas de este pueblo, que he conducido fuera de la tierra de Jerusalén, ascienda a mí contra los varones de mi pueblo, dice el Señor de los Ejércitos.

33 Porque no llevarán cautivas a las hijas de mi pueblo, a causa de su ternura, sin que yo los visite con una terrible maldición, aun hasta la destrucción; porque no cometerán [a]fornicaciones como los de la antigüedad, dice el Señor de los Ejércitos.

34 Y ahora bien, he aquí, hermanos míos, sabéis que estos mandamientos fueron dados a nuestro padre Lehi; por tanto, los habéis conocido antes; y habéis

---

24*a* 1 Rey. 11:1; Neh. 13:25–27.
b 1 Rey. 11:1–3; Esd. 9:1–2; DyC 132:38–39.
25*a* Gén. 49:22–26; Amós 5:15; 2 Ne. 3:5; Alma 26:36. GEE Lehi, padre de Nefi.
27*a* DyC 42:22; 49:16. GEE Matrimonio.
28*a* GEE Castidad.
29*a* Éter 2:8–12.
30*a* Mal. 2:15; DyC 132:61–66.
33*a* GEE Inmoralidad sexual; Sensual, sensualidad.

incurrido en una gran condenación, porque habéis hecho estas cosas que no debíais haber hecho.

35 He aquí, habéis cometido [a]mayores iniquidades que nuestros hermanos los lamanitas. Habéis quebrantado los corazones de vuestras tiernas esposas y perdido la confianza de vuestros hijos por causa de los malos ejemplos que les habéis dado; y los sollozos de sus corazones ascienden a Dios contra vosotros. Y a causa de lo estricto de la palabra de Dios que desciende contra vosotros, han perecido muchos corazones, traspasados de profundas heridas.

CAPÍTULO 3

Los puros de corazón reciben la placentera palabra de Dios — La rectitud de los lamanitas es mayor que la de los nefitas — Jacob amonesta contra la fornicación, la lascivia y todo pecado. Aproximadamente 544–421 a.C.

Mas he aquí que yo, Jacob, quisiera dirigirme a vosotros, los que sois puros de corazón. Confiad en Dios con mentes firmes, y orad a él con suma fe, y él os consolará en vuestras aflicciones, y abogará por vuestra causa, y hará que la justicia descienda sobre los que buscan vuestra destrucción.

2 ¡Oh todos vosotros que sois de corazón puro, levantad vuestra cabeza y recibid la placentera palabra de Dios, y [a]deleitaos en su amor!; pues podéis hacerlo para siempre, si vuestras mentes son [b]firmes.

3 ¡Pero ay, ay de vosotros que no sois puros de corazón, que hoy os halláis [a]inmundos ante Dios!, porque a menos que os arrepintáis, la tierra será maldecida por causa vuestra; y los lamanitas, que no son inmundos como vosotros, aunque [b]maldecidos con severa maldición, os azotarán aun hasta la destrucción.

4 Y el tiempo velozmente viene en que, a menos que os arrepintáis, ellos poseerán la tierra de vuestra herencia, y el Señor Dios [a]apartará a los justos de entre vosotros.

5 He aquí que los lamanitas, vuestros hermanos, a quienes aborrecéis por su inmundicia y la maldición que les ha venido sobre la piel, son más justos que vosotros; porque no han [a]olvidado el mandamiento del Señor que fue dado a nuestro padre, de no tener sino una esposa y ninguna concubina, y que no se cometieran fornicaciones entre ellos.

6 Y se esfuerzan por guardar este mandamiento; por tanto, a causa de esta observancia en cumplir con este mandamiento, el Señor Dios no los destruirá,

35*a* Jacob 3:5–7.
3 2*a* Más literalmente: "hacer banquete o festín". Es decir, disfrutar del amor de Dios como de un banquete.
b Alma 57:26–27.
3*a* GEE Inmundicia, inmundo.
b 1 Ne. 12:23.
4*a* Omni 1:5–7, 12–13.
5*a* Jacob 2:35.

sino que será [a]misericordioso
para con ellos, y algún día llegarán a ser un pueblo bendito.
7 He aquí, sus maridos [a]aman a
sus esposas, y sus esposas aman
a sus maridos, y sus esposos y
esposas aman a sus hijos; y su
incredulidad y su odio contra
vosotros se deben a la iniquidad
de sus padres; por tanto, ¿cuánto
mejores sois vosotros que ellos a
la vista de vuestro gran Creador?
8 ¡Oh hermanos míos, temo
que a no ser que os arrepintáis
de vuestros pecados, su piel será
más blanca que vuestra piel,
cuando seáis llevados con ellos
ante el trono de Dios!
9 Por tanto, os doy un mandamiento, el cual es la palabra de
Dios, que no los injuriéis más a
causa del color obscuro de su piel,
ni tampoco debéis ultrajarlos por
su inmundicia; antes bien, debéis
recordar vuestra propia inmundicia y recordar que la de ellos vino
por causa de sus padres.
10 Por tanto, debéis recordar a
vuestros [a]hijos, cómo habéis afligido sus corazones a causa del
ejemplo que les habéis dado; y
recordad también que por motivo de vuestra inmundicia podéis llevar a vuestros hijos a la
destrucción, y sus pecados serán
acumulados sobre vuestra cabeza
en el postrer día.
11 ¡Oh hermanos míos, escuchad
mis palabras; estimulad las facultades de vuestras almas; sacudíos
para que [a]despertéis del sueño de
la muerte; y libraos de los sufrimientos del [b]infierno para que no
lleguéis a ser [c]ángeles del diablo,
para ser echados en ese lago de
fuego y azufre que es la segunda
[d]muerte!
12 Ahora bien, yo, Jacob, hablé
muchas cosas más al pueblo de
Nefi, amonestándolo contra la
[a]fornicación y la [b]lascivia y toda
clase de pecados, declarándole
las terribles consecuencias de estas cosas.
13 Y ni la centésima parte de los
actos de este pueblo, que empezaba ya a ser numeroso, se puede
escribir sobre [a]estas planchas; pero
muchos de sus hechos están escritos sobre las planchas mayores, y
sus guerras, y sus contenciones, y
los reinados de sus reyes.
14 Estas planchas se llaman las
planchas de Jacob, y fueron hechas por la mano de Nefi. Y doy
fin a estas palabras.

CAPÍTULO 4

Todos los profetas adoraron al Padre en el nombre de Cristo — El acto de Abraham de ofrecer a su hijo Isaac fue una semejanza de Dios y de Su Unigénito — Los hombres deben reconciliarse con Dios por medio de la Expiación — Los judíos rechazarán

6*a* 2 Ne. 4:3, 6–7; Hel. 15:10–13.
7*a* GEE Amor; Familia.
10*a* GEE Niño(s).
11*a* Alma 5:6–9.
b GEE Infierno.
c 2 Ne. 9:8–9.
d GEE Muerte espiritual.
12*a* GEE Fornicación.
b GEE Concupiscencia; Inicuo, iniquidad.
13*a* 1 Ne. 19:1–4; Jacob 1:1–4.

la piedra que sirve de fundamento. Aproximadamente 544–421 a.C.

AHORA bien, he aquí, aconteció que yo, Jacob, había ministrado mucho a mi pueblo de palabra (y no puedo escribir sino muy pocas de mis palabras por lo difícil que es grabar nuestras palabras sobre planchas), y sabemos que lo que escribamos sobre planchas debe permanecer;

2 mas lo que escribamos sobre cualquiera otra cosa que no sea planchas, ha de perecer y desvanecerse; pero podemos escribir sobre planchas unas cuantas palabras que darán a nuestros hijos, y también a nuestros amados hermanos, una pequeña medida de conocimiento concerniente a nosotros, o sea, a sus padres;

3 y en esto nos regocijamos; y obramos diligentemente para grabar estas palabras sobre planchas, esperando que nuestros amados hermanos y nuestros hijos las reciban con corazones agradecidos, y las consideren para que sepan con gozo, no con pesar, ni con desprecio, lo que atañe a sus primeros padres.

4 Porque hemos escrito estas cosas para este fin, que sepan que nosotros [a]sabíamos de Cristo y teníamos la esperanza de su gloria muchos siglos antes de su venida; y no solamente teníamos nosotros una esperanza de su gloria, sino también todos los santos [b]profetas que vivieron antes que nosotros.

5 He aquí, ellos creyeron en Cristo y [a]adoraron al Padre en su nombre; y también nosotros adoramos al Padre en su nombre. Y con este fin guardamos la [b]ley de Moisés, dado que [c]orienta nuestras almas hacia él; y por esta razón se nos santifica como obra justa, así como le fue contado a Abraham en el desierto el ser obediente a los mandamientos de Dios al ofrecer a su hijo Isaac, que es una semejanza de Dios y de su [d]Hijo Unigénito.

6 Por tanto, escudriñamos los profetas, y tenemos muchas revelaciones y el espíritu de [a]profecía; y teniendo todos estos [b]testimonios, logramos una esperanza, y nuestra fe se vuelve inquebrantable, al grado de que verdaderamente podemos [c]mandar en el [d]nombre de Jesús, y los árboles mismos nos obedecen, o los montes, o las olas del mar.

7 No obstante, el Señor Dios nos manifiesta nuestra [a]debilidad para que sepamos que es por su gracia y sus grandes

4 4*a* GEE Jesucristo.
b Lucas 24:25–27; Jacob 7:11; Mos. 13:33–35; DyC 20:26.
5*a* Moisés 5:8.
b 2 Ne. 25:24; Jarom 1:11; Mos. 13:27, 30; Alma 25:15–16. GEE Ley de Moisés.
c Gál. 3:24.
d Gén. 22:1–14; Juan 3:16–18. GEE Unigénito.
6*a* GEE Profecía, profetizar.
b GEE Testigo.
c GEE Poder.
d Hech. 3:6–16; 3 Ne. 8:1.
7*a* Éter 12:27.

condescendencias para con los
hijos de los hombres por las que
tenemos poder para hacer estas
cosas.
8 ¡He aquí, grandes y maravillosas son las obras del Señor! ¡Cuán
[a]inescrutables son las profundidades de sus [b]misterios; y es imposible que el hombre descubra
todos sus caminos! Y nadie hay
que [c]conozca sus [d]sendas a menos
que le sean reveladas; por tanto,
no despreciéis, hermanos, las revelaciones de Dios.
9 Pues he aquí, por el poder de
su [a]palabra el [b]hombre apareció
sobre la faz de la tierra, la cual fue
creada por el poder de su palabra.
Por tanto, si Dios pudo hablar, y
el mundo fue; y habló, y el hombre fue creado, ¿por qué, pues,
no ha de poder mandar la [c]tierra
o la obra de sus manos sobre su
superficie, según su voluntad y
placer?
10 Por tanto, hermanos, no procuréis [a]aconsejar al Señor, antes
bien aceptad el consejo de su
mano. Porque he aquí, vosotros
mismos sabéis que él aconseja
con [b]sabiduría, con justicia y con
gran misericordia sobre todas
sus obras.
11 Así pues, amados hermanos,
reconciliaos con él por medio de
la [a]expiación de Cristo, su [b]Unigénito Hijo, y podréis obtener
la [c]resurrección, según el poder
de la resurrección que está en
Cristo, y ser presentados como
las [d]primicias de Cristo a Dios,
teniendo fe y habiendo obtenido
una buena esperanza de gloria
en él, antes que se manifieste en
la carne.
12 Y ahora bien, amados míos, no
os maravilléis de que os diga estas
cosas; pues, ¿por qué no hablar de
la [a]expiación de Cristo, y lograr
un perfecto conocimiento de él, así
como el conocimiento de una resurrección y del mundo venidero?
13 He aquí, mis hermanos, el
que profetizare, profetice al entendimiento de los hombres;
porque el [a]Espíritu habla la
verdad, y no miente. Por tanto,
habla de las cosas como realmente [b]son, y de las cosas como
realmente serán; así que estas
cosas nos son manifestadas [c]claramente para la salvación de
nuestras almas. Mas he aquí,
nosotros no somos los únicos
testigos de estas cosas; porque
Dios las declaró también a los
profetas de la antigüedad.
14 Pero he aquí, los judíos

8*a* Rom. 11:33–36.
b DyC 19:10; 76:114. GEE Misterios de Dios.
c 1 Cor. 2:9–16; Alma 26:21–22. GEE Conocimiento.
d Isa. 55:8–9.
9*a* Morm. 9:17; Moisés 1:32.
b GEE Creación, crear; Hombre(s).
c Hel. 12:8–17.
10*a* 2 Ne. 9:28–29; Alma 37:12, 37; DyC 3:4, 13.
b GEE Omnisciente; Sabiduría.
11*a* GEE Expiación, expiar.
b Heb. 5:9.
c GEE Resurrección.
d Mos. 15:21–23; 18:9; Alma 40:16–21.
12*a* 2 Ne. 25:26.
13*a* GEE Espíritu Santo; Verdad.
b DyC 93:24.
c Alma 13:23.

fueron un pueblo de [a]dura cerviz; y [b]despreciaron las palabras
de claridad, y mataron a los profetas, y procuraron cosas que
no podían entender. Por tanto,
a causa de su [c]ceguedad, la cual
vino por traspasar lo señalado,
es menester que caigan; porque
Dios les ha quitado su claridad
y les ha entregado muchas cosas
que [d]no pueden entender, porque
así lo desearon; y porque así lo
desearon, Dios lo ha hecho, a fin
de que tropiecen.
15 Y ahora el Espíritu me im-
pulsa a mí, Jacob, a profetizar,
porque percibo por las indicaciones del Espíritu que hay en mí,
que a causa del [a]tropiezo de los
judíos, ellos [b]rechazarán la [c]roca
sobre la cual podrían edificar y
tener fundamento seguro.
16 Mas he aquí que esta [a]roca,
según las Escrituras, llegará a ser
el grande, y el último, y el único y
seguro [b]fundamento sobre el cual
los judíos podrán edificar.
17 Y ahora bien, amados míos,
¿cómo será posible que estos, después de haber rechazado el fundamento seguro, puedan [a]jamás
edificar sobre él, para que sea la
principal piedra angular?
18 He aquí, amados hermanos
míos, os aclararé este misterio, a
no ser que de algún modo se de-
bilite mi firmeza en el Espíritu, y
tropiece por motivo de mi gran
ansiedad por vosotros.

CAPÍTULO 5

Jacob cita las palabras de Zenós en cuanto a la alegoría del olivo cultivado y el olivo silvestre — Estos son una similitud de Israel y los gentiles — Se representan el esparcimiento y el recogimiento de Israel — Se hacen alusiones a los nefitas y a los lamanitas y a toda la casa de Israel — Los gentiles serán injertados en Israel — Finalmente la viña será quemada. Aproximadamente 544–421 a.C.

He aquí, hermanos míos, ¿no os
acordáis de haber leído las palabras del profeta [a]Zenós, las cuales
habló a la casa de Israel, diciendo:
2 ¡Escuchad, oh casa de Israel, y
oíd las palabras mías, que soy un
profeta del Señor!
3 Porque he aquí, así dice el Señor: Te compararé, oh casa de
[a]Israel, a un [b]olivo cultivado que
un hombre tomó y nutrió en su
[c]viña; y creció y envejeció y empezó a [d]secarse.
4 Y acaeció que salió el amo de
la viña, y vio que su olivo empezaba a secarse, y dijo: Lo podaré,
y cavaré alrededor de él, y lo

14*a* Mateo 23:37–38;
2 Ne. 25:2.
b 2 Cor. 11:3;
1 Ne. 19:7;
2 Ne. 33:2.
c Isa. 44:18;
Rom. 11:25.
d 2 Ne. 25:1–2.
15*a* Isa. 8:13–15;
1 Cor. 1:23;
2 Ne. 18:13–15.
b 1 Ne. 10:11.
c GEE Piedra del ángulo;
Roca.
16*a* Sal. 118:22–23.
b Isa. 28:16;
Hel. 5:12.
17*a* Mateo 19:30;
DyC 29:30.
5 1*a* GEE Zenós.
3*a* Ezeq. 36:8.
GEE Israel.
b Rom. 11:17–24.
GEE Olivo.
c DyC 101:44.
GEE Viña del Señor.
d GEE Apostasía.

nutriré para que tal vez eche
ramas nuevas y tiernas, y no
perezca.
5 Y aconteció que lo podó, y
cavó alrededor de él, y lo nutrió
según su palabra.
6 Y sucedió que después de muchos días empezó a echar algunos
retoños pequeños y tiernos, mas
he aquí, la copa principal empezó
a secarse.
7 Y ocurrió que lo vio el amo
de la viña, y dijo a su siervo: Me
aflige que tenga que perder este
árbol; por tanto, ve, y arranca las
ramas de un olivo [a]silvestre y tráe-
melas aquí; y arrancaremos esas
ramas principales que empiezan
a marchitarse, y las echaremos en
el fuego para que se quemen.
8 Y he aquí, dijo el Señor de
la viña, tomaré muchas de estas ramas nuevas y tiernas y las
injertaré donde yo quiera, y no
importa si acaso la raíz de este árbol perece, yo puedo preservar su
fruto para mí; por tanto, tomaré
estas ramas nuevas y tiernas, y las
injertaré donde yo quiera.
9 Toma las ramas del olivo silvestre, e injértalas en [a]lugar de
ellas; y estas que he cortado, las
echaré al fuego y las quemaré, a
fin de que no obstruyan el terreno
de mi viña.
10 Y aconteció que el siervo del
Señor de la viña hizo según la
palabra de su amo, e injertó las
ramas del olivo [a]silvestre.
11 Y el Señor de la viña hizo que
se cavara alrededor, y se podara
y se nutriera, y dijo a su siervo:
Me aflige que tenga que perder
este árbol; por tanto, para que
tal vez pueda yo preservar sus
raíces a fin de que no perezcan y
pueda yo preservarlas para mí,
he hecho esto.
12 Por tanto, ve; cuida el árbol y
nútrelo, según mis palabras.
13 Y estos yo [a]pondré en la
parte más baja de mi viña, donde
bien me parezca, esto no te in-
cumbe; y lo hago a fin de preservar para mí las ramas naturales
del árbol; y también con objeto
de guardar para mí su fruto para
la estación; porque me aflige que
tenga que perder este árbol y su
fruto.
14 Y aconteció que el Señor de
la viña se marchó, y escondió las
ramas naturales del olivo cultivado en las partes más bajas
de la viña, unas en una parte y
otras en otra, según su voluntad
y placer.
15 Y sucedió que pasó mucho
tiempo, y el Señor de la viña dijo
a su siervo: Ven, descendamos a
la viña para que podamos trabajar en ella.
16 Y aconteció que el Señor de la
viña y también su siervo bajaron
a la viña a trabajar; y sucedió que
el siervo dijo a su amo: He aquí,
mira; contempla el árbol.
17 Y ocurrió que el Señor de
la viña miró y vio el árbol en
el que se habían injertado las

7*a* Rom. 11:17, 24.
9*a* Rom. 1:13.
10*a* GEE Gentiles.
13*a* 1 Ne. 10:12.

ramas del olivo silvestre; y había retoñado y comenzado a dar [a]fruto; y vio que era bueno, y su fruto era semejante al fruto natural.
18 Y dijo al siervo: He aquí, las ramas del árbol silvestre han alcanzado la humedad de la raíz, por lo que la raíz ha producido mucha fuerza; y a causa de la mucha fuerza de la raíz, las ramas silvestres han dado fruto cultivado. Así que, si no hubiéramos injertado estas ramas, el árbol habría perecido. Y he aquí, ahora guardaré mucho fruto que el árbol ha producido; y su fruto lo guardaré para mí mismo, para la estación.
19 Y sucedió que el Señor de la viña dijo al siervo: Ven, vamos a la parte más baja de la viña, y veamos si las ramas naturales del árbol no han dado mucho fruto también, a fin de que pueda yo guardar su fruto para la estación, para mí mismo.
20 Y aconteció que fueron a donde el amo había escondido las ramas naturales del árbol, y dijo al siervo: Mira estas; y vio que la [a]primera había dado mucho fruto, y también vio que era bueno. Y dijo al siervo: Toma de su fruto y guárdalo para la estación, a fin de que yo lo preserve para mí mismo; pues, dijo él, lo he nutrido mucho tiempo, y ha producido fruto abundante.
21 Y aconteció que el siervo dijo a su amo: ¿Cómo fue que viniste aquí a plantar este árbol, o esta rama del árbol? Porque he aquí, era el sitio más estéril de todo el terreno de tu viña.
22 Y le dijo el Señor de la viña: No me aconsejes. Yo sabía que era un lugar estéril; por eso te dije que lo he nutrido tan largo tiempo, y tú ves que ha dado mucho fruto.
23 Y aconteció que el Señor de la viña dijo a su siervo: Mira acá, he aquí, he plantado otra rama del árbol también; y tú sabes que esta parte del terreno era peor que la primera. Pero mira el árbol. Lo he nutrido todo este tiempo, y ha producido mucho fruto; por tanto, recógelo y guárdalo para la estación a fin de que yo lo preserve para mí mismo.
24 Y aconteció que el Señor de la viña dijo otra vez a su siervo: Mira acá y ve otra [a]rama que también he plantado; he aquí, también la he nutrido, y ha producido fruto.
25 Y dijo al siervo: Mira hacia acá y ve la última. He aquí, esta la he plantado en terreno [a]bueno, y la he nutrido todo este tiempo; y solo parte del árbol ha dado fruto cultivado, y la [b]otra parte del árbol ha producido fruto silvestre; he aquí, he nutrido este árbol igual que los otros.
26 Y sucedió que el Señor de la viña dijo al siervo: Arranca las ramas que no han producido

17*a* Juan 15:16.
20*a* Jacob 5:39.
24*a* Ezeq. 17:22–24; Alma 16:17; 3 Ne. 15:21–24.
25*a* 1 Ne. 2:20.
b 3 Ne. 10:12–13.

fruto [a]bueno y échalas en el fuego.

27 Mas he aquí, el siervo le dijo: Podémoslo, y cavemos alrededor de él, y nutrámoslo un poco más, a fin de que tal vez te dé buen fruto, para que lo guardes para la estación.

28 Y aconteció que el Señor de la viña y su siervo nutrieron todos los árboles frutales de la viña.

29 Y aconteció que había pasado mucho tiempo, y el Señor de la viña dijo a su [a]siervo: Ven, descendamos a la viña para que trabajemos de nuevo en ella. Porque he aquí, se acerca el [b]tiempo, y el [c]fin viene pronto; por tanto, debo guardar fruto para la estación, para mí mismo.

30 Y sucedió que el Señor de la viña y el siervo descendieron a la viña; y llegaron al árbol cuyas ramas naturales habían sido arrancadas, y se habían injertado las ramas silvestres en su lugar; y he aquí, estaba cargado de toda [a]clase de fruto.

31 Y aconteció que el Señor de la viña probó el fruto, cada clase según su número. Y el Señor de la viña dijo: He aquí, por largo tiempo hemos nutrido este árbol, y he guardado para mí mucho fruto, para la estación.

32 Pero he aquí, esta vez ha producido mucho fruto, y no hay [a]ninguno que sea bueno. Y he aquí, hay toda clase de fruto malo; y no obstante todo nuestro trabajo, de nada me sirve; y me aflige ahora que tenga que perder este árbol.

33 Y el Señor de la viña dijo al siervo: ¿Qué haremos por el árbol, para que de nuevo pueda yo preservar buen fruto de él para mí mismo?

34 Y el siervo dijo a su amo: He aquí, a causa de que injertaste las ramas del olivo silvestre, estas han nutrido sus raíces, de modo que están vivas y no han perecido; por tanto, ves que están buenas todavía.

35 Y aconteció que el Señor de la viña dijo a su siervo: Ningún provecho me deja el árbol, y sus raíces no me benefician nada, en tanto que produzca mal fruto.

36 No obstante, sé que las raíces son buenas; y para mi propio fin las he preservado; y a causa de su mucha fuerza, hasta aquí han producido buen fruto de las ramas silvestres.

37 Mas he aquí, las ramas silvestres han crecido y han [a]sobrepujado a sus raíces; y debido a que las ramas silvestres han sobrepujado a las raíces, ha producido mucho fruto malo; y porque ha producido tanto fruto malo, ves que ya empieza a perecer; y pronto llegará a la madurez para ser echado al fuego, a menos que algo hagamos para preservarlo.

38 Y aconteció que el Señor de la viña dijo a su siervo: Descendamos a los parajes más bajos

26*a* Mateo 7:15–20; Alma 5:36; DyC 97:7.
29*a* DyC 101:55; 103:21.
b GEE Últimos días, postreros días.
c 2 Ne. 30:10; Jacob 6:2.
30*a* GEE Apostasía.
32*a* JS—H 1:19.
37*a* DyC 45:28–30.

de la viña, y veamos si las ramas
naturales han producido también
mal fruto.
39 Y aconteció que descendieron
a los parajes más bajos de la viña.
Y ocurrió que vieron que el fruto
de las ramas naturales se había corrompido también; sí, el [a]primero,
y el segundo, y el último también;
y todos se habían corrompido.
40 Y el fruto [a]silvestre del último
había sobrepujado a esa parte del
árbol que produjo buen fruto, de
tal modo que la rama se había
marchitado y secado.
41 Y aconteció que el Señor de la
viña lloró, y dijo al siervo: [a]¿Qué
más pude haber hecho por mi
viña?
42 He aquí, yo sabía que todo el
fruto de la viña, exceptuando estos, se había corrompido. Y ahora
estos, que en un tiempo habían
producido buen fruto, se han corrompido también; y ahora todos
los árboles de mi viña para nada
sirven sino para ser cortados y
echados en el fuego.
43 Y he aquí que este último,
cuya rama se ha marchitado, lo
planté en un terreno [a]fértil; sí, el
que para mí era el más escogido
de todos los demás parajes de
mi viña.
44 Y tú viste que también de-
rribé lo que [a]obstruía este pedazo
de tierra, a fin de que yo pudiera
plantar este árbol en su lugar.
45 Y viste que parte de él produjo
buen fruto, y parte de él dio fruto silvestre; y porque no le arranqué sus
ramas y las eché al fuego, he aquí,
han sobrepujado a la rama buena de
modo que esta se ha secado.
46 Y ahora bien, he aquí, no obstante todo el cuidado que hemos
dado a mi viña, sus árboles se han
corrompido, de modo que no dan
buen fruto; y yo había esperado
preservar a estos, a fin de haber
guardado su fruto para la estación,
para mí mismo. Mas he aquí, se
han vuelto como el olivo silvestre, y no valen nada sino para ser
[a]cortados y echados al fuego; y
me aflige que tenga que perderlos.
47 ¿Pero qué más pude yo haber hecho en mi viña? ¿He rela-
jado mi mano de modo que no la
he nutrido? No, la he nutrido y
cavado alrededor; la he podado
y abonado; y he [a]extendido la
mano casi todo el día, y el [b]fin se
acerca. Y me aflige que tenga que
talar todos los árboles de mi viña,
y echarlos en el fuego para que
sean quemados. ¿Quién es el que
ha corrompido mi viña?
48 Y acaeció que el siervo dijo
a su amo: ¿No será la altura de
tu viña? ¿No habrán sobrepujado sus ramas a las raíces que
son buenas? Y a causa de que las
ramas han sobrepujado a sus raíces, he aquí que aquellas crecieron más aprisa que la fuerza de
las raíces, tomando fuerza para
sí mismas. He aquí, digo: ¿No

39*a* Jacob 5:20, 23, 25.
40*a* Morm. 6:6–18.
41*a* 2 Ne. 26:24.
43*a* 2 Ne. 1:5.
44*a* Éter 13:20–21.
46*a* 3 Ne. 27:11.
47*a* 2 Ne. 28:32; Jacob 6:4.
b GEE Mundo — El fin del mundo.

será esta la causa de la corrupción de los árboles de tu viña?

49 Y aconteció que el Señor de la viña dijo al siervo: Vayamos y cortemos los árboles de la viña y echémoslos al fuego para que no obstruyan el terreno de mi viña, porque he hecho todo. ¿Qué más pude yo haber hecho por mi viña?

50 Mas he aquí, el siervo dijo al Señor de la viña: Déjala un poco [a]más.

51 Y dijo el Señor: Sí, la dejaré un poco más, porque me aflige que tenga que perder los árboles de mi viña.

52 Por tanto, tomemos algunas de las [a]ramas de estos que he plantado en las partes más bajas de mi viña, e injertémoslas en el árbol del cual procedieron; y arranquemos del árbol esas ramas cuyo fruto es el más amargo, e injertemos en su lugar las ramas naturales del árbol.

53 Y haré esto para que no perezca el árbol, a fin de que quizá preserve sus raíces para mi propio fin.

54 Y he aquí, todavía están vivas las raíces de las ramas naturales del árbol que planté donde me pareció bien; por tanto, a fin de que yo las conserve también para mi propio fin, tomaré de las ramas de este árbol, y las [a]injertaré en ellas. Sí, injertaré en ellas las ramas de su árbol original, para que yo preserve también las raíces para mí, para que cuando lleguen a tener suficiente fuerza tal vez me produzcan buen fruto, y me gloríe aún en el fruto de mi viña.

55 Y aconteció que tomaron del árbol natural que se había vuelto silvestre, e injertaron en los árboles naturales que también se habían vuelto silvestres.

56 Y también tomaron de los árboles naturales que se habían vuelto silvestres, e injertaron en su árbol original.

57 Y el Señor de la viña dijo al siervo: No arranques las ramas silvestres de los árboles, sino aquellas que son las más amargas; y en ellas injertarás de acuerdo con lo que he dicho.

58 Y de nuevo nutriremos los árboles de la viña, y podaremos sus ramas; y arrancaremos de los árboles aquellas ramas que han madurado, que deben perecer, y las echaremos al fuego.

59 Y hago esto para que quizá sus raíces se fortalezcan a causa de su buena calidad; y que, a causa del cambio de ramas, lo bueno sobrepuje a lo malo.

60 Y porque he preservado las ramas naturales y sus raíces, y he injertado nuevamente las ramas naturales en su árbol original y he preservado las raíces de su árbol original, para que quizá los árboles de mi viña produzcan nuevamente buen [a]fruto; y que yo tenga de nuevo gozo en el fruto de mi viña, y tal vez me alegre en extremo porque he

50*a* Jacob 5:27.
52*a* GEE Israel — La congregación de Israel.
54*a* 1 Ne. 15:12–16.
60*a* Isa. 27:6.

preservado las raíces y las ramas
del primer fruto;
61 ve, pues, y llama [a]siervos
para que [b]trabajemos diligentemente con todo nuestro empeño
en la viña, a fin de que podamos
preparar el camino para que yo
produzca otra vez el fruto natural, el cual es bueno y más precioso que cualquier otro fruto.
62 Por tanto, vayamos y trabajemos con nuestra fuerza esta
última vez; porque he aquí, se
acerca el fin, y esta es la última
vez que podaré mi viña.
63 Injerta las ramas; empieza
por las [a]últimas, para que sean las
primeras, y que las primeras sean
las últimas; y cava alrededor de
los árboles, viejos así como nuevos, los primeros y los últimos; y
los últimos y los primeros, a fin
de que todos sean nutridos de
nuevo por la postrera vez.
64 Por tanto, cava alrededor de
ellos, y pódalos, y abónalos de
nuevo por última vez, porque
el fin se acerca. Y si acaso estos
últimos injertos crecen y producen el fruto natural, entonces les
prepararás el camino para que
crezcan.
65 Y a medida que empiecen a
crecer, quitarás las ramas que dan
fruto amargo, según la fuerza y
el tamaño de las buenas; y no
[a]quitarás todas las ramas malas
de una vez, no sea que las raíces
resulten demasiado fuertes para
el injerto, y este perezca, y pierda
yo los árboles de mi viña.
66 Porque me aflige que tenga
que perder los árboles de mi viña;
por tanto, quitarás lo malo a medida que crezca lo bueno, para
que la raíz y la copa tengan igual
fuerza, hasta que lo bueno sobrepuje a lo malo, y lo malo sea talado
y echado en el fuego, a fin de que
no obstruya el terreno de mi viña;
y así barreré lo malo de mi viña.
67 Y de nuevo injertaré las ramas del árbol natural en el árbol
natural;
68 e injertaré las ramas del árbol
natural en las ramas naturales
del árbol; y así las juntaré otra
vez para que produzcan el fruto
natural, y serán uno.
69 Y lo malo será [a]echado fuera,
sí, fuera de todo el terreno de mi
viña; pues he aquí, tan solo esta
vez podaré mi viña.
70 Y aconteció que el Señor de
la viña envió a su [a]siervo, y este
fue e hizo lo que el Señor le había
mandado, y trajo otros siervos; y
eran [b]pocos.
71 Y les dijo el Señor de la
viña: Id y [a]trabajad en la viña
con vuestro poder. Porque he
aquí, esta es la [b]última vez que
nutriré mi viña; porque el fin se
aproxima y la estación viene rápidamente; y si vosotros trabajáis conmigo con vuestro poder,

61*a* Jacob 6:2; DyC 24:19.
b DyC 39:11, 13, 17.
63*a* 1 Ne. 13:42; Éter 13:10–12.
65*a* DyC 86:6–7.
69*a* 1 Ne. 22:15–17, 23; 2 Ne. 30:9–10.
70*a* DyC 101:55; 103:21.
b 1 Ne. 14:12.
71*a* Mateo 21:28; Jacob 6:2–3; DyC 33:3–4.
b DyC 39:17; 43:28–30.

os [c]regocijaréis en el fruto que
recogeré para mí mismo, para el
tiempo que pronto llegará.
72 Y sucedió que los siervos fueron y trabajaron con todas sus fuerzas; y el Señor de la viña también trabajó con ellos; y en todo obedecieron los mandatos del Señor de la viña.
73 Y empezó de nuevo a producirse el fruto natural en la viña; y las ramas naturales comenzaron a crecer y a medrar en sumo grado; y empezaron luego a arrancarse las ramas silvestres y a echarse fuera; y conservaron iguales la raíz y la copa, según su fuerza.
74 Y así trabajaron con toda diligencia, según los mandamientos del Señor de la viña, sí, hasta que lo malo hubo sido echado de la viña, y el Señor hubo logrado para sí que los árboles volviesen nuevamente al fruto natural; y llegaron a ser como [a]un cuerpo; y los frutos fueron iguales, y el Señor de la viña había preservado para sí mismo el fruto natural, que fue sumamente precioso para él desde el principio.
75 Y aconteció que cuando el Señor de la viña vio que su fruto era bueno y que su viña ya no estaba corrompida, llamó a sus siervos y les dijo: He aquí, hemos nutrido mi viña esta última vez; y veis que he obrado según mi voluntad; y he preservado el fruto natural que es bueno, aun como lo fue en el principio. Y [a]benditos sois, porque a causa de que habéis sido diligentes en obrar conmigo en mi viña, y habéis guardado mis mandamientos, y me habéis traído otra vez el fruto [b]natural, de modo que mi viña ya no está más corrompida, y lo malo se ha echado fuera, he aquí, os regocijaréis conmigo a causa del fruto de mi viña.
76 Pues he aquí, por [a]mucho tiempo guardaré del fruto de mi viña para mí mismo, para la estación, la cual se aproxima velozmente; y por la última vez he nutrido mi viña, y la he podado, y he cavado alrededor de ella, y la he abonado; por tanto, guardaré de su fruto para mí mismo, por mucho tiempo, de acuerdo con lo que he hablado.
77 Y cuando llegue la ocasión en que nuevamente vuelva el mal fruto a mi viña, entonces haré recoger lo bueno y lo malo; y lo bueno preservaré para mí, y lo malo arrojaré a su propio lugar. Y entonces viene la [a]estación y el fin; y haré que mi viña sea [b]quemada con fuego.

CAPÍTULO 6

El Señor recobrará a Israel en los últimos días — El mundo será quemado con fuego — Los hombres

71 *c* DyC 18:10–16.
74 *a* DyC 38:27.
75 *a* 1 Ne. 13:37.
b GEE Israel.
76 *a* 1 Ne. 22:24–26.
GEE Milenio.
77 *a* Apoc. 20:2–10; DyC 29:22–24; 43:29–33; 88:110–116.
b GEE Mundo — El fin del mundo.

deben seguir a Cristo para evitar el
lago de fuego y azufre. Aproximada-
mente 544–421 a.C.

Y AHORA bien, he aquí, mis hermanos, como os dije que iba a
profetizar, he aquí, esta es mi profecía: Que las cosas que habló este
profeta [a]Zenós concernientes a los
de la casa de Israel, en las cuales
los comparó a un olivo cultivado,
ciertamente han de acontecer.
2 Y el día en que el Señor de
nuevo extienda su mano por segunda vez para [a]recobrar a su
pueblo será el día, sí, aun la última vez, en que los [b]siervos del
Señor saldrán con [c]potestad de
él para [d]nutrir y podar su [e]viña;
y después de eso, pronto vendrá
el [f]fin.
3 ¡Y cuán benditos los que hayan trabajado diligentemente en
su viña! ¡Y cuán malditos los que
sean echados a su propio lugar!
Y el mundo será [a]quemado con
fuego.
4 ¡Y cuán misericordioso es nuestro Dios para con nosotros!, porque
él se acuerda de la casa de [a]Israel,
de las raíces así como de las ramas;
y les extiende sus [b]manos todo el
día; y son una gente [c]obstinada y
contenciosa; pero cuantos no endurezcan sus corazones serán salvos
en el reino de Dios.
5 Por tanto, amados hermanos
míos, os suplico con palabras
solemnes que os arrepintáis y
vengáis con íntegro propósito
de corazón, y os [a]alleguéis a Dios
como él se allega a vosotros. Y
mientras su [b]brazo de misericordia se extienda hacia vosotros
a la luz del día, no endurezcáis
vuestros corazones.
6 Sí, hoy mismo, si queréis oír
su voz, no endurezcáis vuestros
corazones; pues, ¿por qué queréis [a]morir?
7 Porque he aquí, después de
haber sido nutridos por la buena
palabra de Dios todo el día, ¿pro-
duciréis mal fruto, para que seáis
[a]talados y echados en el fuego?
8 He aquí, ¿rechazaréis estas
palabras? ¿Rechazaréis las palabras de los profetas; y rechazaréis todas las palabras que se
han hablado en cuanto a Cristo,
después que tantos han hablado
acerca de él?, ¿y negaréis la buena
palabra de Cristo y el poder de
Dios y el [a]don del Espíritu Santo,
y apagaréis el Santo Espíritu, y
haréis irrisión del gran plan de
redención que se ha dispuesto
para vosotros?
9 ¿No sabéis que si hacéis estas
cosas, el poder de la redención
y de la resurrección que está en
Cristo os llevará a presentaros

6 1*a* Jacob 5:1.
2*a* 1 Ne. 22:10–12; DyC 110:11. GEE Restauración del Evangelio.
b Jacob 5:61.
c 1 Ne. 14:14.
d Jacob 5:71.
e GEE Viña del Señor.
f 2 Ne. 30:10.
3*a* 2 Ne. 27:2; Jacob 5:77; 3 Ne. 25:1.
4*a* 2 Sam. 7:24.
b Jacob 5:47.
c Mos. 13:29.
5*a* GEE Unidad.
b Alma 5:33–34; 3 Ne. 9:14.
6*a* Ezeq. 18:21–23.
7*a* Alma 5:51–52; 3 Ne. 27:11–12.
8*a* GEE Don del Espíritu Santo.

con vergüenza y con terrible [a]culpa ante el [b]tribunal de Dios?

10 Y según el poder de la [a]justicia, porque la justicia no puede ser negada, tendréis que ir a aquel [b]lago de fuego y azufre, cuyas llamas son inextinguibles y cuyo humo asciende para siempre jamás; y este lago de fuego y azufre es [c]tormento [d]sin fin.

11 ¡Oh amados hermanos míos, arrepentíos, pues, y entrad por la [a]puerta estrecha, y continuad en el camino que es angosto, hasta que obtengáis la vida eterna!

12 ¡Oh, sed [a]prudentes! ¿Qué más puedo decir?

13 Por último, me despido de vosotros, hasta que os vuelva a ver ante el placentero tribunal de Dios, tribunal que hiere al malvado con [a]terrible espanto y miedo. Amén.

CAPÍTULO 7

Sherem niega a Cristo, contiende con Jacob, demanda una señal y es herido por Dios — Todos los profetas han hablado de Cristo y Su expiación — Los nefitas han pasado su vida errantes, nacidos en la tribulación, y aborrecidos por los lamanitas. Aproximadamente 544–421 a.C.

Y ACONTECIÓ que después de transcurrir algunos años, vino entre el pueblo de Nefi un hombre que se llamaba Sherem.

2 Y aconteció que empezó a predicar entre los del pueblo, y a declararles que no habría ningún Cristo; y predicó muchas cosas que lisonjeaban al pueblo; e hizo esto para derribar la doctrina de Cristo.

3 Y trabajó diligentemente para desviar el corazón del pueblo, a tal grado que desvió a muchos corazones; y sabiendo él que yo, Jacob, tenía fe en Cristo, que había de venir, buscó mucho una oportunidad para verse conmigo.

4 Y era un hombre instruido, pues tenía un conocimiento perfecto de la lengua del pueblo; por tanto, podía emplear mucha lisonja y mucha elocuencia, según el poder del diablo.

5 Y tenía la esperanza de desprenderme de la fe, a pesar de las muchas [a]revelaciones y lo mucho que yo había visto concerniente a estas cosas; porque yo en verdad había visto ángeles, y me habían ministrado. Y también había oído la voz del Señor hablándome con sus propias palabras de cuando en cuando; por tanto, yo no podía ser descarriado.

6 Y aconteció que me vino a ver, y de esta manera me habló, diciendo: Hermano Jacob, mucho he buscado la oportunidad

9*a* Mos. 15:26.
GEE Culpa.
b GEE Juicio final.
10*a* GEE Justicia.
b 2 Ne. 28:23.
GEE Infierno.
c GEE Condenación, condenar.
d DyC 19:10–12.
11*a* 2 Ne. 9:41.
12*a* Morm. 9:28.
13*a* Alma 40:14.
7 5*a* 2 Ne. 11:3; Jacob 2:11.

para hablar contigo, porque he
oído, y también sé, que mucho
andas, predicando lo que llamas el
evangelio o la doctrina de Cristo.
7 Y has desviado a muchos de
los de este pueblo, de manera que
pervierten la vía correcta de Dios
y no [a]guardan la ley de Moisés,
que es la vía correcta; y conviertes
la ley de Moisés en la adoración
de un ser que dices vendrá
de aquí a muchos siglos. Y ahora
bien, he aquí, yo, Sherem, te declaro
que esto es una blasfemia,
pues nadie sabe en cuanto a tales
cosas; porque nadie [b]puede
declarar lo que está por venir. Y
así era como Sherem contendía
contra mí.
8 Mas he aquí que el Señor Dios
derramó su [a]Espíritu en mi alma,
de tal modo que lo confundí en
todas sus palabras.
9 Y le dije: ¿Niegas tú al Cristo
que ha de venir? Y él dijo: Si hubiera
un Cristo, no lo negaría;
mas sé que no hay Cristo, ni lo ha
habido, ni jamás lo habrá.
10 Y le dije: ¿Crees tú en las Escrituras?
Y dijo él: Sí.
11 Y le dije yo: Entonces no las
entiendes; porque en verdad testifican
de Cristo. He aquí, te digo
que ninguno de los profetas ha
escrito ni [a]profetizado sin que
haya hablado concerniente a este
Cristo.
12 Y esto no es todo. Se me ha
manifestado, porque he oído y
visto; y también me lo ha manifestado
el [a]poder del Espíritu
Santo; por consiguiente, yo sé
que si no se efectuara una expiación,
se [b]perdería todo el género
humano.
13 Y aconteció que me dijo:
Muéstrame una [a]señal mediante
este poder del Espíritu Santo, por
medio del cual sabes tanto.
14 Y le dije: ¿Quién soy yo para
que tiente a Dios para que te
muestre una señal en esto que
tú sabes que es [a]verdad? Sin embargo,
la negarás, porque eres
del [b]diablo. No obstante, no sea
hecha mi voluntad; mas si Dios
te hiriere, séate por señal de que
él tiene poder tanto en el cielo
como en la tierra; y también de
que Cristo vendrá. ¡Y sea hecha tu
voluntad, oh Señor, y no la mía!
15 Y sucedió que cuando yo, Jacob,
hube hablado estas palabras,
el poder del Señor vino sobre él,
de tal modo que cayó a tierra. Y
sucedió que fue alimentado por
el espacio de muchos días.
16 Y aconteció que él dijo al
pueblo: Reuníos mañana, porque
voy a morir; por tanto, deseo
hablar al pueblo antes que
yo muera.
17 Y aconteció que a la mañana
siguiente la multitud se hallaba

7*a* Jacob 4:5.
b Alma 30:13.
8*a* GEE Inspiración, inspirar.
11*a* Apoc. 19:10; 1 Ne. 10:5; Jacob 4:4; Mos. 13:33–35; DyC 20:26. GEE Jesucristo.
12*a* GEE Espíritu Santo; Trinidad—Dios el Espíritu Santo.
b 2 Ne. 2:21.
13*a* Mateo 16:1–4; Alma 30:43–60. GEE Señal.
14*a* Alma 30:41–42.
b Alma 30:53.

reunida; y les habló claramente
y negó las cosas que les había
enseñado, y confesó al Cristo y
el poder del Espíritu Santo y la
ministración de ángeles.
18 Y les dijo claramente que había sido [a]engañado por el poder
del [b]diablo. Y habló del infierno,
y de la eternidad, y del castigo
eterno.
19 Y dijo: Temo que haya cometido el [a]pecado imperdonable,
pues he mentido a Dios; porque
negué al Cristo, y dije que creía
en las Escrituras, y estas en verdad testifican de él. Y porque he
mentido a Dios de este modo,
temo mucho que mi situación sea
[b]terrible; pero me confieso a Dios.
20 Y acaeció que después que
hubo dicho estas palabras, no
pudo hablar más, y [a]entregó el
espíritu.
21 Y cuando los de la multitud hubieron presenciado que él
había dicho estas cosas cuando
estaba a punto de entregar el espíritu, se asombraron en extremo;
tanto así que el poder de Dios
descendió sobre ellos, y fueron
[a]dominados de modo que cayeron a tierra.
22 Y ahora bien, esto me com-
plació a mí, Jacob, porque lo
había pedido a mi Padre que
estaba en el cielo; pues él había
oído mi clamor y contestado mi
oración.
23 Y sucedió que la paz y el
amor de Dios nuevamente se
restablecieron entre el pueblo; y
[a]escudriñaron las Escrituras; y no
hicieron más caso de las palabras
de este hombre inicuo.
24 Y aconteció que se idearon
muchos medios para [a]rescatar
a los lamanitas y restaurarlos al
conocimiento de la verdad; mas
todo fue en [b]vano, porque se deleitaban en [c]guerras y en el [d]derra-
mamiento de sangre, y abrigaban
un [e]odio eterno contra nosotros,
sus hermanos; y de continuo buscaban el modo de destruirnos por
el poder de sus armas.
25 Por tanto, el pueblo de Nefi
se fortificó contra ellos con sus
armas y con todo su poder, confiando en el Dios y [a]roca de su
salvación; por tanto, pudieron ser,
hasta el momento, vencedores de
sus enemigos.
26 Y aconteció que yo, Jacob,
empecé a envejecer; y como la
historia de este pueblo se lleva en
las [a]otras planchas de Nefi, concluyo, por tanto, esta relación, declarando que la he escrito según
mi mejor conocimiento, diciendo
que el tiempo se nos ha pasado,
y nuestras [b]vidas también han
pasado como si fuera un sueño,

18*a* Alma 30:53.
GEE Engañar, engaño.
b GEE Diablo.
19*a* GEE Pecado imperdonable.
b Mos. 15:26.
20*a* Jer. 28:15–17.
21*a* Alma 19:6.
23*a* Alma 17:2.
24*a* Enós 1:20.
b Enós 1:14.
c Mos. 10:11–18.
d Jarom 1:6;
Alma 26:23–25.
e 2 Ne. 5:1–3;
Mos. 28:2.
25*a* GEE Roca.
26*a* 1 Ne. 19:1–6;
Jarom 1:14–15.
GEE Planchas.
b Stg. 4:14.

pues somos un pueblo solitario
y solemne, errantes, desterrados
de Jerusalén, nacidos en la tribulación, en un desierto, y aborrecidos por nuestros hermanos,
cosa que ha provocado guerras y
contenciones; de manera que nos
hemos lamentado en el curso de
nuestras vidas.
27 Y yo, Jacob, vi que pronto tendría que descender al sepulcro.
Por tanto, dije a mi hijo [a]Enós:
Toma estas planchas. Y le declaré
lo que mi hermano Nefi me había
[b]mandado, y prometió obedecer
los mandamientos. Y doy fin a
mis escritos sobre estas planchas,
y lo que he escrito ha sido poco;
y me despido del lector, esperando que muchos de mis hermanos lean mis palabras. Adiós,
hermanos.

EL LIBRO DE ENÓS

Enós ora con potente oración y logra el perdón de sus pecados — La voz del Señor penetra su mente, y le promete salvación para los lamanitas en un día futuro — Los nefitas procuran restaurar a los lamanitas — Enós se regocija en su Redentor. Aproximadamente 420 a.C.

HE aquí, aconteció que yo,
[a]Enós, sabía que mi padre
[b]era un varón justo, pues me [c]ins-
truyó en su idioma y también me
crio en [d]disciplina y amonestación
del Señor —y bendito sea el nombre de mi Dios por ello—
2 y os diré de la [a]lucha que tuve
ante Dios, antes de recibir la [b]re-
misión de mis pecados.
3 He aquí, salí a cazar bestias en
los bosques; y las palabras que
frecuentemente había oído a mi
padre hablar, en cuanto a la vida
eterna y el [a]gozo de los santos,
[b]penetraron mi corazón profundamente.
4 Y mi alma tuvo [a]hambre; y
me [b]arrodillé ante mi Hacedor,
y clamé a él con potente [c]oración
y súplica por mi propia alma;
y clamé a él todo el día; sí, y
cuando anocheció, aún elevaba
mi voz en alto hasta que llegó a
los cielos.
5 Y vino a mí una [a]voz, diciendo:
Enós, tus pecados te son perdonados, y serás bendecido.
6 Y yo, Enós, sabía que Dios no

27*a* Enós 1:1.
b Jacob 1:1–4.

[ENÓS]
1 1*a* GEE Enós hijo de Jacob.
b 2 Ne. 2:2–4.
c 1 Ne. 1:1–2.
d Efe. 6:4.

2*a* Gén. 32:24–32; Alma 8:10. GEE Arrepentimiento, arrepentirse.
b GEE Remisión de pecados.
3*a* GEE Gozo.
b 1 Ne. 10:17–19; Alma 36:17–21.
4*a* 2 Ne. 9:51; 3 Ne. 12:6.
b GEE Reverencia.
c GEE Oración.
5*a* GEE Revelación.

podía mentir; por tanto, mi culpa
fue expurgada.
7 Y dije yo: Señor, ¿cómo se lleva
esto a efecto?
8 Y él me dijo: Por tu [a]fe en
Cristo, a quien nunca jamás has
oído ni visto. Y pasarán muchos
años antes que él se manifieste
en la carne; por tanto, ve, tu fe te
ha [b]salvado.
9 Ahora bien, sucedió que
cuando hube oído estas palabras,
empecé a [a]anhelar el bienestar
de mis hermanos los nefitas; por
tanto, [b]derramé toda mi alma a
Dios por ellos.
10 Y mientras así me hallaba lu-
chando en el espíritu, he aquí, la
voz del Señor de nuevo penetró
mi [a]mente, diciendo: Visitaré a tus
hermanos según su diligencia en
guardar mis mandamientos. Les
he [b]dado esta tierra, y es una tierra santa; y no la [c]maldigo sino
por causa de iniquidad. Por tanto,
visitaré a tus hermanos según lo
que he dicho; y sus transgresiones haré bajar con dolor sobre su
propia cabeza.
11 Y después que yo, Enós, hube
oído estas palabras, mi fe en el Señor empezó a ser inquebrantable;
y oré a él con mucho y prolongado ahínco por mis hermanos,
los lamanitas.
12 Y aconteció que después que
hube [a]orado y me hube afanado
con toda diligencia, me dijo el Señor: Por tu fe, te concederé conforme a tus [b]deseos.
13 Y ahora bien, he aquí, este
era el deseo que anhelaba de él:
Que si acaso mi pueblo, el pueblo
nefita, cayera en transgresión, y
fuera de algún modo [a]destruido,
y los lamanitas no lo fueran, que
el Señor Dios [b]preservara una
historia de mi pueblo, los nefitas,
aun cuando fuera por el poder de
su santo brazo, para que algún
día futuro fuera [c]llevada a los lamanitas, para que tal vez fueran
[d]conducidos a la salvación;
14 porque por ahora nuestros
esfuerzos para restaurarlos a la
verdadera fe han sido en [a]vano.
Y juraron en su ira que, de ser
posible, [b]destruirían nuestros anales junto con nosotros, y también
todas las tradiciones de nuestros
padres.
15 Por tanto, sabiendo yo que
el Señor Dios podía [a]preservar
nuestros anales, le suplicaba continuamente, pues él me había
dicho: Cualquier cosa que pidas
con fe, creyendo que recibirás
en el nombre de Cristo, la obtendrás.
16 Y yo tenía fe, y le imploré al

8*a* Éter 3:12–13.
GEE Fe.
b Mateo 9:22.
9*a* 1 Ne. 8:12;
Alma 36:24.
b 2 Ne. 33:3;
P. de Morm. 1:8;
Alma 34:26–27.
10*a* GEE Inspiración,
inspirar; Mente.
b 1 Ne. 2:20.
c Éter 2:7–12.
12*a* Morm. 5:21; 9:36.
b Sal. 37:4;
1 Ne. 7:12;
Hel. 10:5.
13*a* Morm. 6:1, 6.
b P. de Morm. 1:6–11;
Alma 37:2.
c Alma 37:19;
Éter 12:22; DyC 3:18.
d Alma 9:17.
14*a* Jacob 7:24.
b Morm. 6:6.
15*a* GEE Escrituras — Las
Escrituras deben
preservarse.

Señor que [a]preservara los [b]anales;
e hizo convenio conmigo de que
los [c]haría llegar a los lamanitas en
el propio y debido tiempo de él.
17 Y yo, Enós, sabía que se haría
según el convenio que él había
hecho; por tanto, mi alma quedó
tranquila.
18 Y me dijo el Señor: Tus padres también me han solicitado
esto; y les será concedido según
su fe; porque su fe fue semejante
a la tuya.
19 Y sucedió que yo, Enós, an-
duve entre el pueblo de Nefi, profetizando de cosas venideras y
dando testimonio de las cosas que
yo había oído y visto.
20 Y testifico que el pueblo de
Nefi procuró diligentemente restaurar a los lamanitas a la verdadera fe en Dios. Pero nuestros
[a]esfuerzos fueron en vano, pues
su odio era implacable, y se dejaron llevar de su mala naturaleza, por lo que se hicieron
salvajes y feroces, y una gente
[b]sanguinaria, llena de [c]idolatría
e inmundicia, alimentándose de
animales de rapiña, viviendo en
tiendas y andando errantes por
el desierto, con una faja corta
de piel alrededor de los lomos,
y con la cabeza afeitada; y su
destreza se hallaba en el [d]arco,
en la cimitarra y en el hacha. Y
muchos de ellos no comían más
que carne cruda; y de continuo
trataban de destruirnos.
21 Y aconteció que el pueblo de
Nefi cultivó la tierra, y [a]produjo
toda clase de granos y de frutos, y
crio rebaños de reses, y manadas
de toda clase de ganado, y cabras
y cabras monteses, y también muchos caballos.
22 Y hubo muchísimos [a]profetas
entre nosotros; y la gente era [b]obs-
tinada y dura de entendimiento.
23 Y no había nada, salvo un
extremado [a]rigor, [b]predicación y
profecías de guerras y contiendas
y destrucciones, y [c]recordándoles
continuamente la muerte, y la
duración de la eternidad, y los
juicios y poder de Dios, y todas
estas cosas, agitándolos [d]cons-
tantemente para mantenerlos
en el temor del Señor. Y digo
que nada, salvo estas cosas y
mucha claridad en el habla, podría evitar que se precipitaran
rápidamente a la destrucción. Y
de esta manera es como escribo
acerca de ellos.
24 Y vi guerras entre los nefitas y los lamanitas en el curso de
mis días.
25 Y sucedió que empecé a envejecer; y ya habían transcurrido
ciento setenta y nueve años desde
el tiempo en que nuestro padre
Lehi [a]salió de Jerusalén.
26 Y vi que pronto tendría que

16*a* 3 Ne. 5:13–15; DyC 3:19–20; 10:46–50.
b GEE Libro de Mormón.
c 2 Ne. 27:6.
20*a* Moro. 9:6.
b Jarom 1:6.
c Mos. 9:12. GEE Idolatría.
d Mos. 10:8.
21*a* Mos. 9:9.
22*a* P. de Morm. 1:16–18.
b Jarom 1:3.
23*a* 1 Ne. 16:2; 2 Ne. 33:5.
b GEE Predicar.
c Hel. 12:3.
d Jarom 1:12; Alma 31:5.
25*a* 1 Ne. 2:2–4.

descender a mi sepultura, habiendo sido influido por el poder de Dios a predicar y a profetizar a este pueblo y declarar la palabra según la verdad que está en Cristo; y la he declarado todos mis días, y en ello me he regocijado más que en lo del mundo.
27 Y pronto iré al lugar de mi [a]reposo, que es con mi Redentor, porque sé que en él reposaré. Y me regocijo en el día en que mi ser [b]mortal se vestirá de [c]inmortalidad, y estaré delante de él; entonces veré su faz con placer, y él me dirá: Ven a mí, tú, que bendito eres; hay un lugar preparado para ti en las [d]mansiones de mi Padre. Amén.

EL LIBRO DE JAROM

Los nefitas guardan la ley de Moisés, miran adelante hacia la venida de Cristo y prosperan en la tierra — Muchos profetas trabajan con diligencia para conservar al pueblo en el camino de la verdad. Aproximadamente 399–361 a.C.

AHORA bien, he aquí, yo, Jarom, escribo unas pocas palabras de acuerdo con el mandato de mi padre, Enós, para que sea preservada nuestra [a]genealogía.
2 Y como [a]estas planchas son [b]pequeñas, y ya que estas cosas se [c]escriben con el propósito de beneficiar a nuestros hermanos los [d]lamanitas, es preciso, pues, que escriba un poco; pero no escribiré lo de mis profecías ni de mis revelaciones. Pues, ¿qué más podría yo escribir de lo que mis padres han escrito? ¿Acaso no han revelado ellos el plan de salvación? Os digo que sí; y esto me basta.
3 He aquí, conviene que se haga mucho entre este pueblo, a causa de la dureza de sus corazones, y la sordera de sus oídos, y la ceguedad de sus mentes, y la [a]dureza de sus cervices; no obstante, Dios es misericordioso en sumo grado con ellos, y hasta ahora no los ha [b]barrido de la superficie de la tierra.
4 Y hay muchos entre nosotros que reciben muchas [a]revelaciones, porque no todos son obstinados. Y todos los que no son de dura cerviz, y tienen fe, gozan de [b]comunión con el Santo Espíritu, el cual se manifiesta a los hijos de los hombres según su fe

27*a* GEE Descansar, descanso (reposo).
b GEE Mortal, mortalidad.
c GEE Inmortal, inmortalidad.
d Juan 14:2–3; Éter 12:32–34; DyC 72:4; 98:18.

[JAROM]
1 1*a* 1 Ne. 3:12; 5:14.
2*a* Jacob 3:14; Omni 1:1.
b 1 Ne. 6.
c GEE Escrituras — El valor de las Escrituras.
d 2 Ne. 27:6; Morm. 5:12.

3*a* Enós 1:22–23.
b Éter 2:8–10.
4*a* Alma 26:22; Hel. 11:23; DyC 107:18–19. GEE Revelación.
b GEE Espíritu Santo.

5 Y ahora bien, he aquí, habían
pasado ya doscientos años, y el
pueblo de Nefi se había hecho
fuerte en el país. Se esforzaban
por [a]guardar la ley de Moisés y
santificar el día de [b]reposo ante
el Señor. Y no [c]profanaban ni
tampoco [d]blasfemaban; y las leyes del país eran sumamente
estrictas.
6 Y estaban esparcidos sobre
gran parte de la superficie de la
tierra, y los lamanitas también. Y
estos eran mucho más numerosos
que los nefitas, y se deleitaban en
el [a]asesinato y bebían la sangre de
animales.
7 Y sucedió que muchas veces
vinieron a la batalla contra nosotros, los nefitas. Pero nuestros
[a]reyes y dirigentes eran grandes
hombres en la fe del Señor; y enseñaron a la gente las vías del
Señor; por lo tanto, resistimos a
los lamanitas y los lanzamos de
nuestras [b]tierras, y empezamos a
fortificar nuestras ciudades, y los
sitios de nuestra herencia, cualesquiera que fuesen.
8 Y nos multiplicamos en sumo
grado, y nos extendimos sobre
la superficie de la tierra, y llegamos a ser sumamente ricos en
oro, y en plata y en cosas preciosas, y en finas obras de madera,
en edificios, y en mecanismos,
y también en hierro y cobre, y
en bronce y acero, elaborando
todo género de herramientas de
varias clases para cultivar la tierra, y [a]armas de guerra, sí, la flecha puntiaguda, y la aljaba, y el
dardo, y la jabalina y todo pre-
parativo para la guerra.
9 Y estando así preparados para
hacer frente a los lamanitas, estos
no prevalecieron contra nosotros,
sino que se cumplió la palabra
que el Señor habló a nuestros padres, diciendo: Según guardéis
mis mandamientos, prosperaréis
en la tierra.
10 Y aconteció que los profetas
del Señor amonestaron al pueblo de Nefi, según la palabra
de Dios, que si ellos no guardaban los mandamientos, sino
que caían en transgresión, serían [a]destruidos de sobre la faz
de la tierra.
11 Por tanto, los profetas y los
sacerdotes y los maestros trabajaron diligentemente, exhortando con toda longanimidad
al pueblo a la diligencia, enseñando la [a]ley de Moisés y el
objeto para el cual fue dada, per-
suadiéndolos a [b]mirar adelante
hacia el Mesías y a creer en su
venida [c]como si ya se hubiese

5*a* 2 Ne. 25:24; Alma 34:13–14.
b Éx. 35:2. GEE Día de reposo.
c GEE Profanidad.
d GEE Blasfemar, blasfemia.
6*a* Jacob 7:24; Enós 1:20.
7*a* Jacob 1:9, 11, 15.
b P. de Morm. 1:14.
8*a* Mos. 10:8.
10*a* 1 Ne. 12:19–20; Omni 1:5.
11*a* Jacob 4:5; Alma 25:15–16.
b La expresión en inglés "look forward to" que se traduce aquí significa tanto esperar anhelosamente en Cristo como mirar hacia lo futuro a Cristo. Véase 2 Ne. 11:4; Éter 12:18–19.
c 2 Ne. 25:24–27; Mos. 3:13; 16:6.

verificado. Y fue de esta manera como les enseñaron.

12 Y sucedió que por obrar así, evitaron que los del pueblo fuesen [a]destruidos de sobre la faz de la tierra; pues [b]compungieron sus corazones con la palabra, exhortándolos sin cesar a que se arrepintieran.

13 Y aconteció que habían transcurrido doscientos treinta y ocho años en guerras y contiendas y disensiones, durante gran parte del tiempo.

14 Y yo, Jarom, no escribo más, porque las planchas son pequeñas. Pero he aquí, hermanos míos, podéis recurrir a las [a]otras planchas de Nefi, pues he aquí, sobre ellas está grabada la historia de nuestras guerras, según los escritos de los reyes, o lo que ellos hicieron escribir.

15 Y entrego estas planchas en manos de mi hijo Omni, para que se lleven según los [a]mandamientos de mis padres.

EL LIBRO DE OMNI

Omni, Amarón, Quemis, Abinadom y Amalekí, cada uno, a su vez, llevan los anales — Mosíah descubre el pueblo de Zarahemla, el cual había llegado de Jerusalén en la época de Sedequías — Mosíah es nombrado rey — Los mulekitas habían descubierto a Coriántumr, el último de los jareditas — El rey Benjamín sucede a Mosíah — Los hombres deben ofrecer su alma como ofrenda a Cristo. Aproximadamente 323–130 a.C.

HE aquí, sucedió que yo, Omni, habiéndome mandado mi padre Jarom que escribiera algo sobre estas planchas, para preservar nuestra genealogía,

2 quisiera, por tanto, que supieseis que durante el curso de mi vida combatí mucho con la espada para preservar a mi pueblo, los nefitas, de caer en manos de los lamanitas, sus enemigos. Mas he aquí, en cuanto a mí, yo soy inicuo, y no he guardado los estatutos y mandamientos del Señor como debía haberlo hecho.

3 Y sucedió que habían transcurrido doscientos setenta y seis años, y habíamos tenido muchas épocas de paz; y habíamos tenido muchas épocas de serias guerras y derramamiento de sangre. Sí, y en fin habían pasado doscientos ochenta y dos años, y yo había guardado estas planchas según los [a]mandatos de mis padres; y las entregué a mi hijo Amarón. Y así termino.

4 Y ahora yo, Amarón, escribo las cosas que vaya a escribir, y

12*a* Éter 2:10.
b Alma 31:5.
14*a* 1 Ne. 9:2–4.
15*a* Jacob 1:1–4.
[OMNI]
1 3*a* Jacob 1:1–4; Jarom 1:15.

que son pocas, en el libro de mi
padre.
5 He aquí, sucedió que habían
pasado ya trescientos veinte años,
y la parte más inicua de los nefitas
fue [a]destruida.
6 Porque el Señor no quiso permitir, después que los hubo sacado de la tierra de Jerusalén, y guardado y preservado de caer en las manos de sus enemigos, sí, no quiso permitir que dejasen de verificarse las palabras que habló a nuestros padres, diciendo: Si no guardáis mis mandamientos, no prosperaréis en la tierra.
7 Por tanto, el Señor los visitó con grandes juicios; no obstante, preservó a los justos para que no perecieran, y los libró de las manos de sus enemigos.
8 Y sucedió que entregué las
planchas a mi hermano Quemis.
9 Ahora yo, Quemis, lo poco que
escribo lo hago en el mismo libro que mi hermano; pues he aquí, vi que lo último que escribió, él lo escribió de su propia mano; y lo escribió el mismo día en que me lo entregó. Y de este modo llevamos los anales, porque es según los mandamientos de nuestros padres. Y así termino.
10 He aquí, yo, Abinadom, soy
hijo de Quemis. He aquí, sucedió que vi mucha guerra y contención entre mi pueblo, los nefitas, y los lamanitas; y con mi propia espada he quitado la vida a muchos de los lamanitas en defensa de mis hermanos.
11 Y he aquí, la historia de este
pueblo está grabada sobre planchas que guardan los reyes, según las generaciones; y yo no sé de ninguna revelación salvo lo que se ha escrito, ni profecía tampoco; por tanto, es suficiente lo que está escrito. Y con esto concluyo.
12 He aquí, soy Amalekí hijo de
Abinadom. He aquí, os hablaré algo concerniente a Mosíah, que fue hecho rey de la tierra de Zarahemla; pues he aquí, le advirtió el Señor que huyera de la tierra de [a]Nefi, y que cuantos quisieran escuchar la voz del Señor también deberían [b]partir de la tierra con él hacia el desierto.
13 Y sucedió que obró según
el Señor le había mandado. Y cuantos quisieron escuchar la voz del Señor salieron de la tierra para el desierto, y fueron conducidos por muchas predicaciones y profecías. Y continuamente fueron amonestados por la palabra de Dios, y guiados por el poder de su brazo a través del desierto, hasta que llegaron a la tierra que se llama la tierra de Zarahemla.
14 Y descubrieron a un pue-
blo llamado el pueblo de [a]Zarahemla. Ahora bien, hubo gran alegría entre el pueblo de Zarahemla; y también Zarahemla se regocijó en extremo porque el

5*a* Jarom 1:9–10.
12*a* 2 Ne. 5:6–9.
b Jacob 3:4.
14*a* GEE Zarahemla.

Señor había enviado al pueblo de Mosíah con las [b]planchas de bronce que contenían los anales de los judíos.

15 Y he aquí, sucedió que Mosíah descubrió que la [a]gente de Zarahemla había salido de Jerusalén en la época en que [b]Sedequías, rey de Judá, fue llevado cautivo a Babilonia.

16 Y viajaron por el desierto, y la mano del Señor los condujo, a través de las grandes aguas, a la tierra donde Mosíah los encontró; y allí habían morado desde aquel tiempo.

17 Y en la época en que Mosíah los descubrió, habían llegado a ser numerosos en extremo. No obstante, habían tenido muchas guerras y graves contiendas, y de cuando en cuando habían caído por la espada; y su idioma se había corrompido, y no habían llevado [a]anales consigo, y negaban la existencia de su Creador; y ni Mosíah ni su pueblo podían entenderlos.

18 Pero aconteció que Mosíah hizo que se les enseñara su idioma. Y sucedió que después de haber sido instruidos en el idioma de Mosíah, Zarahemla dio una genealogía de sus padres, según su memoria; y está escrita, mas no en estas planchas.

19 Y aconteció que el pueblo de Zarahemla y el de Mosíah se [a]unieron; y [b]Mosíah fue nombrado para ser su rey.

20 Y aconteció que en los días de Mosíah se le trajo una piedra grande con grabados; y él [a]interpretó los grabados por el don y poder de Dios.

21 Y relataban la historia de un tal [a]Coriántumr y la matanza de su pueblo. Y el pueblo de Zarahemla descubrió a Coriántumr; y vivió con ellos por el término de nueve lunas.

22 También relataban algunas palabras acerca de los padres de Coriántumr. Y sus primeros padres vinieron de la [a]torre, en la ocasión en que el Señor [b]confundió el lenguaje del pueblo; y el rigor del Señor cayó sobre ellos, de acuerdo con sus juicios, que son justos; y sus [c]huesos se hallan esparcidos en la tierra del norte.

23 He aquí yo, Amalekí, nací en los días de Mosíah, y he vivido hasta ver su muerte; y su hijo [a]Benjamín reina en su lugar.

24 Y he aquí, he visto una guerra seria en los días del rey Benjamín, y mucho derramamiento de sangre entre nefitas y lamanitas. Mas he aquí, que los nefitas los superaron en gran manera; sí, a tal grado que el rey Benjamín arrojó a los lamanitas de la tierra de Zarahemla.

25 Y aconteció que empecé a

14*b* 1 Ne. 3:3, 19–20; 5:10–22.
15*a* Mos. 25:2.
b Jer. 39:1–10; Hel. 8:21.
17*a* Mos. 1:2–6.
19*a* Mos. 25:13.
b Omni 1:12.
20*a* Mos. 8:13–19. GEE Vidente.
21*a* Éter 12:1. GEE Coriántumr.
22*a* Éter 1:1–5.
b Gén. 11:6–9; Mos. 28:17; Éter 1:33.
c Mos. 8:8.
23*a* P. de Morm. 1:3.

envejecer; y no teniendo descendencia, y sabiendo que el rey [a]Benjamín es un varón justo ante el Señor, le [b]entregaré, por tanto, estas planchas, exhortando a todos los hombres a que vengan a Dios, el Santo de Israel, y crean en la profecía y en revelaciones y en la ministración de ángeles, en el don de hablar en lenguas, en el don de interpretación de lenguas, y en todas las cosas que son [c]buenas; porque nada hay, que sea bueno, que no venga del Señor; y lo que es malo viene del diablo.

26 Y ahora bien, mis amados hermanos, quisiera que [a]vinieseis a Cristo, el cual es el Santo de Israel, y participaseis de su salvación y del poder de su redención. Sí, venid a él y [b]ofrecedle vuestras almas enteras como [c]ofrenda, y continuad [d]ayunando y orando, y perseverad hasta el fin; y así como vive el Señor, seréis salvos.

27 Y ahora quisiera decir algo concerniente a cierto grupo que fue al desierto para volver a la tierra de Nefi; porque había muchos que deseaban poseer la tierra de su herencia.

28 De modo que partieron para el desierto. Y su caudillo, siendo un hombre fuerte, poderoso y obstinado, provocó, por tanto, una contienda entre ellos; y todos, menos cincuenta, fueron [a]muertos en el desierto, y estos retornaron a la tierra de Zarahemla.

29 Y aconteció que también llevaron consigo a otros, hasta un número considerable, y otra vez emprendieron su viaje para el desierto.

30 Y yo, Amalekí, tenía un hermano que también fue con ellos; y desde entonces nada he sabido de ellos. Y estoy para descender a mi sepultura; y [a]estas planchas están llenas. Y doy fin a mi narración.

LAS PALABRAS DE MORMÓN

Mormón compendia las planchas mayores de Nefi — Coloca las planchas menores junto con las otras planchas — El rey Benjamín establece la paz en la tierra. Aproximadamente 385 d.C.

Y AHORA bien, yo, [a]Mormón, estando a punto de entregar en manos de mi hijo Moroni los anales que he estado haciendo, he aquí que he presenciado casi

25*a* P. de Morm. 1:17–18; Mos. 29:13.
b P. de Morm. 1:10.
c Alma 5:40; Éter 4:12; Moro. 7:15–17.
26*a* Jacob 1:7; Alma 29:2; Moro. 10:32.
b GEE Sacrificios.
c 3 Ne. 9:20.
d GEE Ayunar, ayuno.
28*a* Mos. 9:1–4.
30*a* 1 Ne. 6.

[PALABRAS DE MORMÓN]
1 1*a* 3 Ne. 5:9–12; Morm. 1:1–4; 8:1, 4–5. GEE Mormón, profeta nefita.

toda la destrucción de mi pueblo, los nefitas.

2 Y es después de [a]muchos siglos de la venida de Cristo, cuando entrego estos anales en manos de mi hijo; y supongo que él presenciará la completa destrucción de los de mi pueblo. Pero Dios conceda que él les sobreviva, a fin de que escriba algo concerniente a ellos, y un poco concerniente a Cristo, para que tal vez algún día pueda [b]beneficiarlos.

3 Y ahora hablo algo referente a lo que he escrito; porque después que hube hecho un [a]compendio de las [b]planchas de Nefi, hasta el reinado de este rey Benjamín, del cual habló Amalekí, busqué entre los [c]anales que habían sido entregados en mis manos, y encontré estas planchas que contenían esta breve narración de los profetas, desde Jacob hasta el reinado de este rey [d]Benjamín, y también muchas de las palabras de Nefi.

4 Y [a]complacido con las cosas que se hallan escritas en estas planchas, a causa de las profecías de la venida de Cristo, y sabiendo mis padres que muchas de ellas se han cumplido — sí, y yo también sé que se han cumplido cuantas cosas se han profetizado concernientes a nosotros hasta el día de hoy, y cuantas se extienden más allá de este día ciertamente se cumplirán,

5 escogí, por tanto, [a]estas cosas para concluir mi relato sobre ellas, y tomaré de las [b]planchas de Nefi este resto de mi registro; y no puedo escribir ni la [c]centésima parte de las cosas de mi pueblo.

6 Mas he aquí, tomaré estas planchas que contienen estas profecías y revelaciones, y las pondré con el resto de mis anales, porque me son preciosas, y sé que serán preciosas para mis hermanos.

7 Y hago esto para un [a]sabio propósito; pues así se me susurra, de acuerdo con las impresiones del Espíritu del Señor que está en mí. Y ahora bien, no sé todas las cosas; mas el Señor [b]sabe todas las cosas que han de suceder; por tanto, él obra en mí para que yo proceda conforme a su voluntad.

8 Y mi [a]oración a Dios es concerniente a mis hermanos, que ellos vuelvan una vez más al conocimiento de Dios, sí, la redención de Cristo, para que de nuevo sean un pueblo [b]deleitable.

9 Y ahora yo, Mormón, procedo a concluir mis anales, los cuales tomo de las planchas de Nefi; y lo hago según el saber y

2*a* Morm. 6:5–6.
b DyC 3:16–20.
3*a* DyC 10:44.
b DyC 10:38–40.
c Mos. 1:6; Hel. 3:13–15; Morm. 4:23.
d Omni 1:23.
4*a* 1 Ne. 6:5.
5*a* Es decir, las cosas que le han complacido y que se mencionan en el vers. 4.
b 1 Ne. 9:2.
c 3 Ne. 5:8–11; 26:6–12.
7*a* 1 Ne. 9:5; 19:3; DyC 3:12–20; 10:1–19, 30–47.
b GEE Omnisciente.
8*a* 2 Ne. 33:3–4; Enós 1:11–12.
b 2 Ne. 30:6.

el entendimiento que Dios me ha dado.

10 Por lo que, aconteció que después que Amalekí hubo [a]entregado estas planchas en manos del rey Benjamín, este las tomó y las puso con las [b]otras planchas que contenían anales que los [c]reyes habían transmitido de generación en generación, hasta los días del rey Benjamín.

11 Y fueron transmitidas de generación en generación, desde el rey Benjamín hasta que han llegado a [a]mis manos. Y yo, Mormón, ruego a Dios que sean preservadas desde hoy en adelante. Y sé que serán preservadas, porque sobre ellas están escritas grandes cosas, por las cuales mi pueblo y sus hermanos serán [b]juzgados en el grande y postrer día, según la palabra de Dios que está escrita.

12 Y ahora bien, en cuanto a este rey Benjamín, él tuvo algunas contiendas entre su propio pueblo.

13 Y sucedió también que los ejércitos de los lamanitas descendieron de la [a]tierra de Nefi para pelear contra su pueblo. Mas he aquí, el rey Benjamín reunió a sus ejércitos y les hizo frente; y luchó con la fuerza de su propio brazo, con la [b]espada de Labán.

14 Y con la fuerza del Señor pugnaron contra sus enemigos, hasta que hubieron matado a muchos miles de los lamanitas. Y sucedió que contendieron contra los lamanitas hasta que los hubieron echado fuera de las tierras de su herencia.

15 Y ocurrió que después de haber habido falsos [a]Cristos, y de haber sido cerradas sus bocas, y ellos castigados según sus delitos;

16 y después de haber habido falsos profetas y falsos predicadores y maestros entre el pueblo, y después de haber sido castigados todos estos según sus delitos; y después de haber habido mucha contención y muchas deserciones a los lamanitas, he aquí, sucedió que el rey Benjamín, con la ayuda de los santos [a]profetas que había entre su pueblo

17 —pues he aquí, el rey Benjamín era un hombre [a]santo y reinaba sobre su pueblo con justicia; y había muchos santos hombres en el país, y declaraban la palabra de Dios con [b]poder y con autoridad; y ejercían mucha [c]severidad a causa de la obstinación del pueblo—

18 así pues, con la ayuda de estos, trabajando con todas las fuerzas de su cuerpo y las facultades

10*a* Omni 1:25, 30.
b 1 Ne. 9:4.
c Jarom 1:14.
11*a* 3 Ne. 5:8–12; Morm. 1:1–5.
b 2 Ne. 25:18; 29:11; 33:11–15; 3 Ne. 27:23–27.
13*a* Omni 1:12.
b 1 Ne. 4:9; 2 Ne. 5:14; Jacob 1:10; Mos. 1:16; DyC 17:1.
15*a* GEE Anticristo.
16*a* Enós 1:22.
17*a* Alma 13:26.
b Alma 17:2–3.
c Moro. 9:4; DyC 121:41–43.

de su alma entera, y lo mismo
los profetas, el rey Benjamín
nuevamente estableció la paz en
el país.

EL LIBRO DE MOSÍAH

CAPÍTULO 1

El rey Benjamín enseña a sus hijos el idioma y las profecías de sus padres — Se habían preservado su religión y su civilización por motivo de los anales que estaban grabados en las diversas planchas — Mosíah es nombrado rey y se le encomiendan los anales y otras cosas. Aproximadamente 130–124 a.C.

Y ENTONCES no hubo más
contiendas en toda la [a]tierra
de Zarahemla, entre todo el pueblo que pertenecía al rey Benjamín, de modo que el rey Benjamín
gozó de una paz continua todo el
resto de sus días.
2 Y aconteció que tenía tres hijos; y les puso por nombre Mosíah, Helorum y Helamán. E hizo
que fueran [a]instruidos en todo el
[b]idioma de sus padres, a fin de
que así llegaran a ser hombres de
entendimiento; y que supiesen
concerniente a las profecías que
habían sido declaradas por boca
de sus padres, las cuales les fueron
entregadas por la mano del Señor.
3 Y también los instruyó con
respecto a los anales que estaban
grabados sobre las planchas de
bronce, diciendo: Hijos míos, quisiera que recordaseis que si no
fuera por estas [a]planchas, que
contienen estos anales y estos
mandamientos, habríamos padecido en la [b]ignorancia, aun ahora
mismo, no conociendo los misterios de Dios;
4 porque no habría sido posible
que nuestro padre Lehi hubiese
recordado todas estas cosas para
haberlas enseñado a sus hijos,
de no haber sido por la ayuda de
estas planchas; porque habiendo
sido instruido en el [a]idioma de los
egipcios, él pudo leer estos grabados y enseñarlos a sus hijos, para
que así estos los enseñaran a sus
hijos, y de este modo cumplieran
los mandamientos de Dios, aun
hasta el tiempo actual.
5 Os digo, hijos míos, que si no
fuera por estas cosas, las cuales
se han guardado y [a]preservado
por la mano de Dios para que
nosotros pudiéramos [b]leer y entender acerca de sus [c]misterios, y
siempre tener sus mandamientos
ante nuestros ojos, aun nuestros
padres habrían degenerado en la

1 1*a* Omni 1:13.
2*a* Mos. 4:14–15; DyC 68:25, 28.
b Morm. 9:32.
3*a* GEE Planchas.
b Alma 37:8–9.
4*a* JS—H 1:64.
5*a* GEE Escrituras — Las Escrituras deben preservarse.
b Deut. 6:6–8.
c GEE Misterios de Dios.

incredulidad, y habríamos sido como nuestros hermanos, los lamanitas, que nada saben de estas cosas, y ni siquiera las creen cuando se las enseñan, a causa de las [d]tradiciones de sus padres, las cuales no son correctas.

6 ¡Oh hijos míos, quisiera que recordaseis que estas palabras son verdaderas, y también que estos anales son [a]verdaderos! Y he aquí, también las planchas de Nefi, que contienen los anales y las palabras de nuestros padres desde el tiempo en que salieron de Jerusalén hasta ahora, son verdaderas; y podemos saber de su certeza porque las tenemos ante nuestros ojos.

7 Y ahora bien, hijos míos, quisiera que os acordaseis de [a]escudriñarlas diligentemente, para que en esto os beneficiéis; y quisiera que [b]guardaseis los mandamientos de Dios para que [c]prosperéis en la tierra, de acuerdo con las [d]promesas que el Señor hizo a nuestros padres.

8 Y muchas cosas más enseñó el rey Benjamín a sus hijos, que no están escritas en este libro.

9 Y aconteció que después que el rey Benjamín hubo acabado de enseñar a sus hijos, envejeció, y vio que muy pronto debía ir por el camino de toda la tierra; por tanto, le pareció oportuno conferir el reino a uno de sus hijos.

10 De modo que mandó traer a Mosíah a su presencia; y estas son las palabras que le habló, diciendo: Hijo mío, quisiera que hicieses una proclamación por toda esta tierra, entre toda esta gente, o sea, el [a]pueblo de Zarahemla y el pueblo de Mosíah que viven en la tierra, para que por este medio se reúnan; porque mañana proclamaré a este mi pueblo por mi propia boca, que tú eres [b]rey y gobernante de este pueblo que el Señor Dios nos ha dado.

11 Y además, daré a los de este pueblo un [a]nombre, para que de ese modo se destaquen sobre todos los pueblos que el Señor Dios ha traído de la tierra de Jerusalén; y lo hago porque han sido diligentes en guardar los mandamientos del Señor.

12 Y les daré un nombre que jamás será borrado, sino por causa de [a]transgresión.

13 Sí, y te digo además, que si este pueblo altamente favorecido del Señor cae en [a]transgresión, y se convierte en una gente perversa y adúltera, el Señor los entregará, para que así lleguen a ser [b]débiles como sus hermanos; y no los [c]preservará más por su incomparable y milagroso poder, como hasta aquí ha preservado a nuestros padres.

14 Porque te digo que si no

5*d* Mos. 10:11–17.
6*a* 1 Ne. 1:3;
2 Ne. 33:10–11;
Moro. 10:27.
7*a* GEE Escrituras.
b Mos. 2:22;
Alma 50:20–22.
c Sal. 122:6;
1 Ne. 2:20.
d Alma 9:12–14.
10*a* Omni 1:14.
b Mos. 2:30.
11*a* Mos. 5:8–12.
12*a* GEE Pecado.
13*a* Heb. 6:4–6.
b Hel. 4:24–26.
c DyC 103:8–10.

hubiese extendido su brazo para
la preservación de nuestros padres, estos habrían caído en manos de los lamanitas, y habrían sido víctimas de su odio.
15 Y sucedió que después que
el rey Benjamín hubo acabado de hablar estas palabras a su hijo, le encargó todos los asuntos del reino.
16 Y además, le encargó los
anales que estaban grabados sobre las [a]planchas de bronce; y también las planchas de Nefi; y también la [b]espada de Labán y la [c]esfera o director que condujo a nuestros padres por el desierto, la cual la mano del Señor preparó para que por ese medio fuesen dirigidos, cada cual según la atención y diligencia que a él le daban.
17 Por tanto, dado que no fue-
ron fieles, no prosperaron ni progresaron en su viaje, sino que fueron [a]impelidos hacia atrás e incurrieron en el desagrado de Dios; y por tanto, fueron heridos con hambre y severas aflicciones para hacerles recordar sus deberes.
18 Y aconteció, pues, que Mo-
síah fue e hizo lo que su padre le había mandado, y proclamó a toda la gente que se hallaba en la tierra de Zarahemla, para que así se reuniera, a fin de subir hasta el templo para oír las palabras que su padre les hablaría.

CAPÍTULO 2

El rey Benjamín habla a los de su pueblo — Refiere la equidad, justicia y espiritualidad de su reino — Les aconseja servir a su Rey Celestial — Los que se rebelen contra Dios padecerán una angustia semejante a un fuego inextinguible. Aproximadamente 124 a.C.

1 Y SUCEDIÓ que después que Mo-
síah hubo hecho lo que su padre le había mandado, y hubo proclamado por toda la [a]tierra, el pueblo se congregó de todas partes, a fin de subir hasta el templo para oír las palabras que el rey Benjamín les iba a hablar.
2 Y hubo un número muy
crecido, sí, tantos así que no los contaron; porque se habían multiplicado extremadamente, y se habían hecho grandes en el país.
3 Y también llevaron de las [a]pri-
micias de sus rebaños, para que ofrecieran [b]sacrificios y [c]holocaustos [d]según la ley de Moisés;
4 y también para que dieran
gracias al Señor su Dios, que los había sacado de la tierra de Jerusalén, y los había librado de las manos de sus enemigos, y les había [a]designado hombres justos

16*a* Mos. 1:3.
b 1 Ne. 4:8–19; P. de Morm. 1:13; DyC 17:1.
c 1 Ne. 16:10.
17*a* 1 Ne. 18:12–13.
2 1*a* Es decir, todo el territorio nefita.
3*a* Gén. 4:4.
b GEE Sacrificios.
c 1 Ne. 5:9.
d 2 Ne. 25:24; Alma 30:3; 34:13–14.
4*a* GEE Llamado, llamado por Dios, llamamiento.

como [b]maestros, y también a un hombre justo para ser su rey, el cual había establecido la paz en la [c]tierra de Zarahemla, y les había enseñado a [d]guardar los mandamientos de Dios, a fin de que se regocijaran y estuvieran llenos de [e]amor para con Dios y todos los hombres.

5 Y aconteció que, cuando llegaron al templo, plantaron sus tiendas en los alrededores, cada hombre según su [a]familia, que se componía de su esposa, y sus hijos y sus hijas, y los hijos e hijas de estos, desde el mayor hasta el menor, cada familia separada la una de la otra.

6 Y plantaron sus tiendas alrededor del templo, cada hombre con la puerta de su [a]tienda dando hacia el templo, para que así se quedaran en sus tiendas y oyeran las palabras que el rey Benjamín les iba a hablar;

7 porque tan grande era la multitud, que el rey Benjamín no podía enseñarles a todos dentro de los muros del templo; de modo que hizo construir una torre, para que por ese medio su pueblo oyera las palabras que él les iba a hablar.

8 Y aconteció que empezó a hablar a su pueblo desde la torre; y no todos podían oír sus palabras, a causa de lo inmenso de la multitud; por tanto, mandó que las palabras que él hablase fuesen escritas y enviadas a aquellos que se hallaban fuera del alcance de su voz, para que también estos recibiesen sus palabras.

9 Y estas son las palabras que él [a]habló e hizo escribir: Hermanos míos, todos los que os habéis congregado, vosotros que podéis oír las palabras que os declararé hoy; porque no os he mandado subir hasta aquí para [b]tratar livianamente las palabras que os hable, sino para que me [c]escuchéis, y abráis vuestros oídos para que podáis oír, y vuestros [d]corazones para que podáis entender, y vuestras [e]mentes para que los [f]misterios de Dios sean desplegados a vuestra vista.

10 No os he mandado subir hasta aquí para que me [a]temáis, ni para que penséis que yo de mí mismo sea más que un ser mortal.

11 Sino que soy como vosotros, sujeto a toda clase de enfermedades de cuerpo y mente; sin embargo, he sido elegido por este pueblo, y ungido por mi padre, y la mano del Señor permitió que yo fuese gobernante y rey de este pueblo; y su incomparable poder me ha guardado y preservado, para serviros con todo el poder, mente y fuerza que el Señor me ha concedido.

12 Os digo que así se me ha

4*b* Mos. 18:18–22.
GEE Enseñar.
c Omni 1:12–15.
d Juan 15:10.
e GEE Amor.
5*a* GEE Familia.
6*a* Éx. 33:8–10.
9*a* Mos. 8:3.
b DyC 6:12.
c GEE Escuchar.
d Mos. 12:27;
3 Ne. 19:33.
e GEE Mente.
f GEE Misterios de Dios.
10*a* GEE Temor.

permitido emplear mis días en vuestro servicio, aun hasta el día de hoy; y no he procurado de vosotros [a]oro, ni plata, ni ninguna otra clase de riquezas;

13 ni he permitido que se os encierre en calabozos, ni que os esclavicéis los unos a los otros, ni que asesinéis, ni depredéis, ni robéis, ni cometáis adulterio; ni tampoco he permitido que cometáis iniquidad en forma alguna, y os he enseñado que debéis guardar los mandamientos del Señor, en todas las cosas que él os ha mandado,

14 y aun yo mismo he [a]trabajado con mis propias manos a fin de poder serviros, y que no fueseis abrumados con tributos, ni que cayera sobre vosotros cosa alguna que fuese pesada de llevar; y de todas estas cosas que he hablado, vosotros mismos sois testigos este día.

15 Con todo, hermanos míos, no he hecho estas cosas para vanagloriarme, ni las digo para acusaros por ese medio, sino que hablo estas cosas para que sepáis que hoy puedo responder ante Dios con la [a]conciencia limpia.

16 He aquí, os digo que por haberos dicho que había empleado mi vida en vuestro servicio, no deseo yo jactarme, pues solamente he estado al servicio de Dios.

17 Y he aquí, os digo estas cosas para que aprendáis [a]sabiduría; para que sepáis que cuando os halláis al [b]servicio de vuestros [c]semejantes, solo estáis al servicio de vuestro Dios.

18 He aquí, me habéis llamado vuestro rey; y si yo, a quien llamáis vuestro rey, trabajo para [a]serviros, ¿no debéis trabajar vosotros para serviros unos a otros?

19 Y he aquí también, si yo, a quien llamáis vuestro rey, quien ha pasado sus días a vuestro servicio, y sin embargo, ha estado al servicio de Dios, merezco algún agradecimiento de vosotros, ¡oh, cómo debéis dar [a]gracias a vuestro Rey Celestial!

20 Os digo, mis hermanos, que si diereis todas las gracias y [a]alabanza que vuestra alma entera es capaz de poseer, a ese [b]Dios que os ha creado, y os ha guardado y preservado, y ha hecho que os regocijéis, y os ha concedido que viváis en paz unos con otros,

21 os digo que si sirvieseis a aquel que os ha creado desde el principio, y os está preservando día tras día, dándoos aliento para que podáis vivir, moveros y obrar según vuestra [a]propia voluntad, y aun sustentándoos momento tras momento, digo que si lo sirvieseis

12*a* Hech. 20:33–34.
14*a* 1 Cor. 9:18.
15*a* GEE Conciencia.
17*a* GEE Sabiduría.
b Mateo 25:40; Stg. 1:27; DyC 42:29–31. GEE Servicio.
c GEE Hermano(s), hermana(s).
18*a* Mateo 20:26–27.
19*a* GEE Acción de gracias, agradecido, agradecimiento.
20*a* 1 Ne. 18:16.
b GEE Trinidad.
21*a* GEE Albedrío.

con toda vuestra alma, todavía
seríais servidores [b]improductivos.
22 Y he aquí, todo cuanto él os
requiere es que guardéis sus mandamientos; y os ha prometido
que si [a]guardáis sus [b]mandamientos, prosperaréis en la tierra; y él
nunca [c]varía de lo que ha dicho;
por tanto, si [d]guardáis sus mandamientos, él os bendice y os hace
prosperar.
23 Y ahora bien, en primer lugar,
él os ha creado y os ha concedido
vuestras vidas, por lo que le sois
deudores.
24 Y en segundo lugar, él requiere que hagáis lo que os ha
mandado; y si lo hacéis, él os
[a]bendice inmediatamente; y por
tanto, os ha pagado. Y aún le sois
deudores; y lo sois y lo seréis para
siempre jamás; así pues, ¿de qué
tenéis que jactaros?
25 Y ahora pregunto: ¿Podéis decir algo de vosotros mismos? Os
respondo: No. No podéis decir que
sois aun como el polvo de la tierra;
sin embargo, fuisteis [a]creados del
[b]polvo de la tierra; mas he aquí,
este pertenece a quien os creó.
26 Y ni yo, sí, yo, a quien llamáis vuestro rey, soy mejor de
lo que sois vosotros, porque soy
del polvo también. Y veis que
he envejecido, y que estoy para
entregar esta forma mortal a su
madre tierra.
27 Por tanto, como os dije que
os había servido, [a]andando con
la conciencia limpia delante de
Dios, así en esta ocasión os he
hecho congregar, a fin de que
se me halle sin culpa, y vuestra
[b]sangre no sea sobre mí cuando
comparezca para que Dios me
juzgue por las cosas que me ha
mandado concerniente a vosotros.
28 Os digo que os he hecho congregar para que pueda [a]limpiar
mis vestidos de vuestra sangre,
en este período de tiempo en que
estoy a punto de descender a mi
sepultura, para descender en paz,
y mi [b]espíritu inmortal se una a
los [c]coros celestes, para cantar
alabanzas a un Dios justo.
29 Y además, os digo que os he
hecho congregar a fin de declararos que ya no puedo ser vuestro
maestro ni vuestro rey;
30 porque aun ahora mismo mi
cuerpo entero tiembla en extremo,
mientras me esfuerzo en hablaros;
mas el Señor Dios me sostiene y
me ha permitido que os hable; y
me ha mandado que os declare
hoy que mi hijo Mosíah es rey y
gobernante vuestro.
31 Y ahora bien, hermanos
míos, quisiera que obraseis como
lo habéis hecho hasta ahora.
Así como habéis guardado mis
mandamientos y también los de

21 *b* Lucas 17:7–10.
22 *a* Lev. 25:18–19; 2 Ne. 1:9.
b GEE Mandamientos de Dios.
c DyC 3:1–2.
d DyC 14:7; 58:2–3.
24 *a* GEE Bendecido, bendecir, bendición.
25 *a* GEE Creación, crear.
b Gén. 3:19; Jacob 2:21.
27 *a* GEE Andar, andar con Dios.
b Jacob 1:19.
28 *a* Jacob 2:2.
b GEE Espíritu.
c Morm. 7:7.

mi padre, y habéis prosperado,
y se os ha librado de caer en
manos de vuestros enemigos,
de igual manera, si guardáis
los mandamientos de mi hijo, o
sea, los mandamientos de Dios
que él os comunicará, prosperaréis
en la tierra, y vuestros enemigos
no tendrán poder sobre
vosotros.
32 Mas cuidaos, ¡oh pueblo mío!,
no sea que surjan [a]contenciones
entre vosotros, y optéis por obedecer
al espíritu malo, del cual
habló mi padre Mosíah.
33 Porque he aquí, se ha decretado
un, ¡ay! para aquel que
quiera obedecer ese espíritu; pues
si opta por obedecerlo, y permanece
y muere en sus pecados,
bebe [a]condenación para su propia
alma; porque recibe como salario
un castigo [b]eterno, por haber
violado la ley de Dios contra su
propio conocimiento.
34 Os digo que no hay ninguno
de entre vosotros, salvo vuestros
niños pequeños que no han
sido instruidos en cuanto a estas
cosas, que no sepa que estáis
eternamente en deuda con vuestro
Padre Celestial de entregarle
todo lo que tenéis y sois; y además
que no haya sido instruido
concerniente a los anales que
contienen las profecías que han
sido declaradas por los santos
profetas, aun hasta la época en
que nuestro padre Lehi salió de
Jerusalén;
35 y además, todo aquello que
nuestros padres han declarado
hasta ahora. Y he aquí también,
hablaron aquello que el Señor
les mandó; por tanto, son justos
y verdaderos.
36 Y ahora bien, os digo, hermanos
míos, que después de haber
sabido y de haber sido instruidos
en todas estas cosas, si transgredís
y obráis contra lo que se ha
hablado, de modo que os separáis
del Espíritu del Señor, para
que no tenga cabida en vosotros
para guiaros por las sendas de
la sabiduría, a fin de que seáis
bendecidos, prosperados y preservados,
37 os digo que el hombre que
esto hace, ese se declara en [a]rebelión
manifiesta contra Dios; por
tanto, prefiere obedecer al mal
espíritu y se convierte en enemigo
de toda rectitud; por tanto, el Señor
no tiene lugar en él, porque
no habita en templos [b]impuros.
38 De manera que si ese hombre
no se [a]arrepiente, y permanece
y muere enemigo de Dios, las
demandas de la divina [b]justicia
despiertan en su alma inmortal
un vivo sentimiento de su propia
[c]culpa que lo hace retroceder
de la presencia del Señor, y
le llena el pecho de culpa, dolor
y angustia, que es como un

32*a* 3 Ne. 11:29–30.
33*a* GEE Condenación, condenar.
b DyC 19:6, 10–12.
37*a* Mos. 3:12; Hel. 8:24–25. GEE Rebelión.
b Alma 7:21.
38*a* GEE Arrepentimiento, arrepentirse.
b GEE Justicia.
c GEE Culpa.

fuego inextinguible, cuya llama
asciende para siempre jamás.
39 Y ahora os digo que la [a]mi-
sericordia no puede reclamar a
ese hombre; por tanto, su destino final es padecer un tormento
sin fin.
40 ¡Oh todos vosotros, ancianos, y también vosotros, jóvenes, y vosotros, niños, que
podéis entender mis palabras,
porque os he hablado claramente para que podáis entender, os ruego que despertéis el
[a]recuerdo de la terrible situación
de aquellos que han caído en
transgresión!
41 Y además, quisiera que consideraseis el bendito y [a]feliz estado de aquellos que guardan los
mandamientos de Dios. Porque
he aquí, ellos son [b]bendecidos en
todas las cosas, tanto temporales
como espirituales; y si continúan
[c]fieles hasta el fin, son recibidos
en el [d]cielo, para que así moren
con Dios en un estado de interminable felicidad. ¡Oh recordad,
recordad que estas cosas son verdaderas!, porque el Señor Dios lo
ha declarado.

CAPÍTULO 3

El rey Benjamín continúa su discurso — El Señor Omnipotente ministrará entre los hombres en un tabernáculo de barro — La sangre le brotará de cada poro al expiar los pecados del mundo — Su nombre es el único mediante el cual llega la salvación — Los seres humanos pueden despojarse del hombre natural y hacerse santos por medio de la Expiación — El tormento de los inicuos será como un lago de fuego y azufre. Aproximadamente 124 a.C.

Y OTRA vez quisiera llamaros la
atención, hermanos míos, porque
tengo algo más que declararos;
pues he aquí, tengo cosas que deciros sobre lo que está por venir.
2 Y las cosas que os diré me han
sido reveladas por un [a]ángel de
Dios. Y me dijo: Despierta; y des-
perté; y he aquí que él estaba ante
mí.
3 Y me dijo: Despierta y oye las
palabras que te voy a decir; pues
he aquí, vengo a declararte [a]ale-
gres nuevas de gran gozo.
4 Porque el Señor ha oído tus
oraciones, y ha juzgado en cuanto
a tu rectitud y me ha enviado
para declarártelas, a fin de que te
regocijes; y para que las declares
a los de tu pueblo, a fin de que
ellos también se llenen de gozo.
5 Porque he aquí que viene el
tiempo, y no está muy distante,
en que con poder, el [a]Señor Omnipotente que reina, que era y
que es de eternidad en eternidad,
descenderá del cielo entre los
hijos de los hombres; y morará

39*a* Alma 34:8–9, 15–16. GEE Misericordia, misericordioso.
40*a* Alma 5:18.
41*a* 4 Ne. 1:15–18. GEE Gozo.
b GEE Bendecido, bendecir, bendición.
c DyC 6:13.
d GEE Cielo.
3 2*a* GEE Ángeles.
3*a* Lucas 2:10–11.
5*a* GEE Jehová.

en un [b]tabernáculo de barro, e irá entre los hombres efectuando grandes [c]milagros, tales como sanar a los enfermos, levantar a los muertos, hacer que los cojos anden, y que los ciegos reciban su vista, y que los sordos oigan, y curar toda clase de enfermedades.

6 Y echará fuera los [a]demonios, o los malos espíritus que moran en el corazón de los hijos de los hombres.

7 Y he aquí, sufrirá [a]tentaciones, y dolor en el cuerpo, [b]hambre, sed y fatiga, aún más de lo que el hombre puede [c]sufrir sin morir; pues he aquí, la [d]sangre le brotará de cada poro, tan grande será su [e]angustia por la iniquidad y abominaciones de su pueblo.

8 Y se llamará [a]Jesucristo, el [b]Hijo de Dios, el [c]Padre del cielo y de la tierra, el Creador de todas las cosas desde el principio; y su [d]madre se llamará [e]María.

9 Y he aquí, él viene a los suyos, para que la [a]salvación llegue a los hijos de los hombres, mediante la [b]fe en su nombre; y aun después de todo esto, lo considerarán como hombre, y dirán que está [c]endemoniado, y lo [d]azotarán, y lo [e]crucificarán.

10 Y al [a]tercer día [b]resucitará de entre los muertos; y he aquí, se presenta para [c]juzgar al mundo; y he aquí, todas estas cosas se hacen para que descienda un justo juicio sobre los hijos de los hombres.

11 Pues he aquí, y también su [a]sangre [b]expía los pecados de aquellos que han [c]caído por la transgresión de Adán, que han muerto sin saber la voluntad de Dios concerniente a ellos, o que han pecado por [d]ignorancia.

12 ¡Mas ay, ay de aquel que sabe que se está [a]rebelando contra Dios! Porque a ninguno de estos viene la salvación, sino por medio del arrepentimiento y la fe en el [b]Señor Jesucristo.

13 Y el Señor Dios ha enviado a sus santos profetas entre todos los hijos de los hombres, para declarar estas cosas a toda familia, nación y lengua, para que así, quienes creyesen que Cristo habría de venir, esos mismos

5*b* Mos. 7:27; Alma 7:9–13.
c Mateo 4:23–24; Hech. 2:22; 1 Ne. 11:31. GEE Milagros.
6*a* Marcos 1:32–34.
7*a* GEE Tentación, tentar.
b Mateo 4:1–2.
c DyC 19:15–18.
d Lucas 22:44.
e Isa. 53:4–5.
8*a* GEE Trinidad — Dios el Hijo.
b Alma 7:10.
c Hel. 14:12; 3 Ne. 9:15.
d Mateo 1:16; 1 Ne. 11:14–21.
e GEE María, madre de Jesús.
9*a* GEE Salvación.
b GEE Fe.
c Juan 8:48.
d Marcos 15:15.
e Lucas 18:33; 1 Ne. 19:10; 2 Ne. 10:3. GEE Crucifixión.
10*a* Mateo 16:21; 2 Ne. 25:13; Hel. 14:20–27.
b GEE Resurrección.
c GEE Juicio, juzgar.
11*a* GEE Sangre.
b GEE Expiación, expiar.
c GEE Caída de Adán y Eva.
d 2 Ne. 9:25–26.
12*a* Mos. 2:36–38; Hel. 8:25. GEE Rebelión.
b GEE Señor.

recibiesen la [a]remisión de sus pecados y se regocijasen con un gozo sumamente grande, [b]aun como si él ya hubiese venido entre ellos.

14 Con todo, el Señor Dios vio que su pueblo era gente de dura cerviz, y les designó una ley, sí, la [a]ley de Moisés.

15 Y les mostró muchas señales, y maravillas, y [a]símbolos, y figuras, concernientes a su venida; y también les hablaron santos profetas referente a su venida; y sin embargo, endurecieron sus corazones, y no comprendieron que la [b]ley de Moisés nada logra salvo que sea por la expiación de su sangre.

16 Y aun si fuese posible que los [a]niños pequeños pecasen, no podrían salvarse; mas te digo que son [b]benditos; pues he aquí, así como en Adán, o por naturaleza, ellos caen, así también la sangre de Cristo expía sus pecados.

17 Y además, te digo que [a]no se dará otro nombre, ni otra senda ni medio, por el cual la [b]salvación llegue a los hijos de los hombres, sino en el nombre de [c]Cristo, el Señor Omnipotente, y por medio de ese nombre.

18 Pues he aquí, él juzga, y su juicio es justo; y el niño que muere en su infancia no perece; mas los hombres beben condenación para sus propias almas, a menos que se humillen y se [a]vuelvan como niños pequeños, y crean que la salvación fue, y es, y ha de venir en la sangre [b]expiatoria de Cristo, el Señor Omnipotente, y por medio de ella.

19 Porque el hombre [a]natural es enemigo de Dios, y lo ha sido desde la [b]caída de Adán, y lo será para siempre jamás, a menos que se [c]someta al influjo del [d]Santo Espíritu, y se despoje del hombre natural, y se haga [e]santo por la expiación de Cristo el Señor, y se vuelva como un [f]niño: sumiso, manso, humilde, paciente, lleno de amor y dispuesto a someterse a cuanto el Señor juzgue conveniente infligir sobre él, tal como un niño se somete a su padre.

20 Y además, te digo que vendrá el día en que el [a]conocimiento de un Salvador se esparcirá por [b]toda nación, tribu, lengua y pueblo.

21 Y he aquí, cuando llegue ese día, nadie, salvo los niños pequeños, será hallado [a]sin culpa

---

13*a* GEE Remisión de pecados.
b 2 Ne. 25:24–27; Jarom 1:11.
14*a* GEE Ley de Moisés.
15*a* GEE Jesucristo — Simbolismos o símbolos de Jesucristo.
b Mos. 13:27–32.
16*a* GEE Niño(s).
b Moro. 8:8–9.
17*a* Hech. 4:10–12; 2 Ne. 31:21.
b GEE Salvación.
c GEE Jesucristo — El tomar sobre sí el nombre de Jesucristo.
18*a* Mateo 18:3.
b Mos. 4:2; Hel. 5:9.
19*a* 1 Cor. 2:11–14; Mos. 16:2–3. GEE Hombre natural.
b GEE Caída de Adán y Eva.
c 2 Cró. 30:8.
d Moro. 10:4–5. GEE Espíritu Santo.
e GEE Santo (sustantivo).
f 3 Ne. 9:22.
20*a* DyC 3:16.
b GEE Obra misional.
21*a* GEE Responsabilidad, responsable.

ante Dios, sino por el arrepentimiento y la fe en el nombre del
Señor Dios Omnipotente.
22 Y aun ahora, cuando hayas
enseñado a los de tu pueblo las
cosas que el Señor tu Dios te ha
mandado, ya no son hallados entonces sin culpa a la vista de Dios,
sino de acuerdo con las palabras
que te he hablado.
23 Y ahora he declarado las palabras que el Señor Dios me ha
mandado.
24 Y así dice el Señor: Estarán
como reluciente testimonio contra
los de este pueblo en el día del juicio, y por ellas serán juzgados, todo
hombre según sus obras, ya sea que
fueren buenas o que fueren malas.
25 Y si fueren malas, serán consignados al horrendo [a]espectáculo
de su propia culpa y abominaciones, que los hará retroceder de la
presencia del Señor a un estado
de [b]miseria y tormento sin fin, de
donde no podrán ya volver; por
tanto, han bebido condenación
para sus propias almas.
26 Por consiguiente, han bebido
de la copa de la ira de Dios, la cual
tan imposible le sería a la justicia
negársela, como haberle negado a
[a]Adán que cayera por participar
del [b]fruto prohibido; por tanto, la
[c]misericordia ya no podría reclamarlos para siempre jamás.
27 Y su [a]tormento es como un
[b]lago de fuego y azufre, cuyas
llamas son inextinguibles, y cuyo
humo asciende para siempre jamás. Así me ha mandado el Señor. Amén.

CAPÍTULO 4

El rey Benjamín continúa su discurso — La salvación llega por causa de la Expiación — Creed en Dios para que seáis salvos — Retened la remisión de vuestros pecados mediante la fidelidad — Impartid de vuestros bienes a los pobres — Haced todas las cosas con prudencia y en orden. Aproximadamente 124 a.C.

Y AHORA bien, aconteció que
cuando el rey Benjamín hubo
concluido de hablar las palabras
que le habían sido comunicadas
por el ángel del Señor, miró a su
alrededor hacia la multitud, y he
aquí, habían caído a tierra, porque el [a]temor del Señor había venido sobre ellos.
2 Y se habían visto a sí mismos
en su propio estado [a]carnal, aún
[b]menos que el polvo de la tierra.
Y todos a una voz clamaron, diciendo: ¡Oh, ten misericordia, y
aplica la sangre [c]expiatoria de
Cristo para que recibamos el perdón de nuestros pecados, y sean
purificados nuestros corazones;
porque creemos en Jesucristo, el
Hijo de Dios, que [d]creó el cielo y la

25 *a* Alma 5:18; 12:14–15.
b Morm. 8:38.
26 *a* Morm. 9:12.
b Gén. 3:1–12; 2 Ne. 2:15–19; Alma 12:21–23.
c GEE Misericordia, misericordioso.
27 *a* GEE Culpa.
b 2 Ne. 9:16; Jacob 6:10; DyC 76:36.

4 1 *a* GEE Temor.
2 *a* GEE Carnal.
b Hel. 12:7–8.
c Mos. 3:18; Hel. 5:9.
d GEE Creación, crear.

tierra y todas las cosas; el cual bajará entre los hijos de los hombres!
3 Y aconteció que después de
que hubieron hablado estas palabras, el Espíritu del Señor descendió sobre ellos, y fueron llenos de
gozo, habiendo recibido la [a]remi-
sión de sus pecados, y teniendo
paz de [b]conciencia a causa de la
gran [c]fe que tenían en Jesucristo
que había de venir, según las palabras que el rey Benjamín les
había hablado.
4 Y el rey Benjamín abrió otra
vez su boca y empezó a hablarles, diciendo: Mis amigos y hermanos, parentela y pueblo mío,
quisiera otra vez llamaros la atención, para que podáis oír y entender el resto de las palabras que
os hable.
5 Porque he aquí, si el conocimiento de la bondad de [a]Dios en
esta ocasión ha despertado en
vosotros el sentido de vuestra
nulidad y vuestro estado indigno
y caído
6 —os digo que si habéis llegado
al [a]conocimiento de la bondad de
Dios, y de su incomparable poder, y su sabiduría, su paciencia
y su longanimidad para con los
hijos de los hombres; y también la
[b]expiación que ha sido preparada
desde la [c]fundación del mundo, a
fin de que por ese medio llegara
la salvación a aquel que pusiera
su [d]confianza en el Señor y fuera
diligente en guardar sus mandamientos, y perseverara en la
fe hasta el fin de su vida, quiero
decir la vida del cuerpo mortal—
7 digo que este es el hombre
que recibe la salvación, por medio de la expiación que fue preparada desde la fundación del
mundo para todo el género humano que ha existido desde la
[a]caída de Adán, o que existe, o
que existirá jamás hasta el fin
del mundo.
8 Y este es el medio por el cual
viene la salvación. Y [a]no hay otra
salvación aparte de esta de que se
ha hablado; ni hay tampoco otras
condiciones según las cuales el
hombre pueda ser salvo, sino por
las que os he dicho.
9 Creed en Dios; creed que él
existe, y que creó todas las cosas, tanto en el cielo como en la
tierra; creed que él tiene toda [a]sa-
biduría y todo poder, tanto en el
cielo como en la tierra; creed que
el hombre no [b]comprende todas
las cosas que el Señor puede comprender.
10 Y además, creed que debéis
[a]arrepentiros de vuestros pecados, y abandonarlos, y humillaros
ante Dios, y pedid con sinceridad
de corazón que él os [b]perdone;

3*a* GEE Remisión de pecados.
b GEE Conciencia.
c GEE Fe.
5*a* Moisés 1:10.
6*a* GEE Trinidad.
b GEE Expiación, expiar.
c Mos. 15:19.
d Sal. 36:7; 2 Ne. 22:2; Hel. 12:1. GEE Confianza, confiar.
7*a* GEE Caída de Adán y Eva.
8*a* Hech. 4:12; 2 Ne. 31:21; Mos. 3.17.
9*a* Rom. 11:33–34; Jacob 4:8–13.
b Isa. 55:9.
10*a* GEE Arrepentimiento, arrepentirse.
b DyC 61:2.

y ahora bien, si [c]creéis todas estas
cosas, mirad que las [d]hagáis.
11 Y otra vez os digo, según dije
antes, que así como habéis llegado al conocimiento de la gloria de Dios, o si habéis sabido de su bondad, y [a]probado su amor, y habéis recibido la [b]remisión de vuestros pecados, lo que ocasiona tan inmenso gozo en vuestras almas, así quisiera que recordaseis y retuvieseis siempre en vuestra memoria la grandeza de Dios, y vuestra propia [c]nulidad, y su [d]bondad y longanimidad para con vosotros, indignas criaturas, y os humillaseis aun en las profundidades de la [e]humildad, [f]invocando el nombre del Señor diariamente, y permaneciendo firmes en la fe de lo que está por venir, que fue anunciado por boca del ángel.
12 Y he aquí, os digo que si hacéis esto, siempre os regocijaréis, y seréis llenos del [a]amor de Dios y siempre [b]retendréis la remisión de vuestros pecados; y aumentaréis en el conocimiento de la gloria de aquel que os creó, o sea, en el conocimiento de lo que es justo y verdadero.
13 Y no tendréis deseos de injuriaros el uno al otro, sino de vivir [a]pacíficamente, y de dar a cada uno según lo que le corresponda.
14 Ni permitiréis que vuestros [a]hijos anden hambrientos ni desnudos, ni consentiréis que quebranten las leyes de Dios, ni que [b]contiendan y riñan unos con otros y sirvan al diablo, que es el maestro del pecado, o sea, el espíritu malo de quien nuestros padres han hablado, ya que él es el enemigo de toda rectitud.
15 Mas les [a]enseñaréis a [b]andar por las vías de la verdad y la seriedad; les enseñaréis a [c]amarse mutuamente y a servirse el uno al otro.
16 Y además, vosotros mismos [a]socorreréis a los que necesiten vuestro socorro; impartiréis de vuestros bienes al necesitado; y no permitiréis que el [b]mendigo os haga su petición en vano, y sea echado fuera para perecer.
17 Tal vez [a]dirás: El hombre ha traído sobre sí su miseria; por tanto, detendré mi mano y no le daré de mi alimento, ni le impartiré de mis bienes para evitar que padezca, porque sus castigos son justos.
18 Mas, ¡oh hombre!, yo te digo que quien esto hiciere tiene gran necesidad de arrepentirse; y a menos que se arrepienta de lo

10*c* Mateo 7:24–27.
d 2 Ne. 31:19–21.
11*a* Alma 36:24–26.
b GEE Remisión de pecados.
c Moisés 1:10.
d Éx. 34:6; Moro. 8:3.
e GEE Humildad, humilde, humillar (afligir).
f GEE Oración.
12*a* GEE Amor.
b Mos. 4:26; Alma 4:13–14; 5:26–35; DyC 20:31–34.
13*a* GEE Pacificador.
14*a* 1 Tim. 5:8; DyC 83:4.
b GEE Contención, contienda.
15*a* DyC 68:25–28; Moisés 6:58. GEE Enseñar.
b GEE Andar, andar con Dios.
c Mos. 18:21.
16*a* GEE Caridad; Servicio.
b Deut. 15:7–11; Prov. 21:13; Isa. 10:1–2.
17*a* Prov. 17:5.

que ha hecho, perece para siempre, y no tiene parte en el reino de Dios.

19 Pues he aquí, ¿no somos todos mendigos? ¿No dependemos todos del mismo Ser, sí, de Dios, por todos los bienes que tenemos; por alimento y vestido; y por oro y plata y por las riquezas de toda especie que poseemos?

20 Y he aquí, ahora mismo habéis estado invocando su nombre, suplicando la remisión de vuestros pecados. ¿Y ha permitido él que hayáis pedido en vano? No; él ha derramado su Espíritu sobre vosotros, y ha hecho que vuestros corazones se llenaran de [a]alegría, y ha hecho callar vuestras bocas de modo que no pudisteis expresaros, tan extremadamente grande fue vuestro gozo.

21 Y ahora bien, si Dios, que os ha creado, de quien dependéis por vuestras vidas y por todo lo que tenéis y sois, os concede cuanta cosa justa le pedís con fe, creyendo que recibiréis, ¡oh cómo debéis entonces [a]impartiros el uno al otro de vuestros bienes!

22 Y si [a]juzgáis al hombre que os pide de vuestros bienes para no perecer, y lo condenáis, cuánto más justa será vuestra condenación por haberle [b]negado vuestros bienes, los cuales no os pertenecen a vosotros sino a Dios, a quien también vuestra vida pertenece; y con todo, ninguna petición hacéis, ni os arrepentís de lo que habéis hecho.

23 Os digo: ¡Ay de tal hombre, porque sus bienes perecerán con él! Y digo estas cosas a los que son [a]ricos en lo que toca a las cosas de este mundo.

24 Y además, digo a los pobres, vosotros que no tenéis, y sin embargo, tenéis suficiente para pasar de un día al otro; me refiero a todos vosotros que rehusáis al mendigo porque no tenéis; quisiera que en vuestros corazones dijeseis: No doy porque no tengo, mas si tuviera, [a]daría.

25 Ahora bien, si decís esto en vuestros corazones, quedáis sin culpa; de otro modo, sois [a]condenados; y vuestra condenación es justa, pues codiciáis lo que no habéis recibido.

26 Y ahora bien, por causa de estas cosas que os he hablado —es decir, a fin de retener la remisión de vuestros pecados de día en día, para que [a]andéis sin culpa ante Dios— quisiera que de vuestros bienes [b]dieseis al [c]pobre, cada cual según lo que tuviere, tal como [d]alimentar al hambriento, vestir al desnudo, visitar al enfermo, y ministrar para su alivio, tanto espiritual como temporalmente, según sus necesidades.

27 Y mirad que se hagan todas

20*a* GEE Gozo.
21*a* GEE Bienestar; Servicio.
22*a* Mateo 7:1–2; Juan 7:24.
b 1 Juan 3:17.
23*a* DyC 56:16.
24*a* Marcos 12:44.
25*a* DyC 56:17.
26*a* GEE Andar, andar con Dios.
b Jacob 2:17–19.
c Zac. 7:10; Alma 1:27. GEE Limosna.
d Isa. 58:10–11; DyC 104:17–18.

estas cosas con prudencia y orden; porque no se exige que un hombre corra más [a]aprisa de lo que sus fuerzas le permiten. Y además, conviene que sea diligente, para que así gane el galardón; por tanto, todas las cosas deben hacerse en orden.

28 Y quisiera que recordaseis que el que de entre vosotros pida prestado a su vecino, debe devolver aquello que pide prestado, de acuerdo con lo que prometa; pues de lo contrario, cometeréis pecado y tal vez hagáis que vuestro vecino peque también.

29 Y por último, no puedo deciros todas las cosas mediante las cuales podéis cometer pecado; porque hay varios modos y medios, tantos que no puedo enumerarlos.

30 Pero esto puedo deciros, que si no os [a]cuidáis a vosotros mismos, y vuestros [b]pensamientos, y vuestras [c]palabras y vuestras obras, y si no observáis los mandamientos de Dios ni perseveráis en la fe de lo que habéis oído concerniente a la venida de nuestro Señor, aun hasta el fin de vuestras vidas, debéis perecer. Y ahora bien, ¡oh hombre!, recuerda, y no perezcas.

CAPÍTULO 5

Los santos llegan a ser hijos e hijas de Cristo por medio de la fe — Entonces son llamados por el nombre de Cristo — El rey Benjamín los exhorta a ser firmes e inmutables en buenas obras. Aproximadamente 124 a.C.

Y AHORA bien, aconteció que cuando el rey Benjamín hubo hablado así a su pueblo, mandó indagar entre ellos, deseando saber si creían las palabras que les había hablado.

2 Y todos clamaron a una voz, diciendo: Sí, creemos todas las palabras que nos has hablado; y además, sabemos de su certeza y verdad por el Espíritu del Señor Omnipotente, el cual ha efectuado un potente [a]cambio en nosotros, o sea, en nuestros corazones, por lo que ya no tenemos más disposición a obrar [b]mal, sino a hacer lo bueno continuamente.

3 Y también nosotros mismos, por medio de la infinita bondad de Dios y las manifestaciones de su Espíritu, tenemos grandes visiones de aquello que está por venir; y si fuere necesario, podríamos profetizar de todas las cosas.

4 Y es la fe que hemos tenido en las cosas que nuestro rey nos ha hablado lo que nos ha llevado a este gran conocimiento, por lo que nos regocijamos con un gozo tan sumamente grande.

5 Y estamos dispuestos a concertar un [a]convenio con nuestro Dios de hacer su voluntad y ser

27*a* DyC 10:4.
30*a* Alma 12:14.
GEE Velar.
b Marcos 7:18–23.
GEE Pensamientos.
c Mateo 15:18–20.
GEE Profanidad.
5 2*a* Alma 5:14.
GEE Nacer de Dios, nacer de nuevo.
b Alma 19:33.
5*a* Mos. 18:10.

obedientes a sus mandamientos en todas las cosas que él nos mande, todo el resto de nuestros días, para que no traigamos sobre nosotros un tormento [b]sin fin, como lo ha declarado el [c]ángel, para que no bebamos del cáliz de la ira de Dios.

6 Ahora bien, estas palabras
eran las que de ellos deseaba el rey Benjamín; y por lo tanto, les dijo: Habéis declarado las palabras que yo deseaba; y el convenio que habéis hecho es un convenio justo.

7 Ahora pues, a causa del con-
venio que habéis hecho, seréis llamados [a]progenie de Cristo, hijos e hijas de él, porque he aquí, hoy él os ha [b]engendrado espiritualmente; pues decís que vuestros [c]corazones han cambiado por medio de la fe en su nombre; por tanto, habéis [d]nacido de él y habéis llegado a ser sus [e]hijos y sus hijas.

8 Y bajo este [a]título sois [b]librados,
y [c]no hay otro título por medio del cual podáis ser librados. No hay otro [d]nombre dado por el cual venga la salvación; por tanto, quisiera que [e]tomaseis sobre vosotros el nombre de Cristo, todos vosotros que habéis hecho convenio con Dios de ser obedientes hasta el fin de vuestras vidas.

9 Y sucederá que quien hiciere
esto, se hallará a la diestra de Dios, porque sabrá el nombre por el cual es llamado; pues será llamado por el nombre de Cristo.

10 Y acontecerá que quien no
tome sobre sí el nombre de Cristo, tendrá que ser llamado por algún [a]otro nombre; por tanto, se hallará a la [b]izquierda de Dios.

11 Y quisiera que también recor-
daseis que este es el [a]nombre que dije que os daría, el cual nunca sería borrado, sino por transgresión; por tanto, tened cuidado de no transgredir, para que el nombre no sea borrado de vuestros corazones.

12 Yo os digo: Quisiera que os
acordaseis de [a]conservar siempre escrito este nombre en vuestros corazones para que no os halléis a la izquierda de Dios, sino que oigáis y conozcáis la voz por la cual seréis llamados, y también el nombre por el cual él os llamará.

13 Porque ¿cómo [a]conoce un
hombre al amo a quien no ha servido, que es un extraño para él, y se halla lejos de los pensamientos y de las intenciones de su corazón?

5*b* Mos. 3:25–27.
c Mos. 3:2.
7*a* Mos. 27:24–26; Moisés 6:64–68. GEE Hijos e hijas de Dios.
b GEE Engendrado, engendrar.
c GEE Corazón.
d Mos. 15:10–11. GEE Nacer de Dios, nacer de nuevo.
e DyC 11:30.
8*a* O sea, encabezamiento. Es decir, Cristo es la cabeza.
b Rom. 6:18; Gál. 5:1; Hel. 14:30.
c Hech. 4:10, 12; Alma 21:9.
d Mos. 26:18.
e Hech. 11:26; Alma46:15.
10*a* Alma 5:38–39.
b Mateo 25:33.
11*a* Mos. 1:11–12. GEE Jesucristo — El tomar sobre sí el nombre de Jesucristo.
12*a* DyC 18:23–25.
13*a* Mos. 26:24–27.

14 Y además, ¿toma un hombre un asno que pertenece a su
vecino, y lo guarda? Yo os digo
que no; ni siquiera permitirá que
pazca entre sus rebaños, sino que
lo ahuyentará y lo echará fuera.
Os digo que así será entre vosotros si no sabéis el nombre por el
cual se os llame.
15 Por tanto, quisiera que fueseis
firmes e inmutables, abundando
siempre en buenas obras para
que Cristo, el Señor Dios Omnipotente, pueda [a]sellaros como suyos, a fin de que seáis llevados al
cielo, y tengáis salvación sin fin, y
vida eterna mediante la sabiduría,
y poder, y justicia, y misericordia
de aquel que [b]creó todas las cosas
en el cielo y en la tierra, el cual es
Dios sobre todo. Amén.

CAPÍTULO 6

El rey Benjamín registra los nombres de los del pueblo y nombra sacerdotes para que les enseñen — Mosíah reina como rey justo. Aproximadamente 124–121 a.C.

Y AHORA bien, el rey Benjamín
consideró prudente, después de
haber acabado de hablar al pueblo, [a]tomar los nombres de todos
los que habían hecho convenio
con Dios de guardar sus mandamientos.
2 Y sucedió que no hubo ni un
alma, salvo los niños pequeños,
que no hubiese hecho convenio
y tomado sobre sí el nombre de
Cristo.
3 Y además, aconteció que
cuando el rey Benjamín hubo
dado fin a todas estas cosas, y
hubo consagrado a su hijo [a]Mo-
síah para que fuera el gobernante
y rey de su pueblo, y le hubo
dado todo cargo concerniente al
reino, y también hubo [b]nombrado
sacerdotes para [c]enseñar al pueblo, a fin de que así pudiesen oír y
saber los mandamientos de Dios,
y despertar en ellos el recuerdo
del [d]juramento que habían hecho, despidió a la multitud; y se
volvieron, cada cual, según sus
familias, a sus propias casas.
4 Y [a]Mosíah empezó a reinar en
lugar de su padre. Y comenzó a
reinar en el trigésimo año de su
vida; y en total habían transcurrido unos cuatrocientos setenta
y seis años desde el [b]tiempo en
que Lehi salió de Jerusalén.
5 Y el rey Benjamín vivió tres
años más, y murió.
6 Y sucedió que el rey Mosíah
anduvo en las sendas del Señor,
y observó sus juicios y sus estatutos, y guardó sus mandamientos
en todas las cosas que el Señor
le mandó.
7 Y el rey Mosíah hizo que su
pueblo labrara la tierra. Y también él mismo labraba la tierra
para que así [a]no fuese oneroso a

15*a* GEE Santificación; Vocación (llamamiento) y elección.
b Col. 1:16; Mos. 4:2; Alma 11:39.

6 1*a* DyC 128:8.
3*a* Mos. 1:10; 2:30.
b GEE Ordenación, ordenar.
c Alma 4:7.
d Mos. 5:5–7.
4*a* GEE Mosíah hijo de Benjamín.
b 1 Ne. 1:4.
7*a* 2 Cor. 11:9.

su pueblo, a fin de obrar de
acuerdo con lo que su padre había hecho en todas las cosas. Y no
hubo contención entre todo su
pueblo por el espacio de tres años.

CAPÍTULO 7

Ammón descubre la tierra de Lehi-Nefi, donde reina Limhi — El pueblo de Limhi se halla bajo el yugo de los lamanitas — Limhi relata la historia de ellos — Un profeta (Abinadí) había testificado que Cristo es el Dios y el Padre de todas las cosas — Aquellos que siembren inmundicia segarán el torbellino, y aquellos que depositen su confianza en el Señor serán librados. Aproximadamente 121 a.C.

Y AHORA bien, aconteció que después que hubo tenido paz continua por el término de tres años,
el rey Mosíah tuvo deseos de saber de la gente que [a]fue a morar
a la tierra de Lehi-Nefi, o sea, a
la ciudad de Lehi-Nefi; porque su
pueblo nada había sabido de ellos
desde la ocasión en que salieron
de la tierra de [b]Zarahemla; de
modo que lo importunaban con
su insistencia.
2 Y sucedió que el rey Mosíah
concedió que dieciséis de los
hombres fuertes del pueblo su-
biesen a la tierra de Lehi-Nefi
para indagar concerniente a sus
hermanos.
3 Y ocurrió que al día siguiente
emprendieron el viaje, e iba con
ellos uno llamado Ammón, un
hombre fuerte y poderoso, y descendiente de Zarahemla; y también era su caudillo.
4 Y no sabían el rumbo que debían seguir en el desierto para
subir a la tierra de Lehi-Nefi; por
tanto, anduvieron errantes muchos días por el desierto, sí, hasta
cuarenta días anduvieron errantes.
5 Y después que hubieron andado errantes cuarenta días, llegaron a un collado al norte de la
tierra de [a]Shilom, y allí plantaron
sus tiendas.
6 Y Ammón tomó a tres de sus
hermanos, y se llamaban Amalekí, Helem y Hem, y descendieron a la tierra de [a]Nefi.
7 Y he aquí que dieron con el rey
del pueblo que vivía en la tierra de
Nefi y en la tierra de Shilom; y los
rodeó la guardia del rey, y fueron
apresados y atados y encarcelados.
8 Y ocurrió que después de haber estado en la cárcel dos días,
los llevaron otra vez delante del
rey, y les soltaron las ligaduras; y
estaban ante el rey, y se les permitió, o más bien, se les mandó que
respondieran a las preguntas que
él les hiciera.
9 Y les dijo: He aquí, yo soy
[a]Limhi hijo de Noé, que fue hijo
de Zeniff, quien salió de la tierra
de Zarahemla para heredar esta
tierra que era la tierra de sus
padres, y el cual fue hecho rey
por la voz del pueblo.
10 Y ahora deseo saber la razón

7 1*a* Omni 1:27–30.
b Omni 1:13.
5*a* Mos. 9:6, 8, 14.
6*a* 2 Ne. 5:8.
9*a* Mos. 11:1.

por la cual os habéis atrevido a
aproximaros a los muros de la ciudad, cuando yo mismo me hallaba
fuera de la puerta con mis guardias.
11 Y por este motivo he permitido que fueseis preservados, para
que yo pudiera interrogaros, pues
de otro modo, habría hecho que
mis guardias os ejecutaran. Os es
permitido hablar.
12 Y ahora bien, cuando Ammón
vio que le era permitido hablar,
fue y se inclinó ante el rey; y, levantándose otra vez, dijo: ¡Oh
rey!, estoy muy agradecido ante
Dios hoy día por estar vivo aún,
y porque se me permite hablar;
y trataré de hablar osadamente;
13 porque estoy seguro de que
si me hubieses conocido, no ha-
brías permitido que me pusieran
estas ligaduras. Pues soy Ammón,
descendiente de Zarahemla, y
he subido desde la tierra de [a]Za-
rahemla para indagar tocante a
nuestros hermanos que Zeniff
trajo de aquella tierra.
14 Y ocurrió que luego que hubo
oído las palabras de Ammón,
Limhi se alegró en extremo, y
dijo: Ahora sé de seguro que mis
hermanos que se hallaban en la
tierra de Zarahemla viven aún.
Y ahora me regocijaré, y mañana
haré que mi pueblo se regocije
también.
15 Porque he aquí, nos hallamos
bajo el yugo de los lamanitas, y
se nos ha [a]impuesto un tributo
gravoso de soportar. Y he aquí,
nuestros hermanos ahora nos libra-
rán de nuestro cautiverio, o sea, de
las manos de los lamanitas, y seremos sus esclavos; porque es mejor
ser esclavos de los nefitas que pagar tributo al rey de los lamanitas.
16 Y ahora bien, el rey Limhi
mandó a sus guardias que no volvieran a atar a Ammón ni a sus
hermanos, sino hizo que fueran al
collado que se hallaba al norte de
Shilom, y trajeran a sus hermanos
a la ciudad para que comieran,
bebieran y descansaran de los trabajos de su viaje; porque habían
padecido muchas cosas; habían
padecido hambre, sed y fatiga.
17 Y ahora bien, aconteció que al
día siguiente, el rey Limhi envió
una proclamación a todos los de
su pueblo, a fin de que se congre-
gasen en el [a]templo para oír las
palabras que él les iba a hablar.
18 Y acaeció que cuando se hubieron congregado, les habló de
este modo, diciendo: ¡Oh pueblo
mío, levantad vuestras cabezas
y consolaos!, porque he aquí, el
tiempo está próximo, o no está
muy lejano, cuando ya no estare-
mos sujetos a nuestros enemigos
a pesar de que nuestras muchas
luchas han sido en vano; sin embargo, creo que todavía queda
por hacer una lucha eficaz.
19 Por tanto, levantad vuestras
cabezas y regocijaos, y poned
vuestra confianza en [a]Dios, en ese
Dios que fue el Dios de Abraham,

13*a* Omni 1:12–15.
15*a* Mos. 19:15.
17*a* 2 Ne. 5:16.
19*a* Éx. 3:6; 1 Ne. 19:10.

de Isaac y de Jacob; y además, ese
Dios que [b]sacó a los hijos de Israel
de la tierra de Egipto, e hizo que
cruzaran a pie el mar Rojo sobre
tierra seca, y los alimentó con
[c]maná para que no pereciesen en
el desierto; y muchas otras cosas
hizo él por ellos.
20 Y además, ese mismo Dios ha
[a]traído a nuestros padres de la tierra de Jerusalén, y ha sostenido y
preservado a su pueblo, aun hasta
ahora; y he aquí, es por causa de
nuestras iniquidades y abominaciones que él nos ha traído al
cautiverio.
21 Y todos vosotros sois hoy testigos de que Zeniff, que fue hecho
rey de este pueblo, con un [a]exceso
de celo por heredar la tierra de
sus padres, fue engañado por la
astucia y estratagema del rey Lamán, quien hizo un tratado con el
rey Zeniff, y entregó en sus manos
la posesión de parte de la tierra,
o sea, la ciudad de Lehi-Nefi, la
ciudad de Shilom y la tierra circunvecina;
22 e hizo todo esto con el único
objeto de [a]subyugar o esclavizar
a este pueblo. Y he aquí, nosotros
actualmente pagamos tributo al
rey de los lamanitas, que equi-
vale a la mitad de nuestro maíz,
y de nuestra cebada, y aun de
todos nuestros granos, sean de
la clase que fueren; y la mitad
del aumento de nuestros rebaños
y nuestros hatos; y el rey de los
lamanitas nos exige la mitad de
cuanto tenemos o poseemos, o
nuestras vidas.
23 Y bien, ¿no es esto gravoso
de soportar? ¿Y no es grande esta
aflicción nuestra? He aquí, cuán
gran razón tenemos nosotros para
lamentarnos.
24 Sí, os digo que grandes son
las razones que tenemos para lamentarnos; porque he aquí, cuántos de nuestros hermanos han
sido muertos, y su sangre ha sido
derramada en vano, y todo por
causa de la iniquidad.
25 Porque si este pueblo no hubiese caído en la transgresión, el
Señor no habría permitido que este
gran mal les hubiera sobrevenido.
Mas he aquí, no quisieron oír sus
palabras, sino que surgieron contenciones entre ellos, al grado de
verter sangre entre ellos mismos.
26 Y han matado a un [a]profeta
del Señor; sí, un hombre escogido
de Dios que les habló de sus iniquidades y abominaciones, y profetizó de muchas cosas que han
de acontecer, sí, aun la venida
de Cristo.
27 Y porque les declaró que
Cristo era el [a]Dios, el Padre de
todas las cosas, y que tomaría
sobre sí la imagen de hombre,
y sería la [b]imagen conforme a la
cual el hombre fue creado en el
principio; en otras palabras, dijo

19*b* Éx. 12:40–41; Alma 36:28.
c Éx. 16:15, 35; Núm. 11:7–8; Josué 5:12.
20*a* 1 Ne. 2:1–4.
21*a* Mos. 9:1–3.
22*a* Mos. 10:18.
26*a* Mos. 17:12–20.
27*a* GEE Trinidad.
b Gén. 1:26–28; Éter 3:14–17; DyC 20:17–18.

que el hombre fue creado a imagen de [c]Dios, y que Dios bajaría entre los hijos de los hombres, y tomaría sobre sí carne y sangre, e iría sobre la faz de la tierra.

28 Y ahora bien, porque dijo esto, le quitaron la vida; e hicieron muchas cosas más que trajeron sobre ellos la ira de Dios. Por tanto, ¿quién se puede asombrar de que se hallen en el cautiverio, y sean heridos con tan grandes aflicciones?

29 Porque he aquí, el Señor ha dicho: No [a]socorreré a los de mi pueblo en el día de su transgresión, sino que obstruiré sus caminos para que no prosperen; y sus hechos serán como piedra de tropiezo delante de ellos.

30 Y también dice: Si mi pueblo siembra [a]inmundicia, [b]segará el tamo de ella en el torbellino; y su efecto es veneno.

31 Y dice además: Si mi pueblo siembra inmundicia segará el [a]viento oriental, el cual trae destrucción inmediata.

32 Y ahora bien, he aquí, la promesa del Señor se ha cumplido, y vosotros sois heridos y afligidos.

33 Mas si os [a]tornáis al Señor con íntegro propósito de corazón, y ponéis vuestra confianza en él, y le servís con toda la diligencia del alma, si hacéis esto, él, de acuerdo con su propia voluntad y deseo, os librará del cautiverio.

CAPÍTULO 8

Ammón enseña al pueblo de Limhi — Se entera de las veinticuatro planchas jareditas — Los videntes pueden traducir anales antiguos — No hay don mayor que el que posee un vidente. Aproximadamente 121 a.C.

Y ACONTECIÓ que después que el rey Limhi hubo acabado de hablar a su pueblo, porque les dijo muchas cosas, y solo algunas de ellas he escrito en este libro, él relató a su pueblo todo lo concerniente a sus hermanos que se hallaban en la tierra de Zarahemla.

2 E hizo que Ammón se presentara ante la multitud, y le refiriese todo cuanto había sucedido a sus hermanos desde la época en que Zeniff partió de la tierra, hasta el tiempo en que él mismo vino de allí.

3 Y Ammón también les declaró las últimas palabras que el rey Benjamín les había enseñado, y las explicó al pueblo del rey Limhi para que entendieran todas las palabras que él habló.

4 Y sucedió que después de haber hecho todo esto, el rey Limhi despidió a la multitud e hizo que cada uno se volviera a su propia casa.

5 Y ocurrió que hizo que le llevaran a Ammón las planchas que contenían los [a]anales de su pueblo, desde el tiempo en que

27*c* Mos. 13:33–34; 15:1–4.
29*a* 1 Sam. 12:15; 2 Cró. 24:20.
30*a* GEE Inmundicia, inmundo.
b Gál. 6:7–8; DyC 6:33. GEE Siega.
31*a* Jer. 18:17; Mos. 12:6.
33*a* Morm. 9:6.
8 5*a* Mos. 9–22.

salieron de la tierra de Zarahemla, para que él las leyera.

6 Ahora bien, en cuanto Ammón hubo leído la historia, el rey lo interrogó para saber si podía interpretar idiomas; y le respondió Ammón que no podía.

7 Y le dijo el rey: Hallándome apesadumbrado por las aflicciones de mi pueblo, hice que cuarenta y tres de los de mi pueblo emprendieran un recorrido por el desierto, para que por ese medio hallasen la tierra de Zarahemla, a fin de apelar a nuestros hermanos para que nos libraran del cautiverio.

8 Y estuvieron perdidos en el desierto por el espacio de muchos días, y a pesar de su diligencia, no encontraron la tierra de Zarahemla, sino que retornaron aquí después de haber viajado por una tierra entre muchas aguas, y de haber descubierto una región llena de huesos de hombres y bestias, y también estaba cubierta de ruinas de edificios de todas clases; y descubrieron una tierra que había sido habitada por un pueblo tan numeroso como las huestes de Israel.

9 Y como testimonio de la verdad de las cosas que habían dicho, han traído [a]veinticuatro planchas que están llenas de grabados, y son de oro puro.

10 Y he aquí, también han traído [a]petos, los cuales son de gran tamaño; y son de [b]bronce y de cobre, y están perfectamente conservados.

11 Y más aún, han traído espadas cuyas guarniciones se han consumido, y cuyas hojas estaban carcomidas de herrumbre; y no hay en la tierra quien pueda interpretar el lenguaje o los grabados que están sobre las planchas. Por esto te dije: ¿Puedes traducir?

12 Y te pregunto además: ¿Sabes tú de alguien que pueda traducir? Porque deseo que estos anales sean traducidos a nuestro idioma; pues quizá nos darán conocimiento de un resto del pueblo que ha sido destruido, del cual procedieron estos anales; o tal vez nos harán saber de este mismo pueblo que ha sido destruido; y deseo saber la causa de su destrucción.

13 Luego Ammón le dijo: Puedo de seguro decirte, oh rey, de un hombre que puede [a]traducir los anales; pues él tiene algo con lo que puede mirar y traducir todos los anales que son de fecha antigua; y es un don de Dios. Y las cosas se llaman [b]intérpretes, y nadie puede mirar en ellos a menos que le sea mandado, no sea que busque lo que no debe, y así perezca. Y a quien se le manda mirar en ellos, a ese se le llama [c]vidente.

14 Y he aquí, el rey del pueblo que se halla en la tierra de Zarahemla es el hombre a quien se manda hacer estas cosas, y es el que tiene este alto don de Dios.

9*a* Éter 1:1–2.
10*a* Éter 15:15.
b Éter 10:23.
13*a* Mos. 28:10–17.
b GEE Urim y Tumim.
c GEE Vidente.

15 Y dijo el rey que un vidente
es mayor que un profeta.
16 Y Ammón dijo que un vidente
es también revelador y profeta; y
que no hay mayor don que un hombre pueda tener, a menos que posea
el poder de Dios, que nadie puede
tener; sin embargo, el hombre puede
recibir gran poder de Dios.
17 Mas un vidente puede saber
de cosas que han pasado y también de cosas futuras; y por este
medio todas las cosas serán reveladas, o mejor dicho, las cosas
secretas serán manifestadas, y las
cosas ocultas saldrán a la luz; y lo
que no es sabido, ellos lo darán a
conocer; y también manifestarán
cosas que de otra manera no se
podrían saber.
18 Así Dios ha dispuesto un medio para que el hombre, por la fe,
pueda efectuar grandes milagros;
por tanto, llega a ser un gran beneficio para sus semejantes.
19 Y ahora bien, cuando Ammón
hubo acabado de hablar estas palabras, el rey se regocijó en extremo
y dio gracias a Dios, diciendo: Sin
duda estas planchas encierran un
[a]gran misterio, y estos intérpretes
fueron indudablemente preparados con objeto de desplegar todos
los misterios de esta índole a los
hijos de los hombres.
20 ¡Oh cuán maravillosas son
las obras del Señor, y cuán largo
tiempo soporta él a su pueblo; sí,
y cuán ciego e impenetrable es el
entendimiento de los hijos de los
hombres, pues ni buscan sabiduría, ni desean que [a]ella los rija!
21 Sí, son como un rebaño silvestre que huye del pastor, y se
esparce, y es perseguido y devorado por los animales de la selva.

Los Anales de Zeniff — Un relato de su pueblo desde la época en que salieron de la tierra de Zarahemla hasta la época en que fueron librados de las manos de los lamanitas.

Comprende los capítulos del 9 al 22.

CAPÍTULO 9

Zeniff conduce a un grupo de los de Zarahemla para poseer la tierra de Lehi-Nefi — El rey lamanita les permite poseer la tierra — Hay guerra entre los lamanitas y el pueblo de Zeniff. Aproximadamente 200–187 a.C.

Yo, Zeniff, habiendo sido instruido en todo el idioma de los
nefitas y habiendo tenido conocimiento de la [a]tierra de Nefi, o sea,
la tierra de la primera herencia de
nuestros padres, y habiendo sido
enviado como espía entre los lamanitas para que observase sus
fuerzas —a fin de que nuestro
ejército cayera sobre ellos y los
destruyera— mas cuando vi lo
bueno que había entre ellos, no
quise que fuesen destruidos.
2 Por tanto, contendí con mis
hermanos en el desierto, pues

19*a* Éter 3:21–28; 4:4–5.
20*a* Es decir, sabiduría, también un sustantivo femenino en hebreo y griego. Prov. 9:1; Mateo 11:19.
9 1*a* 2 Ne. 5:5–8; Omni 1:12.

quería que nuestro jefe hiciera
un tratado con ellos; pero siendo
hombre severo y sanguinario, él
mandó que me quitaran la vida;
mas fui rescatado por la efusión
de mucha sangre; porque padre
luchó contra padre, y hermano
contra hermano, hasta que la mayor parte de nuestro ejército fue
destruida en el desierto; y los que
sobrevivimos retornamos a la tierra de Zarahemla a comunicar ese
relato a sus esposas y a sus hijos.
3 Y sin embargo, yo, con un exceso de celo por heredar la tierra de nuestros padres, junté a
cuantos deseaban ir para poseer
la tierra, y de nuevo emprendimos nuestro viaje al desierto para
subir a aquella tierra; mas fuimos heridos con hambre y graves
aflicciones, pues éramos tardos
en acordarnos del Señor nuestro Dios.
4 No obstante, después de andar
errantes por el desierto muchos
días, plantamos nuestras tiendas
en el lugar en que nuestros hermanos habían perecido, el cual
se hallaba cerca de la tierra de
nuestros padres.
5 Y aconteció que con cuatro de
mis hombres entré otra vez en la
ciudad hasta donde estaba el rey,
a fin de conocer su disposición, y
saber si podía ir con mi pueblo y
poseer la tierra en paz.
6 Y entré a ver al rey, el cual hizo
pacto conmigo para que yo po-
seyera la tierra de Lehi-Nefi y la
tierra de Shilom.
7 Y también mandó que su gente
saliera de esa tierra; y yo y mi
pueblo entramos en ella a fin de
poseerla.
8 Y empezamos a construir edificios y a reparar los muros de la
ciudad; sí, las murallas de la ciudad de Lehi-Nefi y de la ciudad
de Shilom.
9 Y empezamos a cultivar la
tierra, sí, con toda clase de semillas, con semillas de maíz, de
trigo y de cebada, con neas y con
sheum, y con semillas de toda
clase de frutas; y empezamos a
multiplicarnos y a prosperar en
la tierra.
10 Ahora bien, fue por la astucia y artimaña del rey Lamán,
para [a]reducir a mi pueblo a la
servidumbre, que él cedió la tierra para que la poseyéramos nosotros.
11 Por tanto, sucedió que después que hubimos vivido en la
tierra por el término de doce
años, el rey Lamán empezó a inquietarse, por si de alguna manera mi pueblo se hacía fuerte
en la tierra, y así ellos no podrían
dominarlo y esclavizarlo.
12 Porque eran una gente pere-
zosa e [a]idólatra; por tanto, deseaban hacernos sus esclavos a fin de
hartarse con el trabajo de nuestras
manos; sí, para saciarse con los
rebaños de nuestros campos.
13 Por tanto, aconteció que el
rey Lamán comenzó a incitar a
su pueblo para que contendiera
con el mío; por lo que empezó a

10*a* Mos. 7:21–22. | 12*a* Enós 1:20. | GEE Idolatría.

haber guerras y contiendas en
la tierra.
14 Porque en el decimotercer
año de mi reinado en la tierra de
Nefi, estando mi pueblo abre-
vando y apacentando sus rebaños
y cultivando sus tierras, allá al sur
de la tierra de Shilom vino sobre
ellos una numerosa hueste de lamanitas, y empezaron a matarlos
y a llevarse sus rebaños y el maíz
de sus campos.
15 Sí, y ocurrió que huyeron, todos aquellos a quienes no alcanzaron, hasta la ciudad de Nefi, y
me pidieron protección.
16 Y aconteció que los armé con
arcos y con flechas, con espadas y
con cimitarras, con mazas y con
hondas, y con cuanto género de
armas pudimos inventar; y yo y
mi pueblo salimos a la batalla en
contra de los lamanitas.
17 Sí, con la fuerza del Señor
salimos a la batalla contra los lamanitas; porque yo y mi pueblo
clamamos fervientemente al Señor para que nos librara de las
manos de nuestros enemigos,
porque se despertó en nosotros
el recuerdo de la liberación de
nuestros padres.
18 Y Dios [a]oyó nuestro clamor
y contestó nuestras oraciones; y
salimos con su fuerza; sí, salimos
contra los lamanitas, y en un día
y una noche matamos a tres mil
cuarenta y tres; los matamos hasta
que los hubimos expulsado de
nuestra tierra.
19 Y yo mismo con mis propias
manos ayudé a enterrar a sus
muertos. Y he aquí, para nuestro
gran pesar y lamentación, doscientos setenta y nueve de nuestros hermanos fueron muertos.

CAPÍTULO 10

Muere el rey Lamán — Los de su pueblo son salvajes y feroces, y creen en tradiciones falsas — Zeniff y su pueblo prevalecen en contra de ellos. Aproximadamente 187–160 a.C.

Y SUCEDIÓ que de nuevo empezamos a establecer el reino y a
poseer otra vez la tierra en paz.
Y mandé hacer armas de guerra
de todas clases, para que de ese
modo yo tuviera armas para mi
pueblo, para el día en que los
lamanitas volvieran a la guerra
contra mi pueblo.
2 Y puse guardias alrededor de
la tierra, a fin de que los lamanitas
no cayesen de nuevo de improviso sobre nosotros y nos destruyesen; y así protegí a mi pueblo y
mis rebaños, y evité que cayeran
en manos de nuestros enemigos.
3 Y sucedió que heredamos la
tierra de nuestros padres durante
muchos años; sí, por el espacio de
veintidós años.
4 E hice que los hombres cultiva-
ran la tierra y produjeran [a]granos
y frutos de todas clases.
5 E hice que las mujeres hilaran
y se afanaran, y trabajaran y teje-
ran toda suerte de linos finos; sí, y
[a]telas de todas clases para que cu-
briéramos nuestra desnudez; y así

18*a* Mos. 29:20. | **10** 4*a* Mos. 9:9. | 5*a* Alma 1:29.

prosperamos en la tierra, así gozamos de continua paz en la tierra por el espacio de veintidós años.
6 Y aconteció que el rey [a]Lamán
murió, y su hijo empezó a reinar en su lugar. Y empezó a incitar a su pueblo a rebelarse en contra del mío; así que comenzaron a prepararse para la guerra y para venir a la batalla contra mi pueblo.
7 Mas yo había enviado a mis
espías a los alrededores de la tierra de [a]Shemlón, para descubrir sus preparativos, para guardarme de ellos a fin de que no vinieran sobre mi pueblo y lo destruyeran.
8 Y sucedió que subieron por el
lado norte de la tierra de Shilom, con sus numerosas huestes: hombres [a]armados con [b]arcos y con flechas, con espadas y con cimitarras, con piedras y con hondas; y llevaban afeitada y desnuda la cabeza, y estaban ceñidos con una faja de cuero alrededor de sus lomos.
9 Y aconteció que hice que las
mujeres y los niños de mi pueblo se ocultaran en el desierto; e hice también que todos mis hombres ancianos que podían llevar armas, así como todos mis hombres jóvenes que podían portar armas, se reunieran para ir a la batalla contra los lamanitas; y los coloqué en sus filas, cada hombre según su edad.
10 Y aconteció que salimos a la
batalla contra los lamanitas, y hasta yo, en mi avanzada edad, fui a la batalla contra los lamanitas. Y ocurrió que salimos a la lid con la [a]fuerza del Señor.
11 Ahora bien, los lamanitas
nada sabían concerniente al Señor ni a la fuerza del Señor; por tanto, confiaban en su propia fuerza. Con todo, eran gente fuerte, según la fuerza del hombre.
12 Eran un pueblo [a]salvaje, fe-
roz y sanguinario, creyentes en la [b]tradición de sus padres, que era esta: Creían que fueron echados de la tierra de Jerusalén a causa de las iniquidades de sus padres, y que sus hermanos los ultrajaron en el desierto, y que también fueron agraviados mientras cruzaban el mar.
13 Y más aún, que los habían
tratado injustamente mientras se hallaban en la tierra de su [a]primera herencia, después de haber atravesado el mar; y todo esto porque Nefi fue más fiel en guardar los mandamientos del Señor; por tanto, fue [b]favorecido del Señor porque el Señor oyó sus oraciones y las contestó; y él tomó el mando en su viaje por el desierto.
14 Y sus hermanos se enojaron
con él porque no [a]entendían la manera de proceder del Señor; y también se [b]irritaron con él sobre

6*a* Mos. 9:10–11; 24:3.
7*a* Mos. 11:12.
8*a* Jarom 1:8.
b Alma 3:4–5.
10*a* GEE Confianza, confiar.
12*a* Alma 17:14.
b 2 Ne. 5:1–3.
13*a* 1 Ne. 18:23.
b 1 Ne. 17:35.
14*a* 1 Ne. 15:7–11.
b 1 Ne. 18:10–11.

las aguas, porque endurecieron sus corazones contra el Señor.

15 Y además, se enfurecieron con él cuando hubieron llegado a la tierra prometida, porque decían que él había arrebatado de sus manos el [a]mando del pueblo; y trataron de matarlo.

16 Y además, se ensañaron con él porque salió para el desierto, como el Señor le había mandado, y llevó consigo los [a]anales que estaban grabados en las planchas de bronce, porque decían ellos que él los había [b]robado.

17 Y por tanto, han enseñado a sus hijos a que los aborrezcan, y que los asesinen, y que les roben y los despojen, y que hagan cuanto puedan para destruirlos; por tanto, sienten un odio eterno contra los hijos de Nefi.

18 Precisamente por esta causa, el rey Lamán, mediante su astucia y mentirosa estratagema, y sus halagadoras promesas, me engañó, para que trajera a mi pueblo a esta tierra, a fin de que ellos lo destruyeran; sí, y hemos padecido todos estos años en la tierra.

19 Y ahora bien, yo, Zeniff, después de haber dicho todas estas cosas acerca de los lamanitas a los de mi pueblo, los animé a que salieran a luchar con toda su fuerza y pusieran su confianza en el Señor; por tanto, luchamos contra ellos cara a cara.

20 Y aconteció que nuevamente los echamos de nuestra tierra, y los matamos con gran mortandad, tantos que no los contamos.

21 Y aconteció que de nuevo volvimos a nuestra propia tierra, y mi pueblo empezó otra vez a guardar sus rebaños y a cultivar sus tierras.

22 Y ahora bien, yo, habiendo envejecido, conferí el reino a uno de mis hijos; por tanto, no digo más. Y ruego que el Señor bendiga a mi pueblo. Amén.

CAPÍTULO 11

El rey Noé reina inicuamente — Se deleita en una vida desenfrenada con sus esposas y concubinas — Abinadí profetiza que el pueblo caerá en el cautiverio — El rey Noé procura quitarle la vida. Aproximadamente 160–150 a.C.

Y SUCEDIÓ que Zeniff confirió el reino a Noé, uno de sus hijos; por tanto, Noé empezó a reinar en su lugar; y no anduvo por las sendas de su padre.

2 Pues he aquí, no guardó los mandamientos de Dios, sino que anduvo en pos de los deseos de su propio corazón. Y tuvo muchas esposas y [a]concubinas. E [b]hizo que su pueblo pecara e hiciera lo que era abominable delante del Señor. Sí, cometieron [c]fornicaciones y toda clase de iniquidades.

3 E impuso un tributo de la quinta parte de cuanto poseían, la quinta parte de su oro y de su

15*a* 2 Ne. 5:3.
16*a* 2 Ne. 5:12.
b Alma 20:10, 13.
11 2*a* Jacob 3:5.
b 1 Rey. 14:15–16; Mos. 29:31.
c 2 Ne. 28:15.

plata, y la quinta parte de su [a]ziff,
y de su cobre, y de su bronce y de
su hierro; y la quinta parte de sus
animales cebados, y también la
quinta parte de todos sus granos.
4 E hizo todo esto para soste-
nerse a sí mismo, y a sus esposas
y a sus concubinas; y también a
sus sacerdotes y a las esposas y
las concubinas de ellos; de este
modo había cambiado los asuntos del reino.
5 Pues destituyó a todos los
sacerdotes que su padre había consagrado, y en su lugar consagró a
otros, aquellos que se envanecían
con el orgullo de sus corazones.
6 Sí, y de esta manera eran man-
tenidos en su pereza y en su idolatría y sus fornicaciones, con los
tributos que el rey Noé había impuesto sobre los de su pueblo; de
modo que trabajaban mucho para
sostener la iniquidad.
7 Sí, y también se volvieron
idólatras, porque los engañaron las vanas y lisonjeras palabras del rey y de los sacerdotes,
porque les hablaban palabras
lisonjeras.
8 Y sucedió que el rey Noé construyó muchos edificios elegantes
y espaciosos; y los adornó con
obras finas de madera, y con toda
clase de cosas preciosas, de oro y
de plata, de hierro, de bronce, de
ziff y de cobre.
9 Y también edificó para sí un
amplio palacio, y un trono en medio, todo lo cual era de madera
fina, y estaba adornado de oro y
plata y cosas preciosas.
10 Y también mandó que sus ar-
tesanos elaboraran toda clase de
obras finas dentro de los muros
del templo: de madera fina, y de
cobre, y de bronce.
11 Y los asientos que se reservaron para los sumos sacerdotes,
que eran más altos que todos los
demás asientos, él los adornó con
oro puro; e hizo construir un an-
tepecho delante de ellos, sobre el
cual podían sostener sus cuerpos y
sus brazos mientras hablaban falsas y vanas palabras a su pueblo.
12 Y ocurrió que edificó una [a]to-
rre cerca del templo, sí, una torre
muy alta, tan alta así que desde
su cima podía ver la tierra de Shilom, y también la tierra de Shemlón, que poseían los lamanitas;
y aun podía ver toda la región
circunvecina.
13 Y aconteció que hizo construir
muchos edificios en la tierra de
Shilom; e hizo que se construyera
una gran torre sobre el collado que
estaba al norte de la tierra de Shilom, el cual había sido un refugio
para los hijos de Nefi cuando huyeron de la tierra; e hizo esto con
las riquezas que obtenía mediante
los tributos de su pueblo.
14 Y sucedió que entregó su corazón a sus riquezas; y pasaba el
tiempo en vivir desenfrenada
mente con sus esposas y sus concubinas; y también sus sacerdotes
pasaban el tiempo con rameras.

3*a* En hebreo, palabra parecida a "resplandeciente", y a "enchapar en metal".

12*a* Mos. 19:5–6.

15 Y aconteció que plantó viñas
en varias partes del país; y construyó lagares e hizo vino en abundancia; por tanto, se convirtió en
[a]bebedor de vino, y lo mismo hizo
su pueblo.
16 Y sucedió que los lamanitas
empezaron a venir sobre su pueblo, sobre grupos pequeños, y a
matarlos en sus campos, y mientras cuidaban sus rebaños.
17 Y el rey Noé envió guardias
a los alrededores de la tierra para
contenerlos, mas no envió un número suficiente, y los lamanitas
cayeron sobre ellos y los mataron,
y se llevaron muchos de sus rebaños fuera de la tierra; así empezaron los lamanitas a destruirlos
y a derramar su odio sobre ellos.
18 Y aconteció que el rey Noé
envió a sus tropas en contra de
ellos, y los lamanitas fueron rechazados, o sea, los hicieron retroceder por un tiempo, por lo
que volvieron, regocijándose con
su botín.
19 Y ahora bien, a causa de esta
gran victoria, se envanecieron
con el orgullo de sus corazones,
y se [a]jactaron de su propia fuerza,
diciendo que cincuenta de ellos
podían contra miles de los lamanitas; y así se jactaban y se deleitaban en la sangre y en verter la
sangre de sus hermanos; y esto a
causa de la iniquidad de su rey y
sacerdotes.
20 Y aconteció que había entre
ellos un hombre que se llamaba
[a]Abinadí; y salió entre ellos y empezó a profetizar, diciendo: He
aquí, así dice el Señor, y así me
ha mandado, diciendo: Ve y di a
esta gente: Así dice el Señor: ¡Ay
de los de este pueblo!, porque he
visto sus abominaciones, y sus
iniquidades, y sus fornicaciones,
y a menos que se arrepientan, los
visitaré con mi ira.
21 Y a menos que se arrepientan y se vuelvan al Señor su
Dios, he aquí, los entregaré en
manos de sus enemigos; sí, y
serán reducidos al [a]cautiverio,
y serán afligidos por mano de
sus enemigos.
22 Y sucederá que sabrán que yo
soy el Señor su Dios, y que soy un
Dios [a]celoso, que visito las iniquidades de mi pueblo.
23 Y acontecerá que a menos
que este pueblo se arrepienta y
se vuelva al Señor su Dios, será
llevado al cautiverio; y nadie lo
librará, salvo el Señor, el Dios Todopoderoso.
24 Sí, y acontecerá que cuando
ellos clamen a mí, seré [a]lento en
oír sus lamentos; sí, y permitiré
que sus enemigos los aflijan.
25 Y a menos que se arrepientan en cilicio y ceniza, y clamen
fuertemente al Señor su Dios, no
[a]oiré sus ruegos ni los libraré de
sus aflicciones; y así dice el Señor,
y así me ha mandado.
26 Y acaeció que cuando les

15*a* GEE Palabra de Sabiduría.
19*a* DyC 3:4. GEE Orgullo.
20*a* GEE Abinadí.
21*a* Mos. 12:2; 20:21; 21:13–15; 23:21–23.
22*a* Éx. 20:5; Deut. 6:15; Mos. 13:13.
24*a* Miqueas 3:4; Mos. 21:15.
25*a* Isa. 1:15; 59:2.

hubo hablado Abinadí estas palabras, se enojaron con él y trataron de quitarle la vida; mas el
Señor lo libró de sus manos.
27 Ahora bien, cuando el
rey Noé se hubo enterado de
las palabras que Abinadí había hablado al pueblo, también
se llenó de ira y dijo: ¿Quién
es Abinadí, para que yo y mi
pueblo seamos juzgados por
él? O, [a]¿quién es el Señor para
que traiga sobre mi pueblo tan
grande aflicción?
28 Os mando traer aquí a Abinadí para matarlo, porque él ha
dicho estas cosas para incitar a
los de mi pueblo a la ira unos con
otros, y para suscitar contenciones entre los de mi pueblo; por
tanto, lo mataré.
29 Y los ojos del pueblo se hallaban [a]cegados; por tanto, [b]endu-
recieron sus corazones contra las
palabras de Abinadí, y trataron de
apresarlo desde ese momento en
adelante. Y el rey Noé endureció
su corazón contra la palabra del
Señor, y no se arrepintió de sus
malas obras.

CAPÍTULO 12

Abinadí es encarcelado por profetizar la destrucción del pueblo y la muerte del rey Noé — Los sacerdotes falsos citan las Escrituras y fingen observar la ley de Moisés — Abinadí comienza a enseñarles los Diez Mandamientos. Aproximadamente 148 a.C.

Y ACONTECIÓ que después de dos
años, Abinadí vino entre ellos
disfrazado, de modo que no lo
conocieron, y empezó a profetizar entre ellos, diciendo: Así me
ha mandado el Señor, diciendo:
Abinadí, ve y profetiza a los de
mi pueblo, porque han endurecido su corazón en contra de mis
palabras; no se han arrepentido
de sus malas obras; por lo tanto,
los [a]visitaré con mi ira; sí, con mi
furiosa ira los visitaré en sus iniquidades y abominaciones.
2 Sí, ¡ay de esta generación! Y el
Señor me dijo: Extiende tu mano
y profetiza, diciendo: Así dice
el Señor: Acontecerá que los de
esta generación, a causa de sus
iniquidades, serán llevados al
[a]cautiverio, y serán heridos en
la [b]mejilla; sí, y por los hombres
serán impelidos y muertos; y los
buitres del aire y los perros, sí, y
los animales salvajes devorarán
su carne.
3 Y acontecerá que la [a]vida del
rey Noé se estimará igual que un
vestido en un [b]horno ardiente;
porque sabrá que yo soy el Señor.
4 Y acontecerá que heriré a este
pueblo mío con penosas aflicciones; sí, con hambre y con [a]pesti-
lencia; y haré que [b]aúllen todo
el día.

27*a* Éx. 5:2; Mos. 12:13.
29*a* Moisés 4:4.
b Alma 33:20; Éter 11:13.

12 1*a* Isa. 65:6.
2*a* Mos. 11:21; 20:21; 21:13–15; 23:21–23.
b Mos. 21:3–4.
3*a* Mos. 12:10.
b Mos. 19:20.
4*a* DyC 97:26.
b Mos. 21:9–10.

5 Sí, y haré que les aten [a]cargas sobre sus espaldas; y serán arreados como mudos asnos.

6 Y acontecerá que enviaré granizo entre ellos, y los herirá; y también serán heridos por el [a]viento oriental; y los [b]insectos también abrumarán sus tierras y devorarán su grano.

7 Y serán heridos con gran pestilencia; y haré todo esto por motivo de sus [a]iniquidades y sus abominaciones.

8 Y acontecerá que, a menos que se arrepientan, los [a]destruiré totalmente de sobre la faz de la tierra; sin embargo, dejarán tras sí un [b]registro, y lo preservaré para otras naciones que poseerán la tierra; sí, esto haré para que yo revele las abominaciones de este pueblo a otras naciones. Y muchas cosas profetizó Abinadí contra este pueblo.

9 Y aconteció que se enojaron con él; y lo aprehendieron y lo llevaron atado ante el rey, y dijeron al rey: He aquí, hemos traído ante ti a un hombre que ha profetizado el mal concerniente a tu pueblo, y dice que Dios lo destruirá.

10 Y también profetiza lo malo en cuanto a tu vida, y dice que tu vida será semejante a un vestido en un horno ardiente.

11 Y más aún, dice que serás como una caña; sí, como una caña seca del campo, la cual las bestias pisan y es hollada con los pies.

12 Y además, dice que serás como la flor del cardo, que cuando está completamente madura, si el viento sopla, es arrastrada sobre la faz de la tierra; y afirma que el Señor lo ha declarado. Y dice que todo esto te sobrevendrá a menos que te arrepientas; y esto a causa de tus iniquidades.

13 Y ahora bien, oh rey, ¿qué gran mal has hecho, o qué grandes pecados ha cometido tu pueblo para que Dios nos condene, o este hombre nos juzgue?

14 Y he aquí, oh rey, nos hallamos sin culpa, y tú, oh rey, no has pecado; por lo tanto, este hombre ha mentido concerniente a ti, y ha profetizado en vano.

15 Y he aquí, somos fuertes; no caeremos en la esclavitud ni seremos llevados cautivos por nuestros enemigos; sí, y tú has prosperado en la tierra, y también has de prosperar.

16 Mira, aquí está el hombre; lo entregamos en tus manos; puedes hacer con él lo que bien te parezca.

17 Y sucedió que el rey Noé hizo que fuese encarcelado Abinadí; y dio órdenes de que se convocara a los [a]sacerdotes, para reunirse en concilio con ellos sobre lo que debía hacer con él.

18 Y aconteció que le dijeron al rey: Tráelo aquí para que lo interroguemos; y el rey mandó que fuese traído ante ellos.

5*a* Mos. 21:3.
6*a* Jer. 18:17; Mos. 7:31.
b Éx. 10:1–12.
7*a* DyC 3:18.
8*a* Alma 45:9–14.
b Morm. 8:14–16.
17*a* Mos. 11:11.

19 Y empezaron a interrogarlo con el fin de confundirlo, para así tener de qué acusarlo; pero él les respondió intrépidamente e hizo frente a todas sus preguntas, sí, los llenó de asombro; pues los [a]resistió en todas sus preguntas y los confundió en todas sus palabras.

20 Y sucedió que uno de ellos le dijo: ¿Qué significan las palabras que están escritas, y que nuestros padres han enseñado, diciendo:

21 [a]¡Cuán hermosos sobre las montañas son los pies de aquel que trae buenas nuevas; que publica la paz; que trae gratas nuevas del bien; que publica la salvación; que dice a Sion: Tu Dios reina;

22 tus centinelas levantarán la voz; unánimes cantarán, porque verán ojo a ojo cuando el Señor haga volver a Sion!

23 ¡Prorrumpid en alegría! ¡Cantad juntamente lugares desolados de Jerusalén, porque el Señor ha consolado a su pueblo, ha redimido a Jerusalén!;

24 el Señor ha desnudado su santo [a]brazo a la vista de todas las naciones, y todos los extremos de la tierra verán la salvación de nuestro Dios?

25 Y luego les dijo Abinadí: ¿Sois vosotros [a]sacerdotes, y decís que enseñáis a este pueblo, y que entendéis el espíritu de profecía, y sin embargo, queréis saber de mí lo que estas cosas significan?

26 Yo os digo: ¡Ay de vosotros por pervertir las vías del Señor! Porque si entendéis estas cosas, no las habéis enseñado. Por tanto, habéis pervertido las vías del Señor.

27 No habéis aplicado vuestros corazones para [a]entender; por tanto, no habéis sido sabios. ¿Qué, pues, enseñáis a este pueblo?

28 Y dijeron: Enseñamos la ley de Moisés.

29 Y de nuevo les dijo: Si enseñáis la [a]ley de Moisés, ¿cómo es que no la cumplís? ¿Por qué entregáis vuestros corazones a las riquezas? ¿Por qué cometéis [b]fornicaciones y disipáis vuestro vigor con rameras, sí, y hacéis que este pueblo cometa pecado, de modo que el Señor tenga motivo para enviarme a profetizar contra este pueblo, sí, aun un gran mal contra este pueblo?

30 ¿No sabéis que hablo la verdad? Sí, sabéis que hablo la verdad, y deberíais temblar ante Dios.

31 Y sucederá que seréis heridos por vuestras iniquidades, pues habéis dicho que enseñáis la ley de Moisés. Y, ¿qué sabéis concerniente a la ley de Moisés? [a]¿Viene la salvación por la ley de Moisés? ¿Qué decís vosotros?

32 Y respondieron y dijeron que

19*a* DyC 100:5–6.
21*a* Isa. 52:7–10; Nahúm 1:15.
24*a* 1 Ne. 22:11.
25*a* Mos. 11:5.
27*a* GEE Entender, entendimiento.
29*a* GEE Ley de Moisés.
b GEE Adulterio.
31*a* Mos. 3:15; 13:27–32; Alma 25:16.

la salvación venía por la ley de
Moisés.
33 Mas les dijo Abinadí: Sé que
si guardáis los mandamientos de
Dios, seréis salvos; sí, si guardáis
los mandamientos que el Señor
dio a Moisés en el monte de [a]Si-
naí, diciendo:
34 [a]Yo soy el Señor tu Dios,
que te he [b]sacado de la tierra de
Egipto, de la casa de servidumbre.
35 No tendrás [a]otro Dios delante de mí.
36 No te harás ninguna imagen
tallada, ni ninguna semejanza de
cosa alguna que esté arriba en el
cielo, ni de cosas que estén abajo
en la tierra.
37 Y luego les dijo Abinadí:
¿Habéis hecho todo esto? Yo os
digo: No; no lo habéis hecho. ¿Y
habéis [a]enseñado a este pueblo
que debe observar todas estas
cosas? Os digo que no; no lo habéis hecho.

CAPÍTULO 13

Abinadí es protegido por poder divino — Enseña los Diez Mandamientos — La salvación no viene por la ley de Moisés únicamente — Dios mismo efectuará la Expiación y redimirá a Su pueblo. Aproximadamente 148 a.C.

Y AHORA bien, cuando el rey
hubo oído estas palabras, dijo
a sus sacerdotes: Llevaos a este
individuo, y matadlo; porque,
¿qué tenemos que ver con él?
Pues está loco.
2 Y avanzaron y trataron de
echarle mano; mas él los resistió,
y les dijo:
3 No me toquéis, porque Dios os
herirá si me echáis mano, porque
no he comunicado el mensaje que
el Señor me mandó que diera; ni
tampoco os he dicho lo que [a]pe-
disteis que dijera; por tanto, Dios
no permitirá que yo sea destruido
en este momento.
4 Mas debo cumplir los mandamientos que Dios me ha mandado; y porque os he dicho la
verdad, estáis enojados conmigo.
Y más aún, porque he hablado la
palabra de Dios, me habéis juzgado de estar loco.
5 Y ahora bien, aconteció que
después que Abinadí hubo
hablado estas palabras, el
pueblo del rey Noé no se atrevió a echarle mano, porque el
Espíritu del Señor estaba sobre
él, y su rostro [a]resplandecía con
un brillo extraordinario, aun
como el de Moisés en el monte
de Sinaí, mientras hablaba con
el Señor.
6 Y habló Abinadí con [a]poder y
autoridad de Dios; y continuó sus
palabras, diciendo:
7 Vosotros veis que no tenéis poder para matarme; por tanto, concluyo mi mensaje. Sí, y percibo
que os [a]hiere hasta el corazón,

33*a* Éx. 19:9, 16–20; Mos. 13:5.
34*a* Éx. 20:2–4.
b Éx. 12:51; 1 Ne. 17:40; Mos. 7:19.
35*a* Oseas 13:4. GEE Idolatría.
37*a* Mos. 13:25–26.
13 3*a* Mos. 12:20–24.
5*a* Éx. 34:29–35.
6*a* GEE Poder.
7*a* 1 Ne. 16:2.

porque os digo la verdad acerca
de vuestras iniquidades.
8 Sí, y mis palabras os llenan
de maravilla, de asombro y de
cólera.
9 Mas doy fin a mi mensaje; y
entonces no importa a dónde
vaya, con tal de que yo sea salvo.
10 Mas esto os digo: Lo que hagáis conmigo después de esto,
será como [a]símbolo y sombra de
cosas venideras.
11 Y ahora os leo el resto de los
[a]mandamientos de Dios, porque
percibo que no están escritos en
vuestros corazones; percibo que
habéis estudiado y enseñado la
iniquidad la mayor parte de vuestras vidas.
12 Ahora bien, recordaréis que
os dije: No te harás ninguna imagen tallada, ni ninguna semejanza de cosas que estén arriba
en el cielo, o que estén abajo en
la tierra, o en las aguas debajo de
la tierra.
13 Y además: No te postrarás
ante ellas, ni las servirás; porque
yo, el Señor tu Dios, soy un Dios
celoso, que visito las iniquidades
de los padres sobre los hijos, hasta
la tercera y la cuarta generación
de los que me aborrecen;
14 y manifiesto misericordia a
miles de los que me aman y guardan mis mandamientos.
15 No tomarás el nombre del
Señor tu Dios en vano; porque
el Señor no tendrá sin culpa
al que tomare su nombre en
vano.
16 Acuérdate del día de [a]reposo
para santificarlo.
17 Seis días trabajarás, y harás
toda tu obra;
18 mas el día séptimo, el reposo
del Señor tu Dios, no harás ningún trabajo, tú, ni tu hijo, ni tu
hija, ni tu criado, ni tu criada, ni
tu ganado, ni el extranjero que se
halle dentro de tus puertas;
19 porque en [a]seis días el Señor
hizo el cielo, y la tierra, y el mar,
y todo lo que en ellos hay; por
consiguiente, el Señor bendijo el
día de reposo y lo santificó.
20 [a]Honra a tu padre y a tu madre, para que se prolonguen tus
días sobre la tierra que el Señor
tu Dios te da.
21 No [a]matarás.
22 No cometerás [a]adulterio. No
[b]robarás.
23 No dirás [a]falso testimonio
contra tu prójimo.
24 No [a]codiciarás la casa de tu
prójimo, no codiciarás la mujer
de tu prójimo, ni su criado, ni su
criada, ni su buey, ni su asno, ni
cosa alguna que sea de tu prójimo.
25 Y aconteció que después
que Abinadí hubo dado fin a
estas palabras, les dijo: ¿Habéis enseñado a este pueblo que
debe procurar hacer todas estas

10*a* Mos. 17:13–19; Alma 25:10.
11*a* Éx. 20:1–17.
16*a* GEE Día de reposo.
19*a* Gén. 1:31.
20*a* Marcos 7:10.
21*a* Mateo 5:21–22; DyC 42:18. GEE Asesinato.
22*a* GEE Adulterio.
b GEE Robar, robo, hurtar, hurto.
23*a* Prov. 24:28. GEE Mentiras.
24*a* GEE Codiciar.

cosas, a fin de guardar estos mandamientos?

26 Os digo que no; porque si lo hubieseis hecho, el Señor no habría hecho que yo viniera y profetizara el mal sobre este pueblo.

27 Ahora bien, habéis dicho que la salvación viene por la ley de Moisés. Yo os digo que es preciso que guardéis la [a]ley de Moisés aún; mas os digo que vendrá el tiempo cuando ya [b]no será necesario guardar la ley de Moisés.

28 Y además, os digo que la [a]salvación no viene solo por la [b]ley; y si no fuera por la [c]expiación que Dios mismo efectuará por los pecados e iniquidades de los de su pueblo, estos inevitablemente perecerían, a pesar de la ley de Moisés.

29 Y ahora os digo que se hizo necesario que se diera una ley a los hijos de Israel, sí, una ley muy [a]estricta; porque eran una gente de dura cerviz, [b]presta para hacer el mal y lenta para acordarse del Señor su Dios;

30 por tanto, les fue dada una [a]ley; sí, una ley de prácticas y [b]ordenanzas, una ley que tenían que [c]observar estrictamente de día en día, para conservar vivo en ellos el recuerdo de Dios y su deber para con él.

31 Mas he aquí, os digo que todas estas cosas eran [a]símbolos de cosas futuras.

32 Y bien, ¿entendieron la ley? Os digo que no; no todos entendieron la ley; y esto a causa de la dureza de sus corazones; pues no entendían que ningún hombre podía ser salvo [a]sino por medio de la redención de Dios.

33 Pues he aquí, ¿no les profetizó Moisés concerniente a la venida del Mesías, y que Dios redimiría a su pueblo? Sí, y aun [a]todos los profetas que han profetizado desde el principio del mundo, ¿no han hablado ellos más o menos acerca de estas cosas?

34 ¿No han dicho ellos que [a]Dios mismo bajaría entre los hijos de los hombres, y tomaría sobre sí la forma de hombre, e iría con gran poder sobre la faz de la tierra?

35 Sí, y, ¿no han dicho también que llevaría a efecto la [a]resurrección de los muertos, y que él mismo sería oprimido y afligido?

CAPÍTULO 14

Isaías habla en cuanto al Mesías — Se exponen la humillación y los sufrimientos del Mesías — Él hace de Su alma ofrenda por el pecado e intercede por los transgresores —

27*a* GEE Ley de Moisés.
b 3 Ne. 9:19–20; 15:4–5.
28*a* Gál. 2:16. GEE Redención, redimido, redimir; Salvación.
b Gál. 2:21; Mos. 3:14–15; Alma 25:15–16.
c GEE Expiación, expiar.
29*a* Josué 1:7–8.
b Alma 46:8.
30*a* Éx. 20.
b GEE Ordenanzas.
c Jacob 4:5.
31*a* Mos. 16:14; Alma 25:15. GEE Simbolismo.
32*a* 2 Ne. 25:23–25.
33*a* 1 Ne. 10:5; Jacob 4:4; 7:11.
34*a* Mos. 7:27; 15:1–3. GEE Trinidad.
35*a* Isa. 26:19; 2 Ne. 2:8.

Compárese con Isaías 53. Aproximadamente 148 a.C.

Sí, ¿no dice Isaías: Quién ha creído
nuestro mensaje, y a quién se ha
manifestado el brazo del Señor?
2 Porque crecerá delante de él
como una planta tierna, y como
raíz de tierra seca; no hay en él
parecer ni hermosura; y cuando
lo veamos, no habrá en él buen
parecer para que lo deseemos.
3 Despreciado y rechazado de
los hombres; varón de dolores
y experimentado en quebranto;
y como que escondimos de él el
rostro; fue menospreciado y no
lo estimamos.
4 Ciertamente él ha [a]llevado
nuestros [b]pesares y sufrido nuestros dolores; sin embargo, lo hemos tenido por golpeado, herido
de Dios y afligido.
5 Mas él herido fue por nuestras
[a]transgresiones, golpeado por
nuestras iniquidades; y el castigo
de nuestra paz fue sobre él; y con
sus llagas somos [b]sanados.
6 Todos nosotros nos hemos descarriado como [a]ovejas, nos hemos
apartado, cada cual por su propio camino; y el Señor ha puesto
sobre él las iniquidades de todos
nosotros.
7 Fue oprimido y afligido, pero
no [a]abrió su boca; fue llevado
como [b]cordero al degolladero, y
como la oveja permanece muda
ante sus trasquiladores, así él no
abrió su boca.
8 De la prisión y del juicio fue
quitado; y, ¿quién declarará su
generación? Porque fue arrancado
de la tierra de los vivientes; por
las transgresiones de mi pueblo
fue herido.
9 Con los inicuos dispuso él su
sepultura, y con los [a]ricos fue en
su muerte; porque no había hecho
[b]mal, ni hubo engaño en su boca.
10 Mas quiso el Señor quebrantarlo; le ha causado aflicción; cuando hagas de su alma
ofrenda por el pecado, él verá
su [a]linaje, prolongará sus días
y el placer del Señor prosperará
en su mano.
11 Verá el afán de su alma, y
quedará satisfecho; con su conocimiento, mi justo siervo justificará a muchos; porque [a]llevará
las iniquidades de ellos.
12 Por tanto, le repartiré una
porción con los grandes; y él dividirá el botín con los fuertes,
porque derramó su alma hasta
la muerte, y fue contado con los
transgresores; y llevó los pecados
de muchos e [a]intercedió por los
transgresores.

14 4*a* Alma 7:11–12.
b Mateo 8:17.
5*a* Mos. 15:9; Alma 11:40.
b 1 Pe. 2:24–25.
6*a* Mateo 9:36; 2 Ne. 28:14; Alma 5:37.
7*a* Marcos 15:3. GEE Jesucristo.
b GEE Cordero de Dios; Pascua.
9*a* Mateo 27:57–60; Marcos 15:27, 43–46. GEE José de Arimatea.
b Juan 19:4.
10*a* Mos. 15:10–13.
11*a* Lev. 16:21–22; 1 Pe. 3:18; DyC 19:16–19.
12*a* 2 Ne. 2:9; Mos. 15:8; Moro. 7:27–28.

CAPÍTULO 15

Por qué Cristo es el Padre así como el Hijo — Él intercederá por los hijos de los hombres y tomará sobre sí las transgresiones de los de Su pueblo — Ellos y todos los santos profetas son Su posteridad — Él lleva a efecto la Resurrección — Los niños pequeños tienen vida eterna. Aproximadamente 148 a.C.

Y LUEGO les dijo Abinadí: Quisiera que entendieseis que [a]Dios mismo descenderá entre los hijos de los hombres, y [b]redimirá a su pueblo.
2 Y porque [a]morará en la carne, será llamado el Hijo de Dios, y habiendo sujetado la carne a la voluntad del [b]Padre, siendo el Padre y el Hijo,
3 el Padre [a]porque fue [b]concebido por el poder de Dios; y el Hijo, por causa de la carne; por lo que llega a ser el Padre e Hijo;
4 y son [a]un Dios, sí, el verdadero [b]Padre [c]Eterno del cielo y de la tierra.
5 Y así la carne, habiéndose sujetado al Espíritu, o el Hijo al Padre, siendo un Dios, [a]sufre tentaciones, pero no cede a ellas, sino que permite que su pueblo se burle de él, y lo [b]azote, y lo eche fuera, y lo [c]repudie.
6 Y tras de todo esto, después de obrar muchos grandes milagros entre los hijos de los hombres, será conducido, sí, [a]según dijo Isaías: Como la oveja permanece muda ante el trasquilador, así él no [b]abrió su boca.
7 Sí, aun de este modo será llevado, [a]crucificado y muerto, la carne quedando sujeta hasta la muerte, la [b]voluntad del Hijo siendo absorbida en la voluntad del Padre.
8 Y así Dios rompe las [a]ligaduras de la muerte, habiendo logrado la [b]victoria sobre la muerte; dando al Hijo poder para [c]interceder por los hijos de los hombres,
9 habiendo ascendido al cielo, henchidas de misericordia sus entrañas, lleno de compasión por los hijos de los hombres; interponiéndose entre ellos y la justicia; habiendo quebrantado los lazos de la muerte, tomado sobre [a]sí la iniquidad y las transgresiones de ellos, habiéndolos redimido y [b]satisfecho las exigencias de la justicia.
10 Y ahora os digo: ¿Quién

15 1*a* 1 Tim. 3:16; Mos. 13:33–34. GEE Jesucristo.
b GEE Redención, redimido, redimir.
2*a* Mos. 3:5; 7:27; Alma 7:9–13.
b Isa. 64:8; Juan 10:30; 14:8–10; Mos. 5:7; Alma 11:38–39; Éter 3:14.
3*a* DyC 93:4.
b Lucas 1:31–33; Mos. 3:8–9; Alma 7:10; 3 Ne. 1:14.
4*a* Deut. 6:4; Juan 17:20–23. GEE Trinidad.
b Mos. 3:8; Hel. 14:12; 3 Ne. 9:15; Éter 4:7.
c Alma 11:39.
5*a* Lucas 4:2; Heb. 4:14–15.
b Juan 19:1.
c Marcos 8:31; Lucas 17:25.
6*a* Isa. 53:7.
b Lucas 23:9; Juan 19:9; Mos. 14:7.
7*a* GEE Crucifixión.
b Lucas 22:42; Juan 6:38; 3 Ne. 11:11.
8*a* Mos. 16:7; Alma 22:14.
b Oseas 13:14; 1 Cor. 15:55–57.
c 2 Ne. 2:9.
9*a* Isa. 53; Mos. 14:5–12.
b GEE Expiación, expiar.

declarará su generación? He aquí, os digo que cuando su alma haya sido tornada en ofrenda por el pecado, él verá su [a]posteridad. Y ahora, ¿qué decís vosotros? ¿Quién será su posteridad?

11 He aquí, os digo que quien ha oído las palabras de los [a]profetas, sí, todos los santos profetas que han profetizado concerniente a la venida del Señor, os digo que todos aquellos que han escuchado sus palabras y creído que el Señor redimirá a su pueblo, y han esperado anhelosamente ese día para la remisión de sus pecados, os digo que estos son su posteridad, o sea, son los herederos del [b]reino de Dios.

12 Porque estos son aquellos cuyos pecados [a]él ha tomado sobre sí; estos son aquellos por quienes ha muerto, para redimirlos de sus transgresiones. Y bien, ¿no son ellos su posteridad?

13 Sí, ¿y no lo son los profetas, todo aquel que ha abierto su boca para profetizar, que no ha caído en transgresión, quiero decir, todos los santos profetas desde el principio del mundo? Os digo que ellos son su posteridad.

14 Y estos son los que han [a]publicado la paz, los que han traído gratas nuevas del bien, los que han publicado la salvación y dicen a Sion: ¡Tu Dios reina!

15 Y, ¡oh cuán hermosos fueron sus pies sobre las montañas!

16 Y más aún: ¡Cuán hermosos son sobre las montañas los pies de aquellos que aún están publicando la paz!

17 Y además: ¡Cuán hermosos son sobre las montañas los pies de aquellos que en lo futuro publicarán la paz; sí, desde hoy en adelante y para siempre!

18 Y he aquí, os digo que esto no es todo. Porque, ¡cuán hermosos son sobre las montañas los [a]pies de aquel que trae buenas nuevas, que es el fundador de la [b]paz, sí, el Señor, que ha redimido a su pueblo; sí, aquel que ha concedido la salvación a su pueblo!

19 Porque si no fuera por la redención que ha hecho por su pueblo, la cual fue preparada desde la [a]fundación del mundo, os digo que de no haber sido por esto, todo el género humano habría [b]perecido.

20 Mas he aquí, las ligaduras de la muerte serán quebrantadas; y el Hijo reinará y tendrá poder sobre los muertos; por tanto, llevará a efecto la resurrección de los muertos.

21 Y viene una resurrección, sí, una [a]primera resurrección; sí,

10*a* Isa. 53:10; Mos. 5:7; 27:25; Moro. 7:19.
11*a* DyC 84:36–38.
b GEE Reino de Dios o de los cielos; Salvación.
12*a* Mos. 14:12; Alma 7:13; 11:40–41.
14*a* Isa. 52:7; Rom. 10:15; 1 Ne. 13:37; Mos. 12:21–24. GEE Obra misional.
18*a* 3 Ne. 20:40; DyC 128:19.
b Juan 16:33. GEE Paz.
19*a* Mos. 4:6.
b 2 Ne. 9:6–13.
21*a* Alma 40:16–21.

una resurrección de aquellos que
han existido, que existen y que
existirán hasta la resurrección de
Cristo, pues así será llamado él.
22 Y la resurrección de todos
los profetas, y todos aquellos que
han creído en sus palabras, o sea,
todos aquellos que han guardado
los mandamientos de Dios, se realizará en la primera resurrección;
por tanto, ellos son la primera resurrección.
23 Estos son levantados para
[a]vivir con Dios, el cual los ha redimido; de modo que tienen vida
eterna por medio de Cristo, el
cual ha [b]quebrantado las ataduras
de la muerte.
24 Y estos son los que tienen
parte en la primera resurrección;
y estos son los que han muerto en
su ignorancia, antes que Cristo
viniese, no habiéndoseles declarado la [a]salvación. Y así el Señor
efectúa la restauración de estos;
y participan en la primera resurrección, o sea, tienen vida eterna,
habiéndolos redimido el Señor.
25 Y los [a]niños pequeños también tienen vida eterna.
26 Mas he aquí, [a]temed y tem-
blad ante Dios; porque tenéis
razón para temblar; pues el Señor no redime a ninguno de los
que se [b]rebelan contra él, y [c]mue-
ren en sus pecados; sí, todos
aquellos que han perecido en
sus pecados desde el principio
del mundo, que por su propia
voluntad se han rebelado contra
Dios, que han sabido los mandamientos de Dios, y no quisieron
observarlos, [d]estos son los que
[e]no tienen parte en la primera
resurrección.
27 Por tanto, ¿no deberíais
temblar? Porque la salvación no
viene a ninguno de estos, por
cuanto el Señor no ha redimido
a ninguno de los tales; ni tampoco puede redimirlos; porque
el Señor no puede contradecirse
a sí mismo; pues no puede negar
a la [a]justicia cuando esta reclama
lo suyo.
28 Y ahora bien, os digo que vendrá el tiempo en que la salvación
del Señor será [a]declarada a toda
nación, tribu, lengua y pueblo.
29 ¡Sí, tus [a]centinelas levantarán
sus voces, oh Señor! Unánimes
cantarán, porque verán ojo a ojo,
cuando el Señor hiciere volver
a Sion.
30 ¡Prorrumpid en gozo! ¡Cantad juntamente, soledades de
Jerusalén! Porque el Señor ha consolado a su pueblo, ha redimido
a Jerusalén.
31 El Señor ha desnudado su
santo brazo a la vista de todas
las naciones, y todos los extremos

23*a* Sal. 24:3–4; 1 Ne. 15:33–36; DyC 76:50–70.
b GEE Muerte física.
24*a* 2 Ne. 9:25–26; DyC 137:7.
25*a* DyC 29:46; 137:10. GEE Salvación — La salvación de los niños pequeños.
26*a* Deut. 5:29; Jacob 6:9.
b 1 Ne. 2:21–24.
c Ezeq. 18:26; 1 Ne. 15:32–33; Moro. 10:26.
d Alma 40:19.
e DyC 76:81–86.
27*a* Alma 34:15–16; 42:1.
28*a* GEE Obra misional.
29*a* GEE Velar.

de la tierra verán la salvación de nuestro Dios.

CAPÍTULO 16

Dios redime a los hombres de su estado caído y perdido — Los que son de naturaleza carnal permanecen como si no hubiera habido redención — Cristo hace posible la resurrección a la vida sin fin o a la condenación sin fin. Aproximadamente 148 a.C.

Y AHORA bien, aconteció que después que Abinadí hubo hablado estas palabras, extendió la mano y dijo: Vendrá el día en que todos verán la [a]salvación del Señor; en que toda nación, tribu, lengua y pueblo verán ojo a ojo, y [b]confesarán ante Dios que sus juicios son justos.

2 Y entonces los malvados serán [a]echados fuera, y tendrán motivo para aullar y [b]llorar, lamentar y crujir los dientes; y esto porque no quisieron escuchar la voz del Señor; por tanto, el Señor no los redime.

3 Porque son [a]carnales y diabólicos, y el [b]diablo tiene poder sobre ellos; sí, aquella antigua serpiente que [c]engañó a nuestros primeros padres, que fue la causa de su [d]caída; que fue la causa de que toda la humanidad llegara a ser carnal, sensual y diabólica, [e]discerniendo el mal del bien, y sujetándose al diablo.

4 De modo que toda la humanidad estaba [a]perdida; y he aquí, se habría perdido eternamente si Dios no hubiese rescatado a su pueblo de su estado caído y perdido.

5 Pero recordad que quien persiste en su propia naturaleza [a]carnal, y sigue las sendas del pecado y la rebelión contra Dios, permanece en su estado caído, y el diablo tiene todo poder sobre él. Por tanto, queda como si no se hubiera hecho ninguna [b]redención, siendo enemigo de Dios; y también el diablo es enemigo de Dios.

6 Ahora bien, si Cristo no hubiese venido al mundo, hablando de cosas futuras [a]como si ya hubiesen acontecido, no habría habido redención.

7 Y si Cristo no hubiese resucitado de los muertos, o si no hubiese roto las ligaduras de la muerte, para que el sepulcro no tuviera victoria, ni la muerte [a]aguijón, no habría habido resurrección.

8 Mas hay una [a]resurrección; por tanto, no hay victoria

16 1*a* GEE Salvación.
b Mos. 27:31.
2*a* DyC 63:53–54.
b Mateo 13:41–42; Lucas 13:28; Alma 40:13.
3*a* Gál. 5:16–25; Mos. 3:19. GEE Hombre natural.
b 2 Ne. 9:8–9. GEE Diablo.
c Gén. 3:1–13; Moisés 4:5–19.
d GEE Caída de Adán y Eva.
e 2 Ne. 2:17–18, 22–26.
4*a* Alma 42:6–14.
5*a* Alma 41:11. GEE Carnal.
b GEE Redención, redimido, redimir.
6*a* Mos. 3:13.
7*a* Oseas 13:14; Mos. 15:8, 20.
8*a* Alma 42:15. GEE Resurrección.

para el sepulcro, y el aguijón
de la [b]muerte es consumido en
Cristo.

9 Él es la [a]luz y la vida del
mundo; sí, una luz que es infinita, que nunca se puede extinguir; sí, y también una vida que es infinita, para que no haya más muerte.

10 Y esto que es mortal se vestirá de [a]inmortalidad, y esta corrupción se vestirá de incorrupción, y todos serán llevados a [b]comparecer ante el tribunal de Dios, para ser [c]juzgados por él según sus obras, ya fueren buenas o malas;

11 si fueren buenas, a la resurrección de una [a]vida sin fin y felicidad, y si fueren malas, a la resurrección de una [b]condenación sin fin, pues son entregados al diablo que los ha sujetado, lo cual es la condenación;

12 habiendo obrado según su propia voluntad y deseos carnales; nunca habiendo invocado al Señor mientras los brazos de la [a]misericordia se extendían hacia ellos; porque los brazos de la misericordia se extendieron hacia ellos, y no quisieron; habiendo sido amonestados por sus iniquidades, y sin embargo, no las abandonaron; y se les mandó arrepentirse, y con todo, no quisieron arrepentirse.

13 Y ahora bien, ¿no debéis temblar y arrepentiros de vuestros pecados, y recordar que solamente en Cristo y mediante él podéis ser salvos?

14 Así pues, si enseñáis la [a]ley de Moisés, enseñad también que es un símbolo de aquellas cosas que están por venir;

15 enseñadles que la redención viene por medio de Cristo el Señor, que es el verdadero [a]Padre Eterno. Amén.

CAPÍTULO 17

Alma cree las palabras de Abinadí y las escribe — Abinadí padece la muerte por fuego — Profetiza enfermedades y muerte por fuego sobre sus asesinos. Aproximadamente 148 a.C.

Y ACONTECIÓ que cuando Abinadí hubo concluido estas palabras, el rey mandó a los [a]sacerdotes que se lo llevaran e hiciesen que padeciera la muerte.

2 Pero había entre ellos uno cuyo nombre era [a]Alma, también descendiente de Nefi. Y era un hombre joven, y [b]creyó las palabras que Abinadí había hablado, porque estaba enterado de la iniquidad que Abinadí había declarado contra ellos; por tanto, empezó a interceder con el rey para que no se enojara con

8*b* Isa. 25:8; 1 Cor. 15:54–55; Morm. 7:5.
9*a* DyC 88:5–13. GEE Luz, luz de Cristo.
10*a* Alma 40:2. GEE Inmortal, inmortalidad.
b GEE Juicio final.
c Alma 41:3–6.
11*a* GEE Vida eterna.
b GEE Condenación, condenar.
12*a* GEE Misericordia, misericordioso.
14*a* GEE Ley de Moisés.
15*a* Mos. 3:8; 5:7; Éter 3:14.
17 1*a* Mos. 11:1, 5–6.
2*a* Mos. 23:6, 9–10. GEE Alma, padre.
b Mos. 26:15.

Abinadí, sino que le permitiera partir en paz.

3 Pero el rey se irritó más, e hizo que Alma fuera echado de entre ellos, y envió a sus siervos tras de él para que lo mataran.

4 Mas él huyó de ellos y se escondió, de modo que no lo hallaron. Y estando escondido muchos días, [a]escribió todas las palabras que Abinadí había hablado.

5 Y sucedió que el rey mandó a sus guardias que rodearan a Abinadí y se lo llevaran; y lo ataron y lo echaron en la cárcel.

6 Y después de tres días, habiendo consultado con sus sacerdotes, mandó el rey que fuera llevado otra vez ante él.

7 Y le dijo: Abinadí, hemos encontrado una acusación contra ti, y mereces la muerte.

8 Porque has dicho que [a]Dios mismo bajará entre los hijos de los hombres; y ahora, a causa de esto se te quitará la vida, a menos que te retractes de todas las palabras que has hablado para mal contra mí y mi pueblo.

9 Luego le dijo Abinadí: Te digo que no me retractaré de las palabras que te he hablado concernientes a este pueblo, porque son verdaderas; y para que sepas que son ciertas, he permitido que yo caiga en tus manos.

10 Sí, y padeceré aun hasta la muerte, y no me retractaré de mis palabras, y permanecerán como testimonio en contra de ti. Y si me matas, derramarás sangre [a]inocente, y esto también quedará como testimonio en contra de ti en el postrer día.

11 Y ahora el rey Noé estaba a punto de soltarlo, porque temía su palabra; sí, tenía miedo de que los juicios de Dios cayeran sobre él.

12 Mas los sacerdotes dieron voces contra Abinadí, y empezaron a acusarlo, diciendo: Ha vituperado al rey. Por tanto, el rey fue incitado a la ira en contra de él, y lo entregó para que lo mataran.

13 Y sucedió que se lo llevaron y lo ataron; y torturaron su carne con brasas, sí, hasta la muerte.

14 Y cuando las llamas empezaban a quemarlo, clamó a ellos, diciendo:

15 He aquí, así como habéis obrado conmigo, así acontecerá que vuestros descendientes harán que muchos padezcan los dolores que yo padezco, sí, los dolores de la [a]muerte por fuego; y esto porque creen en la salvación del Señor su Dios.

16 Y ocurrirá que vosotros seréis afligidos con toda clase de enfermedades, a causa de vuestras iniquidades.

17 Sí, y seréis [a]heridos por todos lados, y seréis echados y dispersados de un lado al otro, así como una manada de ganado silvestre es acosada por salvajes y feroces bestias.

18 Y en aquel día os cazarán, y caeréis en manos de vuestros

4*a* GEE Escrituras.
8*a* Mos. 13:25, 33–34.
10*a* Alma 60:13.
15*a* Mos. 13:9–10; Alma 25:4–12.
17*a* Mos. 21:1–5, 13.

enemigos; y entonces padeceréis,
así como yo padezco, los dolores
de la [a]muerte por fuego.
19 Así ejecuta Dios su [a]venganza sobre aquellos que destruyen a su pueblo. ¡Oh Dios,
recibe mi alma!
20 Y ahora bien, cuando Abinadí
hubo dicho estas palabras, cayó,
habiendo padecido la muerte por
fuego; sí, habiéndosele ejecutado
porque no quiso negar los mandamientos de Dios, habiendo sellado la verdad de sus palabras
con su muerte.

CAPÍTULO 18

Alma predica secretamente — Declara el convenio del bautismo y bautiza en las aguas de Mormón — Organiza la Iglesia de Cristo y ordena sacerdotes — Estos se mantienen con el trabajo de sus manos y enseñan al pueblo — Alma y su pueblo huyen del rey Noé al desierto. Aproximadamente 147–145 a.C.

Y SUCEDIÓ que Alma, quien había
huido de los siervos del rey Noé,
se [a]arrepintió de sus pecados e
iniquidades, y fue secretamente
entre el pueblo, y empezó a enseñar las palabras de Abinadí;
2 sí, concerniente a lo que había
de venir, y también acerca de la
resurrección de los muertos y la
[a]redención del pueblo, que iba a
realizarse por medio del [b]poder,
y los padecimientos, y la muerte
de Cristo, y su resurrección y ascensión al cielo.
3 Y enseñaba a cuantos querían
oír su palabra. Y los instruía secretamente para que no llegara a
oídos del rey. Y muchos creyeron
en sus palabras.
4 Y aconteció que cuantos le creyeron fueron a un [a]lugar llamado
Mormón, nombre que había recibido del rey, y el cual se hallaba
en las fronteras del país, y a veces, o sea, por estaciones, estaba
infestado de animales salvajes.
5 Y ahora bien, había en Mormón una fuente de agua pura, y
Alma allí acudía; y cerca del agua
había un paraje poblado de árboles pequeños, donde se ocultaba,
durante el día, de las pesquisas
del rey.
6 Y aconteció que cuantos le
creían, se dirigían allí para oír
sus palabras.
7 Y sucedió que después de
muchos días, se hallaba reunido
un buen número en el paraje de
Mormón, para oír las palabras de
Alma. Sí, todos los que creían en
su palabra se habían reunido para
oírlo. Y les [a]enseñó, y les predicó
el arrepentimiento y la redención
y la fe en el Señor.
8 Y aconteció que les dijo: He
aquí las aguas de Mormón (porque así se llamaban); y ya que
[a]deseáis entrar en el [b]redil de
Dios y ser llamados su pueblo,
y estáis [c]dispuestos a llevar las

18*a* Mos. 19:18–20.
19*a* GEE Venganza.
18 1*a* Mos. 23:9–10.
2*a* GEE Redención, redimido, redimir.
b GEE Expiación, expiar.
4*a* Alma 5:3.
7*a* Alma 5:11–13.
8*a* DyC 20:37.
b GEE Iglesia de Jesucristo.
c GEE Compasión.

cargas los unos de los otros para que sean ligeras;

9 sí, y estáis dispuestos a llorar con los que lloran; sí, y a consolar a los que necesitan de consuelo, y ser [a]testigos de Dios en todo tiempo, y en todas las cosas y en todo lugar en que estuvieseis, aun hasta la muerte, para que seáis redimidos por Dios, y seáis contados con los de la [b]primera resurrección, para que tengáis [c]vida eterna;

10 os digo ahora, si este es el deseo de vuestros corazones, ¿qué os impide ser [a]bautizados en el nombre del Señor, como testimonio ante él de que habéis concertado un [b]convenio con él de que lo serviréis y guardaréis sus mandamientos, para que él derrame su Espíritu más abundantemente sobre vosotros?

11 Y ahora bien, cuando los del pueblo hubieron oído estas palabras, batieron sus manos de gozo y exclamaron: Ese es el deseo de nuestros corazones.

12 Y luego sucedió que Alma tomó a Helam, que era uno de los primeros, y fue y entró en el agua, y clamó, diciendo: ¡Oh Señor, derrama tu Espíritu sobre tu siervo para que haga esta obra con santidad de corazón!

13 Y cuando hubo dicho estas palabras, el [a]Espíritu del Señor vino sobre él, y dijo: Helam, teniendo [b]autoridad del Dios Todopoderoso, te [c]bautizo como testimonio de que has hecho convenio de servirle hasta que mueras en cuanto al cuerpo mortal; y sea derramado sobre ti el Espíritu del Señor, y concédate él vida eterna mediante la [d]redención de Cristo, a quien él ha preparado desde la [e]fundación del mundo.

14 Y después que Alma hubo dicho estas palabras, él y Helam se [a]sepultaron juntamente en el agua; y se levantaron y salieron del agua regocijándose, pues fueron llenos del Espíritu.

15 Y de nuevo tomó Alma a otro, y entró por segunda vez en el agua, y lo bautizó como había hecho con el primero, solo que no se sumergió a sí mismo otra vez en el agua.

16 Y de esta manera bautizó a todos los que fueron al paraje de Mormón, y eran en número unas doscientas cuatro almas; sí, y fueron [a]bautizados en las aguas de Mormón, y fueron llenos de la [b]gracia de Dios.

17 Y fueron llamados la iglesia de Dios, o la [a]iglesia de Cristo, desde ese tiempo en adelante. Y aconteció que quienquiera que

9*a* GEE Obra misional; Testificar; Testigo.
b Mos. 15:21–26.
c GEE Vida eterna.
10*a* 2 Ne. 31:17. GEE Bautismo, bautizar.
b GEE Convenio.
13*a* GEE Espíritu Santo.
b AdeF 1:5. GEE Sacerdocio.
c 3 Ne. 11:23–26; DyC 20:72–74.
d GEE Redención, redimido, redimir.
e Moisés 4:2; 5:9.
14*a* GEE Bautismo, bautizar — Por inmersión.
16*a* Mos. 25:18.
b GEE Gracia.
17*a* 3 Ne. 26:21; 27:3–8. GEE Iglesia de Jesucristo.

era bautizado por el poder y autoridad de Dios, era agregado a su iglesia.

18 Y aconteció que Alma, teniendo [a]autoridad de Dios, ordenó sacerdotes; sí, un sacerdote por cada cincuenta de ellos ordenó él para predicarles y para [b]enseñarles en cuanto a las cosas pertenecientes al reino de Dios.

19 Y les mandó que no enseñaran nada, sino las cosas que él había enseñado, y que habían sido declaradas por boca de los santos profetas.

20 Sí, les mandó que no [a]predicaran nada, salvo el arrepentimiento y la fe en el Señor, que había redimido a su pueblo.

21 Y les mandó que no hubiera [a]contenciones entre uno y otro, sino que fijasen su vista hacia adelante con [b]una sola mira, teniendo una fe y un bautismo, teniendo entrelazados sus corazones con [c]unidad y amor el uno para con el otro.

22 Y así les mandó predicar. Y así se convirtieron en [a]hijos de Dios.

23 Y les mandó que observaran el día de [a]reposo y lo santificaran; y también que todos los días dieran gracias al Señor su Dios.

24 Y además, les mandó que los sacerdotes, a quienes él había ordenado, [a]trabajaran con sus propias manos para su sostén.

25 Y se designó un día de cada semana en el que debían reunirse para enseñar al pueblo y para [a]adorar al Señor su Dios; y también habían de juntarse cuantas veces les fuera posible.

26 Y los sacerdotes no habían de depender del pueblo para su sostén; sino que por su obra habían de recibir la [a]gracia de Dios, a fin de fortalecerse en el Espíritu, teniendo el [b]conocimiento de Dios, para enseñar con poder y autoridad de Dios.

27 Y además, Alma mandó que el pueblo de la iglesia diera de sus bienes, [a]cada uno de conformidad con lo que tuviera; si tenía en más abundancia, debía dar más abundantemente; y del que tenía poco, solo poco se debía requerir; y al que no tuviera, se le habría de dar.

28 Y así debían dar de sus bienes, de su propia y libre voluntad y buenos deseos para con Dios, a aquellos sacerdotes que estuvieran necesitados, sí, y a toda alma desnuda y menesterosa.

29 Y esto les dijo él a ellos, habiéndoselo mandado Dios; y [a]anduvieron rectamente ante Dios, [b]ayudándose el uno al otro

18*a* GEE Sacerdocio.
b GEE Enseñar.
20*a* DyC 15:6; 18:14–16.
21*a* 3 Ne. 11:28–30. GEE Contención, contienda.
b Mateo 6:22; DyC 88:67–68.
c GEE Unidad.
22*a* Mos. 5:5–7; Moisés 6:64–68.
23*a* Mos. 13:16–19; DyC 59:9–12.
24*a* Hech. 20:33–35; Mos. 27:3–5; Alma 1:26.
25*a* GEE Adorar.
26*a* GEE Gracia.
b GEE Conocimiento.
27*a* Hech. 2:44–45; 4 Ne. 1:3.
29*a* GEE Andar, andar con Dios.
b GEE Bienestar.

temporal y espiritualmente,
según sus necesidades y carencias.
30 Y ahora bien, aconteció que
todo esto se hizo en Mormón,
sí, al lado de las [a]aguas de Mormón, en el bosque inmediato a las aguas de Mormón; sí, el paraje de Mormón, las aguas de Mormón, el bosque de Mormón, ¡cuán hermosos son a los ojos de aquellos que allí llegaron al conocimiento de su Redentor; sí, y cuán benditos son, porque le cantarán alabanzas para siempre!
31 Y se hicieron estas cosas en
las [a]fronteras del país, para que no llegaran al conocimiento del rey.
32 Mas he aquí, sucedió que el
rey, habiendo descubierto un movimiento entre los del pueblo, envió a sus siervos para vigilarlos. Por tanto, el día en que estaban reuniéndose para oír la palabra del Señor fueron denunciados ante el rey.
33 Y el rey dijo que Alma es-
taba incitando al pueblo a que se rebelara contra él; por tanto, envió a su ejército para que los destruyera.
34 Y aconteció que Alma y el
pueblo del Señor se [a]enteraron de la venida del ejército del rey; por tanto, tomaron sus tiendas y sus familias, y partieron para el desierto.
35 Y eran en número unas cua-
trocientas cincuenta almas.

CAPÍTULO 19

Gedeón intenta matar al rey Noé — Los lamanitas invaden la tierra — El rey Noé padece la muerte por fuego — Limhi reina como monarca tributario. Aproximadamente 145–121 a.C.

Y ACONTECIÓ que el ejército del rey volvió, después de haber buscado en vano al pueblo del Señor.
2 Y ahora bien, he aquí, las fuer-
zas del rey eran pequeñas, pues habían sido reducidas, y empezó a haber una división entre el resto del pueblo.
3 Y la parte menor empezó a
proferir amenazas contra el rey, y empezó a haber una gran contención entre ellos.
4 Ahora bien, había entre ellos
un hombre que se llamaba Gedeón; y como era un hombre fuerte y enemigo del rey, sacó, por tanto, su espada y juró en su ira que mataría al rey.
5 Y aconteció que peleó con el
rey, y cuando el rey vio que estaba a punto de vencerlo, huyó, y corrió, y se subió a la [a]torre que estaba cerca del templo.
6 Y Gedeón lo siguió, y estaba
a punto de subir a la torre para matar al rey, y este dirigió la mirada hacia la tierra de Shemlón, y he aquí que el ejército de los lamanitas estaba ya dentro de las fronteras del país.
7 Y luego el rey gritó con toda
la angustia de su alma, diciendo:

30*a* Mos. 26:15.
31*a* Mos. 18:4.
34*a* Mos. 23:1.
19 5*a* Mos. 11:12.

Gedeón, perdóname la vida, porque los lamanitas están ya sobre
nosotros, y nos destruirán; sí, destruirán a mi pueblo.
8 Ahora bien, el rey no estaba
tan interesado en su pueblo, como
en su propia vida; sin embargo,
Gedeón le perdonó la vida.
9 Y el rey mandó al pueblo que
huyera delante de los lamanitas,
y él mismo salió delante de ellos;
y huyeron al desierto con sus mujeres y sus hijos.
10 Y sucedió que los lamanitas
los persiguieron, y los alcanzaron
y empezaron a matarlos.
11 Y sucedió que mandó el rey
que todos los hombres abandonaran a sus esposas e hijos, y huye-
sen de los lamanitas.
12 Ahora bien, hubo muchos
que no quisieron abandonarlos,
sino que prefirieron quedarse y
perecer con ellos. Y los demás
abandonaron a sus esposas e hijos, y huyeron.
13 Y aconteció que aquellos que
permanecieron con sus esposas y
sus hijos hicieron que sus bellas
hijas avanzaran e intercedieran
con los lamanitas para que no
los mataran.
14 Y sucedió que los lamanitas
se compadecieron de ellos, porque los cautivó la hermosura de
sus mujeres.
15 De manera que los lamanitas les perdonaron la vida, y los
tomaron cautivos y los llevaron
de vuelta a la tierra de Nefi, y les
permitieron poseer la tierra con la
condición de que pusieran al rey
Noé en manos de los lamanitas,
y que entregaran sus bienes, sí, la
mitad de todo lo que poseían: la
mitad de su oro, su plata y todas
sus cosas preciosas, y así debían
pagar tributo al rey de los lamanitas de año en año.
16 Ahora bien, entre los cautivos
se hallaba uno de los hijos del rey,
cuyo nombre era [a]Limhi.
17 Y Limhi no deseaba que su
padre fuese destruido; sin embargo, Limhi, siendo hombre
justo, no ignoraba las iniquidades de su padre.
18 Y aconteció que Gedeón envió hombres al desierto secretamente para buscar al rey y a los
que estaban con él; y sucedió que
dieron con el pueblo en el desierto, con todos menos el rey y
sus sacerdotes.
19 Ahora bien, los del pueblo
habían jurado en sus corazones
que volverían a la tierra de Nefi;
y si sus esposas e hijos habían
sido asesinados, así como los que
se habían quedado con ellos, pro-
curarían vengarse y perecerían
también con ellos.
20 Y el rey les mandó que no
volvieran; y se enojaron con el
rey, e hicieron que padeciera, aun
hasta la [a]muerte por fuego.
21 Y estaban a punto de prender a
los sacerdotes también, y quitarles
la vida, y estos huyeron de ellos.
22 Y aconteció que estaban ya
para volver a la tierra de Nefi,
y dieron con los hombres de

16*a* Mos. 7:9.
20*a* Mos. 17:13–19; Alma 25:11.

Gedeón. Y los hombres de Gedeón les refirieron todo lo que había acontecido a sus esposas y sus hijos, y que los lamanitas les habían concedido que poseyeran la tierra, pagándoles como tributo la mitad de todo cuanto poseyeran.

23 Y el pueblo informó a la gente de Gedeón que habían matado al rey, y que sus sacerdotes habían huido de ellos al interior del desierto.

24 Y aconteció que después de haber terminado la ceremonia, volvieron a la tierra de Nefi, regocijándose porque sus esposas e hijos no habían sido asesinados; y dijeron a Gedeón lo que habían hecho con el rey.

25 Y aconteció que el rey de los lamanitas les [a]juró que su pueblo no los mataría.

26 Y también Limhi, siendo hijo del rey, habiéndole conferido [a]el pueblo el reino, juró al rey de los lamanitas que su pueblo le pagaría tributo, sí, la mitad de todo lo que poseían.

27 Y aconteció que Limhi empezó a instituir el reino y a establecer la paz entre el pueblo.

28 Y el rey de los lamanitas puso guardias alrededor de la tierra, para retener al pueblo de Limhi, con objeto de que no partiera para el desierto; y mantenía a sus guardias con el tributo que recibía de los nefitas.

29 Y el rey Limhi gozó de paz continua en su reino por el espacio de dos años, porque los lamanitas no los molestaron ni trataron de destruirlos.

CAPÍTULO 20

Los sacerdotes del rey Noé raptan a algunas de las hijas de los lamanitas — Los lamanitas emprenden la guerra contra Limhi y su pueblo — Los lamanitas son rechazados y pacificados. Aproximadamente 145–123 a.C.

Y HABÍA en Shemlón un paraje donde las hijas de los lamanitas se reunían para cantar, para bailar y para divertirse.

2 Y aconteció que un día se hallaba reunido un reducido número de ellas para cantar y bailar.

3 Ahora bien, los sacerdotes del rey Noé, avergonzados de volver a la ciudad de Nefi, sí, y temiendo también que el pueblo les matara, no se atrevían a volver a sus esposas y sus hijos.

4 Y habiendo permanecido en el desierto, y habiendo descubierto a las hijas de los lamanitas, se ocultaron y las acecharon;

5 y cuando no había más que unas pocas de ellas reunidas para bailar, ellos salieron de sus lugares secretos, y las tomaron y se las llevaron al desierto; sí, se llevaron a veinticuatro de las hijas de los lamanitas al desierto.

6 Y aconteció que cuando los lamanitas echaron de menos a sus hijas, se enojaron contra los

25*a* Mos. 21:3. | 26*a* Mos. 7:9.

del pueblo de Limhi, pues pensaron que había sido el pueblo de Limhi.

7 Por tanto, hicieron avanzar sus ejércitos; sí, hasta el rey mismo marchó a la cabeza de su pueblo; y subieron a la tierra de Nefi para destruir al pueblo de Limhi.

8 Ahora bien, Limhi los había descubierto desde la torre, sí, él descubrió todos sus preparativos para la guerra; por tanto, reunió a su pueblo y les puso una emboscada en los campos y en los bosques.

9 Y aconteció que cuando llegaron los lamanitas, el pueblo de Limhi empezó a caer sobre ellos desde sus emboscadas, y comenzaron a matarlos.

10 Y ocurrió que la batalla se hizo sumamente violenta, pues pelearon como los leones por su presa.

11 Y sucedió que el pueblo de Limhi empezó a echar a los lamanitas delante de ellos, a pesar de que su número no era ni la mitad del de los lamanitas. Mas ellos [a]luchaban por sus vidas, y por sus esposas, y por sus hijos; por lo tanto, se esforzaron y combatieron como dragones.

12 Y aconteció que hallaron entre el número de sus muertos al rey de los lamanitas; aunque no estaba muerto, pues había sido herido y abandonado en el campo de batalla, tan precipitada había sido la fuga de su pueblo.

13 Y lo recogieron y le vendaron las heridas, y lo llevaron ante Limhi, y dijeron: He aquí el rey de los lamanitas; habiendo sido herido, cayó entre sus muertos, y lo abandonaron, y he aquí, lo hemos traído ante ti; y ahora matémoslo.

14 Pero les dijo Limhi: No lo mataréis, antes bien traedlo acá para que yo lo vea. Y lo trajeron. Y le dijo Limhi: ¿Por qué razón has venido a la guerra contra mi pueblo? He aquí, mi pueblo no ha violado el [a]juramento que te hice; ¿por qué, pues, habríais de quebrantar vosotros el juramento que hicisteis a mi pueblo?

15 Y luego dijo el rey: He quebrantado mi juramento porque los de tu pueblo se llevaron a las hijas de mi pueblo; por tanto, en mi enojo hice que mi pueblo viniese a la guerra contra el tuyo.

16 Ahora bien, Limhi nada había oído respecto de este asunto; por tanto, dijo: Buscaré entre mi pueblo, y quien haya hecho tal cosa perecerá. De manera que mandó hacer una pesquisa entre el pueblo.

17 Y cuando [a]Gedeón, que era el capitán del rey, oyó estas cosas, fue al rey y le dijo: Te ruego que te refrenes y no busques entre este pueblo, ni lo culpes de esto.

18 ¿Pues no te acuerdas de los sacerdotes de tu padre, a quienes este pueblo trató de destruir? ¿Y no están ellos en el desierto? ¿Y no son ellos los que se han robado a las hijas de los lamanitas?

20 11*a* Alma 43:45. | 14*a* Mos. 19:25–26. | 17*a* Mos. 19:4–8.

19 Y ahora bien, he aquí, declara
al rey estas cosas, para que él las
diga a su pueblo, y se pacifiquen
con nosotros; porque he aquí, ya
se están preparando para venir
contra nosotros; y ves también
que somos pocos.
20 Y he aquí, vienen con sus numerosas huestes; y a menos que
el rey los pacifique con nosotros,
pereceremos.
21 ¿Pues no se han [a]cumplido
las palabras de Abinadí que él
profetizó contra nosotros? Y todo
esto porque no quisimos oír las
palabras del Señor, ni abandonar
nuestras iniquidades.
22 Y ahora pacifiquemos al rey,
y sujetémonos al juramento que
le hemos hecho, porque es mejor
que estemos en el cautiverio que
perder nuestras vidas; por tanto,
demos fin al derramamiento de
tanta sangre.
23 Y Limhi declaró al rey todas
las cosas concernientes a su padre y a los [a]sacerdotes que habían
huido al desierto, a quienes atri-
buyó el rapto de sus hijas.
24 Y aconteció que el rey se pa-
cificó con el pueblo de Limhi, y
les dijo: Salgamos sin armas a
encontrar a mi pueblo; y os aseguro con juramento, que los de
mi pueblo no matarán al vuestro.
25 Y aconteció que siguieron al
rey, y salieron sin armas a encontrar a los lamanitas. Y sucedió que
los encontraron; y el rey de los
lamanitas se inclinó ante ellos, e
intercedió a favor del pueblo de
Limhi.
26 Y cuando los lamanitas vieron a los del pueblo de Limhi,
que venían sin armas, les tuvieron [a]compasión y se pacificaron
con ellos, y volvieron con su rey
en paz a su propia tierra.

CAPÍTULO 21

Los lamanitas hieren y derrotan al pueblo de Limhi — Llega Ammón y el pueblo de Limhi se convierte — Le hablan a Ammón de las veinticuatro planchas jareditas. Aproximadamente 122–121 a.C.

Y ACONTECIÓ que Limhi y su pueblo volvieron a la ciudad de Nefi,
y nuevamente empezaron a habitar la tierra en paz.
2 Y aconteció que después de
muchos días, los lamanitas empezaron otra vez a incitarse a la ira
contra los nefitas, y empezaron a
introducirse por las fronteras de
la tierra circunvecina.
3 Ahora bien, no se atrevían a matarlos, a causa del juramento que
su rey había hecho a Limhi; pero
los golpeaban en las [a]mejillas e imponían su autoridad sobre ellos; y
empezaron a poner pesadas [b]cargas
sobre sus hombros, y a arrearlos
como lo harían a un mudo asno.
4 Sí, se hizo todo esto para que
se cumpliera la palabra del Señor.
5 Y las aflicciones de los nefitas
eran grandes; y no había manera

21*a* Mos. 12:1–8.
23*a* Mos. 19:21, 23.
26*a* GEE Compasión.
21 3*a* Mos. 12:2.
b Mos. 12:5.

de que se libraran de las manos
de los lamanitas, porque estos los
habían cercado por todos lados.
6 Y aconteció que el pueblo empezó a quejarse al rey a causa de
sus aflicciones, y empezaron a
sentir deseos de salir a la batalla en contra de los lamanitas.
Y molestaron gravemente al rey
con sus quejas; por lo que él les
permitió que obrasen según sus
deseos.
7 Y se congregaron otra vez, y
se pusieron sus armaduras, y salieron contra los lamanitas para
echarlos fuera de su tierra.
8 Y aconteció que los lamanitas
los vencieron y los rechazaron, y
mataron a muchos de ellos.
9 Y hubo gran [a]llanto y lamentación entre los del pueblo de
Limhi, la viuda llorando por su
marido, el hijo y la hija llorando
por su padre, y los hermanos por
sus hermanos.
10 Ahora bien, había muchas
viudas en la tierra, y lloraban con
todas sus fuerzas día tras día, porque se había apoderado de ellas
un temor inmenso a los lamanitas.
11 Y aconteció que sus continuos
llantos provocaron al resto del
pueblo de Limhi a la ira contra
los lamanitas; y salieron a la batalla otra vez; pero se vieron nuevamente rechazados, sufriendo
muchas pérdidas.
12 Sí, y salieron aun por tercera
vez, y sufrieron la misma suerte;
y los que no fueron muertos se
volvieron a la ciudad de Nefi.
13 Y se humillaron aun hasta el
polvo, sujetándose al yugo de la
esclavitud, sometiéndose a ser heridos, y a ser arreados de un lado
a otro y a llevar cargas, según la
voluntad de sus enemigos.
14 Y se [a]humillaron hasta lo
más profundo de la humildad y
clamaron fuertemente a Dios; sí,
todo el día clamaban ellos a su
Dios para que los librara de sus
aflicciones.
15 Ahora bien, el Señor fue [a]lento
en oír su clamor a causa de sus
iniquidades; sin embargo, oyó sus
clamores y empezó a ablandar el
corazón de los lamanitas, de modo
que empezaron a aligerar sus cargas; no obstante, el Señor no juzgó
oportuno librarlos del cautiverio.
16 Y ocurrió que empezaron a
prosperar gradualmente en la
tierra, y comenzaron a producir
grano con más abundancia, y rebaños y ganados; de modo que
no padecieron hambre.
17 Mas había un gran número
de mujeres, mayor que el que había de hombres; por tanto, el rey
Limhi mandó que cada hombre
[a]diera para el sostén de las [b]viu-
das y sus hijos, a fin de que no
perecieran de hambre; e hicieron
esto a causa del gran número que
había sido muerto.
18 Ahora bien, el pueblo de
Limhi se conservaba unido en

9a Mos. 12:4.
14a Mos. 29:20.
GEE Humildad, humilde, humillar (afligir).
15a Prov. 15:29; Mos. 11:23–25; DyC 101:7–9.
17a Mos. 4:16, 26.
b GEE Viuda.

un cuerpo hasta donde le era posible; y aseguraron sus granos y sus rebaños;
19 y el rey mismo no arriesgaba su persona fuera de los muros de la ciudad sin llevar a sus guardias consigo, temiendo caer de una u otra manera en manos de los lamanitas.
20 E hizo que su pueblo vigilara la tierra circunvecina, por si acaso de alguna manera podían aprehender a aquellos sacerdotes que habían huido al desierto, quienes habían raptado a las [a]hijas de los lamanitas, y quienes habían hecho caer sobre ellos tan grande destrucción.
21 Pues deseaban aprehenderlos para castigarlos; porque habían entrado de noche en la tierra de Nefi, y se habían llevado su grano y muchas de sus cosas preciosas; por tanto, los estaban acechando.
22 Y aconteció que no hubo más disturbios entre los lamanitas y el pueblo de Limhi, aun hasta el tiempo en que [a]Ammón y sus hermanos llegaron a la tierra.
23 Y el rey, hallándose fuera de las puertas de la ciudad con sus guardias, descubrió a Ammón y a sus hermanos; y suponiendo que eran los sacerdotes de Noé, hizo que fueran aprehendidos, atados y echados en la [a]cárcel. Y si hubieran sido los sacerdotes de Noé, los habría mandado matar.
24 Mas cuando supo que no lo eran, sino que más bien eran sus hermanos, y que estos habían venido de la tierra de Zarahemla, se llenó de un gozo inmenso.
25 Ahora bien, antes de la llegada de Ammón, el rey Limhi había enviado un [a]pequeño número de hombres en [b]busca de la tierra de Zarahemla; mas no pudieron dar con ella, y se perdieron en el desierto.
26 Sin embargo, hallaron una tierra que había sido poblada; sí, una tierra que estaba cubierta de [a]huesos secos; sí, una tierra que había sido poblada y destruida; y habiendo creído que era la tierra de Zarahemla, ellos se volvieron a la tierra de Nefi, llegando a los confines del país no muchos días antes de la venida de Ammón.
27 Y llevaron consigo una historia, sí, una historia del pueblo cuyos huesos habían hallado; y estaba grabada sobre planchas de metal.
28 Ahora bien, Limhi nuevamente se llenó de alegría al saber, por boca de Ammón, que el rey Mosíah tenía un [a]don de Dios mediante el cual podía interpretar tales grabados; sí, y Ammón se regocijó también.
29 No obstante, Ammón y sus hermanos se llenaron de tristeza porque tantos de sus hermanos habían sido muertos;
30 y también porque el rey Noé

20*a* Mos. 20:5.
22*a* Mos. 7:6–13.
23*a* Hel. 5:21.
25*a* Mos. 8:7.
b Mos. 7:14.
26*a* Mos. 8:8.
28*a* Omni 1:20–22; Mos. 28:11–16.

y sus sacerdotes habían provocado al pueblo a cometer tantos pecados y maldades contra Dios; y también lamentaron la [a]muerte de Abinadí, así como la [b]partida de Alma y de la gente que salió con él, los cuales habían formado una iglesia de Dios mediante la fuerza y el poder de Dios, y la fe en las palabras que Abinadí había declarado.

31 Sí, lamentaron su partida, porque no sabían a dónde habían huido. Y gustosamente se habrían unido a ellos, porque también estos habían concertado un convenio con Dios, de servirle y guardar sus mandamientos.

32 Y ahora bien, desde la llegada de Ammón, el rey Limhi también había hecho convenio con Dios, así como muchos de los de su pueblo, de servirle y guardar sus mandamientos.

33 Y aconteció que el rey Limhi y muchos de su pueblo deseaban ser bautizados; mas no había en la tierra quien tuviera la [a]autoridad de Dios. Y Ammón se negó a hacer esto, por considerarse un siervo indigno.

34 Por tanto, no se organizaron en iglesia en esa ocasión, esperando en el Espíritu del Señor. Ahora deseaban ser como Alma y sus hermanos, que habían huido al desierto.

35 Estaban deseosos de ser bautizados como atestación y testimonio de que estaban dispuestos a servir a Dios con todo su corazón; no obstante, aplazaron la ocasión; y más adelante se [a]dará el relato de su bautismo.

36 Y ahora todo el [a]afán de Ammón y sus hombres, y el del rey Limhi y su pueblo, era librarse de las manos de los lamanitas y del cautiverio.

CAPÍTULO 22

Se hacen planes para que el pueblo se libre del yugo de los lamanitas — Se emborracha a los lamanitas — El pueblo se escapa, vuelve a Zarahemla y se hace súbdito del rey Mosíah. Aproximadamente 121–120 a.C.

Y ACONTECIÓ que Ammón y el rey Limhi empezaron a consultar con el pueblo en cuanto a cómo podrían librarse del cautiverio; y aun hicieron reunir a todo el pueblo; y así obraron para saber el parecer del pueblo tocante al asunto.

2 Y aconteció que no hallaron manera de librarse del cautiverio, sino el de tomar a sus mujeres e hijos, y sus rebaños, sus manadas y sus tiendas, y huir al desierto; porque siendo tan numerosos los lamanitas, era imposible que el pueblo de Limhi contendiera con ellos, creyendo poder librarse de la servidumbre por medio de la espada.

3 Y aconteció que Gedeón se adelantó y llegó ante el rey, y le dijo: ¡Oh rey!, hasta ahora has oído muchas veces mis palabras,

30*a* Mos. 17:12–20.
b Mos. 18:34–35.
33*a* GEE Autoridad.
35*a* Mos. 25:17–18.
36*a* O sea, los estudios, los planes, etc.

uando hemos combatido con nuestros hermanos los lamanitas.

4 Y ahora bien, ¡oh rey!, si no ne has juzgado de ser siervo improductivo, o si hasta aquí tú has escuchado en algún grado mis palabras, y te han sido útiles, así leseo que escuches mis palabras n esta ocasión, y seré tu servilor y rescataré a este pueblo de a servidumbre.

5 Y le concedió el rey que hablara; y Gedeón le dijo:

6 He aquí, el pasaje que queda acia atrás, que atraviesa el muro osterior, a espaldas de la ciudad. .os lamanitas, o sea, los guardias le los lamanitas, se emborrachan le noche; expidamos, pues, una roclamación entre todos los de ste pueblo, que junten sus rebaios y ganados, para arrearlos al lesierto durante la noche.

7 Y yo iré conforme a tu manlato, y pagaré el último tributo le vino a los lamanitas, y se emorracharán; y saldremos por el asaje secreto, a la izquierda de u campo, cuando se hallen borachos y dormidos.

8 Así partiremos con nuestras nujeres y nuestros hijos, nuesros rebaños y nuestros ganados ara el desierto; y viajaremos borleando la tierra de Shilom.

9 Y sucedió que el rey escuchó as palabras de Gedeón.

10 Y el rey Limhi hizo que su ueblo juntara sus rebaños; y enió el tributo de vino a los lamaitas; y también les envió más vino como regalo; y ellos bebieron abundantemente del vino que el rey Limhi les había enviado.

11 Y aconteció que el pueblo del rey Limhi salió de noche para el desierto con sus rebaños y sus manadas, y rodearon por la tierra de Shilom en el desierto, y fijaron su curso hacia la tierra de Zarahemla, y Ammón y sus hermanos los iban guiando.

12 Y habían llevado consigo al desierto todo su oro, su plata y sus cosas preciosas que podían acarrear, y también sus provisiones; y emprendieron su viaje.

13 Y después de estar en el desierto muchos días, llegaron a la tierra de Zarahemla, y se unieron al pueblo de Mosíah y fueron sus súbditos.

14 Y sucedió que Mosíah los recibió con gozo; y también recibió sus [a]anales, así como los [b]anales que había encontrado el pueblo de Limhi.

15 Y aconteció que cuando los lamanitas descubrieron que el pueblo de Limhi había partido de la tierra durante la noche, enviaron un ejército al desierto para perseguirlos.

16 Y después de perseguirlos dos días, no pudieron seguir más el rastro; por tanto, se perdieron en el desierto.

Una relación de Alma y del pueblo del Señor, que fueron echados al desierto por el pueblo del rey Noé.

Comprende los capítulos 23 y 24.

2 14*a* Mos. 8:5. *b* Mos. 8:9.

CAPÍTULO 23

Alma se niega a ser rey — Presta servicio como sumo sacerdote — El Señor disciplina a Su pueblo y los lamanitas se apoderan de la tierra de Helam — Amulón, jefe de los sacerdotes inicuos del rey Noé, gobierna bajo el monarca lamanita. Aproximadamente 145–121 a.C.

AHORA bien, Alma, habiendo sido
advertido por el Señor de que las
tropas del rey Noé caerían sobre
ellos, y habiéndolo hecho saber a
su pueblo, por tanto, reunieron sus
rebaños, y tomaron de su grano, y
salieron para el desierto, seguidos
por las tropas del rey Noé.
2 Y el Señor los fortaleció, de
modo que la gente del rey Noé
no pudo alcanzarlos para destruirlos.
3 Y por el espacio de ocho días
huyeron en el desierto.
4 Y llegaron a una tierra, sí, una
tierra muy hermosa y placentera,
una tierra de aguas puras.
5 Y plantaron sus tiendas, y empezaron a labrar la tierra y comenzaron a construir edificios;
sí, eran industriosos y trabajaron
mucho.
6 Y la gente deseaba que Alma
fuera su rey, porque su pueblo
lo amaba.
7 Mas él les dijo: He aquí, no
es prudente que tengamos rey;
porque así dice el Señor: [a]No es-
timaréis a una carne más que a
otra, ni un hombre se considerar
mejor que otro; os digo pues, n
conviene que tengáis rey.
8 Sin embargo, si fuera posibl
que siempre tuvieseis hombre
justos por reyes, bien os sería tener rey.
9 Mas recordad la [a]iniquidad
del rey Noé y sus sacerdotes
y yo mismo [b]caí en la trampa
hice muchas cosas abominable
a la vista del Señor, lo que m
ocasionó angustioso arrepenti
miento;
10 no obstante, después de mu
cha [a]tribulación, el Señor oyó m
clamor y contestó mis oraciones
y me ha hecho instrumento e
sus manos para traer a [b]tanto
de vosotros al conocimiento d
su verdad.
11 Sin embargo, en esto no m
glorío, porque soy indigno d
gloriarme.
12 Y ahora os digo, el rey No
os ha oprimido, y habéis sido es
clavos de él y de sus sacerdotes
y ellos os han conducido a la ini
quidad; por tanto, fuisteis atado
con las [a]cadenas de la iniquidad
13 Y ahora bien, ya que habéi
sido librados de estas ligadura
por el poder de Dios, sí, de la
manos del rey Noé y su pueblo
y también de las ligaduras d
la iniquidad, así deseo que o
[a]mantengáis firmes en esta [b]liber
tad con que habéis sido liberta
dos, y que no confiéis en [c]ningú

23 7*a* Mos. 27:3–5.
9*a* Prov. 16:12; Mos. 11:1–15.
b Mos. 17:1–4.
10*a* DyC 58:4.
b Mos. 18:35.
12*a* 2 Ne. 28:19–22.
13*a* Gál. 5:1.
b GEE Libertad, libre.
c Mos. 29:13.

ıombre para que sea rey sobre ᵛosotros.

14 Ni confiéis en nadie para ʲue sea vuestro [a]maestro ni ᵛuestro ministro, a menos que ·ea un hombre de Dios, que ınde en sus vías y guarde sus nandamientos.

15 Así instruyó Alma a su pueɔlo, a fin de que cada uno [a]amara ı su prójimo como a sí mismo, ɔara que no hubiese [b]contención ·ntre ellos.

16 Y Alma era su [a]sumo sacerlote, por ser el fundador de su glesia.

17 Y sucedió que nadie recibía autoridad para predicar ni para ·nseñar, sino de Dios, por medio le Alma. Por tanto, él consagraba ı todos los sacerdotes y a todos os maestros de ellos; y nadie era onsagrado a menos que fuera ıombre justo.

18 Por tanto, velaban por su ɔueblo, y lo [a]sustentaban con coas pertenecientes a la rectitud.

19 Y ocurrió que empezaron ı prosperar grandemente en la ierra; y la llamaron la tierra de Ielam.

20 Y aconteció que se multiplicaon y prosperaron en sumo grado n la tierra de Helam; y edificaron ına ciudad a la que llamaron la iudad de Helam.

21 Con todo, el Señor consiiera conveniente [a]disciplinar a su pueblo; sí, él prueba su [b]paciencia y su fe.

22 Sin embargo, quien pone su [a]confianza en él será [b]enaltecido en el postrer día. Sí, y así fue con este pueblo.

23 Porque he aquí, os mostraré que fueron reducidos a la servidumbre, y nadie podía librarlos sino el Señor su Dios, sí, el Dios de Abraham e Isaac y Jacob.

24 Y sucedió que los libró, y les manifestó su gran poder; y grande fue el gozo de ellos.

25 Porque he aquí, aconteció que mientras se hallaban en la tierra de Helam, sí, en la ciudad de Helam, mientras labraban el terreno circunvecino, he aquí, un ejército lamanita se hallaba en las fronteras de la tierra.

26 Ocurrió entonces que los hermanos de Alma huyeron de sus campos y se reunieron en la ciudad de Helam; y temieron en gran manera por motivo de la llegada de los lamanitas.

27 Pero salió Alma y fue entre ellos, y los exhortó a que no temieran, sino que se acordaran del Señor su Dios, y él los libraría.

28 Por tanto, calmaron sus temores y empezaron a implorar al Señor que ablandara el corazón de los lamanitas, a fin de que les perdonaran la vida, y la de sus esposas y de sus hijos.

29 Y aconteció que el Señor

14*a* Mos. 18:18–22.
15*a* GEE Amor.
b 3 Ne. 11:28–29.
16*a* Mos. 26:7.
17*a* GEE Autoridad; Sacerdocio.
18*a* 1 Tim. 4:6.
21*a* Hel. 12:3; DyC 98:21. GEE Castigar, castigo.
b GEE Paciencia.
22*a* GEE Confianza, confiar.
b 1 Ne. 13:37.

ablandó el corazón de los lamanitas. Y Alma y sus hermanos avanzaron y se entregaron en manos de ellos; y los lamanitas se posesionaron de la tierra de Helam.

30 Ahora bien, los ejércitos lamanitas que habían seguido al pueblo del rey Limhi habían estado perdidos en el desierto por muchos días.

31 Y he aquí, habían encontrado a aquellos sacerdotes del rey Noé en un paraje que llamaron Amulón; y estos habían empezado a poseer el país de Amulón y a labrar la tierra.

32 Y el nombre del jefe de esos sacerdotes era Amulón.

33 Y aconteció que Amulón suplicó a los lamanitas; y envió también a las mujeres de estos sacerdotes, que eran las [a]hijas de los lamanitas, para que abogaran con sus hermanos por que no destruyesen a sus maridos.

34 Y los lamanitas tuvieron [a]compasión de Amulón y sus hermanos, y no los destruyeron a causa de sus esposas.

35 Y Amulón y sus hermanos se unieron a los lamanitas, y andaban por el desierto buscando la tierra de Nefi cuando descubrieron la tierra de Helam, que poseían Alma y sus hermanos.

36 Y aconteció que los lamanitas prometieron a Alma y a sus hermanos que si les indicaban el camino que conducía a la tierra de Nefi, les concederían su vida y su libertad.

37 Pero después que Alma les hubo enseñado el camino que conducía a la tierra de Nefi, los lamanitas no quisieron cumplir su promesa, sino que pusieron [a]guardias alrededor de la tierra de Helam, sobre Alma y sus hermanos.

38 Y los demás partieron para la tierra de Nefi; y parte de ellos retornaron a la tierra de Helam y llevaron consigo a las esposas y también a los hijos de los guardias que habían dejado atrás.

39 Y el rey de los lamanitas le había concedido a Amulón que fuese rey y gobernante de su pueblo que se hallaba en la tierra de Helam; no obstante, no tendría poder para hacer cosa alguna que fuese contraria a la voluntad del rey de los lamanitas.

CAPÍTULO 24

Amulón persigue a Alma y a su pueblo — Se les quitará la vida si oran — El Señor alivia sus cargas para que les parezcan ligeras — Los libra de la servidumbre y vuelven a Zarahemla. Aproximadamente 145–120 a.C.

Y ACONTECIÓ que Amulón halló gracia a los ojos del rey de los lamanitas; por tanto, este les concedió a él y a sus hermanos que fuesen nombrados maestros de su pueblo; sí, del pueblo que se hallaba en la tierra de Shemlón y en la tierra de Shilom, y en la tierra de Amulón.

2 Porque los lamanitas habían

33*a* Mos. 20:3–5. | 34*a* GEE Compasión. | 37*a* Mos. 24:8–15.

omado posesión de todas estas
ierras; por lo tanto, el rey de los
amanitas había nombrado reyes
n todas estas tierras.
3 Ahora bien, el nombre del rey
le los lamanitas era Lamán, ha-
iéndosele dado el nombre de su
adre, y se llamaba, por tanto, el
ey Lamán. Y era rey de un pue-
lo numeroso.
4 Y nombró maestros de entre
os hermanos de Amulón para
odas las tierras que poseía su
ueblo; y así se empezó a ense-
ìar el idioma de Nefi entre todo
l pueblo de los lamanitas.
5 Y eran gente amigable los unos
on los otros; no obstante, no co-
ocían a Dios; ni les enseñaron los
ermanos de Amulón cosa alguna
oncerniente al Señor su Dios, ni
a ley de Moisés, ni les enseñaron
as palabras de Abinadí;
6 pero sí les enseñaron que de-
ian llevar sus anales, y que se
scribiesen unos a otros.
7 Y así los lamanitas empezaron
aumentar en riquezas, y comen-
aron a negociar unos con otros
a fortalecerse; y comenzaron a
er gente astuta y sabia, según
a sabiduría del mundo; sí, una
ente muy sagaz que se deleitaba
n todo género de iniquidades y
illaje, menos entre sus propios
ermanos.
8 Y ahora bien, sucedió que
mulón empezó a imponer su
autoridad sobre Alma y sus hermanos; y comenzó a perseguirlos
y a hacer que sus hijos persiguieran a los hijos de ellos.
9 Porque Amulón conocía a
Alma y sabía que había sido [a]uno
de los sacerdotes del rey, y que
era el que creyó en las palabras
de Abinadí, y fue echado de ante
el rey, y por tanto, estaba enojado
con él; pues estaba sujeto al rey
Lamán; sin embargo, ejerció autoridad sobre ellos y les impuso
[b]tareas y les fijó capataces.
10 Y aconteció que fueron tan
grandes sus aflicciones, que empezaron a clamar fervorosamente
a Dios.
11 Y Amulón les mandó que cesaran sus clamores, y les puso
guardias para vigilarlos, a fin de
que al que descubriesen invocando a Dios fuese muerto.
12 Y Alma y su pueblo no alzaron la voz al Señor su Dios, pero
sí le [a]derramaron sus corazones;
y él entendió los pensamientos de
sus corazones.
13 Y aconteció que la voz del Señor vino a ellos en sus aflicciones,
diciendo: Alzad vuestras cabezas
y animaos, pues sé del convenio
que habéis hecho conmigo; y yo
haré convenio con mi pueblo y lo
libraré del cautiverio.
14 Y también aliviaré las cargas
que pongan sobre vuestros hombros, de manera que no podréis
sentirlas sobre vuestras espal
das, mientras estéis en servidumbre; y esto haré yo para que
me seáis [a]testigos en lo futuro, y

4 8*a* DyC 121:39.
9*a* Mos. 17:1–4; 23:9.
b Mos. 21:3–6.
12*a* GEE Oración.
14*a* GEE Testigo.

para que sepáis de seguro que yo, el Señor Dios, visito a mi pueblo en sus [b]aflicciones.

15 Y aconteció que las cargas que se imponían sobre Alma y sus hermanos fueron aliviadas; sí, el Señor los [a]fortaleció de modo que pudieron soportar sus [b]cargas con facilidad, y se sometieron alegre y [c]pacientemente a toda la voluntad del Señor.

16 Y sucedió que era tan grande su fe y su paciencia, que la voz del Señor vino a ellos otra vez, diciendo: Consolaos, porque mañana os libraré del cautiverio.

17 Y dijo a Alma: Tú irás delante de este pueblo, y yo iré contigo, y libraré a este pueblo del [a]cautiverio.

18 Y aconteció que durante la noche Alma y su pueblo juntaron sus rebaños y también parte de su grano; sí, toda la noche estuvieron reuniendo sus rebaños.

19 Y en la mañana el Señor hizo que cayera un [a]profundo sueño sobre los lamanitas; sí, y todos sus capataces se hallaban profundamente dormidos.

20 Y Alma y su pueblo partieron para el desierto; y luego que hubieron viajado todo el día, plantaron sus tiendas en un valle, y dieron al valle el nombre de Alma, porque él los guio por el desierto.

21 Sí, y en el valle de Alma expresaron efusivamente sus [a]gracias a Dios porque habí sido misericordioso con ellos, aliviado sus cargas, y los habí librado del cautiverio; porqu estaban en servidumbre, y nadie podía librarlos sino el Seño su Dios.

22 Y dieron gracias a Dios, sí todos sus hombres y todas su mujeres y todos sus niños qu podían hablar elevaron sus voce en alabanzas a su Dios.

23 Y ahora el Señor dijo a Alma Date prisa, y sal tú y este puebl de esta tierra, porque los lamanitas han despertado y te persiguen; por tanto, sal de esta tierra y yo detendré a los lamanitas e este valle para que no persiga más a este pueblo.

24 Y aconteció que salieron de valle y emprendieron su viaje po el desierto.

25 Y después de haber estad en el desierto doce días, llegaron a la tierra de Zarahemla; el rey Mosíah también los recibi con gozo.

CAPÍTULO 25

Los del pueblo de Zarahemla (mulekitas) se convierten en nefitas — S enteran de la gente de Alma y de l de Zeniff — Alma bautiza a Limhi a todo su pueblo — Mosíah autoriz a Alma para que organice la Iglesi de Dios. Aproximadamente 120 a.C

ENTONCES el rey Mosíah hiz

14*b* GEE Adversidad.
15*a* Mateo 11:28–30.
b Alma 31:38; 33:23.
c DyC 54:10.
GEE Paciencia.
17*a* GEE Cautiverio.
19*a* 1 Sam. 26:12.
21*a* GEE Acción de gracias, agradecido, agradecimiento.

ue se congregase todo el pue-
lo.

2 Ahora bien, no había tantos de
os hijos de Nefi, o sea, tantos de
quellos que eran descendientes
le Nefi, como de los del [a]pueblo
le Zarahemla, el cual era descen-
liente de [b]Mulek, y de aquellos
ue salieron con él al desierto.

3 Y no eran tantos los del pue-
lo de Nefi y los del pueblo de
Zarahemla, como lo eran los la-
nanitas; sí, no eran ni la mitad
le su número.

4 Y ahora bien, todo el pueblo
le Nefi se hallaba reunido, y
ambién todo el pueblo de Zara-
emla; y se hallaban congregados
n dos grupos.

5 Y sucedió que Mosíah leyó,
hizo que se leyeran los anales
le Zeniff a su pueblo; sí, leyó los
nales del pueblo de Zeniff desde
a época en que salieron de la tie-
ra de Zarahemla, hasta que vol-
ieron otra vez.

6 Y también leyó la narración de
Alma y sus hermanos, y todas sus
flicciones, desde el día en que sa-
ieron de la tierra de Zarahemla,
asta la ocasión en que volvieron.

7 Y cuando Mosíah hubo termi-
ado de leer los anales, su pueblo
ue moraba en el país se llenó de
dmiración y asombro.

8 Pues no sabían ellos qué
ensar, porque cuando vieron a
quellos que habían sido [a]libra-
los del cautiverio, se sintieron
llenos de un gozo sumamente
grande.

9 Por otra parte, cuando pensaron en sus hermanos que habían
sido muertos por los lamanitas, se
llenaron de tristeza, y aun derramaron muchas lágrimas de dolor.

10 Además, cuando pensaron
en la cercana bondad de Dios y
su poder para libertar a Alma y
sus hermanos de las manos de los
lamanitas y de la servidumbre,
alzaron la voz y dieron gracias
a Dios.

11 Y más aún, cuando pensaron
en los lamanitas, que eran sus
hermanos, y en su condición de
pecado y corrupción, se llenaron
de [a]dolor y angustia por el bienestar de sus [b]almas.

12 Y aconteció que aquellos que
eran hijos de Amulón y sus hermanos, quienes se habían casado
con las hijas de los lamanitas, se
disgustaron con la conducta de
sus padres y no quisieron llevar
más el nombre de sus padres;
por consiguiente, adoptaron el
nombre de Nefi, para ser llamados hijos de Nefi y ser contados
entre los que eran llamados nefitas.

13 Ahora bien, todos los del
pueblo de Zarahemla fueron [a]con-
tados entre los nefitas, y se hizo
así porque el reino no se había
conferido a nadie sino a aquellos
que eran descendientes de Nefi.

14 Y aconteció que cuando

25 2*a* Omni 1:13–19.
b Hel. 6:10.
GEE Mulek.
8*a* Mos. 22:11–13.
11*a* Mos. 28:3–4;
Alma 13:27.
b GEE Alma — El valor
de las almas.
13*a* Omni 1:19.

Mosíah hubo concluido de hablar
y de leer al pueblo, fue su deseo
que Alma también les hablara.
15 Y Alma les habló mientras
se hallaban reunidos en grandes
grupos; y fue de grupo en grupo,
predicando al pueblo el arrepentimiento y la fe en el Señor.
16 Y exhortó al pueblo de Limhi
y sus hermanos, todos aquellos
que habían sido librados de la
servidumbre, a que recordaran
que fue el Señor quien los libró.
17 Y sucedió que después que
Alma hubo enseñado al pueblo
muchas cosas, y hubo acabado de
hablarles, que el rey Limhi sintió
deseos de bautizarse; y todo su
pueblo sintió el deseo de bautizarse también.
18 Por tanto, Alma entró en el
agua y los [a]bautizó; sí, los bautizó de la manera como lo hizo
con sus hermanos en las [b]aguas
de Mormón; sí, y cuantos bautizó
pertenecieron a la iglesia de Dios;
y esto por causa de su creencia en
las palabras de Alma.
19 Y aconteció que el rey Mosíah
le concedió a Alma que estableciera iglesias por toda la tierra de
Zarahemla, y le dio [a]poder para
ordenar sacerdotes y maestros en
cada iglesia.
20 Ahora bien, se hizo así porque era tanta la gente, que un
solo maestro no podía dirigirla;
ni todos podían oír la palabra de
Dios en una asamblea;
21 se reunían, pues, en diferentes
grupos llamados iglesias; y cada
iglesia tenía sus sacerdotes y sus
maestros; y todo sacerdote predicaba la palabra según le era
comunicada por boca de Alma.
22 Y así, a pesar de que había
muchas iglesias, todas eran [a]una,
sí, la iglesia de Dios; porque nada
se predicaba en todas ellas sino el
arrepentimiento y la fe en Dios.
23 Ahora pues, eran siete las
iglesias que había en la tierra de
Zarahemla. Y sucedió que quienes deseaban tomar sobre sí el
[a]nombre de Cristo, o sea, el de
Dios, se unían a las iglesias de
Dios;
24 y se llamaban el [a]pueblo
de Dios. Y el Señor derramó su
Espíritu sobre ellos, y fueron
bendecidos, y prosperaron en
la tierra.

CAPÍTULO 26

Los incrédulos conducen al pecado a muchos miembros de la Iglesia — Se promete a Alma la vida eterna — Aquellos que se arrepientan y sean bautizados lograrán el perdón — Los miembros de la Iglesia que hayan pecado y que se arrepientan y se confiesen a Alma y al Señor serán perdonados; de lo contrario no serán contados entre los de la Iglesia. Aproximadamente 120–100 a.C.

Y ACONTECIÓ que había muchos
de los de la nueva generación
que no pudieron entender las

18*a* Mos. 21:35.
b Mos. 18:8–17.
19*a* GEE Sacerdocio.
22*a* Mos. 18:17.
23*a* GEE Jesucristo — El tomar sobre sí el nombre de Jesucristo.
24*a* GEE Convenio.

palabras del rey Benjamín, pues eran niños pequeños en la ocasión en que él habló a su pueblo; y no creían en la tradición de sus padres.

2 No creían lo que se había dicho tocante a la resurrección de los muertos, ni tampoco creían lo concerniente a la venida de Cristo.

3 Así que, por motivo de su incredulidad no podían [a]entender la palabra de Dios; y se endurecieron sus corazones.

4 Y no quisieron bautizarse ni tampoco unirse a la iglesia. Y constituyeron un pueblo separado en cuanto a su fe, y así quedaron desde entonces, en su estado [a]carnal e inicuo, porque no querían invocar al Señor su Dios.

5 Ahora bien, durante el reinado de Mosíah, sus números no eran ni la mitad de los del pueblo de Dios; mas por causa de las [a]disensiones entre los hermanos, se hicieron más numerosos.

6 Porque sucedió que con sus palabras lisonjeras engañaron a muchos que eran de la iglesia, y les hicieron cometer muchos pecados; de modo que se hizo necesario que cuando aquellos que fueran de la iglesia cometieran pecado, esta debía [a]amonestarlos.

7 Y aconteció que fueron llevados ante los sacerdotes, y los maestros los entregaron a los sacerdotes; y estos los llevaron ante Alma, que era el [a]sumo sacerdote.

8 Ahora bien, el rey Mosíah había dado a Alma la autoridad sobre la iglesia.

9 Y aconteció que Alma no sabía nada de ellos; pero había muchos testigos en contra de ellos; sí, la gente se presentaba y testificaba de su iniquidad en abundancia.

10 Tal cosa no había sucedido en la iglesia previamente; por tanto, Alma se turbó en su espíritu, e hizo que fueran llevados ante el rey.

11 Y le dijo al rey: He aquí el gran número que hemos traído ante ti, a quienes sus hermanos acusan; sí, y han sido sorprendidos en diversas iniquidades. Y no se arrepienten de sus maldades; por tanto, los hemos traído ante ti para que tú los juzgues según sus delitos.

12 Mas el rey Mosíah dijo a Alma: He aquí, yo no los juzgo; por tanto, los [a]entrego en tus manos para ser juzgados.

13 Y el espíritu de Alma nuevamente se turbó; y fue y preguntó al Señor qué debía hacer en cuanto a ese asunto, porque temía hacer lo malo a la vista de Dios.

14 Y sucedió que después que hubo derramado su alma entera a Dios, la voz del Señor vino a él, diciendo:

---

26 3*a* GEE Entender, entendimiento.
4*a* GEE Hombre natural.
5*a* GEE Apostasía; Contención, contienda.
6*a* Alma 5:57–58; 6:3. GEE Amonestación, amonestar.
7*a* Mos. 29:42.
12*a* DyC 42:78–93.

15 Bendito eres tú, Alma, y
benditos son aquellos que fueron bautizados en las [a]aguas
de Mormón. Bendito eres por
causa de tu extremada [b]fe en tan
solo las palabras de mi siervo
Abinadí.
16 Y benditos son ellos a causa
de su extremada fe en tan solo
las palabras que tú les has hablado.
17 Y bendito eres porque has
establecido una [a]iglesia entre este
pueblo; y serán establecidos, y
ellos serán mi pueblo.
18 Sí, bendito es este pueblo que
está dispuesto a llevar mi [a]nom-
bre; porque en mi nombre serán
llamados; y son míos.
19 Y porque me has consultado
concerniente al transgresor, bendito eres.
20 Mi siervo eres tú; y hago convenio contigo de que tendrás la
[a]vida eterna; y me servirás y saldrás en mi nombre y reunirás
mis ovejas.
21 Y el que quiera oír mi voz
será mi [a]oveja; y lo recibirás en
la iglesia, y yo también lo recibiré.
22 Porque he aquí, esta es mi
iglesia: Quienquiera que sea
[a]bautizado, será bautizado para
arrepentimiento. Y aquel a quien
recibas, deberá creer en mi nombre; y yo lo [b]perdonaré liberalmente.
23 Porque soy yo quien [a]tomo
sobre mí los pecados del mundo;
porque soy yo el que he [b]creado al
hombre; y soy yo el que concedo
un lugar a mi diestra al que crea
hasta el fin.
24 Porque he aquí, en mi nombre son llamados; y si me [a]cono-
cen, saldrán; y tendrán un lugar
a mi diestra eternamente.
25 Y acontecerá que cuando
suene la [a]segunda trompeta, entonces saldrán los que nunca me
[b]conocieron, y comparecerán ante
mí.
26 Y entonces sabrán que yo soy
el Señor su Dios, que soy su Redentor; mas ellos no quisieron ser
redimidos.
27 Y entonces les confesaré que
jamás los [a]conocí; e [b]irán al fuego
[c]eterno, preparado para el diablo
y sus ángeles.
28 Por tanto, te digo que al
que no quiera [a]escuchar mi voz,
no lo admitirás en mi iglesia,
porque a este no lo recibiré en el
último día.
29 Te digo, por tanto: Ve; y al
que transgrediere contra mí, lo
[a]juzgarás de [b]acuerdo con los
pecados que haya cometido; y si

15*a* Mos. 18:30.
b Mos. 17:2. GEE Fe.
17*a* Mos. 25:19–24.
18*a* Mos. 1:11; 5:8. GEE Jesucristo — El tomar sobre sí el nombre de Jesucristo.
20*a* GEE Elección; Elegidos; Vida eterna.
21*a* GEE Buen Pastor.
22*a* 2 Ne. 9:23. GEE Bautismo, bautizar.
b GEE Perdonar; Remisión de pecados.
23*a* GEE Redentor.
b GEE Creación, crear.
24*a* Juan 17:3.
25*a* DyC 88:99, 109.
b DyC 76:81–86.
27*a* Mateo 7:21–23.
b Lucas 13:27.
c DyC 76:43–44.
28*a* 2 Ne. 9:31; DyC 1:14.
29*a* GEE Juicio, juzgar.
b GEE Responsabilidad, responsable.

[c]confiesa sus pecados ante ti y mí, y se [d]arrepiente con sinceridad de corazón, a este has de [e]perdonar, y yo lo perdonaré también.

30 Sí, y [a]cuantas veces mi pueblo se [b]arrepienta, le perdonaré sus transgresiones contra mí.

31 Y también os [a]perdonaréis vuestras ofensas los unos a los otros; porque en verdad os digo que el que no perdona las ofensas de su prójimo, cuando este dice que se arrepiente, tal ha traído sobre sí la condenación.

32 Y ahora te digo: Ve; y el que no quiera arrepentirse de sus pecados no será contado entre mi pueblo; y esto se observará desde ahora en adelante.

33 Y aconteció que cuando Alma hubo oído estas palabras, las escribió para conservarlas, y para juzgar al pueblo de la iglesia según los mandamientos de Dios.

34 Y aconteció que Alma fue y, de acuerdo con la palabra del Señor, juzgó a los que habían sido sorprendidos en la iniquidad.

35 Y a quienes se arrepintieron de sus pecados, y los [a]confesaron, él los contó entre el pueblo de la iglesia;

36 y los que no quisieron confesar sus pecados, ni arrepentirse de su iniquidad, tales no fueron contados entre el pueblo de la iglesia; y sus nombres fueron [a]borrados.

37 Y sucedió que Alma reguló todos los asuntos de la iglesia; y empezaron nuevamente a tener paz y a prosperar grandemente en los asuntos de la iglesia, andando con circunspección ante Dios, admitiendo a muchos y bautizando a muchos.

38 Y todas estas cosas hicieron Alma y sus consiervos que dirigían la iglesia, andando con toda diligencia, enseñando la palabra de Dios en todas las cosas, padeciendo toda clase de aflicciones y sufriendo persecuciones de todos aquellos que no pertenecían a la iglesia de Dios.

39 Y amonestaban a sus hermanos, y también recibían [a]amonestación, cada uno por la palabra de Dios, de acuerdo con sus pecados, o sea, los pecados que había cometido, habiéndoles mandado Dios que [b]oraran sin cesar y dieran [c]gracias en todas las cosas.

CAPÍTULO 27

Mosíah prohíbe la persecución y establece la igualdad — Alma, hijo, y los cuatro hijos de Mosíah procuran destruir la Iglesia — Se les aparece un ángel y les manda que abandonen

---

29*c* 3 Ne. 1:25.
GEE Confesar, confesión.
d GEE Arrepentimiento, arrepentirse.
e GEE Perdonar.
30*a* Moro. 6:8.
b Ezeq. 33:11, 15–16; Hech. 3:19–20; Mos. 29:19–20.
31*a* 3 Ne. 13:14–15; DyC 64:9–10.
35*a* GEE Confesar, confesión.
36*a* Éx. 32:33; Alma 1:24.
GEE Excomunión; Libro de la vida.
39*a* GEE Amonestación, amonestar.
b 2 Ne. 32:8–9.
c GEE Acción de gracias, agradecido, agradecimiento.

su camino de maldad — Alma queda mudo — Todo el género humano debe nacer otra vez para lograr la salvación — Alma y los hijos de Mosíah proclaman gratas nuevas. Aproximadamente 100–92 a.C.

Y SUCEDIÓ que las persecuciones que los incrédulos infligían sobre la iglesia llegaron a ser tan graves que los de la iglesia empezaron a murmurar y a quejarse a los que los dirigían concerniente al asunto; y ellos se quejaron a Alma. Y Alma presentó el caso ante el rey de ellos, Mosíah, y este consultó con sus sacerdotes.

2 Y aconteció que el rey Mosíah envió una proclamación por todo el país de que ningún incrédulo debía [a]perseguir a persona alguna que perteneciera a la iglesia de Dios.

3 Y se estableció un estricto mandamiento entre todas las iglesias de que no debía haber persecuciones entre ellos; que debía haber [a]igualdad entre todos los hombres;

4 que no permitieran que el orgullo ni la soberbia alteraran su [a]paz; que todo hombre [b]estimara a su prójimo como a sí mismo, trabajando con sus propias manos para su sostén.

5 Sí, y todos sus sacerdotes y maestros debían [a]trabajar con sus propias manos para su sostén en todos los casos, salvo en los de enfermedad o de gran necesidad; y haciendo estas cosas, abundaron en la [b]gracia de Dios.

6 Y otra vez empezó a haber mucha paz en el país; y la gente comenzó a ser muy numerosa y a esparcirse sobre la superficie de la tierra, sí, hacia el norte y hacia el sur, al este y al oeste, edificando grandes ciudades y aldeas en todas partes de la tierra.

7 Y el Señor los visitó y los hizo prosperar, y llegaron a ser un pueblo numeroso y rico.

8 Ahora bien, los hijos de Mosíah se hallaban entre los incrédulos; y también se contaba entre ellos uno de los [a]hijos de Alma, llamado Alma, igual que su padre; no obstante, se convirtió en un hombre muy malvado e [b]idólatra. Y era un hombre de muchas palabras, y lisonjeó mucho al pueblo; por lo que indujo a muchos de los del pueblo a que imitaran sus iniquidades.

9 Y llegó a ser un gran estorbo para la prosperidad de la iglesia de Dios, [a]granjeándose el corazón del pueblo, causando mucha disensión entre la gente, dando oportunidad para que el enemigo de Dios ejerciera su poder sobre ellos.

10 Ahora bien, aconteció que mientras se ocupaba en destruir la iglesia de Dios, porque iba secretamente con los hijos de Mosíah, tratando de destruir la

27 2*a* GEE Persecución, perseguir.
3*a* Mos. 23:7; 29:32.
4*a* GEE Paz.
b GEE Estimar.
5*a* Mos. 18:24, 26.
b GEE Gracia.
8*a* GEE Alma hijo de Alma.
b GEE Idolatría.
9*a* 2 Sam. 15:1–6.

iglesia y descarriar al pueblo del Señor, cosa contraria a los mandamientos de Dios, y aun del rey,

11 pues como ya os dije, mientras iban aquí y allá [a]rebelándose contra Dios, he aquí, se les [b]apareció el [c]ángel del Señor; y descendió como en una nube; y les habló como con voz de trueno que hizo temblar el suelo sobre el cual estaban;

12 y tan grande fue su asombro que cayeron por tierra, y no comprendieron las palabras que les habló.

13 Sin embargo, clamó otra vez, diciendo: Alma, levántate y acércate, pues, ¿por qué persigues tú la iglesia de Dios? Porque el Señor ha dicho: [a]Esta es mi iglesia, y yo la estableceré; y nada la hará caer sino la transgresión de mi pueblo.

14 Y dijo además el ángel: He aquí, el Señor ha oído las [a]oraciones de su pueblo, y también las oraciones de su siervo Alma, que es tu padre; porque él ha orado con mucha fe en cuanto a ti, para que seas traído al conocimiento de la verdad; por tanto, con este fin he venido para convencerte del poder y la autoridad de Dios, para que las [b]oraciones de sus siervos sean contestadas según su fe.

15 Y he aquí, ¿puedes ahora disputar el poder de Dios? Pues, he aquí, ¿no hace mi voz temblar la tierra?, ¿y no me ves ante ti? Y soy enviado de Dios.

16 Ahora te digo: Ve, y recuerda la cautividad de tus padres en la tierra de Helam y en la tierra de Nefi; y recuerda cuán grandes cosas él ha hecho por ellos; pues estaban en servidumbre, y él los ha [a]libertado. Y ahora te digo, Alma, sigue tu camino, y no trates más de destruir la iglesia, para que las oraciones de ellos sean contestadas, aun cuando tú, por ti mismo, quieras ser desechado.

17 Y sucedió que estas fueron las últimas palabras que el ángel habló a Alma, y se fue.

18 Y luego Alma y los que estaban con él cayeron al suelo otra vez, porque grande fue su asombro; pues con sus propios ojos habían visto a un ángel del Señor; y su voz fue como trueno, que conmovió la tierra; y comprendieron que no había nada, sino el poder de Dios, que pudiera sacudir la tierra y hacerla temblar como si fuera a partirse.

19 Ahora bien, fue tan grande el asombro de Alma que quedó mudo, de modo que no pudo abrir la boca; sí, y quedó tan débil que no pudo mover las manos; por tanto, lo alzaron los que estaban con él, y lo llevaron inerte, sí, hasta dejarlo tendido ante su padre.

20 Y repitieron a su padre todo

11*a* GEE Rebelión.
b Hech. 9:1–9; Alma 8:15.
c GEE Ángeles.
13*a* GEE Jesucristo — Es cabeza de la Iglesia.
14*a* Alma 10:22.
b Morm. 9:36–37.
16*a* Mos. 23:1–4.

lo que les había sucedido; y su
padre se regocijó, porque sabía
que era el poder de Dios.
21 E hizo que se reuniera una
multitud para que presenciaran
lo que el Señor había hecho por
su hijo, y también por los que estaban con él.
22 E hizo que se reunieran los
sacerdotes; y empezaron a ayunar y a rogar al Señor su Dios que
abriera la boca de Alma para que
pudiera hablar, y también para
que sus miembros recibieran su
fuerza, a fin de que los ojos del
pueblo fueran abiertos para ver
y conocer la bondad y gloria de
Dios.
23 Y aconteció que después que
hubieron ayunado y orado por el
espacio de dos días y dos noches,
los miembros de Alma recobraron su fuerza, y se puso de pie y
comenzó a hablarles, diciéndoles
que se animaran;
24 porque, dijo él, me he arrepentido de mis pecados, y el Señor me ha [a]redimido; he aquí, he
nacido del Espíritu.
25 Y el Señor me dijo: No te maravilles de que todo el género humano, sí, hombres y mujeres, toda
nación, tribu, lengua y pueblo,
deban [a]nacer otra vez; sí, nacer
de Dios, ser [b]cambiados de su estado [c]carnal y caído, a un estado
de rectitud, siendo redimidos por
Dios, convirtiéndose en sus hijos
e hijas;
26 y así llegan a ser nuevas criaturas; y a menos que hagan esto,
de [a]ningún modo pueden heredar
el reino de Dios.
27 Os digo que de no ser así,
deberán ser desechados; y esto
lo sé, porque yo estaba a punto
de ser desechado.
28 No obstante, después de pasar mucha tribulación, arrepintiéndome casi hasta la muerte,
el Señor en su misericordia ha
tenido a bien arrebatarme de un
[a]fuego eterno, y he nacido de
Dios.
29 Mi alma ha sido redimida
de la hiel de amargura, y de los
lazos de iniquidad. Me hallaba
en el más tenebroso abismo; mas
ahora veo la maravillosa luz de
Dios. [a]Atormentaba mi alma un
suplicio eterno; mas he sido rescatado, y mi alma no siente más
dolor.
30 Rechacé a mi Redentor, y negué lo que nuestros padres habían
declarado; mas ahora, para que
prevean que él vendrá, y que se
acuerda de toda criatura que ha
creado, él se manifestará a todos.
31 Sí, [a]toda rodilla se doblará, y
toda lengua confesará ante él. Sí,
en el postrer día, cuando todos
los hombres se presenten para
ser [b]juzgados por él, entonces

24*a* 2 Ne. 2:6–7.
GEE Redención, redimido, redimir.
25*a* Rom. 6:3–11; Mos. 5:7; Alma 5:14; Moisés 6:59.
GEE Nacer de Dios, nacer de nuevo.
b Mos. 3:19; 16:3.
c GEE Carnal.
26*a* Juan 3:5.
28*a* 2 Ne. 9:16.
29*a* Mos. 2:38.
31*a* Filip. 2:9–11; Mos. 16:1–2; DyC 88:104.
b GEE Jesucristo — Es juez.

confesarán que él es Dios; y los que vivan [c]sin Dios en el mundo entonces confesarán que el juicio de un castigo eterno sobre ellos es justo; y se estremecerán y temblarán, y se encogerán bajo la mirada de su ojo [d]que todo lo penetra.

32 Y aconteció que de allí en adelante, Alma y los que estaban con él cuando el ángel se les apareció empezaron a enseñar al pueblo, viajando por toda la [a]tierra, proclamando a todo el pueblo las cosas que habían oído y visto, y predicando la palabra de Dios con mucha tribulación, perseguidos en gran manera por los que eran incrédulos, y golpeados por muchos de ellos.

33 Pero a pesar de todo esto, impartieron mucho consuelo a los de la iglesia, confirmando su fe y exhortándolos con longanimidad y mucho afán a guardar los mandamientos de Dios.

34 Y cuatro de ellos eran los [a]hijos de Mosíah; y se llamaban Ammón, y Aarón, y Omner e Himni; y estos eran los nombres de los hijos de Mosíah.

35 Y viajaron por toda la tierra de Zarahemla y entre todo el pueblo que se hallaba bajo el reinado del rey Mosíah, esforzándose celosamente por reparar todos los daños que habían causado a la iglesia, confesando todos sus pecados, proclamando todas las cosas que habían visto y explicando las profecías y las Escrituras a cuantos deseaban oírlos.

36 Y así fueron instrumentos en las manos de Dios para llevar a muchos al conocimiento de la verdad, sí, al conocimiento de su Redentor.

37 ¡Y cuán benditos son! Pues [a]publicaron la paz; proclamaron [b]gratas nuevas del bien; y declararon al pueblo que el Señor reina.

CAPÍTULO 28

Los hijos de Mosíah recibirán la vida eterna — Salen a predicar a los lamanitas — Valiéndose de las dos piedras de vidente Mosíah traduce las planchas jareditas. Aproximadamente 92 a.C.

AHORA bien, aconteció que después que los [a]hijos de Mosíah hubieron hecho todas estas cosas, llevaron un pequeño número de personas consigo, y volvieron a su padre el rey, y le expresaron su deseo de que les concediera subir a la tierra de [b]Nefi, con aquellos que habían escogido, para predicar las cosas que habían oído, e impartir la palabra de Dios a sus hermanos los lamanitas,

2 para que tal vez los trajeran al conocimiento del Señor su Dios, y los convencieran de la iniquidad de sus padres; y quizá

31 *c* Alma 41:11.
d GEE Trinidad.
32 *a* Es decir, por todo el territorio nefita.
34 *a* GEE Ammón hijo de Mosíah.
37 *a* Isa. 52:7; Mos. 15:14–17.
GEE Predicar.
b GEE Evangelio.
28 1 *a* Mos. 27:34.
b Omni 1:12–13; Mos. 9:1.

pudieran curarlos de su [a]odio por los nefitas, para que también fueran conducidos a regocijarse en el Señor su Dios, para que fuesen amigables los unos con los otros y no hubiese más contenciones en toda la tierra que el Señor su Dios les había dado.

3 Pues estaban deseosos de que la salvación fuese declarada a toda criatura, porque no podían [a]soportar que [b]alma humana alguna pereciera; sí, aun el solo pensamiento de que alma alguna tuviera que padecer un [c]tormento sin fin los hacía estremecer y temblar.

4 Y así obró en ellos el Espíritu del Señor, porque habían sido los más [a]viles pecadores. Y el Señor, en su infinita [b]misericordia, juzgó prudente perdonarlos; no obstante, padecieron mucha angustia de alma por causa de sus iniquidades, sufriendo mucho, y temiendo ser rechazados para siempre.

5 Y aconteció que durante muchos días le suplicaron a su padre que los dejara subir a la tierra de Nefi.

6 Y el rey Mosíah fue y preguntó al Señor si debía dejar ir a sus hijos entre los lamanitas para predicar la palabra.

7 Y el Señor dijo a Mosíah: Déjalos ir; porque muchos creerán en sus palabras, y tendrán vida eterna; y yo [a]libraré a tus hijos de las manos de los lamanitas.

8 Y aconteció que Mosíah concedió que fuesen e hiciesen de acuerdo con lo que solicitaban.

9 Y [a]emprendieron su viaje hacia el desierto para ir a predicar la palabra entre los lamanitas; y más adelante haré una [b]relación de sus hechos.

10 Ahora bien, el rey Mosíah no tenía a quien conferir el reino, porque no hubo ninguno de sus hijos que quisiera aceptarlo.

11 Por tanto, tomó los anales que estaban grabados sobre las [a]planchas de bronce, y también las planchas de Nefi, y todas las cosas que él había guardado y preservado de acuerdo con los mandamientos de Dios, después de traducir y hacer que se escribiera la historia que estaba sobre las [b]planchas de oro que el pueblo de Limhi había encontrado, las cuales le fueron entregadas por mano de Limhi;

12 y esto lo hizo por motivo del gran anhelo de su pueblo; porque estaban deseosos en extremo de saber acerca de aquel pueblo que había sido destruido.

13 Y las tradujo por medio de aquellas dos [a]piedras que estaban colocadas en los dos aros de un arco.

14 Ahora bien, estas cosas fueron preparadas desde el principio,

2*a* Jacob 7:24.
3*a* Alma 13:27; 3 Ne. 17:14; Moisés 7:41.
b GEE Alma — El valor de las almas.
c Jacob 6:10; DyC 19:10–12.
4*a* Mos. 27:10.
b GEE Misericordia, misericordioso.
7*a* Alma 19:22–23.
9*a* Alma 17:6–9.
b Alma 17–26.
11*a* GEE Planchas de bronce.
b GEE Planchas de oro.
13*a* GEE Urim y Tumim.

y se transmitieron de generación en generación con objeto de interpretar idiomas;

15 y la mano del Señor las ha preservado y guardado, para que él pudiera manifestar, a toda criatura que ocupase la tierra, las iniquidades y abominaciones de su pueblo;

16 y el que tiene estos objetos es llamado [a]vidente, según la costumbre de los días antiguos.

17 Ahora bien, después que Mosíah hubo acabado de traducir estos anales, he aquí, daban una historia del pueblo [a]exterminado, desde la época en que fueron destruidos remontándose hasta la construcción de la [b]gran torre, cuando el Señor [c]confundió el lenguaje del pueblo y fueron esparcidos por toda la superficie de la tierra, sí, y aun desde esa época hasta la creación de Adán.

18 Y esta narración hizo que el pueblo de Mosíah se afligiera en extremo, sí, se llenaron de tristeza; no obstante, les proporcionó mucho conocimiento, y en esto se regocijaron.

19 Y se escribirá este relato más adelante; pues he aquí, conviene que todos se enteren de las cosas que se han escrito en esta historia.

20 Y como ya os he dicho, después que el rey Mosíah hubo hecho esto, tomó las planchas de [a]bronce y todas las cosas que había guardado, y las entregó a Alma, el hijo de Alma; sí, todos los anales, y también los [b]intérpretes, y se los entregó; y le mandó que los guardara y [c]preservara, y también que llevara una historia del pueblo, y los transmitiera de generación en generación, así como se habían transmitido desde el tiempo en que Lehi salió de Jerusalén.

CAPÍTULO 29

Mosíah propone que se elijan jueces en lugar de un rey — Los reyes inicuos conducen a su pueblo al pecado — Alma, hijo, es nombrado juez superior por la voz del pueblo — También es el sumo sacerdote encargado de la Iglesia — Mueren Mosíah y el padre de Alma. Aproximadamente 92–91 a.C.

Ahora bien, cuando Mosíah hubo hecho esto, indagó por todo el país, entre todo el pueblo, para enterarse de su parecer concerniente a quién había de ser su rey.

2 Y aconteció que la voz del pueblo se expresó, diciendo: Deseamos que tu hijo Aarón sea nuestro rey y nuestro gobernante.

3 Pero Aarón había subido a la tierra de Nefi, de modo que el rey no podía conferirle el reino; ni lo habría aceptado Aarón; ni ninguno de los otros [a]hijos de

16*a* Mos. 8:13–18.
GEE Vidente.
17*a* Mos. 8:7–12.
b Éter 1:1–5.
c Gén. 11:6–9.
20*a* Alma 37:3–10.
b GEE Urim y Tumim.
c GEE Escrituras — Las Escrituras deben preservarse.
29 3*a* Mos. 27:34.

Mosíah tampoco estaba dispuesto a asumir el reino.

4 Por tanto, el rey Mosíah se comunicó otra vez con el pueblo; sí, aun les mandó un escrito, y estas fueron las palabras que se escribieron, y decían:

5 He aquí, pueblo mío, o hermanos míos, porque como a tales os estimo, deseo que meditéis sobre el asunto que se os suplica considerar, por cuanto deseáis tener [a]rey.

6 Ahora bien, os declaro que aquel a quien el reino pertenece por derecho ha declinado el reino, y no quiere asumir el reino.

7 Y si se nombrara a otro en su lugar, he aquí, temo que surgirían contenciones entre vosotros; y quién sabe si mi hijo, a quien pertenece el reino, se tornaría a la ira y se llevaría tras sí a una parte de este pueblo, lo cual ocasionaría guerras y contiendas entre vosotros, que serían la causa del derramamiento de mucha sangre y de la perversión de las vías del Señor, sí, y destruirían las almas de muchos.

8 Os digo, por tanto, que seamos prudentes y consideremos estas cosas, porque no tenemos ningún derecho de destruir a mi hijo, ni de destruir a otro que fuese nombrado en su lugar.

9 Y si mi hijo se volviese nuevamente a su orgullo y cosas vanas, se retractaría de lo que había dicho y reclamaría su derecho al reino, cosa que haría que él y también este pueblo cometieran mucho pecado.

10 Ahora bien, seamos prudentes; preveamos estas cosas y hagamos aquello que asegurará la paz de este pueblo.

11 Por tanto, seré vuestro rey el resto de mis días; sin embargo, [a]nombremos [b]jueces para que juzguen a este pueblo según nuestra ley; y arreglaremos de otra manera los asuntos de este pueblo, pues nombraremos hombres sabios como jueces, quienes juzgarán a este pueblo según los mandamientos de Dios.

12 Ahora bien, es mejor que el hombre sea juzgado por Dios más bien que por el hombre, porque los juicios de Dios son siempre justos, mas los juicios del hombre no siempre lo son.

13 Por tanto, si fuese posible que tuvieseis por reyes a hombres [a]justos que establecieran las leyes de Dios y juzgaran a este pueblo según sus mandamientos, sí, si tuvieseis por reyes a hombres que hicieran lo que mi padre [b]Benjamín hizo por este pueblo, os digo que si tal fuese siempre el caso, entonces convendría que siempre tuvieseis reyes para que os gobernaran.

14 Y aun yo mismo he obrado con todo el poder y las facultades que he poseído, para enseñaros los mandamientos de Dios y para establecer la paz en todo el país, a fin de que no hubiera guerras ni contenciones, ni

5*a* 1 Sam. 8:9–19.
11*a* Mos. 29:25–27.
b Éx. 18:13–24.
13*a* Mos. 23:8, 13–14.
b P. de Morm. 1:17–18.

robo, ni rapiña, ni asesinatos, ni iniquidades de ninguna clase.

15 Y a quienquiera que ha cometido iniquidad, he [a]castigado de acuerdo con el delito que ha cometido, según la ley que nos han dado nuestros padres.

16 Ahora bien, os digo que por motivo de que no todos los hombres son justos, no conviene que tengáis un rey o reyes para que os gobiernen.

17 Pues he aquí, ¡cuánta [a]iniquidad un rey [b]malo hace cometer; sí, y cuán grande destrucción!

18 Sí, acordaos del rey Noé, su [a]iniquidad y sus abominaciones, y también la iniquidad y las abominaciones de su pueblo. Considerad la gran destrucción que cayó sobre ellos; y también a causa de sus iniquidades fueron reducidos a la [b]servidumbre.

19 Y si no hubiese sido por la interposición de su omnisciente Creador, y esto a causa de su sincero arrepentimiento, inevitablemente habrían permanecido en el cautiverio hasta ahora.

20 Mas he aquí, los libró porque se [a]humillaron ante él; y porque [b]clamaron a él poderosamente, los libró del cautiverio; y así es como en todos los casos el Señor obra con su poder entre los hijos de los hombres, extendiendo su brazo de [c]misericordia hacia aquellos que ponen su [d]confianza en él.

21 Y he aquí, os digo que no podéis destronar a un rey inicuo sino mediante mucha contención y el derramamiento de mucha sangre.

22 Pues he aquí, tiene sus [a]cómplices en iniquidad y conserva a sus guardias alrededor de él; y deshace las leyes de los que han reinado en justicia antes de él; y huella con sus pies los mandamientos de Dios;

23 y formula leyes y las envía entre su pueblo; sí, leyes según su propia [a]maldad; y al que no las obedece, hace que sea destruido; y contra los que se rebelan envía sus ejércitos para combatirlos, y si puede, los destruye; y de este modo es como un rey inicuo pervierte las vías de toda rectitud.

24 Y ahora bien, he aquí, os digo: No conviene que tales abominaciones vengan sobre vosotros.

25 Por tanto, escoged jueces, por medio de la voz de este pueblo, para que seáis juzgados de acuerdo con las leyes que nuestros padres os han dado, las cuales son correctas, y fueron dadas a ellos por la mano del Señor.

26 Ahora bien, no es cosa común que la voz del pueblo desee algo que sea contrario a lo

15*a* Alma 1:32–33.
17*a* Alma 46:9–10.
b Mos. 23:7–9.
18*a* Mos. 11:1–15.
b 1 Sam. 8:10–18; Mos. 12:1–8; Éter 6:22–23.
20*a* Mos. 21:13–15.
b Éx. 2:23–25; Alma 43:49–50.
c Ezeq. 33:11, 15–16; Mos. 26:30.
d GEE Confianza, confiar.
22*a* 1 Rey. 12:8–14.
23*a* GEE Inicuo, iniquidad.

que es justo; pero sí es común que
la parte menor del pueblo desee
lo que no es justo; por tanto, esto
observaréis y tendréis por ley:
Trataréis vuestros asuntos según
la voz del pueblo.
27 Y [a]si llega la ocasión en que
la voz del pueblo escoge la iniquidad, entonces es cuando los
juicios de Dios descenderán sobre
vosotros; sí, entonces es cuando él
os visitará con gran destrucción,
sí, como hasta aquí la ha mandado sobre esta tierra.
28 Ahora bien, si tenéis jueces,
y ellos no os juzgan según la ley
que ha sido dada, podéis hacer
que sean juzgados por un juez
superior.
29 Y si vuestros jueces superiores no dictaren juicios justos,
haréis que un número pequeño
de vuestros jueces menores se
reúna, y ellos juzgarán a vuestros
jueces superiores, según la voz
del pueblo.
30 Y os mando que hagáis estas
cosas en el temor del Señor; y os
ordeno que hagáis esto, y que
no tengáis rey; para que si este
pueblo comete pecados e iniquidades, estos recaigan sobre su
propia cabeza.
31 Pues he aquí, os digo que las
iniquidades de sus reyes han causado los pecados de mucha gente;
por tanto, sus iniquidades recaen
sobre la cabeza de sus reyes.
32 Y ahora deseo yo que esta
[a]desigualdad deje de existir en
esta tierra, especialmente entre
este mi pueblo; mas deseo que
esta tierra sea una tierra de [b]libertad, y que [c]todo hombre goce
igualmente de sus derechos y privilegios, en tanto que el Señor juzgue conveniente que habitemos y
heredemos la tierra, sí, mientras
permanezca cualquiera de los de
nuestra posteridad sobre la superficie de la tierra.
33 Y muchas cosas más les escribió el rey Mosíah, haciéndoles
ver todas las pruebas y tribulaciones de un rey justo; sí, todas
las congojas del alma por su pueblo; y también todas las quejas
del pueblo a su rey; y les explicó
todo esto.
34 Y les dijo que tales cosas no
debían existir; sino que la carga
debía estar sobre todo el pueblo,
para que todo hombre llevara su
parte.
35 Y también les hizo ver todas
las desventajas bajo las cuales
se afanarían si los gobernaba un
rey inicuo;
36 sí, todas las iniquidades y
abominaciones, y todas las guerras y contenciones, y derramamiento de sangre, y el hurto y
la rapiña, y la comisión de fornicaciones y toda clase de iniquidades que no pueden ser
enumeradas, diciéndoles que
aquellas cosas no debían existir,
que eran expresamente repugnantes a los mandamientos de
Dios.

27*a* Alma 10:19.
32*a* Alma 30:11.
b 2 Ne. 1:7; 10:11.
GEE Libertad, libre.
c Alma 27:9.

37 Y aconteció que después que el rey Mosíah hubo enviado estas palabras entre los del pueblo, estos quedaron convencidos de la verdad de sus palabras.

38 Por tanto, abandonaron sus deseos de tener rey, y se sintieron ansiosos en extremo de que todo hombre tuviese igual oportunidad por toda la tierra; sí, y todo hombre expresó el deseo de estar dispuesto a responder por sus propios pecados.

39 Aconteció, por tanto, que se reunieron en grupos por toda la tierra, para dar su parecer concerniente a quiénes habrían de ser sus jueces para juzgarlos de acuerdo con la [a]ley que les había sido dada; y se alegraron en extremo a causa de la [b]libertad que se les había concedido.

40 Y aumentó el amor que sentían por Mosíah; sí, lo estimaban más que a cualquier otro hombre; porque no lo tenían por un tirano que buscaba ganancias, sí, ese lucro que corrompe el alma; porque él no les había exigido riquezas, ni se había deleitado en derramar sangre; sino que había establecido la [a]paz en la tierra, y había concedido a su pueblo que se librara de toda clase de servidumbre; por tanto, lo estimaban, sí, extraordinariamente, en sumo grado.

41 Y sucedió que nombraron [a]jueces para que los gobernaran o juzgaran según la ley; y así lo hicieron en toda la tierra.

42 Y aconteció que Alma fue nombrado para ser el primer juez superior; y era también el sumo sacerdote, habiéndole conferido su padre el oficio, y habiéndole encargado todos los asuntos de la iglesia.

43 Y ocurrió que Alma [a]anduvo en los caminos del Señor, y guardó sus mandamientos, y juzgó con justicia; y hubo continua paz en la tierra.

44 Y así empezó el gobierno de los jueces en toda la tierra de Zarahemla, entre todo el pueblo que se llamaba nefitas; y Alma fue el primer juez superior.

45 Y sucedió que falleció su padre, teniendo ya ochenta y dos años de edad, y habiendo vivido para cumplir los mandamientos de Dios.

46 Y aconteció que Mosíah falleció también, en el trigésimotercer año de su reinado, a la edad de [a]sesenta y tres años; y hacía por todo quinientos nueve años desde la ocasión en que Lehi salió de Jerusalén.

47 Y así terminó el reinado de los reyes sobre el pueblo de Nefi; y así llegaron a su fin los días de Alma, que fue el fundador de la iglesia de ellos.

39*a* Alma 1:14.
b GEE Libertad, libre.
40*a* GEE Pacificador.
41*a* Mos. 29:11.
43*a* GEE Andar, andar con Dios.
46*a* Mos. 6:4.

EL LIBRO DE ALMA

HIJO DE ALMA

La narración de Alma, que era hijo de Alma, y el primer juez superior del pueblo de Nefi, y también el sumo sacerdote que presidía la Iglesia. Una relación del gobierno de los jueces y de las guerras y contenciones que hubo entre el pueblo. Además, la narración de una guerra entre los nefitas y los lamanitas, según los anales de Alma, el primer juez superior.

CAPÍTULO 1

Nehor enseña doctrinas falsas, establece una iglesia, introduce la superchería sacerdotal y mata a Gedeón — Nehor es ejecutado por motivo de sus crímenes — Se difunden entre el pueblo la superchería sacerdotal y las persecuciones — Los sacerdotes se sostienen con su propio trabajo, el pueblo cuida de los pobres y la Iglesia prospera. Aproximadamente 91–88 a.C.

AHORA bien, sucedió que en el primer año del gobierno de los jueces, que de allí en adelante continuó sobre el pueblo de Nefi, pues el rey Mosíah se había [a]ido por la vía de toda la tierra, habiendo peleado la buena batalla, andando rectamente ante Dios, no dejando quien reinara en su lugar; sin embargo, había establecido [b]leyes que el pueblo reconocía; por tanto, tenían la obligación de someterse a las leyes que él había formulado.

2 Y aconteció que en el primer año del gobierno de Alma en el asiento judicial, le llevaron un [a]hombre para ser juzgado, un hombre de gran estatura y notable por su mucha fuerza.

3 Y este había andado entre el pueblo, predicándole lo que él [a]decía ser la palabra de Dios, [b]importunando a la iglesia, declarando que todo sacerdote y maestro debía hacerse [c]popular; y que no [d]debían trabajar con sus manos, sino que el pueblo debía sostenerlos.

4 Y también testificaba al pueblo que todo el género humano se salvaría en el postrer día, y que no tenían por qué temer ni temblar, sino que podían levantar la cabeza y regocijarse; porque el Señor había creado a todos los hombres, y también los había redimido a todos; y al fin todos los hombres tendrían vida eterna.

5 Y sucedió que tanto enseñó estas cosas, que muchos creyeron en sus palabras, y fueron tantos que comenzaron a sostenerlo y a darle dinero.

6 Y empezó a envanecerse con

---

1 1*a* Mos. 29:46.
b Jarom 1:5; Alma 4:16; Hel. 4:22.
2*a* Alma 1:15.
3*a* Ezeq. 13:3.
b GEE Anticristo.
c Lucas 6:26; 1 Ne. 22:23.
d Mos. 18:24, 26; 27:5.

el orgullo de su corazón, y a usar ropa muy lujosa; sí, y aun empezó a establecer una [a]iglesia de acuerdo con lo que predicaba.

7 Y aconteció que yendo a predicar a los que creían en su palabra, dio con un hombre que pertenecía a la iglesia de Dios, sí, uno de sus maestros, y empezó a disputar vigorosamente con él, a fin de descarriar al pueblo de la iglesia; mas el hombre lo resistió, amonestándolo con las [a]palabras de Dios.

8 Y este hombre se llamaba [a]Gedeón; y era el mismo que fue el instrumento en las manos de Dios para librar del cautiverio al pueblo de Limhi.

9 Ahora bien, porque Gedeón lo resistió con las palabras de Dios, se encolerizó con Gedeón, y sacó su espada y empezó a darle golpes. Y Gedeón estaba ya muy entrado en años; por tanto, no pudo aguantar sus golpes, de modo que [a]murió por la espada.

10 Y el pueblo de la iglesia aprehendió al hombre que lo mató, y fue llevado ante Alma para ser [a]juzgado según los crímenes que había cometido.

11 Y sucedió que compareció ante Alma y se defendió con mucha audacia.

12 Mas Alma le dijo: He aquí, esta es la primera vez que se ha introducido la [a]superchería sacerdotal entre este pueblo. Y he aquí, no solo eres culpable de dicha superchería, sino que has tratado de imponerla por la espada; y si la superchería sacerdotal fuese impuesta sobre este pueblo, resultaría en su entera destrucción.

13 Y tú has derramado la sangre de un hombre justo, sí, un hombre que ha hecho mucho bien entre este pueblo; y si te perdonásemos, su sangre vendría sobre nosotros por [a]venganza.

14 Por tanto, se te [a]condena a morir, conforme a la ley que nos ha dado Mosíah, nuestro último rey, y la cual este pueblo ha reconocido; por tanto, este pueblo debe sujetarse a la ley.

15 Y aconteció que lo tomaron —y se llamaba [a]Nehor— y lo llevaron a la cima del cerro Manti, y allí se le hizo admitir, o mejor dicho, admitió entre los cielos y la tierra, que lo que había enseñado al pueblo era contrario a la palabra de Dios; y allí padeció una [b]muerte ignominiosa.

16 No obstante, no cesó con esto la difusión de la superchería sacerdotal en la tierra; porque había muchos que amaban las vanidades del mundo, y salieron predicando doctrinas falsas; y lo hicieron

6*a* 1 Ne. 14:10.
7*a* GEE Palabra de Dios.
8*a* Mos. 20:17; 22:3.
9*a* Alma 6:7.
10*a* Mos. 29:42.
12*a* 2 Ne. 26:29. GEE Supercherías sacerdotales.
13*a* GEE Venganza.
14*a* GEE Pena de muerte.
15*a* Alma 1:2.
b Deut. 13:1–9.

por causa de las [a]riquezas y los honores.

17 Sin embargo, no se atrevían a [a]mentir, por si llegaba a saberse, por miedo a la ley, porque los embusteros eran castigados; por tanto, aparentaban predicar según su creencia, y la ley no podía ejercer poder alguno en ningún hombre por [b]su creencia.

18 Y no se atrevían a [a]hurtar, por temor a la ley, porque estos eran castigados; ni tampoco se atrevían a robar ni a asesinar, porque el [b]asesino era castigado con la pena de [c]muerte.

19 Pero aconteció que los que no pertenecían a la iglesia de Dios empezaron a perseguir a los que pertenecían a ella y habían tomado sobre sí el nombre de Cristo.

20 Sí, los perseguían y los injuriaban con toda clase de palabras, y esto a causa de su humildad; porque no eran orgullosos a sus propios ojos, y porque se impartían mutuamente la palabra de Dios, sin [a]dinero y sin precio.

21 Ahora bien, había una estricta ley entre el pueblo de la iglesia, que ningún hombre que perteneciese a la iglesia se pusiera a perseguir a aquellos que no pertenecían a la iglesia, y que no debía haber [a]persecución entre ellos mismos.

22 Sin embargo, hubo entre ellos muchos que empezaron a llenarse de orgullo, y a contender acaloradamente con sus adversarios, aun hasta golpearse; sí, se daban puñetazos el uno al otro.

23 Esto aconteció en el segundo año del gobierno de Alma, y fue causa de mucha aflicción para la iglesia; sí, fue la causa de mucha tribulación en ella.

24 Porque muchos de ellos endurecieron sus corazones, y sus nombres fueron [a]borrados, de modo que no los recordaron más entre el pueblo de Dios. Y también muchos se [b]retiraron de entre ellos.

25 Ahora bien, esto fue una dura prueba para los que se mantuvieron constantes en la fe; sin embargo, fueron firmes e inamovibles en guardar los mandamientos de Dios, y sobrellevaron [a]pacientemente la persecución que se les imponía.

26 Y cuando los sacerdotes dejaban su trabajo para impartir la palabra de Dios a los del pueblo, estos también dejaban sus [a]labores para oír la palabra de Dios. Y después que el sacerdote les había impartido la

16*a* GEE Riquezas; Vanidad, vano.
17*a* GEE Honestidad, honradez; Mentiras.
b Alma 30:7–12; AdeF 1:11.
18*a* GEE Robar, robo, hurtar, hurto.
b GEE Asesinato.
c GEE Pena de muerte.
20*a* Isa. 55:1–2.
21*a* GEE Persecución, perseguir.
24*a* Éx. 32:33; Mos. 26:36; Alma 6:3. GEE Excomunión.
b Alma 46:7. GEE Apostasía.
25*a* GEE Paciencia.
26*a* Mos. 18:24, 26; 27:3–5.

palabra de Dios, todos volvían
diligentemente a sus labores; y
el sacerdote no se consideraba
mejor que sus oyentes, porque
el predicador no era de más estima que el oyente, ni el maestro era mejor que el discípulo;
y así todos eran iguales y todos
trabajaban, todo hombre [b]según
su fuerza.
27 Y de conformidad con lo que
tenía, todo hombre [a]repartía de
sus bienes a los [b]pobres, y a los
necesitados, y a los enfermos y
afligidos; y no usaban ropa cos-
tosa; no obstante, eran aseados y
atractivos.
28 Y así dispusieron los asuntos
de la iglesia; y así empezaron nuevamente a tener continua paz, a
pesar de todas sus persecuciones.
29 Ahora bien, debido a la esta-
bilidad de la iglesia, empezaron
a [a]enriquecerse en gran manera,
teniendo en abundancia todas las
cosas que necesitaban: una abundancia de rebaños y manadas, y
toda clase de animales cebados,
y también una abundancia de
grano, y de oro, y de plata y de
objetos preciosos, y abundancia
de [b]seda y de lino de fino tejido,
y de toda clase de buenas telas
sencillas.
30 Y así, en sus [a]prósperas circunstancias no desatendían a
ninguno que estuviese [b]desnudo,
o que estuviese hambriento, o sediento, o enfermo, o que no hubiese sido nutrido; y no ponían
el corazón en las riquezas; por
consiguiente, eran generosos con
todos, ora ancianos, ora jóvenes,
esclavos o libres, varones o mujeres, pertenecieran o no a la iglesia,
sin hacer [c]distinción de personas,
si estaban necesitadas.
31 Y así prosperaron y llegaron a
ser mucho más ricos que los que
no pertenecían a su iglesia.
32 Porque los que no pertenecían a su iglesia se entregaban a
las hechicerías, y a la [a]idolatría o
el [b]ocio, y a [c]chismes, [d]envidias y
contiendas; vestían ropas costosas, se [e]ensalzaban en el orgullo
de sus propios ojos, perseguían,
mentían, hurtaban, robaban y
cometían fornicaciones y asesinatos y toda clase de maldad;
sin embargo, se ponía en vigor la
ley contra los transgresores hasta
donde era posible.
33 Y sucedió que por aplicár-
seles así la ley, cada uno padeciendo de acuerdo con lo que
había hecho, se apaciguaron más,
y no se atrevieron a cometer iniquidad alguna que se supiera, de
modo que hubo mucha paz entre
el pueblo de Nefi hasta el quinto
año del gobierno de los jueces.

---

26 *b* Mos. 4:27;
DyC 10:4.
27 *a* GEE Limosna.
b Lucas 18:22;
Mos. 4:26;
DyC 42:29–31.
29 *a* GEE Riquezas.
b Alma 4:6.
30 *a* Jacob 2:17–19.
b GEE Pobres.
c Alma 16:14;
DyC 1:35.
32 *a* GEE Idolatría.
b GEE Ociosidad, ocioso.
c GEE Calumnias.
d GEE Envidia.
e Jacob 2:13;
Alma 31:25;
Morm. 8:28.
GEE Orgullo.

CAPÍTULO 2

Amlici intenta hacerse rey y lo rechaza la voz del pueblo — Sus partidarios lo hacen rey — Los amlicitas combaten contra los nefitas y son derrotados — Los lamanitas y los amlicitas unen sus fuerzas y son vencidos — Alma mata a Amlici. Aproximadamente 87 a.C.

Y ACONTECIÓ que al principio del quinto año de su gobierno, empezó a surgir la contención entre el pueblo, pues cierto hombre llamado Amlici —hombre muy astuto, sí, versado en la sabiduría del mundo, siendo de la orden del hombre que asesinó a [a]Gedeón con la espada, y que fue ejecutado según la ley—

2 y este Amlici se había atraído a muchos con su astucia; sí, a tantos que empezaron a ser muy fuertes; y comenzaron a esforzarse por establecer a Amlici como rey del pueblo.

3 Ahora bien, esto alarmó mucho a la gente de la iglesia, y también a todos aquellos que no habían sido atraídos por las persuasiones de Amlici; porque sabían que, según su ley, la [a]voz del pueblo debía instituir aquellas cosas.

4 Por tanto, si Amlici llegara a granjearse la voz del pueblo, dado que era un hombre perverso, los [a]privaría de sus derechos y privilegios de la iglesia; porque su intención era destruir la iglesia de Dios.

5 Y sucedió que se reunió el pueblo por toda la tierra, todo hombre según su opinión, ya fuera a favor o en contra de Amlici, en grupos separados, ocasionando muchas disputas y grandes [a]contenciones entre unos y otros.

6 Y así se reunieron para expresar sus opiniones concernientes al asunto; y las presentaron ante los jueces.

7 Y aconteció que la voz del pueblo resultó en contra de Amlici, de modo que no fue hecho su rey.

8 Ahora bien, esto causó mucha alegría en el corazón de los que estaban en contra de él; pero Amlici incitó a la ira a aquellos que estaban a su favor en contra de los que no lo apoyaban.

9 Y ocurrió que se reunieron y consagraron a Amlici para que fuese su rey.

10 Y cuando Amlici fue nombrado su rey, les mandó que tomaran las armas en contra de sus hermanos; y lo hizo para subyugarlos a él.

11 Ahora bien, la gente de Amlici se distinguía con el nombre de Amlici, llamándose [a]amlicitas; y los demás se llamaban [b]nefitas o el pueblo de Dios.

12 Por tanto, los nefitas estaban enterados del intento de los amlicitas, y, por consiguiente, se prepararon para enfrentarse a ellos; sí, se armaron con espadas y con cimitarras, con arcos y con

2 1*a* Alma 1:8.
3*a* Mos. 29:25–27; Alma 4:16.
4*a* Alma 10:19; Hel. 5:2.
5*a* 3 Ne. 11:29.
11*a* Alma 3:4.
b Jacob 1:13–14; Mos. 25:12; Alma 3:11.

flechas, con piedras y con hondas, y con todo género de [a]armas de guerra de todas clases.

13 Y así quedaron preparados para hacer frente a los amlicitas al tiempo de su llegada. Y se nombraron capitanes, y capitanes mayores, y capitanes en jefe, según sus números.

14 Y aconteció que Amlici armó a sus hombres con todo género de armas de guerra de todas clases; y también nombró jefes y caudillos sobre su gente para que los condujeran a la guerra contra sus hermanos.

15 Y sucedió que los amlicitas llegaron al cerro Amnihu, que quedaba al este del [a]río Sidón, el cual pasaba junto a la [b]tierra de Zarahemla, y allí empezaron a hacer la guerra a los nefitas.

16 Ahora bien, Alma, que era [a]juez superior y gobernador del pueblo de Nefi, fue con su gente, sí, con sus capitanes y capitanes en jefe, sí, a la cabeza de sus ejércitos, a combatir a los amlicitas.

17 Y empezaron a matar a los amlicitas sobre el cerro al este del Sidón. Y los amlicitas contendieron contra los nefitas con gran vigor, al grado que muchos de los nefitas cayeron ante los amlicitas.

18 Sin embargo, el Señor fortaleció la mano de los nefitas, de modo que hirieron a los amlicitas con tan grande mortandad, que empezaron a huir delante de ellos.

19 Y sucedió que los nefitas persiguieron a los amlicitas todo ese día, y los mataron con tan grande estrago, que el número de los amlicitas [a]muertos llegó a doce mil quinientas treinta y dos almas; y de los nefitas fueron muertas seis mil quinientas sesenta y dos almas.

20 Y acaeció que cuando Alma ya no pudo perseguir más a los amlicitas, hizo que su gente plantara sus tiendas en el [a]valle de Gedeón, valle que así se llamaba por Gedeón, a quien [b]Nehor mató con la espada; y en este valle los nefitas levantaron sus tiendas para pasar la noche.

21 Y Alma envió espías para que siguieran al resto de los amlicitas, a fin de poder saber sus planes y sus conspiraciones, para que por ese medio él se guardara de ellos, a fin de evitar que su pueblo fuese destruido.

22 Y los que envió a vigilar el campo de los amlicitas se llamaban Zeram, y Amnor, y Manti, y Limher; estos fueron los que partieron con sus hombres para espiar el campo de los amlicitas.

23 Y aconteció que por la mañana retornaron al campo de los nefitas con gran prisa, asombrados en gran manera, y llenos de mucho temor, diciendo:

24 He aquí, seguimos el campo

12*a* Mos. 10:8; Hel. 1:14.
15*a* Alma 3:3.
b Omni 1:13–15.
16*a* Mos. 29:42.
19*a* Alma 3:1–2, 26; 4:2.
20*a* Alma 6:7.
b Alma 1:7–15; 14:16.

de los [a]amlicitas, y con gran asombro vimos a una numerosa hueste de lamanitas en la tierra de Minón, más allá de la tierra de Zarahemla, en dirección de la tierra de [b]Nefi; y he aquí, los amlicitas se han unido a ellos;

25 y han caído sobre nuestros hermanos en esa tierra; y están huyendo ante ellos con sus rebaños, y sus esposas, y sus niños hacia nuestra ciudad; y a menos que nos demos prisa, se apoderarán de nuestra ciudad, y nuestros padres, y nuestras esposas y nuestros niños serán muertos.

26 Y aconteció que los del pueblo de Nefi alzaron sus tiendas y partieron del valle de Gedeón hacia su ciudad, que era la ciudad de [a]Zarahemla.

27 Y he aquí, mientras estaban cruzando el río Sidón, los lamanitas y los amlicitas, casi tan [a]numerosos como las arenas del mar, cayeron sobre ellos para destruirlos.

28 Sin embargo, la mano del Señor [a]fortaleció a los nefitas, habiéndole ellos rogado fervorosamente que los librara de las manos de sus enemigos; por tanto, el Señor oyó su clamor y los fortaleció, y los lamanitas y los amlicitas cayeron ante ellos.

29 Y aconteció que Alma luchó con Amlici cara a cara con la espada; y lucharon tenazmente uno con otro.

30 Y sucedió que Alma, siendo un hombre de Dios y teniendo mucha [a]fe, clamó, diciendo: ¡Oh Señor, ten misericordia y salva mi vida a fin de que yo sea un instrumento en tus manos para salvar y preservar a este pueblo!

31 Y cuando Alma hubo dicho estas palabras, contendió de nuevo contra Amlici; y a tal grado fue fortalecido, que mató a Amlici con la espada.

32 Y también se batió con el rey de los lamanitas, pero el rey huyó de Alma, y envió a sus guardias para contender con él.

33 Mas Alma, con sus guardias, combatió con los guardias del rey de los lamanitas hasta que los mató y los hizo retroceder.

34 Y así despejó el terreno, o más bien la ribera, que se hallaba al oeste del río Sidón, arrojando a las aguas del Sidón los cuerpos de los lamanitas muertos, a fin de que su pueblo tuviera espacio para pasar y contender con los lamanitas y los amlicitas que se hallaban del lado occidental del río Sidón.

35 Y aconteció que cuando todos hubieron cruzado el río Sidón, los lamanitas y los amlicitas empezaron a huir delante de ellos, a pesar de ser tan numerosos que no podían ser contados.

36 Y huyeron delante de los nefitas hacia el desierto que se hallaba al oeste y al norte, más allá de las fronteras de la tierra; y los nefitas los persiguieron con vigor y los mataron.

37 Sí, les salieron por todas partes, y fueron muertos y

24*a* Alma 3:4, 13–18.
b 2 Ne. 5:8.
26*a* Omni 1:14, 18.
27*a* Jarom 1:6.
28*a* Deut. 31:6.
30*a* GEE Fe.

perseguidos, hasta esparcirlos
por el oeste y por el norte, hasta
que llegaron al desierto que se llamaba Hermounts; y era esa parte
del yermo que estaba infestada de
animales salvajes y voraces.
38 Y aconteció que muchos murieron de sus heridas en el desierto, y fueron devorados por
aquellos animales y también por
los buitres del aire; y sus huesos
han sido descubiertos y amontonados sobre la tierra.

CAPÍTULO 3

Los amlicitas se habían hecho una marca, de acuerdo con las profecías — Los lamanitas habían sido maldecidos por su rebelión — Los hombres traen sobre sí su propia maldición — Los nefitas derrotan a otro ejército lamanita. Aproximadamente 87–86 a.C.

Y sucedió que los nefitas que no
fueron [a]muertos por las armas de
guerra, luego que hubieron sepultado a los que habían perecido
—y el número de los muertos no
se contó a causa de la magnitud
de su número— después que hubieron sepultado a sus muertos,
todos se volvieron a sus tierras
y sus casas, y a sus esposas y a
sus hijos.
2 Ahora bien, muchas mujeres
y muchos niños habían perecido
por la espada, así como gran
cantidad de sus rebaños y manadas; y también fueron destruidos
muchos de sus campos de grano,
hollados por las huestes de hombres.
3 Y cuantos lamanitas y amlicitas perecieron sobre la ribera
del río Sidón fueron arrojados en
las [a]aguas del río; y he aquí, sus
huesos se hallan en las [b]profun-
didades del mar, y son muchos.
4 Y los [a]amlicitas se distinguían
de los nefitas porque se habían
[b]marcado con rojo la frente, a la
manera de los lamanitas; sin embargo, no se habían rapado la cabeza como los lamanitas.
5 Pues estos se rapaban la cabeza; y andaban [a]desnudos, con
excepción de una faja de piel que
ceñían alrededor de sus lomos, y
también su armadura que llevaban ceñida alrededor de ellos, y
sus arcos, y sus flechas, y sus piedras y sus hondas, etcétera.
6 Y la piel de los lamanitas era
obscura, conforme a la señal que
fue puesta sobre sus padres, la
cual fue una [a]maldición sobre ellos
por motivo de su transgresión y su
rebelión en contra de sus hermanos Nefi, Jacob, José y Sam, que
fueron hombres justos y santos.
7 Y sus hermanos intentaron
destruirlos; por lo tanto, fueron
maldecidos; y el Señor Dios puso
una [a]señal sobre ellos, sí, sobre
Lamán y Lemuel, y también sobre los hijos de Ismael y en las
mujeres ismaelitas.
8 Y se hizo esto para distinguir

3 1*a* Alma 2:19; 4:2.
3*a* Alma 2:15.
b Alma 44:22.
4*a* Alma 2:11.
b Alma 3:13–19.
5*a* Enós 1:20; Mos. 10:8; Alma 42:18–21.
6*a* 2 Ne. 5:21; 26:33. GEE Maldecir, maldiciones.
7*a* 1 Ne. 12:23.

a su posteridad de la posteridad de sus hermanos, para que por ese medio el Señor Dios preservara a su pueblo, a fin de que no se [a]mezclaran ni creyeran en [b]tradiciones incorrectas que causarían su destrucción.

9 Y aconteció que quien mezclaba su simiente con la de los lamanitas traía la misma maldición sobre sus descendientes.

10 Por tanto, todo el que se dejaba desviar por los lamanitas recibía ese nombre, y le era puesta una señal.

11 Y aconteció que quienes no creían en las [a]tradiciones de los lamanitas, sino que creían en aquellos anales que fueron traídos de la tierra de Jerusalén, así como en las tradiciones de sus padres, que eran correctas, y creían en los mandamientos de Dios y los guardaban, eran llamados los nefitas, o el pueblo de Nefi, desde entonces en adelante.

12 Y son ellos los que han llevado los [a]anales verdaderos de su pueblo, y también del pueblo de los lamanitas.

13 Ahora volveremos otra vez a los amlicitas, porque también sobre ellos fue puesta una [a]señal; sí, ellos mismos se pusieron la señal; sí, una marca roja sobre la frente.

14 De este modo queda cumplida la palabra de Dios, porque estas son las palabras que él dijo a Nefi: He aquí, he maldecido a los lamanitas, y pondré sobre ellos una señal para que ellos y su posteridad queden separados de ti y de tu posteridad, desde hoy en adelante y para siempre, salvo que se arrepientan de su iniquidad y se [a]vuelvan a mí, para que yo tenga misericordia de ellos.

15 Y además: Pondré una señal sobre aquel que mezcle su simiente con la de tus hermanos, para que sean maldecidos también.

16 Y además: Pondré una señal sobre el que pelee contra ti y tu posteridad.

17 Y digo también que quien se separe de ti, no se llamará más tu posteridad; y te bendeciré a ti, y al que fuere llamado tu descendencia, desde hoy en adelante y para siempre; y estas fueron las promesas del Señor a Nefi y a su posteridad.

18 Ahora bien, los amlicitas no sabían que estaban cumpliendo las palabras de Dios cuando empezaron a marcarse la frente; sin embargo, se habían [a]rebelado abiertamente contra Dios; por tanto, fue menester que la maldición cayera sobre ellos.

19 Ahora bien, quisiera que entendieseis que ellos trajeron sobre sí mismos la [a]maldición; y de igual manera todo hombre que

8*a* GEE Matrimonio — El matrimonio entre personas de distintas religiones.
b Mos. 10:11–18; Alma 9:16.
11*a* Alma 17:9–11.
12*a* Mos. 1:6; Éter 4:6–11.
13*a* Alma 3:4.
14*a* 2 Ne. 30:4–6.
18*a* 4 Ne. 1:38. GEE Rebelión.
19*a* 2 Ne. 5:21–25; Alma 17:15.

es maldecido trae sobre sí su propia condenación.

20 Aconteció, pues, que no muchos días después de la batalla que emprendieron en la tierra de Zarahemla los lamanitas y amlicitas, otro ejército lamanita vino sobre el pueblo de Nefi, en el [a]mismo lugar donde el primer ejército se había batido con los amlicitas.

21 Y sucedió que se envió un ejército para echarlos de su tierra.

22 Y el propio Alma, por estar afligido con una [a]herida, no fue esta vez a la batalla contra los lamanitas,

23 sino que envió contra ellos un numeroso ejército, el cual subió y mató a muchos de los lamanitas, y echó al resto de ellos fuera de las fronteras de su tierra.

24 Y entonces volvieron otra vez y empezaron a establecer la paz en la tierra, sin ser molestados por sus enemigos durante algún tiempo.

25 Ahora bien, todas estas cosas se hicieron, sí, todas estas guerras y contiendas comenzaron y terminaron en el quinto año del gobierno de los jueces.

26 Y en un año millares y decenas de millares de almas fueron enviadas al mundo eterno, para recibir su [a]recompensa conforme a sus obras, ya fuesen buenas o fuesen malas; para recibir felicidad eterna o miseria eterna, de acuerdo con el espíritu que quisieron obedecer, ya fuese un espíritu bueno, ya malo.

27 Pues todo hombre recibe su [a]salario de aquel a quien quiere [b]obedecer, y esto según las palabras del espíritu de profecía; por tanto, sea hecho conforme a la verdad. Y así terminó el quinto año del gobierno de los jueces.

CAPÍTULO 4

Alma bautiza a miles de conversos — Surge la iniquidad en la Iglesia y el progreso de esta disminuye — Nefíah es nombrado juez superior — Alma, en calidad de sumo sacerdote, se dedica al ministerio. Aproximadamente 86–83 a.C.

Y SUCEDIÓ que en el sexto año del gobierno de los jueces sobre el pueblo de Nefi, no hubo contenciones ni guerras en la [a]tierra de Zarahemla.

2 Mas el pueblo estaba afligido, sí, sumamente afligido por la [a]pérdida de sus hermanos, y también por la pérdida de sus rebaños y manadas, y por la pérdida de sus campos de grano que los lamanitas habían hollado y destruido.

3 Y eran tan grandes sus aflicciones, que no había quien no tuviera motivo para lamentarse; y creían que eran los juicios de Dios enviados sobre ellos a causa de sus iniquidades y sus

20*a* Alma 2:24.
22*a* Alma 2:29–33.
26*a* GEE Obras.
27*a* Mos. 2:31–33; Alma 5:41–42.
b Rom. 6:16; Hel. 14:29–31. GEE Obediencia, obediente, obedecer.
4 1*a* Omni 1:12–19.
2*a* Alma 2:19; 3:1–2, 26.

abominaciones; por consiguiente, se despertó en ellos el recuerdo de su deber.

4 Y empezaron a establecer la iglesia más completamente; sí, y muchos fueron [a]bautizados en las aguas de Sidón y se unieron a la iglesia de Dios; sí, los bautizó Alma, a quien su padre, Alma, había consagrado [b]sumo sacerdote del pueblo de la iglesia.

5 Y sucedió que en el año séptimo del gobierno de los jueces hubo unas tres mil quinientas almas que se unieron a la [a]iglesia de Dios y se bautizaron. Y así terminó el séptimo año del gobierno de los jueces sobre el pueblo de Nefi; y hubo continua paz todo ese tiempo.

6 Y aconteció que en el año octavo del gobierno de los jueces, los de la iglesia empezaron a llenarse de orgullo por motivo de sus grandes [a]riquezas, y sus [b]delicadas sedas, y sus linos de tejidos finos, y por motivo de sus muchos rebaños y manadas, y su oro y su plata, y toda clase de objetos preciosos que habían obtenido por su industria; y en todas estas cosas se envanecieron en el orgullo de sus ojos, porque empezaron a usar vestidos muy costosos.

7 Ahora bien, esto fue causa de mucha aflicción para Alma, sí, y para muchos de los que él había [a]consagrado para ser maestros, sacerdotes y élderes en la iglesia; sí, muchos de ellos se sintieron afligidos en extremo por la iniquidad que vieron que había surgido entre los de su pueblo.

8 Porque vieron y observaron con gran dolor que los del pueblo de la iglesia empezaban a ensalzarse en el [a]orgullo de sus ojos, y a fijar sus corazones en las riquezas y en las cosas vanas del mundo, de modo que empezaron a despreciarse unos a otros, y a perseguir a aquellos que [b]no creían conforme a la propia voluntad y placer de ellos.

9 Y así, en este octavo año del gobierno de los jueces, empezó a haber grandes [a]contenciones entre los de la iglesia; sí, había [b]envidias y conflictos, malicia, persecución y orgullo, aun excediendo al orgullo de aquellos que no pertenecían a la iglesia de Dios.

10 Y así terminó el año octavo del gobierno de los jueces; y la iniquidad de los de la iglesia fue un gran tropiezo para los que no pertenecían a ella; y así la iglesia empezó a detenerse en su progreso.

11 Y sucedió que al principio del año nono, Alma vio la iniquidad de la iglesia, y también vio que el [a]ejemplo de la iglesia empezaba a conducir a los que eran incrédulos de una iniquidad

4*a* Mos. 18:10–17.
b Mos. 29:42.
5*a* Mos. 25:18–23; 3 Ne. 26:21.
6*a* GEE Riquezas.
b Alma 1:29.
7*a* GEE Autoridad.
8*a* GEE Orgullo; Vanidad, vano.
b Alma 1:21.
9*a* GEE Contención, contienda.
b GEE Envidia.
11*a* 2 Sam. 12:14; Alma 39:11.

a otra, causando con ello la destrucción del pueblo.
12 Sí, vio una desigualdad muy
grande entre el pueblo, algunos
que se ensalzaban en su orgullo,
despreciando a otros, volviendo
as espaldas al [a]necesitado y al
desnudo, y a aquellos que tenían
hambre, y a los que tenían sed,
y a los que estaban enfermos y
afligidos.
13 Ahora bien, esto fue un gran
notivo de lamentaciones entre
el pueblo, mientras que otros se
humillaban, socorriendo a los
que necesitaban su socorro, a saber, [a]repartiendo de sus bienes
al pobre y al necesitado, dando
de comer al hambriento y sufriendo toda clase de [b]afliccio-
nes por [c]causa de Cristo, quien
había de venir según el espíritu
de profecía,
14 [a]esperando anhelosamente
ese día, [b]reteniendo de ese modo
a remisión de sus pecados; lle-
nándose de gran [c]alegría a causa
de la resurrección de los muertos,
de acuerdo con la voluntad y el
poder y la liberación de Jesucristo
de las ligaduras de la muerte.
15 Y ahora bien, aconteció que
Alma, habiendo visto las aflicciones de los humildes discípulos
de Dios y las persecuciones que
sobre ellos amontonaba el resto
de su pueblo, y viendo toda su
[a]desigualdad, comenzó a afligirse
en extremo; sin embargo, no le
faltó el Espíritu del Señor.
16 Y escogió a un hombre sabio
de entre los élderes de la iglesia,
y lo facultó, según la [a]voz del
pueblo, para que tuviera el poder
de decretar [b]leyes, de conformidad con las que se habían dado,
y ponerlas en vigor conforme
a la iniquidad y los delitos del
pueblo.
17 Y este hombre se llamaba
Nefíah, y fue nombrado [a]juez
superior; y ocupó el asiento judicial para juzgar y gobernar al
pueblo.
18 Ahora bien, Alma no le concedió el oficio de ser sumo sacerdote sobre la iglesia, sino que
retuvo el oficio de sumo sacerdote para sí; mas entregó a Nefíah
el asiento judicial.
19 E hizo esto para poder salir
él [a]mismo entre los de su pueblo,
o sea, entre el pueblo de Nefi,
a fin de predicarles la [b]palabra
de Dios para [c]despertar en ellos
el [d]recuerdo de sus deberes, y
para abatir, por medio de la palabra de Dios, todo el orgullo y
las artimañas, y todas las contenciones que había entre su

12*a* Isa. 3:14; Jacob 2:17.
b Mos. 4:26.
13*a* GEE Limosna.
b GEE Adversidad.
c 2 Cor. 12:10.
14*a* La expresión en inglés "look forward to" que se traduce aquí significa tanto esperar anhelosamente en Cristo como mirar hacia lo futuro a Cristo.
b Mos. 4:12; Alma 5:26–35. GEE Justificación, justificar.
c GEE Gozo.
15*a* DyC 38:27; 49:20.
16*a* Alma 2:3–7.
b Alma 1:1, 14, 18.
17*a* Alma 50:37.
19*a* Alma 7:1.
b Alma 31:5; DyC 11:21–22.
c Enós 1:23.
d Mos. 1:17; Hel. 12:3.

pueblo, porque no vio otra manera de rescatarlos sino con la
fuerza de un [e]testimonio puro en
contra de ellos.
20 Y así, a principios del año
nono del gobierno de los jueces
sobre el pueblo de Nefi, Alma entregó el asiento judicial a [a]Nefíah,
y se concretó completamente al
[b]sumo sacerdocio del santo orden de Dios, y a dar testimonio
de la palabra, de acuerdo con el
espíritu de revelación y profecía.

Las palabras que Alma, el Sumo Sacerdote según el santo orden de Dios, proclamó al pueblo en sus ciudades y aldeas por todo el país.

Comenzando con el capítulo 5.

CAPÍTULO 5

Para lograr la salvación, los hombres deben arrepentirse y guardar los mandamientos, nacer de nuevo, purificar sus vestidos mediante la sangre de Cristo, ser humildes, despojarse del orgullo y de la envidia, y hacer las obras de rectitud — El Buen Pastor llama a Su pueblo — Los que hacen obras malas son hijos del diablo — Alma testifica de la veracidad de su doctrina y manda a los hombres que se arrepientan — Los nombres de los justos serán escritos en el libro de la vida. Aproximadamente 83 a.C.

Aconteció, pues, que Alma empezó a [a]proclamar la palabra de
[b]Dios al pueblo, primero en la
tierra de Zarahemla, y desde allí
por toda la tierra.
2 Y estas son las palabras que,
según su propio registro, habló
al pueblo de la iglesia que se hallaba establecida en la ciudad de
Zarahemla, diciendo:
3 Yo, Alma, habiendo sido [a]con-
sagrado por mi padre Alma para
ser [b]sumo sacerdote sobre la iglesia de Dios, ya que él tenía el poder y la [c]autoridad de Dios para
hacer estas cosas, he aquí, os
digo que él empezó a establecer una iglesia en la tierra que se
hallaba en las fronteras de Nefi;
sí, la [d]tierra que era llamada la
tierra de Mormón; sí, y bautizó
a sus hermanos en las aguas de
Mormón.
4 Y he aquí, os digo que fueron
[a]librados de las manos del pueblo
del rey Noé por la misericordia y
el poder de Dios.
5 Y después de esto, he aquí
fueron reducidos a la [a]servidum-
bre por la mano de los lamanitas
en el desierto; sí, os digo que se
hallaban en el cautiverio, y nuevamente el Señor los libró de la
[b]servidumbre por el poder de su
palabra; y se nos trajo a esta tierra, y aquí empezamos a establecer la iglesia de Dios por toda esta
tierra también.

19*e* GEE Testimonio.
20*a* Alma 8:12.
b Mos. 29:42; Alma 5:3, 44, 49.
5 1*a* Alma 4:19.
b Alma 5:61.
3*a* GEE Ordenación, ordenar.
b Alma 4:4, 18, 20.
c Mos. 18:13; 3 Ne. 11:25.
d Mos. 18:4; 3 Ne. 5:12.
4*a* Mos. 23:1–3.
5*a* Mos. 23:37–39; 24:8–15.
b Mos. 24:17.

6 Y ahora, he aquí os digo, hermanos míos, vosotros los que pertenecéis a esta iglesia, ¿habéis
retenido suficientemente en la
memoria el cautiverio de vuestros padres? Sí, ¿y habéis retenido
suficientemente en la memoria la
misericordia y longanimidad de
Dios para con ellos? Y además,
¿habéis retenido suficientemente
en la memoria que él ha rescatado
sus almas del infierno?
7 He aquí, él cambió sus corazones; sí, los despertó de un profundo sueño, y despertaron en
cuanto a Dios. He aquí, se hallaban en medio de la obscuridad;
no obstante, la luz de la sempiterna palabra iluminó sus almas;
sí, los tenían ceñidos las [a]ligadu-
ras de la muerte y las [b]cadenas
del infierno, y los esperaba una
eterna destrucción.
8 Y os pregunto ahora, hermanos míos: ¿Fueron destruidos?
He aquí, os digo que no; no lo
fueron.
9 Y os pregunto también:
¿Fueron quebrantadas las ligaduras de la muerte, y desatadas
las cadenas del infierno que los
tenían atados? Os digo que sí;
fueron desatadas, y sus almas
se ensancharon, y cantaron del
amor que redime. Y os digo que
son salvos.
10 Y os pregunto ahora: ¿Según
qué condiciones son [a]salvos? Sí,
¿en qué se fundaban para esperar la salvación? ¿Por qué motivo
fueron librados de las ligaduras
de la muerte, sí, y de las cadenas
del infierno también?
11 He aquí, os lo puedo decir.
¿No creyó mi padre Alma en las
palabras que se declararon por
boca de [a]Abinadí? ¿Y no fue él
un santo profeta? ¿No habló las
palabras de Dios, y las creyó mi
padre Alma?
12 Y según su fe, se realizó un
potente [a]cambio en su corazón.
He aquí, os digo que todo esto
es verdad.
13 Y he aquí, él [a]predicó la
palabra a vuestros padres, y
en sus corazones también se
efectuó un potente cambio; y
se humillaron, y pusieron su
[b]confianza en el Dios verdadero
y [c]viviente. Y he aquí, fueron
fieles hasta el [d]fin; por tanto,
fueron salvos.
14 Y ahora os pregunto,
hermanos míos de la iglesia:
¿Habéis [a]nacido espiritualmente
de Dios? ¿Habéis recibido su
imagen en vuestros rostros?
¿Habéis experimentado este potente [b]cambio en vuestros corazones?
15 ¿Ejercéis la fe en la redención

7*a* Mos. 15:8.
b Alma 12:11; DyC 138:23.
10*a* GEE Plan de redención; Salvación.
11*a* Mos. 17:1–4.
12*a* GEE Conversión, convertir.
13*a* Mos. 18:7.
b GEE Confianza, confiar.
c Morm. 9:28; DyC 20:19.
d GEE Perseverar.
14*a* Mos. 27:24–27; Alma 22:15. GEE Nacer de Dios, nacer de nuevo.
b Rom. 8:11–17; Mos. 5:2; Moisés 6:65. GEE Conversión, convertir.

de aquel que os [a]creó? [b]¿Miráis hacia adelante con el ojo de la fe y veis este cuerpo mortal levantado en inmortalidad, y esta corrupción [c]levantada en incorrupción, para presentaros ante Dios y ser [d]juzgados de acuerdo con las obras que se han hecho en el cuerpo mortal?

16 Os digo: ¿Podéis imaginaros oír la voz del Señor en aquel día, diciéndoos: Venid a mí, [a]benditos, porque, he aquí, vuestras obras han sido obras de rectitud sobre la faz de la tierra?

17 ¿O suponéis que podréis mentir al Señor en aquel día, y [a]decir: Señor, nuestras obras han sido justas sobre la faz de la tierra; y que entonces él os salvará?

18 O de lo contrario, ¿podéis imaginaros llevados ante el tribunal de Dios con vuestras almas llenas de culpa y remordimiento, teniendo un recuerdo de toda vuestra culpa; sí, un [a]recuerdo perfecto de todas vuestras iniquidades; sí, un recuerdo de haber desafiado los mandamientos de Dios?

19 Os digo: ¿Podréis mirar a Dios en aquel día con un corazón puro y manos limpias? ¿Podréis alzar la vista, teniendo la [a]imagen de Dios grabada en vuestros semblantes?

20 Os digo: ¿Podéis pensar en ser salvos cuando os habéis sometido para quedar [a]sujetos al diablo?

21 Os digo que en aquel día sabréis que no podéis ser [a]salvos; porque nadie puede ser salvo a menos que sus [b]vestidos hayan sido lavados hasta quedar blancos; sí, sus vestidos deben ser [c]purificados hasta quedar limpios de toda mancha, mediante la sangre de aquel de quien nuestros padres han hablado, el cual habrá de venir para redimir a su pueblo de sus pecados.

22 Y os pregunto ahora, hermanos míos: ¿Cómo se sentirá cualquiera de vosotros, si comparecéis ante el tribunal de Dios con vuestros vestidos manchados de [a]sangre y de toda clase de [b]inmundicia? He aquí, ¿qué testificarán todas estas cosas contra vosotros?

23 He aquí, ¿no [a]testificarán que sois asesinos, sí, y también que sois culpables de todo género de iniquidades?

24 He aquí, hermanos míos, ¿suponéis que semejante se pueda tener un lugar donde sentarse en el reino de Dios con [a]Abraham, con Isaac, y con

15*a* GEE Creación, crear.
b La expresión en inglés "look forward to" que se traduce aquí significa tanto esperar anhelosamente en Cristo como mirar hacia lo futuro a Cristo.
c GEE Resurrección.
d GEE Juicio final.
16*a* Mateo 25:31–46.
17*a* 3 Ne. 14:21–23.
18*a* Ezeq. 20:43; 2 Ne. 9:14; Mos. 3:25; Alma 11:43.
19*a* 1 Juan 3:1–3.
20*a* Mos. 2:32.
21*a* GEE Salvación.
b 1 Ne. 12:10; Alma 13:11–13; 3 Ne. 27:19–20.
c GEE Pureza, puro.
22*a* Isa. 59:3.
b GEE Inmundicia, inmundo.
23*a* Isa. 59:12.
24*a* Lucas 13:28.

Jacob, y también todos los santos
profetas, cuyos vestidos están
limpios y se hallan sin mancha,
puros y blancos?
25 Os digo que no; y a menos
que hagáis a nuestro Creador
embustero desde el principio, o
penséis que ha mentido desde el
principio, no podéis suponer que
tales seres puedan hallar lugar
en el reino de los cielos; sino que
serán echados fuera, porque son
[a]hijos del reino del diablo.
26 Y ahora os digo, hermanos
míos, si habéis experimentado
un [a]cambio en el corazón, y si
habéis sentido el deseo de cantar
la [b]canción del amor que redime,
quisiera preguntaros: [c]¿Podéis
sentir esto ahora?
27 ¿Habéis caminado, conser-
vándoos [a]irreprensibles delante
de Dios? Si os tocase morir en
este momento, ¿podríais decir,
dentro de vosotros, que habéis
sido suficientemente [b]humildes?
¿que vuestros vestidos han sido
lavados y blanqueados mediante
la sangre de Cristo, que vendrá
para [c]redimir a su pueblo de sus
pecados?
28 He aquí, ¿os halláis despojados del [a]orgullo? Si no, yo os
digo que no estáis preparados
para comparecer ante Dios. He
aquí, debéis disponeros prontamente; porque el reino de los
cielos pronto se acerca, y el que
no esté preparado no tendrá vida
eterna.
29 He aquí, digo: ¿Hay entre vosotros quien no esté despojado de
la [a]envidia? Os digo que este no
está preparado; y quisiera que se
preparase pronto, porque la hora
está cerca, y no sabe cuándo llegará el momento; porque tal persona no se halla sin culpa.
30 Y además, os digo: ¿Hay entre vosotros quien se [a]burle de su
hermano, o que acumule persecuciones sobre él?
31 ¡Ay de tal persona, porque no
está preparada; y el tiempo está
cerca en que debe arrepentirse, o
no puede ser salva!
32 Sí, ¡ay de todos vosotros,
[a]obradores de iniquidad! ¡Arrepentíos, arrepentíos, porque el
Señor Dios lo ha dicho!
33 He aquí, él invita a [a]todos
los hombres, pues a todos ellos
se extienden los [b]brazos de misericordia, y él dice: Arrepentíos, y
os recibiré.
34 Sí, dice él: [a]Venid a mí, y participaréis del [b]fruto del árbol de
la vida; sí, comeréis y beberéis [c]li-
bremente del [d]pan y de las aguas
de la vida;

25*a* 2 Ne. 9:9.
26*a* GEE Conversión, convertir.
b Alma 26:13.
c Mos. 4:12; DyC 20:31–34.
27*a* GEE Justificación, justificar.
b GEE Humildad, humilde, humillar (afligir).
c GEE Redención, redimido, redimir.
28*a* GEE Orgullo.
29*a* GEE Envidia.
30*a* GEE Calumnias.
32*a* Sal. 5:5.
33*a* Alma 19:36; 3 Ne. 18:25.
b Jacob 6:5; 3 Ne. 9:14.
34*a* 2 Ne. 26:24–28; 3 Ne. 9:13–14.
b 1 Ne. 8:11; 15:36.
c 2 Ne. 9:50–51; Alma 42:27.
d GEE Pan de Vida.

35 sí, venid a mí y haced obras de rectitud, y no seréis talados y arrojados al fuego.

36 Porque he aquí, el tiempo está cerca en que todo aquel que no [a]diere buen fruto, o sea, el que no hiciere las obras de rectitud, tendrá razón para gritar y lamentarse.

37 ¡Oh obradores de iniquidad, vosotros que os habéis engreído con las [a]vanidades del mundo, vosotros que habéis declarado conocer las sendas de la rectitud, y, sin embargo, os habéis [b]descarriado como [c]ovejas sin pastor, no obstante que un pastor os ha [d]llamado, y os está llamando aún, pero vosotros no queréis [e]escuchar su voz!

38 He aquí, os digo que el buen [a]pastor os llama; sí, y os llama en su propio nombre, el cual es el nombre de Cristo; y si no queréis dar [b]oídos a la voz del [c]buen pastor, al [d]nombre por el cual sois llamados, he aquí, no sois las ovejas del buen pastor.

39 Y si no sois las ovejas del buen pastor, ¿de qué [a]rebaño sois? He aquí, os digo que el [b]diablo es vuestro pastor, y vosotros sois de su rebaño; y ahora bien, ¿quién puede negarlo? He aquí, os digo que quien niega esto es un [c]embustero e [d]hijo del diablo.

40 Porque os digo que todo lo que es [a]bueno viene de Dios; y todo lo que es malo, del diablo procede.

41 Por lo tanto, si un hombre hace [a]buenas obras, él escucha la voz del buen pastor y lo sigue; pero el que hace malas obras, este se convierte en [b]hijo del diablo, porque escucha su voz y lo sigue.

42 Y el que hace esto tendrá que recibir de él su [a]salario; por consiguiente, recibe como su [b]salario la [c]muerte, en cuanto a las cosas que pertenecen a la rectitud, ya que está muerto a toda buena obra.

43 Y ahora bien, hermanos míos, quisiera que me escuchaseis, porque hablo con la fuerza de mi alma; porque, he aquí, os he hablado claramente de modo que no podéis errar, o sea, he hablado según los mandamientos de Dios.

44 Porque soy llamado para hablar de este modo, según el [a]santo orden de Dios que está en Cristo Jesús; sí, se me manda que me levante y testifique a este

36*a* Mateo 3:10; 7:15–20; 3 Ne. 14:19; DyC 97:7.
37*a* GEE Vanidad, vano.
b 2 Ne. 12:5; 28:14; Mos. 14:6.
c Mateo 9:36.
d Prov. 1:24–27; Isa. 65:12.
e Jer. 26:4–5; Alma 10:6.
38*a* GEE Buen Pastor.
b Lev. 26:14–20; DyC 101:7.
c 3 Ne. 15:24; 18:31.
d Mos. 5:8; Alma 34:38.
39*a* Mateo 6:24; Lucas 16:13.
b Mos. 5:10. GEE Diablo.
c 1 Juan 2:22.
d 2 Ne. 9:9.
40*a* Omni 1:25; Éter 4:12; Moro. 7:12, 15–17.
41*a* 3 Ne. 14:16–20. GEE Obras.
b Mos. 16:3–5; Alma 11:23.
42*a* Alma 3:26–27; DyC 29:45.
b Rom. 6:23.
c Hel. 14:16–18. GEE Muerte espiritual.
44*a* Alma 13:6.

pueblo las cosas que han hablado
nuestros padres concernientes a
lo que está por venir.
45 Y esto no es todo. ¿No suponéis que [a]sé de estas cosas yo
mismo? He aquí, os testifico que
yo sé que estas cosas de que he
hablado son verdaderas. Y, ¿cómo
suponéis que yo sé de su certeza?
46 He aquí, os digo que el Santo
Espíritu de Dios me las hace [a]sa-
ber. He aquí, he [b]ayunado y orado
muchos días para poder saber estas cosas por mí mismo. Y ahora
sé por mí mismo que son verdaderas; porque el Señor Dios me
las ha manifestado por su Santo
Espíritu; y este es el espíritu de
[c]revelación que está en mí.
47 Y además, os digo que así se
me ha revelado, que las palabras
que nuestros padres han hablado
son verdaderas, aun de conformidad con el espíritu de profecía
que en mí se halla, el cual también
es por la manifestación del Espíritu de Dios.
48 Os digo yo que sé por mí
mismo, que cuanto os diga concerniente a lo que ha de venir
es verdad; y os digo que sé que
Jesucristo vendrá; sí, el Hijo, el
Unigénito del Padre, lleno de
gracia, de misericordia y de verdad. Y he aquí, él es el que viene
a quitar los pecados del mundo,
sí, los pecados de todo hombre
que crea firmemente en su nombre.
49 Y ahora os digo que este es el
[a]orden según el cual soy llamado,
sí, para predicar a mis amados
hermanos, sí, y a todo el que mora
sobre la tierra; sí, a predicar a todos, ora ancianos o jóvenes, ora
esclavos o libres; sí, os digo, a los
de edad avanzada y también a
los de edad mediana y a la nueva
generación; sí, para declararles
que deben arrepentirse y [b]nacer
de nuevo.
50 Sí, el Espíritu así dice: Arrepentíos todos vosotros, extremos
de la tierra, porque el reino de
los cielos está cerca; sí, el Hijo de
Dios viene en su [a]gloria, en su
fuerza, majestad, poder y dominio. Sí, amados hermanos míos,
os digo que el Espíritu dice: He
aquí la gloria del [b]Rey de toda la
tierra; y también el Rey del cielo
brillará muy pronto entre todos
los hijos de los hombres.
51 Y me dice también el Espíritu, sí, me clama con voz potente, diciendo: Ve y di a los de
este pueblo: Arrepentíos, porque
a menos que os arrepintáis, de
ningún modo podréis heredar el
reino de los [a]cielos.
52 Y además, os digo que el Espíritu declara: He aquí, el [a]hacha

45 *a* GEE Testimonio.
46 *a* 1 Cor. 2:9–16.
b GEE Ayunar, ayuno.
c GEE Revelación.
49 *a* GEE Llamado, llamado por Dios, llamamiento; Sacerdocio.
b GEE Nacer de Dios, nacer de nuevo.
50 *a* GEE Gloria; Segunda venida de Jesucristo.
b Sal. 24; Mateo 2:2; Lucas 23:2; 2 Ne. 10:14; DyC 38:21–22; 128:22–23; Moisés 7:53. GEE Jesucristo; Reino de Dios o de los cielos.
51 *a* GEE Cielo.
52 *a* Lucas 3:9; DyC 97:7.

está puesta a la raíz del árbol; por
lo tanto, todo árbol que no produzca buen fruto, será [b]talado
y echado al fuego; sí, un fuego
que no puede ser consumido, un
fuego inextinguible. He aquí, y tened presente, el Santo lo ha dicho.
53 Y ahora os digo, amados hermanos míos: ¿Podéis resistir estas
palabras? Sí, ¿podéis desechar
estas cosas y [a]hollar con los pies
al Santo de Israel? Sí, ¿podéis in-
flaros con el [b]orgullo de vuestros
corazones? Sí, ¿persistiréis aún
en usar ropas [c]costosas y en poner vuestros corazones en las vanidades del mundo, en vuestras
[d]riquezas?
54 Sí, ¿persistiréis en suponer
que unos sois mejores que otros?
Sí, ¿persistiréis en perseguir a
vuestros hermanos que se humillan y caminan según el santo
orden de Dios, en virtud de lo
cual han entrado en esta iglesia
—habiendo sido [a]santificados por
el Santo Espíritu— y hacen obras
dignas de arrepentimiento?
55 Sí, ¿persistiréis en volver
vuestras espaldas al [a]pobre y al
necesitado, y en negarles vuestros bienes?
56 Y por último, a todos vosotros que queréis persistir en
vuestra iniquidad, os digo que
estos son los que serán talados y
arrojados al fuego, a menos que
se arrepientan prontamente.
57 Y a todos vosotros que deseáis
seguir la voz del [a]buen pastor,
ahora os digo: Salid de entre los
inicuos, y conservaos [b]aparte, y no
toquéis sus cosas inmundas; pues
he aquí, sus nombres serán [c]borra-
dos, a fin de que los nombres de
los inicuos no sean contados entre
los nombres de los justos, para que
se cumpla la palabra de Dios, que
dice: Los nombres de los inicuos
no serán mezclados con los nombres de los de mi pueblo;
58 porque los nombres de los
justos serán escritos en el [a]libro
de la vida, y a ellos les concederé una herencia a mi diestra. Y
ahora bien, hermanos míos, ¿qué
tenéis que decir en contra de esto?
Os digo que si habláis en contra
de ello, nada importa; porque la
palabra de Dios debe cumplirse.
59 Pues, ¿qué pastor hay entre
vosotros que, teniendo muchas
ovejas, no las vigila para que no
entren los lobos y devoren su rebaño? Y he aquí, si un lobo entra
en medio de su rebaño, ¿no lo
echa fuera? Sí, y por último, si
puede destruirlo, lo hará.
60 Y ahora os digo que el buen
pastor os llama; y si escucháis
su voz, os conducirá a su redil y
seréis sus ovejas; y él os manda

52 *b* Jacob 5:46; 6:7; 3 Ne. 27:11–12.
53 *a* 1 Ne. 19:7.
b GEE Orgullo.
c 2 Ne. 28:11–14; Morm. 8:36–39.
d Sal. 62:10; DyC 56:16–18.
54 *a* GEE Santificación.
55 *a* Sal. 109:15–16; Jacob 2:17; Hel. 6:39–40.
57 *a* GEE Buen Pastor.
b Esd. 6:21; 9:1; Neh. 9:2; 2 Tes. 3:6; DyC 133:5, 14.
c Deut. 29:20; Moro. 6:7; DyC 20:8.
58 *a* GEE Libro de la vida.

que no dejéis entrar ningún lobo rapaz entre vosotros, para que no seáis destruidos.

61 Y ahora bien, yo, Alma, os mando, con las palabras de [a]aquel que me ha mandado a mí, que os esforcéis por cumplir con las palabras que os he hablado.

62 Os hablo por vía de mandamiento a vosotros que pertenecéis a la iglesia; y por vía de invitación os hablo a los que no pertenecéis a ella, diciendo: Venid y bautizaos para arrepentimiento, a fin de que también participéis del fruto del [a]árbol de la vida.

CAPÍTULO 6

La Iglesia en Zarahemla se purifica y se pone en orden — Alma va a Gedeón a predicar. Aproximadamente 83 a.C.

Y SUCEDIÓ que después que hubo concluido de hablar a los de la iglesia establecida en la ciudad de Zarahemla, Alma [a]ordenó sacerdotes y [b]élderes por la imposición de sus [c]manos, según el orden de Dios, para presidir la iglesia y [d]velar por ella.

2 Y aconteció que de los que no pertenecían a la iglesia, quienes se arrepentían de sus pecados, eran [a]bautizados para arrepentimiento y recibidos en la iglesia.

3 Y también sucedió que aquellos que eran de la iglesia y que no se [a]arrepintieron de sus iniquidades ni se humillaron ante Dios —me refiero a los que se habían ensalzado en el [b]orgullo de sus corazones— estos fueron desechados, y sus nombres fueron [c]borrados, de modo que no los contaban entre los de los justos.

4 Y así empezaron a establecer el orden de la iglesia en la ciudad de Zarahemla.

5 Ahora bien, quisiera que entendieseis que la palabra de Dios era accesible a todos; que a nadie se le negaba el privilegio de congregarse para oír la palabra de Dios.

6 No obstante, se mandó a los hijos de Dios que se congregaran frecuentemente, y se unieran en [a]ayuno y ferviente oración por el bien de las almas de aquellos que no conocían a Dios.

7 Y sucedió que después que hubo formulado estas reglas, Alma se retiró de ellos, sí, de la iglesia que se hallaba en la ciudad de Zarahemla, y cruzó al lado este del río Sidón, al [a]valle de Gedeón, donde se había edificado una ciudad que se llamaba Gedeón, la cual se hallaba en el valle llamado Gedeón, el nombre de aquel a quien Nehor [b]mató con la espada.

61*a* Alma 5:44.
62*a* 1 Ne. 8:10; 11:21–23.
6 1*a* GEE Ordenación, ordenar.
b GEE Élder (anciano).
c GEE Imposición de manos.
d DyC 52:39.
2*a* GEE Bautismo, bautizar.
3*a* Mos. 26:6.
b GEE Orgullo.
c Éx. 32:33; Mos. 26:36; Alma 1:24; 5:57–58. GEE Excomunión.
6*a* GEE Ayunar, ayuno.
7*a* Alma 2:20.
b Alma 1:9.

8 Y Alma fue a la iglesia que se
hallaba establecida en el valle de
Gedeón, y empezó a declarar la
palabra de Dios según la revelación de la verdad de la palabra
que sus padres habían hablado y
de acuerdo con el espíritu de profecía que estaba en él, conforme
al [a]testimonio de Jesucristo, el
Hijo de Dios, que habría de venir para redimir a su pueblo de
sus pecados, y de acuerdo con
el santo orden mediante el cual
Alma había sido llamado. Y así
está escrito. Amén.

Las palabras de Alma que, según sus propios anales, dirigió al pueblo de Gedeón.

Comprende el capítulo 7.

CAPÍTULO 7

Cristo nacerá de María — Él soltará las ligaduras de la muerte y tomará sobre sí los pecados de Su pueblo — Aquellos que se arrepientan, se bauticen y guarden los mandamientos tendrán la vida eterna — La inmundicia no puede heredar el reino de Dios — Se requieren la humildad, la fe, la esperanza y la caridad. Aproximadamente 83 a.C.

HE aquí, amados hermanos míos,
ya que se me ha permitido venir
a vosotros, trataré, por tanto, de
[a]hablaros en mi lenguaje, sí, por
mi propia boca, en vista de que es
la primera vez que os hablo con
las palabras de mi boca, pues me
he visto totalmente limitado al
[b]tribunal, con tantos asuntos que
no pude visitaros antes.
2 Y ni aun en esta ocasión habría
podido venir, si no fuera que se
ha [a]dado el asiento judicial a otro
para que gobierne en mi lugar. Y
el Señor con gran misericordia
me ha concedido que venga a
vosotros.
3 Y he aquí, he venido con
grandes esperanzas y con mucho anhelo de hallar que os habíais humillado ante Dios y que
habíais continuado suplicando
su gracia; de hallar que estabais
sin culpa ante él, y de no hallaros en el terrible dilema en que
estaban vuestros hermanos en
Zarahemla.
4 Pero bendito sea el nombre de
Dios, porque me ha dado a saber,
sí, me ha concedido el inmenso
gozo de saber que nuevamente
se hallan fundados en la senda
de la justicia de Dios.
5 Y confío en que, según el Espíritu de Dios que está en mí,
también pueda yo sentir gozo
por causa de vosotros; no obstante, no deseo que mi gozo por
vosotros venga a causa de tantas
aflicciones y angustia que he sentido por los hermanos de Zarahemla; porque he aquí, mi gozo
por causa de ellos viene después
de pasar por mucha aflicción y
angustia.
6 Mas he aquí, confío en que

8*a* Apoc. 19:10.
7 1*a* Alma 4:19.
b Mos. 29:42.
2*a* Alma 4:16–18.

no os halléis en un estado de
tanta incredulidad como lo estaban vuestros hermanos; espero
que no os hayáis envanecido con
el orgullo de vuestros corazones;
sí, confío en que no hayáis puesto
vuestros corazones en las riquezas y las vanidades del mundo; sí,
confío en que no adoréis [a]ídolos,
sino que adoréis al Dios verdadero y [b]viviente, y que esperéis
anhelosamente, con una fe sempiterna, la remisión de vuestros
pecados que ha de venir.
7 Pues he aquí, os digo que muchas cosas han de venir; y he aquí,
hay una que es más importante
que todas las otras, pues he aquí,
no está muy lejos el [a]día en que
el Redentor viva y venga entre
su pueblo.
8 He aquí, no digo que vendrá
entre nosotros mientras esté morando en su cuerpo terrenal; pues
he aquí, el Espíritu no me ha dicho que tal sería el caso. Ahora
bien, con respecto a ello, no sé;
pero esto sí sé: que el Señor Dios
tiene poder para hacer todas las
cosas que van de conformidad
con su palabra.
9 Mas he aquí, el Espíritu me
ha dicho esto: Proclama a este
pueblo, diciendo: [a]Arrepentíos
y preparad la vía del Señor, y
andad por sus sendas, que son
rectas; porque he aquí, el reino
de los cielos está cerca, y el Hijo
de Dios [b]viene sobre la faz de la
tierra.
10 Y he aquí, [a]nacerá de [b]Ma-
ría, en Jerusalén, que es la [c]tierra
de nuestros antepasados, y
siendo ella [d]virgen, un vaso
precioso y escogido, a quien se
hará sombra y [e]concebirá por el
poder del Espíritu Santo, dará
a luz un hijo, sí, aun el Hijo de
Dios.
11 Y él saldrá, sufriendo dolores,
[a]aflicciones y tentaciones de todas
clases; y esto para que se cumpla
la palabra que dice: Tomará sobre
sí los dolores y las [b]enfermedades
de su pueblo.
12 Y tomará sobre sí la [a]muerte,
para soltar las ligaduras de la
muerte que sujetan a su pueblo;
y sus [b]debilidades tomará él sobre sí, para que sus entrañas sean
llenas de misericordia, según la
carne, a fin de que según la carne
sepa cómo [c]socorrer a los de su
pueblo, de acuerdo con las debilidades de ellos.
13 Ahora bien, el Espíritu [a]sabe
todas las cosas; sin embargo, el
Hijo de Dios padece según la
carne, a fin de [b]tomar sobre sí los
pecados de su pueblo, para borrar

6*a* 2 Ne. 9:37; Hel. 6:31.
b Dan. 6:26.
7*a* Alma 9:26.
9*a* Mateo 3:2–4; Alma 9:25.
b Mos. 3:5; 7:27; 15:1–2.
10*a* Isa. 7:14; Lucas 1:27.
b Mos. 3:8. GEE María, madre de Jesús.
c 1 Cró. 9:3; 2 Cró. 15:9; 1 Ne. 1:4; 3 Ne. 20:29.
d 1 Ne. 11:13–21.
e Mateo 1:20; Mos. 15:3.
11*a* Isa. 53:3–5; Mos. 14:3–5.
b Es decir, enfermedades físicas.
12*a* 2 Ne. 2:8; Alma 12:24–25. GEE Crucifixión.
b Es decir, enfermedades físicas.
c Heb. 2:18; 4:15; DyC 62:1.
13*a* GEE Trinidad.
b Mos. 15:12. GEE Expiación, expiar.

sus transgresiones según el poder
de su liberación; y he aquí, este
es el testimonio que hay en mí.
14 Ahora os digo que debéis
arrepentiros y [a]nacer de nuevo;
pues el Espíritu dice que si no nacéis otra vez, no podéis heredar
el reino de los cielos. Venid, pues,
y sed bautizados para arrepentimiento, a fin de que seáis lavados
de vuestros pecados, para que
tengáis fe en el Cordero de Dios,
que quita los pecados del mundo,
que es poderoso para salvar y
para limpiar de toda iniquidad.
15 Sí, os digo, venid y no temáis, y desechad todo pecado,
pecado que fácilmente os [a]en-
vuelve, que os liga hasta la destrucción; sí, venid y adelantaos,
y manifestad a vuestro Dios
que estáis dispuestos a arrepentiros de vuestros pecados y a
concertar un convenio con él de
guardar sus mandamientos, y
testificádselo hoy, yendo a las
aguas del bautismo.
16 Y el que hiciere esto y guardare los mandamientos de Dios
de allí en adelante, se acordará
que le digo, sí, se acordará que le
he dicho, según el testimonio del
Santo Espíritu que testifica en mí,
que tendrá la vida eterna.
17 Y ahora bien, amados hermanos míos, ¿creéis estas cosas?
He aquí, os digo que sí, yo sé que
las creéis; y la forma en que yo
sé que las creéis es por la manifestación del Espíritu que hay en
mí. Y ahora, por motivo de que
vuestra fe es grande en esto, sí,
concerniente a lo que os he hablado, grande es mi gozo.
18 Porque como os dije desde el
principio, deseaba mucho que no
estuvieseis en el estado de dilema
semejante a vuestros hermanos; y
he hallado que se han realizado
mis deseos.
19 Porque percibo que andáis por
las sendas de la rectitud. Veo que os
halláis en el camino que conduce al
reino de Dios; sí, percibo que estáis
enderezando sus [a]sendas.
20 Veo que se os ha hecho saber,
por el testimonio de su palabra,
que él no puede [a]andar en sendas
tortuosas; ni se desvía de aquello
que ha dicho; ni hay en él sombra
de apartarse de la derecha a la
izquierda, o del bien al mal; por
tanto, su curso es un giro eterno.
21 Y él no habita en templos
[a]impuros; y ni la suciedad ni
cosa inmunda alguna pueden
ser recibidas en el reino de Dios;
por tanto, os digo que vendrá el
tiempo, sí, y será en el postrer
día, en que el que sea [b]inmundo
permanecerá en su inmundicia.
22 Y ahora bien, mis queridos
hermanos, os he dicho estas cosas a fin de despertar en vosotros el sentido de vuestro deber
para con Dios, para que andéis

14*a* GEE Nacer de Dios, nacer de nuevo.
15*a* 2 Ne. 4:18.
19*a* Mateo 3:3.
20*a* 1 Ne. 10:19; Alma 37:12; DyC 3:2.
21*a* 1 Cor. 3:16–17; 6:19; Mos. 2:37; Alma 34:36.
b 1 Ne. 15:33–35; 2 Ne. 9:16; Morm. 9:14; DyC 88:35.

sin culpa delante de él, para que
caminéis según el santo orden
de Dios, conforme al cual se os
ha recibido.
23 Y ahora quisiera que fueseis
[a]humildes, que fueseis sumisos y
dóciles; fáciles de ser tratables; llenos de paciencia y longanimidad; siendo moderados en todas las cosas; siendo diligentes en guardar los mandamientos de Dios en todo momento; pidiendo las cosas que necesitéis, tanto espirituales como temporales; siempre dando gracias a Dios por las cosas que recibís.
24 Y mirad que tengáis [a]fe, esperanza y caridad, y entonces siempre abundaréis en buenas obras.
25 Y el Señor os bendiga y guarde vuestros vestidos sin mancha, para que al fin seáis llevados para sentaros en el reino de los cielos con Abraham, Isaac y Jacob, y los santos profetas que han existido desde el principio del mundo, para jamás salir, conservando vuestros vestidos sin [a]mancha, así como los de ellos están sin mancha.
26 Y ahora bien, amados hermanos míos, os he hablado estas palabras de acuerdo con el Espíritu que testifica dentro de mí, y mi alma se regocija en extremo por motivo de la suma diligencia y cuidado con que habéis atendido a mi palabra.
27 Y ahora bien, repose sobre vosotros la [a]paz de Dios, y sobre vuestras casas y tierras, y sobre vuestros rebaños y manadas y todo cuanto poseáis, sobre vuestras mujeres y vuestros hijos, según vuestra fe y buenas obras, desde ahora en adelante y para siempre. Y así he dicho. Amén.

CAPÍTULO 8

Alma predica y bautiza en Melek — Es rechazado en Ammoníah y parte de allí — Un ángel le manda que vuelva y proclame el arrepentimiento al pueblo — Amulek lo recibe y los dos predican en Ammoníah. Aproximadamente 82 a.C.

Y SUCEDIÓ que Alma retornó de la [a]tierra de Gedeón, después de haber enseñado al pueblo de Gedeón muchas cosas que no pueden ser escritas, habiendo establecido allí el orden de la iglesia, como lo había hecho anteriormente en la tierra de Zarahemla, sí, volvió a su propia casa en Zarahemla, para descansar de las obras que había efectuado.
2 Y así terminó el año nono del gobierno de los jueces sobre el pueblo de Nefi.
3 Y ocurrió que a principios del décimo año del gobierno de los jueces sobre el pueblo de Nefi, Alma salió de allí y viajó a la tierra de Melek, al oeste del [a]río Sidón, cerca de las fronteras del desierto.
4 Y empezó a enseñar al pueblo

23*a* GEE Humildad, humilde, humillar (afligir).
24*a* 1 Cor. 13; Éter 12:30–35; Moro. 7:33–48.
25*a* 2 Pe. 3:14.
27*a* GEE Paz.
8 1*a* Alma 2:20; 6:7.
3*a* Alma 16:6–7.

en la tierra de Melek de conformidad con el [a]santo orden de Dios, por medio del cual había sido llamado; y empezó a enseñar al pueblo por toda la tierra de Melek.

5 Y sucedió que vino a él la gente de todos los contornos de la tierra que estaba del lado del desierto. Y se bautizaron por toda la tierra;

6 de modo que cuando hubo concluido su obra en Melek, se fue de allí y viajó tres días hacia el norte de la tierra de Melek; y llegó a una ciudad que se llamaba Ammoníah.

7 Ahora bien, entre el pueblo de Nefi era costumbre dar a sus tierras, ciudades y aldeas, sí, a todas sus pequeñas aldeas, el nombre de su primer poseedor; y así fue con la tierra de Ammoníah.

8 Y ocurrió que cuando hubo llegado a la ciudad de Ammoníah, Alma empezó a predicarles la palabra de Dios.

9 Pero Satanás se había [a]apoderado en sumo grado del corazón de los habitantes de la ciudad de Ammoníah; por lo tanto, no quisieron escuchar las palabras de Alma.

10 No obstante, Alma se [a]esforzó mucho en el espíritu, [b]bregando con Dios en [c]ferviente oración para que derramara su Espíritu sobre el pueblo que se hallaba en la ciudad; y que también le concediera bautizarlos para arrepentimiento.

11 Sin embargo, endurecieron sus corazones, y le dijeron: He aquí, sabemos que eres Alma; y sabemos que eres sumo sacerdote de la iglesia que has establecido en muchas partes de la tierra, según vuestra tradición; pero nosotros no somos de tu iglesia, y no creemos en tan insensatas tradiciones.

12 Y ahora sabemos que por no ser de tu iglesia, tú no tienes ninguna autoridad sobre nosotros; y tú has entregado el asiento judicial a [a]Nefíah, de modo que no eres nuestro juez superior.

13 Ahora bien, cuando el pueblo hubo dicho esto y resistido todas sus palabras, y lo hubo ultrajado, y escupido sobre él, y hecho que fuese echado de su ciudad, él partió de allí y se dirigió hacia la ciudad llamada Aarón.

14 Y aconteció que mientras viajaba hacia allá, agobiado por la aflicción, pasando por mucha [a]tribulación y angustia en el alma por causa de la iniquidad de la gente que se hallaba en la ciudad de Ammoníah, sucedió que mientras agobiaba a Alma esta aflicción, he aquí, se le apareció un [b]ángel del Señor, diciendo:

15 Bendito eres, Alma; por tanto, levanta la cabeza y regocíjate

4*a* DyC 107:2–4. GEE Sacerdocio de Melquisedec.
9*a* 2 Ne. 28:19–22; DyC 10:20.
10*a* Alma 17:5.
b Enós 1:1–12.
c 3 Ne. 27:1. GEE Oración.
12*a* Alma 4:20.
14*a* GEE Adversidad.
b Alma 10:7–10, 20. GEE Ángeles.

pues tienes mucho por qué alegrarte; pues has sido fiel en guardar los mandamientos de Dios, desde la ocasión en que recibiste de él tu primer mensaje. He aquí, yo soy quien te lo [a]comuniqué.

16 Y he aquí, soy enviado para mandarte que vuelvas a la ciudad de Ammoníah y prediques otra vez a los habitantes de esa ciudad; sí, predícales. Sí, diles que a menos que se arrepientan, el Señor Dios los [a]destruirá.

17 Pues he aquí, ahora mismo están proyectando destruir la libertad de tu pueblo (pues así dice el Señor), cosa que es contraria a los estatutos y juicios y mandamientos que él ha dado a su pueblo.

18 Y aconteció que después que hubo recibido su mensaje del ángel del Señor, Alma se volvió prestamente a la tierra de Ammoníah. Y entró en la ciudad por otro camino; sí, por el que queda al sur de la ciudad de Ammoníah.

19 Y tuvo hambre al entrar en la ciudad, y dijo a un hombre: ¿Quieres dar algo de comer a un humilde siervo de Dios?

20 Y le dijo el hombre: Soy nefita, y sé que eres un santo profeta de Dios, porque tú eres el hombre de quien un [a]ángel dijo en una visión: Tú lo recibirás. Por tanto, ven conmigo a mi casa, y te daré de mi alimento; y sé que serás una bendición para mí y para mi casa.

21 Y sucedió que este hombre lo recibió en su casa; y se llamaba [a]Amulek; y trajo pan y carne y los puso delante de Alma.

22 Y ocurrió que Alma comió pan y quedó satisfecho; y [a]bendijo a Amulek y a su casa, y dio gracias a Dios.

23 Y después que hubo comido y quedado satisfecho, dijo a Amulek: Soy Alma, y soy el [a]sumo sacerdote de la iglesia de Dios en toda esta tierra.

24 Y he aquí, he sido llamado para predicar la palabra de Dios entre todo este pueblo, de acuerdo con el espíritu de revelación y profecía; y estuve en esta tierra, y no quisieron recibirme, sino que me [a]echaron fuera y estaba a punto de volver las espaldas a esta tierra para siempre.

25 Mas he aquí, se me ha mandado que vuelva otra vez y profetice a este pueblo; sí, y que testifique en contra de ellos concerniente a sus iniquidades.

26 Y ahora bien, Amulek, bendito eres tú porque me has alimentado y hospedado; porque tenía hambre, pues había ayunado muchos días.

27 Y Alma permaneció muchos días con Amulek, antes de empezar a predicar al pueblo.

28 Y sucedió que el pueblo se envileció aún más en sus iniquidades.

15*a* Mos. 27:11–16.
16*a* Alma 9:12, 18, 24.
20*a* Alma 10:7–9.
21*a* GEE Amulek.
22*a* Alma 10:11.
23*a* Alma 5:3, 44, 49; 13:1–20.
24*a* Alma 8:13.

29 Y llegó la palabra a Alma,
diciendo: Ve; y también di a mi
siervo Amulek que salga y profetice a este pueblo, diciendo:
[a]Arrepentíos, porque así dice
el Señor: A menos que os arrepintáis, visitaré a este pueblo
en mi ira; sí, y no desviaré mi
furiosa ira.
30 Y salió Alma, y también
Amulek, entre el pueblo para
declararle las palabras de Dios;
y fueron llenos del Espíritu
Santo.
31 Y les fue dado tal [a]poder,
que no pudieron ser encerrados
en calabozos, ni fue posible que
hombre alguno los matara; sin
embargo, no ejercieron su [b]poder
sino hasta que fueron atados con
cuerdas y echados en la cárcel. Y
se hizo así para que el Señor manifestara su poder en ellos.
32 Y sucedió que salieron y empezaron a predicar y a profetizar
al pueblo, de acuerdo con el espíritu y el poder que el Señor les
había dado.

Las palabras de Alma y también las palabras de Amulek, que se declararon al pueblo que se hallaba en la tierra de Ammoníah. Además, son encarcelados y librados por el milagroso poder de Dios que estaba en ellos, según los anales de Alma.

Comprende los capítulos del 9 al 14.

CAPÍTULO 9

Alma manda al pueblo de Ammoníah que se arrepienta — El Señor será misericordioso para con los lamanitas en los últimos días — Si los nefitas abandonan la luz, serán destruidos por los lamanitas — El Hijo de Dios viene pronto — Él redimirá a aquellos que se arrepientan, se bauticen y tengan fe en Su nombre. Aproximadamente 82 a.C.

Y ADEMÁS, yo, Alma, habiéndome mandado Dios que tomara
a Amulek y fuera y predicara de
nuevo a este pueblo, o sea, el
pueblo que vivía en la ciudad de
Ammoníah, sucedió que al empezar yo a predicarles, ellos comenzaron a contender conmigo
diciendo:
2 ¿Quién eres tú? ¿Te supones
que vamos a creer en el testimonio de [a]un hombre, aunque nos
predicara que la tierra iba a dejar de ser?
3 Mas no entendían las palabras
que hablaban; pues no sabían que
la tierra iba a dejar de ser.
4 Y también dijeron: No creeremos en tus palabras, aunque pro-
fetices que esta gran ciudad ha de
ser destruida en [a]un día.
5 Ahora bien, ellos no sabían
que Dios podía hacer tan maravillosas obras, porque eran gente
de corazón empedernido y dura
cerviz.
6 Y dijeron: [a]¿Quién es Dios

29*a* Alma 9:12, 18. GEE Arrepentimiento, arrepentirse.
31*a* 1 Ne. 1:20.
b Alma 14:17–29.
9 2*a* Deut. 17:6.
4*a* Alma 16:9–10.
6*a* Éx. 5:2; Mos. 11:27; Moisés 5:16.

que [b]no envía a este pueblo más
autoridad que la de un hombre
para declararle la verdad de cosas tan grandes y maravillosas?
7 Y avanzaron para asirme,
mas he aquí, no lo hicieron. Y
los enfrenté con intrepidez para
declararles, sí, les testifiqué osadamente, diciendo:
8 He aquí, ¡oh [a]generación malvada y perversa, cómo os habéis
olvidado de la tradición de vuestros padres! Sí, ¡qué pronto os
habéis olvidado de los mandamientos de Dios!
9 ¿No os acordáis que nuestro
padre Lehi fue traído de Jerusalén por la [a]mano de Dios? ¿No
os acordáis que él guio a todos a
través del desierto?
10 ¿Y habéis olvidado tan pronto
cuántas veces él libró a nuestros
padres de las manos de sus enemigos, y los preservó de ser destruidos, sí, por las manos de sus
propios hermanos?
11 Sí, y de no haber sido por su
incomparable poder, y su misericordia, y su longanimidad para
con nosotros, inevitablemente
habríamos sido barridos de la
faz de la tierra mucho antes de
esta época, y quizá habríamos
sido condenados a un estado de
[a]interminable miseria y angustia.
12 He aquí, ahora os digo que
él os manda que os arrepintáis;
y a menos que os arrepintáis, de
ningún modo podréis heredar el
reino de Dios. Mas he aquí, no
es esto todo: él os ha mandado
arrepentir, o de lo contrario, os
[a]destruirá completamente de sobre la superficie de la tierra; sí, os
visitará con su ira, y en su [b]furiosa
ira él no se desviará.
13 He aquí, ¿no os acordáis de
las palabras que habló a Lehi, diciendo: [a]Si guardáis mis mandamientos, prosperaréis en la tierra?
Y además se ha dicho: Si no guardáis mis mandamientos, seréis separados de la presencia del Señor.
14 Ahora quisiera que recordaseis que los lamanitas, por cuanto
no han guardado los mandamientos de Dios, han sido [a]separados
de la presencia del Señor. Vemos,
pues, que la palabra del Señor se
ha cumplido en esto, y los lamanitas han quedado separados de su
presencia, desde el principio de
sus transgresiones en esta tierra.
15 Os digo, sin embargo, que
será más [a]tolerable para ellos en
el día del juicio, que para vosotros, si permanecéis en vuestros
pecados; sí, y aun más tolerable
para ellos en esta vida que para
vosotros, a menos que os arrepintáis.
16 Porque son muchas las promesas que se [a]extienden a los lamanitas; pues es por causa de las
[b]tradiciones de sus padres que
han permanecido en su estado

6*b* Alma 10:12.
8*a* Alma 10:17–25.
9*a* 1 Ne. 2:1–7.
11*a* Mos. 16:11.
12*a* Alma 8:16; 10:19, 23, 27.
b Alma 8:29.
13*a* 2 Ne. 1:20; Mos. 1:7; Alma 37:13.
14*a* 2 Ne. 5:20–24; Alma 38:1.
15*a* Mateo 11:22, 24.
16*a* Alma 17:15.
b Mos. 10:12 (véanse los versículos 11–17).

de [c]ignorancia; por tanto, el Señor les será misericordioso y [d]prolongará su existencia en la tierra.

17 Y un día se les [a]persuadirá a creer en su palabra, y a saber de la incorrección de las tradiciones de sus padres; y muchos de ellos se salvarán, porque el Señor será misericordioso con todos los que [b]invocaren su nombre.

18 Mas he aquí, os digo que si persistís en vuestra iniquidad, vuestros días no serán prolongados sobre la tierra, porque los [a]lamanitas serán enviados contra vosotros; y si no os arrepentís, vendrán en un día que no sabéis, y seréis visitados con una [b]destrucción completa; y será según la furiosa [c]ira del Señor.

19 Porque no os permitirá que viváis en vuestras iniquidades para destruir a su pueblo. Os digo que no; más bien permitiría que los lamanitas [a]destruyesen a todo su pueblo que es llamado el pueblo de Nefi, si acaso llegare a [b]caer en pecados y transgresiones, después de haber tenido tanta luz y tanto conocimiento dados por el Señor su Dios;

20 sí, después de haber sido un pueblo tan altamente favorecido del Señor; sí, después de haber sido favorecidos más que cualquiera otra nación, tribu, lengua o pueblo; después de habérseles [a]manifestado, de acuerdo con sus deseos, y su fe y oraciones, todas las cosas concernientes a lo que ha sido, a lo que es y a lo que está por venir;

21 después de haberlos visitado el Espíritu de Dios; habiendo conversado con ángeles y habiéndoles hablado la voz del Señor; y teniendo el espíritu de profecía y el espíritu de revelación, y también muchos dones, el don de hablar en lenguas, y el don de predicar, y el don del Espíritu Santo, y el don de [a]traducir;

22 sí, y después que Dios los [a]rescató de la tierra de Jerusalén por la mano del Señor; después de haber sido librados del hambre y de la enfermedad, y de todo género de dolencias de toda clase; después de haber sido fortalecidos en la guerra para que no fuesen destruidos; después de haber sido librados del [b]cautiverio una vez tras otra, y guardados y preservados hasta hoy; y han sido prosperados hasta ser ricos en todas las cosas;

23 he aquí, os digo que si este pueblo, que ha recibido tantas bendiciones de la mano del Señor, transgrediere contra la luz y conocimiento que tiene, os digo que si tal fuere el caso, que si cayere en transgresión, será mucho

16*c* Mos. 3:11.
d Hel. 15:10–12.
17*a* Enós 1:13.
b Alma 38:5; DyC 3:8.
18*a* Alma 16:2–3.
b Alma 16:9.
c Alma 8:29.
19*a* 1 Ne. 12:15, 19–20; Alma 45:10–14.
b Alma 24:30.
20*a* GEE Revelación.
21*a* Omni 1:20; Mos. 8:13–19; 28:11–17.
22*a* 2 Ne. 1:4.
b Mos. 27:16.

más [a]tolerable para los lamanitas que para ellos.

24 Porque he aquí, las [a]promesas del Señor se extienden a los lamanitas, mas no son para vosotros si transgredís; porque, ¿no ha prometido expresamente el Señor, y decretado firmemente, que si os rebeláis contra él, seréis enteramente destruidos de sobre la faz de la tierra?

25 Y por esta causa, para que no seáis destruidos, el Señor ha enviado a su ángel para visitar a muchos de los de su pueblo, declarándoles que deben salir y clamar fuertemente a este pueblo, diciendo: [a]Arrepentíos, porque el reino de los cielos está cerca;

26 y de aquí a [a]pocos días el Hijo de Dios vendrá en su gloria; y su gloria será la gloria del [b]Unigénito del Padre, lleno de [c]gracia, equidad y verdad; lleno de paciencia, [d]misericordia y longanimidad, pronto para [e]oír los clamores de su pueblo y contestar sus oraciones.

27 Y he aquí, viene para [a]redimir a aquellos que sean [b]bautizados para arrepentimiento, por medio de la fe en su nombre.

28 Por tanto, preparad la vía del Señor, porque está cerca la hora en que todos los hombres recibirán el pago de sus [a]obras, de acuerdo con lo que hayan sido; si han sido justas, [b]segarán la salvación de sus almas, según el poder y liberación de Jesucristo; y si han sido malas, segarán la [c]condenación de sus almas, según el poder y cautividad del diablo.

29 Ahora bien, he aquí, esta es la voz del ángel que proclama al pueblo.

30 Y ahora bien, mis [a]amados hermanos, porque sois mis hermanos y habíais de ser amados, y debíais dar frutos dignos de arrepentimiento, ya que vuestros corazones se han endurecido por completo contra la palabra de Dios, y sois un pueblo [b]perdido y caído.

31 Ahora bien, aconteció que cuando yo, Alma, hube hablado estas palabras, he aquí, el pueblo se enojó conmigo porque les dije que eran gente de corazón obstinado y de dura [a]cerviz.

32 Y también se enojaron conmigo porque les dije que eran un pueblo perdido y caído, y trataron de asirme para encarcelarme.

33 Pero sucedió que el Señor no permitió que se apoderaran de mí en esa ocasión y me echaran en la cárcel.

34 Y aconteció que Amulek se adelantó y empezó a predicarles también. Mas no todas las [a]palabras de Amulek se han escrito;

23*a* Mateo 11:22–24.
24*a* 2 Ne. 30:4–6; DyC 3:20.
25*a* Alma 7:9; Hel. 5:32.
26*a* Alma 7:7.
b GEE Unigénito.
c GEE Gracia.
d GEE Misericordia, misericordioso.
e Deut. 26:7.
27*a* GEE Redención, redimido, redimir.
b GEE Bautismo, bautizar.
28*a* DyC 1:10; 6:33.
b Sal. 7:16.
c GEE Condenación, condenar.
30*a* 1 Juan 4:11.
b Alma 12:22.
31*a* 2 Ne. 25:28; Mos. 3:14.
34*a* Alma 10.

no obstante, parte de ellas se han
escrito en este libro.

CAPÍTULO 10

Lehi era descendiente de Manasés — Amulek relata el mandato del ángel de que atendiera a Alma — Las oraciones de los justos hacen que el pueblo sea preservado — Los abogados y los jueces inicuos establecen el fundamento de la destrucción del pueblo. Aproximadamente 82 a.C.

ESTAS son las [a]palabras que
[b]Amulek predicó al pueblo que
se hallaba en la tierra de Ammoníah, diciendo:
2 Soy Amulek; soy hijo de Giddona, que era hijo de Ismael, que
era descendiente de Aminadí; y
fue aquel mismo Aminadí que
interpretó la escritura que se hallaba sobre el muro del templo,
la cual fue escrita por el dedo
de Dios.
3 Y Aminadí era descendiente
de Nefi, que era hijo de Lehi, que
vino de la tierra de Jerusalén, y el
cual era descendiente de [a]Mana-
sés, que era hijo de [b]José, el que
fue [c]vendido para Egipto por sus
hermanos.
4 Y he aquí, soy también hombre de no poca reputación entre todos los que me conocen;
sí, tengo muchos parientes y
[a]amigos, y también he logrado
muchas riquezas por medio de
mi industria.
5 No obstante todo esto, nunca
he sabido mucho acerca de las
sendas del Señor ni de sus [a]mis-
terios ni de su maravilloso poder. Dije que nunca había sabido
mucho de estas cosas; mas he
aquí, me equivoco, porque he
visto mucho de sus misterios y
de su maravilloso poder; sí, aun
en la preservación de la vida de
este pueblo.
6 Sin embargo, endurecí mi corazón, porque fui [a]llamado muchas
veces, y no quise [b]oír; de modo
que sabía concerniente a estas
cosas, mas no quería saber; por lo
tanto, seguí rebelándome contra
Dios, en la iniquidad de mi corazón, hasta el cuarto día de este
séptimo mes, en el décimo año
del gobierno de los jueces.
7 Mientras me dirigía a ver a un
pariente muy cercano, he aquí, se
me apareció un [a]ángel del Señor
y me dijo: Amulek, vuélvete a
tu propia casa porque darás de
comer a un profeta del Señor; sí,
un hombre santo que es un varón escogido de Dios; porque ha
[b]ayunado muchos días a causa
de los pecados de este pueblo,
y tiene hambre; y lo [c]recibirás
en tu casa y lo alimentarás, y él
te bendecirá a ti y a tu casa; y la
bendición del Señor reposará sobre ti y tu casa.

10 1*a* Alma 9:34.
b Alma 8:21–29.
3*a* Gén. 41:51; 1 Cró. 9:3.
b GEE José hijo de Jacob.
c Gén. 37:29–36.
4*a* Alma 15:16.
5*a* GEE Misterios de Dios.
6*a* Alma 5:37.
b DyC 39:9.
7*a* Alma 8:20.
b Alma 5:46; 6:6. GEE Ayunar, ayuno.
c Hech. 10:30–35.

8 Y sucedió que obedecí la voz
del ángel, y me volví rumbo a
mi casa. Y mientras allí me dirigía, encontré al [a]hombre del
cual me dijo el ángel: Lo recibirás en tu casa; y he aquí, era este
mismo hombre que os ha estado
hablando concerniente a las cosas de Dios.
9 Y me dijo el ángel que es un
hombre [a]santo; por tanto, yo sé
que es un hombre santo, porque
lo declaró un ángel de Dios.
10 Y además, sé que las cosas de
que ha testificado son verdaderas; porque he aquí, os digo: Así
como vive el Señor, ha enviado a
su [a]ángel para manifestarme estas
cosas; y ha hecho esto mientras
este Alma ha [b]morado en mi casa.
11 Pues he aquí, ha [a]bendecido
mi casa, me ha bendecido a mí, y
a las mujeres de mi casa, y a mis
hijos, y a mi padre, y a mis parientes; sí, ha bendecido a todos
los de mi parentela, y la bendición
del Señor ha descendido sobre
nosotros, de acuerdo con las palabras que habló.
12 Ahora bien, cuando Amulek
hubo pronunciado estas palabras,
el pueblo comenzó a asombrarse,
viendo que había [a]más de un testigo que daba testimonio de las
cosas de que se les acusaba, y
también de las cosas que habían
de venir, de acuerdo con el espíritu de profecía que había en
ellos.
13 Sin embargo, hubo algunos
entre ellos que pensaron interrogarlos para que por medio de sus
astutas [a]tretas pudieran enredarlos
con sus propias palabras, a fin de
obtener testimonio contra ellos,
con objeto de entregarlos a sus
jueces para que fueran juzgados
de acuerdo con la ley, y fueran
ejecutados o encarcelados, según
el crimen que pudieran fraguar o
atestiguar en contra de ellos.
14 Ahora bien, estos hombres
que buscaban la manera de destruirlos eran [a]abogados que el
pueblo empleaba o nombraba
para administrar la ley cuando
había procesos, o sea, cuando se
juzgaban los delitos del pueblo
ante los jueces.
15 Y estos abogados estaban versados en todos los artificios y astucia del pueblo; y esto era para
habilitarlos a fin de que fueran
diestros en su profesión.
16 Y sucedió que empezaron
a interrogar a Amulek para así
hacer que se contradijera en sus
palabras, o impugnar las palabras
que hablara.
17 Ahora bien, no sabían que
Amulek podía conocer sus intenciones. Pero ocurrió que al
comenzar a interrogarlo, él [a]percibió sus pensamientos, y les
dijo: ¡Oh [b]generación malvada
y perversa, vosotros, abogados e
hipócritas, puesto que estáis poniendo los cimientos del diablo!;

8*a* Alma 8:19–21.
9*a* GEE Santo (adjetivo).
10*a* Alma 11:30–31.
b Alma 8:27.
11*a* Alma 8:22.
12*a* Alma 9:6.
13*a* Alma 11:21.
14*a* Alma 10:24; 11:20–21; 14:18.
17*a* Alma 12:3; 18:20, 32; DyC 6:16.
b Mateo 3:7; Alma 9:8.

porque estáis armando [c]asechan-
zas y trampas para enredar a los
santos de Dios.
18 Estáis tramando planes para
[a]pervertir las sendas de los justos
y traer la ira de Dios sobre vuestras cabezas, hasta destruir por
completo a este pueblo.
19 Sí, bien dijo Mosíah, nuestro
último rey, cuando estaba para
entregar el reino —no teniendo a
quien dejarlo y mandando que este
pueblo se gobernara por su propia
voz— sí, bien dijo él que si llegaba
el día en que la voz de este pueblo
[a]escogiera la iniquidad, es decir,
si llegaba la ocasión en que los de
este pueblo cayeran en transgresión, se hallarían prestos para ser
destruidos.
20 Y ahora os digo que el Señor
bien juzga vuestras iniquidades;
bien proclama a este pueblo por
la voz de sus [a]ángeles: Arrepentíos, arrepentíos, porque el reino
de los cielos está cerca.
21 Sí, bien anuncia por la voz de
sus ángeles: [a]Descenderé entre mi
pueblo con equidad y justicia en
mis manos.
22 Sí, y os digo que si no fuera
por las [a]oraciones de los justos
que actualmente hay en la tierra,
ahora mismo seríais visitados con
una destrucción completa; sin
embargo, no sería por un [b]dilu-
vio, como sucedió con la gente
en los días de Noé, sino sería por
el hambre, por pestilencia y por
la espada.
23 Mas es por las [a]oraciones de
los justos que sois preservados;
ahora pues, si desecháis a los justos de entre vosotros, entonces
el Señor no detendrá su mano,
sino que en su furiosa ira vendrá contra vosotros; entonces seréis afligidos por el hambre, por
pestilencia, y por la espada; y el
[b]tiempo pronto viene, a menos
que os arrepintáis.
24 Y sucedió que los del pueblo se irritaron aún más contra
Amulek, y gritaron, diciendo:
Este hombre vilipendia nuestras
leyes, que son justas, y a nuestros sabios abogados que hemos
elegido.
25 Pero Amulek extendió su
mano y les gritó con mayor
fuerza, diciendo: ¡Oh generación
malvada y perversa! ¿Por qué habrá asido Satanás tan fuertemente
vuestros corazones?, ¿por qué
queréis someteros a él para que
os domine, para [a]cegar vuestros
ojos al grado de no querer entender, de acuerdo con su verdad, las
palabras que se hablan?
26 Pues he aquí, ¿he testificado
en contra de vuestra ley? Es que
no entendéis. Decís que he hablado contra vuestra ley; mas no
es así, sino que he hablado a favor de vuestra ley, para vuestra
condenación.

17*c* DyC 10:21–27.
18*a* Hech. 13:10.
19*a* Mos. 29:27; Alma 2:3–7; Hel. 5:2.
20*a* Alma 8:14–16; 13:22.
21*a* Mos. 13:34.
22*a* Stg. 5:16; Mos. 27:14–16.
b Gén. 8:21; 3 Ne. 22:8–10. GEE Diluvio en los tiempos de Noé.
23*a* GEE Oración.
b Alma 34:32–35.
25*a* 2 Cor. 4:4; Alma 14:6.

27 Y he aquí, os digo que la iniquidad de vuestros [a]abogados y vuestros jueces está empezando a establecer el fundamento de la destrucción de este pueblo.

28 Y aconteció que cuando Amulek hubo hablado estas palabras, el pueblo gritó en contra de él, diciendo: Ahora sabemos que este hombre es hijo del diablo, porque nos ha [a]mentido; pues ha vituperado nuestra ley. Y ahora dice que no ha hablado en contra de ella.

29 Y además, ha vituperado a nuestros abogados y a nuestros jueces.

30 Y sucedió que los abogados inculcaron en sus corazones que se acordaran de aquellas cosas contra él.

31 Y había entre ellos uno cuyo nombre era Zeezrom. Y era el principal [a]acusador de Amulek y Alma, siendo uno de los más diestros entre ellos, pues tramitaba muchos asuntos entre los del pueblo.

32 Ahora bien, la mira de estos abogados era el lucro; y lograban sus ganancias según su empleo.

CAPÍTULO 11

Se describe el sistema monetario de los nefitas — Amulek disputa con Zeezrom — Cristo no salvará a las personas en sus pecados — Solamente los que hereden el reino de los cielos serán salvos — Todos los hombres se levantarán en inmortalidad — No hay muerte después de la Resurrección. Aproximadamente 82 a.C.

Ahora bien, en la ley de Mosíah constaba que todo el que fuera juez de la ley, o aquellos que fueran nombrados jueces, habían de percibir su salario de acuerdo con el tiempo que emplearan en juzgar a los que les llevaban para ser juzgados.

2 Así que, si un hombre era deudor de otro, y no le pagaba la deuda, se daba la queja al juez; y este ejercía su autoridad y despachaba oficiales para que llevaran al deudor ante él; y él juzgaba al hombre de acuerdo con la ley y la evidencia presentada en contra de él; y así se obligaba al deudor a pagar lo que debía, o se le despojaba de lo que tenía, o se le echaba de entre la gente por estafador y ladrón.

3 Y el juez recibía sus honorarios según su tiempo: un senine de oro por día, o un senum de plata, que equivalía a un senine de oro; y esto de acuerdo con la ley que se había dado.

4 Y estos son los nombres de las diferentes monedas de su oro y de su plata según su valor; y los nombres provienen de los nefitas, porque no contaban según el modo de los judíos que vivían en Jerusalén; ni medían como lo hacían los judíos, sino que habían alterado su modo de contar y medir, de acuerdo con la voluntad y circunstancias del pueblo en cada generación,

27*a* Lucas 11:45–52. | 28*a* Alma 14:2. | 31*a* Alma 11:20–36.

hasta el gobierno de los jueces que fueron [a]establecidos por el rey Mosíah.

5 Ahora bien, su computación es la siguiente: Un senine de oro, un seón de oro, un shum de oro y un limna de oro;

6 un senum de plata, un amnor de plata, un ezrom de plata y un ontí de plata.

7 Un senum de plata equivalía a un senine de oro, y el uno o el otro valía una medida de cebada, y también una medida de toda otra clase de grano.

8 Ahora bien, el valor de un seón de oro era el doble del valor de un senine;

9 y el valor de un shum de oro era el doble del de un seón;

10 y un limna de oro equivalía al valor de todos.

11 Y un amnor de plata valía dos senumes;

12 y un ezrom de plata valía cuatro senumes;

13 y un ontí equivalía al valor de todos.

14 Ahora bien, este era el valor de las cantidades menores de su manera de calcular:

15 Un shiblón era la mitad de un senum; por tanto, un shiblón valía media medida de cebada;

16 y un shiblum era la mitad de un shiblón;

17 y un léah era la mitad de un shiblum.

18 Estas, pues, eran sus cantidades según su manera de contar.

19 Y un antión de oro equivalía a tres shiblones.

20 Ahora bien, era con el único objeto de lucrar, pues les pagaban según sus servicios, por lo que incitaban a la gente a motines y a toda clase de desórdenes y maldades, para tener más trabajo con objeto de [a]obtener dinero, de acuerdo con los litigios que les eran presentados; por tanto, agitaron al pueblo contra Alma y Amulek.

21 Y este Zeezrom empezó a interrogar a Amulek, diciendo: ¿Me responderás a algunas preguntas que voy a hacerte? Y Zeezrom era un hombre diestro en los [a]artificios del diablo a fin de destruir lo que era bueno; por lo que dijo a Amulek: ¿Me contestarás las preguntas que te voy a hacer?

22 Y le dijo Amulek: Sí, si va de acuerdo con el [a]Espíritu del Señor que hay en mí; porque nada diré que sea contrario al Espíritu del Señor. Y le dijo Zeezrom: He aquí seis ontíes de plata; te los daré todos si niegas la existencia de un Ser Supremo.

23 Luego dijo Amulek: [a]¡Oh hijo del infierno! ¿Por qué me [b]tientas? ¿Ignoras tú que los justos no ceden a tales tentaciones?

24 ¿Crees que no hay Dios? Yo te digo: No, tú sabes que hay un Dios, pero le tienes más amor a ese [a]lucro que a él.

25 Y ahora me has mentido ante Dios. Tú me dijiste: He aquí, te

11 4*a* Mos. 29:40–44.
20*a* Alma 10:32.
21*a* Alma 10:13.
22*a* GEE Espíritu Santo.
23*a* Alma 5:41.
b GEE Tentación, tentar.
24*a* 1 Tim. 6:10; Tito 1:11.

daré estos seis ontíes que son de gran valor, cuando en tu corazón tenías la intención de retenerlos; y solo era tu deseo que yo negara al Dios verdadero y viviente, y así tuvieras motivo para destruirme. Mas he aquí que por este gran mal recibirás tu recompensa.

26 Y Zeezrom le dijo: ¿Dices tú que hay un Dios verdadero y viviente?

27 Y dijo Amulek: Sí, hay un Dios verdadero y viviente.

28 Y Zeezrom dijo: ¿Hay más de un Dios?

29 Y él respondió: No.

30 Luego Zeezrom le dijo otra vez: ¿Cómo sabes estas cosas?

31 Y él dijo: Un [a]ángel me las ha manifestado.

32 Y Zeezrom dijo otra vez: ¿Quién es el que vendrá? ¿Es el Hijo de Dios?

33 Y él le dijo: Sí.

34 Y Zeezrom nuevamente dijo: ¿Salvará a su pueblo [a]en sus pecados? Y Amulek contestó y le dijo: Te digo que no, porque le es imposible negar su palabra.

35 Entonces Zeezrom dijo al pueblo: Mirad que recordéis estas cosas; pues él ha dicho que no hay sino un Dios; no obstante, dice que el Hijo de Dios vendrá, mas no salvará a su pueblo, como si tuviese él la autoridad para mandar a Dios.

36 Luego Amulek le dijo de nuevo: He aquí, tú has mentido; pues dices que hablé como si tuviera la autoridad para mandar a Dios, porque dije que no salvará a su pueblo en sus pecados.

37 Y te vuelvo a decir que no puede salvarlos en sus [a]pecados; porque yo no puedo negar su palabra, y él ha dicho que [b]ninguna cosa impura puede heredar el [c]reino del cielo; por tanto, ¿cómo podéis ser salvos a menos que heredéis el reino de los cielos? Así que no podéis ser salvos en vuestros pecados.

38 Luego Zeezrom de nuevo le dijo: ¿Es el Hijo de Dios el mismo Padre Eterno?

39 Y le dijo Amulek: Sí, él es el [a]Padre Eterno mismo del cielo y de la tierra, y de [b]todas las cosas que en ellos hay; es el principio y el fin, el primero y el último;

40 y vendrá al [a]mundo para [b]redimir a su pueblo; y [c]tomará sobre sí las transgresiones de aquellos que crean en su nombre; y estos son los que tendrán vida eterna, y a nadie más viene la salvación.

41 Por tanto, los malvados permanecen como si no se hubiese hecho [a]ninguna redención, a menos que sea el rompimiento de las ligaduras de la muerte; pues he aquí, viene el día en que [b]todos se levantarán de los

31*a* Alma 10:7–10.
34*a* Hel. 5:10–11.
37*a* 1 Cor. 6:9–10.
b 1 Ne. 15:33; Alma 40:26; 3 Ne. 27:19. GEE Impío.
c GEE Reino de Dios o de los cielos.
39*a* Isa. 9:6.
b Col. 1:16; Mos. 4:2.
40*a* GEE Mundo.
b Rom. 11:26–27.
c Éx. 34:6–7; Isa. 53:5; 1 Juan 2:2; Mos. 14:5; 15:12; DyC 19:16–19.
41*a* Alma 12:18; DyC 88:33.
b Apoc. 20:12–13; Alma 42:23.

muertos y comparecerán delante
de Dios, y serán [c]juzgados según
sus obras.
42 Ahora bien, hay una muerte
que se llama la muerte temporal;
y la muerte de Cristo desatará las
[a]ligaduras de esta muerte temporal, de modo que todos se levantarán de esta muerte.
43 El espíritu y el cuerpo serán
[a]reunidos otra vez en su perfecta
forma; los miembros así como las
coyunturas serán restaurados a
su propia forma, tal como nos hallamos ahora; y seremos llevados
ante Dios, conociendo tal como
ahora conocemos, y tendremos
un vivo [b]recuerdo de toda nuestra [c]culpa.
44 Pues bien, esta restauración
vendrá sobre todos, tanto viejos
como jóvenes, esclavos así como
libres, varones así como mujeres,
malvados así como justos; y no se
perderá ni un solo pelo de su cabeza, sino que todo será [a]restable-
cido a su perfecta forma, o en el
cuerpo, cual se encuentra ahora,
y serán llevados a comparecer
ante el tribunal de Cristo el Hijo, y
Dios el [b]Padre, y el Santo Espíritu,
que son [c]un Eterno Dios, para ser
[d]juzgados según sus obras, sean
buenas o malas.
45 Ahora bien, he aquí, te he
hablado concerniente a la muerte
del cuerpo mortal y también
acerca de la [a]resurrección del
cuerpo mortal. Te digo que este
cuerpo mortal se [b]levanta como
cuerpo [c]inmortal, es decir, de la
muerte, sí, de la primera muerte
a vida, de modo que no pueden
[d]morir ya más; sus espíritus se
unirán a sus cuerpos para no ser
separados nunca más; por lo que
esta unión se torna [e]espiritual e
inmortal, para no volver a ver
corrupción.
46 Ahora bien, cuando Amulek
hubo hablado estas palabras, el
pueblo comenzó a asombrarse
en extremo otra vez, y Zeezrom
empezó también a temblar. Y así
terminaron las palabras de Amulek, o sea, esto es todo lo que he
escrito.

CAPÍTULO 12

Alma habla con Zeezrom — Los misterios de Dios se dan a conocer únicamente a los fieles — Los hombres son juzgados por sus pensamientos, creencias, palabras y obras — Los inicuos padecerán la muerte espiritual — Esta vida terrenal es un estado de probación — El plan de redención lleva a efecto la Resurrección y, por medio de la fe, la remisión de los pecados — Los que se arrepienten tienen derecho a reclamar la

41*c* GEE Juicio final.
42*a* Alma 12:16.
43*a* 2 Ne. 9:13; Alma 40:23.
b 2 Ne. 9:14; Mos. 3:25; Alma 5:18.
c GEE Culpa.
44*a* Alma 41:12–15.
b GEE Trinidad — Dios el Padre.
c 3 Ne. 11:27, 36. GEE Trinidad.
d Apoc. 20:12–13.
45*a* Alma 40:23; DyC 88:16.
b GEE Resurrección.
c GEE Inmortal, inmortalidad.
d Apoc. 21:4; DyC 63:49; 88:116.
e 1 Cor. 15:44.

misericordia por medio del Hijo Unigénito. Aproximadamente 82 a.C.

ENTONCES Alma, notando que las palabras de Amulek habían callado a Zeezrom, pues vio que Amulek lo había sorprendido en sus [a]mentiras y ardides para destruirlo, y viendo que Zeezrom, [b]consciente de su culpabilidad, empezaba a temblar, Alma abrió su boca y comenzó a hablarle y a afirmar las palabras de Amulek, y a explicar las cosas, o aclarar las Escrituras más de lo que Amulek había hecho.

2 Y las palabras que Alma habló a Zeezrom las oyó la gente que se hallaba alrededor; porque era grande la multitud, y de este modo habló él:

3 Bien, Zeezrom, ya que se te ha sorprendido en tus mentiras y artificios, pues no solamente has mentido a los hombres, sino que has mentido a Dios; porque he aquí, él conoce todos tus [a]pensamientos, y ya ves que tus pensamientos nos son manifestados por su Espíritu;

4 y ves que sabemos que tu plan era un plan sutilísimo, según la astucia del diablo, para mentir y engañar a este pueblo, a fin de incitarlo contra nosotros para que nos injuriaran y echaran fuera.

5 Y este fue un plan de tu [a]adversario; y él ha ejercido su poder en ti. Ahora quisiera que recordaras que lo que a ti te digo, lo digo a todos.

6 Y he aquí, os digo a todos que esto fue una trampa del adversario, la cual ha tendido para entrampar a este pueblo, a fin de sujetaros a él, para ligaros con sus [a]cadenas y encadenaros a la destrucción sempiterna, según el poder de su cautiverio.

7 Ahora bien, cuando Alma hubo hablado estas palabras, Zeezrom empezó a temblar sobremanera, porque más y más se convencía del poder de Dios; y también estaba convencido de que Alma y Amulek sabían de él, pues se había convencido de que conocían los pensamientos e intenciones de su corazón; porque les era dado el poder para saber de aquellas cosas de acuerdo con el espíritu de profecía.

8 Y Zeezrom empezó a interrogarlos solícitamente a fin de saber más concerniente al reino de Dios. Y dijo a Alma: ¿Qué significa esto que ha dicho Amulek, con respecto a la resurrección de los muertos, que todos se levantarán de los muertos, justos así como injustos, y que serán llevados para comparecer ante Dios para ser juzgados según sus obras?

9 Y Alma empezó a explicarle estas cosas, diciendo: A muchos les es concedido conocer los [a]misterios de Dios; sin embargo,

12 1*a* Alma 11:20–38.
b GEE Conciencia.
3*a* Jacob 2:5;
Alma 10:17;
DyC 6:16.
5*a* GEE Diablo.
6*a* Alma 5:7–10.
9*a* Alma 26:22.
GEE Misterios de Dios.

se les impone un mandamiento estricto de que no han de darlos a conocer [b]sino de acuerdo con aquella porción de su palabra que él concede a los hijos de los hombres, conforme a la atención y la diligencia que le rinden.

10 Y, por tanto, el que [a]endurece su corazón recibe la [b]menor porción de la palabra; y al que [c]no endurece su corazón le es [d]dada la mayor parte de la palabra, hasta que le es concedido conocer los misterios de Dios al grado de conocerlos por completo.

11 Y a los que endurecen sus corazones les es dada la menor [a]porción de la palabra, hasta que [b]nada saben concerniente a sus misterios; y entonces el diablo los lleva cautivos y los guía según su voluntad hasta la destrucción. Esto es lo que significan las [c]cadenas del [d]infierno.

12 Y Amulek ha hablado con claridad acerca de la [a]muerte y de ser levantados de esta existencia mortal a un estado de inmortalidad, y ser llevados ante el tribunal de Dios para ser [b]juzgados según nuestras obras.

13 Así que, si nuestros corazones se han endurecido, sí, si hemos endurecido nuestros corazones contra la palabra, al grado de que no se halla en nosotros, entonces nuestra condición será terrible, porque seremos condenados.

14 Porque nuestras [a]palabras nos condenarán, sí, todas nuestras obras nos condenarán; no nos hallaremos sin mancha, y nuestros pensamientos también nos condenarán. Y en esta terrible condición no nos atreveremos a mirar a nuestro Dios, sino que nos daríamos por felices si pudiéramos mandar a las piedras y [b]montañas que cayesen sobre nosotros, para que nos [c]escondiesen de su presencia.

15 Mas esto no puede ser; tendremos que ir y presentarnos ante él en su gloria, y en su poder, y en su fuerza, majestad y dominio, y reconocer, para nuestra eterna [a]vergüenza, que todos sus [b]juicios son rectos; que él es justo en todas sus obras y que es misericordioso con los hijos de los hombres, y que tiene todo poder para salvar a todo hombre que crea en su nombre y dé fruto digno de arrepentimiento.

16 Y ahora bien, he aquí, os digo que entonces viene una muerte, sí, una segunda [a]muerte, la cual es una muerte espiritual; entonces es cuando aquel que muera en sus pecados, en

9*b* Juan 16:12; Alma 29:8; 3 Ne. 26:8–11; Éter 4:7.
10*a* 2 Ne. 28:27; Éter 4:8.
b DyC 93:39.
c GEE Humildad, humilde, humillar (afligir).
d 2 Ne. 28:30; DyC 50:24.
11*a* Mateo 25:29.
b GEE Apostasía.
c Juan 8:34; 2 Ne. 28:19.
d Prov. 9:18; 2 Ne. 2:29. GEE Infierno.
12*a* Alma 11:41–45.
b GEE Juicio final.
14*a* Mateo 12:36; Stg. 3:6; Mos. 4:29–30.
b Oseas 10:8; 2 Ne. 26:5.
c Job 34:22; 2 Ne. 12:10.
15*a* Mos. 3:25.
b 2 Pe. 2:9. GEE Justicia.
16*a* GEE Muerte espiritual.

cuanto a la [b]muerte temporal, [c]padecerá también una muerte espiritual; sí, morirá en cuanto a las cosas que atañen a la rectitud.

17 Entonces es cuando sus tormentos serán como un [a]lago de fuego y azufre, cuya llama asciende para siempre jamás; entonces es cuando serán ligados a una sempiterna destrucción, según el poder y cautividad de Satanás, pues él los habrá sujetado a su voluntad.

18 Os digo que entonces se hallarán como si no se hubiese hecho [a]ninguna redención; porque no pueden ser redimidos de acuerdo con la justicia de Dios; y no pueden [b]morir, dado que no hay más corrupción.

19 Y sucedió que cuando Alma hubo terminado de hablar estas palabras, la gente empezó a asombrarse más;

20 pero había un tal Antiona, el cual era un gobernante principal entre ellos, que se adelantó y le dijo: ¿Qué es esto que has dicho de que el hombre resucitará de los muertos y será cambiado de este estado mortal al [a]inmortal, y que el alma nunca puede morir?

21 ¿Qué significa la Escritura que dice que Dios colocó [a]querubines y una espada encendida al oriente del Jardín de [b]Edén, no fuese que nuestros primeros padres entrasen y comiesen del fruto del árbol de la vida y viviesen para siempre? Vemos, pues, que ninguna posibilidad había de que viviesen para siempre.

22 Luego le dijo Alma: Esto es lo que estaba a punto de explicar. Vemos que Adán [a]cayó por comer del [b]fruto prohibido, según la palabra de Dios; y así vemos que por su caída, toda la humanidad llegó a ser pueblo [c]perdido y caído.

23 Y he aquí, te digo que de haber sido posible que Adán hubiese [a]comido del fruto del árbol de la vida en esa ocasión, no habría habido muerte, y la palabra habría resultado nula, y habría colocado a Dios en el papel de embustero, porque él había dicho: [b]Si comieres, de cierto morirás.

24 Y vemos que la [a]muerte viene sobre el género humano; sí, la muerte de que ha hablado Amulek, que es la muerte temporal; no obstante, se le concedió un tiempo al [b]hombre en el cual pudiera arrepentirse; así que esta vida llegó a ser un estado de probación; un tiempo de [c]preparación para presentarse

16*b* Alma 11:40–45.
c 1 Ne. 15:33; Alma 40:26.
17*a* Apoc. 19:20; 21:8; Mos. 3:27.
18*a* Alma 11:41.
b Apoc. 21:4; Alma 11:45; DyC 63:49.
20*a* GEE Inmortal, inmortalidad.
21*a* Gén. 3:24; Alma 42:2; Moisés 4:31. GEE Querubines.
b GEE Edén.
22*a* GEE Caída de Adán y Eva.
b Gén. 3:6; 2 Ne. 2:15–19; Mos. 3:26.
c Mos. 16:4–5.
23*a* Alma 42:2–9.
b Gén. 2:17.
24*a* GEE Muerte física.
b 2 Ne. 2:21; Moisés 5:8–12.
c Alma 34:32–35.

ante Dios; un tiempo de prepararse para ese estado sin fin del cual hemos hablado, que viene después de la resurrección de los muertos.

25 Ahora bien, si no hubiese sido por el [a]plan de redención, que fue establecido desde la fundación del mundo, no habría habido [b]resurrección de los muertos; mas se instituyó un plan de redención que llevará a efecto la resurrección de los muertos, de la cual se ha hablado.

26 Y he aquí, si nuestros primeros padres hubieran podido participar del [a]árbol de la vida, habrían sido miserables para siempre, no teniendo un estado preparatorio; y de este modo, el [b]plan de redención se habría frustrado, y la palabra de Dios hubiera quedado nula y sin efecto.

27 Mas he aquí, no fue así, antes bien se [a]decretó que los hombres deben morir; y después de la muerte deben presentarse para ser [b]juzgados, sí, ese mismo juicio de que hemos hablado, que es el fin.

28 Y después que Dios hubo dispuesto que estas cosas sobrevinieran a los hombres, he aquí, vio entonces que era necesario que estos supieran acerca de las cosas que él había dispuesto para ellos;

29 por tanto, envió [a]ángeles para conversar con ellos, los cuales hicieron que los hombres contemplaran la gloria de Dios.

30 Y de allí en adelante empezaron los hombres a invocar su nombre; por tanto, Dios [a]conversó con ellos y les hizo saber del [b]plan de redención que se había preparado desde la [c]fundación del mundo; y esto él les manifestó según su fe y arrepentimiento y sus obras santas.

31 Por tanto, dio [a]mandamientos a los hombres, habiendo estos transgredido previamente los [b]primeros mandamientos concernientes a las cosas que eran temporales, llegando a ser como dioses, [c]discerniendo el bien del mal, colocándose, o siendo colocados, en condiciones de [d]actuar según su voluntad y placer, ya para hacer el mal, ya para hacer el bien;

32 por tanto, después de haberles dado a [a]conocer el plan de redención, Dios les dio mandamientos de no cometer iniquidad, el castigo de lo cual sería una segunda [b]muerte, que era una muerte eterna respecto de las cosas pertenecientes a la

25*a* GEE Plan de redención.
b 2 Ne. 2:8; Alma 7:12; 42:23.
26*a* Gén. 2:9; 1 Ne. 15:36; Alma 32:40.
b Alma 34:8–16; 42:6–28; Moisés 6:59–62.
27*a* Job 7:1; Heb. 9:27; DyC 42:48.
b GEE Juicio final.
29*a* Moro. 7:25, 31; DyC 29:42.
30*a* Moisés 5:4–5; 6:51.
b GEE Plan de redención.
c Mos. 18:13; Alma 13:3, 5, 7–8.
31*a* GEE Mandamientos de Dios.
b Gén. 2:16–17; 2 Ne. 2:18–19.
c Gén. 3:22–23; Moisés 4:11.
d 2 Ne. 2:16. GEE Albedrío.
32*a* Moisés 5:4–9.
b GEE Muerte espiritual.

rectitud; porque en estos el plan
de redención no tendría poder,
pues de acuerdo con la suprema
bondad de Dios, las obras de la
[c]justicia no podían ser destruidas.
33 Pero Dios llamó a los hombres, en el nombre de su Hijo
(pues este era el plan de redención que se estableció), diciendo:
Si os arrepentís, y no endurecéis
vuestros corazones, entonces tendré misericordia de vosotros por
medio de mi Hijo Unigénito;
34 por tanto, el que se arrepienta, y no endurezca su corazón, tendrá derecho a reclamar
la [a]misericordia, por medio de mi
Hijo Unigénito, para la [b]remisión
de sus pecados; y ellos entrarán
en mi [c]descanso.
35 Y el que endureciere su corazón, y cometiere iniquidad, he
aquí, juro en mi ira que no entrará
en mi descanso.
36 Y ahora bien, hermanos
míos, he aquí, os digo que si
endurecéis vuestros corazones,
no entraréis en el descanso del
Señor; por tanto, vuestra iniquidad lo provoca a que él envíe su ira sobre vosotros como
en la [a]primera provocación, sí,
según su palabra en la última
provocación como también en
la primera, para la eterna [b]des-
trucción de vuestras almas; por
tanto, según su palabra, para
la última muerte, así como la
primera.
37 Así pues, hermanos míos, ya
que sabemos estas cosas, y son
verdaderas, arrepintámonos y
no endurezcamos nuestros corazones para no [a]provocar al Señor
nuestro Dios a que haga descender su ira sobre nosotros en estos,
sus segundos mandamientos que
nos ha dado; mas entremos en el
[b]descanso de Dios, que está preparado según su palabra.

CAPÍTULO 13

Los hombres son llamados a ser sumos sacerdotes por causa de su gran fe y buenas obras — Deben enseñar los mandamientos — Mediante la rectitud son santificados y entran en el reposo del Señor — Melquisedec fue uno de estos — Ángeles declaran alegres nuevas por todas partes — Declararán la realidad de la venida de Cristo. Aproximadamente 82 a.C.

Y ADEMÁS, hermanos míos, quisiera dirigir vuestros pensamientos hacia la época en que el Señor
Dios dio estos mandamientos a
sus hijos; y quisiera que os acordaseis de que el Señor Dios [a]or-
denó sacerdotes, según su santo
orden, que era según el orden de
su Hijo, para enseñar estas cosas
al pueblo.

32*c* Mos. 15:27; Alma 34:15–16; 42:15.
34*a* GEE Misericordia, misericordioso.
b GEE Remisión de pecados.
c GEE Descansar, descanso (reposo).
36*a* Jacob 1:7–8; Alma 42:6, 9, 14.
b GEE Condenación, condenar.
37*a* 1 Ne. 17:30; Jacob 1:8; Hel. 7:18.
b Alma 13:6–9.
13 1*a* Abr. 2:9, 11.

2 Y esos sacerdotes fueron ordenados según el [a]orden de su Hijo, de una [b]manera que haría saber al pueblo el modo de esperar anhelosamente a su Hijo para recibir la redención.

3 Y esta es la manera conforme a la cual fueron ordenados, habiendo sido [a]llamados y [b]preparados desde la [c]fundación del mundo de acuerdo con la [d]presciencia de Dios, por causa de su fe excepcional y buenas obras, habiéndoseles concedido primeramente [e]escoger el bien o el mal; por lo que, habiendo escogido el bien y ejercido una [f]fe sumamente grande, son [g]llamados con un santo llamamiento, sí, con ese santo llamamiento que, con una redención preparatoria y de conformidad con ella, se dispuso para tales seres.

4 Y así, por motivo de su fe, han sido [a]llamados a este santo llamamiento, mientras que otros rechazaban el Espíritu de Dios a causa de la dureza de sus corazones y la ceguedad de su mente, cuando de no haber sido por esto, hubieran podido tener tan grande [b]privilegio como sus hermanos.

5 O en una palabra, al principio se hallaban en la [a]misma posición que sus hermanos; así se preparó este santo llamamiento desde la fundación del mundo para aquellos que no endurecieran sus corazones, haciéndose en la expiación y por medio de la expiación del Hijo Unigénito, que fue preparado;

6 y así son llamados mediante este santo llamamiento y ordenados al sumo sacerdocio del santo orden de Dios, para enseñar sus mandamientos a los hijos de los hombres, para que también entren en su [a]reposo;

7 este sumo sacerdocio era según el orden de su Hijo, el cual orden existía desde la fundación del mundo, o en otras palabras, es [a]sin principio de días ni fin de años, preparado de eternidad en eternidad, según [b]su presciencia de todas las cosas;

8 ahora bien, de esta manera los [a]ordenaban: Eran llamados con un santo llamamiento, y ordenados con una santa ordenanza, y tomaban sobre sí el sumo sacerdocio del santo orden; y este llamamiento, ordenanza y sumo sacerdocio no tienen principio ni fin;

9 por tanto, llegan a ser [a]sumos sacerdotes para siempre, según el orden del Hijo, el Unigénito

2*a* DyC 107:2–4.
b Alma 13:16.
3*a* DyC 127:2.
GEE Elección; Preordenación.
b DyC 138:55–56.
c Alma 12:25, 30.
GEE Vida preterrenal.
d DyC 38:2.
e GEE Albedrío.
f GEE Fe.
g GEE Llamado, llamado por Dios, llamamiento; Sacerdocio.
4*a* Éter 12:10.
b 1 Ne. 17:32–35.
5*a* 2 Ne. 26:28.
6*a* Alma 12:37; 16:17.
GEE Descansar, descanso (reposo).
7*a* Heb. 7:3.
b GEE Trinidad.
8*a* DyC 84:33–42.
GEE Sacerdocio de Melquisedec.
9*a* GEE Sumo sacerdote.

del Padre, el cual no tiene principio de días ni fin de años, y es lleno de [b]gracia, equidad y verdad. Y así es. Amén.

10 Pues como decía respecto al santo orden, o sea, este [a]sumo sacerdocio, hubo muchos que fueron ordenados y llegaron a ser sumos sacerdotes de Dios; y fue por motivo de su fe excepcional y [b]arrepentimiento, y su rectitud ante Dios, porque prefirieron arrepentirse y obrar rectamente más bien que perecer;

11 por tanto, fueron llamados según este santo orden, y fueron [a]santificados, y sus [b]vestidos fueron blanqueados mediante la sangre del Cordero.

12 Ahora bien, ellos, después de haber sido [a]santificados por el [b]Espíritu Santo, habiendo sido blanqueados sus vestidos, encontrándose [c]puros y sin mancha ante Dios, no podían ver el [d]pecado sino con [e]repugnancia; y hubo muchos, muchísimos, que fueron purificados y entraron en el reposo del Señor su Dios.

13 Y ahora bien, hermanos míos, quisiera que os humillaseis ante Dios y dieseis [a]frutos dignos de arrepentimiento, para que también podáis entrar en ese reposo.

14 Sí, humillaos así como el pueblo en los días de [a]Melquisedec, quien también fue un sumo sacerdote según este mismo orden de que he hablado, que también tomó sobre sí el sumo sacerdocio para siempre.

15 Y fue a este mismo Melquisedec a quien [a]Abraham pagó [b]diezmos; sí, aun nuestro padre Abraham pagó como diezmo una décima parte de todo lo que poseía.

16 Y estas [a]ordenanzas se conferían según esta manera, para que por ese medio el pueblo esperara anhelosamente al Hijo de Dios, ya que era un [b]símbolo de su orden, es decir, era su orden, y esto para esperar anhelosamente de él la remisión de sus pecados a fin de entrar en el reposo del Señor.

17 Pues bien, este Melquisedec era rey de la tierra de Salem; y su pueblo había aumentado en la iniquidad y abominaciones; sí, se habían extraviado todos; se habían entregado a todo género de iniquidades;

18 pero Melquisedec, habiendo ejercido una fe poderosa, y recibido el oficio del sumo sacerdocio según el [a]santo orden de Dios, predicó el arrepentimiento a su pueblo. Y he aquí,

9*b* 2 Ne. 2:6.
GEE Gracia.
10*a* DyC 84:18–22.
b GEE Arrepentimiento, arrepentirse.
11*a* Moisés 6:59–60.
b 1 Ne. 12:10; Alma 5:21–27; 3 Ne. 27:19–20.
12*a* Rom. 8:1–9.
GEE Santificación.
b GEE Espíritu Santo.
c GEE Pureza, puro.
d Mos. 5:2; Alma 19:33.
e Prov. 8:13; Alma 37:29.
13*a* Lucas 3:8.
14*a* TJS Gén. 14:25–40 (Apéndice — Biblia); DyC 84:14.
GEE Melquisedec.
15*a* GEE Abraham.
b Gén. 14:18–20; Mal. 3:8–10.
GEE Diezmar, diezmo.
16*a* GEE Ordenanzas.
b GEE Simbolismo.
18*a* GEE Sacerdocio de Melquisedec.

se arrepintieron; y Melquisedec
estableció la paz en la tierra durante sus días; por tanto, fue llamado el príncipe de paz, pues
era rey de Salem; y reinó bajo su
padre.
19 Hubo [a]muchos antes que él,
y también hubo muchos después,
mas [b]ninguno fue mayor que él;
por tanto, han hecho de él mención más particular.
20 Bien, no necesito detallar el
asunto; lo que he dicho puede ser
suficiente. He aquí, tenéis las [a]Es-
crituras por delante, y si queréis
[b]tergiversarlas, será para vuestra
destrucción.
21 Y ocurrió que cuando les hubo
dicho estas palabras, Alma extendió
su mano hacia ellos y clamó con voz
potente, diciendo: Ahora es el momento de [a]arrepentirse, porque el
día de la salvación se acerca;
22 sí, y por la [a]boca de ángeles
la voz del Señor lo declara a todas las naciones; sí, lo declara
para que reciban alegres nuevas
de gran gozo; sí, y proclama estas alegres nuevas entre todo su
pueblo; sí, aun a aquellos que se
hallan esparcidos sobre la superficie de la tierra; por tanto, han
llegado hasta nosotros.
23 Y nos son manifestadas
en términos [a]claros para que
entendamos, de modo que no
erremos; y se hace así porque
somos [b]peregrinos en una tierra extraña; por tanto, somos
altamente favorecidos, porque
nos han sido declaradas estas
alegres nuevas en todas partes
de nuestra viña.
24 Porque he aquí, [a]ángeles las
están declarando a muchos en
nuestra tierra en este tiempo, y
esto con objeto de preparar el corazón de los hijos de los hombres
para recibir su palabra al tiempo
de su venida en su gloria.
25 Y ahora solamente esperamos oír las alegres nuevas de su
venida que nos serán declaradas
por la boca de ángeles; porque
el tiempo viene, y [a]no sabemos
cuán pronto será. Quisiera Dios
que fuera en mis días; pero sea
más tarde o más temprano, en
ello me regocijaré.
26 Y por la boca de ángeles se
hará saber a hombres [a]justos y
santos, al tiempo de su venida,
para que se cumplan las palabras
de nuestros padres, de conformidad con lo que han hablado concerniente a él, que fue de acuerdo
con el espíritu de profecía que
había en ellos.
27 Y ahora bien, hermanos
míos, [a]deseo desde lo más íntimo de mi corazón, sí, con gran
angustia, aun hasta el dolor, que
escuchéis mis palabras, y de-
sechéis vuestros pecados, y no

19*a* Hel. 8:18; DyC 84:6–16; 107:40–55.
b DyC 107:1–4.
20*a* GEE Escrituras.
b 2 Pe. 3:16; Alma 41:1.
21*a* GEE Arrepentimiento, arrepentirse.
22*a* Alma 10:20.
23*a* 2 Ne. 25:7–8; 31:3; 32:7; Jacob 4:13; Éter 12:39.
b Jacob 7:26.
24*a* Alma 10:10; 39:19.
25*a* 1 Ne. 10:4; 3 Ne. 1:13.
26*a* Amós 3:7; Lucas 2:8–11.
27*a* Mos. 28:3.

demoréis el día de vuestro arrepentimiento;

28 sino que os humilléis ante el Señor, e invoquéis su santo nombre, y [a]veléis y oréis incesantemente, para que no seáis [b]tentados más de lo que podáis resistir, y así seáis guiados por el Santo Espíritu, volviéndoos humildes, [c]mansos, sumisos, pacientes, llenos de amor y de toda longanimidad;

29 [a]teniendo fe en el Señor; teniendo la esperanza de que recibiréis la vida eterna; siempre teniendo el [b]amor de Dios en vuestros corazones para que en el postrer día seáis enaltecidos y entréis en su [c]reposo.

30 Y el Señor os conceda el arrepentimiento para que no provoquéis su ira sobre vosotros, para que no seáis atados con las cadenas del [a]infierno, para que no sufráis la segunda [b]muerte.

31 Y Alma habló muchas otras palabras al pueblo, las cuales no están escritas en este libro.

CAPÍTULO 14

Alma y Amulek son encarcelados y golpeados — Los creyentes y sus Santas Escrituras son echados al fuego — El Señor recibe a estos mártires en gloria — Los muros de la cárcel se parten y caen — Alma y Amulek son liberados, y sus perseguidores son muertos. Aproximadamente 82–81 a.C.

Y SUCEDIÓ que después que Alma concluyó de hablar a los del pueblo, muchos de ellos creyeron en sus palabras, y empezaron a arrepentirse y a escudriñar las [a]Escrituras.

2 Pero la mayor parte de ellos deseaban destruir a Alma y a Amulek, porque estaban irritados con Alma a causa de la [a]claridad de sus palabras a Zeezrom; y también decían que Amulek les había [b]mentido, y había vituperado su ley, y también a sus abogados y jueces.

3 Y también estaban enojados con Alma y Amulek; y porque habían testificado tan claramente contra sus maldades, procuraban deshacerse de ellos secretamente.

4 Mas aconteció que no lo hicieron, sino que los tomaron y los ataron con fuertes cuerdas, y los llevaron ante el juez superior de la tierra.

5 Y se presentó el pueblo y testificó contra ellos, declarando que habían vituperado la ley, así como a sus abogados y jueces de la tierra, y a toda la gente que había en la tierra; y que también habían testificado que no había sino un Dios, y que iba a enviar a su Hijo entre los hombres, pero que este no los salvaría; y

28*a* GEE Oración; Velar.
b 1 Cor. 10:13.
c GEE Mansedumbre, manso; Paciencia.
29*a* Alma 7:24.
b DyC 20:31; 76:116. GEE Caridad.
c DyC 84:24.
30*a* GEE Condenación, condenar; Infierno.
b GEE Muerte espiritual.
14 1*a* 2 Rey. 22:8–13. GEE Escrituras.
2*a* Alma 12:3–7.
b Alma 10:27.

muchas otras cosas semejantes testificó la gente contra Alma y Amulek. Y esto se hizo ante el juez superior de la tierra.

6 Y aconteció que Zeezrom se hallaba asombrado de las palabras que se habían hablado; y sabía también acerca de la ceguedad de la mente que él había causado entre el pueblo con sus palabras mentirosas; y su alma empezó a sentirse [a]atormentada por la [b]conciencia de su propia culpa; sí, empezaron a rodearlo los dolores del infierno.

7 Y sucedió que empezó a clamar al pueblo, diciendo: He aquí, yo soy [a]culpable, y estos hombres son sin mancha ante Dios. Y empezó a abogar por ellos desde ese momento, mas el pueblo lo escarneció diciendo: ¿Estás tú también poseído del diablo? Y escupieron sobre él y lo [b]echaron de entre ellos; y también a todos los que creían en las palabras que Alma y Amulek les habían hablado; y los echaron fuera, y enviaron hombres para que los apedrearan.

8 Y juntaron a sus esposas e hijos, y mandaron echar al fuego a todo aquel que creía, o al que se le había enseñado a creer en la palabra de Dios; y también trajeron sus anales, que contenían las Santas Escrituras, y los arrojaron también al fuego para ser quemados y destruidos por fuego.

9 Y ocurrió que tomaron a Alma y Amulek y los llevaron al lugar del martirio para que presenciaran la destrucción de los que eran consumidos por el fuego.

10 Y cuando Amulek vio los dolores de las mujeres y los niños que se consumían en la hoguera, se condolió también, y dijo a Alma: ¿Cómo podemos presenciar esta horrible escena? Extendamos, pues, nuestras manos y ejerzamos el [a]poder de Dios que está en nosotros, y salvémoslos de las llamas.

11 Mas le dijo Alma: El Espíritu me constriñe a no extender la mano; pues he aquí, el Señor los recibe para sí mismo en [a]gloria; y él permite que el pueblo les haga esto, según la dureza de sus corazones, para que los [b]juicios que en su ira envíe sobre ellos sean justos; y la [c]sangre del [d]inocente será un testimonio en su contra, sí, y clamará fuertemente contra ellos en el postrer día.

12 Entonces Amulek dijo a Alma: He aquí, quizá nos quemen a nosotros también.

13 Y Alma dijo: Hágase según la voluntad del Señor. Mas he aquí, nuestra obra no se ha cumplido; por tanto, no nos quemarán.

14 Y aconteció que cuando se

6*a* Alma 15:5.
b GEE Conciencia.
7*a* Alma 11:21–37.
b Alma 15:1.
10*a* Alma 8:30–31.
11*a* GEE Gloria.
b Sal. 37:8–13; Alma 60:13; DyC 103:3. GEE Justicia.
c GEE Mártir, martirio.
d Mos. 17:10.

hubieron consumido los cuerpos de los que habían sido echados al fuego, como también los anales que habían arrojado junto con ellos, el juez superior de la tierra vino y se puso delante de Alma y Amulek, estando ellos atados, y los golpeó en las mejillas con la mano, y les dijo: Después de lo que habéis visto, ¿predicaréis otra vez a los de este pueblo que serán arrojados en un [a]lago de fuego y azufre?

15 He aquí, ya veis que no tuvisteis poder para salvar a los que habían sido arrojados al fuego; ni tampoco los ha salvado Dios porque eran de vuestra fe. Y el juez los golpeó otra vez en las mejillas, y les preguntó: ¿Qué decís en favor de vosotros mismos?

16 Y este juez era de la orden y la fe de [a]Nehor, aquel que mató a Gedeón.

17 Y aconteció que ni Alma ni Amulek le contestaron; y los abofeteó otra vez, y los entregó a los oficiales para que los echaran en la cárcel.

18 Y cuando habían estado tres días en la prisión, vinieron muchos [a]abogados, y jueces, y sacerdotes, y maestros, que eran de la fe de Nehor; y entraron en la cárcel para verlos, y les preguntaron en cuanto a muchas palabras; mas no les contestaron nada.

19 Y aconteció que el juez se puso delante de ellos y les dijo: ¿Por qué no respondéis a las palabras de este pueblo? ¿Ignoráis que tengo poder para echaros en las llamas? Y les mandó que hablaran; mas ellos no le contestaron nada.

20 Y sucedió que se retiraron y se fueron, mas volvieron al día siguiente; y el juez golpeó a Alma y a Amulek de nuevo en las mejillas. Y muchos también avanzaron y los golpearon, diciendo: ¿Os pondréis otra vez a juzgar a este pueblo y a condenar nuestra ley? Si tenéis tan grande poder, ¿por qué no os [a]libertáis a vosotros mismos?

21 Y les dijeron muchas cosas semejantes, crujiendo los dientes, y escupiendo sobre ellos, y diciendo: ¿Cómo nos veremos cuando seamos condenados?

22 Y muchas cosas semejantes, sí, toda suerte de cosas parecidas les dijeron; y así se burlaron de ellos por muchos días. Y los privaron de alimento para que padecieran hambre, y de agua para que tuvieran sed; y también les quitaron la ropa para que estuvieran desnudos; y así estaban atados con fuertes cuerdas, y encerrados en la cárcel.

23 Y aconteció, después de haber padecido así por muchos días (y fue el duodécimo día del décimo mes, del décimo año del gobierno de los jueces sobre el pueblo de Nefi), que el juez superior de la tierra de Ammoníah, y muchos de sus maestros

14*a* Alma 12:17.
16*a* Alma 1:7–15.
18*a* Alma 10:14; 11:20.
20*a* Mateo 27:39–43.

y abogados, fueron a la prisión donde Alma y Amulek se hallaban atados con cuerdas.

24 Y llegó ante ellos el juez superior y los golpeó nuevamente, y les dijo: Si tenéis el poder de Dios, libraos de estas ligaduras, y entonces creeremos que el Señor destruirá a este pueblo según vuestras palabras.

25 Y sucedió que todos avanzaron y los golpearon, diciéndoles las mismas palabras, aun hasta el último; y cuando este les hubo hablado, el [a]poder de Dios descendió sobre Alma y Amulek, y se levantaron y se pusieron de pie.

26 Y Alma clamó, diciendo: ¿Cuánto tiempo, oh Señor, sufriremos estas grandes [a]aflicciones? ¡Oh Señor!, fortalécenos según nuestra fe que está en Cristo hasta tener el poder para librarnos. Y rompieron las cuerdas con las que estaban atados; y cuando los del pueblo vieron esto, empezaron a huir, porque el temor a la destrucción cayó sobre ellos.

27 Y aconteció que su temor fue tan grande que cayeron al suelo y no llegaron a la puerta que conducía fuera de la [a]prisión; y la tierra se estremeció fuertemente, y los muros de la cárcel se partieron en dos y cayeron al suelo; y al caer mataron al juez superior y a los abogados y sacerdotes y maestros que habían golpeado a Alma y a Amulek.

28 Y Alma y Amulek salieron de la prisión, y no sufrieron daño, porque el Señor les había concedido poder según su fe que estaba en Cristo. Y salieron luego de la cárcel; y fueron [a]soltados de sus ligaduras; y la prisión había caído a tierra, y todos los que estaban dentro de sus paredes murieron, menos Alma y Amulek; y estos se dirigieron luego a la ciudad.

29 Y los del pueblo, habiendo oído un gran estruendo, llegaron corriendo en multitudes para saber la causa; y cuando vieron salir a Alma y Amulek de la prisión, y que los muros de esta habían caído, se apoderó de ellos un pavor inmenso, y huyeron de la presencia de Alma y Amulek, así como una cabra con su cría huye de dos leones; y así huyeron ellos de la presencia de Alma y Amulek.

CAPÍTULO 15

Alma y Amulek van a Sidom y establecen una iglesia — Alma sana a Zeezrom, el cual se une a la Iglesia — Muchos son bautizados, y la Iglesia prospera — Alma y Amulek parten para Zarahemla. Aproximadamente 81 a.C.

Y SUCEDIÓ que se mandó a Alma y Amulek que salieran de aquella ciudad; y partieron y llegaron a la tierra de Sidom; y he aquí, en ese lugar hallaron a todos los que habían salido de la

25*a* Alma 8:31.
26*a* Stg. 5:10–11; Mos. 17:10–20; DyC 121:7–8.
27*a* Hech. 16:26; Éter 12:13.
28*a* Jacob 4:6; 3 Ne. 28:19–22.

tierra de [a]Ammoníah, los cuales habían sido [b]expulsados y apedreados porque creyeron en las palabras de Alma.

2 Y les relataron todo lo que había sido de sus [a]esposas e hijos, y también concerniente a ellos y al [b]poder que los había librado.

3 Y también Zeezrom yacía enfermo en Sidom, con una fiebre ardiente causada por las grandes tribulaciones mentales que sus [a]iniquidades le habían ocasionado; porque creía que Alma y Amulek ya no existían, y que habían sido muertos a causa de la iniquidad de él. Y este gran pecado, con sus muchos otros pecados, tanto le atormentaban su mente, que se agravó y no hallaba liberación; por tanto, empezó a consumirlo una fiebre abrasadora.

4 Mas cuando oyó que Alma y Amulek se hallaban en la tierra de Sidom, su corazón empezó a animarse, e inmediatamente les envió un mensaje, rogando que fuesen a verlo.

5 Y sucedió que ellos fueron inmediatamente, en atención al mensaje que les había enviado; y entraron en la casa de Zeezrom; y lo hallaron en cama, enfermo y muy grave de una fiebre ardiente; y también su mente estaba sumamente afligida por causa de sus iniquidades; y al verlos les extendió la mano, y les suplicó que lo sanaran.

6 Y aconteció que Alma le dijo, tomándolo de la mano: [a]¿Crees en el poder de Cristo para salvar?

7 Y él respondió y dijo: Sí, creo todas las palabras que has enseñado.

8 Y dijo Alma: Si crees en la redención de Cristo, tú puedes ser [a]sanado.

9 Y él dijo: Sí, yo creo según tus palabras.

10 Entonces Alma clamó al Señor, diciendo: ¡Oh Señor Dios nuestro, ten misericordia de este hombre y [a]sánalo según su fe que está en Cristo!

11 Y cuando Alma hubo dicho estas palabras, Zeezrom de un [a]salto se puso de pie y empezó a andar; y esto causó un gran asombro entre todo el pueblo, y la noticia de ello se extendió por toda la tierra de Sidom.

12 Y Alma bautizó a Zeezrom en el Señor; y desde entonces empezó Zeezrom a predicar al pueblo.

13 Y Alma estableció una iglesia en la tierra de Sidom, y consagró sacerdotes y maestros en la tierra para que bautizaran en el Señor a todos los que desearan bautizarse.

14 Y aconteció que hubo muchos; porque llegaron en grupos de toda la comarca alrededor de Sidom, y fueron bautizados.

15 Mas en cuanto a los habitantes que se hallaban en la tierra de Ammoníah, continuaron siendo

15 1*a* Alma 16:2–3, 9, 11.
b Alma 14:7.
2*a* Alma 14:8–14.
b Alma 14:28.
3*a* Alma 14:6–7.
6*a* Marcos 9:23.
8*a* GEE Sanar, sanidades.
10*a* Marcos 2:1–12.
11*a* Hech. 3:1–11.

una gente de corazón empedernido y dura cerviz; y no se arrepintieron de sus pecados, pues atribuían al diablo todo el poder de Alma y Amulek; porque eran de la fe de [a]Nehor, y no creían en el arrepentimiento de sus pecados.
16 Y sucedió que Alma y Amu-
lek —y Amulek había [a]abandonado todo su oro, su plata y sus objetos preciosos que se hallaban en la tierra de Ammoníah, por la palabra de Dios; y había sido [b]rechazado por los que antes eran sus amigos, y también por su padre y sus parientes.
17 Por tanto, después que Alma
hubo establecido la iglesia en Sidom, viendo un gran [a]cambio, sí, viendo que el pueblo había refrenado el orgullo de sus corazones y que había empezado a [b]humillarse ante Dios, y a reunirse en sus santuarios para [c]adorar a Dios ante el altar, [d]velando y orando sin cesar que fuesen librados de Satanás, y de la [e]muerte y de la destrucción—
18 pues como dije, habiendo
visto Alma todas estas cosas, tomó consigo a Amulek y se dirigió a la tierra de Zarahemla, y lo llevó a su propia casa, y lo atendió en sus tribulaciones y lo fortaleció en el Señor.
19 Y así terminó el año décimo
del gobierno de los jueces sobre el pueblo de Nefi.

CAPÍTULO 16

Los lamanitas destruyen a la gente de Ammoníah — Zoram dirige a los nefitas al triunfo sobre los lamanitas — Alma, Amulek y muchos otros predican la palabra — Enseñan que, después de Su resurrección, Cristo se aparecerá a los nefitas. Aproximadamente 81–77 a.C.

Y SUCEDIÓ que en el año undécimo del gobierno de los jueces sobre el pueblo de Nefi, el día cinco del segundo mes —habiendo existido mucha paz en la tierra de Zarahemla, pues no había habido guerras ni contenciones por determinado número de años, aun hasta el quinto día del segundo mes del año undécimo— resonó por todo el país el grito de guerra.
2 Porque he aquí, los ejércitos
de los lamanitas habían pasado las fronteras del país, por el lado del desierto, sí, hasta la ciudad de [a]Ammoníah, y empezaron a matar a la gente y a destruir la ciudad.
3 Y aconteció que antes que los
nefitas pudieran levantar un ejército suficiente para rechazarlos del país, ya habían [a]destruido a la gente que se hallaba en la ciudad de Ammoníah, como también a algunos en las fronteras de la tierra de Noé, y a otros los llevaron cautivos al desierto.

15*a* Alma 1:2–15.
16*a* Lucas 14:33; Alma 10:4.
b GEE Persecución, perseguir.
17*a* Alma 16:21.
b GEE Humildad, humilde, humillar (afligir).
c GEE Adorar.
d GEE Oración; Velar.
e GEE Muerte espiritual.
16 2*a* Alma 15:1, 15–16.
3*a* Alma 9:18.

4 Y sucedió que los nefitas deseaban rescatar a los que habían
sido llevados cautivos al desierto.
5 Por tanto, aquel que había sido
nombrado capitán en jefe de los
ejércitos de los nefitas (y se llamaba Zoram, y tenía dos hijos,
Lehi y Aha), sabiendo él y sus dos
hijos que Alma era el sumo sacerdote de la iglesia, y habiendo oído
que tenía el espíritu de profecía,
se dirigieron a él y desearon saber
de él a dónde quería el Señor que
fueran en el desierto en busca de
sus hermanos que los lamanitas
se habían llevado cautivos.
6 Y ocurrió que Alma [a]preguntó
al Señor concerniente al asunto. Y
Alma volvió y les dijo: He aquí,
los lamanitas cruzarán el río Sidón en la tierra desierta del sur,
bien lejos, más allá de las fronteras de la tierra de Manti. Y he
aquí, allí los encontraréis, al este
del río Sidón, y allí el Señor os
entregará a vuestros hermanos
que los lamanitas han llevado
cautivos.
7 Y sucedió que Zoram y sus hijos cruzaron el río Sidón con sus
ejércitos y marcharon más allá de
las fronteras de Manti, en la tierra
desierta del sur que quedaba al
este del río Sidón.
8 Y embistieron a los ejércitos
de los lamanitas, y los lamanitas fueron esparcidos y echados
al desierto; y rescataron a sus
hermanos que los lamanitas se
habían llevado, y no se había perdido ni uno solo de los cautivos.
Y sus hermanos los llevaron para
que poseyeran sus propias tierras.
9 Y así terminó el año undécimo
de los jueces, y los lamanitas habían sido echados del país, y el
pueblo de Ammoníah había sido
[a]destruido; sí, toda alma viviente
de los ammoniahitas había sido
[b]destruida, y también su gran
ciudad, la cual decían que Dios
no podía destruir a causa de su
grandeza.
10 Mas he aquí que en un [a]solo
día quedó desolada; y los perros
y las bestias feroces del desierto
destrozaron los cadáveres.
11 Sin embargo, después de muchos días se amontonaron sus cadáveres sobre la faz de la tierra, y
los cubrieron superficialmente. Y
tan grande era la hediondez, que
por muchos años la gente no fue
a tomar posesión de la tierra de
Ammoníah. Y la llamaron la Desolación de los Nehores; porque
eran de la fe de [a]Nehor los que
perecieron; y sus tierras quedaron desoladas.
12 Y los lamanitas no volvieron
a la guerra contra los nefitas hasta
el año decimocuarto del gobierno
de los jueces sobre el pueblo de
Nefi. Y así, durante tres años, el
pueblo de Nefi gozó de continua
paz en toda la tierra.
13 Y Alma y Amulek salieron
a predicar el arrepentimiento al

6*a* Alma 43:23–24.
9*a* Alma 8:16; 9:18–24;
Morm. 6:15–22.
b Alma 25:1–2.
10*a* Alma 9:4.
11*a* Alma 1:15; 24:28–30.

pueblo en sus [a]templos, y en sus
santuarios, y también en sus [b]si-
nagogas, las cuales se habían
construido a la manera de los judíos.
14 Y comunicaban la palabra de
Dios sin cesar a cuantos querían
oírlos, y no hacían [a]acepción de
personas.
15 Y así salieron Alma, Amulek
y también muchos otros que habían sido elegidos para la obra,
a predicar la palabra en todo el
país. Y se generalizó el establecimiento de la iglesia por toda
la comarca, en toda la región circunvecina, entre todo el pueblo
de los nefitas.
16 Y [a]no había desigualdad entre
ellos; y el Señor derramó su Espíritu sobre toda la faz de la tierra
a fin de preparar la mente de los
hijos de los hombres, o sea, preparar sus [b]corazones para recibir
la palabra que se enseñaría entre
ellos en el día de su venida,
17 a fin de que no se endurecieran contra la palabra, para que no
fuesen incrédulos y procediesen a
la destrucción; sino que recibieran
la palabra con gozo, y que, como
[a]rama, fuesen injertados en la verdadera [b]vid para que entraran en
el [c]reposo del Señor su Dios.
18 Y los [a]sacerdotes que salieron
entre la gente predicaron contra toda mentira, y [b]engaños, y
[c]envidias, y contiendas, y malicia
y vituperios; y el hurto, el robo
el pillaje, el asesinato, la comisión de adulterio, y todo género
de lujuria, proclamando que tales
cosas no debían existir;
19 declarando las cosas que
pronto habían de acontecer; sí
proclamando la [a]venida del Hijo
de Dios, sus padecimientos y
muerte, y también la resurrección de los muertos.
20 Y muchos del pueblo preguntaron acerca del lugar donde
el Hijo de Dios había de venir; y
se les enseñó que se [a]aparecería
a ellos [b]después de su resurrección; y el pueblo oyó esto con
gran gozo y alegría.
21 Y después que la iglesia
quedó establecida por toda la
tierra —habiéndose logrado la
[a]victoria sobre el diablo, y predi-
cándose la palabra de Dios en su
pureza en toda la tierra y derramando el Señor sus bendiciones
sobre la gente— así terminó el
año decimocuarto del gobierno
de los jueces sobre el pueblo de
Nefi.

Una relación de los hijos de Mosíah, que renunciaron a sus derechos al reino por la palabra de
Dios y subieron a la tierra de Nefi
para predicar a los lamanitas; su

13*a* 2 Ne. 5:16.
b Alma 21:4–6, 20.
14*a* Alma 1:30.
16*a* Mos. 18:19–29; 4 Ne. 1:3.
b GEE Corazón quebrantado.
17*a* Jacob 5:24.
b GEE Viña del Señor.
c Alma 12:37; 13:10–13.
18*a* Alma 15:13.
b GEE Engañar, engaño.
c GEE Envidia.
19*a* GEE Jesucristo — Profecías acerca de la vida y la muerte de Jesucristo.
20*a* 2 Ne. 26:9; 3 Ne. 11:7–14.
b 1 Ne. 12:4–6.
21*a* Alma 15:17.

padecimientos y liberación, según
los anales de Alma.

Comprende los capítulos del 17 al 27.

CAPÍTULO 17

*Los hijos de Mosíah tienen el espíritu
de profecía y de revelación — Cada
cual va por su propio camino para
declarar la palabra a los lamanitas —
Ammón va a la tierra de Ismael y se
hace siervo del rey Lamoni — Ammón
salva los rebaños del rey y mata a los
enemigos de este junto a las aguas de
Sebús. Versículos 1–3, aproximadamente 77 a.C.; versículo 4, aproximadamente 91–77 a.C.; y versículos 5–39,
aproximadamente 91 a.C.*

Y ACONTECIÓ que mientras Alma
iba viajando hacia el sur, de la
tierra de Gedeón a la tierra de
Manti, he aquí, para asombro
suyo, [a]encontró a los [b]hijos de
Mosíah que viajaban hacia la tierra de Zarahemla.
2 Estos hijos de Mosíah estaban
con Alma en la ocasión en que el
ángel se le apareció por [a]primera
vez; por tanto, Alma se alegró muchísimo de ver a sus hermanos; y
lo que aumentó más su gozo fue
que aún eran sus hermanos en el
Señor; sí, y se habían fortalecido en
el conocimiento de la verdad; porque eran hombres de sano entendimiento, y habían [b]escudriñado
diligentemente las Escrituras para
conocer la palabra de Dios.
3 Mas esto no es todo; se habían
dedicado a mucha [a]oración y ayuno;
por tanto, tenían el espíritu de profecía y el espíritu de revelación, y
cuando [b]enseñaban, lo hacían con
poder y autoridad de Dios.
4 Y habían estado enseñando la
palabra de Dios entre los lamanitas por el espacio de catorce años,
y habían logrado mucho [a]éxito en
[b]traer a muchos al conocimiento
de la verdad; sí, por el poder de
sus palabras muchos fueron traídos ante el altar de Dios para invocar su nombre y [c]confesar sus
pecados ante él.
5 Y estas son las circunstancias
que los acompañaron en sus viajes,
pues pasaron muchas aflicciones;
padecieron mucho, tanto corpo-
ral como mentalmente, tal como
hambre, sed, fatiga y también se
[a]esforzaron mucho en el espíritu.
6 Ahora bien, estos fueron sus
viajes: Se [a]despidieron de su padre Mosíah en el primer año de
los jueces, después de haber [b]re-
husado el reino que su padre deseaba conferirles, y que también
era la voluntad del pueblo;
7 no obstante, partieron de la tierra de Zarahemla, y llevaron sus
espadas, y sus lanzas, sus arcos,
sus flechas y sus hondas; e hicieron
esto para proveerse de alimento
mientras estuvieran en el desierto.
8 Y así partieron para el desierto, con su grupo que habían

17 1*a* Alma 27:16.
b Mos. 27:34.
2*a* Mos. 27:11–17.
b GEE Escrituras.
3*a* GEE Ayunar, ayuno; Oración.
b GEE Enseñar — Enseñar con el Espíritu.
4*a* Alma 29:14.
b GEE Obra misional.
c GEE Confesar, confesión.
5*a* Alma 8:10.
6*a* Mos. 28:1, 5–9.
b Mos. 29:3.

escogido, para subir a la tierra de
Nefi a predicar la palabra de Dios
a los lamanitas.
9 Y sucedió que viajaron muchos días por el desierto, y ayunaron y [a]oraron mucho para que
el Señor concediera que una porción de su Espíritu los acompa-
ñase y estuviese con ellos, a fin
de que fuesen un [b]instrumento
en las manos de Dios para llevar
a sus hermanos, los lamanitas, si
posible fuese, al conocimiento de
la verdad, al conocimiento de la
depravación de las [c]tradiciones
de sus padres, las cuales no eran
correctas.
10 Y sucedió que el Señor los [a]vi-
sitó con su [b]Espíritu, y les dijo: Sed
[c]consolados; y fueron consolados.
11 Y les dijo también el Señor:
Id entre los lamanitas, vuestros
hermanos, y estableced mi palabra; empero seréis [a]pacientes en
las congojas y aflicciones, para
que les deis buenos ejemplos en
mí; y os haré instrumentos en mis
manos, para la salvación de muchas almas.
12 Y aconteció que se animaron los corazones de los hijos
de Mosíah, así como los que
estaban con ellos, para ir a los
lamanitas a declararles la palabra de Dios.
13 Y sucedió que cuando hubieron llegado a las fronteras de la
tierra de los lamanitas, se [a]sepa
raron unos de otros, confiand
en el Señor en que se volverían a
reunir al fin de su [b]cosecha; por
que creían que la obra que habían
emprendido era grande.
14 Y ciertamente era grande
porque habían emprendido la
predicación de la palabra de Dios
a un pueblo [a]salvaje, empeder
nido y feroz; un pueblo que se de
leitaba en asesinar a los nefitas, y
en robarles y despojarlos; y tenían
el corazón puesto en las rique
zas, o sea, en el oro, y la plata y
las piedras preciosas; sí, además
procuraban posesionarse de esta
cosas asesinando y despojando
para no tener que trabajar po
ellas con sus propias manos.
15 De modo que eran un puebl
muy indolente; muchos de ello
adoraban ídolos, y la [a]maldición
de Dios había caído sobre ellos a
causa de las [b]tradiciones de su
padres; sin embargo, las prome
sas del Señor se extendían a ello
mediante las condiciones del arre
pentimiento.
16 Por esta [a]causa, pues, fu
que los hijos de Mosíah habían
emprendido la obra, para qu
quizá los condujeran al arrepen
timiento; para que tal vez los tra
jeran al conocimiento del plan d
redención.
17 De manera que se separaro

9*a* Alma 25:17.
GEE Oración.
b Mos. 23:10;
Alma 26:3.
c Alma 3:10–12.
10*a* DyC 5:16.
b GEE Espíritu Santo.
c Alma 26:27.
11*a* Alma 20:29.
GEE Paciencia.
13*a* Alma 21:1.
b Mateo 9:37.
14*a* Mos. 10:12.
15*a* Alma 3:6–19;
3 Ne. 2:15–16.
b Alma 9:16–24; 18:5.
16*a* Mos. 28:1–3.

ınos de otros, y fueron entre
ellos, cada uno a solas, según la
palabra y poder de Dios que le
era concedido.
18 Ahora bien, siendo Ammón el
principal entre ellos, o más bien él
les ministraba, se separó de ellos
después de haberlos [a]bendecido
según sus varias circunstancias,
habiéndoles comunicado la palabra de Dios, o ministrado a ellos
antes de su partida; y así iniciaron
sus respectivos viajes por el país.
19 Y Ammón fue a la tierra de
Ismael, que así se llamaba por los
hijos de [a]Ismael, los cuales también se hicieron lamanitas.
20 Y al entrar Ammón en la tierra de Ismael, los lamanitas lo
tomaron y lo ataron como acos-
tumbraban atar a todos los nefitas
que caían en sus manos y llevarlos ante el rey; y así se dejaba al
gusto del rey matarlos, o retenerlos en el cautiverio, o echarlos en
la cárcel, o desterrarlos, según su
voluntad y placer.
21 Y así Ammón fue llevado ante
el rey que gobernaba en la tierra
de Ismael; y se llamaba Lamoni, y
era descendiente de Ismael.
22 Y el rey preguntó a Ammón
si era su deseo vivir en esa tierra
entre los lamanitas, o sea, entre
el pueblo del rey.
23 Y le dijo Ammón: Sí; deseo
morar entre este pueblo por algún tiempo; sí, y quizá hasta el
día que muera.
24 Y sucedió que el rey Lamoni
quedó muy complacido con
Ammón, e hizo que le soltaran las
ligaduras; y quería que él tomara
por esposa a una de sus hijas.
25 Mas le dijo Ammón: No, sino
seré tu siervo. Por tanto, Ammón
se hizo siervo del rey Lamoni. Y
sucedió que lo pusieron con otros
siervos para que cuidara los rebaños de Lamoni, según la costumbre de los lamanitas.
26 Y después de haber estado
tres días al servicio del rey, mientras iba con los siervos lamanitas,
llevando sus rebaños al abrevadero que se llamaba las aguas de
Sebús, y todos los lamanitas llevaban allí sus rebaños para que
bebieran,
27 de modo que mientras Ammón y los siervos del rey llevaban sus rebaños al abrevadero,
he aquí, un cierto número de
lamanitas, que ya habían estado
allí para abrevar sus rebaños, se
levantaron y dispersaron los rebaños de Ammón y los siervos
del rey, y los esparcieron de tal
modo que huyeron por todas
partes.
28 Entonces los siervos del
rey empezaron a murmurar, diciendo: Ahora el rey nos matará
como lo ha hecho con nuestros
hermanos, porque sus rebaños
fueron dispersados por la maldad
de estos hombres. Y empezaron
a llorar amargamente, diciendo:
¡He aquí, nuestros rebaños ya están esparcidos!
29 Y lloraban por temor a perder la vida. Ahora bien, cuando

18*a* GEE Bendecido, bendecir, bendición.
19*a* 1 Ne. 7:4–6.

Ammón vio esto, se le llenó de gozo el corazón, porque dijo: Manifestaré mi poder, o sea, el poder que está en mí, a estos mis consiervos, recogiendo estos rebaños para el rey, a fin de ganar el corazón de mis consiervos, para encaminarlos a creer en mis palabras.

30 Y tales eran los pensamientos de Ammón, al ver las aflicciones de aquellos a quienes él llamaba sus hermanos.

31 Y ocurrió que los alentó con sus palabras, diciendo: Hermanos míos, sed de buen ánimo, y vayamos a buscar los rebaños, y los recogeremos y los traeremos otra vez al abrevadero; y así preservaremos los rebaños del rey, y no nos matará.

32 Y sucedió que salieron a buscar los rebaños, y siguieron a Ammón; y corrieron con mucha ligereza y atajaron los rebaños del rey y los juntaron en el abrevadero otra vez.

33 Y aquellos hombres se dispusieron otra vez para esparcir sus rebaños; pero Ammón dijo a sus hermanos: Cercad los rebaños para que no huyan; yo voy a contender con estos hombres que dispersan nuestros rebaños.

34 Hicieron, por tanto, lo que Ammón les mandó, y él avanzó y se dispuso a contender con los que estaban cerca de las aguas de Sebús; y eran no pocos en número.

35 Por tanto, no temían a Ammón, porque suponían que uno de sus hombres podía matarlo a su gusto, pues no sabían que el Seño había prometido a Mosíah que [a]libraría a sus hijos de las manos de ellos; ni sabían nada en cuanto a Señor; por tanto, se deleitaban en la destrucción de sus hermanos y por esta razón avanzaron para esparcir los rebaños del rey.

36 Pero [a]Ammón se adelantó y empezó a arrojarles piedras con su honda; sí, con gran fuerza lanzó piedras contra ellos; y as mató a [b]cierto número de ellos de modo que empezaron a asombrarse de su poder; no obstante estaban enojados por causa de sus hermanos muertos, y estaban resueltos a hacerlo caer; viendo pues, que [c]no podían pegarle con sus piedras, avanzaron con maza para matarlo.

37 Mas he aquí, que con su espada Ammón le cortaba el brazo a todo el que levantaba la maz para herirlo; porque resistió su golpes, hiriéndoles los brazos con el filo de su espada, al grado qu empezaron a asombrarse y a hui delante de él; sí, y eran no poco en número; y los hizo huir por l fuerza de su brazo.

38 Y habían caído seis de ello por la honda, mas solo a su cabeci lla mató con la espada; y Ammó cortó cuantos brazos se levantaro contra él, y no fueron pocos.

39 Y cuando los hubo hech huir bastante lejos, regresó; dieron agua a sus rebaños, y lo

35*a* Mos. 28:7; Alma 19:22–23.
36*a* Éter 12:15.
b Alma 18:16.
c Alma 18:3.

llevaron otra vez a los pastos del
rey; y entonces se presentaron delante del rey llevando los brazos
que Ammón había cortado con su
espada, que eran los de aquellos
que intentaron matarlo; y los llevaron al rey como testimonio de
las cosas que habían hecho.

CAPÍTULO 18

El rey Lamoni supone que Ammón es el Gran Espíritu — Ammón enseña al rey acerca de la Creación, los tratos de Dios con los hombres y la redención que viene por medio de Cristo — Lamoni cree y cae a tierra como si estuviera muerto. Aproximadamente 90 a.C.

Y ACONTECIÓ que el rey Lamoni
hizo que sus siervos se presen-
taran y testificaran de todas las
cosas que habían visto concernientes al asunto.
2 Y cuando todos hubieron dado
testimonio de lo que habían presenciado, y el rey se enteró de la
fidelidad de Ammón al defender sus rebaños, y también de
su gran poder en luchar contra
aquellos que trataron de matarlo,
se asombró en extremo y dijo: Se-
guramente es algo más que un
hombre. He aquí, ¿no será este
el Gran Espíritu, que envía tan
grandes castigos sobre este pueblo por motivo de sus asesinatos?
3 Y respondieron ellos al rey, y
dijeron esto: Si es el Gran Espíritu
o un hombre, no sabemos; mas
esto sí sabemos, que los enemigos del rey [a]no lo pueden matar;
ni pueden esparcir los rebaños
del rey cuando él se halla con nosotros, por causa de su destreza y
gran fuerza; por tanto, sabemos
que es amigo del rey. Y ahora bien,
¡oh rey!, no creemos que un hombre tenga tanto poder, pues sabemos que no se le puede matar.
4 Y cuando el rey oyó estas palabras, les dijo: Ahora sé que es el
Gran Espíritu; y ha descendido en
esta ocasión para preservar vuestras
vidas, a fin de que [a]no os matara
como lo hice con vuestros hermanos. Este es el Gran Espíritu de
quien han hablado nuestros padres.
5 Y esta era la tradición de Lamoni, la cual había recibido de su
padre, que había un [a]Gran Espíritu. Pero a pesar de que creían
que había un Gran Espíritu, suponían que todo lo que hacían
era justo; no obstante, Lamoni
empezó a temer en sumo grado
por miedo de haber hecho mal
con matar a sus siervos;
6 pues había quitado la vida a
muchos de ellos porque sus hermanos les habían dispersado sus
rebaños en el abrevadero; y porque les habían esparcido sus rebaños fueron muertos.
7 Y era la costumbre de estos
lamanitas colocarse cerca de las
aguas de Sebús para esparcir los
rebaños del pueblo, y así llevarse a su propia tierra muchos
de los que eran esparcidos, pues

18 3a Alma 17:34–38.
4a Alma 17:28–31.
5a Alma 19:25–27.
GEE Trinidad.

entre ellos era una manera de
robar.
8 Y sucedió que el rey Lamoni
preguntó a sus siervos, diciendo:
¿En dónde está este hombre que
tiene tan grande poder?
9 Y le dijeron: He aquí, está
dando de comer a tus caballos.
Ahora bien, antes que salieran
a abrevar sus rebaños, el rey había mandado a sus siervos que
prepararan sus caballos y carros
y lo llevaran a la tierra de Nefi;
porque el padre de Lamoni, que
era el rey de toda esa tierra, había mandado preparar una gran
fiesta en la tierra de Nefi.
10 Y cuando oyó el rey Lamoni
que Ammón estaba preparando
sus caballos y sus carros, se asombró más a causa de la fidelidad de
Ammón, y dijo: Ciertamente no
ha habido entre todos mis siervos ninguno que haya sido tan
fiel como este hombre; pues se
acuerda de todas mis órdenes
para ejecutarlas.
11 Ahora de seguro sé que es el
Gran Espíritu, y quisiera que viniese a verme, pero no me atrevo.
12 Y aconteció que cuando hubo
alistado los caballos y los carros
para el rey y sus siervos, Ammón
entró en donde estaba el rey, y observó que el semblante del rey había cambiado; por tanto, estaba a
punto de retirarse de su presencia.
13 Y le dijo uno de los siervos
del rey: Rabbánah, que interpretado significa poderoso o gran
rey, pues consideraban que su
reyes eran poderosos; y por es
le dijo: Rabbánah, el rey dese
que te quedes.
14 De modo que Ammón se vol
vió hacia el rey y le dijo: ¿Qué quie
res que haga por ti, oh rey? Mas e
rey no le contestó por el espacio d
una hora, según el tiempo de ellos
porque no sabía qué decirle.
15 Y sucedió que Ammón le dij
otra vez: ¿Qué deseas de mí? Ma
el rey no le contestó.
16 Y aconteció que Ammón, es
tando lleno del Espíritu de Dios
percibió los [a]pensamientos de
rey. Y le dijo: ¿Es porque has oíd
que defendí a tus siervos y tu
rebaños, y maté a siete de su
hermanos con la honda y con l
espada, y les corté los brazos
otros, a fin de defender tus re
baños y tus siervos? ¿He aquí
es esto lo que causa tu asombro
17 Yo te digo: ¿A qué se deb
que te maravilles tanto? He aquí
soy un hombre, y soy tu sierv
por tanto, cualquier cosa que de
sees, que sea justa, yo la haré.
18 Y cuando el rey hubo oíd
estas palabras, se maravilló d
nuevo, porque vio que Ammó
podía [a]discernir sus pensamien
tos; mas no obstante, el rey La
moni abrió su boca, y le dij
¿Quién eres? ¿Eres tú ese Gra
Espíritu que [b]sabe todas las cosas
19 Le respondió Ammón, y dij
No lo soy.
20 Y dijo el rey: ¿Cómo sabe

16*a* Alma 12:3.
18*a* GEE Discernimiento, don de.
b GEE Trinidad.

los pensamientos de mi corazón? Puedes hablar sin temor y decirme concerniente a estas cosas; y dime, también, con qué poder mataste y cortaste los brazos a mis hermanos que esparcieron mis rebaños.
21 Ahora bien, si me explicas concerniente a estas cosas, te daré cuanto deseares; y si necesario fuere, te protegeré con mis ejércitos; pero sé que eres más poderoso que todos ellos; no obstante, te concederé cuanto de mí desees.
22 Entonces Ammón, siendo prudente pero sin malicia, dijo a Lamoni: ¿Escucharás mis palabras, si te digo mediante qué poder hago estas cosas? Esto es lo que de ti deseo.
23 Y le respondió el rey, y dijo: Sí, creeré todas tus palabras. Y así ingeniosamente lo [a]comprometió.
24 Y Ammón empezó a hablarle [a]osadamente, y le dijo: ¿Crees que hay un Dios?
25 Y él respondió, y le dijo: Ignoro lo que eso significa.
26 Y entonces dijo Ammón: ¿Crees tú que existe un Gran Espíritu?
27 Y él contestó: Sí.
28 Y dijo Ammón: Este es Dios. Y dijo de nuevo Ammón: ¿Crees que este Gran Espíritu, que es Dios, creó todas las cosas que hay en el cielo y en la tierra?
29 Y él dijo: Sí, creo que ha creado todas las cosas que hay sobre la tierra; mas no sé de los cielos.
30 Y le dijo Ammón: El cielo es un lugar donde moran Dios y todos sus santos ángeles.
31 Y el rey Lamoni dijo: ¿Está por encima de la tierra?
32 Y dijo Ammón: Sí, y su mirada está sobre todos los hijos de los hombres; y conoce todos los [a]pensamientos e intenciones del corazón; porque por su mano todos fueron creados desde el principio.
33 Y dijo el rey Lamoni: Creo todas estas cosas que has hablado. ¿Eres enviado por Dios?
34 Y Ammón le dijo: Soy un hombre; y en el principio el [a]hombre fue creado a imagen de Dios; y su Santo Espíritu me ha llamado para [b]enseñar estas cosas a los de este pueblo, a fin de que lleguen al conocimiento de lo que es justo y verdadero;
35 y mora en mí parte de ese [a]Espíritu, el cual me da [b]conocimiento, y también poder, de conformidad con mi fe y mis deseos que están en Dios.
36 Y cuando Ammón hubo dicho estas palabras, empezó por la creación del mundo, y también la creación de Adán; y le declaró todas las cosas concernientes a la caída del hombre, y le [a]repitió y explicó los anales y las Santas [b]Escrituras del pueblo,

23*a* Y así ingeniosamente Ammón lo comprometió.
24*a* Alma 38:12.
32*a* Amós 4:13; 3 Ne. 28:6; DyC 6:16.
34*a* Mos. 7:27; Éter 3:13–16.
b GEE Enseñar — Enseñar con el Espíritu.
35*a* GEE Inspiración, inspirar.
b GEE Conocimiento.
36*a* Mos. 1:4; Alma 22:12; 37:9.
b GEE Escrituras.

las cuales los [c]profetas habían declarado, aun hasta la época en que su padre Lehi salió de Jerusalén.
37 Y también les relató (porque se dirigía al rey y a sus siervos) todos los viajes de sus padres por el desierto, y todos sus padecimientos de hambre y sed, y sus afanes, etcétera.
38 Y les refirió también concerniente a las rebeliones de Lamán y Lemuel y los hijos de Ismael, sí, les relató todas sus rebeliones; y les explicó todos los anales y las Escrituras, desde la época en que Lehi salió de Jerusalén hasta entonces.
39 Mas eso no es todo; porque les explicó el [a]plan de redención que fue preparado desde la fundación del mundo; y también les hizo saber concerniente a la venida de Cristo, y les dio a conocer todas las obras del Señor.
40 Y sucedió que después que hubo dicho todas estas cosas, y las explicó al rey, este creyó todas sus palabras;
41 y empezó a clamar al Señor, diciendo: ¡Oh Señor, ten misericordia! ¡Según tu abundante [a]misericordia que has tenido para con el pueblo de Nefi, tenla para mí y mi pueblo!
42 Y cuando hubo dicho esto, cayó a tierra como si estuviera muerto.
43 Y aconteció que sus siervos lo levantaron y lo llevaron a su esposa, y lo tendieron sobre una cama; y permaneció como si estuviera muerto por el espacio de dos días y dos noches; y su esposa y sus hijos e hijas lloraron por él según la costumbre de los lamanitas, lamentando en extremo su pérdida.

CAPÍTULO 19

Lamoni recibe la luz de la vida sempiterna y ve al Redentor — Los de su casa caen a tierra dominados por el Espíritu y muchos de ellos ven ángeles — Ammón es preservado milagrosamente — Bautiza a muchos y establece una iglesia entre ellos. Aproximadamente 90 a.C.

Y SUCEDIÓ que después de dos días y dos noches, estaban ya para llevar su cuerpo y ponerlo en un sepulcro que habían hecho con el fin de sepultar a sus muertos.
2 Y la reina, habiendo oído de la fama de Ammón, le mandó decir que deseaba que él fuera a verla.
3 Y ocurrió que Ammón hizo lo que se le mandó, y entró a ver a la reina y le preguntó qué deseaba que él hiciera.
4 Y le dijo ella: Los siervos de mi marido me han hecho saber que eres un [a]profeta de un Dios Santo, y que tienes el poder de hacer muchas obras grandes en su nombre.
5 Por tanto, si tal es el caso, quisiera que fueses a ver a mi marido, porque ha estado tendido en su cama por el espacio de dos días y dos noches; y dicen

36*c* Hech. 3:18–21.
39*a* GEE Plan de redención.
41*a* GEE Misericordia, misericordioso.
19 4*a* GEE Profeta.

algunos que no está muerto, pero otros afirman que está muerto, y que hiede, y que debería ser sepultado; mas según mi parecer no hiede.

6 Y esto era lo que Ammón deseaba, pues sabía que el rey Lamoni se hallaba bajo el poder de Dios; sabía que el obscuro [a]velo de incredulidad se estaba disipando de su mente, y la [b]luz que iluminaba su mente, que era la luz de la gloria de Dios, que era una maravillosa luz de su bondad, sí, esta luz había infundido tal gozo en su alma, que la nube de obscuridad se había desvanecido, y la luz de la vida sempiterna se había encendido dentro de su alma; sí, sabía que esto había dominado el cuerpo natural del rey, y que había sido transportado en Dios.

7 Por tanto, esto que la reina le solicitó era lo único que él deseaba. Así pues, entró para ver al rey según lo que la reina había deseado de él; y vio al rey, y supo que no estaba muerto.

8 Y dijo a la reina: No está muerto, sino que duerme en Dios, y mañana se levantará otra vez; por tanto, no lo enterréis.

9 Y le dijo Ammón: ¿Crees tú esto? Y ella le dijo: No tengo más testimonio que tu palabra y la palabra de nuestros siervos; no obstante, creo que se hará según lo que has dicho.

10 Y le dijo Ammón: Bendita eres por tu fe excepcional; y te digo, mujer, que nunca ha habido tan grande [a]fe entre todo el pueblo nefita.

11 Y sucedió que ella veló cerca de la cama de su marido, desde ese momento hasta la hora del día siguiente que Ammón había señalado para que él se levantara.

12 Y sucedió que se levantó, según las palabras de Ammón; y al levantarse, extendió la mano hacia la mujer, y le dijo: ¡Bendito sea el nombre de Dios, y bendita eres tú!

13 Porque ciertamente como tú vives, he aquí, he visto a mi Redentor; y vendrá, y [a]nacerá de una [b]mujer, y redimirá a todo ser humano que crea en su nombre. Y cuando hubo dicho estas palabras, se le hinchió el corazón, y cayó otra vez de gozo; y cayó también la reina, dominada por el Espíritu.

14 Y viendo Ammón que el Espíritu del Señor se derramaba, según sus [a]oraciones, sobre los lamanitas, sus hermanos, que habían sido la causa de tanta tristeza entre los nefitas, o sea, entre todo el pueblo de Dios, por motivo de sus iniquidades y de sus [b]tradiciones, cayó él de rodillas y empezó a derramar su alma en oración y acción de gracias a Dios por lo que había hecho por sus hermanos; y también

6*a* 2 Cor. 4:3–4.
GEE Velo.
b GEE Luz, luz de Cristo.
10*a* Lucas 7:9.
GEE Fe.
13*a* GEE Jesucristo — Profecías acerca de la vida y la muerte de Jesucristo.
b 1 Ne. 11:13–21.
14*a* DyC 42:14.
b Mos. 1:5.

cayó, dominado de [c]gozo; de modo que los tres habían [d]caído a tierra.

15 Ahora bien, cuando los siervos del rey vieron que habían caído, empezaron también a clamar a Dios, porque el temor del Señor se había apoderado de ellos también, pues eran [a]los que se habían presentado delante del rey y le habían testificado del gran poder de Ammón.

16 Y sucedió que invocaron con ahínco el nombre del Señor, hasta que todos hubieron caído a tierra, salvo una mujer lamanita cuyo nombre era Abish, la cual se había convertido al Señor muchos años antes a causa de una notable visión de su padre;

17 de modo que se había convertido al Señor, y nunca lo había dado a conocer. Por tanto, cuando vio que todos los siervos de Lamoni habían caído a tierra, y que también su ama, la reina, y el rey y Ammón se hallaban caídos en el suelo, supo que era el poder de Dios, y pensando que esa oportunidad de hacer saber a la gente lo que había sucedido entre ellos, y que el contemplar aquella escena los [a]haría creer en el poder de Dios, corrió, pues, de casa en casa, haciéndolo saber al pueblo.

18 Y empezaron a juntarse en la casa del rey. Y vino una multitud, y para su asombro, vieron caídos en tierra al rey y a la reina y sus siervos; y todos yacían allí como si estuvieran muertos; y también vieron a Ammón, y he aquí, era nefita.

19 Y comenzó la gente a murmurar entre sí, diciendo algunos que era un gran mal que había caído sobre ellos o sobre el rey y su casa, porque él había permitido que el nefita [a]permaneciera en la tierra.

20 Mas otros los reprendieron diciendo: El rey ha traído este mal sobre su casa porque mató a sus siervos cuyos rebaños habían sido dispersados en las [a]aguas de Sebús.

21 Y también los reprendieron aquellos hombres que habían estado en las aguas de Sebús y habían [a]esparcido los rebaños que pertenecían al rey; porque estaban enfurecidos con Ammón a causa del número de sus hermanos que él había matado en las aguas de Sebús, mientras defendía los rebaños del rey.

22 Y uno de ellos, cuyo hermano había [a]caído por la espada de Ammón, enojado en extremo con este, sacó su espada y avanzó para dejarla caer sobre Ammón, a fin de matarlo; y al levantar la espada para herirlo, he aquí, cayó muerto.

23 Así vemos que a Ammón no se le podía matar, porque el [a]Señor había dicho a Mosíah, su

14*c* GEE Gozo.
d Alma 27:17.
15*a* Alma 18:1–2.
17*a* Mos. 27:14.
19*a* Alma 17:22–23.
20*a* Alma 17:26; 18:7.
21*a* Alma 17:27; 18:3.
22*a* Alma 17:38.
23*a* Mos. 28:7; Alma 17:35.

padre: Lo protegeré, y será hecho con él según tu fe; por tanto,
Mosíah lo [b]encomendó al Señor.
24 Y sucedió que cuando la
multitud vio que el hombre que
levantó la espada para matar
a Ammón había caído muerto,
el terror se apoderó de ellos, y
no se atrevieron a extender la
mano para tocarlo, ni a ninguno
de aquellos que habían caído; y
empezaron a maravillarse nuevamente entre sí acerca de cuál sería
la causa de ese gran poder, o qué
significarían todas aquellas cosas.
25 Y aconteció que hubo muchos entre ellos que dijeron que
Ammón era el [a]Gran Espíritu, y
otros decían que lo había enviado
el Gran Espíritu;
26 pero otros los reprendían a
todos, diciendo que era un monstruo enviado por los nefitas para
atormentarlos.
27 Y había algunos que decían
que el Gran Espíritu había enviado a Ammón para afligirlos
por causa de sus iniquidades; y
que era el Gran Espíritu que siempre había atendido a los nefitas,
que siempre los había librado
de sus manos; y decían que ese
Gran Espíritu era el que había
destruido a tantos de sus hermanos, los lamanitas.
28 Y así la contención entre ellos
empezó a ser sumamente acalorada. Y mientras así se hallaban
contendiendo, llegó la [a]criada que
había hecho que se reuniera la
multitud, y cuando vio la contención que había entre ellos, se contristó hasta derramar lágrimas.
29 Y sucedió que fue y tomó a
la reina de la mano, para tal vez
levantarla del suelo; y en cuanto
le tocó la mano, ella se puso de
pie y clamó en alta voz, diciendo:
¡Oh bendito Jesús, que me ha salvado de un [a]terriblc infierno! ¡Oh
Dios bendito, ten [b]misericordia de
este pueblo!
30 Y cuando hubo dicho esto,
trabó las manos, rebosando de
gozo y hablando muchas palabras
que no fueron comprendidas; y
hecho esto, tomó de la mano al
rey Lamoni, y he aquí, este se levantó y se puso en pie.
31 Y en el acto, viendo él la contención entre los de su pueblo,
se adelantó y empezó a repren-
derlos y a enseñarles las [a]pala-
bras que había oído de la boca
de Ammón; y cuantos oyeron sus
palabras creyeron y se convirtieron al Señor.
32 Pero hubo muchos entre
ellos que no quisieron oír sus
palabras; por tanto, siguieron
su camino.
33 Y aconteció que cuando Ammón se levantó, también él les
ministró, y lo mismo hicieron
todos los siervos de Lamoni; y
todos declararon al pueblo la
misma cosa: Que había habido
un [a]cambio en sus corazones, y

23*b* GEE Confianza, confiar.
25*a* Alma 18:2–5.
28*a* Alma 19:16.
29*a* 1 Ne. 14:3.
b GEE Misericordia, misericordioso.
31*a* Alma 18:36–39.
33*a* GEE Nacer de Dios, nacer de nuevo.

que ya no tenían más deseos de
hacer lo [b]malo.
34 Y he aquí, muchos declararon
al pueblo que habían visto [a]ángeles y habían conversado con ellos;
y así les habían hablado acerca de
Dios y de su justicia.
35 Y sucedió que hubo muchos
que creyeron en sus palabras; y
cuantos creyeron, fueron [a]bautizados; y se convirtieron en un
pueblo justo, y establecieron una
iglesia entre ellos.
36 Y así se inició la obra del
Señor entre los lamanitas; así
empezó el Señor a derramar su
Espíritu sobre ellos; y vemos
que su brazo se extiende a [a]todo
pueblo que quiera arrepentirse y
creer en su nombre.

CAPÍTULO 20

El Señor envía a Ammón a Middoni para que libre a sus hermanos encarcelados — Ammón y Lamoni se encuentran con el padre de Lamoni, que es rey de toda esa tierra — Ammón obliga al anciano rey a aprobar la liberación de sus hermanos. Aproximadamente 90 a.C.

Y SUCEDIÓ que después que hubieron establecido una iglesia en esa tierra, el rey Lamoni deseó que Ammón lo acompañara a la tierra de Nefi, para presentarlo a su padre.
2 Y la voz del Señor llegó a Ammón, diciendo: No subirás a la
tierra de Nefi, pues he aquí, el
rey tratará de quitarte la vida;
pero irás a la tierra de Middoni;
pues he aquí, tu hermano Aarón
y también Muloki y Amma se hallan en la cárcel.
3 Y aconteció que cuando hubo
oído esto, Ammón dijo a Lamoni:
He aquí, mi hermano y mis compañeros se hallan encarcelados
en Middoni, y voy para libertarlos.
4 Entonces Lamoni le dijo a Ammón: Sé que con la [a]fuerza del
Señor puedes hacer todas las cosas. Mas he aquí, iré contigo a la
tierra de Middoni, porque el rey
de esa tierra, cuyo nombre es Antiomno, es mi amigo; por tanto,
voy a la tierra de Middoni para
congraciarme con el rey, y él sacará a tus hermanos de la [b]cárcel.
Luego le dijo Lamoni: ¿Quién te
dijo que tus hermanos estaban
encarcelados?
5 Y Ammón le dijo: Nadie me
lo ha dicho sino Dios; y me dijo:
Ve y libra a tus hermanos, porque
están en la cárcel en la tierra de
Middoni.
6 Y cuando Lamoni hubo oído
esto, hizo que sus siervos alistaran sus [a]caballos y sus carros.
7 Y dijo a Ammón: Ven, iré contigo a la tierra de Middoni, y allí
abogaré con el rey para que saque
a tus hermanos de la cárcel.
8 Y acaeció que mientras
Ammón y Lamoni se dirigían
allá, encontraron al padre de

33*b* Mos. 5:2; Alma 13:12.
34*a* GEE Ángeles.
35*a* GEE Bautismo, bautizar.
36*a* 2 Ne. 26:33; Alma 5:33.
20 4*a* Alma 26:12.
b Alma 20:28–30.
6*a* Alma 18:9–10.

Lamoni, que era rey [a]de toda esa tierra.

9 Y he aquí, el padre de Lamoni le dijo: ¿Por qué no concurriste a la [a]fiesta el gran día en que festejé a mis hijos y a mi pueblo?

10 Y también dijo: ¿Adónde vas con este nefita, que es uno de los hijos de un [a]mentiroso?

11 Y aconteció que Lamoni le dijo adonde iba, porque tenía miedo de ofenderlo.

12 Y también le explicó la causa de su demora en su propio reino, por lo que no había asistido a la fiesta que su padre había preparado.

13 Y cuando Lamoni le hubo dicho todas estas cosas, he aquí, para asombro de él, su padre se enojó con él y dijo: Lamoni, vas a librar a estos nefitas que son hijos de un embustero. He aquí, él robó a nuestros padres; y ahora sus hijos han venido también entre nosotros a fin de engañarnos con sus astucias y sus mentiras, para despojarnos otra vez de nuestros bienes.

14 Luego el padre de Lamoni le ordenó que matara a Ammón con la espada. Y también le mandó que no fuera para la tierra de Middoni, sino que volviera con él a la tierra de [a]Ismael.

15 Mas le dijo Lamoni: No mataré a Ammón, ni volveré a la tierra de Ismael, sino que iré a la tierra de Middoni para librar a los hermanos de Ammón, porque sé que son hombres justos y profetas santos del Dios verdadero.

16 Y cuando su padre hubo oído estas palabras, se enojó con él y sacó su espada para derribarlo a tierra.

17 Pero Ammón se adelantó, y le dijo: He aquí, no matarás a tu hijo; no obstante, [a]mejor sería que él cayera y no tú; porque he aquí, él se ha [b]arrepentido de sus pecados; mas si tú, en este momento cayeses en tu ira, tu alma no podría ser salva.

18 Y conviene, además, que te reprimas; porque si [a]mataras a tu hijo, siendo él inocente, su sangre clamaría desde el suelo al Señor su Dios, para que la venganza cayera sobre ti; y tal vez perderías tu [b]alma.

19 Y cuando Ammón le hubo dicho estas palabras, aquel respondió, diciendo: Sé que si yo matase a mi hijo, derramaría sangre inocente; porque eres tú quien has tratado de destruirlo.

20 Y extendió su mano para matar a Ammón; pero este le resistió sus golpes, y además le hirió el brazo de manera que no pudo hacer uso de él.

21 Y cuando el rey vio que Ammón podía matarlo, empezó a suplicarle que le perdonara la vida.

22 Pero Ammón levantó su espada y le dijo: He aquí, te heriré a menos que me concedas que saquen a mis hermanos de la prisión.

8*a* Alma 22:1.
9*a* Alma 18:9.
10*a* Mos. 10:12–17.
14*a* Alma 17:19.
17*a* Alma 48:23.
b Alma 19:12–13.
18*a* GEE Asesinato.
b DyC 42:18.

23 Entonces el rey, temiendo perder la vida, dijo: Si me perdonas la vida, te concederé cuanto me pidas, hasta la mitad del reino.

24 Y cuando Ammón vio que había hecho según su voluntad con el anciano rey, le dijo: Si concedes que mis hermanos sean sacados de la prisión, y también que Lamoni retenga su reino, y que ya no estés enojado con él, sino que le permitas obrar según sus propios deseos en [a]cualquier cosa que él considere, entonces te perdonaré la vida; de otro modo, te derribaré a tierra.

25 Y cuando Ammón hubo dicho estas palabras, empezó el rey a alegrarse a causa de su vida.

26 Y cuando vio que Ammón no tenía ningún deseo de destruirlo, y cuando vio también el gran amor que tenía por su hijo Lamoni, se asombró en sumo grado, y dijo: Porque todo lo que has deseado es que libre a tus hermanos y permita que mi hijo Lamoni retenga su reino, he aquí, te concederé que mi hijo retenga su reino desde ahora y para siempre; y no lo gobernaré más.

27 Y te concederé también que tus hermanos sean sacados de la cárcel, y que tú y tus hermanos vengáis a verme en mi reino, porque tendré muchos deseos de verte. Pues el rey estaba sumamente asombrado de las palabras que Ammón había hablado, así como de las palabras que había hablado su hijo Lamoni; por tanto, estaba [a]deseoso de aprenderlas.

28 Y aconteció que Ammón y Lamoni prosiguieron su viaje hacia la tierra de Middoni. Y Lamoni halló gracia a los ojos del rey de esa tierra; por tanto, sacaron de la prisión a los hermanos de Ammón.

29 Y cuando Ammón los vio, se entristeció mucho, porque he aquí, se hallaban desnudos y tenían la piel sumamente excoriada, por haber estado atados con fuertes cuerdas; y también habían padecido hambre, sed y toda clase de aflicciones; sin embargo, fueron [a]pacientes en todos sus sufrimientos.

30 Pues resultó que fue su suerte haber caído en manos de gente más obstinada y más dura de cerviz; por tanto, no quisieron hacer caso de sus palabras, y los habían expulsado, y los habían golpeado, y echado de casa en casa y de lugar en lugar hasta que llegaron a la tierra de Middoni; y allí los aprehendieron y echaron en la cárcel, y los ataron con [a]fuertes cuerdas, y los tuvieron encarcelados muchos días, y fueron librados por Lamoni y Ammón.

Una relación de la predicación de Aarón y Muloki y sus compañeros entre los lamanitas.

Comprende los capítulos del 21 al 25.

24*a* Alma 21:21–22.
27*a* GEE Humildad, humilde, humillar (afligir).
29*a* Alma 17:11.
30*a* Alma 26:29.

CAPÍTULO 21

Aarón enseña a los amalekitas acerca de Cristo y Su expiación — Aarón y sus hermanos son encarcelados en Middoni — Después de ser librados, enseñan en las sinagogas y logran convertir a muchas personas — Lamoni concede la libertad religiosa al pueblo en la tierra de Ismael. Aproximadamente 90–77 a.C.

AHORA bien, cuando Ammón y sus hermanos se [a]separaron en las fronteras de la tierra de los lamanitas, he aquí que Aarón emprendió su viaje a la tierra que los lamanitas llamaban Jerusalén, nombre dado en memoria del país natal de sus padres; y se encontraba allá, en las fronteras de Mormón.

2 Y los lamanitas, los amalekitas y el pueblo de [a]Amulón habían edificado una gran ciudad que se llamaba Jerusalén.

3 Ahora bien, los lamanitas eran de por sí bastante obstinados, mas los amalekitas y los amulonitas lo eran aún más; por tanto, hicieron endurecer el corazón de los lamanitas para que aumentaran en la maldad y en sus abominaciones.

4 Y sucedió que Aarón llegó a la ciudad de Jerusalén, y primero empezó a predicar a los amalekitas. Y comenzó a predicarles en sus sinagogas, pues habían edificado sinagogas según la [a]orden de los nehores; porque muchos de los amalekitas y de los amulonitas pertenecían a la orden de los nehores.

5 Por tanto, al entrar Aarón en una de sus sinagogas para predicar a la gente, y mientras les estaba hablando, he aquí, se levantó un amalekita y empezó a contender con él, diciendo: ¿Qué es eso que has testificado? ¿Has visto tú a un [a]ángel? ¿Por qué a nosotros no se nos aparecen ángeles? He aquí, ¿no es esta gente tan buena como la tuya?

6 También dices que a menos que nos arrepintamos, pereceremos. ¿Cómo es que sabes tú el pensamiento e intención de nuestros corazones? ¿Cómo sabes que tenemos de qué arrepentirnos? ¿Cómo sabes que no somos un pueblo justo? He aquí, hemos edificado santuarios, y nos reunimos para adorar a Dios. Creemos por cierto que Dios salvará a todos los hombres.

7 Entonces le dijo Aarón: ¿Crees que el Hijo de Dios vendrá para redimir al género humano de sus pecados?

8 Y le dijo el hombre: No creemos que sepas tal cosa. No creemos en estas insensatas tradiciones. No creemos que tú sepas de [a]cosas futuras, ni tampoco creemos que tus padres ni nuestros padres supieron concerniente a

21 1*a* Alma 17:13, 17.
2*a* Mos. 24:1; Alma 25:4–9.
4*a* Alma 1:2–15.
5*a* Mos. 27:11–15.
8*a* Jacob 7:1–8.

las cosas que hablaron, de lo que está por venir.

9 Y Aarón empezó a explicarles las Escrituras concernientes a la venida de Cristo y también la resurrección de los muertos; y que [a]no habría redención para la humanidad, salvo que fuese por la muerte y padecimientos de Cristo, y la [b]expiación de su sangre.

10 Y aconteció que al empezar a explicarles estas cosas, se enojaron con él y empezaron a hacerle burla; y no quisieron escuchar las palabras que hablaba.

11 Por tanto, cuando vio que no querían oír sus palabras, salió de la sinagoga y llegó a una aldea que se llamaba Ani-Anti, y allí encontró a Muloki, predicándoles la palabra; y también a Amma y sus hermanos. Y contendieron con muchos sobre la palabra.

12 Y aconteció que vieron que los del pueblo endurecían sus corazones; por tanto, partieron y llegaron a la tierra de Middoni; y predicaron la palabra a muchos, y pocos creyeron en las palabras que enseñaban.

13 Sin embargo, Aarón y cierto número de sus hermanos fueron aprehendidos y encarcelados; y los demás huyeron de la tierra de Middoni a las regiones inmediatas.

14 Y los que fueron encarcelados [a]padecieron muchas cosas; y fueron librados por la intervención de Lamoni y Ammón, y fueron alimentados y vestidos.

15 Y salieron otra vez para declarar la palabra; y así fueron librados de la cárcel por primera vez; y así habían padecido.

16 E iban por dondequiera que los guiaba el [a]Espíritu del Señor, predicando la palabra de Dios en toda sinagoga de los amalekitas, o en toda asamblea de los lamanitas, en donde los admitían.

17 Y sucedió que el Señor empezó a bendecirlos de tal modo que llevaron a muchos al conocimiento de la verdad; sí, [a]convencieron a muchos de que habían pecado, y de que las tradiciones de sus padres no eran correctas.

18 Y aconteció que Ammón y Lamoni volvieron de la tierra de Middoni a la tierra de Ismael, que era la tierra de su herencia.

19 Y el rey Lamoni no quiso permitir que Ammón lo sirviera ni que fuera su siervo,

20 sino que hizo edificar sinagogas en la tierra de Ismael; e hizo que se reunieran los de su pueblo, o sea, aquellos a quienes él gobernaba.

21 Y se regocijó en ellos y les enseñó muchas cosas. Y también les declaró que eran un pueblo que se hallaba bajo la autoridad de él, y que eran un pueblo libre; que se hallaban libres de las opresiones del rey, su padre; porque su padre le había

9*a* Mos. 5:8; Alma 38:9.
b GEE Expiación, expiar.
14*a* Alma 20:29.
16*a* Alma 22:1.
17*a* DyC 18:44.

concedido que gobernara al pueblo
que se hallaba en la tierra de Ismael
y en toda la región circunvecina.
22 Y también les declaró que go-
zarían de la [a]libertad de adorar al
Señor su Dios según sus deseos,
en cualquier lugar en que estuvieran, si este se encontraba en la
tierra que estaba bajo la autoridad
del rey Lamoni.
23 Y Ammón predicó al pueblo del rey Lamoni; y aconteció
que les enseñó todas las cosas
concernientes a la rectitud. Y los
exhortaba diariamente con toda
diligencia, y ellos prestaban atención a su palabra, y eran celosos
en guardar los mandamientos
de Dios.

CAPÍTULO 22

Aarón enseña al padre de Lamoni acerca de la Creación, la Caída de Adán y el plan de redención por medio de Cristo — El rey y todos los de su casa se convierten — Se explica la forma en que se dividía la tierra entre los nefitas y los lamanitas. Aproximadamente 90–77 a.C.

Y AHORA bien, mientras Ammón
así enseñaba al pueblo de Lamoni continuamente, volveremos a la historia de Aarón y sus
hermanos; porque después que
partió de la tierra de Middoni,
el Espíritu lo [a]guio a la tierra de
Nefi hasta la casa del rey que
gobernaba toda esa tierra, [b]salvo
la tierra de Ismael; y era el padre
de Lamoni.
2 Y sucedió que entró a verlo en
el palacio del rey, con sus hermanos, y se inclinó delante del rey,
y le dijo: He aquí, ¡oh rey!, somos
los hermanos de Ammón, a quienes tú has [a]librado de la cárcel.
3 Y ahora, ¡oh rey!, si tú nos concedes la vida, seremos tus siervos.
Y les dijo el rey: Levantaos, porque os concederé vuestras vidas,
y no permitiré que seáis mis siervos; pero sí insistiré en que me
ministréis, porque mi mente ha
estado algo perturbada por razón
de la generosidad y grandeza de
las palabras de vuestro hermano
Ammón; y deseo saber la causa
por la cual él no ha subido desde
Middoni contigo.
4 Y Aarón dijo al rey: He aquí, el
Espíritu del Señor lo ha llamado
a otra parte; ha ido a la tierra de
Ismael a instruir al pueblo de
Lamoni.
5 Luego el rey les dijo: ¿Qué
es esto que habéis dicho concerniente al Espíritu del Señor? He
aquí, esto es lo que me turba.
6 Y además, ¿qué significa esto
que Ammón dijo: [a]Si os arrepentís, seréis salvos, y si no os arrepentís, seréis desechados en el
postrer día?
7 Y Aarón le respondió y le dijo:
¿Crees que hay un Dios? Y le
dijo el rey: Sé que los amalekitas
dicen que hay un Dios, y les he

22*a* DyC 134:1–4; AdeF 1:11. GEE Libertad, libre.
22 1*a* Alma 21:16–17.
b Alma 21:21–22.
2*a* Alma 20:26.
6*a* Alma 20:17–18.

concedido que edifiquen santuarios a fin de que se reúnan para adorarlo. Y si ahora tú dices que hay un Dios, he aquí, yo [a]creeré.

8 Y cuando Aarón oyó esto, su corazón empezó a regocijarse y dijo: He aquí, ciertamente como tú vives, ¡oh rey!, hay un Dios.

9 Y dijo el rey: ¿Es Dios aquel [a]Gran Espíritu que trajo a nuestros padres de la tierra de Jerusalén?

10 Y Aarón le dijo: Sí, él es ese Gran Espíritu, y él ha [a]creado todas las cosas, tanto en el cielo como en la tierra. ¿Crees esto?

11 Y dijo él: Sí, creo que el Gran Espíritu creó todas las cosas, y deseo que me informes concerniente a todas estas cosas y [a]creeré tus palabras.

12 Y aconteció que al ver que el rey creería sus palabras, Aarón empezó por la creación de Adán, [a]leyendo al rey las Escrituras, de cómo creó Dios al hombre a su propia imagen, y que Dios le dio mandamientos, y que, a causa de la transgresión, el hombre había caído.

13 Y Aarón le explicó las Escrituras, desde la [a]creación de Adán, exponiéndole la caída del hombre, y su estado carnal, y también el [b]plan de redención que fue preparado [c]desde la fundación del mundo, por medio de Cristo, para cuantos quisieran creer en su nombre.

14 Y en vista de que el hombre había [a]caído, este no podía [b]merecer nada de sí mismo; mas los padecimientos y muerte de Cristo [c]expían sus pecados mediante la fe y el arrepentimiento, etcétera; y que él quebranta las ligaduras de la muerte, para arrebatarle la victoria a la [d]tumba, y que el aguijón de la muerte sea consumido en la esperanza de gloria; y Aarón le explicó todas estas cosas al rey.

15 Y aconteció que después que Aarón le hubo explicado estas cosas, dijo el rey: [a]¿Qué haré para lograr esta vida eterna de que has hablado? Sí, ¿qué haré para [b]nacer de Dios, desarraigando de mi pecho este espíritu inicuo, y recibir el Espíritu de Dios para que sea lleno de gozo, y no sea desechado en el postrer día? He aquí, dijo él, daré [c]cuanto poseo; sí, abandonaré mi reino a fin de recibir este gran gozo.

16 Mas Aarón le dijo: Si tú [a]deseas esto, si te arrodillas delante de Dios, sí, si te arrepientes de todos tus pecados y te postras ante Dios e invocas con fe su

7*a* DyC 46:13–14.
9*a* Alma 18:18–28.
10*a* GEE Creación, crear.
11*a* GEE Creencia, creer.
12*a* 1 Ne. 5:10–18; Alma 37:9.
13*a* Gén. 1:26–28.
b GEE Plan de redención.
c 2 Ne. 9:18.
14*a* GEE Caída de Adán y Eva.
b 2 Ne. 25:23; Alma 42:10–25.
c Alma 34:8–16. GEE Expiación, expiar.
d Isa. 25:8; 1 Cor. 15:55.
15*a* Hech. 2:37.
b Alma 5:14, 49.
c Mateo 13:44–46; 19:16–22.
16*a* GEE Conversión, convertir.

hombre, creyendo que recibirás, entonces obtendrás la [b]esperanza que deseas.

17 Y sucedió que cuando Aarón hubo dicho estas palabras, el rey se [a]inclinó de rodillas ante el Señor, sí, se postró hasta el polvo, y [b]clamó fuertemente diciendo:

18 ¡Oh Dios!, Aarón me ha dicho que hay un Dios; y si hay un Dios, y si tú eres Dios, ¿te darías a conocer a mí?, y abandonaré todos mis pecados para conocerte, y para que sea levantado de entre los muertos y sea salvo en el postrer día. Y cuando el rey hubo dicho estas palabras, cayó como herido de muerte.

19 Y aconteció que sus siervos corrieron e informaron a la reina de lo que le había pasado al rey. Y fue ella a donde estaba el rey; y cuando lo vio tendido como si estuviera muerto, y también a Aarón y a sus hermanos de pie allí como si ellos hubiesen sido la causa de su caída, se enojó con ellos y mandó que sus siervos, o sea, los siervos del rey, los prendieran y los mataran.

20 Mas los siervos habían visto la causa de la caída del rey; por tanto, no se atrevieron a echar mano a Aarón y sus hermanos, e intercedieron ante la reina, diciendo: ¿Por qué nos mandas matar a estos hombres, cuando uno de ellos es más [a]poderoso que todos nosotros? Por tanto, caeremos ante ellos.

21 Y cuando la reina vio el temor de los siervos, también ella empezó a sentir gran miedo de que le sobreviniera algún mal. Y mandó a sus siervos que fueran y llamaran al pueblo para que mataran a Aarón y a sus hermanos.

22 Ahora bien, cuando Aarón vio la determinación de la reina, y conociendo también la dureza de corazón del pueblo, temió que se reuniera una multitud y que hubiera una gran contienda y disturbio entre ellos; por tanto, extendió su mano y levantó al rey del suelo, y le dijo: Levántate. Y él se puso de pie y recobró su fuerza.

23 Esto se efectuó en presencia de la reina y muchos de los siervos. Y cuando lo vieron, se maravillaron en gran manera y empezaron a temer. Y el rey se adelantó y empezó a [a]ministrarles. Y a tal grado ejerció su ministerio, que toda su casa se [b]convirtió al Señor.

24 Y se había reunido una multitud, a causa de la orden de la reina, y empezaron a surgir serias murmuraciones entre ellos por causa de Aarón y sus hermanos.

25 Mas el rey se adelantó entre ellos y les asistió. Y se apaciguaron con Aarón y los que estaban con él.

26 Y sucedió que cuando el rey vio que el pueblo se había pacificado, hizo que Aarón y sus

16*b* Éter 12:4.
17*a* DyC 5:24.
b GEE Oración.
20*a* Alma 18:1–3.
23*a* GEE Enseñar; Ministrar, ministro; Predicar.
b GEE Conversión, convertir.

hermanos se pusieran en medio de la multitud, y que les predicaran la palabra.

27 Y aconteció que el rey envió una [a]proclamación por toda la tierra, entre todos los de su pueblo que vivían en sus dominios, los que se hallaban en todas las regiones circunvecinas, los cuales colindaban con el mar por el este y el oeste, y estaban separados de la tierra de [b]Zarahemla por una angosta faja de terreno desierto que se extendía desde el mar del este hasta el mar del oeste, y por las costas del mar, y los límites del desierto que se hallaba hacia el norte, cerca de la tierra de Zarahemla, por las fronteras de Manti, cerca de los manantiales del río Sidón, yendo del este hacia el oeste; y así estaban separados los lamanitas de los nefitas.

28 Ahora bien, la parte más [a]perezosa de los lamanitas vivía en el desierto, y moraba en tiendas; y se hallaban esparcidos por el desierto hacia el oeste, en la tierra de Nefi; sí, y también al oeste de la tierra de Zarahemla, en las fronteras a orillas del mar, y en el oeste en la tierra de Nefi, en el sitio de la primera herencia de sus padres, y así a lo largo del mar.

29 Y también había muchos lamanitas hacia el este cerca del mar, donde los nefitas los habían echado. Y así los nefitas se hallaban casi rodeados por los lamanitas; sin embargo, los nefitas se habían posesionado de toda la parte norte de la tierra que colindaba con el desierto, en los manantiales del río Sidón, del este al oeste, por el lado del desierto; por el norte hasta llegar a la tierra que llamaban [a]Abundancia.

30 Y lindaba con la tierra que ellos llamaban [a]Desolación, la cual estaba tan al norte, que llegaba hasta la tierra que había sido poblada y sus habitantes destruidos, de [b]cuyos huesos ya hemos hablado, la cual fue descubierta por el pueblo de Zarahemla, por ser el sitio de su [c]primer desembarque.

31 Y de allí llegaron hasta el desierto del sur. De modo que a la tierra hacia el norte se la llamó [a]Desolación, y a la tierra hacia el sur, se la llamó Abundancia, que es la tierra que está llena de toda clase de animales silvestres, parte de los cuales habían llegado de la tierra del norte en busca de alimento.

32 Pues bien, la [a]distancia no era sino de día y medio de viaje para un nefita, por la línea de Abundancia y la tierra de Desolación, desde el mar del este al del oeste; y así la tierra de Nefi y la tierra de Zarahemla casi se hallaban rodeadas de agua, y

27a Alma 23:1–4.
b Omni 1:13–17.
28a 2 Ne. 5:22–25.
29a Alma 52:9; 63:5.
30a Alma 50:34; Morm. 4:1–3.
b Mos. 8:7–12; 28:11–19.
c Hel. 6:10.
31a Hel. 3:5–6.
32a Hel. 4:7.

había una pequeña [b]lengua de
tierra entre la tierra hacia el norte
y la tierra hacia el sur.
33 Y sucedió que los nefitas habían poblado la tierra de Abundancia, desde el mar del este
hasta el del oeste; y así los nefitas,
en su sabiduría, habían cercado
con sus guardias y ejércitos a los
lamanitas por el sur, para que de
ese modo no tuvieran más posesiones en el norte, y así no pudieran invadir la tierra hacia el norte.
34 Por tanto, los lamanitas no
podían tener más posesiones sino
en la tierra de Nefi y en el desierto
que la rodeaba. Así que en esto
fueron prudentes los nefitas, pues
como los lamanitas eran sus enemigos, así no los acometerían por
todos lados; y también tendrían
un país donde refugiarse según
sus deseos.
35 Y ahora, después de haber
dicho esto, vuelvo a la historia de
Ammón y Aarón, Omner e Himni
y sus hermanos.

CAPÍTULO 23

Se proclama la libertad religiosa — Se convierten los lamanitas de siete tierras y ciudades — Se ponen el nombre de anti-nefi-lehitas y son librados de la maldición — Los amalekitas y los amulonitas rechazan la verdad. Aproximadamente 90–77 a.C.

Y HE aquí, sucedió que el rey de
los lamanitas envió una [a]procla-
mación entre todo su pueblo, que
no debían echar mano a Ammón,
ni a Aarón, ni a Omner, ni a Himni,
ni a ninguno de sus hermanos que
anduviesen predicando la palabra
de Dios, en cualquier lugar donde
se hallaran, en la parte de su tierra
que fuese.
2 Sí, envió un decreto entre ellos,
que no debían prenderlos para
atarlos, ni echarlos a la cárcel; ni
tampoco debían escupir sobre
ellos, ni golpearlos, ni echarlos
de sus sinagogas, ni azotarlos; ni
tampoco debían apedrearlos, sino
que tendrían entrada libre a sus
casas y también a sus templos y
santuarios;
3 y así podrían salir a predicar
la palabra según sus deseos; porque el rey se había convertido al
Señor, así como toda su casa; por
tanto, envió su proclamación a su
pueblo por toda la tierra, a fin de
que la palabra de Dios no fuese
obstruida, sino que se extendiera
por toda esa tierra, para que su
pueblo se convenciera concerniente a las inicuas [a]tradiciones
de sus padres, y se convencieran
de que todos ellos eran hermanos, y que no habían de matar,
ni despojar, ni robar, ni cometer
adulterio, ni cometer ninguna
clase de iniquidad.
4 Y aconteció que cuando el
rey hubo enviado esta proclamación, Aarón y sus hermanos
fueron de ciudad en ciudad, y
de una casa de adoración a otra,
estableciendo iglesias y consa-
grando sacerdotes y maestros

32*b* Alma 50:34. | **23** 1*a* Alma 22:27. | 3*a* Alma 26:24.

entre los lamanitas por toda esa tierra, para que predicaran y enseñaran la palabra de Dios entre ellos; y así fue como empezaron ellos a lograr mucho éxito.

5 Y miles llegaron al conocimiento del Señor, sí, miles llegaron a creer en las [a]tradiciones de los nefitas; y se les enseñó lo que contenían los [b]anales y las profecías que se han transmitido aun hasta estos días.

6 Y tan cierto como vive el Señor, que cuantos creyeron, o sea, cuantos llegaron al conocimiento de la verdad por la predicación de Ammón y sus hermanos, según el espíritu de revelación y de profecía, y el poder de Dios que obraba milagros en ellos, sí, os digo, que así como vive el Señor, cuantos lamanitas creyeron en su predicación y fueron [a]convertidos al Señor, [b]nunca más se desviaron.

7 Porque se convirtieron en un pueblo justo; abandonaron las armas de su rebelión de modo que no pugnaron más en contra de Dios, ni tampoco en contra de ninguno de sus hermanos.

8 Y estos son [a]los que fueron convertidos al Señor:

9 El pueblo lamanita que se hallaba en la tierra de Ismael;

10 y también el pueblo lamanita que se hallaba en la tierra de Middoni;

11 y también el pueblo lamanita que se hallaba en la ciudad de Nefi;

12 y también el pueblo lamanita que se hallaba en la tierra de [a]Shilom, y los que se hallaban en la tierra de Shemlón, y en la ciudad de Lemuel, y en la ciudad de Shimnilom.

13 Y estos son los nombres de las ciudades lamanitas que se [a]convirtieron al Señor; y son estos los que abandonaron las armas de su rebelión; sí, todas sus armas de guerra; y todos eran lamanitas.

14 Y los amalekitas no se [a]convirtieron, salvo uno solo; ni ninguno de los [b]amulonitas; antes bien endurecieron sus corazones, como también el corazón de los lamanitas en esa parte de la tierra donde vivían; sí, y todas sus aldeas y todas sus ciudades.

15 Por tanto, hemos nombrado todas las ciudades de los lamanitas en las que se arrepintieron y llegaron al conocimiento de la verdad, y fueron convertidos.

16 Y aconteció que el rey y los que se convirtieron deseaban tener un nombre, para que por ese medio se distinguieran de sus hermanos; por tanto, consultó el rey con Aarón y muchos de sus sacerdotes, concerniente al nombre que debían adoptar para distinguirse.

17 Y sucedió que se pusieron el nombre de [a]anti-nefi-lehitas; y

5*a* Alma 37:19.
b Alma 63:12.
GEE Escrituras.
6*a* GEE Conversión, convertir.
b Alma 27:27.
8*a* Alma 26:3, 31.
12*a* Mos. 22:8, 11.
13*a* Alma 53:10.
14*a* Alma 24:29.
b Mos. 23:31–39.
17*a* GEE Anti-nefi-lehitas.

ueron llamados por ese nombre, y dejaron de ser llamados amanitas.

18 Y empezaron a ser una gente muy industriosa; sí, y se volvieron amistosos con los nefitas; por lo tanto, establecieron relaciones con ellos, y la [a]maldición de Dios no los siguió más.

CAPÍTULO 24

Los lamanitas atacan al pueblo de Dios — Los anti-nefi-lehitas se regocijan en Cristo y son visitados por ángeles — Prefieren padecer la muerte antes que defenderse — Se convierten más lamanitas. Aproximadamente 90–77 a.C.

Y ACONTECIÓ que los amalekitas y los amulonitas y los lamanitas que se hallaban en la tierra de Amulón, y también en la tierra de Helam, y los que estaban en la tierra de [a]Jerusalén, y en resumen, en todas las tierras circunvecinas, que no habían sido convertidos ni habían tomado sobre sí el nombre de [b]Anti-Nefi-Lehi, fueron provocados a ira contra sus hermanos por los amalekitas y los amulonitas.

2 Y su odio contra ellos llegó a ser sumamente intenso, a tal grado que empezaron a rebelarse contra su rey, al punto de que ya no quisieron que fuera su rey; por tanto, tomaron las armas contra el pueblo de Anti-Nefi-Lehi.

3 Y el rey confirió el reino a su hijo, y le dio el nombre de Anti-Nefi-Lehi.

4 Y murió el rey precisamente el año en que los lamanitas empezaron sus preparativos para la guerra contra el pueblo de Dios.

5 Ahora bien, cuando Ammón y sus hermanos, y todos los que lo habían acompañado, vieron los preparativos de los lamanitas para destruir a sus hermanos, se dirigieron a la tierra de Midián, donde Ammón encontró a todos sus hermanos; y de allí fueron a la tierra de Ismael a fin de reunirse en [a]consejo con Lamoni y también con su hermano Anti-Nefi-Lehi acerca de lo que debían hacer para defenderse de los lamanitas.

6 Y no hubo uno solo de los que se habían convertido al Señor que quisiera tomar las armas contra sus hermanos; ni siquiera preparativos de guerra quisieron hacer; sí, y también su rey les mandó que no lo hicieran.

7 Y estas son las palabras que dirigió al pueblo concerniente al asunto: Doy gracias a mi Dios, amado pueblo mío, porque nuestro gran Dios en su bondad nos ha enviado estos hermanos nuestros, los nefitas, para predicarnos y para convencernos concerniente a las [a]tradiciones de nuestros inicuos padres.

8 Y he aquí, doy gracias a mi gran Dios por habernos dado una porción de su Espíritu para

18*a* 1 Ne. 2:23; 2 Ne. 30:5–6; 3 Ne. 2:14–16.
24 1*a* Alma 21:1. *b* Alma 25:1, 13.
5*a* Alma 27:4–13.
7*a* Mos. 1:5.

ablandar nuestros corazones, de modo que hemos iniciado relaciones con estos hermanos, los nefitas.

9 Y he aquí, también le agradezco a mi Dios que, por haber iniciado estas relaciones, nos hayamos convencido de nuestros [a]pecados y de los muchos asesinatos que hemos cometido.

10 Y también le doy gracias a mi Dios, sí, a mi gran Dios, porque nos ha concedido que nos arrepintamos de estas cosas, y también porque nos ha [a]perdonado nuestros muchos pecados y asesinatos que hemos cometido, y ha depurado nuestros corazones de toda [b]culpa, por los méritos de su Hijo.

11 Pues he aquí, hermanos míos, en vista de que (por ser nosotros los más perdidos de todos los hombres) nos ha costado tanto arrepentirnos de todos nuestros pecados y de los muchos asesinatos que hemos cometido, y lograr que Dios los [a]quitara de nuestros corazones, porque a duras penas pudimos arrepentirnos lo suficiente ante Dios para que él quitara nuestra mancha;

12 ahora pues, muy amados hermanos míos, ya que Dios ha quitado nuestras manchas, y nuestras espadas se han vuelto lustrosas, no las manchemos más con la sangre de nuestros hermanos.

13 He aquí, os digo que no. Retengamos nuestras espadas para que no se manchen con la sangre de nuestros hermanos; porque si las manchásemos otra vez, quizá ya no podrían ser [a]limpiadas por medio de la sangre del Hijo de nuestro gran Dios, que será derramada para la expiación de nuestros pecados.

14 Y el gran Dios ha tenido misericordia de nosotros, y nos ha dado a conocer estas cosas para que no perezcamos; sí, nos ha dado a conocer estas cosas anticipadamente, porque él ama nuestras [a]almas así como ama a nuestros hijos; por consiguiente, en su misericordia nos visita por medio de sus ángeles, para que el [b]plan de salvación nos sea dado a conocer, tanto a nosotros como a las generaciones futuras.

15 ¡Oh cuán misericordioso es nuestro Dios! Y he aquí, ya que nos ha costado tanto lograr que nos sean quitadas nuestras manchas, y que nuestras espadas se vuelvan lustrosas, escondámoslas a fin de que conserven su brillo como testimonio a nuestro Dios en el día final, el día en que seamos llevados para comparecer ante él para ser juzgados, de que no hemos manchado nuestras espadas en la sangre de nuestros hermanos, desde que él nos comunicó su palabra y nos limpió por ello.

16 Y ahora bien, hermanos míos, si nuestros hermanos intentan

9*a* DyC 18:44.
10*a* Dan. 9:9.
b GEE Culpa.
11*a* Isa. 53:4–6.
13*a* Apoc. 1:5.
14*a* GEE Alma — El valor de las almas.
b GEE Plan de redención.

lestruirnos, he aquí, esconde-emos nuestras espadas, sí, las ·nterraremos en lo profundo de a tierra para que se conserven ustrosas, como testimonio en ·l último día, de que nunca las ıemos usado; y si nuestros her-nanos nos destruyen, he aquí, iremos a nuestro Dios y sere-nos salvos.

17 Y aconteció que cuando el rey ıubo dado fin a estas palabras, ·stando reunido todo el pueblo, omaron ellos sus espadas y to-las las armas que se usaban para lerramar sangre humana, y las enterraron profundamente en a tierra.

18 E hicieron esto porque, a su nodo de ver, era un testimonio . Dios, y también a los hombres, le que [a]nunca más volverían a ısar armas para derramar sangre ıumana; y esto hicieron, prome-iendo y haciendo [b]convenio con)ios de que antes que derramar a sangre de sus hermanos, ellos darían sus propias vidas; y antes ue privar a un hermano, ellos e darían; y antes que pasar sus lías en la ociosidad, trabajarían ısiduamente con sus manos.

19 Y así vemos que cuando estos amanitas llegaron a conocer la ·erdad y a creer en ella, se man-uvieron [a]firmes, y prefirieron ›adecer hasta la muerte antes ue pecar; y así vemos que en-erraron sus armas de paz, o sea, enterraron sus armas de guerra en bien de la paz.

20 Y sucedió que sus hermanos, los lamanitas, hicieron los preparativos para la guerra, y llegaron a la tierra de Nefi con la intención de destruir al rey y poner a otro en su lugar, y también destruir al pueblo de Anti-Nefi-Lehi en toda la tierra.

21 Ahora bien, cuando los del pueblo vieron que venían contra ellos, salieron a encontrarlos, y se [a]postraron hasta la tierra ante ellos y empezaron a invocar el nombre del Señor; y en esta actitud se hallaban cuando los lamanitas empezaron a caer sobre ellos y a matarlos con la espada.

22 Y así, sin encontrar resistencia alguna, mataron a mil y cinco de ellos; y sabemos que son benditos, porque han ido a morar con su Dios.

23 Y cuando los lamanitas vieron que sus hermanos no huían de la espada, ni se volvían a la derecha ni a la izquierda, sino que se tendían y [a]perecían, y alababan a Dios aun en el acto mismo de perecer por la espada,

24 sí, cuando los lamanitas vieron esto, se [a]abstuvieron de matarlos; y hubo muchos cuyos corazones se habían [b]conmovido dentro de ellos por los de sus hermanos que habían caído por la espada, pues se arrepintieron de lo que habían hecho.

16*a* Alma 40:11–15.
17*a* Hel. 15:9.
18*a* Alma 53:11.
b GEE Convenio.
c GEE Sacrificios.
19*a* GEE Fe.
21*a* Alma 27:3.
23*a* Alma 26:32.
24*a* Alma 25:1.
b GEE Compasión.

25 Y aconteció que arrojaron al suelo sus armas de guerra y no las quisieron volver a tomar, porque los atormentaban los asesinatos que habían cometido; y se postraron, igual que sus hermanos, confiando en la clemencia de aquellos que tenían las armas alzadas para matarlos.

26 Y sucedió que el número de los que se unieron al pueblo de Dios aquel día fue mayor que el de los que habían sido muertos; y aquellos que habían muerto eran personas justas; por tanto, no tenemos razón para dudar que se [a]salvaron.

27 Y no había un solo hombre inicuo entre los que perecieron; pero hubo más de mil que llegaron al conocimiento de la verdad; así vemos que el Señor obra de muchas [a]maneras para la salvación de su pueblo.

28 Y la mayoría de los lamanitas que mataron a tantos de sus hermanos eran amalekitas y amulonitas, de los cuales la mayor parte pertenecía a la [a]orden de los [b]nehores.

29 Y entre los que se unieron al pueblo del Señor, no hubo [a]ninguno que fuese amalekita o amulonita, o que perteneciese a la orden de Nehor, sino que eran descendientes directos de Lamán y Lemuel.

30 Y así podemos discernir claramente que después que u pueblo ha sido [a]iluminado po el Espíritu de Dios, y ha poseíd un gran [b]conocimiento de las cosas concernientes a la rectitud, entonces [c]cae en el pecado y l transgresión, llega a ser más empedernido, y así su condición e [d]peor que si nunca hubiese conocido estas cosas.

CAPÍTULO 25

Se extienden las agresiones lamanitas — Los descendientes de lo sacerdotes de Noé perecen, tal com lo profetizó Abinadí — Se convierten muchos lamanitas y se unen a pueblo de Anti-Nefi-Lehi — Creen e Cristo y observan la ley de Moisés Aproximadamente 90–77 a.C.

Y HE aquí, aconteció que aquello lamanitas se irritaron más porqu habían matado a sus hermanos por tanto, juraron vengarse de lo nefitas; y por lo pronto no intentaron más destruir al pueblo d [a]Anti-Nefi-Lehi,

2 sino que tomaron sus ejército y fueron a las fronteras de la tierra de Zarahemla, y cayeron sobr los que se hallaban en la tierra d Ammoníah, y los [a]destruyeron.

3 Y después de esto tuviero muchas batallas con los nefitas en las cuales fueron rechazado y destruidos.

4 Y entre los lamanitas qu

26*a* Apoc. 14:13.
27*a* Isa. 55:8–9; Alma 37:6–7.
28*a* Alma 21:4.
b Alma 1:15; 2:1, 20.
29*a* Alma 23:14.
30*a* Mateo 12:45.
b Heb. 10:26; Alma 47:36.
c 2 Ne. 31:14; Alma 9:19. GEE Apostasía.
d 2 Pe. 2:20–21.
25 1*a* GEE Anti-nefi-lehitas.
2*a* Alma 8:16; 16:9.

murieron, se hallaban casi todos los [a]descendientes de Amulón y sus hermanos, que eran los sacerdotes de Noé; y perecieron por mano de los nefitas;

5 y el resto de ellos, habiendo huido al desierto del este, y habiendo usurpado el poder y la autoridad sobre los lamanitas, hicieron que muchos de los lamanitas [a]muriesen por fuego a causa de su creencia;

6 porque muchos de [a]ellos, después de haber padecido muchas pérdidas y tantas aflicciones, empezaron a recordar las [b]palabras que Aarón y sus hermanos les habían predicado en su tierra; de modo que empezaron a descreer las [c]tradiciones de sus padres, y a creer en el Señor, y que él daba gran poder a los nefitas; y así se convirtieron muchos de ellos en el desierto.

7 Y aconteció que aquellos caudillos que eran el resto de los descendientes de [a]Amulón hicieron que se aplicara la pena de muerte, sí, a cuantos creyeran en estas cosas.

8 Ahora bien, este martirio hizo que muchos de sus hermanos se llenaran de ira; y empezó a haber contiendas en el desierto; y los lamanitas empezaron a [a]perseguir y a matar a los descendientes de Amulón y sus hermanos; y estos huyeron al desierto del este.

9 Y he aquí, los lamanitas los persiguen hasta el día de hoy; y así se cumplieron las palabras de Abinadí respecto de los descendientes de los sacerdotes que hicieron que él padeciera la muerte por fuego.

10 Porque les dijo: Lo que [a]hagáis conmigo será un símbolo de cosas futuras.

11 Y Abinadí fue el primero que padeció la [a]muerte por fuego, por causa de su fe en Dios; y lo que quiso decir fue que muchos padecerían la muerte por fuego, así como él había padecido.

12 Y dijo a los sacerdotes de Noé que sus descendientes causarían que a muchos los mataran de la misma manera como él lo fue, y que ellos serían esparcidos y muertos, así como la oveja que no tiene pastor es perseguida y muerta por animales feroces; y he aquí, se cumplieron estas palabras, porque fueron dispersados por los lamanitas, y acosados y heridos.

13 Y aconteció que cuando los lamanitas vieron que no podían dominar a los nefitas, se volvieron a su propia tierra; y muchos se fueron a vivir a la tierra de Ismael y a la tierra de Nefi, y se unieron al pueblo de Dios, que era el pueblo de [a]Anti-Nefi-Lehi.

14 Y también ellos [a]enterraron sus armas de guerra, como lo

4*a* Mos. 23:35.
5*a* Mos. 17:15.
6*a* Es decir, los lamanitas.
b Alma 21:9.
c Alma 26:24.
7*a* Alma 21:3; 24:1, 28–30.
b GEE Mártir, martirio.
8*a* Mos. 17:18.
10*a* Mos. 13:10.
11*a* Mos. 17:13.
13*a* Alma 23:16–17.
14*a* Alma 24:15; 26:32.

habían hecho sus hermanos; y empezaron a ser una gente justa; y caminaron por las vías del Señor y se esforzaron por observar sus mandamientos y estatutos.

15 Sí, y observaban la ley de Moisés; porque era necesario que la observaran todavía, pues no se había cumplido enteramente. Mas a pesar de la [a]ley de Moisés, esperaban anhelosamente la venida de Cristo, considerando la ley mosaica como un [b]símbolo de su venida y creyendo que debían guardar aquellas prácticas [c]exteriores hasta que él les fuese revelado.

16 Pero no creían que la [a]salvación viniera por la [b]ley de Moisés, sino que la ley de Moisés servía para fortalecer su fe en Cristo; y así, mediante la fe, retenían la [c]esperanza de salvación eterna, confiando en el espíritu de profecía que habló de aquellas cosas que habían de venir.

17 Y he aquí que Ammón, Aarón, Omner, Himni y sus hermanos se regocijaron grandemente por el éxito que habían logrado entre los lamanitas, viendo que el Señor les había concedido conforme a sus [a]oraciones, y que también les había cumplido su palabra en cada detalle.

CAPÍTULO 26

Ammón se gloría en el Señor — E Señor fortalece a los fieles y les da co nocimiento — Por medio de la fe, lo hombres pueden llevar a miles de al mas al arrepentimiento — Dios tien todo poder y comprende todas la cosas. Aproximadamente 90–77 a.C

Y ESTAS son las palabras de Am món a sus hermanos, las cuale dicen así: Mis hermanos, y herma nos míos en la fe, he aquí, os digo cuán gran motivo tenemos par regocijarnos, porque, ¿pudimo habernos imaginado, cuando [a]sa limos de la tierra de Zarahemla que Dios nos concedería tan gran des bendiciones?

2 Y ahora os pregunto: ¿Qu bendiciones grandes nos ha con cedido? ¿Podéis decirlo?

3 He aquí, respondo por vosotros porque nuestros hermanos los la manitas se hallaban en la obscu ridad, sí, aun en el más tenebros abismo; mas he aquí, [a]¡cuántos d ellos han sido guiados a ver la ma ravillosa luz de Dios! Y esta es l bendición que se ha conferido so bre nosotros, que hemos sido he chos [b]instrumentos en las manos d Dios para realizar esta gran obra.

4 He aquí, [a]miles de ellos se re gocijan, y han sido traídos al re dil de Dios.

5 He aquí, el [a]campo estab

15*a* Jacob 4:5; Jarom 1:11. GEE Ley de Moisés.
b Mos. 3:14–15; 16:14.
c Mos. 13:29–32.
16*a* Mos. 12:31–37; 13:27–33.
b 2 Ne. 11:4.
c 1 Tes. 5:8–9.
17*a* Alma 17:9.
26 1*a* Mos. 28:9; Alma 17:6–11.
3*a* Alma 23:8–13.
b 2 Cor. 4:5; Mos. 23:10.
4*a* Alma 23:5.
5*a* Juan 4:35–37; DyC 4:4.

naduro, y benditos sois vosoros, porque metisteis la [b]hoz y segasteis con vuestro poder; sí, rabajasteis todo el día; ¡y he aquí el número de vuestras [c]gavillas! Y serán recogidas en los graneros para que no se desperdicien.

6 Sí, las tormentas no las abatirán en el postrer día; sí, ni serán perturbadas por los torbellinos; mas cuando venga la [a]tempestad, serán reunidas en su lugar para que la tempestad no penetre hasta donde estén; sí, ni serán impelidas por los fuertes vientos a donde el enemigo quiera llevarlas.

7 Mas he aquí, se hallan en manos del Señor de la [a]cosecha, y son suyas, y las [b]levantará en el postrer día.

8 ¡Bendito sea el nombre de nuestro Dios! [a]¡Cantémosle loor; sí, demos [b]gracias a su santo nombre, porque él obra rectitud para siempre!

9 Porque si no hubiésemos subido desde la tierra de Zarahemla, estos, nuestros carísimos y amados hermanos que tanto nos han amado, aún se hallarían atormentados por su odio contra nosotros, sí, y habrían sido también extranjeros para con Dios.

10 Y aconteció que cuando Ammón hubo dicho estas palabras, lo reprendió su hermano Aarón, diciendo: Ammón, temo que tu gozo te conduzca a la jactancia.

11 Pero Ammón le dijo: No me [a]jacto de mi propia fuerza ni en mi propia sabiduría, mas he aquí, mi [b]gozo es completo; sí, mi corazón rebosa de gozo, y me regocijaré en mi Dios.

12 Sí, yo sé que nada soy; en cuanto a mi fuerza, soy débil; por tanto, no me [a]jactaré de mí mismo, sino que me gloriaré en mi Dios, porque con su [b]fuerza puedo hacer todas las cosas; sí, he aquí que hemos obrado muchos grandes milagros en esta tierra, por los cuales alabaremos su nombre para siempre jamás.

13 He aquí, a cuántos miles de nuestros hermanos ha librado él de los tormentos del [a]infierno, y se sienten movidos a [b]cantar del amor redentor; y esto por el poder de su palabra que está en nosotros; por consiguiente, ¿no tenemos mucha razón para regocijarnos?

14 Sí, tenemos razón de alabarlo para siempre, porque es el Más Alto Dios, y ha soltado a nuestros hermanos de las [a]cadenas del infierno.

15 Sí, se hallaban rodeados de eternas tinieblas y destrucción;

5*b* Joel 3:13.
c DyC 33:7–11; 75:2, 5.
6*a* Hel. 5:12; 3 Ne. 14:24–27.
7*a* GEE Siega.
b Mos. 23:22; Alma 36:28.
8*a* DyC 25:12.
b GEE Acción de gracias, agradecido, agradecimiento.
9*a* Mos. 28:1–2.
11*a* 2 Cor. 7:14.
b DyC 18:14–16. GEE Gozo.
12*a* Jer. 9:24; Alma 29:9.
b Sal. 18:32–40; Filip. 4:13; 1 Ne. 17:3.
13*a* GEE Infierno.
b Alma 5:26.
14*a* Alma 12:11.

mas he aquí, él los ha traído a su
[a]luz eterna; sí, a eterna salvación;
y los circunda la incomparable
munificencia de su amor; sí, y
hemos sido instrumentos en sus
manos para realizar esta grande
y maravillosa obra.
16 Por lo tanto, [a]gloriémo-
nos; sí, nos [b]gloriaremos en el
Señor; sí, nos regocijaremos
porque es completo nuestro
gozo; sí, alabaremos a nuestro
Dios para siempre. He aquí,
¿quién puede gloriarse demasiado en el Señor? Sí, ¿y quién
podrá decir demasiado de su
gran poder, y de su [c]misericor-
dia y de su longanimidad para
con los hijos de los hombres?
He aquí, os digo que no puedo
expresar ni la más mínima parte
de lo que siento.
17 ¿Quién se hubiera imaginado
que nuestro Dios fuera tan misericordioso como para sacarnos
de nuestro estado terrible, pecaminoso y corrompido?
18 He aquí, salimos aun con
ira, con potentes amenazas, para
[a]destruir su iglesia.
19 ¿Por qué, entonces, no nos
entregó a una terrible destrucción? Sí, ¿por qué no dejó caer la
espada de su justicia sobre nosotros y nos condenó a la desesperación eterna?
20 ¡Oh, casi se me va el alma,
por así decirlo, cuando pienso en
ello! He aquí, él no ejerció su justicia sobre nosotros, sino que en
su gran misericordia nos ha hecho
salvar ese sempiterno [a]abismo de
muerte y de miseria, para la salvación de nuestras almas.
21 Y he aquí, hermanos míos,
¿qué [a]hombre natural hay que
conozca estas cosas? Os digo que
no hay quien [b]conozca estas cosas,
sino el compungido.
22 Sí, al que se [a]arrepiente y
ejerce la [b]fe y produce buenas
obras y ora continuamente sin
cesar, a este le es permitido conocer los [c]misterios de Dios; sí,
a este le será permitido revelar
cosas que nunca han sido reveladas; sí, y a este le será concedido
llevar a miles de almas al arrepentimiento, así como a nosotros
se nos ha permitido traer a estos
nuestros hermanos al arrepentimiento.
23 ¿No os acordáis, hermanos
míos, que dijimos a nuestros hermanos en la tierra de Zarahemla
que subíamos a la tierra de Nefi
para predicar a nuestros hermanos los lamanitas, y que se burlaron de nosotros?
24 Pues nos dijeron: ¿Suponéis
que podéis traer a los lamanitas
al conocimiento de la verdad?
¿Suponéis que podéis convencer
a los lamanitas de la incorrección

15*a* GEE Luz, luz de Cristo.
16*a* Rom. 15:17; 1 Cor. 1:31.
b 2 Cor. 10:15–18; DyC 76:61.
c Sal. 36:5–6.
18*a* Mos. 27:8–10.
20*a* 2 Ne. 1:13; Hel. 3:29–30.
21*a* GEE Hombre natural.
b 1 Cor. 2:9–16; Jacob 4:8.
22*a* Alma 36:4–5. GEE Arrepentimiento, arrepentirse.
b GEE Fe.
c GEE Misterios de Dios.

de las [a]tradiciones de sus padres, cuando son un pueblo tan [b]obstinado, cuyo corazón se deleita en el derramamiento de sangre; cuyos días los han pasado en la más vil iniquidad; cuyas sendas han sido las sendas del transgresor desde el principio? Recordaréis, hermanos míos, que así se expresaron.

25 Y además dijeron: Tomemos las armas contra ellos para que los destruyamos a ellos y su iniquidad de sobre la tierra, no sea que nos invadan y nos destruyan.

26 Mas he aquí, amados hermanos míos, vinimos al desierto, no con la intención de destruir a nuestros hermanos, sino con objeto de salvar, tal vez, algunas de sus almas.

27 Y cuando nuestros corazones se hallaban desanimados, y estábamos a punto de regresar, he aquí, el Señor nos [a]consoló, y nos dijo: Id entre vuestros hermanos los lamanitas, y sufrid con [b]paciencia vuestras [c]aflicciones, y os daré el éxito.

28 Y he aquí, hemos venido y hemos estado entre ellos, y hemos sido pacientes en nuestros padecimientos, y hemos soportado todo género de privaciones; sí, hemos viajado de casa en casa, confiando en las misericordias del mundo; no solamente en las misericordias del mundo, sino en las de Dios.

29 Y hemos entrado en sus casas y les hemos enseñado; y los hemos instruido en sus calles, sí, y los hemos instruido sobre sus collados; y también hemos entrado en sus templos y sus sinagogas y les hemos enseñado; y nos han echado fuera, y hemos sido objeto de burlas, y han escupido sobre nosotros y golpeado nuestras mejillas, y hemos sido apedreados y aprehendidos y atados con fuertes cuerdas y puestos en la prisión; y por el poder y sabiduría de Dios hemos salido libres otra vez.

30 Y hemos sufrido toda clase de aflicciones, y todo esto para que tal vez pudiéramos ser el medio de salvar a algún alma; y nos imaginamos que nuestro [a]gozo sería completo, si quizá pudiéramos ser el medio de salvar a algunos.

31 He aquí, ahora podemos extender la vista y ver los frutos de nuestra labor; y, ¿son pocos? Os digo que no; son [a]muchos. Sí, y podemos testificar de su sinceridad, por motivo de su amor por sus hermanos y por nosotros también.

32 Porque, he aquí, prefieren [a]sacrificar sus vidas antes que arrebatar la vida aun a su enemigo; y han [b]enterrado sus armas de guerra profundamente en la tierra a causa de su amor por sus hermanos.

33 Y he aquí, ahora os pregunto: ¿Ha habido amor tan grande en toda la tierra? He aquí, os digo

24*a* Mos. 10:11–17.
b Mos. 13:29.
27*a* Alma 17:9–11.
b GEE Paciencia.
c Alma 20:29–30.
GEE Adversidad.
30*a* DyC 18:15–16.
31*a* Alma 23:8–13.
32*a* Alma 24:20–24.
b Alma 24:15.

que no, no lo ha habido, ni aun entre los nefitas.

34 Porque he aquí, ellos tomarían las armas contra sus hermanos; no se dejarían matar. Pero he aquí cuántos de estos han sacrificado sus vidas; y sabemos que han ido a su Dios por causa de su amor y por su odio al pecado.

35 Ahora bien, ¿no tenemos razón para regocijarnos? Sí, os digo que desde el principio del mundo no ha habido hombres que tuviesen tan grande razón para regocijarse como nosotros la tenemos; sí, y mi gozo se desborda, hasta el grado de gloriarme en mi Dios; porque él tiene todo [a]poder, toda sabiduría y todo entendimiento; él [b]comprende todas las cosas, y es un Ser [c]misericordioso, aun hasta la salvación, para con aquellos que quieran arrepentirse y creer en su nombre.

36 Ahora bien, si esto es jactancia, así me jactaré; porque esto es mi vida y mi luz, mi gozo y mi salvación, y mi redención de la angustia eterna. Sí, bendito sea el nombre de mi Dios que ha tenido presente a este pueblo, el cual es una [a]rama del árbol de Israel, y se ha perdido de su tronco en una tierra extraña; sí, digo yo, bendito sea el nombre de mi Dios que ha velado por nosotros, [b]peregrinos en una tierra extraña.

37 Ahora bien, hermanos míos, vemos que Dios se acuerda de todo [a]pueblo, sea cual fuere la tierra en que se hallaren; sí, él tiene contado a su pueblo, y sus entrañas de misericordia cubren toda la tierra. Este es mi gozo y mi gran agradecimiento; sí, y daré gracias a mi Dios para siempre. Amén.

CAPÍTULO 27

El Señor manda a Ammón que conduzca al pueblo de Anti-Nefi-Lehi a un lugar donde esté seguro — Al encontrarse con Alma, el gozo de Ammón es tan grande que se le agotan las fuerzas — Los nefitas ceden a sus hermanos del pueblo de Anti-Nefi-Lehi la tierra de Jersón — Se les llama el pueblo de Ammón. Aproximadamente 90–77 a.C.

Y ACONTECIÓ que cuando aquellos lamanitas que habían ido a la guerra contra los nefitas vieron, después de sus muchos esfuerzos por destruirlos, que era en vano procurar su destrucción, se volvieron otra vez a la tierra de Nefi.

2 Y sucedió que los amalekitas estaban llenos de ira a causa de sus pérdidas; y cuando vieron que no podían vengarse de los nefitas, empezaron a agitar al pueblo a la ira en contra de sus [a]hermanos, el pueblo de [b]Anti-Nefi-Lehi;

35*a* GEE Poder.
b DyC 88:41.
c GEE Misericordia, misericordioso.
36*a* Gén. 49:22–26; Jacob 2:25; 5:25.
b Jacob 7:26.
37*a* Hech. 10:34–35; 2 Ne. 26:33.
27 2*a* Alma 43:11.
b Alma 25:1. GEE Anti-nefi-lehitas.

por lo tanto, empezaron a destruirlos otra vez.
3 Y este pueblo [a]nuevamente se
negó a tomar las armas, y se dejaron matar según la voluntad de
sus enemigos.
4 Ahora bien, cuando Ammón
y sus hermanos vieron esta obra
de destrucción entre aquellos
que tanto amaban, y entre aquellos que tanto los habían amado
—porque los trataban como si
fuesen ángeles enviados de Dios
para salvarlos de una eterna destrucción— por tanto, cuando Ammón y sus hermanos vieron esta
extensa obra de destrucción, fueron movidos a compasión y [a]di-
jeron al rey:
5 Reunamos a este pueblo del
Señor y descendamos a la tierra
de Zarahemla, a nuestros hermanos los nefitas, y huyamos de las
manos de nuestros enemigos para
que no seamos destruidos.
6 Mas les dijo el rey: He aquí, los
nefitas nos destruirán a causa de
los muchos asesinatos y pecados
que contra ellos hemos cometido.
7 Y dijo Ammón: Iré y pregun-
taré al Señor, y si él nos dice que
vayamos a nuestros hermanos,
¿iréis vosotros?
8 Y le dijo el rey: Sí, si el Señor
nos dice que vayamos, iremos a
nuestros hermanos y seremos sus
esclavos hasta compensarlos por
los muchos asesinatos y pecados
que hemos cometido en contra
de ellos.
9 Mas le dijo Ammón: Es contra
la ley de nuestros hermanos, que
fue establecida por mi padre, que
haya [a]esclavos entre ellos; por
tanto, descendamos y confiemos
en la misericordia de nuestros
hermanos.
10 Mas el rey le dijo: Pregunta
al Señor; y si él nos dice que vayamos, iremos; de otro modo,
pereceremos en la tierra.
11 Y aconteció que Ammón fue
y preguntó al Señor, y el Señor
le dijo:
12 Saca a este pueblo de esta
tierra para que no perezca; pues
Satanás tiene fuertemente asido el
corazón de los amalekitas, quienes incitan a los lamanitas a la ira
en contra de sus hermanos, para
que los maten; por tanto, sal de
esta tierra; y benditos son los de
este pueblo en esta generación,
porque los preservaré.
13 Y sucedió que Ammón fue y
le declaró al rey todas las palabras
que el Señor le había dicho.
14 Y reunieron a toda su gente,
sí, a todo el pueblo del Señor; y
juntaron todos sus rebaños y hatos, y salieron de la tierra, y llegaron al desierto que dividía la
tierra de Nefi de la de Zarahemla,
y llegaron cerca de las fronteras
de la tierra.
15 Y aconteció que Ammón les
dijo: He aquí, yo y mis hermanos
iremos a la tierra de Zarahemla, y
vosotros os quedaréis aquí hasta
que volvamos; y probaremos

3*a* Alma 24:21–26.
4*a* Alma 24:5.
9*a* Mos. 2:13; 29:32, 38, 40.

el corazón de nuestros hermanos para ver si quieren que entréis en su tierra.

16 Y mientras Ammón viajaba por la tierra, sucedió que él y sus hermanos se encontraron con Alma en el [a]lugar de que se ha hablado; y he aquí, fue un encuentro gozoso.

17 Y tan grande fue el [a]gozo de Ammón que lo colmó; sí, se extasió en el gozo de su Dios, al grado de que se le [b]agotaron las fuerzas; y cayó a tierra [c]otra vez.

18 ¿Y no fue este un gozo inmenso? He aquí, este es un gozo que nadie recibe sino el que verdaderamente se arrepiente y humildemente busca la felicidad.

19 Y el gozo de Alma, al encontrar a sus hermanos, fue verdaderamente grande, como también el gozo de Aarón, de Omner y de Himni; mas he aquí que su gozo no sobrepujó a sus fuerzas.

20 Y sucedió, entonces, que Alma condujo a sus hermanos de regreso a la tierra de Zarahemla, aun hasta su propia casa. Y fueron y relataron al [a]juez superior todo cuanto les había acontecido en la tierra de Nefi, entre sus hermanos los lamanitas.

21 Y aconteció que el juez superior envió una proclamación por todo el país, en la que deseaba saber la voz del pueblo respecto a la admisión de sus hermanos, que eran el pueblo de Anti-Nefi-Lehi.

22 Y sucedió que vino la voz del pueblo diciendo: He aquí, cederemos la tierra de Jersón, que se halla al este junto al mar, y colinda con la tierra de Abundancia, y queda al sur de la tierra de Abundancia; y esta tierra de Jersón es la que daremos a nuestros hermanos por herencia.

23 Y he aquí, colocaremos a nuestros ejércitos entre la tierra de Jersón y la tierra de Nefi para proteger a nuestros hermanos en la tierra de Jersón; y hacemos esto por nuestros hermanos a causa de su temor a empuñar las armas en contra de sus hermanos, no sea que cometan pecado; y este gran temor suyo provino a causa del profundo arrepentimiento habido en ellos por motivo de sus muchos asesinatos y su terrible iniquidad.

24 Y he aquí, haremos esto por nuestros hermanos, para que hereden la tierra de Jersón; y los protegeremos de sus enemigos con nuestros ejércitos, con la condición de que nos den una parte de sus bienes para ayudarnos, a fin de sostener nuestros ejércitos.

25 Y aconteció que cuando Ammón hubo oído esto, se volvió, y también Alma con él, al pueblo de Anti-Nefi-Lehi en el desierto, donde habían plantado sus tiendas, y les hizo saber todas estas cosas. Y Alma también les relató su [a]conversión,

16*a* Alma 17:1–4.
17*a* GEE Gozo.
b 1 Ne. 1:7.
c Alma 19:14.
20*a* Alma 4:16–18.
25*a* Mos. 27:10–24.

con Ammón, Aarón y sus hermanos.
26 Y sucedió que causó un gozo
inmenso entre ellos. Y descendieron a la tierra de Jersón, y tomaron posesión de esa tierra; y
los nefitas los llamaron el pueblo
de Ammón; por tanto, se distin-
guieron por ese nombre de allí
en adelante.
27 Y se hallaban entre el pueblo
de Nefi, y también eran contados entre el pueblo que era de la
iglesia de Dios. Y se distinguían
por su celo para con Dios, y también para con los hombres; pues
eran completamente [a]honrados y
rectos en todas las cosas; y eran
[b]firmes en la fe de Cristo, aun
hasta el fin.
28 Y miraban con el mayor horror el derramar la sangre de sus
hermanos; y nunca se les pudo
inducir a tomar las armas contra sus hermanos; y no veían la
muerte con ningún grado de terror, a causa de su esperanza y
conceptos de Cristo y la resurrección; por tanto, para ellos la
muerte era consumida por la victoria de Cristo sobre ella.
29 Por consiguiente, padecían la
[a]muerte más terrible y afrentosa
que sus hermanos pudieran infli-
girles, antes que tomar la espada
o la cimitarra para herirlos.
30 De modo que eran un pueblo
celoso y amado, un pueblo altamente favorecido del Señor.

CAPÍTULO 28

Los lamanitas son derrotados en una batalla tremenda — Decenas de millares mueren — Los malos son condenados a un estado de angustia interminable; los justos logran una felicidad perpetua. Aproximadamente 77–76 a.C.

Y ACONTECIÓ que después que el
pueblo de Ammón quedó establecido en la tierra de [a]Jersón, y
se hubo organizado también una
iglesia en la tierra de Jersón, y los
ejércitos de los nefitas fueron colocados alrededor de la tierra de
Jersón, sí, por todas las fronteras
que circundaban la tierra de Zarahemla, he aquí, los ejércitos de
los lamanitas habían seguido a
sus hermanos al desierto.
2 De modo que se libró una batalla tremenda; sí, como nunca
se había conocido entre todos los
habitantes de la tierra, desde el
día en que Lehi salió de Jerusalén; sí, y decenas de millares de
los lamanitas fueron muertos y
esparcidos.
3 Sí, y también hubo una matanza tremenda entre el pueblo de
Nefi; sin embargo, los lamanitas
fueron [a]rechazados y dispersados,
y el pueblo de Nefi volvió otra
vez a su tierra.
4 Y fue un tiempo en que se oyó
gran llanto y lamentación por
toda la tierra, entre todo el pueblo de Nefi;

27*a* GEE Honestidad, honradez.
b Alma 23:6.
29*a* Alma 24:20–23.
28 1*a* Alma 27:22; 30:1, 19.
3*a* Alma 30:1.

5 sí, el lamento de las viudas
llorando por sus maridos, y de
los padres llorando por sus hijos,
y la hija por el hermano, sí, y el
hermano por el padre; de modo
que el grito de angustia se oía entre todos ellos, llorando por sus
parientes que habían perecido.
6 Y ciertamente fue un día lúgubre; sí, un tiempo de solemnidad,
y un tiempo de mucho [a]ayuno y
oración.
7 Y así termina el año decimoquinto del gobierno de los jueces
sobre el pueblo de Nefi;
8 y este es el relato de Ammón
y sus hermanos, sus jornadas en
la tierra de Nefi, sus padecimientos en la tierra, sus congojas y sus
aflicciones, su [a]incomprensible
gozo, y la acogida y seguridad
de los hermanos en la tierra de
Jersón. Y el Señor, el Redentor de
todos los hombres, bendiga sus
almas para siempre.
9 Y esta es la narración de las
guerras y contenciones entre los
nefitas, y también de las guerras
entre los nefitas y lamanitas; y el
año decimoquinto del gobierno
de los jueces ha concluido.
10 Y desde el año primero al decimoquinto, se ha consumado la
destrucción de muchos miles de
vidas; sí, se ha desarrollado una escena terrible de efusión de sangre.
11 Y los cuerpos de muchos miles yacen bajo la tierra, mientras
que los cuerpos de muchos miles
están [a]consumiéndose en montones sobre la superficie de la tierra;
sí, y muchos miles [b]lloran por la
pérdida de sus parientes, porque
tienen motivo para temer, según
las promesas del Señor, que sean
condenados a un estado de angustia interminable.
12 Por otra parte, muchos otros
miles lamentan por cierto la pérdida de sus parientes; no obstante, se regocijan y se alegran en
la esperanza, y aun saben, según
las [a]promesas del Señor, que serán levantados para morar a la
diestra de Dios, en un estado de
felicidad perpetua.
13 Y así vemos cuán grande es la
[a]desigualdad del hombre a causa
del pecado y la transgresión y el
poder del diablo, que viene por los
astutos [b]planes que ha urdido para
enredar el corazón de los hombres.
14 Y así vemos el gran llamamiento de diligencia a los hombres para obrar en las [a]viñas del
Señor; y así vemos el gran motivo del dolor, como también del
gozo: dolor a causa de la muerte
y destrucción entre los hombres,
y gozo a causa de la [b]luz de Cristo
para vida.

CAPÍTULO 29

Alma desea proclamar el arrepentimiento con celo angélico — El Señor concede maestros a todas las naciones — Alma se regocija en la obra del

6*a* Alma 30:2.
8*a* Alma 27:16–19.
11*a* Alma 16:11.
b Alma 48:23; DyC 42:45–46.
12*a* Alma 11:41.
13*a* 1 Ne. 17:35.
b 2 Ne. 9:28.
14*a* GEE Viña del Señor.
b GEE Luz, luz de Cristo.

Señor y en el éxito de Ammón y sus
hermanos. Aproximadamente 76 a.C.

¡Oh, si fuera yo un ángel y se me
concediera el deseo de mi corazón,
para salir y hablar con la trompeta
de Dios, con una voz que estre-
meciera la tierra, y proclamar el
arrepentimiento a todo pueblo!
2 Sí, declararía yo a toda alma,
como con voz de trueno, el arrepentimiento y el plan de redención: Que deben arrepentirse y
[a]venir a nuestro Dios, para que
no haya más dolor sobre toda la
superficie de la tierra.
3 Mas he aquí, soy hombre, y
peco en mi deseo; porque debería estar conforme con lo que el
Señor me ha concedido.
4 No debería, en mis deseos,
perturbar los firmes decretos de
un Dios justo, porque sé que él
concede a los hombres según lo
que [a]deseen, ya sea para muerte
o para vida; sí, sé que él concede
a los hombres, sí, les decreta decretos que son inalterables, según
la [b]voluntad de ellos, ya sea para
salvación o destrucción.
5 Sí, y sé que el bien y el mal
han llegado ante todos los hombres; y quien no puede discernir
el bien del mal, no es culpable;
mas el que [a]conoce el bien y el
mal, a este le es dado según sus
deseos, sea que desee el bien
o el mal, la vida o la muerte,
el gozo o el remordimiento de
[b]conciencia.
6 Ahora bien, en vista de que sé
estas cosas, ¿por qué he de desear
algo más que hacer la obra a la
que he sido llamado?
7 ¿Por qué he de desear ser un
ángel para poder hablar a todos
los extremos de la tierra?
8 Pues he aquí, el Señor les concede a [a]todas las naciones que, de
su propia nación y [b]lengua, enseñen su palabra, sí, con sabiduría,
cuanto él [c]juzgue conveniente que
tengan; por lo tanto, vemos que
el Señor aconseja en sabiduría, de
conformidad con lo que es justo
y verdadero.
9 Sé lo que el Señor me ha mandado, y en ello me glorío. Y no me
[a]glorío en mí mismo, sino en lo
que el Señor me ha mandado; sí,
y esta es mi gloria, que quizá sea
un instrumento en las manos de
Dios para conducir a algún alma al
arrepentimiento; y este es mi gozo.
10 Y he aquí, cuando veo a muchos de mis hermanos verdaderamente arrepentidos, y que vienen
al Señor su Dios, mi alma se llena
de gozo; entonces recuerdo [a]lo
que el Señor ha hecho por mí, sí,
que ha oído mi oración; sí, entonces recuerdo su misericordioso
brazo que extendió hacia mí.
11 Sí, y me acuerdo también
de la cautividad de mis padres;
porque ciertamente sé que el

29 2*a* Omni 1:26; 3 Ne. 21:20.
4*a* Sal. 37:4.
b GEE Albedrío.
5*a* 2 Ne. 2:18, 26; Moro. 7:15–19. GEE Discernimiento, don de.
b GEE Conciencia.
8*a* 2 Ne. 29:12.
b DyC 90:11.
c Alma 12:9–11.
9*a* Alma 26:12.
10*a* Mos. 27:11–31.

[a]Señor los libró de la servidumbre, y así estableció su iglesia;
sí, el Señor Dios, el Dios de
Abraham, el Dios de Isaac, y el
Dios de Jacob, los libró del cautiverio.
12 Sí, siempre he recordado el
cautiverio de mis padres, y ese
mismo Dios que los [a]libró de las
manos de los egipcios, los libró
de la servidumbre.
13 Sí, y ese mismo Dios estableció su iglesia entre ellos, sí, y ese
mismo Dios me ha llamado con
un santo llamamiento para que
predique la palabra a este pueblo,
y me ha concedido mucho éxito,
en lo cual mi [a]gozo es cabal.
14 Pero no me regocijo en mi
propio éxito solamente, sino que
mi gozo es más completo a causa
del [a]éxito de mis hermanos que
han subido a la tierra de Nefi.
15 He aquí, han trabajado sobremanera, y han producido mucho
fruto; y cuán grande será su recompensa.
16 Y cuando pienso en el éxito
de estos mis hermanos, se trans-
porta mi alma como si fuera a
separarse del cuerpo, tan grande
es mi gozo.
17 Y ahora conceda Dios que estos mis hermanos se sienten en el
reino de Dios; sí, y también todos
aquellos que son el fruto de sus
obras, para que ya no salgan más,
sino que lo alaben para siempre; y
Dios conceda que se haga según
mis palabras, así como he dicho.
Amén.

CAPÍTULO 30

Korihor, el anticristo, se burla de Cristo, de la Expiación y del espíritu de profecía — Enseña que no hay Dios, ni caída del hombre, ni castigo por el pecado, ni Cristo — Alma testifica que Cristo vendrá y que todas las cosas indican que hay un Dios — Korihor exige una señal y queda mudo — El diablo se le había aparecido a Korihor en forma de ángel y le había enseñado lo que debía decir — Atropellan a Korihor y lo pisotean hasta que muere. Aproximadamente 76–74 a.C.

HE aquí, aconteció que después
que el [a]pueblo de Ammón quedó
establecido en la tierra de Jersón, sí, y también después que
los lamanitas fueron [b]arrojados
del país, y sus muertos fueron sepultados por la gente de esa tierra
2 —y no fueron contados sus
muertos por ser tan numerosos,
ni tampoco lo fueron los de los
nefitas— aconteció que después
que hubieron sepultado a sus
muertos, y también después de
los días de ayuno, de llanto y
de oración (y fue durante el año
decimosexto del gobierno de los
jueces sobre el pueblo de Nefi),
empezó a haber continua paz por
toda la tierra.
3 Sí, y el pueblo se esforzaba en

11*a* Mos. 24:16–21;
Alma 5:3–5.
12*a* Éx. 14:30–31.
13*a* DyC 18:14–16.
14*a* Alma 17:1–4.
30 1*a* Alma 27:25–26.
GEE Anti-nefi-lehitas.
b Alma 28:1–3.

guardar los mandamientos del Señor; y obedecía estrictamente las [a]ordenanzas de Dios, según la ley de Moisés; porque se le enseñaba a [b]observar la ley de Moisés hasta que fuese cumplida.

4 Y así fue que no hubo disturbios entre el pueblo en todo el año decimosexto del gobierno de los jueces sobre el pueblo de Nefi.

5 Y sucedió que a principios del año decimoséptimo del gobierno de los jueces hubo continua paz.

6 Pero sucedió que a fines del año decimoséptimo llegó un hombre a la tierra de Zarahemla, y era un [a]anticristo, porque empezó a predicar al pueblo contra las profecías que habían declarado los profetas concernientes a la venida de Cristo.

7 Pues no había ley alguna contra la [a]creencia de ningún hombre; porque era expresamente contrario a los mandamientos de Dios que hubiera una ley que colocara a los hombres en posición desigual.

8 Porque así dicen las Escrituras: [a]Escogeos hoy a quién sirváis.

9 De modo que si un hombre deseaba servir a Dios, tenía el privilegio; o más bien, si creía en Dios, tenía el privilegio de servirlo; pero si no creía en él, no había ley que lo castigara.

10 Mas si asesinaba, era castigado con la pena de [a]muerte; y si robaba, también se le castigaba; y si hurtaba, también era castigado; y si cometía adulterio, era también castigado; sí, por todas estas iniquidades se le castigaba.

11 Porque había una ley de que todos los hombres debían ser juzgados según sus delitos. Sin embargo, no había ninguna ley contra la creencia de un hombre; por tanto, era castigado solo por los delitos que hubiese cometido; por tanto, todos se hallaban en posición [a]igual.

12 Y este anticristo, cuyo nombre era Korihor (y la ley no podía constreñirlo), empezó a predicar al pueblo que no habría ningún Cristo. Y de esta manera predicaba, diciendo:

13 ¡Oh vosotros que estáis subyugados por una loca y vana esperanza! ¿Por qué os sujetáis con semejantes locuras? ¿Por qué esperáis a un Cristo? Pues ningún hombre puede saber acerca de lo porvenir.

14 He aquí, estas cosas que llamáis profecías, que decís que las transmiten los santos profetas, he aquí, no son más que insensatas tradiciones de vuestros padres.

15 ¿Cómo sabéis que son ciertas? He aquí, no podéis saber de las cosas que no [a]veis; por lo tanto, no podéis saber si habrá un Cristo.

16 Miráis hacia lo futuro, y

3*a* GEE Ley de Moisés.
b 2 Ne. 25:24–27; Alma 25:15.
6*a* GEE Anticristo.
7*a* Alma 1:17.
8*a* Josué 24:15. GEE Albedrío.
10*a* GEE Pena de muerte.
11*a* Mos. 29:32.
15*a* Éter 12:5–6.

decís que veis la remisión de
vuestros pecados. Mas he aquí,
esto no es sino el efecto de una
mente desvariada; y este tras-
torno mental resulta de las tradiciones de vuestros padres que
os inducen a creer en cosas que
no existen.
17 Y muchas otras cosas parecidas les habló, diciéndoles que no
se podía hacer ninguna expiación
por los pecados de los hombres,
sino que en esta vida a cada uno
le tocaba de acuerdo con su habilidad; por tanto, todo hombre
prosperaba según su genio, todo
hombre conquistaba según su
fuerza; y no era ningún crimen
el que un hombre hiciese cosa
cualquiera.
18 Y así les predicaba, desviando
el corazón de muchos, haciéndoles erguir sus cabezas en su iniquidad; sí, incitando a muchas
mujeres, y también hombres, a
cometer fornicaciones, diciéndoles que cuando moría el hombre,
allí terminaba todo.
19 Y este hombre fue también a
la tierra de Jersón para predicar
estas cosas entre los del pueblo de
Ammón, que en un tiempo fueron
el pueblo de los lamanitas.
20 Mas he aquí, estos fueron
más prudentes que muchos de
los nefitas, porque lo tomaron y
lo ataron y lo llevaron ante Ammón, que era un sumo sacerdote
de ese pueblo.
21 Y sucedió que hizo que fuese
echado de esa tierra. Y llegó a la
tierra de Gedeón, y empezó a
predicarles también; y he aquí,
no tuvo mucho éxito, porque lo
tomaron y lo ataron y lo llevaron ante el sumo sacerdote, y
también el juez superior del país.
22 Y aconteció que el sumo
sacerdote le dijo: ¿Por qué andas
pervirtiendo las vías del Señor?
¿Por qué enseñas a este pueblo
que no habrá Cristo, para inte-
rrumpir su gozo? ¿Por qué hablas
contra todas las profecías de los
santos profetas?
23 Y el nombre del sumo sacerdote era Giddona. Y Korihor le
dijo: Porque no enseño las insensatas tradiciones de vuestros
padres, y porque no enseño a este
pueblo a subyugarse bajo las insensatas ordenanzas y prácticas
establecidas por antiguos sacerdotes para usurpar poder y autoridad sobre ellos, para tenerlos
en la ignorancia, a fin de que no
levanten la cabeza, sino que se
humillen de acuerdo con vuestras palabras.
24 Decís que este es un pueblo
libre. He aquí, os digo que se halla en el cautiverio. Decís que esas
antiguas profecías son verdaderas. He aquí, os digo que no sabéis si son verdaderas.
25 Decís que este es un pueblo
culpable y caído a causa de la
transgresión de un padre. He
aquí, os digo que un niño no
es culpable por causa de sus
padres.
26 También decís que Cristo

vendrá. Mas he aquí, os digo
que no sabéis si habrá un
Cristo. Y también decís que
será muerto por los [a]pecados
del mundo;
27 y así lleváis a este pueblo en
pos de las insensatas tradiciones
de vuestros padres y conforme
a vuestros propios deseos; y los
tenéis sometidos, como si fuera
en el cautiverio, para saciaros del
trabajo de sus manos, de modo
que no se atreven a levantar la
vista con valor, ni se atreven a
gozar de sus propios derechos y
privilegios.
28 Sí, no se atreven a hacer uso
de lo que les pertenece, no sea
que ofendan a sus sacerdotes, los
cuales los uncen al yugo según
sus deseos, y les han hecho creer,
por sus tradiciones, y sus sueños,
caprichos, visiones y misterios
fingidos, que si no obran conforme a sus palabras, ofenderán a
algún ser desconocido que dicen
que es Dios, un ser que nunca se
ha visto ni conocido, que nunca
existió ni existirá.
29 Ahora bien, cuando el sumo
sacerdote y el juez superior vieron la dureza de su corazón,
sí, cuando vieron que vilipen-
diaba aun a Dios, no quisieron
responder a sus palabras, sino
que hicieron que fuese atado; y
lo entregaron en manos de los
oficiales, y lo enviaron a la tierra de Zarahemla, para que allí
compareciera ante Alma y ante
el juez superior que gobernaba
todo el país.
30 Y aconteció que cuando fue
llevado ante Alma y el juez superior, continuó del mismo modo
que en la tierra de Gedeón; sí,
prosiguió hasta [a]blasfemar.
31 Y prorrumpió en palabras
muy [a]altaneras delante de Alma,
y vilipendió a los sacerdotes y a
los maestros, acusándolos de desviar al pueblo en pos de las tontas
tradiciones de sus padres, a fin de
hartarse con el trabajo del pueblo.
32 Entonces le dijo Alma: Tú
sabes que no nos aprovechamos
del trabajo de este pueblo; pues
he aquí, yo he trabajado, desde el
principio del gobierno de los jueces hasta ahora, con mis propias
manos para mi sostén, a pesar
de mis muchos viajes por el país
para declarar la palabra de Dios
a mi pueblo.
33 Y a pesar del mucho trabajo
que he hecho en la iglesia, nunca
he recibido ni siquiera un [a]se-
nine por mi trabajo, ni tampoco
ninguno de mis hermanos, sino
al ocupar el asiento judicial; y en
este caso, hemos recibido solamente según la ley por nuestro
tiempo.
34 De modo que si no recibimos nada por nuestro trabajo
en la iglesia, ¿qué nos beneficia
trabajar en la iglesia, aparte de
declarar la verdad para regocijarnos en el [a]gozo de nuestros
hermanos?

26*a* Isa. 53:4–7.
30*a* GEE Blasfemar, blasfemia.
31*a* Hel. 13:22.
33*a* Alma 11:3.
34*a* GEE Gozo.

35 ¿Por qué dices, pues, que le
predicamos a este pueblo para lucrar, cuando tú de ti mismo sabes
que no recibimos nada? ¿Crees
tú que engañamos a este pueblo
y que eso es lo que causa tanto
gozo en sus corazones?
36 Y Korihor le respondió: Sí.
37 Y entonces Alma le dijo:
¿Crees que hay un Dios?
38 Y él contestó: No.
39 Y Alma le dijo: ¿Negarás nuevamente que hay un Dios, y negarás también al Cristo? Pues he
aquí, te digo: Yo sé que hay un
Dios, y también que Cristo vendrá.
40 Ahora bien, ¿qué evidencia
tienes de que no hay [a]Dios, o de
que Cristo no va a venir? Te digo
que no tienes ninguna salvo tu
propia palabra únicamente.
41 Mas he aquí, yo tengo todas
las cosas como [a]testimonio de
que estas cosas son verdaderas; y
también tú tienes todas las cosas
como testimonio para ti de que
son verdaderas; y, ¿las negarás?
¿Crees que estas cosas son verdaderas?
42 He aquí, yo sé que lo crees,
pero estás poseído de un espíritu
de mentira, y has desechado el
Espíritu de Dios de manera que
no puede tener cabida en ti; pero
el diablo tiene poder sobre ti, y te
lleva de un lado al otro, inven-
tando artimañas para destruir a
los hijos de Dios.
43 Y Korihor le dijo a Alma: Si
me muestras una [a]señal para que
me convenza de que hay un Dios,
sí, muéstrame que tiene poder, y
entonces quedaré convencido de
la verdad de tus palabras.
44 Mas Alma le dijo: Ya has tenido bastantes señales; ¿quieres
tentar a tu Dios? ¿Dirás: Muéstrame una señal, cuando tienes
el testimonio de [a]todos estos tus
hermanos, y también de todos los
santos profetas? Las Escrituras están delante de ti; sí, y [b]todas las
cosas indican que hay un Dios, sí,
aun la [c]tierra y todo cuanto hay
sobre ella, sí, y su [d]movimiento;
sí, y también todos los [e]planetas
que se mueven en su orden regular testifican que hay un Creador
Supremo.
45 ¿Y a pesar de esto andas desviando el corazón de este pueblo,
testificándole que no hay Dios?
¿Negarás todavía, a pesar de todos estos testimonios? Y dijo él:
Sí, negaré, a menos que me muestres una señal.
46 Y aconteció que Alma le dijo:
He aquí, estoy afligido por causa
de la dureza de tu corazón, sí, que
aún quieras resistir al espíritu de
la verdad, para que sea destruida
tu alma.
47 Mas he aquí, [a]mejor es que
tu alma se pierda a que seas el
medio de llevar a muchas almas
a la destrucción por tus mentiras y tus palabras lisonjeras;
por tanto, si vuelves a negar, he

40*a* Sal. 14:1.
41*a* GEE Testigo.
43*a* Jacob 7:13–21; DyC 46:8–9. GEE Señal.
44*a* Mos. 13:33–34.
b Sal. 19:1; DyC 88:47.
c Job 12:7–10.
d Hel. 12:11–15.
e Moisés 6:63.
47*a* 1 Ne. 4:13.

aquí, Dios te herirá a fin de que
quedes mudo, para que nunca
más abras la boca para engañar
otra vez a los de este pueblo.
48 Entonces Korihor le dijo: No
niego la existencia de un Dios,
mas no creo que haya un Dios;
y también digo que tú no sabes
que hay un Dios; y a menos que
me muestres una señal, no creeré.
49 Y Alma le dijo: Esto te daré
por señal: [a]Quedarás mudo según
mis palabras; y digo que en el
nombre de Dios quedarás mudo
de modo que no podrás expre-
sarte más.
50 Y cuando Alma hubo dicho
estas palabras, Korihor quedó
mudo, según las palabras de
Alma, de modo que ya no podía
expresarse.
51 Ahora bien, cuando el juez
superior vio esto, extendió su
mano y escribió a Korihor, diciendo: ¿Estás convencido del
poder de Dios? ¿En quién querías que Alma te manifestara su
señal? ¿Querías que afligiera a
otros para mostrarte una señal?
He aquí, te ha mostrado una señal; y ahora, ¿disputarás más?
52 Y Korihor extendió la mano
y escribió, diciendo: Sé que estoy
mudo, porque no puedo hablar;
y sé que nada, sino el poder de
Dios, pudo haber traído esto sobre mí; sí, y yo siempre [a]he sabido
que había un Dios.
53 Mas he aquí, me ha [a]en-
gañado el diablo; pues se me
[b]apareció en forma de ángel, y me
dijo: Ve y rescata a este pueblo,
porque todos se han extraviado
en pos de un Dios desconocido.
Y me dijo: [c]No hay Dios; sí, y me
enseñó lo que había de decir. Y
he enseñado sus palabras; y las
enseñé porque deleitaban a la
mente [d]carnal; y las enseñé hasta
que hube logrado mucho éxito,
al grado que realmente llegué
a creer que eran ciertas; y por
esta razón me opuse a la verdad,
hasta traer esta gran maldición
sobre mí.
54 Y cuando hubo expresado
esto, le suplicó a Alma que rogara
a Dios, para que le fuese quitada
la maldición.
55 Mas le dijo Alma: Si te fuera
quitada esta maldición, de nuevo
volverías a desviar el corazón de
este pueblo; por tanto, hágase
contigo según la voluntad del
Señor.
56 Y sucedió que la maldición
no fue quitada a Korihor; sino
que lo echaron fuera, y andaba
de casa en casa, mendigando sus
alimentos.
57 Y la noticia de lo que le había sucedido a Korihor fue publi-
cada inmediatamente por todo
el país; sí, el juez superior envió
la proclamación a todo el pueblo
de la tierra, declarando a los que
habían creído en las palabras de
Korihor que debían arrepentirse
sin demora, no fuese que les sobrevinieran los mismos castigos.

49*a* 2 Cró. 13:20.
52*a* Alma 30:42.
53*a* Jacob 7:14.
b 2 Cor. 11:14; 2 Ne. 9:9.
c Sal. 10:4.
d GEE Carnal.

58 Y aconteció que todos se
convencieron de la iniquidad de
Korihor; por tanto, todos se convirtieron de nuevo al Señor; y esto
dio fin a la iniquidad que Korihor
promulgó. Y Korihor iba de casa
en casa, mendigando pan para
su sostén.
59 Y aconteció que mientras iba
entre el pueblo, sí, entre unos que
se habían separado de los nefitas y
habían tomado el nombre de zoramitas, por ser guiados por un hombre llamado Zoram, y mientras iba
entre ellos, he aquí, lo atropellaron
y lo pisotearon hasta que murió.
60 Y así vemos el fin de aquel
que pervierte las vías del Señor; y
así vemos que el [a]diablo no [b]am-
parará a sus hijos en el postrer
día, sino que los arrastra acele-
radamente al [c]infierno.

CAPÍTULO 31

Alma encabeza una misión para traer de nuevo al redil a los zoramitas apóstatas — Los zoramitas niegan a Cristo, creen en un concepto falso de elección y adoran con oraciones fijas — Los misioneros se ven llenos del Espíritu Santo — Sus aflicciones son consumidas en el gozo de Cristo. Aproximadamente 74 a.C.

Y SUCEDIÓ que después del
fin de Korihor, habiendo recibido Alma noticias de que los
zoramitas estaban pervirtiendo
las vías del Señor, y que Zoram
su jefe, estaba induciendo el corazón de los del pueblo a que se
[a]postraran ante [b]ídolos mudos
su corazón empezó nuevamente
a [c]afligirse a causa de la iniquidad del pueblo.
2 Porque le era motivo de mucho [a]pesar a Alma saber de la iniquidad entre su pueblo; por tanto
su corazón se afligió en extremo
por causa de la separación de los
zoramitas de los nefitas.
3 Ahora bien, los zoramitas se
habían reunido en una tierra que
llamaban Antiónum, situada a
este de la tierra de Zarahemla
que se hallaba casi contigua a la
costa del mar, al sur de la tierra
de Jersón, que también colindaba
con el desierto del sur, el cual estaba lleno de lamanitas.
4 Y los nefitas temían en gran
manera que los zoramitas establecieran relaciones con los lamanitas, y resultara en una pérdida
muy grande para los nefitas.
5 Y como la [a]predicación de la
[b]palabra tenía gran propensión
a [c]impulsar a la gente a hacer
lo que era justo —sí, había surtido un efecto más potente en la
mente del pueblo que la espada
o cualquier otra cosa que les había acontecido— por tanto, Alma
consideró prudente que pusieran

60*a* GEE Diablo.
b Alma 3:26–27; 5:41–42; DyC 29:45.
c GEE Infierno.
31 1*a* Éx. 20:5; Mos. 13:13.
b 2 Ne. 9:37. GEE Idolatría.
c Alma 35:15.
2*a* Mos. 28:3; 3 Ne. 17:14; Moisés 7:41.
5*a* Enós 1:23; Alma 4:19. GEE Predicar.
b Heb. 4:12; Jacob 2:8; Alma 36:26.
c Jarom 1:11–12; DyC 11:2.

a prueba la virtud de la palabra de Dios.

6 Así pues, tomó a Ammón, a Aarón y a Omner; y dejó a Himni en la iglesia de Zarahemla; mas llevó consigo a los primeros tres, y también a Amulek y a Zeezrom, os cuales se hallaban en Melek; y también llevó a dos de sus hijos.

7 Pero no llevó al mayor de sus hijos, que se [a]llamaba Helamán; y os nombres de los que llevó consigo eran Shiblón y Coriantón; y estos son los nombres de los que fueron con él entre los [b]zoramitas para predicarles la palabra.

8 Y los zoramitas eran [a]disidentes nefitas; por lo tanto, les había sido predicada la palabra de Dios.

9 Pero habían [a]caído en grandes errores, pues no se esforzaban por guardar los mandamientos de Dios ni sus estatutos, según a ley de Moisés.

10 Ni tampoco observaban las prácticas de la iglesia, de perseverar en la oración y súplicas a Dios diariamente para no entrar en tentación.

11 Sí, y en fin, pervertían las vías del Señor en muchísimos casos; por lo tanto, por esta razón, Alma y sus hermanos fueron a su tierra para predicarles a palabra.

12 Y cuando llegaron a su tierra, he aquí, para su asombro hallaron que los zoramitas habían edificado sinagogas, y que se congregaban un día de la semana, el cual llamaban el día del Señor; y adoraban de una manera que Alma y sus hermanos nunca habían visto;

13 porque habían erigido en el centro de su sinagoga una plataforma que llegaba más alto que la cabeza, y en cuya parte superior solo cabía una persona.

14 De manera que el que deseaba [a]adorar, tenía que ir y ocupar esta parte superior, y extender las manos hacia el cielo, y clamar en voz alta, diciendo:

15 ¡Santo, Santo Dios; creemos que eres Dios, y creemos que eres santo, y que fuiste un espíritu, y que eres un espíritu y que serás un espíritu para siempre!

16 ¡Santo Dios, creemos que tú nos has separado de nuestros hermanos; y no creemos en la tradición de nuestros hermanos que les fue transmitida por las puerilidades de sus padres; mas creemos que nos has [a]escogido para ser tus [b]santos hijos; y también nos has dado a conocer que no habrá Cristo!

17 ¡Mas tú eres el mismo ayer, hoy y para siempre; y nos has [a]elegido para que seamos salvos, mientras que todos los que nos rodean son elegidos para ser arrojados por tu ira al infierno; y por esta santidad, oh Dios, te damos gracias; y también te damos gracias porque nos has

7*a* GEE Helamán hijo de Alma.
b Alma 30:59.
8*a* Alma 24:30.
9*a* GEE Apostasía.
14*a* Mateo 6:1–7.
16*a* Alma 38:13–14.
b Isa. 65:3, 5.
17*a* GEE Vanidad, vano.

elegido, a fin de que no seamos
llevados en pos de las necias tradiciones de nuestros hermanos
que los someten a una creencia
en Cristo, lo que conduce sus corazones a apartarse lejos de ti,
Dios nuestro!
18 Y de nuevo te damos las gracias, oh Dios, porque somos un
pueblo electo y santo. Amén.
19 Y aconteció que después que
Alma, sus hermanos y sus hijos
hubieron oído estas oraciones, se
asombraron sobremanera.
20 Pues he aquí, cada uno iba y
ofrecía estas mismas oraciones.
21 Y el nombre que daban a este
sitio era Rameúmptom, que interpretado quiere decir el santo
púlpito.
22 Y desde este púlpito ofrecía,
cada uno de ellos, la misma oración a Dios, dando las gracias a
su Dios porque los había escogido, y porque no los llevó en
pos de la tradición de sus hermanos, y porque sus corazones
no fueron cautivados para creer
en cosas venideras, de las cuales
nada sabían.
23 Y después que todos los del
pueblo daban gracias de esta
manera, regresaban a sus casas,
[a]sin volver a hablar de su Dios
hasta que nuevamente se juntaban alrededor del santo púlpito
para ofrecer gracias según su
manera.
24 Ahora bien, cuando Alma
vio esto, se [a]angustió su corazón;
pues vio que eran una gente inicua y perversa; sí, vio que sus
corazones estaban puestos en el
oro, y en la plata, y en toda clase
de objetos finos.
25 Sí, y también vio que por motivo de su orgullo sus corazones
se [a]ensalzaban con gran jactancia.
26 Y elevó su voz al cielo y
[a]exclamó, diciendo: ¡Oh Señor!
¿hasta cuándo permitirás que tus
siervos moren aquí en la carne,
para presenciar tan grave iniquidad entre los hijos de los hombres?
27 He aquí, ¡oh Dios!, te [a]invo-
can; y sin embargo, sus corazones
son consumidos en su orgullo. He
aquí, ¡oh Dios!, te llaman con su
boca a la vez que se han engreído
hasta [b]inflarse grandemente, con
las vanidades del mundo.
28 He ahí, ¡oh Dios mío!, sus
suntuosos vestidos, y sus anillos,
sus [a]brazaletes, sus ornamentos
de oro y todos sus objetos preciosos con que se adornan; y he aquí,
sus corazones están puestos en
estas cosas, y aun así te invocan
diciendo: Gracias te damos, ¡oh
Dios!, porque te somos un pueblo
escogido, mientras que los otros
perecerán.
29 Sí, y dicen que tú les has
dado a conocer que no habrá
Cristo.
30 ¡Oh Señor Dios!, ¿hasta
cuándo consentirás que exista

23*a* Stg. 1:21–25.
24*a* Gén. 6:5–6.
25*a* Jacob 2:13; Alma 1:32.
26*a* Moisés 7:41–58.
27*a* Isa. 29:13.
b GEE Orgullo.
28*a* Isa. 3:16–24.

tal perversidad e infidelidad entre este pueblo? ¡Oh Señor, dame
fuerzas para sobrellevar mis flaquezas; porque soy débil, y semejante iniquidad entre este pueblo
contrista mi alma!
31 ¡Oh Señor, mi corazón se
halla afligido en sumo grado;
consuela mi alma [a]en Cristo!
¡Oh Señor, concédeme que tenga
fuerzas para sufrir con paciencia estas aflicciones que vendrán
sobre mí, a causa de la iniquidad
de este pueblo!
32 ¡Oh Señor, consuela mi alma
y concédeme el éxito, así como
a mis consiervos que se hallan
conmigo; sí, Ammón y Aarón y
Omner, como también Amulek
y Zeezrom, y también mis [a]dos
hijos! Sí, conforta a todos estos,
¡oh Señor! Sí, consuela sus almas
en Cristo.
33 ¡Concédeles que tengan
fuerza para poder sobrellevar las
aflicciones que les sobrevendrán
por motivo de las iniquidades de
este pueblo!
34 ¡Oh Señor, [a]concédenos lograr
el éxito al traerlos nuevamente a
ti en Cristo!
35 ¡He aquí, sus [a]almas son preciosas, oh Señor, y muchos de
ellos son nuestros hermanos; por
tanto, danos, oh Señor, poder y
sabiduría para que podamos traer
a estos, nuestros hermanos, nuevamente a ti!
36 Y aconteció que cuando Alma
hubo dicho estas palabras, [a]puso
sus [b]manos sobre todos aquellos
que estaban con él. Y he aquí, al
imponerles las manos, fueron llenos del Espíritu Santo.
37 Y tras esto se separaron unos
de otros, [a]sin preocuparse por lo
que habían de comer, ni por lo
que habían de beber, ni por lo que
habían de vestir.
38 Y el Señor les proveyó a fin
de que no padeciesen hambre,
ni tuviesen sed; sí, y también les
dio fuerza para que no padeciesen ningún género de [a]aflicciones
que no fuesen consumidas en el
gozo de Cristo. Y esto aconteció
según la oración de Alma; y esto
porque oró con [b]fe.

CAPÍTULO 32

Alma enseña a los pobres, cuyas aflicciones los habían humillado — La fe es una esperanza en aquello que no se ve y que es verdadero — Alma testifica que ángeles ministran a hombres, a mujeres y a niños — Alma compara la palabra a una semilla — Esta se debe plantar y nutrir — Entonces crece hasta llegar a ser un árbol del cual se recoge el fruto de la vida eterna. Aproximadamente 74 a.C.

1 Y ACAECIÓ que salieron y empezaron a predicar al pueblo la
palabra de Dios, entrando en
sus sinagogas y en sus casas; sí,

31*a* Juan 16:33.
32*a* Alma 31:7.
34*a* 2 Ne. 26:33.
35*a* GEE Alma — El valor de las almas.
36*a* 3 Ne. 18:36–37.
b GEE Imposición de manos.
37*a* Mateo 6:25–34; 3 Ne. 13:25–34.
38*a* Mateo 5:10–12; Mos. 24:13–15; Alma 33:23.
b GEE Fe.

y aun predicaron la palabra en sus calles.

2 Y sucedió que después de trabajar mucho entre ellos, empezaron a tener éxito entre la clase [a]pobre; pues he aquí, estos eran echados de las sinagogas a causa de la pobreza de sus ropas.

3 Por tanto, no les era permitido entrar en sus sinagogas para adorar a Dios porque eran considerados como la hez; por tanto, eran pobres; sí, sus hermanos los consideraban como la escoria; de modo que eran [a]pobres en cuanto a las cosas del mundo, y también eran pobres de corazón.

4 Y mientras Alma estaba enseñando y hablando al pueblo sobre el cerro Onida, fue a él una gran multitud compuesta de aquellos de quienes hemos estado hablando, de aquellos que eran [a]pobres de corazón a causa de su pobreza en cuanto a las cosas del mundo.

5 Y llegaron a Alma; y el principal entre ellos le dijo: He aquí, [a]¿qué harán estos, mis hermanos? Pues son despreciados por todos los hombres a causa de su pobreza; sí, y más particularmente por nuestros sacerdotes, porque nos han [b]echado de nuestras sinagogas, que con tanto trabajo hemos edificado con nuestras propias manos; y nos han echado a causa de nuestra suma pobreza; y no tenemos un lugar para adorar a nuestro Dios. He aquí, [c]¿qué haremos?

6 Y cuando Alma oyó esto, volvió su rostro directamente hacia él, y los observó con gran gozo; porque vio que sus [a]aflicciones realmente los habían [b]humillado, y que se hallaban [c]preparados para oír la palabra.

7 Por tanto, no dijo más a la otra multitud; sino que extendió la mano y clamó a los que veía, aquellos que en verdad estaban arrepentidos, y les dijo:

8 Veo que sois [a]mansos de corazón; y si es así, benditos sois.

9 He aquí, vuestro hermano ha dicho: ¿Qué haremos?, porque somos echados de nuestras sinagogas, de modo que no podemos adorar a nuestro Dios.

10 He aquí, os digo: ¿Suponéis que no podéis [a]adorar a Dios más que en vuestras sinagogas?

11 Y además, quisiera preguntar: ¿Suponéis que no debéis adorar a Dios sino una vez por semana?

12 Yo os digo que está bien que seáis echados de vuestras sinagogas, para que seáis humildes y aprendáis [a]sabiduría; porque es necesario que aprendáis sabiduría; porque es por motivo de que sois echados, debido a que vuestros hermanos os desprecian

32 2*a* GEE Pobres.
3*a* Alma 34:40.
4*a* GEE Pobres — Pobres en espíritu.
5*a* Prov. 18:23.
b Alma 33:10.
c Hech. 2:37–38.
6*a* GEE Adversidad.
b GEE Humildad, humilde, humillar (afligir).
c Alma 16:16–17; DyC 101:8.
8*a* Mateo 5:3–5.
10*a* GEE Adorar.
12*a* Ecle. 4:13.

a causa de vuestra suma [b]pobreza,
que habéis llegado a la humildad
de corazón; pues necesariamente
se os hace ser humildes.
13 Y porque sois obligados a ser
humildes, benditos sois; porque
en ocasiones el hombre, si se ve
obligado a ser humilde, busca el
arrepentimiento; y de seguro, el
que se arrepienta hallará misericordia; y quien halle misericordia y [a]persevere hasta el fin, será
salvo.
14 Y como ya os he dicho, que
por haber sido obligados a ser
humildes, fuisteis bendecidos,
¿no suponéis que son más bendecidos aún aquellos que se humillan verdaderamente a causa
de la palabra?
15 Sí, el que verdaderamente
se humille y se arrepienta de sus
pecados, y persevere hasta el fin,
será bendecido; sí, bendecido mucho más que aquellos que se ven
obligados a ser humildes por
causa de su extrema pobreza.
16 Por tanto, benditos son aquellos que se [a]humillan sin verse
obligados a ser humildes; o más
bien, en otras palabras, bendito
es el que cree en la palabra de
Dios, y es bautizado sin obstinación de corazón; sí, sin habérsele
llevado a conocer la palabra, o
siquiera compelido a saber, antes de creer.
17 Sí, hay muchos que dicen: Si
nos muestras una [a]señal del cielo,
de seguro luego sabremos; y entonces creeremos.
18 Ahora yo os pregunto: ¿Es
fe esto? He aquí, os digo que no;
porque si un hombre sabe una
cosa, no tiene necesidad de [a]creer,
porque la sabe.
19 Y ahora bien, ¿cuánto más
maldito es aquel que [a]conoce la
voluntad de Dios y no la cumple,
que el que solo cree o solamente
tiene motivo para creer, y cae en
transgresión?
20 Ahora bien, sobre este asunto
vosotros habéis de juzgar. He
aquí, os digo que así es por una
parte como lo es por la otra; y a
todo hombre se hará según sus
obras.
21 Y ahora bien, como decía concerniente a la [a]fe: La fe no es tener
un conocimiento perfecto de las
cosas; de modo que si tenéis fe,
tenéis [b]esperanza en cosas que
[c]no se ven, y que son verdaderas.
22 Y ahora bien, he aquí, ahora
os digo, y quisiera que recordaseis, que Dios es misericordioso
para con todos los que creen en su
nombre; por tanto, él desea ante
todo que creáis, sí, en su palabra.
23 Y ahora bien, él comunica
su palabra a los hombres por
medio de ángeles; sí, [a]no solo a
los hombres, sino a las mujeres
también. Y esto no es todo; muchas veces les son dadas a los

12*b* Prov. 16:8.
13*a* Alma 38:2.
16*a* GEE Humildad, humilde, humillar (afligir).
17*a* GEE Señal.
18*a* Éter 12:12, 18.
19*a* Juan 15:22–24.
21*a* Juan 20:29; Heb. 11.
b GEE Esperanza.
c Éter 12:6.
23*a* Joel 2:28–29.

[b]niños palabras que confunden al sabio y al erudito.

24 Y ahora bien, amados hermanos míos, ya que habéis deseado saber de mí qué debéis hacer, porque sois afligidos y desechados —y no quiero que penséis que es mi intención juzgaros sino de acuerdo con lo que es verdad—

25 porque no quiero decir que todos vosotros habéis sido compelidos a humillaros; porque verdaderamente creo yo que entre vosotros hay algunos que se humillarían, pese a las circunstancias en que se hallaran.

26 Pues como dije acerca de la fe, que no era un conocimiento perfecto, así es con mis palabras. No podéis, al principio, saber a la perfección acerca de su veracidad, así como tampoco la fe es un conocimiento perfecto.

27 Mas he aquí, si despertáis y avivásis vuestras facultades hasta experimentar con mis palabras, y ejercitáis un poco de fe, sí, aunque no sea más que un [a]deseo de creer, dejad que este deseo obre en vosotros, sí, hasta creer de tal modo que deis cabida a una porción de mis palabras.

28 Compararemos, pues, la palabra a una [a]semilla. Ahora bien, si dais lugar para que sea sembrada una [b]semilla en vuestro [c]corazón, he aquí, si es una semilla verdadera, o semilla buena, y no la echáis fuera por vuestra [d]incredulidad, resistiendo al Espíritu del Señor, he aquí, empezará a hincharse en vuestro pecho; y al sentir esta sensación de crecimiento, empezaréis a decir dentro de vosotros: Debe ser que esta es una semilla buena, o que la palabra es buena, porque empieza a ensanchar mi alma; sí, empieza a iluminar mi [e]entendimiento; sí, empieza a ser deliciosa para mí.

29 He aquí, ¿no aumentaría esto vuestra fe? Os digo que sí; sin embargo, no ha llegado a ser un conocimiento perfecto.

30 Mas he aquí, al paso que la semilla se hincha y brota y empieza a crecer, entonces no podéis menos que decir que la semilla es buena; pues he aquí, se hincha y brota y empieza a crecer. Y, he aquí, ¿no fortalecerá esto vuestra fe? Sí, fortalecerá vuestra fe, porque diréis: Sé que esta es una buena semilla; porque, he aquí, brota y empieza a crecer.

31 Y he aquí, ¿estáis seguros ahora de que es una semilla buena? Os digo que sí; porque toda semilla produce según su propia [a]especie.

32 Por tanto, si una semilla crece, es semilla buena; pero si no crece, he aquí que no es buena; por lo tanto, es desechada.

33 Y he aquí, por haber probado el experimento y sembrado

23*b* Mateo 11:25; Lucas 10:21; 3 Ne. 26:14–16; DyC 128:18.
27*a* Marcos 11:24.
28*a* Alma 33:1.
b Lucas 8:11.
c GEE Corazón.
d Mateo 17:20.
e GEE Entender, entendimiento.
31*a* Gén. 1:11–12.

la semilla, y porque esta se hincha, y brota, y empieza a crecer, sabéis por fuerza que la semilla es buena.
34 Y ahora bien, he aquí, ¿es perfecto vuestro [a]entendimiento? Sí, vuestro conocimiento es perfecto en esta cosa, y vuestra [b]fe queda inactiva; y esto porque sabéis, pues sabéis que la palabra ha henchido vuestras almas, y también sabéis que ha brotado, que vuestro entendimiento empieza a iluminarse y vuestra [c]mente comienza a ensancharse.
35 Luego, ¿no es esto verdadero? Os digo que sí, porque es [a]luz; y lo que es luz, es bueno, porque se puede discernir; por tanto, debéis saber que es bueno; y ahora bien, he aquí, ¿es perfecto vuestro conocimiento después de haber gustado esta luz?
36 He aquí, os digo que no; ni tampoco debéis dejar a un lado vuestra fe, porque tan solo habéis ejercitado vuestra fe para sembrar la semilla, a fin de llevar a cabo el experimento para saber si la semilla era buena.
37 Y he aquí, a medida que el árbol empiece a crecer, diréis: Nutrámoslo con gran cuidado para que eche raíz, crezca y nos produzca fruto. Y he aquí, si lo cultiváis con mucho cuidado, echará raíz, y crecerá, y dará fruto.
38 Mas si [a]desatendéis el árbol, y sois negligentes en nutrirlo, he aquí, no echará raíz; y cuando el calor del sol llegue y lo abrase, se secará porque no tiene raíz, y lo arrancaréis y lo echaréis fuera.
39 Y esto no es porque la semilla no haya sido buena, ni tampoco es porque su fruto no sea deseable; sino porque vuestro [a]terreno es estéril y no queréis nutrir el árbol; por tanto, no podréis obtener su fruto.
40 Y por lo mismo, si no cultiváis la palabra, mirando hacia adelante con el ojo de la fe a su fruto, nunca podréis recoger el fruto del [a]árbol de la vida.
41 Pero si cultiváis la palabra, sí, y nutrís el árbol mientras empiece a crecer, mediante vuestra fe, con gran diligencia y con [a]paciencia, mirando hacia adelante a su fruto, echará raíz; y he aquí, será un árbol que [b]brotará para vida sempiterna.
42 Y a causa de vuestra [a]diligencia, y vuestra fe y vuestra paciencia al nutrir la palabra para que eche raíz en vosotros, he aquí que con el tiempo recogeréis su [b]fruto, el cual es sumamente precioso, y el cual es más dulce que todo lo dulce, y más blanco que todo lo blanco, sí, y más puro que todo lo puro; y comeréis de este fruto hasta quedar satisfechos, de modo

34*a* GEE Conocimiento.
b Éter 3:19.
c GEE Mente.
35*a* Juan 3:18–21.
GEE Luz, luz de Cristo.
38*a* GEE Apostasía.
39*a* Mateo 13:5.
40*a* Gén. 2:9;
1 Ne. 15:36.
41*a* GEE Paciencia.
b Alma 33:23;
DyC 63:23.
42*a* GEE Diligencia.
b 1 Ne. 8:10–12.

que no tendréis hambre ni tendréis sed.

43 Entonces, hermanos míos, segaréis el galardón de vuestra fe, y vuestra diligencia, y paciencia, y longanimidad, esperando que el árbol os dé fruto.

CAPÍTULO 33

Zenós enseñó que los hombres deben orar y adorar en todo lugar, y que los juicios se apartan a causa del Hijo — Zenoc enseñó que la misericordia se concede a causa del Hijo — Moisés levantó en el desierto un símbolo del Hijo de Dios. Aproximadamente 74 a.C.

Y DESPUÉS que Alma hubo hablado estas palabras, le mandaron preguntar si habían de creer en [a]un Dios para obtener este fruto del cual había hablado, o cómo debían sembrar la [b]semilla, o sea, la palabra a que se había referido, la cual él dijo que debía sembrarse en sus corazones, o de qué manera debían empezar a ejercitar su fe.

2 Y Alma les dijo: He aquí, habéis dicho que [a]no podéis adorar a vuestro Dios porque sois echados de vuestras sinagogas. Mas he aquí, os digo que si suponéis que no podéis adorar a Dios, os equivocáis gravemente, y debéis escudriñar las [b]Escrituras; si suponéis que esto es lo que os han enseñado, es que no las entendéis.

3 ¿No recordáis haber leído lo que [a]Zenós, el profeta de la antigüedad, ha dicho concerniente a la oración o [b]adoración?

4 Porque dijo: Eres misericordioso, ¡oh Dios!, porque has oído mi oración, aun cuando me hallaba en el desierto; sí, fuiste misericordioso cuando oré concerniente a aquellos que eran mis [a]enemigos, y tú los volviste a mí.

5 Sí, ¡oh Dios!, y fuiste misericordioso conmigo cuando te invoqué en mi [a]campo, cuando clamé a ti en mi oración, y tú me oíste.

6 Y además, ¡oh Dios!, cuando volví a mi casa, me oíste en mi oración.

7 Y cuando entré en mi [a]aposento y oré a ti, ¡oh Señor!, tú me oíste.

8 Sí, eres misericordioso con tus hijos, cuando te invocan para ser oídos de ti, y no de los hombres; y tú los oirás.

9 Sí, ¡oh Dios!, tú has sido misericordioso conmigo y has oído mis súplicas en medio de tus congregaciones.

10 Sí, y también me has escuchado cuando mis enemigos me han [a]desechado y despreciado; sí, oíste mis lamentos, y se encendió tu enojo contra mis enemigos, y los visitaste en tu ira con acelerada destrucción.

33 1*a* 2 Ne. 31:21; Mos. 15:2–4.
b Alma 32:28–43.
2*a* Alma 32:5.
b Alma 37:3–10.
3*a* GEE Escrituras — Escrituras que se han perdido; Zenós.
b GEE Adorar.
4*a* Mateo 5:44.
5*a* Alma 34:20–25.
7*a* Mateo 6:5–6; Alma 34:26.
10*a* Alma 32:5.

11 Y me oíste por motivo de mis
aflicciones y mi sinceridad; y es
a causa de tu Hijo que has sido
tan misericordioso conmigo; por
tanto, clamaré a ti en todas mis
aflicciones, porque en ti está mi
gozo; pues a causa de tu Hijo has
apartado tus juicios de mí.
12 Y entonces les dijo Alma:
¿Creéis estas [a]Escrituras que los
antiguos escribieron?
13 He aquí, si las creéis, debéis
creer lo que [a]Zenós dijo; pues he
aquí, declaró: A causa de tu Hijo
has apartado tus juicios.
14 Y ahora bien, hermanos míos,
quisiera preguntar si habéis leído
las Escrituras. Y si lo habéis hecho, ¿cómo podéis no creer en el
Hijo de Dios?
15 Porque [a]no está escrito que
solamente Zenós habló de estas
cosas, sino también [b]Zenoc habló de ellas.
16 Pues he aquí que él dijo: Estás enojado, ¡oh Señor!, con los de
este pueblo, porque no quieren
comprender tus misericordias
que les has concedido a causa de
tu Hijo.
17 Y así veis, hermanos míos,
que un segundo profeta de la antigüedad ha testificado del Hijo
de Dios, y porque la gente no
quiso entender sus palabras, lo
[a]apedrearon hasta la muerte.
18 Mas he aquí, esto no es todo;
no son estos los únicos que han
hablado concerniente al Hijo de
Dios.
19 He aquí, [a]Moisés habló de él;
sí, y he aquí, fue [b]levantado un
[c]símbolo en el desierto, para que
quien mirara a él, viviera; y muchos miraron y vivieron.
20 Pero fueron pocos los que
comprendieron el significado de
esas cosas, y esto a causa de la dureza de sus corazones. Mas hubo
muchos que fueron tan obstinados que no quisieron mirar; por
tanto, perecieron. Ahora bien,
la razón por la que no quisieron
mirar fue que no creyeron que
los [a]sanaría.
21 Oh hermanos míos, si fuerais
sanados con tan solo mirar para
quedar sanos, ¿no miraríais inmediatamente?; o, ¿preferiríais
endurecer vuestros corazones en
la incredulidad, y ser perezosos y
no mirar, para así perecer?
22 Si es así, ¡ay de vosotros! Pero
si no, mirad y [a]empezad a creer
en el Hijo de Dios, que vendrá
para redimir a los de su pueblo,
y que padecerá y morirá para [b]ex-
piar los pecados de ellos; y que se
[c]levantará de entre los muertos,
lo cual efectuará la [d]resurrección,
a fin de que todos los hombres
comparezcan ante él, para ser
juzgados en el día postrero, sí, el
día del juicio, según sus [e]obras.

12*a* GEE Escrituras.
13*a* Alma 34:7.
15*a* Jacob 4:4.
b 1 Ne. 19:10; Alma 34:7.
17*a* GEE Mártir, martirio.
19*a* Deut. 18:15, 18; Alma 34:7.
b Juan 3:14; Hel. 8:14–15.
c Núm. 21:9; 2 Ne. 25:20; Mos. 3:15.
20*a* 1 Ne. 17:40–41.
22*a* Alma 32:27–28.
b Alma 22:14; 34:8–9.
c GEE Resurrección.
d Alma 11:44.
e GEE Obras.

23 Y ahora bien, hermanos míos,
quisiera que [a]plantaseis esta palabra en vuestros corazones, y al
empezar a hincharse, nutridla con
vuestra fe. Y he aquí, llegará a ser
un árbol que [b]crecerá en vosotros
para vida sempiterna. Y entonces
Dios os conceda que sean ligeras
vuestras [c]cargas mediante el gozo
de su Hijo. Y todo esto lo podéis
hacer si queréis. Amén.

CAPÍTULO 34

Amulek testifica que la palabra está en Cristo para la salvación — Si no se efectúa una expiación, todo el género humano deberá perecer — Toda la ley de Moisés señala hacia el sacrificio del Hijo de Dios — El plan eterno de la redención se basa en la fe y en el arrepentimiento — Orad por bendiciones materiales y espirituales — Esta vida es cuando el hombre debe prepararse para comparecer ante Dios — Labrad vuestra salvación con temor ante Dios. Aproximadamente 74 a.C.

Y ACONTECIÓ que después que
Alma les hubo hablado estas
palabras, se sentó en el suelo, y
[a]Amulek se levantó y empezó a
instruirlos, diciendo:
2 Hermanos míos, me parece
imposible que ignoréis las cosas que se han hablado concernientes a la venida de Cristo, de
quien nosotros enseñamos que es
el Hijo de Dios; sí, yo sé que se os
enseñaron ampliamente [a]estas cosas antes de vuestra disensión de
entre nosotros.
3 Y como le habéis pedido a mi
amado hermano que os haga saber lo que debéis hacer, a causa
de vuestras aflicciones; y él os ha
dicho algo para preparar vuestras
mentes; sí, y os ha exhortado a
que tengáis fe y paciencia;
4 sí, a que tengáis la fe suficiente para [a]plantar la palabra
en vuestros corazones, para que
probéis el experimento de su
bondad.
5 Y hemos visto que el gran in-
terrogante que ocupa vuestras
mentes es si la palabra está en el
Hijo de Dios, o si no ha de haber
Cristo.
6 Y también habéis visto que mi
hermano os ha comprobado muchas veces, que la [a]palabra está en
Cristo para la salvación.
7 Mi hermano ha recurrido a
las palabras de Zenós, de que la
redención viene por medio del
Hijo de Dios; y también a las palabras de Zenoc; y también se ha
referido a Moisés, para probar
que estas cosas son verdaderas.
8 Y he aquí, ahora yo os [a]tes-
tificaré de mí mismo que estas
cosas son verdaderas. He aquí,
os digo que yo sé que Cristo vendrá entre los hijos de los hombres
para tomar sobre sí las transgresiones de su pueblo, y que [b]ex-
piará los pecados del mundo,

23*a* Alma 33:1; 34:4.
b Alma 32:41; DyC 63:23.
c Alma 31:38.

34 1*a* Alma 8:21.
2*a* Alma 16:13–21.
4*a* Alma 33:23.
6*a* Juan 1:1, 14.

8*a* GEE Testificar.
b GEE Expiación, expiar.

porque el Señor Dios lo ha
dicho.
9 Porque es necesario que se realice una [a]expiación; pues según el
gran [b]plan del Dios Eterno, debe
efectuarse una expiación, o de lo
contrario, todo el género humano
inevitablemente debe perecer; sí,
todos se han endurecido; sí, todos
han [c]caído y están perdidos, y,
de no ser por la expiación que
es necesario que se haga, deben
perecer.
10 Porque es preciso que haya
un gran y postrer [a]sacrificio; sí,
no un sacrificio de hombre, ni de
bestia, ni de ningún género de
ave; pues no será un sacrificio humano, sino debe ser un [b]sacrificio
[c]infinito y eterno.
11 Y no hay hombre alguno que
sacrifique su propia sangre, la cual
expíe los pecados de otro. Y si un
hombre mata, he aquí, ¿tomará
nuestra ley, que es [a]justa, la vida
de su hermano? Os digo que no.
12 Sino que la ley exige la vida
de aquel que ha cometido [a]ho-
micidio; por tanto, no hay nada,
a no ser una expiación infinita,
que responda por los pecados
del mundo.
13 De modo que es menester
que haya un gran y postrer sacrificio; y entonces se pondrá, o será
preciso que se ponga, [a]fin al derramamiento de sangre; entonces
quedará cumplida la [b]ley de Moisés; sí, será totalmente cumplida,
sin faltar ni una jota ni una tilde,
y nada se habrá perdido.
14 Y he aquí, este es el [a]signifi-
cado entero de la [b]ley, pues todo
ápice señala a ese gran y postrer
[c]sacrificio; y ese gran y postrer
sacrificio será el Hijo de Dios, sí,
infinito y eterno.
15 Y así él trae la [a]salvación a
cuantos crean en su nombre; ya
que es el propósito de este último sacrificio poner en efecto
las entrañas de misericordia,
que sobrepujan a la justicia y
proveen a los hombres la manera de tener [b]fe para arrepentimiento.
16 Y así la [a]misericordia satisface las exigencias de la [b]justicia,
y ciñe a los hombres con brazos de seguridad; mientras que
aquel que no ejerce la fe para
arrepentimiento queda expuesto
a las exigencias de toda la ley de
la [c]justicia; por lo tanto, únicamente para aquel que tiene fe
para arrepentimiento se realizará el gran y eterno [d]plan de
la redención.
17 Por tanto, hermanos míos,
Dios os conceda empezar a

9*a* Alma 33:22.
b Alma 12:22–33; Moisés 6:62.
c GEE Caída de Adán y Eva.
10*a* Moisés 5:6–7.
b GEE Sacrificios.
c 2 Ne. 9:7.
11*a* Deut. 24:16; Mos. 29:25.
12*a* GEE Asesinato; Pena de muerte.
13*a* 3 Ne. 9:17, 19–20.
b 3 Ne. 15:5.
14*a* Alma 30:3.
b GEE Ley de Moisés.
c DyC 138:35.
15*a* GEE Salvación.
b O sea, la fe que conduce al arrepentimiento.
16*a* GEE Misericordia, misericordioso.
b GEE Justicia.
c Alma 12:32.
d GEE Plan de redención.

ejercitar vuestra [a]fe para arrepentimiento, para que empecéis
a [b]implorar su santo nombre, a
fin de que tenga misericordia de
vosotros;
18 sí, imploradle misericordia,
porque es poderoso para salvar.
19 Sí, humillaos y persistid en
la oración a él.
20 Clamad a él cuando estéis en
vuestros campos, sí, por todos
vuestros rebaños.
21 [a]Clamad a él en vuestras casas, sí, por todos los de vuestra
casa, tanto por la mañana, como
al mediodía y al atardecer.
22 Sí, clamad a él contra el poder
de vuestros enemigos.
23 Sí, [a]clamad a él contra el [b]dia-
blo, que es el enemigo de toda
[c]rectitud.
24 Clamad a él por las cosechas
de vuestros campos, a fin de que
prosperéis en ellas.
25 Clamad por los rebaños de
vuestros campos para que au-
menten.
26 Mas esto no es todo; debéis derramar vuestra alma en
vuestros [a]aposentos, en vuestros sitios secretos y en vuestros
yermos.
27 Sí, y cuando no estéis clamando al Señor, dejad que [a]re-
bosen vuestros [b]corazones,
entregados continuamente en oración a él por vuestro bienestar, así
como por el bienestar de los que
os rodean.
28 Y he aquí, amados hermanos
míos, os digo que no penséis que
esto es todo; porque si después
de haber hecho todas estas cosas,
volvéis la espalda al [a]indigente
y al desnudo, y no visitáis al enfermo y afligido, y si no [b]dais de
vuestros bienes, si los tenéis, a
los necesitados, os digo que si no
hacéis ninguna de estas cosas, he
aquí, vuestra [c]oración es en [d]vano
y no os vale nada, y sois como los
hipócritas que niegan la fe.
29 Por tanto, si no os acordáis de
ser [a]caritativos, sois como la escoria que los refinadores desechan
(por no tener valor) y es hollada
por los hombres.
30 Y ahora bien, hermanos míos,
después de haber recibido vosotros tantos testimonios, ya que
las Santas Escrituras testifican de
estas cosas, yo quisiera que vinieseis y dieseis [a]fruto para arrepentimiento.
31 Sí, quisiera que vinieseis y
no endurecieseis más vuestros
corazones; porque he aquí, hoy
es el tiempo y el [a]día de vuestra salvación; y por tanto, si os
arrepentís y no endurecéis vuestros corazones, inmediatamente
obrará para vosotros el gran plan
de redención.
32 Porque he aquí, esta vida

17*a* GEE Fe.
b GEE Oración.
21*a* Sal. 5:1–3;
3 Ne. 18:21.
23*a* 3 Ne. 18:15, 18.
b GEE Diablo.
c GEE Rectitud, recto.
26*a* Mateo 6:5–6.
27*a* GEE Meditar.
b GEE Corazón.
28*a* GEE Pobres.
b GEE Limosna.
c Mateo 15:7–8.
d Moro. 7:6–8.
29*a* GEE Caridad.
30*a* Mateo 3:8;
Alma 13:13.
31*a* Rom. 13:11–12.

es cuando el hombre debe [a]prepa-
rarse para comparecer ante Dios; sí,
el día de esta vida es el día en que
el hombre debe ejecutar su obra.
33 Y como os dije antes, ya
que habéis tenido tantos testimonios, os ruego, por tanto, que
no [a]demoréis el día de vuestro
[b]arrepentimiento hasta el fin;
porque después de este día de
vida, que se nos da para prepa-
rarnos para la eternidad, he aquí
que si no mejoramos nuestro
tiempo durante esta vida, entonces viene la [c]noche de [d]tinieblas
en la cual no se puede hacer obra
alguna.
34 No podréis decir, cuando os
halléis ante esa terrible [a]crisis: Me
arrepentiré, me volveré a mi Dios.
No, no podréis decir esto; porque
el mismo espíritu que posea vuestros cuerpos al salir de esta vida,
ese mismo espíritu tendrá poder
para poseer vuestro cuerpo en
aquel mundo eterno.
35 Porque si habéis demorado el
día de vuestro arrepentimiento,
aun hasta la muerte, he aquí, os
habéis [a]sujetado al espíritu del
diablo y él os [b]sella como cosa
suya; por tanto, se ha retirado
de vosotros el Espíritu del Señor
y no tiene cabida en vosotros, y
el diablo tiene todo poder sobre
vosotros; y este es el estado final
del malvado.
36 Y sé esto, porque el Señor ha
dicho que no mora en templos
[a]impuros, sino en los corazones
de los [b]justos es donde mora; sí,
y también ha dicho que los justos
se sentarán en su reino, para ya
no volver a salir; y sus vestidos
serán blanqueados por medio de
la sangre del Cordero.
37 Y ahora bien, amados hermanos míos, quisiera que recordaseis
estas cosas, y que [a]labraseis vuestra salvación con temor ante Dios;
y que no negaseis más la venida
de Cristo;
38 que no [a]contendieseis más
en contra del Espíritu Santo, sino
que lo recibieseis, y que tomaseis sobre vosotros el [b]nombre
de Cristo; que os humillaseis aun
hasta el polvo y [c]adoraseis a Dios,
en cualquier lugar en que estuviereis, en espíritu y en verdad;
y que vivieseis cada día en [d]ac-
ción de gracias por las muchas
misericordias y bendiciones que
él confiere sobre vosotros.
39 Sí, y también os exhorto, hermanos míos, a estar continuamente [a]prontos para orar para
que no seáis desviados por las
[b]tentaciones del diablo, para que
no os venza, ni lleguéis a ser

32*a* 2 Ne. 2:21; Alma 12:24; 42:4–6.
33*a* Hel. 13:38; DyC 45:2.
b GEE Arrepentimiento, arrepentirse.
c Juan 9:4; DyC 45:17.
d GEE Muerte espiritual; Tinieblas espirituales.
34*a* Alma 40:13–14.
35*a* 2 Ne. 28:19–23.
b 2 Ne. 9:9.
36*a* Mos. 2:37; Alma 7:21; Hel. 4:24.
b GEE Justo.
37*a* Filip. 2:12.
38*a* GEE Contención, contienda.
b Mos. 5:8; Alma 5:38.
c GEE Adorar.
d Sal. 69:30; DyC 59:7. GEE Acción de gracias, agradecido, agradecimiento.
39*a* GEE Velar.
b GEE Tentación, tentar.

sus súbditos en el último día; porque he aquí, él no os recompensa con [c]ninguna cosa buena.

40 Y ahora bien, amados hermanos míos, quisiera exhortaros a que tengáis [a]paciencia, y que soportéis toda clase de aflicciones; que no [b]vituperéis a aquellos que os desechan a causa de vuestra suma pobreza, no sea que lleguéis a ser pecadores como ellos;

41 sino que tengáis paciencia y soportéis esas congojas, con una firme esperanza de que algún día descansaréis de todas vuestras aflicciones.

CAPÍTULO 35

La predicación de la palabra destruye las artimañas de los zoramitas — Expulsan a los convertidos, los cuales se unen al pueblo de Ammón en Jersón — Alma se aflige por la iniquidad de su pueblo. Aproximadamente 74 a.C.

Y ACONTECIÓ que después que Amulek hubo dado fin a estas palabras, se separaron de la multitud y se fueron a la tierra de Jersón.

2 Sí, y el resto de los hermanos, después que hubieron predicado la palabra a los zoramitas, llegaron también a la tierra de Jersón.

3 Y sucedió que cuando los más influyentes de entre los zoramitas se hubieron consultado concerniente a las palabras que les habían sido predicadas, se irritaron a causa de la palabra, porque destruía sus [a]artimañas; por tanto, no quisieron escuchar las palabras.

4 Y enviaron y reunieron por toda esa tierra a todos los habitantes, y consultaron con ellos acerca de las palabras que se habían hablado.

5 Mas sus gobernantes, sus sacerdotes y sus maestros no permitieron que el pueblo conociera sus deseos; por tanto, inquirieron privadamente la opinión de todo el pueblo.

6 Y aconteció que después de haberse enterado de la opinión de todo el pueblo, los que estaban a favor de las palabras que habían hablado Alma y sus hermanos fueron desterrados del país; y eran muchos; y también llegaron a la tierra de Jersón.

7 Y sucedió que Alma y sus hermanos les ministraron.

8 Ahora bien, el pueblo de los zoramitas se enojó con el pueblo de Ammón que estaba en Jersón; y el gobernante principal de los zoramitas, siendo un hombre muy inicuo, se comunicó con los del pueblo de Ammón, instándolos a que echaran fuera de su tierra a cuantos de los de ellos llegaran a esa tierra.

9 Y profirió muchas amenazas contra ellos. Mas el pueblo de Ammón no tuvo miedo de sus palabras; por tanto, no los echaron fuera, sino que recibieron a todos los zoramitas pobres

39*c* Alma 30:60.
40*a* GEE Paciencia.
b DyC 31:9.
35 3*a* GEE Supercherías sacerdotales.

que llegaron a ellos; y los [a]alimentaron y los vistieron y les dieron tierras por herencia y los atendieron según sus necesidades.

10 Y esto provocó a los zoramitas a la ira contra el pueblo de Ammón, y empezaron a mezclarse con los lamanitas, y a incitarlos también a ira contra ellos.

11 Y así los zoramitas y los lamanitas empezaron a hacer preparativos para la guerra contra el pueblo de Ammón y también contra los nefitas.

12 Y así acabó el año decimoséptimo del gobierno de los jueces sobre el pueblo de Nefi.

13 Y el pueblo de Ammón partió de la tierra de Jersón y se fue a la tierra de Melek, y dio lugar en la tierra de Jersón a los ejércitos de los nefitas, a fin de que contendieran con los ejércitos de los lamanitas y los ejércitos de los zoramitas; y así empezó una guerra entre los lamanitas y los nefitas en el decimoctavo año del gobierno de los jueces; y más adelante se hará una [a]relación de sus guerras.

14 Y Alma, Ammón y sus hermanos, y también los dos hijos de Alma, regresaron a la tierra de Zarahemla, después de haber sido instrumentos en las manos de Dios para llevar a [a]muchos de los zoramitas al arrepentimiento; y cuantos se arrepintieron fueron expulsados de su tierra; pero tienen tierras para su herencia en la tierra de Jersón, y han tomado las armas para defenderse a sí mismos, y a sus esposas, sus hijos y sus tierras.

15 Y Alma estaba afligido por la iniquidad de su pueblo, sí, por las guerras, y la efusión de sangre y contiendas que existían entre ellos; y habiendo salido a declarar la palabra, o enviado para declarar la palabra a los habitantes de todas las ciudades, y viendo que el corazón del pueblo empezaba a endurecerse y a sentirse [a]ofendido a causa de lo estricto de la palabra, su corazón se angustió en extremo.

16 Por tanto, hizo que sus hijos se reunieran para dar a cada uno de ellos su [a]encargo, separadamente, respecto de las cosas concernientes a la rectitud. Y tenemos una relación de sus mandamientos que les dio, según su propia historia.

Los mandamientos de Alma a su hijo Helamán.

Comprende los capítulos 36 y 37.

CAPÍTULO 36

Alma testifica a Helamán acerca de su conversión tras haber visto a un ángel — Padeció las penas de un alma condenada, invocó el nombre de Jesús y entonces nació de Dios — Un dulce gozo llenó su alma — Vio concursos de ángeles que alababan a Dios — Muchos conversos han

---

9*a* Mos. 4:26.
GEE Bienestar.
13*a* Alma 43:3.
14*a* Alma 35:6.
15*a* GEE Apostasía.
16*a* GEE Mayordomía,
mayordomo.

probado y visto como él ha probado y visto. Aproximadamente 74 a.C.

[a]HIJO mío, da oído a mis palabras, porque te juro que al grado que guardes los mandamientos de Dios, prosperarás en la tierra.

2 Quisiera que hicieses lo que yo he hecho, recordando el cautiverio de nuestros padres; porque estaban en el [a]cautiverio, y nadie podía rescatarlos salvo que fuese el [b]Dios de Abraham, y el Dios de Isaac, y el Dios de Jacob; y él de cierto, los libró en sus aflicciones.

3 Y ahora bien, ¡oh mi hijo Helamán!, he aquí, estás en tu juventud, y te suplico, por tanto, que escuches mis palabras y aprendas de mí; porque sé que quienes pongan su confianza en Dios serán sostenidos en sus [a]tribulaciones, y sus dificultades y aflicciones, y serán [b]enaltecidos en el postrer día.

4 Y no quisiera que pensaras que yo [a]sé de mí mismo; no de lo temporal, sino de lo espiritual; no de la mente [b]carnal, sino de Dios.

5 Ahora bien, he aquí, te digo que si no hubiese [a]nacido de Dios, [b]no habría sabido estas cosas; pero por boca de su santo ángel, Dios me ha hecho saber estas cosas, no por [c]dignidad alguna en mí.

6 Porque yo andaba con los hijos de Mosíah, tratando de [a]destruir la iglesia de Dios; mas he aquí, Dios envió a su santo ángel para detenernos en el camino.

7 Y he aquí, nos habló como con voz de trueno, y toda la tierra [a]tembló bajo nuestros pies, y todos caímos al suelo porque el [b]temor del Señor nos sobrevino.

8 Mas he aquí, la voz me dijo: ¡Levántate! Y me levanté y me puse de pie y vi al ángel.

9 Y me dijo: A menos que tú, por ti mismo, quieras ser destruido, no trates más de destruir la iglesia de Dios.

10 Y aconteció que caí al suelo; y por el espacio de [a]tres días y tres noches no pude abrir mi boca, ni hacer uso de mis miembros.

11 Y el ángel me dijo más cosas que mis hermanos oyeron, mas yo no las oí. Porque al oír las palabras —a menos que tú, por ti mismo, quieras ser destruido, no trates más de destruir la iglesia de Dios— me sentí herido de tan grande temor y asombro de que tal vez fuese destruido, que caí al suelo y no oí más.

12 Pero me martirizaba un tormento [a]eterno, porque mi alma estaba atribulada en sumo

36 1*a* Hel. 5:9–14.
2*a* Mos. 23:23; 24:17–21.
b Éx. 3:6; Alma 29:11.
3*a* Rom. 8:28.
b Mos. 23:21–22.
4*a* 1 Cor. 2:11; Alma 5:45–46. GEE Conocimiento.
b GEE Carnal.
5*a* GEE Nacer de Dios, nacer de nuevo.
b Alma 26:21–22.
c GEE Dignidad, digno.
6*a* Mos. 27:10.
7*a* Mos. 27:18.
b GEE Temor — Temor de Dios.
10*a* Mos. 27:19–23.
12*a* DyC 19:11–15.

grado, y atormentada por todos
mis pecados.
13 Sí, me acordaba de todos mis
pecados e iniquidades, por causa
de los cuales yo era [a]atormentado
con las penas del infierno; sí, veía
que me había rebelado contra mi
Dios y que no había guardado sus
santos mandamientos.
14 Sí, y había asesinado a muchos de sus hijos, o más bien, los
había conducido a la destrucción;
sí, y por último, mis iniquidades
habían sido tan grandes que el
solo pensar en volver a la presencia de mi Dios atormentaba mi
alma con indecible horror.
15 ¡Oh si [a]fuera desterrado —
pensaba yo— y aniquilado en
cuerpo y alma, a fin de no ser
llevado para comparecer ante la
presencia de mi Dios para ser juzgado por mis [b]obras!
16 Y por tres días y tres noches
me vi atormentado, sí, con las
penas de un alma [a]condenada.
17 Y aconteció que mientras así
me agobiaba este tormento, mientras me [a]atribulaba el recuerdo
de mis muchos pecados, he aquí,
también me acordé de haber oído
a mi padre profetizar al pueblo
concerniente a la venida de un
Jesucristo, un Hijo de Dios, para
expiar los pecados del mundo.
18 Y al concentrarse mi mente en
este pensamiento, clamé dentro
de mi corazón: ¡Oh Jesús, Hijo de
Dios, ten misericordia de mí que
estoy [a]en la hiel de amargura, y
ceñido con las eternas [b]cadenas
de la muerte!
19 Y he aquí que cuando pensé
esto, ya no me pude acordar más
de mis dolores; sí, dejó de [a]atormentarme el recuerdo de mis pecados.
20 Y, ¡oh qué [a]gozo, y qué luz
tan maravillosa fue la que vi! Sí,
mi alma se llenó de un gozo tan
profundo como lo había sido mi
dolor.
21 Sí, hijo mío, te digo que no
podía haber cosa tan intensa ni
tan amarga como mis dolores. Sí,
hijo mío, y también te digo que
por otra parte no puede haber
cosa tan intensa y dulce como lo
fue mi gozo.
22 Sí, me pareció ver —así como
nuestro padre [a]Lehi vio— a Dios
sentado en su trono, rodeado de
innumerables concursos de ángeles en actitud de estar cantando y
alabando a su Dios; sí, y mi alma
anheló estar allí.
23 Mas he aquí, mis miembros
recobraron su [a]fuerza, y me puse
de pie, y manifesté al pueblo que
había [b]nacido de Dios.
24 Sí, y desde ese día, aun
hasta ahora, he trabajado sin cesar para traer almas al arrepentimiento; para traerlas a [a]probar

13*a* GEE Culpa.
15*a* Apoc. 6:15–17; Alma 12:14.
b Alma 41:3; DyC 1:9–10.
16*a* GEE Condenación, condenar.
17*a* 2 Cor. 7:10.
18*a* Es decir, con intenso remordimiento.
b 2 Ne. 9:45; 28:22; Alma 12:11; Moisés 7:26.
19*a* GEE Culpa.
20*a* GEE Gozo.
22*a* 1 Ne. 1:8.
23*a* Moisés 1:10.
b Alma 5:14. GEE Nacer de Dios, nacer de nuevo.
24*a* 1 Ne. 8:12; Mos. 4:11.

el sumo gozo que yo probé; para
que también nazcan de Dios y
sean [b]llenas del Espíritu Santo.
25 Sí, y he aquí, ¡oh hijo mío!, el
Señor me concede un gozo extremadamente grande en el fruto de
mis obras;
26 porque a causa de la [a]palabra que él me ha comunicado,
he aquí, muchos han nacido de
Dios, y han probado como yo
he probado, y han visto ojo a
ojo, como yo he visto; por tanto,
ellos saben acerca de estas cosas
de que he hablado, como yo sé; y
el conocimiento que tengo viene
de Dios.
27 Y he sido sostenido en tribulaciones y dificultades de todas
clases, sí, y en todo género de
aflicciones; sí, Dios me ha librado
de la cárcel, y de ligaduras, y de la
muerte; sí, y pongo mi confianza
en él, y todavía me [a]librará.
28 Y sé que me [a]levantará en el
postrer día para morar con él en
[b]gloria; sí, y lo alabaré para siempre; porque ha [c]sacado a nuestros
padres de Egipto y ha hundido a
los [d]egipcios en el mar Rojo; y por
su poder guio a nuestros padres
a la tierra prometida; sí, y los ha
librado de la servidumbre y del
cautiverio de cuando en cuando.
29 Sí, y también ha sacado a
nuestros padres de la tierra de
Jerusalén; y por su sempiterno
poder también los ha librado de
la [a]servidumbre y del cautiverio
de cuando en cuando, hasta este
día. Y yo siempre he retenido el
recuerdo de su cautiverio; sí, y tú
también debes recordar su cautiverio como lo he hecho yo.
30 Mas he aquí, hijo mío, esto
no es todo; porque tú debes saber, como yo sé, que al [a]grado
que guardes los mandamientos
de Dios, prosperarás en la tierra;
y debes saber también que si no
guardas los mandamientos de
Dios, serás separado de su presencia. Y esto es según su palabra.

CAPÍTULO 37

Las planchas de bronce y otras Escrituras se conservan para conducir a las almas a la salvación — Los jareditas fueron destruidos por motivo de su iniquidad — Los juramentos y los convenios secretos de ellos deben esconderse del pueblo — Consulta al Señor en todos tus hechos — Así como la Liahona guio a los nefitas, de igual manera la palabra de Cristo guía a los hombres a la vida eterna. Aproximadamente 74 a.C.

Y AHORA, Helamán, hijo mío, te
mando que tomes los [a]anales que
me han sido [b]confiados;
2 y también te mando que lleves una historia de este pueblo,
como lo he hecho yo, sobre las
planchas de Nefi; y que conserves sagradas todas estas cosas

24*b* 2 Ne. 32:5; 3 Ne. 9:20. GEE Espíritu Santo.
26*a* Alma 31:5.
27*a* Sal. 34:17.
28*a* 3 Ne. 15:1.
b GEE Gloria.
c Éx. 12:51.
d Éx. 14:26–27.
29*a* Mos. 24:17; 27:16; Alma 5:5–6.
30*a* 2 Ne. 1:9–11; Alma 50:19–22.
37 1*a* Alma 45:2–8.
b Mos. 28:20.

que he guardado, así como yo las
he preservado; porque se conservan para un [a]sabio propósito.
3 Y estas [a]planchas de bronce
que contienen estos grabados,
que tienen sobre ellas la narración
de las Sagradas Escrituras y la genealogía de nuestros antecesores,
aun desde el principio,
4 he aquí, nuestros padres han
profetizado que deben ser conservadas y entregadas de una
generación a otra, y que deben
ser guardadas y preservadas por
la mano del Señor hasta que vayan a toda nación, tribu, lengua
y pueblo, a fin de que lleguen a
saber de los [a]misterios que contienen.
5 Y he aquí, si son conservadas,
deben retener su brillo; sí, y reten-
drán su brillo; sí, y también todas
las planchas que contienen lo que
es escritura sagrada.
6 Ahora bien, tal vez pienses que
esto es [a]locura de mi parte; mas
he aquí, te digo que por medio
de cosas [b]pequeñas y sencillas se
realizan grandes cosas; y en muchos casos, los pequeños medios
confunden a los sabios.
7 Y el Señor Dios se vale de [a]me-
dios para realizar sus grandes y
eternos designios; y por medios
muy [b]pequeños el Señor confunde
a los sabios y realiza la salvación
de muchas almas.
8 Y hasta aquí ha sido según
la sabiduría de Dios que estas
cosas sean preservadas; pues he
aquí, han [a]ensanchado la memoria de este pueblo, sí, y han convencido a muchos del error de
sus caminos, y los han traído al
conocimiento de su Dios para la
salvación de sus almas.
9 Sí, te digo que si no [a]hubiese
sido por estas cosas que estos
anales contienen, las cuales están sobre estas planchas, Ammón y sus hermanos no habrían
podido [b]convencer a tantos miles
de los lamanitas de las tradiciones
erróneas de sus padres; sí, estos
anales y sus [c]palabras los llevaron al arrepentimiento, es decir,
los llevaron al conocimiento del
Señor su Dios, y a regocijarse en
Jesucristo su Redentor.
10 ¿Y quién sabe si no serán el
medio para traer a muchos miles
de ellos al conocimiento de su
Redentor, sí, y también a muchos
miles de nuestros obstinados hermanos nefitas que hoy endurecen
sus corazones en el pecado y las
iniquidades?
11 Y todavía no me han sido revelados plenamente estos misterios; por tanto, me refrenaré.
12 Y quizás sea suficiente si solamente digo que se conservan
para un sabio propósito, el cual
es conocido por Dios; porque él

2*a* Enós 1:13–18; P. de Morm. 1:6–11; Alma 37:9–12.
3*a* 1 Ne. 5:10–19. GEE Planchas de bronce.
4*a* GEE Misterios de Dios.
6*a* 1 Cor. 2:14.
b 1 Ne. 16:28–29; DyC 64:33; 123:15–17.
7*a* Isa. 55:8–9.
b 2 Rey. 5:1–14.
8*a* 2 Tim. 3:15–17; Mos. 1:3–5.
9*a* Mos. 1:5.
b Alma 18:36; 22:12.
c GEE Evangelio.

[a]dirige con sabiduría todas sus obras, y sus sendas son rectas, y su curso es [b]un giro eterno.

13 ¡Oh recuerda, recuerda, hijo mío, Helamán, cuán [a]estrictos son los mandamientos de Dios! Y él ha dicho: [b]Si guardáis mis mandamientos, [c]prosperaréis en la tierra; pero si no guardáis sus mandamientos, seréis desechados de su presencia.

14 Y ahora recuerda, hijo mío, que Dios te ha [a]confiado estas cosas que son [b]sagradas, que él ha conservado sagradas, y que también guardará y preservará para un [c]sabio propósito suyo, para manifestar su poder a las generaciones futuras.

15 Y ahora bien, he aquí, te digo por el espíritu de profecía, que si quebrantas los mandamientos de Dios, he aquí, estas cosas que son sagradas te serán quitadas por el poder de Dios, y serás entregado a Satanás para que te zarandee como tamo ante el viento.

16 Pero si guardas los mandamientos de Dios y cumples con estas cosas que son sagradas, según el Señor te mande (pues debes recurrir al Señor en todas las cosas que tengas que hacer con ellas), he aquí, ningún poder de la tierra ni del infierno te las puede [a]quitar, porque Dios es poderoso para cumplir todas sus palabras.

17 Porque él cumplirá todas las promesas que te haga, pues ha cumplido sus promesas que él ha hecho a nuestros padres.

18 Porque les prometió que [a]preservaría estas cosas para un sabio propósito suyo, a fin de manifestar su poder a las generaciones futuras.

19 Y he aquí, ha cumplido un propósito, sí, la restauración de [a]muchos miles de los lamanitas al conocimiento de la verdad; y en ellas él ha manifestado su poder, y también manifestará aún en ellas su poder a generaciones [b]futuras; por tanto, serán preservadas.

20 Por lo que te mando, hijo mío, Helamán, que seas diligente en cumplir todas mis palabras, y que seas diligente en guardar los mandamientos de Dios tal como están escritos.

21 Y ahora te hablaré acerca de aquellas [a]veinticuatro planchas; que las guardes para que sean manifestados a este pueblo los misterios, y las obras de tinieblas, y sus hechos [b]secretos, o sea, los hechos secretos de aquel pueblo que fue destruido; sí, que todos sus asesinatos, y robos, y sus pillajes, y todas sus maldades y abominaciones puedan ser manifestados a este

12*a* 2 Ne. 9:28; Jacob 4:10.
b 1 Ne. 10:19; Alma 7:20.
13*a* 2 Ne. 9:41.
b Alma 9:13; 3 Ne. 5:22.
c Mos. 1:7; Alma 50:20.
14*a* DyC 3:5.
b GEE Santo (adjetivo).
c 1 Ne. 9:3–6.
16*a* JS—H 1:59.
18*a* DyC 5:9.
19*a* Alma 23:5.
b Enós 1:13; Morm. 7:8–10.
21*a* Éter 1:1–5.
b GEE Combinaciones secretas.

pueblo; sí, y que preserves estos [c]intérpretes.

22 Porque he aquí, el Señor vio que su pueblo empezaba a obrar en tinieblas, sí, a cometer asesinatos y abominaciones en secreto; por tanto, dijo el Señor que si no se arrepentían, serían destruidos de sobre la superficie de la tierra.

23 Y dijo el Señor: Prepararé para mi siervo Gazelem una [a]piedra que brillará en las tinieblas hasta dar luz, a fin de manifestar a los de mi pueblo que me sirven, sí, para manifestarles los hechos de sus hermanos, sí, sus obras secretas, sus obras de obscuridad, y sus maldades y abominaciones.

24 Y se prepararon estos intérpretes, hijo mío, para que se cumpliera la palabra que Dios habló, diciendo:

25 [a]Sacaré de las tinieblas a la luz todos sus hechos secretos y sus abominaciones; y a menos que se arrepientan, los [b]destruiré de sobre la superficie de la tierra; y descubriré todos sus secretos y abominaciones a toda nación que en lo futuro posea la tierra.

26 Y vemos, hijo mío, que no se arrepintieron; por tanto, han sido destruidos, y hasta ahora se ha cumplido la palabra de Dios; sí, sus abominaciones secretas han salido de las tinieblas, y nos han sido reveladas.

27 Y ahora bien, hijo mío, te mando que retengas todos sus juramentos, y sus pactos, y sus acuerdos en sus abominaciones secretas; y todas sus [a]señales y sus prodigios retendrás para que este pueblo no los conozca, no sea que por ventura también caigan en las tinieblas y sean destruidos.

28 Porque he aquí, hay una [a]maldición sobre toda esta tierra de que sobrevendrá una destrucción a todos los obradores de tinieblas, según el poder de Dios, cuando lleguen al colmo; por tanto, es mi deseo que este pueblo no sea destruido.

29 Por consiguiente, esconderás de este pueblo esos planes secretos de sus juramentos y sus [a]pactos, y solamente le darás a conocer sus maldades, sus asesinatos y sus abominaciones; y le enseñarás a [b]aborrecer tales maldades y abominaciones y asesinatos; y también debes enseñarle que esta gente fue destruida por motivo de sus maldades y abominaciones y asesinatos.

30 Porque he aquí, asesinaron a todos los profetas del Señor que llegaron entre ellos para declararles en cuanto a sus iniquidades; y la sangre de los que asesinaron clamó al Señor su Dios para que los vengara de aquellos que fueron sus asesinos; y así los juicios de Dios descendieron sobre estos

21*c* GEE Urim y Tumim.
23*a* Mos. 8:13.
25*a* DyC 88:108–110.
b Mos. 21:26.
27*a* Hel. 6:22.
28*a* Alma 45:16; Éter 2:7–12.
29*a* Hel. 6:25.
b Alma 13:12.

obradores de tinieblas y de combinaciones secretas.

31 Sí, y maldita sea la tierra por siempre jamás para esos obradores de tinieblas y combinaciones secretas, aun hasta su destrucción, a menos que se arrepientan antes que lleguen al colmo.

32 Y ahora bien, hijo mío, recuerda las palabras que te he hablado; no confíes esos planes secretos a este pueblo, antes bien, inculca en ellos un [a]odio perpetuo contra el pecado y la iniquidad.

33 [a]Predícales el arrepentimiento y la fe en el Señor Jesucristo; enséñales a humillarse, y a ser [b]mansos y humildes de corazón; enséñales a resistir toda [c]tentación del diablo, con su fe en el Señor Jesucristo.

34 Enséñales a no cansarse nunca de las buenas obras, sino a ser mansos y humildes de corazón; porque estos hallarán [a]descanso para sus almas.

35 ¡Oh recuerda, hijo mío, y aprende [a]sabiduría en tu juventud; sí, aprende en tu juventud a guardar los mandamientos de Dios!

36 Sí, e [a]implora a Dios todo tu sostén; sí, sean todos tus hechos en el Señor, y dondequiera que fueres, sea en el Señor; deja que todos tus pensamientos se dirijan al Señor; sí, deja que los afectos de tu corazón se funden en el Señor para siempre.

37 [a]Consulta al Señor en todos tus hechos, y él te dirigirá para bien; sí, cuando te acuestes por la noche, acuéstate en el Señor, para que él te cuide en tu sueño; y cuando te levantes por la mañana, rebose tu corazón de [b]gratitud a Dios; y si haces estas cosas, serás enaltecido en el postrer día.

38 Y ahora, hijo mío, tengo algo que decir concerniente a lo que nuestros padres llaman esfera o director, o que ellos llamaron [a]Liahona, que interpretado quiere decir brújula; y el Señor la preparó.

39 Y he aquí, ningún hombre puede trabajar con tan singular maestría. Y he aquí, fue preparada para mostrar a nuestros padres el camino que habían de seguir por el desierto.

40 Y obró por ellos según su [a]fe en Dios; por tanto, si tenían fe para creer que Dios podía hacer que aquellas agujas indicaran el camino que debían seguir, he aquí, así sucedía; por tanto, se obró para ellos este milagro, así como muchos otros milagros que diariamente se obraban por el poder de Dios.

41 Sin embargo, por motivo de que se efectuaron estos milagros por medios [a]pequeños, se les manifestaron obras maravillosas.

32*a* 2 Ne. 4:31.
33*a* GEE Predicar.
b GEE Mansedumbre, manso.
c GEE Tentación, tentar.
34*a* Mateo 11:28–30.
35*a* GEE Sabiduría.
36*a* GEE Oración.
37*a* Jacob 4:10; DyC 3:4.
b DyC 46:32.
38*a* 1 Ne. 16:10; 18:12; DyC 17:1.
40*a* 1 Ne. 16:28.
41*a* Alma 37:6–7.

Mas fueron perezosos y se olvidaron de ejercer su fe y diligencia, y entonces esas obras maravillosas cesaron, y no progresaron en su viaje.

42 Por tanto, se demoraron en el desierto, o sea, no siguieron un curso directo, y fueron afligidos con hambre y sed por causa de sus transgresiones.

43 Y ahora quisiera que entendieses, hijo mío, que estas cosas tienen un significado simbólico; porque así como nuestros padres no prosperaron por ser lentos en prestar atención a esta brújula (y estas cosas eran temporales), así es con las cosas que son espirituales.

44 Pues he aquí, tan fácil es prestar atención a la [a]palabra de Cristo, que te indicará un curso directo a la felicidad eterna, como lo fue para nuestros padres prestar atención a esta brújula que les señalaba un curso directo a la tierra prometida.

45 Y ahora digo: ¿No se ve en esto un símbolo? Porque tan cierto como este director trajo a nuestros padres a la tierra prometida por haber seguido sus indicaciones, así las palabras de Cristo, si seguimos su curso, nos llevan más allá de este valle de dolor a una tierra de promisión mucho mejor.

46 Oh hijo mío, no seamos [a]perezosos por la facilidad que presenta la [b]senda; porque así sucedió con nuestros padres; pues así les fue dispuesto, para que [c]viviesen si miraban; así también es con nosotros. La vía está preparada, y si queremos mirar, podremos vivir para siempre.

47 Y ahora bien, hijo mío, asegúrate de cuidar estas cosas sagradas; sí, asegúrate de acudir a Dios para que vivas. Ve entre este pueblo y declara la palabra y sé sensato. Adiós, hijo mío.

Los mandamientos de Alma a su hijo Shiblón.

Comprende el capítulo 38.

CAPÍTULO 38

Shiblón fue perseguido por causa de la rectitud — La salvación está en Cristo, el cual es la vida y la luz del mundo — Refrena todas tus pasiones. Aproximadamente 74 a.C.

Hijo mío, da oído a mis palabras, porque te digo, como dije a Helamán, que al grado que guardes los mandamientos de Dios, prosperarás en la tierra; y si no guardas los mandamientos de Dios, serás separado de su presencia.

2 Y ahora bien, hijo mío, confío en que tendré gran gozo en ti, por tu firmeza y tu fidelidad para con Dios; porque así como has empezado en tu juventud a confiar en el Señor tu Dios, así espero que [a]continúes obedeciendo sus mandamientos;

44*a* Sal. 119:105; 1 Ne. 11:25; Hel. 3:29–30.
46*a* 1 Ne. 17:40–41.
b Juan 14:5–6; 2 Ne. 9:41; 31:17–21; DyC 132:22, 25.
c Juan 11:25; Hel. 8:15; 3 Ne. 15:9.
38 2*a* Alma 63:1–2.

porque bendito es el que [b]persevera hasta el fin.

3 Te digo, hijo mío, que ya he tenido gran gozo en ti por razón de tu fidelidad y tu diligencia, tu paciencia y tu longanimidad entre los [a]zoramitas.

4 Porque sé que estuviste atado; sí, y también sé que fuiste apedreado por motivo de la palabra; y sobrellevaste con [a]paciencia todas estas cosas, porque el Señor estaba [b]contigo; y ahora sabes que el Señor te libró.

5 Y ahora bien, hijo mío, Shiblón, quisiera que recordaras que en proporción a tu [a]confianza en Dios, serás [b]librado de tus tribulaciones, y tus [c]dificultades, y tus aflicciones, y serás enaltecido en el postrer día.

6 Y no quisiera que pensaras, hijo mío, que sé estas cosas de mí mismo, sino que el Espíritu de Dios que está en mí es el que me da a conocer estas cosas; porque si no hubiera [a]nacido de Dios, no las habría sabido.

7 Mas he aquí, el Señor en su gran misericordia envió a su [a]ángel para declararme que debía cesar la obra de [b]destrucción entre su pueblo. Sí, y he visto a un ángel cara a cara, y me habló, y su voz fue como el trueno, y sacudió toda la tierra.

8 Y ocurrió que durante tres días y tres noches me vi en el más amargo dolor y angustia de alma; y no fue sino hasta que imploré misericordia al Señor Jesucristo que recibí la [a]remisión de mis pecados. Pero he aquí, clamé a él y hallé paz para mi alma.

9 Y te he dicho esto, hijo mío, para que aprendas sabiduría, para que aprendas de mí que [a]no hay otro modo o medio por el cual el hombre pueda ser salvo, sino en Cristo y por medio de él. He aquí, él es la vida y la [b]luz del mundo. He aquí, él es la palabra de verdad y de rectitud.

10 Y así como has empezado a enseñar la palabra, así quisiera yo que continuases enseñando; y quisiera que fueses diligente y moderado en todas las cosas.

11 Procura no ensalzarte en el orgullo; sí, procura no [a]jactarte de tu propia sabiduría, ni de tu mucha fuerza.

12 Usa valentía, mas no prepotencia; y procura también refrenar todas tus pasiones para que estés lleno de amor; procura evitar la ociosidad.

13 No ores como lo hacen los zoramitas, pues has visto que ellos oran para ser oídos de los hombres y para ser alabados por su sabiduría.

14 No digas: Oh Dios, te doy gracias porque somos [a]mejores

2*b* 2 Ne. 31:15–20; 3 Ne. 15:9; 27:6, 16–17.
3*a* Alma 31:7.
4*a* GEE Paciencia.
b Rom. 8:35–39.
5*a* Alma 36:27. GEE Confianza, confiar.
b Mateo 11:28–30.
c DyC 3:8; 121:7–8.
6*a* Alma 36:26; DyC 5:16. GEE Nacer de Dios, nacer de nuevo.
7*a* Mos. 27:11–17.
b Alma 26:17–18; 36:6–11.
8*a* GEE Remisión de pecados.
9*a* Hel. 5:9.
b Mos. 16:9.
11*a* GEE Orgullo.
14*a* Alma 31:16.

que nuestros hermanos, sino di
más bien: Oh Señor, perdona mi
[b]indignidad, y acuérdate de mis
hermanos con misericordia. Sí,
reconoce tu indignidad ante Dios
en todo tiempo.
15 Y el Señor bendiga tu alma y
te reciba en el postrer día en su
reino, para sentarte en paz. Ahora
ve, hijo mío, y enseña la palabra
a este pueblo. Sé sensato. Adiós,
hijo mío.

Los mandamientos de Alma a su hijo Coriantón.

Comprende los capítulos del 39 al 42.

CAPÍTULO 39

El pecado sexual es una abominación — Los pecados de Coriantón impidieron que los zoramitas recibieran la palabra — La redención de Cristo es retroactiva para la salvación de los fieles que la antecedieron. Aproximadamente 74 a.C.

HIJO mío, tengo algo más que
decirte de lo que dije a tu hermano;
porque he aquí, ¿no has
observado la constancia de tu hermano,
su fidelidad y su diligencia
al guardar los mandamientos de
Dios? He aquí, ¿no te ha dado un
buen ejemplo?
2 Porque tú no hiciste tanto caso
de mis palabras, entre el pueblo
de los [a]zoramitas, como lo hizo tu
hermano. Y esto es lo que tengo
en contra de ti: Tú seguiste jactándote
de tu fuerza y tu sabiduría.
3 Y esto no es todo, hijo mío. Tú
hiciste lo que para mí fue penoso;
porque abandonaste el ministerio
y te fuiste a la tierra de Sirón, en
las fronteras de los lamanitas, tras
la [a]ramera Isabel.
4 Sí, ella se [a]conquistó el corazón
de muchos; pero no era excusa
para ti, hijo mío. Tú debiste
haber atendido al ministerio que
se te confió.
5 ¿No sabes tú, hijo mío, que
[a]estas cosas son una abominación
a los ojos del Señor; sí, más abominables
que todos los pecados,
salvo el derramar sangre inocente
o el negar al Espíritu Santo?
6 Porque he aquí, si [a]niegas al
Espíritu Santo, una vez que haya
morado en ti, y sabes que lo niegas,
he aquí, es un pecado que
es [b]imperdonable; sí, y al que
asesina contra la luz y el conocimiento
de Dios, no le es fácil obtener
[c]perdón; sí, hijo mío, te digo
que no le es fácil obtener perdón.
7 Y ahora bien, hijo mío, quisiera
Dios que no hubieses sido
[a]culpable de tan gran delito. No
persistiría en hablar de tus delitos,
para atormentar tu alma, si
no fuera para tu bien.
8 Mas he aquí, tú no puedes
ocultar tus delitos de Dios; y a

14*b* Lucas 18:10–14.
39 2*a* Alma 38:3.
3*a* GEE Sensual, sensualidad.
4*a* Prov. 7:6–27.
5*a* GEE Inmoralidad sexual.
6*a* DyC 76:35–36.
b GEE Pecado imperdonable.
c DyC 64:10. GEE Perdonar.
7*a* GEE Culpa.

menos que te arrepientas, se levantarán como testimonio contra ti en el postrer día.

9 Hijo mío, quisiera que te arrepintieses y abandonases tus pecados, y no te dejases llevar más por las [a]concupiscencias de tus ojos, sino que te [b]refrenaras de todas estas cosas; porque a menos que hagas esto, de ningún modo podrás heredar el reino de Dios. ¡Oh recuerda, y comprométete, y abstente de estas cosas!

10 Y te mando que te comprometas a consultar con tus hermanos mayores en tus empresas; porque he aquí, eres joven, y necesitas ser nutrido por tus hermanos. Y atiende a sus consejos.

11 No te dejes llevar por ninguna cosa vana ni insensata; no permitas que el diablo incite tu corazón otra vez en pos de esas inicuas rameras. He aquí, oh hijo mío, cuán gran iniquidad has traído sobre los [a]zoramitas; porque al observar ellos tu [b]conducta, no quisieron creer en mis palabras.

12 Y ahora el Espíritu del Señor me dice: [a]Manda a tus hijos que hagan lo bueno, no sea que desvíen el corazón de muchos hasta la destrucción. Por tanto, hijo mío, te mando, en el temor de Dios, que te abstengas de tus iniquidades;

13 que te vuelvas al Señor con toda tu mente, poder y fuerza; que no induzcas más el corazón de los demás a hacer lo malo, sino más bien, vuelve a ellos, y [a]reconoce tus faltas y la maldad que hayas cometido.

14 [a]No busques las riquezas ni las vanidades de este mundo, porque he aquí, no las puedes llevar contigo.

15 Y ahora bien, hijo mío, quisiera decirte algo concerniente a la venida de Cristo. He aquí, te digo que él es el que ciertamente vendrá a quitar los pecados del mundo; sí, él viene para declarar a su pueblo las gratas nuevas de la salvación.

16 Y este fue, hijo mío, el ministerio al cual fuiste llamado, para declarar estas alegres nuevas a este pueblo, a fin de preparar sus mentes; o más bien, para que la salvación viniera a ellos, a fin de que preparen la mente de sus [a]hijos para oír la palabra en el tiempo de su venida.

17 Y ahora tranquilizaré un poco tu mente sobre este punto. He aquí, te maravillas de por qué se deben saber estas cosas tan anticipadamente. He aquí te digo, ¿no es un alma tan preciosa para Dios ahora, como lo será en el tiempo de su venida?

18 ¿No es tan necesario que el plan de redención se dé a conocer

9*a* GEE Carnal.
b 3 Ne. 12:30.
11*a* Alma 35:2–14.
b Rom. 2:21–23; 14:13; Alma 4:11.
12*a* GEE Enseñar; Mandamientos de Dios.
13*a* Mos. 27:34–35.
14*a* Mateo 6:25–34; Jacob 2:18–19; DyC 6:6–7; 68:31–32.
16*a* GEE Familia — Las responsabilidades de los padres.

a este pueblo, así como a sus hijos?

19 ¿No le es tan fácil al Señor enviar a su ángel en esta época para declarar estas gozosas nuevas a nosotros tanto como a nuestros hijos, como lo será después del tiempo de su venida?

CAPÍTULO 40

Cristo lleva a cabo la resurrección de todos los hombres — Los muertos que han sido justos van al paraíso y los malvados a las tinieblas de afuera para esperar el tiempo de su resurrección — Todo será restablecido a su propia y perfecta forma en la Resurrección. Aproximadamente 74 a.C.

Y AHORA bien, hijo mío, he aquí algo más que quisiera decirte, porque veo que tu mente está preocupada con respecto a la resurrección de los muertos.

2 He aquí, te digo que no hay resurrección, o en otras palabras, quiero decir que este cuerpo mortal no se reviste de [a]inmortalidad, esta corrupción no se [b]reviste de incorrupción, sino [c]hasta después de la venida de Cristo.

3 He aquí, él efectúa la [a]resurrección de los muertos. Mas he aquí, hijo mío, la resurrección no ha llegado aún. Ahora bien, te descubro un misterio; no obstante, hay muchos [b]misterios que [c]permanecen ocultos, que nadie los conoce sino Dios mismo. Pero te manifiesto una cosa que he preguntado diligentemente a Dios para saber concerniente a la resurrección.

4 He aquí, se ha señalado una época en que todos se [a]levantarán de los muertos. Mas cuándo vendrá este tiempo, nadie lo sabe; pero Dios sabe la hora que está señalada.

5 Ahora bien, con respecto a que si habrá una primera, o una [a]segunda o una tercera vez en que los hombres han de resucitar de los muertos, nada importa; pues Dios [b]sabe todas estas cosas; y bástame saber que tal es el caso: que hay un tiempo señalado en que todos se levantarán de los muertos.

6 Debe haber, pues, un intervalo entre el tiempo de la muerte y el de la resurrección.

7 Y ahora quisiera preguntar: ¿Qué sucede con las [a]almas de los hombres desde este tiempo de la muerte hasta el momento señalado para la resurrección?

8 Ahora bien, nada importa si hay más de una época señalada para que resuciten los hombres, porque no todos mueren de una vez, y esto no importa; todo es como un día para Dios, y solo para los hombres está medido el tiempo.

9 Por tanto, se ha designado a los hombres una época en que

40 2*a* Mos. 16:10–13. GEE Inmortal, inmortalidad.
b 1 Cor. 15:53–54.
c 1 Cor. 15:20.
3*a* GEE Resurrección.
b GEE Misterios de Dios.
c DyC 25:4; 124:41.
4*a* Juan 5:28–29.
5*a* Mos. 26:24–25; DyC 43:18; 76:85.
b GEE Trinidad.
7*a* Alma 40:21; DyC 138. GEE Alma.

han de resucitar de los muertos;
y hay un intervalo entre el tiempo
de la muerte y el de la resurrección. Y ahora bien, concerniente
a este espacio de tiempo, qué sucede con las almas de los hombres
es lo que he preguntado diligentemente al Señor para saber; y
es acerca de esto de lo que yo sé.
10 Y cuando llegue el tiempo
en que todos resuciten, entonces
sabrán que Dios conoce todas las
[a]épocas que le están señaladas al
hombre.
11 Ahora bien, respecto al estado
del alma entre la [a]muerte y la resurrección, he aquí, un ángel me
ha hecho saber que los espíritus
de todos los hombres, en cuanto
se separan de este cuerpo mortal,
sí, los espíritus de todos los hombres, sean buenos o malos, son
llevados de [b]regreso a ese Dios
que les dio la vida.
12 Y sucederá que los espíritus
de los que son justos serán recibidos en un estado de [a]felicidad
que se llama [b]paraíso: un estado
de [c]descanso, un estado de [d]paz,
donde descansarán de todas sus
aflicciones, y de todo cuidado y
pena.
13 Y entonces acontecerá que
los espíritus de los malvados,
sí, los que son malos —pues he
aquí, no tienen parte ni porción
del Espíritu del Señor, porque
escogieron las malas obras en
lugar de las buenas; por lo que
el espíritu del diablo entró
en ellos y se posesionó de su
casa— estos serán echados a las
[a]tinieblas de afuera; habrá
[b]llantos y lamentos y el crujir
de dientes, y esto a causa de su
propia iniquidad, pues fueron
llevados cautivos por la voluntad del diablo.
14 Así que este es el estado de
las almas de los [a]malvados; sí,
en tinieblas y en un estado de terrible y [b]espantosa espera de la
ardiente indignación de la ira de
Dios sobre ellos; y así permanecen
en este [c]estado, como los justos en
el paraíso, hasta el tiempo de su
resurrección.
15 Ahora bien, hay algunos que
han entendido que este estado de
felicidad y este estado de miseria
del alma, antes de la resurrección,
era una primera resurrección. Sí,
admito que puede llamarse resurrección, el levantarse del espíritu o el alma, y su consignación
a la felicidad o a la miseria, de
acuerdo con las palabras que se
han hablado.
16 Y he aquí, también se ha dicho que hay una [a]primera [b]re-
surrección, una resurrección de
todos cuantos hayan existido,

10*a* Hech. 17:26.
11*a* Lucas 16:22–26; 1 Pe. 3:18–19; 4:6; DyC 76:71–74; 138.
b Ecle. 12:7; 2 Ne. 9:38.
12*a* GEE Gozo.
b GEE Paraíso.
c GEE Descansar, descanso (reposo).
d DyC 45:46. GEE Paz.
13*a* GEE Infierno.
b Mateo 8:12; Mos. 16:2.
14*a* DyC 138:20.
b Jacob 6:13; Moisés 7:1.
c Alma 34:34.
16*a* Jacob 4:11; Mos. 15:21–23.
b GEE Resurrección.

existen o existirán, hasta la resurrección de Cristo de entre los
muertos.
17 Ahora bien, no suponemos
que esta primera resurrección,
de que se ha hablado en estos
términos, sea la resurrección de
las almas y su [a]consignación a la
felicidad o a la miseria. No puedes suponer que esto es lo que
quiere decir.
18 He aquí, te digo que no; sino
que significa la reunión del alma
con el cuerpo, de los que hayan
existido desde los días de Adán
hasta la [a]resurrección de Cristo.
19 Mas si las almas y los cuerpos de aquellos de quienes se ha
hablado serán reunidos todos de
una vez, los malos así como los
justos, no lo digo; bástame decir que todos se levantarán; o en
otras palabras, su resurrección se
verificará [a]antes que la de aquellos que mueran después de la
resurrección de Cristo.
20 Y no digo, hijo mío, que su
resurrección venga al tiempo de
la de Cristo; mas, he aquí, lo doy
como mi opinión, que las almas
y los cuerpos de los justos serán
reunidos al tiempo de la resurrección de Cristo y su [a]ascensión al
cielo.
21 Mas si esto sucederá al
tiempo de la resurrección de él
o después, no lo digo; pero esto
sí digo, que hay un [a]intervalo
entre la muerte y la resurrección
del cuerpo, y un estado del alma
en [b]felicidad o en [c]miseria, hasta
el tiempo que Dios ha señalado
para que se levanten los muertos, y sean reunidos el alma y el
cuerpo, y [d]llevados a comparecer
ante Dios, y ser juzgados según
sus obras.
22 Sí, esto lleva a efecto la restauración de aquellas cosas que
se han declarado por boca de los
profetas.
23 El [a]alma será [b]restaurada al
[c]cuerpo, y el cuerpo al alma; sí,
y todo miembro y coyuntura serán restablecidos a su cuerpo;
sí, ni un cabello de la cabeza se
perderá, sino que todo será restablecido a su propia y perfecta
forma.
24 Y ahora bien, hijo mío, esta es
la restauración que se ha [a]anun-
ciado por boca de los profetas.
25 Y entonces los justos resplan-
decerán en el reino de Dios.
26 Mas he aquí, una terrible
[a]muerte sobreviene a los inicuos;
porque mueren en cuanto a las
cosas concernientes a la rectitud; pues son impuros, y nada
[b]impuro puede heredar el reino
de Dios; sino que son echados
fuera y consignados a participar de los frutos de sus labores o sus obras, que han sido

17*a* DyC 76:17, 32, 50–51.
18*a* Mateo 27:52–53.
19*a* Mos. 15:26.
20*a* GEE Ascensión.
21*a* Lucas 23:39–43.
b GEE Paraíso.
c GEE Infierno.
d Alma 42:23.
23*a* Es decir, el espíritu. DyC 88:15–17. GEE Alma.
b 2 Ne. 9:12–13; Alma 11:40–45.
c GEE Cuerpo.
24*a* Isa. 26:19.
26*a* 1 Ne. 15:33; Alma 12:16.
b Alma 11:37.

malas; y beben los sedimentos
de una amarga copa.

CAPÍTULO 41

En la Resurrección, los hombres resucitan a un estado de felicidad sin fin o a una miseria interminable — La maldad nunca fue felicidad — Los hombres que se hallan en un estado carnal se encuentran sin Dios en el mundo — En la Restauración, toda persona recibe de nuevo las características y los atributos que haya logrado en el estado terrenal. Aproximadamente 74 a.C.

Y AHORA bien, hijo mío, tengo algo
que decirte sobre la restauración
de que se ha hablado; porque he
aquí, algunos han [a]tergiversado
las Escrituras y se han [b]desviado
lejos a causa de esto. Y veo que tu
mente también ha estado preocupada en cuanto a este asunto; mas
he aquí, te lo explicaré.
2 Te digo, hijo mío, que el plan
de la restauración es indispensable en la justicia de Dios, porque
es necesario que todas las cosas
sean restablecidas a su propio orden. He aquí, es preciso y justo,
según el poder y la resurrección
de Cristo, que el alma del hombre sea restituida a su cuerpo, y
que al cuerpo le sean restauradas
todas sus [a]partes.
3 Y es indispensable en la
[a]justicia de Dios que los hombres
sean [b]juzgados según sus [c]obras;
y si sus hechos fueron buenos en
esta vida, y buenos los deseos
de sus corazones, que también
sean ellos [d]restituidos a lo que es
bueno en el postrer día.
4 Y si sus obras son malas, les
serán [a]restituidas para mal. Por
tanto, todas las cosas serán restablecidas a su propio orden; todo
a su forma natural — la [b]mortalidad levantada en inmortalidad;
la [c]corrupción en incorrupción —
levantado a una felicidad [d]sin fin
para heredar el reino de Dios, o
a una miseria interminable para
heredar el reino del diablo; uno
por una parte y otro por la otra;
5 uno levantado a la dicha, de
acuerdo con sus deseos de felicidad, o a lo bueno, según sus
deseos del bien; y el otro al mal,
según sus deseos de maldad; porque así como ha deseado hacer
mal todo el día, así recibirá su
recompensa de maldad cuando
venga la noche.
6 Y así sucede por la otra parte.
Si se ha arrepentido de sus pecados y ha deseado la rectitud hasta
el fin de sus días, de igual manera
será recompensado en rectitud.
7 [a]Estos son los redimidos del
Señor; sí, los que son librados,
los que son rescatados de esa interminable noche de tinieblas, y

41 1*a* 2 Pe. 1:20; 3:16; Alma 13:20.
b GEE Apostasía.
2*a* Alma 40:23.
3*a* GEE Justicia.
b GEE Juicio, juzgar; Responsabilidad, responsable.
c GEE Obras.
d Hel. 14:31.
4*a* Alma 42:28.
b 2 Ne. 9:12–13; DyC 138:17. GEE Resurrección.
c 1 Cor. 15:51–55.
d GEE Vida eterna.
7*a* DyC 76:50–70.

así se sostienen o caen; pues he aquí, son sus [b]propios jueces, ya para obrar el bien o para obrar el mal.

8 Y los decretos de Dios son [a]inalterables; por tanto, se ha preparado el camino para que todo aquel que quiera, ande por él y sea salvo.

9 Y ahora bien, he aquí, hijo mío, no te arriesgues a [a]una ofensa más contra tu Dios sobre esos puntos de doctrina, en los cuales hasta ahora te has arriesgado a cometer pecados.

10 No vayas a suponer, porque se ha hablado concerniente a la restauración, que serás restaurado del pecado a la felicidad. He aquí, te digo que la [a]maldad nunca fue felicidad.

11 Y así, hijo mío, todos los hombres que se hallan en un estado [a]natural, o más bien diría, en un estado [b]carnal, están en la hiel de amargura y en las ligaduras de la iniquidad; se encuentran [c]sin Dios en el mundo, y han obrado en contra de la naturaleza de Dios; por tanto, se hallan en un estado que es contrario a la naturaleza de la felicidad.

12 Y he aquí, ¿significa la palabra restauración tomar una cosa de un estado natural y colocarla en un estado innatural, o sea, ponerla en una condición que se opone a su naturaleza?

13 Oh, hijo mío, tal no es el caso; sino que el significado de la palabra restauración es volver de nuevo mal por mal, o carnal por carnal, o diabólico por diabólico; bueno por lo que es bueno, recto por lo que es recto, justo por lo que es justo, misericordioso por lo que es misericordioso.

14 Por tanto, hijo mío, procura ser misericordioso con tus hermanos; trata con [a]justicia, [b]juzga con rectitud, y haz lo [c]bueno sin cesar; y si haces todas estas cosas, entonces recibirás tu galardón; sí, la [d]misericordia te será restablecida de nuevo; la justicia te será restaurada otra vez; se te restituirá un justo juicio nuevamente; y se te recompensará de nuevo con lo bueno.

15 Porque lo que de ti salga, volverá otra vez a ti, y te será restituido; por tanto, la palabra restauración condena al pecador más plenamente, y en nada lo justifica.

CAPÍTULO 42

El estado terrenal es un tiempo de probación que permite al hombre arrepentirse y servir a Dios — La Caída trajo la muerte temporal y

7*b* 2 Ne. 2:26; Alma 42:27; Hel. 14:30. GEE Albedrío.
8*a* DyC 1:38.
9*a* DyC 42:23–28.
10*a* Sal. 32:10; Isa. 57:20–21; Hel. 13:38.
11*a* Mos. 3:19. GEE Hombre natural.
b GEE Carnal.
c Efe. 2:12.
14*a* GEE Honestidad, honradez.
b Juan 7:24; DyC 11:12.
c DyC 6:13; 58:27–28.
d GEE Misericordia, misericordioso.

espiritual sobre todo el género humano — La redención se realiza por medio del arrepentimiento — Dios mismo expía los pecados del mundo — La misericordia es para aquellos que se arrepienten — Todos los demás quedan sujetos a la justicia de Dios — La misericordia viene a causa de la Expiación — Solo se salvan los que verdaderamente se arrepienten. Aproximadamente 74 a.C.

Y AHORA bien, hijo mío, percibo
que hay algo más que inquieta
tu mente, algo que no puedes
comprender, y es concerniente a
la [a]justicia de Dios en el castigo
del pecador; porque tratas de suponer
que es una injusticia que
el pecador sea consignado a un
estado de miseria.
2 He aquí, hijo mío, te explicaré
esto. Pues, he aquí, luego que el
Señor Dios [a]expulsó a nuestros
primeros padres del Jardín de
[b]Edén, para cultivar la tierra de
la que fueron tomados, sí, sacó
al hombre, y colocó al extremo
oriental del Jardín de Edén [c]querubines,
y una espada encendida
que daba vueltas por todos lados,
para guardar el [d]árbol de
la vida,
3 vemos, pues, que el hombre
había llegado a ser como Dios,
conociendo el bien y el mal; y
para que no extendiera su mano,
y tomara también del árbol de la
vida, y comiera y viviera para
siempre, el Señor Dios colocó
querubines y la espada encendida,
para que el hombre no comiera
del fruto.
4 Y así vemos que le fue concedido
al hombre un tiempo para
que se arrepintiera; sí, un [a]tiempo
de probación, un tiempo para
arrepentirse y servir a Dios.
5 Porque he aquí, si Adán hubiese
extendido su mano inmediatamente,
y comido del árbol
de la vida, habría vivido para
siempre, según la palabra de
Dios, sin tener un tiempo para
arrepentirse; sí, y también habría
sido vana la palabra de Dios, y se
habría frustrado el gran plan de
salvación.
6 Mas he aquí, le fue señalado al
hombre que [a]muriera —por tanto,
como fueron separados del árbol
de la vida, así iban a ser separados
de la faz de la tierra— y el
hombre se vio perdido para siempre;
sí, se tornó en [b]hombre caído.
7 Y ahora bien, ves por esto que
nuestros primeros padres fueron
[a]separados de la presencia del
Señor, tanto temporal como espiritualmente;
y así vemos que
llegaron a ser personas libres de
seguir su propia [b]voluntad.
8 Y he aquí, no era prudente
que el hombre fuese rescatado

42 1*a* 2 Ne. 26:7; Mos. 15:26–27. GEE Justicia.
2*a* Gén. 3:23–24; Moisés 4:28–31.
b GEE Edén.
c GEE Querubines.
d Gén. 2:9.
4*a* Alma 34:32–33.
6*a* GEE Muerte física.
b Mos. 16:3–5. GEE Caída de Adán y Eva.
7*a* 2 Ne. 2:5; 9:6; Hel. 14:16. GEE Muerte espiritual.
b GEE Albedrío.

de esta muerte temporal, porque esto habría destruido el gran [a]plan de felicidad.

9 Por tanto, como el alma nunca podía morir, y ya que la [a]caída había traído una muerte espiritual, así como una temporal, sobre todo el género humano, es decir, fueron separados de la presencia del Señor, se hizo menester que la humanidad fuese rescatada de esta muerte espiritual.

10 Por tanto, ya que se habían vuelto [a]carnales, sensuales y diabólicos por [b]naturaleza, este [c]estado de probación llegó a ser para ellos un estado para prepararse; se tornó en un estado preparatorio.

11 Y ten presente, hijo mío, que de no ser por el plan de redención (dejándolo a un lado), sus almas serían [a]miserables en cuanto ellos murieran, por estar separados de la presencia del Señor.

12 Y no habría medio de redimir al hombre de este estado caído, que él mismo se había ocasionado por motivo de su propia desobediencia;

13 por tanto, según la justicia, el [a]plan de redención no podía realizarse sino de acuerdo con las condiciones del [b]arrepentimiento del hombre en este estado probatorio, sí, este estado preparatorio; porque a menos que fuera por estas condiciones, la misericordia no podría surtir efecto, salvo que destruyese la obra de la justicia. Pero la obra de la justicia no podía ser destruida; de ser así, Dios [c]dejaría de ser Dios.

14 Y así vemos que toda la humanidad se hallaba [a]caída, y que estaba en manos de la [b]justicia; sí, la justicia de Dios que los sometía para siempre a estar separados de su presencia.

15 Ahora bien, no se podría realizar el plan de la misericordia salvo que se efectuase una expiación; por tanto, Dios mismo [a]expía los pecados del mundo, para realizar el plan de la [b]misericordia, para apaciguar las demandas de la [c]justicia, para que Dios sea un Dios [d]perfecto, justo y misericordioso también.

16 Mas el arrepentimiento no podía llegar a los hombres a menos que se fijara un castigo, igualmente [a]eterno como la vida del alma, opuesto al plan de la felicidad, tan eterno también como la vida del alma.

17 Y, ¿cómo podría el hombre arrepentirse, a menos que [a]pecara? ¿Cómo podría pecar, si no hubiese [b]ley? Y, ¿cómo podría

8*a* Alma 34:9; Moisés 6:62.
9*a* GEE Caída de Adán y Eva.
10*a* GEE Carnal.
b GEE Hombre natural.
c GEE Mortal, mortalidad.
11*a* 2 Ne. 9:7–9.
13*a* GEE Plan de redención.
b GEE Arrepentimiento, arrepentirse.
c 2 Ne. 2:13–14.
14*a* Alma 22:13–14.
b 2 Ne. 2:5.
15*a* 2 Ne. 9:7–10; Mos. 16:7–8.
GEE Expiación, expiar.
b GEE Misericordia, misericordioso.
c GEE Justicia.
d 3 Ne. 12:48.
16*a* DyC 19:10–12.
17*a* GEE Pecado.
b Rom. 4:15.

haber una ley sin que hubiese un castigo?

18 Mas se fijó un castigo, y se dio una ley justa, la cual trajo el remordimiento de [a]conciencia al hombre.

19 Ahora bien, de no haberse dado una ley de que el hombre que [a]asesina debe morir, ¿tendría miedo de morir si matase?

20 Y también, si no hubiese ninguna ley contra el pecado, los hombres no tendrían miedo de pecar.

21 Y si no se hubiese dado [a]ninguna ley, ¿qué podría hacer la justicia si los hombres pecasen? ¿O la misericordia? Pues no tendrían derecho a reclamar al hombre.

22 Mas se ha dado una ley, y se ha fijado un castigo, y se ha concedido un [a]arrepentimiento, el cual la misericordia reclama; de otro modo, la justicia reclama al ser humano y ejecuta la ley, y la ley impone el castigo; pues de no ser así, las obras de la justicia serían destruidas, y Dios dejaría de ser Dios.

23 Mas Dios no cesa de ser Dios, y la [a]misericordia reclama al que se arrepiente; y la misericordia viene a causa de la [b]expiación; y la expiación lleva a efecto la [c]resurrección de los muertos; y la resurrección de los muertos lleva a los hombres de [d]regreso a la presencia de Dios; y así son restaurados a su presencia, para ser [e]juzgados según sus obras, de acuerdo con la ley y la justicia.

24 Pues he aquí, la justicia ejerce todos sus derechos, y también la misericordia reclama cuanto le pertenece; y así, nadie se salva sino los que verdaderamente se arrepienten.

25 ¿Qué, supones tú que la misericordia puede robar a la [a]justicia? Te digo que no, ni un ápice. Si fuera así, Dios dejaría de ser Dios.

26 Y de este modo realiza Dios sus grandes y eternos [a]propósitos, que fueron preparados [b]desde la fundación del mundo. Y así se realiza la salvación y la redención de los hombres, y también su destrucción y miseria.

27 Por tanto, oh hijo mío, [a]el que quiera venir, puede venir a beber libremente de las aguas de la vida; y quien no quiera venir, no está obligado a venir; pero en el postrer día le será [b]restaurado según sus [c]hechos.

28 Si ha deseado hacer lo [a]malo, y no se ha arrepentido durante sus días, he aquí, lo malo le será

18*a* GEE Conciencia.
19*a* GEE Asesinato.
21*a* 2 Ne. 9:25–26; Mos. 3:11.
22*a* GEE Arrepentimiento, arrepentirse.
23*a* GEE Misericordia, misericordioso.
b GEE Expiación, expiar.
c 2 Ne. 2:8; 9:4; Alma 7:12; 11:41–45; 12:24–25; Hel. 14:15–18; Morm. 9:13.
d Alma 40:21–24.
e GEE Juicio final.
25*a* GEE Justicia.
26*a* 2 Ne. 2:14–30; Moisés 1:39.
b Alma 13:3; 3 Ne. 1:14.
27*a* Alma 5:34; Hel. 14:30. GEE Albedrío.
b Alma 41:15.
c Isa. 59:18; Apoc. 20:12.
28*a* Alma 41:2–5.

devuelto, según la restauración
de Dios.
29 Y ahora bien, hijo mío, quisiera que no dejaras que te pertur-
baran más estas cosas, y solo deja
que te preocupen tus pecados,
con esa zozobra que te conducirá
al arrepentimiento.
30 ¡Oh hijo mío, quisiera que no
negaras más la justicia de Dios!
No trates de excusarte en lo más
mínimo a causa de tus pecados,
negando la justicia de Dios. Deja,
más bien, que la justicia de Dios,
y su misericordia y su longanimidad dominen por completo
tu corazón; y permite que esto te
[a]humille hasta el polvo.
31 Y ahora bien, oh hijo mío,
eres llamado por Dios para predicar la palabra a este pueblo.
Ve, hijo mío; declara la palabra
con verdad y con circunspección,
para que lleves almas al arrepentimiento, a fin de que el gran plan
de misericordia pueda reclamar-
las. Y Dios te conceda según mis
palabras. Amén.

CAPÍTULO 43

Alma y sus hijos predican la palabra — Los zoramitas y otros disidentes nefitas se hacen lamanitas — Los lamanitas emprenden la guerra contra los nefitas — Moroni arma a los nefitas con armadura protectora — El Señor revela a Alma la estrategia de los lamanitas — Los nefitas defienden sus hogares, su libertad, sus familias y su religión — Los ejércitos de Moroni y de Lehi rodean a los lamanitas. Aproximadamente 74 a.C.

Y ACONTECIÓ que los hijos de
Alma salieron entre el pueblo
para declararle la palabra. Y el
mismo Alma no pudo descansar,
y también salió.
2 Y no diremos más acerca de su
predicación, sino que predicaron
la palabra y la verdad de acuerdo
con el espíritu de profecía y revelación; y predicaron según el
[a]santo orden de Dios, mediante
el cual se les había llamado.
3 Y vuelvo ahora a una narración
de las guerras entre los nefitas y
los lamanitas, en el año decimoctavo del gobierno de los jueces.
4 Porque he aquí, aconteció que
los [a]zoramitas se hicieron lamanitas; por tanto, al principio del año
decimoctavo, los nefitas vieron que
los lamanitas venían contra ellos;
de modo que hicieron preparativos para la guerra, sí, reunieron
sus ejércitos en la tierra de Jersón.
5 Y ocurrió que los lamanitas vinieron con sus miles; y llegaron
a la tierra de Antiónum, que es
la tierra de los zoramitas; y era
su caudillo un hombre llamado
Zerahemna.
6 Y como los amalekitas eran
por naturaleza de una disposición más ruin y sanguinaria que
los lamanitas, Zerahemna, por
tanto, nombró capitanes en jefe

30*a* GEE Humildad, humilde, humillar (afligir).
43 2*a* GEE Sacerdocio de Melquisedec.
4*a* Alma 35:2–14; 52:33.

sobre los lamanitas, y todos eran amalekitas y zoramitas.
7 E hizo esto con objeto de preservar el odio que sentían contra los nefitas, a fin de subyugarlos para realizar sus designios.
8 Pues he aquí, sus intenciones eran incitar a la ira a los lamanitas contra los nefitas; e hizo esto para usurpar un gran poder sobre ellos, y también para subyugar a los nefitas, sometiéndolos al cautiverio.
9 Ahora bien, el propósito de los nefitas era proteger sus tierras y sus casas, sus [a]esposas y sus hijos, para preservarlos de las manos de sus enemigos; y también preservar sus derechos y sus privilegios, sí, y también su [b]libertad, para poder adorar a Dios según sus deseos.
10 Porque sabían que si llegaban a caer en manos de los lamanitas, estos destruirían a cualquiera que en [a]espíritu y en verdad [b]adorara a Dios, el Dios verdadero y viviente.
11 Sí, y también sabían del extremado odio de los lamanitas para con sus [a]hermanos, quienes eran el pueblo de Anti-Nefi-Lehi, los cuales se llamaban el pueblo de Ammón. Y estos no querían tomar las armas, sí, habían hecho un convenio y no lo querían quebrantar; por tanto, si caían en manos de los lamanitas serían destruidos.
12 Y los nefitas no iban a permitir que fuesen destruidos; por tanto, les dieron tierras para su herencia.
13 Y el pueblo de Ammón entregó a los nefitas gran parte de sus bienes para sostener a sus ejércitos; y así los nefitas se vieron compelidos a hacer frente ellos solos a los lamanitas, los cuales eran un conjunto de los hijos de Lamán y Lemuel y los hijos de Ismael, y todos los disidentes nefitas, que eran amalekitas y zoramitas, y los [a]descendientes de los sacerdotes de Noé.
14 Y estos descendientes eran casi tan numerosos como los nefitas; y así los nefitas se vieron obligados a combatir contra sus hermanos hasta la efusión de sangre.
15 Y ocurrió que al juntarse los ejércitos de los lamanitas en la tierra de Antiónum, he aquí, los ejércitos de los nefitas estaban preparados para hacerles frente en la tierra de Jersón.
16 Y el jefe de los nefitas, o sea, el hombre que había sido nombrado capitán en jefe de los nefitas —y el capitán en jefe tomó el mando de todos los ejércitos de los nefitas— y se llamaba Moroni;
17 y Moroni tomó todo el mando y dirección de sus guerras. Y no tenía más que veinticinco años de edad cuando fue nombrado capitán en jefe de los ejércitos de los nefitas.
18 Y aconteció que se encontró

9*a* Alma 44:5; 46:12.
b GEE Libertad, libre.
10*a* Juan 4:23–24.
b GEE Adorar.
11*a* Alma 24:1–3, 5, 20; 25:1, 13; 27:2, 21–26.
13*a* Alma 25:4.

con los lamanitas en las fronteras de Jersón, y su gente estaba
armada con espadas, con cimitarras y con toda clase de armas
de guerra.
19 Y cuando los ejércitos de los
lamanitas vieron que el pueblo de
Nefi, o que Moroni, había preparado a su gente con petos y con
broqueles, sí, y con escudos también para protegerse la cabeza,
y también estaban vestidos con
ropa gruesa
20 —y el ejército de Zerahemna
no se hallaba preparado con ninguna de estas cosas; solamente
tenían sus espadas y sus cimitarras, sus arcos y sus flechas,
sus piedras y sus hondas; y estaban [a]desnudos, con excepción
de una piel que llevaban ceñida
alrededor de sus lomos; sí, todos
estaban desnudos, menos los zoramitas y los amalekitas;
21 mas no iban armados con
petos ni con escudos— por tanto,
temieron en gran manera a los
ejércitos de los nefitas por causa
de su armadura, a pesar de ser su
número mucho mayor que el de
los nefitas.
22 Y he aquí, aconteció que no
se atrevieron a avanzar contra
los nefitas en las fronteras de
Jersón; por tanto, salieron de la
tierra de Antiónum para el desierto, e hicieron un rodeo en el
desierto, allá por los manantiales del río Sidón, para llegar a la
tierra de Manti y tomar posesión
de ella; porque no suponían que
los ejércitos de Moroni supieran
hacia dónde se habían dirigido.
23 Pero sucedió que tan pronto
como salieron para el desierto,
Moroni envió espías a vigilar su
campo; y sabiendo también de las
profecías de Alma, Moroni le envió ciertos hombres para pedirle
que preguntara al Señor [a]hacia
dónde habían de marchar los ejércitos de los nefitas para defenderse de los lamanitas.
24 Y ocurrió que la palabra del
Señor vino a Alma, y él informó
a los mensajeros de Moroni que
los ejércitos de los lamanitas estaban rodeando por el desierto
para llegar a la tierra de Manti, a
fin de iniciar un ataque contra la
parte más débil del pueblo. Y esos
mensajeros fueron y comunicaron
la noticia a Moroni.
25 Y Moroni, dejando parte de
su ejército en la tierra de Jersón,
no fuese que de algún modo una
parte de los lamanitas entrase en
esa tierra y tomase posesión de la
ciudad, tomó el resto de su ejército y marchó a la tierra de Manti.
26 E hizo que toda la gente de
aquella parte del país se reuniera
para la lucha contra los lamanitas,
a fin de [a]defender sus tierras y su
país, sus derechos y sus liberta-
des; por tanto, estaban preparados para la hora de la llegada de
los lamanitas.
27 Y ocurrió que Moroni hizo
que su ejército se escondiera en
el valle que se hallaba cerca de
la ribera del río Sidón, del lado

20*a* Enós 1:20.

23*a* Alma 48:16.

26*a* DyC 134:11.

oeste del mismo río, en el desierto.
28 Y Moroni colocó espías alrededor, a fin de saber cuándo llegaría el ejército de los lamanitas.
29 Y como Moroni conocía la intención de los lamanitas, que era
destruir a sus hermanos, o domi-
narlos y llevarlos al cautiverio, a
fin de establecer un reino para sí
mismos en toda esa tierra;
30 y sabiendo también que el
único deseo de los nefitas era preservar sus tierras, su [a]libertad y
su iglesia, no consideró, por tanto,
que fuera pecado defenderlos mediante la estratagema; de modo
que se enteró, por medio de sus
espías, del rumbo que iban a tomar los lamanitas.
31 Por consiguiente, dividió su
ejército, y trajo una parte de ellos
al valle y los escondió al este y al
sur del cerro Ripla;
32 y ocultó al resto en el valle
del oeste, al oeste del río Sidón, y
así hasta las fronteras de la tierra
de Manti.
33 Y habiendo colocado así a su
ejército según su deseo, quedó
preparado para recibirlos.
34 Y acaeció que los lamanitas
subieron por el norte del cerro,
donde se hallaba escondida una
parte del ejército de Moroni.
35 Y luego que los lamanitas
hubieron pasado el cerro Ripla, y
entrado en el valle, y empezado
a cruzar el río Sidón, el ejército
que se hallaba escondido al sur
del cerro, que era dirigido por
un hombre llamado [a]Lehi, y este
condujo a sus tropas por el lado
del este y rodeó a los lamanitas
por la retaguardia.
36 Y ocurrió que cuando vieron
que los nefitas venían contra ellos
por la retaguardia, los lamanitas
se volvieron y empezaron a contender con el ejército de Lehi.
37 Y empezó la mortandad en
ambos lados, pero fue más terrible entre los lamanitas, porque
su [a]desnudez quedaba expuesta
a los fuertes golpes de los nefitas con sus espadas y cimitarras, que herían de muerte casi a
cada golpe.
38 Mientras que de la otra parte,
de cuando en cuando caía un
hombre entre los nefitas por la
espada y la pérdida de sangre, ya
que tenían protegidas las partes
más vitales del cuerpo, o sea, que
las partes más vitales del cuerpo
estaban protegidas de los golpes
de los lamanitas por sus [a]petos,
sus escudos y sus cascos; y así los
nefitas sembraron la muerte entre
los lamanitas.
39 Y aconteció que los lamanitas
se espantaron a causa de la gran
destrucción entre ellos, al grado
de que empezaron a huir hacia
el río Sidón.
40 Y Lehi y sus hombres los
persiguieron; y fueron ahuyen-
tados por Lehi hasta dentro de
las aguas de Sidón, y atravesaron las aguas de Sidón; y Lehi

30*a* Alma 46:12, 35.
35*a* Alma 49:16.
37*a* Alma 3:5.
38*a* Alma 44:8–9.

detuvo a sus ejércitos en la ribera del río Sidón, para que no lo cruzaran.

41 Y sucedió que Moroni y sus fuerzas salieron al encuentro de los lamanitas en el valle del lado opuesto del río Sidón, y empezaron a caer sobre ellos y a matarlos.

42 Y los lamanitas huyeron de ellos otra vez hacia la tierra de Manti; y de nuevo los acometieron los ejércitos de Moroni.

43 Ahora bien, en esta ocasión los lamanitas lucharon extraordinariamente; sí, jamás se había sabido que los lamanitas combatieran con tan extremadamente grande fuerza y valor; no, ni aun desde el principio.

44 Y los animaban los [a]zoramitas y los amalekitas, que eran sus principales capitanes y caudillos, y también Zerahemna, su capitán en jefe, o caudillo principal y comandante; sí, pelearon como dragones, y muchos de los nefitas perecieron por su mano; sí, porque partieron en dos muchos de sus cascos, y atravesaron muchos de sus petos, y a muchos les cortaron los brazos; y de este modo fue como los lamanitas atacaron en su furiosa ira.

45 No obstante, inspiraba a los nefitas una causa mejor, pues no estaban [a]luchando por monarquía ni poder, sino que luchaban por sus hogares y sus [b]libertades, sus esposas y sus hijos, y todo cuanto poseían; sí, por sus ritos de adoración y su iglesia.

46 Y estaban haciendo lo que sentían que era su [a]deber para con su Dios; porque el Señor les había dicho, y también a sus padres: [b]Si no sois culpables de la [c]primera ofensa, ni de la segunda, no os dejaréis matar por mano de vuestros enemigos.

47 Y además, el Señor ha dicho: [a]Defenderéis a vuestras familias aun hasta la efusión de sangre. Así que, por esta causa los nefitas luchaban contra los lamanitas, para defenderse a sí mismos, y a sus familias, y sus tierras, su país, sus derechos y su religión.

48 Y aconteció que cuando los hombres de Moroni vieron la ferocidad e ira de los lamanitas, estuvieron a punto de retroceder y huir de ellos. Y Moroni, percibiendo su intención, envió e inspiró sus corazones con estos pensamientos, sí, pensamientos de sus tierras, de su libertad, sí, de estar libres del cautiverio.

49 Y aconteció que se volvieron contra los lamanitas, y [a]clamaron a una voz al Señor su Dios, a favor de su libertad y de estar libres del cautiverio.

50 Y empezaron a resistir a los lamanitas con vigor; y en esa misma hora en que oraron al

44 *a* Alma 43:6.
45 *a* Alma 44:5.
b GEE Libertad, libre.
46 *a* GEE Deber.
b Alma 48:14; DyC 98:33–36.
c 3 Ne. 3:21; DyC 98:23–24.
47 *a* DyC 134:11.
49 *a* Éx. 2:23–25; Mos. 29:20.

Señor por su libertad, los lamanitas empezaron a huir delante de ellos, y huyeron hasta las aguas de Sidón.

51 Ahora bien, los lamanitas eran más numerosos, sí, eran más del doble del número de los nefitas; no obstante, fueron perseguidos hasta quedar reunidos en un grupo, en el valle sobre la ribera del río Sidón.

52 De modo que los ejércitos de Moroni los cercaron; sí, por ambos lados del río, pues he aquí que al este se hallaban los hombres de Lehi.

53 Por tanto, cuando Zerahemna vio a los hombres de Lehi al este del río Sidón, y a los ejércitos de Moroni al oeste del río, y que los nefitas los tenían cercados, el terror se apoderó de ellos.

54 Y Moroni, viendo su terror, mandó a sus hombres que pararan de derramar su sangre.

CAPÍTULO 44

Moroni manda a los lamanitas hacer un pacto de paz o resignarse a ser destruidos — Zerahemna rechaza la oferta y la batalla se reanuda — Los ejércitos de Moroni derrotan a los lamanitas. Aproximadamente 74–73 a.C.

Y SUCEDIÓ que pararon y se retiraron a un paso de ellos. Y Moroni dijo a Zerahemna: He aquí, Zerahemna, [a]no queremos ser sanguinarios. Tú sabes que estáis en nuestras manos; sin embargo, no queremos mataros.

2 He aquí, no hemos venido a luchar contra vosotros para derramar vuestra sangre en busca de poder; ni tampoco deseamos imponer el yugo del cautiverio sobre ninguno. Pero esta es precisamente la razón por la cual habéis venido contra nosotros; sí, y estáis enfurecidos con nosotros a causa de nuestra religión.

3 Mas ya veis que el Señor está con nosotros, y veis que os ha entregado en nuestras manos. Y ahora quisiera que entendieseis que esto se hace con nosotros por causa de nuestra religión y nuestra fe en Cristo. Y ya veis que no podéis destruir esta, nuestra fe.

4 Veis ahora que esta es la verdadera fe de Dios; sí, veis que Dios nos sostendrá y guardará y preservará mientras le seamos fieles a él, a nuestra fe y a nuestra religión; y nunca permitirá el Señor que seamos destruidos, a no ser que caigamos en transgresión y neguemos nuestra fe.

5 Y ahora yo os mando, Zerahemna, en el nombre de ese omnipotente Dios que ha fortalecido nuestros brazos de modo que hemos logrado poder sobre vosotros, por nuestra fe, por nuestra religión, y por [a]nuestros ritos de adoración, y por nuestra iglesia, y por el sagrado sostén que debemos a nuestras esposas y nuestros hijos, por esa [b]libertad que nos une a nuestras

44 1*a* Alma 43:45. | 5*a* GEE Ordenanzas. | *b* GEE Libertad, libre.

tierras y a nuestra patria; sí, y
también por la conservación de la
sagrada palabra de Dios, a la que
debemos toda nuestra felicidad;
y por todo lo que más amamos;
6 sí, y esto no es todo; por todo
el anhelo que tenéis de vivir, os
mando que nos entreguéis vuestras armas de guerra, y no derramaremos vuestra sangre, sino
que os perdonaremos la vida, si
os vais por vuestro camino y no
volvéis más a guerrear contra
nosotros.
7 Y si no hacéis esto, he aquí,
estáis en nuestras manos, y mandaré a mis hombres que caigan sobre vosotros e inflijan en vuestros
cuerpos las heridas de muerte, de
modo que seáis exterminados; y
entonces veremos quién tendrá
poder sobre este pueblo; sí, veremos quiénes serán llevados al
cautiverio.
8 Y acaeció que cuando Zerahemna hubo oído estas palabras,
se adelantó y entregó su espada
y su cimitarra y su arco en manos de Moroni, y le dijo: He aquí
nuestras armas de guerra; te las
entregaremos, mas no nos permitiremos haceros un [a]juramento
que sabemos que quebrantaremos, y también nuestros hijos;
mas toma nuestras armas de guerra, y déjanos salir para el desierto; de otro modo, retendremos
nuestras espadas, y venceremos
o moriremos.
9 He aquí, no somos de vuestra
fe; no creemos que sea Dios el
que nos ha entregado en vuestras manos; sino que creemos que
es vuestra astucia lo que os ha
preservado de nuestras espadas.
He aquí, son vuestros [a]petos y
vuestros escudos lo que os ha
preservado.
10 Y cuando Zerahemna hubo
acabado de hablar estas palabras,
Moroni le devolvió la espada y
las armas de guerra que había
recibido, diciendo: He aquí, terminaremos la lucha.
11 Porque no puedo retractarme
de las palabras que he hablado;
por tanto, así como vive el Señor,
no os iréis, a menos que os vayáis
con un juramento de que no volveréis a la lucha contra nosotros.
Y ya que estáis en nuestras manos,
derramaremos vuestra sangre en
el suelo, u os someteréis a las condiciones que os he propuesto.
12 Y cuando Moroni hubo dicho estas palabras, Zerahemna
recogió su espada, y se enojó con
Moroni, y se lanzó hacia él para
matarlo; mas al levantar su espada, he aquí, uno de los soldados de Moroni le asestó un golpe
que la echó por tierra y le quebró
la empuñadura; y también hirió a
Zerahemna, de modo que le cortó
el cuero cabelludo, el cual cayó al
suelo. Y Zerahemna se retiró de
ellos entre sus soldados.
13 Y sucedió que el soldado
que se hallaba cerca, el mismo
que había herido a Zerahemna,
tomó del cabello la piel que había caído al suelo, y la colocó en

8*a* GEE Juramento.
9*a* Alma 43:38.

la punta de su espada, y la extendió hacia ellos, diciendo en voz alta:

14 Así como ha caído al suelo este cuero cabelludo, que es el de vuestro caudillo, así caeréis vosotros a tierra, si no entregáis vuestras armas de guerra y salís con un convenio de paz.

15 Y hubo muchos que, al oír estas palabras y al ver el cuero cabelludo sobre la espada, fueron heridos de temor; y muchos avanzaron y echaron sus armas de guerra a los pies de Moroni, e hicieron un [a]pacto de paz. Y a cuantos hicieron pacto se les permitió salir para el desierto.

16 Ahora bien, aconteció que Zerahemna estaba enfurecido, e incitó al resto de sus soldados a la ira, para que lucharan con mayor fuerza contra los nefitas.

17 Y Moroni estaba irritado por la terquedad de los lamanitas; por tanto, mandó a su gente que cayera encima de ellos y los exterminara. Y acaeció que empezaron a matarlos; sí, y los lamanitas combatieron con sus espadas y con su fuerza.

18 Mas he aquí, su piel desnuda y sus cabezas descubiertas estaban expuestas a las afiladas espadas de los nefitas. Sí, he aquí, fueron acribillados y heridos; sí, y cayeron con suma rapidez ante las espadas de los nefitas y empezaron a ser derribados, tal como lo había profetizado el soldado de Moroni.

19 Entonces Zerahemna, al ver que todos estaban a punto de ser destruidos, clamó fuertemente a Moroni, prometiéndole que él y su pueblo harían un pacto con ellos de que [a]nunca más volverían a la guerra contra ellos, si les perdonaban la vida a los que quedaban.

20 Y aconteció que Moroni hizo que cesara otra vez la matanza entre el pueblo. Y recogió las armas de guerra de los lamanitas; y después que hubieron hecho un [a]pacto de paz con él, se les permitió salir para el desierto.

21 Y no se contó el número de sus muertos a causa de ser tan inmenso; sí, el número de sus muertos fue grande en extremo, así entre los nefitas como entre los lamanitas.

22 Y aconteció que echaron sus muertos en las aguas de Sidón, y han sido llevados y han quedado sepultados en las profundidades del mar.

23 Y los ejércitos de los nefitas, o sea, de Moroni, se volvieron y llegaron a sus hogares y a sus tierras.

24 Y así terminó el año decimoctavo del gobierno de los jueces sobre el pueblo de Nefi. Y así concluyeron los anales de Alma que fueron escritos sobre las planchas de Nefi.

La historia del pueblo de Nefi y sus guerras y disensiones en los días de Helamán, según los anales que Helamán escribió en sus días.

15*a* 1 Ne. 4:37; Alma 50:36. | 19*a* Alma 47:6. | 20*a* Alma 62:16–17.

Comprende los capítulos del 45 al 62.

CAPÍTULO 45

Helamán cree las palabras de Alma — Alma profetiza la destrucción de los nefitas — Bendice y maldice la tierra — Puede ser que Alma haya sido arrebatado por el Espíritu, como lo fue Moisés — Aumenta la disensión en la Iglesia. Aproximadamente 73 a.C.

Y HE aquí, aconteció que el pueblo de Nefi se regocijó en extremo porque el Señor de nuevo lo había librado de las manos de sus enemigos; por tanto, le dieron gracias al Señor su Dios; sí, y [a]ayunaron y oraron mucho, y adoraron a Dios con un gozo inmensamente grande.

2 Y sucedió en el año decimonoveno del gobierno de los jueces sobre el pueblo de Nefi, que Alma fue a su hijo Helamán, y le dijo: ¿Crees las palabras que te hablé concernientes a estos [a]anales que se han llevado?

3 Y Helamán le dijo: Sí; yo creo.

4 Y agregó Alma: ¿Crees en Jesucristo, que ha de venir?

5 Y él dijo: Sí, creo todas las palabras que tú has hablado.

6 Y Alma añadió enseguida: [a]¿Guardarás mis mandamientos?

7 Y él dijo: Sí, guardaré tus mandamientos con todo mi corazón.

8 Entonces le dijo Alma: Bendito eres; y el Señor te hará [a]prosperar en esta tierra.

9 Mas he aquí, tengo algo que [a]profetizarte; pero lo que yo te profetice, no lo divulgarás; sí, lo que yo te profetice no se dará a conocer sino hasta que la profecía sea cumplida; por tanto, escribe las palabras que voy a decir.

10 Y estas son las palabras: He aquí, según el espíritu de revelación que hay en mí, yo percibo que este mismo pueblo, los nefitas, degenerará en la [a]incredulidad dentro de [b]cuatrocientos años a partir de la época en que Jesucristo se manifieste a ellos.

11 Sí, y entonces verán guerras y pestilencias; sí, hambres y el derramamiento de sangre, hasta que el pueblo de Nefi sea [a]exterminado.

12 Sí, y esto porque degenerarán en la incredulidad, y se tornarán a las obras de tinieblas y [a]lascivia y toda clase de iniquidades; sí, te digo que porque pecarán contra tan grande luz y conocimiento, sí, te digo que desde ese día, no morirá toda la cuarta generación antes que venga esta gran iniquidad.

13 Y cuando llegue ese gran día, he aquí, rápidamente se aproxima la hora en que los que hoy son,

45 1*a* GEE Ayunar, ayuno.
2*a* Alma 37:1–5; 50:38.
6*a* GEE Mandamientos de Dios; Obediencia, obediente, obedecer.
8*a* 1 Ne. 4:14; Alma 48:15–16, 25.
9*a* GEE Profecía, profetizar.
10*a* GEE Apostasía; Incredulidad.
b 1 Ne. 12:10–15; Hel. 13:9; Morm. 8:6–7.
11*a* Jarom 1:10; Morm. 8:2–3, 6–7.
12*a* GEE Concupiscencia.

o sea, la posteridad de los que
hoy se cuentan entre el pueblo de
Nefi, [a]no se contarán más entre el
pueblo de Nefi.
14 Mas quienes quedaren, y no
fueren destruidos en ese grande
y terrible día, serán [a]contados
entre los lamanitas, y se volverán como ellos, todos, menos
unos pocos que se llamarán los
discípulos del Señor; y a estos
los lamanitas los perseguirán
[b]hasta que sean exterminados.
Y a causa de la iniquidad, esta
profecía será cumplida.
15 Y sucedió que después que
Alma hubo dicho estas cosas a
Helamán, lo bendijo, y a sus otros
hijos también; asimismo bendijo
la tierra por el bien de los [a]justos.
16 Y declaró: Así dice el Señor
Dios: [a]Maldita será la tierra, sí,
esta tierra, para la destrucción de
toda nación, tribu, lengua y pueblo que obre inicuamente, cuando
haya llegado al colmo; y así como
he dicho acontecerá, porque esta
es la maldición y la [b]bendición
de Dios sobre la tierra, porque
el Señor no puede considerar el
pecado con el más [c]mínimo grado
de tolerancia.
17 Y cuando Alma hubo dicho
estas palabras, bendijo a la [a]igle-
sia; sí, a todos aquellos que permaneciesen firmes en la fe desde
ese tiempo en adelante.
18 Y cuando Alma hubo he-
cho esto, salió de la tierra de
Zarahemla como si fuera a la tierra de Melek. Y ocurrió que no
se volvió a saber de él; y de su
muerte y de su entierro, nada
sabemos.
19 He aquí, esto sí sabemos, que
fue un hombre justo; y se afirmó
en la iglesia que fue arrebatado
por el Espíritu, o [a]sepultado por
la mano del Señor, así como lo
fue Moisés. Mas he aquí, las Escrituras dicen que el Señor tomó
a Moisés para sí; y suponemos
que también ha recibido a Alma
para sí en el espíritu; por tanto,
es por esta razón que nada sabemos concerniente a su muerte y
entierro.
20 Y aconteció, al principio del
año decimonoveno del gobierno
de los jueces sobre el pueblo de
Nefi, que Helamán salió entre el
pueblo para declararle la palabra.
21 Pues he aquí, a causa de sus
guerras con los lamanitas, y las
muchas pequeñas disensiones y
disturbios que había habido entre los del pueblo, se hizo necesario que se declarase entre ellos
la [a]palabra de Dios; sí, y que se
estableciera una reglamentación
en toda la iglesia.
22 Por tanto, Helamán y sus
hermanos salieron para establecer la iglesia de nuevo en toda
la tierra, sí, en toda ciudad por
toda la tierra que poseía el pueblo de Nefi. Y acaeció que nombraron sacerdotes y maestros por

13*a* Hel. 3:16.
14*a* Moro. 9:24.
b Moro. 1:1–3.
15*a* Alma 46:10; 62:40.
16*a* 2 Ne. 1:7; Alma 37:31; Éter 2:8–12.
b DyC 130:21.
c DyC 1:31.
17*a* GEE Iglesia de Jesucristo.
19*a* GEE Seres trasladados.
21*a* Alma 31:5.

toda la tierra, en todas las
iglesias.
23 Y sucedió que después que
Helamán y sus hermanos hubieron nombrado sacerdotes y maestros en las iglesias, surgió una
[a]disensión entre ellos, y no quisieron hacer caso de las palabras
de Helamán y sus hermanos;
24 sino que se volvieron orgullosos, envaneciéndose su corazón por motivo de sus enormes
[a]riquezas; por tanto, se hicieron
ricos a sus [b]propios ojos, y no quisieron hacer caso de las palabras
de ellos, para andar rectamente
ante Dios.

CAPÍTULO 46

Amalickíah conspira para hacerse rey — Moroni levanta el estandarte de la libertad — Anima al pueblo a defender su religión — Los creyentes verdaderos son llamados cristianos — Se preservará un resto de la posteridad de José — Amalickíah y los disidentes huyen a la tierra de Nefi — Los que no sostienen la causa de la libertad son ejecutados. Aproximadamente 73–72 a.C.

Y ACONTECIÓ que cuantos no quisieron escuchar las palabras de
Helamán y sus hermanos se unieron contra ellos.
2 Y he aquí, estaban irritados en
extremo, a tal grado que estaban
resueltos a quitarles la vida.
3 Y el jefe de los que estaban
llenos de ira contra sus hermanos
era un hombre grande y fuerte; y
se llamaba Amalickíah.
4 Y Amalickíah ambicionaba ser
rey; y los que estaban irritados
también querían que él fuera su
rey; y estos eran, en su mayoría,
los [a]jueces menores del país, y
codiciaban el poder.
5 Y los habían persuadido las
adulaciones de Amalickíah, de
que si lo apoyaban y lo instituían
como su rey, él los pondría por
gobernantes sobre el pueblo.
6 Así los arrastró Amalickíah
a las disensiones, a pesar de las
predicaciones de Helamán y sus
hermanos; sí, a pesar del sumamente atento cuidado con que
velaban por la iglesia, pues eran
sumos sacerdotes de la iglesia.
7 Y hubo muchos en la iglesia
que creyeron en las lisonjeras palabras de Amalickíah; por tanto,
se separaron de la iglesia; y así,
los asuntos del pueblo de Nefi se
hallaban sumamente inestables y
peligrosos, no obstante su gran
[a]victoria que habían logrado sobre
los lamanitas, y sus grandes ale-
grías que habían sentido por haberlos librado la mano del Señor.
8 Así vemos cuán rápidamente se
olvidan del Señor su Dios los hijos
de los hombres; sí, cuán [a]prestos
son para cometer iniquidad y dejarse llevar por el maligno.
9 Sí, y también vemos la
gran [a]maldad que un hombre

23*a* 3 Ne. 11:28–29.
24*a* GEE Riquezas.
b GEE Orgullo.
46 4*a* Mos. 29:11, 28–29.
7*a* Alma 44:19–20.
8*a* Hel. 12:2, 4–5.
9*a* Mos. 29:17–18.

sumamente inicuo hace que ocurra entre los hijos de los hombres.

10 Sí, vemos que por ser un hombre de sutiles artimañas, y un hombre de muchas palabras lisonjeras, Amalickíah incitó el corazón de mucha gente a obrar inicuamente; sí, y a tratar de destruir la iglesia de Dios, y destruir el fundamento de [a]libertad que Dios les había concedido, o sea, la bendición que Dios había enviado sobre la faz de la tierra por el bien de los [b]justos.

11 Y aconteció que cuando Moroni, que era el comandante en [a]jefe de los ejércitos nefitas, supo de estas disensiones, se enojó con Amalickíah.

12 Y sucedió que rasgó su túnica; y tomó un trozo y escribió en él: [a]En memoria de nuestro Dios, nuestra religión, y libertad, y nuestra paz, nuestras esposas y nuestros hijos; y lo colocó en el extremo de un asta.

13 Y se ajustó su casco y su peto y sus escudos, y se ciñó los lomos con su armadura; y tomó el asta, en cuyo extremo se hallaba su túnica rasgada (y la llamó el estandarte de la libertad), y se inclinó hasta el suelo y rogó fervorosamente a su Dios, que las bendiciones de libertad descansaran sobre sus hermanos mientras permaneciese un grupo de cristianos para poseer la tierra,

14 porque todos los creyentes verdaderos de Cristo, quienes pertenecían a la iglesia, así eran llamados por aquellos que no eran de la iglesia de Dios.

15 Y los que pertenecían a la iglesia eran fieles; sí, todos los que eran creyentes verdaderos en Cristo gozosamente tomaron sobre sí el [a]nombre de Cristo, o sea, [b]cristianos, como les decían, por motivo de su creencia en Cristo que había de venir.

16 Y por tanto, Moroni rogó en esa ocasión que fuese favorecida la causa de los cristianos y la libertad de la tierra.

17 Y sucedió que después que hubo derramado su alma a Dios, dio a todo el territorio que se hallaba al sur de la tierra de [a]Desolación, sí, y en una palabra, a toda esa tierra, así en el norte como en el sur el nombre: Una tierra escogida y la tierra de libertad.

18 Y dijo: Ciertamente Dios no permitirá que nosotros, que somos despreciados porque tomamos sobre nosotros el nombre de Cristo, seamos hollados y destruidos sino hasta que lo provoquemos por nuestras propias transgresiones.

19 Y cuando Moroni hubo dicho estas palabras, fue entre el pueblo, haciendo ondear en el aire el trozo rasgado de su [a]ropa, para que todos vieran la inscripción que había escrito sobre la parte rasgada, y clamando en alta voz diciendo:

20 He aquí, todos aquellos que

10*a* 2 Ne. 1:7; Mos. 29:32.
b 2 Ne. 1:7.
11*a* Alma 43:16–17.
12*a* Neh. 4:14; Alma 44:5.
15*a* Mos. 5:7–9.
b Hech. 11:26; 1 Pe. 4:16.
17*a* Alma 22:30–31.
19*a* GEE Estandarte.

quieran preservar este estandarte sobre la tierra, vengan con la fuerza del Señor y hagan convenio de que mantendrán sus derechos y su religión, para que el Señor Dios los bendiga.

21 Y aconteció que cuando Moroni hubo proclamado estas palabras, he aquí, los del pueblo vinieron corriendo, ceñidos sus lomos con sus armaduras, rasgando sus vestidos en señal o como convenio de que no abandonarían al Señor su Dios; o en otras palabras, que si llegaban a quebrantar los mandamientos de Dios, o caían en transgresión, y se [a]avergonzaban de tomar sobre ellos el nombre de Cristo, el Señor los destrozaría así como ellos habían rasgado sus vestidos.

22 Y este fue el convenio que hicieron, y arrojaron sus vestidos a los pies de Moroni, diciendo: Hacemos convenio con nuestro Dios de que seremos destruidos, como lo fueron nuestros hermanos en la tierra del norte, si llegamos a caer en transgresión; sí, él puede arrojarnos a los pies de nuestros enemigos, así como hemos arrojado nuestros vestidos a tus pies, para ser hollados, si caemos en transgresión.

23 Y Moroni les dijo: He aquí, somos un resto de la posteridad de Jacob; sí, somos un resto de la [a]posteridad de [b]José, cuya [c]túnica sus hermanos hicieron pedazos; sí, y ahora acordémonos de guardar los mandamientos de Dios, o nuestros hermanos harán pedazos nuestras ropas, y seremos echados en la cárcel, o vendidos, o muertos.

24 Sí, preservemos nuestra libertad como un [a]resto de José. Sí, recordemos las palabras de Jacob, antes de su muerte, pues he aquí, vio que parte del resto de la túnica de José se había conservado y no se había deteriorado. Y dijo: Así como este resto de la ropa de mi hijo se ha conservado, así preservará Dios un [b]resto de la posteridad de mi hijo, y la tomará para sí, mientras que el resto de la posteridad de José perecerá, así como el resto de su túnica.

25 Y he aquí, esto entristece mi alma; no obstante, se deleita mi alma en mi hijo por esa parte de su posteridad que Dios tomará para sí.

26 He aquí, así fue como se expresó Jacob.

27 Y ahora bien, ¿quién puede saber si el resto de los descendientes de José, que perecerán como su túnica, no son estos que se han separado de nosotros? Sí, y aun lo seremos nosotros mismos si no nos mantenemos firmes en la fe de Cristo.

28 Y aconteció que cuando Moroni hubo dicho estas palabras, fue, y también envió a todas las

21*a* 1 Ne. 8:25–28; Morm. 8:38.
23*a* Gén. 49:22–26; 1 Ne. 5:14–15.
b GEE José hijo de Jacob.
c Gén. 37:3, 31–36.
24*a* Amós 5:15; 3 Ne. 5:21–24; 10:17.
b 2 Ne. 3:5–24; Éter 13:6–7.

partes del país en donde había
disensiones, y reunió a todos los
que estaban deseosos de conservar su libertad, con objeto de oponerse a Amalickíah y a los que se
habían separado, que se llamaban
amalickiahitas.
29 Y ocurrió que cuando Amalickíah vio que los del pueblo de
Moroni eran más numerosos que
los amalickiahitas, y también vio
que su gente estaba dudando de
la justicia de la causa que habían
emprendido, temiendo, por tanto,
no lograr su objeto, tomó a los de
su pueblo que quisieron ir y partió para la tierra de Nefi.
30 Pero a Moroni no le pareció conveniente que los lamanitas fuesen fortalecidos más; por
consiguiente, pensó atajar a los
del pueblo de Amalickíah, o to-
marlos y hacerlos volver, y ejecutar a Amalickíah; sí, porque
sabía que este provocaría a los
lamanitas a la ira contra ellos,
y los incitaría a que salieran a
combatirlos; y sabía que Amalickíah lo haría para lograr sus
propósitos.
31 Por tanto, Moroni juzgó prudente tomar sus ejércitos, que se
habían reunido y armado, y habían hecho pacto de conservar
la paz. Y acaeció que tomó su
ejército y marchó con sus tiendas para el desierto a fin de detener el paso de Amalickíah en
el desierto.
32 Y aconteció que obró de
acuerdo con lo que había
dispuesto; y se dirigió al desierto y atajó las fuerzas de
Amalickíah.
33 Y sucedió que huyó Amalickíah con un pequeño número de
sus hombres, y los demás fueron
entregados en manos de Moroni y
llevados a la tierra de Zarahemla.
34 Ahora bien, Moroni, habiendo sido [a]nombrado por los
jueces superiores y la voz del pueblo, tenía, por consiguiente, poder, de acuerdo con su voluntad,
entre los ejércitos de los nefitas,
para establecer y ejercer autoridad sobre ellos.
35 Y aconteció que a todo ama-
lickiahita que se negaba a hacer
pacto de sostener la causa de la
libertad, a fin de preservar un
gobierno libre, él hizo que tal
fuese ejecutado; y muy pocos
hubo que rechazaron el pacto
de libertad.
36 Y sucedió, también, que hizo
que se enarbolara el estandarte de
la libertad sobre todas las torres
que se hallaban en toda la tierra que poseían los nefitas; y así,
Moroni plantó el estandarte de la
libertad entre los nefitas.
37 Y de nuevo empezaron a tener paz en el país, y así preservaron la paz en la tierra hasta cerca
del fin del año decimonoveno del
gobierno de los jueces.
38 Y Helamán y los [a]sumos
sacerdotes también mantuvieron el orden en la iglesia; sí, por
el espacio de cuatro años tuvieron
mucha paz y gozo en la iglesia.

34*a* Alma 43:16.
38*a* Alma 46:6.

39 Y acaeció que hubo muchos
que murieron, [a]creyendo firmemente que el Señor Jesucristo
había redimido sus almas; por
lo que salieron del mundo con
regocijo.
40 Y hubo algunos que murieron
de fiebres, que en ciertas épocas
del año eran muy frecuentes en el
país —pero no murieron tantos de
las fiebres, por razón de las exce-
lentes cualidades de las muchas
[a]plantas y raíces que Dios había
preparado para destruir la causa
de aquellas enfermedades, a las
cuales la gente estaba sujeta por
la naturaleza del clima—
41 pero hubo muchos que murieron de vejez; y los que murieron en la fe de Cristo son [a]felices
en él, como debemos suponer.

CAPÍTULO 47

Amalickíah se vale de la traición, el asesinato y la intriga para hacerse rey de los lamanitas — Los disidentes nefitas son más inicuos y feroces que los lamanitas. Aproximadamente 72 a.C.

Volvemos ahora, en nuestros
anales, a Amalickíah y a los que
[a]huyeron con él al desierto; pues
he aquí, él había tomado a los
que lo habían seguido, y se fue
a la [b]tierra de Nefi entre los lamanitas, e incitó a los lamanitas a la ira contra el pueblo de
Nefi, al grado de que el rey de los
lamanitas expidió una proclamación por toda su tierra, entre todo
su pueblo, de que se juntasen otra
vez para ir a la lucha contra los
nefitas.
2 Y ocurrió que después que se
hubo circulado la proclamación
entre ellos, tuvieron gran temor;
sí, temían disgustar al rey, y también temían ir a la lucha contra
los nefitas, no fuera que les cos-
tara la vida. Y sucedió que no
quisieron, o sea, la mayor parte
de ellos no quiso obedecer las
órdenes del rey.
3 Y luego aconteció que el rey
se encolerizó por motivo de su
desobediencia; por tanto, dio a
Amalickíah el mando de la parte
de su ejército que fue obediente a
sus órdenes, y le mandó que fuera
y los obligara a tomar las armas.
4 Y he aquí, esto era lo que Amalickíah deseaba; pues siendo un
hombre muy hábil para lo malo,
ideó en su corazón un plan para
destronar al rey de los lamanitas.
5 Y ahora bien, había logrado
el mando de esas partes de los
lamanitas que estaban a favor
del rey, y buscó granjearse la voluntad de aquellos que no eran
obedientes; de modo que avanzó
al sitio que se llamaba [a]Onida,
porque allí habían huido todos los lamanitas; pues habían
descubierto que el ejército se
acercaba, y pensando que iba
para destruirlos, huyeron, por

39*a* Moro. 7:3, 41.
40*a* DyC 89:10.
41*a* Apoc. 14:13.

47 1*a* Alma 46:33.
b 2 Ne. 5:5–8; Omni 1:12–13.

5*a* Alma 32:4.

tanto, a Onida, al lugar de las armas.

6 Y habían nombrado a un hombre como rey y caudillo sobre ellos, habiendo fijado en sus mentes una firme resolución de que no los obligarían a ir contra los nefitas.

7 Y sucedió que se habían reunido en la cima de la montaña que se llamaba Antipas, en preparación para la batalla.

8 Mas no era la intención de Amalickíah entrar en batalla con ellos de acuerdo con las órdenes del rey; sino que, he aquí, su designio era granjearse la buena voluntad de los ejércitos de los lamanitas, a fin de colocarse a la cabeza de ellos, y destronar al rey y apoderarse del reino.

9 Y he aquí, hizo que su ejército plantara sus tiendas en el valle que se encontraba cerca del monte Antipas.

10 Y aconteció que al llegar la noche envió una embajada secreta al monte Antipas, pidiendo al jefe de los que se hallaban sobre el monte, cuyo nombre era Lehonti, que bajara al pie de la montaña porque deseaba hablar con él.

11 Y sucedió que cuando Lehonti recibió el mensaje, no se atrevió a bajar al pie de la montaña. Y ocurrió que Amalickíah le envió una segunda comunicación, solicitando que bajara. Y acaeció que Lehonti no quiso bajar; y Amalickíah envió por tercera vez.

12 Y aconteció que cuando vio que no podía conseguir que Lehonti bajara de la montaña, Amalickíah ascendió al monte casi hasta el campo de Lehonti; y envió por cuarta vez su comunicación a Lehonti, pidiéndole que bajara y que llevara a sus guardias consigo.

13 Y sucedió que cuando Lehonti hubo descendido con sus guardias hasta donde estaba Amalickíah, este le propuso que bajara con su ejército durante la noche, y cercara en sus campamentos a aquellos sobre quienes el rey le había dado el mando, y que los entregaría en manos de Lehonti, si este lo nombraba a él (Amalickíah) jefe segundo de todo el ejército.

14 Y ocurrió que Lehonti bajó con sus hombres y cercaron a los hombres de Amalickíah; de modo que antes de despertar, al romper el día, estaban rodeados por los ejércitos de Lehonti.

15 Y aconteció que cuando se vieron cercados, le suplicaron a Amalickíah que les permitiera unirse a sus hermanos para que no fuesen destruidos. Y esto era precisamente lo que Amalickíah deseaba.

16 Y acaeció que entregó a sus hombres, [a]contrario a las órdenes del rey. Y esto era lo que procuraba Amalickíah, para realizar su proyecto de destronar al rey.

17 Ahora bien, era costumbre de los lamanitas, si mataban a su

16*a* Alma 47:3.

caudillo principal, nombrar al jefe
segundo en su lugar.
18 Y sucedió que Amalickíah
hizo que uno de sus siervos admi-
nistrase veneno a Lehonti, poco a
poco, hasta que murió.
19 Y cuando murió Lehonti, los
lamanitas nombraron a Amalickíah como su jefe y comandante
general.
20 Y ocurrió que Amalickíah
marchó con sus ejércitos (porque
había logrado sus deseos) a la tierra de Nefi, a la ciudad de Nefi,
que era la ciudad principal.
21 Y el rey salió con sus
guardias para recibirlo, pues su-
ponía que Amalickíah había obedecido sus órdenes, y que había
reunido a tan grande ejército para
ir a la batalla contra los nefitas.
22 Mas he aquí, al salir el rey a
recibirlo, Amalickíah hizo que sus
siervos salieran a encontrar al rey.
Y fueron y se postraron delante
del rey, como para reverenciarlo
a causa de su grandeza.
23 Y sucedió que el rey extendió la mano para levantarlos,
como se acostumbraba entre los
lamanitas, en señal de paz, costumbre que habían tomado de
los nefitas.
24 Y aconteció que cuando hubo
levantado del suelo al primero,
he aquí, este apuñaló al rey en
el corazón; y el rey cayó a tierra.
25 Y los siervos del rey huyeron,
y los siervos de Amalickíah pre-
gonaron, diciendo:
26 He aquí, los siervos del rey
le han dado una puñalada en el
corazón; y ha caído, y ellos han
huido. He aquí, venid y ved.
27 Y sucedió que Amalickíah
dio órdenes de que sus ejércitos avanzaran para ver qué le
había sucedido al rey; y cuando
llegaron al lugar y hallaron al
rey tendido en su sangre, Amalickíah fingió estar lleno de ira,
y dijo: Quienquiera que haya
amado al rey salga a perseguir
a sus siervos para quitarles la
vida.
28 Y aconteció que al oír estas
palabras, todos los que amaban
al rey avanzaron y salieron tras
los siervos del rey.
29 Y cuando estos vieron que
los perseguía un ejército, nuevamente se llenaron de miedo; y
huyeron al desierto, y llegaron a
la tierra de Zarahemla, y se unieron al [a]pueblo de Ammón.
30 Y el ejército que los perseguía
se volvió, habiéndolos seguido
en vano; y así Amalickíah se conquistó el corazón del pueblo por
medio de su fraude.
31 Y sucedió que a la mañana
siguiente entró en la ciudad de
Nefi con sus ejércitos y tomó posesión de la ciudad.
32 Y aconteció que cuando la
reina supo que habían matado
al rey —porque Amalickíah había enviado una embajada a la
reina para informarle que el rey
había sido asesinado por sus

29*a* Alma 43:11–12. GEE Anti-nefi-lehitas.

siervos, y que él los había perseguido con su ejército, pero que fue en vano porque lograron escaparse—

33 de manera que cuando la reina recibió este mensaje, contestó a Amalickíah, pidiéndole que perdonara a los habitantes de la ciudad; y también le manifestó su deseo de que fuera a verla, y también le pidió que llevara testigos con él para testificar concerniente a la muerte del rey.

34 Y acaeció que Amalickíah llevó al mismo siervo que había asesinado al rey, y a todos los que estuvieron con él; y entraron en donde estaba la reina, al lugar donde se sentaba; y todos le testificaron que el rey había sido asesinado por sus propios siervos; y dijeron también: Han huido; ¿no testifica esto en contra de ellos? Y así convencieron a la reina, concerniente a la muerte del rey.

35 Y sucedió que Amalickíah procuró el favor de la reina, y la tomó por esposa; y así, por medio de su fraude, y con la ayuda de sus astutos siervos, consiguió el reino; sí, fue reconocido como rey en toda esa tierra, entre todo el pueblo lamanita, que se [a]componía de los lamanitas y los lemuelitas y los ismaelitas, y todos los disidentes nefitas, desde el reinado de Nefi hasta el tiempo presente.

36 Ahora bien, estos [a]disidentes, teniendo la misma instrucción y la misma información que los nefitas, sí, habiendo sido instruidos en el mismo [b]conocimiento del Señor, no obstante, es extraño relatar que no mucho después de sus disensiones, ellos se volvieron más duros e [c]impenitentes, y más salvajes, inicuos y feroces que los lamanitas, empapándose en las tradiciones de los lamanitas, entregándose a la indolencia y a toda clase de lascivias; sí, olvidándose enteramente del Señor su Dios.

CAPÍTULO 48

Amalickíah incita a los lamanitas contra los nefitas — Moroni prepara a su pueblo para defender la causa de los cristianos — Moroni se regocija en la libertad e independencia, y es un poderoso hombre de Dios. Aproximadamente 72 a.C.

Y ACONTECIÓ que en cuanto hubo logrado Amalickíah el reino, empezó a incitar el corazón de los lamanitas contra el pueblo de Nefi; sí, nombró algunos hombres para que desde sus torres hablaran a los lamanitas en contra de los nefitas.

2 Y así incitó sus corazones en contra de los nefitas, a tal grado que para fines del año decimonoveno del gobierno de los jueces, habiendo realizado sus designios hasta este punto, sí, habiendo sido nombrado rey de los lamanitas, también quiso reinar sobre toda la tierra, sí, sobre

35*a* Jacob 1:13–14.
36*a* GEE Apostasía.
b Heb. 10:26–27; Alma 24:30.
c Jer. 8:12.

todos los que se hallaban en esa
tierra, nefitas así como lamanitas.
3 Había, por tanto, logrado su
propósito, pues había endurecido el corazón de los lamanitas
y cegado sus mentes, y los había
incitado a la ira, a tal grado que
había reunido una hueste numerosa para ir a la batalla en contra
de los nefitas.
4 Porque estaba resuelto, debido
al crecido número de los de su
pueblo, a subyugar a los nefitas
y reducirlos al cautiverio.
5 De modo que nombró capita-
nes en [a]jefe de entre los zoramitas,
por estar estos más familiarizados
con la fuerza de los nefitas, y sus
sitios de refugio, y los puntos más
vulnerables de sus ciudades; por
tanto, los puso por capitanes en
jefe sobre sus ejércitos.
6 Y sucedió que levantaron su
campo y se dirigieron hacia la tierra de Zarahemla por el desierto.
7 Ahora bien, aconteció que
mientras Amalickíah así había
estado adquiriendo poder por
medio del fraude y del engaño,
Moroni, por otra parte, había estado [a]preparando la mente de los
del pueblo para que fueran fieles
al Señor su Dios.
8 Sí, él había estado fortaleciendo los ejércitos de los nefitas
y construyendo pequeños fuertes
o sitios de refugio, levantando
parapetos de tierra alrededor de
sus ejércitos, y erigiendo también
muros de piedra para cercarlos,
en los contornos de sus ciudades
y en las fronteras de sus tierras;
sí, por toda la tierra.
9 Y en sus fortificaciones más
débiles colocó el mayor número
de hombres; y así fortificó y reforzó la tierra que poseían los
nefitas.
10 Y de este modo se estuvo preparando para [a]defender su libertad, sus tierras, sus esposas, sus
hijos y su paz, a fin de vivir para
el Señor su Dios, y preservar lo
que sus enemigos llamaban la
causa de los cristianos.
11 Y era Moroni un hombre
fuerte y poderoso, un hombre
de un [a]entendimiento perfecto;
sí, un hombre que no se deleitaba
en derramar sangre; un hombre
cuya alma se regocijaba en la
libertad e independencia de su
país, y en que sus hermanos se
libraran de la servidumbre y la
esclavitud;
12 sí, un hombre cuyo corazón
se henchía de agradecimiento a su
Dios por los muchos privilegios
y bendiciones que otorgaba a su
pueblo; un hombre que trabajaba
en gran manera por el [a]bienestar
y la seguridad de su pueblo.
13 Sí, y era un hombre firme en
la fe de Cristo; y había [a]jurado
defender a su pueblo, sus derechos, su país y su religión, aun
cuando tuviera que derramar
su sangre.

48 5*a* Alma 43:6.
7*a* Alma 49:8.
10*a* Alma 46:12–13.
11*a* GEE Entender, entendimiento.
12*a* GEE Bienestar.
13*a* Alma 46:20–22.

14 Ahora bien, se enseñaba a los nefitas a defenderse contra sus enemigos, aun hasta la efusión de sangre, si necesario fuese; sí, y también se les enseñaba a [a]nunca provocar a nadie, sí, y a nunca levantar la espada, salvo que fuese contra un enemigo, y que fuese para defender sus vidas.

15 Y esta era su fe, que si lo hacían, Dios los prosperaría en la tierra, o en otras palabras, si eran fieles en guardar los mandamientos de Dios, él los prosperaría en la tierra; sí, los amonestaría a huir o a prepararse para la guerra, según el peligro en que se vieran;

16 y también, que Dios les manifestaría a dónde debían ir para defenderse de sus enemigos, y haciendo esto, el Señor los libraría; y esta era la fe de Moroni, y su corazón se gloriaba en ello; no en la [a]efusión de sangre, sino en hacer bien, en preservar a su pueblo, sí, en obedecer los mandamientos de Dios, sí, y en resistir la iniquidad.

17 Sí, en verdad, en verdad os digo que si todos los hombres hubieran sido, y fueran y pudieran siempre ser como Moroni, he aquí, los poderes mismos del infierno se habrían sacudido para siempre; sí, el [a]diablo jamás tendría poder sobre el corazón de los hijos de los hombres.

18 He aquí, era un hombre semejante a Ammón, el hijo de Mosíah; sí, y como los otros hijos de Mosíah; sí, y también como Alma y sus hijos, porque todos ellos eran hombres de Dios.

19 Y he aquí, Helamán y sus hermanos no prestaban menor servicio al pueblo que Moroni, porque predicaban la palabra de Dios y bautizaban para arrepentimiento a cuantos querían oír sus palabras.

20 Y así fue que salieron, y los del pueblo se [a]humillaron a causa de las palabras de ellos, al grado de que fueron altamente [b]favorecidos del Señor, y así se vieron libres de guerras y contenciones entre ellos, sí, por el espacio de cuatro años.

21 Mas como ya he dicho, a fines del año decimonoveno, sí, a pesar de la paz que había entre ellos, se vieron obligados, contra su voluntad, a contender con sus hermanos los lamanitas.

22 Sí, y en resumen, no obstante su mucha renuencia, sus guerras con los lamanitas no cesaron durante muchos años.

23 Y les [a]pesaba tener que tomar las armas en contra de los lamanitas, porque no se deleitaban en la efusión de sangre; sí, y no solo eso, sino que los afligía ser ellos el medio por el cual tantos de sus hermanos serían enviados de este mundo a un mundo eterno, sin estar

14*a* Alma 43:46–47; 3 Ne. 3:20–21; Morm. 3:10–11; DyC 98:16.
16*a* Alma 55:19.
17*a* 1 Ne. 22:26; 3 Ne. 6:15.
20*a* GEE Humildad, humilde, humillar (afligir).
b 1 Ne. 17:35.
23*a* DyC 42:45.

preparados para presentarse ante su Dios.

24 Sin embargo, no podían permitirse entregar sus vidas para que sus [a]esposas e hijos fueran masacrados por la bárbara crueldad de aquellos que en un tiempo fueron sus hermanos; sí, y se habían [b]separado de su iglesia, y se habían ido de entre ellos y salido para destruirlos, uniéndose a los lamanitas.

25 Sí, no podían soportar que sus hermanos se regocijaran en la sangre de los nefitas, mientras hubiese quien guardara los mandamientos de Dios, pues la promesa del Señor era que si guardaban sus mandamientos prosperarían en la tierra.

CAPÍTULO 49

Los invasores lamanitas no pueden tomar las ciudades fortificadas de Ammoníah y Noé — Amalickíah maldice a Dios y jura beber la sangre de Moroni — Helamán y sus hermanos continúan fortaleciendo la Iglesia. Aproximadamente 72 a.C.

Y SUCEDIÓ que en el undécimo mes del año decimonoveno, el día diez del mes, se vio que los ejércitos de los lamanitas se acercaban hacia la tierra de Ammoníah.

2 Y he aquí, la ciudad había sido reconstruida, y Moroni había colocado un ejército cerca de los límites de la ciudad, y habían levantado un parapeto de tierra para defenderse de las flechas y piedras de los lamanitas, pues he aquí, luchaban con piedras y con flechas.

3 He aquí, dije que la ciudad de [a]Ammoníah había sido reconstruida. Os digo que sí, que fue reconstruida en parte; y porque los lamanitas la habían destruido una vez, a causa de la iniquidad del pueblo, pensaron que nuevamente les sería presa fácil.

4 Mas he aquí, cuán grande fue su desengaño; porque los nefitas habían levantado un parapeto de tierra alrededor de ellos, tan alto que los lamanitas no podían lanzar contra ellos sus piedras y flechas con buen efecto, ni tampoco podían caer sobre ellos sino por la entrada.

5 Y en esta ocasión los capitanes principales de los lamanitas se asombraron en extremo, a causa del acierto de los nefitas en preparar sus plazas fuertes.

6 Pues los caudillos de los lamanitas habían pensado, a causa de su gran número, sí, habían supuesto que tendrían el privilegio de caer sobre ellos como antes lo habían hecho; sí, y también se habían preparado con escudos y con petos; y también se habían preparado con vestidos de pieles, sí, vestidos muy gruesos para cubrir su desnudez.

7 Y habiéndose preparado de esta manera, pensaron que fácilmente dominarían y sujetarían a sus hermanos bajo el yugo del

24*a* Alma 46:12. | *b* GEE Apostasía. | **49** 3*a* Alma 16:2–3, 9, 11.

cautiverio, o los matarían y los masacrarían a su gusto.

8 Pero he aquí, para su mayor asombro, ellos estaban [a]preparados para recibirlos de una manera como nunca se había conocido entre los hijos de Lehi. Y estaban preparados para combatir a los lamanitas según las instrucciones de Moroni.

9 Y sucedió que los lamanitas, o sea, los amalickiahitas, se asombraron en sumo grado de ver su manera de prepararse para la guerra.

10 Ahora bien, si el rey Amalickíah hubiera llegado de la [a]tierra de Nefi a la cabeza de su ejército, quizás habría hecho que los lamanitas atacaran a los nefitas en la ciudad de Ammoníah, porque he aquí, a él no le importaba la sangre de su pueblo.

11 Mas he aquí, Amalickíah no vino en persona a la batalla. Y sus capitanes principales no osaron atacar a los nefitas en la ciudad de Ammoníah, pues Moroni había alterado el manejo de los asuntos entre los nefitas, al grado de que los lamanitas se vieron frustrados a causa de sus lugares de refugio y no pudieron asaltarlos.

12 Por tanto, se retiraron al desierto, y levantaron su campo y marcharon hacia la tierra de Noé, pensando que sería el segundo sitio más favorable para atacar a los nefitas.

13 Pues no sabían que Moroni había fortificado, o sea, que había construido [a]fortalezas para cada ciudad en toda la tierra circunvecina; por tanto, marcharon adelante a la tierra de Noé con una firme resolución; sí, sus capitanes principales se adelantaron y juraron que destruirían a la gente de aquella ciudad.

14 Mas he aquí, para su asombro, la ciudad de Noé, que antes había sido un punto débil, ahora, debido a Moroni, se había hecho fuerte, sí, y aun excedía a la fuerza de la ciudad de Ammoníah.

15 Y he aquí, en esto Moroni fue sabio; pues había supuesto que se espantarían ante la ciudad de Ammoníah; y como la ciudad de Noé previamente había sido la parte más débil de la tierra, consiguientemente marcharían allí para dar batalla; y así sucedió conforme a sus deseos.

16 Y he aquí, Moroni había nombrado a Lehi para ser el capitán en jefe de los hombres de esa ciudad; y era el [a]mismo Lehi que luchó con los lamanitas en el valle al este del río Sidón.

17 Y he aquí, sucedió que cuando los lamanitas descubrieron que Lehi tenía el mando de la ciudad, se vieron otra vez contrariados, pues temían a Lehi en sumo grado; sin embargo, sus capitanes en jefe habían jurado atacar la ciudad; por tanto, hicieron avanzar a sus ejércitos.

18 Pero he aquí, los lamanitas

8*a* Alma 48:7–10.
10*a* 2 Ne. 5:8; Omni 1:12; Alma 47:1.
13*a* Alma 48:8.
16*a* Alma 43:35.

no podían entrar en sus plazas fuertes sino por la entrada, a causa de la altura del parapeto que se había erigido, y la profundidad del foso que se había cavado alrededor, excepto a la entrada.

19 Y así los nefitas estaban preparados para destruir a todos los que intentaran ascender por cualquier otro lado para penetrar en el fuerte, lanzándoles piedras y flechas.

20 Y así se hallaban preparados, sí, un grupo de sus hombres más fuertes, con sus espadas y sus hondas, para derribar a cuantos intentaran penetrar en su plaza fuerte por la entrada; y así estaban preparados para defenderse contra los lamanitas.

21 Y sucedió que los capitanes de los lamanitas llevaron a sus ejércitos frente al lugar de la entrada, y empezaron a contender con los nefitas, con objeto de penetrar en su plaza fuerte; pero he aquí, fueron rechazados varias veces, de tal manera que fueron heridos con una inmensa mortandad.

22 Y cuando vieron que no podían dominar a los nefitas por la entrada, empezaron a socavar sus terraplenes, a fin de hacer un pasaje para llegar a los ejércitos de ellos, para combatir con igualdad; pero he aquí que en esta tentativa fueron arrasados por las piedras y las flechas que les lanzaron; y en lugar de llenar sus fosos, derrumbando los terraplenes, los llenaron en parte con sus cuerpos muertos y heridos.

23 Y así los nefitas dominaron en todo a sus enemigos; y así intentaron los lamanitas destruir a los nefitas hasta que fueron muertos todos sus capitanes en jefe; sí, y murieron más de mil lamanitas, mientras que, por otra parte, no fue muerta ni una sola alma de los nefitas.

24 Hubo unos cincuenta que fueron heridos, los cuales habían estado expuestos a las flechas de los lamanitas en la entrada, pero los protegieron sus escudos, y sus petos, y sus cascos, de modo que solo recibieron heridas en las piernas, muy graves muchas de ellas.

25 Y aconteció que cuando los lamanitas vieron que todos sus capitanes en jefe habían sido muertos, huyeron al desierto. Y sucedió que volvieron a la tierra de Nefi para informar a su rey Amalickíah, que era nefita de nacimiento, concerniente a sus grandes pérdidas.

26 Y ocurrió que se enfureció en extremo con su pueblo, porque no había realizado su deseo en cuanto a los nefitas; no los había sujetado al yugo del cautiverio.

27 Sí, se enfureció en extremo; y [a]maldijo a Dios, y también a Moroni, haciendo [b]juramento de que bebería su sangre; y esto porque Moroni había guardado los mandamientos de Dios,

27 *a* GEE Blasfemar, blasfemia.

b Hech. 23:12.

haciendo los preparativos para salvaguardar a su pueblo.

28 Y sucedió, por otra parte, que el pueblo de Nefi dio [a]gracias al Señor su Dios por su incomparable poder en librarlos de las manos de sus enemigos.

29 Y así concluyó el año decimonoveno del gobierno de los jueces sobre el pueblo de Nefi.

30 Sí, y hubo paz continua entre ellos, y sumamente grande prosperidad en la iglesia a causa de su atención y diligencia que daban a la palabra de Dios, la cual les era declarada por Helamán, Shiblón, Coriantón, y Ammón y sus hermanos, sí, y por todos los que habían sido ordenados según el [a]santo orden de Dios, habiendo sido bautizados para arrepentimiento y enviados a predicar entre el pueblo.

CAPÍTULO 50

Moroni fortifica las tierras de los nefitas — Construyen muchas ciudades nuevas — Los nefitas padecieron guerras y destrucciones en los días de sus iniquidades y abominaciones — Teáncum derrota a Moriantón y a sus disidentes — Muere Nefíah y su hijo Pahorán ocupa el asiento judicial. Aproximadamente 72–67 a.C.

Y ACONTECIÓ que Moroni no cesó de hacer preparativos para la guerra ni para defender a su pueblo de los lamanitas, porque al principio del año veinte del gobierno de los jueces, él hizo que sus ejércitos empezaran a levantar montones de tierra alrededor de todas las ciudades, por toda la tierra que poseían los nefitas.

2 Y sobre estos montones de tierra hizo colocar vigas, sí, obras de maderos erigidas a la altura de un hombre, alrededor de las ciudades.

3 E hizo que sobre estas obras de maderos se construyeran estacadas por todos lados; y eran altas y fuertes.

4 E hizo que se erigieran torres más altas que estas estacadas, e hizo construir resguardos en estas torres, para que las piedras y las flechas de los lamanitas no los hirieran.

5 Y las dispusieron para lanzar piedras desde su cumbre, según su voluntad y fuerza, y matar a quien intentara aproximarse a las murallas de la ciudad.

6 Así fue como Moroni preparó fortificaciones alrededor de todas las ciudades en toda esa tierra contra la llegada de sus enemigos.

7 Y aconteció que Moroni hizo que avanzaran sus ejércitos al desierto del este; sí, y fueron y arrojaron a todos los lamanitas que estaban en el desierto del este hasta sus propias tierras, las cuales se hallaban al sur de la tierra de Zarahemla;

8 y la tierra de Nefi se extendía en línea recta del mar del este al del oeste.

9 Y sucedió que cuando Moroni hubo echado a todos los

28*a* GEE Acción de gracias, agradecido, agradecimiento.

30*a* Alma 43:2.

lamanitas del desierto del este,
que se hallaba al norte de las tierras de sus propias posesiones,
hizo que los habitantes que estaban en la tierra de Zarahemla
y en el territorio circunvecino se
fuesen al desierto del este, hasta
las fronteras cercanas al mar, y
tomaran posesión del país.
10 Y también colocó ejércitos al
sur, en las fronteras de sus posesiones, e hizo que levantaran
[a]fortificaciones para proteger a
sus ejércitos y a su pueblo de las
manos de sus enemigos.
11 Y así aisló todas las fortificaciones de los lamanitas en el desierto del este; sí, y también en el
oeste, fortificando la línea divisoria entre los nefitas y lamanitas,
entre la tierra de Zarahemla y la
tierra de Nefi, desde el mar del
oeste, pasando por los manantiales del río Sidón; y los nefitas poseían toda la tierra hacia el norte;
sí, toda la tierra que se hallaba al
norte de la tierra de Abundancia,
según la voluntad de ellos.
12 Y así Moroni, con sus ejércitos, que aumentaban de día en
día a causa de la seguridad de la
protección que sus obras les oca-
sionaban, trató de hacer cesar la
fuerza y el poder de los lamanitas
sobre las tierras de sus posesiones, para que no tuvieran ninguna potestad sobre ellas.
13 Y aconteció que los nefitas
iniciaron la fundación de una ciudad, y dieron a la ciudad el nombre de Moroni; y se hallaba cerca
del mar del este, y hacia el sur,
cerca de la línea de las posesiones
de los lamanitas.
14 E iniciaron también la fundación de una ciudad entre la de
Moroni y la de Aarón, uniendo las
fronteras de Aarón y Moroni; y a
la ciudad o tierra, ellos dieron el
nombre de Nefíah.
15 Y en ese mismo año también
empezaron a construir muchas
ciudades en el norte, una de un
modo particular, a la que dieron el
nombre de Lehi, la cual se hallaba
en el norte junto a la orilla del mar.
16 Y así concluyó el año veinte.
17 Y en estas prósperas circunstancias se encontraba el pueblo
de Nefi a principios del año veintiuno del gobierno de los jueces
sobre el pueblo de Nefi.
18 Y prosperaron muchísimo,
y se hicieron muy ricos; sí, y se
multiplicaron y se hicieron fuertes en la tierra.
19 Y así vemos cuán misericordiosos y justos son todos los actos
del Señor para el cumplimiento de
todas sus palabras a los hijos de los
hombres; sí, podemos ver que aun
en esta ocasión se confirman sus palabras que él habló a Lehi, diciendo:
20 Benditos sois tú y tus hijos; y
ellos serán bendecidos, y al grado
que guarden mis mandamientos,
ellos prosperarán en la tierra. Mas
recuerda que si no guardan mis
mandamientos, serán [a]separados
de la presencia del Señor.
21 Y vemos que estas promesas
se han verificado en el pueblo de

50 10*a* Alma 49:18–22.
20*a* DyC 1:14.

Nefi; porque han sido sus riñas y sus contenciones, sí, sus asesinatos y sus robos, su idolatría, sus fornicaciones y sus abominaciones que había entre ellos, lo que les trajo sus guerras y sus destrucciones.

22 Y aquellos que fueron fieles en guardar los mandamientos del Señor fueron librados en toda ocasión, mientras que millares de sus hermanos inicuos han sido condenados al cautiverio, o a perecer por la espada, o a degenerar en la incredulidad y mezclarse con los lamanitas.

23 Pero he aquí, jamás hubo época más [a]dichosa entre el pueblo de Nefi, desde el tiempo de Nefi, que en los días de Moroni, sí, en esta época, en el año veintiuno del gobierno de los jueces.

24 Y aconteció que el año veintidós del gobierno de los jueces terminó también en paz; sí, y también el año veintitrés.

25 Y sucedió que al principiar el año veinticuatro del gobierno de los jueces, también hubiera habido paz entre el pueblo de Nefi, de no haber sido por una [a]contención que surgió entre ellos concerniente a la tierra de Lehi y la tierra de Moriantón, que colindaba con la de Lehi; y ambas se hallaban junto a la orilla del mar.

26 Porque he aquí, el pueblo que poseía la tierra de Moriantón reclamaba parte de la tierra de Lehi; por lo que empezó a haber una acalorada contención entre ellos, al grado de que los de Moriantón tomaron las armas contra sus hermanos, y estaban resueltos a matarlos con la espada.

27 Mas he aquí, los que poseían la tierra de Lehi huyeron al campamento de Moroni y le pidieron ayuda, pues he aquí, en ellos no estaba el mal.

28 Y sucedió que cuando los del pueblo de Moriantón, que eran guiados por un hombre llamado Moriantón, se enteraron de que el pueblo de Lehi había huido al campamento de Moroni, temieron en extremo, no fuese que el ejército de Moroni diera sobre ellos y los destruyera.

29 Por tanto, Moriantón inculcó en sus corazones que debían huir a la tierra que quedaba al norte, la cual se hallaba cubierta de grandes extensiones de agua, y tomar posesión de la tierra hacia el norte.

30 Y he aquí, habrían realizado este plan (cosa que habría sido motivo de lamentar), mas he aquí, Moriantón, siendo muy iracundo, se enojó con una de sus siervas, a la cual acometió y golpeó mucho.

31 Y aconteció que ella huyó y llegó al campamento de Moroni, y le comunicó todo lo concerniente al asunto, y también las intenciones de ellos de huir a la tierra hacia el norte.

32 Y he aquí, el pueblo que se hallaba en la tierra de Abundancia, o mejor dicho, Moroni, temía que estos escucharan las

23*a* Mos. 2:41.

25*a* GEE Contención, contienda.

palabras de Moriantón y se unieran a la gente de él, y así tomaran posesión de aquellas partes de la tierra, cosa que hubiera originado graves consecuencias entre el pueblo de Nefi, sí, consecuencias que hubieran ocasionado la pérdida de su [a]libertad.
33 Por tanto, Moroni envió un ejército con sus pertrechos, para atajar al pueblo de Moriantón a fin de contener su fuga hacia la tierra del norte.
34 Y aconteció que no los alcanzaron sino hasta que hubieron llegado a las fronteras de la tierra de [a]Desolación; y allí los atajaron, cerca del estrecho paso que conducía, por el lado del mar, a la tierra del norte, sí, por el mar, al oeste y al este.
35 Y sucedió que el ejército que fue enviado por Moroni, al mando de un hombre llamado Teáncum, se encontró con el pueblo de Moriantón; y tan obstinado se mostró el pueblo de Moriantón (incitado por su iniquidad y sus palabras lisonjeras), que empezó una batalla entre ellos, en la cual Teáncum mató a Moriantón, y derrotó a los de su ejército, y los tomó prisioneros y regresó al campamento de Moroni. Y así concluyó el año veinticuatro del gobierno de los jueces sobre el pueblo de Nefi.
36 Y así fue llevado de regreso el pueblo de Moriantón. Y habiendo ellos hecho pacto de guardar la paz, fueron restablecidos en la tierra de Moriantón, y se efectuó una unión entre ellos y los del pueblo de Lehi; y también ellos fueron restablecidos en sus tierras.
37 Y aconteció que en el mismo año en que volvió a establecerse la paz entre el pueblo de Nefi, murió Nefíah, el segundo juez superior, habiendo ocupado el asiento judicial con perfecta rectitud delante de Dios.
38 Sin embargo, se había negado a recibir de Alma esos anales y esas cosas que Alma y sus padres estimaban como sumamente sagrados; por tanto, Alma los había entregado a su hijo Helamán.
39 He aquí, sucedió que nombraron al hijo de Nefíah para ocupar el asiento judicial en el lugar de su padre; sí, fue nombrado juez superior y gobernador del pueblo, con un juramento y la ordenanza sagrada de juzgar con rectitud, y de preservar la paz y la libertad del pueblo, y concederle sus sagrados privilegios de adorar al Señor su Dios, sí, de sostener y mantener la causa de Dios toda su vida, y juzgar a los malvados según sus delitos.
40 Y he aquí, se llamaba Pahorán. Y Pahorán ocupó el asiento de su padre, y empezó a gobernar al pueblo de Nefi a la conclusión del año veinticuatro.

CAPÍTULO 51

Los realistas procuran modificar la ley y establecer un rey — Pahorán y

32*a* GEE Libertad, libre.
34*a* Alma 46:17.

los hombres libres reciben el apoyo de la voz del pueblo — Moroni obliga a los realistas a defender su país o padecer la muerte — Amalickíah y los lamanitas se apoderan de muchas ciudades fortificadas — Teáncum rechaza la invasión lamanita y mata a Amalickíah en su tienda. Aproximadamente 67–66 a.C.

Y ACONTECIÓ que a principios del año veinticinco del gobierno de los jueces sobre el pueblo de Nefi, habiendo ellos establecido la paz entre el pueblo de Lehi y el pueblo de Moriantón, en lo concerniente a sus tierras, y habiendo comenzado el año veinticinco en paz,

2 aunque no conservaron por mucho tiempo una paz completa en la tierra, porque empezó a surgir entre el pueblo una disensión concerniente a Pahorán, el juez superior; porque he aquí, parte del pueblo deseaba que se modificaran algunos puntos particulares de la ley.

3 Pero he aquí, Pahorán no quiso modificar ni permitir que se modificara la ley; de modo que no atendió a los que habían expresado su parecer en un memorial con respecto a la modificación de la ley.

4 Por tanto, aquellos que estaban deseosos de que se modificara la ley se enojaron con él, y no quisieron que continuase como juez superior de la tierra; de modo que se provocó una disputa acalorada sobre el asunto; pero no llegó a la efusión de sangre.

5 Y sucedió que aquellos que querían que Pahorán fuese destituido del asiento judicial fueron llamados realistas, porque deseaban que se modificara la ley de tal manera que se derribara el gobierno libre y se estableciera un rey sobre el país.

6 Y los que deseaban que Pahorán continuase como juez superior de la tierra tomaron sobre sí el nombre de hombres libres; y así hubo esta división entre ellos, porque los hombres libres habían jurado o hecho pacto de mantener sus derechos y los privilegios de su religión mediante un gobierno libre.

7 Y sucedió que la voz del pueblo decidió este asunto de su contención. Y aconteció que la voz del pueblo se declaró a favor de los hombres libres, y Pahorán retuvo el asiento judicial, lo cual causó mucho regocijo entre los hermanos de Pahorán, así como entre muchos de los amigos de la libertad, los cuales también hicieron callar a los realistas, de modo que no se atrevieron a oponerse, sino que se vieron obligados a mantener la causa de la libertad.

8 Ahora bien, los que estaban a favor de los reyes eran personas de [a]ilustre linaje que deseaban ser reyes; y los apoyaban aquellos que ambicionaban poder y autoridad sobre el pueblo.

9 Pero he aquí, fue esta una época muy crítica para que hubiera tales disensiones entre el pueblo de Nefi; pues he aquí,

51 8*a* GEE Orgullo.

Amalickíah de nuevo había incitado el corazón del pueblo lamanita contra el pueblo de los nefitas, y estaba reuniendo soldados de todas partes de su tierra, y armándolos, y preparándose para la guerra con toda diligencia; porque había [a]jurado beber la sangre de Moroni.
10 Mas he aquí, ya veremos que la promesa que él hizo resultó desatinada; no obstante, se preparó a sí mismo y a sus ejércitos para ir a la batalla contra los nefitas.
11 Mas sus ejércitos no eran tan numerosos como antes lo habían sido, a causa de los muchos miles que habían perecido por mano de los nefitas; mas no obstante sus grandes pérdidas, Amalickíah había reunido a un ejército admirablemente grande, por lo que no tuvo miedo de ir a la tierra de Zarahemla.
12 Sí, aun Amalickíah mismo llegó al frente de los lamanitas. Y fue en el año veinticinco del gobierno de los jueces; y esto fue al mismo tiempo en que empezaban a allanar sus contenciones concernientes a Pahorán, el juez superior.
13 Y aconteció que cuando los hombres que eran llamados realistas supieron que los lamanitas venían a la batalla contra ellos, se alegraron en su corazón; y se negaron a tomar las armas; porque tan irritados estaban con el juez superior, y también con los [a]hombres libres, que no quisieron tomar las armas para defender su país.
14 Y sucedió que cuando Moroni vio esto, y también vio que los lamanitas estaban llegando a las fronteras de la tierra, se enojó en extremo a causa de la obstinación de aquellos a quienes él tan diligentemente había procurado preservar; sí, se enojó en extremo; se le llenó el alma de ira en contra de ellos.
15 Y aconteció que envió un memorial, con la voz del pueblo, al gobernador del país, pidiéndole que lo leyera, y le diera a él (Moroni) la facultad o para obligar a aquellos disidentes a defender su país o para quitarles la vida.
16 Porque su primera consideración era hacer cesar aquellas contiendas y disensiones entre el pueblo; pues he aquí, esto había sido previamente una causa de toda su destrucción. Y sucedió que fue concedido de acuerdo con la voz del pueblo.
17 Y aconteció que Moroni dio órdenes de que su ejército marchara contra aquellos realistas para abatir su orgullo y su grandeza, y humillarlos hasta el polvo, o hacerles tomar las armas y apoyar la causa de la libertad.
18 Y ocurrió que los ejércitos marcharon en contra de ellos; y abatieron su orgullo y su grandeza, al grado de que al levantar sus armas de guerra para pelear contra los hombres de Moroni, fueron talados y derribados a tierra.

9*a* Alma 49:26–27.
13*a* Alma 46:10–16.

19 Y sucedió que hubo cuatro
mil de esos [a]disidentes que fueron talados por la espada; y sus
jefes que no murieron en la batalla fueron tomados y encarcelados, porque no hubo tiempo para
juzgarlos en esa ocasión.
20 Y el resto de aquellos disidentes, más bien que caer a tierra por
la espada, se rindieron al [a]estan-
darte de la libertad, y se les obligó
a izar el estandarte sobre sus torres, y en sus ciudades, y a tomar
las armas en defensa de su país.
21 Y así acabó Moroni con aquellos realistas, de modo que no
hubo nadie que fuese conocido
por el apelativo de realista; y así
dio fin a la obstinación y orgullo
de aquellos que decían tener sangre noble; y fueron obligados a
humillarse igual que sus hermanos y a luchar valientemente por
su libertad del cautiverio.
22 Pero he aquí, ocurrió que
mientras [a]Moroni estaba resol-
viendo las guerras y contiendas
entre los de su propio pueblo, e
imponiéndoles la paz y la civilización, y haciendo arreglos para
prepararse para la guerra contra
los lamanitas, he aquí, estos habían entrado en la tierra de Moroni, que estaba situada junto al
mar.
23 Y sucedió que los nefitas no
tenían suficientes fuerzas en la
ciudad de Moroni; por tanto,
Amalickíah los desalojó, matando
a muchos de ellos; y sucedió que
Amalickíah se apoderó de la ciudad, sí, se posesionó de todas sus
fortificaciones.
24 Y los que huyeron de la ciudad de Moroni llegaron a la ciudad de Nefíah; y también los
habitantes de la ciudad de Lehi
se reunieron y se prepararon, y
quedaron listos para hacer frente
a los lamanitas en la batalla.
25 Pero aconteció que Amalickíah no permitió que los lamanitas marcharan contra la ciudad de
Nefíah para combatir, sino que los
detuvo junto a las costas del mar,
dejando hombres en cada ciudad
para mantenerla y defenderla.
26 Y así avanzó, apoderándose
de muchas ciudades: la ciudad
de Nefíah, y la ciudad de Lehi,
y la ciudad de Moriantón, y la
ciudad de Omner, y la ciudad
de Gid, y la ciudad de Mulek,
todas las cuales se hallaban si-
tuadas en las fronteras del este,
junto al mar.
27 Y así, por la astucia de Amalickíah, los lamanitas con sus innumerables huestes se habían
apoderado de muchas ciudades,
todas las cuales estaban fortificadas sólidamente de acuerdo con
las [a]fortificaciones de Moroni; y
todas las cuales proporcionaban
plazas fuertes para los lamanitas.
28 Y sucedió que avanzaron
hasta las fronteras de la tierra de
Abundancia, arrojando a los nefitas delante de ellos y matando
a muchos.

19*a* Alma 60:16.
20*a* Alma 46:12–13.
22*a* GEE Moroni, capitán.
27*a* Alma 48:8–9.

29 Pero ocurrió que les salió al
encuentro Teáncum, el mismo
que había [a]matado a Moriantón
y atajado a su pueblo en su fuga.
30 Y sucedió que igualmente detuvo a Amalickíah, mientras este
marchaba con su numeroso ejército para posesionarse de la tierra
de Abundancia, como también de
la tierra hacia el norte.
31 Mas he aquí que se contrarió
al ser rechazado por Teáncum y
sus hombres, porque eran grandes guerreros; pues cada uno de
los hombres de Teáncum sobrepujaba a los lamanitas en su fuerza y
en su destreza guerrera, al grado
de que lograron aventajar a los
lamanitas.
32 Y sucedió que los acosaron,
a tal grado que los mataron aun
hasta que obscureció. Y aconteció que Teáncum y sus hombres
plantaron sus tiendas en las fronteras de la tierra de Abundancia;
y Amalickíah plantó sus tiendas
sobre las playas, en los linderos
a orillas del mar; y así fueron rechazados.
33 Y sucedió que cuando hubo
anochecido, Teáncum y su siervo
salieron furtivamente de noche,
y entraron en el campamento de
Amalickíah; y he aquí, el sueño
había vencido a los lamanitas por
motivo de su mucha fatiga, causada por los trabajos y el calor
del día.
34 Y sucedió que Teáncum se
introdujo secretamente en la
tienda del rey, y le hincó una
jabalina en el corazón; y causó
instantáneamente la muerte del
rey, de modo que no despertó a
sus siervos.
35 Y volvió a escondidas a su
propio campamento; y he aquí,
sus hombres estaban durmiendo;
y los despertó y les dijo todo lo
que había hecho.
36 Y mandó que su ejército se
aprestara, no fuese que los lamanitas hubieran despertado y
vinieran contra ellos.
37 Y así concluye el año veinticinco del gobierno de los jueces
sobre el pueblo de Nefi; y así terminan los días de Amalickíah.

CAPÍTULO 52

Ammorón sucede a Amalickíah como rey de los lamanitas — Moroni, Teáncum y Lehi dirigen a los nefitas en una guerra victoriosa contra los lamanitas — Se vuelve a tomar la ciudad de Mulek, y Jacob el zoramita cae muerto. Aproximadamente 66–64 a.C.

Y SUCEDIÓ que en el año veintiséis del gobierno de los jueces
sobre el pueblo de Nefi, he aquí,
cuando despertaron los lamanitas
en la primera mañana del primer
mes, he aquí, descubrieron que
Amalickíah yacía muerto en su
propia tienda; y vieron también
que Teáncum estaba listo para
combatirlos ese día.
2 Y cuando los lamanitas vieron esto, tuvieron miedo; y
abandonaron su propósito de

29*a* Alma 50:35.

marchar a la tierra del norte, y retrocedieron con todo su ejército a la ciudad de Mulek, y buscaron protección en sus fortificaciones.
3 Y sucedió que el hermano de Amalickíah fue nombrado rey del pueblo; y se llamaba Ammorón; de modo que se nombró al rey Ammorón, hermano del rey Amalickíah, para reinar en su lugar.
4 Y acaeció que dio órdenes de que su pueblo conservara aquellas ciudades que ellos habían tomado por la efusión de sangre; porque no habían tomado ninguna ciudad sin que hubieran perdido mucha sangre.
5 Y ahora bien, Teáncum vio que los lamanitas estaban resueltos a conservar esas ciudades que habían tomado, así como aquellas partes de la tierra de las que se habían apoderado; y viendo también la enormidad de su número, no le pareció conveniente a Teáncum intentar atacarlos en sus fuertes,
6 sino que detuvo a sus hombres en los alrededores, como si estuviera preparándose para la guerra; sí, y verdaderamente se estaba preparando para defenderse contra ellos, [a]levantando muros alrededor y disponiendo sitios de refugio.
7 Y aconteció que así continuó preparándose para la guerra, hasta que Moroni le hubo enviado un gran número de hombres para reforzar su ejército.
8 Y Moroni también le envió órdenes de retener a todos los prisioneros que cayeran en sus manos; porque como los lamanitas habían tomado a muchos prisioneros, él debía retener a todos los prisioneros lamanitas como rescate de aquellos que los lamanitas habían capturado.
9 Y también le envió órdenes de que fortificara la tierra de Abundancia y asegurara el [a]estrecho paso que conducía a la tierra del norte, no fuese que los lamanitas tomasen ese punto y tuvieran el poder para acosarlos por todos lados.
10 Y Moroni también le hizo saber sus deseos de que fuera fiel en conservar esa parte de la tierra, y que aprovechara toda oportunidad para acometer a los lamanitas en aquella parte, hasta donde pudiera, por si tal vez lograba volver a tomar, por estratagema o de alguna otra manera, las ciudades que les habían arrebatado de sus manos; y que también fortificara y reforzara las ciudades circunvecinas que no habían caído en manos de los lamanitas.
11 Y también le dijo: Me uniría a vosotros, mas he aquí, los lamanitas están sobre nosotros en las fronteras de la tierra por el mar del oeste; y he aquí, marcho contra ellos; por lo tanto, no puedo ir a vosotros.
12 Y el rey (Ammorón) había salido de la tierra de Zarahemla, y había informado a la

52 6*a* Alma 50:1–6; 53:3–5. 9*a* Alma 22:32; Morm. 2:29.

reina concerniente a la muerte
de su hermano; y había reunido
un gran número de hombres, y
había marchado contra los nefitas en las fronteras junto al mar
del oeste.
13 Y de este modo estaba tratando de hostigar a los nefitas y
llevarse tras de sí a una parte de
las fuerzas nefitas a aquella parte
de la tierra, y al mismo tiempo
había mandado a aquellos que
había dejado para ocupar las ciudades que había tomado, que
también ellos acosaran a los nefitas en las fronteras cerca del mar
del este, y tomaran posesión de
sus tierras hasta donde les fuera
posible, según la fuerza de sus
ejércitos.
14 Y en esas peligrosas circunstancias se encontraban los nefitas
a la conclusión del año veintiséis
del gobierno de los jueces sobre
el pueblo de Nefi.
15 Pero he aquí, aconteció que
en el año veintisiete del gobierno
de los jueces, Teáncum, por órdenes de Moroni —y este había
colocado ejércitos para proteger
las fronteras del sur y del oeste de
la tierra, y había iniciado la marcha hacia la tierra de Abundancia
para ayudar a Teáncum con sus
hombres a reconquistar las ciudades que habían perdido—
16 y ocurrió que Teáncum había
recibido órdenes de atacar la ciudad de Mulek, y reconquistarla,
de ser posible.
17 Y sucedió que Teáncum hizo
los preparativos para atacar la
ciudad de Mulek y avanzar con
su ejército contra los lamanitas;
pero vio que era imposible vencerlos mientras estuviesen dentro
de sus fortificaciones; por tanto,
abandonó su propósito y se volvió a la ciudad de Abundancia
para esperar la llegada de Moroni, a fin de reforzar su ejército.
18 Y aconteció que Moroni llegó
con su ejército a la tierra de Abundancia, a fines del año veintisiete
del gobierno de los jueces sobre
el pueblo de Nefi.
19 Y a principios del año veintiocho, Moroni, Teáncum y muchos de los capitanes en jefe
tuvieron un consejo de guerra
para decidir qué debían hacer
para que los lamanitas salieran
a la batalla contra ellos, o de algún modo atraerlos para sacarlos
de sus fuertes, a fin de vencerlos y tomar otra vez la ciudad
de Mulek.
20 Y sucedió que mandaron
embajadas al ejército de los lamanitas, que protegía la ciudad
de Mulek, a su caudillo, cuyo
nombre era Jacob, invitándolo
a que saliera con sus ejércitos
para enfrentarse con ellos en
las llanuras entre las dos ciudades. Mas he aquí, Jacob, que
era zoramita, no quiso salir con
su ejército para enfrentarse con
ellos en el llano.
21 Y aconteció que Moroni, no
teniendo esperanzas de enfrentarse con ellos en iguales circunstancias, ideó, por tanto, un plan
para engañar a los lamanitas

para que salieran de sus fortalezas.

22 Por lo tanto, hizo que Teáncum tomara un pequeño número de hombres y marchara cerca de la costa del mar; y Moroni y su ejército marcharon de noche por el desierto, al oeste de la ciudad de Mulek; y así, por la mañana, cuando los guardias de los lamanitas hubieron descubierto a Teáncum, corrieron y se lo dijeron a Jacob, su caudillo.

23 Y acaeció que los ejércitos de los lamanitas avanzaron contra Teáncum, suponiendo que con su número podrían vencer a Teáncum por motivo de su reducido número. Y al ver Teáncum que los ejércitos de los lamanitas venían contra él, empezó a retroceder hacia el norte por la costa del mar.

24 Y ocurrió que cuando los lamanitas vieron que empezaba a huir, cobraron ánimo y lo persiguieron vigorosamente. Y mientras Teáncum iba así alejando a los lamanitas, que lo perseguían en vano, he aquí, Moroni dio órdenes de que parte de su ejército que lo acompañaba, entrara en la ciudad y tomara posesión de ella.

25 Y así lo hicieron, y mataron a todos los que habían quedado para proteger la ciudad, sí, a todos los que no quisieron entregar sus armas de guerra.

26 Y así se había apoderado Moroni de la ciudad de Mulek con parte de su ejército, mientras él marchaba con el resto al encuentro de los lamanitas, cuando volvieran de perseguir a Teáncum.

27 Y sucedió que los lamanitas persiguieron a Teáncum hasta que llegaron cerca de la ciudad de Abundancia, y entonces les salieron al encuentro Lehi y un pequeño ejército, que habían quedado para proteger la ciudad.

28 Y he aquí, cuando los capitanes en jefe de los lamanitas vieron que Lehi con su ejército marchaba contra ellos, huyeron con mucha confusión, temiendo no poder llegar a la ciudad de Mulek antes que los alcanzara Lehi; porque estaban fatigados a causa de su marcha, y los hombres de Lehi se hallaban descansados.

29 Ahora bien, los lamanitas no sabían que Moroni había estado a su retaguardia con su ejército, y todo lo que temían era a Lehi y a sus hombres.

30 Y Lehi no deseaba alcanzarlos sino hasta que encontrasen a Moroni y su ejército.

31 Y sucedió que antes que los lamanitas hubiesen retrocedido mucho, los nefitas los rodearon, los hombres de Moroni por un lado, y los de Lehi por el otro, todos ellos descansados y llenos de vigor; mas los lamanitas estaban fatigados a causa de su larga marcha.

32 Y Moroni mandó a sus hombres que cayeran sobre ellos hasta que hubiesen entregado sus armas de guerra.

33 Y aconteció que Jacob, siendo su caudillo, siendo también [a]zoramita, y teniendo un espíritu indomable, encabezó a los lamanitas a la batalla con extremada furia contra Moroni.

34 Pues como Moroni estorbaba el curso de su marcha, por tanto, Jacob estaba resuelto a matarlos y a abrirse paso hasta la ciudad de Mulek. Mas he aquí, Moroni y sus hombres eran más fuertes; por lo tanto, no cedieron el paso a los lamanitas.

35 Y aconteció que pelearon de ambos lados con mucha furia; y hubo muchos muertos, tanto de una parte como de otra; sí, y Moroni fue herido, y Jacob cayó muerto.

36 Y con tal ímpetu acometió Lehi su retaguardia, con sus hombres fuertes, que los lamanitas de la retaguardia entregaron sus armas de guerra; y los demás, en su mucha confusión, no sabían por dónde ir o atacar.

37 Y Moroni, viendo su confusión, les dijo: Si traéis vuestras armas de guerra y las entregáis, he aquí, cesaremos de derramar vuestra sangre.

38 Y acaeció que cuando los lamanitas hubieron oído estas palabras, sus capitanes en jefe, todos los que no habían muerto en la batalla, avanzaron y echaron sus armas de guerra a los pies de Moroni, y también mandaron a sus hombres que hicieran lo mismo.

39 Mas he aquí, hubo muchos que no quisieron; y aquellos que no quisieron entregar sus espadas fueron prendidos y atados, y les fueron quitadas sus armas de guerra, y los obligaron a marchar con sus hermanos a la tierra de Abundancia.

40 Y el número de prisioneros que tomaron fue mayor que el número de los que habían muerto; sí, mayor que el número de los que habían muerto de ambas partes.

CAPÍTULO 53

Se emplea a los prisioneros lamanitas para fortificar la ciudad de Abundancia — Las disensiones entre los nefitas dan lugar a las victorias lamanitas — Helamán toma el mando de los dos mil jóvenes del pueblo de Ammón. Aproximadamente 64–63 a.C.

Y SUCEDIÓ que les pusieron guardias a los prisioneros lamanitas, y los obligaron a que fueran y enterraran a sus muertos, sí, y también a los muertos de los nefitas, y Moroni les puso guardias para vigilarlos mientras desempeñaban sus trabajos.

2 Y [a]Moroni fue a la ciudad de Mulek, acompañado de Lehi, y tomó el mando de la ciudad, y lo confirió a Lehi. Y he aquí, este Lehi era el que había estado con Moroni en la mayor parte de todas sus batallas; y era un hombre semejante a Moroni, y se regocijaban en la seguridad del uno y del otro; sí, se amaban el

33*a* Alma 31:12. | **53** 2*a* Alma 48:16–17.

uno al otro; y también los amaba
todo el pueblo de Nefi.
3 Y sucedió que después que
los lamanitas hubieron acabado
de enterrar a sus muertos, como
también a los muertos de los nefitas, los condujeron de regreso a
la tierra de Abundancia; y Teáncum, por órdenes de Moroni, les
hizo emprender la obra de cavar
un foso alrededor de la tierra, o
sea, la ciudad de Abundancia.
4 E hizo que levantaran un [a]pa-
rapeto de maderos sobre el borde
interior del foso; y echaron la tierra del foso contra el parapeto
de vigas; y así hicieron trabajar a
los lamanitas hasta que hubieron
cercado la ciudad de Abundancia
con una fuerte muralla de vigas
y tierra de una altura extraordinaria.
5 Y esta ciudad se convirtió
desde entonces en una plaza sumamente fuerte; y en esta ciudad
guardaron a los prisioneros lamanitas; sí, dentro de una muralla
que les habían hecho levantar con
sus propias manos. Pues Moroni
se vio obligado a hacer que los
lamanitas trabajaran porque era
fácil vigilarlos mientras trabajaban; y él quería disponer de todas
sus fuerzas cuando atacara a los
lamanitas.
6 Y aconteció que de este modo
Moroni había logrado una victoria sobre uno de los mayores
ejércitos de los lamanitas, y se
había apoderado de la ciudad de
Mulek, que era una de las plazas
más fuertes de los lamanitas en la
tierra de Nefi; y así también había
construido un fuerte para retener
a sus prisioneros.
7 Y sucedió que no intentó más
presentar batalla contra los lamanitas ese año, sino que empleó a
sus hombres en preparativos de
guerra, sí, y en la construcción
de fortificaciones para protegerse
de los lamanitas, sí, y en la tarea
de liberar a sus mujeres e hijos
del hambre y de la aflicción, y
en la de proveer víveres para su
ejército.
8 Y aconteció que los ejércitos
de los lamanitas sobre el mar del
oeste, hacia el sur, durante la ausencia de Moroni motivada por
algunas intrigas entre los nefitas,
las que causaron disensiones entre ellos, habían ganado algún
terreno a los nefitas, sí, al grado
de que se habían apoderado de
varias de sus ciudades en aquella
parte de la tierra.
9 Y así, por causa de la iniquidad
entre ellos, sí, por las disensiones
e intrigas entre ellos mismos, los
nefitas se vieron en las más críti-
cas circunstancias.
10 Y he aquí, ahora tengo algo
que decir concerniente a [a]los del
pueblo de Ammón, que en un
principio eran lamanitas, pero
que se habían [b]convertido al
Señor mediante Ammón y sus
hermanos, o mejor dicho, por
el poder y la palabra de Dios; y
habían sido conducidos a la tierra de Zarahemla, y los nefitas

4*a* Alma 50:2–3.
10*a* Alma 27:24–26.
b Alma 23:8–13.

los habían protegido desde entonces.

11 Y por motivo de su juramento, se les había refrenado de tomar las armas contra sus hermanos; porque habían hecho juramento de [a]no verter más sangre; y de acuerdo con su juramento, hubieran perecido; sí, ellos se habrían dejado caer en manos de sus hermanos, si no hubiera sido por la compasión y gran amor que Ammón y sus hermanos habían sentido por ellos.

12 Y por esta razón fueron conducidos a la tierra de Zarahemla; y desde entonces los habían [a]protegido los nefitas.

13 Pero sucedió que cuando vieron el peligro, y las muchas aflicciones y tribulaciones que los nefitas padecían por ellos, se llenaron de compasión y sintieron [a]deseos de tomar las armas en defensa de su país.

14 Pero he aquí, cuando estaban ya para tomar sus armas de guerra, los convencieron las persuasiones de Helamán y sus hermanos, pues estaban a punto de [a]quebrantar el [b]juramento que habían hecho.

15 Y Helamán temía que de hacerlo perderían sus almas. Por tanto, todos los que habían concertado este convenio se vieron obligados a ver a sus hermanos vadear sus dificultades, en sus peligrosas circunstancias en esta época.

16 Mas he aquí, aconteció que tenían muchos hijos que no habían concertado ningún convenio de que no tomarían sus armas de guerra para defenderse contra sus enemigos; por tanto, cuantos podían portar armas se reunieron en esa ocasión, y se hicieron llamar nefitas.

17 E hicieron un convenio de luchar por la libertad de los nefitas, sí, de proteger la tierra hasta con su vida; sí, hicieron convenio de que jamás renunciarían a su [a]libertad, sino que lucharían en toda ocasión para proteger a los nefitas y a sí mismos del cautiverio.

18 Y he aquí, hubo dos mil de estos jóvenes que concertaron este convenio y tomaron sus armas de guerra para defender su patria.

19 Y he aquí, como hasta entonces nunca habían sido desventaja alguna para los nefitas, se tornaron, en esta ocasión, en un fuerte apoyo; porque tomaron sus armas de guerra y quisieron que Helamán fuese su caudillo.

20 Y todos ellos eran jóvenes, y sumamente valientes en cuanto a [a]intrepidez, y también en cuanto a vigor y actividad; mas he aquí, esto no era todo; eran hombres que en todo momento se mantenían [b]fieles a cualquier cosa que les fuera confiada.

21 Sí, eran hombres verídicos y serios, pues se les había enseñado

11*a* Alma 24:17–19.
12*a* Alma 27:23.
13*a* Alma 56:7.
14*a* Núm. 30:2.
b GEE Juramento.
17*a* Alma 56:47.
GEE Libertad, libre.
20*a* GEE Valor, valiente.
b GEE Integridad.

a guardar los mandamientos de Dios y a [a]andar rectamente ante él.

22 Y aconteció que Helamán marchó al frente de sus [a]dos mil soldados jóvenes para ayudar al pueblo en las fronteras de la tierra hacia el sur, cerca del mar del oeste.

23 Y así concluyó el año veintiocho del gobierno de los jueces sobre el pueblo de Nefi.

CAPÍTULO 54

Ammorón y Moroni hacen gestiones para efectuar el canje de prisioneros — Moroni exige que los lamanitas se retiren y cesen sus ataques asesinos — Ammorón exige que los nefitas entreguen sus armas y se sujeten a los lamanitas. Aproximadamente 63 a.C.

Y SUCEDIÓ que a principios del año veintinueve del gobierno de los jueces, [a]Ammorón mandó decir a Moroni que deseaba un canje de prisioneros.

2 Y aconteció que para Moroni esta solicitud fue motivo de mucho gozo, porque deseaba que las provisiones que se impartían para el sostén de los prisioneros lamanitas fuesen para el sostén de su propio pueblo; y además, deseaba contar con su propio pueblo para reforzar su ejército.

3 Ahora bien, los lamanitas habían tomado cautivos a muchas mujeres y niños, y entre todos los prisioneros de Moroni, o sea, los prisioneros que él había tomado, no se hallaba ni una sola mujer ni un solo niño; por lo tanto, Moroni recurrió a una estratagema para conseguir de los lamanitas el mayor número posible de prisioneros nefitas.

4 De modo que escribió una epístola y la envió con el siervo de Ammorón, el mismo que había traído una epístola a Moroni. Y estas son las palabras que escribió a Ammorón, diciendo:

5 He aquí, Ammorón, te he escrito algunas palabras tocante a esta guerra que has emprendido contra mi pueblo, o mejor dicho, que tu [a]hermano ha emprendido en contra de ellos, y la cual estás aún resuelto a continuar después de su muerte.

6 He aquí, quisiera decirte algo concerniente a la [a]justicia de Dios y la espada de su omnipotente ira que se cierne sobre vosotros, a menos que os arrepintáis y retiréis vuestros ejércitos hasta vuestras propias tierras, o sea, la tierra de vuestras posesiones, que es la tierra de Nefi.

7 Sí, quisiera decirte estas cosas si fueras capaz de hacerles caso; sí, te diría concerniente a ese horrible [a]infierno que está pronto para recibir a tales [b]asesinos como tú y tu hermano lo habéis sido, a menos que os arrepintáis y renunciéis a vuestros propósitos asesinos, y os retiréis con

21*a* GEE Andar, andar con Dios.
22*a* Alma 56:3–5.
54 1*a* Alma 52:3.
5*a* Alma 48:1.
6*a* GEE Justicia.
7*a* GEE Infierno.
b Alma 47:18, 22–24. GEE Asesinato.

vuestras tropas a vuestras propias tierras.

8 Pero así como anteriormente habéis desechado estas cosas, y habéis luchado contra el pueblo del Señor, de igual manera puedo esperar que lo volváis a hacer.

9 Mas he aquí, estamos preparados para recibiros; sí, y a menos que renunciéis a vuestros propósitos, he aquí, causaréis que la ira de ese Dios que habéis rechazado caiga sobre vosotros para vuestra completa destrucción.

10 Pero así como vive el Señor, nuestros ejércitos vendrán sobre vosotros, a menos que os retiréis, y de aquí a poco seréis visitados con muerte, porque retendremos nuestras ciudades y nuestras tierras; sí, y preservaremos nuestra religión y la causa de nuestro Dios.

11 Pero he aquí, me parece que te hablo de estas cosas en vano; o me parece que eres un [a]hijo del infierno; concluiré, pues, mi epístola, diciéndote que no canjearé prisioneros, sino con la condición de que entreguéis un hombre y su esposa y sus hijos por cada prisionero; si tal fuere el caso, haré el canje.

12 Y he aquí, si no haces esto, marcharé contra vosotros con mis ejércitos; sí, armaré aun a las mujeres y los niños, e iré contra vosotros y os seguiré hasta vuestra propia tierra, que es la tierra de [a]nuestra primera herencia; sí, y será sangre por sangre, sí, vida por vida; y os acometeré hasta que seáis destruidos de sobre la faz de la tierra.

13 He aquí, estoy con ira, lo mismo que mi pueblo; habéis intentado asesinarnos, y nosotros solo hemos procurado defendernos. Mas he aquí, si intentáis de nuevo destruirnos, nosotros procuraremos destruiros a vosotros; sí, y nos esforzaremos por obtener nuestra tierra, la tierra de nuestra primera herencia.

14 Ahora concluyo mi epístola. Soy Moroni, uno de los jefes del pueblo de los nefitas.

15 Y aconteció que al recibir Ammorón esta epístola, se enojó; y escribió otra epístola a Moroni, y estas son las palabras que escribió, diciendo:

16 Soy Ammorón, rey de los lamanitas; soy hermano de Amalickíah, a quien habéis [a]asesinado. He aquí, vengaré su sangre sobre vosotros; sí, y caeré sobre vosotros con mis ejércitos, porque no temo vuestras amenazas.

17 Pues he aquí, vuestros padres agraviaron a sus hermanos, al grado de robarles su [a]derecho de gobernar, cuando justamente les pertenecía.

18 Mas he aquí, si entregáis vuestras armas, y os sujetáis a que os gobiernen aquellos a quienes legítimamente pertenece el gobierno, entonces haré

11*a* Juan 8:42–44.
12*a* 2 Ne. 5:5–8.
16*a* Alma 51:34.
17*a* 2 Ne. 5:1–4; Mos. 10:12–17.

que mi pueblo abandone sus armas y deje de estar en guerra.
19 He aquí, has proferido muchas amenazas contra mí y contra mi pueblo; mas he aquí, tus amenazas no nos intimidan.
20 No obstante, con gusto concederé el canje de prisioneros, de acuerdo con tu proposición, a fin de conservar mis provisiones para mis hombres de guerra; y emprenderemos una guerra que será sin fin, ya para subyugar a los nefitas a nuestra autoridad, o exterminarlos para siempre.
21 Y concerniente a ese Dios que, según dices, hemos rechazado, he aquí, no conocemos a tal ser; ni vosotros tampoco; pero aun suponiendo que existiera semejante ser, bien puede ser que él nos haya hecho a nosotros así como a vosotros.
22 Y si es que hay un diablo y un infierno, he aquí, ¿no os enviará él allí para vivir con mi hermano al cual habéis asesinado, de quien insinuáis que ha ido a tal lugar? Pero he aquí, estas cosas no importan.
23 Soy Ammorón, y soy descendiente de [a]Zoram, aquel a quien vuestros padres obligaron y trajeron de Jerusalén.
24 Y he aquí, soy un intrépido lamanita; he aquí, se ha emprendido esta guerra para vengar sus agravios, y para mantener y obtener sus derechos al gobierno; y concluyo mi epístola a Moroni.

CAPÍTULO 55

Moroni se niega a canjear prisioneros — Se induce a los guardias lamanitas a embriagarse y se libera a todos los prisioneros nefitas — Se toma la ciudad de Gid sin derramamiento de sangre. Aproximadamente 63–62 a.C.

Y SUCEDIÓ que cuando Moroni hubo recibido esta epístola, se enojó aún más, porque sabía que Ammorón tenía un conocimiento perfecto de su [a]fraude; sí, sabía que Ammorón sabía que no era una causa justa la que lo había llevado a emprender la guerra contra el pueblo de Nefi.
2 Y dijo: He aquí, no canjearé prisioneros con Ammorón, a menos que renuncie a su propósito, como le he expresado en mi epístola; porque no le permitiré que adquiera más poder del que ha conseguido.
3 He aquí, conozco el lugar donde guardan los lamanitas a los de mi pueblo que han tomado prisioneros; y ya que Ammorón no ha aceptado lo de mi epístola, he aquí, le haré según mis palabras; sí, sembraré muerte entre ellos hasta que pidan la paz.
4 Y ocurrió que cuando Moroni hubo dicho estas palabras, hizo que se buscara entre sus hombres, por si acaso hallaba entre ellos a uno que fuera descendiente de Lamán.
5 Y sucedió que encontraron a uno, cuyo nombre era Lamán; y

23*a* 1 Ne. 4:31–35.

55 1*a* Alma 47:12–35.

era [a]uno de los siervos del rey
que Amalickíah había asesinado.
6 Y Moroni hizo que Lamán y un
pequeño número de sus hombres
fueran a los guardias que vigilaban a los nefitas.
7 Y los nefitas estaban bajo cus-
todia en la ciudad de Gid; por lo
tanto, Moroni designó a Lamán,
e hizo que lo acompañara un reducido número de hombres.
8 Y cuando anocheció, Lamán
fue a los guardias que estaban
vigilando a los nefitas, y he aquí,
lo vieron venir y le gritaron; pero
él les dijo: No temáis; he aquí, soy
lamanita. Nos hemos escapado de
los nefitas, y están dormidos; y
he aquí, hemos traído de su vino
con nosotros.
9 Y cuando los lamanitas oyeron estas palabras, lo recibieron
con gozo, y le dijeron: Danos de
tu vino para que bebamos; nos
alegramos de que hayas traído
vino contigo, porque estamos
cansados.
10 Pero Lamán les dijo: Guar-
demos nuestro vino hasta que
salgamos a la batalla contra los
nefitas. Pero estas palabras solo
les estimularon sus deseos de beber del vino;
11 porque, dijeron ellos, estamos
cansados; por tanto, bebamos del
vino, y dentro de poco recibiremos nuestra ración de vino, la
cual nos fortalecerá para salir
contra los nefitas.
12 Y Lamán les dijo: Podéis hacer lo que bien os parezca.
13 Y sucedió que bebieron del
vino liberalmente; y les fue agradable al gusto; por lo tanto, bebieron más abundantemente; y era
fuerte, pues se había preparado
para que tuviera fuerza.
14 Y aconteció que bebieron y se
alegraron; y dentro de poco todos
estaban ebrios.
15 Y cuando Lamán y sus hombres vieron que todos estaban
borrachos y durmiendo profundamente, se volvieron a Moroni,
y le refirieron todas las cosas que
habían acontecido.
16 Ahora bien, esto resultó de
acuerdo con el proyecto de Moroni, y él había preparado a sus
hombres con armas de guerra; y
fue a la ciudad de Gid, mientras
los lamanitas se hallaban profundamente dormidos y ebrios,
y echaron armas de guerra a los
prisioneros, de modo que todos
quedaron armados
17 —sí, hasta sus mujeres, y
cuantos de sus niños eran capaces de manejar armas de guerra—
cuando Moroni hubo armado a
todos aquellos prisioneros; y se
hizo todo esto en profundo silencio.
18 Sin embargo, si hubieran
despertado a los lamanitas,
he aquí estaban borrachos, y
los nefitas los habrían podido
matar.
19 Mas he aquí, este no era el
deseo de Moroni; pues no se deleitaba en el asesinato ni en el
[a]derramamiento de sangre, antes

5*a* Alma 47:29.
19*a* Alma 48:16.

bien se deleitaba en salvar a su pueblo de la destrucción; y por esta razón, para no incurrir en una injusticia, no quiso caer sobre los lamanitas en su borrachera y destruirlos.

20 Pero había logrado sus deseos; pues había armado a los prisioneros nefitas que estaban dentro de las murallas de la ciudad, y los había habilitado para que tomaran posesión de aquellos sitios que estaban dentro de las murallas.

21 Y entonces hizo que los hombres que estaban con él se apartaran a un paso de ellos y cercaran a los ejércitos lamanitas.

22 Y he aquí, esto se hizo de noche, de modo que al despertar los lamanitas a la mañana siguiente, vieron que estaban cercados por los nefitas por fuera, y que por dentro sus prisioneros estaban armados.

23 Y así vieron que los nefitas los tenían en su poder; y en estas circunstancias comprendieron que no era conveniente que pelearan contra los nefitas; de modo que sus capitanes en jefe les pidieron sus armas de guerra, y las llevaron y las echaron a los pies de los nefitas, pidiendo misericordia.

24 Y he aquí, esto era lo que Moroni deseaba. Los hizo prisioneros de guerra y tomó posesión de la ciudad, e hizo libertar a todos los prisioneros nefitas; y se unieron al ejército de Moroni, y lo reforzaron en gran manera.

25 Y aconteció que hizo que los lamanitas, a quienes había hecho prisioneros, emprendieran la [a]obra de reforzar las fortificaciones alrededor de la ciudad de Gid.

26 Y sucedió que cuando hubo fortificado la ciudad de Gid conforme a sus deseos, hizo que sus prisioneros fuesen conducidos a la ciudad de Abundancia; y también resguardó esa ciudad con una fuerza sumamente poderosa.

27 Y ocurrió que a pesar de todas las intrigas de los lamanitas, los nefitas retuvieron y protegieron a todos los prisioneros que habían tomado, y también conservaron todo el terreno y la ventaja que habían reconquistado.

28 Y ocurrió que así empezaron otra vez los nefitas a triunfar y a recuperar sus derechos y sus privilegios.

29 Muchas veces intentaron los lamanitas rodearlos de noche, pero en estas tentativas perdieron muchos prisioneros.

30 Y muchas veces intentaron hacer beber de su vino a los nefitas, a fin de matarlos con veneno o por embriaguez.

31 Pero he aquí, los nefitas no fueron lentos en [a]acordarse del Señor su Dios en su hora de aflicción. No podían hacerlos caer en sus trampas; sí, no bebían de su vino sin que primero dieran de él a algunos de los prisioneros lamanitas.

32 Y así tuvieron cuidado de no dejarse administrar veneno

25*a* Alma 53:3–5.

31*a* Alma 62:49–51.

porque si el vino envenenaba a un
lamanita, también envenenaría a
un nefita; y así hacían con todos
sus licores.
33 Y aconteció que llegó a ser
preciso que Moroni hiciera preparativos para atacar la ciudad de
Moriantón, pues he aquí, los lamanitas, con su trabajo, habían fortificado la ciudad de Moriantón, de
tal manera que se había convertido
en una plaza sumamente fuerte.
34 Y continuamente estaban
trayendo nuevas fuerzas a esa
ciudad, y también nuevos abas-
tecimientos de provisiones.
35 Y así concluyó el año veintinueve del gobierno de los jueces
sobre el pueblo de Nefi.

CAPÍTULO 56

Helamán envía una epístola a Moroni en la que le relata el estado de la guerra con los lamanitas — Antipus y Helamán logran una gran victoria sobre los lamanitas — Los dos mil jóvenes bajo el mando de Helamán luchan con fuerza milagrosa, y ninguno de ellos muere. Versículo 1, aproximadamente 62 a.C.; versículos 2–19, aproximadamente 66 a.C.; y versículos 20–57, aproximadamente 65–64 a.C.

Y SUCEDIÓ que al principiar el
año treinta del gobierno de los
jueces, el segundo día del primer
mes, Moroni recibió una epístola
de Helamán en la que le relataba
los asuntos del pueblo en aquella
parte de la tierra.
2 Y estas son las palabras que
escribió, diciendo: Mi muy amado
hermano Moroni, tanto en el Señor como en las tribulaciones de
nuestra guerra; he aquí, mi querido hermano, tengo algo que
decirte concerniente a nuestra
guerra en esta parte de la tierra.
3 He aquí, [a]dos mil de los hijos
de aquellos hombres que Ammón
trajo de la tierra de Nefi —y ya
estás enterado de que estos eran
descendientes de Lamán, el hijo
mayor de nuestro padre Lehi;
4 y no necesito repetirte concerniente a sus tradiciones ni a su incredulidad, pues tú sabes acerca
de todas estas cosas—
5 por tanto, bástame decirte
que dos mil de estos jóvenes han
tomado sus armas de guerra, y
pidieron que yo fuese su jefe; y
hemos salido para defender nuestro país.
6 Y también sabes del [a]convenio
que hicieron sus padres de que
no tomarían las armas de guerra
en contra de sus hermanos para
derramar sangre.
7 Mas en el año veintiséis,
cuando vieron nuestras aflicciones y tribulaciones que padecía-
mos por ellos, se hallaban a punto
de [a]violar el convenio que habían
hecho, y tomar sus armas de guerra en nuestra defensa.
8 Pero yo no quise permitirles que violaran este convenio
que habían hecho, creyendo
que Dios nos fortalecería, de tal
modo que no padeceríamos más
por motivo de la observancia

56 3*a* Alma 53:22. | 6*a* Alma 24:17–18. | 7*a* Alma 53:13–15.

del juramento que habían
hecho.
9 Pero he aquí una cosa en la
cual podemos regocijarnos mucho; porque sucedió que en el año
veintiséis, yo, Helamán, marché
al frente de estos dos mil jóvenes
hasta la ciudad de Judea para
ayudar a Antipus, a quien habías
nombrado jefe sobre el pueblo en
aquella parte de la tierra.
10 E incorporé a mis dos mil
hijos (porque son dignos de ser
llamados hijos) al ejército de Antipus, y con esta fuerza él se regocijó en extremo; pues he aquí,
los lamanitas habían reducido
su ejército, porque las fuerzas de
ellos habían matado a un gran
número de nuestros hombres,
por lo cual tenemos motivo para
lamentarnos.
11 No obstante, podemos conso-
larnos en esto, que han muerto en
la causa de su patria y de su Dios;
sí, y son [a]felices.
12 Y los lamanitas también habían retenido a muchos prisioneros, todos los cuales son capitanes
en jefe, porque a ningún otro han
dejado con vida. Y suponemos
que se hallan en este momento
en la tierra de Nefi, si es que no
los han matado.
13 Y estas son las ciudades de
las cuales los lamanitas se han posesionado derramando la sangre
de tantos de nuestros valientes
hombres:
14 La tierra de Manti o ciudad
de Manti, y la ciudad de Zeezrom,
y la ciudad de Cumeni, y la ciudad de Antipara.
15 Y estas son las ciudades que
poseían cuando llegué a la ciudad
de Judea; y hallé a Antipus y sus
hombres trabajando con todas sus
fuerzas para fortificar la ciudad.
16 Sí, y se hallaban abatidos,
tanto en el cuerpo como en el espíritu, porque habían combatido
valientemente durante el día y
trabajado de noche para conservar sus ciudades; así que habían
padecido grandes aflicciones de
todas clases.
17 Y ahora estaban resueltos
a vencer en ese sitio, o a morir;
por tanto, bien podrás imaginarte
que esta pequeña fuerza que traje
conmigo, sí, esos hijos míos, les
proporcionó gran esperanza y
mucho gozo.
18 Y aconteció que cuando los
lamanitas vieron que Antipus había recibido más fuerzas para su
ejército, se vieron obligados, por
órdenes de Ammorón, a no salir
a la batalla contra la ciudad de
Judea, ni contra nosotros.
19 Y así el Señor nos favoreció;
porque si nos hubieran acometido
en nuestra debilidad, tal vez habrían destruido nuestro pequeño
ejército; pero en esto fuimos preservados.
20 Ammorón les había man-
dado que conservaran aquellas
ciudades que habían tomado. Y
así terminó el año veintiséis. Y
a principios del año veintisiete
nos habíamos preparado para

11 *a* Alma 28:12.

la defensa, tanto nuestra ciudad
como nosotros mismos.
21 Y deseábamos que los lamanitas viniesen contra nosotros;
porque no queríamos atacarlos
en sus plazas fuertes.
22 Y aconteció que mantuvimos
espías en los alrededores, con objeto de reconocer los movimientos
de los lamanitas, para que no nos
pasaran de noche ni de día para
lanzar un ataque contra nuestras
otras ciudades que se hallaban
al norte.
23 Porque sabíamos que en
aquellas ciudades no eran suficientemente fuertes para hacerles
frente; por tanto, queríamos caer
sobre su retaguardia, en caso de
que pasaran junto a nosotros, y
así acometerlos por la retaguardia al mismo tiempo que fuesen atacados por la vanguardia.
Pensábamos que los podríamos
vencer; mas, he aquí, nos vimos
frustrados en estos nuestros
deseos.
24 No se atrevían a pasar con
todo su ejército por donde estábamos, ni se atrevían a pasar con
parte de él, no fuese que no tuvieran la fuerza suficiente y cayeran.
25 Ni tampoco se atrevían a
marchar contra la ciudad de Zarahemla; ni osaban atravesar los
manantiales del río Sidón, hacia
la ciudad de Nefíah;
26 y así, con sus fuerzas estaban
resueltos a conservar las ciudades
que habían tomado.
27 Y ocurrió que en el segundo
mes de este año, nos llegaron
muchas provisiones de los padres de mis dos mil hijos.
28 Y también nos fueron enviados dos mil hombres de la tierra
de Zarahemla. Y así quedamos
prevenidos con diez mil hombres, y provisiones para ellos,
y también para sus mujeres y
sus hijos.
29 Y los lamanitas, viendo que
así de día en día nuestras fuerzas aumentaban, y que llegaban
provisiones para nuestro sostén,
empezaron a temer, y comenzaron a salir para ver si les era posible acabar con el suministro de
provisiones y refuerzos que nos
llegaba.
30 Y cuando vimos que los lamanitas empezaban a inquietarse
de esta manera, quisimos emplear
contra ellos alguna estratagema.
Por lo tanto, Antipus me dio la
orden de salir con mis pequeños
hijos hacia una ciudad inmediata,
como si estuviéramos llevando
provisiones allá.
31 Y habíamos de pasar cerca
de la ciudad de Antipara, como
si fuéramos a la ciudad más allá,
sobre las orillas del mar.
32 Y sucedió que salimos, como
si lleváramos nuestras provisiones, para ir a aquella ciudad.
33 Y ocurrió que salió Antipus
con parte de su ejército, dejando
el resto para la defensa de la ciudad. Pero no salió hasta que yo
hube partido con mi pequeño
ejército, y me acerqué a la ciudad
de Antipara.
34 Y el ejército más fuerte de

los lamanitas se hallaba apostado
en la ciudad de Antipara; sí, el
más numeroso.
35 Y aconteció que cuando sus
espías se lo hubieron informado,
salieron con su ejército y marcharon contra nosotros.
36 Y sucedió que huimos delante
de ellos hacia el norte. Y así llevamos en pos de nosotros al ejército
más fuerte de los lamanitas;
37 sí, hasta una distancia considerable, de tal modo que cuando
vieron al ejército de Antipus que
los perseguía vigorosamente, no
se volvieron ni a la derecha ni a
la izquierda, sino que continuaron su marcha en línea recta tras
de nosotros; y suponemos que
su intención era matarnos antes
que Antipus los alcanzara, y esto
para no ser rodeados por nuestros
hombres.
38 Y viendo Antipus nuestro peligro, aceleró la marcha de su ejército; pero he aquí, llegó la noche;
por tanto, ellos no nos alcanzaron, ni pudo Antipus alcanzarlos
a ellos; por lo tanto, acampamos
durante la noche.
39 Y aconteció que antes de rayar el alba, he aquí, ya venían
los lamanitas detrás de nosotros. Ahora bien, no teníamos la
fuerza suficiente para contender
con ellos; sí, yo no quise permitir que mis hijitos cayesen en sus
manos; por tanto, continuamos
nuestra marcha, y nos dirigimos
hacia el desierto.
40 Y ellos no se atrevían a
volverse a la derecha ni a la izquierda por temor a quedar rodeados; ni yo tampoco quería
volverme a un lado ni al otro por
miedo de que me alcanzaran, y no
pudiéramos sostenernos en contra de ellos, y nos mataran y se
escaparan; de modo que huimos
por el desierto todo ese día hasta
que obscureció.
41 Y acaeció que nuevamente, al
rayar el alba, vimos a los lamanitas encima de nosotros, y huimos
delante de ellos.
42 Pero aconteció que no nos
habían perseguido gran distancia cuando hicieron alto; y era la
mañana del tercer día del séptimo mes.
43 Y no sabíamos si los había alcanzado Antipus, pero dije a mis
hombres: He aquí no sabemos si
se han detenido con objeto de
que marchemos contra ellos para
apresarnos en su trampa;
44 por lo tanto, ¿qué decís, hijos
míos? ¿Queréis ir a combatirlos?
45 Y te digo, mi amado hermano
Moroni, que jamás había visto yo
tan grande [a]valor, no, ni aun entre
todos los nefitas.
46 Pues como yo siempre los
había llamado hijos míos (pues
eran todos muy jóvenes), he
aquí, me contestaron de esta
manera: Padre, he aquí, nuestro Dios está con nosotros y no
nos dejará caer; así pues, avancemos. No mataríamos a nuestros hermanos si nos dejasen en
paz; por tanto, avancemos, no sea

45*a* Alma 53:20–21.

que derroten al ejército de Antipus.

47 Hasta entonces nunca habían combatido; no obstante, no temían la muerte, y estimaban más la [a]libertad de sus padres que sus propias vidas; sí, sus [b]madres les habían enseñado que si no dudaban, Dios los libraría.

48 Y me repitieron las palabras de sus madres, diciendo: No dudamos que nuestras madres lo sabían.

49 Y aconteció que me volví con mis dos mil jóvenes contra esos lamanitas que nos habían perseguido. Y he aquí, los ejércitos de Antipus los habían alcanzado, y había principiado una batalla terrible.

50 Y el ejército de Antipus, fatigado de tan larga marcha en tan poco tiempo, estaba a punto de caer en manos de los lamanitas; y si yo no hubiera vuelto con mis dos mil, los lamanitas habrían logrado su propósito.

51 Porque Antipus había caído por la espada, así como muchos de sus caudillos, por motivo de su fatiga ocasionada por la rapidez de su marcha; por tanto, los hombres de Antipus, confusos por la muerte de sus caudillos, empezaron a ceder ante los lamanitas.

52 Y sucedió que los lamanitas se animaron y comenzaron a perseguirlos; y así los lamanitas estaban persiguiéndolos con gran vigor, cuando Helamán cayó sobre su retaguardia con sus dos mil, y empezaron a matarlos en gran cantidad, al grado que todo el ejército de los lamanitas se detuvo y se volvió contra Helamán.

53 Y cuando la gente de Antipus vio que los lamanitas se habían vuelto, reconcentraron a sus hombres y otra vez acometieron la retaguardia de los lamanitas.

54 Y aconteció, entonces, que nosotros, el pueblo de Nefi, la gente de Antipus y yo con mis dos mil, rodeamos a los lamanitas y los matamos; sí, al grado de que se vieron obligados a entregar sus armas y rendirse como prisioneros de guerra.

55 Y aconteció que cuando se nos rindieron, he aquí, conté a aquellos jóvenes que habían combatido conmigo, temiendo que muchos de ellos hubiesen perdido la vida.

56 Pero he aquí, para mi mayor alegría hallé que [a]ni una sola alma había caído a tierra; sí, y habían combatido como con la fuerza de Dios; sí, nunca se había sabido que hombres combatieran con tan milagrosa fuerza; y con tanto ímpetu cayeron sobre los lamanitas, que los llenaron de espanto; y por esta razón los lamanitas se rindieron como prisioneros de guerra.

57 Y como no teníamos lugar para nuestros prisioneros, a fin de vigilarlos para que no se los llevaran los ejércitos de los

47*a* Alma 53:16–18.
b Alma 57:21.
GEE Madre.
56*a* Alma 57:25; 58:39.

lamanitas, los enviamos, por
tanto, a la tierra de Zarahemla,
y con ellos a una parte de los
hombres de Antipus que no
murieron; y tomé al resto y los
incorporé con mis jóvenes [a]am-
monitas, y marchamos de regreso a la ciudad de Judea.

CAPÍTULO 57

Helamán relata la toma de la ciudad de Antipara, la rendición de la ciudad de Cumeni y la defensa posterior de esta — Los jóvenes ammonitas luchan con valentía; todos son heridos, pero ninguno de ellos muere — Gid da un informe de la muerte y huida de los prisioneros lamanitas. Aproximadamente 63 a.C.

Y ACONTECIÓ que recibí una epístola del rey Ammorón, en la que
me decía que si yo le entregaba
los prisioneros de guerra que habíamos tomado, él nos entregaría
la ciudad de Antipara.
2 Pero envié una epístola al rey,
de que estábamos seguros de que
nuestras fuerzas eran suficientes
para tomar la ciudad de Antipara con nuestras tropas; y que
con entregarle los prisioneros por
esa ciudad nos consideraríamos
imprudentes, y que solo entregaríamos nuestros prisioneros a
canje de otros.
3 Y Ammorón rechazó mi epístola, porque no quería hacer el
canje de prisioneros; por lo tanto,
empezamos los preparativos para
marchar contra la ciudad de Antipara.
4 Pero la gente de Antipara
abandonó la ciudad, y huyó a
las otras ciudades que poseían,
para fortificarlas; y de este modo
la ciudad de Antipara cayó en
nuestras manos.
5 Y así concluyó el año veintiocho del gobierno de los jueces.
6 Y sucedió que a principios del
año veintinueve, recibimos un
abastecimiento de provisiones de
la tierra de Zarahemla y sus alrededores, y también un refuerzo
de seis mil hombres para nuestro
ejército, además de sesenta de
los [a]hijos de los ammonitas que
habían llegado para unirse a sus
hermanos, mi pequeña compañía de dos mil. Y he aquí, éramos
fuertes; sí, y nos trajeron abundancia de provisiones.
7 Y aconteció que era nuestro
deseo trabar batalla con el ejército
que estaba colocado para proteger
la ciudad de Cumeni.
8 Y he aquí, te manifestaré que
no tardamos en realizar nuestro
deseo; sí, con nuestro fuerte ejército, o sea, con una parte de nuestro fuerte ejército, rodeamos la
ciudad de Cumeni durante la noche, un poco antes que recibieran
un abastecimiento de provisiones.
9 Y ocurrió que estuvimos
acampados alrededor de la ciudad durante varias noches; pero
dormíamos sobre nuestras espadas y poníamos guardias, a fin
de que los lamanitas no cayeran

57*a* Alma 27:26; 53:10–11, 16. | **57** 6*a* Alma 53:16–18.

sobre nosotros durante la noche
y nos mataran, cosa que intentaron muchas veces; pero cuantas
veces lo intentaron, se vertió su
sangre.
10 Llegaron por fin sus provisiones, y estaban ya a punto de
entrar en la ciudad durante la noche. Y en lugar de ser lamanitas,
éramos nosotros los nefitas; por
tanto, nos apoderamos de ellos y
de sus provisiones.
11 Y no obstante que los lamanitas quedaron privados de su
sostén de esta manera, aún estaban resueltos a retener la ciudad;
por tanto, se hizo necesario que
tomáramos aquellas provisiones
y las enviáramos a Judea, y nuestros prisioneros a la tierra de Zarahemla.
12 Y acaeció que no habían pasado muchos días, cuando los
lamanitas empezaron a perder
toda esperanza de recibir ayuda;
por tanto, entregaron la ciudad
en nuestras manos; y así habíamos realizado nuestros proyectos
de apoderarnos de la ciudad de
Cumeni.
13 Pero ocurrió que nuestros prisioneros eran tan numerosos que,
a pesar de nuestro gran número,
nos vimos obligados a emplear
todas nuestras fuerzas para vigilarlos, o quitarles la vida.
14 Porque he aquí, se subleva-
ban en grandes números, y peleaban con piedras, con palos o
cualquier cosa que llegara a sus
manos, de modo que matamos a
más de dos mil de ellos después
que se hubieron entregado como
prisioneros de guerra.
15 Por tanto, nos fue menester
o quitarles la vida o custodiarlos,
espada en mano, hasta la tierra de
Zarahemla; y además, nuestras
provisiones apenas eran suficientes para nuestra propia gente, a
pesar de lo que habíamos tomado
de los lamanitas.
16 Y en estas circunstancias crí-
ticas, llegó a ser un asunto grave
determinar concerniente a estos
prisioneros de guerra. No obstante, determinamos enviarlos a
la tierra de Zarahemla; por tanto,
escogimos una parte de nuestros hombres, y les encargamos
nuestros prisioneros para descender con ellos a la tierra de
Zarahemla.
17 Pero sucedió que volvieron
a la mañana siguiente; mas no
les preguntamos acerca de los
prisioneros, porque he aquí, los
lamanitas ya estaban sobre nosotros, y volvieron oportunamente
para salvarnos de caer en manos
de los lamanitas. Pues he aquí,
Ammorón había enviado en su
auxilio un nuevo abastecimiento
de provisiones y también un numeroso ejército.
18 Y sucedió que los hombres
que habíamos enviado con los
prisioneros llegaron oportunamente para contenerlos cuando
estaban a punto de vencernos.
19 Pero he aquí, mi pequeña
compañía de dos mil sesenta
combatió desesperadamente; sí,
se mantuvieron firmes ante los

lamanitas e hicieron morir a cuantos se les oponían.

20 Y mientras que el resto de nuestro ejército se encontraba a punto de ceder ante los lamanitas, he aquí, estos dos mil sesenta permanecieron firmes e impávidos.

21 Sí, y obedecieron y procuraron cumplir con exactitud toda orden; sí, y les fue hecho según su fe; y me acordé de las palabras que, según me dijeron, sus [a]madres les habían enseñado.

22 Y he aquí, es a estos, mis hijos, y a los hombres que habíamos elegido para escoltar a los prisioneros, a quienes debemos esta gran victoria; porque fueron ellos los que vencieron a los lamanitas; por tanto, los hicieron retroceder hasta la ciudad de Manti.

23 Y nosotros retuvimos nuestra ciudad de Cumeni, y no fuimos todos destruidos por la espada; no obstante, habíamos sufrido grandes bajas.

24 Y aconteció que después de haber huido los lamanitas, inmediatamente di órdenes de que mis hombres que habían sido heridos fuesen recogidos de entre los muertos, e hice que les vendaran sus heridas.

25 Y aconteció que doscientos, de mis dos mil sesenta, se habían desmayado por la pérdida de sangre. Sin embargo, mediante la bondad de Dios, y para nuestro gran asombro, y también para el gozo de todo nuestro ejército, [a]ni uno solo de ellos había perecido; sí, y no hubo entre ellos uno solo que no hubiese recibido muchas heridas.

26 Y su preservación fue asombrosa para todo nuestro ejército; sí, que ellos hubiesen sido librados mientras que hubo un millar de nuestros hermanos que fueron muertos. Y lo atribuimos con justicia al milagroso [a]poder de Dios, por motivo de su extraordinaria [b]fe en lo que se les había enseñado a creer: que había un Dios justo, y que todo aquel que no dudara, sería preservado por su maravilloso poder.

27 Esta, pues, fue la fe de aquellos de que he hablado; son jóvenes, y sus mentes son firmes, y ponen su confianza en Dios continuamente.

28 Y ocurrió que después de haber atendido a nuestros heridos, y de haber enterrado a nuestros muertos, y también a los muertos de los lamanitas, que eran muchos, he aquí, interrogamos a Gid concerniente a los prisioneros con los que habían empezado a descender a la tierra de Zarahemla.

29 Y era Gid el capitán en jefe de la escolta que se había nombrado para custodiarlos hasta allá.

30 Y estas son las palabras que Gid me dijo: He aquí, partimos para descender a la tierra de Zarahemla con nuestros prisioneros. Y aconteció que encontramos a los espías de nuestros

21*a* Alma 56:47–48.
25*a* Alma 56:56.
26*a* GEE Poder.
b GEE Fe.

ejércitos, que habían sido enviados para vigilar el campamento de los lamanitas.
31 Y nos gritaron, diciendo: He
aquí, los ejércitos de los lamanitas marchan hacia la ciudad de Cumeni; y he aquí, caerán sobre ellos, sí, y destruirán a nuestra gente.
32 Y sucedió que nuestros pri-
sioneros oyeron sus gritos, lo que hizo que cobraran ánimo; y se rebelaron contra nosotros.
33 Y aconteció que por motivo
de su rebelión, hicimos que nuestras espadas descendieran sobre ellos. Y ocurrió que se lanzaron en masa contra nuestras espadas, con lo cual resultó muerta la mayor parte de ellos; y los demás se abrieron paso y huyeron de nosotros.
34 Y he aquí, cuando huyeron y
no los pudimos alcanzar, emprendimos la marcha rápidamente hacia la ciudad de Cumeni; y he aquí, llegamos a tiempo para ayudar a nuestros hermanos a retener la ciudad.
35 Y he aquí, nuevamente somos
librados de las manos de nuestros enemigos. Y bendito es el nombre de nuestro Dios porque, he aquí, él es quien nos ha librado; sí, el que ha hecho esta gran cosa por nosotros.
36 Y acaeció que cuando yo, He-
lamán, hube oído estas palabras de Gid, me llené de un gozo muy grande a causa de la bondad de Dios en protegernos para que no pereciéramos todos; sí, y confío en que las almas de los que han muerto hayan [a]entrado en el reposo de su Dios.

CAPÍTULO 58

Helamán, Gid y Teómner se apoderan de la ciudad de Manti por medio de una estratagema — Huyen los lamanitas — Los hijos del pueblo de Ammón son preservados al defender firmemente su libertad y su fe. Aproximadamente 63–62 a.C.

Y HE aquí, aconteció que ahora nuestro siguiente objetivo era tomar la ciudad de Manti; pero he aquí, no había manera de hacerles salir de la ciudad con nuestras pequeñas fuerzas. Pues he aquí, se acordaban de lo que previamente les habíamos hecho; por consiguiente, no podíamos [a]engañarlos para que salieran de sus plazas fuertes.
2 Y tan numerosos eran, mucho
más que nuestro ejército, que no nos atrevíamos a atacarlos en sus plazas fuertes.
3 Sí, y se hizo necesario que pusié-
ramos a nuestros hombres a defender aquellas partes de la tierra que habíamos recuperado de nuestras posesiones; de manera que fue menester esperar hasta que recibiéramos más refuerzos de la tierra de Zarahemla, y también un nuevo abastecimiento de provisiones.
4 Y sucedió que envié una em-
bajada al gobernador de nuestra tierra para darle a conocer las circunstancias de nuestro pueblo.

36*a* Alma 12:34.

58 1*a* Alma 52:21; 56:30.

Y ocurrió que esperamos para recibir provisiones y fuerzas de la
tierra de Zarahemla.
5 Pero he aquí que esto nos beneficio muy poco; porque los
lamanitas también estaban reci-
biendo muchas fuerzas de día en
día, y también muchas provisiones; y tales eran nuestras circunstancias en esta época.
6 Y los lamanitas salían en contra de nosotros de cuando en
cuando, resueltos a destruirnos
por estratagema; no obstante, no
podíamos ir a la batalla contra
ellos por motivo de sus refugios
y sus plazas fuertes.
7 Y sucedió que esperamos en
estas difíciles circunstancias por
el espacio de muchos meses, hasta
que estábamos a punto de perecer
por falta de alimentos.
8 Pero acaeció que recibimos
víveres, los cuales venían custo-
diados por un ejército de dos mil
hombres para auxiliarnos; y esta
fue toda la ayuda que recibimos
para defendernos nosotros mismos y a nuestro país de caer en
manos de nuestros enemigos; sí,
para contender contra un enemigo que era innumerable.
9 Y la causa de estos aprietos
nuestros, o sea, el motivo por el
cual no nos mandaban más fuerzas, nosotros lo ignorábamos; por
tanto, nos afligimos y también
nos llenamos de temor, no fuese
que de algún modo los juicios de
Dios descendieran sobre nuestra
tierra para nuestra caída y entera
destrucción.
10 Por lo tanto, derramamos
nuestras almas a Dios en oración,
pidiéndole que nos fortaleciera y
nos librara de las manos de nuestros enemigos, sí, y que también
nos diera la fuerza para retener
nuestras ciudades, nuestras tierras y nuestras posesiones para
el sostén de nuestro pueblo.
11 Sí, y sucedió que el Señor
nuestro Dios nos consoló con la
seguridad de que nos libraría;
sí, de tal modo que habló paz a
nuestras almas, y nos concedió
una gran fe, e hizo que en él pu-
siéramos la esperanza de nuestra
liberación.
12 Y cobramos ánimo con nuestro pequeño refuerzo que habíamos recibido, y se hizo fija en
nosotros la determinación de
vencer a nuestros enemigos, y
[a]preservar nuestras tierras y posesiones, nuestras esposas y nuestros hijos, y la causa de nuestra
[b]libertad.
13 Y así avanzamos con toda
nuestra fuerza contra los lamanitas que estaban en la ciudad
de Manti; y plantamos nuestras
tiendas por el lado del desierto
que se hallaba cerca de la ciudad.
14 Y sucedió que a la mañana siguiente, cuando los lamanitas vieron que estábamos a la orilla del
desierto que se hallaba cerca de
la ciudad, mandaron sus espías

12*a* Alma 46:12–13; Morm. 2:23.
b GEE Libertad, libre.

alrededor de nosotros para descubrir el número y la fuerza de nuestro ejército.

15 Y aconteció que, cuando vieron que no éramos muy fuertes según nuestro número, y temiendo que los aisláramos de sus provisiones a menos que salieran a luchar contra nosotros y nos mataran, y suponiendo también que podrían destruirnos fácilmente con sus numerosas huestes, empezaron, por tanto, sus preparativos para salir a la batalla contra nosotros.

16 Y cuando vimos que se estaban preparando para venir contra nosotros, he aquí, hice que Gid se escondiese en el desierto con un pequeño número de hombres, y que también Teómner y un pequeño número de hombres se ocultaran en el desierto.

17 Y Gid y sus hombres estaban a la derecha, y los otros a la izquierda; y cuando se hubieron ocultado de esa manera, he aquí, yo permanecí, con el resto de mi ejército, en el mismo lugar donde primeramente habíamos plantado nuestras tiendas, para la ocasión en que los lamanitas salieran a la batalla.

18 Y aconteció que salieron los lamanitas con su numeroso ejército en contra de nosotros. Y cuando hubieron salido, y estaban a punto de caer sobre nosotros con la espada, hice que mis hombres, aquellos que estaban conmigo, retrocedieran hacia el desierto.

19 Y sucedió que los lamanitas nos persiguieron con gran rapidez, porque estaban sumamente deseosos de alcanzarnos para matarnos; por lo tanto, nos siguieron hasta el desierto; y pasamos por en medio de Gid y Teómner de tal manera que los lamanitas no los descubrieron.

20 Y aconteció que cuando hubieron pasado los lamanitas, o sea, cuando hubo pasado el ejército, Gid y Teómner salieron de donde estaban escondidos y cortaron el paso a los espías lamanitas para que no volviesen a la ciudad.

21 Y ocurrió que, habiéndolos aislado, corrieron a la ciudad y cayeron sobre los guardias que habían quedado para defender la ciudad, de tal manera que los destruyeron y ocuparon la ciudad.

22 Y se logró esto porque los lamanitas permitieron que todo su ejército, salvo unos cuantos guardias, se dejara llevar al desierto.

23 Y ocurrió que por este medio Gid y Teómner se habían apoderado de sus plazas fuertes. Y aconteció que después de haber viajado mucho por el desierto, fijamos nuestro curso hacia la tierra de Zarahemla.

24 Y cuando los lamanitas vieron que iban marchando hacia la tierra de Zarahemla, temieron en gran manera, no fuese que se tratara de un plan para llevarlos a la destrucción; por tanto,

empezaron a retroceder de nuevo
al desierto, sí, por el mismo camino por el que habían venido.
25 Y he aquí, llegó la noche y
plantaron sus tiendas, porque los
capitanes en jefe de los lamanitas
habían supuesto que los nefitas
estarían rendidos por motivo de
su marcha; y pensando que habían perseguido a todo el ejército,
ningún cuidado tenían concerniente a la ciudad de Manti.
26 Y aconteció que al caer la noche, hice que mis hombres no
durmieran, sino que emprendieran la marcha por otro camino
hacia la tierra de Manti.
27 Y debido a esta, nuestra marcha nocturna, he aquí, cuando
amaneció nos encontrábamos más
allá de los lamanitas, de manera
que llegamos antes que ellos a la
ciudad de Manti.
28 Y así sucedió que, por medio
de esta estratagema, nos apoderamos de la ciudad de Manti sin
la efusión de sangre.
29 Y aconteció que cuando los
ejércitos de los lamanitas se acer-
caron a la ciudad, y vieron que
estábamos preparados para resistirlos, se asombraron en extremo
y les sobrevino un gran temor, a
tal grado que huyeron al desierto.
30 Sí, y acaeció que los ejércitos de los lamanitas huyeron de
toda esta parte de la tierra. Pero
he aquí, se han llevado consigo a
muchas mujeres y niños.
31 Y [a]las ciudades que los lamanitas habían tomado, todas se
hallan en esta ocasión en nuestro
poder; y nuestros padres, y nuestras mujeres, y nuestros hijos están volviendo a sus casas, todos
menos aquellos que los lamanitas han tomado presos y se han
llevado.
32 Mas he aquí, nuestros ejércitos son pequeños para retener
tan gran número de ciudades y
tan grandes posesiones.
33 Mas he aquí, confiamos en
nuestro Dios, que nos ha dado la
victoria en esas tierras, a tal grado
que hemos adquirido aquellas ciudades y tierras que eran nuestras.
34 Ahora bien, no sabemos el
motivo por el cual el gobierno
no nos concede más fuerzas; ni
estos hombres que han venido a
nosotros saben por qué no hemos
recibido mayores fuerzas.
35 He aquí, no sabemos si habéis
fracasado y os habéis llevado las
fuerzas para esa parte de la tierra; si así es, no es nuestro deseo
murmurar.
36 Mas si no es así, he aquí, te-
memos que haya alguna [a]disen-
sión en el gobierno, de modo que
no mandan más hombres en nuestro auxilio; porque sabemos que
son más numerosos que los que
han enviado.
37 Mas he aquí, no importa. Confiamos en que Dios nos [a]librará, no
obstante lo débiles que estén nuestros ejércitos, sí, y nos librará de
las manos de nuestros enemigos.
38 He aquí, estamos en el año
veintinueve, en las postrimerías,

31*a* Alma 56:14. | 36*a* Alma 61:1–5. | 37*a* 2 Rey. 17:38–39.

y ocupamos nuestras tierras; y
los lamanitas han huido a la tierra de Nefi.
39 Y estos hijos del pueblo de
Ammón, de quienes he hablado
tan favorablemente, están conmigo en la ciudad de Manti; y el
Señor los ha sostenido, sí, y los
ha librado de caer por la espada,
a tal grado que [a]ni uno solo de
ellos ha muerto.
40 Mas he aquí, han recibido
muchas heridas; no obstante,
permanecen firmes en esa [a]liber-
tad con la que Dios los ha hecho
libres; y son diligentes en acordarse del Señor su Dios de día en
día; sí, se esfuerzan por obedecer
sus estatutos y sus juicios y sus
mandamientos continuamente;
y su fe es fuerte en las profecías
concernientes a lo que está por
venir.
41 Y ahora bien, mi amado hermano Moroni, que el Señor nuestro Dios, que nos ha redimido y
nos ha hecho libres, te conserve
continuamente en su presencia;
sí, y que favorezca a este pueblo,
al grado de que tengáis éxito en
posesionaros de todo lo que los
lamanitas nos han quitado, que
era para nuestro sostén. Y ahora,
he aquí, concluyo mi epístola. Soy
Helamán hijo de Alma.

CAPÍTULO 59

Moroni pide a Pahorán que refuerce los ejércitos de Helamán — Los lamanitas se apoderan de la ciudad de Nefíah — Moroni se irrita contra el gobierno. Aproximadamente 62 a.C.

Y ACONTECIÓ que en el año treinta
del gobierno de los jueces sobre
el pueblo de Nefi, después que
Moroni hubo recibido y leído la
[a]epístola de Helamán, se regocijó
en sumo grado por el bienestar, sí,
el gran éxito que Helamán había
tenido en apoderarse de las tierras que habían perdido.
2 Sí, y lo dio a conocer a toda
su gente, en toda la tierra que rodeaba la parte donde él se hallaba,
para que se regocijaran también.
3 Y sucedió que inmediatamente
envió [a]una epístola a [b]Pahorán,
solicitando que hiciera reunir
hombres para fortalecer a Helamán, o sea, los ejércitos de Helamán, de modo que este pudiera
fácilmente defender aquella parte
del país que tan milagrosamente
había logrado reconquistar.
4 Y aconteció que cuando Moroni hubo enviado esta epístola a
la tierra de Zarahemla, él empezó
otra vez a idear un plan para conquistar el resto de las posesiones
y ciudades que los lamanitas les
habían quitado.
5 Y sucedió que mientras Moroni así se estaba preparando para
ir a la batalla contra los lamanitas, he aquí, el pueblo de Nefíah, que se había congregado
de la ciudad de Moroni, de la
ciudad de Lehi y de la ciudad de

39*a* Alma 56:56.
40*a* GEE Libertad, libre.
59 1*a* Alma 56:1.
3*a* Alma 60:1–3.
b Alma 50:40.

Moriantón, fue acometido por los
lamanitas.
6 Sí, incluso los que habían sido
obligados a huir de la tierra de
Manti y de las regiones inmediatas habían llegado y se habían unido a los lamanitas en esta
parte de la tierra.
7 Así que, siendo sumamente
numerosos, y llegándoles refuerzos día tras día, avanzaron contra
el pueblo de Nefíah, por órdenes
de Ammorón, y empezaron a matarlos con extremada mortandad.
8 Y eran tan numerosos sus
ejércitos, que el resto del pueblo
de Nefíah se vio obligado a huir
delante de ellos; y llegaron y se
unieron al ejército de Moroni.
9 Ahora bien, como Moroni había supuesto que mandarían hombres a la ciudad de Nefíah para
ayudar al pueblo a retener esa ciudad, y sabiendo que era más fácil
impedir que la ciudad cayese en
manos de los lamanitas que vol-
vérsela a quitar, pensó que defen-
derían esa ciudad con facilidad.
10 Por lo tanto, retuvo todas sus
tropas para preservar los sitios
que había reconquistado.
11 Y ahora bien, cuando vio Moroni que se había perdido la ciudad de Nefíah, se apesadumbró
en extremo y empezó a dudar, a
causa de las maldades del pueblo, si no caerían en manos de
sus hermanos.
12 Y así sucedió con todos sus
capitanes en jefe. También duda-
ron y se maravillaron a causa de
las maldades del pueblo; y esto
por razón de los triunfos de los
lamanitas sobre ellos.
13 Y sucedió que Moroni se
irritó contra el gobierno a causa
de su [a]indiferencia en lo concerniente a la libertad de su país.

CAPÍTULO 60

Moroni se queja a Pahorán de la negligencia del gobierno para con los ejércitos — El Señor permite que los justos sean muertos — Los nefitas deben usar todo su poder y medios para librarse de sus enemigos — Moroni amenaza luchar contra el gobierno a menos que se proporcione ayuda a sus ejércitos. Aproximadamente 62 a.C.

Y SUCEDIÓ que escribió otra vez al
gobernador de la tierra, que era Pahorán, y estas son las palabras que
escribió, diciendo: He aquí, dirijo
mi epístola a Pahorán, de la ciudad
de Zarahemla, el cual es el [a]juez superior y gobernador de la tierra, y
también a todos los que este pueblo
ha elegido para gobernar y dirigir
los asuntos de esta guerra.
2 Porque he aquí, tengo algo que
decirles por vía de reprobación;
pues he aquí, vosotros mismos sabéis que se os ha nombrado para
reclutar hombres y armarlos con
espadas y con cimitarras, y con
todo género de armas de guerra
de todas clases, y enviarlos contra
los lamanitas, en cualquier parte
que invadiesen nuestra tierra.
3 Y he aquí, os digo que yo

13*a* Alma 58:34; 61:2–3.

60 1*a* Alma 50:39–40.

mismo, y también mis hombres, así como Helamán y sus hombres, hemos padecido sumamente grandes sufrimientos; sí, aun hambre, sed, fatiga y aflicciones de toda clase.

4 Mas he aquí, no murmuraríamos ni nos quejaríamos, si esto fuera todo lo que hemos padecido.

5 Mas he aquí, grande ha sido la matanza entre nuestro pueblo; sí, miles han caído por la espada, mientras que pudo haber sido diferente, si hubieseis proporcionado a nuestros ejércitos suficiente fuerza y ayuda. Sí, grande ha sido vuestra negligencia para con nosotros.

6 Y he aquí, ahora deseamos saber la causa de esta sumamente grande negligencia; sí, deseamos conocer el motivo de vuestro estado insensible.

7 ¿Creéis que podéis sentaros sobre vuestros tronos en un estado de insensible estupor, mientras vuestros enemigos están sembrando la muerte alrededor de vosotros? Sí, mientras asesinan a miles de vuestros hermanos;

8 sí, los mismos que han confiado en que les deis protección, sí, que os han colocado en posición tal que podíais haberlos ayudado, sí, podíais haberles enviado tropas para haberlos reforzado, y haber salvado a miles de ellos de caer por la espada.

9 Mas he aquí, esto no es todo; les habéis negado vuestras provisiones, a tal grado que muchos han combatido y dado sus vidas por motivo de su gran ansiedad que sentían por el bienestar de este pueblo, sí, y lo han hecho cuando estaban a punto de [a]perecer de hambre, a causa de vuestra gran negligencia para con ellos.

10 Y ahora bien, amados hermanos míos —porque deberíais ser amados; sí, y deberíais haberos preocupado más diligentemente por el bienestar y la libertad de los de este pueblo; pero he aquí, los habéis descuidado a tal grado que la sangre de miles de ellos descenderá sobre vuestra cabeza pidiendo venganza; sí, porque conocidos le eran a Dios todos sus clamores y todos sus padecimientos—

11 he aquí, ¿os imagináis que podríais sentaros en vuestros tronos y que, debido a la inmensa bondad de Dios, vosotros podríais no hacer nada y él os libraría? He aquí, si habéis supuesto esto, lo habéis hecho en vano.

12 [a]¿Suponéis que, por haber sido muertos tantos de vuestros hermanos, ha sido a causa de su iniquidad? Os digo que si habéis supuesto esto, habéis supuesto en vano; porque os digo, hay muchos que han caído por la espada; y he aquí, es para vuestra condenación;

13 porque el Señor permite

9*a* Alma 58:7.

12*a* Lucas 13:1–5.

que los [a]justos sean muertos para que su justicia y juicios sobrevengan a los malos. Por tanto, no debéis suponer que se pierden los justos porque los matan; mas he aquí, entran en el reposo del Señor su Dios.

14 Y he aquí, os digo que mucho temo que los castigos de Dios desciendan sobre este pueblo por razón de su extremada desidia; sí, por la desidia de nuestro gobierno y su extremada negligencia para con sus hermanos, sí, para con los que han perecido.

15 Porque si no hubiera sido por la [a]perversidad que comenzó primeramente por los que están a la cabeza, habríamos resistido a nuestros enemigos y así no hubieran logrado poder sobre nosotros.

16 Sí, de no haber sido por la [a]guerra que surgió entre nosotros; sí, si no hubiese sido por esos [b]realistas que causaron tanta efusión de sangre entre nosotros mismos; sí, si cuando estábamos contendiendo entre nosotros mismos, hubiésemos unido nuestras fuerzas como previamente lo hemos hecho; sí, de no haber sido por ese anhelo de poder y autoridad que sobre nosotros tuvieron esos realistas; si hubiesen sido fieles a la causa de nuestra libertad y se hubiesen unido a nosotros y salido en contra de nuestros enemigos, en lugar de alzar sus espadas contra nosotros, que fue la causa de tanta efusión de sangre entre nosotros; sí, si hubiésemos avanzado contra ellos con la fuerza del Señor, habríamos dispersado a nuestros enemigos porque se habría efectuado según el cumplimiento de la palabra de él.

17 Mas he aquí, ahora los lamanitas vienen sobre nosotros, apoderándose de nuestras tierras y asesinando a nuestro pueblo con la espada, sí, a nuestras mujeres y a nuestros hijos, y también se los están llevando cautivos, haciéndoles padecer aflicciones de todas clases; y esto a causa de la gran perversidad de aquellos que aspiran al poder y a la autoridad, sí, esos realistas.

18 Pero, ¿por qué he de extenderme tanto concerniente a este asunto? Porque no sabemos si a lo mejor vosotros mismos estáis ambicionando la autoridad. No sabemos si a lo mejor vosotros mismos sois traidores a vuestro país.

19 ¿O es que nos habéis desatendido porque os halláis en el centro de nuestro país y estáis rodeados de seguridad, por lo que no hacéis que se nos manden alimentos, así como hombres, para fortalecer nuestros ejércitos?

20 ¿Os habéis olvidado de los mandamientos del Señor vuestro Dios? Sí, ¿habéis olvidado la cautividad de nuestros padres? ¿Habéis olvidado las muchas

---

13*a* Alma 14:10–11; DyC 42:46–47.
15*a* Alma 51:9, 13.
16*a* Alma 51:16–19.
b Alma 51:5, 8.

veces que hemos sido librados
de las manos de nuestros enemigos?
21 ¿O suponéis que el Señor
aún nos librará mientras nosotros nos sentamos sobre nuestros
tronos sin hacer uso de los medios que el Señor ha dispuesto
para nosotros?
22 Sí, ¿os sentaréis ociosos mientras os rodean millares, sí, decenas de millares que también se
sientan ociosos, mientras que alrededor, en las fronteras del país,
millares están cayendo por la espada, sí, heridos y sangrientos?
23 ¿Os suponéis que Dios os tendrá sin culpa mientras os sentáis
inertes y presenciáis estas cosas?
He aquí, os digo que no. Ahora
bien, quisiera que recordaseis que
Dios ha dicho que lo [a]interior del
vaso se ha de limpiar primero, y
entonces lo exterior se limpiará
también.
24 Y a menos que os arrepintáis
de lo que habéis hecho, y empecéis a ser diligentes, y nos enviéis
víveres y hombres, y también a
Helamán, para que él conserve las
partes de nuestro país que ha reconquistado, y para que nosotros
también reconquistemos el resto
de nuestras posesiones en estas
partes, he aquí, será conveniente
que no luchemos más contra los
lamanitas hasta que primero hayamos limpiado lo interior de
nuestro vaso, sí, la gran cabeza
de nuestro gobierno.
25 Y a menos que aceptéis mi
epístola, y declaréis y me mani-
festéis un [a]espíritu verdadero de
libertad, y os esforcéis por fortalecer y reforzar nuestros ejércitos, y les suministréis alimentos
para su manutención, he aquí,
dejaré parte de mis hombres libres para preservar esta parte de
nuestra tierra, y los encomendaré
a la fuerza y las bendiciones de
Dios, para que ningún otro poder
obre contra ellos,
26 y esto por motivo de su gran
fe y de su paciencia en sus tribulaciones,
27 y vendré a vosotros; y si hubiere entre vosotros quien aspirare
a la libertad, sí, aun cuando quede
siquiera una chispa de libertad,
he aquí, instigaré insurrecciones
entre vosotros hasta que aquellos
que quieren usurpar el poder y la
autoridad dejen de existir.
28 Sí, he aquí, no temo ni vuestro poder ni vuestra autoridad,
sino es mi [a]Dios a quien yo temo;
y es de acuerdo con sus mandamientos que yo tomo mi espada
para defender la causa de mi país;
y es por motivo de vuestra iniquidad que hemos sufrido tantas
pérdidas.
29 He aquí, ya es tiempo, sí,
la hora está cerca en que, salvo
que os afanéis por la defensa de
vuestro país y de vuestros pequeñitos, la [a]espada de la justicia ya se cierne sobre vosotros;
sí, y caerá sobre vosotros y os

23*a* Mateo 23:25–26.
25*a* Alma 51:6; 61:15.
28*a* Hech. 5:26–29.
29*a* Hel. 13:5; 3 Ne. 2:19.

visitará hasta vuestra completa
destrucción.
30 He aquí, espero ayuda de
vosotros; y a menos que nos suministréis auxilio, he aquí, vengo contra vosotros, sí, en la tierra de Zarahemla, y os heriré con la espada al grado de que no tendréis más poder para impedir el progreso de este pueblo en la causa de nuestra libertad.
31 Pues he aquí, el Señor no consentirá que viváis y aumentéis en vuestras iniquidades para destruir a su justo pueblo.
32 He aquí, ¿podéis suponer que el Señor os preservará a vosotros y vendrá a juicio contra los lamanitas, cuando han sido las tradiciones de sus padres lo que ha provocado su odio, sí, y lo han intensificado aquellos disidentes que se han separado de nosotros, mientras que vuestra iniquidad proviene de vuestro amor por la gloria y las vanidades del mundo?
33 Sabéis que transgredís las leyes de Dios, y sabéis que las holláis con vuestros pies. He aquí, el Señor me dice: Si los que habéis nombrado gobernadores no se arrepienten de sus pecados e iniquidades, iréis a la batalla contra ellos.
34 Y he aquí, yo, Moroni, estoy obligado, según el convenio que he hecho de obedecer los mandamientos de mi Dios; por lo tanto, quisiera que os sujetaseis a la palabra de Dios, y me enviaseis rápidamente de vuestras provisiones y de vuestros hombres, y también a Helamán.
35 Y he aquí, si no lo hacéis así, marcharé al instante hacia vosotros; porque Dios no permitirá que perezcamos de hambre; por tanto, él nos dará de vuestros alimentos, aunque tenga que ser a fuerza de espada. Mirad, pues, que cumpláis la palabra de Dios.
36 He aquí, soy Moroni, vuestro capitán en jefe. No [a]busco poder, sino que trato de abatirlo. No busco los honores del mundo, sino la gloria de mi Dios y la libertad y el bienestar de mi país. Y así concluyo mi epístola.

CAPÍTULO 61

Pahorán informa a Moroni de la insurrección y rebelión contra el gobierno — Los realistas se apoderan de Zarahemla y conciertan una alianza con los lamanitas — Pahorán solicita ayuda militar contra los rebeldes. Aproximadamente 62 a.C.

Y HE aquí, aconteció que poco después que hubo enviado su epístola al gobernador del país, Moroni recibió una epístola de [a]Pahorán, el gobernador. Y estas son las palabras que recibió:
2 Yo, Pahorán, gobernador de este país, envío estas palabras a Moroni, capitán en jefe del ejército. He aquí, Moroni, te digo que no me regocijo por vuestras grandes [a]aflicciones, sí, ello contrista mi alma.
3 Mas he aquí, hay quienes se

36*a* DyC 121:39–42. | **61** 1*a* Alma 50:39–40. | 2*a* Alma 60:3–9.

regocijan en vuestras aflicciones;
sí, al grado de que se han sublevado contra mí, y también los
de mi pueblo que son [a]hombres
libres; sí, y los que se han sublevado son sumamente numerosos.
4 Y son esos que han tratado de
arrebatarme el asiento judicial
los que han sido los causantes
de esta gran iniquidad; porque
se han valido de muchas lison-
jas y han desviado el corazón de
mucha gente, lo cual será la causa
de grave aflicción entre nosotros;
ellos han detenido nuestras provisiones, y han intimidado a nuestros hombres libres de modo que
no han ido a vosotros.
5 Y he aquí, me han hecho retroceder ante ellos, y he huido
a la tierra de Gedeón con cuantos hombres me ha sido posible
reunir.
6 Y he aquí, he enviado una proclamación por toda esta parte de
la tierra; y he aquí, se nos están
uniendo diariamente a tomar las
armas en defensa de su país y su
[a]libertad, y para vengar nuestros
agravios.
7 Y han venido a nosotros, a tal
grado que aquellos que se han alzado en rebeldía contra nosotros
son desafiados; sí, al punto de
que nos temen, y no se atreven a
salir a la batalla contra nosotros.
8 Se han apoderado de la tierra,
o sea, de la ciudad de Zarahemla;
se han nombrado un rey, y este ha
escrito al rey de los lamanitas, y
ha concertado una alianza con él;
y en esta alianza ha convenido en
retener la ciudad de Zarahemla,
retención que él supone hará posible que los lamanitas conquis-
ten el resto de la tierra, y él sería
nombrado rey de este pueblo,
cuando los lamanitas lo hayan
conquistado.
9 Ahora bien, me has censurado
en tu epístola, pero no importa;
no estoy enojado, antes bien, me
regocijo en la grandeza de tu corazón. Yo, Pahorán, no ambiciono
el poder, sino únicamente retener
mi asiento judicial, a fin de conservar los derechos y la libertad
de mi pueblo. Mi alma permanece
firme en esa libertad en la que
Dios nos ha hecho [a]libres.
10 Y he aquí, resistiremos la iniquidad aun hasta el derramamiento de sangre. Nosotros no
verteríamos la sangre de los lamanitas si permaneciesen en su
propia tierra.
11 No verteríamos la sangre de
nuestros hermanos, si no se al-
zaran en rebeldía y tomaran la
espada contra nosotros.
12 Nos someteríamos al yugo
de la servidumbre si lo exigiera la
justicia de Dios, o si él nos mandara que lo hiciéramos.
13 Mas he aquí, él no nos manda
que nos sujetemos a nuestros enemigos, sino que pongamos en
él nuestra [a]confianza, y él nos
librará.
14 Por lo tanto, mi querido

3*a* Alma 51:6–7.
6*a* GEE Libertad, libre.
9*a* Juan 8:31–36; DyC 88:86.
13*a* GEE Confianza, confiar; Fe.

hermano Moroni, resistamos al
mal, y el mal que no podamos
resistir con nuestras palabras, sí,
tal como las rebeliones y disensiones, [a]resistámoslo con nuestras espadas para que retengamos
nuestra libertad, para que nos
regocijemos en el gran privilegio
de nuestra iglesia y en la causa de
nuestro Redentor y nuestro Dios.
15 Por lo tanto, ven a mí rápidamente con unos pocos de tus
hombres, y deja el resto al mando
de Lehi y de Teáncum; dales facultad para conducir la guerra
en esa parte de la tierra, según el
[a]Espíritu de Dios, que también
es el espíritu de libertad que está
en ellos.
16 He aquí, les he enviado algunas provisiones para que no
perezcan hasta que puedas venir a mí.
17 Reúne cuantas fuerzas puedas en el curso de tu marcha hacia
acá, y marcharemos rápidamente
contra esos disidentes, con la
fuerza de nuestro Dios según la
fe que hay en nosotros.
18 Y nos apoderaremos de la
ciudad de Zarahemla a fin de obtener más víveres para enviar a
Lehi y a Teáncum; sí, marcharemos contra ellos con la fuerza del
Señor, y daremos fin a esta gran
iniquidad.
19 Así pues, Moroni, me ale-
gro de haber recibido tu epístola,
porque me hallaba algo inquieto
concerniente a lo que deberíamos
hacer, si sería justo marchar contra nuestros hermanos.
20 Pero has dicho que a menos
que se arrepientan, el Señor te ha
mandado ir contra ellos.
21 Procura [a]fortalecer a Lehi y a
Teáncum en el Señor; diles que no
teman porque Dios los librará, sí,
y también a todos aquellos que se
mantienen firmes en esa libertad
con que Dios los ha hecho libres.
Y ahora concluyo mi epístola a mi
amado hermano Moroni.

CAPÍTULO 62

Moroni parte para ayudar a Pahorán en la tierra de Gedeón — Se ejecuta a los realistas que se niegan a defender su país — Pahorán y Moroni se apoderan nuevamente de la ciudad de Nefíah — Muchos de los lamanitas se unen al pueblo de Ammón — Teáncum mata a Ammorón y es muerto a su vez — Los lamanitas son arrojados de la tierra, y se establece la paz — Helamán vuelve al ministerio y edifica a la Iglesia. Aproximadamente 62–57 a.C.

Y ACONTECIÓ que cuando Moroni
hubo recibido esta epístola, su
corazón cobró ánimo y se llenó
de un gozo sumamente grande
a causa de la fidelidad de Pahorán, de que no era él también un
[a]traidor a la libertad ni a la causa
de su patria.
2 Pero también se afligió en extremo por la iniquidad de los que
habían desalojado a Pahorán del

14*a* Alma 43:47.
15*a* 2 Cor. 3:17.
GEE Espíritu Santo.
21*a* Zac. 10:12.
62 1*a* Alma 60:18.

asiento judicial; sí, en una palabra, por motivo de aquellos que
se habían sublevado contra su
país y también contra su Dios.
3 Y sucedió que Moroni llevó
consigo a un pequeño número
de hombres, según los deseos de
Pahorán, y dio a Lehi y Teáncum
el mando del resto de su ejército,
y emprendió su marcha hacia la
tierra de Gedeón.
4 Y enarboló el [a]estandarte de
[b]libertad en cuanto lugar entró, y
reunió a cuantos refuerzos pudo
en su marcha hacia la tierra de
Gedeón.
5 Y sucedió que miles se congregaron en torno de su estandarte y
tomaron sus espadas en defensa
de su libertad para no caer en el
cautiverio.
6 Y así, cuando Moroni hubo
reunido a cuantos hombres pudo
durante su marcha, llegó a la tierra de Gedeón; y juntando sus
fuerzas con las de Pahorán, llegaron a ser sumamente fuertes,
sí, más fuertes aún que los hombres de Pacus, que era el [a]rey de
aquellos disidentes que habían
expulsado a los [b]hombres libres
de la tierra de Zarahemla y se
habían apoderado de esa tierra.
7 Y aconteció que Moroni y Pahorán descendieron con sus ejércitos hasta la tierra de Zarahemla,
y marcharon contra la ciudad, y
se enfrentaron con los hombres
de Pacus, de modo que salieron
a la batalla.
8 Y he aquí que Pacus fue
muerto y sus hombres fueron tomados prisioneros; y Pahorán fue
restablecido en su asiento judicial.
9 Y a los hombres de Pacus se
les hizo su juicio, según la ley, y
también a esos realistas que habían sido tomados y encarcelados;
y los [a]ejecutaron según la ley; sí,
todos esos hombres de Pacus y
esos realistas, que más bien que
tomar las armas en defensa de
su país querían luchar contra él,
fueron ejecutados.
10 Y así se hizo preciso que se
observara estrictamente esta ley
para la seguridad de su patria;
sí, y a cualquiera que hallaban
negando su libertad, le ejecutaban sin dilación, de acuerdo
con la ley.
11 Y así concluyó el año treinta
del gobierno de los jueces sobre
el pueblo de Nefi; y Moroni y
Pahorán habían restaurado la
paz a la tierra de Zarahemla, entre su propio pueblo, habiendo
impuesto la muerte a todos los
que no eran fieles a la causa de
la libertad.
12 Y aconteció que a principios
del año treinta y uno del gobierno
de los jueces sobre el pueblo de
Nefi, Moroni inmediatamente
hizo que se mandasen provisiones a Helamán, y que también
se enviara un ejército de seis mil
hombres para ayudarle a preservar aquella parte de la tierra.
13 Y también hizo que se

4*a* Alma 46:12–13, 36. GEE Estandarte.
b GEE Libertad, libre.
6*a* Alma 61:4–8.
b Alma 51:5–7.
9*a* GEE Pena de muerte.

mandara un ejército de seis mil hombres, con cantidad suficiente de víveres, a los ejércitos de Lehi y de Teáncum. Y aconteció que se hizo esto con objeto de fortificar el país contra los lamanitas.

14 Y sucedió que Moroni y Pahorán, dejando un grupo considerable de hombres en la tierra de Zarahemla, emprendieron su marcha con un ejército numeroso hacia la tierra de Nefíah, resueltos a conquistar a los lamanitas de esa ciudad.

15 Y sucedió que mientras avanzaban hacia esa tierra, capturaron a un grupo grande de lamanitas, y mataron a muchos de ellos y se apoderaron de sus provisiones y sus armas de guerra.

16 Y acaeció que después de haberlos capturado, les hicieron concertar un pacto de que no volverían a tomar sus armas de guerra contra los nefitas.

17 Y cuando hubieron hecho este pacto, los enviaron a habitar con el pueblo de Ammón; y eran como unos cuatro mil los que no habían perecido.

18 Y sucedió que cuando los hubieron enviado, continuaron su marcha hacia la tierra de Nefíah. Y aconteció que cuando hubieron llegado a la ciudad, plantaron sus tiendas en las llanuras de Nefíah, cerca de esa ciudad.

19 Y Moroni deseaba que los lamanitas salieran a la batalla contra ellos en las llanuras; pero conociendo su extraordinario valor, y viendo sus grandes multitudes, los lamanitas no se atrevieron a salir contra ellos; por tanto, no salieron a la batalla ese día.

20 Y al caer la noche, Moroni salió en la obscuridad de la noche y subió a lo alto de la muralla para espiar en qué parte de la ciudad acampaban los lamanitas con sus ejércitos.

21 Y ocurrió que se hallaban hacia el oriente, cerca de la entrada; y todos estaban dormidos. Y Moroni se volvió a su ejército e hizo que prepararan rápidamente fuertes cuerdas y escalas, para descolgarse desde lo alto de la muralla a la parte interior.

22 Y aconteció que Moroni hizo que sus hombres avanzaran y subieran a lo alto de la muralla, y se descolgaran en esa parte de la ciudad, sí, el lado occidental, donde no estaban acampados los lamanitas con sus ejércitos.

23 Y sucedió que todos se descolgaron dentro de la ciudad durante la noche, por medio de sus fuertes cuerdas y sus escalas; de modo que al amanecer, ya todos estaban dentro de los muros de la ciudad.

24 Y cuando despertaron los lamanitas y vieron que los ejércitos de Moroni estaban dentro de los muros, se atemorizaron en extremo, a tal grado que huyeron por el paso.

25 Y cuando vio Moroni que huían delante de él, hizo que sus hombres avanzaran contra

ellos; y mataron a muchos, y a
muchos otros los cercaron y los
tomaron prisioneros; y el resto
de ellos huyó a la tierra de Moroni, que se hallaba cerca de las
playas del mar.
26 Y así Moroni y Pahorán se
habían apoderado de la ciudad
de Nefíah sin la pérdida de una
sola alma; y hubo muchos de los
lamanitas que fueron muertos.
27 Y aconteció que muchos de
los lamanitas que eran prisioneros desearon unirse al [a]pueblo
de Ammón y ser un pueblo libre.
28 Y sucedió que a cuantos lo
desearon, les fue concedido según
sus deseos.
29 De modo que todos los prisioneros lamanitas se unieron al
pueblo de Ammón, y empezaron a trabajar en sumo grado, la-
brando la tierra, cultivando toda
especie de granos y criando rebaños y ganados de todas clases; y
así se vieron los nefitas aliviados
de un gran peso; sí, al grado de
que fueron aliviados de todos los
prisioneros lamanitas.
30 Y ahora bien, aconteció que
después que hubo ocupado la
ciudad de Nefíah —habiendo
tomado muchos prisioneros, lo
cual redujo apreciablemente los
ejércitos de los lamanitas, y habiendo rescatado a muchos nefitas que habían sido prisioneros,
cosa que reforzó considerablemente su ejército— Moroni partió de la tierra de Nefíah para la
tierra de Lehi.
31 Y acaeció que cuando vieron
los lamanitas que Moroni marchaba contra ellos, nuevamente
se atemorizaron y huyeron ante
el ejército de Moroni.
32 Y sucedió que Moroni y su
ejército los persiguieron de ciudad en ciudad, hasta que se encontraron con Lehi y Teáncum; y
los lamanitas huyeron de Lehi y
Teáncum por las tierras cerca de
las orillas del mar, hasta que llegaron a la tierra de Moroni.
33 Y los ejércitos de los lamanitas se habían reunido todos, de
modo que se hallaban en un solo
grupo en la tierra de Moroni; y
Ammorón, el rey de los lamanitas, estaba también con ellos.
34 Y aconteció que Moroni y
Lehi y Teáncum acamparon con
sus ejércitos en los alrededores de
las fronteras de la tierra de Moroni, de modo que los lamanitas
quedaron rodeados en la frontera
por el desierto al sur, y en la frontera por el desierto al este.
35 Y así acamparon durante la
noche. Pues he aquí, los nefitas,
y los lamanitas también, se hallaban fatigados por motivo de
la extensa marcha; por tanto, no
intentaron ninguna estratagema
durante la noche, excepto Teáncum; porque estaba irritado en
extremo en contra de Ammorón,
al punto de que él consideraba
que Ammorón y su hermano
Amalickíah habían sido la [a]causa
de aquella grande y larga guerra entre ellos y los lamanitas,

27*a* GEE Anti-nefi-lehitas.

35*a* Alma 48:1.

la cual había sido el motivo de tantas batallas y efusión de sangre, sí, y de tanta hambre.

36 Y sucedió que Teáncum, en su ira, entró en el campo de los lamanitas, y se descolgó de las murallas de la ciudad. Y fue de sitio en sitio, con una cuerda, de modo que halló al rey; y le [a]arrojó una jabalina que lo hirió cerca del corazón. Pero he aquí, el rey despertó a sus siervos antes de morir, por lo que persiguieron a Teáncum y lo mataron.

37 Y sucedió que cuando Lehi y Moroni supieron que Teáncum había muerto, se afligieron en extremo; porque he aquí, había sido un hombre que había luchado valerosamente por su patria, sí, un verdadero amigo de la libertad; y había padecido muchísimas aflicciones sumamente graves. Mas he aquí, había muerto, y había seguido el camino de toda la tierra.

38 Y ocurrió que a la mañana siguiente, Moroni avanzó y cayó sobre los lamanitas, a tal grado que los hirieron con gran estrago; y los arrojaron de la tierra; y los lamanitas huyeron, así que no volvieron contra los nefitas en esa época.

39 Y así llegó a su fin el año treinta y uno del gobierno de los jueces sobre el pueblo de Nefi; y así habían tenido guerras, y efusión de sangre, y hambre, y aflicción por el espacio de muchos años.

40 Y había habido asesinatos, y contenciones, y disensiones, y toda clase de iniquidades entre el pueblo de Nefi; no obstante, por el bien de los [a]justos, sí, a causa de las oraciones de los justos, fueron preservados.

41 Mas he aquí, por motivo de la sumamente larga continuación de la guerra entre los nefitas y los lamanitas, muchos se habían vuelto insensibles por motivo de la extremadamente larga duración de la guerra; y muchos se ablandaron a causa de sus [a]aflicciones, al grado de que se humillaron delante de Dios con la más profunda humildad.

42 Y ocurrió que después que hubo fortificado aquellas partes de la tierra que más expuestas estaban a los lamanitas, hasta que quedaron suficientemente fuertes, Moroni volvió a la ciudad de Zarahemla; y Helamán también se volvió al lugar de su herencia; y nuevamente quedó establecida la paz entre el pueblo de Nefi.

43 Y Moroni entregó el mando de sus ejércitos a su hijo, cuyo nombre era Moroníah; y se retiró a su propia casa a fin de pasar el resto de sus días en paz.

44 Y Pahorán volvió a su asiento judicial; y Helamán emprendió otra vez la predicación de la palabra de Dios al pueblo; pues por causa de tantas guerras y contenciones, se había hecho necesario que de nuevo se

36*a* Alma 51:33–34. | 40*a* Alma 45:15–16. | 41*a* GEE Adversidad.

hiciera una reglamentación en
la iglesia.
45 Por tanto, Helamán y sus hermanos salieron y declararon la
palabra de Dios con mucho poder,
[a]convenciendo a mucha gente de
sus iniquidades, lo que los hizo
arrepentirse de sus pecados y ser
bautizados para el Señor su Dios.
46 Y ocurrió que otra vez establecieron la iglesia de Dios por
toda la tierra.
47 Sí, y se establecieron regla-
mentos concernientes a la ley; y
fueron elegidos sus [a]jueces y jueces superiores.
48 Y el pueblo de Nefi una vez
más empezó a [a]prosperar en la
tierra, y de nuevo comenzó a multiplicarse y a hacerse sumamente
fuerte en la tierra. Y comenzaron
a hacerse muy ricos.
49 Mas no obstante sus riquezas, su poder y su prosperidad,
no se ensalzaron en el orgullo de
sus ojos, ni fueron lentos en acordarse del Señor su Dios, sino que
se humillaron profundamente
delante de él.
50 Sí, recordaban cuán grandes cosas había hecho el Señor
por ellos: cómo los había librado
de la muerte, y del cautiverio, y
de cárceles, y de todo género de
aflicciones, y los había rescatado
de las manos de sus enemigos.
51 Y oraban al Señor su Dios
continuamente, al grado de
que él los bendijo de acuerdo
con su palabra, de modo que se
hicieron fuertes y prosperaron
en la tierra.
52 Y sucedió que se hicieron todas estas cosas. Y murió Helamán en el año treinta y cinco del
gobierno de los jueces sobre el
pueblo de Nefi.

CAPÍTULO 63

Shiblón y, después de él, Helamán se hacen cargo de los anales sagrados — Muchos nefitas viajan a la tierra del norte — Hagot construye barcos que navegan en el mar del oeste — Moroníah vence a los lamanitas en una batalla. Aproximadamente 56–52 a.C.

Y OCURRIÓ que a principios del
año treinta y seis del gobierno
de los jueces sobre el pueblo de
Nefi, [a]Shiblón se hizo cargo de los
[b]sagrados objetos que Alma había
entregado a Helamán.
2 Y Shiblón era un hombre justo;
y anduvo rectamente ante Dios,
y procuró hacer el bien continuamente, y guardar los mandamientos del Señor su Dios; y su
hermano también lo hizo.
3 Y sucedió que murió Moroni
también; y así concluyó el año
treinta y seis del gobierno de los
jueces.
4 Y aconteció que en el año
treinta y siete del gobierno de
los jueces, hubo una compañía
numerosa de hombres, sí, la cantidad de cinco mil cuatrocientos hombres, con sus esposas

45*a* DyC 18:44.
47*a* Mos. 29:39.
48*a* Alma 50:20.
63 1*a* Alma 38:1–2.
b Alma 37:1–12.
GEE Santo (adjetivo).

y sus hijos, que salieron de la tierra de Zarahemla para la tierra que se hallaba al [a]norte.

5 Y acaeció que Hagot, siendo un hombre de extraordinaria curiosidad, fue, por tanto, y construyó un barco sumamente grande en los confines de la tierra de Abundancia, cerca de la tierra de Desolación, y lo echó a la mar del oeste, cerca de la [a]estrecha lengua de tierra que conducía a la tierra del norte.

6 Y he aquí, entraron en él muchos de los nefitas y se hicieron a la mar con muchas provisiones, y también muchas mujeres y niños; y se dirigieron hacia el norte. Y así concluyó el año treinta y siete.

7 Y en el año treinta y ocho, este hombre construyó otros barcos. Y el primer barco también volvió, y muchos otros entraron en él; y también llevaron consigo gran cantidad de provisiones, y partieron otra vez hacia la tierra del norte.

8 Y acaeció que nunca más se volvió a saber de ellos; y suponemos que se ahogaron en las profundidades del mar. Y sucedió que otro barco también se hizo a la vela; y adónde fue no lo sabemos.

9 Y sucedió que en este año hubo mucha gente que salió hacia la tierra del [a]norte; y así concluyó el año treinta y ocho.

10 Y aconteció que en el año treinta y nueve del gobierno de los jueces, también murió Shiblón; y Coriantón había partido para la tierra del norte en un barco, para llevar provisiones a la gente que había ido a aquella tierra.

11 Por tanto, fue menester que Shiblón entregara, antes de morir, aquellos objetos sagrados al hijo de [a]Helamán, que también se llamaba Helamán, habiéndosele dado el nombre de su padre.

12 Y he aquí, todos aquellos [a]grabados que se hallaban en manos de Helamán se escribieron y se enviaron entre los hijos de los hombres por toda la tierra, con excepción de aquellas partes que Alma había mandado que [b]no se enviaran.

13 No obstante, aquellas cosas debían guardarse sagradas, y [a]transmitirse de una generación a otra; por tanto, se habían entregado en este año a Helamán, antes de la muerte de Shiblón.

14 Y también ocurrió que en este año hubo algunos disidentes que se habían unido a los lamanitas; y de nuevo fueron provocados a la ira contra los nefitas.

15 Y también en este mismo año llegaron con un ejército numeroso para la guerra contra el pueblo de [a]Moroníah, o sea, el ejército de Moroníah, en la cual fueron vencidos y arrojados

4*a* Alma 22:31.
5*a* Alma 22:32; Éter 10:20.
9*a* Hel. 3:11–12.
11*a* Véase el encabezamiento del libro de Helamán.
12*a* Alma 18:36.
b Alma 37:27–32.
13*a* Alma 37:4.
15*a* Alma 62:43.

otra vez a sus propias tierras, sufriendo grandes pérdidas.
16 Y así terminó el año treinta y nueve del gobierno de los jueces sobre el pueblo de Nefi.
17 Y así concluyó la narración de Alma y de Helamán, su hijo, y también de Shiblón, que era hijo de Alma.

EL LIBRO DE HELAMÁN

Un relato de los nefitas. Sus guerras, contiendas y disensiones. También las profecías de muchos santos profetas, antes de la venida de Cristo, según los anales de Helamán, que era hijo de Helamán, y también según los anales de sus hijos, hasta la venida de Cristo. Además, se convierten muchos lamanitas. Un relato de la conversión de estos. Un relato de la rectitud de los lamanitas y de las iniquidades y las abominaciones de los nefitas, según los anales de Helamán y de sus hijos, hasta la venida de Cristo, relato que se llama el Libro de Helamán.

CAPÍTULO 1

Pahorán, hijo, llega a ser el juez superior y es asesinado por Kishkumen — Pacumeni ocupa el asiento judicial — Coriántumr dirige los ejércitos lamanitas, se apodera de Zarahemla y mata a Pacumeni — Moroníah derrota a los lamanitas y se vuelve a apoderar de Zarahemla; Coriántumr es muerto. Aproximadamente 52–50 a.C.

Y HE aquí, aconteció que al principiar el año cuarenta del gobierno de los jueces sobre el pueblo de Nefi, empezó a surgir una grave dificultad entre el pueblo nefita.
2 Porque he aquí, [a]Pahorán había muerto, y había seguido el camino de toda la tierra; por tanto, comenzó a haber una grave contención concerniente a cuál de los hermanos, que eran hijos de Pahorán, iba a ocupar el asiento judicial.
3 Y estos son los nombres de los que se disputaban el asiento judicial, quienes también causaron la contención entre el pueblo: Pahorán, Paanqui y Pacumeni.
4 Ahora bien, estos no eran todos los hijos de Pahorán, porque tenía muchos, sino que eran los que se disputaban el asiento judicial; por tanto, ocasionaron tres divisiones entre el pueblo.
5 Sucedió, sin embargo, que la [a]voz del pueblo eligió a Pahorán para ser juez superior y gobernador del pueblo de Nefi.
6 Y sucedió que cuando Pacumeni vio que no podía obtener

1 2*a* Alma 50:40. | 5*a* Mos. 29:26–29.

el asiento judicial, se unió a la voz
del pueblo.
7 Pero he aquí, Paanqui y aquellos del pueblo que querían que
él los gobernara, se enojaron en
extremo; por tanto, estaba a punto
de incitarlos a que se sublevaran
contra sus hermanos.
8 Y aconteció que cuando estaba para hacer esto, he aquí, lo
apresaron y lo juzgaron según la
voz del pueblo, y fue condenado
a muerte, porque se había rebelado y había intentado destruir la
[a]libertad del pueblo.
9 Mas cuando aquellos que
querían que él fuese su gobernador vieron que había sido
condenado a muerte, se enojaron; y he aquí, enviaron a un tal
Kishkumen al asiento judicial de
Pahorán, el cual asesinó a Pahorán mientras ocupaba el asiento
judicial.
10 Y los siervos de Pahorán lo
persiguieron; pero he aquí, fue
tan rápida la fuga de Kishkumen,
que nadie pudo alcanzarlo.
11 Y volvió a aquellos que lo
habían enviado, y todos hicieron pacto, jurando por su eterno
Hacedor, que no dirían a nadie
que Kishkumen había asesinado
a Pahorán.
12 Por lo tanto, Kishkumen no
fue reconocido entre el pueblo
de Nefi, porque se hallaba disfrazado en la ocasión en que asesinó
a Pahorán. Y Kishkumen y los
de su banda, que habían hecho
pacto con él, se mezclaron entre
el pueblo de tal manera que no
pudieron descubrirlos a todos;
pero a cuantos hallaron, los con-
denaron a [a]muerte.
13 Y he aquí, de acuerdo con la
voz del pueblo, nombraron a Pacumeni para que fuera juez superior y gobernador del pueblo,
para regir en lugar de su hermano
Pahorán; y fue según su derecho.
Y todo esto ocurrió en el año cuarenta del gobierno de los jueces;
y llegó a su fin.
14 Y acaeció que en el año cuarenta y uno del gobierno de los
jueces, los lamanitas juntaron un
ejército innumerable, y lo armaron con espadas, y con cimitarras,
y con arcos, y flechas, y cascos, y
con petos, y con toda especie de
escudos de varias clases.
15 Y llegaron otra vez para trabar la batalla con los nefitas; y los
guiaba un hombre que se llamaba
Coriántumr, y era descendiente
de Zarahemla; y era un disidente
de entre los nefitas, y un hombre
fuerte y de grande estatura.
16 Por lo que, el rey de los lamanitas, cuyo nombre era Tubalot
hijo de [a]Ammorón, suponiendo
que Coriántumr, por ser tan poderoso, podría hacer frente a los
nefitas con su fuerza y gran sabiduría, al grado de que con mandarlo sometería a los nefitas,
17 incitó, por tanto, a los lamanitas a la ira, y reunió a sus
ejércitos, y les nombró a Coriántumr para que fuera su caudillo,
y les mandó que emprendieran

8*a* GEE Libertad, libre.
12*a* GEE Pena de muerte.
16*a* Alma 52:3.

la marcha hacia la tierra de Zarahemla para luchar contra los
nefitas.
18 Y sucedió que por razón de
tanta contención y tanta dificultad en el gobierno, no habían conservado guardias suficientes en
la tierra de Zarahemla; porque
no se habían supuesto que los lamanitas se atreverían a invadir el
centro de sus tierras para atacar la
gran ciudad de Zarahemla.
19 Pero sucedió que Coriántumr
marchó al frente de su numerosa
hueste, y cayó sobre los habitantes de la ciudad; y su marcha fue
tan sumamente rápida, que no
hubo tiempo para que los nefitas
reunieran sus ejércitos.
20 Por lo tanto, Coriántumr
mató a los guardias que estaban
a la entrada de la ciudad, y con
todo su ejército entró en ella, y
mataron a cuantos los resistían,
a tal grado que tomaron toda la
ciudad.
21 Y sucedió que Pacumeni,
que era el juez superior, huyó
delante de Coriántumr hasta los
muros de la ciudad. Y aconteció
que Coriántumr lo hirió contra la
muralla de tal modo que murió;
y así llegaron a su fin los días de
Pacumeni.
22 Y ahora bien, cuando Coriántumr vio que tenía en su poder
la ciudad de Zarahemla, y vio
que los nefitas habían huido delante de ellos, y que los habían
matado, y que los habían ence-
rrado en prisiones, y que él se
había apoderado de la plaza más
fuerte de toda esa tierra, cobró
ánimo su corazón al grado de
que se dispuso a avanzar contra
toda la tierra.
23 Así que no se detuvo en la
tierra de Zarahemla, sino que emprendió la marcha con un ejército
grande hacia la ciudad de Abundancia; pues tenía la determinación de avanzar y abrirse paso
con la espada para apoderarse
de las partes de la tierra hacia
el norte.
24 Y creyendo que las fuerzas
principales de los nefitas se encontraban en el centro de la tierra, marchó adelante sin darles
tiempo para reunirse, sino en pequeños grupos; y de esta manera
se lanzaban sobre ellos y los hacían caer a tierra.
25 Pero he aquí que esta marcha
de Coriántumr por el centro de
sus tierras dio a Moroníah una
gran ventaja, a pesar de la magnitud del número de nefitas que
habían perecido.
26 Pues he aquí, Moroníah no
había supuesto que los lamanitas
se atreverían a invadir el centro
de la tierra, sino que asaltarían
las ciudades fronterizas como
lo habían hecho hasta entonces;
por tanto, Moroníah había hecho
que sus ejércitos fuertes protegie-
ran aquellas partes cerca de las
fronteras.
27 Mas he aquí, los lamanitas
no se habían atemorizado, como
él quería, sino que habían entrado en el centro de la tierra y se
habían apoderado de la capital,

que era la ciudad de Zarahemla;
y marchaban por las partes principales de la tierra, matando al
pueblo con gran mortandad,
tanto hombres, como mujeres y
niños, apoderándose de muchas
ciudades y de muchas plazas
fuertes.
28 Pero cuando Moroníah se dio
cuenta de esto, envió inmediatamente a Lehi con un ejército para
que los atajara antes que llegaran
a la tierra de Abundancia.
29 Y así lo hizo; y los atajó antes que llegaran a la tierra de
Abundancia, y les dio la batalla, de modo que empezaron
a retroceder hacia la tierra de
Zarahemla.
30 Y sucedió que Moroníah los
atajó en su retirada y los combatió, de modo que se tornó en una
batalla muy sangrienta; sí, perecieron muchos, y entre el número
de los que murieron también fue
hallado [a]Coriántumr.
31 Y he aquí, los lamanitas
no podían retroceder, ni por el
norte, ni por el sur, ni por el este,
ni por el oeste, porque los nefitas los tenían rodeados por todas partes.
32 Y así Coriántumr había precipitado a los lamanitas en medio de los nefitas, a tal grado que
estaban en su poder; y él mismo
pereció, y los lamanitas se rindieron en manos de los nefitas.
33 Y ocurrió que Moroníah se
apoderó nuevamente de la ciudad
de Zarahemla, e hizo que los prisioneros lamanitas abandonaran
el país en paz.
34 Y así concluyó el año cuarenta y uno del gobierno de los
jueces.

CAPÍTULO 2

Helamán hijo de Helamán, llega a ser juez superior — Gadiantón dirige la banda de Kishkumen — Un siervo de Helamán mata a Kishkumen y la banda de Gadiantón huye al desierto. Aproximadamente 50–49 a.C.

Y ACONTECIÓ que en el año cuarenta y dos del gobierno de los
jueces, después que Moroníah
hubo restablecido la paz entre
los nefitas y los lamanitas, he
aquí que no había quien ocupase el asiento judicial; por tanto,
empezó a haber de nuevo una
contención entre el pueblo concerniente a quién debía ocupar
el puesto.
2 Y ocurrió que la voz del pueblo eligió a Helamán hijo de Helamán, para ocupar el asiento
judicial.
3 Mas he aquí, [a]Kishkumen, que
había asesinado a Pahorán, se
puso al acecho para destruir también a Helamán; y lo apoyaron los
de su banda, quienes habían concertado un pacto para que nadie
supiera de su iniquidad.
4 Porque había un tal [a]Ga-
diantón, el cual era sumamente

30*a* Hel. 1:15.
2 3*a* Hel. 1:9.
4*a* GEE Gadiantón, ladrones de.

experto en muchas palabras, y también en su sutileza para llevar a cabo la obra secreta de asesinato y robo; por tanto, llegó a ser jefe de la banda de Kishkumen.

5 De manera que los lisonjeó, así como a Kishkumen, diciéndoles que si lo colocaban en el asiento judicial, concedería que los que pertenecían a su banda fuesen colocados en puestos de poder y autoridad entre el pueblo; por tanto, Kishkumen procuró destruir a Helamán.

6 Y sucedió que mientras se dirigía hacia el asiento judicial para destruir a Helamán, he aquí, uno de los siervos de Helamán, que había ido de noche y había logrado, usando un disfraz, un conocimiento de los planes que había urdido esta banda para destruir a Helamán,

7 aconteció que al encontrar a Kishkumen, le dio una señal; por lo que este le divulgó el objeto de su pretensión, suplicándole que lo condujera al asiento judicial para asesinar a Helamán.

8 Y cuando el siervo de Helamán se enteró de todo lo que había en el corazón de Kishkumen, y que su intención era asesinar, y que también el objeto de los que pertenecían a su banda era matar, y robar, y obtener poder (y este era su [a]secreto plan y su combinación), el siervo de Helamán le dijo a Kishkumen: Vamos al asiento judicial.

9 Y esto agradó extremadamente a Kishkumen, pues pensó que iba a poder cumplir su designio; pero he aquí, mientras se dirigían al asiento judicial, el siervo de Helamán apuñaló a Kishkumen en el corazón, de manera que cayó muerto sin un solo gemido. Corrió entonces el siervo y le comunicó a Helamán todo lo que había visto, y oído, y hecho.

10 Y aconteció que Helamán mandó aprehender a esa banda de ladrones y asesinos secretos, a fin de ejecutarlos según la ley.

11 Mas he aquí, cuando Gadiantón se enteró de que Kishkumen no volvía, temió ser destruido; por lo tanto, hizo que su banda lo siguiera. Y huyeron de la tierra, por un camino secreto, al desierto; de modo que cuando Helamán los mandó aprehender, no pudieron hallarlos en ninguna parte.

12 Y en adelante se dirá más de este Gadiantón; y de este modo concluyó el año cuarenta y dos del gobierno de los jueces sobre el pueblo de Nefi.

13 Y he aquí, a la conclusión de este libro veréis que este [a]Gadiantón probó ser la ruina, sí, casi la completa destrucción del pueblo de Nefi.

14 He aquí, no me refiero al fin del libro de Helamán, sino al fin del libro de Nefi, del cual he tomado toda la relación que he escrito.

8*a* 2 Ne. 10:15.
GEE Combinaciones secretas.
13*a* Hel. 6:18; 4 Ne. 1:42.

CAPÍTULO 3

Muchos nefitas emigran a la tierra del norte — Construyen casas de cemento y llevan muchos anales — Decenas de miles de personas se convierten y son bautizadas — La palabra de Dios conduce a los hombres a la salvación — Nefi hijo de Helamán, ocupa el asiento judicial. Aproximadamente 49–39 a.C.

Y ACONTECIÓ que en el año cuarenta y tres del gobierno de los jueces, no hubo contenciones entre el pueblo de Nefi, aparte de un poco de orgullo que se manifestó en la iglesia, lo que causó unas leves disensiones entre la gente, las cuales quedaron resueltas hacia fines del año cuarenta y tres.
2 Y no hubo contención entre la gente durante el año cuarenta y cuatro; ni hubo mucha contención en el año cuarenta y cinco.
3 Y ocurrió que en el año cuarenta y seis, sí, hubo mucha contención y muchas disensiones, por las cuales hubo muchísimos que salieron de la tierra de Zarahemla, y se dirigieron a la tierra del [a]norte, para heredar la tierra.
4 Y viajaron una inmensa distancia, a tal grado que llegaron a [a]grandes extensiones de aguas y muchos ríos.
5 Sí, y se esparcieron por todas partes de aquella tierra, por todos los parajes que no habían quedado desolados y sin madera, por motivo de los numerosos habitantes que habían heredado la tierra previamente.
6 Y no había parte del país que estuviese desolada, salvo por falta de madera; pero a causa de la inmensidad de la [a]destrucción del pueblo que antes había habitado la tierra, la llamaron [b]desolada.
7 Y no había sino muy poca madera sobre la superficie de la tierra, por lo que la gente que fue allá se volvió sumamente experta en obras de cemento; por tanto, construyeron casas de cemento en las cuales habitaron.
8 Y sucedió que se multiplicaron y se extendieron, y salieron de la tierra del sur para la tierra del norte, y se diseminaron a tal grado que empezaron a cubrir la superficie de toda esa tierra, desde el mar del sur hasta el mar del norte, y desde el [a]mar del oeste hasta el mar del este.
9 Y los que se hallaban en la tierra del norte vivían en tiendas y en casas de cemento, y dejaban crecer cuanto árbol brotara de la faz de la tierra, para que en lo sucesivo tuvieran madera para construir sus casas, sí, sus ciudades, y sus templos, y sus sinagogas, y sus santuarios, y toda clase de edificios.
10 Y aconteció que por estar tan sumamente escasa la madera en la tierra del norte, enviaban mucha por medio de [a]embarcaciones.
11 Y así habilitaron a la gente de la tierra del norte para que

3 3*a* Alma 63:4.
4*a* Mos. 8:8; Morm. 6:4.
6*a* Mos. 21:25–27.
b Alma 22:31.
8*a* Alma 22:27, 32.
10*a* Alma 63:5–8.

edificasen muchas ciudades,
tanto de madera como de cemento.
12 Y aconteció que muchos que
eran del [a]pueblo de Ammón, que
eran lamanitas de nacimiento,
partieron también para esa tierra.
13 Y hay muchos anales de
los hechos de este pueblo, conservados por muchos de los de
este pueblo, anales particulares
y muy extensos concernientes
a ellos.
14 Mas he aquí, no puede in-
cluirse en esta obra la centésima
parte de los hechos de este pueblo, sí, la historia de los lamanitas
y de los nefitas, y sus guerras, y
contiendas, y disensiones, y sus
predicaciones, y sus profecías, y
sus embarcaciones y construcción de barcos, y su edificación
de [a]templos, y de sinagogas, y
de sus santuarios; y su rectitud,
y sus iniquidades, y sus asesinatos, y sus robos, y sus pillajes, y
todo género de abominaciones y
fornicaciones.
15 Pero he aquí, hay muchos
libros y muchos anales de todas
clases; y los han llevado mayormente los nefitas.
16 Y los nefitas los han [a]trans-
mitido de una generación a otra,
sí, hasta que han caído en transgresión y han sido asesinados, ro-
bados y perseguidos, y echados,
y muertos, y esparcidos sobre la
superficie de la tierra, y se han
mezclado con los lamanitas hasta
[b]dejar de llamarse nefitas, vol-
viéndose inicuos, y salvajes, y
feroces, sí, hasta convertirse en
lamanitas.
17 Y vuelvo ahora a mi narración; por tanto, lo que he referido
había sucedido después de haber
habido grandes contiendas, y al-
borotos, y guerras, y disensiones
entre el pueblo de Nefi.
18 Y concluyó el año cuarenta
y seis del gobierno de los jueces.
19 Y aconteció que hubo todavía gran contención en la tierra
durante el año cuarenta y siete,
sí, y también en el año cuarenta
y ocho.
20 No obstante, Helamán ocupó
el asiento judicial con justicia y
equidad; sí, se esforzó por observar los estatutos, y los juicios, y
los mandamientos de Dios; e hizo
lo que era recto a la vista de Dios
continuamente; y anduvo en las
vías de su padre, de tal modo que
prosperó en la tierra.
21 Y ocurrió que tuvo dos hijos.
Al mayor dio el nombre de [a]Nefi,
y al menor el nombre de [b]Lehi. Y
empezaron a crecer en el Señor.
22 Y aconteció que hacia fines
del año cuarenta y ocho del gobierno de los jueces sobre el pueblo de Nefi, empezaron a cesar,
en grado pequeño, las guerras
y contiendas entre el pueblo de
los nefitas.

12*a* Alma 27:21–26.
14*a* 2 Ne. 5:16; Jacob 1:17; 3 Ne. 11:1.
16*a* 1 Ne. 5:16–19; Alma 37:4.
b Alma 45:12–14.
21*a* GEE Nefi hijo de Helamán.
b GEE Lehi, misionero nefita.

23 Y sucedió que en el año cuarenta y nueve del gobierno de los jueces se estableció una paz continua en la tierra, todo menos las combinaciones secretas que [a]Gadiantón, el ladrón, había establecido en las partes más pobladas de la tierra, combinaciones que en aquel tiempo no eran del conocimiento de aquellos que estaban a la cabeza del gobierno; por tanto, no fueron destruidas.

24 Y ocurrió que en este mismo año hubo una prosperidad sumamente grande en la iglesia, de tal modo que miles se unieron a la iglesia y fueron bautizados para arrepentimiento.

25 Y tan grande fue la prosperidad de la iglesia, y tantas las bendiciones que se derramaron sobre el pueblo, que aun los propios sumos sacerdotes y maestros se maravillaron en extremo.

26 Y aconteció que la obra del Señor prosperó, a tal grado que se bautizaron muchas almas e ingresaron a la iglesia de Dios, sí, hasta decenas de miles.

27 Así vemos que el Señor es misericordioso para con todos aquellos que, con la sinceridad de su corazón, quieran invocar su santo nombre.

28 Sí, así vemos que la [a]puerta del cielo está abierta para [b]todos, sí, para todos los que quieran creer en el nombre de Jesucristo, que es el Hijo de Dios.

29 Sí, vemos que todo aquel que quiera, puede asirse a la [a]palabra de Dios, que es [b]viva y poderosa, que partirá por medio toda la astucia, los lazos y las artimañas del diablo, y guiará al hombre de Cristo por un camino estrecho y [c]angosto, a través de ese eterno [d]abismo de miseria que se ha dispuesto para hundir a los inicuos,

30 y depositará su alma, sí, su alma inmortal, a la [a]diestra de Dios en el reino de los cielos, para sentarse con Abraham, con Isaac, y con Jacob, y con todos nuestros santos padres, para no salir más.

31 Y en este año hubo gozo continuo en la tierra de Zarahemla, y en todas las regiones circunvecinas, sí, en toda la tierra que poseían los nefitas.

32 Y aconteció que hubo paz y un gozo inmenso durante el resto del año cuarenta y nueve; sí, y también hubo continua paz y gran gozo en el año cincuenta del gobierno de los jueces.

33 Y en el año cincuenta y uno del gobierno de los jueces también hubo paz, con excepción del orgullo que empezó a insinuarse en la iglesia; no dentro de la iglesia de Dios, sino en el corazón de aquellos que profesaban pertenecer a ella.

34 Y se ensalzaron en el [a]orgullo

23*a* Hel. 2:4.
28*a* 2 Ne. 31:9, 17.
b Hech. 10:28; Rom. 2:10–11.
29*a* GEE Palabra de Dios.
b Heb. 4:12; DyC 11:2.
c 2 Ne. 9:41; 33:9.
d 1 Ne. 15:28–30.
30*a* Mateo 25:33–34.
34*a* GEE Orgullo.

al grado de perseguir a muchos
de sus hermanos. Y esta fue una
iniquidad muy grande que hizo
que la parte más humilde del pueblo sufriera grandes persecuciones y pasara muchas aflicciones.
35 No obstante, [a]ayunaron y
[b]oraron frecuentemente, y se volvieron más y más fuertes en su
[c]humildad, y más y más firmes en
la fe de Cristo, hasta henchir sus
almas de gozo y de consolación;
sí, hasta la [d]purificación y [e]santi-
ficación de sus corazones, santificación que viene de [f]entregar el
corazón a Dios.
36 Y sucedió que el año cincuenta y dos también concluyó
en paz, salvo el desmedidamente
grande orgullo que había entrado
en el corazón del pueblo; y fue
por motivo de sus grandes [a]rique-
zas y su prosperidad en la tierra;
y aumentaba en ellos día tras día.
37 Y aconteció que Helamán
murió en el año cincuenta y tres
del gobierno de los jueces; y Nefi,
su hijo mayor, empezó a gobernar
en su lugar. Y ocurrió que ocupó
el asiento judicial con justicia y
equidad; sí, guardó los mandamientos de Dios y anduvo en las
vías de su padre.

CAPÍTULO 4

Los disidentes nefitas y los lamanitas unen sus fuerzas y se apoderan de la tierra de Zarahemla — Las derrotas les sobrevienen a los nefitas por motivo de su maldad — La Iglesia decae, y el pueblo se vuelve débil, igual que los lamanitas. Aproximadamente 38–30 a.C.

Y SUCEDIÓ que en el año cincuenta
y cuatro hubo muchas disensiones en la iglesia, y también hubo
una [a]contienda entre el pueblo,
al grado de que se derramó mucha sangre.
2 Y los rebeldes fueron muertos
y echados de la tierra, y se fueron
al rey de los lamanitas.
3 Y aconteció que trataron de
incitar a los lamanitas a la guerra
contra los nefitas; mas he aquí,
los lamanitas temían en extremo,
a tal grado que no quisieron escuchar las palabras de aquellos
disidentes.
4 Pero acaeció que en el año cincuenta y seis del gobierno de los
jueces, hubo [a]disidentes que se
pasaron de los nefitas a los lamanitas; y junto con los otros lograron provocarlos a la ira contra los
nefitas; y todo aquel año se estuvieron preparando para la guerra.
5 Y en el año cincuenta y siete
fueron a la batalla contra los nefitas, y dieron principio a la obra
de muerte; sí, al grado de que
en el año cincuenta y ocho del
gobierno de los jueces lograron apoderarse de la tierra de
Zarahemla; sí, y también de todas las tierras, hasta la que se

35*a* GEE Ayunar, ayuno.
b GEE Oración.
c GEE Humildad, humilde, humillar (afligir).
d GEE Pureza, puro.
e GEE Santificación.
f 2 Cró. 30:8; Mos. 3:19.
36*a* GEE Riquezas.
4 1*a* 3 Ne. 11:29.
4*a* Hel. 5:17.

encontraba cerca de la tierra de Abundancia.

6 Y los nefitas y los ejércitos de Moroníah fueron rechazados hasta la tierra de Abundancia.

7 Y allí se fortificaron contra los lamanitas desde el mar del oeste hasta el este; y esta línea que habían fortificado, y en la cual habían apostado sus tropas para defender su país del norte, era una jornada de un día para un nefita.

8 Y así fue como esos disidentes nefitas, con la ayuda de un numeroso ejército lamanita, se habían apoderado de todas las posesiones de los nefitas que se hallaban en la tierra del sur; y todo esto aconteció en los años cincuenta y ocho y cincuenta y nueve del gobierno de los jueces.

9 Y sucedió que en el año sesenta del gobierno de los jueces, Moroníah y sus ejércitos lograron ocupar muchas partes del país; sí, reconquistaron muchas ciudades que habían caído en manos de los lamanitas.

10 Y aconteció que en el año sesenta y uno del gobierno de los jueces, lograron recuperar hasta la mitad de sus posesiones.

11 Ahora bien, ni estas grandes pérdidas para los nefitas ni la terrible mortandad que hubo entre ellos habrían acontecido, de no haber sido por su maldad y su abominación que había entre ellos; sí, y se hallaba también entre aquellos que profesaban pertenecer a la iglesia de Dios.

12 Y fue por el [a]orgullo de sus corazones, por razón de sus inmensas [b]riquezas, sí, fue a causa de haber oprimido a los [c]pobres, negando su alimento a los que tenían hambre, y sus vestidos a los que estaban desnudos, e hiriendo a sus humildes hermanos en sus mejillas, burlándose de lo que era sagrado, negando el espíritu de profecía y de revelación, asesinando, robando, mintiendo, hurtando, cometiendo adulterio, levantándose en grandes contiendas y desertando y yéndose a la tierra de Nefi, entre los lamanitas.

13 Y a causa de su gran perversidad y su [a]jactancia de su propio poder, fueron abandonados a su propia fuerza; de modo que no prosperaron, sino que los lamanitas los afligieron, e hirieron, y echaron delante de ellos, hasta que los nefitas habían perdido la posesión de casi todas sus tierras.

14 Pero he aquí, Moroníah predicó muchas cosas al pueblo por motivo de su iniquidad, y también [a]Nefi y Lehi, que eran los hijos de Helamán, predicaron muchas cosas a los del pueblo, sí, y les profetizaron muchas cosas concernientes a sus iniquidades, y lo que les sobrevendría si no se arrepentían de sus pecados.

12*a* Abd. 1:3–4; DyC 101:42.
b 1 Tim. 6:17; 2 Ne. 9:42.
c DyC 42:30–31.
13*a* GEE Orgullo.
14*a* Hel. 3:21.

15 Y sucedió que se arrepintieron; y a medida que se arrepentían, comenzaban a prosperar.

16 Porque cuando vio Moroníah que se arrepintieron, se aventuró a conducirlos de un lugar a otro, y de ciudad en ciudad, hasta que lograron recuperar la mitad de todas sus propiedades y la mitad de todas sus tierras.

17 Y así concluyó el año sesenta y uno del gobierno de los jueces.

18 Y aconteció que en el año sesenta y dos del gobierno de los jueces, Moroníah no pudo recuperar más posesiones de los lamanitas.

19 De manera que abandonaron su proyecto de reconquistar el resto de sus tierras, porque tan numerosos eran los lamanitas, que les fue imposible a los nefitas sobrepujarlos; por lo que Moroníah puso a todos sus ejércitos a defender aquellas partes que él había tomado.

20 Y sucedió, por motivo de la magnitud del número de los lamanitas, que los nefitas temieron en gran manera, no fuese que los vencieran, y fueran hollados, y muertos y destruidos.

21 Sí, empezaron a recordar las profecías de Alma, y también las palabras de Mosíah; y vieron que habían sido una gente dura de cerviz, y que habían despreciado los mandamientos de Dios;

22 y que habían alterado y hollado con los pies las [a]leyes de Mosíah, o sea, aquello que el Señor le mandó que diera al pueblo; y vieron que se habían corrompido sus leyes, y que ellos se habían vuelto un pueblo inicuo, a tal grado que eran inicuos a semejanza de los lamanitas.

23 Y por motivo de su iniquidad, la iglesia había empezado a [a]decaer; y comenzaron a dejar de creer en el espíritu de profecía y en el espíritu de revelación; y los juicios de Dios se cernían sobre ellos.

24 Y vieron que se habían vuelto [a]débiles como sus hermanos los lamanitas, y que el Espíritu del Señor no los preservaba más; sí, se había apartado de ellos, porque el [b]Espíritu del Señor no habita en templos [c]impuros;

25 por lo tanto, el Señor cesó de preservarlos por su milagroso e incomparable poder, porque habían caído en un estado de [a]incredulidad y terrible iniquidad; y vieron que los lamanitas eran sumamente más numerosos que ellos, y que a menos que se [b]allegaran al Señor su Dios, tendrían que perecer inevitablemente.

26 Pues he aquí, vieron que la fuerza de los lamanitas era tan grande como la suya propia, hombre por hombre. Y de este modo habían caído en esta gran transgresión; sí, de esta manera

22*a* Alma 1:1.
23*a* GEE Apostasía.
24*a* Mos. 1:13.
b GEE Espíritu Santo.
c Mos. 2:37; Alma 7:21; 34:36.
25*a* GEE Incredulidad.
b Jacob 6:5.

se habían vuelto débiles, a causa de su transgresión, en el término de [a]no muchos años.

CAPÍTULO 5

Nefi y Lehi se dedican a predicar — Sus nombres los inducen a regir sus vidas conforme al modelo de sus antepasados — Cristo redime a aquellos que se arrepienten — Nefi y Lehi logran convertir a muchos, son encarcelados y son envueltos como por fuego — Una nube de obscuridad cubre a trescientas personas — Tiembla la tierra, y una voz manda a los hombres que se arrepientan — Nefi y Lehi conversan con ángeles, y los de la multitud son rodeados por fuego. Aproximadamente 30 a.C.

Y ACONTECIÓ que en este mismo año, he aquí, [a]Nefi entregó el asiento judicial a un hombre llamado Cezóram.

2 Porque como la [a]voz del pueblo establecía sus leyes y sus gobiernos, y los que [b]escogieron lo malo eran más numerosos que los que eligieron lo bueno, estaban, por tanto, madurando para la destrucción, porque se habían corrompido las leyes.

3 Sí, y no solo esto; eran un pueblo de dura cerviz, a tal grado que no podían ser gobernados por la ley ni por la justicia, sino para su destrucción.

4 Y sucedió que Nefi estaba fastidiado a causa de la iniquidad de ellos; y [a]renunció al asiento judicial, y se dedicó a predicar la palabra de Dios todo el resto de sus días, y también su hermano Lehi, todo el resto de sus días;

5 porque se acordaban de las palabras que su padre Helamán les había hablado. Y estas son las palabras que había hablado:

6 He aquí, hijos míos, quiero que os acordéis de guardar los mandamientos de Dios; y quisiera que declaraseis al pueblo estas palabras. He aquí, os he dado los nombres de nuestros primeros [a]padres que salieron de la tierra de Jerusalén; y he hecho esto para que cuando recordéis vuestros nombres, los recordéis a ellos; y cuando os acordéis de ellos, recordéis sus obras; y cuando recordéis sus obras, sepáis por qué se dice y también se escribe, que eran [b]buenos.

7 Por lo tanto, hijos míos, quisiera que hicieseis lo que es bueno, a fin de que se diga, y también se escriba, de vosotros, así como se ha dicho y escrito de ellos.

8 Y ahora bien, hijos míos, he aquí, hay algo más que deseo de vosotros, y este deseo es que no hagáis estas cosas para vanagloriaros, sino que hagáis estas cosas para haceros un [a]tesoro en el cielo; sí, el cual es eterno y no se desvanece; sí, para que tengáis ese [b]precioso don de la vida eterna que, según tenemos

26*a* Alma 46:8; Hel. 12:3–4.
5 1*a* Hel. 3:37.
2*a* Mos. 29:25–27.
b Alma 10:19.
4*a* Alma 4:15–20.
6*a* 1 Ne. 1:1, 5.
b 2 Ne. 33.
8*a* 3 Ne. 13:19–21.
b DyC 14:7.

motivo para suponer, se ha concedido a nuestros padres.
9 ¡Oh recordad, recordad, hijos míos, las [a]palabras que el rey
Benjamín habló a su pueblo! Sí,
recordad que no hay otra manera ni medio por los cuales el
hombre pueda ser salvo, sino
por la sangre [b]expiatoria de Jesucristo, que ha de venir; sí, recordad que él viene para [c]redimir al
[d]mundo.
10 Y acordaos también de las
[a]palabras que Amulek habló a
Zeezrom en la ciudad de Ammoníah; pues le dijo que el Señor
de cierto vendría para redimir
a su pueblo; pero que no vendría para redimirlos en sus pecados, sino para redimirlos de
sus pecados.
11 Y ha recibido poder, que le ha
sido dado del Padre, para redimir
a los hombres de sus pecados por
motivo del arrepentimiento; por
tanto, ha [a]enviado a sus ángeles
para declarar las nuevas de las
condiciones del arrepentimiento,
el cual conduce al poder del Redentor, para la salvación de sus
almas.
12 Y ahora bien, recordad, hijos míos, recordad que es sobre
la [a]roca de nuestro Redentor, el
cual es Cristo, el Hijo de Dios,
donde debéis establecer vuestro
[b]fundamento, para que cuando
el diablo lance sus impetuo-
sos vientos, sí, sus dardos en el
torbellino, sí, cuando todo su
granizo y furiosa [c]tormenta os
azoten, esto no tenga poder para
arrastraros al abismo de miseria
y angustia sin fin, a causa de la
roca sobre la cual estáis edificados, que es un fundamento
seguro, un fundamento sobre
el cual, si los hombres edifican,
no caerán.
13 Y sucedió que estas fueron
las palabras que Helamán [a]en-
señó a sus hijos; sí, les enseñó
muchas cosas que no se han escrito, y también muchas cosas que
están escritas.
14 Y se acordaron de sus palabras; y por tanto, guardando los
mandamientos de Dios, salieron
a enseñar la palabra de Dios entre
todo el pueblo de Nefi, comenzando por la ciudad de Abundancia.
15 Y de allí fueron a la ciudad
de Gid; y de la ciudad de Gid a
la ciudad de Mulek;
16 y así, de una ciudad a otra,
hasta que hubieron ido entre todo
el pueblo de Nefi que se hallaba
en la tierra del sur; y de allí fueron a la tierra de Zarahemla, entre
los lamanitas.
17 Y sucedió que predicaron
con gran poder, a tal grado
que confundieron a muchos de

9*a* Mos. 2:9.
b Mos. 3:17–18.
GEE Expiación, expiar.
c GEE Redención, redimido, redimir.
d GEE Mundo — Las personas que no obedecen los mandamientos.
10*a* Alma 11:34.
11*a* Alma 13:24–25.
12*a* Mateo 7:24–27; DyC 6:34; Moisés 7:53.
GEE Piedra del ángulo; Roca.
b Isa. 28:16; Jacob 4:16.
c 3 Ne. 14:25, 27.
13*a* Mos. 1:4.

aquellos [a]disidentes que se habían apartado de los nefitas, de modo que se adelantaron y confesaron sus pecados, y fueron bautizados para arrepentimiento, e inmediatamente volvieron a los nefitas para tratar de repararles los agravios que habían causado.

18 Y acaeció que Nefi y Lehi predicaron a los lamanitas con tan gran poder y autoridad, porque se les había dado poder y autoridad para [a]hablar, y también les había sido indicado lo que debían hablar,

19 por lo tanto, hablaron, para el gran asombro de los lamanitas, hasta [a]convencerlos, a tal grado que ocho mil de los lamanitas que se hallaban en la tierra de Zarahemla y sus alrededores fueron bautizados para arrepentimiento, y se convencieron de la iniquidad de las tradiciones de sus padres.

20 Y sucedió que Nefi y Lehi partieron de allí para ir a la tierra de Nefi.

21 Y aconteció que los capturó un ejército lamanita, y los echaron en la [a]prisión, sí, en la misma prisión en que los siervos de Limhi habían echado a Ammón y sus hermanos.

22 Y después de haber estado muchos días en la prisión, sin alimento, he aquí, llegaron a la prisión para sacarlos a fin de matarlos.

23 Y sucedió que Nefi y Lehi fueron envueltos como por [a]fuego, de modo que no se atrevieron a echarles mano por miedo de ser quemados. No obstante, Nefi y Lehi no se quemaban; y se hallaban como si estuviesen en medio del fuego, y no se quemaban.

24 Y cuando vieron que los rodeaba un [a]pilar de fuego, y que no los quemaba, sus corazones cobraron ánimo.

25 Porque vieron que los lamanitas no se atrevían a echarles mano; ni se atrevían a acercárseles, sino que estaban como si hubieran quedado mudos de asombro.

26 Y ocurrió que Nefi y Lehi se adelantaron y empezaron a hablarles, diciendo: No temáis, porque he aquí, es Dios quien os ha manifestado esta maravilla, con lo cual os es mostrado que no podéis echar mano de nosotros para matarnos.

27 Y he aquí, cuando hubieron dicho estas palabras, tembló la tierra fuertemente, y los muros de la prisión se sacudieron como si estuviesen a punto de caer al suelo; pero he aquí, no cayeron; y los que se hallaban en la prisión eran lamanitas y nefitas que eran disidentes.

28 Y sucedió que los cubrió una nube de [a]obscuridad, y se

17*a* Hel. 4:4.
18*a* DyC 100:5–8. GEE Profecía, profetizar.
19*a* GEE Conversión, convertir; Obra misional.
21*a* Mos. 7:6–7; 21:23.
23*a* Éx. 3:2.
24*a* Éx. 14:24; 1 Ne. 1:6; DyC 29:12; JS—H 1:16.
28*a* Éx. 14:20.

apoderó de ellos un espantoso e
imponente temor.
29 Y aconteció que llegó una [a]voz
como si hubiera provenido de encima de la nube de obscuridad, diciendo: Arrepentíos, arrepentíos, y no intentéis más destruir a mis siervos, a quienes os he enviado para declarar buenas nuevas.
30 Y ocurrió que cuando oyeron
esta voz, y percibieron que no era una voz de trueno, ni una voz de un gran ruido tumultuoso, mas he aquí, era una [a]voz apacible de perfecta suavidad, cual si hubiese sido un susurro, y penetraba hasta el alma misma;
31 y a pesar de la suavidad de la
voz, he aquí, la tierra tembló fuertemente, y otra vez se sacudieron los muros de la prisión como si fueran a derribarse; y he aquí, no se disipó la nube de tinieblas que los había envuelto.
32 Y he aquí, nuevamente vino
la voz, diciendo: Arrepentíos, arrepentíos, porque el reino de los cielos está cerca; y no procuréis más destruir a mis siervos. Y sucedió que la tierra tembló de nuevo y los muros se sacudieron.
33 Y también por tercera vez
vino la voz, y les habló palabras maravillosas que el hombre no puede expresar; y temblaron otra vez los muros, y se estremeció la tierra, como si fuera a partirse.
34 Y aconteció que los lamani-
tas no podían huir a causa de la nube de tinieblas que los cubría; sí, y también estaban sin poder moverse debido al temor que les había sobrevenido.
35 Y había entre ellos uno que
era nefita de nacimiento, que había pertenecido en otro tiempo a la iglesia de Dios, pero se había separado de ella.
36 Y sucedió que se volvió y, he
aquí, vio los semblantes de Nefi y Lehi a través de la nube de tinieblas; y he aquí, [a]brillaban en gran manera, aun como los rostros de ángeles. Y vio que alzaron sus ojos al cielo; y se hallaban en actitud de estar hablando o dirigiendo la voz a algún ser a quien contemplaban.
37 Y ocurrió que este hombre
gritó a los de la multitud para que se volvieran y miraran. Y he aquí, les fue dado poder para volverse y mirar; y vieron las caras de Nefi y de Lehi.
38 Y dijeron al hombre: He aquí,
¿qué significan todas estas cosas, y con quién conversan estos hombres?
39 Y este hombre se llamaba
Amínadab, y les dijo: Conversan con los ángeles de Dios.
40 Y sucedió que le dijeron los
lamanitas: [a]¿Qué haremos para que sea quitada esta nube de tinieblas que nos cubre?
41 Y les dijo Amínadab: Debéis
[a]arrepentiros y clamar a la voz, hasta que tengáis [b]fe en Cristo,

29*a* 3 Ne. 11:3–14.
30*a* 1 Rey. 19:12; DyC 85:6.
36*a* Éx. 34:29–35; Hech. 6:15.
40*a* Hech. 2:37–39.
41*a* GEE Arrepentimiento, arrepentirse.
b GEE Fe.

de quien os enseñaron Alma, Amulek y Zeezrom; y cuando hagáis esto, será quitada la nube de tinieblas que os cubre.

42 Y aconteció que empezaron todos a clamar a la voz de aquel que había hecho temblar la tierra; sí, clamaron hasta que se dispersó la nube de tinieblas.

43 Y sucedió que cuando miraron a su derredor, y vieron que se había disipado la nube de tinieblas que los cubría, he aquí, vieron que estaban [a]rodeados, sí, cada uno de ellos, por una columna de fuego.

44 Y Nefi y Lehi estaban en medio de ellos; sí, se hallaban rodeados; sí, se hallaban como si estuvieran en medio de llamas de fuego; sin embargo, ni los dañó ni incendió los muros de la prisión; y fueron llenos de ese [a]gozo que es inefable y lleno de gloria.

45 Y he aquí, el [a]Santo Espíritu de Dios descendió del cielo y entró en sus corazones; y fueron llenos como de fuego, y [b]expresaron palabras maravillosas.

46 Y sucedió que llegó a ellos una voz; sí, una voz agradable, cual si fuera un susurro, diciendo:

47 [a]¡Paz, paz a vosotros por motivo de vuestra fe en mi Bien Amado, que era desde la fundación del mundo!

48 Y cuando oyeron esto, alzaron la vista como para ver de dónde venía la voz; y he aquí, vieron abrirse los [a]cielos; y descendieron ángeles del cielo y les ministraron.

49 Y eran como unas trescientas almas las que vieron y oyeron estas cosas; y les fue mandado que fueran y no se maravillaran, ni tampoco dudaran.

50 Y ocurrió que fueron, y ejercieron su ministerio entre el pueblo, declarando en todas las regiones inmediatas las cosas que habían oído y visto, de tal manera que se convencieron de ellas la mayor parte de los lamanitas, a causa de la grandeza de las evidencias que habían recibido.

51 Y cuantos se [a]convencieron dejaron sus armas de guerra, así como su odio y las tradiciones de sus padres.

52 Y sucedió que entregaron a los nefitas las tierras de sus posesiones.

CAPÍTULO 6

Los lamanitas justos predican a los nefitas inicuos — Ambos pueblos prosperan durante una época de paz y abundancia — Lucifer, el autor del pecado, incita el corazón de los inicuos y el de los ladrones de Gadiantón al asesinato y a las abominaciones — Los ladrones se apoderan del gobierno nefita. Aproximadamente 29–23 a.C.

Y ACONTECIÓ que todas estas cosas se habían efectuado para cuando concluyó el año sesenta

43*a* 3 Ne. 17:24; 19:14.
44*a* GEE Gozo.
45*a* 3 Ne. 9:20; Éter 12:14.
b GEE Dones del Espíritu.
47*a* GEE Paz.
48*a* 1 Ne. 1:8.
51*a* Alma 31:5.

y dos del gobierno de los jueces, y los lamanitas, la mayoría de ellos, se habían vuelto un pueblo justo, al grado de que su [a]rectitud excedía a la de los nefitas, debido a su firmeza y su constancia en la fe.

2 Porque he aquí, había muchos de los nefitas que se habían vuelto [a]insensibles e impenitentes y extremadamente inicuos, a tal extremo que rechazaban la palabra de Dios y toda predicación y profecía que llegaba entre ellos.

3 No obstante, los miembros de la iglesia se alegraron muchísimo por la conversión de los lamanitas, sí, por la iglesia de Dios que se había establecido entre ellos. Y unos y otros se [a]hermanaron, y se regocijaron unos con otros, y sintieron gran gozo.

4 Y ocurrió que muchos de los lamanitas descendieron a la tierra de Zarahemla, y declararon a los nefitas la forma en que fueron [a]convertidos, y los exhortaron a la fe y al arrepentimiento.

5 Sí, y muchos predicaron con sumamente grande poder y autoridad, de modo que condujeron a muchos a la más profunda humildad, para ser los humildes discípulos de Dios y el Cordero.

6 Y sucedió que muchos de los lamanitas partieron para la tierra del norte; y Nefi y Lehi fueron también a la [a]tierra del norte para predicar al pueblo. Y así concluyó el año sesenta y tres.

7 Y he aquí, hubo paz en toda la tierra, de modo que los nefitas iban a cualquier parte de la tierra que querían, ya fuera entre los nefitas o los lamanitas.

8 Y aconteció que también los lamanitas iban a donde querían, bien fuese entre los lamanitas, o entre los nefitas; y así tenían intercambio libre los unos con los otros, para comprar y vender, y para sacar utilidades, según sus deseos.

9 Y sucedió que tanto los lamanitas como los nefitas se hicieron sumamente ricos; y tenían gran abundancia de oro, y de plata, y de toda clase de metales preciosos, tanto en la tierra del sur como en la tierra del norte.

10 Ahora bien, la tierra del sur se llamaba Lehi, y la del norte se llamaba [a]Mulek, por el hijo de Sedequías; porque el Señor condujo a Mulek a la tierra del norte, y a Lehi a la tierra del sur.

11 Y he aquí, había en ambas tierras toda clase de oro, y de plata, y de minerales preciosos de todo género; y había también ingeniosos artífices que trabajaban y refinaban toda especie de minerales; y de este modo se hicieron ricos.

12 Cultivaron grano en abundancia, tanto en el norte como en el sur; y prosperaron sobremanera, así en el norte como en el sur. Y se multiplicaron y se hicieron sumamente fuertes en

6 1*a* Hel. 13:1.
2*a* Rom. 1:28–32.
3*a* GEE Hermandad.
4*a* GEE Conversión, convertir.
6*a* Alma 63:4–9; Hel. 3:11–12.
10*a* Mos. 25:2–4; Hel. 8:21.

la tierra. Y criaron muchos rebaños y hatos, sí, muchos animales gordos.

13 Y he aquí, sus mujeres trabajaban e hilaban, y elaboraban toda clase de telas, de lino finamente tejido y ropa de toda especie para cubrir su desnudez. Y así pasó en paz el año sesenta y cuatro.

14 Y en el año sesenta y cinco también tuvieron gran gozo y paz, sí, y mucha predicación y muchas profecías concernientes a lo que estaba por venir. Y así pasó el año sesenta y cinco.

15 Y ocurrió que en el año sesenta y seis del gobierno de los jueces, he aquí, [a]Cezóram fue asesinado por mano desconocida mientras se hallaba en el asiento judicial. Y aconteció que en ese mismo año también fue asesinado su hijo, a quien el pueblo había nombrado en su lugar. Y así terminó el año sesenta y seis.

16 Y a principios del año sesenta y siete, empezó de nuevo el pueblo a tornarse sumamente inicuo.

17 Porque he aquí, el Señor los había bendecido tan largo tiempo con las riquezas del mundo, que no habían sido provocados a la ira, a guerras, ni al derramamiento de sangre; por consiguiente, empezaron a poner sus corazones en sus riquezas; sí, empezaron a buscar la manera de obtener el lucro a fin de elevarse unos sobre otros; por tanto, empezaron a cometer asesinatos [a]secretos, y a robar y hurtar, para obtener riquezas.

18 Y he aquí, estos asesinos y ladrones eran una banda que habían formado Kishkumen y [a]Gadiantón. Y sucedió que aun entre los nefitas había muchos de los de la banda de Gadiantón. Mas he aquí, eran más numerosos entre la parte más inicua de los lamanitas; y eran conocidos como los ladrones y asesinos de Gadiantón.

19 Y fueron ellos los que asesinaron a Cezóram, el juez superior, y a su hijo, mientras ocupaban el asiento judicial; y he aquí, no los descubrieron.

20 Y sucedió que cuando los lamanitas descubrieron que había ladrones entre ellos, se afligieron en extremo; y se valieron de cuantos medios había en su poder para destruirlos de sobre la faz de la tierra.

21 Mas he aquí, Satanás incitó el corazón de la mayoría de los nefitas, a tal grado que se unieron a esas bandas de ladrones, y participaron en sus pactos y sus juramentos de que se protegerían y se preservarían unos a otros en cualesquiera circunstancias difíciles en que se encontrasen, a fin de que no fuesen castigados por sus asesinatos, y sus robos, y sus hurtos.

22 Y acaeció que tenían sus [a]señas, sí, sus señas y sus palabras secretas; y esto a fin de reconocer al hermano que hubiese

15*a* Hel. 5:1.
17*a* 3 Ne. 9:9.
18*a* Hel. 2:4, 12–13.
22*a* GEE Combinaciones secretas.

concertado el pacto, para que,
cualquiera que fuese la iniquidad que su hermano cometiera,
no lo perjudicara su hermano, ni
tampoco aquellos que pertenecieran a la banda y hubieran hecho
este pacto.
23 Y así podrían asesinar, y robar, y hurtar, y cometer fornicaciones y toda clase de iniquidades
en oposición a las leyes de su patria, así como a las leyes de su
Dios.
24 Y cualquiera de los que perteneciesen a esa banda que revelase al mundo sus [a]iniquidades
y sus abominaciones, debía ser
juzgado, no según las leyes de
su patria, sino de acuerdo con
las leyes de su iniquidad, las cuales les habían dado Gadiantón y
Kishkumen.
25 Y he aquí, son estos [a]juramentos y pactos secretos los que Alma
mandó a su hijo que nunca se divulgaran al mundo, no fuera que
llegasen a ser un medio para conducir al pueblo a la destrucción.
26 Y he aquí, estos juramentos y
pactos [a]secretos no llegaron a Gadiantón de los anales confiados a
Helamán; mas he aquí, los inculcó
en el corazón de Gadiantón aquel
[b]mismo ser que indujo a nuestros
primeros padres a que comiesen
del fruto prohibido;
27 sí, aquel mismo ser que conspiró con [a]Caín, que si asesinaba a
su hermano Abel, el mundo no lo
sabría. Y desde entonces conspiró
con Caín y sus secuaces.
28 Y es también aquel mismo
ser el que inculcó en el corazón
del pueblo el [a]construir una torre
suficientemente alta para llegar
al cielo. Y fue el mismo ser que
engañó a ese pueblo que vino a
esta tierra de aquella torre; el que
esparció las obras de tinieblas y
de abominaciones sobre toda la
superficie de la tierra, hasta que
arrastró al pueblo a una destrucción [b]completa y a un infierno
eterno.
29 Sí, es el mismo ser que inculcó en el corazón de [a]Gadiantón
que continuara las obras de tinieblas y de asesinatos secretos; y él
lo ha propagado desde el principio del hombre hasta hoy.
30 Y he aquí, es él el [a]autor de
todo pecado; y he aquí, él propaga sus obras de tinieblas y asesinatos secretos, y les transmite
sus conspiraciones, y sus juramentos, y sus pactos, y sus planes
de terrible maldad, de generación
en generación, de acuerdo con el
dominio que logre en el corazón
de los hijos de los hombres.
31 Y he aquí, él había logrado
mucho dominio en el corazón
de los nefitas; sí, al grado de que
se habían vuelto sumamente inicuos; sí, y la mayor parte de ellos
se habían apartado del camino

24*a* GEE Inicuo, iniquidad.
25*a* Alma 37:27–32.
26*a* Moisés 5:29, 49–52.
b 3 Ne. 6:28; Moisés 4:6–12.
27*a* Moisés 5:18–33.
28*a* Gén. 11:1–4; Éter 1:3.
b Éter 8:9, 15–25.
29*a* Hel. 2:4–13.
30*a* Alma 5:39–42; Moro. 7:12, 17; Moisés 4:4.

de la rectitud, y [a]hollaron con los
pies los mandamientos de Dios,
y se apartaron a sus propios caminos,
y se fabricaron ídolos con
su oro y su plata.
32 Y sucedió que todas estas iniquidades
vinieron sobre ellos en
el término de [a]no muchos años,
al grado de que la mayor parte
había venido sobre ellos en el año
sesenta y siete del gobierno de los
jueces sobre el pueblo de Nefi.
33 Y aumentaron en sus iniquidades
en el año sesenta y ocho
también, para la gran tristeza y
lamentación de los justos.
34 Y así vemos que los nefitas
empezaron a degenerar en la incredulidad,
y a aumentar en la
perversidad y abominaciones,
mientras que los lamanitas empezaron
a crecer en gran manera
en el conocimiento de su Dios; sí,
empezaron a guardar sus estatutos
y mandamientos, y a caminar
en verdad y rectitud delante de él.
35 Y así vemos que el Espíritu
del Señor empezó a [a]retirarse de
los nefitas a causa de la iniquidad
y la dureza de sus corazones.
36 Y así vemos que el Señor comenzó
a derramar su Espíritu
sobre los lamanitas, por motivo
de su inclinación y disposición a
creer en sus palabras.
37 Y sucedió que los lamanitas
persiguieron a la banda de ladrones
de Gadiantón; y predicaron
la palabra de Dios entre la parte
más inicua de ellos, de modo que
esta banda de ladrones quedó
enteramente destruida entre los
lamanitas.
38 Y aconteció, por otra parte,
que los nefitas los reforzaron y
los apoyaron, empezando por
los más perversos de entre ellos,
hasta que se hubieron extendido
por toda la tierra de los nefitas,
y hubieron seducido a la mayor
parte de los justos, hasta que
hubieron llegado a creer en sus
obras, y participar de su botín, y
unirse a ellos en sus secretos asesinatos
y combinaciones.
39 Y de este modo lograron la
administración exclusiva del gobierno,
al grado de que hollaron
con los pies, e hirieron y maltrataron
y volvieron la espalda a
los [a]pobres y a los mansos, y a
los humildes discípulos de Dios.
40 Y así vemos que se hallaban
en un estado terrible, y que estaban
[a]madurando para una destrucción
sempiterna.
41 Y sucedió que así concluyó el
año sesenta y ocho del gobierno de
los jueces sobre el pueblo de Nefi.

La profecía de Nefi, el Hijo de Helamán — Dios amenaza al pueblo de Nefi con visitarlo en su ira, hasta su entera destrucción, a menos que se arrepienta de sus iniquidades. Dios hiere a los del pueblo de Nefi con una peste; se

31*a* 1 Ne. 19:7.
32*a* Alma 46:8.
35*a* Mos. 2:36; DyC 121:37.
39*a* Sal. 109:16; Alma 5:54–56; DyC 56:16.
40*a* Hel. 5:2; 11:37; DyC 18:6.

arrepienten y vuelven a él. Samuel, un lamanita, profetiza a los nefitas.

Comprende los capítulos del 7 al 16.

CAPÍTULO 7

Nefi es rechazado en el norte y vuelve a Zarahemla — Ora en la torre de su jardín y luego dice al pueblo que si no se arrepiente perecerá. Aproximadamente 23–21 a.C.

HE aquí, aconteció que en el año
sesenta y nueve del gobierno de los jueces sobre los nefitas, Nefi, el hijo de Helamán, [a]volvió de la tierra del norte a la tierra de Zarahemla,
2 porque había ido entre los que
se hallaban en la tierra del norte, y les predicó la palabra de Dios, y les profetizó muchas cosas;
3 y ellos rechazaron todas sus
palabras, de modo que no pudo permanecer entre ellos, y volvió a su país natal.
4 Y al ver al pueblo en un estado
de tan terrible iniquidad, y que aquellos ladrones de Gadiantón ocupaban los asientos judiciales —habiendo usurpado el poder y la autoridad del país, pasando por alto los mandamientos de Dios y en ningún sentido siendo rectos ante él, negando la justicia a los hijos de los hombres,
5 condenando a los justos por
motivo de su rectitud, dejando ir impunes al culpable y al malvado por causa de su dinero; y además de esto, siendo sostenidos en sus puestos, a la cabeza del gobierno, para regir y obrar según su voluntad, a fin de obtener riquezas y la gloria del [a]mundo, y además, para más fácilmente cometer adulterio, y robar, y matar, y obrar según sus propios deseos—
6 y esta gran iniquidad había so-
brevenido a los nefitas en el espacio de no muchos años; y cuando Nefi vio esto, su corazón se llenó de dolor dentro de su pecho, y exclamó con la angustia de su alma:
7 ¡Oh, si hubiese vivido en los
días en que mi padre Nefi primero salió de la tierra de Jerusalén, para haberme regocijado con él en la tierra de promisión! Entonces su pueblo era fácil de tratar, firme en guardar los mandamientos de Dios, y tardo en dejarse llevar a la iniquidad; y era pronto para escuchar las palabras del Señor.
8 Sí, si hubiesen sido aquellos
días los míos, entonces mi alma se habría regocijado en la rectitud de mis hermanos.
9 Pero he aquí, es mi comisión
que estos sean mis días, y que mi alma sea llena de angustia por la iniquidad de mis hermanos.
10 Y he aquí, esto aconteció
en una torre que se hallaba en el jardín de Nefi, jardín que estaba cerca del camino real que conducía al mercado principal que había en la ciudad de Zarahemla; así que Nefi se había arrodillado en esta torre que estaba en su jardín, la cual también se hallaba cerca de la

7 1*a* Hel. 6:6.

5*a* Mateo 13:22; 16:26.

puerta del jardín que daba al camino real.

11 Y sucedió que pasaron ciertos hombres por allí, y vieron a Nefi en la torre mientras derramaba su alma a Dios; y corrieron y dijeron al pueblo lo que habían visto; y vino la gente en multitudes para conocer la causa de tanta lamentación por las maldades del pueblo.

12 Y cuando se levantó Nefi, vio las multitudes de personas que se habían reunido.

13 Y sucedió que abrió su boca y les dijo: He aquí, [a]¿por qué razón os habéis congregado? ¿para qué os hable de vuestras iniquidades?

14 ¡Sí, porque he subido a mi torre para derramar mi alma a mi Dios, a causa del gran pesar de mi corazón por motivo de vuestras iniquidades!

15 Y por razón de mi llanto y lamentaciones os habéis reunido, y os maravilláis; sí, y tenéis gran necesidad de estar admirados; sí, deberíais estar maravillados de haberos dejado llevar de modo que el diablo ha asido tan fuertemente vuestros corazones.

16 Sí, ¿cómo pudisteis haber cedido a las seducciones de aquel que está tratando de lanzar vuestras almas a una miseria sin fin y angustia interminable?

17 ¡Oh, arrepentíos, arrepentíos! [a]¿Por qué deseáis morir? ¡Volveos, volveos al Señor vuestro Dios! ¿Por qué os ha abandonado él?

18 Es porque habéis endurecido vuestros corazones; sí, no queréis escuchar la voz del [a]buen pastor; sí, lo habéis [b]provocado a la ira contra vosotros.

19 Y a menos que os arrepintáis, he aquí, en lugar de [a]juntaros, él os dispersará, de modo que seréis por comida a los perros y a los animales salvajes.

20 Oh, ¿cómo pudisteis haber olvidado a vuestro Dios, el mismo día en que os ha librado?

21 Mas he aquí, lo hacéis para obtener lucro, para ser alabados por los hombres, sí, y para adquirir oro y plata. Y habéis puesto vuestros corazones en las riquezas y en las cosas vanas de este [a]mundo, por las cuales asesináis, y robáis, y hurtáis, y levantáis [b]falso testimonio contra vuestro prójimo, y cometéis toda clase de iniquidades.

22 Y por esta causa os sobrevendrá el infortunio, a menos que os arrepintáis. Porque si no os arrepentís, he aquí, esta gran ciudad, y también todas esas grandes ciudades que están alrededor, que se hallan en la tierra de nuestra posesión, os serán quitadas de modo que no habrá lugar en ellas para vosotros; porque he aquí, el Señor

---

13*a* Mateo 3:5–8.
17*a* Ezeq. 18:23, 31–32.
18*a* Ezeq. 34:12; Juan 10:14–16; Alma 5:38–41, 57–60. GEE Buen Pastor.
b Jacob 1:8; Alma 12:36–37.
19*a* 3 Ne. 10:4–7.
21*a* GEE Mundano, lo.
b Éx. 20:16; Mateo 15:19–20.

no os dará la [a]fuerza para resistir
a vuestros enemigos, como lo ha
hecho hasta ahora.
23 Porque he aquí, así dice el Señor: No manifestaré mi fuerza a
los inicuos, a uno más que al otro,
salvo a los que se arrepientan de
sus pecados y escuchen mis palabras. Por tanto, quisiera que
comprendieseis, hermanos míos,
que será [a]mejor para los lamanitas
que para vosotros, a menos que
os arrepintáis.
24 Porque he aquí, ellos son
más justos que vosotros, porque
no han pecado en contra de ese
gran conocimiento que vosotros
habéis recibido; por lo tanto, el
Señor será misericordioso con
ellos; sí, [a]prolongará sus días y
aumentará su posteridad, aun
cuando vosotros seáis completamente [b]destruidos, a menos que
os arrepintáis.
25 Sí, ¡ay de vosotros a causa de
esa gran abominación que ha surgido entre vosotros; y os habéis
unido a ella, sí, a esa banda [a]secreta
que fue establecida por Gadiantón!
26 Sí, ¡os sobrevendrá el [a]infor-
tunio por motivo de ese orgullo
que habéis dejado que entre en
vuestros corazones, que os ha ensalzado más de lo que es bueno,
por motivo de vuestras grandes
[b]riquezas!
27 Sí, ¡ay de vosotros a causa
de vuestras iniquidades y abominaciones!
28 Y a menos que os arrepintáis,
pereceréis; sí, aun vuestras tierras
os serán arrebatadas, y seréis destruidos de sobre la faz de la tierra.
29 He aquí, no os digo de mí
mismo que sucederán estas cosas, porque no es de mí mismo
que [a]sé estas cosas; mas he aquí,
sé que son verdaderas porque el
Señor Dios me las ha hecho saber;
por tanto, testifico que sucederán.

CAPÍTULO 8

Los jueces corruptos procuran incitar al pueblo en contra de Nefi — Abraham, Moisés, Zenós, Zenoc, Ezías, Isaías, Jeremías, Lehi y Nefi, todos ellos testificaron de Cristo — Por inspiración, Nefi anuncia el asesinato del juez superior. Aproximadamente 23–21 a.C.

Y ACONTECIÓ que cuando Nefi
hubo dicho estas palabras, he
aquí, estaban presentes unos
hombres que eran jueces, los
cuales también pertenecían a la
banda secreta de Gadiantón; y se
llenaron de ira y gritaron contra
él, diciendo al pueblo: ¿Por qué
no prendéis a este hombre, y lo
lleváis para que sea condenado
según el delito que ha cometido?
2 ¿Por qué miráis a este hombre,
y lo escucháis vilipendiar a este
pueblo y nuestra ley?
3 Porque he aquí, Nefi les había hablado concerniente a la corrupción de su ley; sí, muchas

22*a* Mos. 7:29.
23*a* Hel. 15:11–15.
24*a* Alma 9:16;
DyC 5:33.
b Alma 9:19.
25*a* Hel. 3:23.
26*a* Isa. 5:8–25.
b Jacob 2:13.
29*a* Alma 5:45–46.

cosas les declaró Nefi que no se pueden escribir; y nada dijo que fuese contrario a los mandamientos de Dios.

4 Y aquellos jueces estaban irritados contra él, porque les [a]habló claramente concerniente a sus obras secretas de tinieblas; sin embargo, no osaron ellos mismos echar mano de él, pues temían que el pueblo clamara contra ellos.

5 Por tanto, gritaron al pueblo, diciendo: ¿Por qué permitís que nos injurie este hombre? Pues, he aquí, él condena a todo este pueblo hasta la destrucción; sí, y también dice que estas grandes ciudades nuestras nos han de ser arrebatadas, de modo que no habrá lugar en ellas para nosotros.

6 Y sabemos que esto es imposible, porque he aquí, somos poderosos, y nuestras ciudades son grandes; por tanto, nuestros enemigos no pueden tener dominio sobre nosotros.

7 Y ocurrió que así incitaron al pueblo a la ira en contra de Nefi, y suscitaron contenciones entre ellos; porque hubo algunos que gritaron: Dejad a este hombre en paz, porque es un hombre bueno y las cosas que él dice ciertamente acontecerán, a menos que nos arrepintamos;

8 sí, he aquí, todos los castigos de que nos ha testificado caerán sobre nosotros; porque sabemos que nos ha testificado con acierto tocante a nuestras iniquidades. Y he aquí, son muchas, y él [a]sabe todas las cosas que nos sobrevendrán tan cierto como conoce nuestras iniquidades;

9 sí, y he aquí, si no hubiese sido profeta, no habría podido testificar concerniente a esas cosas.

10 Y sucedió que los que querían destruir a Nefi se contuvieron a causa de su temor, de modo que no le echaron mano. Por tanto, empezó a hablarles de nuevo, viendo que se había granjeado el favor de algunos, a tal grado que los otros tuvieron miedo.

11 De modo que se sintió constreñido a hablarles más, diciendo: He aquí, hermanos míos, ¿no habéis leído que Dios dio poder a un hombre, sí, a Moisés, para herir las aguas del [a]mar Rojo, y se dividieron a un lado y a otro, de tal modo que los israelitas, que fueron nuestros padres, pasaron por tierra seca, y las aguas volvieron sobre los ejércitos de los egipcios y se los tragaron?

12 Y he aquí, si Dios dio a este hombre tanto poder, ¿por qué, pues, disputáis entre vosotros, y decís que él no me ha dado poder para saber acerca de los juicios que caerán sobre vosotros si no os arrepentís?

13 Mas he aquí, no solamente negáis mis palabras, sino también negáis todas las palabras que nuestros padres han declarado, y también las palabras que

8 4*a* 1 Ne. 16:2–3.
8*a* Hel. 7:29.
11*a* Éx. 14:16; 1 Ne. 17:26; Mos. 7:19; DyC 8:2–3; Moisés 1:25.

habló este hombre, Moisés, a quien le fue dado tanto poder, sí, las palabras que él ha hablado concernientes a la venida del Mesías.

14 Sí, ¿no testificó él que vendría el Hijo de Dios? Y así como él [a]levantó la serpiente de bronce en el desierto, así será levantado aquel que ha de venir.

15 Y así como cuantos miraron a esa serpiente [a]vivieron, de la misma manera cuantos miraren al Hijo de Dios con fe, teniendo un espíritu contrito, [b]vivirán, sí, esa vida que es eterna.

16 Y he aquí, no solo Moisés testificó de estas cosas, sino también [a]todos los santos profetas, desde los días de él aun hasta los días de Abraham.

17 Sí, y he aquí, [a]Abraham vio la venida del Mesías, y se llenó de alegría y se regocijó.

18 Sí, y he aquí, os digo que Abraham no fue el único que supo de estas cosas, sino que hubo [a]muchos, antes de los días de Abraham, que fueron llamados según el orden de Dios, sí, según el [b]orden de su Hijo; y esto con objeto de que se mostrase a los del pueblo, muchos miles de años antes de su venida, que la redención vendría a ellos.

19 Y ahora bien, quisiera que supieseis que aun desde la época de Abraham ha habido muchos profetas que han testificado de estas cosas; sí, he aquí, el profeta [a]Zenós testificó osadamente; y por tal razón lo mataron;

20 y he aquí, también [a]Zenoc, y también Ezías, y también [b]Isaías, y [c]Jeremías (Jeremías fue el mismo profeta que testificó de la destrucción de [d]Jerusalén), y ahora sabemos que Jerusalén fue destruida, según las palabras de Jeremías. ¿Entonces, por qué no ha de venir el Hijo de Dios, según su profecía?

21 ¿Y negaréis ahora que la ciudad de [a]Jerusalén fue destruida? ¿Diréis que los [b]hijos de Sedequías no fueron muertos, todos salvo [c]Mulek? Sí, ¿y no veis que la posteridad de Sedequías está con nosotros, y que fue echada de la tierra de Jerusalén? Mas he aquí esto no es todo:

22 Nuestro padre Lehi fue echado de Jerusalén porque testificó de estas cosas. Nefi también dio testimonio de estas cosas, y también casi todos nuestros padres, sí, hasta el día de hoy; sí, han dado testimonio de

14*a* Núm. 21:6–9; 2 Ne. 25:20; Alma 33:19–22. GEE Jesucristo — Simbolismos o símbolos de Jesucristo.
15*a* 1 Ne. 17:41; Alma 37:45–47; 3 Ne. 15:9.
b Juan 11:25.
16*a* Jacob 4:4–5; 7:11.
17*a* Gén. 22:8–14; Juan 8:56.
18*a* Alma 13:19; DyC 84:6–16; 136:37.
b GEE Sacerdocio de Melquisedec.
19*a* Alma 34:7.
20*a* 1 Ne. 19:10; 3 Ne. 10:15–16. GEE Escrituras — Escrituras que se han perdido.
b Isa. 53.
c 1 Ne. 5:13; 7:14.
d Jer. 26:18; 1 Ne. 1:4.
21*a* 2 Ne. 6:8; Omni 1:15.
b 2 Rey. 25:7; Jer. 39:6; 52:10.
c Ezeq. 17:22–23; Hel. 6:10.

la [a]venida de Cristo, y han mirado hacia adelante, y se han regocijado en su día que está por venir.

23 Y he aquí, él es Dios, y está con ellos, y se manifestó a ellos, de modo que él los redimió; y ellos lo glorificaron a causa de lo que está por venir.

24 Y ahora bien, ya que sabéis estas cosas, y no las podéis negar a menos que mintáis, habéis, por tanto, pecado en esto, porque habéis rechazado todas estas cosas a pesar de tantas evidencias que habéis recibido; sí, vosotros habéis recibido [a]todas las cosas, tanto las cosas que están en el cielo como todas las cosas que están en la tierra, como testimonio de que son verdaderas.

25 Mas he aquí, habéis rechazado la verdad y os habéis [a]rebelado contra vuestro santo Dios; y aun hoy mismo, en lugar de haceros [b]tesoros en los cielos, donde nada corrompe, y donde nada impuro puede entrar, estáis acumulando ira para vosotros, para el día del [c]juicio.

26 Sí, aun ahora mismo, a causa de vuestros asesinatos, y vuestra [a]fornicación e iniquidad, estáis madurando para la eterna destrucción; sí, y os sobrevendrá pronto, a menos que os arrepintáis.

27 Sí, he aquí, está ahora a vuestras puertas; sí, id al asiento judicial e investigad; he aquí, vuestro juez ha sido asesinado, y [a]yace en su propia sangre; y lo ha asesinado su [b]hermano, que ambiciona ocupar el asiento judicial.

28 Y he aquí, ambos pertenecen a vuestra banda secreta, cuyos [a]autores son Gadiantón y ese ser maligno que trata de destruir las almas de los hombres.

CAPÍTULO 9

Los mensajeros encuentran al juez superior muerto en el asiento judicial — Son encarcelados y más adelante se les pone en libertad — Por inspiración, Nefi identifica a Seántum como el asesino — Algunos aceptan a Nefi como profeta. Aproximadamente 23–21 a.C.

Y HE aquí, aconteció que cuando Nefi hubo hablado estas palabras, ciertos hombres que estaban entre ellos corrieron al asiento judicial; sí, y eran cinco los que fueron, y decían entre sí, mientras iban:

2 He aquí, ahora sabremos con certeza si este hombre es profeta y si Dios le ha mandado que nos profetice cosas tan maravillosas. He aquí, nosotros no creemos que lo haya hecho; ni creemos que sea profeta; no obstante, si resulta cierto lo que ha dicho concerniente al juez superior,

22*a* GEE Jesucristo — Profecías acerca de la vida y la muerte de Jesucristo.
24*a* Alma 30:44; Moisés 6:63.
25*a* Mos. 2:36–38; 3:12.
b Hel. 5:8; 3 Ne. 13:19–21.
c DyC 10:20–23; 121:23–25.
26*a* GEE Fornicación.
27*a* Hel. 9:3, 15.
b Hel. 9:6, 26–38.
28*a* Hel. 6:26–30.

que está muerto, entonces creeremos que las otras palabras que ha
hablado son también verdaderas.
3 Y ocurrió que corrieron con
todas sus fuerzas, y llegaron al
asiento judicial; y he aquí, el juez
superior había caído a tierra, y
[a]yacía en su propia sangre.
4 Y he aquí, cuando vieron esto,
se asombraron en extremo, a tal
grado que cayeron al suelo; porque no habían creído las palabras de Nefi concernientes al juez
superior.
5 Pero ahora, cuando vieron,
creyeron; y se apoderó de ellos el
temor de que descendieran sobre
el pueblo todos los castigos que
Nefi había declarado; por tanto,
temblaron y cayeron al suelo.
6 E inmediatamente después
que el juez fue asesinado —y su
hermano, disfrazado, lo había
apuñalado y había huido— los
siervos del juez corrieron y avi-
saron al pueblo, pregonando el
asesinato entre ellos;
7 y he aquí, el pueblo se juntó
en el sitio del asiento judicial; y
he aquí, para su asombro vieron
a aquellos cinco hombres que habían caído al suelo.
8 Y he aquí, el pueblo no sabía
nada acerca de la multitud que se
había reunido en el [a]jardín de Nefi;
por tanto, dijeron entre sí: Estos
hombres son los que han asesinado al juez, y Dios los ha herido
para que no huyan de nosotros.
9 Y aconteció que se apoderaron de ellos, y los ataron y los
encarcelaron. Y se expidió una
proclamación de que el juez había sido asesinado, y que se había
aprehendido y encarcelado a los
homicidas.
10 Y sucedió que a la mañana
siguiente, el pueblo se juntó para
hacer duelo y para [a]ayunar en el
sepelio del gran juez superior que
había sido asesinado.
11 Y asimismo, aquellos jueces que estuvieron presentes en
el jardín de Nefi y oyeron sus
palabras también asistieron al
sepelio.
12 Y sucedió que inquirieron
entre el pueblo, diciendo: ¿Dónde
están los cinco que fueron enviados para indagar concerniente a
que si estaba muerto el juez superior? Y contestaron y dijeron:
Respecto de esos cinco hombres
que decís que habéis enviado,
nada sabemos; pero hay cinco que
son los asesinos, a quienes hemos
echado en la cárcel.
13 Y aconteció que los jueces
pidieron que los trajeran; y los
trajeron, y he aquí, eran los cinco
que fueron enviados; y he aquí,
los jueces los interrogaron para
saber concerniente al asunto, y
ellos les refirieron todo cuanto
habían hecho, diciendo:
14 Corrimos y llegamos al sitio
del asiento judicial, y cuando
vimos todas las cosas, precisamente cual Nefi las había testificado, nos asombramos a tal grado
que caímos al suelo; y cuando
nos recobramos de nuestro

9 3*a* Hel. 8:27. | 8*a* Hel. 7:10. | 10*a* GEE Ayunar, ayuno.

asombro, he aquí, nos encerraron en la prisión.

15 Ahora bien, en cuanto al asesinato de este hombre, no sabemos quién lo habrá hecho; y solo sabemos esto, que corrimos y vinimos, según vuestros deseos, y he aquí, estaba muerto, según las palabras de Nefi.

16 Aconteció, entonces, que los jueces explicaron el asunto al pueblo, y clamaron contra Nefi, diciendo: He aquí, sabemos que este Nefi debe haberse convenido con alguien para matar al juez, y luego divulgárnoslo, a fin de convertirnos a su fe, para enaltecerse como un gran hombre, elegido de Dios y un profeta.

17 Y he aquí, ahora descubriremos a este hombre, y confesará su delito, y nos hará saber el verdadero asesino de este juez.

18 Y ocurrió que el día del sepelio pusieron en libertad a aquellos cinco. No obstante, estos riñeron a los jueces por las palabras que habían proferido contra Nefi, y contendieron con ellos, uno por uno, al grado de que los confundieron.

19 No obstante, los jueces hicieron que Nefi fuese aprehendido y atado y llevado ante la multitud; y empezaron a interrogarlo de diferentes maneras, a fin de hacerle contradecirse para condenarlo a muerte;

20 y le dijeron: Tú eres cómplice; ¿quién es el hombre que ha cometido este asesinato? Dínoslo, y reconoce tu delito; he aquí este dinero, y además, te perdonaremos la vida, si nos lo haces saber y admites el pacto que has hecho con él.

21 Pero Nefi les dijo: ¡Oh [a]insensatos, incircuncisos de corazón, pueblo ciego y [b]duro de cerviz! ¿Sabéis cuánto tiempo el Señor vuestro Dios os permitirá que continuéis en vuestro estado pecaminoso?

22 Ya deberíais empezar a gritar y a [a]lamentaros a causa de la gran destrucción que ahora mismo os espera, a menos que os arrepintáis.

23 He aquí, decís que me he puesto de acuerdo con un hombre para que asesinara a Seezóram, nuestro juez superior. Mas he aquí, os digo que esto se debe a que os he testificado para que supieseis de este asunto; sí, como testimonio a vosotros de que tenía conocimiento de la perversidad y las abominaciones que hay entre vosotros.

24 Y porque he hecho esto, decís que me he puesto de acuerdo con un hombre para que hiciera esta cosa; sí, porque os he mostrado esta señal, estáis enojados conmigo, y procuráis destruir mi vida.

25 Y he aquí, ahora os mostraré otra señal, y veré si en esto procuraréis destruirme.

26 He aquí, os digo: Id a la casa de Seántum, que es el [a]hermano de Seezóram, y decidle:

27 ¿Se ha puesto de acuerdo

21*a* Hech. 7:51.
b GEE Rebelión.
22*a* Mos. 7:24.
26*a* Hel. 8:27.

contigo Nefi, el profeta fingido,
que profetiza tanto mal sobre este
pueblo, para asesinar a Seezóram,
tu hermano?
28 Y he aquí, él os dirá: No.
29 Entonces le diréis: ¿Has asesinado tú a tu hermano?
30 Y se llenará de miedo, y no
sabrá qué responder. Y he aquí,
os lo negará; y aparentará estar
asombrado y os declarará que es
inocente.
31 Mas he aquí, lo examinaréis,
y hallaréis sangre en las faldas de
su manto.
32 Y cuando hayáis visto esto,
diréis: ¿De dónde viene esta sangre? ¿Acaso no sabemos que es la
sangre de tu hermano?
33 Entonces temblará, y se pondrá pálido, como si le hubiese llegado la muerte.
34 Y luego diréis vosotros: Por
este temor y esta palidez que ha
venido a tu semblante, he aquí,
sabemos que eres culpable.
35 Y entonces vendrá sobre él
mayor temor; y luego os confesará, y no negará más que él ha
cometido este asesinato.
36 Y luego os dirá que yo, Nefi,
no sé nada concerniente al asunto
a menos que me haya sido dado
por el poder de Dios. Y entonces
sabréis que soy un hombre hon-
rado, y que soy enviado de Dios
a vosotros.
37 Y aconteció que fueron e hicieron de acuerdo con lo que Nefi
les había dicho. Y he aquí, las palabras que él había dicho resultaron
ciertas; pues según las palabras,
Seántum negó; y también según
las palabras, él confesó.
38 Y fue traído para comprobar
que él era el verdadero asesino,
de modo que dieron su libertad
a los cinco, lo mismo que a Nefi.
39 Y hubo algunos de los nefitas que creyeron en las palabras
de Nefi; y hubo también algunos
que creyeron por causa del testimonio de los cinco, porque estos
se habían convertido mientras
estuvieron en la prisión.
40 Y hubo algunos de los del
pueblo que dijeron que Nefi era
profeta.
41 Y hubo otros que dijeron: He
aquí, es un dios; porque si no fuera
un dios, no podría saber de todas
las cosas; pues he aquí, nos ha
declarado los pensamientos de
nuestros corazones, y también nos
ha dicho cosas; y aun ha traído a
nuestro conocimiento el verdadero
asesino de nuestro juez superior.

CAPÍTULO 10

El Señor da a Nefi el poder para sellar — Recibe el poder para atar y desatar en la tierra y en el cielo — Manda al pueblo que se arrepienta, o si no, perecerá — El Espíritu lo lleva de multitud en multitud. Aproximadamente 21–20 a.C.

Y ACONTECIÓ que surgió una división entre el pueblo, de tal modo
que se separaron, unos por un
lado y otros por otro, y siguieron
sus caminos, dejando a Nefi solo
mientras se hallaba en medio de
ellos.

2 Y sucedió que Nefi se dirigió
hacia su propia casa, [a]meditando
sobre las cosas que le había manifestado el Señor.
3 Y acaeció que mientras así
meditaba —hallándose muy desanimado por motivo de la perversidad de los nefitas, sus secretas obras de tinieblas, y sus asesinatos, y sus robos, y toda clase de iniquidades— sucedió que mientras meditaba de esta manera en su corazón, he aquí, llegó a él una voz, diciendo:
4 Bienaventurado eres tú, Nefi,
por las cosas que has hecho; porque he visto que has declarado [a]infatigablemente a este pueblo la palabra que te he dado. Y no les has tenido miedo, ni te has afanado por tu [b]propia vida, antes bien, has procurado mi [c]voluntad y el cumplimiento de mis mandamientos.
5 Y porque has hecho esto tan
infatigablemente, he aquí, te bendeciré para siempre, y te haré poderoso en palabra y en hecho, en fe y en obras; sí, al grado de que [a]todas las cosas te serán hechas según tu [b]palabra, porque tú [c]no pedirás lo que sea contrario a mi voluntad.
6 He aquí, tú eres Nefi, y yo soy
Dios. He aquí, te lo declaro, en presencia de mis ángeles, que tendrás poder sobre este pueblo, y herirás la tierra con [a]hambre, y con pestilencia y destrucción, de acuerdo con la iniquidad de este pueblo.
7 He aquí, te doy poder, de que
cuanto [a]sellares en la tierra, sea sellado en los cielos; y cuanto desatares en la tierra, sea desatado en los cielos; y así tendrás poder entre este pueblo.
8 De manera que si dijeres a este
templo que se parta por la mitad, será hecho.
9 Y si dijeres a esta [a]montaña:
Derrúmbate y vuélvete llana, así será hecho.
10 Y he aquí, si dijeres que Dios
herirá a este pueblo, así acontecerá.
11 Y ahora bien, he aquí, te
mando que vayas y declares a este pueblo que así dice el Señor Dios, que es el Todopoderoso: A menos que os arrepintáis, seréis heridos, sí, hasta la [a]destrucción.
12 Y he aquí, sucedió que cuando
el Señor hubo hablado estas palabras a Nefi, este se detuvo y no llegó a su propia casa, sino que se volvió a las multitudes que se hallaban esparcidas sobre la superficie de la tierra y empezó a declararles la palabra del Señor que se le había hablado concerniente a su destrucción, si no se arrepentían.
13 Y he aquí, a pesar del gran
milagro que Nefi había efectuado en hacerles saber tocante a la muerte del juez superior,

10 2*a* GEE Meditar.
4*a* GEE Diligencia.
b GEE Sacrificios.
c 3 Ne. 11:11.
5*a* 3 Ne. 18:20; DyC 88:63–65.
b Enós 1:12.
c 2 Ne. 4:35; DyC 46:30.
6*a* Hel. 11:4–18.
7*a* Mateo 16:19. GEE Sellamiento, sellar.
9*a* Mateo 17:20; Jacob 4:6; Morm. 8:24; Éter 12:30.
11*a* Hel. 5:2.

endurecieron sus corazones y no
escucharon las palabras del Señor.
14 Por tanto, Nefi les declaró
la palabra del Señor, diciendo: A
menos que os arrepintáis, así dice
el Señor, seréis heridos aun hasta
la destrucción.
15 Y aconteció que cuando Nefi
les hubo declarado la palabra, he
aquí, aun así endurecieron sus corazones, y no quisieron escuchar
sus palabras; por tanto, lo vitu-
peraron y trataron de apoderarse
de él para arrojarlo en la prisión.
16 Mas he aquí, el poder de Dios
fue con él; y no pudieron apoderarse de él para encarcelarlo,
porque el Espíritu lo arrebató y
lo llevó de entre ellos.
17 Y sucedió que así fue en el
Espíritu, de multitud en multitud,
declarando la palabra de Dios,
hasta que se la hubo declarado a
todos ellos, o sea, la hubo mandado entre todo el pueblo.
18 Y aconteció que no quisieron
escuchar sus palabras; y comenzó
a haber disensiones, de tal modo
que hubo división entre ellos y
empezaron a matarse unos a otros
con la espada.
19 Y así concluyó el año setenta
y uno del gobierno de los jueces
sobre el pueblo de Nefi.

CAPÍTULO 11

Nefi persuade al Señor a que cambie la guerra por el hambre — Muchas personas perecen — Se arrepienten, y Nefi clama al Señor para que envíe lluvia — Nefi y Lehi reciben muchas revelaciones — Los ladrones de Gadiantón se hacen fuertes en la tierra. Aproximadamente 20–6 a.C.

Y ACONTECIÓ que en el año setenta y dos del gobierno de los
jueces, aumentaron las contenciones, de tal modo que hubo guerras por toda la tierra, entre todo
el pueblo de Nefi.
2 Y era esta banda [a]secreta de
ladrones la que perpetraba esta
obra de destrucción e iniquidad;
y esta guerra duró todo aquel
año; y también continuó durante
el año setenta y tres.
3 Y sucedió que en este año Nefi
clamó al Señor, diciendo:
4 ¡Oh Señor, no permitas que
este pueblo sea destruido por
la espada! Más bien, ¡oh Señor!,
haya [a]hambre sobre la tierra
para hacerles recordar al Señor
su Dios, y tal vez se arrepientan
y se vuelvan a ti.
5 Y así fue hecho, según las palabras de Nefi. Y hubo un hambre
muy severa en la tierra, entre todo
el pueblo de Nefi. Y así continuó
el hambre en el año setenta y cuatro; y cesó la destrucción por la
espada, pero se agravó por causa
del hambre.
6 Y continuó esta obra de destrucción también en el año setenta y cinco; porque la tierra
fue herida de modo que quedó
seca, y no produjo grano en la
época del grano; y toda la tierra
fue herida, así entre los lamanitas como entre los nefitas, de
modo que fueron afligidos a tal

11 2*a* Hel. 6:18–24; 11:25–26. 4*a* 1 Rey. 17:1; Hel. 10:6.

grado que perecieron por millares
en las partes más inicuas del país.
7 Y ocurrió que los del pueblo
vieron que estaban a punto de
perecer de hambre, y empezaron
a [a]acordarse del Señor su Dios, y
también empezaron a acordarse
de las palabras de Nefi.
8 Y los del pueblo empezaron a
suplicar a sus jueces superiores
y a sus jefes que dijeran a Nefi:
He aquí, sabemos que eres un
hombre de Dios; suplica, pues, al
Señor nuestro Dios que aparte de
nosotros esta hambre, no sea que
se cumplan todas las [a]palabras
que has hablado concernientes a
nuestra destrucción.
9 Y aconteció que los jueces hablaron a Nefi según las palabras
que se habían solicitado. Y sucedió que cuando Nefi vio que el
pueblo se había arrepentido, y
se había humillado y vestido de
cilicio, clamó otra vez al Señor,
diciendo:
10 Oh Señor, he aquí, este pueblo se arrepiente; y ha exterminado de entre ellos la banda de
Gadiantón, de modo que ha desaparecido; y han escondido sus
planes secretos en la tierra.
11 Y ahora, oh Señor, apártese
de ellos tu ira a causa de su humildad, y apacígüese tu enojo con
la destrucción de esos hombres
inicuos que ya has talado.
12 ¡Oh Señor, desvía tu ira, sí, tu
ardiente ira, y haz que cese esta
hambre en esta tierra!
13 ¡Oh Señor, escúchame y concede que sea hecho según mis
palabras, y envía [a]lluvia sobre la
faz de la tierra para que produzca
su fruto, y su grano en la época
del grano!
14 Oh Señor, tú escuchaste [a]mis
palabras cuando dije: Haya hambre, para que cese la destrucción
por la espada. Y sé que también
en esta ocasión escucharás mis
palabras, porque dijiste: Si este
pueblo se arrepiente, lo perdonaré.
15 Sí, ¡oh Señor!, tú ves que se
han arrepentido a causa del hambre y la peste y la destrucción que
les han sobrevenido.
16 Y ahora, oh Señor, ¿no aparta-
rás tu ira y probarás otra vez si te
servirán? Y si así fuere, oh Señor,
puedes bendecirlos de acuerdo
con tus palabras que has hablado.
17 Y aconteció que en el año setenta y seis, el Señor apartó su indignación del pueblo e hizo que
la [a]lluvia cayera sobre la tierra, de
modo que produjo su fruto en la
época de su fruto. Y sucedió que
produjo su grano en la época de
su grano.
18 Y he aquí, el pueblo se regocijó y glorificó a Dios, y se
llenó de alegría toda la faz de
la tierra; y no intentaron más
destruir a Nefi, sino que lo estimaron como un [a]gran profeta
y varón de Dios, que tenía gran
poder y autoridad que Dios le
había dado.

7*a* Hel. 12:3.
8*a* Hel. 10:11–14.
13*a* 1 Rey. 18:1, 41–46.
14*a* Hel. 11:4.
17*a* Deut. 11:13–17.
18*a* Hel. 10:5–11.

19 Y he aquí, su hermano Lehi
no era [a]menos grande que él en
cuanto a las cosas concernientes
a la rectitud.
20 Y así aconteció que el pueblo
de Nefi empezó a prosperar de
nuevo en la tierra, y comenzaron
a edificar sus lugares desiertos,
y empezaron a multiplicarse y
a extenderse hasta que cubrieron toda la superficie de la tierra,
tanto hacia el norte como hacia el
sur, desde el mar del oeste hasta
el mar del este.
21 Y ocurrió que el año setenta
y seis concluyó en paz. Y el año
setenta y siete también comenzó
en paz; y la [a]iglesia se extendió
por toda la faz de la tierra, y la
mayor parte del pueblo, tanto lamanitas como nefitas, pertenecía
a la iglesia; y hubo una paz muy
grande en la tierra; y así concluyó
el año setenta y siete.
22 Y también gozaron de paz
en el año setenta y ocho, con excepción de unas pocas controver-
sias concernientes a los puntos de
doctrina que los profetas habían
establecido.
23 Y en el año setenta y nueve
empezó a haber muchas contenciones. Pero sucedió que Nefi,
Lehi y muchos de sus hermanos
que sabían concerniente a los verdaderos puntos de la doctrina,
pues recibían muchas [a]revelacio-
nes diariamente; por lo tanto, predicaron al pueblo, de modo que
hicieron cesar sus contenciones
ese mismo año.
24 Y aconteció que en el año
ochenta del gobierno de los jueces sobre el pueblo de Nefi, hubo
un cierto número de los disidentes nefitas que algunos años antes
se habían pasado a los lamanitas
y habían tomado sobre sí el nombre de lamanitas, y también cierto
número que eran descendientes verdaderos de los lamanitas,
habiendo sido incitados a la ira
por aquellos, es decir, aquellos
disidentes, que emprendieron,
por tanto, una guerra contra sus
hermanos.
25 Y cometían asesinatos y
robos; y entonces se refugia-
ban en las montañas, y en el
desierto, y en parajes secretos,
ocultándose para que no los
descubriesen, aumentando sus
números diariamente a causa
de que había disidentes que se
unían a ellos.
26 Y así con el tiempo, sí, en el
término de no muchos años, se
convirtieron en una banda sumamente grande de ladrones; y buscaron todos los planes secretos de
Gadiantón; y así llegaron ellos a
ser los ladrones de Gadiantón.
27 Y he aquí, estos ladrones causaron grandes estragos, sí, una
gran destrucción, así entre el pueblo de Nefi, como también entre
el pueblo de los lamanitas.
28 Y sucedió que se hizo necesario que se diera fin a esta
obra de destrucción; de modo
que enviaron un ejército de hombres fuertes al desierto y a las

19*a* Hel. 5:36–44.
21*a* GEE Iglesia de Jesucristo.
23*a* Alma 26:22; DyC 107:19.

montañas, a fin de buscar esa
banda de ladrones y destruirlos.
29 Mas he aquí, sucedió que en
ese mismo año el ejército fue rechazado aun hasta sus propias tierras; y así concluyó el año ochenta del gobierno de los jueces sobre el pueblo de Nefi.
30 Y ocurrió que al comenzar el
año ochenta y uno, salieron otra vez contra esta banda de ladrones, y destruyeron a muchos; y también entre ellos hubo mucha destrucción.
31 Y de nuevo se vieron obligados a volver del desierto y de las montañas a sus propias tierras, por razón del extremadamente crecido número de esos ladrones que infestaban las montañas y el desierto.
32 Y aconteció que así concluyó
este año. Y continuaron aumentando los ladrones y haciéndose fuertes, al grado de que desafiaron a todos los ejércitos de los nefitas, y de los lamanitas también; e hicieron descender un temor muy grande sobre la gente por toda la superficie de la tierra.
33 Sí, porque cayeron sobre
muchas partes de la tierra, y les causaron grandes destrozos; sí, mataron a muchos, y a otros se llevaron cautivos al desierto; sí, y más particularmente a sus mujeres y sus niños.
34 Ahora bien, esta gran calami-
dad que sobrevino a los del pueblo por causa de sus iniquidades, de nuevo los hizo acordarse del Señor su Dios.
35 Y así concluyó el año ochenta
y uno del gobierno de los jueces.
36 Y en el año ochenta y dos,
empezaron otra vez a [a]olvidarse del Señor su Dios. Y empezaron a aumentar en su iniquidad durante el año ochenta y tres; y no enmendaron su conducta en el año ochenta y cuatro.
37 Y aconteció que en el año
ochenta y cinco, se afianzaron cada vez más en su orgullo y en su iniquidad; y así, otra vez estaban madurando para la destrucción.
38 Y así concluyó el año ochenta
y cinco.

CAPÍTULO 12

Los hombres son inconstantes, insensatos y prontos a cometer iniquidad — El Señor disciplina a Su pueblo — La insignificancia de los hombres se compara con el poder de Dios — En el día del juicio, los hombres tendrán la vida sempiterna o la condenación sempiterna. Aproximadamente 6 a.C.

Y ASÍ podemos ver cuán falso e
inconstante es el corazón de los hijos de los hombres; sí, podemos ver que el Señor en su grande e infinita bondad bendice y hace [a]prosperar a aquellos que en él ponen su [b]confianza.
2 Sí, y podemos ver que es pre-
cisamente en la ocasión en que

36*a* Alma 46:8.
12 1*a* 2 Cró. 26:5; Sal. 1:2–3.
b Sal. 36:7–8; 2 Ne. 22:2; Mos. 4:6. GEE Confianza, confiar.

hace prosperar a su pueblo, sí,
en el aumento de sus campos, sus
hatos y sus rebaños, y en oro, en
plata y en toda clase de objetos
preciosos de todo género y arte;
preservando sus vidas y librándolos de las manos de sus enemigos; ablandando el corazón de sus
enemigos para que no les declaren guerras; sí, y en una palabra,
haciendo todas las cosas para el
bienestar y felicidad de su pueblo; sí, entonces es la ocasión en
que [a]endurecen sus corazones, y
se olvidan del Señor su Dios, y
[b]huellan con los pies al Santo; sí,
y esto a causa de su comodidad
y su extrema prosperidad.
3 Y así vemos que excepto que
el Señor [a]discipline a su pueblo
con muchas aflicciones, sí, a menos que lo visite con muerte y
con terror, y con hambre y con
toda clase de pestilencias, no se
[b]acuerda de él.
4 ¡Oh cuán insensatos y cuán
vanos, cuán malignos y diabólicos, y cuán [a]prontos a cometer
iniquidad y cuán lentos en hacer lo bueno son los hijos de los
hombres! ¡Sí, cuán prestos son a
escuchar las palabras del maligno
y a poner su [b]corazón en las vanidades del mundo!
5 ¡Sí, cuán prestos están para
ensalzarse en el [a]orgullo; sí, cuán
prestos para jactarse y cometer
toda clase de aquello que es iniquidad; y cuán lentos son en acordarse del Señor su Dios y en dar
oído a sus consejos; sí, cuán lentos son en [b]andar por las vías de
la prudencia!
6 He aquí, no desean que los
[a]gobierne y reine sobre ellos el
Señor su Dios que los ha [b]creado;
a pesar de su gran benevolen-
cia y su misericordia para con
ellos, desprecian sus consejos,
y no quieren que él sea su guía.
7 ¡Oh cuán grande es la [a]insigni-
ficancia de los hijos de los hombres; sí, son menos aún que el
polvo de la tierra!
8 Porque he aquí, el polvo de la
tierra se mueve acá y allá, par-
tiéndose por la mitad según el
mandato de nuestro gran y sempiterno Dios.
9 Sí, he aquí, ante su voz tiemblan y se [a]estremecen las colinas
y las montañas.
10 Y por el [a]poder de su voz son
despedazadas y se vuelven llanas,
sí, semejantes a un valle.
11 Sí, por el poder de su voz
tiembla [a]toda la tierra;
12 sí, por el poder de su voz, se
cimbran los fundamentos, aun
hasta el mismo centro.
13 Sí, y si dice a la tierra: Mué-
vete, se mueve.

2*a* GEE Apostasía.
b Alma 5:53;
3 Ne. 28:35.
3*a* Mos. 23:21;
DyC 98:21; 101:8.
b Amós 4:6–11.
4*a* Éx. 32:8.
b Mateo 15:19;
Heb. 3:12.
5*a* Prov. 29:23.
GEE Orgullo.
b GEE Andar, andar con Dios.
6*a* Isa. 45:9;
DyC 58:30;
Moisés 7:32–33.
b DyC 60:4.
7*a* Isa. 40:15, 17;
Mos. 4:19;
Moisés 1:10.
9*a* 3 Ne. 22:10.
10*a* 1 Ne. 17:46.
11*a* Morm. 5:23;
Éter 4:9.

14 Sí, y si dice a la [a]tierra: [b]Vuél-
vete atrás, para que se [c]alargue el
día muchas horas, es hecho.
15 Y así, según su palabra, la
tierra se vuelve hacia atrás, y al
hombre le parece que el sol se ha
quedado estacionario; sí, y he aquí,
así es, porque ciertamente la tierra
es la que se mueve y no el sol.
16 Y he aquí, también, si dice a
las [a]aguas del gran mar: [b]Secaos,
así es hecho.
17 He aquí, si dice a esta montaña: Levántate y [a]ve y cae sobre
esa ciudad, para que sea ente-
rrada, he aquí, se hace.
18 Y he aquí, si un hombre
[a]oculta un tesoro en la tierra, y
el Señor dijere: [b]Maldito sea, por
motivo de la iniquidad de aquel
que lo ha escondido, he aquí, será
maldito.
19 Y si el Señor dijere: Maldito
seas para que nadie te encuentre
desde hoy para siempre jamás, he
aquí, nadie lo obtiene desde entonces para siempre jamás.
20 Y he aquí, si el Señor dijere
a un hombre: Maldito seas para
siempre por causa de tus iniquidades, será hecho.
21 Y si el Señor dijere: Por causa
de tus iniquidades serás separado
de mi presencia, él hará que así sea.
22 ¡Y ay de aquel a quien él dijere esto! Porque así se hará con
aquel que obre iniquidad, y no
podrá ser salvo. De modo que por
esta razón, para que los hombres
sean salvos, se ha declarado el
arrepentimiento.
23 Por tanto, benditos son aquellos que quieran arrepentirse y escuchar la voz del Señor su Dios,
porque son estos los que serán
[a]salvos.
24 Y Dios conceda, en su gran
plenitud, que los hombres sean
llevados al arrepentimiento y las
buenas obras, para que les sea restaurada gracia por [a]gracia, según
sus obras.
25 Y yo quisiera que todos los
hombres fuesen salvos. Pero leemos que habrá algunos que serán
desechados en el gran y postrer
día, sí, que serán echados de la
presencia del Señor;
26 sí, que serán condenados a
un estado de miseria sin fin, en
cumplimiento de las palabras que
dicen: Los que hayan hecho el
bien, tendrán [a]vida sempiterna;
y los que hayan hecho el mal, recibirán [b]condenación sempiterna.
Y así es. Amén.

La profecía de Samuel el Lamanita a los nefitas.

Comprende los capítulos del 13 al 15.

CAPÍTULO 13

Samuel el Lamanita profetiza la destrucción de los nefitas, a menos que

---

14*a* Josué 10:12–14.
b Isa. 38:7–8.
c 2 Rey. 20:8–11.
16*a* Mateo 8:27.
b Isa. 44:27; 51:10.
17*a* 3 Ne. 8:10.
18*a* Morm. 1:18; Éter 14:1.
b Hel. 13:17.
23*a* GEE Salvación.
24*a* GEE Gracia.
26*a* Mateo 25:46; Juan 5:28–29; Rom. 6:13.
b GEE Condenación, condenar.

se arrepientan — Ellos y sus rique-
zas son maldecidos — Rechazan y
apedrean a los profetas, los rodean
los demonios y buscan la felicidad
cometiendo iniquidades. Aproxima-
damente 6 a.C.

Y SUCEDIÓ que en el año ochenta
y seis persistieron los nefitas todavía en sus maldades, sí, en
gran iniquidad, mientras que los
lamanitas se esforzaron riguro-
samente por guardar los mandamientos de Dios, según la ley de
Moisés.
2 Y aconteció que en este año un
al Samuel, un lamanita, llegó a la
tierra de Zarahemla y empezó a
predicar al pueblo. Y ocurrió que
por muchos días predicó el arrepentimiento al pueblo, y lo echaron fuera, y se hallaba a punto de
regresar a su propia tierra.
3 Mas he aquí, vino a él la voz
del Señor de que volviera otra
vez y profetizara al pueblo todas las cosas que le vinieran al
corazón.
4 Y aconteció que no permitieron que él entrase en la ciudad;
por tanto, fue y se subió sobre la
muralla, y extendió la mano y
clamó en alta voz, y profetizó al
pueblo todas las cosas que el Señor le puso en el corazón.
5 Y les dijo: He aquí, yo, Samuel,
un lamanita, declaro las palabras
del Señor que él pone en mi corazón; y he aquí, él me ha puesto
en el corazón que diga a los de
este pueblo que la [a]espada de la
justicia se cierne sobre ellos; y no
pasarán cuatrocientos años sin
que caiga sobre ellos la espada
de la justicia.
6 Sí, una grave [a]destrucción espera a los de este pueblo, y ciertamente les sobrevendrá, y nada
puede salvar a los de este pueblo sino el arrepentimiento y la
fe en el Señor Jesucristo, que de
seguro vendrá al mundo, y padecerá muchas cosas y morirá por
su pueblo.
7 Y he aquí, un [a]ángel del Señor
me lo ha declarado, y él impartió
[b]alegres nuevas a mi alma. Y he
aquí, fui enviado a vosotros para
declaráros lo también, a fin de que
recibieseis buenas nuevas; pero
he aquí, no quisisteis recibirme.
8 Por tanto, así dice el Señor:
Debido a la dureza del corazón
del pueblo de los nefitas, a menos
que se arrepientan, les quitaré mi
palabra, y les [a]retiraré mi Espíritu,
y no los toleraré más, y volveré
el corazón de sus hermanos en
contra de ellos.
9 Y no pasarán [a]cuatrocientos
años sin que yo haga que sean
heridos; sí, los visitaré con la espada, y con hambre, y con pestilencia.
10 Sí, los visitaré en mi ardiente
ira, y habrá algunos de la [a]cuarta
generación, de vuestros enemigos, que vivirán para presenciar

3 1*a* Hel. 15:4–5.
3*a* DyC 100:5.
5*a* Alma 60:29; 3 Ne. 2:19.
6*a* Alma 45:10–14; Hel. 15:17.
7*a* Alma 13:26.
b Isa. 52:7.
8*a* Hel. 6:35.
9*a* Alma 45:10–12.
10*a* 1 Ne. 12:12; 2 Ne. 26:9; 3 Ne. 27:32.

vuestra completa destrucción; y esto de seguro sucederá, a menos que os arrepintáis, dice el Señor; y los de la cuarta generación causarán vuestra destrucción.

11 Pero si os arrepentís y os volvéis al Señor vuestro Dios, yo desviaré mi ira, dice el Señor; sí, así dice el Señor: Benditos son los que se arrepienten y se [a]vuelven a mí; pero, ¡ay del que no se arrepienta!

12 Sí, [a]¡ay de esta gran ciudad de Zarahemla, porque he aquí, es por causa de los que son justos que se ha salvado! Sí, ¡ay de esta gran ciudad, porque yo percibo, dice el Señor, que hay muchos, sí, la mayor parte de los de esta gran ciudad, que endurecerán su corazón contra mí, dice el Señor!

13 Pero benditos son los que se arrepientan, porque a ellos los salvaré. Pues he aquí, si no fuera por los justos que hay en esta gran ciudad, he aquí, yo haría que descendiera [a]fuego del cielo y la destruyera.

14 Mas he aquí, es por el bien de los justos que es perdonada. Pero he aquí, viene el tiempo, dice el Señor, que cuando echéis a los justos de entre vosotros, entonces os hallaréis maduros para la destrucción. Sí, ¡ay de esta gran ciudad por motivo de la iniquidad y abominaciones que hay en ella!

15 Sí, y, ¡ay de la ciudad de Gedeón, por la iniquidad y abominaciones que hay en ella!

16 Sí, ¡ay de todas las ciudades que se hallan en la tierra circunvecina, que están en posesión de los nefitas, por causa de la iniquidad y abominaciones que hay en ellas!

17 Y he aquí, vendrá una [a]maldición sobre la tierra, dice el Señor de los Ejércitos, por causa del pueblo que se halla sobre la tierra, sí, por motivo de sus iniquidades y sus abominaciones.

18 Y acontecerá, dice el Señor de los Ejércitos, sí, nuestro grande y verdadero Dios, que quienes [a]oculten sus tesoros en la tierra no los encontrarán más, por causa de la gran maldición de la tierra, a menos que sea un hombre justo y los esconda para los fines del Señor.

19 Porque yo dispongo, dice el Señor, que escondan sus tesoros para mis fines; y malditos sean aquellos que no los escondan para mis propósitos; porque nadie esconde sus tesoros para mí, a menos que sean los justos; y aquel que no oculte su tesoro para mí, maldito es, y también el tesoro, y nadie lo redimirá a causa de la maldición de la tierra.

20 Y llegará el día en que ocultarán sus tesoros, porque han puesto sus corazones en las riquezas; y porque tienen puesto el corazón en sus riquezas, y ocultarán sus tesoros cuando

11*a* 3 Ne. 10:5–7.
12*a* 3 Ne. 8:8, 24; 9:3.
13*a* Gén. 19:24; 2 Rey. 1:9–16; 3 Ne. 9:11.
17*a* Hel. 12:18.
18*a* Morm. 1:18; Éter 14:1.

uyan de sus enemigos; y porque
o los ocultarán para mis fines,
nalditos serán ellos y también
us tesoros; y en aquel día serán
eridos, dice el Señor.
21 He aquí, vosotros, los habi-
antes de esta gran ciudad, [a]escu-
had mis palabras; sí, escuchad
as palabras que el Señor habla;
orque he aquí, él dice que sois
nalditos por motivo de vuestras
iquezas, y vuestras riquezas son
nalditas también, porque habéis
uesto vuestro corazón en ellas, y
o habéis escuchado las palabras
e aquel que os las dio.
22 No os acordáis del Señor
uestro Dios en las cosas con que
s ha bendecido, mas siempre
ecordáis vuestras [a]riquezas, no
ara dar gracias al Señor vuestro
ios por ellas; sí, vuestros cora-
ones no se allegan al Señor, sino
ue se hinchan con desmedido
orgullo hasta la jactancia, y la
nucha vanidad, [c]envidias, riñas,
nalicia, persecuciones, asesina-
os, y toda clase de iniquidades.
23 Por esta razón el Señor Dios
a hecho venir una maldición
obre esta tierra, y también so-
re vuestras riquezas, y esto por
notivo de vuestras iniquidades.
24 Sí, ¡ay de este pueblo, a causa
e este tiempo que ha llegado en
ue [a]echáis fuera a los profetas,
os burláis de ellos, y les arrojáis
piedras, y los matáis, y les hacéis toda suerte de iniquidades,
así como lo hacían los de la antigüedad!
25 Y ahora bien, cuando habláis, decís: Si hubiéramos vivido en los días de nuestros
[a]padres de la antigüedad, no
habríamos muerto a los profetas;
no los hubiéramos apedreado ni
echado fuera.
26 He aquí, sois peores que ellos;
porque así como vive el Señor, si
viene un [a]profeta entre vosotros
y os declara la palabra del Señor,
la cual testifica de vuestros pecados e iniquidades, os [b]irritáis
con él, y lo echáis fuera y buscáis
toda clase de maneras para destruirlo; sí, decís que es un [c]profeta
falso, que es un pecador y que es
del diablo, porque [d]testifica que
vuestras obras son malas.
27 Mas he aquí, si un hombre
llegare entre vosotros y dijere:
Haced esto, y no hay mal; haced
aquello, y no padeceréis; sí, dirá:
Andad según el orgullo de vuestros propios corazones; sí, id en
pos del orgullo de vuestros ojos, y
haced cuanto vuestro corazón desee; y si un hombre viniere entre
vosotros y dijere esto, lo recibiréis
y diréis que es [a]profeta.
28 Sí, lo engrandeceréis y le
daréis de vuestros bienes; le daréis de vuestro oro y de vuestra

21*a* GEE Escuchar.
22*a* Lucas 12:34.
GEE Mundano, lo; Riquezas.
b GEE Orgullo.
c GEE Envidia.
24*a* 2 Cró. 36:15–16; 1 Ne. 1:20.
25*a* Hech. 7:51.
26*a* 2 Cró. 18:7; Lucas 16:31.
b Isa. 30:9–10.
c Mateo 13:57.
d Gál. 4:16.
27*a* Miqueas 2:11.
GEE Supercherías sacerdotales.

plata, y lo cubriréis con vestidos suntuosos; y porque os habla palabras [a]lisonjeras y dice que todo está bien, no halláis falta alguna en él.

29 ¡Oh generación inicua y perversa; pueblo empedernido y duro de cerviz! ¿Cuánto tiempo suponéis que el Señor os va a tolerar? Sí, ¿hasta cuándo os dejaréis llevar por guías [a]insensatos y [b]ciegos? Sí, ¿hasta cuándo [c]preferiréis las tinieblas a la [d]luz?

30 Sí, he aquí, la ira del Señor ya está encendida contra vosotros; he aquí, él ha maldecido la tierra por motivo de vuestra iniquidad.

31 Y he aquí, se acerca la hora en que maldecirá vuestras riquezas, de modo que se volverán [a]deleznables, al grado que no las podréis conservar; y en los días de vuestra pobreza no las podréis retener.

32 Y en los días de vuestra pobreza, clamaréis al Señor; y clamaréis en vano, porque vuestra desolación ya está sobre vosotros, y vuestra destrucción está asegurada; y entonces lloraréis y gemiréis en ese día, dice el Señor de los Ejércitos; y entonces os lamentaréis y diréis:

33 ¡Oh, [a]si me hubiese arrepentido, y no hubiese muerto a los profetas, ni los hubiese [b]apedreado ni echado fuera! Sí, en ese día diréis: ¡Oh, si nos hubiésemos acordado del Señor nuestro Dios el día en que nos dio nuestras riquezas, y entonces no se habrían vuelto deleznables para que las perdiéramos; porque he aquí nuestras riquezas han huido de nosotros!

34 ¡He aquí, dejamos aquí una herramienta, y para la mañana ya no está; y he aquí, se nos despoja de nuestras espadas el día en que las hemos buscado para la batalla!

35 Sí, hemos escondido nuestros tesoros, y se nos han escurrido por causa de la maldición de la tierra.

36 ¡Oh, si nos hubiésemos arrepentido el día en que vino a nosotros la palabra del Señor! Porque he aquí, la tierra está maldita y todas las cosas se han vuelto deleznables, y no podemos retenerlas.

37 He aquí, nos rodean los demonios; sí, cercados estamos por los ángeles de aquel que ha tratado de destruir nuestras almas. He aquí, grandes son nuestras iniquidades. ¡Oh Señor!, ¿no puedes apartar tu ira de nosotros? Y estas serán vuestras palabras en aquellos días.

38 Mas he aquí, vuestros [a]días de probación ya pasaron; habéis [b]demorado el día de vuestra salvación hasta que es eternamente tarde ya, y vuestra destrucción está asegurada; sí, porque todos los días de vuestra vid

28*a* 2 Tim. 4:3–4.
29*a* 2 Ne. 28:9.
b Mateo 15:14.
c Juan 3:19.
d Job 24:13.
31*a* Morm. 1:17–18.
33*a* Morm. 2:10–15.
b Mateo 23:37.
38*a* Morm. 2:15.
b Alma 34:33–34.

ıabéis procurado aquello que no
ıodíais obtener, y habéis bus-
:ado la [c]felicidad cometiendo
niquidades, lo cual es contrario
ı la naturaleza de esa justicia que
:xiste en nuestro gran y Eterno
Caudillo.

39 ¡Oh habitantes del país, oh, si
:scuchaseis mis palabras! Y ruego
ıue se aparte de vosotros la ira
lel Señor, y que os arrepintáis y
eáis salvos.

CAPÍTULO 14

ìamuel predice que habrá luz du-
ante la noche y que aparecerá
ına estrella nueva cuando nazca
Cristo — Cristo redime al género
ıumano de la muerte temporal y de
ı espiritual — Entre las señales de
ìu muerte, habrá tres días de tinie-
·las, se partirán las rocas y habrá
·randes cataclismos. Aproximada-
ıente 6 a.C.

Y ACONTECIÓ que [a]Samuel el Lamanita profetizó muchísimas
ıtras cosas que no pueden es-
ribirse.

2 Y les dijo: He aquí, os doy
ına señal; porque han de pasar
inco años más y, he aquí, en-
onces viene el Hijo de Dios para
edimir a todos los que crean en
u nombre.

3 Y he aquí, esto os daré por
señal al tiempo de su venida:
ıorque he aquí, habrá grandes
uces en el cielo, de modo que
no habrá obscuridad en la noche
anterior a su venida, al grado de
que a los hombres les parecerá
que es de día.

4 Por tanto, habrá un día y una
noche y un día, como si fuera un
solo día y no hubiera noche; y
esto os será por señal; porque os
percataréis de la salida del sol y
también de su puesta; por tanto,
sabrán de seguro que habrá dos
días y una noche; sin embargo, no
se obscurecerá la noche; y será la
noche antes que [a]él nazca.

5 Y he aquí, aparecerá una [a]es-
trella nueva, tal como nunca habéis visto; y esto también os será
por señal.

6 Y he aquí, esto no es todo, habrá muchas señales y prodigios
en el cielo.

7 Y acontecerá que os llenaréis
de asombro y admiración, a tal
grado que [a]caeréis al suelo.

8 Y sucederá que el que [a]creyere
en el Hijo de Dios, tendrá vida
sempiterna.

9 Y he aquí, así me ha mandado
el Señor, por medio de su ángel,
que viniera y os dijera esto; sí,
me ha mandado que os profetizara estas cosas; sí, me ha dicho:
Clama a este pueblo: Arrepentíos,
y preparad la vía del Señor.

10 Y ahora bien, porque soy
lamanita, y os he hablado las
palabras que el Señor me ha mandado, y porque fue duro para
vosotros, os enojáis conmigo, y

38*c* Alma 41:10–11.
14 1*a* Hel. 13:2.
3*a* 3 Ne. 1:15.
4*a* GEE Jesucristo — Profecías acerca de la vida y la muerte de Jesucristo.
5*a* Mateo 2:1–2; 3 Ne. 1:21.
7*a* 3 Ne. 1:16–17.
8*a* Juan 3:16.

tratáis de destruirme, y me habéis [a]echado de entre vosotros.

11 Y oiréis mis palabras, pues para este propósito me he subido a las murallas de esta ciudad, a fin de que oigáis y sepáis de los juicios de Dios que os esperan por causa de vuestras iniquidades, y también para que conozcáis las condiciones del arrepentimiento;

12 y también para que sepáis de la venida de Jesucristo, el Hijo de Dios, el [a]Padre del cielo y de la tierra, el Creador de todas las cosas desde el principio; y para que sepáis acerca de las señales de su venida, con objeto de que creáis en su nombre.

13 Y si [a]creéis en su nombre, os arrepentiréis de todos vuestros pecados, para que de ese modo logréis una remisión de ellos por medio de los [b]méritos de él.

14 Y he aquí, os doy, además, otra señal, sí, una señal de su muerte.

15 Pues he aquí, de cierto tiene que morir para que venga la [a]salvación; sí, a él le corresponde y se hace necesario que muera para efectuar la [b]resurrección de los muertos, a fin de que por este medio los hombres sean llevados a la presencia del Señor.

16 Sí, he aquí, esta muerte lleva a efecto la resurrección, y [a]redime a todo el género humano de la primera muerte, esa muerte espiritual; porque, hallándose [b]separados de la presencia del Seño por la [c]caída de Adán, todos lo hombres son considerados com si estuvieran [d]muertos, tanto en l que respecta a cosas temporale como a cosas espirituales.

17 Pero he aquí, la resurrecció de Cristo [a]redime al género humano, sí, a toda la humanidad y la trae de vuelta a la presenci del Señor.

18 Sí, y lleva a efecto la condición del arrepentimiento, qu aquel que se arrepienta no ser talado y arrojado al fuego; per el que no se arrepienta será talad y echado en el fuego; y viene otr vez sobre ellos una muerte espiritual; sí, una segunda muerte porque quedan nuevamente separados de las cosas que concierne a la justicia.

19 Por tanto, arrepentíos, arrepentíos, no sea que por saber estas cosas, y por no cumplirlas, o dejéis caer bajo condenación, seáis arrastrados a esta segund muerte.

20 Mas he aquí, como os dij concerniente a otra [a]señal, un señal de su muerte, he aquí, e día en que padezca la muerte, s [b]obscurecerá el sol, y rehusar daros su luz; y también la lun y las estrellas; y no habrá lu

10*a* Hel. 13:2.
12*a* Mos. 3:8; 3 Ne. 9:15; Éter 4:7. GEE Jesucristo.
13*a* Hech. 16:30–31.
b DyC 19:16–20.
15*a* GEE Salvador.
b Alma 42:23. GEE Resurrección.
16*a* GEE Plan de redención.
b Alma 42:6–9.
c GEE Caída de Adán y Eva.
d GEE Muerte espiritual.
17*a* GEE Redención, redimido, redimir.
20*a* 3 Ne. 8:5–25.
b Lucas 23:44.

sobre la superficie de esta tierra
durante [c]tres días, sí, desde la
hora en que sufra la muerte, hasta
el momento en que resucite de
entre los muertos.
21 Sí, en el momento en que entregue el espíritu, habrá [a]truenos
y relámpagos por el espacio de
muchas horas, y la tierra se con-
moverá y temblará; y las rocas
que están sobre la faz de la tierra, que se hallan tanto sobre la
tierra como por debajo, y que hoy
sabéis que son macizas, o que la
mayor parte son una masa sólida,
se harán [b]pedazos;
22 sí, se partirán por la mitad,
y para siempre jamás después
se [a]hallarán con grietas y hendiduras, y en fragmentos sobre
la superficie de toda la tierra, sí,
tanto encima de la tierra como
por debajo.
23 Y he aquí, habrá grandes tempestades; y habrá muchas montañas que serán hechas llanas, a
semejanza de un valle, y habrá
muchos parajes que ahora se llaman valles, que se convertirán en
montañas de una altura inmensa.
24 Y muchas calzadas se harán
pedazos, y muchas [a]ciudades
quedarán desoladas.
25 Y se abrirán muchos [a]sepul-
cros, y entregarán a un gran número de sus muertos; y muchos
santos se aparecerán a muchos.
26 Y he aquí, así me ha hablado
el [a]ángel; porque me dijo que habría truenos y relámpagos por el
espacio de muchas horas.
27 Y me dijo que mientras du-
rasen los truenos y relámpagos y
la tempestad, se verificarían estas
cosas; y que [a]tinieblas cubrirían la
faz de toda la tierra por el espacio
de tres días.
28 Y me dijo el ángel que muchos
verán mayores cosas que estas, con
el fin de que crean que [a]estas señales y prodigios se habrían de verificar por toda la superficie de esta
tierra, con objeto de que no haya
más motivo para la incredulidad
entre los hijos de los hombres,
29 y esto con objeto de que aquellos que crean sean salvos, y sobre los que no crean descienda
un justo [a]juicio; y también, si son
condenados, traen sobre sí su propia condenación.
30 Así pues, recordad, recordad,
mis hermanos, que el que perece,
perece por causa de sí mismo; y
quien comete iniquidad, lo hace
contra sí mismo; pues he aquí,
sois [a]libres; se os permite obrar
por vosotros mismos; pues he
aquí, Dios os ha dado el [b]conoci-
miento y os ha hecho libres.
31 Él os ha concedido que [a]dis-
cernáis el bien del mal, y os ha
concedido que [b]escojáis la vida
o la muerte; y podéis hacer lo

20*c* Mos. 3:10.
21*a* 3 Ne. 8:6.
b 3 Ne. 10:9.
22*a* 3 Ne. 8:18.
24*a* 3 Ne. 9:3–12.
25*a* Mateo 27:50–54; 3 Ne. 23:9–11.
26*a* Alma 13:26.
27*a* 1 Ne. 19:10; 3 Ne. 8:3.
28*a* 1 Ne. 12:4–5.
29*a* GEE Juicio final.
30*a* 2 Ne. 2:26–29; Moisés 6:56. GEE Albedrío.
b GEE Conocimiento.
31*a* Moro. 7:16.
b 2 Ne. 2:28–29; Alma 3:26–27.

bueno, y ser [c]restaurados a lo
que es bueno, es decir, que os
sea restituido lo que es bueno;
o podéis hacer lo malo, y hacer
que lo que es malo os sea restituido.

CAPÍTULO 15

El Señor disciplinó a los nefitas porque los amaba — Los lamanitas convertidos son firmes e inmutables en la fe — El Señor será misericordioso con los lamanitas en los días postreros. Aproximadamente 6 a.C.

Y AHORA bien, amados hermanos
míos, he aquí, os declaro que a
menos que os arrepintáis, vuestras casas os quedarán [a]desiertas.
2 Sí, a menos que os arrepintáis,
vuestras mujeres tendrán sobrado
motivo para lamentarse el día en
que estén criando; porque inten-
taréis escapar, y no habrá lugar
de refugio; sí, ¡ay de las que estén [a]encintas, porque con el peso
no podrán huir; por tanto, serán
atropelladas y abandonadas para
perecer!
3 Sí, ¡ay de los de este pueblo
llamado el pueblo de Nefi, a menos que se arrepientan cuando
vean todas estas señales y prodigios que les serán manifestados! Pues he aquí, han sido un
pueblo escogido del Señor; sí,
él ha amado a los del pueblo
de Nefi, y los ha [a]disciplinado
también; sí, los ha disciplinado
en los días de sus iniquidades,
porque los ama.
4 Mas he aquí, hermanos míos,
ha aborrecido a los lamanitas porque sus obras han sido continuamente malas, y esto por motivo
de la iniquidad de la [a]tradición
de sus padres. Mas he aquí, les
ha llegado la salvación por medio
de la predicación de los nefitas; y
para este fin el Señor ha [b]prolon-
gado sus días.
5 Y quisiera que os fijaseis en
que la [a]mayor parte de ellos se
hallan en la senda de su deber
y andan con circunspección delante de Dios, y se esfuerzan por
guardar sus mandamientos y sus
estatutos y sus juicios, de acuerdo
con la ley de Moisés.
6 Sí, os digo que la mayor parte
de ellos están haciendo esto, y
con infatigable diligencia se están esforzando por traer al resto
de sus hermanos al conocimiento
de la verdad; por tanto, son muchos los que se unen a su número
diariamente.
7 Y he aquí, sabéis por vosotros
mismos, porque lo habéis presenciado, que cuantos de ellos llegan
al conocimiento de la verdad, y a
saber de las inicuas y abominables
tradiciones de sus padres, y son
conducidos a creer las Santas Escrituras, sí, las profecías escritas de
los santos profetas, que los llevan
a la fe en el Señor y al arrepentimiento, esa fe y arrepentimiento

31*c* Alma 41:3–5.
15 1*a* Mateo 23:37–38.
2*a* Mateo 24:19.
3*a* Prov. 3:12; Heb. 12:5–11; DyC 95:1.
4*a* GEE Tradiciones.
b Alma 9:16.
5*a* Hel. 13:1.

que efectúan un [a]cambio de corazón en ellos;
8 por lo tanto, cuantos han llegado a este punto, sabéis por vosotros mismos que son [a]firmes e
inmutables en la fe, y en aquello
con lo que se les ha hecho libres.
9 Y también sabéis que han [a]en-
terrado sus armas de guerra, y
temen empuñarlas, no sea que
de alguna manera ellos pequen;
sí, veis que tienen miedo de pecar, pues he aquí, se dejan ho-
llar y matar por sus enemigos, y
no alzan la espada en contra de
ellos; y esto a causa de su fe en
Cristo.
10 Y por motivo de su firmeza,
cuando llegan a creer en aquello que creen, por causa, pues,
de su firmeza, una vez que son
iluminados, he aquí, el Señor los
bendecirá y prolongará sus días
a pesar de su iniquidad.
11 Sí, aunque degeneraren en la
incredulidad, el Señor [a]prolon-
gará sus días hasta que llegue
el tiempo del cual han hablado
nuestros padres, y también el
profeta [b]Zenós y muchos otros
profetas, concerniente a la [c]res-
tauración de nuestros hermanos,
los lamanitas, nuevamente al conocimiento de la verdad.
12 Sí, os digo que en los postreros tiempos se han extendido las
[a]promesas del Señor a nuestros
hermanos los lamanitas; y a pesar
de las muchas aflicciones que ex-
perimentarán, y no obstante que
serán [b]echados de un lado al otro
sobre la superficie de la tierra, y
serán perseguidos y heridos y dispersados, sin tener lugar donde
refugiarse, el Señor será [c]miseri-
cordioso con ellos.
13 Y esto de acuerdo con la profecía de que serán [a]traídos otra
vez al conocimiento verdadero,
que es el conocimiento de su Redentor y de su gran y verdadero
[b]pastor, y serán contados entre
sus ovejas.
14 Por tanto, os digo que será
[a]mejor para ellos que para vosotros, a menos que os arrepintáis.
15 Porque he aquí, si a ellos les
[a]hubiesen sido mostradas las poderosas obras que os han sido manifestadas a vosotros, sí, a estos que
han degenerado en la incredulidad
por motivo de las tradiciones de
sus padres, podéis ver por vosotros
mismos que jamás habrían vuelto a
degenerar en la incredulidad.
16 Por tanto, dice el Señor: No
los destruiré completamente, sino
que haré que en el día de mi prudencia se vuelvan a mí de nuevo,
dice el Señor.
17 Y he aquí, ahora dice el Señor concerniente al pueblo de
los nefitas: Si no se arrepienten
y se esfuerzan por cumplir mi

7*a* GEE Conversión, convertir.
8*a* Alma 23:6; 27:27; 3 Ne. 6:14.
9*a* Alma 24:17–19.
11*a* Alma 9:16.
b Hel. 8:19.
c 2 Ne. 30:5–8.
12*a* Enós 1:12–13.
b Morm. 5:15.
c 1 Ne. 13:31; 2 Ne. 10:18–19; Jacob 3:5–6.
13*a* 3 Ne. 16:12.
b GEE Buen Pastor.
14*a* Hel. 7:23.
15*a* Mateo 11:20–23.

voluntad, los [a]destruiré completamente por su incredulidad, dice
el Señor, no obstante las muchas
poderosas obras que yo he realizado entre ellos; y así como vive
el Señor, acontecerán estas cosas,
dice el Señor.

CAPÍTULO 16

Nefi bautiza a los nefitas que creen a Samuel — Las piedras y las flechas de los nefitas inicuos no pueden matar a Samuel — Algunos endurecen su corazón y otros ven ángeles — Los incrédulos dicen que no es razonable creer en Cristo ni en Su venida a Jerusalén. Aproximadamente 6–1 a.C.

Y SUCEDIÓ que hubo muchos que
oyeron las palabras que Samuel
el Lamanita habló desde las murallas de la ciudad. Y cuantos
creyeron en su palabra fueron y
buscaron a Nefi; y cuando fueron
y lo hallaron, le confesaron sus
pecados y no negaron, deseando
ser bautizados en el Señor.
2 Pero cuantos no creyeron en
las palabras de Samuel se enojaron con él; y le arrojaron piedras
sobre la muralla, y también muchos lanzaron flechas contra él
mientras se hallaba sobre la muralla; mas el Espíritu del Señor
estaba con él, de modo que no
pudieron herirlo con sus piedras
ni con sus flechas.
3 Y cuando vieron que no podían herirlo, hubo muchos más
que creyeron en sus palabras, al
grado de que fueron a Nefi para
ser bautizados.
4 Porque he aquí, Nefi estaba
bautizando, y profetizando, y predicando, proclamando el arrepentimiento al pueblo, mostrando
señales y prodigios, y obrando
[a]milagros entre el pueblo, a fin
de que supieran que el Cristo
[b]pronto debía venir,
5 hablándoles de cosas que en
breve se verificarían, para que
supieran y se acordaran, en el
día de su cumplimiento, que se
las habían hecho saber de antemano, a fin de que creyeran; por
tanto, cuantos creyeron en las
palabras de Samuel fueron a Nefi
para ser bautizados, pues llegaban arrepintiéndose y confesando
sus pecados.
6 Pero la mayor parte de ellos
no creyeron en las palabras de
Samuel; por tanto, cuando vieron
que no podían herirlo con sus piedras ni con sus flechas, gritaron a
sus capitanes, diciendo: Prended
a este individuo y atadlo, porque
está poseído de un diablo; y por
el poder del diablo que está en él,
no podemos herirlo con nuestras
piedras ni con nuestras flechas,
por tanto, tomadlo y atadlo, y
llevadlo.
7 Y mientras avanzaban para
echarle mano, he aquí, se dejó
caer desde la muralla, y huyó
de sus tierras, sí, hasta su propio
país, y empezó a predicar y a profetizar entre su propio pueblo.

17*a* Hel. 13:6–10.

16 4*a* GEE Milagros. *b* Hel. 14:2.

8 Y he aquí, nunca más se volvió a saber de él entre los nefitas;
y así se hallaban los asuntos del
pueblo.
9 Y así concluyó el año ochenta
y seis del gobierno de los jueces
sobre el pueblo de Nefi.
10 Y así concluyó también el
año ochenta y siete del gobierno
de los jueces, permaneciendo la
mayoría del pueblo en su orgullo e iniquidad, y la menor parte
andando con más circunspección
ante Dios.
11 Y estas fueron las condiciones
que prevalecieron también en el
año ochenta y ocho del gobierno
de los jueces.
12 Y en el año ochenta y nueve
del gobierno de los jueces hubo
muy poco cambio en los asuntos
del pueblo, salvo que la gente
empezó a obstinarse más en la
iniquidad, y a cometer más y más
de aquello que era contrario a los
mandamientos de Dios.
13 Pero aconteció que en el año
noventa del gobierno de los jueces, se manifestaron [a]grandes señales y prodigios al pueblo; y
[b]empezaron a cumplirse las palabras de los profetas.
14 Y se aparecieron [a]ángeles a
los hombres, a hombres sabios,
y les declararon buenas nuevas
de gran gozo; de modo que en
este año empezaron a cumplirse
las Escrituras.
15 No obstante, el pueblo empezó a endurecer su corazón,
todos salvo la parte más creyente
de ellos, tanto entre los nefitas
como entre los lamanitas, y empezaron a confiar en su propia
fuerza y en su [a]propia sabiduría,
diciendo:
16 Algunas cosas, de entre tantas, pudieron haber adivinado
acertadamente; mas he aquí, sabemos que todas estas obras grandes y maravillosas de que se ha
hablado no pueden suceder.
17 Y empezaron a raciocinar y a
disputar entre sí, diciendo:
18 [a]No es razonable que venga
tal ser como un Cristo; si así es, y
si fuere el Hijo de Dios, el Padre
del cielo y de la tierra, como se ha
dicho, ¿por qué no se nos ha de
manifestar a nosotros así como a
aquellos que estén en Jerusalén?
19 Sí, ¿por qué no se ha de mostrar en esta tierra, así como en la
tierra de Jerusalén?
20 Mas he aquí, nosotros sabemos que esta es una inicua [a]tra-
dición que nos han transmitido
nuestros padres, para hacernos
creer en una cosa grande y maravillosa que ha de acontecer, pero
no entre nosotros, sino en una
tierra que se halla muy lejana, tierra que no conocemos; por tanto,
pueden mantenernos en la ignorancia, porque no podemos [b]dar
fe con nuestros propios ojos de
que son verdaderas.
21 Y ellos, por medio de la astucia y misteriosos artificios del
maligno, obrarán algún gran

13*a* 3 Ne. 1:4.
b Hel. 14:3–7.
14*a* Alma 13:26.
15*a* Isa. 5:21.
18*a* Alma 30:12–13.
20*a* GEE Tradiciones.
b Éter 12:5–6, 19.

misterio que nosotros no podemos comprender, el cual nos su-
jetará para que seamos siervos
de sus palabras y siervos de ellos
también, puesto que dependemos
de ellos para que nos enseñen la
palabra; y así nos conservarán
en la ignorancia todos los días
de nuestra vida si nos somete-
mos a ellos.
22 Y muchas más cosas insensatas y [a]vanas se imaginaron en
sus corazones; y se hallaban muy
agitados porque Satanás los incitaba continuamente a cometer iniquidades; sí, anduvo sembrando
rumores y contenciones sobre
toda la faz de la tierra, a fin de
endurecer el corazón de la gente
contra lo que era bueno y contra
lo que estaba por venir.
23 Y a pesar de las señales y los
prodigios que se realizaban entre los del pueblo del Señor, y los
muchos milagros que obraban,
Satanás logró gran poder sobre
el corazón del pueblo en toda la
faz de la tierra.
24 Y así concluyó el año noventa
del gobierno de los jueces sobre
el pueblo de Nefi.
25 Y así terminó el libro de Helamán, de acuerdo con los anales
de Helamán y sus hijos.

TERCER NEFI
EL LIBRO DE NEFI

HIJO DE NEFI, QUE ERA HIJO DE HELAMÁN

Y Helamán era hijo de Helamán, que era hijo de Alma, el hijo de Alma, el cual era descendiente de Nefi, que era hijo de Lehi, quien salió de Jerusalén el primer año del reinado de Sedequías, rey de Judá.

CAPÍTULO 1

Nefi hijo de Helamán, parte de la tierra, y su hijo Nefi conserva los anales — Aunque abundan las señales y las maravillas, los inicuos hacen planes para matar a los justos — Llega la noche del nacimiento de Cristo — Se da la señal y aparece una nueva estrella — Aumentan las mentiras y los engaños, y los ladrones de Gadiantón asesinan a muchos. Aproximadamente 1–4 d.C.

Y ACONTECIÓ que el año noventa y uno había concluido,
y habían pasado [a]seiscientos años
de la época en que Lehi salió de
Jerusalén; y fue el año en que Laconeo era juez superior y gobernador en toda la tierra.
2 Y Nefi hijo de Helamán,

22*a* GEE Vanidad, vano.

[3 NEFI]

1 1*a* 2 Ne. 25:19.

había partido de la tierra de Zarahemla, dando a su hijo [a]Nefi, que era su hijo mayor, el cargo concerniente a las [b]planchas de bronce y todos los anales que habían sido conservados, y todas aquellas cosas que se habían guardado sagradas desde la salida de Lehi de Jerusalén.
3 Entonces salió de esa tierra, y
nadie sabe [a]adónde se fue; y su hijo Nefi llevó los anales en su lugar, sí, los anales de este pueblo.
4 Y sucedió que a principios
del año noventa y dos, he aquí, empezaron a cumplirse más plenamente las profecías de los profetas; porque empezó a haber mayores señales y mayores milagros entre el pueblo.
5 Pero hubo algunos que empe-
zaron a decir que ya había pasado el tiempo para que se cumplieran las palabras que [a]habló Samuel el Lamanita.
6 Y empezaron a reírse de sus
hermanos, diciendo: He aquí, ya se pasó el tiempo, y no se han cumplido las palabras de Samuel; de modo que han sido en vano vuestro gozo y vuestra fe concernientes a esto.
7 Y aconteció que hicieron un
gran alboroto por toda la tierra; y las personas que creían empezaron a apesadumbrarse en gran manera, no fuese que de algún modo no llegaran a verificarse aquellas cosas que se habían declarado.
8 Mas he aquí, esperaban firme-
mente la llegada de ese día y esa noche y otro día, que serían como un solo día, como si no hubiera noche, a fin de saber que su fe no había sido en vano.
9 Y sucedió que los incrédulos
fijaron un día en el cual se habría de aplicar la [a]pena de muerte a todos aquellos que creyeran en esas tradiciones, a menos que se verificase la señal que había indicado el profeta Samuel.
10 Y ocurrió que cuando Nefi
hijo de Nefi, vio esta iniquidad de su pueblo, su corazón se afligió en extremo.
11 Y acaeció que fue y se postró
en tierra y clamó fervorosamente a su Dios a favor de su pueblo, sí, aquellos que estaban a punto de ser destruidos por motivo de su fe en la tradición de sus padres.
12 Y sucedió que [a]todo ese día
imploró fervorosamente al Señor, y he aquí, la voz del Señor vino a él, diciendo:
13 Alza la cabeza y sé de buen
ánimo, pues he aquí, ha llegado el momento; y esta noche se dará la señal, y [a]mañana vengo al mundo para mostrar al mundo que he de cumplir todas las cosas que he hecho [b]declarar por boca de mis santos profetas.
14 He aquí, [a]vengo a los míos

2*a* GEE Nefi hijo de Nefi, hijo de Helamán.
b Alma 37:3–5.
3*a* 3 Ne. 2:9.
5*a* Hel. 14:2–4.
9*a* GEE Mártir, martirio.
12*a* Enós 1:4; Alma 5:46.
13*a* Lucas 2:10–11.
b GEE Jesucristo — Profecías acerca de la vida y la muerte de Jesucristo.
14*a* Juan 1:11.

para [b]cumplir todas las cosas que
he dado a conocer a los hijos de
los hombres desde la [c]fundación
del mundo, y para hacer la voluntad [d]así la del Padre como la
del Hijo: la del Padre por causa
de mí, y la del Hijo por causa de
mi carne. He aquí, ha llegado el
momento y esta noche se dará
la señal.

15 Y aconteció que se cumplieron las palabras que se dieron a
Nefi, tal como fueron dichas; porque he aquí, a la puesta del sol,
[a]no hubo obscuridad; y el pueblo
empezó a asombrarse porque no
hubo obscuridad al caer la noche.

16 Y hubo muchos, que no habían creído las palabras de los
profetas, que [a]cayeron a tierra
y se quedaron como si estuviesen muertos, pues sabían que se
había frustrado el gran [b]plan de
destrucción que habían tramado
contra aquellos que creían en las
palabras de los profetas; porque
la señal que se había indicado estaba ya presente.

17 Y empezaron a comprender
que el Hijo de Dios pronto apa-
recería; sí, en una palabra, todos
los habitantes sobre la faz de toda
la tierra, desde el oeste hasta el
este, tanto en la tierra del norte
como en la tierra del sur, se asombraron a tal extremo que cayeron
al suelo;

18 porque sabían que los profetas habían dado testimonio de
esas cosas por muchos años, y
que la señal que se había indicado
ya estaba a la vista; y empezaron
a temer por motivo de su iniquidad e incredulidad.

19 Y sucedió que no hubo obscuridad durante toda esa noche,
sino que estuvo tan claro como
si fuese mediodía. Y aconteció
que en la mañana el sol salió de
nuevo, según su orden natural;
y entendieron que ese era el día
en que había de [a]nacer el Señor,
por motivo de la señal que se había dado.

20 Y habían acontecido, sí, todas
las cosas, toda partícula, según las
palabras de los profetas.

21 Y aconteció también que
apareció una nueva [a]estrella, de
acuerdo con la palabra.

22 Y sucedió que de allí en adelante Satanás empezó a esparcir
mentiras entre el pueblo, para
endurecer sus corazones, a fin de
que no creyeran en aquellas señales y prodigios que habían visto;
pero a pesar de estas mentiras y
engaños, la mayor parte del pueblo creyó y se convirtió al Señor.

23 Y ocurrió que Nefi salió entre el pueblo, y también muchos
otros, bautizando para arrepentimiento, con lo cual hubo una
gran [a]remisión de pecados. Y así,
el pueblo de nuevo empezó a gozar de paz en la tierra.

24 Y no hubo contenciones,
con excepción de unos pocos

14 *b* Mateo 5:17–18.
c Alma 42:26.
d DyC 93:3–4.
15 *a* Hel. 14:3.
16 *a* Hel. 14:7.
b 3 Ne. 1:9.
19 *a* Lucas 2:1–7.
21 *a* Mateo 2:1–2;
Hel. 14:5.
23 *a* GEE Remisión de pecados.

que empezaron a predicar, intentando probar por medio de las Escrituras, que ya no era [a]necesario observar la ley de Moisés; mas en esto erraron, por no haber entendido las Escrituras.

25 Pero acaeció que no tardaron en convertirse, y se convencieron del error en que se hallaban, porque se les hizo saber que la ley no se había [a]cumplido todavía, y que era necesario que se cumpliera sin faltar un ápice; sí, llegó a ellos la palabra de que era necesario que se cumpliese; sí, que ni una jota ni una tilde pasaría sin que todo se cumpliese; por tanto, en este mismo año se les hizo saber su error, y [b]confesaron sus faltas.

26 Y así concluyó el año noventa y dos, trayendo alegres nuevas al pueblo por motivo de las señales que se manifestaron, conforme a las palabras de profecía de todos los santos profetas.

27 Y aconteció que el año noventa y tres también pasó en paz, con excepción de los [a]ladrones de Gadiantón, que habitaban las montañas e infestaban el país; porque tan fuertes eran sus guaridas y escondrijos, que el pueblo no pudo vencerlos; por tanto, cometieron muchos asesinatos y causaron gran mortandad entre el pueblo.

28 Y sucedió que empezaron a aumentar considerablemente en el año noventa y cuatro, porque hubo muchos disidentes nefitas que se refugiaron entre ellos; y esto causó mucha tristeza a los nefitas que permanecieron en la tierra.

29 Y también hubo causa de mucha tristeza entre los lamanitas; porque he aquí, tenían muchos hijos que crecieron y aumentaron en años hasta actuar por sí mismos, y unos que eran [a]zoramitas los indujeron, con sus mentiras y sus palabras aduladoras, a unirse a esos ladrones de Gadiantón.

30 Y así fueron afligidos también los lamanitas, y empezaron a decaer en cuanto a su fe y rectitud, por causa de la iniquidad de la nueva generación.

CAPÍTULO 2

La iniquidad y las abominaciones aumentan entre el pueblo — Los nefitas y los lamanitas se unen para defenderse de los ladrones de Gadiantón — Los lamanitas convertidos se vuelven blancos y son llamados nefitas. Aproximadamente 5–16 d.C.

Y SUCEDIÓ que así pasó el año noventa y cinco también, y el pueblo comenzó a olvidarse de aquellas señales y prodigios que había presenciado, y a asombrarse cada vez menos de una señal o prodigio del cielo, de tal modo que comenzaron a endurecer sus corazones, y a cegar

24*a* Alma 34:13.
25*a* Mateo 5:17–18.
b Mos. 26:29.
27*a* GEE Gadiantón, ladrones de.
29*a* Alma 30:59.

sus mentes, y a no creer todo lo
que habían visto y oído,
2 imaginándose alguna cosa
vana en sus corazones, que aquello se efectuaba por los hombres
y por el poder del diablo para ex-
traviar y [a]engañar el corazón del
pueblo. De este modo Satanás de
nuevo se apoderó del corazón de
los del pueblo, al grado que les
cegó los ojos y los condujo a creer
que la doctrina de Cristo era una
cosa insensata y vana.
3 Y ocurrió que el pueblo empezó
a aumentar en la iniquidad y en
las abominaciones; y no creyeron
que se manifestarían más señales
ni prodigios; y Satanás [a]andaba
por todas partes extraviando el
corazón de los del pueblo, tentándolos y haciéndoles cometer
grandes iniquidades en la tierra.
4 Y así pasó el año noventa y
seis; y también el año noventa y
siete; asimismo el año noventa y
ocho, y el noventa y nueve;
5 y también habían transcurrido
cien años desde los días de [a]Mo-
síah, que había sido rey de los
nefitas.
6 Y habían pasado seiscientos
nueve años desde que Lehi había
salido de Jerusalén.
7 Y habían pasado nueve años
desde la ocasión en que se manifestó la señal de que hablaron
los profetas, tocante a que Cristo
vendría al mundo.
8 Ahora bien, los nefitas empezaron a calcular su tiempo desde
esta ocasión en que se manifestó
la señal, o sea, desde la venida de
Cristo; por tanto, habían pasado
ya nueve años.
9 Y Nefi, el padre de aquel Nefi
que tenía a su cargo los anales,
[a]no volvió a la tierra de Zarahemla, ni se le pudo hallar en
toda la tierra.
10 Y sucedió que a pesar de las
muchas predicaciones y profecías
que se difundieron entre ellos, el
pueblo perseveró en su iniquidad;
y así pasó también el año décimo;
y el año once igualmente pasó en
la iniquidad.
11 Y sucedió que en el año trece
empezó a haber guerras y contiendas por toda la tierra; porque los ladrones de Gadiantón
se habían hecho tan numerosos,
y mataban a tantos de los del
pueblo, y asolaban tantas ciudades, y causaban tanta mortandad y estragos por toda la tierra,
que fue menester que todo el
pueblo, nefitas así como lamanitas, tomase las armas contra
ellos.
12 Por tanto, todos los lamanitas que se habían convertido
al Señor se unieron a sus hermanos, los nefitas, y se vieron
obligados, para proteger sus vidas, y a sus mujeres y sus hijos,
a tomar las armas contra aquellos ladrones de Gadiantón; sí,
y también para preservar sus
derechos, y los privilegios de
su iglesia y de su adoración a

2 2*a* GEE Engañar, engaño.
3*a* DyC 10:27.
5*a* Mos. 29:46–47.
9*a* 3 Ne. 1:2–3.

Dios, y su [a]independencia y su [b]libertad.

13 Y sucedió que antes que hubiese concluido este año trece, amenazó a los nefitas una destrucción completa a causa de esta guerra, que había llegado a ser grave en extremo.

14 Y aconteció que aquellos lamanitas que se habían unido con los nefitas fueron contados entre estos.

15 Y les fue quitada su [a]maldición, y su piel se tornó [b]blanca como la de los nefitas;

16 y sus jóvenes varones y sus hijas llegaron a ser sumamente bellos, y fueron contados entre los nefitas, y fueron llamados nefitas. Y así concluyó el año trece.

17 Y sucedió que al empezar el año catorce continuó la guerra entre los ladrones y el pueblo de Nefi, y se agravó en extremo; no obstante, los nefitas aventajaron en algo a los bandidos, al grado de que los echaron de sus tierras a las montañas y a sus escondrijos.

18 Y así concluyó el año catorce. Y en el año quince vinieron contra el pueblo de Nefi; y debido a la iniquidad de los nefitas, y sus muchas contenciones y disensiones, los ladrones de Gadiantón lograron aventajarlos de muchas maneras.

19 Y así concluyó el año quince, y así se encontraba el pueblo en un estado de muchas aflicciones; y la [a]espada de la destrucción se cernía sobre ellos, al grado de que estaban a punto de ser heridos por ella; y esto a causa de su iniquidad.

CAPÍTULO 3

Giddiani, el jefe de la banda de Gadiantón, exige que Laconeo y los nefitas se rindan y que entreguen sus tierras — Laconeo nombra a Gidgiddoni para que sea el capitán principal de los ejércitos — Los nefitas se congregan en Zarahemla y en la tierra de Abundancia para defenderse. Aproximadamente 16–18 d.C.

Y sucedió que en el año dieciséis desde la venida de Cristo, Laconeo, gobernador de la tierra, recibió una epístola del jefe y caudillo de esta banda de ladrones; y estas eran las palabras que habían sido escritas, y decían:

2 Laconeo, excelentísimo gobernador principal de la tierra: He aquí, te escribo esta epístola, y te doy el más amplio elogio por causa de tu firmeza, y también por la firmeza de tu pueblo, al mantener lo que suponéis que es vuestro derecho y libertad; sí, bien perseveráis, como si os sostuviese la mano de un dios, en la defensa de vuestra libertad, y vuestras propiedades y vuestro país, o lo que así llamáis vosotros.

3 Y me parece una lástima, excelentísimo Laconeo, que seáis tan insensatos y tan vanos para suponer que podéis sosteneros

12*a* GEE Libertad, libre.
b GEE Libertad, libre.
15*a* Alma 17:15; 23:18.
b 2 Ne. 5:21; 30:6; Jacob 3:8.
19*a* Alma 60:29.

contra tantos hombres valientes que tengo bajo mis órdenes, que en estos momentos están sobre las armas, y que esperan con gran ansiedad la orden: Caed sobre los nefitas, y destruidlos.

4 Y yo conozco su indomable espíritu, habiéndolos puesto a prueba en el campo de batalla, y sabiendo del odio eterno que os tienen, por motivo de los numerosos agravios que les habéis causado; por tanto, si descendieran sobre vosotros, os visitarían con una completa destrucción.

5 Por tanto, he escrito esta epístola, sellándola con mi propia mano, interesándome en vuestro bienestar, por motivo de vuestra firmeza en lo que creéis ser justo, y vuestro noble espíritu en el campo de batalla.

6 Por tanto, te escribo pidiendo que entreguéis vuestras ciudades, vuestras tierras y vuestras posesiones a este pueblo mío, antes que caiga sobre vosotros con la espada y os sobrevenga la destrucción.

7 O en otros términos, someteos y uníos a nosotros, y familiarizaos con nuestras obras [a]secretas, y convertíos en hermanos nuestros para que seáis iguales a nosotros; no nuestros esclavos, sino nuestros hermanos y consocios de toda nuestra substancia.

8 Y he aquí, te [a]afirmo con juramento que si hacéis esto, no seréis destruidos; pero si no hacéis esto, te aseguro con juramento que el mes que viene daré órdenes de que mis ejércitos vengan contra vosotros; y no detendrán su mano ni perdonarán, sino que os matarán y os herirán con la espada hasta que seáis aniquilados.

9 He aquí, soy Giddiani; y soy el caudillo de esta [a]sociedad secreta de Gadiantón; y sé que esta sociedad y sus obras son [b]buenas; y son de [c]fecha antigua y nos han sido transmitidas.

10 Y te escribo esta epístola, Laconeo, y confío en que entregaréis vuestras tierras y vuestras posesiones sin efusión de sangre, a fin de que recuperen sus derechos y gobierno los de mi pueblo, que se han separado de vosotros por causa de vuestra iniquidad al privarlos de sus derechos al gobierno; y a menos que hagáis esto, yo vengaré sus agravios. Soy Giddiani.

11 Y aconteció que cuando Laconeo recibió esta epístola, se asombró en extremo por motivo de la audacia de Giddiani en exigir la tierra de los nefitas, y también en amenazar al pueblo y vengar los agravios de aquellos que jamás habían recibido agravio alguno, a no ser que se hubieran [a]agraviado a sí mismos pasándose a aquellos perversos y abominables ladrones.

12 Mas he aquí, este Laconeo, el gobernador, era un hombre

3 7*a* Hel. 6:22–26.
8*a* Éter 8:13–14.
9*a* GEE Combinaciones secretas.
b Alma 30:53.
c Hel. 6:26–30; Moisés 5:29, 49–52.
11*a* Hel. 14:30.

justo, y no se amedrentó por las amenazas y demandas de un [a]ladrón; por tanto, no hizo caso de la epístola de Giddiani, el caudillo de los ladrones, antes bien, hizo que su pueblo le suplicara fuerza al Señor, para cuando los ladrones descendieran contra ellos.

13 Sí, envió una proclamación entre todo el pueblo de que juntasen a sus mujeres y a sus hijos, sus hatos y sus rebaños y toda su substancia, excepto sus terrenos, en un lugar.

14 E hizo que se construyeran fortificaciones alrededor de ellos, y que la fuerza de ellas fuese grande en extremo; e hizo que los ejércitos, tanto de los nefitas como de los lamanitas, o sea, de todos los que se contaban entre los nefitas, se colocasen alrededor como guardias para vigilarlos y para protegerlos de los ladrones día y noche.

15 Sí, y les dijo: Así como vive el Señor, a menos que os arrepintáis de todas vuestras iniquidades, e imploréis al Señor, de ningún modo seréis librados de las manos de esos ladrones de Gadiantón.

16 Y tan grandes y maravillosas fueron las palabras y las profecías de Laconeo, que infundieron temor en todo el pueblo; y se esforzaron con todo su vigor por obrar de acuerdo con las palabras de Laconeo.

17 Y sucedió que Laconeo nombró capitanes en jefe sobre todos los ejércitos de los nefitas para que los dirigiesen en la ocasión en que los ladrones salieran del desierto en contra de ellos.

18 Y fue nombrado el que había de ser el principal de todos los capitanes en jefe y comandante supremo de todos los ejércitos de los nefitas, y se llamaba [a]Gidgiddoni.

19 Y era costumbre entre todos los nefitas escoger como capitanes en jefe (salvo en sus épocas de iniquidad) a alguno que tuviese el espíritu de revelación y también de [a]profecía; por tanto, este Gidgiddoni era un gran profeta entre ellos, como también lo era el juez superior.

20 Y el pueblo dijo a Gidgiddoni: Ora al Señor, y subamos a las montañas y al desierto para caer sobre los ladrones y destruirlos en sus propias tierras.

21 Pero Gidgiddoni les dijo: No lo [a]permita el Señor; porque si marchásemos contra ellos, el Señor nos [b]entregaría en sus manos; por consiguiente, nos prepararemos en el centro de nuestras tierras y reuniremos a todos nuestros ejércitos; y no saldremos en contra de ellos, sino que esperaremos hasta que vengan contra nosotros; por tanto, así como vive el Señor que si así lo hacemos, él los entregará en nuestras manos.

22 Y sucedió que en el año diecisiete, hacia fines del año,

12*a* Alma 54:5–11; 3 Ne. 4:7–10.
18*a* 3 Ne. 6:6.
19*a* GEE Profecía, profetizar.
21*a* Alma 48:14.
b 1 Sam. 14:12.

la proclamación de Laconeo había
circulado por toda la superficie de
la tierra; y habían reunido sus caballos, y sus carros, y su ganado,
y todos sus hatos y rebaños, y su
grano, y todos sus bienes, y se
dirigieron por miles y decenas de
miles hasta que todos hubieron
llegado al sitio que se había señalado para que se juntasen, a fin
de defenderse de sus enemigos.
23 Y el lugar señalado fue la
tierra de Zarahemla y la tierra
que estaba entre la tierra de Zarahemla y la de Abundancia, sí,
hasta la línea que corría entre la
tierra de Abundancia y la tierra
de Desolación.
24 Y hubo muchos miles de los
que se llamaban nefitas que se
congregaron en esta tierra; y Laconeo hizo que se reunieran en
la tierra del sur por motivo de la
gran maldición que había sobre
la [a]tierra del norte.
25 Y se fortificaron contra sus
enemigos; y moraron en una región y como un solo grupo; y temieron las palabras que Laconeo
había pronunciado, al grado de
que se arrepintieron de todos sus
pecados, y elevaban sus oraciones al Señor su Dios para que los
[a]librara en la ocasión en que sus
enemigos vinieran a la batalla
contra ellos.
26 Y estaban sumamente afligidos a causa de sus enemigos. Y
Gidgiddoni mandó que hicieran
[a]armas de guerra de toda clase,
y que se fortalecieran con armadura, y con escudos y con broqueles, según sus instrucciones.

CAPÍTULO 4

Los ejércitos nefitas derrotan a los ladrones de Gadiantón — Matan a Giddiani y cuelgan a Zemnaríah, su sucesor — Los nefitas alaban al Señor por sus triunfos. Aproximadamente 19–22 d.C.

Y ACONTECIÓ que a fines del año
dieciocho, aquellos ejércitos de
ladrones se habían apercibido
para la batalla, y empezaron a
bajar y a salir de las colinas, y de
las montañas, y del desierto, y de
sus fortalezas y sus lugares secretos, y empezaron a apoderarse de
las tierras, tanto las que se hallaban en la tierra del sur como en
la tierra del norte, y comenzaron
a ocupar todos los terrenos que
habían sido [a]abandonados por los
nefitas, y las ciudades que habían
quedado desiertas.
2 Mas he aquí, no había ni animales silvestres ni caza en aquellas tierras que los nefitas habían
abandonado; y no había caza para
los ladrones sino en el desierto.
3 Y los ladrones no podían subsistir sino en el desierto, por la
falta de alimento; porque los nefitas habían dejado asoladas sus
tierras, y habían recogido sus hatos y sus rebaños y todo cuanto
tenían, y se hallaban reunidos en
un solo grupo.

24*a* Alma 22:31.
25*a* GEE Confianza, confiar.
26*a* 2 Ne. 5:14.
4 1*a* 3 Ne. 3:13–14, 22.

4 Por consiguiente, no había manera de que los ladrones robaran ni obtuvieran alimentos, a no ser que fueran a la batalla contra los nefitas; y los nefitas se hallaban en un solo grupo, y era grande su número, y se habían provisto de víveres y de caballos, y ganado, y rebaños de toda clase, para poder subsistir por el término de siete años, durante el cual tenían la esperanza de destruir a los ladrones de sobre la faz de la tierra; y así concluyó el año dieciocho.

5 Y sucedió que en el año diecinueve, Giddiani vio que era preciso que fuera a la batalla contra los nefitas, porque no tenían otro medio de subsistir sino por el robo, el pillaje y el asesinato.

6 Y no se atrevían a extenderse sobre la faz de la tierra para cultivar grano, no fuese que los nefitas cayeran sobre ellos y los mataran. De modo que Giddiani dio órdenes a sus ejércitos de que fueran a la batalla contra los nefitas ese año.

7 Y ocurrió que fueron a la batalla; y fue en el sexto mes; y he aquí, grande y terrible fue el día en que se presentaron para la batalla; e iban ceñidos a la manera de ladrones; y llevaban una piel de cordero alrededor de los lomos, y se habían teñido con sangre, y llevaban rapada la cabeza, y se habían cubierto con cascos; y grande y terrible era el aspecto de los ejércitos de Giddiani por causa de su armadura y por haberse teñido con sangre.

8 Y aconteció que cuando vieron la apariencia del ejército de Giddiani, todos los ejércitos de los nefitas cayeron al suelo, y alzaron sus voces al Señor su Dios para que los preservara y los librara de las manos de sus enemigos.

9 Y sucedió que cuando vieron esto, los ejércitos de Giddiani empezaron a gritar fuertemente a causa de su gozo, pues habían supuesto que los nefitas habían caído de miedo, por el terror de sus ejércitos.

10 Pero en esto se engañaron, porque los nefitas no les tenían miedo; pero sí [a]temían a su Dios, y le suplicaron su protección; por tanto, cuando los ejércitos de Giddiani los arremetieron, se hallaban preparados para resistirlos, sí, les hicieron frente con la fuerza del Señor.

11 Y empezó la batalla en este sexto mes; y grande y terrible fue la batalla, sí, grande y terrible fue la carnicería, a tal grado que nunca se había conocido tan grande mortandad entre todo el pueblo de Lehi desde que salió de Jerusalén.

12 Y no obstante las [a]amenazas y juramentos que había proferido Giddiani, he aquí, los nefitas los batieron, al grado que retrocedieron ante ellos.

13 Y ocurrió que [a]Gidgiddoni dio órdenes de que sus ejércitos habían de perseguirlos hasta los

10*a* GEE Temor.
12*a* 3 Ne. 3:1–10.
13*a* 3 Ne. 3:18.

confines del desierto, y que no perdonaran a ninguno de los que cayeran en sus manos por el camino; y así los persiguieron y los mataron hasta los confines del desierto, sí, hasta que hubieron cumplido las órdenes de Gidgiddoni.

14 Y sucedió que Giddiani, que se había sostenido y luchado con intrepidez, fue perseguido cuando huyó; y hallándose fatigado de tanto pelear, lo alcanzaron y lo mataron. Y así llegó a su fin Giddiani el ladrón.

15 Y aconteció que los ejércitos de los nefitas se volvieron a su plaza fuerte. Y se pasó ese año diecinueve, y los ladrones no volvieron a la batalla; ni volvieron tampoco en el año veinte.

16 Y ni en el año veintiuno vinieron a la batalla, sino que llegaron por todos lados para poner sitio al pueblo nefita; porque suponían que si aislaban al pueblo de Nefi de sus tierras, y los rodeaban por todas partes y les cortaban todos sus privilegios con el exterior, los obligarían a rendirse según sus deseos.

17 Y se habían nombrado a otro caudillo que se llamaba Zemnaríah; por tanto, fue Zemnaríah el que hizo que se pusiera el sitio.

18 Mas he aquí, esto resultó ventajoso para los nefitas; porque era imposible que los ladrones sostuvieran el sitio el tiempo suficiente para causar efecto alguno en los nefitas, por motivo de sus muchas provisiones que tenían almacenadas,

19 y por la falta de víveres entre los ladrones; pues he aquí, no tenían nada sino carne con qué subsistir, y obtenían esta carne en el desierto.

20 Y aconteció que escaseó la [a]caza en el desierto, a tal extremo que los ladrones estaban a punto de perecer de hambre.

21 Y los nefitas continuamente estaban haciendo salidas, de día y de noche, y cayendo sobre sus ejércitos, y destrozándolos por miles y por decenas de miles.

22 Y así se implantó en la gente de Zemnaríah el deseo de abandonar su proyecto, debido a la destrucción tan grande que les sobrevenía de día y de noche.

23 Y sucedió que Zemnaríah mandó a sus fuerzas que levantaran el sitio y emprendieran la marcha hacia las partes más lejanas de la tierra del norte.

24 Y Gidgiddoni, enterado de su propósito, y sabiendo de su debilidad, por motivo de la falta de víveres y el grande estrago que se había hecho entre ellos, envió, por tanto, sus tropas durante la noche y les cortó la retirada, y colocó a sus ejércitos por donde habían de retroceder.

25 E hicieron esto durante la noche, y se adelantaron a los ladrones, de modo que al amanecer, cuando estos se pusieron en marcha, se encontraron con las fuerzas de los nefitas, tanto a su frente como a su retaguardia.

26 Y los bandidos que estaban

20*a* 1 Ne. 18:25.

hacia el sur también quedaron
aislados de sus guaridas. Y todas
estas cosas se hicieron por órdenes de Gidgiddoni.
27 Y hubo muchos miles de ellos
que se entregaron como prisioneros a los nefitas, y al resto de ellos
los mataron.
28 Y tomaron a Zemnaríah, su
caudillo, y lo colgaron de un árbol, sí, de la copa del árbol hasta
que murió. Y después de haberlo
colgado, talaron el árbol y clamaron en alta voz, diciendo:
29 El Señor conserve a los de su
pueblo en rectitud y en santidad de
corazón, para que se eche por tierra
a todos los que procuren matarlos
por medio del poder y de las secretas combinaciones, tal como se ha
echado por tierra a este hombre.
30 Y se regocijaron, y de nuevo
clamaron a una voz, diciendo: El
[a]Dios de Abraham, y el Dios de
Isaac, y el Dios de Jacob proteja
a este pueblo en justicia, en tanto
que [b]invoque el nombre de su
Dios, pidiéndole protección.
31 Y sucedió que prorrumpieron
unánimes en cantos y [a]alabanzas
a su Dios, por el gran beneficio
que les había otorgado, guardán-
dolos de caer en las manos de sus
enemigos.
32 Sí, y clamaron: [a]¡Hosanna al
Más Alto Dios! Y dieron voces,
diciendo: ¡Bendito sea el nombre
del Señor Dios [b]Todopoderoso, el
Más Alto Dios!
33 Y sus corazones rebosaron de
alegría, hasta el derramamiento
de muchas lágrimas, por razón
de la inmensa bondad de Dios
en librarlos de las manos de sus
enemigos; y sabían que había sido
por su arrepentimiento y humildad que habían sido librados de
una destrucción eterna.

CAPÍTULO 5

Los nefitas se arrepienten y abandonan sus pecados — Mormón escribe la historia de su pueblo y le declara la palabra sempiterna — Israel será recogido de su larga dispersión. Aproximadamente 22–26 d.C.

Y HE aquí, no hubo alma viviente,
entre todo el pueblo de los nefitas,
que dudara en lo más mínimo de
las palabras que todos los santos
profetas habían hablado; porque
sabían que era necesario que se
cumplieran.
2 Y sabían que era menester que
Cristo hubiese venido, por motivo de las muchas señales que
se habían dado, de acuerdo con
las palabras de los profetas; y por
causa de las cosas que ya se habían verificado, todos sabían que
era necesario que se cumplieran
todas las cosas de acuerdo con lo
que se había hablado.
3 Por tanto, abandonaron todos sus pecados, y sus abominaciones, y sus fornicaciones, y

30*a* Alma 29:11.
b Éter 4:15.
31*a* Alma 26:8. GEE Acción de gracias, agradecido, agradecimiento.
32*a* GEE Hosanna.
b 1 Ne. 1:14. GEE Trinidad.

sirvieron a Dios con toda diligencia de día y de noche.

4 Y después de haber tomado cautivos a todos los ladrones, a tal grado que no se escapó ninguno de los que no murieron, encerraron a sus presos en la prisión, e hicieron que se les predicase la palabra de Dios; y cuantos se arrepintieron de sus pecados e hicieron pacto de que no cometerían más asesinatos, fueron puestos en [a]libertad.

5 Pero todos cuantos no hicieron pacto y continuaron con aquellos asesinatos secretos en el corazón, sí, a todo el que hallaban profiriendo amenazas contra sus hermanos, lo condenaban y castigaban según la ley.

6 Y así acabaron con todas aquellas inicuas, secretas y abominables combinaciones, mediante las cuales se habían cometido tantas iniquidades y tantos asesinatos.

7 Y así había concluido el año [a]veintidós, y el año veintitrés también; y el veinticuatro y el veinticinco; y así habían pasado veinticinco años.

8 Y habían sucedido muchas cosas que, a los ojos de algunos, habían sido grandes y maravillosas; sin embargo, no todas se pueden escribir en este libro; sí, este libro no puede contener ni la [a]centésima parte de lo que se llevó a cabo entre tanta gente en el término de veinticinco años.

9 Pero he aquí, hay [a]anales que contienen todos los hechos de este pueblo; y Nefi hizo una narración más breve pero verdadera.

10 De manera que he escrito mi registro de estas cosas según los anales de Nefi, los cuales se grabaron sobre las planchas que se llamaban las planchas de Nefi.

11 Y he aquí, hago el registro sobre planchas que he hecho con mis propias manos.

12 Y he aquí, me llamo [a]Mormón, llamado así por la [b]tierra de Mormón, la tierra en la cual Alma estableció la iglesia entre el pueblo, sí, la primera iglesia que se estableció entre ellos después de su transgresión.

13 He aquí, soy discípulo de Jesucristo, el Hijo de Dios. He sido llamado por él para declarar su palabra entre los de su pueblo, a fin de que alcancen la vida sempiterna.

14 Y ha sido menester, de acuerdo con la voluntad de Dios, a fin de que se cumplan, según su fe, las oraciones de los que han muerto, que fueron santos, que yo haga una [a]relación de estas cosas que se han verificado;

15 sí, una breve historia de lo que ha transcurrido desde la época en que Lehi salió de Jerusalén, hasta el presente.

16 Así que hago mi narración de los anales que han escrito aquellos que fueron antes de mí, hasta que empezó mi época;

5 4*a* GEE Libertad, libre.
7*a* 3 Ne. 2:8.
8*a* 3 Ne. 26:6–12.
9*a* Hel. 3:13–15.
12*a* Morm. 1:1–5.
b Mos. 18:4; Alma 5:3.
14*a* Enós 1:13–18; DyC 3:19–20.

17 y luego hago una [a]relación de
lo que he visto con mis propios ojos.
18 Y sé que el relato que hago es
un relato cierto y verdadero; sin
embargo, hay muchas cosas que,
de acuerdo con nuestro idioma,
no podemos [a]escribir.
19 Y ahora concluyo mis palabras concernientes a mí, y procedo a dar mi relato de las cosas
que han ocurrido antes de mí.
20 Soy Mormón, y soy descendiente directo de Lehi. Tengo motivo para bendecir a mi Dios y a
mi Salvador Jesucristo, porque
sacó a nuestros padres de la tierra de Jerusalén (y [a]nadie lo supo
sino él y aquellos a quienes sacó
de esa tierra), y porque nos ha
dado, a mí y a mi pueblo, tanto
conocimiento para la salvación
de nuestras almas.
21 Ciertamente él ha bendecido
a la [a]casa de [b]Jacob, y ha sido [c]misericordioso para con los descendientes de José.
22 Y al [a]grado que los hijos de
Lehi han guardado sus mandamientos, él los ha bendecido y los
ha hecho prosperar de acuerdo
con su palabra.
23 Sí, y de seguro volverá a traer
a un [a]resto de la posteridad de
José al [b]conocimiento del Señor
su Dios.
24 Y tan cierto como vive el Señor, [a]reunirá de las cuatro partes
de la tierra a todo el resto de los
descendientes de Jacob que se
hallan dispersos sobre toda la
superficie de la tierra.
25 Y tal como ha hecho convenio
con toda la casa de Jacob, así se
cumplirá, en su debido tiempo, el
convenio que ha concertado con
la casa de Jacob, para la [a]restauración de toda la casa de Jacob al
conocimiento del convenio que él
ha hecho con ellos.
26 Y entonces [a]conocerán a su
Redentor, que es Jesucristo, el Hijo
de Dios; y entonces serán recogidos de las cuatro partes de la tierra a sus propios países, de donde
han sido dispersados; sí, así como
vive el Señor, así sucederá. Amén.

CAPÍTULO 6

Los nefitas prosperan — Surgen el orgullo, las riquezas y la distinción de clases — La Iglesia se deshace por motivo de las disensiones — Satanás lleva al pueblo a rebelarse abiertamente — Muchos profetas proclaman el arrepentimiento y son muertos — Sus asesinos conspiran para apoderarse del gobierno. Aproximadamente 26–30 d.C.

Y SUCEDIÓ que en el año veintiséis
los nefitas volvieron todos a sus
propias tierras, todo hombre con
su familia, sus rebaños y hatos,
sus caballos y su ganado, y cuantas cosas le pertenecían.
2 Y aconteció que no habían consumido todas sus provisiones;

17*a* Morm. 1:1.
18*a* Éter 12:25.
20*a* 1 Ne. 4:36.
21*a* GEE Israel.
b Gén. 32:28.
c Deut. 33:13–17.
22*a* 2 Ne. 1:20.
23*a* Alma 46:24.
b 2 Ne. 3:12.
24*a* GEE Israel — La congregación de Israel.
25*a* 3 Ne. 16:5.
26*a* 2 Ne. 30:5–8; 3 Ne. 20:29–34.

por tanto, llevaron consigo todo cuanto no habían comido, de todo su grano de todas clases, y su oro, y su plata y todas sus cosas preciosas, y volvieron a sus propias tierras y posesiones, tanto hacia el norte como hacia el sur, así en la tierra del norte como en la tierra del sur.

3 Y a los ladrones que habían hecho pacto de observar la paz de la tierra, que deseaban seguir siendo lamanitas, les concedieron terrenos, según su número, a fin de que mediante su trabajo tuvieran de qué vivir; y así establecieron la paz en toda la tierra.

4 Y de nuevo empezaron a prosperar y a hacerse grandes; y pasaron los años veintiséis y veintisiete, y hubo gran orden en la tierra; y habían formulado sus leyes de acuerdo con la equidad y la justicia.

5 Y no había nada en toda la tierra que impidiera que el pueblo prosperase continuamente, a no ser que cayeran en transgresión.

6 Y fueron Gidgiddoni y el juez Laconeo y los que habían sido nombrados jefes, los que establecieron esta paz tan grande en la tierra.

7 Y sucedió que hubo muchas ciudades que se construyeron de nuevo, y se repararon muchas ciudades antiguas.

8 Y se construyeron muchas calzadas, y se abrieron muchos caminos que conducían de ciudad a ciudad, de tierra a tierra y de un sitio a otro.

9 Y así se pasó el año veintiocho, y la gente tuvo paz continua.

10 Pero aconteció que en el año veintinueve empezaron a surgir algunas disputas entre los del pueblo; y algunos se ensalzaron hasta el [a]orgullo y la jactancia, por razón de sus sumamente grandes riquezas, sí, al grado de causar grandes persecuciones;

11 porque había muchos comerciantes en la tierra, y también muchos abogados y muchos oficiales.

12 Y empezó el pueblo a distinguirse por clases, según sus [a]riquezas y sus oportunidades para instruirse; sí, algunos eran ignorantes a causa de su pobreza, y otros recibían abundante instrucción por motivo de sus riquezas.

13 Algunos se ensalzaban en el orgullo, y otros eran sumamente humildes; unos devolvían injuria por injuria, mientras que otros sufrían injuria y [a]persecución y toda clase de aflicciones, y no se volvían e [b]injuriaban a su vez, sino que eran humildes y contritos delante de Dios.

14 Y así surgió una gran desigualdad en toda la tierra, de tal modo que empezó a deshacerse la iglesia; sí, a tal grado que en el año treinta se deshizo la iglesia en toda la tierra, con excepción de entre

---

6 10*a* GEE Orgullo.
12*a* 1 Tim. 6:17–19; Hel. 4:12.
13*a* GEE Persecución, perseguir.
b Mateo 5:39; 4 Ne. 1:34; DyC 98:23–25.

unos pocos lamanitas que se habían convertido a la verdadera fe; y no quisieron separarse de ella, porque eran firmes, inquebrantables e inmutables; y estaban dispuestos a guardar los mandamientos del Señor con toda [a]diligencia.

15 Ahora bien, la causa de esta iniquidad del pueblo era esta: Satanás tenía gran poder, al grado de incitar a los del pueblo a cometer toda clase de iniquidades y a inflarlos de orgullo, tentándolos a que procuraran poder, y autoridad, y riquezas, y las cosas vanas del mundo.

16 Y así desvió Satanás el corazón del pueblo para que cometiera todo género de iniquidades; de modo que no había gozado de paz sino pocos años.

17 Y así, al principiar el año treinta —habiendo sido entregados los del pueblo, durante mucho tiempo, a ser llevados por las [a]tentaciones del diablo doquier que él quería llevarlos, y a cometer cualquier iniquidad que él deseaba— a principios de este año, el año treinta, se hallaban en un estado de terrible iniquidad.

18 Y no pecaban en la [a]ignorancia, porque conocían la voluntad de Dios tocante a ellos, pues se la habían enseñado; de modo que se [b]rebelaban intencionalmente contra Dios.

19 Y fue en los días de Laconeo hijo de Laconeo, porque ocupaba Laconeo el asiento de su padre y gobernaba al pueblo ese año.

20 Y empezó a haber hombres [a]inspirados del cielo y enviados, que anduvieron entre el pueblo en toda la tierra, predicando y testificando intrépidamente de los pecados e iniquidades del pueblo, y testificándoles concerniente a la redención que el Señor haría por su pueblo, o en otros términos, la resurrección de Cristo; y testificaron intrépidamente acerca de su [b]muerte y sus padecimientos.

21 Y hubo muchos de los del pueblo que se enojaron en extremo a causa de aquellos que testificaban de estas cosas; y los que se enojaban eran principalmente los jueces superiores y aquellos que [a]habían sido sumos sacerdotes y abogados; sí, todos aquellos que eran abogados se irritaron contra los que daban testimonio de estas cosas.

22 Y no había abogado, ni juez, ni sumo sacerdote, que tuviera el poder para condenar a muerte a una persona, a menos que el gobernador de la tierra firmara la sentencia.

23 Y hubo muchos de aquellos que testificaron de las cosas concernientes a Cristo, y que testificaron intrépidamente, a quienes los jueces prendieron y ejecutaron secretamente, de modo que el conocimiento de su muerte

14*a* GEE Diligencia.
17*a* GEE Tentación, tentar.
18*a* Mos. 3:11.
b GEE Rebelión.
20*a* GEE Inspiración, inspirar; Profeta.
b GEE Crucifixión; Expiación, expiar.
21*a* DyC 121:36–37. GEE Apostasía.

no llegó al gobernador de la tierra sino hasta después de estar muertos.

24 Y ahora bien, he aquí, esto era contrario a las leyes de la tierra, que se le quitara la vida a un hombre a menos que se tuviera autorización del gobernador de la tierra.

25 Por tanto, se presentó una queja en la tierra de Zarahemla, ante el gobernador de la tierra, contra esos jueces que habían condenado a muerte a los profetas del Señor en contravención de la ley.

26 Y sucedió que los tomaron y los llevaron ante el juez para ser juzgados del crimen que habían cometido, según la [a]ley que había sido dada por el pueblo.

27 Y aconteció que aquellos jueces tenían muchos amigos y parientes; y el resto, sí, casi todos los abogados y sumos sacerdotes se juntaron y se unieron a los parientes de aquellos jueces que iban a ser juzgados según la ley.

28 E hicieron un [a]pacto unos con otros, sí, ese pacto que imponían los de la antigüedad, pacto que el [b]diablo dio y administró para combinarse contra toda rectitud.

29 De modo que se combinaron contra el pueblo del Señor, e hicieron un pacto de destruirlo y de librar del poder de la justicia, que estaba a punto de administrarse de acuerdo con la ley, a aquellos que eran culpables de asesinato.

30 Y desafiaron la ley y los derechos de su patria; e hicieron un pacto uno con otro de destruir al gobernador y de establecer un [a]rey sobre la tierra, a fin de que ya no fuese libre, sino que estuviera sujeta a reyes.

CAPÍTULO 7

Asesinan al juez superior, destruyen el gobierno, y el pueblo se divide en tribus — Jacob, un anticristo, llega a ser rey de una confederación de tribus — Nefi predica el arrepentimiento y la fe en Cristo — Ángeles le ministran diariamente y él levanta a su hermano de los muertos — Muchos se arrepienten y son bautizados. Aproximadamente 30–33 d.C.

AHORA bien, he aquí, os mostraré que no establecieron rey en la tierra; pero en este mismo año, sí, en el año treinta, destruyeron sobre el asiento judicial, sí, asesinaron al juez superior de la tierra.

2 Y hubo división entre el pueblo, unos en contra de otros; y se separaron los unos de los otros en tribus, cada hombre según su familia y sus parientes y amigos; y así destruyeron el gobierno de la tierra.

3 Y cada tribu nombró a un jefe o caudillo para que la gobernase; y así se convirtieron en tribus y jefes de tribus.

26*a* Mos. 29:25; Alma 1:14.
28*a* GEE Combinaciones secretas.
b Hel. 6:26–30.
30*a* 1 Sam. 8:5–7; Alma 51:5.

4 Y he aquí, no había hombre
entre ellos que no tuviese mucha familia y muchos parientes
y amigos; por tanto, sus tribus llegaron a ser sumamente
grandes.
5 Y se hizo todo esto, y aún no
había guerras entre ellos; y toda
esta iniquidad había venido sobre
el pueblo porque se había [a]entre-
gado al poder de Satanás.
6 Y fueron destruidos los regla-
mentos del gobierno, debido a
las [a]combinaciones secretas de
los amigos y parientes de aquellos que habían asesinado a los
profetas.
7 Y causaron una fuerte contención en la tierra, al grado de que
casi toda la parte más justa del
pueblo se había vuelto inicua;
sí, entre ellos no había sino unos
pocos hombres justos.
8 Y así, no habían transcurrido ni seis años, cuando ya la
mayor parte del pueblo se había
apartado de su rectitud, como el
perro que vuelve a su [a]vómito,
o la puerca a revolcarse en el
fango.
9 Y los de esta combinación
secreta, que habían traído tan
grande iniquidad sobre el pueblo, se reunieron y pusieron a la
cabeza de ellos a un hombre que
llamaban Jacob;
10 y lo llamaron su rey; por
tanto, quedó constituido en rey de
esta banda perversa; y era uno de
los principales que habían alzado
la voz contra los profetas que testificaron de Jesús.
11 Y sucedió que no eran tan
fuertes en número como lo eran
las tribus del pueblo, que se mantenían unidas, salvo que eran sus
jefes los que establecían sus leyes,
cada cual según su tribu; no obstante, eran enemigos; pero a pesar
de que no eran una gente justa,
estaban unidos, sin embargo, en
su odio por los que habían hecho
pacto para destruir el gobierno.
12 Por lo que Jacob, viendo que
sus enemigos eran más numerosos que ellos, siendo rey de la
banda, mandó, por tanto, a los
de su pueblo que huyeran a la
parte más lejana del norte, y allí
establecieran un [a]reino para sí
mismos, hasta que se unieran a
ellos los disidentes (porque los
halagó, diciéndoles que habría
muchos disidentes), y tuvieran
la fuerza suficiente para luchar
contra las tribus del pueblo; y así
lo hicieron.
13 Y fue tan rápida su marcha,
que no se pudo impedir hasta
que ya habían avanzado fuera
del alcance del pueblo. Y así concluyó el año treinta; y así se hallaban los asuntos del pueblo
de Nefi.
14 Y aconteció que en el año
treinta y uno se hallaban divididos en tribus, cada hombre
según su familia, parientes y amigos; no obstante, habían llegado
a un acuerdo de que no irían a

7 5a Rom. 6:13–16; Alma 10:25.
6a 2 Ne. 9:9.
8a Prov. 26:11; 2 Pe. 2:22.
12a 3 Ne. 6:30.

la guerra unos contra otros; pero no estaban unidos en lo que concernía a sus leyes y su sistema de gobierno, porque se habían establecido según la voluntad de los que eran sus jefes y sus caudillos. Pero sí establecieron leyes muy estrictas de que una tribu no debía agraviar a otra; de modo que hasta cierto punto tuvieron paz en la tierra; no obstante, sus corazones se apartaron del Señor su Dios, y apedreaban a los profetas y los echaban fuera de entre ellos.

15 Y sucedió que [a]Nefi —habiéndolo visitado ángeles, y también la voz del Señor; por tanto, habiendo visto ángeles, y siendo testigo ocular, y habiéndosele dado poder para saber concerniente al ministerio de Cristo, y siendo también testigo ocular del rápido retroceso del pueblo de la rectitud a sus iniquidades y abominaciones;

16 afligido, pues, por la dureza de sus corazones y la ceguedad de sus mentes— salió entre ellos ese mismo año, y empezó a proclamar, osadamente, el arrepentimiento y la remisión de los pecados por medio de la fe en el Señor Jesucristo.

17 Y les ministró muchas cosas a ellos; y no todas se pueden escribir, y parte de ellas no bastaría; por tanto, no se escriben en este libro. Y Nefi ministró con [a]poder y gran autoridad.

18 Y aconteció que se enojaron con él, sí, porque tenía mayor poder que ellos; pues [a]no era posible que descreyeran sus palabras, pues tan grande era su fe en el Señor Jesucristo que ángeles le ministraban diariamente.

19 Y en el nombre de Jesús echaba fuera demonios y [a]espíritus inmundos; y aun levantó a un hermano suyo de los muertos, después que el pueblo lo hubo apedreado y matado.

20 Y el pueblo lo vio y lo presenció, y se irritó contra él a causa de su poder; y también obró él [a]muchos otros milagros en el nombre de Jesús a la vista del pueblo.

21 Y aconteció que concluyó el año treinta y uno, y no hubo sino unos pocos que se convirtieron al Señor; pero cuantos se convirtieron, manifestaron en verdad al pueblo que los había visitado el poder y el Espíritu de Dios que había en Jesucristo, en quien creían.

22 Y todos aquellos de quienes echaron demonios, y fueron sanados de sus enfermedades y sus dolencias, manifestaron con toda verdad al pueblo que el Espíritu de Dios había obrado en ellos, y que habían sido sanados; y también mostraron señales y efectuaron algunos milagros entre el pueblo.

23 Y así concluyó el año treinta y dos también. Y al principiar el año treinta y tres, Nefi clamó a los del pueblo, y les predicó el

15*a* 3 Ne. 1:2.
17*a* GEE Poder.
18*a* 2 Ne. 33:1; Alma 4:19.
19*a* GEE Espíritu — Espíritus inmundos.
20*a* 3 Ne. 8:1.

arrepentimiento y la remisión de
pecados.
24 Ahora bien, quisiera que recordaseis también, que no hubo
ni uno de los que llegaron a arrepentirse que no fuese [a]bautizado
en el agua.
25 Por tanto, Nefi ordenó a
hombres a este ministerio, a fin
de que cuantos viniesen a ellos
fuesen bautizados en el agua; y
esto como atestación y testimonio ante Dios, y para el pueblo,
de que se habían arrepentido y
habían recibido la [a]remisión de
sus pecados.
26 Y hubo muchos, al comenzar
este año, que se bautizaron para
arrepentimiento; y así pasó la mayor parte del año.

CAPÍTULO 8

Tempestades, terremotos, incendios, torbellinos y convulsiones naturales testifican de la crucifixión de Cristo — Muchas personas son destruidas — Las tinieblas cubren la tierra durante tres días — Los sobrevivientes lamentan su destino. Aproximadamente 33–34 d.C.

AHORA bien, aconteció que según
nuestros anales, y sabemos que
son verdaderos, porque, he aquí,
un hombre justo llevaba los anales, porque en verdad hizo muchos [a]milagros en el [b]nombre de
Jesús, y no había hombre alguno
que pudiera hacer un milagro en
el nombre de Jesús, a menos que
estuviese enteramente limpio de
su iniquidad;
2 sucedió, pues, que si este hombre no se equivocó en el cálculo
de nuestro tiempo, el año [a]treinta
y tres había pasado;
3 y el pueblo se puso a aguar-
dar con gran anhelo la señal que
había dado el profeta Samuel el
Lamanita, sí, la ocasión en que
habría tres días de [a]tinieblas sobre
la faz de la tierra.
4 Y empezaron a surgir graves
dudas y disputas entre el pueblo,
a pesar de tantas [a]señales que se
habían manifestado.
5 Y sucedió que en el año treinta
y cuatro, en el cuarto día del primer mes, se desató una gran
tormenta, como jamás se había
conocido en toda la tierra.
6 Y hubo también una grande
y horrenda tempestad; y hubo
terribles [a]truenos de tal modo
que [b]sacudían toda la tierra
como si estuviera a punto de
dividirse.
7 Y hubo relámpagos extremadamente resplandecientes, como
nunca se habían visto en toda la
tierra.
8 Y se incendió la [a]ciudad de
Zarahemla.
9 Y se hundió la ciudad de Moroni en las profundidades del

24*a* GEE Bautismo, bautizar.
25*a* DyC 20:37.
GEE Remisión de pecados.
8 1*a* 3 Ne. 7:19–20;
Morm. 9:18–19.
b Hech. 3:6; Jacob 4:6.
2*a* 3 Ne. 2:8.
3*a* 1 Ne. 19:10;
Hel. 14:20, 27;
3 Ne. 10:9.
4*a* GEE Crucifixión.
6*a* 1 Ne. 19:11; Hel. 14:21.
b Mateo 27:45, 50–51.
8*a* 4 Ne. 1:7–8.

mar, y sus habitantes se
ahogaron.
10 Y se amontonó la tierra sobre
la ciudad de Moroníah, de modo
que en lugar de la ciudad, apareció una enorme montaña.
11 Y hubo una destrucción grande
y terrible en la tierra del sur.
12 Pero he aquí, hubo una destrucción mucho más grande y terrible en la tierra del norte; pues
he aquí, toda la faz de la tierra
fue alterada por causa de la tempestad, y los torbellinos, y los
truenos, y los relámpagos, y los
sumamente violentos temblores
de toda la tierra;
13 y se rompieron las [a]calzadas,
y se desnivelaron los caminos, y
muchos terrenos llanos se hicieron escabrosos.
14 Y se [a]hundieron muchas
grandes y notables ciudades, y
muchas se incendiaron, y muchas
fueron sacudidas hasta que sus
edificios cayeron a tierra, y sus
habitantes murieron, y los sitios
quedaron desolados.
15 Y hubo algunas ciudades que
permanecieron; pero el daño que
sufrieron fue sumamente grande,
y muchos de sus habitantes murieron.
16 Y hubo algunos que fueron
arrebatados por el torbellino; y
nadie sabe a dónde fueron a parar,
solo saben que fueron arrebatados.
17 Y así quedó desfigurada la
superficie de toda la tierra por
motivo de las tempestades, y los
truenos, y los relámpagos, y los
temblores de tierra.
18 Y he aquí, las [a]rocas se partieron; fueron despedazadas sobre
la superficie de toda la tierra, de
tal modo que se hallaron hechas
pedazos, y partidas y hendidas,
sobre toda la faz de la tierra.
19 Y aconteció que cuando cesaron los truenos, y los relámpagos,
y la tormenta, y la tempestad, y
los temblores de la tierra —pues
he aquí, duraron como unas [a]tres
horas; y algunos dijeron que fue
más tiempo; no obstante, todas
estas grandes y terribles cosas
acontecieron en el espacio de
unas tres horas— he aquí, entonces hubo tinieblas sobre la faz
de la tierra.
20 Y sucedió que hubo densa
obscuridad sobre toda la faz de la
tierra, de tal manera que los habitantes que no habían caído podían [a]sentir el [b]vapor de tinieblas;
21 y no podía haber luz por
causa de la obscuridad, ni velas,
ni antorchas; ni podía encenderse
el fuego con su leña menuda y
bien seca, de modo que no podía
haber ninguna luz.
22 Y no se veía luz alguna, ni
fuego, ni vislumbre, ni el sol, ni
la luna, ni las estrellas, por ser tan
densos los vapores de obscuridad
que había sobre la faz de la tierra.
23 Y sucedió que duró por el
espacio de [a]tres días, de modo

13*a* Hel. 14:24; 3 Ne. 6:8.
14*a* 1 Ne. 12:4.
18*a* Hel. 14:21–22.
19*a* Lucas 23:44.
20*a* Éx. 10:21–22.
b 1 Ne. 12:5; 19:11.
23*a* 1 Ne. 19:10.

que no se vio ninguna luz; y hubo
grandes lamentaciones, gritos y
llantos continuamente entre todo
el pueblo; sí, grandes fueron los
gemidos del pueblo por motivo
de las tinieblas y la gran destrucción que les había sobrevenido.
24 Y en un lugar se les oía lamentarse, diciendo: ¡Oh, si nos
hubiésemos arrepentido antes
de este grande y terrible día, y
entonces se habrían salvado nuestros hermanos, y no se hubieran
quemado en aquella gran ciudad
de [a]Zarahemla!
25 Y en otro lugar se les oía quejarse y lamentarse, diciendo: ¡Oh,
si nos hubiésemos arrepentido
antes de este grande y terrible día,
y no hubiésemos matado y apedreado y echado fuera a los profetas, entonces nuestras madres
y nuestras bellas hijas y nuestros
niños habrían sido preservados,
y no enterrados en esa gran ciudad de Moroníah! Y así, grandes
y terribles eran los gemidos del
pueblo.

CAPÍTULO 9

En medio de las tinieblas, la voz de Cristo proclama la destrucción de muchas personas y ciudades por motivo de sus iniquidades — Cristo también proclama Su divinidad, anuncia que la ley de Moisés se ha cumplido e invita a los hombres a venir a Él y ser salvos. Aproximadamente 34 d.C.

Y SUCEDIÓ que se oyó una [a]voz
entre todos los habitantes de la
tierra, por toda la superficie de
esta tierra, clamando:
2 ¡Ay, ay, ay de este pueblo! [a]¡Ay
de los habitantes de toda la tierra, a menos que se arrepientan;
porque el diablo se [b]ríe y sus ángeles se regocijan, a causa de la
muerte de los bellos hijos e hijas
de mi pueblo; y es por motivo de
sus iniquidades y abominaciones
que han caído!
3 He aquí, he quemado con
fuego la gran ciudad de Zarahemla, y los habitantes de ella.
4 Y he aquí, he hecho que esa
gran ciudad de Moroni se hunda
en las profundidades del mar, y
que se ahoguen sus habitantes.
5 Y he aquí, he cubierto de tierra
esa gran ciudad de Moroníah, y
los habitantes de ella, para ocultar sus iniquidades y sus abominaciones de ante mi faz, para que
la sangre de los profetas y de los
santos no ascienda más hasta mí
en contra de ellos.
6 Y he aquí, hice que se hundiera
la ciudad de Gilgal, y que sus habitantes fueran sepultados en lo
profundo de la tierra;
7 sí, y la ciudad de Oníah y sus
habitantes, y la de Mocum y
sus habitantes, y la ciudad de Jerusalén y sus habitantes; y he hecho
que las [a]aguas ocupen sus
lugares, para ocultar sus maldades y abominaciones de ante mi
faz, a fin de que la sangre de los

24*a* Hel. 13:12.
1*a* 1 Ne. 19:11; 3 Ne. 11:10.
2*a* Mateo 11:20–21.
b Moisés 7:26.
7*a* Ezeq. 26:19.

profetas y de los santos no suba
más hasta mí en contra de ellos.
8 Y he aquí, la ciudad de Ga-
diandi, y la ciudad de Gadiomna,
y la ciudad de Jacob, y la ciudad de Gimgimno, todas estas he
hecho que se hundan y he formado [a]lomas y valles en su lugar;
y he enterrado a sus habitantes
en las entrañas de la tierra para
ocultar sus maldades y abominaciones de ante mi faz, para que
la sangre de los profetas y de los
santos no ascienda más hasta mí
en contra de ellos.
9 Y he aquí, esa gran ciudad de
Jacobugat, donde habitaba el pueblo del rey Jacob, he hecho quemar con fuego por causa de sus
pecados y sus iniquidades que
sobrepujaban a toda la iniquidad
de la tierra entera, por motivo de
sus [a]secretos asesinatos y combinaciones; porque fueron ellos
los que destruyeron la paz de mi
pueblo y el gobierno de la tierra;
por tanto, los he hecho quemar,
para [b]destruirlos de ante mi faz,
para que la sangre de los profetas
y de los santos no ascienda más
hasta mí en contra de ellos.
10 Y he aquí, he hecho que sean
quemadas con fuego la ciudad
de Lamán, y la ciudad de Josh, y
la ciudad de Gad, y la ciudad de
Kishkumen, y los habitantes de
ellas, por sus maldades al echar
fuera a los profetas y apedrear
a los que envié para declararles
concerniente a sus iniquidades y
sus abominaciones.
11 Y por haberlos expulsado a
todos, de modo que no había jus
tos entre ellos, envié [a]fuego y los
destruí, para que sus maldades
y sus abominaciones quedaran
ocultas de ante mi faz, a fin de
que la sangre de los profetas y de
los santos que envié entre ellos no
clamara a mí [b]desde la tierra en
contra de ellos.
12 Y he hecho que vengan [a]mu
chas grandes destrucciones sobre
esta tierra, y sobre este pueblo, a
causa de su iniquidad y sus abo
minaciones.
13 ¡Oh vosotros, todos los que
habéis sido [a]preservados porque
fuisteis más justos que ellos!, ¿no
os volveréis a mí ahora, y os arre
pentiréis de vuestros pecados, y
os convertiréis para que yo os
[b]sane?
14 Sí, en verdad os digo que si
[a]venís a mí, tendréis [b]vida eterna
He aquí, mi [c]brazo de miserico
dia se extiende hacia vosotros
y a cualquiera que venga, yo le
recibiré; y benditos son los qu
vienen a mí.
15 He aquí, soy Jesucristo, e
Hijo de Dios. Yo [a]creé los cielo
y la tierra, y todas las cosas qu
en ellos hay. Era con el Padr

8*a* 1 Ne. 19:11.
9*a* Hel. 6:17–18, 21.
b Mos. 12:8.
11*a* 2 Rey. 1:9–16; Hel. 13:13.
b Gén. 4:10.
12*a* 3 Ne. 8:8–10, 14.
13*a* 3 Ne. 10:12.
b Jer. 3:22; 3 Ne. 18:32.
14*a* 2 Ne. 26:24–28; Alma 5:33–36.
b Juan 3:16.
c Alma 19:36.
15*a* Juan 1:1–3; Col. 1:16; Hel. 14:12; Éter 4:7; DyC 14:9.

lesde el principio. [b]Yo soy en el
'adre, y el Padre en mí; y en mí
ıa glorificado el Padre su nom-
re.
16 Vine a los míos, y los míos
no me recibieron. Y las Escritu-
as concernientes a mi venida se
ıan cumplido.
17 Y a cuantos me han recibido,
es he [a]concedido llegar a ser hijos
le Dios; y así haré yo con cuan-
os crean en mi nombre, porque
ıe aquí, la [b]redención viene por
ıí, y en mí se ha cumplido la [c]ley
le Moisés.
18 Yo soy la [a]luz y la vida del
nundo. Soy el [b]Alfa y la Omega,
l principio y el fin
19 Y vosotros ya [a]no me ofre-
eréis más el derramamiento de
angre; sí, vuestros sacrificios y
uestros holocaustos cesarán,
orque no aceptaré ninguno de
uestros sacrificios ni vuestros
olocaustos.
20 Y me ofreceréis como [a]sa-
rificio un corazón quebrantado
un espíritu contrito. Y al que
enga a mí con un corazón que-
rantado y un espíritu contrito,
[b]bautizaré con fuego y con el
spíritu Santo, así como los la-
ıanitas fueron bautizados con
uego y con el Espíritu Santo al
iempo de su conversión, por
motivo de su fe en mí, y no lo
supieron.
21 He aquí, he venido al
mundo para traer redención al
mundo, para salvar al mundo
del pecado.
22 Por tanto, al que se [a]arrepin-
tiere y viniere a mí como un [b]niño
pequeñito, yo lo recibiré, porque
de los tales es el reino de Dios.
He aquí, por estos he [c]dado mi
vida, y la he vuelto a tomar; así
pues, arrepentíos y venid a mí,
vosotros, extremos de la tierra, y
sed salvos.

CAPÍTULO 10

Reina el silencio en la tierra durante muchas horas — La voz de Cristo promete juntar a los de Su pueblo así como la gallina junta a sus polluelos — La parte más justa del pueblo es preservada. Aproximadamente 34–35 d.C.

Y HE aquí, aconteció que
todos los habitantes de la tierra
oyeron estas palabras, y fueron
testigos de ello. Y después de
estas palabras, hubo silencio en
la tierra por el término de muchas horas;
2 porque tan grande fue el asombro de los del pueblo, que cesaron de lamentarse y de gemir

15*b* Juan 17:20–22; 3 Ne. 11:27; 19:23, 29.
16*a* Juan 1:11; DyC 6:21.
17*a* Juan 1:12. GEE Hijos e hijas de Dios; Hombre(s) — Su potencial para llegar a ser como nuestro Padre Celestial.
b GEE Redención, redimido, redimir.
c 3 Ne. 12:19, 46–47; 15:2–9.
18*a* GEE Luz, luz de Cristo.
b Apoc. 1:8. GEE Alfa y Omega.
19*a* Alma 34:13.
20*a* 3 Ne. 12:19; DyC 20:37.
b 2 Ne. 31:13–14.
22*a* GEE Arrepentimiento, arrepentirse.
b Marcos 10:15; Mos. 3:19; 3 Ne. 11:37–38.
c Juan 10:15–18.

por la pérdida de sus parientes
que habían perecido; de manera
que hubo silencio en toda la tierra
por el espacio de muchas horas.
3 Y aconteció que llegó de nuevo
una voz al pueblo, y todo el pueblo oyó y dio testimonio de ella,
que decía:
4 ¡Oh pueblo de estas [a]grandes
ciudades que han caído, que sois
descendientes de Jacob, sí, que
sois de la casa de Israel, cuántas
veces os he juntado como la gallina junta sus polluelos bajo las
alas, y os he [b]nutrido!
5 Y además, [a]¡cuántas veces os
hubiera juntado como la gallina
junta sus polluelos bajo las alas,
oh pueblo de la casa de Israel
que habéis caído; sí, oh pueblo
de la casa de Israel, que habitáis
en Jerusalén, así como vosotros
los que habéis caído; sí, cuántas
veces os hubiera juntado como la
gallina junta sus polluelos, y no
quisisteis!
6 ¡Oh vosotros de la casa de Israel, a quienes he [a]preservado,
cuántas veces os juntaré como la
gallina junta sus polluelos bajo
las alas, si os arrepentís y [b]vol-
véis a mí con íntegro propósito
de [c]corazón!
7 Pero si no, oh casa de Israel,
los lugares de tus habitaciones
serán hechos desiertos hasta la
época del cumplimiento del [a]con-
venio hecho con tus padres.
8 Y sucedió que después que l
gente hubo oído estas palabras
he aquí, empezaron a llorar y
gemir otra vez por la pérdida d
sus parientes y amigos.
9 Y aconteció que así pasaro
los tres días. Y era la mañana, y s
disipó la [a]obscuridad de sobre l
faz de la tierra, y cesó la tierra d
temblar, y dejaron de hendirse la
rocas, y terminaron los espanto
sos gemidos, y se acabaron todo
los sonidos tumultuosos.
10 Y se integró la tierra otra vez
y se afirmó; y cesaron los lamen
tos, y el llanto, y los gemidos d
los que quedaron vivos; y su llor
se tornó en gozo, y sus lamenta
ciones en alabanzas y en acción
de gracias al Señor Jesucristo, s
Redentor.
11 Y hasta aquí se [a]cumpliero
las Escrituras que los profetas ha
bían declarado.
12 Y fue la parte [a]más justa de
pueblo la que se salvó, y fuero
los que recibieron a los profeta
y no los apedrearon; y fueron lo
que no habían vertido la sangr
de los santos, los que no murie
ron.
13 Y fueron preservados y n
fueron hundidos y sepultado
en la tierra; ni fueron ahogado
en las profundidades del mar; n
fueron quemados por el fuego
ni murieron aplastados bajo al
gún peso; ni fueron arrebatado

10 4*a* 3 Ne. 8:14.
b 1 Ne. 17:3.
5*a* Mateo 23:37; DyC 43:24–25.
6*a* 3 Ne. 9:13.
b 1 Sam. 7:3; Hel. 13:11; 3 Ne. 24:7.
c Ezeq. 36:26.
7*a* GEE Convenio.
9*a* 3 Ne. 8:19.
11*a* Hech. 3:18–20.
12*a* 2 Ne. 26:8; 3 Ne. 9:13.

or el torbellino; ni fueron domi-
ados por el vapor de humo y de
bscuridad.
14 Y ahora bien, quien lea, en-
ienda; el que tenga las Escrituras,
escudríñelas, y vea y considere si
odas estas muertes y destruccio-
es causadas por el fuego, y por
l humo, y por las tempestades,
por los torbellinos, y por la tie-
ra que se [b]abrió para recibirlos,
todas estas cosas, no son para
lar cumplimiento a las profecías
le muchos de los santos profetas.
15 He aquí, os digo: Sí, muchos
an testificado de estas cosas a la
enida de Cristo, y los [a]mataron
orque testificaron de estas cosas.
16 Sí, el profeta [a]Zenós testificó
le estas cosas, y también Zenoc
abló concerniente a ellas, porque
llos testificaron particularmente
ocante a nosotros, que somos el
esto de su posteridad.
17 He aquí, nuestro padre Jacob
ambién testificó concerniente a
n [a]resto de la posteridad de José.
he aquí, ¿no somos un resto
le la posteridad de José? Y estas
osas que testifican de nosotros,
no están escritas en las planchas
le bronce que nuestro padre Lehi
rajo de Jerusalén?
18 Y sucedió que a la conclusión
lel año treinta y cuatro, he aquí,
s mostraré que a los del pue-
lo de Nefi que fueron preser-
ados, y también a aquellos que
abían sido llamados lamanitas,
que habían sido preservados, les
fueron manifestados grandes favores, y se derramaron grandes
bendiciones sobre su cabeza, al
grado que poco después de la
[a]ascensión de Cristo al cielo, él
verdaderamente se manifestó
a ellos,
19 [a]mostrándoles su cuerpo y
ejerciendo su ministerio a favor
de ellos; y más adelante se hará
una relación de su ministerio.
Por tanto, concluyo mis palabras
por ahora.

Jesucristo se manifestó a los del pueblo de Nefi, mientras se hallaba reunida la multitud en la tierra de Abundancia, y les ministró; y de esta manera se les manifestó.

Comprende los capítulos del 11 al 26.

CAPÍTULO 11

El Padre da testimonio de Su Hijo Amado — Cristo aparece y proclama Su expiación — Los del pueblo palpan las marcas de las heridas en Sus manos, en Sus pies y en Su costado — La multitud exclama ¡Hosanna! — Él establece el método y la manera del bautismo — El espíritu de contención es del diablo — La doctrina de Cristo es que los hombres deben creer, ser bautizados y recibir el Espíritu Santo. Aproximadamente 34 d.C.

14*a* GEE Escrituras — El valor de las Escrituras.
b 1 Ne. 19:11; 2 Ne. 26:5.
15*a* GEE Mártir, martirio.
16*a* Hel. 8:19–20.
17*a* 2 Ne. 3:4–5; Alma 46:24; 3 Ne. 5:23–24.
18*a* Hech. 1:9–11.
19*a* 3 Ne. 11:12–15.

Y ACONTECIÓ que se hallaba reunida una gran multitud del pueblo de Nefi en los alrededores del templo que se encontraba en la tierra de Abundancia, y estaban maravillándose y asombrándose entre sí, y mostrándose los unos a los otros el [a]grande y maravilloso cambio que se había verificado.

2 Y también estaban conversando acerca de este Jesucristo, de quien se había dado la [a]señal tocante a su muerte.

3 Y aconteció que mientras así conversaban, unos con otros, oyeron una [a]voz como si viniera del cielo; y miraron alrededor, porque no entendieron la voz que oyeron; y no era una voz áspera ni una voz fuerte; no obstante, y a pesar de ser una voz [b]suave, penetró hasta lo más profundo de los que la oyeron, de tal modo que no hubo parte de su cuerpo que no hiciera estremecer; sí, les penetró hasta el alma misma, e hizo arder sus corazones.

4 Y sucedió que de nuevo oyeron la voz, y no la entendieron.

5 Y nuevamente por tercera vez oyeron la voz, y aguzaron el oído para escucharla; y tenían la vista fija en dirección del sonido; y miraban atentamente hacia el cielo, de donde venía el sonido.

6 Y he aquí, la tercera vez entendieron la voz que oyeron; y les dijo:

7 He aquí a mi [a]Hijo Amado, [b]en quien me complazco, en quien he glorificado mi nombre: a él oíd.

8 Y aconteció que al entender dirigieron la vista hacia el cielo otra vez; y he aquí, [a]vieron a un Hombre que descendía del cielo; y estaba vestido con una túnica blanca; y descendió y se puso en medio de ellos. Y los ojos de toda la multitud se fijaron en él, y no se atrevieron a abrir la boca, ni siquiera el uno al otro, y no sabían lo que significaba, porque suponían que era un ángel que se les había aparecido.

9 Y aconteció que extendió la mano, y habló al pueblo, diciendo:

10 He aquí, yo soy Jesucristo, de quien los profetas testificaron que vendría al mundo.

11 Y he aquí, soy la [a]luz y la vida del mundo; y he bebido de la amarga [b]copa que el Padre me ha dado, y he glorificado al Padre, [c]tomando sobre mí los pecados del mundo, con lo cual me he sometido a la [d]voluntad del Padre en todas las cosas desde el principio.

12 Y sucedió que cuando Jesús hubo hablado estas palabras

11 1*a* 3 Ne. 8:11–14.
2*a* Hel. 14:20–27.
3*a* Deut. 4:33–36; Hel. 5:29–33.
b 1 Rey. 19:11–13; DyC 85:6.
7*a* Mateo 3:17; 17:5; JS—H 1:17.
b 3 Ne. 9:15.
8*a* 1 Ne. 12:6; 2 Ne. 26:1.
11*a* GEE Luz, luz de Cristo.
b Mateo 26:39, 42.
c Juan 1:29; DyC 19:18–19.
d Marcos 14:36; Juan 6:38; DyC 19:2.

oda la multitud cayó al suelo;
oues recordaron que se había
profetizado entre ellos que Cristo
se les manifestaría después de su
ascensión al cielo.

13 Y ocurrió que les habló el Señor, diciendo:

14 Levantaos y venid a mí,
para que [a]metáis vuestras manos en mi costado, y para que
también [b]palpéis las marcas de
los clavos en mis manos y en
mis pies, a fin de que sepáis
que soy el [c]Dios de Israel, y el
Dios de toda la [d]tierra, y que he
sido muerto por los pecados del
mundo.

15 Y aconteció que los de la
multitud se adelantaron y me-
tieron las manos en su costado,
y palparon las marcas de los clavos en sus manos y en sus pies;
y esto hicieron, yendo uno por
uno, hasta que todos hubieron
llegado; y vieron con los ojos y
palparon con las manos, y supieron con certeza, y dieron testimonio de que [a]era él, de quien
habían escrito los profetas que
había de venir.

16 Y cuando todos hubieron ido
y comprobado por sí mismos,
exclamaron a una voz, diciendo:

17 ¡Hosanna! ¡Bendito sea el
nombre del Más Alto Dios! Y
cayeron a los pies de Jesús, y lo
[a]adoraron.

18 Y aconteció que le habló a
[a]Nefi (porque Nefi se hallaba entre la multitud), y le mandó que
se acercara.

19 Y se levantó Nefi, y se acercó
y se inclinó ante el Señor, y le besó
los pies.

20 Y el Señor le mandó que se
levantara; y se levantó y se puso
de pie ante él.

21 Y el Señor le dijo: Te doy [a]po-
der para que [b]bautices a los de
este pueblo cuando yo haya ascendido al cielo otra vez.

22 Y además, el Señor llamó a
[a]otros, y les habló de igual manera, y les dio poder para bautizar. Y les dijo: De esta manera
bautizaréis; y [b]no habrá disputas
entre vosotros.

23 De cierto os digo que a quienes se arrepientan de sus pecados
a causa de vuestras [a]palabras,
y [b]deseen ser bautizados en mi
nombre, de esta manera los bautizaréis: He aquí, descenderéis y,
[c]estando de pie en el agua, en mi
nombre los bautizaréis.

24 Y he aquí, estas son las palabras que pronunciaréis, llamándolos por su nombre, diciendo:

25 Habiéndoseme dado [a]auto-
ridad de Jesucristo, yo te bautizo

12*a* Alma 16:20.
14*a* Juan 20:27.
b Lucas 24:36–39; DyC 129:2.
c Isa. 45:3; 3 Ne. 15:5.
d 1 Ne. 11:6.
15*a* GEE Jesucristo — Las apariciones de Cristo después de Su muerte.
17*a* GEE Adorar.
18*a* 3 Ne. 1:2, 10.
21*a* GEE Poder.
b GEE Bautismo, bautizar.
22*a* 1 Ne. 12:7; 3 Ne. 12:1.
b 3 Ne. 18:34.
23*a* 3 Ne. 12:2.
b GEE Bautismo, bautizar — Requisitos del bautismo.
c 3 Ne. 19:10–13.
25*a* Mos. 18:13; DyC 20:73. GEE Bautismo, bautizar — Con la debida autoridad.

en el nombre del [b]Padre, y del
Hijo, y del Espíritu Santo. Amén.
26 Y entonces los [a]sumergiréis
en el agua, y saldréis del agua.
27 Y según esta manera bautizaréis en mi nombre, porque he
aquí, de cierto os digo que el Padre, y el Hijo, y el Espíritu Santo
son [a]uno; y yo soy en el Padre, y
el Padre en mí, y el Padre y yo
somos uno.
28 Y de acuerdo con lo que os
he mandado, así bautizaréis; y
no habrá [a]disputas entre vosotros, como hasta ahora ha habido;
ni habrá disputas entre vosotros
concernientes a los puntos de mi
doctrina, como hasta aquí las ha
habido.
29 Porque en verdad, en verdad os digo que aquel que tiene
el [a]espíritu de [b]contención no es
mío, sino es del diablo, que es el
padre de la contención, y él irrita
los corazones de los hombres,
para que contiendan con ira unos
con otros.
30 He aquí, esta no es mi doctrina, agitar con ira el corazón de
los hombres, el uno contra el otro;
antes bien mi doctrina es esta, que
se acaben tales cosas.
31 He aquí, en verdad, en
verdad os digo que os declarar[é]
mi [a]doctrina.
32 Y esta es mi [a]doctrina, y es l[a]
doctrina que el Padre me ha dado;
y yo doy [b]testimonio del Padre,
y el Padre da testimonio de mí, y
el [c]Espíritu Santo da testimonio
del Padre y de mí; y yo testifico
que el Padre manda a todos los
hombres, en todo lugar, que se
arrepientan y crean en mí.
33 Y cualquiera que crea en mí
y sea [a]bautizado, este será [b]salvo;
y son ellos los que [c]heredarán el
reino de Dios.
34 Y quien no crea en mí, ni sea
bautizado, será condenado.
35 De cierto, de cierto os digo
que esta es mi doctrina, y del Padre yo doy testimonio de ella; y
quien en mí [a]cree, también cree en
el Padre; y el Padre le testificará a
él de mí, porque lo visitará [b]con
fuego y con el [c]Espíritu Santo.
36 Y así dará el Padre testimonio
de mí, y el Espíritu Santo le dará
testimonio del Padre y de mí, porque el Padre, y yo, y el Espíritu
Santo somos uno.
37 Y también os digo que debéis arrepentiros, y [a]volveros
como un niño pequeñito, y ser
bautizados en mi nombre, o de

25*b* GEE Trinidad.
26*a* GEE Bautismo, bautizar — Por inmersión.
27*a* Juan 17:20–22; 3 Ne. 28:10; Morm. 7:7; DyC 20:28.
28*a* 1 Cor. 1:10; Efe. 4:11–14; DyC 38:27.
29*a* 2 Tim. 2:23–24; Mos. 23:15. GEE Contención, contienda.
b TJS Efe. 4:26 (Apéndice — Biblia); Mos. 2:32–33.
31*a* 2 Ne. 31:2–21.
32*a* GEE Doctrina de Cristo.
b 1 Juan 5:7.
c 3 Ne. 28:11; Éter 5:4.
33*a* Marcos 16:16. GEE Bautismo, bautizar — Indispensable.
b GEE Salvación.
c GEE Gloria celestial.
35*a* Éter 4:12.
b 3 Ne. 9:20; 12:2.
c GEE Espíritu Santo.
37*a* Marcos 10:15; Lucas 18:17; Mos. 3:19; 3 Ne. 9:22.

ninguna manera recibiréis estas
cosas.
38 Y otra vez os digo que debéis
arrepentiros, y ser bautizados
en mi nombre, y volveros como
un niño pequeñito, o de ningún
modo heredaréis el reino de Dios.
39 De cierto, de cierto os digo
que esta es mi doctrina; y los que
[a]edifican sobre esto, edifican sobre mi roca, y las [b]puertas del infierno no prevalecerán en contra
de ellos.
40 Y quienes declaren más o
menos que esto, y lo establezcan
como mi doctrina, tales proceden del mal, y no están fundados
sobre mi roca; sino que edifican
sobre un cimiento de [a]arena, y
las puertas del infierno estarán
abiertas para recibirlos, cuando
vengan las inundaciones y los
azoten los vientos.
41 Por tanto, id a este pueblo,
y declarad las palabras que he
hablado, hasta los extremos de
la tierra.

CAPÍTULO 12

Jesús llama a los doce discípulos y los comisiona — Pronuncia ante los nefitas un discurso semejante al Sermón del Monte — Expone las Bienaventuranzas — Sus enseñanzas superan la ley de Moisés y tienen precedencia sobre ella — Manda a los hombres que sean perfectos, así como Él y Su Padre son perfectos — Compárese con Mateo 5. Aproximadamente 34 d.C.

Y ACONTECIÓ que cuando Jesús
hubo hablado estas palabras
a Nefi y a los que habían sido
llamados (y llegaba a [a]doce el
número de los que habían sido
llamados, y recibieron el poder
y la autoridad para bautizar), he
aquí, él extendió la mano hacia
la multitud, y les proclamó, diciendo: [b]Bienaventurados sois si
prestáis atención a las palabras de
estos doce que yo he [c]escogido de
entre vosotros para ejercer su ministerio en bien de vosotros y ser
vuestros siervos; y a ellos les he
dado poder para que os bauticen
en el agua; y después que seáis
bautizados en el agua, he aquí,
os bautizaré con fuego y con el
Espíritu Santo. Por tanto, bienaventurados sois si creéis en mí y
sois bautizados, después que me
habéis visto y sabéis que yo soy.
2 Y también, más bienaventurados son aquellos que [a]crean
en vuestras palabras por razón
de que testificaréis que me habéis visto y que sabéis que yo
soy. Sí, bienaventurados son los
que crean en vuestras palabras,
y [b]desciendan a lo profundo
de la humildad y sean bautizados, porque serán visitados [c]con
fuego y con el Espíritu Santo, y

39*a* Mateo 7:24–29; Hel. 5:12. GEE Roca.
b 3 Ne. 18:12–13.
40*a* 3 Ne. 14:24–27.
12 1*a* 3 Ne. 13:25.
b GEE Bendecido, bendecir, bendición.
c GEE Llamado, llamado por Dios, llamamiento.
2*a* DyC 46:13–14. GEE Creencia, creer.
b Éter 4:13–15.
c 3 Ne. 11:35; 19:13.

recibirán una remisión de sus pecados.

3 Sí, bienaventurados son los [a]pobres en espíritu que [b]vienen a mí, porque de ellos es el reino de los cielos.

4 Y además, bienaventurados son todos los que lloran, porque ellos serán consolados.

5 Y bienaventurados son los [a]mansos, porque ellos heredarán la [b]tierra.

6 Y bienaventurados son todos los que padecen [a]hambre y [b]sed de [c]rectitud, porque ellos serán llenos del Espíritu Santo.

7 Y bienaventurados son los [a]misericordiosos, porque ellos alcanzarán misericordia.

8 Y bienaventurados son todos los de corazón [a]puro, porque ellos [b]verán a Dios.

9 Y bienaventurados son todos los [a]pacificadores, porque ellos serán llamados [b]hijos de Dios.

10 Y bienaventurados son todos los que son [a]perseguidos por causa de mi nombre, porque de ellos es el reino de los cielos.

11 Y bienaventurados sois cuando por mi causa los hombres os vituperen y os persigan, y falsamente digan toda clase de mal contra vosotros;

12 porque tendréis gran gozo y os alegraréis en extremo, pues grande será vuestro [a]galardón en los cielos; porque así persiguieron a los profetas que fueron antes de vosotros.

13 De cierto, de cierto os digo que os doy a vosotros ser la [a]sal de la tierra; pero si la sal pierde su sabor, ¿con qué será salada la tierra? De allí en adelante la sal no servirá para nada sino para ser echada fuera y hollada por los hombres.

14 En verdad, en verdad os digo que os doy a vosotros ser la luz de este pueblo. Una ciudad que se asienta sobre una colina no se puede ocultar.

15 He aquí, ¿encienden los hombres una [a]vela y la ponen debajo de un almud? No, sino en un candelero; y da luz a todos los que están en la casa;

16 por lo tanto, así alumbre vuestra [a]luz delante de este pueblo, de modo que vean vuestras buenas obras, y glorifiquen a vuestro Padre que está en los cielos.

17 No penséis que he venido para abrogar la ley ni los profetas. No he venido para abrogar, sino para cumplir;

18 porque en verdad os digo que ni una jota ni una tilde ha

3*a* DyC 56:17–18. GEE Humildad, humilde, humillar (afligir).
b Mateo 11:28–30.
5*a* Rom. 12:16; Mos. 3:19. GEE Mansedumbre, manso.
b GEE Tierra.
6*a* 2 Ne. 9:51; Enós 1:4.
b Jer. 29:13.
c Prov. 21:21.
7*a* GEE Misericordia, misericordioso.
8*a* GEE Pureza, puro.
b DyC 93:1.
9*a* GEE Pacificador.
b GEE Hijos e hijas de Dios.
10*a* DyC 122:5–9. GEE Persecución, perseguir.
12*a* Éter 12:4.
13*a* DyC 101:39–40. GEE Sal.
15*a* Lucas 8:16.
16*a* 3 Ne. 18:24.

pasado de la [a]ley, sino en mí toda
se ha cumplido.
19 Y he aquí, os he dado la ley
y los mandamientos de mi Padre para que creáis en mí, que os
arrepintáis de vuestros pecados
y vengáis a mí con un [a]corazón
quebrantado y un espíritu contrito. He aquí, tenéis los mandamientos ante vosotros, y la [b]ley se
ha cumplido.
20 Por tanto, venid a mí y sed
salvos; porque en verdad os digo
que a menos que guardéis mis
mandamientos, que ahora os he
dado, de ningún modo entraréis
en el reino de los cielos.
21 Habéis oído que ha sido dicho por los de tiempos antiguos, y
también lo tenéis escrito ante vosotros: No [a]matarás; y cualquiera
que matare estará expuesto al juicio de Dios.
22 Pero yo os digo que quien se
enoje con su hermano corre peligro de su juicio. Y cualquiera que
diga a su hermano: Raca, quedará
expuesto al concilio; y el que le
diga: Insensato, estará en peligro
del fuego del infierno.
23 Por tanto, si vienes a mí, o deseas venir a mí, y te acuerdas de
que tu hermano tiene algo contra ti,
24 ve luego a tu hermano, y [a]reconcíliate primero con él, y luego
ven a mí con íntegro propósito de
corazón, y yo te recibiré.
25 Reconcíliate cuanto antes
con tu adversario, mientras te encuentres en el camino con él, no
sea que en cualquier momento
te prenda, y seas echado en la
cárcel.
26 En verdad, en verdad te digo
que de ningún modo saldrás de
allí hasta que hayas pagado el
último senine. Y mientras te halles en la prisión, ¿podrás pagar aun siquiera un [a]senine?
De cierto, de cierto te digo
que no.
27 He aquí, fue escrito por
los antiguos que no cometerás
[a]adulterio;
28 mas yo os digo que quien
mire a una mujer para [a]codiciarla
ya ha cometido adulterio en su
corazón.
29 He aquí, os doy el mandamiento de que no permitáis que
ninguna de estas cosas entre en
vuestro [a]corazón,
30 porque mejor es que os privéis de estas cosas, tomando así
vuestra [a]cruz, que ser arrojados
en el infierno.
31 Ha sido escrito, que quien
repudiare a su esposa, le dé carta
de [a]divorcio.
32 En verdad, en verdad os
digo que el que [a]repudie a su
esposa, salvo por causa de [b]fornicación, hace que ella cometa
[c]adulterio; y cualquiera que se

18*a* GEE Ley de Moisés.
19*a* 3 Ne. 9:20.
GEE Corazón quebrantado.
b 3 Ne. 9:17.
21*a* Éx. 20:13; Mos. 13:21; DyC 42:18.
24*a* GEE Perdonar.
26*a* Alma 11:3.
27*a* 2 Ne. 9:36; DyC 59:6.
28*a* DyC 42:23.
GEE Concupiscencia.
29*a* Hech. 8:22.
30*a* Mateo 10:38; 16:24; Lucas 9:23.
31*a* GEE Divorcio.
32*a* Marcos 10:11–12.
b GEE Fornicación.
c GEE Adulterio.

case con la divorciada, comete
adulterio.
33 Y además está escrito: No te
perjurarás, sino que cumplirás al
Señor tus [a]juramentos;
34 mas en verdad, en verdad os
digo: No [a]juréis de ninguna manera; ni por el cielo, porque es el
trono de Dios;
35 ni por la tierra, porque es el
estrado de sus pies;
36 ni tampoco jurarás por tu
cabeza, porque no puedes hacer
negro o blanco un solo cabello;
37 antes bien, sea vuestro hablar:
Sí, sí; No, no; porque lo que sea
más que esto, es malo.
38 Y he aquí, está escrito: [a]Ojo
por ojo y diente por diente;
39 mas yo os digo que no debéis [a]resistir al mal, antes bien al
que te hiera en la mejilla derecha,
[b]vuélvele también la otra.
40 Y si alguien te demanda ante
la ley, y te quita la túnica, déjale
también la capa.
41 Y quien te obligue a ir una
milla, ve con él dos.
42 Al que te pida, [a]dale; y al que
quiera de ti tomar prestado, no se
lo rehúses.
43 Y he aquí, está escrito también que amarás a tu prójimo, y
aborrecerás a tu enemigo;
44 mas he aquí, yo os digo: Amad
a vuestros [a]enemigos, bendecid a
los que os maldicen, haced bien a
los que os aborrecen, y [b]orad por
los que os ultrajan y os persiguen;
45 para que seáis hijos de vuestro Padre que está en los cielos;
pues él hace salir su sol sobre los
malos y sobre los buenos.
46 Por tanto, estas cosas que
existían en la antigüedad, que se
hallaban bajo la ley, se han cumplido todas en mí.
47 Las cosas [a]antiguas han pasado, y todas las cosas se han
vuelto nuevas.
48 Por tanto, quisiera que fueseis [a]perfectos así como yo, o
como vuestro Padre que está en
los cielos es perfecto.

CAPÍTULO 13

Jesús enseña a los nefitas la manera de orar — Deben acumular tesoros en los cielos — Manda a los doce discípulos que en su ministerio no se afanen por las cosas temporales — Compárese con Mateo 6. Aproximadamente 34 d.C.

En verdad, en verdad os digo,
quisiera que dieseis [a]limosnas a
los pobres; mas guardaos de dar
vuestras limosnas delante de los
hombres para ser vistos de ellos;
de otra manera, ningún galardón
tenéis de vuestro Padre que está
en los cielos.
2 Por tanto, cuando hagáis
vuestra limosna, no toquéis
trompeta delante de vosotros,

33*a* GEE Juramento.
34*a* GEE Profanidad.
38*a* Lev. 24:20.
39*a* 3 Ne. 6:13; 4 Ne. 1:34; DyC 98:23–32.
b GEE Paciencia.
42*a* Jacob 2:17–19; Mos. 4:22–26.
44*a* Prov. 24:17; Alma 48:23.
b Hech. 7:59–60.
47*a* 3 Ne. 15:2, 7; DyC 22:1.
48*a* Mateo 5:48; 3 Ne. 27:27. GEE Perfecto.
13 1*a* GEE Limosna.

como lo hacen los hipócritas en
las sinagogas y en las calles, para
tener [a]gloria de los hombres. En
verdad os digo que ya tienen su
recompensa.
3 Mas cuando tú hagas limosna,
no sepa tu mano izquierda lo que
hace tu derecha;
4 a fin de que tu limosna sea
en secreto; y tu Padre que ve en
lo secreto, te recompensará en
público.
5 Y cuando [a]ores, no seas como
los hipócritas, porque les gusta
orar de pie en las sinagogas y en
las esquinas de las calles, para ser
vistos de los hombres. En verdad
os digo que ya tienen su recompensa.
6 Mas tú, cuando ores, entra en
tu aposento, y cuando hayas cerrado la puerta, ora a tu Padre
que está en secreto; y tu Padre,
que ve en lo secreto, te recompensará en público.
7 Y al orar, no uséis vanas repeticiones, como los paganos; pues
ellos creen que por su mucha par-
lería serán oídos.
8 No seáis, por tanto, como ellos;
porque vuestro Padre [a]sabe las
cosas que necesitáis antes que le
pidáis.
9 De esta [a]manera, pues, [b]orad:
[c]Padre nuestro que estás en los
cielos, santificado sea tu nombre.
10 Sea hecha tu voluntad en la
tierra así como en el cielo.
11 Y perdónanos nuestras deudas, como nosotros perdonamos
a nuestros deudores.
12 Y [a]no nos dejes caer en tentación, mas líbranos del mal.
13 Porque tuyo es el reino, y el
poder, y la gloria, para siempre.
Amén.
14 Porque si [a]perdonáis a los
hombres sus ofensas, os perdonará también a vosotros vuestro
Padre Celestial;
15 mas si no perdonáis a los
hombres sus ofensas, vuestro Padre tampoco perdonará vuestras
ofensas.
16 Además, cuando [a]ayunéis,
no seáis como los hipócritas, de
semblante triste, porque desfigu-
ran sus rostros para mostrar a los
hombres que ayunan. En verdad
os digo que ya tienen su galardón.
17 Mas tú, cuando ayunes, unge
tu cabeza y lava tu rostro;
18 para que no muestres a los
hombres que ayunas, sino a tu
Padre, que está en [a]secreto; y tu
Padre, que ve en lo secreto, te recompensará en público.
19 No os acumuléis tesoros sobre la tierra, donde la polilla y el
moho corrompen, y los ladrones
minan y roban;
20 sino acumulaos [a]tesoros en
los cielos, donde ni la polilla ni
el moho corrompen, y donde los
ladrones no minan ni roban.
21 Porque donde esté vuestro

2*a* DyC 121:34–35.
5*a* GEE Oración.
8*a* DyC 84:83.
9*a* Mateo 6:9–13.
b GEE Oración.
c GEE Trinidad — Dios el Padre.
12*a* TJS Mateo 6:14 (Apéndice — Biblia).
14*a* Mos. 26:30–31; DyC 64:9. GEE Perdonar.
16*a* Isa. 58:5–7. GEE Ayunar, ayuno.
18*a* DyC 38:7.
20*a* Hel. 5:8; 8:25.

tesoro, allí estará también vuestro corazón.

22 La [a]luz del cuerpo es el ojo; por tanto, si tu ojo es puro, todo tu cuerpo estará lleno de luz.

23 Pero si tu ojo es malo, todo tu cuerpo estará lleno de tinieblas. Por tanto, si la luz que hay en ti es tinieblas, ¡cuán grandes no serán esas tinieblas!

24 Ningún hombre puede [a]servir a dos señores, porque o aborrecerá al uno y amará al otro, o se allegará al uno y despreciará al otro. No podéis servir a Dios y a [b]Mamón.

25 Y aconteció que cuando Jesús hubo hablado estas palabras, miró hacia los doce que había elegido, y les dijo: Acordaos de las palabras que he hablado. Porque he aquí, vosotros sois aquellos a quienes he escogido para ejercer el [a]ministerio entre este pueblo. Os digo, pues: [b]No os afanéis por vuestra vida, qué habéis de comer o qué habéis de beber; ni tampoco por vuestro cuerpo, con qué lo habéis de vestir. ¿No es la vida más que el alimento, y el cuerpo más que el vestido?

26 Mirad las aves del cielo, pues no siembran, ni tampoco siegan, ni recogen en alfolíes; sin embargo, vuestro Padre Celestial las alimenta. ¿No sois vosotros mucho mejores que ellas?

27 ¿Quién de vosotros, por mucho que se afane, podrá añadir un codo a su estatura?

28 Y por el vestido, ¿por qué os afanáis? Considerad los lirios del campo cómo crecen: No trabajan, ni hilan;

29 y sin embargo, os digo, que ni aun Salomón, en toda su gloria, se vistió como uno de estos.

30 Por tanto, si Dios viste así la hierba del campo, que hoy es, y mañana se echa en el horno, así os vestirá él, si vosotros no sois de poca fe.

31 No os afanéis, pues, diciendo: ¿Qué comeremos o qué beberemos, o con qué nos hemos de vestir?

32 Porque vuestro Padre Celestial sabe que tenéis necesidad de todas estas cosas.

33 Mas buscad primeramente el [a]reino de Dios y su justicia, y todas estas cosas os serán añadidas.

34 Así que, no os afanéis por el día de mañana, porque el día de mañana traerá su afán por sus propias cosas. Basta el día para su propio mal.

CAPÍTULO 14

Jesús manda: No juzguéis; pedid a Dios; guardaos de los falsos profetas — Él promete la salvación a aquellos que hagan la voluntad del Padre — Compárese con Mateo 7. Aproximadamente 34 d.C.

Y ACONTECIÓ que cuando Jesús hubo hablado estas palabras, se volvió de nuevo hacia la multitud y abrió otra vez su boca,

22*a* DyC 88:67.
24*a* 1 Sam. 7:3.
b Palabra aramea que significa riquezas.
25*a* GEE Ministrar, ministro.
b Alma 31:37–38; DyC 84:79–85.
33*a* Lucas 12:31.

diciendo: De cierto, de cierto os
digo: [a]No juzguéis, para que no
seáis juzgados.
2 [a]Porque con el juicio con que
juzguéis, seréis juzgados; y con
la medida con que midáis, se os
volverá a medir.
3 Y, ¿por qué miras la paja que
está en el ojo de tu hermano, mas
no te fijas en la viga que está en
tu propio ojo?
4 O, ¿cómo dirás a tu hermano:
Déjame sacar la paja de tu ojo, y he
aquí, hay una viga en tu propio ojo?
5 ¡Hipócrita!, saca primero la
[a]viga de tu propio ojo; y entonces verás claramente para sacar la
paja del ojo de tu hermano.
6 No deis lo que es [a]santo a los
perros, ni echéis vuestras perlas
delante de los cerdos; no sea que
las huellen con sus pies y se vuelvan y os despedacen.
7 [a]Pedid, y se os dará; buscad, y
hallaréis; llamad, y se os abrirá.
8 Porque todo el que pide, recibe; y el que busca, halla; y al
que llama, se le abrirá.
9 O, ¿qué hombre hay de vosotros, que si su hijo pide pan, le
dará una piedra,
10 o si pide un pescado, le dará
una serpiente?
11 Pues si vosotros, siendo malos,
sabéis dar buenas dádivas a vuestros hijos, ¿cuánto más vuestro
Padre que está en los cielos dará
buenas cosas a los que le piden?
12 Así que, cuantas cosas queráis que los hombres os hagan a
vosotros, así [a]haced vosotros con
ellos, porque esto es la ley y los
profetas.
13 Entrad por la [a]puerta estrecha; porque [b]ancha es la puerta, y
espacioso el camino, que conduce
a la perdición, y muchos son los
que entran por ella;
14 porque estrecha es la [a]puerta,
y [b]angosto el camino que conduce
a la vida, y [c]pocos son los que la
hallan.
15 Guardaos de los [a]falsos profetas, que vienen a vosotros con
vestidos de ovejas, mas por dentro son lobos rapaces.
16 Por sus frutos los conoceréis.
¿Se recogen uvas de los espinos,
o higos de los cardos?
17 De igual manera, todo árbol
bueno produce buen fruto; mas
un árbol malo da mal fruto.
18 Un árbol bueno no puede
producir mal fruto, ni un árbol
malo puede producir buen fruto.
19 Todo árbol que [a]no da buen
fruto es cortado y echado en el fuego.
20 Así que, por sus [a]frutos los
conoceréis.
21 No todo el que me dice: Señor, Señor, entrará en el reino
de los cielos; sino el que hace la

14 1*a* TJS Mateo 7:1–2 (Apéndice — Biblia); Juan 7:24.
2*a* Morm. 8:19.
5*a* Juan 8:3–11.
6*a* GEE Santo (adjetivo).
7*a* 3 Ne. 27:29. GEE Oración.
12*a* GEE Compasión.
13*a* Lucas 13:24; 3 Ne. 27:33.
b DyC 132:25.
14*a* 2 Ne. 9:41; 31:9, 17–18; DyC 22.
b 1 Ne. 8:20.
c 1 Ne. 14:12.
15*a* Jer. 23:21–32; 2 Ne. 28:9, 12, 15.
19*a* Mateo 3:10; Alma 5:36–41; DyC 97:7.
20*a* Lucas 6:43–45; Moro. 7:5.

voluntad de mi Padre que está
en los cielos.
22 En aquel día muchos me
[a]dirán: Señor, Señor, ¿no hemos
profetizado en tu nombre, y en
tu nombre no hemos echado demonios, y no hemos hecho, en
tu nombre, muchas obras milagrosas?
23 Y entonces les declararé:
Nunca os [a]conocí, [b]apartaos de
mí, obradores de iniquidad.
24 Por tanto, cualquiera que oye
estas palabras mías, y las hace,
lo compararé a un hombre prudente que edificó su casa sobre
una [a]roca;
25 y descendió la [a]lluvia, y vinieron los torrentes, y soplaron
los vientos, y dieron con ímpetu
contra aquella casa; y no [b]cayó,
porque estaba fundada sobre una
roca.
26 Y todo el que me oye estas
palabras, y no las hace, será comparado al hombre insensato que
edificó su casa sobre la [a]arena:
27 y descendió la lluvia, y vinieron los torrentes, y soplaron los
vientos, y dieron con ímpetu contra aquella casa; y cayó, y grande
fue su caída.

CAPÍTULO 15

Jesús anuncia que la ley de Moisés se ha cumplido en Él — Los nefitas son las otras ovejas a quienes Él se refirió en Jerusalén — Por causa de la iniquidad, el pueblo del Señor en Jerusalén no sabe acerca de las ovejas esparcidas de Israel. Aproximadamente 34 d.C.

Y ACONTECIÓ que cuando Jesús
hubo concluido estas palabras,
miró alrededor a la multitud, y
les dijo: He aquí, habéis oído las
cosas que enseñé antes que as-
cendiera a mi Padre; por tanto, a
cualquiera que se acuerde de estas palabras mías, y las [a]haga, lo
[b]exaltaré en el postrer día.
2 Y sucedió que cuando Jesús
hubo dicho estas palabras, percibió que había algunos entre ellos
que se maravillaban, y se pregun-
taban qué deseaba él concerniente
a la [a]ley de Moisés; porque no
entendían la palabra de que las
cosas viejas habían pasado, y que
todas las cosas se habían vuelto
nuevas.
3 Y les dijo: No os maravilléis
de que os dije que las cosas antiguas habían pasado, y que todas
las cosas se habían vuelto nuevas.
4 He aquí, os digo que se ha
cumplido la [a]ley que fue dada a
Moisés.
5 He aquí, soy [a]yo quien di la
ley, y soy el que hice convenio
con mi pueblo Israel; por tanto,
la ley se cumple en mí, porque he
venido para [b]cumplir la ley; por
tanto, tiene fin.

22*a* Alma 5:17.
23*a* Mos. 5:13; 26:24–27.
b Lucas 13:27.
24*a* GEE Roca.
25*a* Alma 26:6; Hel. 5:12.
b Prov. 12:7.
26*a* 3 Ne. 11:40.
15 1*a* Stg. 1:22.
b 1 Ne. 13:37; DyC 5:35.
2*a* GEE Ley de Moisés.
4*a* Mos. 13:27–31; 3 Ne. 9:17–20.
5*a* 1 Cor. 10:1–4; 3 Ne. 11:14. GEE Jehová.
b Alma 34:13.

6 He aquí, yo [a]no abrogo a los profetas; porque cuantos no se han cumplido en mí, en verdad os digo que todos se cumplirán.

7 Y porque os dije que las cosas antiguas han pasado, no abrogo lo que se ha hablado concerniente a las cosas que están por venir.

8 Porque he aquí, el [a]convenio que hice con mi pueblo no se ha cumplido enteramente; mas la ley que se dio a Moisés tiene su fin en mí.

9 He aquí, yo soy la [a]ley y la [b]luz. Mirad hacia mí, y perseverad hasta el fin, y [c]viviréis; porque al que [d]persevere hasta el fin, le daré vida eterna.

10 He aquí, os he dado los [a]mandamientos; guardad, pues, mis mandamientos. Y esto es la ley y los profetas, porque ellos en verdad [b]testificaron de mí.

11 Y sucedió que cuando Jesús hubo hablado estas palabras, dijo a aquellos doce que él había escogido:

12 Vosotros sois mis discípulos; y sois una luz a este pueblo, que es un resto de la casa de [a]José.

13 Y he aquí, esta es la [a]tierra de vuestra herencia; y el Padre os la ha dado.

14 Y en ninguna ocasión me ha dado mandamiento el Padre de que lo [a]revelase a vuestros hermanos en Jerusalén.

15 Ni en ningún tiempo me ha dado mandamiento el Padre de que les hablara concerniente a las [a]otras tribus de la casa de Israel, que el Padre ha conducido fuera de su tierra.

16 Solo esto me mandó el Padre que les dijera:

17 Que tengo otras ovejas que no son de este redil; aquellas también debo yo traer, y oirán mi voz; y habrá un rebaño y un [a]pastor.

18 Ahora bien, por motivo de la obstinación y la incredulidad, no [a]comprendieron mi palabra; por tanto, me mandó el Padre que no les dijese más tocante a esto.

19 Pero de cierto os digo que el Padre me ha mandado, y yo os lo digo, que fuisteis separados de entre ellos por motivo de su iniquidad; por tanto, es debido a su iniquidad que no saben de vosotros.

20 Y en verdad, os digo, además, que el Padre ha separado de ellos a las otras tribus; y es a causa de su iniquidad que no saben de ellas.

21 Y de cierto os digo que vosotros sois aquellos de quienes dije: Tengo [a]otras ovejas que no son de este redil; aquellas también debo yo traer, y oirán mi voz; y habrá un rebaño y un pastor.

6*a* 3 Ne. 23:1–5.
8*a* 3 Ne. 5:24–26.
9*a* 2 Ne. 26:1.
b GEE Luz, luz de Cristo.
c Juan 11:25; DyC 84:44.
d GEE Perseverar.
10*a* 3 Ne. 12:20.
b Mos. 13:33.
12*a* GEE José hijo de Jacob.
13*a* 1 Ne. 18:22–23.
14*a* 3 Ne. 5:20.
15*a* 3 Ne. 16:1–4.
GEE Israel — Las diez tribus perdidas de Israel.
17*a* GEE Buen Pastor.
18*a* DyC 10:59.
21*a* Juan 10:14–16.

22 Y no me comprendieron, porque pensaron que eran los [a]gentiles; porque no entendieron que, por medio de su predicación, los gentiles se [b]convertirían.
23 Ni me entendieron que dije que oirán mi voz; ni me comprendieron que los [a]gentiles en ningún tiempo habrían de oír mi voz; que no me manifestaría a ellos sino por el [b]Espíritu Santo.
24 Mas he aquí, vosotros habéis oído [a]mi voz, y también me habéis visto; y sois mis ovejas, y contados sois entre los que el Padre me ha [b]dado.

CAPÍTULO 16

Jesús visitará a otras ovejas perdidas de Israel — En los últimos días, el Evangelio irá a los gentiles y después a la casa de Israel — Los del pueblo del Señor verán ojo a ojo cuando Él haga volver a Sion. Aproximadamente 34 d.C.

Y EN verdad, en verdad os digo que tengo [a]otras ovejas que no son de esta tierra, ni de la tierra de Jerusalén, ni de ninguna de las partes de esa tierra circundante donde he estado para ejercer mi ministerio.
2 Porque aquellos de quienes hablo son los que todavía no han oído mi voz; ni en ningún tiempo me he manifestado a ellos.
3 Mas he recibido el mandamiento del Padre de que vaya a [a]ellos, para que oigan mi voz y sean contados entre mis ovejas, a fin de que haya un rebaño y un pastor; por tanto, voy para manifestarme a ellos.
4 Y os mando que escribáis estas [a]palabras después que me vaya, para que si se da el caso de que mi pueblo en Jerusalén, aquellos que me han visto y han estado conmigo en mi ministerio, no le piden al Padre en mi nombre recibir conocimiento por medio del Espíritu Santo, acerca de vosotros, como también de las otras tribus, de las cuales nada saben, estas palabras que escribáis se preserven y sean manifestadas a los [b]gentiles, para que mediante la plenitud de los gentiles, el resto de la posteridad de aquellos, que será esparcido sobre la faz de la tierra a causa de su incredulidad, sea recogido, o sea, llevado al [c]conocimiento de mí, su Redentor.
5 Entonces los [a]reuniré de las cuatro partes de la tierra; y entonces cumpliré el [b]convenio que el Padre ha hecho con todo el pueblo de la [c]casa de Israel.

22*a* GEE Gentiles.
b Hech. 10:34–48.
23*a* Mateo 15:24.
b 1 Ne. 10:11. GEE Espíritu Santo.
24*a* Alma 5:38; 3 Ne. 16:1–5.
b Juan 6:37; DyC 27:14.
16 1*a* 3 Ne. 15:15. GEE Israel — Las diez tribus perdidas de Israel.
3*a* 3 Ne. 17:4.
4*a* GEE Escrituras.
b 1 Ne. 10:14; 3 Ne. 21:6.
c Ezeq. 20:42–44; 3 Ne. 20:13.
5*a* GEE Israel — La congregación de Israel.
b 3 Ne. 5:24–26.
c 1 Ne. 22:9; 3 Ne. 21:26–29.

6 Y benditos son los [a]gentiles
por motivo de su creencia en mí,
mediante el [b]Espíritu Santo, que
les testifica de mí y del Padre.
7 He aquí que debido a su creencia en mí, dice el Padre, y a causa
de vuestra incredulidad, oh casa
de Israel, la verdad llegará a los
gentiles en los [a]últimos días, para
que les sea manifestada la plenitud de estas cosas.
8 Pero, ¡ay de los gentiles incrédulos!, dice el Padre —pues aun
cuando han venido sobre la superficie de esta tierra, y han [a]dis-
persado a mi pueblo que es de la
casa de Israel; y han [b]echado de
entre ellos a mi pueblo que es de
la casa de Israel, y lo han hollado;
9 y a causa de las misericordias
del Padre para con los gentiles,
así como de los juicios del Padre
sobre mi pueblo que es de la casa
de Israel, de cierto, de cierto os
digo que después de todo esto, y
luego que yo haya hecho que los
de mi pueblo que son de la casa
de Israel sean heridos, y afligidos,
y [a]muertos, y que sean echados de
entre ellos, y que sean aborrecidos
por ellos, y sean entre ellos objeto
de escarnio y oprobio—
10 y así manda el Padre que
os diga: El día en que los gentiles pequen contra mi evangelio, y rechacen la plenitud de mi
evangelio, y se [a]envanezcan por
el orgullo de su corazón sobre
todas las naciones y sobre todos
los pueblos de la tierra, y estén
llenos de toda clase de mentiras,
y de engaños, y de maldades, y
de todo género de hipocresía, y
asesinatos, y [b]supercherías sacerdotales, y fornicaciones, y abominaciones secretas; y si cometen
todas estas cosas, y rechazan la
plenitud de mi evangelio, he aquí,
dice el Padre, retiraré la plenitud
de mi evangelio de entre ellos.
11 Y entonces [a]recordaré mi convenio que he concertado con los
de mi pueblo, oh casa de Israel,
y les llevaré mi evangelio.
12 Y te mostraré, oh casa de Israel, que los gentiles no tendrán
poder sobre ti, antes bien me acor-
daré de mi convenio contigo, oh
casa de Israel, y llegarás al [a]co-
nocimiento de la plenitud de mi
evangelio.
13 Pero si los gentiles se arrepienten y vuelven a mí, dice el
Padre, he aquí, serán [a]contados
entre los de mi pueblo, oh casa
de Israel.
14 Y no permitiré que los de mi
pueblo, que son de la casa de Israel, vayan entre ellos y los huellen bajo sus pies, dice el Padre.
15 Pero si no se vuelven a
mí, ni escuchan mi voz, yo les

6*a* 1 Ne. 13:30–42; 2 Ne. 30:3.
b 2 Ne. 32:5; 3 Ne. 11:32, 35–36. GEE Espíritu Santo.
7*a* GEE Restauración del Evangelio.
8*a* 1 Ne. 13:14; Morm. 5:9, 15.
b 3 Ne. 20:27–29.
9*a* Amós 9:1–4.
10*a* Morm. 8:35–41.
b 2 Ne. 26:29.
11*a* 3 Ne. 21:1–11; Morm. 5:20.
12*a* Hel. 15:12–13.
13*a* Gál. 3:7, 29; 1 Ne. 15:13–17; 2 Ne. 10:18; 3 Ne. 30:2; Abr. 2:9–11.

permitiré, sí, permitiré que los de mi pueblo, oh casa de Israel, pasen por en medio de ellos y los [a]huellen, y serán como la sal que ha perdido su sabor, que desde entonces para nada es buena sino para ser arrojada y hollada bajo los pies de mi pueblo, oh casa de Israel.

16 De cierto, de cierto os digo que así me ha mandado el Padre: Que dé a este pueblo esta tierra por herencia.

17 Y entonces se cumplirán las [a]palabras del profeta Isaías, que dicen:

18 [a]Tus [b]centinelas levantarán la voz; unánimes cantarán, porque verán ojo a ojo cuando el Señor hiciere volver a Sion.

19 ¡Prorrumpid en alegría! ¡Cantad juntamente, lugares desolados de Jerusalén! Porque el Señor ha consolado a su pueblo, ha redimido a Jerusalén.

20 El Señor ha desnudado su santo brazo a la vista de todas las naciones, y todos los extremos de la tierra verán la salvación de Dios.

CAPÍTULO 17

Jesús exhorta a los del pueblo a meditar en Sus palabras y a pedir entendimiento en sus oraciones — Sana a los enfermos — Ora por el pueblo con palabras que no se pueden escribir — Los ángeles ministran a los pequeñitos y estos son rodeados de fuego. Aproximadamente 34 d.C.

He aquí, sucedió que cuando Jesús hubo hablado estas palabras, de nuevo miró alrededor hacia la multitud, y les dijo: He aquí, mi [a]tiempo está cerca.

2 Veo que sois débiles, que no podéis [a]comprender todas mis palabras que el Padre me ha mandado que os hable en esta ocasión.

3 Por tanto, id a vuestras casas, y [a]meditad las cosas que os he dicho, y pedid al Padre en mi nombre que podáis entender; y [b]preparad vuestras mentes para [c]mañana, y vendré a vosotros otra vez.

4 Pero ahora [a]voy al Padre, y también voy a [b]mostrarme a las [c]tribus perdidas de Israel, porque no están perdidas para el Padre, pues él sabe a dónde las ha llevado.

5 Y sucedió que cuando Jesús hubo hablado así, de nuevo dirigió la vista alrededor hacia la multitud, y vio que estaban llorando, y lo miraban fijamente, como si le quisieran pedir que permaneciese un poco más con ellos.

6 Y les dijo: He aquí, mis

15*a* Miqueas 5:8–15; 3 Ne. 20:16–19; 21:12–21; DyC 87:5.
17*a* 3 Ne. 20:11–12.
18*a* Isa. 52:8–10.
b Ezeq. 33:1–7.
GEE Velar.
17 1*a* Para regresar a la presencia del Padre. Véase el vers. 4.
2*a* Juan 16:12; DyC 78:17–18.
3*a* GEE Meditar.
b DyC 132:3.
c 3 Ne. 19:2.
4*a* 3 Ne. 18:39.
b 3 Ne. 16:1–3.
c GEE Israel — Las diez tribus perdidas de Israel.

entrañas rebosan de [a]compasión
por vosotros.
7 ¿Tenéis enfermos entre vosotros? Traedlos aquí. ¿Tenéis cojos, o ciegos, o lisiados, o mutilados, o leprosos, o atrofiados, o sordos, o quienes estén afligidos de manera alguna? Traedlos aquí y yo los sanaré, porque tengo compasión de vosotros; mis entrañas rebosan de misericordia.
8 Pues percibo que deseáis que os muestre lo que he hecho por vuestros hermanos en Jerusalén, porque veo que vuestra [a]fe es [b]suficiente para que yo os sane.
9 Y sucedió que cuando hubo hablado así, toda la multitud, de común acuerdo, se acercó, con sus enfermos, y sus afligidos, y sus cojos, y sus ciegos, y sus mudos, y todos los que padecían cualquier aflicción; y los [a]sanaba a todos, según se los llevaban.
10 Y todos ellos, tanto los que habían sido sanados, como los que estaban sanos, se postraron a sus pies y lo adoraron; y cuantos, por la multitud pudieron acercarse, le [a]besaron los pies, al grado de que le bañaron los pies con sus lágrimas.
11 Y aconteció que mandó que trajesen a sus [a]niños pequeñitos.
12 De modo que trajeron a sus niños pequeñitos, y los colocaron en el suelo alrededor de él, y Jesús estuvo en medio; y la multitud cedió el paso hasta que todos le fueron traídos.
13 Y aconteció que cuando los hubieron traído a todos, y Jesús estaba en medio, mandó a los de la multitud que se [a]arrodillasen en el suelo.
14 Y sucedió que cuando se hubieron arrodillado en el suelo, gimió Jesús dentro de sí, y dijo: Padre, [a]turbado estoy por causa de la iniquidad del pueblo de la casa de Israel.
15 Y cuando hubo pronunciado estas palabras, se arrodilló él mismo también en el suelo; y he aquí, oró al Padre, y las cosas que oró no se pueden escribir, y los de la multitud que lo oyeron, dieron testimonio.
16 Y de esta manera testifican: Jamás el [a]ojo ha visto ni el oído escuchado, antes de ahora, tan grandes y maravillosas cosas como las que vimos y oímos que Jesús habló al Padre;
17 y no hay [a]lengua que pueda hablar, ni hombre alguno que pueda escribir, ni corazón de hombre que pueda concebir tan grandes y maravillosas cosas como las que vimos y oímos a Jesús hablar; y nadie puede conceptuar el gozo que llenó nuestras almas cuando lo oímos rogar por nosotros al Padre.

6*a* GEE Compasión.
8*a* Lucas 18:42.
b 2 Ne. 27:23; Éter 12:12.
9*a* Mos. 3:5; 3 Ne. 26:15.
10*a* Lucas 7:38.
11*a* Mateo 19:13–14; 3 Ne. 26:14, 16.
13*a* Lucas 22:41; Hech. 20:36.
14*a* Moisés 7:41.
16*a* Isa. 64:4; 1 Cor. 2:9; DyC 76:10, 114–119.
17*a* 2 Cor. 12:4.

18 Y aconteció que cuando Jesús
hubo concluido de orar al Padre,
se levantó; pero era tan grande el
[a]gozo de la multitud, que fueron
dominados.
19 Y sucedió que Jesús les habló,
y mandó que se levantaran.
20 Y se levantaron del suelo, y
les dijo: Benditos sois a causa de
vuestra fe. Y ahora he aquí, es
completo mi gozo.
21 Y cuando hubo dicho estas
palabras, [a]lloró, y la multitud dio
testimonio de ello; y tomó a sus
niños pequeños, uno por uno, y
los [b]bendijo, y rogó al Padre por
ellos.
22 Y cuando hubo hecho esto,
lloró de nuevo;
23 y habló a la multitud, y les
dijo: Mirad a vuestros pequeñitos.
24 Y he aquí, al levantar la vista
para ver, dirigieron la mirada al
cielo, y vieron abrirse los cielos,
y vieron ángeles que descendían
del cielo cual si fuera en medio
de fuego; y bajaron y [a]cercaron
a aquellos pequeñitos, y fueron
rodeados de fuego; y los ángeles
les ministraron.
25 Y la multitud vio y oyó y
dio testimonio; y saben que su
testimonio es verdadero, porque todos ellos vieron y oyeron, cada cual por sí mismo; y
llegaba su número a unas dos
mil quinientas almas; y se componía de hombres, mujeres y
niños.

CAPÍTULO 18

Jesús instituye la Santa Cena entre los nefitas — Les manda orar siempre en Su nombre — Los que comen Su carne y beben Su sangre indignamente son condenados — Da a los discípulos el poder para conferir el Espíritu Santo. Aproximadamente 34 d.C.

Y ACONTECIÓ que Jesús mandó
a sus discípulos que le llevasen
[a]pan y vino.
2 Y mientras fueron a traer el
pan y el vino, mandó a la multitud que se sentara en el suelo.
3 Y cuando los discípulos hubieron llegado con [a]pan y vino, tomó
el pan y lo partió y lo bendijo; y
dio a los discípulos y les mandó
que comiesen.
4 Y cuando hubieron comido y
fueron llenos, mandó que dieran
a la multitud.
5 Y cuando la multitud comió
y fue llena, dijo a los discípulos:
He aquí, uno de vosotros será ordenado; y a él le daré poder para
[a]partir pan y bendecirlo y darlo a
los de mi iglesia, a todos los que
crean y se bauticen en mi nombre.
6 Y siempre procuraréis hacer
esto, tal como yo lo he hecho, así
como he partido pan y lo he bendecido y os lo he dado.
7 Y haréis esto en [a]memoria de
mi cuerpo que os he mostrado.
Y será un testimonio al Padre de
que siempre os acordáis de mí.
Y si os acordáis siempre de mí,

18*a* GEE Gozo.
21*a* Juan 11:35.
b Marcos 10:14–16.
24*a* Hel. 5:23–24, 43–45.
18 1*a* Mateo 26:26–28.
3*a* GEE Santa Cena.
5*a* Moro. 4.
7*a* Moro. 4:3.

tendréis mi Espíritu para que esté
con vosotros.
8 Y sucedió que cuando hubo
dicho estas palabras, mandó a
sus discípulos que tomaran del
vino de la copa y bebieran de él,
y que dieran también a los de la
multitud para que bebiesen.
9 Y aconteció que así lo hicieron,
y bebieron y fueron llenos; y dieron a los de la multitud, y estos
bebieron y fueron llenos.
10 Y cuando los discípulos hubieron hecho esto, Jesús les dijo:
Benditos sois por esto que habéis
hecho; porque esto cumple mis
mandamientos, y esto testifica al
Padre que estáis dispuestos a hacer lo que os he mandado.
11 Y siempre haréis esto por
todos los que se arrepientan y
se bauticen en mi nombre; y lo
haréis en memoria de mi sangre, que he vertido por vosotros,
para que testifiquéis al Padre que
siempre os acordáis de mí. Y si
os acordáis siempre de mí, tendréis mi Espíritu para que esté
con vosotros.
12 Y os doy el mandamiento de
que hagáis estas cosas. Y si hacéis
siempre estas cosas, benditos sois,
porque estáis edificados sobre
mi [a]roca.
13 Pero aquellos que de entre
vosotros hagan más o menos que
esto, no están edificados sobre
mi roca, sino sobre un cimiento
arenoso; y cuando caiga la lluvia, y vengan los torrentes, y soplen los vientos, y den contra
ellos, [a]caerán, y las [b]puertas del
infierno están ya abiertas para
recibirlos.
14 Por tanto, benditos sois vosotros, si guardáis mis mandamientos que el Padre me ha mandado
que os dé.
15 De cierto, de cierto os digo
que debéis velar y [a]orar siempre,
no sea que el diablo os tiente, y
seáis llevados cautivos por él.
16 Y así como he orado entre
vosotros, así oraréis en mi iglesia, entre los de mi pueblo que se
arrepientan y se bauticen en mi
nombre. He aquí, yo soy la [a]luz;
yo os he dado el [b]ejemplo.
17 Y ocurrió que cuando Jesús
hubo hablado estas palabras a sus
discípulos, se volvió de nuevo a
la multitud, y dijo:
18 He aquí, en verdad, en verdad os digo que debéis velar y
orar siempre, no sea que entréis
en tentación; porque [a]Satanás desea poseeros para zarandearos
como a trigo.
19 Por tanto, siempre debéis orar
al Padre en mi nombre;
20 y [a]cualquier cosa que pidáis
al Padre en mi nombre, si es justa,
creyendo que recibiréis, he aquí,
os será concedida.
21 [a]Orad al Padre en vuestras
familias, siempre en mi nombre,

12*a* GEE Roca.
13*a* GEE Apostasía.
b 3 Ne. 11:39.
15*a* Alma 34:17–27. GEE Oración.
16*a* GEE Luz, luz de Cristo.
b GEE Jesucristo — El ejemplo de Jesucristo.
18*a* Lucas 22:31; 2 Ne. 2:17–18; DyC 10:22–27.
20*a* Mateo 21:22; Hel. 10:5; Moro. 7:26; DyC 88:63–65.
21*a* Alma 34:21.

para que sean bendecidos vuestras esposas y vuestros hijos.
22 Y he aquí, os reuniréis con
frecuencia; y a nadie le prohibiréis estar con vosotros cuando
os reunáis, sino permitidles que
se alleguen a vosotros, y no los
vedéis;
23 sino que [a]oraréis por ellos, y
no los echaréis fuera; y si sucede
que vienen a vosotros a menudo,
rogaréis al Padre por ellos en mi
nombre.
24 Alzad, pues, vuestra [a]luz
para que brille ante el mundo.
He aquí, yo soy la [b]luz que debéis sostener en alto: aquello que
me habéis visto hacer. He aquí,
habéis visto que he orado al Padre, y todos vosotros habéis sido
testigos.
25 Y habéis visto que he mandado que [a]ninguno de vosotros
se alejara, sino más bien he mandado que vinieseis a mí, a fin de
que [b]palpaseis y vieseis; así haréis vosotros al mundo; y el que
quebranta este mandamiento, se
deja llevar a la tentación.
26 Y sucedió que cuando Jesús
hubo hablado estas palabras, volvió de nuevo la vista a los discípulos que había escogido, y les
dijo:
27 He aquí, de cierto, de cierto os
digo, os doy otro mandamiento,
y luego debo ir a mi [a]Padre para
cumplir [b]otros mandamientos que
él me ha dado.
28 Y he aquí, este es el mandamiento que yo os doy, que no permitáis que ninguno a sabiendas
[a]participe [b]indignamente de mi
carne y de mi sangre, cuando las
administréis;
29 porque quien come mi carne
y bebe mi [a]sangre [b]indignamente,
come y bebe condenación para su
alma; por tanto, si sabéis que un
hombre no es digno de comer y
beber de mi carne y de mi sangre,
se lo prohibiréis.
30 No obstante, no lo [a]echaréis
de entre vosotros, sino que le mi-
nistraréis y oraréis al Padre por
él en mi nombre; y si acontece
que se arrepiente y es bautizado
en mi nombre, entonces lo recibiréis, y le daréis de mi carne y
sangre.
31 Pero si no se arrepiente,
no será contado entre los de
mi pueblo, a fin de que no des-
truya a mi pueblo, pues he aquí,
conozco a [a]mis ovejas, y están
contadas.
32 No obstante, no lo echaréis
de vuestras sinagogas ni de vuestros lugares donde adoráis, porque debéis continuar ministrando
por estos; pues no sabéis si tal
vez vuelvan, y se arrepientan, y
vengan a mí con íntegro propósito de corazón, y yo los [a]sane;

23*a* 3 Ne. 18:30.
24*a* Mateo 5:16.
b Mos. 16:9.
25*a* Alma 5:33.
b 3 Ne. 11:14–17.
27*a* GEE Trinidad — Dios el Padre.
b 3 Ne. 16:1–3.
28*a* 1 Cor. 11:27–30.
b Morm. 9:29.
29*a* GEE Sangre; Santa Cena.
b DyC 46:4.
30*a* DyC 46:3.
31*a* Juan 10:14; Alma 5:38; 3 Ne. 15:24.
32*a* 3 Ne. 9:13–14; DyC 112:13.

y vosotros seréis el medio de traerles la salvación.

33 Por tanto, observad estas palabras que yo os he mandado, para que no incurráis en [a]condenación; porque, ¡ay de aquel a quien el Padre condene!

34 Y os doy estos mandamientos por motivo de las disputas que ha habido entre vosotros. Y benditos sois si [a]no hubiere disputas entre vosotros.

35 Y ahora voy al Padre, porque conviene que vaya al Padre [a]por el bien de vosotros.

36 Y aconteció que cuando Jesús hubo dado fin a estas palabras, tocó con la [a]mano a los [b]discípulos que había elegido, uno por uno, hasta que los hubo tocado a todos, y les hablaba a medida que los tocaba.

37 Y la multitud no oyó las palabras que él habló; por tanto, no dio testimonio; pero los discípulos dieron testimonio de que les dio el [a]poder para conferir el [b]Espíritu Santo. Y más adelante os mostraré que este testimonio es verdadero.

38 Y sucedió que cuando Jesús los hubo tocado a todos, llegó una [a]nube y cubrió a la multitud, de modo que no veían a Jesús.

39 Y mientras los cubría, él partió de entre ellos y ascendió al cielo. Y los discípulos vieron y dieron testimonio de que ascendió de nuevo al cielo.

CAPÍTULO 19

Los doce discípulos ministran al pueblo y oran para recibir el Espíritu Santo — Los discípulos son bautizados y reciben el Espíritu Santo y la ministración de ángeles — Jesús ora, con palabras que no se pueden escribir — Él da testimonio de la fe extremadamente grande de esos nefitas. Aproximadamente 34 d.C.

Y SUCEDIÓ que cuando Jesús hubo ascendido al cielo, se dispersó la multitud, y todo hombre tomó a su esposa y sus hijos, y volvió a su propia casa.

2 Y se divulgó inmediatamente entre el pueblo, antes que llegara la noche, que la multitud había visto a Jesús, y que él había ejercido su ministerio entre ellos, y que por la mañana otra vez se iba a mostrar a la multitud.

3 Sí, y aun durante toda la noche se divulgaron las nuevas concernientes a Jesús; y a tal grado se esparcieron entre el pueblo, que hubo muchos, sí, un número extremadamente grande, que trabajaron afanosamente toda la noche para poder estar a la mañana siguiente en el paraje donde Jesús se iba a mostrar a la multitud.

4 Y sucedió que por la mañana, cuando la multitud se hallaba reunida, he aquí, Nefi y su hermano, a quien él había

33*a* GEE Condenación, condenar.
34*a* 3 Ne. 11:28–30.
35*a* 1 Juan 2:1; 2 Ne. 2:9; Moro. 7:27–28; DyC 29:5.
36*a* GEE Imposición de manos.
b 1 Ne. 12:7; 3 Ne. 19:4.
37*a* GEE Poder.
b GEE Don del Espíritu Santo.
38*a* Éx. 19:9, 16.

levantado de entre los muertos, y cuyo nombre era Timoteo, como también su hijo, cuyo nombre era Jonás, y también Matoni, y Matoníah, su hermano, y Kumen, y Kumenoni, y Jeremías, y Shemnón, y Jonás, y Sedequías, e Isaías —y estos eran los nombres de los discípulos que Jesús había escogido— y aconteció que avanzaron y se colocaron en medio de la multitud.

5 Y he aquí, tan grande era la multitud, que hicieron que se dividiese en doce grupos.

6 Y los doce instruyeron a la multitud; y he aquí, hicieron que la multitud se arrodillase en el suelo y orase al Padre en el nombre de Jesús.

7 Y los discípulos oraron también al Padre en el nombre de Jesús. Y aconteció que se levantaron y ministraron al pueblo.

8 Y cuando hubieron ministrado las mismas palabras que Jesús había hablado, sin variar en nada las palabras que Jesús había hablado, he aquí, se arrodillaron de nuevo y oraron al Padre en el nombre de Jesús.

9 Y oraron por lo que más deseaban; y su deseo era que les fuese dado el [a]Espíritu Santo.

10 Y cuando hubieron orado de este modo, descendieron a la orilla del agua, y los siguió la multitud.

11 Y sucedió que Nefi [a]entró en el agua, y fue bautizado.

12 Y salió del agua y empezó a bautizar; y bautizó a todos aquellos a quienes Jesús había escogido;

13 y aconteció que cuando todos fueron [a]bautizados, y hubieron salido del agua, el Espíritu Santo descendió sobre ellos, y fueron llenos del [b]Espíritu Santo y de fuego.

14 Y he aquí, fueron [a]envueltos cual si fuera por fuego; y descendió del cielo, y la multitud lo vio y dio testimonio; y descendieron ángeles del cielo, y les ministraron.

15 Y sucedió que mientras los ángeles estaban ministrando a los discípulos, he aquí, Jesús llegó y se puso en medio de ellos y les ministró.

16 Y aconteció que habló a la multitud, y mandó que se arrodillaran otra vez en el suelo, y que sus discípulos se arrodillasen también.

17 Y sucedió que cuando todos se hubieron puesto de rodillas en el suelo, mandó a sus discípulos que orasen.

18 Y he aquí, empezaron a orar; y oraron a Jesús, llamándolo su Señor y su Dios.

19 Y sucedió que Jesús se apartó de entre ellos, y se alejó de ellos un poco y se inclinó a tierra, y dijo:

20 Padre, gracias te doy porque has dado el Espíritu Santo

19 9*a* 3 Ne. 9:20.
11*a* 3 Ne. 11:23.
13*a* GEE Bautismo, bautizar.
b 3 Ne. 12:2; Morm. 7:10. GEE Don del Espíritu Santo.
14*a* Hel. 5:23–24, 43–45; 3 Ne. 17:24.

a estos que he escogido; y es
por su creencia en mí que los he
escogido de entre el mundo.
21 Padre, te ruego que des el Espíritu Santo a todos los que crean
en sus palabras.
22 Padre, les has dado el Espíritu Santo porque creen en mí; y
ves que creen en mí, porque los
oyes, y oran a mí; y oran a mí
porque estoy con ellos.
23 Y ahora, Padre, te ruego por
ellos, y también por todos aquellos que han de creer en sus palabras, para que crean en mí, para
que yo sea en ellos [a]como tú, Padre, eres en mí, para que seamos
[b]uno.
24 Y aconteció que cuando Jesús
hubo orado así al Padre, volvió a
sus discípulos, y he aquí, conti-
nuaban orando a él sin cesar; y no
[a]multiplicaban muchas palabras,
porque les era manifestado lo que
debían [b]suplicar, y estaban llenos
de anhelo.
25 Y ocurrió que Jesús los bendijo mientras le dirigían sus oraciones; y la sonrisa de su faz
fue sobre ellos, y los iluminó
la luz de su [a]semblante; y he
aquí, estaban tan [b]blancos como
el semblante y como los
vestidos de Jesús; y he aquí, su
blancura excedía a toda blancura, sí, no podía haber sobre
la tierra cosa tan blanca como
su blancura.
26 Y Jesús les dijo: Seguid
orando; y ellos no cesaban de
orar.
27 Y otra vez se apartó de ellos
y se alejó un poco y se inclinó a
tierra; y oró de nuevo al Padre,
diciendo:
28 Padre, te doy las gracias por
haber [a]purificado a los que he
escogido, por causa de su fe, y
ruego por ellos, y también por
los que han de creer en sus palabras, para que sean purificados
en mí, mediante la fe en sus palabras, así como ellos son purificados en mí.
29 Padre, no te ruego por el
mundo, sino por los que me has
dado [a]del mundo, a causa de su
fe, para que sean purificados en
mí, para que yo sea en ellos como
tú, Padre, eres en mí, para que
seamos uno, para que yo sea glorificado en ellos.
30 Y cuando Jesús hubo hablado estas palabras, vino otra
vez a sus discípulos, y he aquí,
oraban a él constantemente, sin
cesar; y de nuevo él les sonrió;
y he aquí, estaban [a]blancos, aun
como Jesús.
31 Y aconteció que otra vez se
alejó un poco y oró al Padre;
32 y la lengua no puede expresar
las palabras que oró, ni pueden
ser [a]escritas por hombre alguno
las palabras que oró.
33 Y la multitud oyó y da

23*a* 3 Ne. 9:15.
b Juan 17:21–23.
GEE Unidad.
24*a* Mateo 6:7.
b DyC 46:30.
25*a* Núm. 6:23–27.
b GEE Transfiguración — Seres transfigurados.
28*a* Moro. 7:48; DyC 50:28–29; 88:74–75.
GEE Pureza, puro.
29*a* Juan 17:6.
30*a* Mateo 17:2.
32*a* DyC 76:116.

testimonio; y se abrieron sus corazones, y comprendieron en sus
corazones las palabras que él oró.
34 No obstante, tan grandes y
maravillosas fueron las palabras
que oró, que no pueden ser escritas, ni tampoco puede el hombre
[a]expresarlas.
35 Y aconteció que cuando Jesús hubo concluido de orar, volvió a sus discípulos, y les dijo:
Jamás he visto [a]fe tan grande
entre todos los judíos; por tanto,
no pude mostrarles tan grandes
milagros, por motivo de su [b]in-
credulidad.
36 En verdad os digo que no hay
ninguno de ellos que haya visto
cosas tan grandes como las que
habéis visto vosotros, ni que haya
oído tan grandes cosas como las
que vosotros habéis oído.

CAPÍTULO 20

Jesús proporciona milagrosamente pan y vino, y de nuevo administra el sacramento a los del pueblo — El resto de Jacob será llevado al conocimiento del Señor su Dios y heredará las Américas — Jesús es el profeta semejante a Moisés, y los nefitas son hijos de los profetas — Otros de los del pueblo del Señor serán recogidos en Jerusalén. Aproximadamente 34 d.C.

Y SUCEDIÓ que mandó a la multitud y también a sus discípulos
que dejasen de orar; y les mandó
que no cesaran de [a]orar en sus
corazones.
2 Y les mandó que se levantaran
y se pusieran de pie. Y se levantaron y se pusieron de pie.
3 Y sucedió que partió pan de
nuevo y lo bendijo, y dio de comer a los discípulos.
4 Y cuando hubieron comido,
les mandó que partieran pan, y
dieran a la multitud;
5 y cuando hubieron dado a la
multitud, les dio también vino
para que bebiesen, y les mandó
que dieran a la multitud.
6 Ahora bien, ni los discípulos ni
la multitud habían llevado [a]pan
ni vino;
7 pero verdaderamente les [a]dio
de comer pan y de beber vino
también.
8 Y les dijo: El que [a]come de este
pan, come de mi cuerpo para su
alma; y el que bebe de este vino,
bebe de mi sangre para su alma;
y su alma nunca tendrá hambre
ni sed, sino que será llena.
9 Y cuando toda la multitud
hubo comido y bebido, he aquí,
fueron llenos del Espíritu; y clamaron a una voz y dieron gloria
a Jesús, a quien veían y oían.
10 Y sucedió que cuando todos
le hubieron dado gloria, Jesús les
dijo: He aquí, ahora cumplo el
mandamiento que el Padre me
ha dado concerniente a este pueblo, que es un resto de la casa de
Israel.

34*a* 2 Cor. 12:4; 3 Ne. 17:17.
35*a* GEE Fe.
b Mateo 13:58.
GEE Incredulidad.
20 1*a* 2 Ne. 32:9; Mos. 24:12.
6*a* Mateo 14:19–21.
7*a* Juan 6:9–14.
8*a* Juan 6:50–58; 3 Ne. 18:7. GEE Santa Cena.

11 Os acordaréis que os hablé
y dije que cuando se cumplie-
sen las [a]palabras de [b]Isaías —he
aquí, están escritas, las tenéis ante
vosotros; por lo tanto, escudri-
ñadlas—
12 y en verdad, en verdad os
digo que cuando se cumplan,
entonces será el cumplimiento
del [a]convenio que el Padre ha
hecho con su pueblo, oh casa
de Israel.
13 Y entonces los [a]restos, que
estarán [b]dispersados sobre la faz
de la tierra, serán [c]recogidos del
este y del oeste, y del sur y del
norte; y serán llevados al [d]cono-
cimiento del Señor su Dios, que
los ha redimido.
14 Y el Padre me ha mandado
que os dé esta [a]tierra por herencia.
15 Y os digo que si los gentiles
no se [a]arrepienten después de
la bendición que reciban, después que hayan dispersado a mi
pueblo,
16 entonces vosotros, que sois
un resto de la casa de Jacob, iréis
entre ellos; y estaréis en medio
de aquellos que serán muchos;
y seréis entre ellos como un león
entre los animales del bosque,
y como cachorro de [a]león entre
las manadas de ovejas, el cual,
si pasa por en medio, [b]huella y
despedaza, y nadie las puede
librar.
17 Tu mano se levantará sobre
tus adversarios, y todos tus enemigos serán talados.
18 Y yo [a]recogeré a mi pueblo
como el hombre que junta sus
gavillas en la era.
19 Porque haré a mi pueblo, con
el cual el Padre ha hecho convenio, sí, tu [a]cuerno yo haré de
hierro, y tus uñas de bronce. Y
desmenuzarás a muchos pueblos;
y consagraré al Señor sus riquezas, y sus bienes al Señor de toda
la tierra. Y he aquí, yo soy quien
lo hago.
20 Y sucederá, dice el Padre,
que en aquel día la [a]espada de
mi justicia se cernerá sobre ellos;
y a menos que se arrepientan
caerá sobre ellos, dice el Padre,
sí, sobre todas las naciones de
los gentiles.
21 Y acontecerá que estableceré a mi [a]pueblo, oh casa de
Israel.
22 Y he aquí, estableceré a este
pueblo en esta tierra, para el
cumplimiento del [a]convenio
que hice con Jacob, vuestro padre; y será una [b]Nueva Jerusalén.

11*a* 3 Ne. 16:17–20; 23:1–3.
b 2 Ne. 25:1–5; Morm. 8:23.
12*a* 3 Ne. 15:7–8.
13*a* 3 Ne. 16:11–12; 21:2–7.
b GEE Israel — El esparcimiento de Israel.
c GEE Israel — La congregación de Israel.
d 3 Ne. 16:4–5.
14*a* GEE Tierra prometida.
15*a* 3 Ne. 16:10–14.
16*a* Morm. 5:24; DyC 19:27.
b Miqueas 5:8–9; 3 Ne. 16:14–15; 21:12.
18*a* Miqueas 4:12.
19*a* Miqueas 4:13.
20*a* 3 Ne. 29:4.
21*a* 3 Ne. 16:8–15.
22*a* Gén. 49:22–26; DyC 57:2 3.
b Isa. 2:2–5; 3 Ne. 21:23–24; Éter 13:1–12; DyC 84:2–4. GEE Nueva Jerusalén.

Y los poderes del cielo estarán
entre este pueblo; sí, [c]yo mismo
estaré en medio de vosotros.
23 He aquí, yo soy aquel de
quien Moisés habló, diciendo:
El Señor vuestro Dios os levantará a un [a]profeta, de vuestros
hermanos, semejante a mí; a él
oiréis en todas las cosas que os
dijere. Y sucederá que toda alma
que no escuchare a ese profeta
será desarraigada de entre el
pueblo.
24 En verdad os digo, sí, y [a]todos los profetas desde Samuel
y los que le siguen, cuantos
han hablado, han testificado de
mí.
25 Y he aquí, vosotros sois
los hijos de los profetas; y sois
de la casa de Israel; y sois del
[a]convenio que el Padre concertó
con vuestros padres, diciendo a
Abraham: Y [b]en tu posteridad
serán benditas todas las familias
de la tierra.
26 Porque el Padre me ha levantado para venir a vosotros
primero, y me envió a bendeciros, [a]apartando a cada uno de
vosotros de vuestras iniquidades;
y esto, porque sois los hijos del
convenio.
27 Y después que hayáis sido
bendecidos, entonces cumplirá
el Padre el convenio que hizo con
Abraham, diciendo: [a]En tu posteridad serán benditas todas las
familias de la tierra, hasta el derramamiento del Espíritu Santo
sobre los gentiles por medio de
mí, y esta bendición a los [b]gentiles los hará más fuertes que todos, por lo que dispersarán a mi
pueblo, oh casa de Israel.
28 Y serán un [a]azote al pueblo
de esta tierra. No obstante, si
cuando hayan recibido la plenitud de mi evangelio endurecen
sus corazones en contra de mí,
haré volver sus iniquidades sobre sus propias cabezas, dice el
Padre.
29 Y me [a]acordaré del convenio
que he hecho con mi pueblo; y
he hecho convenio con ellos de
que los [b]recogería en mi propio
y debido tiempo, y que otra vez
les daría por herencia la [c]tierra
de sus padres, que es la tierra de
[d]Jerusalén, que para ellos es la
tierra prometida para siempre,
dice el Padre.
30 Y sucederá que llegará el día
en que les será predicada la plenitud de mi evangelio;
31 y [a]creerán en mí, que soy
Jesucristo, el Hijo de Dios; y orarán al Padre en mi nombre.
32 Entonces levantarán la voz

---

22 *c* Isa. 59:20–21; Mal. 3:1; 3 Ne. 24:1.
23 *a* Deut. 18:15–19; Hech. 3:22–23; 1 Ne. 22:20–21.
24 *a* Hech. 3:24–26; 1 Ne. 10:5; Jacob 7:11.
25 *a* GEE Abraham, convenio de (convenio abrahámico).
b Gén. 12:1–3; 22:18.
26 *a* Prov. 16:6.
27 *a* Gál. 3:8; 2 Ne. 29:14; Abr. 2:9.
b 3 Ne. 16:6–7.
28 *a* 3 Ne. 16:8–9.
29 *a* Isa. 44:21; 3 Ne. 16:11–12.
b GEE Israel — La congregación de Israel.
c Amós 9:14–15.
d GEE Jerusalén.
31 *a* 3 Ne. 5:21–26; 21:26–29.

sus [a]centinelas, y cantarán unánimes; porque verán ojo a ojo.
33 Entonces los juntará de nuevo
el Padre, y les dará Jerusalén por
tierra de su herencia.
34 Entonces prorrumpirán
en gozo: [a]¡Cantad juntamente,
lugares desolados de Jerusalén;
porque el Padre ha consolado
a su pueblo, ha redimido a Jerusalén!
35 El Padre ha desnudado su
santo brazo a la vista de todas
las naciones; y todos los extremos de la tierra verán la salvación del Padre; y el Padre y yo
somos uno.
36 Entonces se realizará lo que
está escrito: [a]¡Despierta, despierta
otra vez, y vístete de tu fortaleza, oh Sion; vístete tus ropas de
hermosura, oh Jerusalén, ciudad
santa; porque nunca más vendrá
a ti incircunciso ni inmundo!
37 ¡Sacúdete del polvo; levántate, toma asiento, oh Jerusalén;
suéltate las ataduras de tu cuello,
oh cautiva hija de Sion!
38 Porque así dice el Señor: Os
habéis vendido por nada, y sin
dinero seréis redimidos.
39 En verdad, en verdad os digo
que los de mi pueblo conocerán
mi nombre, sí, en aquel día sabrán
que yo soy el que hablo.
40 Y entonces dirán: [a]¡Cuán
hermosos sobre las montañas
son los pies del que les trae
buenas nuevas; que [b]publica
la paz; que les trae gratas
nuevas del bien; que publica
salvación; que dice a Sion: Tu
Dios reina!
41 Y entonces se oirá el pregón:
[a]¡Apartaos, apartaos, salid de ahí,
no toquéis lo que es [b]inmundo;
salid de en medio de ella; sed
[c]limpios los que lleváis los vasos
del Señor!
42 Porque [a]no saldréis con prisa
ni iréis huyendo; porque el Señor irá delante de vosotros, y el
Dios de Israel será vuestra retaguardia.
43 He aquí, mi siervo obrará
prudentemente; será exaltado y
alabado y puesto muy en alto.
44 Así como muchos se admiraron de ti —tan desfigurado era su
aspecto, más que cualquier hombre, y su forma más que la de los
hijos de los hombres—
45 así [a]rociará él a muchas naciones; ante él los reyes cerrarán la
boca; porque verán lo que no les
había sido contado, y considerarán lo que no habían oído.
46 En verdad, en verdad os
digo que todas estas cosas ciertamente se verificarán, tal como
el Padre me lo ha mandado. Entonces se cumplirá este convenio
que el Padre ha hecho con su
pueblo; y entonces [a]Jerusalén

32*a* Isa. 52:8; 3 Ne. 16:18–20. GEE Velar.
34*a* Isa. 52:9.
36*a* Isa. 52:1–3; DyC 113:7–10. GEE Sion.
40*a* Isa. 52:7; Nahúm 1:15; Mos. 15:13–18; DyC 128:19.
b Marcos 13:10; 1 Ne. 13:37.
41*a* Isa. 52:11–15.
b GEE Limpio e inmundo.
c DyC 133:5.
42*a* 3 Ne. 21:29.
45*a* Isa. 52:15.
46*a* Éter 13:5, 11.

volverá a ser habitada por mi
pueblo, y será la tierra de su
herencia.

CAPÍTULO 21

Israel será recogido cuando salga a luz el Libro de Mormón — Los gentiles serán establecidos como pueblo libre en América — Si creen y obedecen, se salvarán; de lo contrario, serán talados y destruidos — Israel edificará la Nueva Jerusalén y las tribus perdidas volverán. Aproximadamente 34 d.C.

Y DE cierto os digo, os doy una
señal para que sepáis la [a]época en
que estarán a punto de acontecer
estas cosas —que recogeré a mi
pueblo de su larga dispersión, oh
casa de Israel, y estableceré otra
vez entre ellos mi Sion;
2 y he aquí, esto es lo que os daré
por señal— porque en verdad os
digo que cuando se den a conocer
a los gentiles estas cosas que
os declaro, y que más adelante os
declararé de mí mismo, y por el
poder del Espíritu Santo que os
será dado por el Padre, a fin de
que ellos sepan acerca de este pueblo
que es un resto de la casa de
Jacob, y concerniente a este pueblo
mío que será esparcido por ellos;
3 en verdad, en verdad os digo,
que cuando el Padre les haga
saber [a]estas cosas, y del Padre
procedan de ellos a vosotros,
4 porque es según la sabiduría
del Padre que sean establecidos en
esta tierra e instituidos como pueblo
[a]libre por el poder del Padre,
para que estas cosas procedan de
ellos a un resto de vuestra posteridad,
a fin de que se cumpla el [b]convenio
del Padre, el cual ha hecho
con su pueblo, oh casa de Israel;
5 por tanto, cuando estas obras,
y las obras que desde ahora en
adelante se hagan entre vosotros,
procedan [a]de los gentiles a vuestra
[b]posteridad, que degenerará
en la incredulidad por causa de
la maldad,
6 porque así conviene al Padre
que proceda de los [a]gentiles,
para que muestre su poder
a los gentiles, a fin de que estos,
si no endurecen sus corazones,
se arrepientan y vengan a mí y
sean bautizados en mi nombre y
conozcan los verdaderos puntos
de mi doctrina, para que sean
[b]contados entre los de mi pueblo,
oh casa de Israel;
7 y cuando sucedan estas cosas,
de modo que vuestra [a]posteridad
empiece a conocerlas,
entonces les será por señal, para
que sepan que la obra del Padre
ha empezado ya, para dar
cumplimiento al convenio que ha

21 1*a* GEE Últimos días, postreros días.
3*a* Éter 4:17; JS—H 1:34–36.
4*a* 1 Ne. 13:17–19; DyC 101:77–80.
b Morm. 5:20. GEE Abraham, convenio de (convenio abrahámico).
5*a* 3 Ne. 26:8.
b 2 Ne. 30:4–5; Morm. 5:15; DyC 3:18–19.
6*a* 1 Ne. 10:14; Jacob 5:54; 3 Ne. 16:4–7.
b Gál. 3:7, 29; 3 Ne. 16:13; Abr. 2:9–11.
7*a* 3 Ne. 5:21–26.

hecho al pueblo que es de la casa
de Israel.
8 Y cuando venga ese día, sucederá que los reyes cerrarán su
boca; porque verán lo que no les
había sido declarado, y considerarán lo que no habían oído.
9 Porque en aquel día hará el
Padre, por mi causa, una obra
que será una obra grande y [a]ma-
ravillosa entre ellos; y habrá entre ellos quienes no lo creerán,
aun cuando un hombre se lo
declare.
10 Mas he aquí, la vida de mi
siervo estará en mi mano; por
tanto, no lo dañarán, aunque
sea [a]herido por causa de ellos.
No obstante, yo lo sanaré, porque les mostraré que mi [b]sabi-
duría es mayor que la astucia del
diablo.
11 Acontecerá, pues, que los que
no crean en mis palabras, que
soy Jesucristo, las cuales el Padre
hará que [a]él lleve a los gentiles, y
le otorgará el poder para que las
lleve a los gentiles (se hará aun
como dijo Moisés), serán [b]desa-
rraigados de entre los de mi pueblo que son del convenio.
12 Y los de mi pueblo, que son
un resto de Jacob, estarán en medio de los gentiles, sí, en medio
de ellos como [a]león entre los animales del bosque, y como cachorro de león entre las manadas de
ovejas, el cual, si pasa por en medio, [b]huella y despedaza, y nadie
las puede librar.
13 Su mano se levantará sobre
sus adversarios, y todos sus enemigos serán talados.
14 Sí, ¡ay de los gentiles, a menos que se [a]arrepientan! Porque
sucederá en aquel día, dice el Padre, que haré matar tus caballos
de en medio de ti, y haré destruir
tus carros;
15 y talaré las ciudades de tu
tierra, y derribaré todas tus plazas fuertes;
16 y exterminaré de tu tierra
las hechicerías, y no tendrás más
adivinos;
17 tus [a]imágenes grabadas también destruiré, así como tus escul-
turas de en medio de ti, y nunca
más adorarás las obras de tus
manos;
18 y arrancaré tus bosques de
entre ti, y asolaré tus ciudades.
19 Y acontecerá que todas las
[a]mentiras, y falsedades, y envidias, y contiendas, y supercherías
sacerdotales, y fornicaciones, serán extirpadas.
20 Porque sucederá, dice el Padre, que en aquel día talaré de
entre mi pueblo a cualquiera que
no se arrepienta y venga a mi Hijo
Amado, oh casa de Israel.
21 Y ejecutaré venganza y furor sobre ellos, así como sobre

9*a* Isa. 29:14; Hech. 13:41; 1 Ne. 22:8. GEE Restauración del Evangelio.
10*a* DyC 135:1–3.
b DyC 10:43.
11*a* 2 Ne. 3:6–15; Morm. 8:16, 25.
b DyC 1:14.
12*a* Miqueas 5:8–15; 3 Ne. 20:16.
b 3 Ne. 16:13–15.
14*a* 2 Ne. 10:18; 33:9.
17*a* Éx. 20:3–4; Mos. 13:12–13; DyC 1:16. GEE Idolatría.
19*a* 3 Ne. 30:2.

los paganos, tal como nunca ha llegado a sus oídos.

22 Pero si se arrepienten y escuchan mis palabras, y no endurecen sus corazones, [a]estableceré mi iglesia entre ellos; y entrarán en el convenio, y serán [b]contados entre este resto de Jacob, al cual he dado esta tierra por herencia.

23 Y ayudarán a mi pueblo, el resto de Jacob, y también a cuantos de la casa de Israel vengan, a fin de que construyan una ciudad que será llamada la [a]Nueva Jerusalén.

24 Y entonces ayudarán a mi pueblo que esté disperso sobre toda la faz de la tierra, para que sean congregados en la Nueva Jerusalén.

25 Y entonces el [a]poder del cielo descenderá entre ellos, y también [b]yo estaré en medio.

26 Y entonces empezará la obra del Padre en aquel día, sí, cuando sea predicado este evangelio entre el resto de este pueblo. De cierto os digo que en ese día [a]empezará la obra del Padre entre todos los dispersos de mi pueblo, sí, aun entre las tribus que han estado [b]perdidas, las cuales el Padre ha sacado de Jerusalén.

27 Sí, empezará la obra entre todos los [a]dispersos de mi pueblo, y el Padre preparará la vía por la cual puedan venir a mí, a fin de que invoquen al Padre en mi nombre.

28 Sí, y entonces empezará la obra, y el Padre preparará la vía entre todas las naciones, por la cual su pueblo pueda [a]volver a la tierra de su herencia.

29 Y saldrán de todas las naciones; y no saldrán de [a]prisa, ni irán huyendo, porque yo iré delante de ellos, dice el Padre, y seré su retaguardia.

CAPÍTULO 22

En los últimos días, Sion y sus estacas serán establecidas, e Israel será recogido con misericordia y ternura — Ellos triunfarán — Compárese con Isaías 54. Aproximadamente 34 d.C.

ENTONCES se realizará lo que está escrito: ¡Canta, oh estéril, tú que no dabas a luz! ¡Prorrumpe en [a]cánticos, y da voces de júbilo, tú que nunca estuviste de parto; porque más son los hijos de la desolada que los de la casada, dice el Señor.

2 Ensancha el sitio de tu tienda, y extiéndanse las cortinas de tus habitaciones; no seas escasa, alarga tus cuerdas, y haz más fuertes tus [a]estacas;

3 porque hacia la mano derecha y hacia la izquierda te extenderás; y tu posteridad heredará

22*a* GEE Dispensaciones.
b 2 Ne. 10:18–19; 3 Ne. 16:13.
23*a* 3 Ne. 20:22; Éter 13:1–12. GEE Nueva Jerusalén.
25*a* 1 Ne. 13:37.
b Isa. 2:2–4; 3 Ne. 24:1.
26*a* 1 Ne. 14:17; 3 Ne. 21:6–7.
b GEE Israel — Las diez tribus perdidas de Israel.
27*a* 3 Ne. 16:4–5.
28*a* GEE Israel — La congregación de Israel.
29*a* Isa. 52:12; 3 Ne. 20:42.
22 1*a* GEE Cantar.
2*a* GEE Estaca.

as naciones [a]gentiles, y hará
que se habiten las ciudades
desoladas.
4 No temas, porque no serás
avergonzada, ni te perturbes, porque no serás [a]abochornada; porque te olvidarás del oprobio de
u juventud, y no te acordarás
del reproche de tu juventud, y
del reproche de tu viudez nunca
más te acordarás.
5 Porque tu Hacedor, tu Ma-
ido, el Señor de los Ejércitos es su
nombre; y tu Redentor, el Santo
de Israel, será llamado el Dios de
oda la tierra.
6 Porque como a mujer dejada
afligida de espíritu, te llamó el
Señor, y como a esposa de la ju-
entud, cuando fuiste repudiada,
dice tu Dios.
7 Por un breve momento te dejé,
mas con grandes misericordias te
ecogeré.
8 Con un poco de ira escondí mi
ostro de ti por un momento, mas
con misericordia eterna tendré
compasión de ti, dice el Señor
u Redentor.
9 Porque [a]así como las [b]aguas
e Noé; porque así como he ju-
ado que las aguas de Noé nunca
más cubrirán la tierra, asimismo
e jurado que contigo no me eno-
aré.
10 Porque los [a]montes desa-
arecerán y los collados serán
uitados, pero mi bondad no se
apartará de ti, ni será quitado el
convenio de mi paz, dice el Señor
que tiene misericordia de ti.
11 ¡Oh afligida, azotada por
la tempestad, y sin hallar consuelo! He aquí que yo cimentaré
tus [a]piedras con bellos colores, y
con zafiros echaré tus cimientos.
12 Tus ventanas haré de ágatas,
y tus puertas de carbúnculos, y
todos tus recintos haré de piedras
deleitables.
13 Y [a]todos tus hijos serán instruidos por el Señor; y grande
será la paz de tus hijos.
14 En [a]rectitud serás establecida; estarás lejos de la opresión,
porque no temerás, y del terror,
porque no se acercará a ti.
15 He aquí, de cierto se han de
reunir en contra de ti, mas no por
parte mía; quien se juntare en
contra de ti, caerá por tu causa.
16 He aquí, he creado al herrero
que sopla el carbón en el fuego,
y que saca la herramienta para
su obra; y he creado al asolador
para destruir.
17 Ninguna arma forjada en
contra de ti prosperará; y toda
lengua que se levantare contra
ti en juicio, tú condenarás. Esta
es la herencia de los siervos del
Señor, y su rectitud viene de mí,
dice el Señor.

CAPÍTULO 23

Jesús aprueba las palabras de Isaías — Manda al pueblo que

3*a* GEE Gentiles.
4*a* 2 Ne. 6:7, 13.
8*a* GEE Misericordia, misericordioso.
9*a* Isa. 54:9.
b GEE Diluvio en los tiempos de Noé.
10*a* Isa. 10:4.
b Sal. 94:14; DyC 35:25.
11*a* Apoc. 21:18–21.
13*a* Jer. 31:33–34.
14*a* GEE Rectitud, recto.

escudriñe los profetas — Se agregan a los anales de ellos las palabras de Samuel el Lamanita concernientes a la Resurrección. Aproximadamente 34 d.C.

Y HE aquí, ahora os digo que debéis [a]escudriñar estas cosas. Sí,
un mandamiento os doy de que
escudriñéis estas cosas diligentemente, porque grandes son las
palabras de [b]Isaías.
2 Pues él ciertamente habló en
lo que respecta a todas las cosas
concernientes a mi pueblo que es
de la casa de Israel; por tanto, es
menester que él hable también a
los gentiles.
3 Y todas las cosas que habló se
han cumplido, y se [a]cumplirán,
de conformidad con las palabras
que habló.
4 Por tanto, escuchad mis palabras; escribid las cosas que os he
dicho; y de acuerdo con el tiempo
y la voluntad del Padre, irán a los
gentiles.
5 Y quienes escuchen mis palabras, y se arrepientan y sean bautizados, se salvarán. Escudriñad
los [a]profetas, porque muchos son
los que testifican de estas cosas.
6 Y aconteció que cuando Jesús hubo dicho estas palabras,
les volvió a hablar, después que
les hubo explicado todas las Escrituras que habían recibido, y
les dijo: He aquí, quisiera que
escribieseis otras Escrituras que
no tenéis.
7 Y aconteció que dijo a Nefi
Trae los anales que habéis lle
vado.
8 Y cuando Nefi llevó los ana
les, y los puso ante él, Jesús los
miró y dijo:
9 En verdad os digo que yo
mandé a mi siervo, [a]Samuel e
Lamanita, que testificara a est
pueblo que el día en que el Pa
dre glorificara su nombre en m
habría [b]muchos [c]santos que s
[d]levantarían de entre los muertos
y aparecerían a muchos, y les mi
nistrarían. Y les dijo: ¿No fue así
10 Y sus discípulos le contesta
ron, y dijeron: Sí, Señor, Samue
profetizó según tus palabras,
todas se cumplieron.
11 Y Jesús les dijo: ¿Por qué n
habéis escrito esto, que mucho
santos se levantaron, y se apa
recieron a muchos, y les minis
traron?
12 Y sucedió que Nefi se acord
de que aquello no se había escrit
13 Y acaeció que Jesús mand
que se escribiera; de modo qu
se escribió, de acuerdo con lo qu
él mandó.
14 Y aconteció que cuand
Jesús hubo [a]explicado en un
todas las Escrituras que ellos ha
bían escrito, les mandó que en
señaran las cosas que él les habí
explicado.

23 1*a* GEE Escrituras.
b 2 Ne. 25:1–5; Morm. 8:23. GEE Isaías.
3*a* 3 Ne. 20:11–12.
5*a* Lucas 24:25–27.
9*a* Hel. 13:2.
b Hel. 14:25.
c GEE Santo (sustantivo
d Mateo 27:52–53. GEE Resurrección.
14*a* Lucas 24:44–46.

CAPÍTULO 24

Il mensajero del Señor preparará el ;amino para la Segunda Venida — Cristo se sentará para juzgar — Se nanda u Israel que pague los diez-nos y las ofrendas — Se escribe un ibro de memorias — Compárese on Malaquías 3. Aproximadamente 34 d.C.

Y SUCEDIÓ que les mandó escribir
as palabras que el Padre había
lado a Malaquías, las cuales él
es diría. Y aconteció que después
que fueron escritas, él las explicó.
Y estas son las palabras que les
habló, diciendo: Así dijo el Padre
a Malaquías: He aquí, enviaré a
ni [a]mensajero, y él preparará el
amino delante de mí, y repentinamente vendrá a su templo el
Señor a quien buscáis, sí, el mensajero del convenio, en quien os
deleitáis; he aquí, vendrá, dice el
Señor de los Ejércitos.
2 ¿Y quién podrá [a]soportar el
día de su venida? ¿Y quién podrá
star en pie cuando él aparezca?
Porque es como [b]fuego purificador y como jabón de lavadores.
3 Y se sentará como refinador y
purificador de plata; y purificará
los [a]hijos de Leví, y los refinará
omo al oro y a la plata, para que
ofrezcan al Señor una ofrenda en
ectitud.
4 Entonces la ofrenda de Judá y
de Jerusalén será grata al Señor,
como en los días antiguos, y como
en años anteriores.
5 Y yo me acercaré a vosotros
para juicio; y seré pronto testigo
contra los hechiceros, y los adúlteros, y contra los que juran en
falso, y contra los que defraudan en su salario al jornalero, a la
viuda y al [a]huérfano, y agravian
al extranjero, y no me temen, dice
el Señor de los Ejércitos.
6 Porque yo soy el Señor, y no
cambio; por consiguiente, no sois
consumidos, hijos de Jacob.
7 Aun desde los días de vuestros
padres os habéis [a]apartado de
mis ordenanzas, y no las habéis
guardado. [b]Volveos a mí, y yo me
volveré a vosotros, dice el Señor
de los Ejércitos. Mas vosotros decís: ¿En qué hemos de volvernos?
8 ¿Robará el hombre a Dios?
Mas vosotros me habéis robado.
Pero decís: ¿En qué te hemos robado? En los [a]diezmos y en las
[b]ofrendas.
9 Malditos sois con maldición,
porque vosotros, toda esta nación,
me habéis robado.
10 Traed todos los [a]diezmos al
alfolí para que haya alimento en
mi casa; y probadme ahora en
esto, dice el Señor de los Ejércitos, si no os abriré las ventanas

4 1*a* DyC 45:9.
2*a* 3 Ne. 25:1.
b Zac. 13:9; DyC 128:24. GEE Segunda venida de Jesucristo; Tierra — La purificación de la tierra.
3*a* Deut. 10:8; DyC 84:31–34.
b DyC 13.
5*a* Stg. 1:27.
7*a* GEE Apostasía.
b Hel. 13:11; 3 Ne. 10:6; Moro. 9:22.
8*a* GEE Diezmar, diezmo.
b GEE Ofrenda.
10*a* DyC 64:23; 119.

de los cielos, y derramaré sobre
vosotros una [b]bendición tal que
no haya donde contenerla.
11 Y reprenderé al devorador
por el bien de vosotros, y no destruirá los frutos de vuestra tierra;
ni vuestra viña en los campos
dará su fruto antes de tiempo,
dice el Señor de los Ejércitos.
12 Y todas las naciones os llamarán bienaventurados, porque
seréis tierra deleitosa, dice el Señor de los Ejércitos.
13 Fuertes han sido vuestras
palabras contra mí, dice el Señor.
No obstante, vosotros decís: ¿Qué
hemos hablado contra ti?
14 Habéis dicho: En vano es servir a Dios; ¿y qué nos aprovecha
haber guardado sus ordenanzas,
y haber andado afligidos delante
del Señor de los Ejércitos?
15 Y ahora llamamos dichosos
a los soberbios; sí, los que obran
iniquidad son ensalzados; sí, aun
son librados los que tientan a Dios.
16 Entonces los que temían al
Señor [a]hablaron a menudo, cada
uno a su compañero; y el Señor
escuchó y oyó; y fue escrito un
[b]libro de memorias delante de él
para aquellos que temían al Señor
y pensaban en su nombre.
17 Y serán míos, dice el Señor
de los Ejércitos, el día en que yo
[a]integre mis joyas; y los perdo
naré como el hombre que perdona
a su hijo que le sirve.
18 Entonces vosotros os volve
réis y [a]discerniréis entre los justos
y los malos; entre el que sirve a
Dios y el que no le sirve.

CAPÍTULO 25

En la Segunda Venida, los soberbio
y los inicuos serán quemados com
rastrojo — Elías el Profeta volver
antes de ese día grande y terrible —
Compárese con Malaquías 4. Aproxi
madamente 34 d.C.

PORQUE he aquí, viene el día qu
[a]arderá como un horno; y todos lo
[b]soberbios, sí, y todos los que obra
inicuamente serán rastrojo; y aque
día que viene los abrasará, dice e
Señor de los Ejércitos, de modo qu
no les dejará ni raíz ni rama.
2 Pero para vosotros que teméi
mi nombre, surgirá el [a]Hijo d
Justicia, con sanidad en sus alas
y saldréis, y os [b]criaréis como [c]ter
neros en el establo.
3 Y [a]hollaréis a los malvados
porque serán como cenizas baj
las plantas de vuestros pies el dí
en que yo haga esto, dice el Seño
de los Ejércitos.
4 Recordad la ley de Moisés, m
siervo, la cual le decreté en [a]Hore

10*b* GEE Bendecido, bendecir, bendición.
16*a* Moro. 6:5.
b DyC 85:9; Moisés 6:5. GEE Libro de memorias.
17*a* DyC 101:3.
18*a* GEE Discernimiento, don de.
25 1*a* Isa. 24:6; 1 Ne. 22:15; 3 Ne. 24:2; DyC 29:9; 64:23–24; 133:64; JS—H 1:37. GEE Tierra — La purificación de la tierra.
b 2 Ne. 20:33. GEE Orgullo.
2*a* Éter 9:22.
b DyC 45:58.
c Amós 6:4; 1 Ne. 22:24.
3*a* 3 Ne. 21:12.
4*a* Éx. 3:1–6.

para todo Israel, con los estatutos
y juicios.
5 He aquí, yo os enviaré a [a]Elías
el Profeta antes que venga el [b]día
grande y terrible del Señor;
6 y él [a]volverá el corazón de los
padres a los hijos, y el corazón de
los hijos a sus padres, no sea que
yo venga y hiera la tierra con una
maldición.

CAPÍTULO 26

Jesús explica todas las cosas desde el principio hasta el fin — Los niños, aun los más pequeñitos, hablan cosas maravillosas que no se pueden escribir — Los de la Iglesia de Cristo tienen todas las cosas en común. Aproximadamente 34 d.C.

Y ACAECIÓ que cuando Jesús hubo
declarado estas cosas, las explicó
a la multitud; y les explicó todas
las cosas, grandes así como pequeñas.
2 Y dijo: [a]Estas Escrituras que
no habíais tenido con vosotros, el
Padre mandó que yo os las diera;
porque en su sabiduría dispuso
que se dieran a las generaciones
futuras.
3 Y les explicó todas las cosas,
aun desde el principio hasta la
época en que él viniera en su
[a]gloria; sí, todas las cosas que
habrían de suceder sobre la faz
de la tierra, hasta que los [b]elementos se derritieran con calor
abrasador, y la tierra se [c]plegara
como un rollo, y pasaran los cielos y la tierra;
4 y hasta el [a]grande y postrer día
en que todos los pueblos, y todas
las familias, y todas las naciones y
lenguas [b]comparezcan ante Dios
para ser juzgados por sus obras,
ya fueren buenas o malas;
5 si fueren buenas, a la [a]resurrección de vida sempiterna; y si
fueren malas, a la resurrección de
condenación; por lo que constituyen un paralelo, lo uno por un
lado y lo otro por el otro, según
la misericordia, y la [b]justicia, y
la santidad que hay en Cristo, el
cual existía desde [c]antes del principio del mundo.
6 Y ahora bien, no puede escribirse en este libro ni la [a]centésima
parte de las cosas que Jesús verdaderamente enseñó al pueblo;
7 pero he aquí, las [a]planchas de
Nefi contienen la mayor parte de
las cosas que enseñó al pueblo.
8 Y he escrito estas cosas, que
son la menor parte de lo que

5*a* 2 Rey. 2:1–2; DyC 2:1; 110:13–16; 128:17–18. GEE Elías el Profeta; Salvación de los muertos; Sellamiento, sellar.
b GEE Segunda venida de Jesucristo.
6*a* DyC 2:2.
26 2*a* Es decir, Mal. 3–4, citados en 3 Ne. 24–25.
3*a* GEE Jesucristo — La gloria de Jesucristo.
b Amós 9:13; 2 Pe. 3:10, 12; Morm. 9:2. GEE Mundo — El fin del mundo; Tierra — La purificación de la tierra.
c Morm. 5:23.
4*a* Hel. 12:25; 3 Ne. 28:31.
b Mos. 16:10–11. GEE Juicio final.
5*a* Dan. 12:2; Juan 5:29.
b GEE Justicia.
c Éter 3:14. GEE Jesucristo — La existencia premortal de Cristo.
6*a* Juan 21:25; 3 Ne. 5:8.
7*a* GEE Planchas.

enseñó al pueblo; y las he escrito con objeto de que nuevamente lleguen [a]de los gentiles a este pueblo, según las palabras que Jesús ha hablado.

9 Y cuando hayan recibido esto, que conviene que obtengan primero para probar su fe, y si sucede que creen estas cosas, entonces les serán manifestadas las [a]cosas mayores.

10 Y si sucede que no creen estas cosas, entonces les serán [a]retenidas las cosas mayores, para su condenación.

11 He aquí, estaba a punto de escribirlas, cuantas se grabaron sobre las planchas de Nefi, pero el Señor lo prohibió, diciendo: Pondré a [a]prueba la fe de mi pueblo.

12 Por lo que, yo, Mormón, escribo las cosas que el Señor me ha mandado. Y ahora yo, Mormón, concluyo mis palabras, y procedo a escribir las cosas que se me han mandado.

13 Por tanto, quisiera que entendieseis que el Señor verdaderamente enseñó al pueblo por el espacio de tres días; y tras esto, se les [a]manifestaba con frecuencia, y partía [b]pan a menudo, y lo bendecía, y se lo daba.

14 Y sucedió que enseñó y ministró a los [a]niños de la multitud de que se ha hablado; y [b]soltó la lengua de ellos, y declararon cosas grandes y maravillosas a sus padres, mayores aún que las que él había revelado al pueblo; y desató la lengua de ellos de modo que pudieron expresarse.

15 Y aconteció que después que hubo ascendido al cielo —la segunda vez que se había manifestado a ellos, y había vuelto al Padre, después de haber [a]sanado a todos sus enfermos y sus cojos, y abierto los ojos de sus ciegos, y destapado los oídos de los sordos, y aun había efectuado toda clase de sanidades entre ellos, y levantado a un hombre de entre los muertos, y manifestado a ellos su poder, y ascendido al Padre—

16 he aquí, sucedió que al día siguiente se reunió la multitud, y oyó y vio a estos niños; sí, aun los más [a]pequeñitos abrieron su boca y hablaron cosas maravillosas; y las cosas que dijeron, se prohibió que hombre alguno las escribiera.

17 Y aconteció que los [a]discípulos que Jesús había escogido empezaron desde entonces a [b]bautizar y enseñar a cuantos venían a ellos; y cuantos se bautizaron en el nombre de Jesús fueron llenos del Espíritu Santo.

18 Y muchos de ellos vieron y oyeron cosas indecibles, que [a]no es lícito escribir.

19 Y enseñaron y se ministraron

8*a* 3 Ne. 21:5–6.
9*a* Éter 4:4–10.
10*a* Alma 12:9–11.
11*a* Éter 12:6.
13*a* Juan 21:14.
b 3 Ne. 20:3–9.
GEE Santa Cena.
14*a* 3 Ne. 17:11–12.
b Alma 32:23; 3 Ne. 26:16.
15*a* 3 Ne. 17:9. GEE Milagros; Sanar, sanidades.
16*a* Mateo 11:25.
17*a* 3 Ne. 19:4–13.
b 4 Ne. 1:1.
18*a* 3 Ne. 26:11.

el uno al otro; y tenían [a]todas las
cosas en [b]común, todo hombre
obrando en justicia uno con otro.
20 Y sucedió que hicieron todas
las cosas, así como Jesús se lo había mandado.
21 Y los que fueron bautizados
en el nombre de Jesús, fueron llamados la [a]iglesia de Cristo.

CAPÍTULO 27

Jesús les manda que den el nombre de Él a la Iglesia — Su misión y su sacrificio expiatorio constituyen Su Evangelio — Se manda a los hombres que se arrepientan y sean bautizados para que sean santificados por el Espíritu Santo — Ellos han de ser aun como Jesús. Aproximadamente 34–35 d.C.

Y SUCEDIÓ que mientras los discípulos de Jesús andaban viajando
y predicando las cosas que habían
oído y visto, y bautizando en el
nombre de Jesús, sucedió que se
hallaban congregados los discípulos y [a]unidos en poderosa oración
y [b]ayuno.
2 Y Jesús se les [a]manifestó de
nuevo, porque pedían al Padre
en su nombre; y vino Jesús y se
puso en medio de ellos, y les dijo:
¿Qué queréis que os dé?
3 Y ellos le dijeron: Señor, deseamos que nos digas el nombre
por el cual hemos de llamar esta
iglesia; porque hay disputas entre el pueblo concernientes a este
asunto.
4 Y el Señor les dijo: De cierto,
de cierto os digo: ¿Por qué es que
este pueblo ha de murmurar y
disputar a causa de esto?
5 ¿No han leído las Escrituras
que dicen que debéis tomar sobre vosotros el [a]nombre de Cristo,
que es mi nombre? Porque por
este nombre seréis llamados en
el postrer día;
6 y el que tome sobre sí mi nombre, y [a]persevere hasta el fin, este
se salvará en el postrer día.
7 Por tanto, cualquier cosa que
hagáis, la haréis en mi nombre, de
modo que daréis mi nombre a la
iglesia; y en mi nombre pediréis
al Padre que bendiga a la iglesia
por mi causa.
8 ¿Y cómo puede ser [a]mi [b]iglesia
salvo que lleve mi nombre? Porque si una iglesia lleva el nombre
de Moisés, entonces es la iglesia
de Moisés; o si se le da el nombre de algún hombre, entonces es
la iglesia de ese hombre; pero si
lleva mi nombre, entonces es mi
iglesia, si es que están fundados
sobre mi evangelio.
9 En verdad os digo que vosotros estáis edificados sobre
mi evangelio. Por tanto, cualesquiera cosas que llaméis, las

19*a* 4 Ne. 1:3.
b GEE Consagrar, ley de consagración.
21*a* Mos. 18:17.
GEE Iglesia de Jesucristo.
27 1*a* DyC 29:6.
b Alma 6:6.
GEE Ayunar, ayuno.
2*a* 3 Ne. 26:13.
GEE Jesucristo — Las apariciones de Cristo después de Su muerte.
5*a* GEE Jesucristo — El tomar sobre sí el nombre de Jesucristo.
6*a* 3 Ne. 15:9.
8*a* DyC 115:4.
b GEE Jesucristo — Es cabeza de la Iglesia.

llamaréis en mi nombre; de modo que si pedís al Padre, por la iglesia, si lo hacéis en mi nombre, el Padre os escuchará;

10 y si es que la iglesia está edificada sobre mi evangelio, entonces el Padre manifestará sus propias obras en ella.

11 Pero si no está edificada sobre mi evangelio, y está fundada en los hechos de los hombres, o en las obras del diablo, de cierto os digo que gozarán de su obra por un tiempo, y de aquí a poco viene el fin, y son [a]cortados y echados en el fuego, de donde no se vuelve.

12 Pues sus obras los [a]siguen, porque es por sus obras que son talados; recordad, pues, las cosas que os he dicho.

13 He aquí, os he dado mi [a]evangelio, y este es el evangelio que os he dado: que vine al mundo a cumplir la [b]voluntad de mi Padre, porque mi Padre me envió.

14 Y mi Padre me envió para que fuese [a]levantado sobre la cruz; y que después de ser levantado sobre la cruz, pudiese [b]atraer a mí mismo a todos los hombres, para que así como he sido levantado por los hombres, así también los hombres sean levantados por el Padre, para comparecer ante mí, para ser [c]juzgados por sus obras, ya fueren buenas o malas;

15 y por esta razón he sido [a]levantado; por consiguiente, de acuerdo con el poder del Padre atraeré a mí mismo a todos los hombres, para que sean juzgados según sus obras.

16 Y sucederá que cualquiera que se [a]arrepienta y se [b]bautice en mi nombre, será lleno; y si [c]persevera hasta el fin, he aquí, yo lo tendré sin culpa ante mi Padre el día en que me presente para juzgar al mundo.

17 Y aquel que no persevera hasta el fin, este es el que también es cortado y echado en el fuego, de donde nunca más puede volver, por motivo de la [a]justicia del Padre.

18 Y esta es la palabra que él ha dado a los hijos de los hombres; y por esta razón él cumple las palabras que ha dado; y no miente, sino que cumple todas sus palabras.

19 Y [a]nada impuro puede entrar en su reino; por tanto, nada entra en su [b]reposo, sino aquellos que han [c]lavado sus vestidos en mi sangre, mediante su fe, y el arrepentimiento de todos sus pecados y su fidelidad hasta el fin.

11*a* Alma 5:52.
12*a* Apoc. 14:13; DyC 59:2.
13*a* DyC 76:40–42. GEE Evangelio.
b Juan 6:38–39.
14*a* 1 Ne. 11:32–33; Moisés 7:55.
b Juan 6:44; 2 Ne. 9:5; DyC 27:18.
c GEE Jesucristo — Es juez.
15*a* GEE Expiación, expiar.
16*a* GEE Arrepentimiento, arrepentirse.
b GEE Bautismo, bautizar.
c 1 Ne. 13:37. GEE Perseverar.
17*a* GEE Justicia.
19*a* Alma 11:37.
b DyC 84:24. GEE Descansar, descanso (reposo).
c Apoc. 1:5; 7:14; Alma 5:21, 27; 13:11–13.

20 Y este es el mandamiento:
Arrepentíos, todos vosotros,
extremos de la tierra, y venid
a mí y sed [b]bautizados en mi
nombre, para que seáis [c]santificados por la recepción del Espíritu Santo, a fin de que en el
postrer día os presentéis ante mí
sin mancha.

21 En verdad, en verdad os digo
que este es mi evangelio; y vosotros sabéis las cosas que debéis
hacer en mi iglesia; pues las obras
que me habéis visto hacer, esas
también las haréis; porque aquello que me habéis visto hacer, eso
haréis vosotros.

22 De modo que si hacéis estas
cosas, benditos sois, porque seréis enaltecidos en el postrer día.

23 Escribid las cosas que habéis
visto y oído, salvo aquellas que
están [a]prohibidas.

24 Escribid los hechos de este
pueblo, que serán, tal como se
ha escrito, de aquello que ya ha
pasado.

25 Pues he aquí, por los libros
que se han escrito, y los que se
escribirán, será [a]juzgado este pueblo, porque por medio de ellos
serán dadas a conocer sus [b]obras
a los hombres.

26 Y he aquí, todas las cosas
son [a]escritas por el Padre; por
consiguiente, el mundo será juzgado por los libros que se escriban.

27 Y sabed que [a]vosotros seréis
los jueces de este pueblo, según el
juicio que yo os daré, el cual será
justo. Por lo tanto, ¿qué [b]clase de
hombres habéis de ser? En verdad
os digo, aun [c]como yo soy.

28 Y ahora [a]voy al Padre. Y de
cierto os digo, cualesquiera cosas
que pidáis al Padre en mi nombre,
os serán concedidas.

29 Por consiguiente, [a]pedid, y
recibiréis; llamad, y se os abrirá;
porque el que pide, recibe; y al
que llama, se le abrirá.

30 Y, he aquí, mi gozo es grande,
aun hasta la plenitud, por causa
de vosotros, y también de esta
generación; sí, y aun el Padre se
regocija, y también todos los santos ángeles, por causa de vosotros
y los de esta generación; porque
[a]ninguno de ellos se pierde.

31 He aquí, quisiera que me
entendieseis, porque me refiero
a los de [a]esta generación que
[b]ahora viven; y ninguno de ellos
se pierde; y mi [c]gozo es completo en ellos.

32 Pero he aquí, me aflijo por
motivo de los de la [a]cuarta generación a partir de esta, porque
serán llevados cautivos por él,

20*a* Éter 4:18.
b GEE Bautismo, bautizar — Indispensable.
c GEE Santificación.
d DyC 4:2.
23*a* 3 Ne. 26:16.
25*a* 2 Ne. 33:10–15; P. de Morm. 1:11.
b 1 Ne. 15:32–33.
26*a* 3 Ne. 24:16. GEE Libro de la vida.
27*a* 1 Ne. 12:9–10; Morm. 3:19.
b GEE Jesucristo — El ejemplo de Jesucristo.
c Mateo 5:48; 3 Ne. 12:48.
28*a* Juan 20:17.
29*a* Mateo 7:7; 3 Ne. 14:7.
30*a* Juan 17:12.
31*a* 3 Ne. 28:23.
b 3 Ne. 9:11–13; 10:12.
c GEE Gozo.
32*a* 2 Ne. 26:9–10; Alma 45:10, 12.

así como lo fue el hijo de perdición; porque me venderán por
plata y por oro, y por aquello
que la [b]polilla corrompe, y que
los ladrones minan y hurtan. Y
en aquel día los visitaré, sí, haciendo volver sus obras sobre sus
propias cabezas.
33 Y aconteció que cuando Jesús hubo concluido estas palabras, dijo a sus discípulos:
Entrad por la [a]puerta estrecha,
porque estrecha es la puerta, y
angosto el camino que conduce
a la vida, y pocos son los que lo
hallan; pero ancha es la puerta,
y espacioso el camino que conduce a la muerte, y muchos son
los que lo transitan, hasta que
llega la noche, en la que nadie
puede trabajar.

CAPÍTULO 28

Nueve de los doce discípulos desean, y se les promete una herencia en el reino de Cristo cuando mueran — Los Tres Nefitas desean, y se les concede, poder sobre la muerte para permanecer en la tierra hasta que Jesús venga de nuevo — Son trasladados y ven cosas que no es lícito declarar, y ahora se encuentran ministrando entre los hombres. Aproximadamente 34–35 d.C.

Y SUCEDIÓ que cuando Jesús
hubo dicho estas palabras, habló
a sus discípulos, uno por uno,
diciéndoles: ¿Qué es lo que deseáis de mí después que haya ido
al Padre?
2 Y contestaron todos, salvo tres,
diciendo: Deseamos que después
que hayamos vivido hasta la edad
del hombre, que nuestro ministerio al cual nos has llamado se
termine, a fin de que vengamos
presto a ti en tu reino.
3 Y él les dijo: Benditos sois porque deseasteis esto de mí; por
tanto, después que hayáis llegado
a los setenta y dos años de edad,
vendréis a mí en mi reino; y conmigo hallaréis [a]reposo.
4 Y cuando les hubo hablado,
se volvió hacia los tres y les
dijo: ¿Qué queréis que haga por
vosotros, cuando haya ido al
Padre?
5 Y se contristó el corazón de
ellos, porque no se atrevían a decirle lo que deseaban.
6 Y él les dijo: He aquí, [a]conozco
vuestros pensamientos, y habéis deseado lo que de mí deseó [b]Juan, mi amado, quien me
acompañó en mi ministerio, antes que yo fuese levantado por
los judíos.
7 Por tanto, más benditos sois
vosotros, porque [a]nunca probaréis la [b]muerte; sino que viviréis para ver todos los hechos
del Padre para con los hijos de
los hombres, aun hasta que se
cumplan todas las cosas según la

32*b* Mateo 6:19–21; 3 Ne. 13:19–21.
33*a* Mateo 7:13–14; 3 Ne. 14:13–14; DyC 22.
28 3*a* GEE Descansar, descanso (reposo).
6*a* Amós 4:13; Alma 18:32.
b Juan 21:21–23; DyC 7:1–4.
7*a* 4 Ne. 1:14; Morm. 8:10–11; Éter 12:17.
b GEE Seres trasladados.

voluntad del Padre, cuando yo
venga en mi gloria con los [c]po-
deres del cielo.
8 Y nunca padeceréis los dolores
de la muerte; sino que cuando yo
venga en mi gloria, seréis cambiados de la [a]mortalidad a la [b]in-
mortalidad en un abrir y cerrar de
ojos; y entonces seréis bendecidos
en el reino de mi Padre.
9 Y además, no sentiréis dolor
mientras viváis en la carne, ni
pesar, sino por los pecados del
mundo; y haré todo esto por motivo de lo que habéis deseado de
mí, porque habéis deseado [a]traer
a mí las almas de los hombres,
mientras exista el mundo.
10 Y por esta causa tendréis [a]ple-
nitud de gozo; y os sentaréis en
el reino de mi Padre; sí, vuestro
gozo será completo, así como el
Padre me ha dado plenitud de
gozo; y seréis tal como yo soy, y
yo soy tal como el Padre; y el Padre y yo somos [b]uno.
11 Y el [a]Espíritu Santo da testimonio del Padre y de mí; y el Padre da el Espíritu Santo a los hijos
de los hombres por mi causa.
12 Y sucedió que cuando Jesús
hubo hablado estas palabras, tocó
a cada uno de ellos con su dedo,
menos a los tres que habían de
quedar, y entonces partió.
13 Y he aquí, se abrieron los cielos, y ellos fueron [a]arrebatados
al cielo, y oyeron y vieron cosas
inefables.
14 Y se les [a]prohibió hablar; ni
tampoco les fue dado el poder
para declarar las cosas que vieron y oyeron;
15 y no supieron decir si estaban en el cuerpo o fuera del
cuerpo; porque les pareció como
una [a]transfiguración habida en
ellos, como que fueron cambiados de este cuerpo de carne a un
estado inmortal, de modo que
pudieron contemplar las cosas
de Dios.
16 Pero sucedió que de nuevo
ejercieron su ministerio sobre la
faz de la tierra; sin embargo, no
ministraron en cuanto a las cosas que habían visto y oído, por
causa del mandamiento que les
fue dado en el cielo.
17 Ahora bien, si fueron
mortales o inmortales, desde
el día de su transfiguración, no
lo sé;
18 pero esto sí sé, según la historia que se ha dado, que salieron
sobre la superficie de la tierra,
y ministraron a todo el pueblo,
agregando a la iglesia a cuantos creían en sus predicaciones,
bautizándolos; y cuantos fueron
bautizados recibieron el Espíritu
Santo.
19 Y eran arrojados en la prisión
por aquellos que no pertenecían

7*c* 3 Ne. 20:22.
8*a* 3 Ne. 28:36–40. GEE Mortal, mortalidad.
b GEE Inmortal, inmortalidad.
9*a* Filip. 1:23–24; DyC 7:5–6.
10*a* DyC 84:36–38.
b Juan 17:20–23.
11*a* 2 Ne. 31:17–21; 3 Ne. 11:32.
13*a* 2 Cor. 12:2–4.
14*a* DyC 76:114–116.
15*a* Moisés 1:11. GEE Transfiguración.

a la iglesia. Y las [a]prisiones no podían contenerlos, porque se partían por la mitad.

20 Y eran arrojados en la tierra; pero herían la tierra con la palabra de Dios, de tal modo que por su [a]poder eran librados de las profundidades de la tierra; y, por tanto, no podían cavar fosos de hondura suficiente para contenerlos.

21 Y tres veces fueron arrojados en un [a]horno, y no recibieron daño alguno.

22 Y dos veces fueron arrojados en un [a]foso de animales feroces; y he aquí, jugaron con las fieras como un niño con un cordero de leche, y no recibieron ningún daño.

23 Y ocurrió que así anduvieron entre todo el pueblo de Nefi, y predicaron el [a]evangelio de Cristo a todos los habitantes sobre la faz de la tierra; y estos se convirtieron al Señor, y se unieron a la iglesia de Cristo; y así fue bendecido el pueblo de [b]esa generación, según las palabras de Jesús.

24 Y ahora yo, Mormón, dejo de escribir concerniente a estas cosas por un tiempo.

25 He aquí, estaba a punto de escribir los [a]nombres de aquellos que nunca habían de probar la muerte, pero el Señor lo prohibió; por lo tanto, no los escribo, porque están escondidos del mundo.

26 Mas he aquí, yo los he visto, y ellos me han ministrado.

27 Y he aquí, se hallarán entre los gentiles, y los gentiles no los conocerán.

28 También estarán entre los judíos, y los judíos no los conocerán.

29 Y cuando el Señor lo considere propio en su sabiduría, sucederá que ejercerán su ministerio entre todas las tribus [a]esparcidas de Israel, y entre todas las naciones, tribus, lenguas y pueblos; y de entre ellos llevarán muchas almas a Jesús, a fin de que se cumplan sus deseos, y también por causa del poder convincente de Dios que hay en ellos.

30 Y son como los [a]ángeles de Dios; y si ruegan al Padre en el nombre de Jesús, pueden manifestarse a cualquier hombre que les parezca conveniente.

31 Por tanto, ellos efectuarán obras grandes y maravillosas antes del día [a]grande y futuro cuando todos ciertamente tendrán que comparecer ante el tribunal de Cristo;

32 sí, aun entre los gentiles ejecutarán ellos una obra [a]grande y maravillosa, antes de ese día de juicio.

33 Y si tuvieseis todas las

19*a* Hech. 16:26; Alma 14:26–28.
20*a* Morm. 8:24.
21*a* Dan. 3:22–27; 4 Ne. 1:32.
22*a* Dan. 6:16–23; 4 Ne. 1:33.
23*a* GEE Evangelio.
b 3 Ne. 27:30–31.
25*a* 3 Ne. 19:4.
29*a* GEE Israel — El esparcimiento de Israel; Israel — Las diez tribus perdidas de Israel.
30*a* GEE Ángeles.
31*a* Hel. 12:25; 3 Ne. 26:4–5.
32*a* 2 Ne. 25:17.

Escrituras que relatan todas las
obras maravillosas de Cristo,
sabríais, según las palabras de
Cristo, que estas cosas ciertamente vendrán.
34 Y, ¡ay de aquel que [a]no escuche las palabras de Jesús, ni a
[b]aquellos que él haya escogido y
enviado entre ellos! Porque quienes no reciben las palabras de
Jesús ni las palabras de aquellos
que él ha enviado, no lo reciben
a él; y por consiguiente, él no recibirá a los tales en el postrer día;
35 y mejor sería para ellos no
haber nacido. ¿Pues suponéis que
os será posible evitar la justicia
de un Dios ofendido, que ha sido
[a]hollado bajo los pies de los hombres, para que por ese medio viniese la salvación?
36 Y ahora bien, he aquí, respecto de lo que hablé concerniente a aquellos que el Señor ha
escogido, sí, los tres que fueron
arrebatados a los cielos, que no
sabía yo si habían sido purificados de la mortalidad a la inmortalidad,
37 he aquí, después que escribí,
he preguntado al Señor, y él me
ha manifestado que es necesario
que se efectúe un cambio en sus
cuerpos, o de lo contrario, será
menester que prueben la muerte;
38 por tanto, para que no tuviesen que probar la muerte, se verificó un [a]cambio en sus cuerpos,
a fin de que no padeciesen dolor
ni pesar, sino por los pecados del
mundo.
39 Mas este cambio no fue igual
al que se verificará en el postrer
día; pero se efectuó un cambio en
ellos, de modo que Satanás no tuviera poder sobre ellos, para que no
pudiera [a]tentarlos; y fueron [b]san-
tificados en la carne, a fin de que
fuesen [c]santos, y no los pudiesen
contener los poderes de la tierra.
40 Y en este estado habrían de
permanecer hasta el día del juicio
de Cristo; y en ese día habrían de
pasar por un cambio mayor, y ser
recibidos en el reino del Padre para
nunca más salir, sino para morar
con Dios eternamente en los cielos.

CAPÍTULO 29

La aparición del Libro de Mormón es una señal de que el Señor ha empezado a recoger a Israel y a cumplir Sus convenios — Los que rechacen Sus revelaciones y dones de los postreros días serán maldecidos. Aproximadamente 34–35 d.C.

Y AHORA bien, he aquí os digo
que cuando el Señor, en su sabiduría, juzgue prudente que [a]lle-
guen estas cosas a los gentiles,
según su palabra, entonces sabréis que ya empieza a cumplirse
el [b]convenio que el Padre ha hecho con los hijos de Israel, concerniente a su restauración a las
tierras de su herencia.
2 Y podréis saber que las

34*a* Éter 4:8–12.
b GEE Profeta.
35*a* Hel. 12:2.
38*a* GEE Seres trasladados.
39*a* GEE Tentación, tentar.
b GEE Santificación.
c GEE Santidad.
29 1*a* 2 Ne. 30:3–8.
b Morm. 5:14, 20.

palabras del Señor, que han declarado los santos profetas, se cumplirán todas; y no tendréis que decir que el Señor [a]demora su venida a los hijos de Israel.

3 Y no tenéis por qué imaginaros en vuestros corazones que son en vano las palabras que se han hablado, pues he aquí, el Señor se acordará del convenio que ha hecho con su pueblo de la casa de Israel.

4 Y cuando veáis que estas palabras aparecen entre vosotros, no desdeñéis ya más los hechos del Señor, porque la [a]espada de su [b]justicia se halla en su diestra; y he aquí, si en aquel día despreciáis sus obras, él hará que pronto os alcance.

5 [a]¡Ay de aquel que [b]desdeñe los hechos del Señor; sí, ay de aquel que [c]niegue al Cristo y sus obras!

6 Sí, [a]¡ay de aquel que niegue las revelaciones del Señor, y del que diga que el Señor ya no obra por revelación, ni por profecía, ni por [b]dones, ni por lenguas, ni por sanidades, ni por el poder del Espíritu Santo!

7 Sí, y, ¡ay de aquel que en ese día diga, para obtener [a]lucro, que Jesucristo no puede hacer [b]ningún milagro! Porque el que diga esto vendrá a ser como el [c]hijo de perdición, para quien no hubo misericordia, según la palabra de Cristo.

8 Sí, y ya no tenéis que [a]escarnecer ni [b]desdeñar a los judíos, ni hacer burla de [c]ellos, ni de ninguno del resto de la casa de Israel; porque he aquí, el Señor se acuerda de su convenio con ellos, y hará con ellos según lo que ha jurado.

9 Por tanto, no vayáis a suponer que podéis volver la mano derecha del Señor a la izquierda, para que no ejecute su juicio para el cumplimiento del convenio que ha hecho a la casa de Israel.

CAPÍTULO 30

Se manda a los gentiles de los últimos días arrepentirse, venir a Cristo y ser contados entre los de la casa de Israel. Aproximadamente 34–35 d.C.

¡Oíd, oh gentiles, y escuchad las palabras de Jesucristo, el Hijo de Dios viviente, las cuales él me ha [a]mandado que hable concerniente a vosotros! Pues he aquí, él me manda escribir, diciendo:

2 ¡Tornaos, todos vosotros [a]gentiles, de vuestros caminos de maldad; y [b]arrepentíos de vuestras obras malas, de vuestras mentiras y engaños, y de vuestras

2*a* Lucas 12:45–48.
4*a* 3 Ne. 20:20.
b GEE Justicia.
5*a* 2 Ne. 28:15–16.
b Morm. 8:17; Éter 4:8–10.
c Mateo 10:32–33.
6*a* Morm. 9:7–11, 15.
b GEE Dones del Espíritu.
7*a* GEE Supercherías sacerdotales.
b 2 Ne. 28:4–6; Morm. 9:15–26.
c GEE Hijos de perdición.
8*a* 1 Ne. 19:14.
b 2 Ne. 29:4–5.
c GEE Judíos.
30 1*a* 3 Ne. 5:12–13.
2*a* GEE Gentiles.
b GEE Arrepentimiento, arrepentirse.

fornicaciones, y de vuestras abominaciones secretas, y vuestras idolatrías, y vuestros asesinatos, y vuestras supercherías sacerdotales, y vuestras envidias, y vuestras contiendas, y de todas vuestras iniquidades y abominaciones, y venid a mí, y sed bautizados en mi nombre para que recibáis la remisión de vuestros pecados, y seáis llenos del Espíritu Santo, para que seáis [c]contados entre los de mi pueblo que son de la casa de Israel!

CUARTO NEFI
EL LIBRO DE NEFI

QUE ES HIJO DE NEFI, UNO DE LOS DISCÍPULOS DE JESUCRISTO

Una relación del pueblo de Nefi, según sus anales.

Todos los nefitas y los lamanitas se convierten al Señor — Tienen todas las cosas en común, obran milagros y prosperan en la tierra — Al cabo de dos siglos, surgen divisiones, iniquidades, iglesias falsas y persecuciones — Después de trescientos años, tanto los nefitas como los lamanitas se vuelven inicuos — Ammarón esconde los anales sagrados. Aproximadamente 35–321 d.C.

Y ACONTECIÓ que pasó el año treinta y cuatro, y también el treinta y cinco; y he aquí, los discípulos de Jesús habían establecido una iglesia de Cristo en todas las tierras circunvecinas. Y cuantos iban a ellos, y se arrepentían verdaderamente de sus pecados, eran bautizados en el nombre de Jesús; y también recibían el Espíritu Santo.

2 Y ocurrió que en el año treinta
y seis se convirtió al Señor toda la gente sobre toda la faz de la tierra, tanto nefitas como lamanitas; y no había contenciones ni disputas entre ellos, y obraban rectamente unos con otros.
3 Y tenían en común [a]todas las
cosas; por tanto, no había ricos ni pobres, esclavos ni libres, sino que todos fueron hechos libres, y participantes del don celestial.
4 Y sucedió que pasó el año
treinta y siete también, y continuó la paz en la tierra.
5 Y los discípulos de Jesús efec-
tuaban grandes y maravillosas obras, de tal manera que [a]sanaban a los enfermos, y resucitaban a los muertos, y hacían que los cojos anduvieran, y que los ciegos recibieran su vista, y que

2*c* Gál. 3:27–29; 2 Ne. 10:18–19; 3 Ne. 16:10–13; 21:22–25; Abr. 2:10.

[4 Nefi]
1 3*a* Hech. 4:32; 3 Ne. 26:19. GEE Consagrar, ley de consagración.
5*a* GEE Sanar, sanidades.

los sordos oyeran; y obraban toda
clase de [b]milagros entre los hijos
de los hombres; y no obraban milagros salvo que fuera en el nombre de Jesús.
6 Y así pasó el año treinta y
ocho, y también los años treinta
y nueve, y cuarenta y uno y
cuarenta y dos, sí, hasta el año
cuarenta y nueve, y también el
cincuenta y uno, y el cincuenta y
dos; sí, hasta que hubieron pasado
cincuenta y nueve años.
7 Y el Señor los prosperó en gran
manera sobre la tierra; sí, al grado
de que nuevamente edificaron
ciudades donde se habían incendiado las otras.
8 Sí, y aun la gran [a]ciudad de
Zarahemla hicieron reconstruir.
9 Pero hubo muchas ciudades
que se habían [a]hundido, y las
aguas habían aparecido en su lugar; por tanto, estas ciudades no
pudieron ser reedificadas.
10 Y he aquí, aconteció que el
pueblo de Nefi se hizo fuerte, y
se multiplicó con gran rapidez, y
llegó a ser un pueblo [a]hermoso y
deleitable en extremo.
11 Y se casaban y se daban en
matrimonio, y fueron bendecidos de acuerdo con la multitud
de las promesas que el Señor les
había hecho.
12 Y ya no se guiaban por las
[a]prácticas y ordenanzas de la [b]ley
de Moisés, sino que se guiaban
por los mandamientos que habían
recibido de su Señor y su Dios,
perseverando en el [c]ayuno y en la
oración, y reuniéndose a menudo,
tanto para orar como para escuchar la palabra del Señor.
13 Y sucedió que no hubo contención entre todos los habitantes
sobre toda la tierra, mas los discípulos de Jesús obraban grandes
milagros.
14 Y ocurrió que pasó el año setenta y uno, y también el año setenta y dos; sí, y por último, hasta
que hubo pasado el año setenta y
nueve; sí, y aun cien años habían
pasado, y los discípulos que Jesús había seleccionado se habían
ido todos al [a]paraíso de Dios, con
excepción de los [b]tres que habían
de permanecer; y fueron [c]orde-
nados otros [d]discípulos en lugar
de ellos; y también muchos de
los de aquella generación habían
muerto ya.
15 Y ocurrió que [a]no había contenciones en la tierra, a causa del
amor de Dios que moraba en el
corazón del pueblo.
16 Y [a]no había envidias, ni
contiendas, ni tumultos, ni fornicaciones, ni mentiras, ni asesinatos, ni [b]lascivias de ninguna
especie; y ciertamente no podía

5*b* Juan 14:12.
GEE Milagros.
8*a* 3 Ne. 8:8.
9*a* 3 Ne. 9:4, 7.
10*a* Morm. 9:6.
12*a* 2 Ne. 25:30;
3 Ne. 15:2–8.
b GEE Ley de Moisés.
c Moro. 6:5;
DyC 88:76–77.
14*a* GEE Paraíso.
b 3 Ne. 28:3–9.
GEE Seres trasladados.
c GEE Ordenación,
ordenar.
d GEE Discípulo.
15*a* GEE Paz.
16*a* GEE Unidad.
b GEE Concupiscencia.

haber un pueblo más [c]dichoso
entre todos los que habían sido
creados por la mano de Dios.
17 No había ladrones, ni asesinos, ni lamanitas, ni ninguna
especie de -itas, sino que eran
[a]uno, hijos de Cristo y herederos
del reino de Dios.
18 ¡Y cuán bendecidos fueron!
Porque el Señor los bendijo en
todas sus obras; sí, fueron bendecidos y prosperaron hasta que
hubieron transcurrido ciento diez
años; y la primera generación
después de Cristo había muerto
ya, y no había contención en toda
la tierra.
19 Y sucedió que Nefi, el que
llevaba estos últimos anales, murió (y llevaba la historia sobre
las [a]planchas de Nefi); y su hijo
Amós la continuó en su lugar; y
también lo hizo sobre las planchas de Nefi.
20 Y la llevó ochenta y cuatro
años, y todavía continuaba la paz
en el país, con excepción de una
pequeña parte del pueblo que se
había rebelado contra la iglesia y
tomado sobre sí el nombre de lamanitas; así que otra vez empezó
a haber lamanitas en la tierra.
21 Y aconteció que Amós
también murió (y fue a los
ciento noventa y cuatro años
de la venida de Cristo), y su hijo,
Amós, llevó la historia en su lugar; y también la escribió sobre
las planchas de Nefi, y también
está escrita en el libro de Nefi,
que es este libro.
22 Y sucedió que habían transcurrido doscientos años; y todos
los de la segunda generación habían muerto, con excepción de
unos pocos.
23 Y yo, Mormón, quiero que
sepáis que el pueblo se había multiplicado de tal manera que se
hallaba esparcido por toda la faz
de la tierra, y que habían llegado
a ser sumamente ricos, por razón
de su prosperidad en Cristo.
24 Y ahora bien, en este año, el
doscientos uno, empezó a haber
entre ellos algunos que se ensalzaron en el [a]orgullo, tal como el
lucir ropas costosas, y toda clase
de perlas finas, y de las cosas lu-
josas del mundo.
25 Y de ahí en adelante ya no
tuvieron sus bienes y posesiones
en [a]común entre ellos.
26 Y empezaron a dividirse en
clases; y empezaron a establecer [a]iglesias para sí con objeto de
[b]lucrar; y comenzaron a negar la
verdadera iglesia de Cristo.
27 Y sucedió que cuando hubieron transcurrido doscientos
diez años, ya había en la tierra
un gran número de iglesias; sí,
había muchas iglesias que profesaban conocer al Cristo, y sin
embargo, [a]negaban la mayor
parte de su evangelio, de tal

16*c* Mos. 2:41;
Alma 50:23.
GEE Gozo.
17*a* Juan 17:21.
GEE Sion.
19*a* GEE Planchas.
24*a* GEE Orgullo.
25*a* 4 Ne. 1:3.
26*a* 1 Ne. 22:23;
2 Ne. 28:3;
Morm. 8:32–38.
b DyC 10:56.
GEE Supercherías sacerdotales.
27*a* GEE Apostasía.

modo que toleraban toda clase de iniquidades, y administraban lo que era sagrado a quienes les estaba [b]prohibido por motivo de no ser dignos.

28 Y esta [a]iglesia se multiplicó en gran manera por causa de la iniquidad, y por el poder de Satanás que se apoderó de sus corazones.

29 Y además, había otra iglesia que negaba al Cristo; y estos [a]perseguían a los de la verdadera iglesia de Cristo por su humildad y creencia en Cristo, y los despreciaban por causa de los muchos milagros que se efectuaban entre ellos.

30 Por tanto, ejercían poder y autoridad sobre los discípulos de Jesús que permanecieron con ellos, y los echaban en [a]prisiones; pero por el poder de la palabra de Dios, que estaba en ellos, las prisiones se partían en dos, y salían ellos haciendo grandes milagros entre el pueblo.

31 No obstante, y a pesar de todos estos milagros, el pueblo endureció su corazón e intentó matarlos, así como los judíos de Jerusalén procuraron matar a Jesús, según la palabra de él.

32 Y los arrojaban en [a]hornos encendidos; y salían sin recibir ningún daño.

33 Y también los echaban en [a]fosos de animales feroces, y jugaban con las fieras como un niño con un cordero; y salían de entre ellos sin recibir daño alguno.

34 No obstante, los del pueblo endurecieron su corazón, porque los guiaron muchos sacerdotes y profetas falsos a establecer muchas iglesias y a cometer toda clase de iniquidades. Y [a]herían al pueblo de Jesús; pero el pueblo de Jesús no les devolvía el mal. Y así degeneraron en la incredulidad e iniquidad de año en año, hasta que hubieron pasado doscientos treinta años.

35 Y sucedió que en este año, sí, en el año doscientos treinta y uno, hubo una gran división entre el pueblo.

36 Y aconteció que en este año se levantó un grupo que fue llamado nefitas, y eran verdaderos creyentes en Cristo; y entre estos se encontraban aquellos que los lamanitas llamaban jacobitas, y josefitas, y zoramitas;

37 por tanto, los verdaderos creyentes en Cristo y los verdaderos adoradores de Cristo (entre los cuales se hallaban los [a]tres discípulos de Jesús que habían de quedar) eran llamados nefitas, y jacobitas, y josefitas, y zoramitas.

38 Y aconteció que aquellos que rechazaban el evangelio eran llamados lamanitas, lemuelitas e ismaelitas; y estos no degeneraron en la incredulidad, sino que intencionalmente se

27*b* 3 Ne. 18:28–29.
28*a* GEE Diablo — La iglesia del diablo.
29*a* GEE Persecución, perseguir.
30*a* 3 Ne. 28:19–20.
32*a* Dan. 3:26–27; 3 Ne. 28:21.
33*a* 3 Ne. 28:22.
34*a* 3 Ne. 12:39; DyC 98:23–27.
37*a* 3 Ne. 28:6–7; Morm. 8:10–11.

[a]rebelaron contra el evangelio de Cristo; y enseñaron a sus hijos a no creer, así como sus padres degeneraron desde el principio.
39 Y fue por motivo de la iniquidad y abominación de sus padres, así como fue en el principio. Y les [a]enseñaron a odiar a los hijos de Dios, tal como se había enseñado a los lamanitas a aborrecer a los hijos de Nefi desde el principio.
40 Y ocurrió que habían transcurrido doscientos cuarenta y cuatro años, y así se hallaban los asuntos del pueblo. Y la parte más inicua del pueblo se hizo fuerte, y llegó a ser mucho más numerosa que los del pueblo de Dios.
41 Y continuaron estableciendo iglesias para sí, y adornándolas con todo género de objetos preciosos. Y así transcurrieron doscientos cincuenta años, y también doscientos sesenta años.
42 Y sucedió que la parte inicua del pueblo empezó otra vez a reconstituir los juramentos y las [a]combinaciones secretas de Gadiantón.
43 Y también los del pueblo, que eran llamados el pueblo de Nefi, empezaron a tener orgullo en su corazón, a causa de sus inmensas riquezas, y se envanecieron igual que sus hermanos, los lamanitas.
44 Y desde entonces empezaron a afligirse los discípulos por los [a]pecados del mundo.
45 Y ocurrió que, cuando hubieron pasado trescientos años, tanto el pueblo de los nefitas como el de los lamanitas se habían vuelto sumamente inicuos, los unos iguales que los otros.
46 Y aconteció que los ladrones de Gadiantón se extendieron por toda la superficie de la tierra; y no había quien fuese justo salvo los discípulos de Jesús. Y acumulaban y guardaban oro y plata en abundancia; y traficaban en mercaderías de toda clase.
47 Y sucedió que cuando hubieron transcurrido trescientos cinco años (y el pueblo seguía todavía en su iniquidad), murió Amós; y su hermano Ammarón llevó los anales en su lugar.
48 Y aconteció que cuando hubieron pasado trescientos veinte años, Ammarón, siendo constreñido por el Espíritu Santo, ocultó los [a]anales que eran sagrados —sí, todos los anales sagrados que se habían transmitido de generación en generación, los cuales eran sagrados— aun hasta el año trescientos veinte desde la venida de Cristo.
49 Y los ocultó para los fines del Señor, con objeto de que [a]volvieran otra vez al resto de la casa de Jacob, según las profecías y las promesas del Señor. Y así concluyen los anales de Ammarón.

38*a* GEE Rebelión.
39*a* Mos. 10:17.
42*a* GEE Combinaciones secretas.
44*a* 3 Ne. 28:9.
48*a* Hel. 3:13, 15–16.
49*a* Enós 1:13.

EL LIBRO DE MORMÓN

CAPÍTULO 1

Ammarón da instrucciones a Mormón concernientes a los anales sagrados — Comienza la guerra entre los nefitas y los lamanitas — Se retira a los Tres Nefitas — Prevalecen la iniquidad, la incredulidad, los sortilegios y las hechicerías. Aproximadamente 321–326 d.C.

Y AHORA yo, [a]Mormón, hago una [b]relación de las cosas que he visto y oído; y la llamo el Libro de Mormón.

2 Y más o menos en la época en que [a]Ammarón ocultó los anales para los fines del Señor, vino a mí (tendría yo unos diez años de edad, y empezaba a [b]adquirir alguna instrucción en la ciencia de mi pueblo), y me dijo Ammarón: Veo que eres un niño sensato, y presto para observar;

3 por lo tanto, cuando tengas unos veinticuatro años de edad, quisiera que recordaras las cosas que hayas observado concernientes a este pueblo, y cuando llegues a esa edad, ve a la tierra de Antum, a una colina que se llamará [a]Shim; y allí he depositado para los fines del Señor todos los santos grabados concernientes a este pueblo.

4 Y he aquí, tomarás contigo las [a]planchas de Nefi, y las demás las dejarás en el lugar donde se hallan; y sobre las planchas de Nefi grabarás todas las cosas que hayas observado concernientes a este pueblo.

5 Y yo, Mormón, siendo descendiente de [a]Nefi (y el nombre de mi padre era Mormón), recordé las cosas que Ammarón me mandó.

6 Y sucedió que teniendo yo once años de edad, mi padre me llevó a la tierra del sur, sí, hasta la tierra de Zarahemla.

7 Toda la superficie de la tierra había quedado cubierta de edificios, y los habitantes eran casi tan numerosos como las arenas del mar.

8 Y sucedió que en este año empezó a haber una guerra entre los nefitas, que se componían de los nefitas, y los jacobitas, y los josefitas y los zoramitas; y esta guerra fue entre los nefitas, y los lamanitas, los lemuelitas y los ismaelitas.

9 Ahora bien, los lamanitas, lemuelitas e ismaelitas se llamaban lamanitas; y los dos partidos eran los nefitas y los lamanitas.

10 Y aconteció que empezó la guerra entre ellos en las fronteras de Zarahemla, junto a las aguas de Sidón.

11 Y sucedió que los nefitas habían reunido un número muy crecido de hombres, que pasaba aun de treinta mil. Y acaeció que

1 1*a* GEE Mormón, profeta nefita.
b 3 Ne. 5:11–18.
2*a* 4 Ne. 1:47–49.
b Mos. 1:3–5.
3*a* Éter 9:3.
4*a* P. de Morm. 1:1, 11. GEE Planchas.
5*a* 3 Ne. 5:12, 20.

en este mismo año hubo un número de batallas, en las cuales los nefitas derrotaron a los lamanitas y mataron a muchos de ellos.

12 Y ocurrió que los lamanitas abandonaron su propósito, y hubo paz en la tierra; y duró la paz por el término de unos cuatro años, de modo que no hubo efusión de sangre.

13 Pero prevaleció la maldad sobre la faz de toda la tierra, de manera que el Señor retiró a sus [a]amados discípulos, y cesó la obra de milagros y sanidades debido a la iniquidad del pueblo.

14 Y no hubo [a]dones del Señor, y el [b]Espíritu Santo no descendió sobre ninguno, por causa de su iniquidad e [c]incredulidad.

15 Y habiendo llegado yo a la edad de quince años, y siendo de carácter algo serio, por tanto, me visitó el Señor, y probé y conocí la bondad de Jesús.

16 E intenté predicar a este pueblo, pero me fue cerrada la boca, y se me prohibió que les predicara; pues he aquí, se habían [a]rebelado intencionalmente contra su Dios; y los amados discípulos fueron [b]retirados de la tierra, a causa de la iniquidad del pueblo.

17 Mas yo permanecí entre ellos, pero me fue prohibido que les predicara por motivo de la dureza de sus corazones; y debido a la dureza de sus corazones, la tierra fue [a]maldecida por causa de ellos.

18 Y estos ladrones de Gadiantón, que se hallaban entre los lamanitas, infestaban la tierra, a tal grado que los habitantes empezaron a ocultar sus [a]tesoros en la tierra; y se hicieron deleznables, porque el Señor había maldecido la tierra, de tal manera que no podían conservarlos ni recuperarlos.

19 Y aconteció que hubo sortilegios, y hechicerías, y encantamientos; y el poder del maligno se extendió por toda la faz de la tierra, hasta cumplirse todas las palabras de Abinadí y también de Samuel el Lamanita.

CAPÍTULO 2

Mormón encabeza los ejércitos de los nefitas — Hay sangre y mortandad por la faz de la tierra — Los nefitas se quejan y se lamentan con la aflicción de los condenados — Su día de gracia ha pasado — Mormón obtiene las planchas de Nefi — Continúan las guerras. Aproximadamente 327–350 d.C.

Y SUCEDIÓ que en ese mismo año empezó de nuevo a haber guerra entre los nefitas y los lamanitas. Y a pesar de mi juventud, yo era de grande estatura; por tanto, el pueblo de Nefi me nombró para que fuese su caudillo, o sea, el caudillo de sus ejércitos.

13*a* 3 Ne. 28:2, 12.
14*a* Moro. 10:8–18, 24.
b GEE Espíritu Santo.
c GEE Incredulidad.
16*a* GEE Rebelión.
b Morm. 8:10.
17*a* 2 Ne. 1:7; Alma 45:10–14, 16.
18*a* Hel. 13:18–20; Éter 14:1–2.

2 Aconteció, pues, que a los dieciséis años de edad salí contra los lamanitas a la cabeza de un ejército nefita; de modo que ya habían transcurrido trescientos veintiséis años.

3 Y ocurrió que en el año trescientos veintisiete, los lamanitas vinieron contra nosotros con una fuerza sumamente grande, al grado de que llenaron de temor a mis ejércitos; de modo que no quisieron luchar, y empezaron a retroceder hacia los países del norte.

4 Y sucedió que llegamos a la ciudad de Angola, y tomamos posesión de la ciudad, e hicimos los preparativos para defendernos de los lamanitas. Y aconteció que fortificamos la ciudad con nuestra fuerza; pero a pesar de todas nuestras fortificaciones, los lamanitas vinieron sobre nosotros y nos echaron de la ciudad.

5 Y también nos arrojaron de la tierra de David.

6 Y emprendimos la marcha y llegamos a la tierra de Josué, que se hallaba en las fronteras del oeste cerca del mar.

7 Y aconteció que reunimos a nuestro pueblo con toda la rapidez posible, para concentrarlo en un solo grupo.

8 Pero he aquí, la tierra estaba llena de ladrones y lamanitas; y no obstante la gran destrucción que se cernía sobre los de mi pueblo, no se arrepintieron de sus iniquidades; de modo que hubo sangre y mortandad por toda la faz de la tierra, así entre los nefitas como entre los lamanitas; y por toda la superficie de la tierra había una revolución completa.

9 Y los lamanitas tenían un rey, y se llamaba Aarón; y vino contra nosotros con un ejército de cuarenta y cuatro mil. Y he aquí, yo le hice frente con cuarenta y dos mil. Y aconteció que lo derroté con mi ejército, de modo que huyó delante de mí. Y he aquí, ocurrió todo esto, y habían pasado ya trescientos treinta años.

10 Y sucedió que los nefitas empezaron a arrepentirse de su iniquidad, y a llorar tal como lo había profetizado el profeta Samuel; porque he aquí, nadie podía conservar lo que era suyo, por motivo de los ladrones, y los bandidos, y los asesinos, y las artes mágicas, y las brujerías que había en la tierra.

11 De modo que empezó a haber quejidos y lamentaciones en toda la tierra a causa de estas cosas; y con más particularidad entre el pueblo de Nefi.

12 Y sucedió que cuando yo, Mormón, vi sus lamentos, y sus quejidos, y su pesar delante del Señor, mi corazón empezó a regocijarse dentro de mí, conociendo las misericordias y la longanimidad del Señor, suponiendo, por tanto, que él sería misericordioso con ellos para que se tornaran de nuevo en un pueblo justo.

13 Pero he aquí, fue en vano

este gozo mío, porque su [a]aflic-
ción no era para arrepentimiento,
por motivo de la bondad de Dios,
sino que era más bien el pesar de
los [b]condenados, porque el Señor
no siempre iba a permitirles que
hallasen [c]felicidad en el pecado.
14 Y no venían a Jesús con [a]co-
razones quebrantados y espíritus
contritos, antes bien, [b]maldecían
a Dios, y deseaban morir. No obstante, luchaban con la espada por
sus vidas.
15 Y aconteció que mi aflicción
nuevamente volvió a mí, y vi que
el [a]día de [b]gracia [c]había pasado
para ellos, tanto temporal como
espiritualmente; porque vi que
miles de ellos eran talados en rebelión manifiesta contra su Dios,
y amontonados como estiércol
sobre la superficie de la tierra.
Y así habían pasado trescientos
cuarenta y cuatro años.
16 Y ocurrió que en el año trescientos cuarenta y cinco, los nefitas empezaron a huir delante
de los lamanitas; y fueron perseguidos aun hasta que llegaron a
la tierra de Jasón antes que fuera
posible detenerlos en su retirada.
17 Y la ciudad de Jasón se hallaba situada no lejos de la [a]tierra
donde Ammarón había deposi-
tado los anales para los fines del
Señor, con objeto de que no fuesen destruidos. Y he aquí, yo había ido, de acuerdo con la palabra
de Ammarón, y tomado las planchas de Nefi, y preparé una historia según sus palabras.
18 Y sobre las planchas de Nefi
hice una relación completa de
todas las iniquidades y abominaciones; mas sobre estas [a]planchas
me abstuve de hacer un relato
completo de sus iniquidades y
sus abominaciones; porque he
aquí, desde que he sido capaz de
observar las vías de los hombres,
ha estado delante de mis ojos una
escena continua de maldades y
abominaciones.
19 Y, ¡ay de mí por causa de sus
iniquidades; porque mi corazón
se ha visto lleno de pesar por razón de sus maldades, todos mis
días! No obstante, sé que yo seré
[a]enaltecido en el postrer día.
20 Y sucedió que en este año, el
pueblo de Nefi otra vez fue perseguido y echado. Y aconteció que
fuimos acosados hasta que hubimos llegado al norte, a la tierra
que se llamaba Shem.
21 Y ocurrió que fortificamos la
ciudad de Shem, y recogimos a
cuantos nos fue posible de nuestro pueblo para que tal vez los
libráramos de la destrucción.
22 Y aconteció que en el año
trescientos cuarenta y seis, los
lamanitas empezaron a acome-
ternos otra vez.
23 Y aconteció que hablé a los
de mi pueblo, y los exhorté con

2 13*a* 2 Cor. 7:10; Alma 42:29.
b GEE Condenación, condenar.
c Alma 41:10.
14*a* GEE Corazón quebrantado.
b GEE Blasfemar, blasfemia.
15*a* Hel. 13:38.
b GEE Gracia.
c Jer. 8:20; DyC 56:16.
17*a* Morm. 1:1–4.
18*a* GEE Planchas.
19*a* Mos. 23:22; Éter 4:19.

mucha energía, para que resistieran valientemente frente a los lamanitas, y [a]lucharan por sus mujeres, y sus hijos, y sus casas, y sus hogares.

24 Y mis palabras los impulsaron un tanto a tener vigor, al grado de que no huyeron de los lamanitas, sino que los resistieron osadamente.

25 Y ocurrió que con un ejército de treinta mil hombres, combatimos contra una fuerza de cincuenta mil; y sucedió que los resistimos con tal firmeza que huyeron delante de nosotros.

26 Y aconteció que cuando huyeron, los perseguimos con nuestros ejércitos, y de nuevo tuvimos un encuentro con ellos y los derrotamos. No obstante, la fuerza del Señor no estaba con nosotros; sí, nos vimos abandonados a tal grado que el Espíritu del Señor no moraba en nosotros; por tanto, nos habíamos vuelto débiles como nuestros hermanos.

27 Y se afligió mi corazón por motivo de esta gran calamidad de mi pueblo, causada por su iniquidad y sus abominaciones. Mas he aquí, avanzamos contra los lamanitas y los ladrones de Gadiantón, hasta que de nuevo tomamos posesión de las tierras de nuestra herencia.

28 Y había pasado el año trescientos cuarenta y nueve. Y en el año trescientos cincuenta concertamos un tratado con los lamanitas y los ladrones de Gadiantón, mediante el cual quedaron divididas las tierras de nuestra herencia.

29 Y los lamanitas nos cedieron la región del norte, sí, hasta el [a]estrecho pasaje que conducía a la región del sur; y nosotros dimos a los lamanitas toda la tierra del sur.

CAPÍTULO 3

Mormón proclama el arrepentimiento a los nefitas — Logran una gran victoria y se jactan de su propia fuerza — Mormón se niega a dirigirlos, y sus oraciones por ellos carecen de fe — El Libro de Mormón invita a las doce tribus de Israel a creer en el Evangelio. Aproximadamente 360–362 d.C.

Y SUCEDIÓ que los lamanitas no volvieron de nuevo a la batalla sino hasta después de haber transcurrido diez años más. Y he aquí, yo había ocupado a mi pueblo, los nefitas, en preparar sus tierras y sus armas para el día de la batalla.

2 Y aconteció que el Señor me dijo: Clama a este pueblo: Arrepentíos, y venid a mí, y sed bautizados, y estableced de nuevo mi iglesia, y seréis preservados.

3 Y amonesté a este pueblo, pero fue en vano; y no comprendieron que era el Señor el que los había librado, y les había concedido una oportunidad para arrepentirse. Y he aquí, endurecieron sus corazones contra el Señor su Dios.

4 Y aconteció que después de

23*a* Mos. 20:11; Alma 43:45.
29*a* Alma 22:32.

haber pasado este décimo año,
haciendo, en total, trescientos sesenta años desde la venida de
Cristo, el rey de los lamanitas me
envió una epístola en la que me
hizo saber que se estaban preparando para venir de nuevo a la
batalla contra nosotros.
5 Y sucedió que hice que mi pueblo se congregara en la tierra de
Desolación, en una ciudad que se
hallaba en las fronteras, cerca del
pasaje estrecho que conducía a la
tierra del sur.
6 Y allí situamos a nuestros ejércitos para detener los ejércitos
de los lamanitas, para que no se
apoderaran de ninguna de nuestras tierras; por tanto, nos fortificamos contra ellos con toda
nuestra fuerza.
7 Y aconteció que en el año
trescientos sesenta y uno, los lamanitas llegaron a la ciudad de
Desolación para luchar contra
nosotros; y sucedió que los derrotamos ese año, de manera que
se volvieron a sus propias tierras.
8 Y en el año trescientos sesenta
y dos, volvieron otra vez a la batalla; y de nuevo los derrotamos,
y matamos a un gran número de
ellos, y sus muertos fueron arrojados al mar.
9 Ahora bien, por motivo de
esta cosa notable que mi pueblo,
los nefitas, había logrado, empezaron a [a]jactarse de su propia
fuerza, y comenzaron a jurar ante
los cielos que vengarían la sangre
de sus hermanos que habían sido
muertos por sus enemigos.
10 Y juraron por los cielos, y
también por el trono de Dios, que
[a]irían a la batalla contra sus enemigos, y los talarían de sobre la
faz de la tierra.
11 Y sucedió que desde esa ocasión yo, Mormón, me negué por
completo a ser comandante y
caudillo de este pueblo, a causa
de su iniquidad y sus abominaciones.
12 He aquí, yo los había dirigido; a pesar de sus iniquidades,
muchas veces los había dirigido
a la batalla; y los había amado
con todo mi corazón, de acuerdo
con el [a]amor de Dios que había en
mí; y todo el día se había derramado mi alma en oración a Dios
a favor de ellos; sin embargo, fue
[b]sin fe, debido a la dureza de sus
corazones.
13 Y tres veces los he librado
de las manos de sus enemigos,
y no se han arrepentido de sus
pecados.
14 Y cuando hubieron jurado
por todo lo que nuestro Señor
y Salvador Jesucristo les había
[a]prohibido, que irían contra sus
enemigos para combatir y vengar la sangre de sus hermanos,
he aquí, la voz del Señor vino a
mí, diciendo:
15 Mía es la [a]venganza, y yo
[b]pagaré; y porque este pueblo

3 9*a* 2 Ne. 4:34.
10*a* 3 Ne. 3:20–21; Morm. 4:4.
12*a* GEE Amor.
b Morm. 5:2.
14*a* 3 Ne. 12:34–37.
15*a* GEE Venganza.
b DyC 82:23.

no se arrepintió después que lo hube librado, he aquí, será destruido de sobre la faz de la tierra.

16 Y sucedió que terminantemente me negué a marchar contra mis enemigos, e hice lo que el Señor me había mandado; y fui testigo pasivo para manifestar al mundo las cosas que yo vi y oí, según las manifestaciones del Espíritu que había dado testimonio de cosas venideras.

17 Por tanto, os escribo [a]a vosotros, gentiles, y también a vosotros, casa de Israel, que cuando comience la obra, os halléis a punto de prepararos para volver a la tierra de vuestra herencia;

18 sí, he aquí, escribo a todos los extremos de la tierra; sí, a vosotras, doce tribus de Israel, que seréis [a]juzgadas según vuestras obras por los doce que Jesús escogió en la tierra de Jerusalén para que fuesen sus discípulos.

19 Y escribo también al resto de este pueblo, que igualmente será juzgado por los [a]doce que Jesús escogió en esta tierra; y estos serán juzgados por los otros doce que Jesús escogió en la tierra de Jerusalén.

20 Y el Espíritu me manifiesta estas cosas; por lo tanto, os escribo a todos vosotros. Y por esta razón os escribo, para que sepáis que todos tendréis que comparecer ante el [a]tribunal de Cristo, sí, toda alma que pertenece a toda la [b]familia humana de Adán; y debéis presentaros para ser juzgados por vuestras obras, ya sean buenas o malas;

21 y también para que [a]creáis en el evangelio de Jesucristo que tendréis entre vosotros; y también para que los [b]judíos, el pueblo del convenio del Señor, tengan otro [c]testigo, aparte de aquel a quien vieron y oyeron, de que Jesús, a quien mataron, era el [d]verdadero Cristo y el verdadero Dios.

22 Y si tan solo pudiera persuadiros a [a]todos vosotros, extremos de la tierra, a que os arrepintieseis y os preparaseis para comparecer ante el tribunal de Cristo.

CAPÍTULO 4

Continúan la guerra y las matanzas — Los inicuos castigan a los inicuos — Jamás había habido una iniquidad mayor entre toda la casa de Israel — Se ofrecen mujeres y niños en sacrificio a los ídolos — Los lamanitas empiezan a ahuyentar a los nefitas delante de ellos. Aproximadamente 363–375 d.C.

Y ACONTECIÓ que en el año trescientos sesenta y tres, los nefitas salieron de la tierra de Desolación con sus ejércitos para combatir a los lamanitas.

2 Y aconteció que los ejércitos de los nefitas fueron rechazados

17*a* 2 Ne. 30:3–8; 3 Ne. 29:1.
18*a* Mateo 19:28; Lucas 22:29–30; DyC 29:12.
19*a* 1 Ne. 12:9–10.
20*a* GEE Juicio final.
b DyC 27:11.
21*a* DyC 3:20.
b GEE Judíos.
c 2 Ne. 25:18.
d 2 Ne. 26:12; Mos. 7:27.
22*a* Alma 29:1.

hasta la tierra de Desolación; y
mientras todavía se hallaban cansados, cayó sobre ellos una nueva
tropa de lamanitas; y hubo una
recia batalla, al grado de que los
lamanitas se posesionaron de la
ciudad de Desolación, y mataron a muchos de los nefitas, y
tomaron un gran número de prisioneros.
3 Y el resto huyó y se incorporó
a los habitantes de la ciudad de
Teáncum; y esta se hallaba situada
en la frontera, por la costa del
mar, y también estaba próxima a
la ciudad de Desolación.
4 Y fue [a]porque los ejércitos de
los nefitas acometieron a los lamanitas, que empezaron a ser
destruidos; pues de no haber sido
por eso, los lamanitas no los habrían vencido.
5 Pero he aquí, los castigos de
Dios sobrevendrán a los inicuos; y
es por los inicuos que los inicuos
son [a]castigados; porque son ellos
los que incitan el corazón de los
hijos de los hombres a derramar
sangre.
6 Y sucedió que los lamanitas
hicieron preparativos para avanzar contra la ciudad de Teáncum.
7 Y ocurrió que en el año trescientos sesenta y cuatro los lamanitas avanzaron contra la ciudad
de Teáncum, con objeto de apoderarse de ella también.
8 Y aconteció que los nefitas los
rechazaron y los hicieron huir.
Y cuando los nefitas vieron que
habían hecho huir a los lamanitas,
se jactaron otra vez de su fuerza;
y salieron confiados en su propio
poder, y nuevamente tomaron la
ciudad de Desolación.
9 Y todas estas cosas habían
acontecido, y perecieron miles
de ambas partes, tanto entre los
nefitas como entre los lamanitas.
10 Y sucedió que ya había pasado el año trescientos sesenta
y seis, y vinieron otra vez los
lamanitas a la batalla contra los
nefitas; y sin embargo, los nefitas no se arrepentían de lo malo
que habían cometido, sino que
persistían continuamente en su
iniquidad.
11 Y es imposible que la lengua relate, o que el hombre escriba una descripción completa
de la horrible escena de sangre
y mortandad que existía entre el
pueblo, así nefitas como lamanitas; y todo corazón se había
endurecido, de modo que se deleitaban en derramar sangre continuamente.
12 Y jamás había habido tan
grande [a]iniquidad entre todos
los hijos de Lehi, ni aun entre
toda la casa de Israel, según las
palabras del Señor, como la que
había entre este pueblo.
13 Y sucedió que los lamanitas
se apoderaron de la ciudad de Desolación, y fue porque su [a]número
excedía al de los nefitas.
14 Y también marcharon contra la ciudad de Teáncum, y

4 4*a* Morm. 3:10.
5*a* DyC 63:33.
12*a* Gén. 6:5;
3 Ne. 9:9.
13*a* Morm. 5:6.

arrojaron de ella a sus habitantes, y tomaron muchos prisioneros, tanto mujeres como niños, y los ofrecieron como sacrificio a sus [a]ídolos.

15 Y en el año trescientos sesenta y siete aconteció que los nefitas, furiosos porque los lamanitas habían sacrificado a sus mujeres y a sus hijos, marcharon contra los lamanitas, poseídos de una ira sumamente grande, de manera que nuevamente vencieron a los lamanitas y los echaron fuera de sus tierras.

16 Y los lamanitas no volvieron contra los nefitas sino hasta el año trescientos setenta y cinco.

17 Y en este año cayeron sobre los nefitas con todas sus fuerzas; y no fueron contados a causa de su inmenso número.

18 Y [a]desde esa ocasión no volvieron los nefitas a aventajar a los lamanitas, sino que empezaron a ser arrasados por ellos, así como el rocío ante el sol.

19 Y aconteció que los lamanitas cayeron sobre la ciudad de Desolación; y se libró una batalla sumamente violenta en la tierra de Desolación, en la cual vencieron a los nefitas.

20 Y huyeron nuevamente delante de los lamanitas, y llegaron a la ciudad de Boaz; y allí hicieron frente a los lamanitas con extraordinario valor, al grado de que los lamanitas no los vencieron sino hasta que vinieron sobre ellos por segunda vez.

21 Y cuando los acometieron por segunda vez, los nefitas fueron rechazados y destrozados con una mortandad grande en extremo; y sus mujeres y sus hijos de nuevo fueron sacrificados a los ídolos.

22 Y sucedió que los nefitas huyeron de ellos otra vez, llevando consigo a todos los habitantes, tanto de las ciudades como de las aldeas.

23 Y ahora bien, yo, Mormón, viendo que los lamanitas estaban a punto de subyugar la tierra, fui, por consiguiente, a la colina de [a]Shim, y recogí todos los anales que Ammarón había escondido para los fines del Señor.

CAPÍTULO 5

Mormón nuevamente dirige a los ejércitos nefitas en cruentas batallas de terrible mortandad — El Libro de Mormón aparecerá para convencer a todo Israel de que Jesús es el Cristo — Por motivo de su incredulidad, los lamanitas serán dispersados, y el Espíritu dejará de luchar con ellos — En los últimos días, recibirán el Evangelio de parte de los gentiles. Aproximadamente 375–384 d.C.

Y ACONTECIÓ que fui entre los nefitas, y me arrepentí del [a]juramento que había hecho de que nunca más volvería a ayudarles; y otra vez me dieron el mando de sus ejércitos, pues me veían como si yo pudiera librarlos de sus aflicciones.

2 Pero he aquí, yo no abrigaba

14*a* GEE Idolatría.
18*a* Morm. 3:3.
23*a* Morm. 1:3.
5 1*a* Morm. 3:11.

[a]ninguna esperanza, porque conocía los juicios del Señor que habrían de venir sobre ellos; porque no se arrepentían de sus iniquidades, sino que luchaban por sus vidas sin invocar a aquel Ser que los creó.

3 Y aconteció que los lamanitas vinieron contra nosotros luego que hubimos huido a la ciudad de Jordán; pero he aquí, fueron rechazados, de modo que no tomaron la ciudad en esa ocasión.

4 Y aconteció que vinieron otra vez contra nosotros, y retuvimos la ciudad. Y había otras ciudades que los nefitas retenían, plazas fuertes que les impedían el paso, de modo que no podían penetrar en el país que se hallaba ante nosotros, para destruir a los habitantes de nuestra tierra.

5 Y ocurrió que aquellas tierras que habíamos dejado atrás, cuyos habitantes no fueron recogidos, los lamanitas las destruyeron; y sus pueblos, y aldeas, y ciudades fueron quemados con fuego; y así pasaron trescientos setenta y nueve años.

6 Y sucedió que en el año trescientos ochenta, los lamanitas vinieron a la batalla contra nosotros otra vez, y les hicimos frente con valor; pero todo fue en vano, porque eran tan grandes sus números que hollaron al pueblo nefita bajo sus pies.

7 Y ocurrió que nuevamente huimos, y aquellos cuya huida fue más veloz que la marcha de los lamanitas se libraron, y aquellos cuya huida no superó a los lamanitas fueron derribados y destruidos.

8 Y he aquí que yo, Mormón, no deseo atormentar las almas de los hombres, pintándoles tan terrible escena de sangre y mortandad que se presentó ante mis ojos; pero, sabiendo yo que estas cosas ciertamente se darán a conocer, y que toda cosa que está oculta será [a]revelada desde los techos de las casas,

9 y además, que el conocimiento de estas cosas debe [a]llegar al resto de este pueblo, y también a los gentiles que el Señor ha dicho que [b]dispersarán a este pueblo, y lo considerarán como nada entre ellos, escribo, por lo tanto, un [c]breve compendio, no atreviéndome a dar cuenta completa de las cosas que he visto, por motivo del mandamiento que he recibido, y también para que no os aflijáis demasiado por la iniquidad de este pueblo.

10 Y ahora bien, he aquí, declaro esto a su posteridad y también a los gentiles que se preocupan por la casa de Israel, que comprenden y saben de dónde vienen sus bendiciones.

11 Porque sé que ellos sentirán pesar por la calamidad de la casa de Israel; sí, se afligirán por la destrucción de este pueblo; se lamentarán de que este pueblo no se hubiera arrepentido para ser recibido en los brazos de Jesús.

2*a* Morm. 3:12.
8*a* Lucas 12:2–3; 2 Ne. 27:11; DyC 1:3.
9*a* 4 Ne. 1:49.
b 3 Ne. 16:8.
c Morm. 1:1.

12 Y se escriben [a]estas cosas para
el [b]resto de la casa de Jacob; y se
escriben de esta manera porque
Dios sabe que la iniquidad no se
las manifestará a ellos; y se [c]ocul-
tarán para los propósitos del Señor, a fin de que aparezcan en su
debido tiempo.
13 Y este es el mandamiento que
he recibido; y he aquí, aparecerán
según el mandamiento del Señor,
cuando él, en su sabiduría, lo juzgue prudente.
14 Y he aquí, irán a los incrédulos entre los [a]judíos; e irán con
este fin: que sean [b]convencidos
de que Jesús es el Cristo, el Hijo
del Dios viviente; para que el Padre realice, por medio de su muy
Amado, su grande y eterno propósito de restaurar a los judíos, o
sea, a toda la casa de Israel, a la
tierra de su herencia, que el Señor
su Dios les ha dado, para el cumplimiento de su [c]convenio;
15 y también para que la posteridad de [a]este pueblo crea más
plenamente su evangelio, el cual
[b]irá de los gentiles a ellos; porque
este pueblo será [c]dispersado, y
[d]llegará a ser una gente de color
obscuro, inmunda y aborrecible,
sobrepujando a la descripción
de cuanto se haya visto entre
nosotros; sí, y aun lo que haya
habido entre los lamanitas; y esto
a causa de su incredulidad y su
idolatría.
16 Pues he aquí, el Espíritu del
Señor ya ha dejado de [a]luchar con
sus padres; y están sin Cristo y sin
Dios en el mundo; y son echados
de un lado para otro como [b]paja
que se lleva el viento.
17 En un tiempo fueron un pueblo deleitable; y tuvieron a Cristo
por [a]pastor suyo; sí, Dios el Padre
los guiaba.
18 Mas ahora, he aquí que Satanás los [a]lleva, tal como tamo
que se lleva el viento, o como el
barco que, sin velas ni ancla, ni
cosa alguna con qué dirigirlo, es
azotado por las olas; y así como
la nave son ellos.
19 Y he aquí, el Señor ha reservado sus bendiciones, que ellos
pudieron haber recibido en la
tierra, para los [a]gentiles que poseerán la tierra.
20 Mas he aquí, sucederá que
los gentiles los perseguirán y es-
parcirán; y después que hayan
sido perseguidos y esparcidos por
los gentiles, he aquí, entonces el
Señor se [a]acordará del [b]convenio
que hizo con Abraham y con toda
la casa de Israel.
21 Y el Señor también recordará
las [a]oraciones de los justos, las

12*a* Enós 1:16; Hel. 15:11–13. GEE Libro de Mormón.
b DyC 3:16–20.
c Morm. 8:4, 13–14; Moro. 10:1–2.
14*a* 2 Ne. 29:13; 30:7–8. GEE Judíos.
b 2 Ne. 25:16–17.
c 3 Ne. 29:1–3.
15*a* 3 Ne. 21:3–7, 24–26.
b 1 Ne. 13:20–29, 38; Morm. 7:8–9.
c 1 Ne. 10:12–14; 3 Ne. 16:8.
d 2 Ne. 26:33.
16*a* Gén. 6:3; Éter 2:15.
b Sal. 1:4.
17*a* GEE Buen Pastor.
18*a* 2 Ne. 28:21.
19*a* 3 Ne. 20:27–28.
20*a* 3 Ne. 16:8–12.
b GEE Abraham, convenio de (convenio abrahámico).
21*a* Enós 1:12–18; Morm. 9:36–37.

cuales se han dirigido a él a favor de ellos.
22 Y entonces, oh gentiles,
¿cómo podréis hallaros ante el
poder de Dios sin que os arrepintáis y os volváis de vuestros
nicuos caminos?
23 ¿No sabéis que estáis en las
manos de Dios? ¿No sabéis que
él tiene todo poder, y que por su
gran [a]mandato la tierra se [b]ple-
gará como un rollo?
24 Por tanto, arrepentíos y humillaos ante él, no sea que se levante en justicia contra vosotros;
no sea que un resto de la posteridad de Jacob vaya entre vosotros
como [a]león, y os despedace, y no
haya nadie para librar.

CAPÍTULO 6

Los nefitas se reúnen en la tierra de Cumorah para las batallas finales — Mormón esconde los anales sagrados en el cerro Cumorah — Los lamanitas triunfan, y la nación nefita es destruida — Centenas de millares de personas perecen por la espada. Aproximadamente 385 d.C.

Y AHORA concluyo mi relato concerniente a la [a]destrucción de mi
pueblo, los nefitas. Y sucedió que
marchamos delante de los lamanitas.
2 Y yo, Mormón, escribí una
epístola al rey de los lamanitas,
y le pedí que nos permitiera juntar a nuestro pueblo en la [a]tierra
de Cumorah, en las inmediacio-
nes de un cerro llamado Cumorah, y allí les presentáramos la
batalla.
3 Y sucedió que el rey de los lamanitas me concedió aquello que
había solicitado.
4 Y ocurrió que emprendimos la
marcha a la tierra de Cumorah,
y plantamos nuestras tiendas en
derredor del cerro Cumorah; y se
hallaba en una región de muchas
aguas, ríos y fuentes; y aquí es-
perábamos obtener ventaja sobre
los lamanitas.
5 Y cuando habían transcurrido trescientos ochenta y
cuatro años, nosotros habíamos recogido a todo el resto de
nuestro pueblo en la tierra de
Cumorah.
6 Y ocurrió que cuando hubimos reunido en uno a todo
nuestro pueblo en la tierra de
Cumorah, he aquí que yo, Mormón, empezaba a envejecer; y
sabiendo que iba a ser la última
lucha de mi pueblo, y habiéndome mandado el Señor que no
permitiera que los sagrados anales transmitidos por nuestros
padres cayesen en manos de los
lamanitas (porque los lamanitas
los destruirían), hice, por tanto,
[a]esta relación de las planchas
de Nefi, y [b]escondí en el cerro
Cumorah todos los anales que
se me habían confiado por la
mano del Señor, con excepción

23*a* Hel. 12:8–17.
b 3 Ne. 26:3.
24*a* Miqueas 5:8; 3 Ne. 20:15–16.
6 1*a* 1 Ne. 12:19; Jarom 1:10; Alma 45:9–14; Hel. 13:5–11.
2*a* Éter 9:3.
6*a* GEE Planchas.
b Éter 15:11.

de [c]estas pocas planchas que entregué a mi hijo [d]Moroni.
7 Y sucedió que mi pueblo, con
sus esposas y sus hijos, vieron
a los [a]ejércitos de los lamanitas que marchaban hacia ellos;
y con ese horrible temor a la
muerte que llena el pecho de todos los inicuos, esperaron que
llegaran.
8 Y aconteció que vinieron a la
batalla contra nosotros, y toda
alma se llenó de espanto a causa
de la inmensidad de sus números.
9 Y sucedió que cayeron sobre
mi pueblo con la espada, y con
el arco, y con la flecha, y con el
hacha, y con toda clase de armas
de guerra.
10 Y ocurrió que talaron a mis
hombres, sí, a los diez mil que se
hallaban conmigo, y yo caí herido
en medio de ellos; y pasaron de
largo por donde yo estaba, de
modo que no acabaron con mi
vida.
11 Y cuando hubieron pasado
por en medio y derribado a [a]todos
los de mi pueblo, salvo a veinticuatro de nosotros (entre los cuales se hallaba mi hijo Moroni), y
habiendo sobrevivido nosotros a
los que murieron de nuestro pueblo, a la mañana siguiente, después que los lamanitas hubieron
vuelto a sus campamentos, vimos,
desde la cima del cerro Cumorah,
a los diez mil de mi pueblo que
fueron talados, al frente de los
cuales había estado yo.
12 Y también vimos a los die
mil de mi pueblo que había acau
dillado mi hijo Moroni.
13 Y he aquí, los diez mil d
Gidgiddona habían caído, y él e
medio de ellos.
14 Y había caído Lámah con su
diez mil; y Gilgal había caído co
sus diez mil; y Límhah había caíd
con sus diez mil; y Jeneum habí
caído con sus diez mil; y habían
caído Cumeníah, y Moroníah, y
Antiónum, y Shiblom, y Shem, y
Josh, cada uno con sus diez mil.
15 Y sucedió que hubo diez má
que cayeron por la espada, cad
uno con sus diez mil, sí, habí
caído [a]todo mi pueblo, salvo lo
veinticuatro que estaban con
migo, y también unos pocos qu
se habían escapado a los paíse
del sur, y otros pocos que se ha
bían pasado a los lamanitas; y s
carne, y sus huesos, y su sangr
yacen sobre la faz de la tierra, ha
biéndolos abandonado las mano
de los que los mataron, para des
componerse en el suelo, y par
deshacerse y regresar a su ma
dre tierra.
16 Y mi alma se partió de angus
tia a causa de los de mi puebl
que habían muerto, y exclamé:
17 ¡Oh bello pueblo, cómo pu
disteis apartaros de las vías de
Señor! ¡Oh bello pueblo, cóm
pudisteis rechazar a ese Jesús qu
esperaba con los brazos abierto
para recibiros!
18 He aquí, si no hubiesei

6*c* P. de Morm. 1:2.
d Morm. 8:1.
7*a* 1 Ne. 12:15.
11*a* 1 Ne. 12:19–20;
Hel. 15:17.
15*a* Alma 9:24.

echo esto, no habríais caído.
Mas he aquí, habéis caído, y lloro
uestra pérdida.
19 ¡Oh bellos hijos e hijas, vosoros, padres y madres, vosotros,
sposos y esposas, pueblo bello,
ómo pudisteis haber caído!
20 Pero he aquí, habéis desapa-
ecido, y mi dolor no puede ha-
eros volver.
21 Y pronto viene el día en que
uestra parte mortal se revestirá
le inmortalidad, y estos cuer-
os que hoy se descomponen
n corrupción, pronto se trans-
ormarán en [a]incorruptibles; y
ntonces tendréis que presen-
aros ante el tribunal de Cristo
ara ser juzgados según vues-
ras obras; y si tal fuere que sois
ustos, entonces benditos sois
on vuestros padres que os han
recedido.
22 ¡Oh, si os hubieseis arrepen-
ido antes que cayera sobre vosoros esta grande destrucción! Mas
e aquí, habéis desaparecido, y
l Padre, sí, el Padre Eterno del
ielo, conoce vuestro estado; y él
bra con vosotros de acuerdo con
u [a]justicia y [b]misericordia.

CAPÍTULO 7

Mormón invita a los lamanitas de os postreros días a creer en Cristo, ceptar Su Evangelio y ser sal- os — Todos los que crean en la Biblia creerán también en el Libro de Mormón. Aproximadamente 385 d.C.

Y AHORA bien, he aquí, quisiera
hablar un poco al [a]resto de este
pueblo que ha sido preservado,
si es que Dios les concede mis
palabras, para que sepan acerca
de las cosas de sus padres; sí, os
hablo a vosotros, un resto de la
casa de Israel, y estas son las palabras que yo hablo:
2 Sabed que sois de la [a]casa de
Israel.
3 Sabed que debéis llegar hasta
el arrepentimiento, o no podéis
ser salvos.
4 Sabed que debéis abandonar
vuestras armas de guerra; y no
deleitaros más en el derramamiento de sangre, y no volver
a tomarlas, salvo que Dios os lo
mande.
5 Sabed que debéis llegar al [a]co-
nocimiento de vuestros padres, y
a arrepentiros de todos vuestros
pecados e iniquidades, y [b]creer
en Jesucristo, que él es el Hijo de
Dios, y que los judíos lo mataron,
y que por el poder del Padre ha
resucitado, con lo cual ha logrado
la [c]victoria sobre la tumba; y en él
también es consumido el aguijón
de la muerte.
6 Y él lleva a efecto la [a]resurrec-
ción de los muertos, mediante
la cual los hombres se levantarán para presentarse ante su
[b]tribunal.

21*a* 1 Cor. 15:53–54.
22*a* GEE Justicia.
b GEE Misericordia, misericordioso.
7 1*a* Hel. 15:11–13.
2*a* Alma 10:3.
5*a* 2 Ne. 3:12.
b GEE Creencia, creer; Fe.
c Isa. 25:8; Mos. 16:7–8.
6*a* GEE Resurrección.
b GEE Jesucristo — Es juez; Juicio final.

7 Y él ha efectuado la [a]redención
del mundo, por lo cual a aquel
que en el día del juicio sea hallado [b]sin culpa ante él, le será
concedido [c]morar en la presencia
de Dios, en su reino, para cantar
alabanzas eternas con los [d]coros
celestes, al Padre, y al Hijo, y al
Espíritu Santo, que son [e]un Dios,
en un estado de [f]felicidad que no
tiene fin.
8 Por tanto, arrepentíos y sed
bautizados en el nombre de Jesús,
y asíos al [a]evangelio de Cristo,
que no solo en estos anales os será
presentado, sino también en los
[b]anales que llegarán [c]de los judíos
a los gentiles, anales que vendrán
de los gentiles [d]a vosotros.
9 Porque he aquí, se escriben
[a]estos con el fin de que [b]creáis
en aquellos; y si creéis en aquellos, también creeréis en estos; y
si creéis en estos, sabréis concerniente a vuestros padres, y también las obras maravillosas que
se efectuaron entre ellos por el
poder de Dios.
10 Y sabréis también que sois
un resto de la descendencia de
Jacob; por tanto, sois contados
entre los del pueblo del primer
convenio; y si es que creéis en
Cristo, y sois bautizados, primero en el agua, y después con
fuego y con el Espíritu Santo,
siguiendo el [a]ejemplo de nuestro Salvador, de conformidac
con lo que él nos ha mandado
entonces os irá bien en el día de
juicio. Amén.

CAPÍTULO 8

*Los lamanitas persiguen y des-
truyen a los nefitas — El Libro d
Mormón aparecerá por el poder d
Dios — Se declaran calamidades
sobre los que respiren ira y contien
das contra la obra del Señor — L
historia nefita aparecerá en un
época de iniquidad, degeneración y
apostasía. Aproximadamente 400–
421 d.C.*

HE aquí que yo, [a]Moroni, doy fi
al [b]registro de mi padre Mormón
He aquí, no tengo sino pocas co
sas que escribir, cosas que mi pa
dre me ha mandado.
2 Sucedió, pues, que tras l
[a]grande y tremenda batalla e
Cumorah, he aquí, los [b]lamani
tas persiguieron a los nefitas qu
se habían escapado a las tierra
del sur, hasta que todos fuero
destruidos.
3 Y mi padre también murió
manos de ellos, y yo quedo [a]sol
para escribir el triste relato de l
destrucción de mi pueblo. Ma
he aquí, han desaparecido, y y
cumplo el mandamiento de m

7*a* GEE Redención, redimido, redimir.
b GEE Justificación, justificar.
c 1 Ne. 10:21; DyC 76:62; Moisés 6:57.
d Mos. 2:28.
e DyC 20:28. GEE Trinidad.
f GEE Gozo.
8*a* GEE Evangelio.
b GEE Biblia.
c 2 Ne. 29:4–13.
d 1 Ne. 13:38.
9*a* GEE Libro de Mormón.
b 1 Ne. 13:38–41.
10*a* 2 Ne. 31:5–9.
8 1*a* GEE Moroni hijo de Mormón.
b GEE Planchas.
2*a* Morm. 6:2–15.
b DyC 3:18.
3*a* Moro. 9:22.

padre. Y no sé si me matarán
o no.
4 Por tanto, escribiré y esconderé los anales en la tierra; y no importa a dónde yo vaya.
5 He aquí, mi padre ha preparado [a]estos anales, y ha escrito el objeto de ellos. Y he aquí, yo también lo escribiría, si tuviera espacio en las [b]planchas; pero no lo tengo, y mineral no tengo, porque me hallo solo. Mi padre ha sido muerto en la batalla, y todos mis parientes, y no tengo amigos ni adónde ir; y cuánto tiempo el Señor permitirá que yo viva, no lo sé.
6 He aquí, han pasado [a]cuatrocientos años desde la venida de nuestro Señor y Salvador.
7 Y he aquí, los lamanitas han perseguido a mi pueblo, los nefitas, de ciudad en ciudad y de lugar en lugar, hasta que no existen ya; y grande ha sido su [a]caída; sí, grande y asombrosa es la destrucción de mi pueblo, los nefitas.
8 Y he aquí, es la mano del Señor lo que lo ha hecho. Y he aquí, también los lamanitas están en guerra unos contra otros; y toda la superficie de esta tierra es un ciclo continuo de asesinatos y de derramamiento de sangre; y nadie sabe el fin de la guerra.
9 Y he aquí, no digo más de ellos, porque ya no hay sino lamanitas y [a]ladrones que existen sobre la faz de la tierra.
10 Y no hay quien conozca al verdadero Dios salvo los [a]discípulos de Jesús, quienes permanecieron en la tierra hasta que la iniquidad de la gente fue tan grande que el Señor no les permitió [b]permanecer con el pueblo; y nadie sabe si están o no sobre la faz de la tierra.
11 Mas he aquí, mi [a]padre y yo los hemos visto, y ellos nos han ministrado.
12 Y quien reciba esta historia, y no la condene por las imperfecciones que haya en ella, tal persona sabrá de [a]cosas mayores que estas. He aquí, soy Moroni; y si fuera posible, os daría a conocer todas las cosas.
13 He aquí, ceso de hablar concerniente a este pueblo. Soy hijo de Mormón y mi padre era [a]descendiente de Nefi.
14 Y soy el mismo que [a]esconde esta historia para los fines del Señor; mas las planchas en que se halla no tienen ningún valor, por causa del mandamiento del Señor. Porque él ciertamente dice que nadie las obtendrá [b]para lucrar; mas la historia que contienen es de gran valor, y a aquel que la saque a luz, el Señor lo bendecirá.
15 Porque nadie puede tener el poder para sacarla a luz salvo

5*a* Morm. 2:17–18.
b Morm. 6:6.
6*a* Alma 45:10.
7*a* 1 Ne. 12:2–3.
8*a* 1 Ne. 12:20–23.
9*a* Morm. 2:8.
10*a* 3 Ne. 28:7; Éter 12:17. GEE Discípulos nefitas, los tres.
b Morm. 1:16.
11*a* 3 Ne. 28:24–26.
12*a* 3 Ne. 26:6–11.
13*a* 3 Ne. 5:20.
14*a* Moro. 10:1–2.
b JS—H 1:46.

que le sea dado de Dios; porque
Dios dispone que se haga con la
[a]mira puesta únicamente en la
gloria de Dios, o para el beneficio del antiguo y por tan largo
tiempo dispersado pueblo del
convenio del Señor.

16 Y bendito sea [a]aquel que saque esto a luz; porque se [b]sacará
de las tinieblas a la luz, según la
palabra de Dios; sí, será sacado
de la tierra, y brillará de entre las
tinieblas y llegará al conocimiento
del pueblo; y se realizará por el
poder de Dios.

17 Y si hay [a]errores, son errores
del hombre. Mas he aquí, no sabemos que haya errores; no obstante, Dios sabe todas las cosas;
por tanto, cuídese aquel que [b]con-
dene, no sea que corra peligro del
fuego del infierno.

18 Y el que diga: Mostradme o
seréis heridos, cuídese, no sea que
mande lo que el Señor ha prohibido.

19 Porque he aquí, el que preci-
pitadamente [a]juzgue, precipitada-
mente será también juzgado; pues
según sus obras, será su paga; por
tanto, aquel que hiera será, a su
vez, herido del Señor.

20 He aquí lo que dicen las Escrituras: El hombre no herirá ni tampoco juzgará; porque el juicio es
mío, dice el Señor, y la venganza
es mía también, y yo pagaré.

21 Y el que respire iras y con
tiendas contra la obra del Señor, y
contra el pueblo del convenio de
Señor, que es la casa de Israel, y
diga: Destruiremos la obra del Se
ñor, y el Señor no se acordará de
convenio que ha hecho con la casa
de Israel, tal persona está en peligro
de ser talada y arrojada al fuego;

22 porque los eternos [a]designios
del Señor han de seguir adelante
hasta que se cumplan todas sus
promesas.

23 Escudriñad las profecías de
[a]Isaías. He aquí, no puedo escri
birlas. Sí, he aquí, os digo que
aquellos santos que me han prece
dido, que han poseído esta tierra
[b]clamarán, sí, desde el polvo cla
marán al Señor; y así como vive
el Señor, se acordará del convenio
que ha hecho con ellos.

24 Y él conoce sus [a]oraciones
que se hicieron a favor de sus
hermanos. Y él conoce su fe, por
que en su nombre pudieron mo
ver [b]montañas; y en su nombre
pudieron hacer que temblara la
tierra; y por el poder de su pa
labra hicieron que se derribaran
las [c]prisiones; sí, ni aun el horno
ardiente pudo dañarlos, ni las
bestias salvajes, ni las serpientes
venenosas, por motivo del poder
de su palabra.

25 Y he aquí, sus [a]oraciones

15*a* DyC 4:5.
16*a* 2 Ne. 3:6–7, 11, 13–14.
b Isa. 29:18; 2 Ne. 27:29.
17*a* Morm. 9:31, 33; Éter 12:23–28.
b 3 Ne. 29:5; Éter 4:8.
19*a* TJS Mateo 7:1–2 (Apéndice — Biblia); 3 Ne. 14:1–2; Moro. 7:14.
22*a* DyC 3:3.
23*a* 3 Ne. 20:11; 23:1.
b Isa. 29:4; 2 Ne. 3:19–20; 26:16.
24*a* Enós 1:12–18; Morm. 9:36; DyC 10:46
b Jacob 4:6; Hel. 10:9.
c Alma 14:27–29.
25*a* Morm. 5:21.

también fueron a favor de aquel a quien el Señor habría de conceder sacar a luz estas cosas.

26 Y no es menester que nadie diga que no saldrán, pues ciertamente saldrán, porque el Señor lo ha dicho; porque [a]de la tierra han de salir, por mano del Señor, y nadie puede impedirlo; y sucederá en una época en que se dirá que ya no existen los [b]milagros; y será como si alguien hablase de [c]entre los muertos.

27 Y sucederá en un día en que la [a]sangre de los santos clamará al Señor, por motivo de las [b]combinaciones secretas y las obras de obscuridad.

28 Sí, sucederá en un día en que se negará el poder de Dios; y las [a]iglesias se habrán corrompido y ensalzado en el orgullo de sus corazones; sí, en un día en que los directores y maestros de las iglesias se envanecerán con el orgullo de sus corazones, hasta el grado de envidiar a aquellos que pertenecen a sus iglesias.

29 Sí, sucederá en un día en que [a]se oirá de fuegos, y tempestades, y [b]vapores de humo en países extranjeros;

30 y también se oirá de [a]guerras, rumores de guerras y terremotos en diversos lugares.

31 Sí, sucederá en un día en que habrá grandes contaminaciones sobre la superficie de la tierra: habrá asesinatos, y robos, y mentiras, y engaños, y fornicaciones, y toda clase de abominaciones; cuando habrá muchos que dirán: Haz esto, o haz aquello, y no [a]importa, porque en el postrer día el Señor [b]sostendrá al que tal hiciere. Pero, ¡ay de tales, porque se hallan en la [c]hiel de amargura y en los lazos de la iniquidad!

32 Sí, sucederá en un día en que se habrán establecido iglesias que dirán: Venid a mí, y por vuestro dinero seréis perdonados de vuestros pecados.

33 ¡Oh pueblo inicuo, y perverso, y obstinado! ¿Por qué os habéis establecido iglesias para obtener [a]lucro? ¿Por qué habéis [b]tergiversado la santa palabra de Dios, para traer la [c]condenación sobre vuestras almas? He aquí, examinad las revelaciones de Dios; pues, he aquí, llegará el tiempo, en aquel día, en que se cumplirán todas estas cosas.

34 He aquí, el Señor me ha mostrado cosas grandes y maravillosas concernientes a lo que se realizará en breve, en ese día en que aparezcan estas cosas entre vosotros.

26*a* Isa. 29:4; 2 Ne. 33:13.
b Morm. 9:15–26; Moro. 7:27–29, 33–37.
c 2 Ne. 26:15–16; Morm. 9:30; Moro. 10:27.
27*a* Éter 8:22–24; DyC 87:6–7.
b GEE Combinaciones secretas.
28*a* 2 Tim. 3:1–7; 1 Ne. 14:9–10; 2 Ne. 28:3–32; DyC 33:4.
29*a* Joel 2:28–32; 2 Ne. 27:2–3.
b 1 Ne. 19:11; DyC 45:39–42.
30*a* Mateo 24:6; 1 Ne. 14:15–17.
31*a* 2 Ne. 28:21–22.
b 2 Ne. 28:8.
c Alma 41:11.
33*a* GEE Supercherías sacerdotales.
b 1 Ne. 13:26–29.
c GEE Condenación, condenar.

35 He aquí, os hablo como si os hallaseis presentes, y sin embargo, no lo estáis. Pero he aquí, Jesucristo me os ha mostrado, y conozco vuestras obras.

36 Y sé que [a]andáis según el orgullo de vuestros corazones; y no hay sino unos pocos que no se [b]envanecen por el orgullo de sus corazones, al grado de vestir [c]ropas suntuosas, y de llegar a la envidia, las contiendas, la malicia y las persecuciones, y toda clase de iniquidades; y vuestras iglesias, sí, sin excepción, se han contaminado a causa del orgullo de vuestros corazones.

37 Porque he aquí, amáis el [a]dinero, y vuestros bienes, y vuestros costosos vestidos, y el adorno de vuestras iglesias, más de lo que amáis a los pobres y los necesitados, los enfermos y los afligidos.

38 ¡Oh vosotros, corruptos, vosotros, hipócritas, vosotros, maestros, que os vendéis por lo que se corrompe! ¿Por qué habéis mancillado la santa iglesia de Dios? ¿Por qué os [a]avergonzáis de tomar sobre vosotros el nombre de Cristo? ¿Por qué no consideráis que es mayor el valor de una felicidad sin fin que esa [b]miseria que jamás termina? ¿Es acaso por motivo de la [c]alabanza del mundo?

39 ¿Por qué os adornáis con lo que no tiene vida, y sin embargo, permitís que el hambriento, y el necesitado, y el desnudo, y el enfermo, y el afligido pasen a vuestro lado, sin hacerles caso?

40 Sí, ¿por qué formáis vuestras [a]abominaciones secretas para obtener lucro, y dais lugar a que las viudas y también los huérfanos lloren ante el Señor, y también que la sangre de sus padres y sus maridos clame al Señor, desde el suelo, venganza sobre vuestra cabeza?

41 He aquí, la espada de la venganza se cierne sobre vosotros, y pronto viene el día en que él [a]vengará la sangre de los santos en vosotros, porque no soportará más sus clamores.

CAPÍTULO 9

Moroni llama al arrepentimiento a aquellos que no creen en Cristo — Él proclama a un Dios de milagros, que da revelaciones y derrama dones y señales sobre los fieles — Los milagros cesan por causa de la incredulidad — Las señales siguen a aquellos que creen — Se exhorta a los hombres a ser prudentes y guardar los mandamientos. Aproximadamente 401–421 d.C.

Y AHORA hablo también concerniente a aquellos que no creen en Cristo.

2 He aquí, ¿creeréis en el día de vuestra visitación —he aquí, cuando venga el Señor, sí, ese

36*a* GEE Andar, andar con Dios.
b Jacob 2:13.
c Alma 5:53.
37*a* 2 Ne. 28:9–16.
38*a* Rom. 1:16; 2 Tim. 1:8; 1 Ne. 8:25–28; Alma 46:21.
b Mos. 3:25.
c 1 Ne. 13:9.
40*a* GEE Combinaciones secretas.
41*a* 1 Ne. 22:14.

[a]gran día cuando la [b]tierra se plegará como un rollo, y los elementos se [c]derretirán con ardiente calor, sí, ese gran día en que seréis llevados para comparecer ante el Cordero de Dios— diréis entonces que no hay Dios?
3 ¿Seguiréis entonces negando al Cristo, o podréis mirar al Cordero de Dios? ¿Suponéis que moraréis con él, estando conscientes de vuestra culpa? ¿Suponéis que podríais ser felices morando con ese santo Ser, mientras atormentara vuestras almas una sensación de culpa de haber siempre violado sus leyes?
4 He aquí, os digo que seríais más desdichados, morando en la presencia de un Dios santo y justo, con la conciencia de vuestra impureza ante él, que si vivierais con las almas [a]condenadas en el [b]infierno.
5 Porque he aquí, cuando se os haga ver vuestra [a]desnudez delante de Dios, y también la gloria de Dios y la santidad de Jesucristo, ello encenderá una llama de fuego inextinguible en vosotros.
6 [a]Volveos, pues, oh [b]incrédulos, volveos al Señor; clamad fervientemente al Padre en el nombre de Jesús, para que quizá se os halle sin mancha, [c]puros, hermosos y blancos, en aquel grande y postrer día, habiendo sido purificados por la sangre del [d]Cordero.
7 Y también os hablo a vosotros que [a]negáis las revelaciones de Dios y decís que ya han cesado, que no hay revelaciones, ni profecías, ni dones, ni sanidades, ni hablar en lenguas, ni la [b]interpretación de lenguas.
8 He aquí, os digo que aquel que niega estas cosas no conoce el [a]evangelio de Cristo; sí, no ha leído las Escrituras; y si las ha leído, no las [b]comprende.
9 Pues, ¿no leemos que Dios es el [a]mismo ayer, hoy y para siempre, y que en él no hay variación ni sombra de cambio?
10 Ahora bien, si os habéis imaginado a un dios que varía, y en quien hay sombra de cambio, entonces os habéis imaginado a un dios que no es un Dios de milagros.
11 Mas he aquí, yo os mostraré a un Dios de milagros, sí, el Dios de Abraham, y el Dios de Isaac, y el Dios de Jacob; y es ese mismo [a]Dios que creó los cielos y la tierra, y todas las cosas que hay en ellos.
12 He aquí, él creó a Adán, y

9 2*a* Mal. 4:5; 3 Ne. 28:31.
b Morm. 5:23; DyC 63:20–21. GEE Mundo — El fin del mundo.
c Amós 9:13; 3 Ne. 26:3.
4*a* GEE Condenación, condenar.
b GEE Infierno.
5*a* 2 Ne. 9:14.
6*a* Ezeq. 18:23, 32; DyC 98:47.
b GEE Incredulidad.
c GEE Pureza, puro.
d GEE Cordero de Dios.
7*a* 3 Ne. 29:6–7.
b 1 Cor. 12:7–10; AdeF 1:7.
8*a* GEE Evangelio.
b Mateo 22:29.
9*a* Heb. 13:8; 1 Ne. 10:18–19; Alma 7:20; Moro. 8:18; DyC 20:12.
11*a* Gén. 1:1; Mos. 4:2; DyC 76:20–24. GEE Jesucristo.

por [a]Adán vino la [b]caída del
hombre. Y por causa de la caída
del hombre, vino Jesucristo, sí,
el Padre y el Hijo; y a causa de
Jesucristo vino la [c]redención del
hombre.
13 Y a causa de la redención
del hombre, que vino por Jesucristo, son llevados de vuelta a
la presencia del Señor; sí, en esto
son redimidos todos los hombres, porque la muerte de Cristo
hace efectiva la [a]resurrección, la
cual lleva a cabo una redención
de un [b]sueño eterno, del cual
todos los hombres despertarán,
por el poder de Dios cuando
suene la trompeta; y saldrán,
pequeños así como grandes,
y todos comparecerán ante su
tribunal, redimidos y libres
de esta [c]ligadura eterna de la
muerte, la cual es una muerte
temporal.
14 Y entonces viene el [a]juicio
del Santo sobre ellos; y entonces
viene el momento en que el que
es [b]impuro continuará siendo impuro; y el que es justo continuará
siendo justo; el que es feliz permanecerá feliz y el que es infeliz
será infeliz todavía.
15 Y ahora bien, a todos vosotros que os habéis imaginado a un
dios que [a]no puede hacer milagros, quisiera preguntaros: ¿Han
pasado ya todas estas cosas de
que he hablado? ¿Ha llegado ya
el fin? He aquí, os digo que no; y
Dios no ha cesado de ser un Dios
de milagros.
16 He aquí, ¿no son maravillosas a nuestros ojos las cosas
que Dios ha hecho? Sí, y, ¿quién
puede comprender las maravillosas [a]obras de Dios?
17 ¿Quién dirá que no fue un
milagro que por su [a]palabra existan los cielos y la tierra; que por
el poder de su palabra el hombre
haya sido [b]creado del [c]polvo de
la tierra, y que por el poder de
su palabra se hayan verificado
milagros?
18 ¿Y quién dirá que Jesucristo
no obró muchos grandes [a]mila-
gros? Y hubo muchos grandes
milagros que se efectuaron por
mano de los apóstoles.
19 Y si entonces se hicieron [a]mi-
lagros, ¿por qué ha dejado Dios
de ser un Dios de milagros, y sigue siendo todavía un Ser inmutable? Y he aquí, os digo que él
no cambia; si así fuese, dejaría de
ser Dios; y él no cesa de ser Dios,
y es un Dios de milagros.
20 Y el motivo por el cual cesa
de obrar [a]milagros entre los hijos
de los hombres es porque ellos
degeneran en la incredulidad,
y se apartan de la vía correcta,

12*a* Mos. 3:26.
b GEE Caída de Adán y Eva.
c GEE Redención, redimido, redimir.
13*a* Hel. 14:15–18.
b DyC 43:18.
c DyC 138:16.
14*a* GEE Juicio final.
b Alma 7:21; DyC 88:35.
15*a* Moro. 7:35–37; DyC 35:8. GEE Milagros.
16*a* Sal. 40:5; DyC 76:114; Moisés 1:3–5.
17*a* Jacob 4:9.
b GEE Creación, crear.
c Gén. 2:7; Mos. 2:25.
18*a* Juan 6:14.
19*a* DyC 63:7–10.
20*a* Jue. 6:11–13; Éter 12:12–18; Moro. 7:35–37.

y desconocen al Dios en quien
debían poner su [b]confianza.
21 He aquí, os digo que quien
crea en Cristo, sin dudar nada,
[a]cuanto pida al Padre en el nombre de Cristo, le será concedido;
y esta promesa es para todos, aun
hasta los extremos de la tierra.
22 Porque he aquí, así dijo Jesucristo, el Hijo de Dios, a sus discípulos que iban a permanecer, sí, y
también a todos sus discípulos, a
oídos de la multitud: [a]Id por todo
el mundo, y predicad el evangelio
a toda criatura;
23 y el que creyere y fuere bautizado, será salvo; mas el que no
creyere, será [a]condenado;
24 y estas [a]señales seguirán a los
que crean: En mi nombre echarán
fuera [b]demonios; hablarán nuevas
lenguas; alzarán serpientes, y si
bebieren cosa mortífera, no los
dañará; pondrán sus [c]manos sobre los enfermos, y ellos sanarán;
25 y a quien crea en mi nombre,
sin dudar nada, yo le [a]confirmaré
todas mis palabras, aun hasta los
extremos de la tierra.
26 Y ahora bien, he aquí, ¿quién
puede resistir las obras del Señor? [a]¿Quién puede negar sus
palabras? ¿Quién se levantará
contra la omnipotente fuerza del
Señor? ¿Quién despreciará las
obras del Señor? ¿Quién despreciará a los hijos de Cristo? Considerad, todos vosotros que sois
[b]despreciadores de las obras del
Señor, porque os asombraréis y
pereceréis.
27 Oh, no despreciéis, pues, ni
os asombréis, antes bien, escuchad las palabras del Señor, y
pedid al Padre, en el nombre de
Jesús, cualquier cosa que necesitéis. No dudéis, mas sed creyentes; y empezad, como en los días
antiguos, y [a]allegaos al Señor con
todo vuestro [b]corazón, y [c]labrad
vuestra propia salvación con temor y temblor ante él.
28 Sed [a]prudentes en los días
de vuestra probación; despojaos
de toda impureza; no pidáis para
dar satisfacción a vuestras [b]con-
cupiscencias, sino pedid con una
resolución inquebrantable, para
que no cedáis a ninguna tentación, sino que sirváis al verdadero
[c]Dios viviente.
29 Cuidaos de ser bautizados
[a]indignamente; cuidaos de tomar el sacramento de Cristo [b]in-
dignamente, antes bien, mirad
que hagáis todas las cosas [c]dig-
namente, y hacedlo en el nombre de Jesucristo, el Hijo del

20*b* GEE Confianza, confiar.
21*a* Mateo 21:22; 3 Ne. 18:20.
22*a* Marcos 16:15–16. GEE Obra misional.
23*a* GEE Condenación, condenar.
24*a* Marcos 16:17–18. GEE Señal.
b Hech. 16:16–18.
c GEE Bendición de los enfermos.
25*a* GEE Revelación; Testimonio.
26*a* 3 Ne. 29:4–7.
b Prov. 13:13.
27*a* Moro. 10:30–32.
b Josué 22:5; DyC 64:22, 34. GEE Corazón.
c Filip. 2:12.
28*a* Jacob 6:12.
b GEE Concupiscencia.
c Alma 5:13.
29*a* GEE Bautismo, bautizar — Requisitos del bautismo.
b 1 Cor. 11:27–30; 3 Ne. 18:28–32.
c GEE Dignidad, digno.

Dios viviente; y si hacéis esto, y
perseveráis hasta el fin, de ninguna manera seréis desechados.
30 He aquí, os hablo como si [a]hablara de entre los muertos; porque sé que tendréis mis palabras.
31 No me condenéis por mi [a]imperfección, ni a mi padre por causa de su imperfección, ni a los que han escrito antes de él; más bien, dad gracias a Dios que os ha manifestado nuestras imperfecciones, para que aprendáis a ser más sabios de lo que nosotros lo hemos sido.
32 Y he aquí, hemos escrito estos anales según nuestro conocimiento, en los caracteres que entre nosotros se llaman egipcio [a]reformado; y los hemos transmitido y alterado conforme a nuestra manera de hablar.
33 Y si nuestras planchas hubiesen sido suficientemente amplias, habríamos escrito en hebreo; pero también hemos alterado el hebreo; y si hubiésemos podido escribir en hebreo, he aquí, no habríais tenido ninguna imperfección en nuestros anales.
34 Pero el Señor sabe las cosas que hemos escrito, y también que ningún otro pueblo conoce nuestra lengua; y por motivo de que ningún otro pueblo conoce nuestra lengua, por lo tanto, él ha preparado los [a]medios para su interpretación.
35 Y se escriben estas cosas para que limpiemos nuestros vestidos de la sangre de nuestros hermanos, que han degenerado en la [a]incredulidad.
36 Y he aquí, estas cosas que hemos [a]deseado concernientes a nuestros hermanos, sí, aun su restauración al conocimiento de Cristo, están de acuerdo con las oraciones de todos los santos que han morado en la tierra.
37 Y el Señor Jesucristo les conceda que sean contestadas sus oraciones según su fe; y Dios el Padre se acuerde del convenio que ha hecho con la casa de Israel, y los bendiga para siempre, mediante la fe en el nombre de Jesucristo. Amén.

EL LIBRO DE ÉTER

La historia de los jareditas, tomada de las veinticuatro planchas que encontró el pueblo de Limhi en la época del rey Mosíah.

30*a* Morm. 8:26; Moro. 10:27.
31*a* Morm. 8:17; Éter 12:22–28, 35.
32*a* 1 Ne. 1:2; Mos. 1:4.
34*a* Mos. 8:13–18; Éter 3:23, 28; DyC 17:1.
35*a* 2 Ne. 26:15.
36*a* Morm. 8:24–26; DyC 10:46–49.

CAPÍTULO 1

Moroni compendia los escritos de Éter — Se declara la genealogía de Éter — No se confunde el lenguaje de los jareditas en la Torre de Babel — El Señor promete conducirlos a una tierra escogida y hacer de ellos una gran nación.

Y AHORA yo, [a]Moroni, procedo a hacer una relación de esos antiguos habitantes que fueron destruidos por la [b]mano del Señor sobre la superficie de este país del norte.

2 Y tomo mi relación de las [a]veinticuatro planchas que encontró el pueblo de Limhi; y se llama el Libro de Éter.

3 Y como supongo que la primera parte de esta narración —que habla concerniente a la creación del mundo, y también de Adán, y una relación desde esa época aun hasta la gran [a]torre, y cuantas cosas acontecieron entre los hijos de los hombres hasta ese tiempo— se halla entre los judíos,

4 no escribo, pues, esas cosas que ocurrieron desde los [a]días de Adán hasta esa época; pero se hallan sobre las planchas, y el que las encuentre estará facultado para obtener la historia completa.

5 Mas he aquí, no hago la relación completa, sino una parte de la narración, desde la torre hasta la época en que fueron destruidos.

6 Y de esta manera hago la relación: El que escribió estos anales fue [a]Éter, y él era descendiente de Coriantor.

7 Coriantor era hijo de Morón;

8 y Morón era hijo de Etem;

9 y Etem era hijo de Ahah;

10 y Ahah era hijo de Set;

11 y Set era hijo de Shiblón;

12 y Shiblón era hijo de Com;

13 y Com era hijo de Coriántum;

14 y Coriántum era hijo de Amnigadda;

15 y Amnigadda era hijo de Aarón;

16 y Aarón era descendiente de Het, que era hijo de Heartom;

17 y Heartom era hijo de Lib;

18 y Lib era hijo de Kish;

19 y Kish era hijo de Corom;

20 y Corom era hijo de Leví;

21 y Leví era hijo de Kim;

22 y Kim era hijo de Moriantón;

23 y Moriantón era descendiente de Ripiákish;

24 y Riplákish era hijo de Shez;

25 y Shez era hijo de Het;

26 y Het era hijo de Com;

27 y Com era hijo de Coriántum;

28 y Coriántum era hijo de Emer;

29 y Emer era hijo de Omer;

30 y Omer era hijo de Shule;

31 y Shule era hijo de Kib;

---

1 1*a* GEE Moroni hijo de Mormón.
b Morm. 5:23; DyC 87:6–7.
2*a* Alma 37:21; Éter 15:33.
3*a* Omni 1:22; Mos. 28:17; Hel. 6:28.
4*a* Es decir, lo que abarca el mismo período de Génesis 1–10.
6*a* Éter 12:2; 15:34.

32 y Kib era hijo de Oríah, que
era hijo de Jared.
33 Y dicho [a]Jared vino de la gran
torre con su hermano y sus familias, y con algunos otros y sus familias, en la época en que el Señor
[b]confundió el lenguaje del pueblo,
y juró en su ira que serían dispersados por toda la [c]superficie de
la tierra; y conforme a la palabra
del Señor fue dispersada la gente.
34 Y como el [a]hermano de Jared
era un hombre grande y dotado
de mucha fuerza, y altamente
favorecido del Señor, Jared, su
hermano, le dijo: Suplica al Señor
que no nos confunda de modo
que no entendamos nuestras palabras.
35 Y sucedió que el hermano
de Jared suplicó al Señor, y el Señor se compadeció de Jared; por
tanto, no confundió el lenguaje
de Jared; y Jared y su hermano
no fueron confundidos.
36 Entonces Jared dijo a su hermano: Suplica de nuevo al Señor,
pues tal vez aparte su ira de aquellos que son nuestros amigos, para
que no confunda su lenguaje.
37 Y ocurrió que el hermano de
Jared suplicó al Señor, y el Señor
tuvo compasión de sus amigos y
de las familias de ellos también,
y no fueron confundidos.
38 Y aconteció que Jared habló
otra vez a su hermano, diciendo:
Ve y pregunta al Señor si nos va
a echar de esta tierra, y si nos va
a echar de la tierra, suplícale que
nos indique a dónde hemos de ir.
¿Y quién sabe si el Señor no nos
llevará a una región que sea la
más [a]favorecida de toda la tierra?
Y si así fuere, seámosle fieles al
Señor, a fin de que la recibamos
por herencia nuestra.
39 Y sucedió que el hermano de
Jared suplicó al Señor conforme a
lo dicho por boca de Jared.
40 Y ocurrió que el Señor escuchó al hermano de Jared, y se
compadeció de él, y le dijo:
41 Ve y recoge tus rebaños, macho y hembra de cada especie, y
también de las semillas de la tierra, de toda clase; y tus [a]familias;
y también tu hermano Jared y su
familia; y también tus [b]amigos y
sus familias, y los amigos de Jared
y sus familias.
42 Y cuando hayas hecho esto,
[a]irás a la cabeza de ellos al valle
que está al norte. Y allí te encon-
traré, e iré [b]delante de ti a una
región que es [c]favorecida sobre
todas las regiones de la tierra.
43 Y allí os bendeciré a ti y a
tus descendientes; y de tu posteridad, y de la posteridad de
tu hermano, y de los que irán
contigo, levantaré para mí una
nación grande. Y no habrá sobre
toda la superficie de la tierra nación mayor que la que yo levantaré para mí de tu posteridad. Y

33*a* GEE Jared.
b Gén. 11:6–9.
c Mos. 28:17.
34*a* GEE Jared, hermano de.
38*a* GEE Tierra prometida.
41*a* Éter 6:20.
b Éter 6:16.
42*a* 1 Ne. 2:1–2;
Abr. 2:3.
b DyC 84:88.
c 1 Ne. 13:30.

así obraré contigo, porque me has suplicado todo este largo tiempo.

CAPÍTULO 2

Los jareditas se preparan para su viaje a una tierra prometida — Es una tierra escogida en la cual los hombres deben servir a Cristo o, de lo contrario, serán exterminados — El Señor habla al hermano de Jared durante tres horas — Los jareditas construyen barcos — El Señor le indica al hermano de Jared que proponga la manera de iluminar los barcos.

Y SUCEDIÓ que Jared y su hermano, y sus familias, y también los amigos de Jared y de su hermano, y sus familias, descendieron al valle que se hallaba al norte (y el nombre del valle era [a]Nimrod, nombre tomado del gran cazador), junto con sus rebaños que habían recogido, macho y hembra de toda especie.

2 Y también tendieron trampas para coger aves del cielo; y prepararon una vasija en la que llevaron consigo los peces de las aguas.

3 Y también llevaron con ellos deseret, que interpretado significa abeja obrera; y así llevaron consigo enjambres de abejas, y toda variedad de cuanto había sobre la faz de la tierra, semillas de todas clases.

4 Y sucedió que cuando hubieron llegado al valle de Nimrod, descendió el Señor y habló con el hermano de Jared; y estaba en una [a]nube, y el hermano de Jared no lo vio.

5 Y ocurrió que el Señor les mandó que salieran para el desierto; sí, a aquella parte donde ningún hombre jamás había estado. Y sucedió que el Señor fue delante de ellos, y les habló mientras estaba en una [a]nube, y les dio instrucciones por dónde habían de viajar.

6 Y aconteció que viajaron por el desierto, y construyeron barcos, en los cuales atravesaron muchas aguas, y la mano del Señor los guiaba continuamente.

7 Y no quiso el Señor permitir que se detuvieran del otro lado del mar, en el desierto, sino dispuso que avanzaran hasta llegar a la [a]tierra de promisión, que era una tierra escogida sobre todas las demás, la cual el Señor Dios había preservado para un pueblo justo.

8 Y había jurado en su ira al hermano de Jared que quienes poseyeran esta tierra de promisión, desde entonces y para siempre, deberían [a]servirlo a él, el verdadero y único Dios, o serían [b]exterminados cuando cayera sobre ellos la plenitud de su ira.

9 Y así podemos ver los decretos de Dios concernientes a esta tierra: Que es una tierra de promisión; y cualquier nación que

2 1*a* Gén. 10:8.
4*a* Núm. 11:25; DyC 34:7–9; JS—H 1:68.
5*a* Éx. 13:21–22.
7*a* 1 Ne. 4:14. GEE Tierra prometida.
8*a* Éter 13:2.
b Jarom 1:3, 10; Alma 37:28; Éter 9:20.

la posea servirá a Dios, o será exterminada cuando la plenitud de su ira caiga sobre ella. Y la plenitud de su ira descenderá sobre ella cuando haya madurado en la iniquidad.

10 Porque he aquí, esta es una tierra escogida sobre todas las demás; por tanto, aquel que la posea servirá a Dios o será exterminado, porque es el eterno decreto de Dios. Y no es sino hasta cuando llega al [a]colmo la iniquidad entre los hijos de la tierra, que son [b]exterminados.

11 Y esto viene a vosotros, oh [a]gentiles, para que conozcáis los decretos de Dios, para que os arrepintáis y no continuéis en vuestras iniquidades hasta llegar al colmo, para que no hagáis venir sobre vosotros la plenitud de la ira de Dios, como lo han hecho hasta ahora los habitantes de la tierra.

12 He aquí, esta es una tierra escogida, y cualquier nación que la posea se verá [a]libre de la esclavitud, y del cautiverio, y de todas las otras naciones debajo del cielo, si tan solo [b]sirve al Dios de la tierra, que es Jesucristo, el cual ha sido manifestado por las cosas que hemos escrito.

13 Y ahora prosigo mi narración; porque he aquí, aconteció que el Señor condujo a Jared y a sus hermanos hasta ese gran mar que separa las tierras. Y al llegar al mar, plantaron sus tiendas; y dieron al paraje el nombre de Moriáncumer; y vivían en tiendas; y vivieron en tiendas a la orilla del mar por el término de cuatro años.

14 Y aconteció que a la conclusión de los cuatro años, el Señor vino otra vez al hermano de Jared, y estaba en una nube, y habló con él. Y por el espacio de tres horas habló el Señor con el hermano de Jared, y lo [a]reprendió porque no se había acordado de [b]invocar el nombre del Señor.

15 Y el hermano de Jared se arrepintió del mal que había cometido, e invocó el nombre del Señor a favor de sus hermanos que estaban con él. Y el Señor le dijo: Os perdonaré vuestros pecados a ti y a tus hermanos; pero no pecaréis más, porque debéis recordar que mi [a]Espíritu no siempre [b]luchará con el hombre; por tanto, si pecáis hasta llegar al colmo, seréis desechados de la presencia del Señor. Y estos son mis pensamientos tocante a la tierra que os daré por herencia; porque será una tierra [c]escogida sobre todas las demás.

16 Y dijo el Señor: Poneos a trabajar y construid barcos a semejanza de los que hasta ahora habéis hecho. Y sucedió que el hermano de Jared se puso a trabajar, y sus hermanos también, y construyeron barcos a la manera de los que habían hecho antes, de acuerdo con las [a]instrucciones

10*a* 2 Ne. 28:16.
b 1 Ne. 17:37–38.
11*a* 2 Ne. 28:32.
12*a* GEE Libertad, libre.
b Isa. 60:12.
14*a* GEE Castigar, castigo.
b GEE Oración.
15*a* Éter 15:19.
b Gén. 6:3; 2 Ne. 26:11; Morm. 5:16.
c Éter 9:20.
16*a* 1 Ne. 17:50–51.

del Señor. Y eran pequeños, y eran ligeros sobre las aguas, así como la ligereza de un ave sobre el agua.

17 Y se construyeron de una manera sumamente [a]ajustada, de modo que podían contener agua como un vaso; y el fondo estaba ajustado como un vaso, y los costados estaban ajustados de la misma manera; y los extremos terminaban en punta; y también la cubierta estaba ajustada como un vaso; y su longitud era la de un árbol; y la puerta, al cerrarse, quedaba ajustada a semejanza de un vaso.

18 Y sucedió que el hermano de Jared clamó al Señor, diciendo: ¡Oh Señor!, he efectuado la obra que me has mandado, y he construido los barcos según tú me has dirigido.

19 Y he aquí, oh Señor, no hay luz en ellos; ¿a dónde nos hemos de dirigir? Y también pereceremos, porque en ellos no podremos respirar sino el aire que contengan; por consiguiente, pereceremos.

20 Y el Señor dijo al hermano de Jared: He aquí, harás una abertura en la cubierta, y también en el fondo; y cuando te falte aire, destaparás la abertura y recibirás aire. Y si sucede que os entra el agua, he aquí, cerrarás la abertura para que no perezcáis en el mar.

21 Y ocurrió que el hermano de Jared así lo hizo, según lo que el Señor le había mandado.

22 Y clamó de nuevo al Señor, diciendo: He aquí, oh Señor, he obrado según me lo has mandado; y he preparado los barcos para mi pueblo, y he aquí, no hay luz en ellos. ¿Vas a permitir, oh Señor, que crucemos estas grandes aguas en la obscuridad?

23 Y el Señor dijo al hermano de Jared: ¿Qué quieres que yo haga para que tengáis luz en vuestros barcos? Porque he aquí, no podéis tener ventanas, pues serían hechas pedazos; ni llevaréis fuego con vosotros, porque no os dirigiréis por la luz del fuego.

24 Pues he aquí, seréis como una ballena en medio del mar; porque las inmensas olas estallarán contra vosotros. No obstante, yo os sacaré otra vez de las profundidades del mar; porque de mi boca han salido los [a]vientos, y también he enviado yo las [b]lluvias y los diluvios.

25 Y he aquí, yo os preparo contra todas estas cosas; porque no podéis atravesar este gran mar, a menos que yo os prepare contra las olas del mar, y los vientos que han salido, y los diluvios que vendrán. Por tanto, ¿qué deseas que prepare para vosotros, a fin de que tengáis luz cuando seáis sumergidos en las profundidades del mar?

CAPÍTULO 3

El hermano de Jared ve el dedo del Señor al tocar Este las dieciséis piedras — Cristo le muestra el cuerpo

17*a* Éter 6:7. 24*a* Éter 6:5. *b* Sal. 148:8.

de Su espíritu al hermano de Jared — Es imposible impedir que penetren el velo aquellos que poseen un conocimiento perfecto — Se proporcionan intérpretes para que puedan salir a luz los anales de los jareditas.

Y SUCEDIÓ que el hermano de Jared (y era ocho el número de los
barcos que habían sido preparados) subió al monte que llamaban
el monte de Shelem, a causa de su
extremada altura, y de una roca
fundió dieciséis piedras pequeñas; y eran blancas y diáfanas,
como cristal transparente; y las
llevó en sus manos a la cima del
monte, y nuevamente clamó al
Señor, diciendo:
2 ¡Oh Señor, has dicho que hemos de estar rodeados por las
olas! Y ahora, he aquí, oh Señor,
no te enojes con tu siervo a causa
de su debilidad delante de ti; porque sabemos que tú eres santo y
habitas en los cielos, y que somos
indignos delante de ti; por causa
de la [a]caída nuestra [b]naturaleza se
ha tornado mala continuamente;
no obstante, oh Señor, tú nos has
dado el mandamiento de invo-
carte, para que recibamos de ti
según nuestros deseos.
3 He aquí, oh Señor, tú nos has
castigado por causa de nuestra
iniquidad; y nos has echado, y
durante estos muchos años hemos
estado en el desierto; no obstante,
has sido [a]misericordioso para con
nosotros. ¡Oh Señor!, ten piedad
de mí, y aparta tu ira de este tu
pueblo, y no permitas que atra-
viese este furioso abismo en la
obscuridad; sino mira estas cosas
que he fundido de la roca.
4 Y sé, oh Señor, que tú tienes
todo [a]poder, y que puedes hacer
cuanto quieras para el beneficio
del hombre. Por tanto, toca estas
piedras con tu dedo, oh Señor, y
disponlas para que brillen en la
obscuridad; y nos iluminarán en
los barcos que hemos preparado,
para que tengamos luz mientras
atravesemos el mar.
5 He aquí, oh Señor, tú puedes
hacer esto. Sabemos que puedes
manifestar gran poder, que [a]pa-
rece pequeño al entendimiento
de los hombres.
6 Y sucedió que cuando el hermano de Jared hubo dicho estas
palabras, he aquí, el [a]Señor extendió su mano y tocó las piedras, una por una, con su dedo.
Y fue quitado el [b]velo de ante los
ojos del hermano de Jared, y vio
el dedo del Señor; y era como el
dedo de un hombre, a semejanza
de carne y sangre; y el hermano
de Jared cayó delante del Señor,
porque fue herido de temor.
7 Y el Señor vio que el hermano
de Jared había caído al suelo, y le
dijo el Señor: Levántate, ¿por qué
has caído?
8 Y dijo al Señor: Vi el dedo del
Señor, y tuve miedo de que me

---

3 2*a* GEE Caída de Adán y Eva.
b Mos. 3:19.
3*a* Éter 1:34–43.
4*a* GEE Poder.
5*a* Isa. 55:8–9; 1 Ne. 16:29.
6*a* GEE Jesucristo.
b Éter 12:19, 21.

hiriese; porque no sabía que el
Señor tuviese carne y sangre.
9 Y el Señor le dijo: A causa de
tu fe has visto que tomaré sobre
mí [a]carne y sangre; y jamás ha
venido a mí hombre alguno con
tan grande fe como la que tú tienes; porque de no haber sido así,
no hubieras podido ver mi dedo.
¿Viste más que esto?
10 Y él contestó: No; Señor,
muéstrate a mí.
11 Y le dijo el Señor: ¿Creerás las
palabras que hablaré?
12 Y él le respondió: Sí, Señor,
sé que hablas la verdad, porque
eres un Dios de verdad, y [a]no
puedes mentir.
13 Y cuando hubo dicho estas
palabras, he aquí, el Señor se le
[a]mostró, y dijo: [b]Porque sabes
estas cosas, eres redimido de la
caída; por tanto, eres traído de
nuevo a mi presencia; por consiguiente yo me [c]manifiesto a ti.
14 He aquí, yo soy el que fue
preparado desde la fundación del
mundo para [a]redimir a mi pueblo. He aquí, soy Jesucristo. Soy
el [b]Padre y el Hijo. En mí todo el
género humano tendrá [c]vida, y la
tendrá eternamente, sí, aun cuantos crean en mi nombre; y llegarán a ser mis [d]hijos y mis hijas.
15 Y nunca me he mostrado al
hombre a quien he creado, porque
jamás ha [a]creído en mí el hombre
como tú lo has hecho. ¿Ves que eres
creado a mi propia [b]imagen? Sí, en
el principio todos los hombres fueron creados a mi propia imagen.
16 He aquí, este cuerpo que ves
ahora es el cuerpo de mi [a]espíritu;
y he creado al hombre a semejanza
del cuerpo de mi espíritu; y así
como me aparezco a ti en el espíritu,
apareceré a mi pueblo en la carne.
17 Y ahora bien, dado que yo,
Moroni, dije que no podía hacer
una relación completa de estas
cosas que están escritas, bástame,
por tanto, decir que Jesús se mostró a este hombre en el espíritu,
según la manera y a semejanza
del mismo cuerpo con que se
[a]mostró a los nefitas.
18 Y ejerció su ministerio por él,
tal como ministró a los nefitas; y
todo esto para que este hombre
supiera que era Dios, por causa
de las muchas grandes obras que
el Señor le había mostrado.
19 Y debido al conocimiento de
este hombre, no se le pudo impedir que viera dentro del [a]velo;
y vio el dedo de Jesús, y cuando
vio, cayó de temor, porque sabía
que era el dedo del Señor; y para
él dejó de ser fe, porque supo sin
ninguna duda.
20 Por lo que, teniendo este
conocimiento perfecto de Dios,

9*a* GEE Carne; Jesucristo; Mortal, mortalidad.
12*a* Heb. 6:18.
13*a* DyC 67:10–11.
b Enós 1:6–8.
c GEE Jesucristo — La existencia premortal de Cristo.
14*a* GEE Redención, redimido, redimir; Redentor.
b Mos. 15:1–4.
c Mos. 16:9.
d GEE Hijos e hijas de Dios.
15*a* GEE Creencia, creer.
b Gén. 1:26–27; Mos. 7:27; DyC 20:17–18.
16*a* GEE Espíritu.
17*a* 3 Ne. 11:8–10.
19*a* GEE Velo.

fue imposible [a]impedirle ver dentro del velo; por tanto, vio a Jesús, y él le ministró.

21 Y sucedió que el Señor dijo al hermano de Jared: He aquí, no permitirás que vayan al mundo estas cosas que has visto y oído, sino hasta que llegue el [a]tiempo en que he de glorificar mi nombre en la carne; de modo que guardarás las cosas que has visto y oído, y no las manifestarás a ningún hombre.

22 Y he aquí, cuando vengas a mí, las escribirás y las sellarás a fin de que nadie pueda interpretarlas; porque las escribirás en un lenguaje que no se podrá leer.

23 Y he aquí, te daré estas [a]dos piedras, y también las sellarás junto con las cosas que escribas.

24 Porque he aquí, he confundido el idioma que escribirás; por tanto, haré que en mi propio y debido tiempo estas piedras clarifiquen a los ojos de los hombres las cosas que tú escribirás.

25 Y cuando el Señor hubo hablado estas palabras, mostró al hermano de Jared [a]todos los habitantes de la tierra que había habido, y también todos los que había de haber; y no los ocultó de su vista, aun hasta los cabos de la tierra.

26 Porque le había dicho anteriormente que [a]si [b]creía en él y en que podía mostrarle [c]todas las cosas, estas le serían manifestadas; por tanto, el Señor no podía ocultarle nada, porque sabía que el Señor podía mostrarle todas las cosas.

27 Y el Señor le dijo: Escribe estas cosas y [a]séllalas; y en mi propio y debido tiempo las mostraré a los hijos de los hombres.

28 Y sucedió que el Señor le mandó que sellara las dos [a]piedras que había recibido, y que no las mostrara sino hasta que el Señor las manifestase a los hijos de los hombres.

CAPÍTULO 4

Se le manda a Moroni sellar los escritos del hermano de Jared — No serán revelados sino hasta que los hombres tengan fe aun como la del hermano de Jared — Cristo manda a los hombres creer en Sus palabras y en las de Sus discípulos — Se da a los hombres el mandamiento de arrepentirse, creer en el Evangelio y ser salvos.

Y EL Señor mandó al hermano de Jared que descendiera del monte, de la presencia del Señor, y [a]escribiera las cosas que había visto; y fue prohibido que se dieran a los hijos de los hombres, sino [b]hasta después que él fuese levantado sobre la cruz; y por esta causa las guardó el rey Mosíah, para que no llegasen al mundo sino hasta

20*a* Éter 12:19–21.
21*a* Éter 4:1.
23*a* GEE Urim y Tumim.
25*a* Moisés 1:8.
26*a* Éter 3:11–13.
b GEE Creencia, creer.
c Éter 4:4.
27*a* 2 Ne. 27:6–8.
28*a* DyC 17:1.
4 1*a* Éter 12:24. GEE Escrituras.
b Éter 3:21.

después que Cristo se manifestara a su pueblo.

2 Y después que Cristo verdaderamente se hubo manifestado a su pueblo, él mandó que se dieran a conocer.

3 Y ahora bien, después de esto, todos han degenerado en la incredulidad; y no queda nadie sino los lamanitas, y estos han desechado el evangelio de Cristo; por tanto, se me manda que las [a]oculte otra vez en la tierra.

4 He aquí, he escrito sobre estas planchas las mismas cosas que vio el hermano de Jared; y jamás se manifestaron cosas mayores que las que le fueron mostradas al hermano de Jared.

5 Por tanto, el Señor me ha mandado que las escriba; y las he escrito. Y me mandó que las [a]sellara; y también me ha mandado que selle su interpretación; así que he sellado los [b]intérpretes, de acuerdo con el mandamiento del Señor.

6 Porque el Señor me dijo: No irán a los gentiles sino hasta el día en que se arrepientan de su iniquidad, y se vuelvan puros ante el Señor.

7 Y el día en que ejerzan la fe en mí, dice el Señor, así como lo hizo el hermano de Jared, para que se [a]santifiquen en mí, entonces les manifestaré las cosas que vio el hermano de Jared, aun hasta desplegar ante ellos todas mis revelaciones, dice Jesucristo, el Hijo de Dios, el [b]Padre de los cielos y de la tierra, y de todas las cosas que en ellos hay.

8 Y el que [a]contienda contra la palabra del Señor, maldito sea; y el que [b]niegue estas cosas, maldito sea; porque a estos no mostraré [c]cosas mayores, dice Jesucristo; porque yo soy el que habla.

9 Y por mi mandato se abren y se [a]cierran los cielos; y por mi palabra temblará la [b]tierra; y por mi mandato sus habitantes pasarán, como si fuera por fuego.

10 Y el que no cree mis palabras no cree a mis discípulos; y si es que yo no hablo, juzgad vosotros; porque en el [a]postrer día sabréis que yo soy el que habla.

11 Pero al que [a]crea estas cosas que he hablado, yo lo visitaré con las manifestaciones de mi Espíritu, y sabrá y dará testimonio. Porque por mi Espíritu [b]sabrá que estas cosas son [c]verdaderas; porque persuade a los hombres a hacer lo bueno.

12 Y cualquier cosa que persuada a los hombres a hacer lo bueno viene de mí; porque el [a]bien de nadie procede, sino de mí. Yo soy el mismo que conduce a los hombres a todo lo bueno; el que [b]no crea mis palabras,

---

3*a* Morm. 8:14.
5*a* Éter 5:1.
b DyC 17:1; JS—H 1:52. GEE Urim y Tumim.
7*a* GEE Santificación.
b Mos. 3:8.
8*a* 3 Ne. 29:5–6; Morm. 8:17.
b 2 Ne. 27:14; 28:29–30.
c Alma 12:10–11; 3 Ne. 26:9–10.
9*a* 1 Rey. 8:35; DyC 77:8.
b Hel. 12:8–18; Morm. 5:23.
10*a* 2 Ne. 33:10–15.
11*a* DyC 5:16.
b GEE Testimonio.
c Éter 5:3–4; Moro. 10:4–5.
12*a* Alma 5:40; Moro. 7:16–17.
b 3 Ne. 28:34.

tampoco me creerá a mí: que yo soy; y aquel que no me crea, no creerá al Padre que me envió. Pues he aquí, yo soy el Padre, yo soy la [c]luz, y la [d]vida, y la verdad del mundo.

13 [a]¡Venid a mí, oh gentiles, y os mostraré las cosas mayores, el conocimiento que se ha ocultado a causa de la incredulidad!

14 ¡Venid a mí, oh casa de Israel, y os será [a]manifestado cuán grandes cosas el Padre ha reservado para vosotros desde la fundación del mundo; y no han llegado a vosotros por motivo de la incredulidad!

15 He aquí, cuando rasguéis ese velo de incredulidad que os hace permanecer en vuestro espantoso estado de iniquidad, y dureza de corazón, y ceguedad de mente, entonces las cosas grandes y maravillosas que han estado [a]ocultas de vosotros desde el principio del mundo, sí, cuando invoquéis al Padre en mi nombre, con un corazón quebrantado y un espíritu contrito, entonces sabréis que el Padre se ha acordado del convenio que hizo con vuestros padres, oh casa de Israel.

16 Entonces serán manifestadas a los ojos de todo el pueblo mis [a]revelaciones que he hecho que sean escritas por mi siervo Juan. Acordaos, cuando veáis estas cosas, sabréis que el tiempo está cerca en que efectivamente serán manifestadas.

17 Por tanto, [a]cuando recibáis esta historia, sabréis que la obra del Padre ha empezado sobre toda la faz de la tierra.

18 [a]Arrepentíos, pues, todos vosotros los extremos de la tierra, y venid a mí, y creed en mi evangelio y sed [b]bautizados en mi nombre; porque el que crea y sea bautizado, será salvo; mas el que no crea, será condenado; y las [c]señales seguirán a los que crean en mi nombre.

19 Y bendito es aquel que sea hallado [a]fiel a mi nombre en el postrer día, porque será enaltecido para morar en el reino preparado para él [b]desde la fundación del mundo. Y he aquí, yo soy quien lo ha hablado. Amén.

CAPÍTULO 5

Tres testigos y la obra misma constituirán un testimonio de la veracidad del Libro de Mormón.

Y YO, Moroni, he escrito las palabras que se me mandaron, según mi memoria; y te he dicho las cosas que he [a]sellado; por tanto, no las toques con el fin de traducirlas; porque esto te está prohibido,

12*c* GEE Luz, luz de Cristo.
d Juan 8:12; Alma 38:9.
13*a* 3 Ne. 12:2–3.
14*a* DyC 121:26–29.
15*a* 2 Ne. 27:10.
16*a* Apoc. 1:1; 1 Ne. 14:18–27.
17*a* 3 Ne. 21:1–9, 28.
18*a* 3 Ne. 27:20; Moro. 7:34.
b Juan 3:3–5. GEE Bautismo, bautizar — Indispensable.
c GEE Dones del Espíritu.
19*a* Mos. 2:41; DyC 6:13. GEE Jesucristo — El tomar sobre sí el nombre de Jesucristo.
b 2 Ne. 9:18.
5 1*a* 2 Ne. 27:7–8, 21; Éter 4:4–7.

a menos que en lo futuro Dios lo
juzgue prudente.
2 Y he aquí, tal vez tengas el privilegio de mostrar las planchas a
[a]aquellos que ayudarán a sacar a
luz esta obra;
3 y por el poder de Dios se mostrarán a [a]tres; por tanto, [b]sabrán
con certeza que estas cosas son
[c]verdaderas.
4 Y en boca de tres [a]testigos se
establecerán estas cosas; y el testimonio de tres, y esta obra, en
la cual se mostrará el poder de
Dios y también su palabra, de la
cual el Padre, y el Hijo, y el Espíritu Santo dan testimonio; y todo
esto se levantará como testimonio
contra el mundo en el postrer día.
5 Y si es que se arrepienten y
[a]vienen al Padre en el nombre de
Jesús, serán recibidos en el reino
de Dios.
6 Y ahora bien, si es que no
tengo autoridad para estas cosas,
juzgad vosotros; porque sabréis
que tengo autoridad cuando me
veáis, y comparezcamos delante
de Dios en el postrer día. Amén.

CAPÍTULO 6

Los vientos impelen los barcos jareditas a la tierra prometida — El pueblo alaba al Señor por Su bondad — Oríah es nombrado rey — Mueren Jared y su hermano.

Y AHORA yo, Moroni, procedo a
dar la historia de Jared y su hermano.
2 Porque sucedió que después
que el Señor hubo preparado las
[a]piedras que el hermano de Jared había llevado al monte, el
hermano de Jared descendió del
monte, y colocó las piedras en los
barcos que se habían preparado,
una en cada extremo; y he aquí,
dieron luz a los barcos.
3 Y así hizo el Señor que las piedras brillaran en las tinieblas para
dar luz a los hombres, mujeres y
niños, a fin de que no atravesaran las grandes aguas en la obscuridad.
4 Y sucedió que cuando hubieron preparado todo género de
alimentos, para que con ellos pudieran subsistir sobre las aguas,
así como alimentos para sus rebaños y hatos, y cualquier bestia
o animal o ave que llevasen consigo, he aquí, cuando hubieron
hecho todas estas cosas, entraron
en sus naves o barcos y se hicieron a la mar, encomendándose al
Señor su Dios.
5 Y ocurrió que el Señor Dios
hizo que soplara un [a]viento furioso sobre la superficie de las
aguas, hacia la tierra prometida;
y así fueron echados de un lado
a otro por el viento sobre las olas
del mar.

2*a* 2 Ne. 27:12–14; DyC 5:9–15.
3*a* 2 Ne. 11:3; 27:12.
b DyC 5:25.
c Éter 4:11.
4*a* Véase el encabezamiento de DyC 17 y los versículos 1–3; véase también "El Testimonio de Tres Testigos" en las primeras páginas del Libro de Mormón.
5*a* Morm. 9:27; Moro. 10:30–32.
6 2*a* Éter 3:3–6.
5*a* Éter 2:24–25.

6 Y aconteció que muchas veces fueron sepultados en las profundidades del mar, a causa de las gigantescas olas que rompían sobre ellos, y también por las grandes y terribles tempestades causadas por la fuerza del viento.

7 Y sucedía que, cuando eran sepultados en el abismo, no había agua que los dañara, pues sus barcos estaban [a]ajustados como un [b]vaso, y también estaban ajustados como el [c]arca de Noé; por tanto, cuando los envolvían las muchas aguas, imploraban al Señor, y él los sacaba otra vez a la superficie de las aguas.

8 Y ocurrió que el viento no dejó de soplar hacia la tierra prometida mientras estuvieron sobre las aguas; y de este modo fueron impelidos ante el viento.

9 Y le [a]cantaban alabanzas al Señor; sí, el hermano de Jared le cantaba alabanzas al Señor, y le daba [b]gracias y loor todo el día; y cuando llegaba la noche, no cesaban de alabar al Señor.

10 Y así fueron impulsados hacia adelante; y ningún monstruo del mar podía despedazarlos, ni ballena alguna podía hacerles daño; y tenían luz continuamente, así cuando se hallaban encima del agua como cuando estaban debajo de ella.

11 Y de este modo fueron impelidos sobre las aguas por trescientos cuarenta y cuatro días.

12 Y desembarcaron en las playas de la tierra prometida. Y al pisar sus pies las playas de la tierra prometida, se postraron sobre la faz de la tierra y se humillaron ante el Señor, y vertieron lágrimas de gozo ante el Señor, por causa de la abundancia de sus tiernas misericordias sobre ellos.

13 Y aconteció que salieron sobre la faz de la tierra, y empezaron a cultivar el terreno.

14 Y Jared tenía cuatro hijos; y se llamaban Jacom, y Gilga, y Maha, y Oríah.

15 Y el hermano de Jared también engendró hijos e hijas.

16 Y los [a]amigos de Jared y de su hermano eran en total unas veintidós almas; y también ellos engendraron hijos e hijas antes de llegar a la tierra de promisión; y así empezaron a ser numerosos.

17 Y se les enseñó a [a]andar humildemente delante del Señor; y también recibían [b]instrucción de lo alto.

18 Y aconteció que empezaron a extenderse sobre la faz de la tierra, y a multiplicarse, y a cultivar el terreno; y se hicieron fuertes en la tierra.

19 Y el hermano de Jared empezó a envejecer, y vio que pronto tendría que descender a

7*a* Éter 2:17.
b O sea, como un cuenco o plato hondo.
c Gén. 6:14; Moisés 7:43.
9*a* GEE Cantar.
b 1 Cró. 16:7–9; Alma 37:37; DyC 46:32.
16*a* Éter 1:41.
17*a* GEE Andar, andar con Dios.
b GEE Revelación.

la tumba; por tanto, dijo a Jared:
Reunamos a nuestro pueblo para
contarlo, a fin de saber qué desea
de nosotros antes que bajemos a
nuestra sepultura.
20 Y, consiguientemente, se hizo
reunir al pueblo. Y el número de
los hijos e hijas del hermano de
Jared era veintidós almas; y el
número de los hijos e hijas de
Jared era doce, cuatro de ellos
varones.
21 Y aconteció que contaron a
los de su pueblo; y después de
haberlos contado, desearon saber
de ellos qué querían que ellos hicieran antes que descendiesen a
la tumba.
22 Y sucedió que el pueblo les
pidió que [a]ungieran a uno de sus
hijos para que fuese rey sobre
ellos.
23 Y he aquí, esto los afligió. Y
el hermano de Jared les dijo: Esto
ciertamente [a]conduce al cautiverio.
24 Pero Jared dijo a su hermano:
Permíteles tener rey. Y, por tanto,
les dijo: Elegid un rey de entre
nuestros hijos, al que queráis.
25 Y ocurrió que eligieron al primogénito del hermano de Jared; y
su nombre era Pagag. Y aconteció
que este rehusó, y no quiso ser
su rey. Y el pueblo quería que su
padre lo obligara, mas su padre
no quiso; y les mandó que nunca
obligaran a nadie a ser su rey.
26 Y sucedió que eligieron a todos los hermanos de Pagag, y no
quisieron aceptar.
27 Y ocurrió que tampoco los
hijos de Jared quisieron, todos
menos uno; y Oríah fue ungido
para que fuera rey del pueblo.
28 Y empezó a reinar, y el pueblo
comenzó a prosperar; y se hicieron sumamente ricos.
29 Y sucedió que murió Jared, y
su hermano también.
30 Y aconteció que Oríah anduvo humildemente delante del
Señor, y tuvo presente cuán grandes cosas el Señor había hecho
por su padre, y también enseñó
a su pueblo cuán grandes cosas el
Señor había hecho por sus padres.

CAPÍTULO 7

Oríah reina con rectitud — Se establecen los reinos rivales de Shule y Cohor en medio de la usurpación y las contiendas — Los profetas condenan la iniquidad y la idolatría del pueblo, que luego se arrepiente.

Y OCURRIÓ que Oríah juzgó sobre
la tierra con rectitud todos sus
días, que fueron muchos.
2 Y engendró hijos e hijas; sí,
engendró treinta y uno, de los
cuales veintitrés eran varones.
3 Y aconteció que también engendró a Kib en su vejez. Y acaeció que Kib reinó en su lugar. Y
Kib engendró a Corihor.
4 Y cuando Corihor tenía
treinta y dos años de edad, se
rebeló contra su padre, y fue y
habitó en la tierra de Nehor; y
engendró hijos e hijas, los cuales fueron muy bellos; por tanto,

22*a* GEE Unción.
23*a* 1 Sam. 8:10–18; Mos. 29:16–23.

Corihor atrajo a muchos en pos
de él.
5 Y cuando hubo reunido un ejército, subió a la tierra de Morón,
donde habitaba el rey, y lo tomó
cautivo, con lo cual se cumplió la
[a]palabra del hermano de Jared de
que serían conducidos al cautiverio.
6 Y la tierra de Morón, donde
moraba el rey, estaba situada
cerca de la tierra que los nefitas
llamaban Desolación.
7 Y sucedió que Kib vivió en el
cautiverio, así como su pueblo,
bajo su hijo Corihor, hasta llegar
a una edad muy avanzada; no
obstante, Kib engendró a Shule
en su vejez, mientras todavía se
hallaba cautivo.
8 Y sucedió que Shule se enojó
con su hermano; y Shule se hizo
fuerte, y llegó a ser potente en
cuanto a la fuerza del hombre; y
también fue potente en criterio.
9 Por tanto, fue a la colina de
Efraín, donde fundió mineral de
la colina, e hizo espadas de acero
para aquellos que había llevado
tras de sí; y después que los hubo
armado con espadas, volvió a la
ciudad de Nehor y presentó batalla contra su hermano Corihor; y
por este medio conquistó el reino,
y lo restituyó a su padre Kib.
10 Y por esto que Shule había
hecho, su padre le confirió el
reino; por tanto, empezó a reinar en lugar de su padre.
11 Y aconteció que juzgó con
justicia; y extendió su reino sobre
toda la faz de la tierra, porque
el pueblo se había hecho sumamente numeroso.
12 Y sucedió que Shule también
engendró muchos hijos e hijas.
13 Y Corihor se arrepintió de
los muchos males que había cometido; por tanto, Shule le dio
autoridad en su reino.
14 Y aconteció que Corihor tuvo
muchos hijos e hijas; y entre los
hijos de Corihor había uno que se
llamaba Noé.
15 Y sucedió que Noé se rebeló
en contra del rey Shule, y también contra su padre Corihor, y
se atrajo a su hermano Cohor, y
también a todos sus hermanos y
a muchos de los del pueblo.
16 Y aconteció que presentó batalla contra el rey Shule, en la
que conquistó la tierra de su primera herencia; y se hizo rey de
esa parte de la tierra.
17 Y sucedió que de nuevo combatió al rey Shule; y tomó a Shule,
el rey, y lo llevó cautivo a Morón.
18 Y sucedió que estando él a
punto de quitarle la vida, los hijos
de Shule entraron furtivamente
de noche en la casa de Noé y lo
mataron, y derribaron la puerta
de la prisión, y sacaron a su padre, y lo colocaron sobre su trono
en su propio reino.
19 Por lo que el hijo de Noé
edificó su reino en su lugar; sin
embargo, no obtuvieron más dominio sobre el rey Shule; y el
pueblo que se hallaba bajo el gobierno del rey Shule prosperó
grandemente y se hizo fuerte.

7 5*a* Éter 6:23.

20 Y el país quedó dividido; y hubo dos reinos: el reino de Shule, y el reino de Cohor hijo de Noé.

21 Y Cohor hijo de Noé, hizo que su pueblo fuera a la batalla contra Shule, en la que este los derrotó y mató a Cohor.

22 Y Cohor tenía un hijo llamado Nimrod; y Nimrod entregó el reino de Cohor a Shule, y halló gracia ante los ojos de Shule; por tanto, este lo colmó de favores y obró en el reino de Shule según sus deseos.

23 Y en el reinado de Shule también llegaron entre el pueblo profetas, enviados del Señor, profetizando que las iniquidades y la [a]idolatría del pueblo estaban trayendo una maldición sobre la tierra, y que serían destruidos si no se arrepentían.

24 Y aconteció que el pueblo ultrajó a los profetas, y se burló de ellos. Y sucedió que el rey Shule sometió a juicio a todos los que injuriaban a los profetas.

25 Y expidió una ley por toda la tierra, la cual facultaba a los profetas para ir a donde quisieran; y a causa de esto se logró que el pueblo se arrepintiera.

26 Y por haberse arrepentido el pueblo de sus iniquidades e idolatrías, el Señor los perdonó, y empezaron otra vez a prosperar en la tierra. Y aconteció que Shule engendró hijos e hijas en su vejez.

27 Y no hubo más guerras en los días de Shule; y recordó las grandes cosas que el Señor había hecho por sus padres, trayéndolos a [a]través del gran mar a la tierra prometida; de modo que juzgó con justicia todos sus días.

CAPÍTULO 8

Hay luchas y contiendas por el reino — Para matar al rey, Akish establece una combinación secreta regida por un juramento — Las combinaciones secretas son del diablo y causan la destrucción de las naciones — Se amonesta a los gentiles modernos en cuanto a la combinación secreta que procurará destruir la libertad de todas las tierras, naciones y países.

Y SUCEDIÓ que Shule engendró a Omer, y este reinó en su lugar. Y Omer engendró a Jared; y Jared engendró hijos e hijas.

2 Y Jared se sublevó contra su padre, y fue y habitó en la tierra de Het. Y sucedió que lisonjeó a muchos, por motivo de sus palabras astutas, hasta que hubo logrado la mitad del reino.

3 Y cuando hubo logrado la mitad del reino, le hizo la guerra a su padre, y llevó cautivo a su padre; y lo hizo servir en el cautiverio;

4 y en los días del reinado de Omer, este permaneció cautivo la mitad de sus días. Y ocurrió que engendró hijos e hijas, entre ellos a Esrom y Coriántumr;

5 y estos se enojaron en extremo por los actos de Jared, su hermano, al grado de que reunieron un ejército y le hicieron

23*a* GEE Idolatría.
27*a* Éter 6:4, 12.

la guerra a Jared. Y aconteció que
lo combatieron de noche.
6 Y sucedió que cuando hubieron destruido al ejército de Jared,
estaban a punto de matarlo a él
también; y les suplicó que no lo
mataran, y que él entregaría el
reino a su padre. Y sucedió que
le perdonaron la vida.
7 Y Jared se apesadumbró en
gran manera por causa de la
pérdida del reino, porque tenía
puesto el corazón en el reino y
en la gloria del mundo.
8 Entonces la hija de Jared,
siendo hábil en extremo, y viendo
la tristeza de su padre, se propuso
idear un plan mediante el cual
devolvería el reino a su padre.
9 Ahora bien, la hija de Jared era
sumamente bella. Y sucedió que
habló con su padre, y le dijo: ¿Por
qué está mi padre tan triste? ¿No
ha leído él los anales que nuestros padres trajeron a través del
gran mar? He aquí, ¿no hay en
ellos una relación concerniente a
los antiguos, de cómo por medio
de sus [a]planes secretos lograron
reinos y gran gloria?
10 Ahora pues, envíe mi padre
por Akish, el hijo de Kimnor; y he
aquí, soy bella, y [a]bailaré delante
de él, y le agradaré, de modo que
me deseará por esposa. Por tanto,
si te pide que me des a él por esposa, entonces le dirás: Te la daré,
si me traes la cabeza de mi padre,
el rey.
11 Y Omer era amigo de Akish;
por tanto, cuando Jared hubo
mandado llamar a Akish, la hija
de Jared bailó delante de él y le
agradó, de tal modo que la deseó
por esposa. Y aconteció que dijo a
Jared: Dámela por esposa.
12 Y Jared le dijo: Te la daré si
me traes la cabeza de mi padre,
el rey.
13 Y sucedió que Akish reunió
a toda su parentela en la casa de
Jared, y les dijo: ¿Me juraréis que
me seréis fieles en lo que exija de
vosotros?
14 Y aconteció que todos le [a]ju-
raron por el Dios del cielo, y también por los cielos, y también por
la tierra y por su cabeza, que el
que se opusiera a la ayuda que
Akish deseara, perdería la cabeza;
y quien divulgara cualquiera de
las cosas que Akish les diera a
conocer, perdería la vida.
15 Y ocurrió que así se pusieron
de acuerdo con Akish. Y él les
administró los [a]juramentos que
fueron dados por los antiguos
que también ambicionaban poder, juramentos que habían sido
transmitidos desde [b]Caín, que fue
asesino desde el principio.
16 Y los preservó el poder del
diablo para administrar estos juramentos a los del pueblo, a fin
de conservarlos en la obscuridad, para ayudar a quienes am-
bicionaran el poder a obtenerlo
y a asesinar, y robar, y mentir, y

8 9*a* Hel. 6:26–30; 3 Ne. 6:28; Moisés 5:51–52.
10*a* Marcos 6:22–28.
14*a* GEE Blasfemar, blasfemia.
15*a* GEE Juramento.
b Gén. 4:7–8; Moisés 5:28–30.

cometer toda clase de iniquidades y fornicaciones.

17 Y fue la hija de Jared quien le puso en el corazón que indagara esas cosas de tiempo antiguo; y Jared lo puso en el corazón de Akish; por lo que Akish las administró a sus parientes y amigos, desviándolos por medio de lisonjeras promesas para que hicieran cuanto él deseaba.

18 Y aconteció que formaron una [a]combinación secreta, tal como los de tiempo antiguo, la cual combinación es lo más abominable y perverso sobre todas las cosas, a la vista de Dios;

19 porque el Señor no obra por medio de combinaciones secretas, ni quiere que los hombres viertan sangre, sino que lo ha prohibido en todas las cosas, desde el principio del hombre.

20 Y yo, Moroni, no escribo la manera de sus juramentos y combinaciones, porque se me ha hecho saber que existen entre todos los pueblos, y se hallan entre los lamanitas;

21 y han causado la [a]destrucción de este pueblo del cual ahora estoy hablando, y también la destrucción del pueblo de Nefi.

22 Y cualquier nación que favorezca tales combinaciones secretas para adquirir poder y riquezas, hasta que se extiendan sobre la nación, he aquí, será destruida; porque el Señor no permitirá que la [a]sangre de sus santos, que fuere vertida por ellos, clame siempre a él desde el suelo pidiendo [b]venganza, sin que él los vengue.

23 Por lo tanto, oh gentiles, está en la sabiduría de Dios que se os muestren estas cosas, a fin de que así os arrepintáis de vuestros pecados, y no permitáis que os dominen estas combinaciones asesinas, que se instituyen para adquirir [a]poder y riquezas, ni que os sobrevenga la obra, sí, la obra misma de destrucción; sí, aun la espada de la justicia del Dios Eterno caerá sobre vosotros para vuestra derrota y destrucción, si permitís que existan estas cosas.

24 Por consiguiente, el Señor os manda que cuando veáis surgir estas cosas entre vosotros, que despertéis a un conocimiento de vuestra terrible situación, por motivo de esta combinación secreta que existirá entre vosotros; o, ¡ay de ella, a causa de la sangre de los que han sido asesinados! Porque desde el polvo claman ser vengados de ella, y también de los que la establecieron.

25 Porque sucede que quien la establece procura destruir la [a]libertad de todas las tierras, naciones y países; y lleva a cabo la destrucción de todo pueblo, porque la edifica el diablo, que es el padre de todas las mentiras; sí, ese mismo embustero que [b]sedujo a nuestros primeros

18*a* GEE Combinaciones secretas.
21*a* Hel. 6:28.
22*a* Morm. 8:27, 40–41.
b GEE Venganza.
23*a* 1 Ne. 22:22–23; Moisés 6:15.
25*a* GEE Libertad, libre.
b Gén. 3:1–13; 2 Ne. 9:9; Mos. 16:3; Moisés 4:5–19.

padres; sí, ese mismo mentiroso que ha provocado al hombre a asesinar desde el principio; que ha endurecido el corazón de los hombres al grado de que han asesinado a los profetas, y los han apedreado y desechado desde el principio.

26 Por lo tanto, se me manda a mí, Moroni, escribir estas cosas, para que sea destruido el mal, y llegue el tiempo en que Satanás [a]no tenga más poder en el corazón de los hijos de los hombres, sino que sean [b]persuadidos a hacer el bien constantemente, a fin de que vengan a la fuente de toda rectitud y sean salvos.

CAPÍTULO 9

El reino pasa de uno a otro por descendencia, intrigas y asesinatos — Emer vio al Hijo de Justicia — Muchos profetas proclaman el arrepentimiento — Un hambre muy grande y serpientes venenosas afligen al pueblo.

Y AHORA yo, Moroni, prosigo mi relación. Sucedió, pues, que a causa de las [a]combinaciones secretas de Akish y sus amigos, he aquí, derrocaron el reino de Omer.

2 No obstante, el Señor tuvo misericordia de Omer, y también de sus hijos e hijas que no procuraban su destrucción.

3 Y el Señor avisó a Omer en un sueño que saliera de la tierra; de modo que se alejó de la tierra con su familia, y viajó por muchos días, y pasó a un lado del cerro [a]Shim, y pasó por el sitio [b]donde fueron destruidos los nefitas; y de allí se dirigió hacia el este, y llegó a un paraje llamado Ablom, a orillas del mar; y allí plantó su tienda, y sus hijos y sus hijas, y toda su familia también, salvo Jared y su familia.

4 Y aconteció que Jared fue ungido rey sobre el pueblo, por manos inicuas; y dio a su hija por esposa a Akish.

5 Y sucedió que Akish procuró quitarle la vida a su suegro; y se dirigió a aquellos a quienes había juramentado con el juramento de los antiguos, y le cortaron la cabeza a su suegro mientras se hallaba sentado sobre su trono dando audiencia a su pueblo.

6 Porque tan grande había sido la diseminación de esta inicua y secreta sociedad, que había corrompido el corazón de todo el pueblo; de modo que Jared fue asesinado sobre su trono, y Akish reinó en su lugar.

7 Y sucedió que Akish empezó a tener celos de su hijo; de modo que lo encerró en la prisión, y lo tuvo con poco o nada que comer, hasta que murió.

8 Y el hermano del que murió (y se llamaba Nimra) se irritó contra su padre por lo que había hecho con su hermano.

9 Y aconteció que Nimra juntó a un pequeño número de

26*a* 1 Ne. 22:26.
b 2 Ne. 33:4; Moro. 7:12–17.
9 1*a* Éter 8:13–17.
3*a* Morm. 1:3; 4:23.
b Morm. 6:1–15.

hombres y huyó de la tierra, y se
fue a vivir con Omer.
10 Y sucedió que Akish engendró a otros hijos, y estos se gran-
jearon el corazón del pueblo, a
pesar de que ellos le habían jurado cometer toda clase de iniquidades de conformidad con lo
que él deseara.
11 Y los del pueblo de Akish codiciaban las riquezas, así como Akish
ambicionaba el poder; por tanto,
los hijos de Akish les ofrecieron
dinero, por medio de lo cual se ga-
naron a la mayor parte del pueblo.
12 Y empezó a haber una guerra
entre Akish y los hijos de Akish,
la cual duró por el espacio de muchos años, sí, hasta la destrucción
de casi toda la gente del reino, sí,
todos salvo treinta almas y aquellos que huyeron con la familia
de Omer.
13 Por tanto, Omer fue restituido a la tierra de su herencia.
14 Y sucedió que Omer empezó
a envejecer; no obstante, en su
vejez engendró a Emer; y ungió
a Emer por rey para que reinara
en su lugar.
15 Y después de haber ungido
a Emer por rey, gozó de paz en la
tierra por el espacio de dos años, y
murió, habiendo visto días extremadamente numerosos, los cuales
fueron llenos de angustia. Y ocurrió que Emer reinó en su lugar, y
siguió los pasos de su padre.
16 Y el Señor de nuevo empezó
a retirar la maldición de sobre la
tierra, y la casa de Emer prosperó
grandemente bajo su reinado; y
en el espacio de sesenta y dos
años se habían hecho fuertes en
extremo, de modo que llegaron a
ser sumamente ricos,
17 pues tenían toda clase de frutas y granos, y de sedas, y de lino
fino, y de oro, y de plata, y de objetos preciosos;
18 y también todo género de
ganado, de bueyes, y vacas, y de
ovejas, y de cerdos, y de cabras,
y también muchas otras clases de
animales que eran útiles para el
sustento del hombre.
19 Y también tenían [a]caballos y
asnos, y había elefantes y curelomes y cumomes, todos los cuales
eran útiles para el hombre, y más
particularmente los elefantes y
curelomes y cumomes.
20 Y así fue como el Señor derramó sus bendiciones sobre esta
tierra, que era [a]escogida sobre
todas las demás tierras; y mandó
que quienes poseyeran la tierra,
la poseyeran para los fines del Señor, o serían [b]destruidos cuando
hubiesen madurado en la iniquidad; porque sobre estos, dice el
Señor, derramaré la plenitud de
mi ira.
21 Y Emer juzgó con rectitud todos los días de su vida, y engendró
muchos hijos e hijas; y engendró a
Coriántum, y ungió a Coriántum
para que reinara en su lugar.
22 Y después que hubo ungido
a Coriántum para que reinara
en su lugar, vivió cuatro años, y
gozó de paz en la tierra; sí, aun

19*a* 1 Ne. 18:25.
20*a* Éter 2:15.
b Éter 2:8–11.

vio al [a]Hijo de Justicia, y se regocijó, y se glorió en su día; y murió en paz.

23 Y acaeció que Coriántum anduvo por las sendas de su padre, y edificó muchas grandes ciudades, y administró lo que era bueno a su pueblo todos los días de su vida. Y sucedió que no tuvo hijos sino hasta una edad muy avanzada.

24 Y aconteció que murió su esposa, de ciento y dos años de edad. Y sucedió que Coriántum, en su vejez, tomó a una joven por esposa, y engendró hijos e hijas; y vivió hasta ciento cuarenta y dos años de edad.

25 Y aconteció que engendró a Com, y Com reinó en su lugar; y reinó cuarenta y nueve años, y engendró a Het; y engendró también otros hijos e hijas.

26 Y el pueblo se había extendido de nuevo sobre toda la faz de la tierra, y otra vez empezó a haber una iniquidad sumamente grande sobre la faz de la tierra; y Het comenzó a adoptar nuevamente los planes secretos de los tiempos antiguos, para destruir a su padre.

27 Y sucedió que destronó a su padre, pues lo mató con su propia espada; y reinó en su lugar.

28 Y de nuevo llegaron profetas a la tierra, proclamándoles el arrepentimiento, sí, que debían preparar el camino del Señor, o caería una maldición sobre la faz de la tierra; sí, que habría un hambre muy grande, en la que serían destruidos si no se arrepentían.

29 Pero el pueblo no creyó en las palabras de los profetas, sino que los echaron fuera; y arrojaron a algunos en fosos y los dejaron para que muriesen. Y aconteció que hicieron todas estas cosas según el mandato del rey Het.

30 Y ocurrió que empezó a haber una gran escasez en la tierra, y los habitantes empezaron a ser destruidos con suma rapidez por razón de la escasez, pues no había lluvia sobre la faz de la tierra.

31 Y también aparecieron serpientes venenosas sobre la superficie de la tierra, y envenenaron a mucha gente. Y sucedió que sus rebaños empezaron a huir de las serpientes venenosas hacia la tierra del sur, que los nefitas llamaban [a]Zarahemla.

32 Y aconteció que muchos de ellos perecieron en el camino; no obstante, hubo algunos que huyeron a la tierra del sur.

33 Y ocurrió que el Señor hizo que no los persiguieran más las [a]serpientes, sino que obstruyeran el camino para que la gente no pudiera pasar, y para que cualquiera que intentara pasar, cayera por las serpientes venenosas.

34 Y sucedió que el pueblo siguió el rastro de los animales, y devoró los cuerpos muertos de los que caían por el camino hasta que los consumieron todos.

22*a* 3 Ne. 25:2. | 31*a* Omni 1:13. | 33*a* Núm. 21:6–9.

Ahora bien, cuando los del pueblo vieron que iban a morir, empezaron a [a]arrepentirse de sus
iniquidades, y a clamar al Señor.
35 Y aconteció que cuando se
hubieron [a]humillado suficientemente ante el Señor, él envió la
lluvia sobre la faz de la tierra; y
el pueblo comenzó a revivir, y
empezó a haber frutos en las tierras del norte, y en todas las tierras circunvecinas. Y les mostró
el Señor su poder para librarlos
del hambre.

CAPÍTULO 10

Un rey sucede a otro — Algunos de los reyes son justos; otros son inicuos — Cuando la rectitud prevalece, el Señor bendice al pueblo y lo hace prosperar.

Y SUCEDIÓ que Shez, que era descendiente de Het — pues Het había
perecido por motivo del hambre,
como también toda su familia, menos Shez — empezó, pues, Shez a
restablecer a un pueblo abatido.
2 Y aconteció que Shez recordó
la destrucción de sus padres, y estableció un reino justo; porque recordó lo que el Señor había hecho
al traer a Jared y a su hermano
a [a]través del mar; y anduvo por
las sendas del Señor; y engendró
hijos e hijas.
3 Y su hijo mayor, que se llamaba Shez, se rebeló contra él;
pero Shez fue herido por mano
de un ladrón, a causa de sus
inmensas riquezas, lo cual de
nuevo trajo la paz a su padre.
4 Y sucedió que su padre fundó
muchas ciudades sobre la superficie de esa tierra, y el pueblo otra
vez comenzó a esparcirse por
toda la tierra. Y vivió Shez hasta
una edad sumamente avanzada,
y engendró a Riplákish, y murió;
y Riplákish reinó en su lugar.
5 Y ocurrió que Riplákish no
hizo lo que era recto a los ojos
del Señor, porque tuvo muchas
esposas y [a]concubinas; e impuso
sobre los hombros del pueblo lo
que era difícil de sobrellevar; sí,
les impuso pesados tributos; y
con los tributos construyó muchos suntuosos edificios.
6 Y se edificó un trono extremadamente hermoso; y construyó
muchas prisiones, y a los que no
querían sujetarse a los tributos,
los echaba en la prisión; y a quienes no podían pagar tributos, los
encerraba en la prisión; y hacía
que trabajaran continuamente
para su sostén; y al que se negaba
a trabajar, hacía que lo mataran.
7 De modo que logró toda su obra
exquisita, sí, aun su oro fino hacía
que se refinara en la prisión, y hacía
que allí fuese elaborada toda suerte
de obras preciosas. Y sucedió que
afligió al pueblo con sus fornicaciones y sus abominaciones.
8 Y cuando hubo reinado por el
espacio de cuarenta y dos años,
el pueblo se levantó en rebelión en contra de él; y empezó

34*a* Alma 34:34; DyC 101:8.
35*a* DyC 5:24.
10 2*a* Éter 6:1–12.
5*a* Jacob 3:5; Mos. 11:2.

a haber guerra otra vez en la tierra, al grado de que mataron a
Riplákish, y echaron a sus descendientes de la tierra.
9 Y sucedió que después del
transcurso de muchos años, Moriantón, que era descendiente de
Riplákish, reunió un ejército de
desterrados, y fue e hizo la guerra al pueblo, y se apoderó de
muchas ciudades; y la guerra se
agravó muchísimo, y duró por
el espacio de muchos años; y él
logró subyugar a toda la tierra,
y se estableció como rey de toda
la tierra.
10 Y después de haberse establecido como rey, aligeró las cargas
del pueblo, con lo cual se atrajo la
simpatía del pueblo, y lo ungie-
ron para que fuera su rey.
11 Y obró rectamente con el
pueblo, mas no consigo mismo,
por motivo de sus muchas fornicaciones; por consiguiente, fue
desechado de la presencia del
Señor.
12 Y sucedió que Moriantón edificó muchas ciudades, y durante
su reinado el pueblo se hizo sumamente rico, tanto en edificios
como en oro y plata, y en cosechas
de granos, y en hatos y rebaños, y
en aquellas cosas que les habían
sido restituidas.
13 Y vivió Moriantón hasta una
edad muy avanzada, y entonces
engendró a Kim; y Kim reinó en
lugar de su padre, y reinó ocho
años, y murió su padre. Y aconteció que Kim no reinó con rectitud,
por lo que no fue favorecido por
el Señor.
14 Y su hermano se levantó en
rebelión en contra de él, y por
este medio lo redujo al cautiverio; y permaneció cautivo todos
sus días; y engendró hijos e hijas
en el cautiverio; y en su vejez engendró a Leví, y murió.
15 Y ocurrió que Leví sirvió en
el cautiverio durante cuarenta y
dos años, tras la muerte de su padre. Y le hizo la guerra al rey de
la tierra, y por este medio logró
para sí el reino.
16 Y después que hubo logrado
para sí el reino, hizo lo que era
justo a los ojos del Señor; y el pueblo prosperó en la tierra; y él vivió
hasta una edad muy avanzada, y
engendró hijos e hijas; y también
engendró a Corom, a quien ungió
por rey en su lugar.
17 Y sucedió que Corom hizo lo
que era recto a los ojos del Señor
todos sus días; y engendró muchos hijos e hijas; y después de
haber vivido muchos años, murió, así como el resto de los de la
tierra; y Kish reinó en su lugar.
18 Y ocurrió que Kish también
murió, y Lib reinó en su lugar.
19 Y aconteció que Lib también
hizo lo que era recto a los ojos
del Señor. Y en los días de Lib
fueron destruidas las serpientes
[a]venenosas; de modo que fueron
a las tierras del sur con objeto de
procurar alimento para la gente
del país, porque la región abun-
daba en animales del bosque. Y

19*a* Éter 9:31.

l mismo Lib llegó a ser gran cazador.
20 Y construyeron una ciudad
grande cerca de la estrecha lengua
le tierra, cerca del paraje donde
l mar divide la tierra.
21 Y reservaron la tierra del sur
omo despoblado para la caza. Y
oda la faz de la tierra del norte
e hallaba cubierta de habitantes.
22 Y eran sumamente indus-
riosos; y compraban y vendían
 traficaban unos con otros, a fin
le sacar ganancia.
23 Y trabajaban toda clase de
ninerales, y elaboraban el oro, la
plata, el [a]hierro, el bronce y toda
lase de metales; y los sacaban de
a tierra; por tanto, levantaron in-
nensos montones de tierra para
btener minerales, de oro, y de
plata, y de hierro, y de cobre; e
icieron toda clase de obras finas.
24 Y tenían sedas y lino fina-
nente tejido; y hacían toda clase
le telas para cubrir su desnudez.
25 Y fabricaban toda clase de he-
ramientas para cultivar la tierra,
anto para arar, como para sem-
rar, para segar, como para aza-
lonar, como también para trillar.
26 Y hacían toda clase de he-
ramientas, con las cuales hacían
rabajar sus animales.
27 Y elaboraban toda clase de
rmas de guerra. Y confecciona-
an toda clase de artículos de una
laboración sumamente fina.
28 Y nunca pudo haber un pue-
lo más bendecido que ellos, ni
que hubiera prosperado más por
la mano del Señor; y se hallaban
en una tierra escogida sobre todas las demás, porque el Señor
lo había dicho.
29 Y sucedió que Lib vivió
muchos años, y engendró hijos
e hijas; y asimismo engendró a
Heartom.
30 Y acaeció que Heartom reinó
en lugar de su padre. Y cuando
Heartom hubo reinado veinticuatro años, he aquí, le fue quitado
el reino. Y sirvió muchos años
en el cautiverio, sí, aun el resto
de sus días.
31 Y engendró a Het; y Het vivió en el cautiverio toda su vida.
Y Het engendró a Aarón, y Aarón
pasó todos sus días en el cautiverio; y engendró a Amnigadda, y
también Amnigadda vivió cautivo todos sus días; y engendró
a Coriántum, y Coriántum moró
en la cautividad todos sus días; y
engendró a Com.
32 Y aconteció que Com se atrajo
la mitad del reino. Y cuarenta y
dos años reinó sobre la mitad del
reino; y salió a la guerra contra
el rey Amgid, y lucharon por el
término de muchos años, durante
los cuales Com venció a Amgid,
y logró apoderarse del resto del
reino.
33 Y en los días de Com empezó
a haber ladrones en la tierra; y
adoptaron los planes antiguos,
y administraron [a]juramentos
a la manera de los antiguos,

23*a* 2 Ne. 5:15.

33*a* GEE Combinaciones secretas; Juramento.

y procuraron otra vez destruir
el reino.
34 Y Com los combatió mucho;
sin embargo, no prevaleció sobre ellos.

CAPÍTULO 11

Guerras, disensiones e iniquidad predominan en la vida de los jareditas — Profetas predicen la completa destrucción de los jareditas a menos que se arrepientan — El pueblo rechaza las palabras de los profetas.

Y TAMBIÉN en los días de Com
vinieron muchos profetas, y profetizaron de la destrucción de
aquel gran pueblo, a menos que
se arrepintieran, se volvieran al
Señor, y abandonaran sus asesinatos e iniquidades.
2 Y sucedió que el pueblo rechazó a los profetas, y huyeron
a Com para que los protegiera,
pues el pueblo quería destruirlos.
3 Y le profetizaron a Com muchas cosas; y fue bendecido todo
el resto de sus días.
4 Y vivió hasta una edad muy
avanzada, y engendró a Shiblom;
y Shiblom reinó en su lugar. Y el
hermano de Shiblom se rebeló en
contra de él, y empezó a haber
una guerra sumamente grande
por toda la tierra.
5 Y sucedió que el hermano de
Shiblom hizo que mataran a todos
los profetas que profetizaban de
la destrucción del pueblo;
6 y hubo una gran calamidad
en toda la tierra, porque habían
testificado que vendría una mal
dición muy grande sobre esa tie
rra, y también sobre el pueblo; y
que habría una inmensa destruc
ción entre ellos, como jamás habí
habido sobre la faz de la tierra, y
sus huesos serían como [a]monto
nes de tierra sobre la faz del país
a menos que se arrepintiesen de
sus iniquidades.
7 Y no escucharon la voz del Se
ñor por razón de sus inicuas com
binaciones; por tanto, empezó a
haber guerras y contiendas en toda
la tierra, y también muchas ham
bres y pestilencias, al grado que
hubo una gran destrucción como
nunca se había conocido sobre la
superficie de la tierra; y todo esto
aconteció en los días de Shiblom.
8 Y empezó el pueblo a arrepen
tirse de su iniquidad; y a medida
que lo hacían, el Señor tenía [a]mi
sericordia de ellos.
9 Y sucedió que Shiblom fue
asesinado, y Set fue reducido a
cautiverio; y vivió cautivo todos
sus días.
10 Y sucedió que Ahah, su hijo
se apoderó del reino; y reinó so
bre el pueblo toda su vida. Y co
metió toda clase de iniquidade
en sus días, con lo cual hizo que
se vertiera mucha sangre; y sus
días fueron pocos.
11 Y Etem, que era descendient
de Ahah, tomó posesión del reino
y en sus días también hizo lo que
era inicuo.
12 Y sucedió que en los días de
Etem llegaron muchos profetas

11 6*a* Omni 1:22; Éter 14:21. | 8*a* GEE Misericordia, misericordioso.

y profetizaron de nuevo al pueblo; sí, profetizaron que el Señor los destruiría completamente de sobre la faz de la tierra, a menos que se arrepintieran de sus iniquidades.

13 Y acaeció que el pueblo endureció su corazón, y no quiso hacer caso de sus palabras; y los profetas se lamentaron y se retiraron de entre el pueblo.

14 Y sucedió que Etem juzgó inicuamente todos sus días; y engendró a Morón. Y sucedió que Morón reinó en su lugar; y también él hizo lo malo a los ojos del Señor.

15 Y aconteció que surgió una rebelión entre el pueblo, a causa de aquella combinación secreta que se instituyó para adquirir poder y riquezas; y se levantó entre ellos un hombre muy diestro en la iniquidad, y le hizo la guerra a Morón, en la cual conquistó la mitad del reino; y retuvo la mitad del reino por muchos años.

16 Y ocurrió que Morón lo venció y recuperó otra vez el reino.

17 Y aconteció que se levantó otro hombre poderoso; y era descendiente del hermano de Jared.

18 Y sucedió que derrocó a Morón, y se apoderó del reino; de modo que Morón vivió en el cautiverio todo el resto de sus días; y engendró a Coriantor.

19 Y ocurrió que Coriantor vivió en el cautiverio todos sus días.

20 Y en los días de Coriantor también vinieron muchos profetas, y profetizaron cosas grandes y maravillosas; y proclamaron el arrepentimiento al pueblo, y que a menos que se arrepintieran, el Señor Dios ejecutaría [a]juicio contra ellos hasta su completa destrucción;

21 y que el Señor Dios, por su poder, enviaría o traería a [a]otro pueblo a poseer la tierra, del mismo modo que había traído a sus padres.

22 Y ellos rechazaron todas las palabras de los profetas, por causa de su sociedad secreta y sus inicuas abominaciones.

23 Y acaeció que Coriantor engendró a [a]Éter y murió, después de haber vivido en el cautiverio todos sus días.

CAPÍTULO 12

El profeta Éter exhorta al pueblo a creer en Dios — Moroni relata las maravillas y los milagros que se efectúan por medio de la fe — La fe permitió al hermano de Jared ver a Cristo — El Señor da debilidad a los hombres para que sean humildes — Por medio de la fe, el hermano de Jared causó que el monte de Zerín se apartara — La fe, la esperanza y la caridad son esenciales para la salvación — Moroni vio a Jesús cara a cara.

Y SUCEDIÓ que Éter vivió en los días de Coriántumr; y [a]Coriántumr era rey de toda la tierra.

13*a* Mos. 16:2.
15*a* GEE Rebelión.
20*a* GEE Juicio, juzgar.
21*a* Éter 13:20–21.
23*a* Éter 1:6; 15:33–34.
12 1*a* Éter 13:13–31.

2 Y [a]Éter era profeta del Señor; por tanto, Éter salió en los días de Coriántumr y empezó a profetizar al pueblo, porque no se le podía [b]restringir, debido al Espíritu del Señor que había en él.

3 Porque [a]clamaba desde la mañana hasta la puesta del sol, exhortando a los del pueblo a creer en Dios para arrepentimiento, no fuese que quedaran [b]destruidos, diciéndoles que por medio de la [c]fe todas las cosas se cumplen:

4 de modo que los que creen en Dios pueden tener la firme [a]esperanza de un mundo mejor, sí, aun un lugar a la diestra de Dios; y esta esperanza viene por la fe, proporciona un [b]ancla a las almas de los hombres y los hace seguros y firmes, abundando siempre en [c]buenas obras, siendo impulsados a [d]glorificar a Dios.

5 Y acaeció que Éter profetizó al pueblo cosas grandes y maravillosas, las cuales no creyeron, porque no las veían.

6 Y ahora yo, Moroni, quisiera hablar algo concerniente a estas cosas. Quisiera mostrar al mundo que la [a]fe es las cosas que se [b]esperan y [c]no se ven; por tanto, no contendáis porque no veis, porque no recibís ningún testimonio sino hasta después de la [d]prueba de vuestra fe.

7 Porque fue por la fe que Cristo se manifestó a nuestros padres después que él hubo resucitado de los muertos; y no se manifestó a ellos sino hasta después que tuvieron fe en él; por consiguiente fue indispensable que algunos tuvieran fe en él, puesto que no se mostró al mundo.

8 Pero por motivo de la fe de los hombres, él se ha manifestado al mundo, y ha glorificado el nombre del Padre, y preparado un medio por el cual otros pueden ser partícipes del don celestial, para que tengan esperanza en las cosas que no han visto.

9 Por lo tanto, vosotros también podéis tener esperanza, y participar del don, si tan solo tenéis fe.

10 He aquí, fue por la fe que los de la antigüedad fueron [a]llamados según el santo orden de Dios.

11 Por tanto, la ley de Moisés se dio por la fe. Mas en el don de su Hijo, Dios ha preparado un camino más [a]excelente; y es por la fe que se ha cumplido.

12 Porque si no hay [a]fe entre los hijos de los hombres, Dios no puede hacer ningún [b]milagro

2*a* GEE Éter.
b Jer. 20:9; Enós 1:26; Alma 43:1.
3*a* DyC 112:5.
b Éter 11:12, 20–22.
c GEE Fe.
4*a* GEE Esperanza.
b Heb. 6:19.
c 1 Cor. 15:58.
d 3 Ne. 12:16.
6*a* Heb. 11:1.
b Rom. 8:24–25.
c Alma 32:21.
d 3 Ne. 26:11; DyC 105:19; 121:7–8.
10*a* Alma 13:3–4. GEE Llamado, llamado por Dios, llamamiento.
11*a* 1 Cor. 12:31.
12*a* 2 Ne. 27:23; Mos. 8:18; Moro. 7:37; DyC 35:8–11.
b Mateo 13:58; Morm. 9:20.

entre ellos; por tanto, no se mostró sino hasta después de su fe.
13 He aquí, fue la fe de Alma
y de Amulek lo que hizo que se
derribara la [a]prisión.
14 He aquí, fue la fe de Nefi y
de Lehi lo que obró el [a]cambio en
los lamanitas, de modo que fueron bautizados con fuego y con
el [b]Espíritu Santo.
15 He aquí, fue la fe de [a]Am-
món y de sus hermanos lo que
[b]obró tan gran milagro entre los
lamanitas.
16 Sí, y todos cuantos han
obrado [a]milagros los han obrado
por la [b]fe, tanto aquellos que fueron antes de Cristo, como los que
fueron después de él.
17 Y fue por la fe que los tres
discípulos obtuvieron la promesa
de que [a]no gustarían la muerte;
y no obtuvieron la promesa sino
hasta después de tener fe.
18 Y en ningún tiempo persona alguna ha obrado milagros sino hasta
después de su fe; por tanto, primero
creyeron en el Hijo de Dios.
19 Y hubo muchos cuya fe era
tan sumamente fuerte, aun [a]an-
tes de la venida de Cristo, que no
se les pudo impedir penetrar el
velo, sino que realmente vieron
con sus propios ojos las cosas que
habían visto con el ojo de la fe; y
se regocijaron.
20 Y he aquí, hemos visto en
estos anales que uno de estos
fue el hermano de Jared; porque
tan grande era su fe en Dios, que
cuando Dios extendió su [a]dedo,
no lo pudo ocultar de la vista del
hermano de Jared, por motivo de
la palabra que le había hablado,
palabra que había logrado por
medio de la fe.
21 Y después que el hermano
de Jared hubo visto el dedo del
Señor, debido a la [a]promesa que
por la fe había obtenido el hermano de Jared, el Señor no pudo
ocultarle nada de su vista; por
consiguiente, le mostró todas las
cosas, porque ya no se le podía
mantener fuera del [b]velo.
22 Y es por la fe que mis padres
han obtenido la [a]promesa de que
estas cosas han de llegar a sus hermanos por medio de los gentiles;
por tanto, el Señor me ha mandado, sí, aun Jesucristo mismo.
23 Y le dije: Señor, los gentiles
se burlarán de estas cosas, debido
a nuestra [a]debilidad en escribir;
porque tú, Señor, nos has hecho
fuertes en palabras por la fe, pero
no nos has hecho [b]fuertes para escribir; porque concediste que todos los de este pueblo declarasen
mucho, por motivo del Espíritu
Santo que tú les has dado;
24 y tú has hecho que no

13*a* Alma 14:26–29.
14*a* Hel. 5:50–52.
b Hel. 5:45; 3 Ne. 9:20.
15*a* Alma 17:29–39.
b Es decir, como se relata en Alma 17–26.
16*a* GEE Milagros.
b Heb. 11:7–40.
17*a* 3 Ne. 28:7; Morm. 8:10–12.
19*a* 2 Ne. 11:1–4; Jacob 4:4–5; Jarom 1:11; Alma 25:15–16.
b Éter 3:6. GEE Velo.
20*a* Éter 3:4.
21*a* Éter 3:25–26.
b Éter 3:20; DyC 67:10–13.
22*a* Enós 1:13.
23*a* Morm. 8:17; 9:33.
b 2 Ne. 33:1.

podamos escribir sino poco, a causa de la torpeza de nuestras manos. He aquí, no nos has hecho fuertes en [a]escribir, como al hermano de Jared; porque le concediste que las cosas que él escribiera fuesen tan potentes como tú lo eres, al grado de dominar al hombre al leerlas.

25 También has hecho grandes y potentes nuestras palabras, al grado de que no las podemos escribir; así que, cuando escribimos, vemos nuestra debilidad, y tropezamos por la manera de colocar nuestras palabras; y temo que los gentiles se [a]burlen de nuestras palabras.

26 Y cuando hube dicho esto, el Señor me habló, diciendo: Los insensatos hacen [a]burla, mas se lamentarán; y mi gracia es suficiente para los mansos, para que no saquen provecho de vuestra debilidad;

27 y si los hombres vienen a mí, les mostraré su [a]debilidad. [b]Doy a los hombres debilidad para que sean humildes; y basta mi [c]gracia a todos los hombres que se [d]humillan ante mí; porque si se humillan ante mí, y tienen fe en mí, entonces haré que las cosas [e]débiles sean fuertes para ellos.

28 He aquí, mostraré a los gentiles su debilidad, y les mostraré que la [a]fe, la esperanza y la caridad conducen a mí, la fuente de toda rectitud.

29 Y yo, Moroni, habiendo oído estas palabras, me consolé, y dije: ¡Oh Señor, hágase tu justa voluntad!, porque sé que obras con los hijos de los hombres según su fe;

30 porque el hermano de Jared dijo al monte de Zerín: [a]¡Apártate!; y se apartó. Y si él no hubiera tenido fe, el monte no se habría movido; por tanto, tú obras después que los hombres tienen fe.

31 Pues así te manifestaste a tus discípulos; porque después que tuvieron [a]fe y hablaron en tu nombre, te mostraste a ellos con gran poder.

32 Y también me acuerdo de que has dicho que tienes preparada una morada para el hombre, sí, entre las [a]mansiones de tu Padre, en lo cual el hombre puede tener una [b]esperanza más excelente; por tanto, el hombre debe tener esperanza, o no puede recibir una herencia en el lugar que tú has preparado.

33 Y además, recuerdo que tú has dicho que has [a]amado al mundo, aun al grado de dar tu vida por el mundo, a fin de volverla a tomar, con objeto de

24*a* GEE Lenguaje (o lengua).
25*a* 1 Cor. 2:14.
26*a* Gál. 6:7.
27*a* Jacob 4:7.
b Éx. 4:11; 1 Cor. 1:27.
c GEE Gracia.
d Lucas 18:10–14; DyC 1:28. GEE Humildad, humilde, humillar (afligir).
e Lucas 9:46–48; 2 Cor. 12:9.
28*a* 1 Cor. 13; Moro. 7:39–47.
30*a* Mateo 17:20; Jacob 4:6; Hel. 10:6, 9. GEE Poder.
31*a* GEE Fe.
32*a* Juan 14:2; Enós 1:27; DyC 72:4; 98:18.
b GEE Esperanza.
33*a* Juan 3:16–17.

preparar un lugar para los hijos de los hombres.
34 Y ahora sé que este [a]amor que has tenido por los hijos de los hombres es la caridad; por tanto, a menos que los hombres tengan caridad, no pueden heredar ese lugar que has preparado en las mansiones de tu Padre.
35 Por lo que sé, por esto que has dicho, que si los gentiles no tienen caridad, por motivo de nuestra debilidad, tú los probarás y les quitarás su [a]talento, sí, aun lo que hayan recibido, y lo darás a los que tengan más abundantemente.
36 Y sucedió que le imploré al Señor que diera [a]gracia a los gentiles, para que tuvieran caridad.
37 Y aconteció que el Señor me dijo: Si no tienen caridad, es cosa que nada tiene que ver contigo; tú has sido fiel; por tanto, tus vestidos estarán [a]limpios. Y porque has visto tu [b]debilidad, serás fortalecido, aun hasta sentarte en el lugar que he preparado en las mansiones de mi Padre.
38 Y ahora yo, Moroni, me despido de los gentiles, sí, y también de mis hermanos a quienes amo, hasta que nos encontremos ante el [a]tribunal de Cristo, donde todos los hombres sabrán que mis [b]vestidos no se han manchado con vuestra sangre.
39 Y entonces sabréis que he [a]visto a Jesús, y que él ha hablado conmigo [b]cara a cara, y que me dijo con sencilla humildad, en mi propio idioma, así como un hombre lo dice a otro, concerniente a estas cosas.
40 Y no he escrito sino unas pocas, a causa de mi debilidad en escribir.
41 Y ahora quisiera exhortaros a [a]buscar a este Jesús de quien han escrito los profetas y apóstoles, a fin de que la gracia de Dios el Padre, y también del Señor Jesucristo, y del Espíritu Santo, que da [b]testimonio de ellos, esté y permanezca en vosotros para siempre jamás. Amén.

CAPÍTULO 13

Éter habla de una Nueva Jerusalén que edificaría en América la posteridad de José — Profetiza, lo echan fuera, escribe la historia de los jareditas y predice la destrucción de estos — La guerra se extiende por toda la tierra.

Y AHORA yo, Moroni, procedo a concluir mi relato concerniente a la destrucción del pueblo del cual he estado escribiendo.
2 Pues he aquí, rechazaron

34*a* Moro. 7:47. GEE Amor; Caridad.
35*a* Mateo 25:14–30. GEE Don; Talento.
36*a* GEE Gracia.
37*a* DyC 38:42; 88:74–75; 135:4–5.
b Éter 12:27.
38*a* GEE Jesucristo — Es juez.
b Jacob 1:19.
39*a* GEE Jesucristo — Las apariciones de Cristo después de Su muerte.
b Gén. 32:30; Éx. 33:11.
41*a* DyC 88:63; 101:38.
b 3 Ne. 11:32.

todas las palabras de Éter; porque
él verdaderamente les habló de
todas las cosas, desde el principio
del hombre; y de que después que
se hubieron [a]retirado las aguas de
la superficie de esta tierra, llegó
a ser una tierra escogida sobre
todas las demás, una tierra escogida del Señor; por tanto, el Señor
quiere que lo [b]sirvan a él todos
los hombres que habiten sobre
la faz de ella;
3 y de que era el sitio de la
[a]Nueva Jerusalén que [b]descen-
dería del cielo, y el santo santuario del Señor.
4 He aquí, Éter vio los días de
Cristo, y habló de una [a]Nueva
Jerusalén sobre esta tierra.
5 Y habló también concerniente
a la casa de Israel, y la [a]Jerusalén
de donde [b]Lehi habría de venir —
que después que fuese destruida,
sería reconstruida, una ciudad
santa para el Señor; por tanto, no
podría ser una nueva Jerusalén,
porque ya había existido en la antigüedad; pero sería reconstruida,
y llegaría a ser una [c]ciudad santa
del Señor; y sería edificada para
la casa de Israel—
6 y que sobre esta tierra se edificaría una [a]Nueva Jerusalén para
el resto de la posteridad de [b]José,
para lo cual ha habido un [c]símbolo.
7 Porque así como José llevó a
su padre a la tierra de [a]Egipto, de
modo que allí murió, el Señor consiguientemente sacó a un resto de
la descendencia de José de la tierra
de Jerusalén, para ser misericordioso con la posteridad de José, a
fin de que no [b]pereciera, tal como
fue misericordioso con el padre de
José para que no pereciera.
8 De manera que el resto de los
de la casa de José se establecerán
sobre esta [a]tierra, y será la tierra
de su herencia; y levantarán una
ciudad santa para el Señor, semejante a la Jerusalén antigua; y
[b]no serán confundidos más, hasta
que llegue el fin, cuando la tierra
deje de ser.
9 Y habrá un cielo [a]nuevo, y una
tierra nueva; y serán semejantes
a los antiguos, salvo que los antiguos habrán dejado de ser, y todas
las cosas se habrán vuelto nuevas.
10 Y entonces viene la Nueva
Jerusalén; y benditos son los que
moren en ella, porque son aquellos cuyos vestidos son hechos
[a]blancos mediante la sangre del
Cordero; y son ellos los que están
contados entre el resto de los de
la posteridad de José, que eran de
la casa de Israel.
11 Y entonces viene también
la antigua Jerusalén; y benditos

13 2*a* Gén. 7:11–24; 8:3.
b Éter 2:8.
3*a* 3 Ne. 20:22; 21:23–24. GEE Nueva Jerusalén.
b Apoc. 3:12; 21:2.
4*a* GEE Sion.
5*a* GEE Jerusalén.
b 1 Ne. 1:18–20.
c Apoc. 21:10; 3 Ne. 20:29–36.
6*a* DyC 42:9; 45:66–67; 84:2–5; AdeF 1:10.
b GEE José hijo de Jacob.
c Alma 46:24. GEE Simbolismo.
7*a* Gén. 46:2–7; 47:6.
b 2 Ne. 3:5.
8*a* GEE Tierra prometida.
b Moro. 10:31.
9*a* 2 Pe. 3:10–13; Apoc. 21:1; 3 Ne. 26:3; DyC 101:23–25.
10*a* Apoc. 7:14; 1 Ne. 12:10–11; Alma 5:27.

son sus habitantes, porque han
sido lavados en la sangre del Cordero; y son los que fueron esparcidos y [a]recogidos de las cuatro
partes de la tierra y de los países
del [b]norte, y participan del cumplimiento del convenio que Dios
hizo con [c]Abraham, su padre.
12 Y cuando sucedan estas cosas, se cumplirá la Escritura que
dice: Hay quienes fueron los [a]pri-
meros, que serán los postreros; y
quienes fueron los postreros, que
serán los primeros.
13 Y estaba a punto de escribir
más, pero me está prohibido; pero
grandes y maravillosas fueron
las profecías de Éter; mas los del
pueblo lo tuvieron en poco y lo
echaron fuera; y él se ocultaba
en el hueco de una roca durante
el día, y salía de noche para ver
las cosas que sobrevendrían al
pueblo.
14 Y mientras vivía en el hueco
de una roca, anotó el resto de esta
historia, presenciando de noche
las destrucciones que descendían
sobre el pueblo.
15 Y sucedió que en ese mismo
año en que lo echaron de entre
el pueblo, empezó una guerra
muy grande entre el pueblo,
porque hubo muchos que se
levantaron, los cuales eran
hombres poderosos, e intentaron destruir a Coriántumr por
medio de sus secretos planes
de iniquidad, de que ya se ha
hablado.
16 Y Coriántumr, habiéndose
adiestrado en todas las artes de
guerra, y en toda la astucia del
mundo, combatió, por tanto, a los
que trataban de destruirlo.
17 Pero no se arrepintió, ni tampoco sus bellos hijos e hijas; ni los
bellos hijos e hijas de Cohor; ni
los bellos hijos e hijas de Corihor;
y en fin, no hubo ninguno de los
bellos hijos e hijas sobre la faz de
toda la tierra que se arrepintiese
de sus pecados.
18 Aconteció, pues, que en el
primer año en que moró Éter en
la cavidad de la roca, hubo mucha
gente que murió por la espada de
aquellas [a]combinaciones secretas,
que peleaban contra Coriántumr
para lograr apoderarse del reino.
19 Y sucedió que los hijos de
Coriántumr combatieron mucho
y se desangraron mucho.
20 Y en el segundo año, la palabra
del Señor vino a Éter de que debía
ir y profetizar a [a]Coriántumr que
si se arrepentía él, y toda su casa, el
Señor le daría el reino y perdonaría
la vida a los del pueblo;
21 de lo contrario, serían destruidos, así como toda su casa,
con excepción de él. Y él viviría
solamente para presenciar el cumplimiento de las profecías que
se habían hablado concernientes
a [a]otro pueblo que recibiría la

11*a* GEE Israel — La congregación de Israel.
b DyC 133:26–35.
c GEE Abraham, convenio de (convenio abrahámico).
12*a* Marcos 10:31; 1 Ne. 13:42; Jacob 5:63; DyC 90:9.
18*a* Éter 8:9–26.
20*a* Éter 12:1–2.
21*a* Omni 1:19–21; Éter 11:21.

tierra por herencia suya; y Coriántumr sería sepultado por ellos; y toda alma sería destruida, salvo [b]Coriántumr.

22 Y sucedió que Coriántumr no se arrepintió, ni los de su casa, ni los del pueblo; y las guerras no cesaron; e intentaron matar a Éter, pero él huyó de ellos y se refugió otra vez en la cavidad de la roca.

23 Y sucedió que se levantó Shared, el cual también hizo la guerra a Coriántumr; y lo derrotó, al grado de que en el tercer año lo redujo al cautiverio.

24 Y en el cuarto año, los hijos de Coriántumr vencieron a Shared, y de nuevo entregaron el reino a su padre.

25 Y empezó a haber guerra sobre toda la superficie de la tierra, cada cual, con su banda, combatiendo por lo que deseaba.

26 Y había ladrones, y en resumen, toda clase de iniquidades sobre toda la faz de la tierra.

27 Y aconteció que Coriántumr estaba irritado en extremo contra Shared, y marchó a la batalla contra él con sus ejércitos; y con gran ira tuvieron un encuentro, y fue en el valle de Gilgal; y la batalla se agravó muchísimo.

28 Y ocurrió que Shared peleó contra él por el término de tres días. Y sucedió que Coriántumr lo derrotó y lo persiguió hasta que llegó a las llanuras de Heslón.

29 Y aconteció que Shared de nuevo le salió a la batalla en las llanuras; y he aquí, venció a Coriántumr, y lo hizo retroceder hasta el valle de Gilgal.

30 Y Coriántumr volvió a la batalla contra Shared en el valle de Gilgal, en la cual derrotó a Shared y lo mató.

31 Y Shared hirió a Coriántumr en el muslo, por lo que no salió a la batalla por el término de dos años, durante los cuales toda la gente sobre la faz de la tierra estaba derramando sangre, y no había quien la detuviera.

CAPÍTULO 14

La iniquidad del pueblo trae una maldición sobre la tierra — Coriántumr emprende la guerra contra Gilead, después contra Lib y después contra Shiz — Sangre y mortandad cubren la tierra.

Y EMPEZÓ a haber una grande [a]maldición sobre toda la tierra a causa de la iniquidad del pueblo, por lo cual, si un hombre dejaba su herramienta o espada sobre su alacena, o en el lugar donde solía guardarla, he aquí, a la mañana siguiente, no la podía encontrar, tan grande era la maldición sobre esa tierra.

2 Así que todo hombre tomó entre sus manos lo que era suyo, y ni pedía prestado ni prestaba; y todo hombre conservaba el puño de su espada en su mano derecha, en defensa de su propiedad,

21*b* Éter 15:29–32.

14 1*a* Hel. 12:18; 13:17–23; Morm. 1:17–18; 2:10–14

su vida y la de sus esposas e hijos.

3 Y ahora bien, después del espacio de dos años, y después de la muerte de Shared, he aquí, se levantó el hermano de Shared y fue a la batalla contra Coriántumr, en la cual este lo venció y lo persiguió hasta el desierto de Akish.

4 Y acaeció que el hermano de Shared le dio batalla en el desierto de Akish; y la lucha se agravó en extremo, y muchos miles cayeron por la espada.

5 Y sucedió que Coriántumr le puso sitio en el desierto; y el hermano de Shared salió del desierto durante la noche, y mató a una parte del ejército de Coriántumr, mientras estaban borrachos.

6 Y avanzó a la tierra de Morón, y se colocó sobre el trono de Coriántumr.

7 Y sucedió que Coriántumr moró con su ejército en el desierto por el término de dos años, y durante este tiempo recibió gran fuerza para su ejército.

8 Y el hermano de Shared, que se llamaba Gilead, también recibió gran fuerza para su ejército, por causa de las combinaciones secretas.

9 Y aconteció que su sumo sacerdote lo asesinó mientras se hallaba sentado sobre el trono.

10 Y sucedió que a él lo asesinó uno de los miembros de las combinaciones secretas en un paso oculto, y obtuvo el reino para sí; y se llamaba Lib, y era un hombre de gran estatura, mayor que la de cualquier otro hombre entre todo el pueblo.

11 Y aconteció que en el primer año de Lib, Coriántumr subió a la tierra de Morón y dio batalla a Lib.

12 Y acaeció que sostuvo una lucha con Lib, en la cual Lib le asestó un golpe en el brazo y lo dejó herido; no obstante, el ejército de Coriántumr arremetió contra Lib, por lo que este huyó hacia la frontera a orillas del mar.

13 Y ocurrió que Coriántumr lo persiguió; y Lib le hizo frente a orillas del mar.

14 Y sucedió que Lib hirió al ejército de Coriántumr, de modo que huyeron de nuevo al desierto de Akish.

15 Y sucedió que Lib lo persiguió hasta que llegó a las llanuras de Agosh. Y Coriántumr se había llevado consigo a todo el pueblo mientras huía de Lib en aquella parte de la tierra por donde huía.

16 Y cuando llegó a las llanuras de Agosh, dio batalla a Lib, y lo hirió hasta que murió; no obstante, el hermano de Lib vino contra Coriántumr en su lugar, y la batalla se agravó en extremo, por lo cual Coriántumr huyó otra vez delante del ejército del hermano de Lib.

17 Y el nombre del hermano de Lib era Shiz. Y sucedió que Shiz persiguió a Coriántumr, y destruyó muchas ciudades; y mataba

tanto a mujeres como a niños, e
incendiaba las ciudades.
18 Y el temor a Shiz se esparció
por toda la tierra; sí, por toda
la tierra se oía el grito: ¿Quién
puede resistir al ejército de Shiz?
¡He aquí, barre la tierra por donde
pasa!
19 Y sucedió que los del pueblo empezaron a congregarse en
ejércitos por toda la superficie de
la tierra.
20 Y se dividieron; y parte de
ellos huyeron al ejército de Shiz,
y parte de ellos al ejército de Coriántumr.
21 Y tan grande y tan larga había
sido la guerra, y tanto había durado aquel cuadro de efusión de
sangre y mortandad, que toda la
superficie de la tierra se hallaba
cubierta de [a]cadáveres.
22 Y tan rápida y acelerada era
la guerra, que no quedaba nadie
para sepultar a los muertos, sino
que marchaban de una efusión
de sangre a otra, dejando los cadáveres, tanto de hombres como
de mujeres y de niños, tirados a
flor de tierra, para convertirse en
presa de los [a]gusanos de la carne.
23 Y el hedor se extendió por la
faz de la tierra, sí, por toda la superficie de la tierra; por lo que el
pueblo se sintió molesto de día y
de noche por causa del mal olor.
24 No obstante, Shiz no cesó de
perseguir a Coriántumr; porque
había jurado vengarse de Coriántumr por la sangre de su hermano
que había sido muerto; y la voz
del Señor que llegó a Éter fue
que Coriántumr no caería por la
espada.
25 Y así vemos que el Señor los
visitó con la plenitud de su ira,
y su iniquidad y abominaciones
habían preparado la vía para su
eterna destrucción.
26 Y sucedió que Shiz persiguió
a Coriántumr hacia el este, aun
hasta las fronteras junto al mar, y
allí combatió a Shiz por el espacio
de tres días.
27 Y tan terrible fue la destrucción entre los ejércitos de Shiz,
que las gentes empezaron a tener miedo, y comenzaron a huir
ante los ejércitos de Coriántumr;
y huyeron a la tierra de Corihor,
y exterminaban a los habitantes
delante de ellos, a todos los que
no querían unirse a ellos.
28 Y plantaron sus tiendas en el
valle de Corihor; y Coriántumr
plantó las suyas en el valle de
Shurr. Este valle de Shurr estaba
situado cerca del cerro Comnor;
por tanto, Coriántumr reunió a
sus ejércitos sobre el cerro Comnor, e hizo tocar la trompeta a los
ejércitos de Shiz para invitarlos
al combate.
29 Y sucedió que avanzaron,
pero fueron rechazados; y volvieron por segunda vez, y de nuevo
fueron rechazados. Y sucedió que
llegaron por tercera vez, y el combate se agravó en extremo.
30 Y aconteció que Shiz hirió a
Coriántumr de modo que le ocasionó muchas heridas profundas

21*a* Éter 11:6.
22*a* Isa. 14:9–11.

y se desmayó Coriántumr por la pérdida de sangre, y lo llevaron como si estuviese muerto.

31 Y tan grande fue la pérdida de hombres, mujeres y niños en ambos partidos, que Shiz dio órdenes a su pueblo de no perseguir a los ejércitos de Coriántumr; de modo que se volvieron a su campamento.

CAPÍTULO 15

Millones de jareditas mueren en las batallas — Shiz y Coriántumr reúnen a toda la gente para un combate mortal — El Espíritu del Señor deja de luchar con ellos — La nación jaredita es completamente destruida — Solo Coriántumr queda con vida.

Y OCURRIÓ que cuando Coriántumr se hubo recuperado de sus heridas, empezó a recordar las [a]palabras que Éter le había hablado.

2 Vio que ya habían sido muertos por la espada cerca de dos millones de los de su pueblo, y empezó a afligírsele el corazón; sí, habían sido muertos dos millones de hombres valientes, y también sus esposas y sus hijos.

3 Y empezó a arrepentirse del mal que había hecho; empezó a recordar las palabras que por boca de todos los profetas se habían hablado, y vio que hasta entonces se habían cumplido sin faltar un ápice; y su alma se afligió y no quiso ser consolada.

4 Y acaeció que escribió una epístola a Shiz, pidiéndole que perdonara al pueblo, y él renunciaría al reino por consideración a las vidas de los del pueblo.

5 Y aconteció que cuando Shiz hubo recibido su epístola, él escribió una epístola a Coriántumr, de que si se entregaba, a fin de que él lo matara con su propia espada, perdonaría la vida de los del pueblo.

6 Y sucedió que el pueblo no se arrepintió de su iniquidad; y la gente de Coriántumr se llenó de ira contra la gente de Shiz; y la gente de Shiz se llenó de ira contra la gente de Coriántumr; por lo que la gente de Shiz fue a la batalla contra la de Coriántumr.

7 Y cuando Coriántumr vio que estaba a punto de caer, de nuevo huyó delante de la gente de Shiz.

8 Y aconteció que llegó a las aguas de Ripliáncum, que interpretado significa grande, o que sobrepuja a todo; así que al llegar a estas aguas, plantaron sus tiendas; y Shiz también plantó sus tiendas cerca de ellos; y, por tanto, al día siguiente salieron al combate.

9 Y sucedió que se libró una batalla sumamente violenta, en la cual Coriántumr fue herido de nuevo, y se desmayó por la pérdida de sangre.

10 Y ocurrió que los ejércitos de

15 1*a* Éter 13:20–21.

Coriántumr arremetieron contra
los hombres de Shiz, de modo que
los vencieron y los hicieron retroceder ante ellos; y huyeron hacia
el sur, y plantaron sus tiendas en
un lugar llamado Ogat.
11 Y aconteció que el ejército
de Coriántumr plantó sus tiendas junto al cerro Rama; y era el
mismo cerro en donde mi padre
Mormón [a]ocultó los anales que
eran sagrados, para los fines del
Señor.
12 Y sucedió que reunieron a
toda la gente que no había perecido sobre toda la faz de la tierra,
con excepción de Éter.
13 Y aconteció que Éter presenció todos los hechos del pueblo;
y vio que la gente que estaba por
Coriántumr se juntó al ejército de
Coriántumr; y que la gente que
estaba por Shiz se unió al ejército
de Shiz.
14 De manera que durante cuatro años estuvieron recogiendo al
pueblo, a fin de juntar a todos los
que se hallaban sobre la superficie de la tierra, y para recibir
cuanta fuerza les fuera posible
lograr.
15 Y sucedió que cuando todos
se hubieron unido, cada cual al
ejército que prefería, con sus esposas y sus hijos —habiendo armado a los hombres, así como
a las mujeres y a los niños, con
armas de guerra, con escudos, y
[a]petos, y cascos, y estando vestidos para la guerra— marcharon
el uno contra el otro a la batalla; y
lucharon todo ese día, y no triun-
faron.
16 Y aconteció que al llegar la
noche, se hallaban rendidos de
cansancio y se retiraron a sus
campamentos; y después que se
hubieron retirado a sus campamentos, empezaron a gemir y a
lamentarse por los que habían
muerto entre su pueblo; y tan
grandes eran sus gritos, gemidos
y lamentos, que hendían el aire en
sumo grado.
17 Y sucedió que a la mañana
siguiente de nuevo salieron a la
batalla; y grande y terrible fue
aquel día; sin embargo, no triun-
faron; y cuando llegó la noche,
otra vez hendieron el aire con sus
lamentos, sus gritos y gemidos
por la pérdida de los que habían
muerto de su pueblo.
18 Y sucedió que Coriántumr
de nuevo escribió una epístola a
Shiz, pidiendo que no volviera
al combate, sino que tomara el
reino y perdonara la vida de los
del pueblo.
19 Y he aquí, el Espíritu del Señor había dejado de luchar con
ellos, y [a]Satanás se había apoderado completamente de sus
corazones; porque se habían entregado a la dureza de sus corazones y a la ceguedad de sus
mentes, a fin de que fuesen destruidos; por tanto, volvieron a la
batalla.
20 Y ocurrió que combatieron
todo ese día, y al llegar la noche
durmieron sobre sus espadas.

11*a* Morm. 6:6.
15*a* Mos. 8:7–10.
19*a* GEE Diablo.

21 Y a la mañana siguiente lucharon hasta que llegó la noche.

22 Y cuando llegó la noche, estaban [a]ebrios de ira, así como el hombre que está borracho de vino; y de nuevo durmieron sobre sus espadas.

23 Y a la mañana siguiente volvieron a luchar; y cuando llegó la noche, todos habían caído por la espada salvo cincuenta y dos de la gente de Coriántumr, y sesenta y nueve de la gente de Shiz.

24 Y sucedió que durmieron sobre sus espadas aquella noche, y a la mañana siguiente reanudaron el combate, y lucharon con todas sus fuerzas con sus espadas y sus escudos todo ese día.

25 Y cuando llegó la noche quedaban treinta y dos de la gente de Shiz, y veintisiete de la gente de Coriántumr.

26 Y sucedió que comieron y durmieron, y se prepararon para morir a la mañana siguiente. Y eran hombres grandes y fuertes en cuanto a la fuerza del hombre.

27 Y ocurrió que pelearon por el espacio de tres horas, y cayeron desmayados por la pérdida de sangre.

28 Y aconteció que, habiéndose recobrado lo suficiente para caminar, los hombres de Coriántumr estaban a punto de huir por sus vidas; pero he aquí, se levantó Shiz, y también sus hombres, y juró en su ira que mataría a Coriántumr o perecería por la espada.

29 Por tanto, los persiguió, y a la mañana siguiente los alcanzó; y pelearon otra vez con sus espadas. Y aconteció que cuando [a]todos hubieron caído por la espada, menos Coriántumr y Shiz, he aquí, Shiz se había desmayado por la pérdida de sangre.

30 Y ocurrió que después de haberse apoyado Coriántumr sobre su espada, de modo que descansó un poco, le cortó la cabeza a Shiz.

31 Y sucedió que después que le hubo cortado a Shiz la cabeza, este se alzó sobre sus manos y cayó; y después de esforzarse por alcanzar aliento, murió.

32 Y aconteció que [a]Coriántumr cayó a tierra, y se quedó como si no tuviera vida.

33 Y el Señor habló a Éter y le dijo: Sal. Y salió, y vio que se habían cumplido todas las palabras del Señor; y concluyó sus [a]anales (y ni la centésima parte he escrito yo); y los escondió de tal modo que el pueblo de Limhi los encontró.

34 Y las últimas palabras que [a]Éter escribió son estas: Si el Señor quiere que yo sea trasladado, o que sufra la voluntad del Señor en la carne, no importa, con tal que yo me salve en el reino de Dios. Amén.

22*a* Moro. 9:23.
29*a* Éter 13:20–21.
32*a* Omni 1:20–22.
33*a* Mos. 8:9; Alma 37:21–31; Éter 1:1–5.
34*a* Éter 12:2.

EL LIBRO DE MORONI

CAPÍTULO 1

Moroni escribe para el beneficio de los lamanitas — Se mata a todo nefita que no niegue al Cristo. Aproximadamente 401–421 d.C.

AHORA bien, yo, [a]Moroni, después de haber acabado de compendiar los anales del pueblo de Jared, había pensado no escribir más, pero no he perecido todavía; y no me doy a conocer a los lamanitas, no sea que me destruyan.

2 Porque he aquí, sus [a]guerras entre ellos mismos son extremadamente furiosas; y por motivo de su odio, [b]matan a todo nefita que no niegue al Cristo.

3 Y yo, Moroni, no [a]negaré al Cristo; de modo que ando errante por donde puedo, para proteger mi propia vida.

4 Por consiguiente, escribo unas pocas cosas más, contrario a lo que había supuesto; porque había pensado no escribir más; pero escribo unas cuantas cosas más, que tal vez sean de valor a mis hermanos los lamanitas en algún día futuro, según la voluntad del Señor.

CAPÍTULO 2

Jesús dio a los doce discípulos nefitas poder para conferir el don del Espíritu Santo. Aproximadamente 401–421 d.C.

LAS palabras de Cristo, las cuales habló a sus [a]discípulos, los doce que había escogido, al imponerles las manos.

2 Y los llamó por su nombre, diciendo: Pediréis al Padre en mi nombre, con poderosa oración; y después que hayáis hecho esto, tendréis [a]poder para que a aquel a quien impongáis las [b]manos, [c]le confiráis el Espíritu Santo; y en mi nombre lo conferiréis, porque así lo hacen mis apóstoles.

3 Y Cristo les habló estas palabras al tiempo de su primera aparición; y la multitud no las oyó, mas los discípulos sí las oyeron; y sobre todos aquellos a los que [a]impusieron las manos, descendió el Espíritu Santo.

CAPÍTULO 3

Los élderes ordenan presbíteros y maestros mediante la imposición de manos. Aproximadamente 401–421 d.C.

---

1 1*a* GEE Moroni hijo de Mormón.
2*a* 1 Ne. 12:20–23.
b Alma 45:14.
3*a* Mateo 10:32–33; 3 Ne. 29:5.
2 1*a* 3 Ne. 13:25.
2*a* GEE Poder.
b GEE Imposición de manos.
c 3 Ne. 18:37.
3*a* Hech. 19:6.

LA forma en que los discípulos,
que eran llamados los [a]élderes de
la iglesia, [b]ordenaban presbíteros
y maestros:
2 Después de haber orado al
Padre en el nombre de Cristo, les
imponían las manos, y decían:
3 En el nombre de Jesucristo, te
ordeno para que seas presbítero
(o si fuera maestro, te ordeno para
que seas maestro) para predicar el
arrepentimiento y la [a]remisión de
pecados, por medio de Jesucristo,
mediante la perseverancia en la fe
en su nombre hasta el fin. Amén.
4 Y de este modo [a]ordenaban
presbíteros y maestros, según los
[b]dones y llamamientos de Dios a
los hombres; y los ordenaban por
el [c]poder del Espíritu Santo que
había en ellos.

CAPÍTULO 4

Se expone la forma en que los élderes y los presbíteros administran el pan sacramental. Aproximadamente 401–421 d.C.

LA [a]forma en que sus [b]élderes
y presbíteros administraban la
carne y la sangre de Cristo a la
iglesia; y las [c]administraban de
acuerdo con los mandamientos
de Cristo; por tanto, sabemos que
la manera es correcta; y el élder
o el presbítero las administraba.
2 Y se arrodillaban con la iglesia,
y oraban al Padre en el nombre de
Cristo, diciendo:
3 Oh Dios, Padre Eterno, en el
nombre de Jesucristo, tu Hijo, te
pedimos que bendigas y santifi-
ques este [a]pan para las almas de
todos los que participen de él,
para que lo coman en [b]memo-
ria del cuerpo de tu Hijo, y testifiquen ante ti, oh Dios, Padre
Eterno, que están dispuestos a
tomar sobre sí el [c]nombre de tu
Hijo, y a recordarle siempre, y a
guardar sus mandamientos que
él les ha dado, para que siempre
puedan tener su [d]Espíritu consigo. Amén.

CAPÍTULO 5

Se expone la forma de administrar el vino sacramental. Aproximadamente 401–421 d.C.

LA [a]manera de administrar el vino.
He aquí, tomaban la copa y decían:
2 Oh Dios, Padre Eterno, en el
nombre de Jesucristo, tu Hijo, te
pedimos que bendigas y santi-
fiques este [a]vino para las almas
de todos los que lo beban, para
que lo hagan en [b]memoria de la
sangre de tu Hijo, que por ellos
se derramó; para que testifiquen
ante ti, oh Dios, Padre Eterno,
que siempre se acuerdan de él,

---

3 1*a* Alma 6:1. GEE Élder (anciano).
b GEE Ordenación, ordenar.
3*a* GEE Remisión de pecados.
4*a* DyC 18:32; 20:60.
b GEE Don.
c 1 Ne. 13:37; Moro. 6:9.
4 1*a* 3 Ne. 18:1–7.
b GEE Élder (anciano).
c DyC 20:76–77.
3*a* GEE Santa Cena.
b Lucas 22:19; 1 Cor. 11:23–24; 3 Ne. 18:7.
c GEE Jesucristo — El tomar sobre sí el nombre de Jesucristo.
d GEE Espíritu Santo.
5 1*a* 3 Ne. 18:8–11; DyC 20:78–79.
2*a* DyC 27:2–4. GEE Santa Cena.
b Lucas 22:19–20; 1 Cor. 11:25.

para que puedan tener su Espíritu consigo. Amén.

CAPÍTULO 6

Las personas que se arrepienten son bautizadas y hermanadas en la Iglesia — Los miembros de la Iglesia que se arrepienten son perdonados — Las reuniones se dirigen por el poder del Espíritu Santo. Aproximadamente 401–421 d.C.

Y AHORA hablo concerniente al [a]bautismo. He aquí, eran bautizados élderes, presbíteros y maestros; y no eran bautizados a menos que dieran frutos apropiados para manifestar que eran [b]dignos de ello.

2 Ni tampoco recibían a nadie para el bautismo, a menos que viniese con un [a]corazón quebrantado y un espíritu contrito, y testificase a la iglesia que verdaderamente se había arrepentido de todos sus pecados.

3 Y a nadie recibían para el bautismo, a menos que [a]tomara sobre sí el nombre de Cristo, teniendo la determinación de servirle hasta el fin.

4 Y después que habían sido recibidos por el bautismo, y el poder del Espíritu Santo había obrado en ellos y los había [a]purificado, eran contados entre los del pueblo de la iglesia de Cristo; y se inscribían sus [b]nombres, a fin de que se hiciese memoria de ellos y fuesen nutridos por la buena palabra de Dios, para guardarlos en la vía correcta, para conservarlos continuamente [c]atentos a orar, [d]confiando solamente en los méritos de Cristo, que era el [e]autor y perfeccionador de su fe.

5 Y la [a]iglesia se reunía a [b]menudo para [c]ayunar y orar, y para hablar unos con otros concerniente al bienestar de sus almas.

6 Y se reunían con frecuencia para participar del pan y vino, en memoria del Señor Jesús.

7 Y se esforzaban estrictamente por que [a]no hubiese iniquidad entre ellos; y a quienes hallaban que habían cometido iniquidad, y eran condenados ante los [b]élderes por [c]tres testigos de la iglesia, y si no se arrepentían ni [d]confesaban, sus nombres eran [e]borrados, y no eran contados entre el pueblo de Cristo.

8 Mas [a]cuantas veces se arrepentían y pedían perdón, con verdadera intención, se les [b]perdonaba.

9 Y los de la iglesia [a]dirigían sus reuniones de acuerdo con las

---

6 1*a* GEE Bautismo, bautizar.
b GEE Dignidad, digno.
2*a* GEE Corazón quebrantado.
3*a* GEE Jesucristo — El tomar sobre sí el nombre de Jesucristo.
4*a* GEE Pureza, puro.
b DyC 20:82.
c Alma 34:39; 3 Ne. 18:15–18.
d 2 Ne. 31:19; DyC 3:20.
e Heb. 12:2.
5*a* GEE Iglesia de Jesucristo.
b 3 Ne. 18:22; 4 Ne. 1:12; DyC 88:76.
c GEE Ayunar, ayuno.
7*a* DyC 20:54.
b Alma 6:1. GEE Élder (anciano).
c DyC 42:80–81. GEE Testigo.
d GEE Confesar, confesión.
e Éx. 32:33; DyC 20:83. GEE Excomunión.
8*a* Mos. 26:30–31.
b GEE Perdonar.
9*a* DyC 20:45; 46:2.

manifestaciones del Espíritu, y por el poder del [b]Espíritu Santo; porque conforme los guiaba el poder del Espíritu Santo, bien fuese predicar, o exhortar, orar, suplicar o cantar, así se hacía.

CAPÍTULO 7

Se hace la invitación a entrar en el reposo del Señor — Orad con verdadera intención — El Espíritu de Cristo habilita a los hombres para discernir el bien del mal — Satanás persuade a los hombres a negar a Cristo y hacer lo malo — Los profetas manifiestan la venida de Cristo — Por medio de la fe, se efectúan los milagros y los ángeles ministran — Los hombres deben tener la esperanza de obtener la vida eterna y deben allegarse a la caridad. Aproximadamente 401–421 d.C.

Y AHORA yo, Moroni, escribo unas pocas de las palabras que mi padre Mormón habló concernientes a la [a]fe, a la esperanza y a la caridad; porque de esta manera habló al pueblo, mientras les enseñaba en la sinagoga que habían construido como sitio donde adorar.

2 Y ahora yo, Mormón, os hablo a vosotros, amados hermanos míos; y es por la gracia de Dios el Padre, y nuestro Señor Jesucristo, y su santa voluntad, debido al don del [a]llamamiento que me hizo, que se me permite hablaros en esta ocasión.

3 Por tanto, quisiera hablaros a vosotros que sois de la iglesia, que sois los pacíficos discípulos de Cristo, y que habéis logrado la esperanza necesaria mediante la cual podéis entrar en el [a]reposo del Señor, desde ahora en adelante, hasta que tengáis reposo con él en el cielo.

4 Y juzgo esto de vosotros, mis hermanos, por razón de vuestra [a]conducta pacífica para con los hijos de los hombres.

5 Porque me acuerdo de la palabra de Dios, que dice: Por sus obras los [a]conoceréis; porque si sus obras son buenas, ellos también son buenos.

6 Porque he aquí, Dios ha dicho que un hombre, siendo [a]malo, no puede hacer lo que es bueno; porque si presenta una ofrenda, o si [b]ora a Dios, a menos que lo haga con verdadera intención, de nada le aprovecha.

7 Porque he aquí, no se le cuenta como obra buena.

8 Pues he aquí, si un hombre, siendo [a]malo, presenta una ofrenda, lo hace de [b]mala gana; de modo que le es contado como si hubiese retenido la ofrenda; por tanto, se le tiene por malo ante Dios.

9 E igualmente le es contado por mal a un hombre si ora y

9*b* GEE Espíritu Santo.
7 1*a* 1 Cor. 13; Éter 12:3–22, 27–37; Moro. 8:14; 10:20–23.
2*a* GEE Llamado, llamado por Dios, llamamiento.
3*a* GEE Descansar, descanso (reposo).
4*a* 1 Juan 2:6; DyC 19:23.
5*a* 3 Ne. 14:15–20.
6*a* Mateo 7:15–18.
b Alma 34:28. GEE Oración.
8*a* Prov. 15:8.
b DyC 64:34.

no lo hace con [a]verdadera intención de corazón; sí, y nada le aprovecha, porque Dios no recibe a ninguno de estos.

10 Por tanto, un hombre, siendo malo, no puede hacer lo que es bueno; ni presentará una ofrenda buena.

11 Porque he aquí, una [a]fuente amarga no puede dar agua buena; ni tampoco puede una fuente buena dar agua amarga; de modo que si un hombre es siervo del diablo, no puede seguir a Cristo; y si [b]sigue a Cristo, no puede ser siervo del diablo.

12 Por consiguiente, todo lo que es [a]bueno viene de Dios, y lo que es [b]malo viene del diablo; porque el diablo es enemigo de Dios, y lucha contra él continuamente, e invita e induce a [c]pecar y a hacer lo que es malo sin cesar.

13 Mas he aquí, lo que es de Dios invita e induce a hacer lo bueno continuamente; de manera que todo aquello que [a]invita e induce a hacer lo bueno, y a amar a Dios y a servirle, es [b]inspirado por Dios.

14 Tened cuidado, pues, amados hermanos míos, de que no juzguéis que lo que es [a]malo sea de Dios, ni que lo que es bueno y de Dios sea del diablo.

15 Pues he aquí, mis hermanos, os es concedido [a]juzgar, a fin de que podáis discernir el bien del mal; y la manera de juzgar es tan clara, a fin de que sepáis con un perfecto conocimiento, como la luz del día lo es de la obscuridad de la noche.

16 Pues he aquí, a todo hombre se da el [a]Espíritu de Cristo para que sepa [b]discernir el bien del mal; por tanto, os muestro la manera de juzgar; porque toda cosa que invita a hacer lo bueno, y persuade a creer en Cristo, es enviada por el poder y el don de Cristo, por lo que sabréis, con un conocimiento perfecto, que es de Dios.

17 Pero cualquier cosa que persuade a los hombres a hacer lo [a]malo, y a no creer en Cristo, y a negarlo, y a no servir a Dios, entonces sabréis, con un conocimiento perfecto, que es del diablo; porque de este modo obra el diablo, porque él no persuade a ningún hombre a hacer lo bueno, no, ni a uno solo; ni lo hacen sus ángeles; ni los que a él se sujetan.

18 Ahora bien, mis hermanos, en vista de que conocéis la luz por la cual podéis juzgar, la cual es la [a]luz de Cristo, cuidaos de juzgar equivocadamente; porque

9*a* Stg. 1:6–7; 5:16; Moro. 10:4.
11*a* Stg. 3:11–12.
b Mateo 6:24; 2 Ne. 31:10–13; DyC 56:2.
12*a* Stg. 1:17; 1 Juan 4:1–2; Éter 4:12.
b Alma 5:39–42.
c Hel. 6:30. GEE Pecado.
13*a* 2 Ne. 33:4; Éter 8:26.
b GEE Inspiración, inspirar.
14*a* Isa. 5:20; 2 Ne. 15:20.
15*a* GEE Discernimiento, don de.
16*a* GEE Conciencia; Luz, luz de Cristo.
b Gén. 3:5; 2 Ne. 2:5, 18, 26; Mos. 16:3; Alma 29:5; Hel. 14:31.
17*a* GEE Pecado.
18*a* Mos. 16:9; DyC 50:24; 88:7–13. GEE Luz, luz de Cristo.

con el mismo [b]juicio con que juzguéis, seréis también juzgados.
19 Por tanto, os suplico, hermanos, que busquéis diligentemente
en la [a]luz de Cristo, para que podáis discernir el bien del mal; y si
os aferráis a todo lo bueno, y no
lo condenáis, ciertamente seréis
[b]hijos de Cristo.
20 Y ahora bien, hermanos míos,
¿cómo es posible que os aferréis
a todo lo bueno?
21 Ahora llegamos a esa fe de la
cual dije que hablaría; y os indi-
caré la forma en que podéis afe-
rraros a todo lo bueno.
22 Porque he aquí, [a]sabiendo
Dios todas las cosas, dado que
existe de eternidad en eternidad,
he aquí, él envió [b]ángeles para ministrar a los hijos de los hombres,
para manifestar concerniente a la
venida de Cristo; y que en Cristo
habría de venir todo lo bueno.
23 Y Dios también declaró a los
profetas, por su propia boca, que
Cristo vendría.
24 Y he aquí, de diversos modos
manifestó cosas que eran buenas a los hijos de los hombres; y
todas las cosas que son buenas
vienen de Cristo; de lo contrario,
los hombres se hallaban [a]caídos,
y ninguna cosa buena podía llegar a ellos.
25 De modo que por la ministración de [a]ángeles, y por toda
palabra que salía de la boca de
Dios, empezaron los hombres a
ejercitar la fe en Cristo; y así, por
medio de la fe, se aferraron a todo
lo bueno; y así fue hasta la venida
de Cristo.
26 Y después que vino, los hombres también fueron salvos por la
fe en su nombre; y por la fe llegan
a ser hijos de Dios. Y tan ciertamente como Cristo vive, habló
estas palabras a nuestros padres,
diciendo: [a]Cuanto le pidáis al Padre en mi nombre, que sea bueno,
con fe creyendo que recibiréis, he
aquí os será concedido.
27 Por tanto, amados hermanos
míos, ¿han cesado los [a]milagros
porque Cristo ha subido a los cielos, y se ha sentado a la diestra
de Dios para [b]reclamar del Padre sus derechos de misericordia
que él tiene sobre los hijos de los
hombres?
28 Porque él ha cumplido los fines de la ley, y reclama a todos los
que tienen fe en él; y los que tienen fe en él se [a]allegarán a todo lo
bueno; por tanto, él [b]aboga por la
causa de los hijos de los hombres;
y mora eternamente en los cielos.
29 Y porque ha hecho esto,
¿han cesado los milagros, mis
queridos hermanos? He aquí, os
digo que no; ni han cesado los

18*b* TJS Mateo 7:1–2 (Apéndice — Biblia); Lucas 6:37; Juan 7:24.
19*a* DyC 84:45–46.
b Mos. 15:10–12; 27:25. GEE Hijos e hijas de Dios.
22*a* GEE Trinidad.
b Moisés 5:58. GEE Ángeles.
24*a* 2 Ne. 2:5.
25*a* Alma 12:28–30.
26*a* 3 Ne. 18:20. GEE Oración.
27*a* GEE Milagros.
b Isa. 53:12; Mos. 14:12.
28*a* Rom. 12:9; DyC 98:11.
b 1 Juan 2:1; 2 Ne. 2:9. GEE Abogado.

ángeles de ministrar a los hijos de los hombres.

30 Porque he aquí, se sujetan a él para ejercer su ministerio de acuerdo con la palabra de su mandato, manifestándose a los que tienen una fe fuerte y una mente firme en toda forma de santidad.

31 Y el oficio de su ministerio es llamar a los hombres al arrepentimiento; y cumplir y llevar a efecto la obra de los convenios del Padre, los cuales él ha hecho con los hijos de los hombres; y preparar la vía entre los hijos de los hombres, declarando la palabra de Cristo a los vasos escogidos del Señor, para que den testimonio de él.

32 Y obrando de este modo, el Señor Dios prepara la senda para que el resto de los hombres tengan [a]fe en Cristo, a fin de que el Espíritu Santo tenga cabida en sus corazones, según su poder; y de este modo el Padre lleva a efecto los convenios que ha hecho con los hijos de los hombres.

33 Y Cristo ha dicho: [a]Si tenéis fe en mí, tendréis poder para hacer cualquier cosa que me sea [b]conveniente.

34 Y él ha dicho: [a]Arrepentíos, todos vosotros, extremos de la tierra, y venid a mí, y sed bautizados en mi nombre, y tened fe en mí, para que seáis salvos.

35 Y ahora bien, amados hermanos míos, si resulta que estas cosas de que os hablo son verdaderas, y en el [a]postrer día Dios os mostrará con [b]poder y gran gloria que son verdaderas, y si son verdaderas, ¿ha cesado el día de los milagros?

36 ¿O han cesado los ángeles de aparecer a los hijos de los hombres? ¿O les ha [a]retenido él el poder del Espíritu Santo? ¿O lo hará, mientras dure el tiempo, o exista la tierra, o haya sobre la faz de ella un hombre a quien salvar?

37 He aquí, os digo que no; porque es por la fe que se obran [a]milagros; y es por la fe que aparecen ángeles y ejercen su ministerio a favor de los hombres; por tanto, si han cesado estas cosas, ¡ay de los hijos de los hombres, porque es a causa de la [b]incredulidad, y todo es inútil!

38 Porque, según las palabras de Cristo, ningún hombre puede ser salvo a menos que tenga fe en su nombre; por tanto, si estas cosas han cesado, la fe también ha cesado; y terrible es la condición del hombre, pues se halla como si no se hubiera efectuado redención alguna.

39 Mas he aquí, mis amados hermanos, opino de vosotros cosas mejores, porque juzgo que tenéis fe en Cristo a causa de vuestra mansedumbre; porque si no tenéis fe en él, entonces no

---

32*a* GEE Fe.
33*a* Mateo 17:20.
b DyC 88:64–65.
34*a* 3 Ne. 27:20;
Éter 4:18.
35*a* DyC 35:8.
b 2 Ne. 33:11.
36*a* Moro. 10:4–5, 7, 19.
37*a* Mateo 13:58;
Morm. 9:20;
Éter 12:12–18.
b Moro. 10:19–24.

sois [a]dignos de ser contados entre
el pueblo de su iglesia.
40 Y además, amados hermanos
míos, quisiera hablaros concerniente a la [a]esperanza. ¿Cómo
podéis lograr la fe, a menos que
tengáis esperanza?
41 Y, ¿qué es lo que habéis de
[a]esperar? He aquí, os digo que
debéis tener [b]esperanza, por
medio de la expiación de Cristo
y el poder de su resurrección,
en que seréis levantados a [c]vida
eterna, y esto por causa de vuestra fe en él, de acuerdo con la
promesa.
42 De manera que si un hombre
tiene [a]fe, es [b]necesario que tenga
esperanza; porque sin fe no puede
haber esperanza.
43 Y además, he aquí os digo
que el hombre no puede tener fe ni esperanza, a menos
que sea [a]manso y humilde de
corazón.
44 Porque si no, su [a]fe y su esperanza son vanas, porque nadie es aceptable a Dios sino los
mansos y humildes de corazón;
y si un hombre es manso y humilde de corazón, y [b]confiesa
por el poder del Espíritu Santo
que Jesús es el Cristo, es menester que tenga caridad; porque
si no tiene caridad, no es nada;
por tanto, es necesario que tenga
caridad.
45 Y la [a]caridad es sufrida y es
benigna, y no tiene [b]envidia, ni
se envanece, no busca lo suyo,
no se irrita fácilmente, no piensa
el mal, no se regocija en la iniquidad, sino se regocija en la verdad;
todo lo sufre, todo lo cree, todo lo
espera, todo lo soporta.
46 Por tanto, amados hermanos
míos, si no tenéis caridad, no sois
nada, porque la caridad nunca
deja de ser. Allegaos, pues, a la
caridad, que es mayor que todo,
porque todas las cosas han de
perecer;
47 pero la [a]caridad es el [b]amor
puro de Cristo, y permanece para
siempre; y a quien la posea en el
postrer día, le irá bien.
48 Por consiguiente, amados
hermanos míos, [a]pedid al Padre
con toda la energía de vuestros
corazones, que seáis llenos de
este amor que él ha otorgado
a todos los que son [b]discípu-
los verdaderos de su Hijo Jesucristo; para que lleguéis a ser
hijos de Dios; para que cuando
él aparezca, [c]seamos semejantes a él, porque lo veremos tal
como es; para que tengamos esta

---

39 *a* GEE Dignidad, digno.
40 *a* Éter 12:4.
GEE Esperanza.
41 *a* DyC 138:14.
b Tito 1:2; Jacob 4:4; Alma 25:16; Moro. 9:25.
c GEE Vida eterna.
42 *a* GEE Fe.
b Moro. 10:20.
43 *a* GEE Mansedumbre, manso.
44 *a* Alma 7:24; Éter 12:28–34.
b Lucas 12:8–9. GEE Confesar, confesión; Testimonio.
45 *a* 1 Cor. 13.
b GEE Envidia.
47 *a* 2 Ne. 26:30. GEE Caridad.
b Josué 22:5. GEE Amor.
48 *a* GEE Oración.
b GEE Jesucristo — El ejemplo de Jesucristo; Obediencia, obediente, obedecer.
c 1 Juan 3:1–3; 3 Ne. 27:27.

esperanza; para que seamos [d]purificados así como él es puro. Amén.

CAPÍTULO 8

El bautismo de los niños pequeños es una terrible iniquidad — Los niños pequeños viven en Cristo por motivo de la Expiación — La fe, el arrepentimiento, la mansedumbre y la humildad de corazón, la recepción del Espíritu Santo y la perseverancia hasta el fin conducen a la salvación. Aproximadamente 401–421 d.C.

UNA epístola de mi [a]padre Mormón, escrita a mí, Moroni; y me la escribió poco después de mi llamamiento al ministerio; y de esta manera me escribió él, diciendo:

2 Mi amado hijo Moroni, me regocijo en extremo de que tu Señor Jesucristo te haya tenido presente, y te haya llamado a su ministerio y a su santa obra.

3 Yo siempre te tengo presente en mis oraciones, rogando sin cesar a Dios el Padre, en el nombre de su Santo Hijo, Jesús, que por su infinita [a]bondad y [b]gracia te conserve mediante la perseverancia en la fe en su nombre hasta el fin.

4 Y ahora, hijo mío, te hablaré concerniente a lo que me aflige en extremo, porque me aflige que surjan [a]contenciones entre vosotros.

5 Porque, si he sabido la verdad, ha habido disputas entre vosotros concernientes al bautismo de vuestros niños pequeños.

6 Hijo mío, quisiera que trabajaras diligentemente para extirpar de entre vosotros este craso error; porque para tal propósito he escrito esta epístola.

7 Porque inmediatamente después que hube sabido estas cosas de vosotros, pregunté al Señor concerniente al asunto. Y la [a]palabra del Señor vino a mí por el poder del Espíritu Santo, diciendo:

8 Escucha las palabras de Cristo, tu Redentor, tu Señor y tu Dios: He aquí, vine al mundo no para llamar a los justos al arrepentimiento, sino a los pecadores; los [a]sanos no necesitan de médico sino los que están enfermos; por tanto, los niños [b]pequeños son [c]sanos, porque son incapaces de cometer [d]pecado; por tanto, la maldición de [e]Adán les es quitada en mí, de modo que no tiene poder sobre ellos; y la ley de la [f]circuncisión se ha abrogado en mí.

9 Y de esta manera me manifestó el Espíritu Santo la palabra de Dios; por tanto, amado hijo mío, sé que es una solemne

48*d* 3 Ne. 19:28–29. GEE Pureza, puro.
8 1*a* P. de Morm. 1:1.
3*a* Mos. 4:11.
b GEE Gracia.
4*a* 3 Ne. 11:22, 28; 18:34.
7*a* GEE Palabra de Dios.
8*a* Marcos 2:17.
b Marcos 10:13–16.
c Mos. 3:16; DyC 74:7.
d GEE Pecado.
e 2 Ne. 2:25–27. GEE Caída de Adán y Eva.
f Gén. 17:10–11. GEE Circuncisión.

burla ante Dios que bauticéis a
los niños pequeños.
10 He aquí, te digo que esto enseñarás: El arrepentimiento y el
bautismo a los que son [a]responsa-
bles y capaces de cometer pecado;
sí, enseña a los padres que deben
arrepentirse y ser bautizados, y
humillarse como sus [b]niños pequeños, y se salvarán todos ellos
con sus pequeñitos.
11 Y sus [a]niños pequeños no
necesitan el arrepentimiento, ni
tampoco el bautismo. He aquí, el
bautismo es para arrepentimiento
a fin de cumplir los mandamientos para la [b]remisión de pecados.
12 Mas los [a]niños pequeños viven en Cristo, aun desde la fundación del mundo; de no ser así,
Dios es un Dios parcial, y también un Dios variable que hace
[b]acepción de personas; porque,
¡cuántos son los pequeñitos que
han muerto sin el bautismo!
13 De modo que si los niños pequeños no pudieran salvarse sin
ser bautizados, estos habrían ido
a un infierno sin fin.
14 He aquí, te digo que el que
supone que los niños pequeños
tienen necesidad del bautismo
se halla en la hiel de la amargura
y en las cadenas de la iniquidad,
porque no tiene [a]fe, ni esperanza, ni caridad; por tanto, si
fuere talado mientras tenga tal
pensamiento, tendrá que bajar
al infierno.
15 Porque terrible es la iniquidad de suponer que Dios salva
a un niño a causa del bautismo,
mientras que otro debe perecer
porque no tuvo bautismo.
16 ¡Ay de aquellos que pervier-
tan de esta manera las vías del Señor!, porque perecerán, salvo que
se arrepientan. He aquí, hablo con
valentía, porque tengo [a]autoridad
de Dios; y no temo lo que el hombre haga, porque el [b]amor perfecto
[c]desecha todo temor.
17 Y me siento lleno de [a]caridad,
que es amor eterno; por tanto,
todos los niños son iguales ante
mí; por tanto, amo a los [b]niños
pequeñitos con un amor perfecto;
y son todos iguales y participan
de la salvación.
18 Porque yo sé que Dios no es
un Dios parcial, ni un ser variable; sino que es [a]inmutable de
[b]eternidad en eternidad.
19 Los [a]niños pequeños no
pueden arrepentirse; por consiguiente, es una terrible iniquidad negarles las misericordias
puras de Dios, porque todos

10*a* GEE Responsabilidad, responsable.
b GEE Humildad, humilde, humillar (afligir); Niño(s).
11*a* GEE Bautismo, bautizar — Requisitos del bautismo; Niño(s).
b GEE Remisión de pecados.
12*a* DyC 29:46–47; 93:38.
b Efe. 6:9; 2 Ne. 26:33; DyC 38:16.
14*a* 1 Cor. 13; Éter 12:6; Moro. 7:25–28; 10:20–23.
16*a* GEE Autoridad.
b GEE Amor.
c 1 Juan 4:18.
17*a* GEE Caridad.
b Mos. 3:16–19.
18*a* Alma 7:20; Morm. 9:9. GEE Trinidad.
b Moro. 7:22.
19*a* Lucas 18:15–17.

viven en él por motivo de su [b]mi-
sericordia.
20 Y el que diga que los niños
pequeños necesitan el bautismo
niega las misericordias de Cristo
y desprecia su [a]expiación y el poder de su redención.
21 ¡Ay de estos, porque están en
peligro de muerte, [a]infierno y un
[b]tormento sin fin! Lo digo osadamente; Dios me lo ha mandado.
Escuchad estas palabras y obede-
cedlas, o testificarán contra vosotros ante el [c]tribunal de Cristo.
22 Porque he aquí, todos los niños pequeñitos [a]viven en Cristo,
y también todos aquellos que están sin [b]ley. Porque el poder de la
[c]redención surte efecto en todos
aquellos que no tienen ley; por
tanto, el que no ha sido condenado, o sea, el que no está bajo
condenación alguna, no puede
arrepentirse; y para tal el bautismo de nada sirve;
23 antes bien, es una burla ante
Dios, el negar las misericordias
de Cristo y el poder de su Santo
Espíritu, y el poner la confianza
en [a]obras muertas.
24 He aquí, hijo mío, esto no
debe ser así; porque el [a]arrepenti-
miento es para aquellos que están
bajo condenación y bajo la maldición de una ley violada.
25 Y las primicias del [a]arrepenti-
miento es el [b]bautismo; y el bautismo viene por la fe para cumplir
los mandamientos; y el cumplimiento de los mandamientos trae
la [c]remisión de los pecados;
26 y la remisión de los pecados
trae la [a]mansedumbre y la humildad de corazón; y por motivo
de la mansedumbre y la humildad de corazón viene la visitación del [b]Espíritu Santo, el cual
[c]Consolador llena de [d]esperanza
y de [e]amor perfecto, amor que
perdura por la [f]diligencia en la
[g]oración, hasta que venga el fin,
cuando todos los [h]santos morarán
con Dios.
27 He aquí, hijo mío, te escribiré otra vez, si no salgo pronto
contra los lamanitas. He aquí, el
[a]orgullo de esta nación, o sea, el
pueblo de los nefitas, ha sido la
causa de su destrucción a menos
que se arrepientan.
28 Ruega por ellos, hijo mío, a
fin de que venga a ellos el arrepentimiento. Pero he aquí, temo
que el Espíritu ya ha dejado de

19 *b* GEE Misericordia, misericordioso.
20 *a* GEE Expiación, expiar; Plan de redención.
21 *a* GEE Infierno.
b Jacob 6:10; Mos. 28:3; DyC 19:10–12.
c GEE Jesucristo — Es juez.
22 *a* GEE Salvación — La salvación de los niños pequeños.
b Hech. 17:30; DyC 76:71–72.
c GEE Redención, redimido, redimir.
23 *a* DyC 22:2.
24 *a* GEE Arrepentimiento, arrepentirse.
25 *a* GEE Bautismo, bautizar — Requisitos del bautismo.
b Moisés 6:58–60.
c DyC 76:52. GEE Remisión de pecados.
26 *a* GEE Mansedumbre, manso.
b GEE Espíritu Santo.
c GEE Consolador.
d GEE Esperanza.
e 1 Pe. 1:22; 1 Ne. 11:22–25.
f GEE Diligencia.
g GEE Oración.
h GEE Santo (sustantivo).
27 *a* DyC 38:39. GEE Orgullo.

[a]luchar con ellos; y en esta parte
de la tierra están procurando también destruir todo poder y autoridad que viene de Dios; y están
[b]negando al Espíritu Santo.
29 Y después de rechazar tan
grande conocimiento, hijo mío, deben perecer en breve, para que se
cumplan las profecías que hablaron los profetas, así como las palabras de nuestro Salvador mismo.
30 Adiós, hijo mío, hasta que te
escriba, o te vuelva a ver. Amén.

La segunda epístola de Mormón a su hijo Moroni.

Comprende el capítulo 9.

CAPÍTULO 9

Tanto los nefitas como los lamanitas se han depravado y degenerado — Se torturan y se asesinan unos a otros — Mormón suplica que la gracia y la bondad de Dios acompañen a Moroni para siempre. Aproximadamente 401 d.C.

Mi amado hijo, te escribo otra vez
para que sepas que estoy vivo todavía; pero escribo algo de aquello que es penoso.
2 Porque he aquí, he tenido una
reñida batalla con los lamanitas,
en la cual no vencimos; y Ar-
queanto ha caído por la espada,
y también Luram y Emrón; sí, y
hemos perdido un gran número
de nuestros mejores hombres.
3 Y ahora bien, he aquí, hijo mío,
temo que los lamanitas destruyan
a los de este pueblo; porque no se
arrepienten, y Satanás de continuo los está provocando a la ira
unos contra otros.
4 He aquí, continuamente estoy
afanándome con ellos; y cuando
les hablo la palabra de Dios con
[a]severidad, tiemblan y se enojan
conmigo; y cuando no empleo la
severidad, endurecen el corazón
contra la palabra; por tanto, temo
que el Espíritu del Señor ha cesado de [b]luchar con ellos.
5 Porque es tan grande su ira,
que me parece que no temen la
muerte; y han perdido su amor,
el uno para con el otro; y siempre
están [a]sedientos de sangre y de
venganza.
6 Y ahora bien, mi querido hijo,
pese a su dureza, trabajemos [a]dili-
gentemente; porque si dejamos de
[b]obrar, incurriremos en la condenación. Porque tenemos una obra
que debemos efectuar mientras
estemos en este tabernáculo de
barro, a fin de vencer al enemigo
de toda rectitud, y dar reposo
a nuestras almas en el reino de
Dios.
7 Y ahora escribo un poco concerniente a los padecimientos
de este pueblo, porque según
las noticias que he recibido de
Amorón, he aquí, los lamanitas
tienen muchos prisioneros que
tomaron de la torre de Sherriza;

28*a* Morm. 5:16.
b Alma 39:6. GEE Pecado imperdonable.

9 4*a* 2 Ne. 1:26–27; DyC 121:41–43.
b DyC 1:33.
5*a* Morm. 4:11–12.

6*a* GEE Diligencia.
b Jacob 1:19; Enós 1:20. GEE Deber.

y había entre ellos hombres, mujeres y niños.
8 Y a los maridos y padres de
estas mujeres y niños los han matado; y alimentan a las mujeres
con la carne de sus esposos, y a
los niños con la carne de sus padres; y no les dan sino un poco
de agua.
9 Mas no obstante esta gran abominación de los lamanitas, no
excede a la de nuestro pueblo en
Moriántum. Pues he aquí, han tomado cautivas a muchas de las hijas de los lamanitas; y después de
privarlas de lo que era más caro y
precioso que todas las cosas, que
es la [a]castidad y la [b]virtud,
10 después de haber hecho esto,
las asesinaron de la manera más
cruel, torturando sus cuerpos
hasta la muerte; y después que
han hecho esto, devoran sus cuerpos como bestias salvajes, a causa
de la dureza de sus corazones; y
lo hacen como señal de valor.
11 Oh mi amado hijo, ¿cómo
puede un pueblo como este, que
está sin civilización
12 (y solo han pasado unos pocos años desde que era un pueblo
deleitable y civilizado),
13 oh hijo mío, cómo puede un
pueblo como este, que se deleita
en tanta abominación,
14 cómo podemos esperar que
Dios [a]detenga su mano en juicio
contra nosotros?
15 He aquí, mi corazón exclama:
¡Ay de este pueblo! ¡Ven en juicio,
oh Dios, y oculta sus pecados, e
iniquidad, y abominaciones, de
ante tu faz!
16 Y además, hijo mío, hay muchas [a]viudas y sus hijas que permanecen en Sherriza; y la parte de
las provisiones que los lamanitas
no se llevaron, he aquí, el ejército
de Zenefi la ha tomado consigo,
y a ellas las ha dejado para que
anden errando por donde puedan
hallar alimento; y muchas ancianas se desmayan por el camino,
y mueren.
17 Y el ejército que está conmigo
es débil; y los ejércitos de los lamanitas me separan de Sherriza;
y cuantos se han pasado al ejército de [a]Aarón han sido víctimas
de su espantosa brutalidad.
18 ¡Oh, la depravación de mi
pueblo! No tienen ni orden ni misericordia. He aquí, no soy más
que un hombre, y no tengo más
fuerza que la de un hombre, y ya
no me es posible poner en vigor
mis órdenes.
19 Y ellos se han empedernido
en su perversidad; y son igualmente brutales, pues no perdonan
a nadie, ni a jóvenes ni a ancianos;
y se deleitan en todo menos en lo
que es bueno; y los padecimientos
de nuestras mujeres y nuestros
hijos por toda la faz de esta tierra
sobrepujan a todas las cosas; sí, la
lengua no lo puede expresar, ni se
puede escribir.
20 Ahora bien, hijo mío, no hablo más de esta horrible escena.

9*a* GEE Castidad.
b GEE Virtud.
14*a* Alma 10:23.
16*a* GEE Viuda.
17*a* Morm. 2:9.

He aquí, tú conoces la iniquidad
de los de este pueblo; sabes que
no tienen principios y han perdido toda sensibilidad; y sus iniquidades [a]sobrepujan a las de los
lamanitas.
21 He aquí, hijo mío, no puedo
encomendarlos a Dios, no sea que
él me castigue.
22 Mas he aquí, hijo mío, te
encomiendo a Dios, y confío en
Cristo que te salvarás; y le pido a
Dios que te [a]conserve la vida para
que seas testigo o del regreso de
este pueblo a él, o de su entera
destrucción; porque yo sé que
deben perecer, a menos que se
[b]arrepientan y vuelvan a él.
23 Y si perecen, será como los
jareditas, por motivo de la obstinación de sus corazones en [a]bus-
car sangre y [b]venganza.
24 Y si es que perecen, sabemos
que un gran número de nuestros hermanos se han [a]pasado
a los lamanitas, y que muchos
otros también desertarán a ellos.
Escribe, pues, algunas cosas, si
eres preservado y yo muero y no
te veo más; pero confío en que
pueda verte pronto, porque tengo
unos anales sagrados que quisiera
[b]entregarte.
25 Hijo mío, sé fiel en Cristo; y
que las cosas que he escrito no
te aflijan, para apesadumbrarte
hasta la muerte; sino Cristo te
anime, y sus [a]padecimientos y
muerte, y la manifestación de su
cuerpo a nuestros padres, y su
misericordia y longanimidad, y
la esperanza de su gloria y de la
[b]vida eterna, reposen en tu [c]mente
para siempre.
26 Y la gracia de Dios el Padre,
cuyo trono está en las alturas de
los cielos, y de nuestro Señor
Jesucristo, que se sienta a la [a]dies-
tra de su poder, hasta que todas
las cosas le sean sujetas, te acom-
pañe y quede contigo para siempre. Amén.

CAPÍTULO 10

Se recibe un testimonio del Libro de Mormón por el poder del Espíritu Santo — Los dones del Espíritu se dan a los fieles — Los dones espirituales siempre acompañan a la fe — Las palabras de Moroni hablan desde el polvo — Venid a Cristo, perfeccionaos en Él y santificad vuestras almas. Aproximadamente 421 d.C.

Y AHORA yo, Moroni, escribo algo
según me parezca bien; y escribo
a mis hermanos los [a]lamanitas; y
quiero que sepan que ya han pasado más de cuatrocientos veinte
años desde que se dio la señal de
la venida de Cristo.
2 Y [a]sello estos anales, después

20*a* Hel. 6:34–35.
22*a* Morm. 8:3.
b Mal. 3:7; Hel. 13:11; 3 Ne. 10:6; 24:7.
23*a* Morm. 4:11–12.
b Éter 15:15–31.
24*a* Alma 45:14.
b Morm. 6:6.
25*a* GEE Expiación, expiar.
b GEE Vida eterna.
c GEE Mente.
26*a* Lucas 22:69; Hech. 7:55–56; Mos. 5:9; Alma 28:12.
10 1*a* DyC 10:48.
2*a* Morm. 8:4, 13–14. GEE Escrituras — Se profetiza la publicación de las Escrituras.

que os haya hablado unas palabras por vía de exhortación.
3 He aquí, quisiera exhortaros a
que, cuando leáis estas cosas, si
Dios juzga prudente que las leáis,
recordéis cuán misericordioso ha
sido el Señor con los hijos de los
hombres, desde la creación de
Adán hasta el tiempo en que recibáis estas cosas, y que lo [a]medi-
téis en vuestros [b]corazones.
4 Y cuando recibáis estas cosas,
quisiera exhortaros a que [a]pre-
guntéis a Dios el Eterno Padre,
en el nombre de Cristo, si [b]no son
verdaderas estas cosas; y si pedís con un corazón [c]sincero, con
[d]verdadera intención, teniendo
[e]fe en Cristo, él os [f]manifestará la
[g]verdad de ellas por el poder del
Espíritu Santo;
5 y por el poder del Espíritu
Santo podréis [a]conocer la [b]verdad
de todas las cosas.
6 Y cualquier cosa que es buena,
es justa y verdadera; por lo tanto,
nada que sea bueno niega al
Cristo, antes bien, reconoce que
él existe.
7 Y por el poder del Espíritu
Santo podréis saber que él existe;
por lo que quisiera exhortaros a
que no neguéis el poder de Dios;
porque él obra por poder, [a]de
acuerdo con la fe de los hijos de
los hombres, lo mismo hoy, y mañana, y para siempre.
8 Y además os exhorto, hermanos
míos, a que no neguéis los [a]dones
de Dios, porque son muchos, y
vienen del mismo Dios. Y hay
[b]diversas maneras de administrar
estos dones, pero es el mismo Dios
que obra todas las cosas en todo; y
se dan a los hombres por las manifestaciones del Espíritu de Dios
para beneficiarlos.
9 Porque he aquí, [a]a uno le es
dado por el Espíritu de Dios [b]en-
señar la palabra de sabiduría;
10 y a otro, enseñar la palabra
de conocimiento por el mismo
Espíritu;
11 y a otro, una [a]fe sumamente
grande; y a otro, los dones de [b]sa-
nar por el mismo Espíritu;
12 y además, a otro, obrar poderosos [a]milagros;
13 y además, a otro, profetizar
concerniente a todas las cosas;
14 y además, a otro, ver ángeles
y espíritus ministrantes;
15 y además, a otro, todo género
de lenguas;
16 y además, a otro, la interpretación de idiomas y diversas clases de [a]lenguas.
17 Y todos estos dones vienen por el Espíritu de Cristo; y
vienen a todo hombre, respec-

3*a* Deut. 11:18–19.
GEE Meditar.
b Deut. 6:6–7.
4*a* GEE Oración.
b 1 Ne. 13:39; 14:30;
Mos. 1:6;
Éter 4:10–11; 5:3.
c GEE Honestidad, honradez.
d Stg. 1:5–7; Moro. 7:9.
e GEE Fe.
f GEE Revelación.
g GEE Verdad.
5*a* DyC 35:19.
GEE Discernimiento, don de; Testimonio.
b Juan 8:32.
7*a* 1 Ne. 10:17–19.
8*a* GEE Dones del Espíritu.
b DyC 46:15.
9*a* 1 Cor. 12:8–11;
DyC 46:8–29.
b DyC 88:77–79, 118.
11*a* GEE Fe.
b GEE Sanar, sanidades.
12*a* GEE Milagros.
16*a* GEE Lenguas, don de.

tivamente, de acuerdo con su
voluntad.
18 Y quisiera exhortaros, mis
amados hermanos, a que tengáis
presente que [a]toda buena dádiva
viene de Cristo.
19 Y quisiera exhortaros, mis
amados hermanos, a que recordéis que él es el [a]mismo ayer, hoy
y para siempre, y que todos estos
dones de que he hablado, que son
espirituales, jamás cesarán, mientras permanezca el mundo, sino
por la [b]incredulidad de los hijos
de los hombres.
20 Por tanto, debe haber [a]fe; y
si debe haber fe, también debe
haber esperanza; y si debe haber
esperanza, debe haber caridad
también.
21 Y a menos que tengáis [a]caridad, de ningún modo seréis salvos en el reino de Dios; ni seréis
salvos en el reino de Dios si no
tenéis fe; ni tampoco, si no tenéis
esperanza.
22 Y si no tenéis esperanza, os
hallaréis en la desesperación; y la
desesperación viene por causa de
la iniquidad.
23 Y Cristo verdaderamente dijo
a nuestros padres: [a]Si tenéis fe,
podréis hacer todas las cosas que
me sean convenientes.
24 Y ahora hablo a todos los extremos de la tierra: Si llega el día
en que dejen de existir entre vosotros el poder y los dones de
Dios, será [a]por causa de la [b]incredulidad.
25 Y, ¡ay de los hijos de los hombres si tal fuere el caso; porque
[a]no habrá entre vosotros quien
haga lo bueno, no, ni uno solo!
Porque si hubiere entre vosotros
quien hiciere lo bueno, será por el
poder y los dones de Dios.
26 Y, ¡ay de aquellos que hagan
cesar estas cosas y [a]mueran, porque mueren en sus [b]pecados y
no pueden ser salvos en el reino
de Dios! Y lo digo de acuerdo
con las palabras de Cristo, y no
miento.
27 Y os exhorto a que recordéis
estas cosas; pues se acerca rápidamente el día en que sabréis que no
miento, porque me veréis ante el
tribunal de Dios; y el Señor Dios
os dirá: ¿No os declaré mis [a]palabras, que fueron escritas por este
hombre, como uno que [b]clamaba
de entre los muertos, sí, como uno
que hablaba desde el [c]polvo?
28 Declaro estas cosas para el
cumplimiento de las profecías.
Y he aquí, procederán de la boca
del Dios sempiterno; y su palabra [a]resonará de generación en
generación.
29 Y Dios os mostrará que lo que
he escrito es verdadero.

18*a* Stg. 1:17.
19*a* Heb. 13:8.
b Moro. 7:37.
20*a* Éter 12:3–37.
21*a* 1 Cor. 13; Moro. 7:1, 42–48. GEE Caridad.
23*a* Moro. 7:33.
24*a* Moro. 7:37.
b GEE Incredulidad.
25*a* TJS Sal. 14:1–7 (Apéndice — Biblia); Rom. 3:10–12.
26*a* Ezeq. 18:26–27; 1 Ne. 15:32–33; Mos. 15:26.
b Juan 8:21.
27*a* 2 Ne. 33:10–11.
b 2 Ne. 3:19–20; 27:13; 33:13; Morm. 9:30.
c Isa. 29:4.
28*a* 2 Ne. 29:2.

30 Y otra vez quisiera exhortaros a que [a]vinieseis a Cristo, y procuraseis toda buena dádiva; y que [b]no tocaseis el don malo, ni la cosa impura.

31 ¡Y [a]despierta y levántate del polvo, oh Jerusalén; sí, y vístete tus ropas hermosas, oh hija de [b]Sion; y [c]fortalece tus [d]estacas, y extiende tus linderos para siempre, a fin de que ya [e]no seas más confundida, y se cumplan los convenios que el Padre Eterno te ha hecho, oh casa de Israel!

32 Sí, [a]venid a Cristo, y [b]perfeccionaos en él, y absteneos de toda impiedad, y si os abstenéis de toda impiedad, y [c]amáis a Dios con todo vuestro poder, mente y fuerza, entonces su gracia os es suficiente, para que por su [d]gracia seáis perfectos en Cristo; y si por la gracia de Dios sois perfectos en Cristo, de ningún modo podréis negar el poder de Dios.

33 Y además, si por la gracia de Dios sois perfectos en Cristo y no negáis su poder, entonces sois [a]santificados en Cristo por la gracia de Dios, mediante el derramamiento de la [b]sangre de Cristo, que está en el convenio del Padre para la [c]remisión de vuestros pecados, a fin de que lleguéis a ser [d]santos, sin mancha.

34 Y ahora me despido de todos. Pronto iré a [a]descansar en el [b]paraíso de Dios, hasta que mi [c]espíritu y mi cuerpo de nuevo se [d]reúnan, y sea llevado triunfante por el [e]aire, para encontraros ante el [f]agradable tribunal del gran [g]Jehová, el [h]Juez Eterno de vivos y muertos. Amén.

30*a* 1 Ne. 6:4; Morm. 9:27; Éter 5:5.
b Alma 5:57.
31*a* Isa. 52:1–2.
b GEE Sion.
c Isa. 54:2.
d GEE Estaca.
e Éter 13:8.
32*a* Mateo 11:28; 2 Ne. 26:33; Jacob 1:7; Omni 1:26.
b Mateo 5:48; 3 Ne. 12:48. GEE Perfecto.
c DyC 4:2; 59:5–6.
d 2 Ne. 25:23.
33*a* GEE Santificación.
b GEE Expiación, expiar.
c GEE Remisión de pecados.
d GEE Santidad.
34*a* GEE Descansar, descanso (reposo).
b GEE Paraíso.
c GEE Espíritu.
d GEE Resurrección.
e 1 Tes. 4:17.
f Jacob 6:13.
g GEE Jehová.
h GEE Jesucristo — Es juez.

FIN

APÉNDICE

GUÍA PARA EL ESTUDIO DE LAS ESCRITURAS

CRONOLOGÍA

CONCORDANCIA ENTRE LOS EVANGELIOS

GUÍA PARA EL ESTUDIO DE LAS ESCRITURAS

En la serie de temas que aparecen por orden alfabético en la Guía para el Estudio de las Escrituras se definen ciertas doctrinas, principios, personas y lugares que se mencionan en la Santa Biblia, el Libro de Mormón, Doctrina y Convenios y la Perla de Gran Precio. También se proporcionan referencias importantes de las Escrituras sobre dichos temas para el estudio individual. Esta Guía servirá al lector de fuente de consulta en el estudio individual y familiar de las Escrituras, así como para responder a preguntas acerca del Evangelio, estudiar determinados temas en las Escrituras, preparar discursos y lecciones, y aumentar su conocimiento y testimonio del Evangelio.

A continuación figura una muestra del texto de esta Guía con explicaciones acerca de su presentación:

Los temas están escritos en negrilla.

Tierra. *Véase también* Creación, crear; Mundo

A veces, otros temas de la guía contienen información relacionada con el tema que se está estudiando. Las palabras en cursiva *Véase también* indican los temas correlacionados.

Se da una breve definición de cada tema.

El planeta sobre el cual vivimos, creado por Dios por medio de Jesucristo para el uso del hombre durante su probación mortal. El destino final de la tierra es ser glorificada y exaltada (DyC 77:1–2; 130:7–9). La tierra se convertirá en la herencia eterna de los que sean dignos de heredar una gloria celestial (DyC 88:14–26), donde disfrutarán también de la presencia del Padre y del Hijo (DyC 76:62).

En este párrafo, las referencias que aparecen entre paréntesis sirven al lector para comprender mejor la definición.

Algunos temas tienen subtítulos, los cuales figuran en letra cursiva.

Se creó para el hombre: Dios dio al hombre dominio sobre la tierra, **Gén.** 1:28 (Moisés 2:28). De Jehová es la tierra, **Éx.** 9:29 (Sal. 24:1). El Señor ha dado la tierra a los hijos de los hombres, **Sal.** 115:16. Yo hice la tierra y creé sobre ella al hombre, **Isa.** 45:12.

Por el poder de su palabra el hombre apareció sobre la faz de la tierra, **Jacob** 4:9.

Antes de cada referencia de las Escrituras, aparece una breve cita del pasaje o un resumen de este.

A los que han tomado al Santo Espíritu por guía les será dada la tierra, **DyC** 45:56–58 (DyC 103:7). Los que han obedecido el Evangelio recibirán como recompensa las cosas buenas de la tierra, **DyC** 59:3. Los pobres y los mansos de la tierra la heredarán, **DyC** 88:17 (Mateo 5:5; 3 Ne. 12:5).

Las referencias que se dan entre paréntesis tienen relación con el pasaje citado.

Algunos temas de la lista alfabética no presentan definiciones ni referencias, pero la palabra en cursiva *Véase* indica al lector otros temas donde puede encontrar información pertinente.

Tinieblas de afuera. *Véase* Diablo; Hijos de perdición; Infierno; Muerte espiritual

Tribus perdidas. *Véase* Israel — Las diez tribus perdidas de Israel

Cuando se hace referencia a un subtítulo en los temas correlacionados después de *Véase* o *Véase también*, siempre se cita en combinación con el tema principal. Por ejemplo: *Véase* Israel — Las diez tribus perdidas de Israel.

Aarón, hermano de Moisés. *Véase también* Moisés; Sacerdocio Aarónico

En el Antiguo Testamento, hijo de Amram y Jocabed, de la tribu de Leví (Éx. 6:16–20); hermano mayor de Moisés (Éx. 7:7).

Jehová lo nombró para ayudar a Moisés a sacar de Egipto a los hijos de Israel y para ser el portavoz de su hermano, **Éx.** 4:10–16, 27–31; 5:1–12:51. En el monte Sinaí, Moisés recibió instrucciones en cuanto al nombramiento de Aarón y sus cuatro hijos para ejercer el Sacerdocio Aarónico, **Éx.** 28:1–4. Hizo un becerro de oro a petición del pueblo, **Éx.** 32:1–6, 21, 24, 35. Murió en el monte de Hor a los 123 años de edad, **Núm.** 20:22–29 (Núm. 33:38–39).

El Señor también confirmó un sacerdocio sobre Aarón y su descendencia, **DyC** 84:18, 26–27, 30. Aquellos que magnifiquen su llamamiento en el sacerdocio llegan a ser los hijos de Moisés y de Aarón, **DyC** 84:33–34.

Aarón hijo de Mosíah. *Véase también* Mosíah hijo de Benjamín; Mosíah, hijos de

En el Libro de Mormón, uno de los hijos del rey Mosíah. Aarón sirvió de misionero, y sus esfuerzos diligentes dieron como resultado la conversión de muchas almas a Cristo.

Fue un incrédulo que procuró destruir la Iglesia, **Mos.** 27:8–10, 34. A él y a sus compañeros se les apareció un ángel, **Mos.** 27:11. Se arrepintió y comenzó a predicar la palabra de Dios, **Mos.** 27:32–28:8. Rehusó ser nombrado rey y, en lugar de ello, fue a la tierra de los lamanitas a predicar la palabra de Dios, **Alma** 17:6–9. Ayunó y oró para recibir guía, **Alma** 17:8–11. Enseñó al padre del rey Lamoni, **Alma** 22:1–26. Fue a predicar a los zoramitas, **Alma** 31:6–7.

Aarón, Sacerdocio de. *Véase* Sacerdocio Aarónico

Abdías

Profeta de la época del Antiguo Testamento que predijo el fin de Edom. Posiblemente haya profetizado durante el reinado de Joram (848–844 a.C.) o durante la invasión babilónica en 586 a.C.

El libro de Abdías: Libro del Antiguo Testamento que contiene un solo capítulo, en el cual Abdías escribió sobre la caída de Edom y profetizó que subirían salvadores al monte de Sion.

Abed-nego. *Véase también* Daniel

En el Antiguo Testamento, Sadrac, Mesac y Abed-nego eran tres jóvenes israelitas que, junto con Daniel, fueron llevados al palacio de Nabucodonosor, rey de Babilonia. El nombre hebreo de Abed-nego era Azarías. Los cuatro jóvenes rehusaron contaminarse participando de la carne y el vino del rey (Dan. 1). Por orden del rey, Sadrac, Mesac y Abed-nego fueron arrojados a un horno de fuego ardiente, mas fueron preservados milagrosamente (Dan. 3).

Abel. *Véase también* Adán; Caín

En el Antiguo Testamento, hijo de Adán y Eva.

Ofreció a Dios un sacrificio mejor que el que hizo su hermano Caín, **Gén.** 4:4–5 (Heb. 11:4; Moisés 5:16–21). Fue asesinado por Caín, **Gén.** 4:8 (Moisés 5:32).

Recibió el sacerdocio de manos de Adán, **DyC** 84:16.

Satanás conspiró con Caín para que este asesinara a Abel, **Moisés** 5:28–31 (Hel. 6:27).

Abinadí. *Véase también* Mártir, martirio

Profeta nefita del Libro de Mormón.

Profetizó que, a menos que se arrepintieran, Dios castigaría a los del pueblo del inicuo rey Noé, **Mos.** 11:20–25. Fue encarcelado por haber profetizado la destrucción del rey Noé y su pueblo, **Mos.** 12:1–17. Explicó a los sacerdotes inicuos del rey Noé la ley de Moisés y les enseñó acerca de Cristo, **Mos.** 12–16.

Alma creyó sus palabras y las escribió, **Mos.** 17:2–4. Padeció la muerte por fuego a manos del rey Noé, **Mos.** 17:20.

Abogado. *Véase también* Jesucristo

Jesucristo es nuestro abogado para con el Padre (Moro. 7:28) y aboga por nuestra causa ante Él.

Jesucristo es nuestro abogado para con el Padre, **1 Juan** 2:1 (DyC 110:4).

Jesús intercederá por todos los hijos de los hombres, **2 Ne.** 2:9 (Heb. 7:25). Jesús logró la victoria sobre la muerte, dándole ello poder para interceder por los hijos de los hombres, **Mos.** 15:8.

Soy vuestro intercesor ante el Padre, **DyC** 29:5. Jesucristo aboga por nuestra causa, **DyC** 45:3–5.

Abominable, abominación. *Véase también* Pecado

En las Escrituras, algo que provoca repugnancia u odio en los rectos y puros.

Los labios mentirosos son abominación a Jehová, **Prov.** 12:22.

El orgullo es una abominación ante el Señor, **Jacob** 2:13–22. Los inicuos son consignados al espectáculo de sus propias abominaciones, **Mos.** 3:25. La falta de castidad es el más abominable de todos los pecados, salvo el de asesinar y el de negar al Espíritu Santo, **Alma** 39:3–5.

La indignación del Señor está encendida en contra de las abominaciones, **DyC** 97:24.

Abominable, iglesia. *Véase* Diablo — La iglesia del diablo

Aborrecer. *Véase* Amor; Odio, aborrecimiento

Abraham. *Véase también* Abraham, convenio de (convenio abrahámico)

Hijo de Taré, nació en Ur de los caldeos (Gén. 11:26, 31; 17:5). Profeta del Señor con quien nuestro Señor hizo convenios eternos, por medio de los cuales son bendecidas todas las naciones de la tierra. El nombre original de Abraham era Abram.

Emigró a Harán, en donde murió Taré, **Gén.** 11:31–32 (Abr. 2:1–5). Fue llamado por Dios para viajar hasta Canaán y recibir un convenio divino, **Gén.** 12:1–8 (Abr. 2:4, 15–17). Viajó a Egipto, **Gén.** 12:9–20 (Abr. 2:21–25). Se estableció en Hebrón, **Gén.** 13:18. Libertó a Lot, **Gén.** 14:1–16. Se reunió con Melquisedec, **Gén.** 14:18–20. Agar dio a luz un hijo (Ismael) a Abraham, **Gén.** 16:15–16. Se le cambió el nombre de Abram a Abraham, **Gén.** 17:5. El Señor reveló a Abraham y a Sara que tendrían un hijo, **Gén.** 17:15–22; 18:1–14. Sara dio a luz a su hijo Isaac, **Gén.** 21:2–3. Se le mandó sacrificar a Isaac, **Gén.** 22:1–18. Muerte y sepultura de Sara, **Gén.** 23:1–2, 19. Muerte y sepultura de Abraham, **Gén.** 25:8–10.

La obediencia de Abraham al ofrecer a Isaac fue una semejanza de Dios y de su Hijo Unigénito, **Jacob** 4:5. Pagó diezmos a Melquisedec, **Alma** 13:15. Previó la venida de Cristo y testificó de ella, **Hel.** 8:16–17.

Recibió el sacerdocio de manos de Melquisedec, **DyC** 84:14. Los fieles llegan a ser la descendencia de Abraham, **DyC** 84:33–34 (Gál. 3:27–29). Recibió todas las cosas por revelación y ha entrado en su exaltación, **DyC** 132:29.

Buscó las bendiciones de los patriarcas y el nombramiento en el sacerdocio, **Abr.** 1:1–4. Lo persiguieron los sacerdotes falsos de Caldea, **Abr.** 1:5–15. Fue librado por el Señor, **Abr.** 1:16–20. Aprendió acerca del sol, la luna y las estrellas, **Abr.** 3:1–14. Aprendió acerca de la vida preterrenal y de la Creación, **Abr.** 3:22–28.

El libro de Abraham: Provino de registros antiguos escritos por Abraham, los cuales llegaron a manos de la Iglesia en 1835. Antonio Lebolo descubrió los registros y algunas momias en unas catacumbas egipcias, y al morir se los dejó a Michael Chandler, quien los exhibió en los Estados Unidos en 1835. Unos amigos de José Smith los compraron a Chandler y los entregaron al Profeta, que tradujo los escritos. Algunos de esos registros se encuentran actualmente en la Perla de Gran Precio.

En el capítulo 1 se relatan las experiencias de Abraham en Ur de los caldeos, en donde los sacerdotes inicuos trataron de ofrecerlo como sacrificio. En el capítulo 2, Abraham relata su viaje a Canaán. El Señor se le apareció e hizo convenios con él. En el capítulo 3, Abraham relata que vio el universo y percibió la relación que existe entre los cuerpos celestes. Los capítulos 4 y 5 contienen otro relato de la Creación.

La descendencia de Abraham: Son las personas que, por su obediencia a las leyes y las ordenanzas del evangelio de Jesucristo, reciben las promesas y los convenios que Dios hizo con Abraham. Hombres y mujeres pueden recibir estas bendiciones si son del linaje de Abraham o si son adoptados en su familia al aceptar el Evangelio y ser bautizados (Gál. 3:26–29; 4:1–7; DyC 84:33–34; 103:17; 132:30–32; Abr. 2:9–11). Los descendientes literales de Abraham pueden perder sus bendiciones por la desobediencia (Rom. 4:13; 9:6–8).

Abraham, convenio de (convenio abrahámico). *Véase también* Abraham; Circuncisión; Convenio

Abraham recibió el Evangelio y fue ordenado al sacerdocio mayor (DyC 84:14; Abr. 2:11), y entró en el convenio del matrimonio celestial, el cual es el convenio de la exaltación (DyC 131:1–4; 132:19, 29). Abraham recibió la promesa de que todas las bendiciones de estos convenios se ofrecerían a su posteridad terrenal (DyC 132:29–31; Abr. 2:6–11). A esos convenios y promesas, en conjunto, se les da el nombre de convenio de Abraham. La restauración de ese convenio se efectuó con la restauración del Evangelio en los últimos días, ya que por medio de él son bendecidas todas las naciones de la tierra (Gál. 3:8–9, 29; DyC 110:12; 124:58; Abr. 2:10–11).

Abram. *Véase* Abraham

Acab. *Véase también* Jezabel

En el Antiguo Testamento, uno de los reyes más inicuos y más poderosos de Israel, el reino del norte. Se casó con Jezabel, princesa de Sidón, mediante cuya influencia se estableció en Israel la adoración a Baal y a Astoret (1 Rey. 11:33; 1 Rey. 16:29–33; 2 Rey. 3:2), y procuró exterminar a los profetas y acabar con la adoración a Jehová (1 Rey. 18:13).

Reinó sobre Israel en Samaria veintidós años, **1 Rey.** 16:29 (1 Rey. 16–22). Hizo lo malo ante los ojos de Jehová, más que todos los que reinaron antes de él, **1 Rey.** 16:30. Murió en una batalla, **1 Rey.** 22:29–40.

Acción de gracias, agradecido, agradecimiento. *Véase también* Adorar; Alabanza, alabar; Bendecido, bendecir, bendición

Gratitud por las bendiciones que se reciben de Dios. A Dios le agrada la expresión de gratitud, y la verdadera adoración supone el darle gracias. Debemos dar gracias al Señor por todas las cosas.

Es bueno dar gracias al Señor, **Sal.** 92:1. Entrad por sus puertas con acción de gracias, **Sal.** 100.

No ceséis de dar gracias, **Efe.** 1:15–16. Sed agradecidos, **Col.** 3:15. La bendición y la gloria y la acción de gracias y la honra sean a nuestro Dios, **Apoc.** 7:12.

¡Oh, cómo debíais dar gracias a vuestro Rey Celestial!, **Mos.** 2:19–21. Vivid cada día en acción de gracias, **Alma** 34:38. Cuando te levantes por la mañana, rebose tu corazón de gratitud a Dios, **Alma** 37:37.

Haced todas las cosas con oración y acción de gracias, **DyC** 46:7. Habéis de dar gracias a Dios, **DyC** 46:32. Haced estas cosas con acción de gracias, **DyC** 59:15–21. Recibid esta bendición de mano del Señor con un corazón agradecido, **DyC** 62:7. El que reciba todas las cosas con gratitud será glorificado, **DyC** 78:19. En todas las cosas dad gracias, **DyC** 98:1 (1 Tes. 5:18). Alaba al Señor con oración de alabanza y acción de gracias, **DyC** 136:28.

Aceite. *Véase también* Bendición de los enfermos; Olivo; Unción

Cuando en las Escrituras se hace mención del aceite, usualmente se refiere al aceite de oliva. Desde los tiempos del Antiguo Testamento, se ha usado el aceite de oliva para los ritos del templo y del tabernáculo, así como para las unciones, en las lámparas y como alimento. En algunas ocasiones aparece también como símbolo de pureza y del Espíritu Santo y su influencia (1 Sam. 10:1, 6; 16:13; Isa. 61:1–3).

El sacerdote pondrá del aceite sobre el lóbulo de la oreja derecha, **Lev.** 14:28–29. Jehová me envió a que te ungiese por rey sobre su pueblo, **1 Sam.** 15:1. El aceite de la vasija de la viuda no menguó, **1 Rey.** 17:10–16. Unges mi cabeza con aceite, **Sal.** 23:5.

Ungían con aceite a muchos enfermos, **Mar.** 6:13. Oren por el enfermo los ancianos, ungiéndole con aceite, **Stg.** 5:13–15.

Llevad aderezadas y encendidas vuestras lámparas, y una provisión de aceite, **DyC** 33:17 (Mateo 25:1–13).

Aconsejar

En las Escrituras se utiliza este vocablo también en el sentido de instruir.

Yo te aconsejaré, **Éx.** 18:19.

Yo te aconsejo que de mí compres oro refinado en fuego, **Apoc.** 3:18.

No procuréis aconsejar al Señor, **Jacob** 4:10. El Señor aconseja en sabiduría, **Alma** 29:8. Porque él dirige con sabiduría todas sus obras, **Alma** 37:12.

Vuestros pecados han ascendido hasta mí porque procuráis aconsejaros de acuerdo con vuestras propias maneras, **DyC** 56:14.

Adán. *Véase también* Adán-ondi-Ahmán; Arcángel; Caída de Adán y Eva; Edén; Eva; Miguel

El primer hombre creado sobre la tierra.

Adán es el padre y patriarca de la raza humana en la tierra. Su transgresión en el Jardín de Edén (Gén. 3; DyC 29:40–42; Moisés 4) hizo que cayera y se volviera mortal, un paso necesario para que la humanidad progresara sobre esta tierra (2 Ne. 2:14–29; Alma 12:21–26). Por consiguiente, se debe honrar a Adán y a Eva por la función que desempeñaron, lo cual hizo posible nuestro progreso eterno. Adán es el Anciano de Días del que habló Daniel y también se le conoce como Miguel (Dan. 7; DyC 27:11; 107:53–54; 116; 138:38). Él es el arcángel (DyC 107:54) que vendrá nuevamente a la tierra como el patriarca de la familia humana (DyC 116).

Dios creó al hombre a su propia imagen, **Gén.** 1:26–28 (Moisés 2:26–28; Abr. 4:26–28). Dios dio al hombre dominio sobre todas las cosas y le mandó multiplicarse y llenar la tierra, **Gén.** 1:28–31 (Moisés 2:28–31; Abr. 4:28–31). Dios puso a Adán y a Eva en el Jardín de Edén y les prohibió comer del árbol de la ciencia del bien y del mal, **Gén.** 2:7–9, 15–17 (Moisés 3:7–9, 15–17; Abr. 5:7–13). Adán puso nombre a toda criatura viviente, **Gén.** 2:19–20 (Moisés 3:19–20; Abr. 5:20–21). Adán y Eva fueron casados por Dios, **Gén.** 2:18–25 (Moisés 3:18–25; Abr. 5:14–21). Adán y Eva fueron tentados por Satanás, comieron del fruto prohibido y fueron expulsados del Jardín de Edén, **Gén.** 3 (Moisés 4). Adán murió a los 930 años de edad, **Gén.** 5:5 (Moisés 6:12).

Fue el primer hombre, **DyC** 84:16. Antes de morir, llamó a los de su posteridad que eran justos, los congregó en Adán-ondi-Ahmán y los bendijo, **DyC** 107:53–57.

Ofreció sacrificios, **Moisés** 5:4–8. Fue bautizado, recibió el Espíritu Santo y fue ordenado al sacerdocio, **Moisés** 6:51–68.

Adán-ondi-Ahmán. *Véase también* Adán

El lugar donde Adán, tres años antes

de morir, bendijo a los de su posteridad que eran justos (DyC 107:53–56) y adonde vendrá antes de la Segunda Venida (DyC 116).

Adopción. *Véase también* Abraham — La descendencia de Abraham; Hijos de Cristo; Hijos e hijas de Dios; Israel

En las Escrituras se mencionan dos tipos de adopción:

(1) La persona que no es de linaje israelita llega a ser miembro de la familia de Abraham y de la casa de Israel por medio de la fe en Jesucristo, del arrepentimiento, del bautismo por inmersión y de la recepción del Espíritu Santo (2 Ne. 31:17–18; DyC 84:73–74; Abr. 2:6, 10–11).

(2) Todos los que hayan recibido las ordenanzas salvadoras del Evangelio llegan a ser hijos e hijas de Jesucristo mediante la continua obediencia a Sus mandamientos (Rom. 8:15–17; Gál. 3:24–29; 4:5–7; Mos. 5:7–8).

Adorar. *Véase también* Trinidad

Es amar y reverenciar a Dios y rendirle servicio y devoción (DyC 20:19). La adoración comprende la oración, el ayuno, el servicio en la Iglesia, la participación en las ordenanzas del Evangelio y las demás prácticas que pongan de manifiesto devoción y amor a Dios.

No tendrás dioses ajenos delante de mí, **Éx.** 20:3 (Éx. 32:1–8, 19–35; Sal. 81:9). Adorad al Padre en espíritu y en verdad, **Juan** 4:23. Adorad a aquel que hizo el cielo y la tierra, **Apoc.** 14:7 (DyC 133:38–39).

Debéis adorarlo con todo vuestro poder, mente y fuerza, **2 Ne.** 25:29. Creyeron en Cristo y adoraron al Padre en su nombre, **Jacob** 4:5. Zenós enseñó que el hombre debe orar y adorar en todo lugar, **Alma** 33:3–11. Adorad a Dios, en cualquier lugar en que estuviereis, en espíritu y en verdad, **Alma** 34:38. Los del pueblo cayeron a los pies de Jesús, y lo adoraron, **3 Ne.** 11:17.

Todos los hombres deben arrepentirse y creer en el nombre de Jesucristo, y adorar al Padre en su nombre, **DyC** 20:29. Os digo estas palabras para que podáis comprender y saber cómo adorar, y sepáis qué adoráis, **DyC** 93:19.

Solamente a este único Dios adoraré, **Moisés** 1:12–20. Nosotros reclamamos el derecho de adorar a Dios Todopoderoso, **AdeF** 1:11.

Adulterio. *Véase también* Castidad; Fornicación; Homosexual, comportamiento; Inmoralidad sexual; Sensual, sensualidad

La relación sexual ilícita entre el hombre y la mujer. Aunque generalmente se refiere a la relación sexual entre una persona casada y otra que no es su cónyuge, en las Escrituras también puede referirse a los que no tienen cónyuge.

En algunas ocasiones se emplea el adulterio como símbolo para ilustrar la apostasía de una nación o de todo un pueblo que se aparta de las vías del Señor (Núm. 25:1–3; Jer. 3:6–10; Ezeq. 16:15–59; Oseas 4).

José no quiso cometer este gran mal, y pecar contra Dios, **Gén.** 39:7–12. No cometerás adulterio, **Éx.** 20:14.

Cualquiera que mira a una mujer para codiciarla, ya adulteró con ella en su corazón, **Mateo** 5:28. Ni los fornicarios ni los adúlteros heredarán el reino de Dios, **1 Cor.** 6:9–10. A los fornicarios y a los adúlteros los juzgará Dios, **Heb.** 13:4.

El adulterio es el más abominable de todos los pecados, salvo el de derramar sangre inocente o el de negar al Espíritu Santo, **Alma** 39:3–5.

El que cometa adulterio y no se arrepienta, será expulsado, **DyC** 42:23–26. Si alguien comete adulterio en su corazón, no tendrá el Espíritu, **DyC** 63:14–16.

Adversario. *Véase* Diablo

Adversidad. *Véase también* Castigar, castigo; Persecución, perseguir; Perseverar; Tentación, tentar

Por medio de la adversidad, las tribulaciones, los problemas y la angustia, el hombre tendrá muchas experiencias que le conducirán al desarrollo espiritual y al progreso eterno si se vuelve al Señor.

Vuestro Dios, que os guarda de todas vuestras aflicciones y angustias, **1 Sam.** 10:19. Clamaron a Jehová en su angustia, **Sal.** 107:6, 13, 19, 28. Aunque el Señor nos dé pan de congoja, no nos serán quitados nuestros maestros, **Isa.** 30:20–21.

Es preciso que haya una oposición en todas las cosas, **2 Ne.** 2:11.

Si nunca tuviesen lo amargo, no podrían conocer lo dulce, **DyC** 29:39. Tu adversidad no será más que por un breve momento, **DyC** 121:7–8. Todas estas cosas te servirán de experiencia, y serán para tu bien, **DyC** 122:5–8.

Prueban lo amargo para saber apreciar lo bueno, **Moisés** 6:55.

Agar. *Véase también* Abraham; Ismael hijo de Abraham

En el Antiguo Testamento, sierva egipcia de Sara. Fue esposa de Abraham y la madre de Ismael (Gén. 16; 25:12; DyC 132:34, 65). El Señor le prometió que la descendencia de su hijo se convertiría en una gran nación (Gén. 21:9–21).

Agripa. *Véase también* Pablo

Herodes Agripa II, en el Nuevo Testamento, hijo de Herodes Agripa I y hermano de Berenice y Drusila. Fue rey de Calcis, región del monte Líbano. Escuchó al apóstol Pablo y dijo que este casi le había persuadido a ser cristiano (Hech. 25–26; JS—H 1:24).

Agua(s) viva(s). *Véase también* Jesucristo

Símbolo del Señor Jesucristo y de Sus enseñanzas. Así como el agua es esencial para sostener la vida terrenal, el Salvador y Sus enseñanzas (aguas vivas) son esenciales para la vida eterna.

Sacaréis con gozo aguas de las fuentes de la salvación, **Isa.** 12:3. Me dejaron a mí, fuente de agua viva, **Jer.** 2:13.

El que bebiere del agua que yo le daré, no tendrá sed jamás, **Juan** 4:6–15. Si alguno tiene sed, venga a mí y beba, **Juan** 7:37.

La barra de hierro conducía a la fuente de aguas vivas, **1 Ne.** 11:25.

Bebed de las aguas de la vida libremente, **DyC** 10:66. Mis mandamientos serán un manantial de aguas vivas, **DyC** 63:23.

Alabanza, alabar. *Véase* Acción de gracias, agradecido, agradecimiento; Adorar; Gloria

Expresión de gratitud y veneración a Dios. Reconocimiento de su poder y su grandeza. Las alabanzas son parte de la adoración al Señor.

Jehová es mi Dios, y lo alabaré, **Éx.** 15:2. Alabad a Jehová, invocad su nombre, **1 Cró.** 16:8. Alabaré a Jehová conforme a su justicia, **Sal.** 7:17. Lleguemos ante su presencia con alabanza, **Sal.** 95:2.

Te alabo, Padre, Señor del cielo y de la tierra, **Mateo** 11:25 (Lucas 10:21). Sed llenos del Espíritu, cantando y alabando al Señor, **Efe.** 5:18–19. ¿Está alguno alegre? Cante alabanzas, **Stg.** 5:13.

Confiaba en mi Dios, y lo alababa todo el día, **1 Nefi** 18:16. Alabaré el santo nombre de mi Dios, **2 Nefi** 9:49 (2 Nefi 22:4).

El que reconozca el poder de Dios le dará alabanza, **DyC** 52:17. Si te sientes alegre, alaba al Señor con cantos, y con oración y acción de gracias, **DyC** 136:28.

Albedrío. *Véase también* Libertad, libre; Responsabilidad, responsable

La facultad y el privilegio que Dios da a las personas de escoger y actuar por sí mismas.

De todo árbol podrás comer, **Gén.** 2:16. Escogeos hoy a quién sirváis, **Josué** 24:15 (Alma 30:8; Moisés 6:33).

El hombre no podía actuar por sí a menos que fuera tentado, **2 Ne.** 2:15–16. Los hombres son libres para escoger la libertad y la vida eterna, o la cautividad y la muerte, **2 Ne.** 2:27. Sois libres; se os permite obrar por vosotros mismos, **Hel.** 14:30.

Alejó de mí a la tercera parte de las

huestes del cielo, a causa de su albedrío, **DyC** 29:36. Es menester que el diablo tiente a los hijos de los hombres, o estos no podrían ser sus propios agentes, **DyC** 29:39. Escoja todo varón por sí mismo, **DyC** 37:4. Para que todo hombre pueda obrar de acuerdo con el albedrío moral que yo le he dado, **DyC** 101:78.

Satanás pretendió destruir el albedrío del hombre, **Moisés** 4:3. El Señor dio al hombre su albedrío, **Moisés** 7:32.

Alfa y Omega. *Véase también* Jesucristo

Alfa es la primera letra del alfabeto griego; Omega es la última. Son también nombres que se han dado a Jesucristo, y se emplean como símbolos para indicar que Cristo es el principio y el fin (Apoc. 1:8; DyC 19:1).

Alma. *Véase también* Cuerpo; Espíritu

En las Escrituras se habla de las almas en tres sentidos: (1) refiriéndose a los seres espirituales, tanto antes de nacer como después de morir (Alma 40:11–14; Abr. 3:23), (2) hablando del espíritu y el cuerpo mortal, unidos en la vida terrenal (DyC 88:15; Abr. 5:7) y (3) cuando se trata de un ser inmortal y resucitado cuyo espíritu y cuerpo se han unido inseparablemente (2 Ne. 9:13; DyC 88:15–16).

La sangre hace expiación por el alma, **Lev.** 17:11. Jehová confortará mi alma, **Sal.** 23:1–3.

Amarás al Señor tu Dios con toda tu alma, **Mateo** 22:37 (Mar. 12:30).

El diablo engaña sus almas, **2 Ne.** 28:21. Ofrecedle vuestras almas enteras como ofrenda, **Omni** 1:26. La palabra empieza a ensanchar mi alma, **Alma** 32:28. Su alma nunca tendrá hambre ni sed, **3 Ne.** 20:8. El pan y el agua sacramentales son santificados para las almas de todos los que participen de ellos, **Moro.** 4–5 (DyC 20:77–79).

Los obreros del reino traen salvación a su alma por medio de su servicio, **DyC** 4:2, 4. El valor de las almas es grande, **DyC** 18:10.

Habéis nacido en el mundo mediante el agua, y la sangre, y el espíritu, y así habéis llegado a ser alma viviente, **Moisés** 6:59.

El valor de las almas: Todos los seres humanos son hijos espirituales de Dios, quien se interesa en cada uno de ellos y considera importante a cada uno. Por ser Sus hijos, tienen el potencial de llegar a ser como Él. Por consiguiente, grande es el valor de ellos.

Hay gozo delante de los ángeles de Dios por un pecador que se arrepiente, **Lucas** 15:10. Porque de tal manera amó Dios al mundo, que ha dado a su Hijo Unigénito, **Juan** 3:16.

No podían soportar que alma humana alguna pereciera, **Mos.** 28:3. ¿No es un alma tan preciosa para Dios ahora, como lo será en el tiempo de su venida?, **Alma** 39:17.

Lo que será de mayor valor para ti será traer almas a mí, **DyC** 15:6. Recordad que el valor de las almas es grande a la vista de Dios, **DyC** 18:10–15.

Esta es mi obra y mi gloria: Llevar a cabo la inmortalidad y la vida eterna del hombre, **Moisés** 1:39.

Alma hijo de Alma. *Véase también* Alma, padre; Amulek; Mosíah, hijos de

En el Libro de Mormón, el primer juez superior y profeta de la nación nefita. En su juventud procuró destruir la Iglesia (Mos. 27:8–10). No obstante, se le apareció un ángel y se convirtió al Evangelio (Mos. 27:8–24; Alma 36:6–27). Posteriormente, renunció al puesto de juez superior para dedicarse a enseñar al pueblo (Alma 4:11–20).

El libro de Alma: Uno de los libros que se encuentran en el Libro de Mormón, el cual consta de un compendio de los registros de los profetas Alma hijo de Alma, y su hijo Helamán. Los acontecimientos que se describen en el libro tuvieron lugar aproximadamente entre los años 91 y 52 a.C. El libro contiene 63 capítulos; en los primeros cuatro se describe la rebelión de los seguidores de Nehor y

Amlici contra los nefitas. Las resultantes guerras fueron de las más destructivas de la historia nefita hasta esa época. Los capítulos del 5 al 16 contienen el relato de los primeros viajes misionales de Alma, incluso el sermón sobre el Buen Pastor (Alma 5) y su predicación con Amulek en la ciudad de Ammoníah. Los capítulos del 17 al 27 contienen el relato sobre los hijos de Mosíah y su ministerio entre los lamanitas. Los capítulos del 28 al 44 contienen algunos de los sermones más importantes de Alma. En el capítulo 32, Alma compara la palabra a una semilla; en el 36, se encuentra el relato que hizo a su hijo Helamán de la historia de su propia conversión. En los capítulos del 39 al 42, se encuentran los consejos de Alma a su hijo Coriantón, que había faltado a la moral; en este importante sermón, explica la justicia, la misericordia, la Resurrección y la Expiación. En los capítulos del 45 al 63 se describen las guerras nefitas de aquellos tiempos y las migraciones bajo la dirección de Hagot. Grandes líderes como el capitán Moroni, Teáncum y Lehi ayudaron a preservar a los nefitas con sus actos valerosos y oportunos.

Alma, padre

Profeta nefita del Libro de Mormón que organizó la Iglesia en los tiempos del inicuo rey Noé.

Sacerdote del inicuo rey Noé y descendiente de Nefi, **Mos.** 17:1–2. Después de escuchar Alma a Abinadí y de haber creído en sus palabras, el rey hizo que le echaran de entre ellos. Él huyó, se escondió y escribió todo lo que Abinadí había dicho, **Mos.** 17:3–4. Se arrepintió y enseñó las palabras de Abinadí, **Mos.** 18:1. Fue bautizado y bautizó a muchas personas en las aguas de Mormón, **Mos.** 18:12–16. Organizó la Iglesia, **Mos.** 18:17–29. Llegó a Zarahemla con su pueblo, **Mos.** 24:25. Le fue dada la autoridad sobre la Iglesia, **Mos.** 26:8. Juzgó a los miembros y dirigió la Iglesia, **Mos.** 26:34–39. Confirió a su hijo el oficio de sumo sacerdote, **Alma** 4:4 (Mos. 29:42; Alma 5:3).

Almacén. *Véase también* Bienestar

Lugar donde el obispo recibe y mantiene en depósito las ofrendas consagradas de los Santos de los Últimos Días y de donde las reparte a los pobres. Este almacén puede ser grande o pequeño según lo que dicten las circunstancias. Los santos fieles contribuyen con sus talentos, habilidades, materiales y medios económicos, que ponen a disposición del obispo para atender a los pobres en los momentos de necesidad. Por lo tanto, entre lo que contenga un almacén puede haber una lista de servicios disponibles, dinero, alimentos y otros artículos. El obispo es el agente del almacén y reparte los bienes y los servicios de acuerdo con las necesidades y según las indicaciones del Espíritu del Señor (DyC 42:29–36; 82:14–19).

Junten toda la provisión para los siete años de hambre, **Gén.** 41:34–36, 46–57. Traed todos los diezmos al alfolí, **Mal.** 3:10 (3 Ne. 24:10).

Desígnele el obispo un almacén a esta Iglesia, **DyC** 51:13. El exceso de bienes se entregará al almacén del Señor, **DyC** 70:7–8. Los santos deben organizarse y establecer un almacén, **DyC** 78:1–4. Los niños tienen derecho a los bienes del almacén del Señor si sus padres no tienen los medios para mantenerlos, **DyC** 83:5.

Altar. *Véase también* Sacrificios

Un retablo que se usaba para hacer sacrificios, ofrendas, y también para la adoración.

Noé edificó un altar ante el Señor y ofreció holocaustos, **Gén.** 8:20. Abraham edificó un altar a Jehová, **Gén.** 12:7–8. Abraham ató a Isaac, su hijo, sobre el altar, **Gén.** 22:9 (Gén. 22:1–13). Jacob edificó allí un altar, y llamó al lugar El-bet-el, **Gén.** 35:6–7. Elías el Profeta edificó un altar y desafió a los sacerdotes de Baal, **1 Rey.** 18:17–40.

Si traes tu ofrenda al altar, reconcíliate

primero con tu hermano, **Mateo** 5:23–24. Vi bajo el altar las almas de los que habían sido muertos por causa de la palabra de Dios, **Apoc.** 6:9 (DyC 135:7).

Lehi erigió un altar de piedras y dio gracias al Señor, **1 Ne.** 2:7.

Abraham fue librado de la muerte después que lo habían puesto sobre un altar de Elkénah, **Abr.** 1:8–20.

Amalecitas

En el Antiguo Testamento, tribu árabe que vivía en el desierto de Parán entre el Arabá y el Mediterráneo. Los amalecitas estuvieron constantemente en guerra con los hebreos desde los días de Moisés (Éx. 17:8) hasta los tiempos de Saúl y David (1 Sam. 15; 27:8; 30; 2 Sam. 8:11–12).

Amalekitas

En el Libro de Mormón, grupo de apóstatas nefitas que dirigió a los lamanitas en guerra contra los nefitas (Alma 21–24; 43).

Amalickíah

En el Libro de Mormón, traidor nefita que ascendió al poder entre los lamanitas y los dirigió en guerra contra los nefitas (Alma 46–51).

Amén. *Véase también* Oración

Significa "que así sea" o "así es". El vocablo *amén* se usa para expresar una aceptación y un acuerdo sinceros o solemnes (Deut. 27:14–26) o para afirmar la verdad (1 Rey. 1:36). En la actualidad, al final de las oraciones, los testimonios y los discursos, los que escuchan la oración o el mensaje pronuncian un *amén* audible para indicar su acuerdo y aceptación de lo dicho.

En los tiempos del Antiguo Testamento, *amén* era la respuesta correcta de la persona a quien se proponía un juramento (1 Cró. 16:7, 35–36; Neh. 5:12–13; 8:2–6). Se le llama a Cristo "el Amén, el testigo fiel y verdadero" (Apoc. 3:14). En la escuela de los profetas, *amén* también servía de señal de convenio (DyC 88:133–135).

Amlici, amlicitas

En el Libro de Mormón, un hombre que dirigió a un grupo de nefitas que deseaba tener rey durante el reinado de los jueces. Esos nefitas, llamados amlicitas, se rebelaron abiertamente contra Dios, por lo que fueron maldecidos (Alma 2–3).

Ammón, descendiente de Zarahemla. *Véase también* Limhi

En el Libro de Mormón, hombre fuerte y poderoso que dirigió una expedición desde Zarahemla hasta la tierra de Lehi-Nefi (Mos. 7:1–16). Le mostraron unos registros antiguos, y Ammón explicó lo que es un vidente (Mos. 8:5–18). Posteriormente ayudó a rescatar al rey Limhi y a su pueblo de los lamanitas y a llevarlos de regreso a Zarahemla (Mos. 22).

Ammón hijo de Mosíah. *Véase también* Anti-nefi-lehitas; Mosíah hijo de Benjamín; Mosíah, hijos de

En el Libro de Mormón, hijo del rey Mosíah. Ammón fue un misionero cuyos esfuerzos diligentes dieron como resultado la conversión de muchas almas a Cristo.

En una época fue un incrédulo que se ocupaba en destruir la Iglesia, **Mos.** 27:8–10, 34. A él y a sus compañeros se les apareció un ángel, **Mos.** 27:11. Se arrepintió y comenzó a predicar la palabra de Dios, **Mos.** 27:32–28:8. Rehusó ser nombrado rey y, en lugar de ello, fue a la tierra de los lamanitas para predicar la palabra de Dios, **Alma** 17:6–9. Ayunó y oró para recibir guía, **Alma** 17:8–11. Los lamanitas lo ataron y lo llevaron ante el rey Lamoni, **Alma** 17:20–21. Salvó los rebaños del rey, **Alma** 17:26–39. Predicó a Lamoni, **Alma** 18:1–19:13. Dio gracias a Dios y cayó dominado por el gozo, **Alma** 19:14. Sus conversos nunca más se desviaron, **Alma** 23:6. Se regocijó de ser un instrumento en las manos de Dios para llevar a miles de lamanitas a la verdad, **Alma** 26:1–8 (Alma 26). Condujo al pueblo de Anti-Nefi-Lehi a un lugar seguro,

Alma 27. Sintió gran gozo al reunirse con Alma, **Alma** 27:16–18.

Amonestación, amonestar. *Véase también* Atalaya, atalayar; Velar

Advertir o prevenir. Los profetas, los líderes y los padres amonestan y enseñan a otras personas a ser obedientes al Señor y a Sus enseñanzas.

Jacob amonestó al pueblo de Nefi acerca de toda clase de pecados, **Jacob** 3:12.

La voz de amonestación irá a todo pueblo, **DyC** 1:4. Sea vuestra predicación la voz de amonestación, **DyC** 38:41. Este es un día de amonestación, **DyC** 63:58. Todo hombre que ha sido amonestado, amoneste a su prójimo, **DyC** 88:81. Os he amonestado y os prevengo, dándoos esta palabra de sabiduría, **DyC** 89:4.

Amor. *Véase también* Caridad; Compasión; Enemistad

Profunda devoción y afecto. El amor a Dios comprende devoción, adoración, reverencia, ternura, misericordia, perdón, compasión, gracia, servicio, gratitud y bondad. El máximo ejemplo del amor de Dios hacia Sus hijos se encuentra en la expiación infinita de Jesucristo.

Amarás a tu prójimo como a ti mismo, **Lev.** 19:18 (Mateo 5:43–44; 22:37–40; Rom. 13:9; Gál. 5:14; Stg. 2:8; Mos. 23:15; DyC 59:6). Amarás a Jehová tu Dios de todo tu corazón, **Deut.** 6:5 (Moro. 10:32; DyC 59:5). Jehová vuestro Dios os está probando, para saber si amáis a Jehová vuestro Dios, **Deut.** 13:3. Jehová al que ama castiga, **Prov.** 3:12. En todo tiempo ama el amigo, **Prov.** 17:17.

De tal manera amó Dios al mundo, que ha dado a su Hijo Unigénito, **Juan** 3:16 (DyC 138:3). Que os améis unos a otros; como yo os he amado, **Juan** 13:34 (Juan 15:12, 17; Moisés 7:33). Si me amáis, guardad mis mandamientos, **Juan** 14:15 (DyC 42:29). Nadie tiene mayor amor que este, que uno ponga su vida por sus amigos, **Juan** 15:13. Simón, ¿me amas más que estos? Apacienta mis corderos, **Juan** 21:15–17. Nada nos podrá separar del amor de Dios, que es en Cristo, **Rom.** 8:35–39. Ojo no vio las cosas que Dios ha preparado para los que le aman, **1 Cor.** 2:9. Servíos por amor los unos a los otros, **Gál.** 5:13. Maridos, amad a vuestras mujeres, **Efe.** 5:25 (Col. 3:19). No améis al mundo, **1 Juan** 2:15. Dios es amor, **1 Juan** 4:8. Nosotros le amamos a él, porque él nos amó primero, **1 Juan** 4:19.

Cristo sufrió por motivo de su amorosa bondad para con los hombres, **1 Ne.** 19:9. Debéis seguir adelante teniendo amor por Dios y por todos los hombres, **2 Ne.** 31:20. Enseñad a vuestros hijos a amarse mutuamente y a servirse el uno al otro, **Mos.** 4:15. Si habéis sentido el deseo de cantar la canción del amor que redime: ¿Podéis sentir esto ahora?, **Alma** 5:26. Sed guiados por el Santo Espíritu, volviéndoos pacientes, llenos de amor, **Alma** 13:28. Procura refrenar todas tus pasiones para que estés lleno de amor, **Alma** 38:12. No había contenciones en la tierra, a causa del amor de Dios que moraba en el corazón del pueblo, **4 Ne.** 1:15. Todo aquello que invita a amar a Dios y servirlo, es inspirado por Dios, **Moro.** 7:13–16. La caridad es el amor puro de Cristo, **Moro.** 7:47. El amor perfecto desecha todo temor, **Moro.** 8:16 (1 Juan 4:18).

El amor es un requisito para efectuar la obra de Dios, **DyC** 4:5 (DyC 12:8). Todos los que aman y sirven a Dios reciben la santificación, **DyC** 20:31. Si me amas, me servirás y guardarás todos mis mandamientos, **DyC** 42:29 (Juan 14:15). Demostrad mayor amor hacia el que hayáis corregido o reprendido, **DyC** 121:43.

Amaron a Satanás más que a Dios, **Moisés** 5:13, 18, 28.

Amós

Profeta del Antiguo Testamento que profetizó desde aproximadamente 792 hasta 740 a.C., en los días de Uzías, rey de Judá, y Jeroboam, rey de Israel.

El libro de Amós: Libro del Antiguo Testamento. Muchas de las profecías de

Amós amonestan a Israel y a las naciones circunvecinas a volver a la rectitud.

En los capítulos del 1 al 5, se llama al arrepentimiento a Israel y a las naciones circunvecinas. En el capítulo 3, se explica que el Señor revela Sus secretos a los profetas y se advierte a Israel que, por causa de su transgresión, será destruido por un adversario. En los capítulos del 6 al 8, se profetiza la caída de Israel, muchos años antes de la invasión asiria. En el capítulo 9, se profetiza que Israel sería restaurado en su propia tierra.

Amulek. *Véase también* Alma hijo de Alma

En el Libro de Mormón, compañero misional de Alma, hijo.

Recibió la visita de un ángel, **Alma** 8:20; 10:7. Recibió a Alma en su hogar, **Alma** 8:21–27. Predicó con poder al pueblo de Ammoníah, **Alma** 8:29–32; 10:1–11. Era descendiente de Nefi, Lehi y Manasés, **Alma** 10:2–3. Testificó de la verdad, **Alma** 10:4–11. Llamó al pueblo al arrepentimiento y fue rechazado, **Alma** 10:12–32. Disputó con Zeezrom, **Alma** 11:20–40. Enseñó acerca de la resurrección, el juicio y la restauración, **Alma** 11:41–45. Quiso detener el martirio de los creyentes, **Alma** 14:9–10. Fue encarcelado junto con Alma, **Alma** 14:14–23. Por medio de la fe, se libró de la prisión, **Alma** 14:24–29. Testificó de la Expiación, la misericordia y la justicia, **Alma** 34:8–16. Enseñó acerca de la oración, **Alma** 34:17–28. Instó al pueblo a no demorar el arrepentimiento, **Alma** 34:30–41. La fe de Alma y Amulek hizo que se derribaran los muros de la prisión, **Éter** 12:13.

Ana, madre de Samuel. *Véase también* Samuel, profeta del Antiguo Testamento

Madre de Samuel, profeta del Antiguo Testamento e hijo que el Señor dio a Ana en respuesta a sus oraciones (1 Sam. 1:11, 20–28). Ana dedicó su hijo Samuel al Señor. Su cántico de gratitud se puede comparar con el de María, la madre de Jesús (1 Sam. 2:1–10; Lucas 1:46–55).

Ana, profetisa

En el Nuevo Testamento, profetisa de la tribu de Aser. En la época del nacimiento de nuestro Señor, era una viuda de edad avanzada. Vio al niño Jesús cuando lo presentaron en el templo y lo reconoció como el Redentor (Lucas 2:36–38).

Ananías de Damasco. *Véase también* Pablo

Discípulo cristiano de Damasco que bautizó a Pablo (Hechos 9:10–18; 22:12).

Ananías de Jerusalén

En el Nuevo Testamento, se relata que él y su esposa Safira mintieron al Señor, reteniendo una porción del dinero que debían consagrar al Señor. Cuando Pedro los confrontó, ambos cayeron al suelo y murieron (Hechos 5:1–11).

Anás. *Véase también* Caifás

En el Nuevo Testamento, hombre de gran influencia en el Sanedrín. Cuando se aprehendió a Jesús, se le llevó primero ante él (Juan 18:13); también desempeñó un papel importante en el juicio de los Apóstoles (Hech. 4:3–6).

Anciano. *Véase* Élder (anciano)

Anciano de Días. *Véase* Adán

Andar, andar con Dios. *Véase también* Camino (vía); Obediencia, obediente, obedecer; Rectitud, recto

Estar en armonía con las enseñanzas de Dios y vivir como Dios desea que viva Su pueblo; ser receptivo y obediente a la inspiración del Espíritu Santo.

El Señor probó al pueblo, para ver si andaba en su ley, o no, **Éx.** 16:4. Jehová no quitará el bien a los que andan en integridad, **Sal.** 84:11. Los que anden en las ordenanzas del Señor y guarden sus decretos y los cumplan, serán su pueblo, **Ezeq.** 11:20–21 (Deut. 8:6). Lo que pide Jehová de ti: solamente es. . . humillarte para andar con Dios, **Miq**. 6:8 (DyC 11:12).

Andad en la luz, como él está en luz, **1 Juan** 1:7 (2 Juan 1:6; 3 Juan 1:4; 4 Ne. 1:12).

Caminen por la senda estrecha que guía a la vida, **2 Ne.** 33:9. El rey Benjamín anduvo con la conciencia limpia delante de Dios, **Mos.** 2:27. Nuestro deber es andar sin culpa según el santo orden de Dios, **Alma** 7:22.

Los miembros de la Iglesia manifestarán buen comportamiento y proceder, **DyC** 20:69. Dad oído al profeta y andad con toda santidad delante del Señor, **DyC** 21:4. Enseñad a vuestros hijos a orar y a andar rectamente delante del Señor, **DyC** 68:28.

Permanecerás en mí, y yo en ti; por tanto, anda conmigo, **Moisés** 6:34.

Andrés

En el Nuevo Testamento, hermano de Simón Pedro y uno de los Doce Apóstoles llamados por Jesús durante Su ministerio terrenal (Mateo 4:18–19; Mar. 1:16–18, 29).

Ángeles

Hay dos clases de seres celestiales llamados ángeles: los que son solamente espíritus y los que tienen un cuerpo de carne y huesos. Los ángeles que son solo espíritus son aquellos seres que todavía no han obtenido un cuerpo de carne y huesos, o los que una vez lo tuvieron pero han muerto y esperan la resurrección. Los ángeles que poseen un cuerpo de carne y huesos son los que han resucitado de entre los muertos o han sido trasladados.

En las Escrituras hay muchas referencias en cuanto a la obra de los ángeles. En algunos pasajes los ángeles hablan con voz de trueno al comunicar los mensajes de Dios (Mos. 27:11–16). También se puede llamar ángeles a hombres mortales justos (TJS, Gén. 19:15 [Apéndice — Biblia]). Algunos ángeles prestan servicio alrededor del trono de Dios en los cielos (Alma 36:22).

En las Escrituras se habla también de los ángeles del demonio. Estos son los espíritus que siguieron a Lucifer en la batalla de los cielos y fueron lanzados fuera de la presencia de Dios en la vida preterrenal y arrojados a la tierra (Apoc. 12:1–9; 2 Ne. 9:9, 16; DyC 29:36–37).

Jacob vio ángeles de Dios que subían y descendían por una escalera, **Gén.** 28:12. Ángeles de Dios salieron al encuentro de Jacob, **Gén.** 32:1–2. Gedeón vio un ángel del Señor cara a cara, **Jue.** 6:22. Un ángel extendió su mano sobre Jerusalén para destruirla, **2 Sam.** 24:16. Un ángel tocó al profeta Elías y le dijo: Levántate, come, **1 Rey.** 19:5–7. Daniel vio al ángel Gabriel en una visión, **Dan.** 8:15–16. El ángel Miguel ayudó a Daniel, **Dan.** 10:13.

El ángel Gabriel fue enviado por Dios, **Lucas** 1:19, 26–27. A los ángeles indignos los puso en prisiones hasta el juicio, **Judas** 1:6 (2 Pe. 2:4).

La multitud vio ángeles que descendían del cielo, **3 Ne.** 17:24. Moroni escribió acerca de la ministración de ángeles, **Moro.** 7:25–32.

El Sacerdocio Aarónico tiene las llaves del ministerio de ángeles, **DyC** 13. Moroni, Juan el Bautista, Pedro, Santiago, Juan, Moisés, Elías el Profeta y Elías fueron todos ángeles que ministraron a José Smith, **DyC** 27:5–12. No podéis aguantar ahora la ministración de ángeles, **DyC** 67:13. Miguel, el arcángel, es Adán, **DyC** 107:54. Los ángeles que son seres resucitados tienen cuerpo de carne y huesos, **DyC** 129. No hay ángeles que ministren en esta tierra sino los que pertenecen a ella, **DyC** 130:5. Los que no obedecen la ley de Dios del matrimonio eterno ni se casan ni se dan en casamiento, sino que son nombrados ángeles en el cielo, **DyC** 132:16–17.

Ángeles ministrantes. *Véase* Ángeles

Anticristo. *Véase también* Diablo

Toda persona o todo aquello que sea una representación falsa del verdadero plan de salvación del Evangelio, y que manifiesta o secretamente se oponga a Cristo. Juan el Revelador describió al anticristo diciendo que es un mentiroso

(1 Juan 2:18–22; 4:3–6; 2 Juan 1:7). El mayor anticristo es Lucifer, pero tiene muchos colaboradores, tanto entre los seres mortales como entre los espíritus.

El hijo de perdición se opone y se levanta contra todo lo que se llama Dios, **2 Tes.** 2:1–12. Engaña a los moradores de la tierra con grandes señales, **Apoc.** 13:13–17.

Sherem negó a Cristo y engañó a muchos, **Jacob** 7:1–23. Nehor enseñó doctrinas falsas, estableció una iglesia e introdujo la superchería sacerdotal entre el pueblo, **Alma** 1:2–16. Korihor, el anticristo, se burló de Cristo, de la Expiación y del espíritu de profecía, **Alma** 30:6–60.

Antiguo Testamento. *Véase también* Biblia; Escrituras; Pentateuco

Escritos de profetas antiguos que actuaron bajo la influencia del Espíritu Santo y que, en el transcurso de muchos siglos, testificaron de Cristo y de Su futuro ministerio. También contiene un registro de la historia de Abraham y sus descendientes, partiendo de Abraham y el convenio, o *testamento,* que hizo el Señor con él y su posteridad.

Los primeros cinco libros del Antiguo Testamento fueron escritos por Moisés y son: Génesis, Éxodo, Levítico, Números y Deuteronomio. En Génesis se refiere el origen de la tierra, del género humano, de los idiomas y las razas, y del comienzo de la casa de Israel.

Los libros históricos relatan los acontecimientos que ocurrieron a Israel. Estos libros son: Josué, Jueces, Rut, 1 y 2 Samuel, 1 y 2 Reyes, 1 y 2 Crónicas, Esdras, Nehemías y Ester.

Los libros poéticos contienen algo de la sabiduría y la aptitud literaria de los profetas. Estos son: Job, Salmos, Proverbios, Eclesiastés, Cantares de Salomón y Lamentaciones.

Los profetas amonestaron a Israel tocante a sus pecados y testificaron de las bendiciones que se reciben mediante la obediencia. Profetizaron de la venida de Cristo, quien expiaría los pecados de los que se arrepintieran, recibieran las ordenanzas y vivieran el Evangelio. Los libros de los profetas son: Isaías, Jeremías, Ezequiel, Daniel, Oseas, Joel, Amós, Abdías, Jonás, Miqueas, Nahúm, Habacuc, Sofonías, Hageo, Zacarías y Malaquías.

La mayor parte de los libros del Antiguo Testamento se escribieron en hebreo, aunque unos pocos contienen escritos en arameo, otro idioma semítico de la época.

Anti-nefi-lehitas. *Véase también* Ammón hijo de Mosíah; Helamán, hijos de; Mosíah, hijos de

En el Libro de Mormón, nombre que tomaron los lamanitas convertidos por los hijos de Mosíah. Después de su conversión, los de este pueblo, llamado también el pueblo de Ammón, fueron fieles hasta el fin de sus vidas. (Alma 23:4–7, 16–17; 27:20–27).

Se pusieron el nombre de anti-nefi-lehitas, **Alma** 23:16–17; 24:1. Rehusaron derramar sangre y enterraron sus armas, **Alma** 24:6–19. Sus hijos se prepararon para la guerra y escogieron a Helamán para ser su caudillo, **Alma** 53:16–19; 56–58 (a estos jóvenes también se les conoce como los dos mil jóvenes ammonitas).

Apartamiento. *Véase también* Imposición de manos; Llamado, llamado por Dios, llamamiento

Ser elegido y consagrado para fines santos. Este nombramiento se da para prestar un servicio específico dentro de la organización de la Iglesia mediante la imposición de manos de uno que tenga la debida autoridad. Solamente los que presiden los cuórums del sacerdocio reciben llaves al ser apartados. Las personas a las que se aparta para cualquier cargo que no sea el de presidente de un cuórum pueden recibir una bendición del sacerdocio, pero con dicha bendición no se les confieren llaves del sacerdocio.

Apartadme a Bernabé y a Saulo para la obra, **Hech.** 13:2–3.

Quedan por ser apartados otros obispos, **DyC** 68:14. El obispo es un juez común y debe ser apartado para ese ministerio, **DyC** 107:17, 74.

El hombre debe ser llamado por Dios, por profecía y la imposición de manos, **AdeF** 1:5.

Apocalipsis. *Véase también* Juan hijo de Zebedeo

El título del último libro del Nuevo Testamento; también puede significar cualquier revelación extraordinaria. Deriva de una palabra griega que significa "revelación". El libro se compone de una revelación que recibió el apóstol Juan, en la cual se le permitió ver la historia del mundo, en especial los últimos días (Apoc. 1:1–2; 1 Ne. 14:18–27; DyC 77).

Juan recibió esta revelación en el día del Señor mientras se encontraba en la isla de Patmos (Apoc. 1:9–10), cerca de la costa de Asia, no muy lejos de Éfeso. Se desconoce la fecha exacta de la revelación.

El pasaje de 1 Nefi 14:18–27 y la sección 77 de Doctrina y Convenios (Éter 4:15–16) son claves para comprender el libro.

Los capítulos del 1 al 3 constituyen una introducción al libro y cartas a las siete iglesias de Asia, las cuales escribió Juan para ayudar a los santos a resolver ciertos problemas. En los capítulos 4 y 5, se registran visiones que Juan recibió y que muestran la majestuosidad y el poder justo de Dios y de Cristo. En los capítulos del 6 al 9 y el 11, Juan habla de haber visto un libro sellado con siete sellos, cada uno de los cuales representaba mil años de la historia temporal de la tierra. Estos capítulos tienen que ver principalmente con los acontecimientos encerrados en el séptimo sello (véase Apoc. 8–9; 11:1–15). En el capítulo 10, se describe un libro que Juan comió, el cual representa una misión futura que el Apóstol cumpliría. En el capítulo 12, se relata la visión del mal que comenzó en el cielo cuando Satanás se rebeló y fue expulsado. La guerra que comenzó allí continúa sobre la tierra. En los capítulos 13 y del 17 al 19, Juan describe los inicuos reinos terrenales controlados por Satanás y menciona el destino de esos reinos, incluso la destrucción final del mal. En los capítulos del 14 al 16, se habla de los santos justos en medio del mal poco antes de la segunda venida de Cristo. En los capítulos del 20 al 22, se describen el Milenio, la hermosa ciudad de la Nueva Jerusalén y los acontecimientos finales de la historia de la tierra.

Apócrifos. *Véase también* Biblia; Escrituras

Libros sagrados del pueblo judío que no fueron incluidos en la Biblia hebrea pero que se han conservado en las de algunas iglesias cristianas. A menudo son útiles para emplear como eslabón que une los dos Testamentos (Antiguo y Nuevo); en la Iglesia se les considera lectura provechosa.

En general, los libros apócrifos se han traducido correctamente, pero contienen interpolaciones incorrectas, **DyC** 91:1–3. El que sea iluminado por el Espíritu logrará beneficio de estos libros, **DyC** 91:4–6.

Apostasía. *Véase también* Rebelión; Restauración del Evangelio

El hecho de que las personas, la Iglesia o naciones enteras se aparten de la verdad.

Apostasía general: Israel tenía que cuidarse de que su corazón no se apartara del Señor, **Deut.** 29:18. Sin profecía el pueblo se desenfrena, **Prov.** 29:18. Quebrantaron el convenio sempiterno, **Isa.** 24:5.

Soplaron vientos contra aquella casa; y cayó, **Mateo** 7:27. Estoy maravillado de que tan pronto os hayáis alejado para seguir un evangelio diferente, **Gál.** 1:6.

Los que habían entrado en el sendero correcto se perdieron en el vapor de tinieblas, **1 Ne.** 8:23 (1 Ne. 12:17). Después que hubieron probado el fruto, cayeron en senderos prohibidos, **1 Ne.** 8:28. La apostasía de los nefitas fue un gran tropiezo para los que no eran de la Iglesia, **Alma** 4:6–12. Muchos miembros de la Iglesia se volvieron orgullosos y persiguieron a otros miembros, **Hel.** 3:33–34 (Hel. 4:11–13; 5:2–3). Cuando el Señor hace prosperar a los de su pueblo, ellos a veces endurecen sus corazones y se olvidan de Él, **Hel.** 12:2; 13:38. Los nefitas endurecieron sus corazones y cayeron bajo el poder de Satanás, **3 Ne.** 2:1–3. Moroni profetizó acerca de la apostasía de los últimos días, **Morm.** 8:28, 31–41.

La apostasía precederá a la Segunda Venida, **DyC** 1:13–16.

Apostasía de la Iglesia cristiana primitiva: Este pueblo se acerca a mí con su boca, **Isa.** 29:10, 13. He aquí que tinieblas cubrirán la tierra, **Isa.** 60:2. El Señor enviará hambre de oír la palabra de Jehová, **Amós** 8:11.

Se levantarán falsos Cristos, y falsos profetas, **Mateo** 24:24. Entrarán en medio de vosotros lobos rapaces, **Hech.** 20:29. Estoy maravillado de que tan pronto os hayáis alejado del que os llamó, **Gál.** 1:6. Habrá una apostasía antes de la Segunda Venida, **2 Tes.** 2:3. Algunas personas se desviaron de la verdad, **2 Tim.** 2:18. Habrá hombres que tendrán apariencia de piedad, pero negarán la eficacia de ella, **2 Tim.** 3:2–5. Vendrá tiempo cuando no sufrirán la sana doctrina, **2 Tim.** 4:3–4. Habrá falsos profetas y falsos maestros entre el pueblo, **2 Pe.** 2:1. Algunos hombres han entrado encubiertamente y niegan a Dios y a nuestro Señor Jesucristo, **Judas** 1:4. Algunos hombres dijeron ser apóstoles, y no lo eran, **Apoc.** 2:2.

Nefi vio el establecimiento de una iglesia grande y abominable, **1 Ne.** 13:26. Los gentiles han tropezado y establecido muchas iglesias, **2 Ne.** 26:20.

Se han desviado de mis ordenanzas y han violado mi convenio sempiterno, **DyC** 1:15. Tinieblas cubren la tierra, y densa obscuridad la mente del pueblo, **DyC** 112:23.

Se le dijo a José Smith que todas las iglesias estaban en error; que el corazón de la gente estaba lejos de Dios, **JS—H** 1:19.

Apóstol. *Véase también* Discípulo; Revelación

En griego, el vocablo *apóstol* significa "el que es enviado". Fue el título que Jesús dio a los Doce a quienes eligió y ordenó para ser los discípulos y ayudantes más allegados a Él durante Su ministerio en la tierra (Lucas 6:13; Juan 15:16). Los mandó para que lo representaran y ministraran por Él después de Su Ascensión a los cielos. Tanto en la antigüedad como actualmente, en el Cuórum de los Doce Apóstoles de la Iglesia restaurada, un apóstol es un testigo especial de Jesucristo en todo el mundo para dar testimonio de Su divinidad y Su resurrección de entre los muertos (Hech. 1:22; DyC 107:23).

La iglesia de Cristo está edificada sobre el fundamento de los apóstoles y profetas, **Efe.** 2:20; 4:11.

Lehi y Nefi vieron a los Doce Apóstoles que seguían a Jesús, **1 Ne.** 1:10; 11:34. Los apóstoles juzgarán a la casa de Israel, **Morm.** 3:18.

Los que no presten atención a las palabras de los profetas y apóstoles serán desarraigados, **DyC** 1:14 (3 Ne. 12:1). Se revelaron el llamamiento y la misión de los Doce, **DyC** 18:26–36. José Smith fue ordenado apóstol, **DyC** 20:2; 21:1. Los apóstoles son testigos especiales del nombre de Cristo y poseen las llaves del ministerio, **DyC** 27:12 (DyC 112:30–32). Los Doce Apóstoles constituyen un cuórum igual en autoridad que la Primera Presidencia, **DyC** 107:23–24. Los Doce son un Sumo Consejo Presidente Viajante, **DyC** 107:33. Los apóstoles poseen las llaves de la obra misional, **DyC** 107:35. Se describen algunos de los deberes de los apóstoles, **DyC** 107:58. Digo a todos los Doce: venid en pos de mí y apacentad mis ovejas, **DyC** 112:14–15.

Creemos en los apóstoles, **AdeF** 1:6.

La selección de los Apóstoles: Los

apóstoles son escogidos por el Señor (Juan 6:70; 15:16).

De entre Sus discípulos, Jesús escogió a Doce Apóstoles, **Lucas** 6:13–16. Matías fue escogido para ser apóstol, **Hech.** 1:21–26.

A Oliver Cowdery y a David Whitmer se les mandó buscar a los Doce, **DyC** 18:37–39.

Árbol de la vida. *Véase también* Edén

Árbol en el Jardín de Edén y en el paraíso de Dios (Gén. 2:9; Apoc. 2:7). En el sueño de Lehi, el árbol de la vida representa el amor de Dios, al que se refiere como el más grande de todos los dones de Dios (1 Ne. 8; 11:21–22, 25; 15:36).

Querubines y una espada encendida guardaban el camino del árbol de la vida, **Gén.** 3:24 (Alma 12:21–23; 42:2–6). Juan vio el árbol de la vida y las hojas eran para la sanidad de las naciones, **Apoc.** 22:2.

Lehi vio el árbol de la vida, **1 Ne.** 8:10–35. Nefi vio el árbol que había visto su padre, **1 Ne.** 11:8–9. La barra de hierro conduce al árbol de la vida, **1 Ne.** 11:25 (1 Ne. 15:22–24). Un abismo horroroso separa del árbol de la vida a los inicuos, **1 Ne.** 15:28, 36. Era menester el fruto prohibido en oposición al árbol de la vida, **2 Ne.** 2:15. Venid a mí y participaréis del fruto del árbol de la vida, **Alma** 5:34, 62. Si nuestros primeros padres hubieran participado del árbol de la vida, habrían sido miserables para siempre, **Alma** 12:26. Si no cultiváis la palabra, nunca podréis recoger el fruto del árbol de la vida, **Alma** 32:40.

El Señor plantó el árbol de la vida en medio del jardín, **Moisés** 3:9 (Abr. 5:9). Dios sacó a Adán del Jardín de Edén, para que no extendiera la mano y tomara del árbol de la vida y viviera para siempre, **Moisés** 4:28–31.

Arboleda Sagrada. *Véase* Primera Visión

Arca. *Véase también* Arco iris; Diluvio en los tiempos de Noé; Noé, patriarca bíblico

En el Antiguo Testamento, navío que construyó Noé para preservar la vida durante el Diluvio.

Hazte un arca de madera de gofer, **Gén.** 6:14. Reposó el arca sobre los montes de Ararat, **Gén.** 8:4.

Los barcos jareditas estaban ajustados como el arca de Noé, **Éter** 6:7.

Arca del convenio. *Véase también* Tabernáculo

Conocida también como el arca de Jehová, arca del testimonio, de la alianza o del pacto, el arca del convenio era un cofre o caja oblonga de madera recubierta de oro. Era el más antiguo y más sagrado de los símbolos religiosos de los israelitas. El propiciatorio colocado encima del arca se consideraba la morada terrenal de Jehová (Éx. 25:22). Al terminarse la construcción del templo, el arca se colocó en el Lugar Santísimo, el lugar más sagrado del santuario (1 Rey. 8:1–8).

Moisés hizo el arca por mandato de Dios, **Éx.** 25. A los hijos de Leví se les dio el mandato de encargarse del arca, **Núm.** 3:15, 31. El arca del convenio fue delante de ellos, **Núm.** 10:33. Tomad este libro de la ley, y ponedlo al lado del arca del convenio, **Deut.** 31:24–26. Las aguas del Jordán se dividieron ante el arca del convenio, **Josué** 3:13–17; 4:1–7. Los sacerdotes llevaron el arca del convenio cuando Israel fue a conquistar Jericó, **Josué** 6:6–20. Los filisteos capturaron el arca de Dios, **1 Sam.** 5. El Señor bendijo la casa de Obed-edom a causa del arca de Dios, **2 Sam.** 6:11–12. Uza fue muerto por el Señor cuando desobedeció e intentó sostener el arca, **1 Cró.** 13:9–12 (DyC 85:8). Edificad el santuario de Jehová Dios, para traer el arca del convenio, **1 Cró.** 22:19.

Se describe el contenido del arca del convenio, **Heb.** 9:4.

Arca del pacto. *Véase* Arca del convenio

Arca de la alianza. *Véase* Arca del convenio

Arcángel. *Véase también* Adán; Miguel

Miguel, o Adán, es el arcángel, o ángel mayor.

El Señor descenderá del cielo con voz de mando, con voz de arcángel, **1 Tes.** 4:16. Miguel es el arcángel, **Judas** 1:9 (DyC 29:26; 88:112; 128:20–21).

Arco iris. *Véase también* Arca; Diluvio en los tiempos de Noé; Noé, patriarca bíblico

Señal visible del convenio de Dios con Noé (Gén. 9:11–17). En TJS, Génesis 9:21–25 (Apéndice — Biblia), se explica que el convenio abarcaba además de la promesa de que la tierra nunca más sería cubierta por las aguas, que la Sion de Enoc volverá y que el Señor volverá a morar en la tierra.

Armadura

Especie de traje que se llevaba puesto para proteger el cuerpo de golpes y de estocadas de armas. El término también se usa para representar los atributos espirituales que nos protegen de la tentación y del mal.

Vestíos de toda la armadura de Dios, **Efe.** 6:10–18 (DyC 27:15–18).

Armagedón. *Véase también* Gog; Magog; Segunda venida de Jesucristo

El nombre *Armagedón* deriva de la expresión hebrea *Har Megiddon,* que significa "montaña de Meguido". El valle de Meguido se encuentra en la parte occidental de la llanura de Esdraelón, a 80 kilómetros al norte de Jerusalén, y es el lugar de varias batallas decisivas en los tiempos del Antiguo Testamento. El gran conflicto final que se efectuará poco antes de la segunda venida del Señor lleva el nombre de batalla de Armagedón, porque la lucha comenzará en el sitio que lleva ese nombre. (Véase Ezeq. 39:11; Zac. 12–14, particularmente 12:11; Apoc. 16:14–21).

Arrepentimiento, arrepentirse. *Véase también* Confesar, confesión; Corazón quebrantado; Expiación, expiar; Jesucristo; Perdonar; Remisión de pecados

Un cambio que se efectúa en el corazón y en el modo de pensar, lo cual significa adoptar una nueva actitud en cuanto a Dios, en cuanto a uno mismo y en cuanto a la vida en general. El arrepentimiento implica que la persona se aleje del pecado y entregue su corazón y su voluntad a Dios, sometiéndose a los mandamientos y deseos del Padre y abandonando el pecado. El verdadero arrepentimiento nace del amor por el Señor y del deseo sincero de obedecer Sus mandamientos. Toda persona responsable de sus actos ha pecado en alguna forma y debe arrepentirse a fin de progresar hacia la salvación. Nuestro arrepentimiento se hace efectivo y es aceptado por Dios solamente mediante la expiación de Jesucristo.

Quitad la iniquidad de vuestras obras de delante de mis ojos; dejad de hacer lo malo, **Isa.** 1:16. Convertíos, y apartaos de todas vuestras transgresiones, **Ezeq.** 18:30–31.

Arrepentíos, porque el reino de los cielos se ha acercado, **Mateo** 3:2. Habrá más gozo en el cielo por un pecador que se arrepiente, **Lucas** 15:7. Dios manda a todos los hombres en todo lugar, que se arrepientan, **Hech.** 17:30 (2 Ne. 9:23; 3 Ne. 11:31–40; DyC 133:16). La tristeza que es según Dios produce arrepentimiento para salvación, **2 Cor.** 7:10.

El Espíritu del Señor Omnipotente ha efectuado un potente cambio en nuestros corazones, por lo que ya no tenemos más disposición a obrar mal, **Mos.** 5:2. Si confiesa sus pecados y se arrepiente a este has de perdonar, **Mos.** 26:29. Después de la predicación de Alma, muchos empezaron a arrepentirse, **Alma** 14:1. No demoréis el día de vuestro arrepentimiento, **Alma** 34:33. Alma testificó a Helamán de su arrepentimiento y conversión, **Alma** 36 (Mos. 27:8–32). El arrepentimiento no podía llegar a los hombres a menos que se fijara un castigo, **Alma** 42:16. Deja que te preocupen tus pecados, con esa zozobra que te conducirá al arrepentimiento, **Alma** 42:29. Me ofreceréis como sacrificio un corazón quebrantado y un espíritu contrito, **3 Ne.** 9:20. Al que se arrepintiere y viniere a mí como un niño pequeñito, yo lo recibiré, **3 Ne.** 9:22. Arrepentíos, todos vosotros, extremos de la tierra, **3 Ne.** 27:20. Cuantas veces se arrepentían, se les perdonaba, **Moro.** 6:8.

No prediquéis sino el arrepentimiento a esta generación, **DyC** 6:9 (DyC 11:9). ¡Cuán grande es su gozo por el alma que se arrepiente!, **DyC** 18:13. Todo hombre tiene que arrepentirse o padecer, **DyC** 19:4. El que peque, y no se arrepienta, será expulsado, **DyC** 42:28. El que confiese y abandone sus pecados es perdonado, **DyC** 58:42–43. Los muertos que se arrepientan serán redimidos, **DyC** 138:58.

Nosotros creemos en el arrepentimiento, **AdeF** 1:4.

Artículos de Fe. *Véase también* Perla de Gran Precio; Smith, hijo, José

Trece puntos básicos de creencia a los cuales se adhieren los miembros de La Iglesia de Jesucristo de los Santos de los Últimos Días.

José Smith los escribió originalmente en una carta dirigida a John Wentworth, editor del periódico *Chicago Democrat*, en respuesta al deseo que este expresó de saber lo que creían los miembros de la Iglesia. Ese documento llegó a conocerse como la Carta a Wentworth, y se publicó por primera vez en el periódico de la Iglesia *Times and Seasons*, en marzo de 1842. El 10 de octubre de 1880, por el voto de los miembros de la Iglesia, los Artículos de Fe se aceptaron formalmente como Escritura y pasaron a formar parte de la Perla de Gran Precio.

Asa

En el Antiguo Testamento, tercer rey de Judá. En las Escrituras se nos dice que "el corazón de Asa fue perfecto para con Jehová toda su vida" (1 Rey. 15:14). Durante su reinado elevó la calidad del ejército aumentando su eficiencia, se deshizo del yugo egipcio, eliminó los falsos ídolos y mandó al pueblo que hiciera convenio de seguir a Jehová (1 Rey. 15–16; 2 Cró. 14–16). No obstante, cuando enfermó de los pies, no solicitó la ayuda del Señor, y murió (1 Rey. 15:23–24; 2 Cró. 16:12–13).

Ascensión. *Véase también* Jesucristo; Segunda venida de Jesucristo

Momento en el cual el Salvador partió formalmente de la tierra cuarenta días después de Su resurrección. La Ascensión ocurrió en el monte de los Olivos, en presencia de los discípulos (Mar. 16:19; Lucas 24:51). En esa ocasión, dos ángeles del cielo testificaron que en el futuro, el Señor volvería, tal "como le habéis visto ir al cielo" (Hech. 1:9–12).

Aser. *Véase también* Israel; Jacob hijo de Isaac

En el Antiguo Testamento, hijo de Jacob y Zilpa, sierva de Lea (Gén. 30:12–13).

La tribu de Aser: Jacob bendijo a Aser (Gén. 49:20), y Moisés bendijo a los descendientes de Aser (Deut. 33:1, 24–29). A estos descendientes se les llamó "escogidos, esforzados" (1 Cró. 7:40).

Asesinato. *Véase también* Caín; Pena de muerte

El acto deliberado e injustificado de quitar la vida a un ser humano. El asesinato es un pecado que se ha condenado desde el principio (Gén. 4:1–12; Moisés 5:18–41).

El que derramare sangre de hombre, por el hombre su sangre será derramada, **Gén.** 9:6 (TJS, Gén. 9:12–13; Éx. 21:12;

Alma 34:12). No matarás, **Éx.** 20:13 (Deut. 5:17; Mateo 5:21–22; Mos. 13:21; DyC 59:6).

Jesús dijo: No matarás, **Mateo** 19:18. Los homicidas tendrán su parte en la segunda muerte, **Apoc.** 21:8.

Sois homicidas en vuestros corazones, **1 Ne.** 17:44. ¡Ay del asesino que mata intencionalmente!, **2 Ne.** 9:35. Dios ha mandado que los hombres no cometan homicidio, **2 Ne.** 26:32. El asesinato es una abominación a los ojos del Señor, **Alma** 39:5–6.

El que matare no tendrá perdón, **DyC** 42:18. Si alguien matare, será entregado para ser juzgado, de acuerdo con las leyes del país, **DyC** 42:79.

Asiria

Antiguo imperio que, así como su rival, Babilonia, gobernó gran parte de los antiguos reinos y pueblos de Siria y Palestina durante la mayor parte de los tiempos del Antiguo Testamento. Aunque los asirios fueron una gran potencia desde mediados del siglo 12 a.C. hasta fines del siglo 7 a.C., nunca pudieron formar una estructura política estable. Gobernaron mediante el terror, aplastando a sus enemigos con el fuego y la espada o debilitándolos al deportar grandes porciones de la población a otras partes del imperio. Los pueblos sometidos al dominio asirio lucharon constantemente contra el imperio (véase 2 Rey. 18–19; 2 Cró. 32; Isa. 7:17–20; 10; 19; 37).

Atalaya, atalayar. *Véase también* Amonestación, amonestar; Velar

Persona que vela, vigila y obedece, y que está lista y preparada. En el sentido religioso, los atalayas son líderes llamados por los representantes del Señor para encargarse específicamente del bienestar de otros. Los que son llamados a ser líderes también tienen la responsabilidad especial de ser atalayas para el resto del mundo.

Te he puesto por atalaya, **Ezeq.** 3:17–21. El atalaya que alce la voz de amonestación librará su vida, **Ezeq.** 33:7–9. El Señor puso un atalaya sobre la viña, **DyC** 101:44–58.

Autoridad. *Véase también* Llamado, llamado por Dios, llamamiento; Llaves del sacerdocio; Ordenación, ordenar; Poder; Sacerdocio

El permiso que se otorga en la tierra a los hombres que han sido llamados u ordenados para actuar en el nombre de Dios el Padre o de Jesucristo a fin de llevar a cabo la obra de Dios.

Yo te he enviado, **Éx.** 3:12–15. Dirás todas las cosas que yo te mande, **Éx.** 7:2.

Jesús dio autoridad a los doce discípulos, **Mateo** 10:1. No me elegisteis vosotros a mí, sino que yo os elegí a vosotros, y os he puesto, **Juan** 15:16.

Nefi y Lehi predicaron con gran autoridad, **Hel.** 5:18. Nefi hijo de Helamán era varón de Dios, que tenía gran poder y autoridad que Dios le había dado, **Hel.** 11:18 (3 Ne. 7:17). Jesús dio poder y autoridad a doce nefitas, **3 Ne.** 12:1–2.

José Smith fue llamado por Dios y ordenado, **DyC** 20:2. Nadie predicará el evangelio ni edificará la iglesia, a menos que sea ordenado por alguien que tenga autoridad, y sepa la iglesia que la tiene, **DyC** 42:11. Los élderes deben predicar el evangelio, obrando mediante la autoridad, **DyC** 68:8. El Sacerdocio de Melquisedec tiene autoridad para administrar en las cosas espirituales, **DyC** 107:8, 18–19. Lo que se hace con autoridad divina llega a ser ley, **DyC** 128:9.

Los que prediquen o administren en nombre de Dios deben ser llamados por Él, por medio de aquellos que tengan la autoridad, **AdeF** 1:5.

Autoridades Generales. *Véase* Apóstol; Obispo Presidente; Primera Presidencia; Setenta

Avaricia. *Véase* Codiciar

Ayunar, ayuno. *Véase también* Bienestar; Limosna; Ofrenda; Pobres

Abstenerse voluntariamente de ingeri

alimentos y bebidas con el fin de acercarse al Señor e invocar Sus bendiciones. Cuando se ayuna, ya sea individualmente o en grupo, también se debe orar para comprender la voluntad de Dios y para desarrollar mayor fortaleza espiritual. Los verdaderos creyentes siempre han practicado el ayuno.

Actualmente, en la Iglesia se designa un domingo del mes con el fin de ayunar. En ese día, los miembros de la Iglesia se abstienen de ingerir alimentos y bebidas durante un período y donan a la Iglesia el dinero que habrían gastado en dichos alimentos. A esa donación se le llama ofrenda de ayuno. La Iglesia utiliza las ofrendas para ayudar a los pobres y a los necesitados.

Ayunamos y pedimos a nuestro Dios, **Esd.** 8:21–23, 31. Ayuné y oré delante del Dios de los cielos, **Neh.** 1:4. Ayunad por mí, y no comáis ni bebáis en tres días, **Ester** 4:16. Afligí con ayuno mi alma, **Sal.** 35:13. ¿No es más bien el ayuno que yo escogí?, **Isa.** 58:3–12. Y volví mi rostro a Dios el Señor, buscándole en oración y ruego, en ayuno, **Dan.** 9:3. Convertíos a mí con todo vuestro corazón, con ayuno, **Joel** 2:12. Los hombres de Nínive creyeron a Dios, y proclamaron ayuno, **Jonás** 3:5.

Jesucristo ayunó cuarenta días y cuarenta noches, **Mateo** 4:2 (Éx. 34:28; 1 Rey. 19:8; Lucas 4:1–2). Lava tu rostro, para no mostrar a los hombres que ayunas, **Mateo** 6:18 (3 Ne. 13:16). Este género no sale sino con oración y ayuno, **Mateo** 17:21.

Continuad ayunando y orando, **Omni** 1:26 (4 Ne. 1:12). Empezaron a ayunar y a rogar al Señor su Dios, **Mos.** 27:22. He ayunado y orado muchos días para poder saber estas cosas, **Alma** 5:46. Mandó a los hijos de Dios que se unieran en ayuno y ferviente oración, **Alma** 6:6. Los hijos de Mosíah se habían dedicado a mucha oración y ayuno, **Alma** 17:3, 9. Después de la muerte de muchos nefitas, hubo un tiempo de mucho ayuno y oración, **Alma** 28:5–6. Ayunaron y oraron mucho, **Alma** 45:1 (Hel. 3:35).

Prepararás tus alimentos con sencillez de corazón, a fin de que tus ayunos sean perfectos, **DyC** 59:13–14. Os doy el mandamiento de perseverar en la oración y el ayuno, **DyC** 88:76.

Baal. *Véase también* Idolatría

El dios Sol que adoraban principalmente los sidonios en Fenicia (1 Rey. 16:31); también lo adoraban en formas diferentes en otros lugares: los moabitas lo adoraban como Baal-peor (Núm. 25:1–3); en Siquem era adorado como Baal-berit (Jue. 8:33; 9:4); en Ecrón, como Baal-zebub (2 Rey. 1:2). Es posible que Baal, Bel de Babilonia y Zeus de Grecia sean el mismo dios. El vocablo *Baal* expresa la relación que existe entre el señor y su esclavo. El símbolo que usualmente se utilizaba para representar a Baal era el toro. Astoret era la diosa que generalmente se adoraba junto con Baal.

En ocasiones se combinaba el vocablo *Baal* con otro nombre o palabra para indicar la conexión que tenía con el dios, tal como un lugar donde se le adoraba o una persona con atributos similares a los de Baal. Posteriormente, como el nombre se relacionaba con significados sumamente inicuos, se le reemplazó con el vocablo *Boset* en dichos nombres compuestos. *Boset* significa "vergüenza".

Babel, Babilonia. *Véase también* Mundo; Nabucodonosor

Capital del Imperio de Babilonia.

Babel fue fundada por Nimrod y era una de las ciudades más antiguas de la tierra de Mesopotamia, o Sinar (Gén. 10:8–10). El Señor confundió el lenguaje de la gente en los tiempos en que el pueblo edificaba la Torre de Babel (Gén. 11:1–9; Éter 1:3–5, 33–35). Posteriormente, Babilonia fue la capital y sede del reino de Nabucodonosor, quien edificó una enorme ciudad de la cual todavía existen las ruinas. Babilonia llegó a ser una ciudad sumamente inicua, por lo que ha llegado a simbolizar la iniquidad del mundo.

Huid de en medio de Babilonia, **Jer.** 51:6.

Babilonia se establecerá y caerá, **Apoc.** 17–18.

Babilonia será destruida, **2 Ne.** 25:15.

Babilonia caerá, **DyC** 1:16. No perdonaré a ninguno que se quede en Babilonia, **DyC** 64:24. Salid de Babilonia, **DyC** 133:5, 7, 14.

Balaam

Profeta del Antiguo Testamento a quien se le instó a maldecir a Israel a cambio de dinero, pero el Señor le mandó no hacerlo (Núm. 22–24).

El asna de Balaam rehusó avanzar porque un ángel se le apareció en el camino, **Núm.** 22:22–35.

Bálsamo de Galaad

Resina o especia aromática usada para sanar heridas (Gén. 43:11; Jer. 8:22; 46:11; 51:8). El arbusto que producía la resina con la cual se preparaba el bálsamo crecía tan abundantemente en Galaad en la época del Antiguo Testamento que llegó a conocerse como "bálsamo de Galaad" (Gén. 37:25; Ezeq. 27:17).

Barrabás

Nombre del preso que soltaron en lugar de Jesús el día de la Crucifixión. Era un insurrecto, asesino y ladrón (Mateo 27:16–26; Mar. 15:6–15; Lucas 23:18–25; Juan 18:40).

Bartolomé. *Véase también* Natanael

En el Nuevo Testamento, uno de los Doce Apóstoles originales de Jesucristo (Mateo 10:2–4).

Bautismo, bautizar. *Véase también* Bautismo de los niños pequeños; Espíritu Santo; Nacer de Dios, nacer de nuevo; Ordenanzas

La palabra usada en el texto griego original significa "meter en un líquido" o "sumergir". El bautismo por inmersión en el agua, efectuado por alguien que tenga la debida autoridad, es la ordenanza introductoria del Evangelio y es necesario para ser miembro de La Iglesia de Jesucristo de los Santos de los Últimos Días. Lo preceden la fe en Jesucristo y el arrepentimiento, y después del bautismo se debe recibir el don del Espíritu Santo a fin de que aquel sea completo (2 Ne. 31:13–14). Recibir el bautismo de agua y del Espíritu es un requisito para entrar en el reino celestial. Adán fue la primera persona que se bautizó (Moisés 6:64–65). Jesús se bautizó también para cumplir toda justicia y para mostrar el camino a todo el género humano (Mateo 3:13–17; 2 Ne. 31:5–12).

Debido a que no todas las personas tienen la oportunidad de aceptar el Evangelio durante su vida terrenal, el Señor ha autorizado para que se efectúen, por medio de representantes, bautismos por los muertos. Por tanto, las personas que acepten el Evangelio en el mundo de los espíritus pueden llenar los requisitos para entrar en el reino de Dios.

Indispensable: Deja ahora, porque así conviene que cumplamos toda justicia, **Mateo** 3:15. Jesús vino y fue bautizado por Juan, **Mar.** 1:9. Los fariseos y los intérpretes de la ley desecharon los designios de Dios, no siendo bautizados, **Lucas** 7:30. El que no naciere de agua y del Espíritu, no puede entrar en el reino de Dios, **Juan** 3:5. Arrepentíos, y bautícese cada uno de vosotros, **Hech.** 2:38.

Él manda a todos los hombres que se bauticen en su nombre, **2 Ne.** 9:23–24. Los hombres deben seguir a Cristo, ser bautizados, recibir el Espíritu Santo y perseverar hasta el fin para poder ser salvos, **2 Ne.** 31. La doctrina de Cristo es que los hombres deben creer y ser bautizados, **3 Ne.** 11:20–40.

Aquellos que no crean en vuestras palabras, ni se bauticen en el agua en mi nombre, serán condenados, **DyC** 84:74.

Dios le explicó a Adán por qué son necesarios el arrepentimiento y el bautismo, **Moisés** 6:52–60.

Por inmersión: Jesús, después que fue bautizado, subió luego del agua, **Mateo** 3:16 (Marcos 1:10). Juan bautizaba en

Enón, porque había allí muchas aguas, **Juan** 3:23. Y descendieron al agua, Felipe y el eunuco, y le bautizó, **Hech.** 8:38. Somos sepultados juntamente con él por el bautismo, **Rom.** 6:4 (Col. 2:12).

Seguid a vuestro Señor y Salvador y descended al agua, **2 Ne.** 31:13. Alma, Helam y otras personas se sepultaron en el agua, **Mos.** 18:12–16. Y entonces los sumergiréis en el agua, **3 Ne.** 11:25–26.

Se explica el modo correcto de bautizar, **DyC** 20:72–74. Son los que fueron bautizados según la manera de su sepultura, siendo sepultados en el agua en su nombre, **DyC** 76:50–51.

Adán fue sumergido en el agua, y sacado del agua, **Moisés** 6:64. Creemos en el bautismo por inmersión para la remisión de pecados, **AdeF** 1:4.

Para la remisión de pecados: Levántate y bautízate, y lava tus pecados, **Hech.** 22:16.

Entonces viene una remisión de vuestros pecados por fuego y por el Espíritu Santo, **2 Ne.** 31:17. Venid y sed bautizados para arrepentimiento, a fin de que seáis lavados de vuestros pecados, **Alma** 7:14. Bienaventurados son los que crean y sean bautizados, porque recibirán una remisión de sus pecados, **3 Ne.** 12:1–2.

Declararás el arrepentimiento y la fe en el Salvador, y la remisión de pecados por el bautismo, **DyC** 19:31.

Creemos en el bautismo por inmersión para la remisión de pecados, **AdeF** 1:4.

Con la debida autoridad: Id, y haced discípulos a todas las naciones, bautizándolos en el nombre del Padre, y del Hijo, y del Espíritu Santo, **Mateo** 28:19 (DyC 68:8).

Limhi y muchos de su pueblo deseaban ser bautizados; mas no había en la tierra quien tuviera la autoridad de Dios, **Mos.** 21:33. Te doy poder para que bautices, **3 Ne.** 11:19–21.

El Sacerdocio de Aarón tiene las llaves del bautismo por inmersión para la remisión de pecados, **DyC** 13. Son ellos los que de mí son ordenados para bautizar en mi nombre, **DyC** 18:29. Juan el Bautista dio a José Smith y a Oliver Cowdery la autoridad para bautizar, **JS—H** 1:68–69.

Requisitos del bautismo: Arrepentíos, arrepentíos y sed bautizados en el nombre de mi Amado Hijo, **2 Ne.** 31:11. Debéis arrepentiros y nacer de nuevo, **Alma** 7:14. Cuidaos de ser bautizados indignamente, **Morm.** 9:29. Enseña a los padres que deben arrepentirse y ser bautizados, y humillarse, **Moro.** 8:10.

Se indican los requisitos para los que deseen bautizarse, **DyC** 20:37. Los niños serán bautizados para la remisión de sus pecados cuando tengan ocho años, **DyC** 68:25, 27.

El convenio del bautismo: Habéis concertado un convenio con él de que lo serviréis y guardaréis sus mandamientos, **Mos.** 18:8–10, 13.

Los que se arrepientan, tomen sobre sí el nombre de Jesucristo y tengan la determinación de servirle serán recibidos por el bautismo, **DyC** 20:37.

Bautismo por los muertos: ¿Qué harán los que se bautizan por los muertos?, **1 Cor.** 15:29.

Se realizan bautismos por los muertos para la remisión de los pecados, **DyC** 124:29; 127:5–9; 128:1; 138:33.

Bautismo de los niños pequeños.
Véase también Bautismo, bautizar — Requisitos del bautismo; Niño(s); Responsabilidad, responsable; Salvación — La salvación de los niños pequeños

La práctica innecesaria de bautizar a los bebés y a los niños pequeños antes de que lleguen a la edad de responsabilidad, o sea, los ocho años. El Señor condena el bautismo de los niños pequeños (Moro. 8:10–21). Al nacer, los niños son inocentes y libres de pecado, y Satanás no tiene poder para tentarlos hasta que comiencen a ser responsables (DyC 29:46–47), por lo que no tienen necesidad del arrepentimiento ni del bautismo. Se les debe bautizar a la edad de ocho años (DyC 68:25–27).

Es una solemne burla ante Dios que bauticéis a los niños pequeños, **Moro.** 8:4–23.

Los niños serán bautizados cuando tengan ocho años de edad, **DyC** 68:27. Todos los niños que mueren antes de llegar a la edad de responsabilidad se salvan en el reino celestial, **DyC** 137:10.

Bautista. *Véase* Juan el Bautista

Beber, ebriedad. *Véase* Palabra de Sabiduría

Bebidas alcohólicas. *Véase* Palabra de Sabiduría

Belén

Pequeña ciudad situada a unos ocho kilómetros al sur de Jerusalén. En hebreo, Belén significa "casa de pan"; también se le llama Efrata, lo cual significa "fructífera". Jesucristo nació en Belén (Miq. 5:2; Mateo 2:1–8). Raquel fue sepultada en Belén (Gén. 35:19; 48:7).

Rut y Booz vivieron en Belén, **Rut** 1:22. David vivía en Belén y allí lo ungió Samuel, **1 Sam.** 16:1–13; 17:12, 15; 20:6, 28.

Herodes mandó matar a los niños pequeños de Belén, **Mateo** 2:16.

Belsasar. *Véase también* Babel, Babilonia

En el Antiguo Testamento, último rey de Babilonia, que gobernó antes de la conquista de Babilonia efectuada por Ciro; hijo y sucesor de Nabucodonosor (Dan. 5:1–2).

Bendecido, bendecir, bendición. *Véase también* Acción de gracias, agradecido, agradecimiento; Bendición de los enfermos; Bendiciones patriarcales; Gracia; Ley

Conferir sobre una persona un favor divino. Todo lo que contribuya a la verdadera felicidad, al bienestar o a la prosperidad es una bendición.

Todas las bendiciones se basan en leyes eternas (DyC 130:20–21). Dios desea que Sus hijos encuentren gozo en la vida (2 Ne. 2:25), por lo que les da bendiciones como resultado de la obediencia de estos a Sus mandamientos (DyC 82:10), como respuesta a una oración u ordenanza del sacerdocio (DyC 19:38; 107:65–67), o por la gracia de Él (2 Ne. 25:23).

Una serie bien conocida de afirmaciones referente al tema de las bendiciones se conoce como las Bienaventuranzas (Mateo 5:1–12; 3 Ne. 12:1–12).

Bendiciones en general: Haré de ti una nación grande, y te bendeciré, **Gén.** 12:2–3 (1 Ne. 15:18; Abr. 2:9–11). Hay bendiciones sobre la cabeza del justo, **Prov.** 10:6. El hombre de verdad tendrá muchas bendiciones, **Prov.** 28:20. Os abriré las ventanas de los cielos y derramaré sobre vosotros bendición, **Mal.** 3:10 (3 Ne. 24:10).

En las Bienaventuranzas se prometen bendiciones, **Mateo** 5:1–12 (3 Ne. 12:1–12). Bienaventurados los que son llamados a la cena de las bodas del Cordero, **Apoc.** 19:9.

El que es justo es favorecido de Dios, **1 Ne.** 17:35 (Mos. 10:13). Si lo escucháis os dejo una bendición, **2 Ne.** 1:28. Os dejo la misma bendición, **2 Ne.** 4:9. Él os bendice inmediatamente, **Mos.** 2:24. El Señor bendice y hace prosperar a aquellos que en Él ponen su confianza, **Hel.** 12:1.

Ayudad a que salga a luz mi obra, y seréis bendecidos, **DyC** 6:9. Ora siempre y grande será tu bendición, **DyC** 19:38. Bautízate, y recibirás mi Espíritu y una bendición mayor que cualquiera que hayas conocido, **DyC** 39:10. Tras mucha tribulación vienen las bendiciones, **DyC** 58:4. Mando, y los hombres no obedecen; revoco, y no reciben la bendición, **DyC** 58:32. No habéis entendido cuán grandes bendiciones el Padre ha preparado para vosotros, **DyC** 78:17. Del sumo sacerdocio procede la administración de las ordenanzas y las bendiciones para la iglesia, **DyC** 107:65–67. Hay una ley sobre la cual todas las bendiciones se basan, **DyC** 130:20. Todos los que quieran recibir una bendición de mi mano han de obedecer la ley, **DyC** 132:5. El Seño tiene bendiciones reservadas para aquellos que lo aman, **DyC** 138:52.

Abraham buscó las bendiciones de los patriarcas, y el derecho de administrarlas, **Abr.** 1:2.

Bendición de los niños: Tomándolos en los brazos, los bendecía, **Mar.** 10:16.

Tomó a sus niños pequeños, uno por uno, y los bendijo, **3 Ne.** 17:21.

Los élderes bendecirán a los niños en el nombre de Jesucristo, **DyC** 20:70.

Bendición de los enfermos. *Véase también* Aceite; Imposición de manos; Sacerdocio; Sanar, sanidades; Unción

Bendición que dan a los enfermos hombres que poseen el Sacerdocio de Melquisedec, valiéndose del aceite consagrado.

Ven y pon tu mano sobre ella, **Mateo** 9:18. Jesús sanó a unos pocos enfermos, poniendo sobre ellos las manos, **Mar.** 6:5. Los doce ungían con aceite a muchos enfermos, y los sanaban, **Mar.** 6:13. Los enfermos debían llamar a los ancianos de la Iglesia (élderes) para que los ungieran y los sanaran, **Stg.** 5:14–15.

No sanaréis enfermos a menos que os lo pidan aquellos que deseen, **DyC** 24:13–14. Los élderes impondrán las manos sobre los enfermos, **DyC** 42:44. Pon tus manos sobre los enfermos, y sanarán, **DyC** 66:9.

Bendiciones patriarcales. *Véase también* Evangelista; Padre terrenal; Patriarca, patriarcal

Bendiciones que dan los patriarcas ordenados a los miembros dignos de la Iglesia. La bendición patriarcal es el consejo del Señor a la persona que la reciba y en ella se declara el linaje de esta dentro de la casa de Israel. Los padres de familia también pueden dar bendiciones especiales, en calidad de patriarcas de su familia, pero dichas bendiciones no las registra ni conserva la Iglesia.

Israel extendió su mano derecha, y la puso sobre la cabeza de Efraín, **Gén.** 48:14. Jacob bendijo a sus hijos y a su posteridad, **Gén.** 49.

Lehi bendijo a su posteridad, **2 Ne.** 4:3–11.

Benjamín hijo de Jacob. *Véase también* Israel; Jacob hijo de Isaac

En el Antiguo Testamento, segundo hijo de Jacob y Raquel (Gén. 35:16–20).

La tribu de Benjamín: Jacob bendijo a Benjamín (Gén. 49:27). Los descendientes de Benjamín eran un pueblo inclinado a la guerra. Saúl, el primer rey de Israel (1 Sam. 9:1–2), y Pablo, el Apóstol del Nuevo Testamento (Rom. 11:1), eran benjamitas.

Benjamín, padre de Mosíah. *Véase también* Mosíah hijo de Benjamín

Profeta y rey del Libro de Mormón (Mos. 1–6).

Enfrentó problemas serios al tratar de establecer la paz en la tierra, **Omni** 1:23–25 (P. de Morm. 1:12–18). Enseñó a sus hijos, **Mos.** 1:1–8. Confirió el reino a su hijo Mosíah, **Mos.** 1:9–18. El pueblo se congregó para escuchar su discurso final, **Mos.** 2:1–8. Habló a su pueblo, **Mos.** 2:9–4:30. Su pueblo hizo convenio con el Señor, **Mos.** 5–6.

Bernabé

Nombre que se dio a José, un levita natural de Chipre que vendió sus posesiones y dio a los Apóstoles el dinero procedente de la venta de su heredad (Hech. 4:36–37). No era uno de los Doce Apóstoles originales, pero fue apóstol en la época de Pablo (Hech. 14:4, 14) y salió en varios viajes misionales (Hech. 11:22–30; 12:25; 13–15; 1 Cor. 9:6; Gál. 2:1, 9; Col. 4:10).

Betania

Aldea donde se quedó nuestro Señor durante la última semana de Su vida mortal (Mateo 21:17; Mar. 11:11). Se encuentra sobre la ladera sudeste del monte de los Olivos y era el lugar de residencia de Lázaro, María y Marta (Juan 11:1–46; 12:1).

Bet-el

En hebreo significa "casa de Dios", y es uno de los lugares más sagrados de Israel. Se encuentra a unos dieciséis kilómetros al norte de Jerusalén. Allí fue donde erigió Abraham su altar cuando por primera vez llegó a Canaán (Gén. 12:8; 13:3). Allí Jacob vio en visión una escalera cuyo extremo tocaba el cielo (Gén. 28:10–19). También era un santuario en los días de Samuel (1 Sam. 7:16; 10:3).

Betsabé. *Véase también* David

Esposa de Urías; posteriormente esposa de David y madre de Salomón. El rey David cometió adulterio con ella y mandó matar a su esposo en la batalla (2 Sam. 11), pecado que tuvo consecuencias eternas para David (DyC 132:39).

Biblia. *Véase también* Antiguo Testamento; Apócrifos; Canon; Efraín — El palo de Efraín o palo de José; Escrituras; Judá — El palo de Judá; Nuevo Testamento

Colección de escritos hebreos y cristianos que contienen revelaciones divinas. El vocablo *Biblia* significa "los libros". La Biblia es obra de muchos profetas y escritores inspirados que obraron bajo la influencia del Espíritu Santo (2 Pe. 1:21).

La Biblia cristiana contiene dos partes, conocidas familiarmente como el Antiguo Testamento y el Nuevo Testamento. El Antiguo Testamento se compone del canon de Escrituras de uso corriente entre los judíos de Palestina en la época del ministerio terrenal del Señor. El Nuevo Testamento contiene escritos correspondientes a la época apostólica, y se considera tan sagrado como las Escrituras judaicas y con la misma autoridad. Los libros del Antiguo Testamento se han tomado de una literatura nacional que cubre varios siglos. Esos libros se escribieron casi enteramente en hebreo, mientras que los libros del Nuevo Testamento son la obra de una sola generación y se escribieron mayormente en griego.

En el Antiguo Testamento, el vocablo *testamento* representa una palabra hebrea que significa "convenio". El Antiguo Convenio es la ley que se le dio a Moisés cuando Israel rechazó la plenitud del Evangelio que el pueblo de Dios había conocido desde el comienzo de la vida terrenal. El Nuevo Convenio es el Evangelio según lo enseñó Jesucristo.

En la Biblia hebrea (el Antiguo Testamento), los libros estaban divididos en tres grupos: la Ley, los Profetas y los Escritos. En la Biblia que usa el mundo cristiano, los libros están ordenados de acuerdo con el tema que contienen; por ejemplo, históricos, poéticos y proféticos.

Los libros del Nuevo Testamento generalmente se encuentran en el siguiente orden: los cuatro Evangelios y Hechos; las Epístolas de Pablo; las Epístolas generales de Santiago, Pedro, Juan y Judas; y el Apocalipsis o Revelación de Juan.

La Iglesia de Jesucristo de los Santos de los Últimos Días venera y respeta la Biblia, afirmando a la vez que el Señor continúa dando revelación adicional en los últimos días por medio de Sus profetas, la cual sostiene, apoya y verifica el relato bíblico de los hechos de Dios para con la humanidad.

El palo de Judá (la Biblia) y el palo de José (el Libro de Mormón) serán uno solo en la mano del Señor, **Ezeq.** 37:15–20.

Las Escrituras de los últimos días establecerán la verdad de la Biblia, **1 Ne.** 13:38–40. El Libro de Mormón se unirá a la Biblia para confundir las falsas doctrinas, **2 Ne.** 3:12. ¡Una Biblia! ¡Una Biblia! ¡Tenemos una Biblia!, **2 Ne.** 29:3–10. Todos los que crean en la Biblia también creerán en el Libro de Mormón, **Morm.** 7:8–10.

Los élderes enseñarán los principios de mi evangelio, que se encuentran en la Biblia y en el Libro de Mormón, **DyC** 42:12.

Creemos que la Biblia es la palabra de

Dios hasta donde esté traducida correctamente, **AdeF** 1:8.

Biblia, Traducción de José Smith (TJS). *Véase* José Smith, Traducción de (TJS)

Bienaventuranzas. *Véase también* Sermón del Monte

Serie de enseñanzas que dio Jesús en el Sermón del Monte y que describen los atributos de un carácter refinado y espiritual (Mateo 5:3–12; Lucas 6:20–23). Las Bienaventuranzas están ordenadas de tal manera que cada una de ellas se basa en la anterior. En 3 Nefi 12, se encuentran en forma más precisa y amplia.

Bienestar. *Véase también* Almacén; Ayunar, ayuno; Limosna; Ofrenda; Pobres; Servicio

El proceso y el medio por los cuales se atiende a las necesidades espirituales y temporales de las personas.

Abrirás tu mano a tu hermano, al pobre y al menesteroso en tu tierra, **Deut.** 15:11. El que da al pobre no tendrá pobreza, **Prov.** 28:27. ¿No es el ayuno que yo escogí, que partas tu pan con el hambriento, y a los pobres albergues en casa?, **Isa.** 58:6–7.

Tuve hambre, y me disteis de comer; fui forastero, y me recogisteis. En cuanto lo hicisteis a uno de estos mis hermanos más pequeños, a mí lo hicisteis, **Mateo** 25:35–40.

Impartiréis de vuestros bienes al necesitado, **Mos.** 4:16–26. Los de la Iglesia se ayudaban el uno al otro temporal y espiritualmente, según sus necesidades y carencias, **Mos.** 18:29. Se mandó a los hijos de Dios que se unieran en ayuno y oración por el bien de aquellos que no conocían a Dios, **Alma** 6:6. Orad por vuestro bienestar y por el bienestar de los que os rodean, **Alma** 34:27–28. Tenían en común todas las cosas, **4 Ne.** 1:3.

Te acordarás de los pobres, **DyC** 42:30–31. Debéis visitar a los pobres y a los necesitados, **DyC** 44:6. Recordad en todas las cosas a los pobres y a los necesitados, **DyC** 52:40. ¡Ay de vosotros, hombres ricos, que no queréis dar de vuestros bienes a los pobres, y ay de vosotros los pobres que no estáis satisfechos, que sois codiciosos y no queréis trabajar!, **DyC** 56:16–17.

En Sion no había pobres, **Moisés** 7:18.

Blasfemar, blasfemia. *Véase también* Pecado imperdonable; Profanidad

Hablar en forma irrespetuosa o irreverente de Dios o de lo que es sagrado.

En varias ocasiones, los judíos acusaron a nuestro Señor de proferir blasfemias por decir que tenía potestad para perdonar pecados (Mateo 9:2–3; Lucas 5:20–21), porque afirmaba ser el Hijo de Dios (Juan 10:22–36; 19:7), y porque decía que lo verían "sentado a la diestra del poder de Dios, y viniendo en las nubes del cielo" (Mateo 26:64–65). Estas acusaciones habrían sido válidas si en realidad Él no hubiera sido todo lo que afirmaba ser. La acusación presentada contra Él por los testigos falsos en el juicio ante el concilio (Mateo 26:59–61) fue de haber blasfemado contra el templo de Dios. La blasfemia contra el Espíritu Santo, que consiste en negar deliberadamente a Cristo después de haber recibido un conocimiento perfecto de Él por medio del Espíritu, constituye el pecado imperdonable (Mateo 12:31–32; Mar. 3:28–29; DyC 132:27).

El que blasfemare el nombre de Jehová, ha de ser muerto, **Lev.** 24:11–16.

Los enemigos del Señor no quedarán para blasfemar su nombre, **DyC** 105:15. La venganza vendrá sobre aquellos que blasfemen contra el Señor, **DyC** 112:24–26.

Booz. *Véase también* Rut

Esposo de Rut (Rut 4:9–10); bisabuelo de David, el rey de Israel (Rut 4:13–17); y progenitor de Cristo, el Rey de reyes (Lucas 3:32).

Buen Pastor. *Véase también* Jesucristo

Jesucristo es el Buen Pastor. En sentido

simbólico, Sus seguidores son como ovejas que Él apacienta.

Jehová es mi pastor, **Sal.** 23:1. Como pastor apacentará su rebaño, **Isa.** 40:11. Así reconoceré mis ovejas, **Ezeq.** 34:12.

Yo soy el buen pastor, **Juan** 10:14–15. Nuestro Señor Jesucristo, el gran pastor de las ovejas, **Heb.** 13:20.

Y habrá un pastor, y él apacentará a sus ovejas, **1 Ne.** 22:25. El buen pastor os llama en su propio nombre, el cual es el nombre de Cristo, **Alma** 5:38, 60. Habrá un rebaño y un pastor, **3 Ne.** 15:21 (Juan 10:16).

Caída de Adán y Eva. *Véase también* Adán; Eva; Expiación, expiar; Hombre natural; Jesucristo; Mortal, mortalidad; Muerte espiritual; Muerte física; Plan de redención; Redención, redimido, redimir

El proceso mediante el cual el hombre se volvió mortal sobre esta tierra. Cuando Adán y Eva comieron del fruto prohibido, sus cuerpos se hicieron mortales, esto es, sujetos al pecado y a la muerte. Adán fue la "primera carne" sobre la tierra (Moisés 3:7). Las revelaciones de los últimos días aclaran que la Caída es una bendición para la humanidad y que se debe honrar a Adán y a Eva como los primeros padres de todo el género humano.

La Caída era un paso necesario en el progreso del hombre. Dios, sabiendo que ocurriría la Caída, ya en la vida preterrenal había dispuesto lo necesario para que hubiera un Salvador. Jesucristo vino en el meridiano de los tiempos para expiar la Caída de Adán y también los pecados individuales del hombre, con la condición de que este se arrepienta.

El día que de él comieres, ciertamente morirás, **Gén.** 2:17 (Moisés 3:17). Tomó de su fruto, y comió, **Gén.** 3:6 (Moisés 4:12).

Así como en Adán todos mueren, también en Cristo todos serán vivificados, **1 Cor.** 15:22.

Todo el género humano se hallaba en un estado perdido y caído, **1 Ne.** 10:6. La vía está preparada desde la caída del hombre, **2 Ne.** 2:4. Después que Adán y Eva hubieron comido del fruto prohibido, fueron echados del Jardín de Edén, **2 Ne.** 2:19. Adán cayó para que los hombres existiesen, **2 Ne.** 2:15–26. El hombre natural es enemigo de Dios, y lo ha sido desde la caída de Adán, **Mos.** 3:19. Aarón enseñó al padre de Lamoni acerca de la Caída, **Alma** 22:12–14. Debe efectuarse una expiación, o de lo contrario, todo el género humano está caído y perdido, **Alma** 34:9. Nuestros primeros padres fueron separados de la presencia del Señor, tanto temporal como espiritualmente, **Alma** 42:2–15 (Hel. 14:16). Por causa de la caída, nuestra naturaleza se ha tornado mala, **Éter** 3:2.

Por transgredir estas santas leyes, el hombre llegó a ser hombre caído, **DyC** 20:20 (DyC 29:34–44).

El Señor le dijo a Adán que así como había caído, podía ser redimido, **Moisés** 5:9–12. Por causa de la transgresión viene la Caída, **Moisés** 6:59. Los hombres serán castigados por sus propios pecados, **AdeF** 1:2.

Caifás. *Véase también* Anás; Saduceos

En el Nuevo Testamento, sumo sacerdote y yerno de Anás. Caifás tomó parte activa en el ataque lanzado contra Jesús y Sus discípulos (Mateo 26:3–4; Juan 11:47–51; 18:13–14).

Caín. *Véase también* Abel; Adán; Asesinato; Combinaciones secretas

Hijo de Adán y Eva que mató a su hermano menor Abel (Gén. 4:1–16).

El Señor rechazó su ofrenda, **Gén.** 4:3–7 (Moisés 5:5–8, 18–26). Mató a su hermano Abel, **Gén.** 4:8–14 (Moisés 5:32–37). Jehová puso señal y maldición en Caín, **Gén.** 4:11–15 (Moisés 5:37–41).

Adán y Eva tuvieron muchos hijos e hijas antes de que él naciera, **Moisés** 5:1–3, 16–17. Amó a Satanás más que a Dios, **Moisés** 5:13, 18. Concertó un pacto impío con Satanás, **Moisés** 5:29–31.

Caleb

Uno de los enviados por Moisés a reconocer la tierra de Canaán en el segundo año después del Éxodo. Él y Josué fueron los únicos que dieron un informe verídico (Núm. 13:6, 30; 14:6–38). Entre todos los que salieron de Egipto, ellos fueron los únicos que sobrevivieron a los cuarenta años en el desierto (Núm. 26:65; 32:12; Deut. 1:36) y entraron en Canaán (Josué 14:6–14; 15:13–19).

Calumnias. *Véase también* Chismes; Contención, contienda; Mentiras; Rumores

Decir algo incorrecto, dañino o inicuo. En las Escrituras, a menudo se refiere a personas que hablan de otras con la intención específica de causarles dolor.

Guarda tu lengua del mal, **Sal.** 34:13 (1 Pe. 3:10). El hombre perverso cava en busca del mal, **Prov.** 16:27.

Bienaventurados sois cuando digan toda clase de mal contra vosotros mintiendo, **Mateo** 5:11 (3 Ne. 12:11). Del corazón salen los malos pensamientos, **Mateo** 15:19 (Marcos 7:21). No maldecirás a un príncipe de tu pueblo, **Hech.** 23:5. Quítense de vosotros toda maledicencia, y toda malicia, **Efe.** 4:31. No murmuréis los unos de los otros, **Stg.** 4:11.

Cuídense de que no haya en la iglesia difamaciones, ni calumnias, **DyC** 20:54.

Calvario. *Véase* Gólgota

Cam. *Véase también* Noé, patriarca bíblico

En el Antiguo Testamento, el tercer hijo de Noé (Gén. 5:32; 6:10; Moisés 8:12, 27).

Noé, sus hijos y las respectivas familias de estos entraron en el arca, **Gén.** 7:13. Canaán hijo de Cam es maldecido, **Gén.** 9:18–25.

El gobierno de Cam fue patriarcal y fue bendecido en cuanto a las bendiciones de la tierra y con sabiduría, pero no en cuanto al sacerdocio, **Abr.** 1:21–27. La esposa de Cam, Egyptus, era descendiente de Caín; los hijos de la hija de ellos, que también se llamaba Egyptus, se establecieron en Egipto, **Abr.** 1:23, 25 (Sal. 105:23; 106:21–22).

Camino (vía). *Véase también* Andar, andar con Dios; Jesucristo

El sendero (la vía) o la dirección que sigue una persona. Jesús dijo que Él era el camino (Juan 14:4–6).

Guardarás los mandamientos de Jehová, andando en sus caminos, **Deut.** 8:6. Instruye al niño en su camino, **Prov.** 22:6 (2 Ne. 4:5). Así son mis caminos más altos que vuestros caminos, **Isa.** 55:8–9.

Estrecha es la puerta, y angosto el camino que lleva a la vida, **Mateo** 7:13–14 (3 Ne. 14:13–14; 27:33; DyC 132:22, 25). Jesús le dijo: Yo soy el camino, y la verdad, y la vida, **Juan** 14:6. Dios dará juntamente con la tentación la salida, **1 Cor.** 10:13.

El Señor no da mandamientos a sus hijos sin prepararles la vía para que los cumplan, **1 Ne.** 3:7 (1 Ne. 9:6; 17:3, 13). La vía para el hombre es angosta; y no hay otra entrada sino por la puerta, **2 Ne.** 9:41. Sois libres para obrar, para escoger la vía de la muerte interminable, o la vía de la vida eterna, **2 Ne.** 10:23. Esta es la senda; y no hay otro camino, ni nombre por el cual el hombre pueda salvarse, **2 Ne.** 31:21 (Mos. 3:17; Alma 38:9; Hel. 5:9). En el don de su Hijo, Dios ha preparado un camino más excelente, **Éter** 12:11 (1 Cor. 12:31).

Todo hombre anda por su propio camino, **DyC** 1:16. Es preciso que se haga a mi propia manera, **DyC** 104:16.

Campo. *Véase también* Mundo; Viña del Señor

En las Escrituras, a menudo simboliza el mundo y sus habitantes.

El campo es el mundo, **Mateo** 13:38. El reino de los cielos es semejante a un tesoro escondido en un campo, **Mateo** 13:44.

Vi un campo grande y espacioso,

1 Ne. 8:9, 20. El campo estaba maduro, **Alma** 26:5.

El campo blanco está ya para la siega, **DyC** 4:4 (DyC 6:3; 11:3; 12:3; 14:3; 31:4; 33:3, 7). El campo era el mundo, **DyC** 86:1–2. Compararé estos reinos a un hombre que tiene un campo, **DyC** 88:51.

Canaán, cananeo

En la época del Antiguo Testamento, el cuarto hijo de Cam (Gén. 9:22; 10:1, 6) y nieto de Noé. El término *cananeo* se refiere a las personas oriundas de la tierra donde originalmente vivió Canaán y también a sus descendientes. *Cananeo* también era el nombre del pueblo que habitaba las tierras bajas por la costa de Palestina sobre el Mediterráneo. Este nombre se ha usado en algunas ocasiones para referirse a todos los habitantes del territorio occidental del río Jordán que no eran israelitas, a quienes los griegos llamaban fenicios.

Canon. *Véase también* Biblia; Doctrina y Convenios; Escrituras; Libro de Mormón; Perla de Gran Precio

Colección de libros declarados auténticos y reconocidos como sagrados. En La Iglesia de Jesucristo de los Santos de los Últimos Días se les llama a estos los libros canónicos y son: el Antiguo y el Nuevo Testamento, el Libro de Mormón, Doctrina y Convenios y la Perla de Gran Precio.

Cantar. *Véase también* Himnos; Música

Adorar y alabar a Dios con cantos.

Cantad a Jehová toda la tierra, **1 Cró.** 16:23–36 (Sal. 96). Cantad a Jehová, vosotros sus santos, **Sal.** 30:4. Cantad alegres a Dios, **Sal.** 100:1.

Y cuando hubieron cantado el himno, salieron al monte de los Olivos, **Mateo** 26:30.

Los miembros de la Iglesia cantaban si el poder del Espíritu Santo los guiaba a hacerlo, **Moro.** 6:9.

La canción de los justos es una oración para mí, **DyC** 25:12. Si te sientes alegre, alaba al Señor con cantos, **DyC** 136:28.

Cantares de Salomón

Libro del Antiguo Testamento. El profeta José Smith enseñó que el Cantar de los Cantares de Salomón no es un escrito inspirado.

Cárcel de Liberty, Misuri (EE. UU.). *Véase también* Smith, hijo, José

Pequeña cárcel en la que el profeta José Smith y varios hermanos más estuvieron prisioneros injustamente desde noviembre de 1838 hasta abril de 1839. Mientras se encontraba en esa situación tan difícil, José recibió ciertas revelaciones, profetizó y se sintió inspirado para escribir una importante carta a los santos, selecciones de la cual se encuentran actualmente en las secciones 121 a 123 de Doctrina y Convenios.

Caridad. *Véase también* Amor; Bienestar; Compasión; Servicio

Es el amor puro de Cristo (Moro. 7:47), el amor que tiene Cristo por los hijos de los hombres y que estos deben tener entre sí (2 Ne. 26:30; 33:7–9; Éter 12:33–34). Es el amor más fuerte, más noble y más elevado, y no tan solo un sentimiento de afecto. En algunas versiones de la Biblia se ha substituido la palabra caridad por la palabra amor.

El conocimiento envanece, pero el amor edifica, **1 Cor.** 8:1. La caridad, o sea, el amor puro, supera casi todas las otras virtudes, **1 Cor.** 13. El propósito de este mandamiento es el amor nacido de corazón limpio, **1 Tim.** 1:5. Añadid al afecto fraternal, amor, **2 Pe.** 1:7.

El Señor ha dado el mandamiento de que todos los seres humanos tengan caridad, **2 Ne.** 26:30 (Moro. 7:44–47). Mirad que tengáis fe, esperanza y caridad, **Alma** 7:24. El amor que tiene el Señor por los hombres es la caridad, **Éter** 12:33–34. Sin caridad, los hombres no pueden heredar ese lugar preparado en las mansiones del Padre, **Éter** 12:3[illegible] (Moro. 10:20–21). Moroni escribió la palabras de Mormón concernientes a la fe, la esperanza y la caridad, **Moro.** 7.

La caridad es una virtud que califica al hombre para la obra del Señor, **DyC** 4:5–6 (DyC 12:8). Vestíos con el vínculo de la caridad, **DyC** 88:125. Deja que tus entrañas se llenen de caridad, **DyC** 121:45.

Carnal. *Véase también* Caída de Adán y Eva; Hombre natural; Sensual, sensualidad

Lo que no es espiritual; más específicamente, se puede usar la palabra con el significado de físico y temporal (DyC 67:10) o con el de mundano, lujurioso y sensual (Mos. 16:10–12).

Ser de mente carnal es muerte, **2 Ne.** 9:39. El diablo adormece a los hombres con seguridad carnal, **2 Ne.** 28:21. Se habían visto a sí mismos en su propio estado carnal, **Mos.** 4:2. Quien persiste en su propia naturaleza carnal, permanece en su estado caído, **Mos.** 16:5. Todos deben nacer de Dios y ser cambiados de su estado carnal y caído, a un estado de rectitud, **Mos.** 27:25. El género humano se había vuelto carnal, sensual y diabólico, **Alma** 42:10.

Quien siga su propia voluntad y deseos carnales tendrá que caer, **DyC** 3:4. El hombre no puede ver a Dios con una mente carnal, **DyC** 67:10–12.

Los hombres empezaron a ser carnales, sensuales y diabólicos, **Moisés** 5:13; 6:49.

Carne. *Véase también* Carnal; Cuerpo; Hombre natural; Mortal, mortalidad

El vocablo *carne* tiene varios significados: (1) el tejido blando que compone parte del cuerpo del género humano y de las bestias, las aves y los peces; (2) la condición de mortal; o (3) la naturaleza física, o sea, la naturaleza carnal del hombre.

El tejido del cuerpo: Los animales son mantenimiento del hombre, **Gén.** 9:3. No se debe matar animales innecesariamente, **TJS**, Gén. 9:10–11 (DyC 49:21). Los animales se han ordenado para alimento y vestido del hombre, **DyC** 49:18–19 (DyC 59:16–20). Debemos limitar el consumo de carne, **DyC** 89:12–15.

La condición de mortal: Jesús es la única persona engendrada por el Padre en la carne, **Juan** 1:14 (Mos. 15:1–3).

Adán fue la primera carne sobre la tierra, **Moisés** 3:7.

La naturaleza carnal del hombre: Maldito el varón que pone carne por su brazo, **Jer.** 17:5.

El espíritu está dispuesto, pero la carne es débil, **Mar.** 14:38. Los deseos de la carne no provienen del Padre, **1 Juan** 2:16.

Nefi dijo: mi corazón se entristece a causa de mi carne, **2 Ne.** 4:17–18, 34. Reconciliaos con Dios, no con la voluntad del diablo y la carne, **2 Ne.** 10:24.

Carthage, cárcel de (EE. UU.). *Véase también* Smith, hijo, José; Smith, Hyrum

José Smith y su hermano Hyrum fueron asesinados por una muchedumbre el 27 de junio de 1844 en la cárcel de Carthage, Illinois, Estados Unidos de América (DyC 135).

Casa de Israel. *Véase* Israel

Casa del Señor. *Véase* Templo, Casa del Señor

Castidad. *Véase también* Adulterio; Fornicación; Sensual, sensualidad; Virtud

La pureza sexual del hombre y de la mujer.

José resistió las propuestas amorosas de la esposa de Potifar, **Gén.** 39:7–21 (DyC 42:24; 59:6). No cometerás adulterio, **Éx.** 20:14. La mujer virtuosa es corona de su marido, **Prov.** 12:4 (Prov. 31:10).

¿Ignoráis que vuestro cuerpo es templo del Espíritu Santo?, **1 Cor.** 6:18–19. Sé ejemplo en pureza, **1 Tim.** 4:12.

Ninguna cosa impura puede morar con Dios, **1 Ne.** 10:21. Porque yo, el Señor Dios, me deleito en la castidad de las mujeres, **Jacob** 2:28. El pecado sexual es una abominación, **Alma** 39:1–13. La castidad y la virtud son más caras y preciosas que todo lo demás, **Moro.** 9:9.

Creemos en ser castos, **AdeF** 1:13.

Castigar, castigo. *Véase también* Adversidad

Corrección o disciplina, individual o colectiva, que tiene el objeto de ayudar a las personas a mejorar o a fortalecerse.

No menosprecies la corrección del Todopoderoso, **Job** 5:17 (Prov. 3:11). Bienaventurado es el hombre a quien tú, JAH, corriges, **Sal.** 94:12.

Toda la Escritura es útil para redargüir, para corregir, **2 Tim.** 3:16. El Señor al que ama, disciplina, **Heb.** 12:5–11.

El Señor considera conveniente disciplinar a su pueblo, **Mos.** 23:21–22. Excepto que el Señor discipline a su pueblo, no se acuerda de él, **Hel.** 12:3. Habló el Señor con el hermano de Jared, y lo reprendió, **Éter** 2:14.

Que fueran disciplinados para que se arrepintieran, **DyC** 1:27. A los que amo también disciplino para que les sean perdonados sus pecados, **DyC** 95:1. Todos los que no quieren soportar la disciplina, no pueden ser santificados, **DyC** 101:2–5. Es necesario que mi pueblo sea disciplinado hasta que aprenda la obediencia, **DyC** 105:6. El que no aguanta la disciplina, no es digno de mi reino, **DyC** 136:31.

Cautiverio. *Véase también* Libertad, libre

En las Escrituras, se refiere tanto al cautiverio físico como al espiritual.

La casa de Israel fue llevada cautiva por su pecado, **Ezeq.** 39:23.

Si alguno lleva en cautividad, va en cautividad, **Apoc.** 13:10.

Los inicuos serán entregados a la cautividad del diablo, **1 Ne.** 14:4, 7. Los hombres son libres para escoger la libertad y la vida eterna o la cautividad y la muerte, **2 Ne.** 2:27. El deseo de la carne da al espíritu del diablo el poder de cautivar, **2 Ne.** 2:29. ¿Habéis retenido suficientemente en la memoria el cautiverio de vuestros padres?, **Alma** 5:5–6. A los que endurecen sus corazones el diablo los lleva cautivos, **Alma** 12:11. Debéis velar y orar siempre, no sea que el diablo os tiente, y seáis llevados cautivos por él, **3 Ne.** 18:15.

Celibato. *Véase* Matrimonio

Celo, celos, celoso. *Véase también* Envidia

En las Escrituras, el vocablo *celoso* se utiliza con dos significados diferentes: (1) Albergar sentimientos fervientes y profundos acerca de alguien o de algo, y (2) Sentir envidia de alguien o desconfianza de que otra persona le gane ventaja.

Sentimientos fervientes: Yo soy Jehová tu Dios, celoso, **Éx.** 20:5 (Deut. 5:9; 6:15; Mos. 11:22). Me mostraré celoso por mi santo nombre, **Ezeq.** 39:25. Celé con gran celo a Jerusalén y a Sion, **Zac.** 1:14.

Envidia o desconfianza: Los celos son el furor del hombre, **Prov.** 6:32–35.

Akish empezó a tener celos de su hijo, **Éter** 9:7.

Si os despojáis de toda envidia y temor, me veréis, **DyC** 67:10.

Centurión

Oficial del ejército romano al mando de una compañía que tenía entre cincuenta y cien hombres, la cual formaba la sexagésima parte de una legión romana. (Véase Mateo 8:5; Lucas 23:47; Hech. 10:1–8).

César

En el Nuevo Testamento, título por el cual se conocía a algunos de los emperadores romanos. En las Escrituras se utiliza esta palabra como símbolo de gobierno o poder mundanos.

Dad, pues, a César lo que es de César, **Mateo** 22:21 (Mar. 12:17; Lucas 20:25; DyC 63:26).

Chismes. *Véase también* Calumnias; Rumores

Contar a alguien hechos o información personales acerca de otra persona sin la aprobación de esta.

Toda palabra ociosa que hablen los hombres, de ella darán cuenta, **Mateo** 12:36. Se amonesta a los santos a no ser chismosos ni entremetidos, hablando de lo que no deben, **1 Tim.** 5:11–14.

No hablarás mal de tu prójimo, **DyC** 42:27. Fortalece a tus hermanos en todas tus conversaciones, **DyC** 108:7.

Cielo. *Véase también* Gloria celestial; Paraíso; Reino de Dios o de los cielos

En las Escrituras, este vocablo tiene dos significados principales: (1) El lugar donde mora Dios y el futuro hogar eterno de los santos (Gén. 28:12; Sal. 11:4; Mateo 6:9); (2) la expansión que rodea a la tierra (Gén. 1:1, 17; Éx. 24:10). No hay duda de que el cielo no es el *paraíso,* el cual es la morada temporaria de los espíritus de las personas fieles que han vivido y muerto en esta tierra. Jesús visitó el paraíso después de Su muerte en la cruz, pero al tercer día le dijo a María que aún no había ascendido al Padre (Lucas 23:39–44; Juan 20:17; DyC 138:11–37).

Tus cielos, obra de tus dedos, **Sal.** 8:3. Por la palabra de Jehová fueron hechos los cielos, **Sal.** 33:6. ¡Cómo caíste del cielo, oh Lucero!, **Isa.** 14:12 (2 Ne. 24:12). Se enrollarán los cielos como un libro, **Isa.** 34:4. Yo crearé nuevos cielos y nueva tierra, **Isa.** 65:17. Dios abrirá las ventanas de los cielos, **Mal.** 3:10.

Padre nuestro que estás en los cielos, santificado sea tu nombre, **Mateo** 6:9 (3 Ne. 13:9). Pablo fue arrebatado hasta el tercer cielo, **2 Cor.** 12:2. Se hizo silencio en el cielo, **Apoc.** 8:1 (DyC 88:95–98).

Si continúan fieles hasta el fin, son recibidos en el cielo, **Mos.** 2:41. Para que seáis hijos de vuestro Padre que está en los cielos, **3 Ne.** 12:45.

El día en que venga en las nubes del cielo, **DyC** 45:16. Elías el Profeta fue llevado al cielo sin gustar la muerte, **DyC** 110:13. Los derechos del sacerdocio están inseparablemente unidos a los poderes del cielo, **DyC** 121:36. Hay dos clases de seres en los cielos, **DyC** 129:1.

Sion fue llevada al cielo, **Moisés** 7:23.

Circuncisión. *Véase también* Abraham, convenio de (convenio abrahámico)

Señal del convenio abrahámico que observaban los varones israelitas durante las dispensaciones del Antiguo Testamento (Gén. 17:10–11, 23–27; TJS, Gén. 17:11 [Apéndice — Biblia]). Para realizar la circuncisión, se cortaba la carne del prepucio de los varones, tanto los infantes como los adultos. Aquellos que la recibían gozaban de los privilegios del convenio y tomaban sobre sí las responsabilidades de este. La circuncisión como señal del convenio fue abrogada por la misión de Cristo (Moro. 8:8; DyC 74:3–7).

Ciro

En el Antiguo Testamento, el rey de Persia con el que se cumplió la profecía de Isaías (2 Cró. 36:22 23; Isa. 44:28; 45:1) al permitir el regreso de los judíos a Jerusalén para reedificar el templo, dando así un fin parcial al cautiverio en Babilonia. La profecía de Isaías se hizo aproximadamente 180 años antes del edicto del rey Ciro.

Cizaña

Planta venenosa cuya apariencia es muy similar a la del trigo. Es difícil de extirpar y no se puede distinguir del trigo hasta que ha madurado (Mateo 13:24–30; DyC 86:1–7).

Codiciar. *Véase también* Concupiscencia; Envidia

El uso de este término en las Escrituras se refiere a envidiar a alguien o tener un deseo desmedido de poseer algo.

No codiciarás, **Éx.** 20:17 (Deut. 5:21; Mos. 13:24; DyC 19:25). No codicies su hermosura en tu corazón, **Prov.** 6:25. El que aborrece la avaricia prolongará sus días, **Prov.** 28:16. Codician las heredades, y las roban, **Miq.** 2:2.

Cualquiera que mira a una mujer para codiciarla, ya adulteró, **Mateo** 5:28 (3 Ne. 12:28). Guardaos de toda avaricia, **Lucas** 12:15. La ley dice: No codiciarás, **Rom.** 7:7. En los postreros días habrá hombres avaros, **2 Tim.** 3:1–2.

Cuando Labán vio nuestros bienes, los codició, **1 Ne.** 3:25.

Te mando no codiciar tus propios bienes, **DyC** 19:26. El que mirare a una mujer para codiciarla negará la fe, **DyC** 42:23. Cesad de ser codiciosos, **DyC** 88:123. No codiciéis lo que pertenece a vuestro hermano, **DyC** 136:20.

Codo

Unidad común de medida de longitud entre los hebreos; originalmente era la distancia desde el codo hasta la punta de los dedos.

Cólera. *Véase* Enojo

Colosenses, epístola a los. *Véase también* Pablo; Pablo, epístolas de

Libro del Nuevo Testamento. Originalmente fue una carta que el apóstol Pablo escribió a los colosenses después de una visita de Epafras, el evangelista de la Iglesia en Colosas (Col. 1:7–8), que le comunicó a Pablo que los colosenses estaban cayendo en grave error: pensaban que eran mejores que otras personas debido a que observaban concienzudamente ciertas ordenanzas externas (Col. 2:16), se negaban ciertos deseos físicos y adoraban a los ángeles (Col. 2:18). Dichas prácticas llevaron a los colosenses a pensar que se estaban santificando y también que comprendían los misterios del universo mejor que otros miembros de la Iglesia. En su carta, Pablo los corrigió, enseñándoles que la redención solamente se puede lograr por medio de Cristo y que debemos ser sabios y servirle a Él.

El capítulo 1 comprende la salutación de Pablo a los santos colosenses. Los capítulos 2 y 3 son doctrinales y en ellos se testifica que Cristo es el Redentor, se advierte del peligro de la falsa adoración y se afirma la importancia de la Resurrección. En el capítulo 4, se enseña a los santos que deben ser sabios en todas las cosas.

Combinaciones secretas. *Véase también* Caín; Gadiantón, ladrones de

Organizaciones de personas unidas por juramentos con el fin de llevar a cabo los propósitos inicuos del grupo.

El padre de las mentiras incita a los hijos de los hombres a combinaciones secretas, **2 Ne.** 9:9. He de destruir las obras secretas de tinieblas, **2 Ne.** 10:15. Los juicios de Dios descendieron sobre estos obradores de combinaciones secretas, **Alma** 37:30. Gadiantón probó ser la ruina del pueblo de Nefi, **Hel.** 2:4–13. Satanás incitó el corazón de la gente para que entraran en juramentos y pactos secretos, **Hel.** 6:21–31. El Señor no obra por medio de combinaciones secretas, **Éter** 8:19. Cualquier nación que favorezca tales combinaciones secretas será destruida, **Éter** 8:22–23. Rechazaron todas las palabras de los profetas, por causa de su sociedad secreta, **Éter** 11:22.

Desde los días de Caín hubo una combinación secreta, **Moisés** 5:51.

Compasión. *Véase también* Amor; Caridad; Misericordia, misericordioso

En las Escrituras, el vocablo compasión significa, literalmente, "sufrir con otro". También significa mostrar comprensión, piedad y misericordia por otra persona.

Jesús tuvo compasión de las multitudes, **Mateo** 9:36 (Mateo 20:34; Lucas 7:13) Sed compasivos, amándoos fraternalmente, **1 Pe.** 3:8.

Cristo fue lleno de compasión por los hijos de los hombres, **Mos.** 15:9. Mis entrañas rebosan de compasión por vosotros, **3 Ne.** 17:6.

José Smith rogó al Señor que tuviera compasión de los santos, **DyC** 121:3–5.

Comprensión. *Véase* Entender, entendimiento

Común acuerdo. *Véase también* Iglesia de Jesucristo; Sostenimiento de líderes de la Iglesia

El principio por el cual los miembros de la Iglesia sostienen a los que son llamados a servir en la Iglesia y apoyan otras decisiones de la Iglesia que requieran su sostenimiento. Por lo general se indica alzando la mano derecha.

Jesucristo está a la cabeza de Su Iglesia. Por medio de la inspiración del Espíritu Santo, dirige a los líderes de esta en sus hechos y decisiones importantes. Sin embargo, todos los miembros de la Iglesia tienen el derecho y el privilegio de sostener o no sostener los hechos y las decisiones de sus líderes.

Todo el pueblo respondió a una voz, **Éx.** 24:3 (Núm. 27:18–19).

Los apóstoles y ancianos llegaron a un acuerdo, **Hech.** 15:25.

No se ordenará a ninguna persona sin el voto de dicha iglesia, **DyC** 20:65–66. Todas las cosas se harán de común acuerdo, **DyC** 26:2 (DyC 28:13). Hágase todo conforme al acuerdo, **DyC** 104:21.

Comunión. *Véase* Santa Cena

Conciencia. *Véase también* Luz, luz de Cristo

El sentido interior del bien y del mal, que proviene de la luz de Cristo que se da a todo ser humano (Moro. 7:16). Nacemos con la facultad natural de distinguir entre el bien y el mal debido a la luz de Cristo que se da a toda persona (DyC 84:46), la cual llamamos conciencia. El poseerla nos hace seres responsables. Como otras facultades, nuestra conciencia puede adormecerse con el pecado o el mal uso que hagamos de ella.

Los escribas y fariseos fueron acusados por su propia conciencia, **Juan** 8:9. La conciencia también da testimonio, **Rom.** 2:14–15. Los mentirosos tienen la conciencia cauterizada, **1 Tim.** 4:2.

Los hombres son suficientemente instruidos para discernir el bien del mal, **2 Ne.** 2:5. El rey Benjamín tenía la conciencia limpia ante Dios, **Mos.** 2:15. Los nefitas fueron llenos de gozo, teniendo paz de conciencia, **Mos.** 4:3. Zeezrom empezó a sentirse atormentado por la conciencia de su propia culpa, **Alma** 14:6. Al que conoce el bien y el mal, a este le es dado el gozo o el remordimiento de conciencia, **Alma** 29:5. La ley justa trajo el remordimiento de conciencia, **Alma** 42:18. A todo hombre se da el Espíritu de Cristo para que sepa discernir el bien del mal, **Moro.** 7:16.

Toda persona debe tener el libre ejercicio de la conciencia, **DyC** 134:2. Mi conciencia se halla libre de ofensas, **DyC** 135:4.

Reclamamos el derecho de adorar a Dios conforme a los dictados de nuestra propia conciencia, **AdeF** 1:11.

Concilio de los cielos. *Véase también* Guerra en los cielos; Plan de redención; Vida preterrenal

La ocasión en la vida preterrenal en que el Padre presentó Su plan a Sus hijos espirituales que vendrían a esta tierra.

Se regocijaron todos los hijos de Dios, **Job** 38:4–7. Subiré al cielo; en lo alto, junto a las estrellas de Dios, **Isa.** 14:12–13.

Hubo una gran batalla en el cielo, **Apoc.** 12:7–11.

Antes de nacer, recibieron sus primeras lecciones en el mundo de los espíritus, **DyC** 138:56.

Satanás se rebeló en la vida preterrenal, **Moisés** 4:1–4. Las inteligencias fueron organizadas antes que existiera el mundo, **Abr.** 3:22. Los Dioses tomaron consejo entre sí, **Abr.** 4:26. Los Dioses terminaron la obra que habían acordado, **Abr.** 5:2.

Concupiscencia. *Véase también* Codiciar; Sensual, sensualidad

El deseo desmedido e incorrecto de bienes o placeres materiales.

No reine, pues, el pecado en vuestro cuerpo mortal, de modo que lo obedezcáis en sus concupiscencias, **Rom.** 6:12. Se amontonarán maestros conforme a sus propias concupiscencias, **2 Tim.** 4:3–4.

Quisiera que no te dejases llevar más por las concupiscencias de tus ojos, **Alma** 39:3–4, 9.

Cesad de todos vuestros deseos de concupiscencia, **DyC** 88:121.

Condado de Jackson, Misuri (EE. UU.). *Véase también* Nueva Jerusalén

Lugar de recogimiento de los santos en los últimos días; esto es, el lugar central donde establecerán la Nueva Jerusalén (DyC 57–58; 82; 101:69–71; 105:28).

Condenación, condenar. *Véase también* Diablo; Hijos de perdición; Infierno; Juicio final; Juicio, juzgar; Muerte espiritual

Juzgar a otros o ser juzgados por Dios, ser hallados culpables o ser reprobados. En el estado inmortal, la condenación es una referencia a la limitación del progreso individual y a la imposibilidad de tener acceso a la presencia de Dios y a Su gloria. La condenación existe en distintos grados. Todos los que no alcancen la plenitud de la exaltación celestial se verán limitados hasta cierto punto en su progreso y privilegios, y en ese sentido serán condenados.

Jehová condenará al hombre de malos pensamientos, **Prov.** 12:2.

¡Ay de vosotros, hipócritas! Recibiréis mayor condenación, **Mateo** 23:14. Cualquiera que blasfeme contra el Espíritu Santo está expuesto al juicio eterno, **Mar.** 3:29. Los que hicieron lo malo saldrán a resurrección de condenación, **Juan** 5:29 (3 Ne. 26:5). El que come y bebe indignamente, come y bebe condenación para su alma, **1 Cor.** 11:29 (3 Ne. 18:28–29). Somos castigados por el Señor, para que no seamos condenados con el mundo, **1 Cor.** 11:32.

Los que no se arrepientan, se bauticen y perseveren hasta el fin, deben ser condenados, **2 Ne.** 9:24 (Mar. 16:16; Éter 4:18; DyC 68:9; 84:74). Nuestras palabras, obras y pensamientos nos condenarán, **Alma** 12:14. Por saber y no cumplir, las personas caen bajo condenación, **Hel.** 14:19. Los inicuos serían más desdichados morando en la presencia de Dios que con las almas condenadas en el infierno, **Morm.** 9:4. Si dejamos de obrar, incurriremos en la condenación, **Moro.** 9:6.

El que no hace nada hasta que se le mande, ya es condenado, **DyC** 58:29. El que no perdona las ofensas de su hermano, queda condenado ante el Señor, **DyC** 64:9. El que peque contra mayor luz, mayor condenación recibirá, **DyC** 82:3. Toda la Iglesia está bajo condenación hasta que se arrepienta y recuerde el Libro de Mormón, **DyC** 84:54–57. El que reciba la plenitud de la gloria del Señor deberá cumplir la ley, o será condenado, **DyC** 132:6.

Confesar, confesión. *Véase también* Arrepentimiento, arrepentirse; Perdonar

En las Escrituras se emplea esta palabra con por lo menos dos de los sentidos que tiene. Uno es el de manifestar o declarar la fe en algo, tal como confesar que Jesús es el Cristo (Mateo 10:32; Rom 10:9; 1 Juan 4:1–3; DyC 88:104).

El segundo uso del vocablo es el de admitir culpabilidad, tal como en la confesión de los pecados. Toda persona tiene el deber de confesar sus pecados al Señor para obtener Su perdón (DyC 58:42–43). Cuando sea necesario, también deben confesarse a la persona (o personas) a quien el pecado haya perjudicado. Los pecados graves se deben confesar a un oficial de la Iglesia (al obispo, en la mayoría de los casos).

Confesará aquello en que pecó **Lev.** 5:5. Confesarán su iniquidad

Lev. 26:40–42. Da gloria a Jehová, el Dios de Israel, y declara lo que has hecho, **Josué** 7:19.

Las personas eran bautizadas por él en el Jordán, confesando sus pecados, **Mateo** 3:5–6.

El transgresor que confiese sus pecados será perdonado, **Mos.** 26:29.

Te mando que confieses tus pecados para que no sufras estos castigos, **DyC** 19:20. El arrepentido confesará y abandonará sus pecados, **DyC** 58:43. El Señor es misericordioso con los que confiesan sus pecados con corazones humildes, **DyC** 61:2. El Señor perdona los pecados de aquellos que los confiesan y piden perdón, **DyC** 64:7.

Confianza, confiar. *Véase también* Creencia, creer; Fe

Tener una certeza, creencia, seguridad o fe en algo, sobre todo en Dios y en Jesucristo. Esperanza firme o seguridad que se tiene en una persona o cosa. En el sentido espiritual, confiar significa también depender absolutamente de Dios y de Su Espíritu.

Aunque él me matare, en él esperaré, **Job** 13:15. Mejor es confiar en Jehová que confiar en el hombre, **Sal.** 118:8. Fíate de Jehová de todo tu corazón, **Prov.** 3:5. Jehová será tu confianza, **Prov.** 3:26. Dios libró a sus siervos que confiaron en él, **Dan.** 3:19–28. Ninguna lesión se halló en él, porque había confiado en su Dios, **Dan.** 6:23.

Tengamos confianza cuando Cristo aparezca, **1 Juan** 2:28.

En ti confiaré para siempre, **2 Ne.** 4:34. Los nefitas inicuos perdieron la confianza de sus hijos, **Jacob** 2:35. Regocijaos, y poned vuestra confianza en Dios, **Mos.** 7:19. Quien pone su confianza en Dios será enaltecido en el postrer día, **Mos.** 23:22. Quienes pongan su confianza en Dios serán sostenidos en sus tribulaciones, **Alma** 36:3, 27.

No pongáis vuestra confianza en el brazo de la carne, **DyC** 1:19. Pon tu confianza en ese Espíritu que induce a hacer lo bueno, **DyC** 11:12. Confíe él en mí y no será confundido, **DyC** 84:116. Entonces tu confianza se fortalecerá en la presencia de Dios, **DyC** 121:45.

Confirmación. *Véase* Imposición de manos

Congregación de Israel. *Véase* Israel — La congregación de Israel

Conocimiento. *Véase también* Entender, entendimiento; Sabiduría; Verdad

Entendimiento y comprensión, particularmente de la verdad, según la enseña o confirma el Espíritu.

El Dios de todo saber es Jehová, **1 Sam.** 2:3. El Señor es perfecto en sabiduría, **Job** 37:16. El principio de la sabiduría es el temor de Jehová, **Prov.** 1:7. El que ahorra sus palabras tiene sabiduría, **Prov.** 17:27. La tierra será llena del conocimiento de Jehová, **Isa.** 11:9 (2 Ne. 21:9; 30:15).

Habéis quitado la llave de la ciencia, **Lucas** 11:52. El amor de Cristo, que excede a todo conocimiento, **Efe.** 3:19. Añadid a vuestra fe virtud; a la virtud, conocimiento, **2 Pe.** 1:5.

Nefi tenía un conocimiento grande de la bondad de Dios, **1 Ne.** 1:1. Para que cuando lleguen al conocimiento de su Redentor sean reunidos, **2 Ne.** 6:11. Los justos tendrán un conocimiento perfecto de su rectitud, **2 Ne.** 9:14. El Espíritu da conocimiento, **Alma** 18:35. Vuestro conocimiento es perfecto en esta cosa, **Alma** 32:34. Los lamanitas serán traídos otra vez al conocimiento de su Redentor, **Hel.** 15:13. Sabréis, con un conocimiento perfecto, que es de Dios, **Moro.** 7:15–17.

Los santos hallarán sabiduría y grandes tesoros de conocimiento, **DyC** 89:18–19. El conocimiento puro ennoblecerá grandemente el alma, **DyC** 121:42. Al que posee las llaves del Santo Sacerdocio no se le dificulta obtener conocimiento de los hechos, **DyC** 128:11. Si una persona adquiere más conocimiento en esta vida, llevará ventaja en el mundo venidero, **DyC** 130:19. Es imposible salvarse en la ignorancia, **DyC** 131:6.

Consagrar, ley de consagración. *Véase también* Orden Unida; Reino de Dios o de los cielos

Dedicar(se), santificar(se), alcanzar la rectitud. La ley de consagración es un principio divino por el cual hombres y mujeres dedican voluntariamente su tiempo, su talento o habilidades y sus bienes materiales al establecimiento y la edificación del reino de Dios.

Hoy os habéis consagrado a Jehová, **Éx.** 32:29.

Todos los que habían creído tenían en común todas las cosas, **Hech.** 2:44–45.

Tenían en común todas las cosas; por tanto, no había ricos ni pobres, **4 Ne.** 1:3.

El Señor explica los principios de la ley de consagración, **DyC** 42:30–39 (DyC 51:2–19; 58:35–36). Un hombre no debe poseer más que otro, **DyC** 49:20. Se dio una porción igual a cada hombre, según su familia, **DyC** 51:3. Se estableció una orden para que los santos fueran iguales en los vínculos de cosas celestiales y terrenales, **DyC** 78:4–5. Todo hombre debía tener el mismo derecho, según sus carencias y necesidades, **DyC** 82:17–19. Sion solamente puede edificarse sobre los principios de la ley celestial, **DyC** 105:5.

El pueblo de Enoc era uno en corazón y voluntad y vivía en rectitud; y no había pobres entre ellos, **Moisés** 7:18.

Consejo. *Véase también* Profeta

Amonestaciones, advertencias, exhortación e instrucción del Señor y de Sus líderes ordenados.

Me has guiado según tu consejo, **Sal.** 73:24. Donde no hay dirección sabia, caerá el pueblo, **Prov.** 11:14. Anuncio lo por venir desde el principio; mi consejo permanecerá, **Isa.** 46:10.

Los fariseos y los intérpretes de la ley desecharon el consejo de Dios, **Lucas** 7:30.

Bueno es ser sabio si se hace caso de los consejos de Dios, **2 Ne.** 9:29.

Oíd el consejo de aquel que os ha ordenado, **DyC** 78:2. Recibir consejo del que yo he nombrado, **DyC** 108:1. Ambiciona imponer su propio criterio en lugar del consejo que yo he ordenado, **DyC** 124:84. Escuche el consejo de mi siervo José, **DyC** 124:89. Si un hombre no busca mi consejo, no tendrá poder, **DyC** 136:19.

Consejo de los Doce. *Véase* Apóstol

Consolador. *Véase también* Espíritu Santo; Jesucristo

Las Escrituras mencionan dos Consoladores. El primero es el Espíritu Santo (Juan 14:26–27; Moro. 8:26; DyC 21:9; 42:17; 90:11). El Segundo Consolador es el Señor Jesucristo (Juan 14:18, 21, 23). Cuando una persona recibe al Segundo Consolador, de cuando en cuando se le aparecerá Jesucristo, quien le revelará al Padre y le enseñará cara a cara (DyC 130:3).

Constitución. *Véase también* Gobierno; Ley

En Doctrina y Convenios, "la Constitución" se refiere a la de los Estados Unidos de América, la cual fue divinamente inspirada con el fin de preparar el camino para la restauración del Evangelio.

Se debe apoyar la ley constitucional, **DyC** 98:5–6. El Señor hizo establecer la Constitución, **DyC** 101:77, 80.

Constreñir. *Véase también* Espíritu Santo

Instar en forma apremiante a hacer o a no hacer algo, sobre todo por la influencia y el poder del Espíritu Santo.

El espíritu dentro de mí me constriñe, **Job** 32:18.

El amor de Cristo nos constriñe, **2 Cor.** 5:14.

El Espíritu me constriñó a que matara a Labán, **1 Ne.** 4:10. El Espíritu me lo impide, **Alma** 14:11. Estoy obligado, según el convenio, **Alma** 60:34. Ammarón, impulsado por el Espíritu Santo, ocultó los anales, **4 Ne.** 1:48.

Lo que viene de arriba debe expresarse

por constreñimiento del Espíritu, **DyC** 63:64.

Contención, contienda. *Véase también* Rebelión

Peleas, disputas y conflictos. La contención no agrada al Señor, particularmente entre los miembros de la Iglesia del Señor o entre los integrantes de una familia.

No haya altercado entre nosotros dos, **Gén.** 13:8. La soberbia concebirá contienda, **Prov.** 13:10.

Si alguno tuviere queja contra otro, debe perdonar como Cristo perdonó, **Col.** 3:13. Evita las cuestiones necias y contenciones, **Tito** 3:9.

El Señor manda que los hombres no contiendan unos con otros, **2 Ne.** 26:32. No permitiréis que vuestros hijos contiendan y riñan unos con otros, **Mos.** 4:14. Alma mandó que no hubiera contenciones entre los miembros de la Iglesia, **Mos.** 18:21. Satanás siembra rumores y contenciones, **Hel.** 16:22. El diablo es el padre de la contención e irrita a los hombres para que contiendan unos con otros, **3 Ne.** 11:29 (Mos. 23:15).

Hago esto para establecer mi evangelio, a fin de que no haya tanta contención, **DyC** 10:62–64. Cesad de contender unos con otros, **DyC** 136:23.

Control de la natalidad. *Véase también* Familia; Matrimonio

Limitar o prevenir la concepción con el fin de planear el número de hijos que nazcan a una pareja.

Fructificad y multiplicaos; llenad la tierra, **Gén.** 1:28 (Moisés 2:28). Herencia de Jehová son los hijos, **Sal.** 127:3–5.

La familia de Lehi debía levantar posteridad para el Señor, **1 Ne.** 7:1.

El matrimonio lo decretó Dios para el hombre, **DyC** 49:15–17. Los que sean exaltados recibirán una plenitud y continuación de las simientes por siempre jamás, **DyC** 132:19, 63.

Convenio. *Véase también* Abraham, convenio de (convenio abrahámico); Juramento; Juramento y convenio del sacerdocio; Nuevo y sempiterno convenio

Un acuerdo entre Dios y el hombre, aunque las dos partes no se encuentran al mismo nivel. Dios fija las condiciones del convenio, y el hombre acuerda hacer lo que Él pida. A cambio, Dios promete ciertas bendiciones basadas en esa obediencia.

Los principios y las ordenanzas se reciben mediante convenios. Los miembros de la Iglesia que hacen estos convenios prometen honrarlos. Por ejemplo, en el bautismo los miembros hacen convenio con el Señor y renuevan ese convenio al participar de la Santa Cena. En el templo se hacen convenios adicionales. El pueblo del Señor es el pueblo del convenio y recibe grandes bendiciones al guardar sus convenios con el Señor.

Estableceré mi convenio contigo, **Gén.** 6:18. Si guardareis mi convenio, seréis mi especial tesoro, **Éx.** 19:5. No harás alianza con ellos, ni con sus dioses, **Éx.** 23:32. Guardarán el día de reposo por convenio perpetuo, **Éx.** 31:16. No invalidaré jamás mi convenio con vosotros, **Jue.** 2:1. Juntadme mis santos, los que conmigo hicieron convenio con sacrificio, **Sal.** 50:5 (DyC 97:8).

Para acordarse de su santo convenio, **Lucas** 1:72 (DyC 90:24).

El poder del Cordero de Dios descendió sobre el pueblo del convenio del Señor, **1 Ne.** 14:14. El convenio que el Señor hizo con Abraham se ha de cumplir en los postreros días, **1 Ne.** 15:18 (3 Ne. 16:5, 11–12; 21:7; Morm. 9:37). El pueblo de Benjamín estuvo dispuesto a concertar un convenio con Dios de servirle hasta morir, **Mos.** 5:5. El bautismo es un testimonio de que el hombre ha hecho convenio con Dios de servirle a Él, **Mos.** 18:13. Sois los hijos del convenio, **3 Ne.** 20:25–26. Los ángeles cumplen y llevan a efecto la obra de los convenios del Padre, **Moro.** 7:29–31. El derramamiento de la sangre de Cristo es según el convenio del Padre, **Moro.** 10:33.

Toda persona que pertenezca a esta Iglesia de Cristo procurará guardar todos los convenios, **DyC** 42:78. Benditos son aquellos que han guardado el convenio, **DyC** 54:6. Quien viole el convenio sempiterno perderá su oficio y estado en la Iglesia, **DyC** 78:11–12. Todos los que reciben el sacerdocio reciben este juramento y convenio, **DyC** 84:39–40. Están dispuestos a cumplir sus convenios con sacrificio, **DyC** 97:8. El convenio matrimonial puede ser eterno, **DyC** 132. Este será nuestro convenio: Andaremos en todas las ordenanzas, **DyC** 136:4.

Convenio sempiterno. *Véase* Convenio; Nuevo y sempiterno convenio

Conversión, convertir. *Véase también* Discípulo; Nacer de Dios, nacer de nuevo

Cambiar las creencias, los sentimientos y la vida para aceptar la voluntad de Dios y hacerla (Hech. 3:19).

La conversión implica la decisión consciente de renunciar a la forma de ser anterior y de cambiar para llegar a ser discípulo de Cristo. El arrepentimiento, el bautismo para la remisión de pecados, la recepción del Espíritu Santo mediante la imposición de manos y la fe continua en el Señor Jesucristo hacen completa la conversión. El hombre natural cambiará y se convertirá en una persona nueva, santificada y pura, nacida de nuevo en Jesucristo (véase 2 Cor. 5:17; Mos. 3:19).

Las personas deben volverse y hacerse como niños, **Mateo** 18:3 (Mos. 3:19). Tú, una vez vuelto, confirma a tus hermanos, **Lucas** 22:32. Los que recibieron su palabra fueron bautizados, **Hech.** 2:37–41. El que haga volver al pecador del error de su camino salvará un alma, **Stg.** 5:20.

La conversión de Enós, **Enós** 1:2–5. Las palabras del rey Benjamín efectuaron un gran cambio en las personas, **Mos.** 5:2 (Alma 5:12–14). Todo el género humano debe nacer otra vez, sí, nacer de Dios, **Mos.** 27:25. La conversión de Alma y los hijos de Mosíah, **Mos.** 27:33–35. La conversión del padre de Lamoni, **Alma** 22:15–18. Se habían convertido al Señor por el poder y la palabra de Dios, **Alma** 53:10. El arrepentimiento efectúa un cambio de corazón, **Hel.** 15:7. Cuantos se convirtieron, manifestaron en verdad que los había visitado el poder y el Espíritu de Dios, **3 Ne.** 7:21. Fueron bautizados con fuego y con el Espíritu Santo al tiempo de su conversión por motivo de su fe en Cristo, **3 Ne.** 9:20.

Irán y predicarán el arrepentimiento. Y serán convertidos muchos, **DyC** 44:3–4.

Coraza. *Véase también* Pectoral

Parte frontal de la ropa protectora o armadura del soldado. En sentido simbólico, los santos deben estar vestidos de una coraza de justicia para protegerse contra el mal (Isa. 59:17; Efe. 6:14).

Corazón. *Véase también* Corazón quebrantado; Nacer de Dios, nacer de nuevo

Símbolo de la disposición y la voluntad del hombre y, en sentido figurado, la fuente de toda emoción y todo sentimiento.

Amarás a Jehová tu Dios de todo tu corazón, **Deut.** 6:5 (Deut. 6:3–7; Mateo 22:37; Lucas 10:27; DyC 59:5). Jehová se ha buscado un varón conforme a su corazón, **1 Sam.** 13:14. El hombre mira lo que está delante de sus ojos, pero Jehová mira el corazón, **1 Sam.** 16:7. El limpio de manos y puro de corazón subirá al monte de Jehová y será bendecido, **Sal.** 24:3–5 (2 Ne. 25:16). Cual es su pensamiento en su corazón, tal es él, **Prov.** 23:7. El profeta Elías hará volver el corazón de los padres hacia los hijos, y el corazón de los hijos hacia los padres, **Mal.** 4:5–6 (Lucas 1:17; DyC 2:2; 110:14–15; 138:47; JS—H 1:38–39).

Bienaventurados los de limpio corazón, **Mateo** 5:8 (3 Ne. 12:8). El hombre habla según el bien o el mal que tenga en el corazón, **Lucas** 6:45.

Seguid al Hijo con íntegro propósito

de corazón, **2 Ne.** 31:13. ¿Habéis nacido espiritualmente de Dios? ¿Habéis experimentado este gran cambio en vuestros corazones?, **Alma** 5:14. Me ofreceréis como sacrificio un corazón quebrantado y un espíritu contrito, **3 Ne.** 9:20 (3 Ne. 12:19; Éter 4:15; Moro. 6:2).

Hablaré a tu mente y a tu corazón por medio del Espíritu Santo, **DyC** 8:2.

Corazón quebrantado. *Véase también* Arrepentimiento, arrepentirse; Corazón; Humildad, humilde, humillar (afligir); Mansedumbre, manso; Sacrificios

Tener un corazón quebrantado significa ser humilde, contrito, manso y arrepentirse; esto es, ser receptivo a la voluntad de Dios.

Yo habito con el quebrantado y humilde de espíritu para vivificar el corazón, **Isa.** 57:15.

Cristo se ofrece a sí mismo por todos los de corazón quebrantado y de espíritu contrito, **2 Ne.** 2:7. Me ofreceréis como sacrificio un corazón quebrantado y un espíritu contrito, **3 Ne.** 9:20 (DyC 59:8). Se recibe para el bautismo solamente a los que tengan un corazón quebrantado y un espíritu contrito, **Moro.** 6:2.

Jesús fue crucificado para la remisión de pecados al de corazón contrito, **DyC** 21:9. Aquel cuyo espíritu es contrito es aceptado, **DyC** 52:15. Se promete el Santo Espíritu a los que sean contritos, **DyC** 55:3. Se envía mi Espíritu al mundo para iluminar a los humildes y contritos, **DyC** 136:33.

Cordero de Dios. *Véase también* Expiación, expiar; Jesucristo; Pascua

Uno de los nombres que se da al Salvador y que se refiere a la ofrenda de sí mismo como sacrificio por nosotros.

Como cordero fue llevado al matadero, **Isa.** 53:7 (Mos. 14:7).

He aquí el Cordero de Dios, que quita el pecado del mundo, **Juan** 1:29 (Alma 7:14). Fuisteis rescatados con la sangre preciosa de Cristo, como de un cordero sin mancha, **1 Pe.** 1:18–20. El Cordero que fue muerto es digno, **Apoc.** 5:12. Vencemos a Satanás por medio de la sangre del Cordero, **Apoc.** 12:10–11.

Estos son emblanquecidos en la sangre del Cordero, a causa de su fe en él, **1 Ne.** 12:11. El Cordero de Dios es el Hijo del Eterno Padre, y es el Salvador del mundo, **1 Ne.** 13:40 (1 Ne. 11:21). Clamad fervientemente al Padre en el nombre de Jesús, para que se os halle sin mancha, purificados por la sangre del Cordero, **Morm.** 9:6 (Apoc. 7:14; Alma 34:36).

El Hijo del Hombre es el Cordero muerto desde la fundación del mundo, **Moisés** 7:47.

Coriantón. *Véase también* Alma hijo de Alma

En el Libro de Mormón, hijo de Alma, el hijo de Alma el mayor.

Fue entre los zoramitas, **Alma** 31:7. Abandonó el ministerio y se fue tras una ramera, **Alma** 39:3. Alma le instruye sobre el estado de la existencia después de la muerte, la resurrección y la expiación, **Alma** 39–42. Fue llamado de nuevo a predicar la palabra, **Alma** 42:31. Partió para la tierra del norte en un barco, **Alma** 63:10.

Coriántumr. *Véase también* Jareditas

En el Libro de Mormón, uno de los reyes jareditas y último sobreviviente de la nación jaredita.

Descubierto por el pueblo de Zarahemla, **Omni** 1:21. Era rey de toda la tierra, **Éter** 12:1–2. Fue capturado por Shared y liberado por sus hijos, **Éter** 13:23–24. Entabló batalla contra varios enemigos, **Éter** 13:28–14:31. Se arrepintió, **Éter** 15:3. Entabló su batalla final contra Shiz, **Éter** 15:15–32.

Corintios, epístolas a los. *Véase también* Pablo; Pablo, epístolas de

Dos libros del Nuevo Testamento. Originalmente, fueron cartas que Pablo escribió a los santos de Corinto para corregir cierto desorden que había entre ellos. Los corintios vivían en una sociedad moralmente inicua.

Primera epístola a los corintios: El capítulo 1 contiene la salutación de Pablo y su exhortación a que los santos sean unidos. En los capítulos del 2 al 6, Pablo corrige a los santos de Corinto por sus errores. Los capítulos del 7 al 12 contienen la respuesta de Pablo a ciertas preguntas de ellos. En los capítulos del 13 al 15, se habla de la caridad, los dones espirituales y la Resurrección. En el capítulo 16, Pablo aconseja a los miembros que permanezcan firmes en la fe.

Segunda epístola a los corintios: El capítulo 1 contiene la salutación de Pablo y un mensaje de consuelo. En el capítulo 2, Pablo da consejos personales a Tito. En los capítulos del 3 al 7, se habla del poder del Evangelio en las vidas de los santos. En los capítulos 8 y 9, Pablo aconseja a los santos que den a los pobres con buena voluntad y alegría. En los capítulos del 10 al 12, Pablo afirma su posición como Apóstol. En el capítulo 13, los amonesta a perfeccionarse.

Cornelio. *Véase también* Centurión; Gentiles; Pedro

Un centurión que vivía en Cesarea; fue bautizado por Pedro (Hech. 10). Probablemente haya sido el primer gentil que ingresó en la Iglesia sin haber sido antes convertido al judaísmo. El bautismo de Cornelio y de su familia abrió el camino para predicar el Evangelio a los gentiles. Pedro, el Apóstol principal, que en aquella época tenía las llaves del reino de Dios en la tierra, dirigió esta predicación.

Corona. *Véase también* Vida eterna

Ornamento circular que llevan en la cabeza los gobernantes. Se emplea la palabra como símbolo de poder y dominio celestial y de la Deidad. Los que guarden todos los mandamientos de Dios y perseveren hasta el fin recibirán una corona de vida eterna. (Véase DyC 20:14; Moisés 7:56; JS—M 1:1).

Me está guardada la corona de justicia, **2 Tim.** 4:8. Recibiréis la corona incorruptible de gloria, **1 Pe.** 5:4.

Los que mueran en el Señor recibirán una corona de rectitud, **DyC** 29:13. Recibirán una corona en las mansiones de mi Padre, **DyC** 59:2. El Señor prepara a los santos para que asciendan hasta alcanzar la corona preparada para ellos, **DyC** 78:15. El Señor ha prometido a los santos una corona de gloria a su diestra, **DyC** 104:7.

Corregir. *Véase* Castigar, castigo

Cowdery, Oliver

El segundo élder de la Iglesia restaurada y uno de los Tres Testigos del origen divino y de la veracidad del Libro de Mormón. Sirvió como escriba mientras José Smith traducía el Libro de Mormón de las planchas de oro (JS—H 1:66–68).

Recibió un testimonio de la veracidad de la traducción del Libro de Mormón, **DyC** 6:17, 22–24. Fue ordenado por Juan el Bautista, **DyC** 13 (DyC 27:8; JS—H 1:68–73, véase la nota correspondiente al versículo 71). Después de haber logrado fe, y de haberlas visto con vuestros ojos, testificaréis de haberlas visto, **DyC** 17:3, 5. Te he manifestado por mi Espíritu, que las cosas que has escrito son verdaderas, **DyC** 18:2. Fue nombrado y ordenado uno de los mayordomos de las revelaciones, **DyC** 70:3. Junto con José Smith, recibió las llaves del sacerdocio, **DyC** 110.

Creación, crear. *Véase también* Creación espiritual; Día de reposo; Jesucristo; Principio; Tierra

Organizar. Dios, obrando mediante Su Hijo Jesucristo, organizó los elementos de la naturaleza para formar los cielos y la tierra. Nuestro Padre Celestial y Jesús crearon al hombre a Su propia imagen (Moisés 2:26–27).

En el principio creó Dios los cielos y la tierra, **Gén.** 1:1. Hagamos al hombre a nuestra imagen, **Gén.** 1:26 (Moisés 2:26–27; Abr. 4:26).

Todas las cosas por él fueron hechas, **Juan** 1:3, 10. Dios creó todas las cosas,

Efe. 3:9. En él fueron creadas todas las cosas, las que hay en los cielos, **Col.** 1:16 (Mos. 3:8; Hel. 14:12). Dios hizo el universo por el Hijo, **Heb.** 1:2.

El hombre fue creado en el principio, **Mos.** 7:27. Yo creé los cielos y la tierra y todas las cosas, **3 Ne.** 9:15 (Morm. 9:11, 17). En el principio todos los hombres fueron creados a mi propia imagen, **Éter** 3:15.

Jesucristo creó los cielos y la tierra, **DyC** 14:9. Creó al hombre, varón y hembra, según su propia imagen, **DyC** 20:18.

He creado incontables mundos, **Moisés** 1:33. Por medio de mi Unigénito creé los cielos, **Moisés** 2:1. Yo, Dios el Señor, creé espiritualmente todas las cosas antes que existiesen físicamente sobre la tierra, **Moisés** 3:5. Millones de tierras como esta, no sería ni el principio del número de tus creaciones, **Moisés** 7:30. Los Dioses organizaron y formaron los cielos, **Abr.** 4:1.

Creación espiritual. *Véase también* Creación, crear; Hombre(s)

El Señor creó espiritualmente todas las cosas antes de crearlas físicamente (Moisés 3:5).

Jehová hizo toda planta antes que fuese en la tierra, **Gén.** 2:4–6 (Abr. 5:5).

Por el poder de mi Espíritu he creado todas las cosas: primero espirituales, enseguida temporales, **DyC** 29:31–32. Lo temporal es a semejanza de lo espiritual, **DyC** 77:2.

Hice el mundo y a los hombres antes que existiesen en la carne, **Moisés** 6:51.

Creador. *Véase* Creación, crear; Jesucristo

Creencia, creer. *Véase también* Confianza, confiar; Fe; Incredulidad; Jesucristo

Tener fe en alguien o aceptar que algo es verdad. Para salvarse en el reino de Dios, las personas deben arrepentirse y creer en Jesucristo (DyC 20:29).

Creed en Jehová vuestro Dios; creed a sus profetas, **2 Cró.** 20:20. Daniel no fue lesionado en el foso de los leones, porque había confiado en Dios, **Dan.** 6:23.

Como creíste, te sea hecho, **Mateo** 8:13. Todo lo que pidiereis en oración, creyendo, lo recibiréis, **Mateo** 21:22. No temas, cree solamente, **Mar.** 5:36. Al que cree todo le es posible, **Mar.** 9:23–24. El que creyere y fuere bautizado, será salvo, **Mar.** 16:16 (2 Ne. 2:9; 3 Ne. 11:33–35). El que cree en el Hijo tiene vida eterna, **Juan** 3:16, 18, 36 (Juan 5:24; DyC 10:50). Nosotros hemos creído y conocemos que tú eres el Cristo, **Juan** 6:69. El que cree en mí, aunque esté muerto, vivirá, **Juan** 11:25–26. Los que hemos creído entramos en el reposo, **Heb.** 4:3. Debemos creer en Jesucristo y amarnos unos a otros, **1 Juan** 3:23.

El Mesías no destruirá a ninguno que crea en él, **2 Ne.** 6:14. Los judíos serán dispersados hasta que sean persuadidos a creer en Cristo, **2 Ne.** 25:16. Si creéis todas estas cosas, mirad que las hagáis, **Mos.** 4:10. El Hijo tomará sobre sí las transgresiones de aquellos que crean en su nombre, **Alma** 11:40. Bendito es el que cree en la palabra de Dios sin habérsele compelido, **Alma** 32:16. Aunque no sea más que un deseo de creer, dejad que este deseo obre en vosotros, **Alma** 32:27. Si creéis en su nombre, os arrepentiréis de vuestros pecados, **Hel.** 14:13. Los que crean en Cristo también creerán en el Padre, **3 Ne.** 11:35. Jamás había creído en el Señor el hombre como creyó el hermano de Jared, **Éter** 3:15. Toda cosa que persuade a creer en Cristo es enviada por el poder de Cristo, **Moro.** 7:16–17.

Los que crean en las palabras del Señor recibirán la manifestación del Espíritu, **DyC** 5:16. Los que crean en el nombre del Señor llegarán a ser hijos de Dios, **DyC** 11:30 (Juan 1:12). A algunos les es dado creer en las palabras de otros, **DyC** 46:14. Las señales seguirán a los que crean, **DyC** 58:64 (DyC 63:7–12).

Los que crean, se arrepientan y se bauticen recibirán el Espíritu Santo, **Moisés** 6:52.

Cristianos. *Véase también* Discípulo; Santo (sustantivo)

Nombre que se da a los que creen en Jesucristo. Aunque este término se utiliza comúnmente en todo el mundo, el Señor ha designado con el nombre de santos a los verdaderos seguidores de Cristo (Hech. 9:13, 32, 41; 1 Cor. 1:2; DyC 115:4).

A los discípulos se les llamó cristianos, **Hech.** 11:26. Si alguno padece como cristiano, no se avergüence, **1 Pe.** 4:16.

A causa del convenio que habéis hecho, seréis llamados progenie de Cristo, **Mos.** 5:7. Los creyentes verdaderos fueron llamados cristianos por los que no eran miembros de la Iglesia, **Alma** 46:13–16.

Cristo. *Véase* Jesucristo

Crónicas

Dos libros del Antiguo Testamento. En ellos se relatan en forma breve los acontecimientos desde la Creación hasta la proclamación de Ciro que permitió el regreso de los judíos a Jerusalén.

Primer libro de Crónicas: Los capítulos del 1 al 9 contienen genealogías desde Adán hasta Saúl. En el capítulo 10, se relata la muerte de Saúl. En los capítulos del 11 al 22, se describen los acontecimientos relacionados con el reinado de David. En los capítulos del 23 al 27, se explican los deberes que se asignaron a los levitas y se menciona que Salomón fue coronado rey. En el capítulo 28, se refiere que David mandó a Salomón edificar un templo. En el capítulo 29, se registra la muerte de David.

Segundo libro de Crónicas: En los capítulos del 1 al 9, se relatan los acontecimientos relacionados con el reinado de Salomón. En los capítulos del 10 al 12, se habla del reinado de Roboam hijo de Salomón, durante el cual el reino unido de Israel se dividió, formando el reino del norte y el del sur. En los capítulos del 13 al 36, se describen los reinados de varios reyes hasta la época en que Nabucodonosor capturó el reino de Judá. El libro termina con el decreto de Ciro que permitió a los hijos cautivos de Judá regresar a Jerusalén.

Cronología. *Véase* Cronología en el Apéndice

Crucifixión. *Véase también* Cruz; Expiación, expiar; Gólgota; Jesucristo

Forma de ejecución romana, común en los tiempos del Nuevo Testamento, en que se ataban o clavaban las manos y los pies de la persona en una cruz para darle muerte. Por regla general, se imponía solo a los esclavos y a los peores criminales. A menudo se azotaba al sentenciado antes de la crucifixión (Mar. 15:15). Se obligaba al reo a cargar su cruz hasta el sitio de la ejecución (Juan 19:16–17). Los soldados que ejecutaban la sentencia normalmente recibían la ropa del reo (Mateo 27:35). La cruz se clavaba en la tierra, de manera que los pies del prisionero quedaran a una distancia de treinta a sesenta centímetros de la superficie del suelo. Los soldados vigilaban la cruz hasta que ocurriera la muerte, la cual a veces no tenía lugar sino hasta el tercer día (Juan 19:31–37).

Jesucristo fue crucificado porque un grupo de incrédulos lo acusaron falsamente de sedición contra el César y de blasfemia por afirmar que era el Hijo de Dios. Se le sometió a muchas injurias, entre ellas, el manto de púrpura (Juan 19:2), la corona de espinas y otras similares (Mateo 26:67; Mar. 14:65).

Los inicuos horadan las manos y los pies del Mesías, **Sal.** 22:11–18. Cristo fue como cordero llevado al matadero, **Isa.** 53:7.

Jesús predice su crucifixión, **Mateo** 20:18–19. Descripción de la vejación y la crucifixión de Cristo, **Mateo** 27:22–50 (Mar. 15:22–37; Lucas 23:26–46; Juan 19:17–30).

Nefi ve en visión la crucifixión del Cordero de Dios, **1 Ne.** 11:33. Nefi habla de los sufrimientos y la crucifixión del Señor, **1 Ne.** 19:9–14. Jacob habla del ministerio y la crucifixión del Santo de Israel, **2 Ne.** 6:9. Tempestades, terremotos, incendios y torbellinos en América testifican de la crucifixión de Cristo en Jerusalén, **3 Ne.** 8.

Soy Jesús que fue crucificado, **DyC** 45:51–52. El ministerio de Cristo entre los espíritus en prisión se limitó al tiempo que transcurrió entre Su muerte y Su resurrección, **DyC** 138:27.

Cruz. *Véase también* Crucifixión; Expiación, expiar; Gólgota; Jesucristo; Santa Cena

Los maderos sobre los cuales fue crucificado Jesucristo (Mar. 15:20–26). En el mundo actual, hay muchas personas que consideran la cruz como un símbolo de la Crucifixión y del sacrificio expiatorio de Cristo; no obstante, el Señor mismo ha establecido los símbolos de Su Crucifixión y sacrificio: el pan y el agua de la Santa Cena (Mateo 26:26–28; DyC 20:40, 75–79). En las Escrituras leemos que los que toman su cruz son los que aman tanto a Jesucristo que se niegan a sí mismos toda impiedad y lujuria mundana y guardan Sus mandamientos (TJS, Mateo 16:25–26 [Apéndice — Biblia]).

Ven, sígueme, tomando tu cruz, **Mar.** 10:21 (3 Ne. 12:30; DyC 23:6). Jesús sufrió la cruz y se sentó a la diestra del trono de Dios, **Heb.** 12:2.

Fue levantado sobre la cruz y muerto por los pecados del mundo, **1 Ne.** 11:33. Aquellos que han soportado las cruces del mundo heredarán el reino de Dios, **2 Ne.** 9:18. Mi Padre me envió para que fuese levantado sobre la cruz, **3 Ne.** 27:14–15.

El que no tome su cruz y me siga, y guarde mis mandamientos, no será salvo, **DyC** 56:2.

Vio que el Hijo del Hombre era levantado sobre la cruz, **Moisés** 7:55.

Cuerpo. *Véase también* Alma; Mortal, mortalidad; Muerte física; Resurrección

La estructura mortal y física de carne y huesos que se creó a imagen de Dios y que se combina con un espíritu para formar a una persona viviente. El cuerpo físico de toda persona se reunirá eternamente con su espíritu en la Resurrección. En las Escrituras, en algunas ocasiones se hace referencia al alma como cuerpo y espíritu unidos (Gén. 2:7; DyC 88:15; Moisés 3:7, 9, 19; Abr. 5:7).

Jehová Dios formó al hombre del polvo de la tierra, **Gén.** 2:7 (Moisés 3:7).

Palpad, y ved; porque un espíritu no tiene carne ni huesos, **Lucas** 24:39. Golpeo mi cuerpo, y lo pongo en servidumbre, **1 Cor.** 9:27. Hay cuerpo animal, y hay cuerpo espiritual, **1 Cor.** 15:44. El cuerpo sin espíritu está muerto, **Stg.** 2:26.

El cuerpo terrenal se levanta como cuerpo inmortal, **Alma** 11:43–45. Al cuerpo le serán restauradas todas sus partes, **Alma** 41:2. Jesucristo mostró a los nefitas su cuerpo resucitado, **3 Ne.** 10:18–19; 11:13–15.

El Padre tiene un cuerpo de carne y huesos, tangible como el del hombre; así también el Hijo, **DyC** 130:22.

Dios creó varón y hembra a imagen de su propio cuerpo, **Moisés** 6:9 (Gén. 9:6).

Cuórum. *Véase también* Sacerdocio

El vocablo cuórum puede usarse de dos maneras: (1) Grupo específico de hombres que poseen el mismo oficio del sacerdocio. (2) Una mayoría, o sea, el número mínimo de miembros de un grupo del sacerdocio que debe estar presente en una reunión para tomar decisiones con respecto a asuntos de la Iglesia (DyC 107:28).

Se describen los cuórums de la Primera Presidencia, los Doce y los Setenta, y su relación entre sí, **DyC** 107:22–26, 33–34 (DyC 124:126–128). Las decisiones de estos cuórums deben ser unánimes, **DyC** 107:27. Las decisiones de estos cuórums se deben tomar con toda rectitud, **DyC** 107:30–32. Se describen los deberes de los presidentes de los cuórums del sacerdocio, **DyC** 107:85–96. El cuórum de élderes se ha instituido para los ministros residentes, **DyC** 124:137.

Culpa. *Véase también* Arrepentimiento, arrepentirse

La condición de haber hecho mal o los sentimientos de pesar y remordimiento que deben acompañar al pecado.

El que peca debe expiar su culpa, **Lev.** 6:1–6.

Cualquiera que tome la Santa Cena indignamente, será culpado del cuerpo y de la sangre del Señor, **1 Cor.** 11:27.

Los culpables hallan la verdad dura, **1 Ne.** 16:2. Tendremos un conocimiento perfecto de toda nuestra culpa, **2 Ne.** 9:14. Mi culpa fue expurgada, **Enós** 1:6. Se fijó un castigo, y se dio una ley justa, la cual trajo el remordimiento de conciencia, **Alma** 42:18. Deja que te preocupen tus pecados, con esa zozobra que te conducirá al arrepentimiento, **Alma** 42:29.

Algunos de vosotros sois culpables ante mí, pero seré misericordioso, **DyC** 38:14.

El Hijo de Dios ha expiado la transgresión original, **Moisés** 6:54.

Cumorah, cerro. *Véase también* Libro de Mormón; Moroni hijo de Mormón; Smith, hijo, José

Pequeño cerro ubicado en la zona occidental del estado de Nueva York, Estados Unidos de América. Fue allí donde un profeta antiguo llamado Moroni escondió las planchas de oro que contenían algunos de los registros de las naciones nefita y jaredita. En 1827 el ángel Moroni, un ser resucitado, indicó a José Smith que fuera a ese cerro y sacara esas planchas y tradujera una porción de ellas. A la traducción se le conoce con el nombre del Libro de Mormón.

Los nefitas se reunieron en Cumorah, **Morm.** 6:2–4. Cumorah se hallaba en una región de muchas aguas, **Morm.** 6:4. Mormón escondió los anales en el cerro Cumorah, **Morm.** 6:6. En Cumorah murieron todos los nefitas con excepción de veinticuatro, **Morm.** 6:11.

¿Qué oímos? ¡Alegres nuevas de Cumorah!, **DyC** 128:20.

José Smith obtuvo las planchas del cerro Cumorah, **JS—H** 1:42, 50–54, 59.

Dalila. *Véase también* Filisteos

Mujer filistea del Antiguo Testamento que engañó y traicionó a Sansón (Jue. 16).

Damasco

Antigua ciudad de Siria.

Damasco se halla sobre una fértil llanura a orillas del desierto, bien irrigada por el río Barada. Se le menciona con frecuencia en las Escrituras (la primera vez en Gén. 14:15). Pablo iba encaminado a Damasco cuando se le apareció el Señor resucitado (Hech. 9:1–27; 22:5–16; 26:12–20).

Dan. *Véase también* Israel; Jacob hijo de Isaac

En el Antiguo Testamento, hijo de Jacob y de Bilha, sierva de Raquel (Gén. 30:5–6).

La tribu de Dan: En Gén. 49:16–18 se encuentra la bendición que Jacob dio a Dan. En Deut. 33:22 se encuentra la bendición que dio Moisés a la tribu de Dan. Después de establecerse en Canaán, la tribu de Dan recibió una parte pequeña de tierra sumamente fértil (Josué 19:40–48). Tuvieron mucha dificultad para protegerlo de los amorreos (Jue. 1:34) y de los filisteos (Jue. 13:2, 25; 18:1). Por consiguiente, los danitas salieron de allí y establecieron una colonia al norte de Palestina (Jue. 18), en Lais, ciudad a la que dieron el nuevo nombre de Dan. Esta ciudad se conoce como el límite norte de Palestina, que se extendía "desde Dan hasta Beerseba".

Daniel

Personaje principal del libro que lleva su nombre en el Antiguo Testamento; profeta de Dios y hombre de gran fe.

Nada se sabe de sus progenitores

aunque parece haber sido de linaje real (Dan. 1:3); fue llevado cautivo a Babilonia, donde le dieron el nombre de Beltsasar (Dan. 1:6–7). Daniel y otros tres jóvenes cautivos se negaron a comer de la comida del rey por motivos religiosos (Dan. 1:8–16).

Daniel se granjeó el favor de Nabucodonosor y de Darío gracias a su poder de interpretar sueños (Dan. 2; 4; 6). También leyó e interpretó la escritura que apareció en la pared (Dan. 5). Como consecuencia de una conspiración de parte de sus enemigos, fue arrojado en un foso de leones, pero el Señor le preservó la vida (Dan. 6).

El libro de Daniel: El libro consta de dos partes: los capítulos del 1 al 6 son narraciones concernientes a Daniel y sus tres compañeros; los capítulos del 7 al 12 son visiones proféticas que tuvo Daniel. En el libro de Daniel, se enseña la importancia de ser fiel a Dios y se señalan las bendiciones que el Señor derrama sobre los fieles.

Una de las aportaciones principales que el libro ofrece es la interpretación del sueño del rey Nabucodonosor, en el cual se representa el reino de Dios en los últimos días como una piedra cortada del monte que rodará hasta llenar toda la tierra (Dan. 2; véase también DyC 65:2).

Darío. *Véase también* Babel, Babilonia

En el Antiguo Testamento, rey de los medos que reinó en Babilonia después de la muerte de Belsasar (Dan. 5:31; 6:9, 25–28; 9:1; 11:1).

David. *Véase también* Betsabé; Salmo

En el Antiguo Testamento, fue rey de Israel.

David era hijo de Isaí, de la tribu de Judá. Fue un joven valiente que mató un león, un oso y al gigante filisteo Goliat (1 Sam. 17). David fue escogido y ungido para ser el rey de Israel. Igual que Saúl, siendo adulto fue culpable de graves delitos; pero a diferencia de este, fue capaz de sentir verdadera contrición y, por lo tanto, logró el perdón de sus pecados, excepto en el caso del asesinato de Urías (DyC 132:39). Su vida se divide en cuatro etapas: (1) en Belén, donde era pastor (1 Sam. 16–17); (2) en la corte del rey Saúl (1 Sam. 18:1–19:18); (3) la de fugitivo (1 Sam. 19:18–31:13; 2 Sam. 1); (4) como rey de Judá en Hebrón (2 Sam. 2–4), y posteriormente rey de todo Israel (2 Sam. 5–24; 1 Rey. 1:1–2:11).

El pecado de adulterio que David cometió con Betsabé llevó sobre él una serie de desgracias que menoscabaron los últimos veinte años de su vida. La nación en general prosperó durante su reinado, pero David sufrió las consecuencias de sus pecados. Tuvo continuos problemas familiares que, en el caso de sus hijos Absalón y Adonías, terminaron en completa rebelión. Estos acontecimientos fueron el cumplimiento de la declaración del profeta Natán a David, por causa de su pecado (2 Sam. 12:7–13).

A pesar de estos desastres, el reinado de David fue el más sobresaliente de la historia israelita, pues (1) unió a las tribus en una sola nación, (2) adquirió posesión absoluta del país, (3) se basó en la religión verdadera para gobernar al pueblo, por lo que la voluntad de Dios era la ley de Israel. Por estas razones, en épocas posteriores al reinado de David se le consideró la edad de oro de la nación y el símbolo de la época más gloriosa que el pueblo esperaba: la de la venida del Mesías (Isa. 16:5; Jer. 23:5; Ezeq. 37:24–28).

La vida de David ilustra la necesidad de que todas las personas perseveren en la rectitud hasta el fin. Cuando era joven, David se caracterizó por ser un hombre "conforme al corazón" de Jehová (1 Sam. 13:14); siendo ya un hombre, habló por el Espíritu y recibió muchas revelaciones. Pero pagó un alto precio por su desobediencia a los mandamientos de Dios (DyC 132:39).

Deber. *Véase también* Obediencia, obediente, obedecer

En las Escrituras, este término se refiere a una tarea, asignación o responsabilidad, dadas a menudo por el Señor o por Sus siervos.

Guarda sus mandamientos; porque esto es el todo del hombre, **Ecle.** 12:13. Qué pide Jehová de ti: solamente hacer justicia, **Miq.** 6:8.

Es necesario obedecer a Dios antes que a los hombres, **Hech.** 5:29.

Fueron heridos con hambre y severas aflicciones para hacerles recordar sus deberes, **Mos.** 1:17.

Se describen los deberes de los élderes, los presbíteros, los maestros y los diáconos, **DyC** 20:38–67. Los poseedores del sacerdocio deben cumplir con todos los deberes familiares, **DyC** 20:47, 51. Se describen los deberes de los miembros después de su bautismo, **DyC** 20:68–69. Que mis élderes esperen un corto tiempo para que mi pueblo sepa más cabalmente lo concerniente a su deber, **DyC** 105:9–10. Aprenda todo varón su deber, **DyC** 107:99–100.

Debilidad. *Véase también* Humildad, humilde, humillar (afligir)

La condición de ser mortal y la falta de aptitud, fuerza o destreza. La debilidad es una característica propia del ser humano. Todas las personas son débiles, y únicamente por la gracia de Dios reciben el poder para obrar con rectitud (Jacob 4:6–7). Esta característica se manifiesta en parte en las flaquezas o imperfecciones individuales de toda persona.

Fortaleced las manos cansadas, afirmad las rodillas endebles, **Isa.** 35:3–4.

El espíritu a la verdad está dispuesto, pero la carne es débil, **Mateo** 26:41 (Mar. 14:38).

Por motivo de la debilidad que hay en mí, según la carne, quiero disculparme, **1 Ne.** 19:6. Él me ha mandado escribir estas cosas, a pesar de mi debilidad, **2 Ne.** 33:11. No te enojes con tu siervo a causa de su debilidad, **Éter** 3:2. Los gentiles se burlarán de estas cosas, debido a nuestra debilidad en escribir, **Éter** 12:23–25, 40. El Señor mostrará a los hombres su debilidad, **Éter** 12:27–28. Porque has visto tu debilidad, serás fortalecido, **Éter** 12:37.

El que de entre vosotros es débil será hecho fuerte, **DyC** 50:16. Jesucristo conoce las flaquezas del hombre, **DyC** 62:1.

Débora

En el Antiguo Testamento, profetisa que juzgó a Israel y que instó a Barac a pelear contra los cananeos (Jue. 4). Débora y Barac celebraron con un cántico la liberación de Israel (Jue. 5).

Declaración Oficial 1. *Véase también* Manifiesto; Matrimonio — El matrimonio plural; Woodruff, Wilford

La primera parte de la Declaración Oficial 1, que también se conoce como el Manifiesto, se encuentra en las páginas finales de Doctrina y Convenios. Fue comunicada por el presidente Wilford Woodruff y presentada ante los miembros de la Iglesia en la Conferencia General del 6 de octubre de 1890. Diversas leyes promulgadas en un período de 25 años, comenzando en 1862, convirtieron en ilegal la práctica del matrimonio plural en los Estados Unidos. El Señor le mostró a Wilford Woodruff, mediante visión y revelación, lo que sucedería si los santos no cesaban de practicarlo. En el Manifiesto se anunció oficialmente que los matrimonios plurales ya no se llevaban a cabo.

Declaración Oficial 2. *Véase también* Kimball, Spencer W.; Sacerdocio

Declaración doctrinal que ahora se encuentra en las páginas finales de Doctrina y Convenios y que indica quiénes pueden poseer el sacerdocio de Dios. A principios de junio de 1978, el Señor le reveló al presidente Spencer W. Kimball que se debía dar el sacerdocio a todo varón que fuera miembro digno de la Iglesia. Con ello se pusieron al alcance de todo varón digno las bendiciones del sacerdocio, y las bendiciones del templo al alcance de todo miembro digno, sean cuales sean su raza y su color. El 30 de septiembre de 1978, esta declaración se presentó a los miembros en la conferencia general de la Iglesia y se aceptó con unanimidad.

Deidad. *Véase* Trinidad

Descansar, descanso (reposo). *Véase también* Día de reposo; Paz

Disfrutar de paz y de la ausencia de preocupaciones y conflictos. El Señor ha prometido ese descanso a Sus seguidores fieles durante esta vida y también ha preparado un lugar de descanso para ellos en la vida venidera.

Mi presencia irá contigo, y te daré descanso, **Éx.** 33:14.

Venid a mí todos los que estáis trabajados y cargados, y yo os haré descansar, **Mateo** 11:28–29.

Trabajamos diligentemente, para que entraran en su reposo, **Jacob** 1:7 (Heb. 4:1–11). Los que se arrepientan entrarán en el descanso del Señor, **Alma** 12:34. Hubo muchísimos que fueron purificados y entraron en el reposo del Señor su Dios, **Alma** 13:12–16. El paraíso es un estado de descanso, **Alma** 40:12 (Alma 60:13). Nada entra en su reposo, sino aquellos que han lavado sus vestidos en mi sangre, **3 Ne.** 27:19.

Lo de mayor valor será declarar el arrepentimiento a fin de traer almas a mí, para que con ellas reposes en el reino de mi Padre, **DyC** 15:6 (DyC 16:6). Los que mueran descansarán de todos sus trabajos, **DyC** 59:2 (Apoc. 14:13). El reposo del Señor es la plenitud de su gloria, **DyC** 84:24.

Desdeñar. *Véase* Odio, aborrecimiento

Deseret. *Véase también* Jareditas

En el Libro de Mormón, vocablo jaredita que significa "abeja obrera" (Éter 2:3).

Destructor. *Véase también* Diablo

Satanás es el destructor.

Jehová no dejará entrar al heridor en vuestras casas, **Éx.** 12:23.

El destructor anda sobre la faz de las aguas, **DyC** 61:19. El atalaya habría podido salvar la viña del destructor, **DyC** 101:51–54.

Deuda. *Véase también* Perdonar

En el contexto de las Escrituras, el dinero o la propiedad que se debía a otro hacía que el deudor estuviera bajo cierto tipo de servidumbre. En otro sentido, Jesús enseñó que debemos pedirle al Padre que nos perdone nuestras deudas, o sea, que nos libre de pagar el precio de nuestros pecados —por medio de la expiación de Jesucristo— después que nosotros hayamos perdonado las ofensas de los demás (Mateo 6:12; 3 Ne. 13:11).

El impío toma prestado, y no paga, **Sal.** 37:21. El que toma prestado es siervo del que presta, **Prov.** 22:7.

Toda aquella deuda te perdoné. ¿No debías tú también tener misericordia?, **Mateo** 18:23–35. No debáis a nadie nada, sino el amaros unos a otros, **Rom.** 13:8.

Estáis eternamente en deuda con vuestro Padre Celestial, **Mos.** 2:21–24, 34. El que pida prestado a su vecino, debe devolver aquello que pida prestado, **Mos.** 4:28.

Paga la deuda que has contraído. Líbrate de la servidumbre, **DyC** 19:35. Está prohibido contraer deudas con vuestros enemigos, **DyC** 64:27. Pagad todas vuestras deudas, **DyC** 104:78. No contraigan deudas para la edificación de la casa del Señor, **DyC** 115:13.

Deuteronomio. *Véase también* Pentateuco

Es el quinto libro del Antiguo Testamento.

El libro contiene los tres últimos discursos de Moisés, los que pronunció en las llanuras de Moab poco antes de su traslación. El primer discurso se encuentra en los capítulos del 1 al 4, y es una introducción. El segundo discurso (caps. del 5 al 26) se compone de dos partes: (1) del 5 al 11, los Diez Mandamientos y una exposición práctica de estos; y (2) del 12 al 26, un código de leyes que constituye el núcleo de todo el libro. El tercer discurso (caps. del 27 al 30) contiene una renovación solemne del convenio entre Dios y el pueblo de Israel y un anuncio de las bendiciones que acarrea la obediencia y de las maldiciones que se reciben por la desobediencia. En los capítulos del 31 al 34 se describe el relato de la entrega de la ley a los levitas, el cántico de Moisés y la última bendición y la partida de este profeta.

Día de reposo. *Véase también* Creación, crear; Descansar, descanso (reposo)

Día santo que se ha señalado en la semana para el descanso y la adoración. Después que Dios creó todas las cosas, descansó el día séptimo y mandó que se apartara un día de la semana como día de reposo para que las personas se acuerden de Él (Éx. 20:8–11).

Antes de la resurrección de Cristo, los miembros de la Iglesia, al igual que los judíos, observaban como día de reposo el último día de la semana. Después de la Resurrección, los miembros de la Iglesia, ya fueran judíos o gentiles, guardaron el primer día de la semana (el día del Señor) para recordar la resurrección del Señor. En la actualidad, en la Iglesia se sigue observando un día santo de reposo todas las semanas, en el que se adora a Dios y se descansa de las labores del mundo.

El día de reposo nos recuerda que tenemos la necesidad de nutrirnos espiritualmente y el deber de obedecer a Dios. Cuando una nación se descuida en su observancia del día de reposo, todos los aspectos de la vida se ven afectados y se deteriora la vida religiosa (Neh. 13:15–18; Jer. 17:21–27).

Dios reposó el día séptimo, **Gén.** 2:1–3. El pueblo de Israel no recogió maná el día de reposo, **Éx.** 16:22–30. Acuérdate del día de reposo para santificarlo, **Éx.** 20:8–11 (Mos. 13:16–19). El día de reposo se dio como señal entre Dios y el hombre, **Éx.** 31:12–17 (Ezeq. 20:12, 20). No se debe comprar ni vender en el día de reposo, **Neh.** 10:31. El Señor manda que llamemos delicia al día de reposo, no andando en nuestros propios caminos, **Isa.** 58:13–14.

El día de reposo fue hecho por causa del hombre, y no el hombre por causa del día de reposo, **Mar.** 2:23–28. El Hijo del Hombre es Señor aun del día de reposo, **Lucas** 6:1–10. Jesús enseñó en una sinagoga y sanó enfermos en el día de reposo, **Lucas** 13:10–14.

Los nefitas santificaban el día de reposo, **Jarom** 1:5. Les mandó que observaran el día de reposo y lo santificaran, **Mos.** 18:23.

Ofrecerás tus sacramentos en mi día santo, **DyC** 59:9–13. Los habitantes de Sion observarán el día del Señor, **DyC** 68:29.

Yo, Dios, descansé el día séptimo de toda mi obra, **Moisés** 3:1–3 (Gén. 2:1–3; Abr. 5:1–3).

Día del Señor. *Véase* Día de reposo; Juicio final; Segunda venida de Jesucristo

Diablo. *Véase también* Anticristo; Destructor; Espíritu — Espíritus inmundos; Hijos de perdición; Infierno; Lucifer o Lucero

Satanás. El diablo es enemigo de la rectitud y de todos los que procuren hacer la voluntad de Dios. Él es literalmente un hijo de Dios en el espíritu, y en un tiempo fue un ángel con autoridad en la presencia de Dios (Isa. 14:12; 2 Ne. 2:17). Sin embargo, se rebeló en la vida preterrenal y persuadió a una tercera parte de los hijos del Padre a rebelarse junto con él (DyC 29:36; Moisés 4:1–4; Abr. 3:27–28). Estos espíritus fueron expulsados de los cielos y se les negó la experiencia de poseer un cuerpo terrenal y de conocer la vida terrenal, quedando condenados por toda la eternidad. Desde que fue expulsado del cielo, el diablo constantemente ha intentado engañar a todo el género humano y desviarlo de la obra de Dios, para que todos sean tan miserables como él (Apoc. 12:9; 2 Ne. 2:27; 9:8–9).

Reprendió Jesús al demonio, **Mateo** 17:18. El fuego eterno está preparado para el diablo y sus ángeles, **Mateo** 25:41. Resistid al diablo, y huirá de vosotros, **Stg.** 4:7.

Los inicuos serán llevados a la cautividad del diablo, **1 Ne.** 14:7. Es el diablo, el padre de todas las mentiras, **2 Ne.** 2:18 (Moisés 4:4). El diablo busca que todos los hombres sean miserables como él, **2 Ne.** 2:27. Si la carne no se levantara más, nuestros espíritus tendrían que estar sujetos a ese diablo, **2 Ne.** 9:8–9. El diablo enfurecerá, pacificará y lisonjeará al hombre, **2 Ne.** 28:20–23. Lo que es malo viene del diablo, **Omni** 1:25 (Alma 5:40; Moro. 7:12, 17). Cuidaos, no sea que surjan contenciones entre vosotros, y optéis por obedecer al espíritu malo, **Mos.** 2:32. Si no sois las ovejas del buen pastor, el diablo es vuestro pastor, **Alma** 5:38–39. El diablo no amparará a sus hijos, **Alma** 30:60. Orad continuamente para que no seáis desviados por las tentaciones del diablo, **Alma** 34:39 (3 Ne. 18:15, 18). Estableced vuestro fundamento sobre el Redentor para que la furiosa tormenta del diablo no tenga poder sobre vosotros, **Hel.** 5:12. El diablo es el autor de todo pecado, **Hel.** 6:26–31.

El diablo procuró poner en marcha un plan astuto, **DyC** 10:12. Es menester que el diablo tiente a los hijos de los hombres, o estos no podrían ser sus propios agentes, **DyC** 29:39. Adán vino a quedar sujeto a la voluntad del diablo, por haber cedido a la tentación, **DyC** 29:40. Los hijos de perdición reinarán con el diablo y sus ángeles en la eternidad, **DyC** 76:32–33, 44. El diablo será atado por mil años, **DyC** 88:110 (Apoc. 20:2). Aquel inicuo viene y despoja de la luz y la verdad, **DyC** 93:39.

El diablo no guardó su primer estado, **Abr.** 3:28.

La iglesia del diablo: Toda organización inicua y mundana sobre la tierra que pervierte el Evangelio puro y perfecto y lucha contra el Cordero de Dios.

El diablo fundó la grande y abominable iglesia, **1 Ne.** 13:6 (1 Ne. 14:9). No hay más que dos iglesias solamente; una es la iglesia del Cordero de Dios, y la otra es la iglesia del diablo, **1 Ne.** 14:10 (Alma 5:39).

No contendáis en contra de ninguna iglesia, a menos que sea la iglesia del diablo, **DyC** 18:20. La grande y abominable iglesia será derribada, **DyC** 29:21.

Diácono. *Véase también* Sacerdocio Aarónico

Un llamamiento al servicio en la Iglesia durante la época del apóstol Pablo (Filip. 1:1; 1 Tim. 3:8–13) y un oficio en el Sacerdocio Aarónico (DyC 20:38, 57–59; 84:30, 111; 107:85).

Diez Mandamientos, los. *Véase también* Mandamientos de Dios; Moisés

Diez leyes que dio Dios, por medio del profeta Moisés, con el fin de regir el comportamiento moral.

La designación hebrea de estos mandamientos es las "Diez Palabras", y también se les llama el Convenio (Deut. 9:9) o el Testimonio (Éx. 25:21; 32:15). La forma en que Dios le dio a Moisés los Diez Mandamientos, y por medio de este a Israel, se describe en Éx. 19:9–20:23; 32:15–19; 34:1. Estaban grabados en dos tablas de piedra que se depositaron en el Arca, por lo que a este se le dio el nombre del arca del convenio (Núm. 10:33). Nuestro Señor, citando los pasajes de Deut. 6:4–5 y Lev. 19:18, resumió los Diez Mandamientos en "dos grandes mandamientos" (Mateo 22:37–39).

Los Diez Mandamientos se han reiterado en la revelación de los últimos días (TJS, Éx. 34:1–2, 14 [Apéndice — Biblia]; Mos. 12:32–37; 13:12–24; DyC 42:18–28; 59:5–13).

Diez tribus. *Véase* Israel

Diezmar, diezmo. *Véase también* Dinero; Ofrenda

La décima parte de los ingresos anuales de una persona, la cual se entrega al Señor por medio de la Iglesia. El fondo de los diezmos se utiliza para construir centros de reuniones y templos, para sostener la obra misional y para edificar el reino de Dios sobre la tierra.

Abram le dio a Melquisedec los diezmos de todo lo que poseía, **Gén.** 14:18–20 (Heb. 7:1–2, 9; Alma 13:15). El diezmo de la tierra de Jehová es; es cosa dedicada a Jehová, **Lev.** 27:30–34. Indefectiblemente diezmarás todo el producto, **Deut.** 14:22, 28. Trajeron en abundancia los diezmos de todas las cosas, **2 Cró.** 31:5. ¿Robará el hombre a Dios? ¿En qué te hemos robado? En vuestros diezmos y ofrendas, **Mal.** 3:8–11 (3 Ne. 24:8–11).

El que es diezmado no será quemado en su venida, **DyC** 64:23 (DyC 85:3). La casa del Señor se edificará con los diezmos de su pueblo, **DyC** 97:11–12. El Señor revela la ley del diezmo, **DyC** 119. Un consejo dispondrá de los diezmos, **DyC** 120.

Difamaciones. *Véase* Calumnias

Dignidad, digno. *Véase también* Rectitud, recto

Tener rectitud una persona y contar con la aprobación de Dios y de los líderes que Él ha nombrado.

El que no toma su cruz y sigue en pos de mí, no es digno de mí, **Mateo** 10:38. El obrero es digno de su salario, **Lucas** 10:7 (DyC 31:5).

Mirad que hagáis todas las cosas dignamente, **Morm.** 9:29. No eran bautizados a menos que fueran dignos, **Moro.** 6:1.

El que sea perezoso no será considerado digno de permanecer, **DyC** 107:100. El que no aguanta el castigo, no es digno de mi reino, **DyC** 136:31. Se extendieron las bendiciones del sacerdocio a todo varón que sea miembro digno, DO 2.

Diligencia

Un esfuerzo constante y valiente, particularmente en el servicio del Señor y en la obediencia a Su palabra.

Guarda tu alma con diligencia, **Deut.** 4:9. Oídme atentamente, **Isa.** 55:2.

Poniendo toda diligencia, añadid a vuestra fe virtud, **2 Pe.** 1:5.

Enseñábamos la palabra de Dios con toda diligencia, **Jacob** 1:19. Habían escudriñado diligentemente las Escrituras, **Alma** 17:2. Estaban dispuestos a guardar los mandamientos con toda diligencia, **3 Ne.** 6:14. Trabajemos diligentemente, **Moro.** 9:6.

Estad anhelosamente consagrados a una causa buena, **DyC** 58:27. No estéis ociosos, sino obrad con vuestra fuerza, **DyC** 75:3. Estad diligentemente atentos a las palabras de vida eterna, **DyC** 84:43. Aprenda todo varón su deber, así como a obrar con toda diligencia, **DyC** 107:99.

Diluvio en los tiempos de Noé. *Véase también* Arca; Arco iris; Noé, patriarca bíblico

En los tiempos de Noé, la tierra fue totalmente cubierta por las aguas; este fue el bautismo de la tierra y simboliza su purificación (1 Pe. 3:20–21).

Yo traigo un diluvio de aguas sobre la tierra, para destruir toda carne, **Gén.** 6:17 (Moisés 7:34, 43, 50–52; 8:17, 30). Las aguas del diluvio vinieron sobre la tierra, **Gén.** 7:10. Dios puso un arco en las nubes como señal del convenio, **Gén.** 9:9–17.

Después que se retiraron las aguas, la tierra de América llegó a ser una tierra escogida, **Éter** 13:2.

Los inicuos morirían en los diluvios, **Moisés** 7:38; 8:24.

Dinero. *Véase también* Diezmar, diezmo; Limosna; Mundano, lo; Riquezas

Monedas, papel, certificados, etc., utilizados como pago de artículos o servicios. A veces se usa como símbolo de materialismo.

Sin dinero seréis rescatados, **Isa.** 52:3.

A los Doce les mandó que no llevasen nada para el camino; ni alforja, ni pan, ni dinero, **Mar.** 6:8. Pedro le dijo a Simón el mago que su dinero perecería con él, **Hech.** 8:20. Raíz de todos los males es el amor al dinero, **1 Tim.** 6:10.

No gastéis dinero en lo que no tiene valor, **2 Ne.** 9:50–51 (Isa. 55:1–2; 2 Ne. 26:25–27). Si trabaja por dinero, perecerá, **2 Ne.** 26:31. Antes de buscar riquezas, buscad el reino de Dios, **Jacob** 2:18–19. Un día habrá iglesias que dirán: por vuestro dinero seréis perdonados de vuestros pecados, **Morm.** 8:32, 37.

El que dé su dinero para ayudar a sus hermanos de ningún modo perderá su galardón, **DyC** 84:89–90.

Dios. *Véase* Trinidad

Discernimiento, don de. *Véase también* Dones del Espíritu

La facultad de comprender o saber algo por el poder del Espíritu. Es uno de los dones del Espíritu y comprende la habilidad de percibir el verdadero carácter de las personas y el origen y significado de las manifestaciones espirituales.

El hombre mira lo que está delante de sus ojos, pero Jehová mira el corazón, **1 Sam.** 16:7. ¡Ay de los que a lo malo dicen bueno!, **Isa.** 5:20 (2 Ne. 15:20).

Las cosas que son del Espíritu de Dios se han de discernir espiritualmente, **1 Cor.** 2:14. A algunas personas les es dado el don de discernimiento de espíritus, **1 Cor.** 12:10.

Ammón podía discernir sus pensamientos, **Alma** 18:18. La voz suave penetró hasta lo más profundo de los que la oyeron, **3 Ne.** 11:3.

Para que no seáis engañados, buscad los mejores dones, **DyC** 46:8, 23. A los líderes de la Iglesia les es concedido poder para discernir los dones del Espíritu, **DyC** 46:27. El cuerpo lleno de luz comprende todas las cosas, **DyC** 88:67.

Moisés vio la tierra, discerniéndola por el Espíritu de Dios, **Moisés** 1:27.

Disciplinar. *Véase* Castigar, castigo

Discípulo. *Véase también* Apóstol; Conversión, convertir; Cristianos; Yugo

Seguidor de Jesucristo que vive de acuerdo con Sus enseñanzas (DyC 41:5). El vocablo discípulo se utiliza para designar a los Doce Apóstoles llamados por Cristo durante Su ministerio terrenal (Mateo 10:1–4). También se usa para describir a los Doce escogidos por Jesús para dirigir Su Iglesia entre los nefitas y los lamanitas (3 Ne. 19:4).

Sella la ley entre mis discípulos, **Isa.** 8:16.

Si permaneciereis en mi palabra, seréis mis discípulos, **Juan** 8:31.

Mormón era discípulo de Jesucristo, **3 Ne.** 5:12–13. Vosotros sois mis discípulos, **3 Ne.** 15:12. Tres discípulos no probarán la muerte, **3 Ne.** 28:4–10.

La voz de amonestación irá por boca de mis discípulos, **DyC** 1:4. Mis discípulos estarán en lugares santos, **DyC** 45:32. El que no recuerde a los pobres, los necesitados, los enfermos y los afligidos no es discípulo del Señor, **DyC** 52:40. El que no esté dispuesto a dar su vida por mi causa no es mi discípulo, **DyC** 103:27–28.

Discípulos nefitas, los tres. *Véase también* Discípulo; Nefitas; Seres trasladados

En el Libro de Mormón, tres de los discípulos nefitas escogidos por Cristo.

El Señor les concedió la misma bendición que había otorgado a Juan el Amado, o sea, que permanecieran sobre la tierra para llevar almas a Cristo hasta la segunda venida del Salvador. Fueron trasladados de manera que no sintieran dolor ni murieran (3 Ne. 28).

Cristo concedió el deseo de los tres discípulos de permanecer en la tierra hasta que Jesús viniera de nuevo, **3 Ne.** 28:1–9. Nunca padecerán los dolores de la muerte ni el pesar, **3 Ne.** 28:7–9. Tendrán plenitud de gozo, **3 Ne.** 28:10. Fueron temporariamente arrebatados al cielo, **3 Ne.** 28:13–17. Ministraron al pueblo y padecieron persecución, **3 Ne.** 28:18–23. Ministraron a Mormón, **3 Ne.** 28:24–26 (Morm. 8:10–11). Ejercerán su ministerio a los gentiles, a los judíos, a las tribus esparcidas y a todas las naciones, **3 Ne.** 28:27–29. Satanás no tiene poder sobre ellos, **3 Ne.** 28:39.

Dispensaciones. *Véase también* Evangelio; Llaves del sacerdocio; Restauración del Evangelio; Sacerdocio

Una dispensación del Evangelio es un período de tiempo durante el cual el Señor tiene en la tierra por lo menos un siervo autorizado que posee el santo sacerdocio.

Adán, Enoc, Noé, Abraham, Moisés, Jesucristo, José Smith y otros han dado comienzo a nuevas dispensaciones del Evangelio. Cuando el Señor organiza una dispensación, revela el Evangelio nuevamente, de manera que la gente de esa dispensación no tenga que depender de las anteriores para conocer el plan de salvación. La dispensación que se inició con José Smith se conoce como la "dispensación del cumplimiento de los tiempos".

El Dios del cielo levantará un reino, **Dan.** 2:44 (DyC 65).

En los postreros días derramaré de mi Espíritu sobre toda carne, **Hech.** 2:17 (Joel 2:28). El cielo debe recibir a Cristo hasta los tiempos de la restauración de todas las cosas, **Hech.** 3:21. En la dispensación del cumplimiento de los tiempos, Dios reunirá todas las cosas en Cristo, **Efe.** 1:10.

Estableceré mi iglesia entre ellos, **3 Ne.** 21:22.

El Señor encomendó las llaves de su reino y una dispensación del Evangelio para los últimos tiempos, **DyC** 27:13. Se entregan en vuestras manos las llaves de esta dispensación, **DyC** 110:12–16. Todas las llaves de dispensaciones pasadas se han restaurado en la dispensación del cumplimiento de los tiempos, **DyC** 128:18–21.

Dispersión de Israel. *Véase* Israel — El esparcimiento de Israel

Divorcio. *Véase también* Matrimonio

La finalización del matrimonio por medio del poder civil o la ley eclesiástica. Según el Nuevo Testamento, Dios permitió el divorcio bajo ciertas condiciones por causa de la dureza del corazón de la gente, pero según lo explicó Jesús, "al principio no fue así" (Mateo 19:3–12). En general, en las Escrituras se recomienda que no se recurra al divorcio, y se aconseja al marido y su mujer que se amen con rectitud (1 Cor. 7:10–12; DyC 42:22)

Doce, Cuórum de los. *Véase* Apóstol

Doce tribus de Israel. *Véase* Israel — Las doce tribus de Israel

Doctrina de Cristo. *Véase también* Evangelio; Plan de redención

Los principios y enseñanzas del evangelio de Jesucristo.

Goteará como la lluvia mi enseñanza, **Deut.** 32:2. Los murmuradores aprenderán doctrina, **Isa.** 29:24.

La gente se admiraba de su doctrina **Mateo** 7:28. Mi doctrina no es mía, sino de aquel que me envió, **Juan** 7:16. Toda Escritura es útil para enseñar, **2 Tim.** 3:16.

Esta es la doctrina de Cristo, y la única y verdadera doctrina del Padre, **2 Ne** 31:21 (2 Ne. 32:6). No habrá disputas entre vosotros concernientes a los puntos de mi doctrina, **3 Ne.** 11:28, 32, 35, 39–40.

Satanás incita el corazón del pueblo para que contiendan sobre los puntos de mi doctrina, **DyC** 10:62–63, 67. Enseñad a vuestros hijos la doctrina del arrepentimiento, de la fe en Cristo, del bautismo y del don del Espíritu Santo, **DyC** 68:25 Os mando que os enseñéis el uno al otro la doctrina del reino, **DyC** 88:77–78. La doctrina del sacerdocio destilará sobre tu alma como rocío del cielo, **DyC** 121:45

Doctrina y Convenios. *Véase también* Canon; Escrituras; Libro de Mandamientos; Smith, hijo, José

Recopilación de revelaciones divinas y declaraciones inspiradas de los últimos días. El Señor las dio a José Smith y a otros profetas que lo sucedieron para establecer y regular el reino de Dios sobre la tierra en los últimos días. Doctrina y Convenios, junto con la Biblia, el Libro de Mormón y la Perla de Gran Precio, es uno de los libros canónicos de Escrituras de La Iglesia de Jesucristo de los Santos de los Últimos Días. Pero lo que da a este libro su carácter exclusivo es que no se trata de una traducción de documentos antiguos, sino que el Señor dio estas revelaciones a Sus profetas escogidos en estos tiempos modernos con el fin de restaurar Su reino. En esas revelaciones se puede percibir la voz tierna pero firme del Señor Jesucristo (DyC 18:35–36).

En la historia de José Smith se afirma que Doctrina y Convenios es el fundamento de la Iglesia en los últimos días y un beneficio para el mundo (DyC 70: Encabezamiento). Las revelaciones que contiene dan inicio a la obra de preparar la vía para la segunda venida del Señor, en cumplimiento de todas las palabras pronunciadas por los profetas desde la creación del mundo.

Domingo. *Véase* Día de reposo

Don. *Véase también* Don del Espíritu Santo; Dones del Espíritu

Dios otorga al hombre muchas bendiciones y dones.

Hay diversidad de dones espirituales, **1 Cor.** 12:4–10. Procurad, pues, los dones mejores, **1 Cor.** 12:31. Todo don perfecto desciende del Padre, **Stg.** 1:17.

El poder del Espíritu Santo es el don de Dios, **1 Ne.** 10:17. Los que digan que no hay dones no conocen el evangelio de Cristo, **Morm.** 9:7–8. Toda buena dádiva viene de Cristo, **Moro.** 10:8–18.

La vida eterna es el mayor de todos los dones de Dios, **DyC** 14:7 (1 Ne. 15:36). Se dan dones a los que aman al Señor, **DyC** 46:8–11. No a todos se da cada uno de los dones, **DyC** 46:11–29.

Don del Espíritu Santo. *Véase también* Don; Dones del Espíritu; Espíritu Santo; Trinidad

Todo miembro de la Iglesia, bautizado y digno, tiene el derecho de tener consigo la influencia constante del Espíritu Santo. Después de bautizarse una persona en la verdadera Iglesia de Jesucristo, recibe el don del Espíritu Santo mediante la imposición de manos de otra persona que tenga la debida autoridad (Hech. 8:12–25; Moro. 2; DyC 39:23). A menudo se menciona este don como el bautismo de fuego (Mateo 3:11; DyC 19:31).

Se manda a los hombres arrepentirse, bautizarse y recibir el don del Espíritu Santo, **Hech.** 2:38. Pedro y Juan confirieron el don del Espíritu Santo mediante la imposición de manos, **Hech.** 8:14–22. El Espíritu Santo se da mediante la imposición de manos, **Hech.** 19:2–6.

La remisión de los pecados viene por fuego y por el Espíritu Santo, **2 Ne.** 31:17.

Creemos en la imposición de manos para comunicar el don del Espíritu Santo, **AdeF** 1:4.

Dones del Espíritu. *Véase también* Don; Don del Espíritu Santo

Bendiciones espirituales especiales que el Señor da a las personas dignas para su propio beneficio y para que los empleen con el fin de llevar bendiciones a la vida de otros. En DyC 46:11–33, 1 Cor. 12:1–12 y Moro. 10:8–18 se encuentra una descripción de los dones del Espíritu.

Procurad, pues, los mejores dones, **1 Cor.** 12:31 (1 Cor. 14:1).

Los nefitas recibieron muchos dones del Espíritu, **Alma** 9:21. ¡Ay del que diga que el Señor ya no obra por dones ni por el poder del Espíritu Santo!, **3 Ne.** 29:6. Dios derrama dones sobre los fieles,

Morm. 9:7. Todos estos dones vienen por el Espíritu de Cristo, **Moro.** 10:17.

Hay muchos dones, y a todo hombre le es dado un don por el Espíritu de Dios, **DyC** 46:11. A los líderes de la Iglesia les es concedido discernir los dones del Espíritu, **DyC** 46:27. El Presidente de la Iglesia tiene todos los dones que Dios confiere sobre el cabeza de la Iglesia, **DyC** 107:91–92.

Dones espirituales. *Véase* Dones del Espíritu

Dormir

Estado de reposo en el que se suspende la actividad consciente. El Señor ha aconsejado a Sus santos no dormir más de lo necesario (DyC 88:124). El vocablo dormir también se utiliza como símbolo de la muerte espiritual (1 Cor. 11:30; 2 Ne. 1:13) o de la muerte física (Morm. 9:13).

Eclesiastés

Libro del Antiguo Testamento que contiene reflexiones sobre algunos de los problemas más profundos de la vida.

El Predicador, autor del libro, escribe gran parte de este con el punto de vista de los que no cuentan con la comprensión del Evangelio. Escribe conforme a la manera de pensar de los habitantes del mundo, de los que están "debajo del sol" (Ecle. 1:9). Gran parte del libro parece ser negativo y pesimista (Ecle. 9:5, 10); esta no es la forma en que Dios desea que percibamos la vida, sino que es la percepción que el Predicador ha observado en los hombres de la tierra, faltos de luz. La parte más espiritual del libro se encuentra en los capítulos 11 y 12, donde el autor concluye que lo único que tiene valor duradero es la obediencia a los mandamientos de Dios.

Edén. *Véase también* Adán; Eva

Lugar donde vivieron nuestros primeros padres Adán y Eva (Gén. 2:8–3:24; 4:16; 2 Ne. 2:19–25; Moisés 3–4; Abr. 5), designado como un huerto o jardín haci[a] el oriente en Edén. Adán y Eva fuero[n] expulsados de Edén después de come[r] del fruto prohibido y convertirse en se[-] res mortales (Moisés 4:29). La revelació[n] moderna confirma el relato bíblico de[l] Jardín de Edén y añade la important[e] información de que estaba situado e[n] lo que hoy día es Norteamérica.

Efesios, epístola a los. *Véase también* Pablo; Pablo, epístolas de

En el Nuevo Testamento, epístola es[-] crita por el apóstol Pablo a los santos d[e] Éfeso. Es sumamente importante porqu[e] contiene las enseñanzas de Pablo acerc[a] de la Iglesia de Cristo.

En el capítulo 1, se encuentra la saluta[-] ción acostumbrada. En los capítulos 2 [y] 3, se explica el cambio que ocurre en la[s] personas cuando se convierten en miem[-] bros de la Iglesia: se vuelven conciuda[-] danos de los santos, quedando gentile[s] y judíos unidos en una sola Iglesia. E[n] los capítulos del 4 al 6, se explican la[s] funciones de los apóstoles y profetas, l[a] necesidad de ser unidos y la importanci[a] de vestirse de toda la armadura de Dios.

Efraín. *Véase también* Israel; José hijo de Jacob; Libro de Mormón; Manasés

En el Antiguo Testamento, segund[o] hijo de José y Asenat (Gén. 41:50–52[;] 46:20). Al contrario de lo que se hacía po[r] tradición, Efraín recibió la bendición d[e] la primogenitura en lugar de Manasés[,] el hijo mayor (Gén. 48:17–20). Efraín fu[e] el padre de la tribu que lleva su nombre.

La tribu de Efraín: Efraín recibió la pri[-] mogenitura de Israel (1 Cró. 5:1–2; Je[r.] 31:9), y en los últimos días esta trib[u] ha tenido el privilegio y la responsabi[-] lidad de poseer el sacerdocio, llevar e[l] mensaje de la restauración del Evange[-] lio al mundo, y levantar un estandart[e] para congregar al Israel disperso (Isa[.] 11:12–13; 2 Ne. 21:12–13). Los hijos d[e] Efraín coronarán de gloria a los que e[n] los últimos días regresen de los paíse[s] del norte (DyC 133:26–34).

El palo de Efraín o palo de José: Registro de un grupo de la tribu de Efraín que fue guiado desde Jerusalén hasta América alrededor del año 600 a.C. A dicho registro, que es el Libro de Mormón, se le llama el palo de Efraín o el palo de José. Al unirse al palo de Judá (la Biblia), ambos registros constituyen un testimonio unido del Señor Jesucristo, de Su resurrección de la tumba y de Su obra divina realizada entre estas dos ramas de la casa de Israel.

Una rama de Efraín se desprenderá y escribirá otro testamento de Cristo, **TJS,** Gén. 50:24–26, 30–31. El palo de Judá y el palo de José serán uno solo, **Ezeq.** 37:15–19.

Los escritos de Judá y de José crecerán juntamente, **2 Ne.** 3:12. El Señor habla a muchas naciones, **2 Ne.** 29.

Las llaves de los anales del palo de Efraín fueron entregadas a Moroni, **DyC** 27:5.

Egipto

País ubicado en el noreste de África. Gran parte del país es árido y desolado, por lo que la mayoría de los habitantes viven en el valle del Nilo, cuya extensión es de poco más de 885 kilómetros.

El Egipto de la antigüedad era rico y próspero, y en él se realizaron importantes obras públicas, entre ellas, canales de irrigación, ciudades fuertes con fines defensivos y monumentos reales, especialmente tumbas y templos que todavía se cuentan entre las maravillas del mundo. Durante algún tiempo, el sistema de gobierno egipcio imitaba el orden patriarcal del sacerdocio (Abr. 1:21–27).

Abraham y José fueron conducidos a Egipto para salvar a sus familias del hambre, **Gén.** 12:10 (Gén. 37:28). José fue vendido para Egipto, **Gén.** 45:4–5 (1 Ne. 5:14–15). Jacob fue guiado a Egipto, **Gén.** 46:1–7. Moisés condujo a los hijos de Israel fuera de Egipto, **Éx.** 3:7–10; 13:14 (Heb. 11:27; 1 Ne. 17:40; Moisés 1:25–26). Egipto sería un reino despreciable, **Ezeq.** 29:14–15 (Oseas 9:3–7; Abr. 1:6, 8, 11–12, 23).

Un ángel le dijo a José que huyera con María y Jesús a Egipto, **Mateo** 2:13 (Oseas 11:1).

Egyptus

Nombre de la esposa y también de una hija de Cam hijo de Noé. En caldeo, el nombre significa "Egipto", o "aquello que está prohibido" (Abr. 1:23–25).

Élder (anciano). *Véase también* Sacerdocio; Sacerdocio de Melquisedec

La palabra *anciano* se emplea de distintas maneras en la Biblia. En muchos casos del Antiguo Testamento se refiere a los hombres de mayor edad de una tribu, a quienes por lo general se confiaban los asuntos gubernamentales (Gén. 50:7; Josué 20:4; Rut 4:2; Mateo 15:2). Su edad y experiencia eran motivo de que a menudo se buscara su consejo. Esta designación no se refería necesariamente a su oficio en el sacerdocio.

En la época del Antiguo Testamento también había ancianos ordenados como tales en el Sacerdocio de Melquisedec (Éx. 24:9–11). En el Nuevo Testamento se hace referencia a los ancianos como oficio del sacerdocio en la Iglesia (Stg. 5:14–15). Entre los nefitas también había ancianos (élderes) ordenados en el sacerdocio (Alma 4:7, 16; Moro. 3:1). En esta dispensación, José Smith y Oliver Cowdery fueron los primeros en ser ordenados élderes (ancianos) (DyC 20:2–3).

Para evitar la interpretación incorrecta que pudiera darse al título "anciano", la Iglesia ha optado por usar el término "élder" (que es el equivalente de "anciano" en inglés) como título apropiado para todos los poseedores del Sacerdocio de Melquisedec. A los misioneros también se les llama élderes. Un Apóstol también es un élder en este sentido, y es propio aplicar este título a los miembros del Cuórum de los Doce y de los Cuórums de los Setenta (DyC 20:38; 1 Pe. 5:1). En la revelación moderna se han delineado los deberes de los que han sido ordenados élderes de la Iglesia en la actualidad (DyC 20:38–45; 42:44; 46:2; 107:12).

Moisés dio la ley a todos los ancianos de Israel, **Deut.** 31:9.

Bernabé y Saulo llevaron socorro a los ancianos de la Iglesia, **Hech.** 11:30. Constituyeron ancianos en cada iglesia, **Hech.** 14:23 (Tito 1:5). Llamad a los ancianos para que oren por los enfermos, **Stg.** 5:14.

Los élderes fueron ordenados por la imposición de manos, **Alma** 6:1.

Los élderes bendecirán a los niños, **DyC** 20:70. Los élderes han de dirigir las reuniones conforme al Santo Espíritu, **DyC** 46:2. Los élderes entregarán un informe de su mayordomía, **DyC** 72:5. Los élderes predicarán el Evangelio a las naciones, **DyC** 133:8.

Elección. *Véase también* Vocación (llamamiento) y elección

Basándose en la dignidad personal en la vida preterrenal, Dios eligió a los que serían la descendencia de Abraham y la casa de Israel y que llegarían a ser el pueblo del convenio (Deut. 32:7–9; Abr. 2:9–11). A dichas personas se les dan bendiciones y deberes especiales para que bendigan a todas las naciones del mundo (Rom. 11:5–7; 1 Pe. 1:2; Alma 13:1–5; DyC 84:99). No obstante, si desean alcanzar la salvación, aun los electos deben ser llamados y elegidos en esta vida.

Elegidos

Los elegidos (escogidos) son aquellos que aman a Dios con todo el corazón y viven de una manera que a Él le complace. Los que viven como discípulos de Él serán seleccionados un día por el Señor para ser contados entre Sus hijos escogidos.

No me elegisteis vosotros a mí, sino que yo os elegí a vosotros, **Juan** 15:16. Juan expresa regocijo porque los hijos de la señora elegida son fieles, **2 Juan** 1.

Tus pecados te son perdonados, y eres una señora elegida, **DyC** 25:3. Los que magnifican su llamamiento en el sacerdocio llegan a ser los elegidos de Dios, **DyC** 84:33–34.

Elí. *Véase también* Samuel, profeta del Antiguo Testamento

Sumo sacerdote y juez del Antiguo Testamento en la época en que el Señor llamó a Samuel para ser profeta (1 Sam. 3). El Señor lo reprendió por tolerar la iniquidad de sus hijos (1 Sam. 2:22–36; 3:13).

Elías. *Véase también* Elías el Profeta

En las Escrituras este nombre o título se emplea de varias maneras:

Elías el Profeta: En Mateo 17:3–4; Lucas 4:25–26 y Santiago 5:17 se hace referencia al antiguo profeta Elías, cuyo ministerio se relata en los libros 1 y 2 de los Reyes.

Precursor: Elías es también un título que se da a aquel que es precursor; por ejemplo, Juan el Bautista fue un Elías porque fue enviado a preparar el camino para Jesús (Mateo 17:12–13).

Restaurador: El título Elías también se ha aplicado a muchas otras personas por motivo de las misiones particulares que habrían de cumplir; por ejemplo, a Juan el Revelador (DyC 77:14) y a Gabriel (Lucas 1:11–20; DyC 27:6–7; 110:12).

Un hombre de la dispensación de Abraham: Un profeta llamado Elías o Esaías que aparentemente vivió en la época de Abraham (DyC 84:11–13; 110:12).

Elías el Profeta. *Véase también* Elías; Salvación; Sellamiento, sellar

Profeta del Antiguo Testamento que regresó en los postreros días para conferir a José Smith y a Oliver Cowdery las llaves del poder de sellar. En su época, Elías el Profeta efectuó su obra en Israel, el reino del norte (1 Rey. 17–22; 2 Rey. 1–2). Tenía gran fe en el Señor y se destaca por los muchos milagros que efectuó. Por petición suya, Dios interrumpió las lluvias durante tres años y medio; levantó a un niño de entre los muertos e hizo caer fuego de los cielos

(1 Rey. 17–18). El pueblo judío aún espera el regreso de Elías, tal como lo profetizó Malaquías (Mal. 4:5), y lo invitan como huésped durante sus Festividades de Pascua, dejando la puerta abierta y un lugar reservado en la mesa.

El profeta José Smith dijo que Elías el Profeta poseía el poder para sellar, poder que corresponde al Sacerdocio de Melquisedec, y que fue el último profeta que lo tuvo antes de la época de Jesucristo. Elías apareció en el monte de la Transfiguración, acompañado de Moisés, y confirió las llaves del sacerdocio a Pedro, Santiago (Jacobo) y Juan (Mateo 17:3). Apareció nuevamente, en compañía de Moisés y de otros, el 3 de abril de 1836, en el Templo de Kirtland, Ohio (EE. UU.), y confirió las mismas llaves a José Smith y a Oliver Cowdery (DyC 110:13–16). Todo esto se hizo como preparación para la segunda venida del Señor, de lo cual se habla en Mal. 4:5–6.

El poder de Elías el Profeta es el poder de sellar que corresponde al sacerdocio, poder mediante el cual todo lo que se ate o se desate en la tierra se atará o se desatará también en los cielos (DyC 128:8–18). En la actualidad, contamos con siervos escogidos del Señor que poseen este poder de sellar y que llevan a cabo las ordenanzas salvadoras del Evangelio a favor de los vivos y de los muertos (DyC 128:8).

Elías selló los cielos y los cuervos lo alimentaron, **1 Rey.** 17:1–7. La tinaja de harina y la vasija de aceite de la viuda que lo alimentó no escasearon, **1 Rey.** 17:8–16. Levantó de los muertos al hijo de la viuda, **1 Rey.** 17:17–24. Derrotó a los profetas de Baal, **1 Rey.** 18:21–39. La voz apacible y delicada habló, **1 Rey.** 19:11–12. Subió al cielo en un carro de fuego, **2 Rey.** 2:11. Malaquías profetizó su retorno en los postreros días, **Mal.** 4:5–6 (3 Ne. 25:5).

En 1836, apareció en el Templo de Kirtland, Ohio (EE. UU.), **DyC** 110:13–16.

Elisabet. *Véase también* Juan el Bautista

En el Nuevo Testamento, esposa de Zacarías, madre de Juan el Bautista y parienta de María (Lucas 1:5–60).

Eliseo

En el Antiguo Testamento, profeta de Israel, el reino del norte, y consejero de confianza de varios reyes de ese país.

Eliseo era de carácter afable y afectuoso, y no tenía ese celo vehemente por el cual se había distinguido su maestro, Elías el Profeta. Sus notables milagros (2 Rey. 2–5; 8) testifican que verdaderamente recibió el poder del profeta Elías cuando lo sucedió como profeta (2 Rey. 2:9–12). Por ejemplo, sanó la fuente de aguas malas, dividió las aguas del Jordán, multiplicó el aceite de la viuda, devolvió la vida a un niño muerto, curó de lepra a un hombre, hizo flotar en el agua un hacha de hierro e hirió a los sirios con ceguera (2 Rey. 2–6). Su ministerio duró más de 50 años, durante los reinados de Joram, Jehú, Joacaz y Joás.

Tomó el manto de Elías el Profeta, **2 Rey.** 2:13. Multiplicó el aceite de la viuda, **2 Rey.** 4:1–7. Levantó de entre los muertos al hijo de la mujer sunamita, **2 Rey.** 4:18–37. Sanó al general sirio Naamán, **2 Rey.** 5:1–14. Hirió con ceguera a los sirios y abrió los ojos de su criado, **2 Rey.** 6:8–23.

Elohim. *Véase* Padre Celestial; Trinidad

Emanuel. *Véase también* Jesucristo

Uno de los nombres de Jesucristo. Se deriva de vocablos hebreos que significan "Dios con nosotros".

Emanuel es un nombre y título que se da como señal de la liberación que proviene de Dios (Isa. 7:14). Mateo reconoció específicamente la referencia que Isaías hace de Emanuel como profecía del nacimiento de Jesús en el mundo (Mateo 1:18–25). El nombre también aparece en las Escrituras de los últimos días (2 Ne. 17:14; 18:8; DyC 128:22).

Enemistad. *Véase también* Amor; Envidia; Venganza

En las Escrituras, significa antagonismo, hostilidad y odio.

Pondré enemistad entre ti y la mujer, **Gén.** 3:15 (Moisés 4:21).

Los designios de la carne son enemistad contra Dios, **Rom.** 8:7. La amistad del mundo es enemistad contra Dios, **Stg.** 4:4.

En ese día la enemistad cesará de ante mi faz, **DyC** 101:26.

Enfermedad, enfermo

En las Escrituras, a veces la enfermedad física se emplea como símbolo de malestar espiritual (Isa. 1:4–7; 33:24).

Yo he oído tu oración, y he visto tus lágrimas; he aquí que yo te sano, **2 Rey.** 20:1–5 (2 Cró. 32:24; Isa. 38:1–5).

Recorrió Jesús Galilea sanando toda enfermedad y toda dolencia, **Mateo** 4:23–24 (1 Ne. 11:31; Mos. 3:5–6). Los sanos no tienen necesidad de médico, sino los enfermos, **Mateo** 9:10–13 (Mar. 2:14–17; Lucas 5:27–32). ¿Está alguno enfermo entre vosotros? Llame a los ancianos, **Stg.** 5:14–15.

Cristo tomó sobre sí los dolores y las enfermedades de su pueblo, **Alma** 7:10–12. Jesús sanó a todos los enfermos entre los nefitas, **3 Ne.** 26:15.

Nutrid a los enfermos con ternura, con hierbas y alimento sencillo, **DyC** 42:43 (Alma 46:40). Recordad en todas las cosas a los enfermos y a los afligidos, **DyC** 52:40. Pon tus manos sobre los enfermos, y sanarán, **DyC** 66:9.

Engañar, engaño. *Véase también* Mentiras

Hacer creer a alguien algo que no es verdad. Defraudar.

Subirá al monte de Jehová el que no haya jurado con engaño, **Sal.** 24:3–4. Bienaventurado el hombre en cuyo espíritu no hay engaño, **Sal.** 32:2 (Sal. 34:13; 1 Pe. 2:1). Líbrame del hombre engañoso, **Sal.** 43:1. ¡Ay de los que a lo malo dicen bueno, y a lo bueno malo!, **Isa.** 5:20 (2 Ne. 15:20).

Natanael era un israelita en quien no había engaño, **Juan** 1:47 (DyC 41:9–11). Nadie se engañe a sí mismo, **1 Cor.** 3:18. Nadie os engañe con palabras vanas, **Efe.** 5:6. Los malos hombres y los engañadores irán de mal en peor, **2 Tim.** 3:13. Satanás, el cual engaña al mundo entero, fue arrojado a la tierra, **Apoc.** 12:9. Satanás será atado para que no engañe más a las naciones, **Apoc.** 20:1–3.

El Señor no puede ser engañado, **2 Ne.** 9:41. Si seguís al Hijo, sin engaño ante Dios, recibiréis al Espíritu Santo, **2 Ne.** 31:13. Sherem confesó que había sido engañado por el poder del diablo, **Jacob** 7:18. El pueblo del rey Noé fue engañado con palabras lisonjeras, **Mos.** 11:7.

Aquellos que son prudentes han tomado al Santo Espíritu por guía, y no han sido engañados, **DyC** 45:57. ¡Ay de los que son engañadores!, **DyC** 50:6. El conocimiento puro ennoblece el alma sin malicia, **DyC** 121:42.

Llegó a ser Satanás, el padre de todas las mentiras, para engañar y cegar a los hombres, **Moisés** 4:4.

Engendrado, engendrar. *Véase también* Hijos de Cristo; Hijos e hijas de Dios; Nacer de Dios, nacer de nuevo; Unigénito

Nacer. Engendrar es dar nacimiento o procrear. En las Escrituras, estas palabras se utilizan a menudo con el significado de nacer de Dios. Aunque Jesucristo es el único engendrado por el Padre en la carne (Unigénito), todos pueden ser engendrados espiritualmente por Cristo al aceptarlo, obedecer Sus mandamientos y llegar a ser personas nuevas mediante el poder del Espíritu Santo.

Yo te engendré hoy, **Sal.** 2:7 (Hech. 13:33; Heb. 1:5–6; 5:5).

Su gloria, como del unigénito del Padre, **Juan** 1:14 (2 Ne. 25:12; Alma 12:33–34; DyC 76:23). Porque de tal manera amó Dios al mundo, que ha dado a su Hijo Unigénito, **Juan** 3:16 (DyC 20:21).

Cristo engendró espiritualmente al pueblo del rey Benjamín, **Mos.** 5:7.

Los que son engendrados por medio del Señor son la iglesia del Primogénito, **DyC** 93:22.

Enoc. *Véase también* Sion

Profeta que guio al pueblo de la ciudad de Sion. Se habla de su ministerio en el Antiguo Testamento y también en la Perla de Gran Precio. Fue el séptimo patriarca después de Adán; era hijo de Jared y padre de Matusalén (Gén. 5:18–24; Lucas 3:37).

Enoc era una gran persona y su ministerio fue mucho más importante de lo que indica la breve mención que de él hace la Biblia. El relato bíblico nos dice que fue traspuesto (trasladado) (Heb. 11:5), pero no da detalles de su ministerio. En Judas 1:14 se cita una de sus profecías. Por medio de la revelación de los últimos días, aprendemos mucho más acerca de Enoc; específicamente de su predicación, de su ciudad llamada Sion y de sus visiones y profecías (DyC 107:48–57; Moisés 6–7). Sion fue llevada al cielo debido a la rectitud de sus habitantes (Moisés 7:69).

Dios se revela a Enoc, **Moisés** 6:26–37. Enoc enseña el Evangelio, **Moisés** 6:37–68. Enoc instruye al pueblo y establece Sion, **Moisés** 7:1–21. Enoc vio todas las cosas, aun hasta el fin del mundo, **Moisés** 7:23–68.

Enojo. *Véase también* Amor; Odio, aborrecimiento

El enojo es un sentimiento de ira o de molestia contra alguien o algo. El Señor advirtió a Sus santos que dominaran su enojo (Mateo 5:22). Ni los padres ni los hijos deben injuriar o maltratar a los demás miembros de la familia. En las Escrituras, el enojo se relaciona muchas veces, en sentido figurado, con el fuego (2 Ne. 15:25; DyC 1:13).

Y se ensañó Caín en gran manera, y decayó su semblante, **Gén.** 4:5. Jehová es lento para la ira, y grande en misericordia, **Sal.** 145:8. La blanda respuesta quita la ira, **Prov.** 15:1. El hombre iracundo promueve contiendas; mas el que tarda en airarse apacigua la rencilla, **Prov.** 15:18 (Prov. 14:29). Por amor de mi nombre diferiré mi ira, **Isa.** 48:9. Extendí mis manos a pueblo rebelde, que me provoca de continuo a ira, **Isa.** 65:2–3.

A cualquiera que te hiera en la mejilla derecha, vuélvele también la otra, **Mateo** 5:39. Y vosotros, padres, no provoquéis a ira a vuestros hijos, **Efe.** 6:4.

Y porque os he dicho la verdad, estáis enojados conmigo, **Mos.** 13:4. Visitaré a este pueblo en mi ira, **Alma** 8:29.

Contra ninguno está encendida su ira, sino contra aquellos que no confiesan su mano en todas las cosas, **DyC** 59:21. Yo, el Señor, estoy enojado con los inicuos, **DyC** 63:32.

Enós hijo de Jacob

Profeta nefita e historiador del Libro de Mormón que, después de orar pidiendo perdón, recibió la remisión de sus pecados mediante su fe en Cristo (Enós 1:1–8). El Señor estableció un convenio con Enós de sacar a luz el Libro de Mormón para los lamanitas (Enós 1:15–17).

El libro de Enós: Libro del Libro de Mormón que relata la historia de la oración de Enós al Señor pidiendo perdón para sí mismo y rogando por su pueblo y por los demás. El Señor le prometió que el Libro de Mormón se preservaría y que estaría disponible para los lamanitas en un día futuro. Aunque el libro de Enós solo cuenta con un capítulo, relata la potente historia de un hombre que buscó a su Dios por medio de la oración, obedeció los mandamientos del Señor toda la vida y, antes de su muerte, se regocijó por el conocimiento que tenía del Redentor.

Enseñar. *Véase también* Espíritu Santo

Impartir conocimiento a los demás. En las Escrituras, se refiere especialmente a enseñar a las personas verdades del Evangelio, y guiarlas hacia la rectitud. Los que enseñan el Evangelio deben recibir la guía del Espíritu. Todos los padres son maestros dentro de su propia familia. Los santos deben procurar las enseñanzas del Señor y de Sus líderes y estar dispuestos a aceptarlas.

Las enseñarás a tus hijos, **Deut.** 4:8–9. Las enseñaréis a vuestros hijos, **Deut.** 6:7 (Deut. 11:18–19). Instruye al niño en su camino, **Prov.** 22:6. Todos tus hijos serán enseñados por Jehová, **Isa.** 54:13 (3 Ne. 22:13).

Sabemos que has venido de Dios como maestro, **Juan** 3:2. Tú, pues, que enseñas a otro, ¿no te enseñas a ti mismo?, **Rom.** 2:21.

Recibí alguna instrucción en toda la ciencia de mi padre, **1 Ne.** 1:1 (Enós 1:1). Los sacerdotes y maestros deben enseñar con toda diligencia; de otro modo, traen sobre su propia cabeza los pecados del pueblo, **Jacob** 1:18–19. Para que me escuchéis, y abráis vuestros oídos, **Mos.** 2:9. Enseñaréis a vuestros hijos a amarse mutuamente y a servirse el uno al otro, **Mos.** 4:15. Ni confiéis en nadie para que sea vuestro maestro a menos que sea un hombre de Dios, **Mos.** 23:14. El Señor derramó su Espíritu sobre toda la faz de la tierra a fin de preparar sus corazones para recibir la palabra que se enseñaría, **Alma** 16:16. Enseñaban con poder y autoridad de Dios, **Alma** 17:2–3. Sus madres les habían enseñado, **Alma** 56:47 (Alma 57:21).

Para que cuando buscasen sabiduría, fuesen instruidos, **DyC** 1:26. Enseñaos los unos a los otros, de acuerdo con el oficio al cual os he llamado, **DyC** 38:23. Enseñarán los principios de mi evangelio, que se encuentran en la Biblia y en el Libro de Mormón, **DyC** 42:12. Se os enseñará de lo alto, **DyC** 43:15–16. Los padres deben enseñar a sus hijos, **DyC** 68:25–28. Os mando que os enseñéis el uno al otro la doctrina del reino, **DyC** 88:77–78, 118. Nombrad de entre vosotros a un maestro, **DyC** 88:122. No has enseñado a tus hijos e hijas la luz y la verdad, y esta es la causa de tu aflicción, **DyC** 93:39–42.

Te doy el mandamiento de enseñar estas cosas sin reserva a tus hijos, **Moisés** 6:57–61.

Enseñar con el Espíritu: No sois vosotros los que habláis, sino el Espíritu de vuestro Padre que habla en vosotros, **Mateo** 10:19–20. ¿No ardía nuestro corazón en nosotros cuando nos abría las Escrituras?, **Lucas** 24:32. El Evangelio se predica por el poder del Espíritu, **1 Cor.** 2:1–14.

Habló con poder y autoridad de Dios, **Mos.** 13:5–9 (Alma 17:3; Hel. 5:17).

Tendrás mi Espíritu para convencer a los hombres, **DyC** 11:21. La iglesia oirá en cualquier cosa que se le enseñe por el Consolador, **DyC** 28:1 (DyC 52:9). Si no recibís el Espíritu, no enseñaréis, **DyC** 42:14 (DyC 42:6). Sois enviados para enseñar a los hijos de los hombres por el poder de mi Espíritu, **DyC** 43:15. Los élderes deben predicar el evangelio por el Espíritu, **DyC** 50:13–22. Lo que habéis de decir os será dado en la hora precisa, **DyC** 84:85 (DyC 100:5–8).

Entender, entendimiento. *Véase también* Conocimiento; Sabiduría; Verdad

Obtener conocimiento o percibir el significado de alguna verdad, incluso su aplicación a la vida.

No te apoyes en tu propia prudencia, **Prov.** 3:5. Con todo lo que adquieras, adquiere entendimiento, **Prov.** 4:7. El que posee entendimiento ama su alma, **Prov.** 19:8.

Jesús habló por parábolas y algunos no le entendieron, **Mateo** 13:12–17. El Señor les abrió el entendimiento, **Lucas** 24:45.

Si después de estas palabras no podéis entender, será porque no pedís, **2 Ne** 32:4 (3 Ne. 17:3). Los anales se preservaron para que pudiéramos leer y entender **Mos.** 1:2–5. Por motivo de su incredulidad no podían entender la palabra de Dios, **Mos.** 26:3. Eran hombres de sano entendimiento, **Alma** 17:2–3. La palabra empieza a iluminar mi entendimiento **Alma** 32:28.

Razonemos juntos para que entendáis, **DyC** 50:10–12, 19–23. Los padres deben enseñar a sus hijos a comprender la doctrina, **DyC** 68:25. Las obras y los misterios de Dios solo se comprenden por el poder del Santo Espíritu, **DyC** 76:114–116. Satanás procura desviar los corazones de los hombres de la comprensión, **DyC** 78:10. La luz de Cristo vivifica nuestro entendimiento, **DyC** 88:11.

Envidia. *Véase también* Celo, celos, celoso; Codiciar

Según las Escrituras, es malo desear poseer algo que pertenece a otra persona.

Los patriarcas, movidos por envidia, vendieron a José para Egipto, **Hech.** 7:9. El amor no tiene envidia, **1 Cor.** 13:4 (Moro. 7:45). Palabras, de las cuales nacen envidias, **1 Tim.** 6:4. Donde hay envidia, hay perturbación y toda obra perversa, **Stg.** 3:16.

El Señor ha mandado que los hombres no envidien, **2 Ne.** 26:32. No había envidias entre el pueblo de Nefi, **4 Ne.** 1:15–18.

La envidia y la ira del hombre han sido mi suerte común en todos los días de mi vida, **DyC** 127:2.

Esaías

El nombre de un antiguo profeta que vivió en los días de Abraham (DyC 76:100; 84:13).

Esaú. *Véase también* Isaac; Jacob hijo de Isaac

En el Antiguo Testamento, hijo mayor de Isaac y Rebeca y hermano gemelo de Jacob. Los dos hermanos fueron rivales desde su nacimiento (Gén. 25:19–26). Los edomitas, descendientes de Esaú, y los israelitas, descendientes de Jacob, llegaron a ser naciones rivales (Gén. 25:23).

Esaú vendió a Jacob su primogenitura, **Gén.** 25:33 (Heb. 12:16–17). Esaú se casó con mujeres heteas, causando amargura de espíritu a sus padres, **Gén.** 26:34–35. Jacob y Esaú se reconciliaron, **Gén.** 33.

Escoger, escogido (verbo). *Véase también* Albedrío; Libertad, libre; Llamado, llamado por Dios, llamamiento

Cuando el Señor selecciona o escoge a una o a varias personas, normalmente también las llama a servir en Su obra.

Escogeos hoy a quién sirváis, **Josué** 24:15 (Alma 30:8; Moisés 6:33). Te he escogido en horno de aflicción, **Isa.** 48:10 (1 Ne. 20:10).

Engañarán, si fuere posible, aun a los escogidos, **Mateo** 24:24. Lo necio del mundo escogió Dios, para avergonzar a los sabios, **1 Cor.** 1:27. Nos escogió antes de la fundación del mundo, **Efe.** 1:4.

Son libres para escoger la libertad y la vida eterna, o escoger la cautividad y la muerte, **2 Ne.** 2:27.

Mis escogidos escuchan mi voz y no endurecen su corazón, **DyC** 29:7. Y así reuniré a mis escogidos de los cuatro cabos de la tierra, **DyC** 33:6. Se darán las Escrituras para la salvación de mis escogidos, **DyC** 35:20–21. Los nobles y grandes fueron escogidos en el principio, **DyC** 138:55–56.

Abraham fue escogido antes de nacer, **Abr.** 3:23. Por el bien de los escogidos se acortarán aquellos días, **JS—M** 1:20.

Escogido (adjetivo o sustantivo). *Véase también* Llamado, llamado por Dios, llamamiento

Las personas seleccionadas por Dios para cumplir ciertas responsabilidades especiales.

Hice convenio con mi escogido, **Sal.** 89:3.

Muchos son llamados, y pocos escogidos, **Mateo** 22:14 (Mateo 20:16; DyC 95:5; 121:34, 40). Los santos son linaje escogido, real sacerdocio, **1 Pe.** 2:9.

Israel fue escogido por Dios, **Moisés** 1:26. Cristo fue el Amado y el Escogido del Padre desde el principio, **Moisés** 4:2.

Escriba

El vocablo se utiliza en sentido ligeramente distinto en el Antiguo y en el

Nuevo Testamento: (1) En el Antiguo Testamento, la responsabilidad primordial del escriba era copiar las Escrituras (Jer. 8:8). (2) En el Nuevo Testamento se menciona con frecuencia a los escribas, llamándolos a veces intérpretes de la ley. Ellos fueron quienes desarrollaron los detalles de la ley y la aplicaban a las circunstancias de su época (Mateo 13:52; Mar. 2:16–17; 11:17–18; Lucas 11:44–53; 20:46–47).

Escrituras. *Véase también* Biblia; Canon; Doctrina y Convenios; Libro de Mormón; Palabra de Dios; Perla de Gran Precio

Las palabras expresadas, tanto por escrito como oralmente, por los hombres santos de Dios cuando hablan por la influencia del Espíritu Santo. Las Escrituras canónicas oficiales de la Iglesia en la actualidad son la Biblia, el Libro de Mormón, Doctrina y Convenios y la Perla de Gran Precio. Jesús y los escritores del Nuevo Testamento consideraban como Escrituras los libros del Antiguo Testamento (Mateo 22:29; Juan 5:39; 2 Tim. 3:15; 2 Pe. 1:20–21). Véase también Cronología en el Apéndice.

¿No ardía nuestro corazón en nosotros, cuando nos abría las Escrituras?, **Lucas** 24:32. Escudriñad las Escrituras; porque os parece que en ellas tenéis la vida eterna; y ellas son las que dan testimonio de mí, **Juan** 5:39.

Las palabras de Cristo os dirán todas las cosas que debéis hacer, **2 Ne.** 32:3. Cuantos llegan a creer las Santas Escrituras son firmes e inmutables en la fe, **Hel.** 15:7–8.

En estas cosas yerran, porque pervierten las Escrituras y no las entienden, **DyC** 10:63. Estas palabras no son de hombres, ni de hombre, sino mías, **DyC** 18:34–36. La salida a luz del Libro de Mormón prueba al mundo que las Escrituras son verdaderas, **DyC** 20:2, 8–12. Dedicaréis vuestro tiempo al estudio de las Escrituras, **DyC** 26:1. Las Escrituras se dan para instrucción de los santos, **DyC** 33:16. Se darán las Escrituras para la salvación de mis escogidos, **DyC** 35:20. Enseñarán los principios de mi evangelio, que se encuentran en la Biblia y en el Libro de Mormón, **DyC** 42:12. Mis leyes en cuanto a estas cosas están en mis Escrituras, **DyC** 42:28. Lo que hablen cuando sean inspirados por el Espíritu Santo, será Escritura, **DyC** 68:4.

Escrituras que se han perdido: En las Escrituras se mencionan muchos escritos sagrados con los cuales no contamos hoy día. Entre ellos se cuentan los siguientes libros y autores: el libro del convenio (Éx. 24:7); el libro de las batallas de Jehová (Núm. 21:14); Jaser (Josué 10:13; 2 Sam. 1:18); los hechos de Salomón (1 Rey. 11:41); las crónicas de Samuel vidente (1 Cró. 29:29); el profeta Natán (2 Cró. 9:29); el profeta Semaías (2 Cró. 12:15); el profeta Iddo (2 Cró. 13:22); las palabras de Jehú (2 Cró. 20:34); las palabras de los videntes (2 Cró. 33:19); Enoc (Judas 1:14); las palabras de Zenoc, Neum y Zenós (1 Ne. 19:10); Zenós (Jacob 5:1), Zenoc y Ezías (Hel. 8:20); un libro de memorias (Moisés 6:5); y epístolas a los corintios (1 Cor. 5:9), a los efesios (Efe. 3:3), la de Laodicea (Col. 4:16) y de Judas (Judas 1:3, versión del rey Santiago, en inglés).

Las Escrituras deben preservarse: Es prudente que obtengamos estos anales a fin de preservar las palabras de los santos profetas, **1 Ne.** 3:19–20. Yo debía conservar estas planchas, **Jacob** 1:3. Estas cosas se han guardado y preservado por la mano de Dios, **Mos.** 1:5. Asegúrate de cuidar estas cosas sagradas, **Alma** 37:47. Las Escrituras serán preservadas y protegidas, **DyC** 42:56.

Esforzaos con todo empeño por preservarlas, **JS—H** 1:59.

El valor de las Escrituras: Leerás esta ley delante de todo Israel, **Deut.** 31:10–13. Nunca se apartará de tu boca este libro de la ley, **Josué** 1:8. La ley de Jehová es perfecta, que convierte el alma, **Sal.** 19:7. Lámpara es a mis pies tu palabra, **Sal.** 119:105.

Las Escrituras dan testimonio de mí

Juan 5:39. Toda Escritura es inspirada por Dios, y útil para enseñar e instruir, **2 Tim.** 3:15–16.

Apliqué todas las Escrituras a nosotros mismos para nuestro provecho e instrucción, **1 Ne.** 19:23. Mi alma se deleita en las Escrituras, **2 Ne.** 4:15–16. Trabajamos diligentemente para escribir, a fin de persuadir a nuestros hijos, así como a nuestros hermanos, a creer en Cristo, **2 Ne.** 25:23. Escudriñaron las Escrituras; y no hicieron más caso de las palabras de este hombre inicuo, **Jacob** 7:23 (Alma 14:1). Si no fuera por estas planchas, habríamos padecido en la ignorancia, **Mos.** 1:2–7. Habían escudriñado diligentemente las Escrituras para conocer la palabra de Dios, **Alma** 17:2–3. Las Escrituras se conservan para conducir las almas a la salvación, **Alma** 37:1–19 (2 Ne. 3:15). La palabra de Dios guiará al hombre de Cristo, **Hel.** 3:29.

Lo que hablen cuando sean inspirados por el Espíritu Santo, será Escritura, y el poder de Dios para salvación, **DyC** 68:4. Para imprimir la plenitud de mis Escrituras, con objeto de edificar mi iglesia y preparar a mi pueblo, **DyC** 104:58–59.

El que atesore mi palabra no será engañado, **JS—M** 1:37.

Se profetiza la publicación de las Escrituras: Isaías predijo la publicación del Libro de Mormón, **Isa.** 29:11–14. Toma ahora un palo, y escribe en él: Para Judá, **Ezeq.** 37:15–20.

Nefi vio otros libros que aparecerían, **1 Ne.** 13:39. No por tener una Biblia, debéis suponer que contiene todas mis palabras, **2 Ne.** 29:10–14. Asíos al evangelio de Cristo, que os será presentado en los anales que llegarán, **Morm.** 7:8–9. Bendito sea aquel que saque esto a luz, **Morm.** 8:16. Escribe estas cosas y en mi debido tiempo las mostraré, **Éter** 3:27 (Éter 4:7).

Creemos que aún revelará muchos asuntos, **AdeF** 1:9.

Escrituras perdidas. *Véase* Escrituras — Escrituras que se han perdido

Escuchar. *Véase también* Obediencia, obediente, obedecer; Oído

Oír la voz y las enseñanzas del Señor, prestando atención y obedeciendo.

Jehová levantará a un profeta como Moisés, y el pueblo debe oírle, **Deut.** 18:15. El prestar atención es mejor que la grosura de los carneros, **1 Sam.** 15:20–23. No hemos obedecido a tus siervos los profetas, **Dan.** 9:6.

Los justos que escuchan las palabras de los profetas no perecerán, **2 Ne.** 26:8. Si no queréis dar oídos a la voz del buen pastor, no sois las ovejas del buen pastor, **Alma** 5:38 (Hel. 7:18).

Escuchad, oh pueblo de mi iglesia, **DyC** 1:1. Todo el que escuche la voz del Espíritu será iluminado y vendrá al Padre, **DyC** 84:46–47. Fueron lentos en escuchar la voz del Señor; por consiguiente, el Señor es lento en escuchar sus oraciones, **DyC** 101:7–9. Los que no escuchan los mandamientos son castigados, **DyC** 103:4 (Moisés 4:4).

Escuela de los profetas. *Véase también* Smith, hijo, José

En Kirtland, Ohio (EE. UU.), durante el invierno de 1832–1833, el Señor mandó a José Smith organizar una escuela con el fin de capacitar a los hermanos en todo lo pertinente al Evangelio y al reino de Dios. De esa escuela salieron muchos de los primeros líderes de la Iglesia. Otra escuela de los profetas, o de los élderes, la dirigió Parley P. Pratt en el condado de Jackson, Misuri (DyC 97:1–6). Se organizaron otras escuelas similares poco después de la migración de los santos al oeste; no obstante, estas se discontinuaron al poco tiempo. En la actualidad, la enseñanza del Evangelio se lleva a cabo en el hogar, en los cuórums del sacerdocio y en las diversas organizaciones auxiliares, así como en las escuelas de la Iglesia y en las clases de seminario e instituto.

Santificaos y enseñaos el uno al otro la doctrina del reino, **DyC** 88:74–80. Buscad diligentemente y enseñaos el uno al otro sabiduría, **DyC** 88:118–122. Se establece el orden de la escuela de los profetas, **DyC** 88:127–141. La Primera Presidencia posee las llaves de la escuela de los profetas, **DyC** 90:6–7.

Esdras

Sacerdote y escriba del Antiguo Testamento que condujo a una parte de los judíos de regreso a Jerusalén después de su cautiverio en Babilonia (Esdras 7–10; Neh. 8; 12). En el año 458 a.C. recibió permiso de Artajerjes, rey de Persia, para llevar a Jerusalén a cualquier judío exiliado que quisiera ir (Esdras 7:12–26).

Antes de la época de Esdras, la lectura de las Escrituras llamadas "la ley" había sido casi totalmente controlada por los sacerdotes. Esdras ayudó a poner las Escrituras al alcance de todos los judíos. La lectura pública del "libro de la ley" llegó a ser, con el tiempo, el centro mismo de la vida judía. La más grande enseñanza de Esdras quizás derive de su propio ejemplo al preparar su corazón para inquirir la ley del Señor y cumplirla, y para enseñarla a otros (Esdras 7:10).

El libro de Esdras: En los capítulos del 1 al 6, se describen los acontecimientos que ocurrieron unos 60 a 80 años antes de la llegada de Esdras a Jerusalén, es decir, el decreto de Ciro en el año 537 a.C. y el regreso de los judíos bajo la dirección de Zorobabel. En los capítulos del 7 al 10 se describe cómo fue Esdras a Jerusalén. Él y su compañía ayunaron y oraron pidiendo protección. En Jerusalén encontraron a muchos judíos que habían regresado allí anteriormente bajo el reinado de Zorobabel y se habían casado con mujeres extranjeras, por lo que se habían contaminado. Esdras oró por sus compatriotas y ellos hicieron convenio con Dios de que se apartarían de esas esposas. La historia de los años posteriores de Esdras se encuentra en el libro de Nehemías.

Esperanza. *Véase también* Fe

La expectativa confiada y el anhelo de recibir las bendiciones que se han prometido a los justos. En las Escrituras se habla con frecuencia de la esperanza como la espera anhelosa de la vida eterna por medio de la fe en Jesucristo.

Bendito el hombre cuya confianza es Jehová, **Jer.** 17:7. Jehová será la esperanza de su pueblo, **Joel** 3:16.

Por la paciencia y la consolación de las Escrituras, tengamos esperanza, **Rom.** 15:4. Dios nos hizo renacer para una esperanza, por la resurrección de Jesucristo, **1 Pe.** 1:3. Todo aquel que tiene esta esperanza en él, se purifica a sí mismo, **1 Juan** 3:2–3.

Debéis seguir adelante, teniendo un fulgor perfecto de esperanza, **2 Ne.** 31:20. Y mirad que tengáis fe, esperanza y caridad, **Alma** 7:24 (1 Cor. 13:13; Moro. 10:20). Deseo que escuchéis mis palabras, teniendo la esperanza de que recibiréis la vida eterna, **Alma** 13:27–29. Si tenéis fe, tenéis esperanza en cosas que no se ven, y que son verdaderas, **Alma** 32:21 (Heb. 11:1). La esperanza viene por la fe, y proporciona un ancla al alma, **Éter** 12:4 (Heb. 6:17–19). El hombre debe tener esperanza, o no puede recibir una herencia, **Éter** 12:32. Mormón habló concerniente a la fe, la esperanza y la caridad, **Moro.** 7:1. Debéis tener esperanza, por medio de la expiación de Cristo, en que seréis resucitados a vida eterna, **Moro.** 7:40–43. El Espíritu Santo llena de esperanza, **Moro.** 8:26 (Rom. 15:13).

Habían partido de la vida terrenal, firmes en la esperanza de una gloriosa resurrección, **DyC** 138:14.

Espíritu. *Véase también* Alma; Hombre(s); Muerte física; Resurrección

La parte del ser viviente que existe desde antes del nacimiento del cuerpo mortal, que mora dentro de ese cuerpo durante la vida terrenal y que después de la muerte existe como un ser separado hasta la Resurrección. Todos los seres vivientes —el hombre, los animales y la vegetación— fueron creados espiritualmente antes que existiese físicamente sobre la tierra forma alguna de vida (Gén. 2:4–5; Moisés 3:4–7). El cuerpo de espíritu es a semejanza del cuerpo físico (1 Ne. 11:11; Éter 3:15–16; DyC 77:2; 129). Todo espíritu es materia, solo que más refinada y pura que los elementos o la materia terrenales (DyC 131:7).

Toda persona es literalmente hijo o hija de Dios, habiendo nacido como espíritu, de Padres Celestiales, antes de nacer de padres terrenales en la carne (Heb. 12:9). Toda persona que viva o haya vivido sobre la tierra tiene un cuerpo espiritual inmortal, además de su cuerpo de carne y huesos. Según lo definen a veces las Escrituras, el espíritu y el cuerpo unidos constituyen el alma (Gén. 2:7; DyC 88:15; Moisés 3:7, 9, 19; Abr. 5:7). El espíritu puede vivir independiente del cuerpo, pero el cuerpo no puede vivir sin el espíritu (Stg. 2:26). La muerte física es la separación del espíritu y el cuerpo. En la Resurreción, el espíritu se reúne con el mismo cuerpo de carne y huesos que habitó siendo un ser mortal, con dos diferencias importantes: nunca volverán a separarse, y el cuerpo físico será inmortal y perfecto (Alma 11:45; DyC 138:16–17).

Un espíritu no tiene carne ni huesos, como veis que yo tengo, **Lucas** 24:39. El Espíritu mismo da testimonio a nuestro espíritu, de que somos hijos de Dios, **Rom.** 8:16. Glorificad a Dios en vuestro cuerpo y en vuestro espíritu, **1 Cor.** 6:20.

Este cuerpo es el cuerpo de mi espíritu, **Éter** 3:16.

El hombre es espíritu, **DyC** 93:33. Cristo ministró a los espíritus de los justos en el paraíso, **DyC** 138:28–30 (1 Pe. 3:18–19).

Habéis nacido en el mundo mediante el agua, y la sangre, y el espíritu, **Moisés** 6:59. Estaba entre aquellos que eran espíritus, **Abr.** 3:23.

Espíritus inmundos: Jesús echó fuera muchos demonios, **Mar.** 1:27, 34, 39. Sal de este hombre, espíritu inmundo, **Mar.** 5:2–13.

El espíritu malo enseña al hombre que no debe orar, **2 Ne.** 32:8. En el nombre de Jesús echaba fuera demonios y espíritus inmundos, **3 Ne.** 7:19.

Muchos espíritus falsos se han esparcido por la tierra, engañando al mundo, **DyC** 50:2, 31–32. José Smith explicó las tres claves para distinguir si un espíritu es de Dios o del diablo, **DyC** 129.

Espíritu contrito. *Véase* Corazón quebrantado

Espíritu Santo. *Véase también* Bautismo, bautizar; Consolador; Don del Espíritu Santo; Inspiración, inspirar; Paloma, señal de la; Pecado imperdonable; Revelación; Santo Espíritu de la promesa; Trinidad

El tercer miembro de la Trinidad (1 Juan 5:7; DyC 20:28); personaje de espíritu que no posee un cuerpo de carne y huesos (DyC 130:22). Con frecuencia se hace referencia al Espíritu Santo llamándolo el Espíritu, o el Espíritu de Dios.

El Espíritu Santo desempeña varias funciones vitales en el plan de salvación: (1) Da testimonio del Padre y del Hijo (1 Cor. 12:3; 3 Ne. 28:11; Éter 12:41); (2) Revela la verdad de todas las cosas (Juan 14:26; 16:13; Moro. 10:5; DyC 39:6); (3) Santifica a los que se arrepienten y se bautizan (Juan 3:5; 3 Ne. 27:20; Moisés 6:64–68); (4) Es el Santo Espíritu de la promesa (DyC 76:50–53; 132:7, 18–19, 26).

El poder del Espíritu Santo puede descender sobre una persona antes del bautismo y dar testimonio de que el Evangelio es verdadero, pero el derecho de tener, cuando se es digno, la compañía constante del Espíritu Santo es un don que se puede recibir solamente mediante la imposición de manos de un poseedor del Sacerdocio de Melquisedec y después de haber recibido el bautismo autorizado en la verdadera Iglesia de Jesucristo.

Jesús enseñó que es posible recibir el perdón de todos los pecados con la excepción de la blasfemia contra el Espíritu

Santo (Mateo 12:31–32; Mar. 3:28–29; Lucas 12:10; Heb. 6:4–8; DyC 76:34–35).

El Espíritu hace que el hombre ande en los estatutos de Dios, **Ezeq.** 36:27.

Los Apóstoles recibieron la comisión de bautizar en el nombre del Padre, y del Hijo, y del Espíritu Santo, **Mateo** 28:19. El Espíritu Santo os enseñará todas las cosas, **Juan** 14:26. Los santos hombres de Dios hablaron siendo inspirados por el Espíritu Santo, **2 Pe.** 1:21.

Nefi fue guiado por el Espíritu, **1 Ne.** 4:6. Los misterios de Dios les serán descubiertos por el poder del Espíritu Santo, **1 Ne.** 10:17–19. Si recibís el Espíritu Santo, él os mostrará todas las cosas que debéis hacer, **2 Ne.** 32:5. Por el poder del Espíritu Santo podréis conocer la verdad de todas las cosas, **Moro.** 10:5.

Hablaré a tu mente y a tu corazón por medio del Espíritu Santo, **DyC** 8:2. El Espíritu induce a hacer lo bueno, **DyC** 11:12. El Espíritu Santo sabe todas las cosas, **DyC** 35:19. El Espíritu Santo enseña las cosas apacibles del reino, **DyC** 36:2 (DyC 39:6). Si no recibís el Espíritu, no enseñaréis, **DyC** 42:14. El Espíritu Santo da testimonio del Padre y del Hijo, **DyC** 42:17 (1 Cor. 12:3; 3 Ne. 11:32, 35–36). A algunos el Espíritu Santo da a saber que Jesucristo es el Hijo de Dios, **DyC** 46:13. Y lo que hablen cuando sean inspirados por el Espíritu Santo, será Escritura, **DyC** 68:4. Se derramará el Espíritu Santo para testificar de todas las cosas que habléis, **DyC** 100:8. El Espíritu Santo será tu compañero constante, **DyC** 121:45–46.

Espíritus inmundos. *Véase* Espíritu — Espíritus inmundos

Esposa. *Véase* Familia; Matrimonio; Mujer(es)

Esposo. *Véase también* Familia; Jesucristo; Matrimonio

En las Escrituras se simboliza a Jesucristo como al Esposo; y a la Iglesia, como a Su esposa.

Diez vírgenes salieron a recibir al esposo, **Mateo** 25:1–13. El que tiene la esposa, es el esposo, **Juan** 3:27–30. Bienaventurados los que son llamados a la cena de las bodas del Cordero, **Apoc.** 19:5–10.

Sed fieles, a fin de que estéis listos a la venida del Esposo, **DyC** 33:17. Aparejad para el Esposo, **DyC** 65:3.

Estaca

Una de las unidades administrativas de la organización de La Iglesia de Jesucristo de los Santos de los Últimos Días. La estaca por regla general se compone de varios barrios y en algunos casos de barrios y ramas. Generalmente tiene límites geográficos y concuerda con la imagen de una tienda que se describe en Isaías 54:2: "Alarga tus cuerdas, y refuerza tus estacas". Toda estaca de Sion apoya la Iglesia y ayuda a sostenerla de la misma manera que una tienda o tabernáculo es sostenido por sus estacas. La estaca es el lugar de recogimiento de los remanentes del Israel disperso (DyC 82:13–14; 101:17–21).

Fortalece tus estacas, y extiende tus linderos, **Moro.** 10:31 (DyC 82:14).

Te pedimos que señales a Sion otras estacas, además de esta, **DyC** 109:59. Que el recogimiento en Sion y sus estacas sea por defensa, **DyC** 115:6 (DyC 101:21). Y que se designen otros lugares como estacas, **DyC** 115:18. Se nombra al presidente del cuórum de sumos sacerdotes para habilitar a aquellos que serán nombrados presidentes de estaca, **DyC** 124:133–134. Id a la tierra de Sion para que sean fortalecidas sus estacas, **DyC** 133:9.

Estandarte

En las Escrituras, una bandera o enseña alrededor de la cual se juntaban los del pueblo unidos por un mismo fin. En los tiempos antiguos, el estandarte servía como punto de reagrupación para los soldados en la batalla. En sentido simbólico, el Libro de Mormón y la Iglesia de Jesucristo son estandartes a todas las naciones de la tierra.

Alzará estandarte a naciones lejanas,

Isa. 5:26 (2 Ne. 15:26). La raíz de Isaí estará puesta por estandarte, **Isa.** 11:10 (2 Ne. 21:10; DyC 113:6).

Izad un estandarte de paz, **DyC** 105:39.

Estandarte de la libertad. *Véase también* Moroni, capitán

En el Libro de Mormón, un estandarte que levantó Moroni, capitán en jefe de los ejércitos nefitas. Lo hizo con el fin de inspirar al pueblo nefita a defender su religión, su libertad, su paz y sus familias.

Moroni rasgó su túnica y con ella hizo el estandarte de la libertad, **Alma** 46:12–13. Todos aquellos que quisieron preservar el estandarte hicieron convenio, **Alma** 46:20–22. Moroni hizo que se enarbolara el estandarte sobre todas las torres, **Alma** 46:36 (Alma 51:20).

Esteban

En la época del Nuevo Testamento, fue mártir por mantenerse fiel al Salvador y a Su Iglesia. Es probable que haya servido de modelo a Pablo y que haya influido en la gran obra de este, puesto que Pablo estuvo presente cuando Esteban se defendió ante el sanedrín (Hech. 8:1; 22:20).

Esteban fue uno de los siete varones llamados para asistir a los Doce Apóstoles, **Hech.** 6:1–8. Esteban hizo grandes prodigios y milagros entre el pueblo, **Hech.** 6:8. Disputó con los judíos, **Hech.** 6:9–10. Hicieron acusaciones en contra de él y le procesaron ante el concilio (sanedrín), **Hech.** 6:11–15. Esteban presentó su defensa, **Hech.** 7:2–53. Estando lleno del Espíritu Santo, vio en visión al Padre y al Hijo, **Hech.** 7:55–56. Esteban fue martirizado por su testimonio, **Hech.** 7:54–60.

Ester

Mujer de gran fe y el personaje principal del libro de Ester.

El libro de Ester: Libro del Antiguo Testamento que contiene la historia del gran valor que demostró la reina Ester cuando salvó a su pueblo de la destrucción.

En los capítulos 1 y 2, se relata que Ester, mujer judía e hija adoptiva del judío Mardoqueo, fue escogida para ser reina de Persia por motivo de su belleza. En el capítulo 3, se explica que Amán, que ocupaba un alto puesto en la corte del rey, odiaba a Mardoqueo y obtuvo un decreto para que se diera muerte a todos los judíos. En los capítulos del 4 al 10, se relata que Ester, exponiéndose a un grave riesgo personal, reveló al rey su propia nacionalidad y obtuvo la anulación del decreto.

Estimar. *Véase también* Honra, honrar (honor); Reverencia

Apreciar el valor de una persona o de un objeto; en la Iglesia se emplea especialmente con relación al Evangelio.

Fue menospreciado, y no lo estimamos, **Isa.** 53:3–4.

Lo que los hombres tienen por sublime, delante de Dios es abominación, **Lucas** 16:15. Antes bien estimando cada uno a los demás como superiores a él mismo, **Filip.** 2:3.

El Señor estima a toda carne igual, **1 Ne.** 17:35. Todo hombre estime a su prójimo como a sí mismo, **Mos.** 27:4 (DyC 38:24–25).

En los días de paz estimaron ligeramente mi consejo, **DyC** 101:8.

Éter. *Véase también* Jareditas

El último profeta jaredita del Libro de Mormón (Éter 12:1–2).

El libro de Éter: Libro del Libro de Mormón que contiene porciones de los registros de los jareditas, un pueblo que habitó el hemisferio occidental muchos siglos antes de la llegada del pueblo de Lehi. El libro de Éter se tomó de veinticuatro planchas que encontró el pueblo de Limhi (Mosíah 8:8–9).

En los capítulos 1 y 2, se relata que los jareditas dejaron su tierra durante la época de la Torre de Babel y emprendieron viaje hacia lo que ahora conocemos como el continente americano. En los capítulos del 3 al 6, se explica que el hermano de Jared vio al Salvador antes de que este naciera en el mundo; también se describe el viaje de los jareditas en ocho embarcaciones. Los capítulos del 7 al 11 son una continuación de los relatos de la maldad que predominó durante gran parte de la historia jaredita. En los capítulos 12 y 13, Moroni, que recopiló el registro de Éter, escribe acerca de los milagros que se obraron por la fe, así como de Cristo y de una Nueva Jerusalén que vendrían en un día futuro. En los capítulos 14 y 15, se relata que los jareditas llegaron a ser una nación poderosa, pero que fueron destruidos por la guerra civil como consecuencia de su iniquidad.

Eva. *Véase también* Adán; Caída de Adán y Eva; Edén

La primera mujer que vivió sobre esta tierra (Gén. 2:21–25; 3:20); esposa de Adán. En hebreo su nombre significa "vida". Fue llamada así por cuanto ella fue la "madre de todos los vivientes" (Moisés 4:26). Ella y Adán, el primer hombre, compartirán la gloria eterna por la función que desempeñaron al hacer posible el progreso eterno de todo el género humano.

Eva fue tentada y comió del fruto prohibido, **Gén.** 3 (2 Ne. 2:15–20; Moisés 4).

El presidente Joseph F. Smith vio a Eva en su visión del mundo de los espíritus, **DyC** 138:39.

Eva reconoció la necesidad de la Caída y el gozo de la redención, **Moisés** 5:11–12.

Evangelio. *Véase también* Dispensaciones; Doctrina de Cristo; Plan de redención

El plan de Dios para la salvación del hombre, hecho posible mediante la expiación de Jesucristo. El Evangelio abarca las eternas verdades, o sea, las leyes, los convenios y las ordenanzas que son necesarios para que el género humano regrese a la presencia de Dios. Él restauró la plenitud del Evangelio a la tierra en el siglo diecinueve por medio del profeta José Smith.

Id por todo el mundo y predicad el evangelio, **Mar.** 16:15.

Se han suprimido las partes claras y sumamente preciosas del evangelio, **1 Ne.** 13:32. Este es mi evangelio, **3 Ne.** 27:13–21 (DyC 39:6).

El Libro de Mormón contiene la plenitud del evangelio, **DyC** 20:8–9 (DyC 42:12). Este es el evangelio, **DyC** 76:40–43. El Sacerdocio de Melquisedec administra el evangelio, **DyC** 84:19. Todo hombre oirá la plenitud del evangelio en su propia lengua, **DyC** 90:11. El Hijo predicó el evangelio a los espíritus de los muertos, **DyC** 138:18–21, 28–37.

Se empezó a predicar el evangelio desde el principio, **Moisés** 5:58. Se describen los primeros principios y ordenanzas del Evangelio, **AdeF** 1:4.

Evangelio, restauración del. *Véase* Restauración del Evangelio

Evangelios. *Véase también* Juan hijo de Zebedeo; Lucas; Marcos; Mateo

Los cuatro registros o testimonios de la vida terrenal de Jesús y de los acontecimientos relativos a Su ministerio, los cuales comprenden los primeros cuatro libros del Nuevo Testamento. Los escribieron Mateo, Marcos, Lucas y Juan, y son testimonios escritos de la vida de Cristo. En muchos aspectos, el libro de 3 Nefi en el Libro de Mormón es muy similar a estos cuatro Evangelios del Nuevo Testamento.

Los libros del Nuevo Testamento se escribieron originalmente en griego, y en ese idioma el vocablo *evangelio* significa "buenas nuevas". Las buenas nuevas son que Jesucristo ha efectuado una expiación que redimirá a toda la humanidad de la muerte y que recompensará a toda persona de acuerdo con sus propias obras (Juan 3:16; Rom. 5:10–11; 2 Ne. 9:26; Alma 34:9; DyC 76:69).

Véase también la Concordancia entre los Evangelios en el Apéndice.

Evangelista. *Véase también* Bendiciones patriarcales; Patriarca, patriarcal

El que proclama o testifica de las buenas nuevas del evangelio de Jesucristo. José Smith enseñó que un evangelista es un patriarca. El patriarca es llamado y ordenado bajo la dirección de los Doce Apóstoles para dar bendiciones especiales que se llaman bendiciones patriarcales.

El mismo constituyó a unos, apóstoles; a otros, profetas; a otros, evangelistas, **Efe.** 4:11. Haz obra de evangelista, **2 Tim.** 4:5.

Creemos en apóstoles, profetas, pastores, maestros, evangelistas, **AdeF** 1:6.

Exaltación. *Véase también* Corona; Expiación, expiar; Gloria celestial; Hombre(s) — Su potencial para llegar a ser como nuestro Padre Celestial; Vida eterna

El máximo estado de felicidad y gloria dentro del reino celestial.

En tu presencia hay plenitud de gozo, **Sal.** 16:11.

Son dioses, sí, los hijos de Dios. Por consiguiente, todas las cosas son suyas, **DyC** 76:58–59. Los santos recibirán su herencia y serán hechos iguales con él, **DyC** 88:107. Estos ángeles no se sujetaron a mi ley; por tanto, permanecen separada y solitariamente, sin exaltación, **DyC** 132:17. El hombre y la mujer deben casarse por la ley de Dios para alcanzar la exaltación, **DyC** 132:19–20. Estrecha es la puerta y angosto el camino que conduce a la exaltación, **DyC** 132:22–23. Abraham, Isaac y Jacob han entrado en su exaltación, **DyC** 132:29, 37. Sello sobre ti tu exaltación, **DyC** 132:49.

Excomunión. *Véase también* Apostasía; Rebelión

La excomunión es la medida disciplinaria más severa de la Iglesia. Una persona que ha sido excomulgada deja de ser miembro de la Iglesia. Las autoridades de la Iglesia excomulgan a una persona solamente cuando esta ha decidido vivir de manera contraria a los mandamientos del Señor y, por lo tanto, se descalifica a sí misma para seguir siendo miembro de la Iglesia.

Muchos de ellos endurecieron sus corazones, y sus nombres fueron borrados, **Alma** 1:24 (Alma 6:3). Si no se arrepiente, no será contado entre los de mi pueblo, **3 Ne.** 18:31 (Mos. 26).

El que cometa adulterio y no se arrepienta, será expulsado, **DyC** 42:24. El que peque, y no se arrepienta, será expulsado, **DyC** 42:28. Se explican los procedimientos para tratar los casos importantes que surjan en la Iglesia, **DyC** 102 (DyC 42:80–93). Se nombra al obispo para ser juez en Israel, **DyC** 107:72. Toda sociedad religiosa tiene el derecho de disciplinar a sus miembros por conducta desordenada, **DyC** 134:10.

Éxodo. *Véase también* Pentateuco

Libro del Antiguo Testamento, escrito por Moisés, en el que se describe la partida de los israelitas de Egipto. La historia de los primeros tiempos de Israel, según se encuentra registrada en Éxodo, se puede dividir en tres partes: (1) La esclavitud del pueblo en Egipto, (2) su partida de Egipto bajo la dirección de Moisés y (3) su dedicación al servicio de Dios en la vida religiosa y política.

La primera parte comprende Éxodo 1:1–15:21. En ella se relata la opresión de Israel en Egipto; las primeras etapas de la historia y el llamamiento de Moisés; los varios acontecimientos que llevaron finalmente a la liberación; el éxodo del pueblo y la institución de la Pascua; el viaje hasta el mar Rojo, la destrucción del ejército de Faraón y el cántico de victoria de Moisés.

La segunda parte comprende Éxodo 15:22–18:27. En ella se habla de la redención de Israel y los acontecimientos del viaje desde el mar Rojo hasta Sinaí; las aguas amargas de Mara, el milagro de las codornices y el maná, la observancia del día de reposo, la milagrosa aparición de agua de la roca cuando estaban en Refidim, y la batalla que se sostuvo allí contra los amalecitas; la llegada de Jetro al campamento y su consejo en cuanto al gobierno civil del pueblo.

La tercera parte comprende los capítulos del 19 al 40 y tiene que ver con la consagración de Israel al servicio de Dios durante los solemnes acontecimientos que ocurrieron en Sinaí. El Señor apartó al pueblo para ser un reino de sacerdotes y una nación santa; le dio los Diez Mandamientos y otras leyes; le dio instrucciones respecto al tabernáculo, su mobiliario y la forma de emplearlo en la adoración. Luego, se refiere el pecado del pueblo al adorar el becerro de oro y, finalmente, la construcción del tabernáculo y las estipulaciones para los servicios que se llevarían a cabo.

Expiación, expiar. *Véase también* Arrepentimiento, arrepentirse; Caída de Adán y Eva; Crucifixión; Cruz; Getsemaní; Gracia; Hijos de Cristo; Hijos e hijas de Dios; Inmortal, inmortalidad; Jesucristo; Justificación, justificar; Misericordia, misericordioso; Perdonar; Plan de redención; Redención, redimido, redimir; Remisión de pecados; Resurrección; Sacrificios; Salvación; Sangre; Santa Cena; Santificación

La reconciliación del hombre con Dios.

En el contexto de las Escrituras, expiar significa padecer el castigo del pecado, eliminando así los efectos del pecado del pecador arrepentido y permitiéndole reconciliarse con Dios. Jesucristo fue el único ser capaz de llevar a cabo la Expiación perfecta por todo el género humano. Él pudo hacerlo debido a Su elección y preordenación en el Gran Concilio que tuvo lugar antes que el mundo fuese formado (Éter 3:14; Moisés 4:1–2; Abr. 3:27), por Su calidad de Hijo de Dios y Su vida sin pecado. La Expiación consistió en Su sufrimiento por los pecados de la humanidad, el derramamiento de Su sangre, y Su muerte y resurrección del sepulcro (Isa. 53:3–12; Lucas 22:44; Mos. 3:5–11; Alma 7:10–13; DyC 19:16–19). Por motivo de la Expiación, todos los muertos se levantarán de la tumba con un cuerpo inmortal (1 Cor. 15:22). La Expiación también provee el medio por el cual el ser humano puede recibir el perdón de sus pecados y vivir para siempre con Dios; pero la persona que haya alcanzado la edad de responsabilidad y haya recibido la ley solamente obtendrá estas bendiciones si tiene fe en Jesucristo, se arrepiente de sus pecados, recibe las ordenanzas de salvación y obedece los mandamientos de Dios. Los que no lleguen a la edad de responsabilidad y los que no conozcan la ley son redimidos por medio de la Expiación (Mosíah 15:24–25; Moro. 8:22). Las Escrituras nos enseñan claramente que si Cristo no hubiera efectuado la Expiación por nuestros pecados, ninguna ley ni ninguna ordenanza ni sacrificio cumpliría las demandas de la justicia, y el hombre nunca podría regresar a la presencia de Dios (2 Ne. 2; 9).

Esto es mi sangre, derramada para remisión de los pecados, **Mateo** 26:28. Era su sudor como grandes gotas de sangre, **Lucas** 22:39–44. El pan que yo daré es mi carne, por la vida del mundo, **Juan** 6:51. Yo soy la resurrección y la vida, **Juan** 11:25. Cristo es autor de eterna salvación para todos los que le obedecen, **Heb.** 5:9. Somos santificados mediante el derramamiento de la sangre de Cristo, **Heb.** 9; 10:1–10. Cristo padeció una sola vez por los pecados, **1 Pe.** 3:18. La sangre de Jesucristo nos limpia de todo pecado, **1 Juan** 1:7.

Fue levantado sobre la cruz y muerto por los pecados del mundo, **1 Ne.** 11:32–33. Reciben la redención los que tienen el corazón quebrantado y el espíritu contrito, **2 Ne.** 2:3–10, 25–27. Él se ofrece a sí mismo en sacrificio por el pecado, **2 Ne.** 2:7. La Expiación rescata al hombre de la Caída y lo salva de la muerte y del infierno, **2 Ne.** 9:5–24. Es preciso que sea una expiación infinita, **2 Ne.** 9:7. Reconciliaos con él por medio de la expiación de Cristo, **Jacob** 4:11. Su sangre expía los pecados de aquellos que han pecado por ignorancia, **Mos.** 3:11–18. El hombre recibe la salvación por medio de la expiación, **Mos.** 4:6–8. Si no fuera por la expiación, inevitablemente perecerían, **Mos.** 13:27–32. Expiará los pecados del mundo, **Alma** 34:8–16. Dios mismo expía los pecados del mundo, para realizar el plan de la misericordia, **Alma** 42:11–30. Soy el Dios de toda la tierra, muerto por los pecados del mundo, **3 Ne.** 11:14.

Yo, Dios, he padecido estas cosas por todos, **DyC** 19:16. Los niños pequeños son redimidos mediante mi Unigénito, **DyC** 29:46–47. Ve los padecimientos y la muerte de aquel que no pecó, **DyC** 45:3–5.

Esto es una semejanza del sacrificio del Unigénito, **Moisés** 5:7. Por la expiación de Cristo, todo el género humano puede salvarse, **AdeF** 1:3.

Ezequías

Rey justo de la nación de Judá en los tiempos del Antiguo Testamento. Reinó 29 años, durante la época en que Isaías era profeta en Judá (2 Rey. 18–20; 2 Cró. 29–32; Isa. 36–39). En sus reformas, tanto eclesiásticas como estatales, contó con la ayuda de Isaías. Suprimió la idolatría y restableció los servicios del templo. La vida de Ezequías se extendió quince años más por medio de la oración y la fe (2 Rey. 20:1–7). La primera parte de su reinado fue próspera, pero su rebelión contra el rey de Asiria (2 Rey. 18:7) dio como resultado dos invasiones asirias: la primera se describe en Isa. 10:24–32 y la segunda en 2 Rey. 18:13–19:7. Durante la segunda invasión, Jerusalén fue salvada por un ángel del Señor (2 Rey. 19:35).

Ezequiel

Profeta que escribió el libro de Ezequiel, del Antiguo Testamento. Fue sacerdote de la familia de Sadoc y uno de los cautivos judíos a quienes prendió Nabucodonosor. Se estableció en Babilonia junto con los exiliados judíos y profetizó durante un período de 22 años, desde 592 hasta 570 a.C.

El libro de Ezequiel: El libro de Ezequiel tiene cuatro partes principales. En los capítulos del 1 al 3, se habla de una visión que tuvo de Dios y del llamamiento de Ezequiel a servir; en los capítulos del 4 al 24, se relatan los juicios sobre Jerusalén y el motivo por el que se dieron; en los capítulos del 25 al 32, se proclaman juicios sobre las naciones; y en los capítulos del 33 al 48, se encuentra el relato de las visiones que él tuvo del Israel de los postreros días.

Familia. *Véase también* Hijo(s); Madre; Matrimonio; Niño(s); Padre terrenal

En las Escrituras, el término familia se refiere al marido, la mujer y los hijos, y a veces a otros familiares que vivan en la misma casa o bajo la dirección del cabeza de familia. Una familia también puede componerse de uno solo de los padres y sus hijos, de marido y mujer sin hijos, o incluso de una persona que viva sola.

General: Todas las familias de la tierra serán benditas en ti, **Gén.** 12:3 (Gén. 28:14; Abr. 2:11). Yo seré por Dios a todas las familias de Israel, **Jer.** 31:1.

Toda familia en los cielos y en la tierra toma nombre del Padre, **Efe.** 3:14–15.

Adán y Eva tuvieron hijos, la familia de toda la tierra, **2 Ne.** 2:20.

Y esta gloria será una continuación de las simientes por siempre jamás, **DyC** 132:19. Le daré coronas de vidas eternas en los mundos eternos, **DyC** 132:55. El sellamiento de los hijos a sus padres es parte de la gran obra del cumplimiento de los tiempos, **DyC** 138:48.

Varón y hembra los creé, y díjeles: Fructificad y multiplicaos, **Moisés** 2:27–28. No es bueno que el hombre esté solo, **Moisés** 3:18. Adán y Eva trabajaron juntos, **Moisés** 5:1.

Las responsabilidades de los padres: Abraham mandará a sus hijos y a su casa que guarden el camino de Jehová, **Gén.** 18:17–19. Estas palabras las repetirás a tus hijos, **Deut.** 6:6–7 (Deut. 11:19). El que ama a su hijo lo corrige, **Prov.** 13:24 (Prov. 23:13). Instruye al niño en su camino, **Prov.** 22:6. Goza de la vida con la mujer que amas, **Ecle.** 9:9. Todos tus hijos serán enseñados por Jehová, **Isa.** 54:13 (3 Ne. 22:13).

Criadlos en amonestación del Señor, **Efe.** 6:1–4 (Enós 1:1). Si alguno no provee para los suyos, ha negado la fe, **1 Tim.** 5:8.

Los exhortó, con todo el sentimiento de un tierno padre, **1 Ne.** 8:37. Hablamos de Cristo, para que nuestros hijos sepan a qué fuente han de acudir, **2 Ne.** 25:26. Esposos y esposas aman a sus hijos, **Jacob** 3:7. Les enseñaréis a amarse mutuamente y a servirse el uno al otro, **Mos.** 4:14–15. Defenderéis a vuestras familias aun hasta la efusión de sangre, **Alma** 43:47. Orad en vuestras familias para que sean bendecidos vuestras esposas y vuestros hijos, **3 Ne.** 18:21.

Los padres deben enseñar el evangelio a sus hijos, **DyC** 68:25. Todo hombre tiene la obligación de mantener a su propia familia, **DyC** 75:28. Todos los niños tienen el derecho de recibir el sostén de sus padres, **DyC** 83:4. Os he mandado criar a vuestros hijos en la luz y la verdad, **DyC** 93:40. Has de poner tu propia casa en orden, **DyC** 93:43–44, 50. Los poseedores del sacerdocio deben influir en otras personas solo por amor sincero, **DyC** 121:41.

Adán y Eva hicieron saber todas las cosas a sus hijos e hijas, **Moisés** 5:12.

Las responsabilidades de los hijos: Honra a tu padre y a tu madre, **Éx.** 20:12. Oye, hijo mío, la instrucción de tu padre, **Prov.** 1:8 (Prov. 13:1; 23:22).

Jesús estaba sujeto a sus padres, **Lucas** 2:51. Jesús cumplió la voluntad de su Padre, **Juan** 6:38 (3 Ne. 27:13). Obedeced en el Señor a vuestros padres, **Efe.** 6:1 (Col. 3:20). Aprendan los hijos a ser piadosos para con su propia familia, **1 Tim.** 5:4.

Si los hijos se arrepienten, se apartará de ellos vuestra indignación, **DyC** 98:45–48. Las fieles hijas de Eva adoraron al Dios verdadero y viviente, **DyC** 138:38–39.

La familia eterna: En Doctrina y Convenios se explica la naturaleza eterna de la relación matrimonial y de la familia. El matrimonio celestial y la continuación de la unidad familiar permite que marido y mujer lleguen a ser dioses (DyC 132:15–20).

Faraón. *Véase también* Egipto; Egyptus

El hijo mayor de Egyptus, hija de Cam (Abr. 1:25). También el título que se daba a los reyes egipcios (Abr. 1:27).

Fariseos. *Véase también* Judíos

En el Nuevo Testamento, nombre de una secta religiosa de los judíos, cuyo significado indica que eran separatistas. Se jactaban de su estricta observancia de la ley de Moisés y del cuidado con que evitaban todo contacto con los gentiles. Creían en la vida después de la muerte, en la Resurrección y en la existencia de ángeles y espíritus. Sostenían la autoridad de la ley y la tradición oral como de igual valor que la ley escrita. La intención de sus enseñanzas era reducir la religión a la observancia de reglas y fomentar el orgullo espiritual. Ellos fueron la causa de que muchos judíos dudaran de Cristo y de Su Evangelio. En Mateo 23, Marcos 7:1–23 y Lucas 11:37–44 se encuentran las expresiones con que el Señor denunció a los fariseos y sus obras.

Fayette, Nueva York (EE. UU.)

El sitio de la granja propiedad de Peter Whitmer, padre, en donde el profeta José Smith recibió muchas revelaciones. En ese lugar, el 6 de abril de 1830, se organizó la Iglesia y se escuchó la voz del Señor (DyC 128:20).

Fe. *Véase también* Confianza, confiar; Creencia, creer; Esperanza; Jesucristo

Tener confianza en algo o en alguien. En el sentido en que por lo general se emplea en las Escrituras, la fe es la confianza de una persona en Jesucristo que la lleva a obedecerle. Para conducir a la salvación, la fe debe centrarse en Jesucristo. Además, los Santos de los Últimos Días tienen fe en Dios el Padre, en el Espíritu Santo, en el poder del sacerdocio y en otros aspectos importantes del Evangelio restaurado.

La fe es tener esperanza en lo que no se ve pero que es verdadero (Heb. 11:1; Alma 32:21; Éter 12:6). La fe de una persona surge cuando esta escucha el Evangelio de labios de los ministros autorizados y enviados por Dios (Rom. 10:14–17). Los milagros no la producen, sino que la fe fuerte se desarrolla mediante la obediencia al evangelio de Jesucristo. En otras palabras, la fe es resultado de la rectitud (Alma 32:40–43; Éter 12:4, 6, 12; DyC 63:9–12).

La fe verdadera hace que ocurran milagros, visiones, sueños, sanidades y todos los dones que Dios da a Sus santos. Por medio de la fe se obtiene la remisión de los pecados y, con el tiempo, la posibilidad de morar en la presencia de Dios. La falta de fe conduce a la desesperación, que es el resultado de la iniquidad (Moro. 10:22).

El justo por su fe vivirá, **Hab.** 2:4.

Tu fe te ha salvado, **Mateo** 9:22 (Mar. 5:34; Lucas 7:50). Conforme a vuestra fe os sea hecho, **Mateo** 9:29. Si tuviereis fe como un grano de mostaza, nada os será imposible, **Mateo** 17:20 (Lucas 17:6). Yo he rogado por ti, que tu fe no falte, **Lucas** 22:32. La fe en el nombre de Cristo sanó a un hombre, **Hech.** 3:16. La fe es por el oír la palabra de Dios, **Rom.** 10:17. Si Cristo no resucitó, vana es también vuestra fe, **1 Cor.** 15:14. La fe obra por el amor, **Gál.** 5:6. Por gracia sois salvos por medio de la fe, **Efe.** 2:8 (2 Ne. 25:23). Tomad el escudo de la fe, **Efe.** 6:16 (DyC 27:17). He acabado la carrera, he guardado la fe, **2 Tim.** 4:7. La fe es la certeza de lo que se espera, **Heb.** 11:1. Sin fe es imposible agradar a Dios, **Heb.** 11:6. La fe, si no tiene obras, es muerta, **Stg.** 2:17–18, 22.

Iré y haré lo que el Señor ha mandado, **1 Ne.** 3:7. El Señor tiene poder de hacer todas las cosas para los hijos de los hombres, si es que ejercen la fe en él, **1 Ne.** 7:12. Las agujas de la Liahona funcionaban de acuerdo con la fe, **1 Ne.** 16:28. Él manda a los hombres que se arrepientan y se bauticen en su nombre, teniendo perfecta fe en el Santo de Israel, **2 Ne.** 9:23. Cristo obra grandes milagros entre los hijos de los hombres, según su fe, **2 Ne.** 26:13 (Éter 12:12; Moro. 7:27–29, 34–38). Enós logró el perdón de sus pecados por su fe en Cristo, **Enós** 1:3–8. A ninguno viene la salvación, sino por medio del arrepentimiento y la fe en el Señor Jesucristo, **Mos.** 3:12. Los corazones cambian por medio de la fe en su nombre, **Mos.** 5:7. Las oraciones de los siervos de Dios reciben respuesta según su fe, **Mos.** 27:14. Fortalécenos según nuestra fe que está en Cristo, **Alma** 14:26. Invoca con fe el nombre de Dios, **Alma** 22:16. Fe no es tener un conocimiento perfecto de las cosas, **Alma** 32:21 (Éter 12:6). Al empezar a hincharse, nutridla con vuestra fe, **Alma** 33:23 (Alma 32:28). Los nefitas atribuyeron su preservación al milagroso poder de Dios, por motivo de su extraordinaria fe, **Alma** 57:25–27. Cuantos miraren al Hijo de Dios con fe, podrán vivir, **Hel.** 8:15. Veo que vuestra fe es suficiente para que yo os sane, **3 Ne.** 17:8. La fe es las cosas que se esperan y no se ven, **Éter** 12:6. Todos cuantos han obrado milagros los han obrado por la fe, **Éter** 12:12–18. Si tienen fe en mí, haré que las cosas débiles sean fuertes para ellos, **Éter** 12:27–28, 37. Mormón enseñó acerca de la fe, la esperanza y la caridad, **Moro.** 7. Cuanto le pidáis al Padre en mi nombre, que sea bueno, con fe creyendo que recibiréis, he aquí, os será concedido, **Moro.** 7:26. Los que tienen fe en Cristo se allegarán a todo lo bueno, **Moro.** 7:28. Si pedís, teniendo fe en Cristo, él os manifestará la verdad, **Moro.** 10:4.

Sin fe no puedes hacer nada; por tanto, pide con fe, **DyC** 8:10. Les sería concedido según su fe en sus oraciones, **DyC** 10:47, 52. Todos los hombres deben perseverar con fe en su nombre hasta el fin, **DyC** 20:25, 29. Se os dará el Espíritu por la oración de fe, **DyC** 42:14. La fe no viene por las señales, mas las señales siguen a los que creen, **DyC** 63:9–12. Los padres deben enseñar a sus hijos la fe en Cristo, **DyC** 68:25. Buscad conocimiento, tanto por el estudio como por la fe, **DyC** 88:118.

El primer principio del Evangelio es la fe en el Señor Jesucristo, **AdeF** 1:4.

Felicidad, feliz. *Véase* Gozo

Felipe

En el Nuevo Testamento, Felipe de Betsaida fue uno de los Doce Apóstoles originales del Salvador (Mateo 10:2–4; Juan 1:43–45).

Otro Felipe fue uno de los siete escogidos para ayudar a los Doce Apóstoles (Hech. 6:2–6); este predicó en Samaria y enseñó el Evangelio al eunuco etíope (Hech. 8).

Filemón. *Véase también* Pablo

Hombre cristiano del Nuevo Testamento, dueño del esclavo Onésimo que huyó y se unió a Pablo. El Apóstol lo envió de regreso con una carta dirigida a su amo pidiéndole que perdonara al esclavo.

Filemón, epístola a. *Véase también* Pablo; Pablo, epístolas de

Libro del Nuevo Testamento, tomado de una carta escrita por Pablo. La carta de Pablo a Filemón es personal y se refiere a Onésimo, un esclavo que había robado a su amo, Filemón, y huido a Roma. Pablo lo envió de regreso a su amo en Colosas, junto con Tíquico, portador de la epístola a los colosenses. En su carta, Pablo pide a Filemón que perdone a Onésimo y lo reciba como un hermano cristiano. El Apóstol escribió esta carta mientras se hallaba prisionero en Roma por primera vez.

Filipenses, epístola a los. *Véase también* Pablo; Pablo, epístolas de

Carta que Pablo escribió a los santos de Filipos mientras estaba encarcelado en Roma por primera vez. Ahora es el libro de Filipenses, en el Nuevo Testamento.

El capítulo 1 contiene la salutación de Pablo y sus instrucciones sobre la unidad, la humildad y la perseverancia. En el capítulo 2, recalca que todos se inclinarán ante Cristo y que toda persona debe labrar su propia salvación. En el capítulo 3, Pablo explica que lo había sacrificado todo por Cristo. En el capítulo 4, Pablo expresa su gratitud a los santos filipenses por su ayuda.

Filisteos

En el Antiguo Testamento, tribu que originalmente procedía de Caftor (Amós 9:7), y que, antes de la época de Abraham (Gén. 21:32), ocupó las fértiles tierras bajas de la costa mediterránea, desde Jope hasta el desierto egipcio. Durante muchos años hubo conflictos militares entre los filisteos y los israelitas. Con el tiempo, Palestina, el nombre del territorio filisteo, llegó a ser el bien conocido nombre de toda la Tierra Santa.

Israel estuvo en manos de los filisteos durante cuarenta años, **Jue.** 13:1. Sansón peleó contra los filisteos, **Jue.** 13–16. Goliat era un filisteo de Gat, **1 Sam.** 17. David derrotó a los filisteos, **1 Sam.** 19:8.

Fin del mundo. *Véase* Mundo — El fin del mundo

Fornicación. *Véase también* Adulterio; Castidad; Sensual, sensualidad

Relaciones sexuales ilícitas entre dos personas que no son casadas una con la otra. En las Escrituras, también se emplea a veces como símbolo de apostasía.

Que se aparten de las contaminaciones de fornicación, **Hech.** 15:20. El cuerpo no es para la fornicación, sino para el Señor, **1 Cor.** 6:13–18. A causa de las fornicaciones, cada uno tenga su propia mujer, **1 Cor.** 7:2–3. La voluntad de Dios es que os apartéis de fornicación, **1 Tes.** 4:3.

Jacob amonestó al pueblo de Nefi contra la fornicación, **Jacob** 3:12. A causa de vuestra fornicación, estáis madurando para la eterna destrucción, **Hel.** 8:26.

Los fornicadores deben arrepentirse para unirse a la Iglesia, **DyC** 42:74–78.

Frivolidad. *Véase también* Calumnias

Tratar con ligereza lo sagrado (DyC 84:54).

Desechad vuestros pensamientos ociosos y risa excesiva, **DyC** 88:69. Cesad de todo vuestro orgullo y frivolidad, **DyC** 88:121.

Fruto prohibido. *Véase* Caída de Adán y Eva; Edén

Fuego. *Véase también* Bautismo, bautizar; Espíritu Santo; Infierno; Tierra — La purificación de la tierra

Símbolo de purificación o santificación. También simboliza la presencia de Dios.

Jehová tu Dios es fuego consumidor, **Deut.** 4:24. Jehová hace a las flamas de fuego sus ministros, **Sal.** 104:4. Por Jehová de los ejércitos serás visitada con llama de fuego consumidor, **Isa.** 29:6 (2 Ne. 27:2). Jehová vendrá con fuego, **Isa.** 66:15. Él es como fuego purificador, **Mal.** 3:2 (3 Ne. 24:2; DyC 128:24).

Él os bautizará en Espíritu Santo y fuego, **Mateo** 3:11 (Lucas 3:16).

Los justos se salvarán, como si fuese por fuego, **1 Ne.** 22:17. Los inicuos serán destruidos por fuego, **2 Ne.** 30:10. Nefi explica cómo recibimos el bautismo de fuego y del Espíritu Santo, **2 Ne.** 31:13–14 (3 Ne. 9:20; 12:1; 19:13; Éter 12:14; DyC 33:11).

Declararás la remisión de pecados por el bautismo y por fuego, **DyC** 19:31. La grande y abominable iglesia será derribada por fuego devorador, **DyC** 29:21. La tierra pasará como si fuera por fuego, **DyC** 43:32. La presencia del Señor será como el fuego de fundición que abrasa, **DyC** 133:41.

Adán fue bautizado con fuego y con el Espíritu Santo, **Moisés** 6:66.

Gabriel. *Véase también* Ángeles; María, madre de Jesús; Noé, patriarca bíblico

Ángel enviado a Daniel (Dan. 8:16; 9:21), a Zacarías (Lucas 1:11–19; DyC 27:7), a María (Lucas 1:26–38) y a otras personas (DyC 128:21). El profeta José Smith indicó que Gabriel es el mismo profeta Noé del Antiguo Testamento.

Gad el Vidente. *Véase también* Escrituras — Escrituras que se han perdido

En el Antiguo Testamento, profeta, fiel amigo y asesor de David (1 Sam. 22:5; 2 Sam. 24:11–19). Escribió un libro de los hechos de David, que se encuentra entre las Escrituras que se han perdido (1 Cró. 29:29).

Gad hijo de Jacob. *Véase también* Israel; Jacob hijo de Isaac

En el Antiguo Testamento, hijo de Jacob y de Zilpa (Gén. 30:10–11). Sus descendientes llegaron a ser una de las tribus de Israel.

La tribu de Gad: La bendición de Jacob a su hijo Gad se encuentra en Gén. 49:19, y la de Moisés para la tribu de Gad se encuentra en Deut. 33:20–21. Según estas bendiciones, los descendientes de Gad serían una raza belicosa. Las tierras que se les otorgaron en Canaán estaban al oriente del río Jordán, y tenían buenas pasturas y agua en abundancia.

Gadiantón, ladrones de. *Véase también* Combinaciones secretas

En el Libro de Mormón, banda de ladrones fundada por un nefita inicuo llamado Gadiantón. Su organización se basaba en combinaciones secretas y en juramentos satánicos.

Gadiantón causó la destrucción del pueblo de Nefi, **Hel.** 2:12–13. El diablo dio a Gadiantón juramentos y pactos secretos, **Hel.** 6:16–32. Las combinaciones secretas causaron la destrucción de la nación jaredita, **Éter** 8:15–26.

Gálatas, epístola a los. *Véase también* Pablo; Pablo, epístolas de

Libro del Nuevo Testamento. Originalmente fue una carta que el apóstol Pablo escribió a los santos que vivían en Galacia, y su tema es que la verdadera libertad solamente se puede obtener al vivir de acuerdo con el evangelio de Jesucristo. Si los santos adoptaban las enseñanzas de los cristianos judíos que insistían en observar la ley mosaica, limitarían o destruirían la libertad que habían encontrado en Cristo. En la Epístola, Pablo ratifica su propia posición como Apóstol, enuncia el principio de la rectitud por la fe y afirma el valor de la religión espiritual.

En los capítulos 1 y 2, Pablo expresa pesar por la noticia que había recibido de la apostasía que había surgido entre los gálatas y aclara su posición entre los Apóstoles. En los capítulos 3 y 4, analiza los principios de la fe y las obras. Los capítulos 5 y 6 contienen un sermón sobre los resultados prácticos del principio de la fe.

Galilea

En tiempos antiguos y modernos, la región más septentrional de Israel, al occidente del río Jordán y del mar de Galilea. Galilea mide unos 97 kilómetros de largo por 48 de ancho y, en los tiempos antiguos, comprendía parte de las mejores tierras y de las ciudades más industriosas de Israel. Pasaban por allí importantes caminos que conducían a Damasco, a Egipto y a la Palestina oriental. Su clima excelente y su tierra fértil producían aceitunas, trigo, cebada y uvas en abundancia. A orillas del mar de Galilea, la pesca constituía una importante fuente de riqueza y proporcionaba un gran comercio de exportación. El Salvador pasó gran parte de Su tiempo en Galilea.

Se promete una gran luz en Galilea, **Isa.** 9:1–3 (2 Ne. 19:1–3).

Recorrió Jesús toda Galilea, enseñando, predicando y sanando, **Mateo** 4:23. Después de Su resurrección, Jesús apareció en Galilea, **Mar.** 14:28 (Juan 21:1–14). Se difundió la fama de Jesús por toda Galilea, **Lucas** 4:14. Jesús comenzó a obrar milagros en Caná de Galilea, **Juan** 2:11.

El mar de Galilea: Ubicado en el norte de Israel, también se le conocía en el Antiguo Testamento como el mar de Cineret; y en el Nuevo Testamento, como el lago de Genesaret o Tiberias. Allí enseñó Jesús varios de sus sermones (Mateo 13:2). El mar tiene forma de pera y mide unos 20 kilómetros de largo por unos 12 kilómetros de ancho en su punto de mayor anchura. Se halla a unos 207 metros bajo el nivel del mar, lo cual con frecuencia hace que el clima sea sumamente caluroso. El choque del aire frío que sopla de las colinas con el aire caliente arriba del agua produce a menudo tormentas repentinas en el mar (Lucas 8:22–24).

Gamaliel. *Véase también* Fariseos

Fariseo muy conocido en la época del Nuevo Testamento que conocía y enseñaba la ley judaica. El apóstol Pablo fue uno de sus discípulos (Hech. 22:3). Ejercía mucha influencia en el sanedrín (Hech. 5:34–40).

Gedeón (Antiguo Testamento)

Líder que libró a Israel de la opresión de los madianitas (Jue. 6:11–40; 7–8).

Gedeón (Libro de Mormón)

Fiel líder nefita.

Hombre fuerte y enemigo del rey Noé, **Mos.** 19:4–8. Aconsejó al rey Limhi, **Mos.** 20:17–22. Propuso un plan para escapar del cautiverio lamanita, **Mos.** 22:3–9. Fue asesinado por Nehor, **Alma** 1:8–10.

Genealogía. *Véase también* Bautismo, bautizar — Bautismo por los muertos; Familia; Libro de memorias; Ordenanzas — Ordenanza vicaria; Salvación; Salvación de los muertos

Registro en el que se detallan los

ascendientes de una familia. En las Escrituras, en los casos en que los oficios del sacerdocio o ciertas bendiciones se limitaban a familias particulares, la genealogía cobraba mucha importancia (Gén. 5; 10; 25; 46; 1 Cró. 1–9; Esdras 2:61–62; Neh. 7:63–64; Mateo 1:1–17; Lucas 3:23–38; 1 Ne. 3:1–4; 5:14–19; Jarom 1:1–2). En la actualidad, en la Iglesia restaurada, los miembros de la Iglesia siguen investigando sus líneas de ascendencia familiar, en parte para identificar correctamente a sus antepasados muertos con el fin de realizar por ellos las ordenanzas de salvación. Estas ordenanzas son válidas para aquellos muertos que acepten el evangelio de Jesucristo en el mundo de los espíritus (DyC 127–128).

Génesis. *Véase también* Pentateuco

Es el primer libro del Antiguo Testamento y lo escribió el profeta Moisés. Relata el comienzo de muchas etapas, tales como la creación de la tierra; la colocación de animales y del hombre sobre ella; la Caída de Adán y Eva; la revelación del Evangelio a Adán; el comienzo de tribus y razas; el origen de diversos idiomas en la torre de Babel; y el principio de la familia de Abraham, que condujo al establecimiento de la casa de Israel. También se hace hincapié en la función que José desempeñó para preservar a Israel.

La revelación de los últimos días verifica y aclara la historia que se relata en Génesis (1 Ne. 5; Éter 1; Moisés 1–8; Abr. 1–5).

En el libro de Génesis, los capítulos del 1 al 4 contienen el relato de la creación del mundo y la formación de la familia de Adán. En los capítulos del 5 al 10, se encuentra la historia de Noé. En los capítulos del 11 al 20, se habla de Abraham y de su familia hasta los tiempos de Isaac. En los capítulos del 21 al 35, se sigue la relación de la familia de Isaac. En el capítulo 36, se habla de Esaú y de su familia. En los capítulos del 37 al 50, se relata la historia de la familia de Jacob y se narra la vida de José, vendido para Egipto, y el papel que desempeñó al salvar a la casa de Israel.

Gentiles

En las Escrituras, el vocablo *gentiles* tiene varios significados. A veces se usa para designar a gentes que no son de linaje israelita; y otras veces, para referirse a los que no son de linaje judío. También se usa para indicar a las naciones que no tienen el Evangelio, aunque en ellas haya algunos que sean de sangre israelita. El empleo del término en este último caso es particularmente característico de la forma en que se usa en el Libro de Mormón y en Doctrina y Convenios.

Los israelitas no debían casarse con personas que no fueran de su pueblo (gentiles), **Deut.** 7:1–3. El Señor llegaría a ser luz de los gentiles, **Isa.** 42:6.

El Señor mandó a Pedro llevar el Evangelio a los gentiles, **Hech.** 10:9–48. También a los gentiles ha dado Dios arrepentimiento, **Hech.** 11:18. Somos bautizados en una iglesia, ya judíos o griegos, **1 Cor.** 12:13. Los gentiles son coherederos de la promesa en Cristo Jesús por medio del Evangelio, **Efe.** 3:6.

El Libro de Mormón se escribió para los gentiles, **portada** del Libro de Mormón (Morm. 3:17). Vi entre los gentiles a un hombre que partió sobre las muchas aguas, **1 Ne.** 13:12. Vi otros libros que vinieron de los gentiles, **1 Ne.** 13:39. La plenitud del Evangelio vendrá a los gentiles, **1 Ne.** 15:13 (3 Ne. 16:7; DyC 20:9). Esta tierra será una tierra de libertad para los gentiles, **2 Ne.** 10:11. Se compara a los gentiles con un olivo silvestre, **Jacob** 5.

Se promete el Evangelio en el tiempo de los gentiles, **DyC** 45:28 (DyC 19:27). La palabra saldrá hasta los cabos de la tierra, primero a los gentiles y después a los judíos, **DyC** 90:8–10. Los Setenta son llamados a ser testigos especiales a los gentiles, **DyC** 107:25. Enviad a los élderes de mi Iglesia a todas las naciones; primeramente a los gentiles y luego a los judíos, **DyC** 133:8.

Getsemaní. *Véase también* Expiación, expiar; Olivos, monte de los

En el Nuevo Testamento, huerto situado cerca del monte de los Olivos. En arameo, el vocablo significa "lagar de olivos". Jesús se dirigió a este huerto la noche en que fue traicionado por Judas, y allí oró y sufrió por los pecados de todo el género humano (Mateo 26:36, 39; Mar. 14:32; Juan 18:1; Alma 21:9; DyC 19:15–19).

Gloria. *Véase también* Grados de gloria; Luz, luz de Cristo; Verdad

En las Escrituras, a menudo este vocablo se refiere a la luz y la verdad de Dios. También puede referirse a la adoración y al honor, a cierta condición de vida eterna o a la gloria de Dios.

Santo, Jehová de los ejércitos; toda la tierra está llena de su gloria, **Isa.** 6:3 (2 Ne. 16:3).

Somos transformados de gloria en gloria en la misma imagen, **2 Cor.** 3:18.

Sé que él me levantará para morar con él en gloria, **Alma** 36:28.

La gloria que se reciba en la resurrección dependerá de la rectitud de las personas, **DyC** 76:50–119. La gloria de Dios es la inteligencia, **DyC** 93:36.

La gloria de Dios es llevar a cabo la inmortalidad y la vida eterna del hombre, **Moisés** 1:39. Vi a dos Personajes, cuyo fulgor y gloria no admiten descripción, **JS—H** 1:17.

Gloria celestial. *Véase también* Exaltación; Grados de gloria; Vida eterna

El más alto de los tres grados de gloria que pueda obtener una persona después de esta vida. Allí morarán los justos en la presencia de Dios el Padre y de Su Hijo Jesucristo.

Una es la gloria de los celestiales, **1 Cor.** 15:40 (DyC 76:96). Pablo fue arrebatado hasta el tercer cielo, **2 Cor.** 12:2.

La visión de la gloria celestial, **DyC** 76:50–70. Si los santos desean un lugar en el mundo celestial, deben prepararse, **DyC** 78:7. El que no es capaz de obedecer la ley de un reino celestial, no puede soportar una gloria celestial, **DyC** 88:15–22. En la gloria celestial hay tres cielos o grados; se establecen las condiciones para alcanzar el más alto, **DyC** 131:1–2. Los niños que mueren antes de llegar a la edad de responsabilidad se salvan en el reino de los cielos, **DyC** 137:10.

Gloria telestial. *Véase también* Grados de gloria

El más bajo de los tres grados de gloria que una persona puede heredar después del Juicio Final.

Pablo vio la gloria de las estrellas, **1 Cor.** 15:40–41.

José Smith y Sidney Rigdon vieron la gloria telestial, **DyC** 76:81–90. Los habitantes del mundo telestial eran tan innumerables como las estrellas, **DyC** 76:109–112. El que no puede obedecer la ley de un reino telestial, no puede soportar una gloria telestial, **DyC** 88:24, 31, 38.

Gloria terrestre. *Véase también* Grados de gloria

El segundo de los tres grados de gloria que una persona puede heredar después del Juicio Final.

Pablo vio la gloria terrestre, y la comparó con la luna, **1 Cor.** 15:40–41.

José Smith y Sidney Rigdon vieron la gloria terrestre, **DyC** 76:71–80. La gloria de lo terrestre excede a la gloria de lo telestial, **DyC** 76:91. El que no puede obedecer la ley de un reino terrestre, no puede soportar una gloria terrestre, **DyC** 88:23, 30, 38.

Gobierno. *Véase también* Constitución

Cuando regrese Jesucristo, establecerá un gobierno de rectitud.

El principado sobre su hombro, **Isa.** 9:6 (2 Ne. 19:6).

Dad a César lo que es de César, **Mateo** 22:21 (DyC 63:26). Sométase toda persona a las autoridades superiores, **Rom.** 13:1. Orad por los reyes y por todos los que están en eminencia, **1 Tim.** 2:1–2. Sujetaos a los gobernantes y autoridades, y obedecedles, **Tito** 3:1. Por causa del Señor someteos a los gobernadores, **1 Pe.** 2:13–14. Cristo reinará por los siglos de los siglos, **Apoc.** 11:15.

Estaría bien tener reyes si siempre fueran hombres justos, **Mos.** 23:8. Trataréis vuestros asuntos según la voz del pueblo, **Mos.** 29:26.

Cristo será nuestro gobernante cuando venga, **DyC** 41:4. Quien guarda las leyes de Dios no tiene necesidad de infringir las leyes del país, **DyC** 58:21. Cuando los inicuos gobiernan, el pueblo se lamenta, **DyC** 98:9–10. Dios instituyó los gobiernos para el beneficio del hombre, **DyC** 134:1–5. Los hombres están obligados a sostener y apoyar a los gobiernos, **DyC** 134:5.

Creemos en estar sujetos a los reyes, presidentes, gobernantes y magistrados, **AdeF** 1:12.

Gog. *Véase también* Magog; Segunda venida de Jesucristo

Rey de Magog. Ezequiel profetizó que Gog invadiría Israel en la época de la segunda venida del Señor (Ezeq. 38–39). Otra lucha, llamada la batalla de Gog y Magog, acontecerá al final del Milenio (Apoc. 20:7–9; DyC 88:111–116).

Gólgota. *Véase también* Crucifixión; Jesucristo

En arameo, el vocablo significa "calavera". Es el nombre del lugar donde Cristo fue crucificado (Mateo 27:33; Mar. 15:22; Juan 19:17). El nombre latino del mismo lugar es Calvario (Lucas 23:33).

Goliat. *Véase también* David

En el Antiguo Testamento, gigante filisteo que desafió a los ejércitos israelitas. David aceptó su reto y lo mató con la ayuda del Señor (1 Sam. 17).

Gomorra. *Véase también* Sodoma

En el Antiguo Testamento, ciudad inicua destruida por el Señor (Gén. 19:12–29).

Gozo. *Véase también* Obediencia, obediente, obedecer

Condición de gran felicidad, que es el resultado de vivir con rectitud. La finalidad de la vida terrenal es que todos tengan gozo (2 Ne. 2:22–25), y el gozo pleno se recibe solamente por medio de Jesucristo (Juan 15:11; DyC 93:33–34; 101:36).

Aun los más pobres de los hombres se gozarán en el Santo de Israel, **Isa.** 29:19 (2 Ne. 27:30).

Os doy nuevas de gran gozo, **Lucas** 2:10. Nadie os quitará vuestro gozo, **Juan** 16:22. El fruto del Espíritu es amor, gozo, paz, **Gál.** 5:22.

Al comer de su fruto, mi alma se llenó de un gozo inmenso, **1 Ne.** 8:12. Existen los hombres para que tengan gozo, **2 Ne.** 2:25. El gozo de los justos será completo para siempre, **2 Ne.** 9:18. Para que moren con Dios en un estado de interminable felicidad, **Mos.** 2:41. Daré cuanto poseo a fin de recibir este gran gozo, **Alma** 22:15. Quizá sea un instrumento en las manos de Dios para conducir a algún alma al arrepentimiento, y este es mi gozo, **Alma** 29:9. ¡Qué gozo, y qué luz tan maravillosa fue la que vi!, **Alma** 36:20.

Mi Espíritu llenará tu alma de gozo, **DyC** 11:13. ¡Cuán grande será vuestro gozo con ella en el reino de mi Padre!, **DyC** 18:15–16. En este mundo vuestro gozo no es completo, pero en mí vuestro gozo es cumplido, **DyC** 101:36.

Tendré gozo en esta vida, **Moisés** 5:10–11.

Gracia. *Véase también* Expiación, expiar; Jesucristo; Misericordia, misericordioso; Salvación

El poder de Dios que hace posible que los seres humanos reciban bendiciones en esta vida y obtengan la vida eterna y la exaltación después de ejercer la fe, arrepentirse y hacer lo posible por guardar los mandamientos. Esta ayuda o fortaleza divina proviene de la misericordia y el amor de Dios. Toda persona mortal necesita de esa gracia divina, como consecuencia de la Caída de Adán, y también a causa de las debilidades del hombre.

La gracia y la verdad vinieron por medio de Jesucristo, **Juan** 1:17. Por la gracia del Señor Jesús seremos salvos, **Hech.** 15:11 (Rom. 3:23–24; DyC 138:14). Tenemos entrada por la fe a esta gracia, **Rom.** 5:2. Por gracia sois salvos por medio de la fe, **Efe.** 2:8. La gracia de Dios trae la salvación, **Tito** 2:11. Acerquémonos confiadamente al trono de la gracia, **Heb.** 4:16. Dios da gracia a los humildes, **1 Pe.** 5:5.

Ninguna carne puede morar en la presencia de Dios, sino por medio de los méritos, y misericordia, y gracia del Santo Mesías, **2 Ne.** 2:8. Tan solo en la gracia de Dios, y por ella, somos salvos, **2 Ne.** 10:24. Es por la gracia que nos salvamos, después de hacer cuanto podamos, **2 Ne.** 25:23. Es por gracia que tenemos poder para hacer estas cosas, **Jacob** 4:7. Que les sea restaurada gracia por gracia, según sus obras, **Hel.** 12:24. Mi gracia es suficiente para los mansos y para todos los que se humillan ante mí, **Éter** 12:26–27. Moroni imploró al Señor que se diera gracia a los gentiles, para que tuvieran caridad, **Éter** 12:36, 41. Por la gracia de Dios sois perfectos en Cristo, **Moro.** 10:32–33.

Jesús recibió gracia sobre gracia, **DyC** 93:12–13, 20.

Grados de gloria. *Véase también* Gloria celestial; Gloria telestial; Gloria terrestre

Distintos reinos que hay en el cielo. En el Juicio Final, toda persona, con excepción de los hijos de perdición, heredará una morada eterna en uno de los reinos de gloria.

Jesús dijo: En la casa de mi Padre muchas moradas hay, **Juan** 14:2 (Éter 12:32). Una es la gloria del sol, otra la gloria de la luna, y otra la gloria de las estrellas, **1 Cor.** 15:40–41. Pablo fue arrebatado hasta el tercer cielo, **2 Cor.** 12:2.

Hay un lugar sin gloria donde el castigo es perpetuo, **DyC** 76:30–38, 43–45. Los tres grados de gloria, **DyC** 76:50–113; 88:20–32.

Grande y abominable iglesia. *Véase* Diablo — La iglesia del diablo

Gratitud. *Véase* Acción de gracias, agradecido, agradecimiento

Guerra. *Véase también* Paz

Batalla o conflicto armado; lucha con armas. El Señor no aprueba la guerra a menos que se trate del único medio a disposición de los santos para defender a su familia, su propiedad, sus derechos y privilegios, y su libertad (Alma 43:9, 45–47).

Moroni había jurado defender a su pueblo, sus derechos, su país y su religión, **Alma** 48:10–17.

José Smith recibió una revelación y profecía sobre la guerra, **DyC** 87. Renunciad a la guerra y proclamad la paz, **DyC** 98:16, 34–46. Todo hombre queda justificado si se defiende a sí mismo, a sus amigos y propiedad, y al gobierno, **DyC** 134:11.

Creemos en obedecer, honrar y sostener la ley, **AdeF** 1:12.

Guerra en los cielos. *Véase también* Concilio de los cielos; Vida preterrenal

El conflicto que tuvo lugar entre los hijos espirituales de Dios en la vida preterrenal.

Satanás fue expulsado fuera del cielo y arrojado a la tierra, **Apoc.** 12:4, 7–9.

El diablo y la tercera parte de las huestes del cielo fueron arrojados abajo, **DyC** 29:36–37. Lucifer se rebeló en contra del Hijo Unigénito, **DyC** 76:25–26.

Satanás quería para sí la gloria del Padre y procuraba destruir el albedrío del hombre, **Moisés** 4:1–4 (Isa. 14:12–15; Abr. 3:27–28). Los que siguen a Dios guardan su primer estado, vienen a la tierra y reciben un cuerpo, **Abr.** 3:26.

Habacuc

En el Antiguo Testamento, profeta de Judá que habló de la iniquidad del pueblo, posiblemente durante el reinado de Joaquín (alrededor del año 600 a.C.).

El libro de Habacuc: El capítulo 1 registra una conversación entre el Señor y Su profeta, similar a las registradas en Jeremías 12 y Doctrina y Convenios 121. Habacuc expresó su preocupación porque le parecía que los inicuos prosperaban. En el capítulo 2, el Señor le aconseja que sea paciente, y le dice que los justos deben aprender a vivir por la fe. El capítulo 3 contiene la oración de Habacuc, en la cual reconoce la justicia de Dios.

Hades. *Véase* Infierno

Hageo

Profeta del Antiguo Testamento que profetizó en Jerusalén, aproximadamente en el año 520 a.C., poco después del regreso del pueblo judío de su exilio en Babilonia (Esdras 5:1; 6:14). Habló de la reedificación del templo de Jerusalén y amonestó al pueblo por no haberlo terminado. También escribió sobre el templo milenario y el reinado del Salvador.

El libro de Hageo: En el capítulo 1, el Señor amonesta al pueblo por vivir en casas terminadas mientras el templo permanecía sin terminar. El capítulo 2 contiene la profecía de Hageo de que el Señor daría paz en Su templo.

Hagot

En el Libro de Mormón, nefita constructor de barcos (Alma 63:5–7).

Harris, Martin. *Véase también* Testigos del Libro de Mormón

Uno de los Tres Testigos del origen divino y de la veracidad del Libro de Mormón. Martin Harris brindó ayuda económica a José Smith y a la Iglesia. El Señor le pidió que vendiera su propiedad y donara los fondos para financiar la publicación del Libro de Mormón (DyC 19:26–27, 34–35), también le aconsejó que diera un ejemplo a la Iglesia (DyC 58:35) y le dijo que ayudara a financiar el ministerio (DyC 104:26).

Martin Harris fue excomulgado de la Iglesia, pero posteriormente volvió a ser miembro. Hasta el fin de sus días dio testimonio de que había visto al ángel Moroni y las planchas de oro de las que José Smith había traducido el Libro de Mormón.

Hebreo. *Véase también* Israel

Idioma semítico que hablaba el pueblo de Israel hasta su regreso del cautiverio en Babilonia; después, el arameo llegó a ser el idioma de la conversación diaria. Durante los tiempos de Jesús, el hebreo era el idioma de los eruditos, de la ley y de la literatura religiosa.

Hebreos, epístola a los. *Véase también* Pablo; Pablo, epístolas de

Libro del Nuevo Testamento. Pablo escribió esta carta a los miembros de la Iglesia de origen judío, a fin de convencerlos de que los aspectos significativos de la ley de Moisés se habían cumplido en Cristo, y que la había reemplazado la ley mayor del evangelio de Jesucristo. Cuando Pablo regresó a Jerusalén, al final de su tercera misión (aproximadamente en el año 60 d.C.), encontró que muchos miles de miembros judíos de la Iglesia todavía eran "celosos por la ley" de Moisés (Hech. 21:20). Esto sucedió por lo menos diez años después que en una conferencia de la Iglesia, realizada en Jerusalén, se había determinado que ciertas ordenanzas de la ley de Moisés no eran necesarias para la salvación de los cristianos gentiles. Aparentemente poco después, Pablo escribió la epístola a los hebreos para enseñarles, mediante las propias Escrituras de ellos y el sano razonamiento, por qué no debían observar más la ley de Moisés.

En los capítulos 1 y 2, se habla de que Jesús es superior a los ángeles. En los capítulos del 3 al 7, se compara a Jesús con Moisés y con la ley de Moisés, y se testifica que Él es superior; también se enseña que el Sacerdocio de Melquisedec es mayor que el Aarónico. En los capítulos 8 y 9, se describe la forma en que las ordenanzas mosaicas prepararon al pueblo para el ministerio de Cristo y se explica que Cristo es el mediador del nuevo convenio (Alma 37:38–45; DyC 84:21–24). En el capítulo 10, hay una exhortación a la diligencia y la fidelidad. En el capítulo 11, hay un discurso sobre la fe; y en el capítulo 12, amonestaciones y salutaciones. En el capítulo 13, se habla de la naturaleza honorable del matrimonio y de la importancia de la obediencia.

Hebrón

Antigua ciudad de Judá, a unos 32 kilómetros al sur de Jerusalén; el lugar de sepultura de Abraham y su familia (Gén. 49:29–32), y la capital de David durante la primera parte de su reinado (2 Sam. 5:3–5).

Hechos de los Apóstoles. *Véase también* Lucas

Este libro es el segundo de una obra de dos partes que escribió Lucas a Teófilo. La primera parte la conocemos como el Evangelio de Lucas. En los capítulos del 1 al 12 de Hechos, se registran algunas de las principales actividades misionales de los Doce Apóstoles bajo la dirección de Pedro, en la época inmediata a la muerte y la resurrección del Salvador. En los capítulos del 13 al 28, se relatan algunos de los viajes y la obra misional del apóstol Pablo.

Helamán hijo de Alma. *Véase también* Alma hijo de Alma; Anti-nefi-lehitas; Helamán, hijos de

En el Libro de Mormón, el hijo mayor de Alma hijo de Alma (Alma 31:7); profeta y líder militar.

Alma le confía a su hijo Helamán los anales de su pueblo, **Alma** 37:1–2, 21. Alma manda a Helamán seguir escribiendo la historia de su pueblo, **Alma** 45–62. Helamán estableció la Iglesia de nuevo, **Alma** 45:22–23. Dos mil soldados jóvenes ammonitas quisieron que Helamán fuese su caudillo, **Alma** 53:19, 22. Helamán y sus jóvenes ammonitas entablaron batalla contra los lamanitas y fueron preservados por la fe, **Alma** 57:19–27.

Helamán hijo de Helamán

Profeta e historiador del Libro de Mormón que enseñó al pueblo nefita. Era nieto de Alma, hijo, y padre de Nefi, el que recibió poder sobre todos los elementos. Junto con su hijo Nefi, Helamán escribió el libro de Helamán.

El libro de Helamán: En los capítulos 1 y 2, se describe una época de grandes disturbios políticos. En los capítulos 3 y 4, se relata que Helamán y Moroníah, capitán en jefe de los ejércitos nefitas, finalmente pudieron lograr la paz por un tiempo. Sin embargo, a pesar del liderazgo de estos buenos hombres, la iniquidad del pueblo aumentó. En los Helamán 5:1–6:14, Nefi renuncia al asiento judicial para enseñar al pueblo, tal como lo había hecho su abuelo Alma. Durante una época el pueblo se arrepintió. Sin embargo, en Helamán 6:15–12:26, se relata que la nación nefita se volvió inicua. En los capítulos finales, del 13 al 16, se encuentra la historia extraordinaria del profeta llamado Samuel el Lamanita, quien predijo el nacimiento y la Crucifixión del Salvador y las señales que anunciarían esos acontecimientos.

Helamán, hijo del Rey Benjamín. *Véase también* Benjamín, padre de Mosíah

En el Libro de Mormón, uno de los tres hijos del rey Benjamín (Mosíah 1:2–8).

Helamán, hijos de. *Véase también* Anti-nefi-lehitas; Helamán hijo de Alma

En el Libro de Mormón, hijos de los lamanitas conversos conocidos como ammonitas que tomaron las armas para pelear al mando de Helamán (Alma 53:16–22).

Helamán los consideraba dignos de

ser llamados sus hijos, **Alma** 56:10. Sus madres les habían enseñado que si no dudaban, Dios los libraría, **Alma** 56:47. Derrotan a los lamanitas y son preservados por su fe, de manera que ninguno de ellos muere, **Alma** 56:52–54, 56; 57:26.

Heredero

Persona con derecho a heredar bienes materiales o dones espirituales. En las Escrituras, se promete a los justos que serán herederos de todo lo que Dios tiene.

Abraham deseaba tener un heredero, **Gén.** 15:2–5.

Abraham recibió la promesa de ser heredero del mundo por la justicia de la fe, **Rom.** 4:13. Somos hijos de Dios. Y si hijos, también herederos de Dios y coherederos con Cristo, **Rom.** 8:16–17 (DyC 84:38). Eres hijo, heredero de Dios por medio de Cristo, **Gál.** 4:7. Dios constituyó a su Hijo heredero de todo, **Heb.** 1:2.

Todos aquellos que han esperado anhelosamente la remisión de sus pecados son los herederos del reino de Dios, **Mos.** 15:11. Eran uno, hijos de Cristo y herederos del reino de Dios, **4 Ne.** 1:17.

Los que mueren sin el conocimiento del Evangelio pueden ser herederos del reino celestial de Dios, **DyC** 137:7–8. Los muertos que se arrepientan son herederos de salvación, **DyC** 138:58–59.

Abraham llegó a ser un heredero legítimo por su rectitud, **Abr.** 1:2.

Hermandad. *Véase también* Amor; Unidad

Para los Santos de los Últimos Días, la hermandad significa ofrecer compañerismo amistoso y servir, elevar y fortalecer a los demás.

Amarás a tu prójimo como a ti mismo, **Lev.** 19:18 (Mateo 19:19; DyC 59:6).

Y tú, una vez vuelto, fortalece a tus hermanos, **Lucas** 22:32. Conocerán que sois mis discípulos, si tuviereis amor los unos con los otros, **Juan** 13:35. Apacienta mis ovejas, **Juan** 21:15–17. Pidiéndonos que les concediésemos el privilegio de participar en este servicio para los santos, **2 Cor.** 8:1–5. Nuestra comunión es con el Padre y con su Hijo, **1 Juan** 1:3.

Los nefitas y los lamanitas se hermanaron unos a otros, **Hel.** 6:3.

Estime cada hombre a su hermano como a sí mismo, **DyC** 38:24–25. Si no sois uno, no sois míos, **DyC** 38:27. Os recibo en confraternidad, con determinación de ser vuestro amigo y hermano, **DyC** 88:133.

Hermano(s), hermana(s). *Véase también* Hombre(s); Mujer(es)

Puesto que todos somos hijos de nuestro Padre Celestial, también todos somos hermanos espirituales. En la Iglesia, los miembros a menudo usan los términos "hermano" y "hermana" para dirigirse unos a otros y para los amigos que frecuentan las reuniones.

Todo aquel que hace la voluntad de mi Padre, ese es mi hermano, y hermana, **Mateo** 12:50 (Mar. 3:35). Tú, una vez vuelto, confirma a tus hermanos, **Lucas** 22:32. Todo aquel que aborrece a su hermano es homicida, **1 Juan** 3:10–17.

Considerad a vuestros hermanos como a vosotros mismos, **Jacob** 2:17.

Estime cada hombre a su hermano como a sí mismo, **DyC** 38:24–25. Se exponen las leyes que rigen la confesión de pecados entre hermanos y hermanas de la Iglesia, **DyC** 42:88–93. Fortalece a tus hermanos en todas tus conversaciones, **DyC** 108:7.

Herodes

Familia de gobernantes que hubo en Judea en los tiempos de Jesucristo. Se destacaron en muchos de los acontecimientos del Nuevo Testamento. El primero de la dinastía fue Herodes el Grande, quien se atemorizó por el nacimiento del Salvador (Mateo 2:3) y dio orden de matar a todos los niños menores de dos años en Belén. Sus hijos fueron: Aristóbulo, Herodes Felipe (Mateo 14:3; Mar. 6:17); Herodes Antipas, el tetrarca (Mateo 14:1; Lucas 9:7; también conocido como rey Herodes, Mar. 6:14); Arquelao (Mateo 2:22) y Felipe, tetrarca de Iturea

(Lucas 3:1). Herodes Agripa I (Hech. 12:1–23) y su hermana Herodías (Mateo 14:3; Mar. 6:17) eran hijos de Aristóbulo. Herodes Agripa I tuvo a su vez varios hijos que se mencionan en el Nuevo Testamento, como son Herodes Agripa II (Hech. 25:13), Berenice (Hech. 25:13) y Drusila, esposa de Félix (Hech. 24:24).

Herodías

En el Nuevo Testamento, hermana de Herodes Agripa. Se casó con su tío, Herodes Felipe, con quien tuvo una hija, Salomé. Madre e hija conspiraron para hacer que Juan el Bautista fuese decapitado (Mateo 14:3–11).

Hijo de Dios. *Véase* Jesucristo; Trinidad

Hijo del Hombre. *Véase también* Jesucristo; Trinidad

Título que usó Jesucristo al referirse a sí mismo (Lucas 9:22; 21:36) y que significa Hijo del Hombre de Santidad, uno de los nombres de Dios el Padre. Al llamarse a sí mismo el Hijo del Hombre, Jesús hizo una declaración abierta de Su parentesco divino con el Padre. Este título se encuentra muchas veces en los Evangelios. La revelación de los últimos días confirma el significado especial y la naturaleza sagrada de este nombre del Salvador (DyC 45:39; 49:6, 22; 58:65; Moisés 6:57).

Hijo(s). *Véase también* Familia; Madre; Niño(s); Padre terrenal

Los padres han de enseñar a sus hijos a obedecer la voluntad de Dios.

Herencia de Jehová son los hijos, **Sal.** 127:3–5.

Hijos, obedeced a vuestros padres, **Efe.** 6:1–3 (Col. 3:20).

Si no hubieran caído, Adán y Eva no habrían tenido hijos, **2 Ne.** 2:22–23. Enseñad a vuestros hijos a andar por las vías de la verdad y la seriedad, **Mos.** 4:14–15. Todos tus hijos serán instruidos por el Señor; y grande será la paz de tus hijos, **3 Ne.** 22:13 (Isa. 54:13).

Los padres deben enseñar a sus hijos los principios y las prácticas del Evangelio, **DyC** 68:25, 27–28. Se manda a los padres criar a sus hijos en la luz y la verdad, **DyC** 93:40.

Hijos de Cristo. *Véase también* Engendrado, engendrar; Hijos e hijas de Dios; Jesucristo; Nacer de Dios, nacer de nuevo

Los que han aceptado el evangelio de Jesucristo.

Cualquiera que se humille como este niño, ese es el mayor, **Mateo** 18:1–4. Creed en la luz, para que seáis hijos de luz, **Juan** 12:36.

Despojaos del hombre natural y volveos como un niño, **Mos.** 3:19; 27:25–26. A causa del convenio, seréis llamados progenie de Cristo, hijos e hijas de él, **Mos.** 5:7. Si os aferráis a todo lo bueno, ciertamente seréis hijos de Cristo, **Moro.** 7:19.

A cuantos me recibieron, di el poder de llegar a ser mis hijos, **DyC** 39:4. No temáis, pequeñitos, porque sois míos, **DyC** 50:40–41.

Eres uno en mí, un hijo de Dios, **Moisés** 6:68.

Hijos de Dios. *Véase* Hijos e hijas de Dios; Hombre(s)

Hijos de Helamán. *Véase* Helamán, hijos de

Hijos de Israel. *Véase* Israel

Hijos de Mosíah. *Véase* Mosíah, hijos de

Hijos de perdición. *Véase también* Condenación, condenar; Diablo; Infierno; Muerte espiritual; Pecado imperdonable

Los seguidores de Satanás que sufrirán junto con él en la eternidad. Entre los hijos de perdición se cuentan: (1) los que siguieron a Satanás y fueron expulsados del cielo por rebelión durante la vida preterrenal y (2) aquellos a los que se ha permitido nacer en este mundo con un cuerpo físico pero que después han servido a Satanás y se han vuelto totalmente en contra de Dios. Los del segundo grupo resucitarán de los muertos, pero no serán redimidos de la segunda muerte (espiritual) y no podrán morar en un reino de gloria (DyC 88:32, 35).

Ninguno de ellos se perdió, sino el hijo de perdición, **Juan** 17:12. Es imposible que sean otra vez renovados para arrepentimiento, **Heb.** 6:4–6 (Heb. 10:26–29).

La misericordia no puede reclamar a ese hombre, y su destino final es padecer un tormento sin fin, **Mos.** 2:36–39. Queda como si no se hubiera hecho ninguna redención, **Mos.** 16:5. El que niegue los milagros de Cristo, para obtener lucro, vendrá a ser como el hijo de perdición, **3 Ne.** 29:7.

No tendrán perdón en este mundo ni en el venidero, **DyC** 76:30–34 (DyC 84:41; 132:27). Son los únicos que no serán redimidos en el debido tiempo de Señor, **DyC** 76:34–48. Los hijos de perdición niegan al Santo Espíritu después de haberlo recibido, **DyC** 76:35. Esos hijos de perdición niegan al Hijo después que el Padre lo ha revelado, **DyC** 76:43.

Caín será llamado Perdición, **Moisés** 5:22–26.

Hijos e hijas de Dios. *Véase también* Engendrado, engendrar; Expiación, expiar; Hijos de Cristo; Hombre(s); Nacer de Dios, nacer de nuevo

En las Escrituras, esta frase se emplea con dos sentidos: (1) todos somos literalmente hijos en espíritu de nuestro Padre Celestial; (2) los hijos e hijas de Dios son las personas que han nacido de nuevo mediante la expiación de Cristo.

Los hijos espirituales del Padre: Sois dioses, hijos del Altísimo, **Sal.** 82:6.

Somos linaje de Dios, **Hech.** 17:29. Obedeced al Padre de los espíritus, **Heb.** 12:9.

Yo soy un hijo de Dios, **Moisés** 1:13.

Los hijos nacidos de nuevo por medio de la Expiación: A todos los que le recibieron, les dio potestad de ser hechos hijos de Dios, **Juan** 1:12 (Rom. 8:14; 3 Ne. 9:17; DyC 11:30). Ahora somos hijos de Dios, **1 Juan** 3:1–2.

Seréis llamados progenie de Cristo, hijos e hijas de él, **Mos.** 5:7. Hombres y mujeres deben nacer otra vez, convirtiéndose en sus hijos e hijas, **Mos.** 27:25. Llegarán a ser mis hijos y mis hijas, **Éter** 3:14. Ciertamente seréis hijos de Cristo, **Moro.** 7:19.

Todos los que reciben mi evangelio son hijos e hijas en mi reino, **DyC** 25:1. Son dioses, sí, los hijos de Dios, **DyC** 76:58.

Así todos pueden llegar a ser mis hijos, **Moisés** 6:68. Muchos han creído y han llegado a ser hijos de Dios, **Moisés** 7:1.

Himni. *Véase también* Mosíah hijo de Benjamín; Mosíah, hijos de

En el Libro de Mormón, hijo del rey Mosíah. Himni acompañó a sus hermanos a predicar a los lamanitas (Mos. 27:8–11, 34–37; 28:1–9).

Himnos. *Véase también* Cantar; Música

Un canto de alabanza a Dios.

Antes de que Jesús se retirara a Getsemaní, estando reunidos Él y los Doce Apóstoles, cantaron un himno, **Mateo** 26:30.

El Señor llamó a Emma Smith para que hiciera una selección de himnos sagrados, **DyC** 25:11. La canción de los justos es una oración para mí, y será contestada con una bendición sobre su cabeza, **DyC** 25:12. Alaba al Señor con cantos, con música, **DyC** 136:28.

Historia familiar. *Véase* Genealogía; Salvación de los muertos

Hogar (casa de familia). *Véase también* Familia

El hogar debe ser el centro de las actividades familiares y del Evangelio.

El hombre libre estará en su casa para alegrar a la mujer, **Deut.** 24:5.

Lo envió a su casa, **Mar.** 8:26.

Aprendan los hijos a mostrar piedad en su propia casa, **1 Tim.** 5:4. Las mujeres deben ser prudentes, castas, cuidadosas de su casa, **Tito** 2:5.

Id a vuestras casas y meditad las cosas que os he dicho, **3 Ne.** 17:2–3. Los exhorté para que lucharan por sus mujeres, y sus hijos, y sus casas, y sus hogares, **Morm.** 2:23.

Se manda a los padres ser más diligentes y atentos en el hogar, **DyC** 93:43–44, 48–50.

Hombre de Santidad. *Véase también* Hijo del Hombre; Padre Celestial; Trinidad

Uno de los nombres de Dios el Padre (Moisés 6:57).

Hombre natural. *Véase también* Caída de Adán y Eva; Carnal; Nacer de Dios, nacer de nuevo

La persona que se deja influir por las pasiones, los deseos, apetitos y sentidos de la carne en lugar de escuchar la inspiración del Santo Espíritu. Ese tipo de persona comprende lo físico, pero no puede percibir lo espiritual. Todo ser humano es carnal, o sea, mortal, debido a la Caída de Adán y Eva, y debe volver a nacer por medio de la expiación de Jesucristo para dejar de ser un hombre natural.

El hombre natural no percibe las cosas que son del Espíritu, **1 Cor.** 2:14.

El hombre natural es enemigo de Dios, y lo será, a menos que se someta al Santo Espíritu, **Mos.** 3:19. Quien persiste en su propia naturaleza carnal permanece en su estado caído, **Mos.** 16:5 (Alma 42:7–24; DyC 20:20). ¿Qué hombre natural hay que conozca estas cosas?, **Alma** 26:19–22. Los hombres que se hallan en un estado natural o carnal se encuentran sin Dios en el mundo, **Alma** 41:11.

A causa de su transgresión, el hombre murió espiritualmente, **DyC** 29:41. Ni puede hombre natural alguno aguantar la presencia de Dios, **DyC** 67:12.

Los hombres empezaron a ser carnales, sensuales y diabólicos, **Moisés** 5:13 (Moisés 6:49).

Hombre(s). *Véase también* Creación espiritual; Espíritu; Hermano(s), hermana(s); Hijos e hijas de Dios; Mujer(es); Trinidad

Esta palabra se refiere a todo el género humano, tanto mujeres como hombres. Todos los hombres y las mujeres son literalmente progenie espiritual del Padre Celestial. Cuando nacen en esta vida, reciben un cuerpo físico y mortal, creado a la imagen de Dios (Gén. 1:26–27). Todo hombre y toda mujer que con fidelidad reciban las ordenanzas necesarias, guarden sus convenios y obedezcan los mandamientos de Dios entrarán en su exaltación y llegarán a ser como Dios.

Creó Dios al hombre a su imagen, **Gén.** 1:27 (Mos. 7:27; DyC 20:17–18). ¿Qué es el hombre, para que tengas de él memoria?, **Sal.** 8:4–5. Maldito el varón que confía en el hombre, y hace de la carne su brazo, **Jer.** 17:5 (2 Ne. 4:34; 28:26, 31).

Cuando ya fui hombre, dejé lo que era de niño, **1 Cor.** 13:11.

Existen los hombres para que tengan gozo, **2 Ne.** 2:25. El hombre natural es enemigo de Dios, **Mos.** 3:19. ¿Qué clase de hombres habéis de ser?, **3 Ne.** 27:27.

No es la obra de Dios la que se frustra, sino la de los hombres, **DyC** 3:3. No deberías haber temido al hombre más que a Dios, **DyC** 3:7 (DyC 30:11; 122:9). Todas las cosas de la tierra se han hecho para el beneficio y el uso del hombre, **DyC** 59:18.

Sé que el hombre no es nada, **Moisés** 1:10. La obra y la gloria de Dios es llevar a cabo la inmortalidad y la vida eterna del hombre, **Moisés** 1:39.

El hombre, hijo espiritual de nuestro Padre Celestial: Se postraron sobre sus rostros, y dijeron: Dios, Dios de los espíritus de toda carne, **Núm.** 16:22 (Núm. 27:16). Hijos sois de Jehová vuestro Dios, **Deut** 14:1. Vosotros sois dioses, y todos vosotros hijos del Altísimo, **Sal.** 82:6. Sois hijos del Dios viviente, **Oseas** 1:10. ¿No tenemos todos un mismo padre? ¿No nos ha creado un mismo Dios?, **Mal.** 2:10.

Somos linaje de Dios, **Hech.** 17:29. El Espíritu mismo da testimonio de que somos hijos de Dios, **Rom.** 8:16. Obedeced al Padre de los espíritus, **Heb.** 12:9.

Los espíritus de todos los hombres son llevados de regreso a ese Dios que les dio la vida, **Alma** 40:11.

Los habitantes de los mundos son engendrados hijos e hijas para Dios, **DyC** 76:24. El hombre estuvo en el principio con el Padre, **DyC** 93:23, 29.

Yo, Dios, creé espiritualmente todas las cosas antes que existiesen sobre la faz de la tierra, **Moisés** 3:5–7. Yo soy Dios; yo hice el mundo y a los hombres antes que existiesen en la carne, **Moisés** 6:51.

Su potencial para llegar a ser como nuestro Padre Celestial: Sed, pues, vosotros perfectos, como vuestro Padre, **Mateo** 5:48 (3 Ne. 12:48). ¿No está escrito en vuestra ley: Yo dije, dioses sois?, **Juan** 10:34 (DyC 76:58). El hombre puede llegar a ser heredero de Dios y coheredero con Cristo, **Rom.** 8:17. Eres hijo; y si hijo, también heredero de Dios por medio de Cristo, **Gál.** 4:7. Cuando él se manifieste, seremos semejantes a él, **1 Juan** 3:2. Al que venciere, le daré que se siente conmigo en mi trono, **Apoc.** 3:21.

Les he concedido llegar a ser hijos de Dios, **3 Ne.** 9:17.

Los que saldrán en la resurrección de los justos son dioses, sí, los hijos de Dios, **DyC** 76:50, 58. Entonces serán dioses, porque tendrán todo poder, **DyC** 132:20.

Homicidio. *Véase* Asesinato; Caín

Homosexual, comportamiento. *Véase también* Adulterio; Sensual, sensualidad

Relación sexual entre personas del mismo sexo. Dios prohíbe este tipo de actividad sexual.

Sácalos, para que los conozcamos, **Gén.** 19:1–11 (Moisés 5:51–53). No te echarás con varón; es abominación, **Lev.** 18:22 (Lev. 20:13). No haya sodomita de entre los hijos de Israel, **Deut.** 23:17. Como Sodoma publican su pecado, no lo disimulan, **Isa.** 3:9 (2 Ne. 13:9).

Los hombres se encendieron en su lascivia unos con otros, **Rom.** 1:27. No heredarán el reino de Dios los que se echan con varones, **1 Cor.** 6:9–10. La ley no fue dada para el justo, sino para los sodomitas, **1 Tim.** 1:9–10. Los que van en pos de vicios contra naturaleza son puestos por ejemplo, sufriendo el castigo del fuego eterno, **Judas** 1:7.

Honestidad, honradez. *Véase también* Integridad

Tener honestidad es ser sincero, verídico y sin engaño.

Los que hacen verdad son el contentamiento de Jehová, **Prov.** 12:22. Cumple lo que prometes, **Ecle.** 5:4–5.

Renunciamos a lo oculto y vergonzoso, **2 Cor.** 4:1–2. Mantened buena vuestra manera de vivir, **1 Pe.** 2:12.

¡Ay del embustero!, porque será arrojado al infierno, **2 Ne.** 9:34. El Espíritu habla la verdad, y no miente, **Jacob** 4:13. El que de entre vosotros pida prestado a su vecino, debe devolver aquello que pida prestado, **Mos.** 4:28 (DyC 136:25). Trata con justicia, juzga con rectitud, y haz lo bueno, **Alma** 41:14.

Trátense honradamente todos los hombres, **DyC** 51:9. Los que saben que su corazón es sincero son aceptados por mí, **DyC** 97:8. Debe buscarse a hombres honrados, sabios y buenos para gobernar, **DyC** 98:4–10. Indagarás diligentemente hasta entregar a tu vecino lo que haya perdido, **DyC** 136:26.

Creemos en ser honrados, **AdeF** 1:13.

Honra, honrar (honor). *Véase también* Estimar; Reverencia

En las Escrituras, por regla general, se emplean estos términos con el objeto de indicar respeto y reverencia hacia alguien o algo.

Honra a tu padre y a tu madre, **Éx.** 20:12 (1 Ne. 17:55; Mos. 13:20). Honra a Jehová con tus bienes, **Prov.** 3:9.

Si alguno me sirviere, mi Padre le

honrará, **Juan** 12:26. Los maridos deben dar honor a la mujer, **1 Pe.** 3:7.

Este pueblo con sus labios me honra, mas su corazón ha alejado de mí, **2 Ne.** 27:25 (Isa. 29:13). No busco los honores del mundo, **Alma** 60:36.

El diablo se rebeló contra mí, diciendo: Dame tu honra, la cual es mi poder, **DyC** 29:36. Los fieles serán coronados con honor, **DyC** 75:5 (DyC 124:55). Yo, el Señor, me deleito en honrar a los que me sirven, **DyC** 76:5. No son escogidos porque aspiran a los honores de los hombres, **DyC** 121:34–35.

Creemos en honrar y sostener la ley, **AdeF** 1:12 (DyC 134:6).

Hosanna

Palabra derivada del hebreo, que significa "sálvanos" y que se usa en la alabanza y la súplica.

En la Fiesta de los Tabernáculos, en la que se celebraba la liberación de Israel por la mano del Señor y su entrada en la tierra prometida, el pueblo entonaba las palabras del Salmo 118 y mecía ramas de palma. Durante la entrada triunfal del Señor en Jerusalén, las multitudes clamaron "Hosanna" y tendieron ramas de palma a sus pies, demostrando así que comprendían que Jesús era el mismo Jehová que había liberado a Israel en la antigüedad (Sal. 118:25–26; Mateo 21:9, 15; Mar. 11:9–10; Juan 12:13). Esas personas reconocieron que el Cristo era el tan largamente esperado Mesías. La palabra *Hosanna* ha llegado a ser una celebración del Mesías en todos los tiempos (1 Ne. 11:6; 3 Ne. 11:14–17). El *grito de hosanna* se incluyó en la dedicación del Templo de Kirtland (EE. UU.) y ahora forma parte de la dedicación de todos los templos modernos (DyC 109:79).

Humildad, humilde, humillar (afligir). *Véase también* Corazón quebrantado; Debilidad; Mansedumbre, manso; Orgullo; Pobres

La condición de ser manso y moldeable, o hacer que alguien lo sea. La humildad lleva implícito el reconocimiento de que dependemos de Dios y el deseo de someternos a Su voluntad. En el Antiguo Testamento, el vocablo "afligir" a veces tiene el mismo significado que "humillar".

Te ha traído Jehová estos cuarenta años en el desierto, para afligirte, **Deut.** 8:2. Afligí con ayuno mi alma, **Sal.** 35:13. Mejor es el muchacho pobre y sabio, que el rey viejo y necio, **Ecle.** 4:13. El Señor prometió habitar con el humilde de espíritu, **Isa.** 57:15.

Cualquiera que se humille como este niño, ese es el mayor en el reino de los cielos, **Mateo** 18:4. El que se humilla será enaltecido, **Mateo** 23:12 (Lucas 14:11; 18:14). Cristo Jesús se humilló a sí mismo, haciéndose obediente hasta la muerte, **Filip.** 2:8 (Lucas 22:42; 23:46). Dios resiste a los soberbios, y da gracia a los humildes, **1 Pe.** 5:5–6 (2 Ne. 9:42).

Quisiera que os humillaseis aun en las profundidades de la humildad, **Mos.** 4:11 (2 Ne. 9:42; 3 Ne. 12:2). ¿Habéis sido suficientemente humildes?, **Alma** 5:27–28. La parte más humilde del pueblo se volvió más fuerte en su humildad, **Hel.** 3:33–35. Doy a los hombres debilidad para que sean humildes, **Éter** 12:27.

La humildad es un requisito para el bautismo, **DyC** 20:37. Si os humilláis delante de mí, me veréis y sabréis que yo soy, **DyC** 67:10. Sé humilde; y el Señor tu Dios dará respuesta a tus oraciones, **DyC** 112:10. Aprenda sabiduría el ignorante, humillándose, **DyC** 136:32. Se envía mi Espíritu para iluminar a los humildes, **DyC** 136:33.

Hurtar, hurto. *Véase* Robar, robo, hurtar, hurto

Hyde, Orson

Miembro del Cuórum de los Doce Apóstoles a principios de esta dispensación (DyC 68:1–3; 75:13; 102:3; 124:128–129). Llevó a cabo muchas misiones para la Iglesia; una de ellas, en 1841, fue la dedicación de la Tierra Santa para el regreso del pueblo judío.

Idioma(s). *Véase* Lenguaje (o lengua)

Idolatría

La adoración de ídolos; también una devoción o apego desmedido a cualquier cosa.

No tendrás dioses ajenos delante de mí, **Éx.** 20:3 (Mos. 12:35; 13:12–13). Si anduvieres en pos de dioses ajenos, de cierto pereceréis, **Deut.** 8:19. Como pecado de ídolos y de idolatría es la obstinación, **1 Sam.** 15:23. A otro, y no a mí, te descubriste, **Isa.** 57:8. Diste alabanza a dioses de plata y oro, **Dan.** 5:23.

No podéis servir a Dios y a las riquezas, **Mateo** 6:24. La avaricia es idolatría, **Col.** 3:5. Hijitos, guardaos de los ídolos, **1 Juan** 5:21.

¡Ay de aquellos que adoran ídolos!, **2 Ne.** 9:37. La idolatría del pueblo de Nefi les condujo a la guerra y a la destrucción, **Alma** 50:21.

Todo hombre anda en pos de la imagen de su propio dios, **DyC** 1:16. Trabajen con sus propias manos a fin de que no se practiquen la idolatría ni la maldad, **DyC** 52:39.

El padre de Abraham fue descarriado por la idolatría, **Abr.** 1:27.

Iglesia de Jesucristo. *Véase también* Iglesia de Jesucristo de los Santos de los Últimos Días, La; Iglesia, nombre de la; Iglesia verdadera, señales de la; Reino de Dios o de los cielos; Restauración del Evangelio; Santo (sustantivo)

Un grupo organizado de creyentes que han tomado sobre sí el nombre de Jesucristo mediante el bautismo y la confirmación. Para ser la Iglesia verdadera, debe ser la del Señor; debe tener Su autoridad, Sus enseñanzas, Sus leyes, Sus ordenanzas y llevar Su nombre; y debe ser gobernada por Él mediante representantes de Su elección.

El Señor añadía cada día a la Iglesia, **Hech.** 2:47. Nosotros, siendo muchos, somos un cuerpo en Cristo, **Rom.** 12:5. Por un solo Espíritu fuimos todos bautizados en un cuerpo, **1 Cor.** 12:13. La Iglesia está edificada sobre el fundamento de los apóstoles y profetas, **Efe.** 2:19–20. Los apóstoles y profetas son esenciales para la Iglesia, **Efe.** 4:11–16. Cristo es cabeza de la Iglesia, **Efe.** 5:23.

A pesar de que había muchas iglesias, todas eran una, **Mos.** 25:19–22. Así empezaron a establecer el orden de la Iglesia, **Alma** 6:1–6. La Iglesia de Cristo debe llevar su nombre, **3 Ne.** 27:8. La Iglesia se reunía a menudo para ayunar y orar, y para hablar unos con otros, **Moro.** 6:5.

Esta Iglesia, la única Iglesia verdadera y viviente, **DyC** 1:30. El origen de la Iglesia de Cristo en estos últimos días, **DyC** 20:1. El Señor llama a sus siervos para edificar su Iglesia, **DyC** 39:13. Así se llamará mi Iglesia en los postreros días, **DyC** 115:4.

Iglesia de Jesucristo de los Santos de los Últimos Días, La. *Véase también* Iglesia de Jesucristo; Iglesia, nombre de la; Iglesia verdadera, señales de la; Restauración del Evangelio

Nombre que se ha dado a la Iglesia de Cristo en los últimos días para distinguirla de la de otras dispensaciones (DyC 115:3–4).

El Señor derramará conocimiento sobre los Santos de los Últimos Días, **DyC** 121:33. José Smith fue el profeta y vidente de La Iglesia de Jesucristo de los Santos de los Últimos Días, **DyC** 127:12. Está para llegar el gran día del Señor para los Santos de los Últimos Días, **DyC** 128:21, 24. José Smith ayudó a congregar a los Santos de los Últimos Días, **DyC** 135:3. El Señor mandó organizarse en compañías al pueblo de La Iglesia de Jesucristo de los Santos de los Últimos Días para el viaje hacia el territorio occidental de los Estados Unidos, **DyC** 136:2. Se aclaran para los Santos de los Últimos Días las leyes del matrimonio, DO 1. Se da el sacerdocio a todo varón que sea miembro digno de La Iglesia de Jesucristo de los Santos de los Últimos Días, DO 2.

El relato de la Primera Visión para

todos los Santos de los Últimos Días, **JS—H** 1:1.

Iglesia grande y abominable. *Véase* Diablo — La iglesia del diablo

Iglesia, nombre de la. *Véase también* Iglesia de Jesucristo; Iglesia de Jesucristo de los Santos de los Últimos Días, La; Mormón

En el Libro de Mormón, se relata que cuando Jesucristo visitó a los nefitas justos, poco después de Su resurrección, les dijo que la Iglesia debía llevar Su nombre (3 Ne. 27:3–8). En los tiempos modernos, el Señor ha revelado que el nombre de Su Iglesia debe ser: "La Iglesia de Jesucristo de los Santos de los Últimos Días" (DyC 115:4).

Iglesia verdadera, señales de la. *Véase también* Iglesia de Jesucristo; Iglesia de Jesucristo de los Santos de los Últimos Días, La; Señal

La doctrina y las obras de una iglesia, que demuestran que es aprobada por Dios y que es el medio que ha establecido el Señor para que Sus hijos reciban la plenitud de bendiciones que Él tiene para ellos. Algunas de las señales de la Iglesia verdadera son:

El concepto correcto de la Trinidad: Creó Dios al hombre a su imagen, **Gén.** 1:26–27. Hablaba Jehová a Moisés cara a cara, **Éx.** 33:11.

La vida eterna es conocer a Dios el Padre y a Jesucristo, **Juan** 17:3.

El Padre y el Hijo tienen cuerpos de carne y huesos, **DyC** 130:22–23.

El Padre y el Hijo se aparecieron a José Smith, **JS—H** 1:15–20. Nosotros creemos en Dios, el Eterno Padre, **AdeF** 1:1.

Los primeros principios y ordenanzas: El que no naciere de agua y del Espíritu, **Juan** 3:3–5. Arrepentíos, y bautícese cada uno de vosotros en el nombre de Jesucristo, **Hech.** 2:38. Entonces les imponían las manos, y recibían el Espíritu Santo, **Hech.** 8:14–17. Todos sois hijos de Dios por la fe en Cristo Jesús, **Gál.** 3:26–27.

Arrepentíos y sed bautizados en el nombre de mi Amado Hijo, **2 Ne.** 31:11–21.

Los que creyeron fueron bautizados y recibieron el Santo Espíritu por la imposición de manos, **DyC** 76:50–53.

Para bautizar y para conferir el don del Espíritu Santo, es preciso poseer el oficio apropiado en el sacerdocio, **JS—H** 1:70–72. Se describen los primeros principios y ordenanzas del Evangelio, **AdeF** 1:4.

La revelación: Sin profecía el pueblo se desenfrena, **Prov.** 29:18. No hará nada el Señor sin que revele su secreto a sus profetas, **Amós** 3:7.

La Iglesia está edificada sobre la roca de la revelación, **Mateo** 16:17–18 (DyC 33:13).

¡Ay de aquel que diga que el Señor ya no obra por revelación!, **3 Ne.** 29:6.

Las revelaciones y los mandamientos se reciben únicamente por medio del que es nombrado por el Señor, **DyC** 43:2–7.

Creemos todo lo que Dios ha revelado, **AdeF** 1:9.

Los profetas: La Iglesia está edificada sobre el fundamento de los apóstoles y profetas, **Efe.** 2:19–20. Los apóstoles y los profetas son esenciales en la Iglesia, **Efe.** 4:11–16.

José Smith fue llamado a ser vidente, profeta y apóstol, **DyC** 21:1–3.

Creemos en los profetas, **AdeF** 1:6.

La autoridad: Jesús dio a sus discípulos poder y autoridad, **Lucas** 9:1–2 (Juan 15:16).

Nefi, el hijo de Helamán, tenía gran poder y autoridad de Dios, **Hel.** 11:18 (3 Ne. 7:17).

El profeta recibirá mandamientos para la Iglesia, **DyC** 21:4–5. A ninguno le será permitido salir a predicar mi evangelio ni edificar mi Iglesia a menos que sea ordenado por alguien que tenga autoridad, **DyC** 42:11. Los élderes han de predicar el evangelio, obrando mediante la autoridad, **DyC** 68:8.

Creemos que el hombre debe ser llamado por Dios, por aquellos que tienen la autoridad, **AdeF** 1:5.

La publicación de nuevas Escrituras: El palo de Judá había de juntarse con el palo de José, **Ezeq.** 37:15–20.

Se predijo la publicación de las Escrituras de los últimos días, **1 Ne.** 13:38–41.

Creemos que Dios aún revelará muchos grandes e importantes asuntos, **AdeF** 1:9.

La organización de la Iglesia: La Iglesia está edificada sobre el fundamento de los apóstoles y profetas, **Efe.** 2:19–20. Los apóstoles y profetas son esenciales para la Iglesia, **Efe.** 4:11–16. Cristo es cabeza de la Iglesia, **Efe.** 5:23.

La Iglesia de Cristo debe llevar su nombre, **3 Ne.** 27:8.

Creemos en la misma organización que existió en la Iglesia Primitiva, **AdeF** 1:6.

La obra misional: Por tanto, id, y haced discípulos a todas las naciones, **Mateo** 28:19–20. Se llamó a setenta para predicar el Evangelio, **Lucas** 10:1.

Estaban deseosos de que la salvación fuese declarada a toda criatura, **Mos.** 28:3.

Los élderes han de salir, de dos en dos, predicando el evangelio, **DyC** 42:6. El Evangelio ha de ser predicado a toda criatura, **DyC** 58:64.

Los dones espirituales: Comenzaron a hablar en otras lenguas, **Hech.** 2:4. Los ancianos [élderes] de la Iglesia han de sanar a los enfermos, **Stg.** 5:14.

No neguéis los dones de Dios, **Moro.** 10:8.

Se enumeran los dones del Espíritu, **DyC** 46:13–26 (1 Cor. 12:1–11; Moro. 10:9–18).

Los templos: Haré con ellos convenio, y pondré mi santuario entre ellos para siempre, **Ezeq.** 37:26–27. El Señor vendrá súbitamente a su templo, **Mal.** 3:1.

Nefi edificó un templo, **2 Ne.** 5:16.

El Señor reprende a los santos por no haber construido la Casa del Señor, **DyC** 95 (DyC 88:119). Siempre se manda al pueblo del Señor edificar templos para efectuar en ellos ordenanzas santas, **DyC** 124:37–44. La construcción de templos y el efectuar en ellos las ordenanzas forman parte de la gran obra de los últimos días, **DyC** 138:53–54.

Imperio romano. *Véase también* Roma

El imperio de la antigua Roma. En la época apostólica, el Imperio romano era la mayor y única potencia del mundo. Abarcaba todo lo comprendido entre el Eufrates, el Danubio, el Rin, el Atlántico y el desierto de Sahara. Palestina pasó a ser un estado vasallo en el año 63 a.C., cuando Pompeyo se apoderó de Jerusalén. Aunque los romanos concedieron a los judíos muchos privilegios, estos odiaban la opresión romana y constantemente estaban en rebelión.

Pablo era ciudadano romano, pero empleaba el idioma griego, el más común del imperio, para predicar el Evangelio en todo el imperio.

Dad a César lo que es de César, **Mateo** 22:17–22. Pablo invocó sus derechos como ciudadano romano, **Hech.** 16:37–39 (Hech. 22:25–29).

Impío. *Véase también* Inicuo, iniquidad; Injusticia, injusto; Inmundicia, inmundo; Pecado

Algo o alguien que no concuerda con la voluntad o los mandamientos de Dios; lo inicuo e impuro.

La senda de los malos perecerá, **Sal.** 1:6.

Si el justo con dificultad se salva, ¿en dónde aparecerá el impío?, **1 Pe.** 4:18.

Absteneos de toda impiedad, **Moro.** 10:32.

La venganza vendrá pronto sobre los impíos, **DyC** 97:22. La voz del Salvador no se oyó entre los impíos, **DyC** 138:20.

Imposición de manos. *Véase también* Apartamiento; Bendición de los enfermos; Don del Espíritu Santo; Ordenación, ordenar

La acción de colocar las manos sobre la cabeza de una persona como parte de una ordenanza del sacerdocio. Muchas de las ordenanzas del sacerdocio se llevan a cabo mediante la imposición de manos, por ejemplo, las ordenaciones, las bendiciones, la bendición de los enfermos, la confirmación como miembro de la Iglesia y el conferimiento del Espíritu Santo.

Moisés puso las manos sobre la cabeza de Josué, como Jehová le había mandado, **Núm.** 27:18, 22–23 (Deut. 34:9).

Jesús sanó a unos pocos enfermos, poniendo sobre ellos las manos, **Mar.** 6:5 (Morm. 9:24). Los Apóstoles les impusieron las manos a los siete que les ayudarían, **Hech.** 6:5–6. Se confería el Espíritu Santo mediante la imposición de manos, **Hech.** 8:14–17. Ananías restauró la vista de Pablo poniendo sobre él las manos, **Hech.** 9:12, 17–18. Pablo le impuso las manos, y le sanó, **Hech.** 28:8. Pablo enseñó la doctrina del bautismo y de la imposición de manos, **Heb.** 6:2.

Alma ordenó sacerdotes y élderes por la imposición de sus manos, **Alma** 6:1. Jesús dio a sus discípulos el poder para conferir el Espíritu Santo mediante la imposición de manos, **3 Ne.** 18:36–37. Tendréis poder para que a aquel a quien impongáis las manos, le confiráis el Espíritu Santo, **Moro.** 2:2.

Los élderes impondrán las manos sobre los niños y los bendecirán, **DyC** 20:70. Recibirán el Espíritu Santo por la imposición de manos, **DyC** 35:6 (AdeF 1:4). Los élderes de la Iglesia impondrán las manos sobre los enfermos, **DyC** 42:44 (DyC 66:9). Los hijos recibirán la imposición de manos después de su bautismo, **DyC** 68:27. El sacerdocio se recibe mediante la imposición de manos, **DyC** 84:6–16.

Incredulidad. *Véase también* Creencia, creer

La falta de fe en Dios y en Su Evangelio.

No hizo allí muchos milagros, a causa de la incredulidad, **Mateo** 13:58. Por causa de su incredulidad, los discípulos de Jesús no pudieron echar fuera a un demonio, **Mateo** 17:14–21. Ayuda mi incredulidad, **Mar.** 9:23–24. Jesús les reprochó a Sus apóstoles su incredulidad y dureza de corazón, **Mar.** 16:14. ¿Su incredulidad habrá hecho nula la fidelidad de Dios?, **Rom.** 3:3.

Es preferible que muera un hombre a dejar que una nación degenere y perezca en la incredulidad, **1 Ne.** 4:13. Cuando llegue el día en que degeneren en la incredulidad, él hará que sean dispersados y afligidos, **2 Ne.** 1:10–11 (DyC 3:18). Por motivo de su incredulidad no podían entender la palabra de Dios, **Mos.** 26:1–5. El Señor no pudo mostrar a los judíos tan grandes milagros por motivo de la incredulidad de ellos, **3 Ne.** 19:35.

En ocasiones pasadas vuestras mentes se han ofuscado a causa de la incredulidad, **DyC** 84:54–58.

Infierno. *Véase también* Condenación, condenar; Diablo; Hijos de perdición; Muerte espiritual

Traducción del vocablo hebreo *Seo* y de la voz griega *Hades*. En la revelación de los postreros días se habla del infierno por lo menos en dos sentidos:

(1) La morada temporaria en el mundo de los espíritus de quienes fueron desobedientes en esta vida mortal. En este sentido, el infierno tiene fin. A esos espíritus se les enseñará el Evangelio y, en algún momento después de su arrepentimiento, resucitarán e irán al grado de gloria del que sean dignos. Los que no se arrepientan y no sean hijos de perdición permanecerán en el infierno durante el Milenio y, después de mil años de tormento, resucitarán e irán a la gloria telestial (DyC 76:81–86; 88:100–101).

(2) La morada permanente de aquellos que no son redimidos por la expiación de Jesucristo. En este sentido, el infierno es permanente. Es para todo el que sea hallado "sucio aún" (DyC 88:35, 102). Y es la morada eterna de Satanás, de sus ángeles y de los hijos de perdición, o sea, los que hayan negado al Hijo después que el Padre lo ha revelado (DyC 76:43–46

En las Escrituras, a menudo se hac

referencia al infierno como a las tinieblas de afuera.

El alma de David no permanecerá en el Seol, **Sal.** 16:10 (Sal. 86:13).

Ir al infierno, al fuego que no puede ser apagado, **Mar.** 9:43 (Mos. 2:38). El hombre rico en el Hades alzó sus ojos, estando en tormentos, **Lucas** 16:22–23 (DyC 104:18). La muerte y el Hades entregaron los muertos, **Apoc.** 20:13.

Se ha preparado un lugar; sí, aquel infierno horroroso, **1 Ne.** 15:35. El deseo de la carne da al espíritu del diablo el poder de hundiros en el infierno, **2 Ne.** 2:29. Cristo preparó el medio para que escapemos de la muerte y el infierno, **2 Ne.** 9:10–12. Los que son inmundos todavía irán al fuego eterno, **2 Ne.** 9:16. El diablo engaña sus almas, y los conduce astutamente al infierno, **2 Ne.** 28:21. Jesús ha redimido mi alma del infierno, **2 Ne.** 33:6. Libraos de los sufrimientos del infierno, **Jacob** 3:11. El diablo los lleva cautivos y los guía según su voluntad hasta la destrucción. Esto es lo que significan las cadenas del infierno, **Alma** 12:11. Los malvados serán echados a las tinieblas de afuera hasta el tiempo de su resurrección, **Alma** 40:13–14. Los inmundos serían más desdichados morando en la presencia de Dios que viviendo en el infierno, **Morm.** 9:4.

El castigo que por mi mano se da es castigo sin fin, **DyC** 19:10–12. El infierno es un lugar preparado para el diablo y sus ángeles, **DyC** 29:37–38. Los que reconozcan al Hijo de Dios serán librados de la muerte y de las cadenas del infierno, **DyC** 138:23.

nicuo, iniquidad. *Véase también* Impío; Injusticia, injusto; Inmundicia, inmundo; Pecado; Tinieblas espirituales

Malo, maldad; ser desobediente a los mandamientos de Dios.

¿Cómo, pues, haría yo este grande mal, y pecaría contra Dios?, **Gén.** 39:7–9. Jehová está lejos de los impíos; pero él oye la oración de los justos, **Prov.** 15:29. Cuando domina el impío, el pueblo gime, **Prov.** 29:2 (DyC 98:9).

Quitad a ese perverso de entre vosotros, **1 Cor.** 5:13. Tenemos lucha contra huestes espirituales de maldad en las regiones celestes, **Efe.** 6:12.

Un rey inicuo pervierte las vías de toda rectitud, **Mos.** 29:23. Salid de entre los inicuos, y no toquéis sus cosas inmundas, **Alma** 5:56–57 (DyC 38:42). La iniquidad de vuestros abogados y jueces está empezando a establecer el fundamento de la destrucción, **Alma** 10:27. Este es el estado final del malvado, **Alma** 34:35 (Alma 40:13–14). La maldad nunca fue felicidad, **Alma** 41:10. Es por los inicuos que los inicuos son castigados, **Morm.** 4:5 (DyC 63:33).

En esa hora se hará una separación completa de los justos y los malvados, **DyC** 63:54. Os envío para reprobar al mundo por todos sus hechos inicuos, **DyC** 84:87.

Así viene el fin de los inicuos, **JS—M** 1:55.

Injusticia, injusto. *Véase también* Impío; Inicuo, iniquidad; Inmundicia, inmundo; Justicia; Justo; Pecado

Inicuos, injustos, personas a las que les falta la rectitud; personas que no aman a Dios ni las cosas de Dios y que no apoyan Su causa.

Los injustos no heredarán el reino de Dios, **1 Cor.** 6:9–10. Que sean condenados todos los que se complacieron en la injusticia, **2 Tes.** 2:12. Jesucristo nos limpiará de toda maldad, **1 Juan** 1:9.

Un rey inicuo pervierte las vías de toda rectitud, **Mos.** 29:23. La iniquidad de los abogados y jueces establece el fundamento de la destrucción, **Alma** 10:27.

Os envío para reprobar al mundo por todos sus hechos inicuos, **DyC** 84:87. El alma debe ser santificada de toda injusticia, **DyC** 88:17–18. La disposición de casi todos los hombres es comenzar a ejercer injusto dominio, **DyC** 121:39.

Inmersión. *Véase* Bautismo, bautizar — Por inmersión

Inmoralidad. *Véase* Castidad; Inicuo, iniquidad; Inmoralidad sexual; Sensual, sensualidad

Inmoralidad sexual. *Véase también* Adulterio; Fornicación; Sensual, sensualidad

Participar deliberadamente en el adulterio, la fornicación, el comportamiento homosexual o lesbiano, el incesto o cualquier otra actividad sexual que sea impura, inmunda o contra naturaleza.

Demos a beber vino a nuestro padre, y durmamos con él, **Gén.** 19:30–36. Fue Rubén y durmió con Bilha la concubina de su padre, **Gén.** 35:22 (Gén. 49:4; 1 Cró. 5:1). El comportamiento homosexual y otras perversiones sexuales son una abominación, **Lev.** 18:22–23. Si un hombre obliga a una mujer a acostarse con él, solamente el hombre es culpable de pecado, **Deut.** 22:25–27.

Cualquiera que mira a una mujer para codiciarla, ya adulteró con ella en su corazón, **Mateo** 5:28 (3 Ne. 12:28). Fornicación, impureza, pasiones desordenadas son idolatría, **Col.** 3:5. En los postreros días habrá hombres sin afecto natural, **2 Tim.** 3:1–3.

El pecado sexual es una abominación, **Alma** 39:3–5.

Inmortal, inmortalidad. *Véase también* Expiación, expiar; Jesucristo; Mortal, mortalidad; Resurrección; Salvación

La condición de vivir para siempre con un cuerpo resucitado que no está sujeto a la muerte física.

Ha resucitado, **Mar.** 16:6. También en Cristo todos serán vivificados, **1 Cor.** 15:22. Sorbida es la muerte cuando esto mortal se haya vestido de inmortalidad, **1 Cor.** 15:53–54. Cristo quitó la muerte y sacó a luz la inmortalidad, **2 Tim.** 1:10.

El espíritu y el cuerpo son restaurados el uno al otro y todos se tornan inmortales, **2 Ne.** 9:13. El espíritu se unirá al cuerpo para no morir nunca más, **Alma** 11:45.

Los fieles serán coronados con inmortalidad y vida eterna, **DyC** 75:5. La tierra será santificada e inmortal, **DyC** 77:1 (DyC 130:9).

La obra y la gloria de Dios es llevar a cabo la inmortalidad y la vida eterna del hombre, **Moisés** 1:39.

Inmundicia, inmundo. *Véase también* Impío; Inicuo, iniquidad; Injusticia, injusto; Limpio e inmundo; Pecado

Impureza espiritual por la desobediencia intencional a Dios.

El Señor lavará las inmundicias de las hijas de Sion, **Isa.** 4:4 (2 Ne. 14:4).

El reino de Dios no es inmundo, **1 Ne.** 15:34 (Alma 7:21). Los que son inmundos serán inmundos todavía, **2 Ne.** 9:16 (Morm. 9:14). ¿Cómo se sentirá cualquiera de vosotros, si comparecéis ante el tribunal de Dios, con vuestros vestidos manchados de inmundicia?, **Alma** 5:22.

Tendrá que permanecer sucio aún, **DyC** 88:35.

¿Cuándo descansaré y quedaré limpia de la impureza?, **Moisés** 7:48.

Inocencia, inocente

Sin culpa, sin pecado.

Antes de la Caída, Adán y Eva estaban en un estado de inocencia, **2 Ne.** 2:23. La sangre del inocente será un testimonio, **Alma** 14:11.

Todos los espíritus de los hombres fueron inocentes en el principio, **DyC** 93:38. Para que los inocentes no sean condenados con los injustos, **DyC** 104:7. José Smith y Hyrum Smith fueron inocentes de todo crimen, **DyC** 135:6–7.

Los niños son limpios desde la fundación del mundo, **Moisés** 6:54.

Inspiración, inspirar. *Véase también* Espíritu Santo; Revelación

La guía divina que el hombre recibe de Dios. A menudo, la inspiración proviene del Espíritu en diversas formas penetrando en la mente o el corazón de la persona.

Tras el fuego un silbo apacible y delicado, **1 Rey.** 19:12.

El Espíritu Santo os enseñará todas las cosas, y os recordará todo, **Juan** 14:26. El Espíritu de verdad os guiará a toda la verdad, **Juan** 16:13.

Iba guiado por el Espíritu, sin saber de antemano lo que tendría que hacer, **1 Ne.** 4:6. La voz del Señor penetró mi mente, **Enós** 1:10. Lo que invita e induce a hacer lo bueno es inspirado por Dios, **Moro.** 7:13–16.

¿No hablé paz a tu mente?, **DyC** 6:23. Hablaré a tu mente y a tu corazón, **DyC** 8:2. Mi Espíritu iluminará tu mente y llenará tu alma de gozo, **DyC** 11:13. Se te dará en el momento preciso lo que has de decir y escribir, **DyC** 24:6 (DyC 84:85). La voz suave y apacible que a través de todas las cosas susurra y penetra, **DyC** 85:6.

Integridad. *Véase también* Honestidad, honradez; Rectitud, recto

Rectitud, honradez y sinceridad.

Hasta que muera, no quitaré de mí mi integridad, **Job** 27:5. Camina en su integridad el justo, **Prov.** 20:7.

Eran hombres que en todo momento se mantenían fieles a cualquier cosa que les fuera confiada, **Alma** 53:20.

El Señor amó a Hyrum Smith a causa de la integridad de su corazón, **DyC** 124:15.

Inteligencia(s). *Véase también* Espíritu; Luz, luz de Cristo; Verdad

El término tiene varios significados, tres de los cuales son los siguientes: (1) La luz de la verdad que da luz y vida a todas las cosas del universo, la cual siempre ha existido. (2) El vocablo *inteligencias* también puede referirse a los hijos espirituales de Dios. (3) En las Escrituras también se menciona la inteligencia como el elemento espiritual que existía antes de que fuéramos engendrados como hijos espirituales.

La inteligencia se allega a la inteligencia, **DyC** 88:40. La inteligencia no fue creada ni hecha, **DyC** 93:29. Toda inteligencia es independiente para obrar por sí misma en aquella esfera en que Dios la ha colocado, **DyC** 93:30. La gloria de Dios es la inteligencia, **DyC** 93:36–37. La inteligencia que logremos en esta vida se levantará con nosotros en la resurrección, **DyC** 130:18–19.

El Señor reina sobre todas las inteligencias, **Abr.** 3:21. El Señor le mostró a Abraham las inteligencias que fueron organizadas antes que existiera el mundo, **Abr.** 3:22.

Investidura. *Véase también* Templo, Casa del Señor

En un sentido general, es un don de poder que proviene de Dios. Los miembros dignos de la Iglesia pueden recibirlo por medio de las ordenanzas del templo, que les proveen la instrucción y los convenios del Santo Sacerdocio que se requieren para obtener la exaltación. La investidura incluye instrucción sobre el plan de salvación.

Allí seréis investidos con poder de lo alto, **DyC** 38:32, 38 (Lucas 24:49; DyC 43:16). Edificad una casa, en la cual me propongo investir con poder de lo alto a los que he escogido, **DyC** 95:8. He preparado una magna investidura y bendición para ellos, **DyC** 105:12, 18, 33. Se regocijará como consecuencia de la investidura con que mis siervos han sido investidos, **DyC** 110:9. Gloria, honra e investidura son conferidos mediante la ordenanza de mi santa casa, **DyC** 124:39. Los que son llamados del Padre, como lo fue Aarón, son investidos con las llaves del sacerdocio, **DyC** 132:59.

Ira. *Véase* Enojo

Isaac. *Véase también* Abraham — La descendencia de Abraham

Patriarca del Antiguo Testamento. Su nacimiento fue un milagro en la vejez de

Abraham y Sara (Gén. 15:4–6; 17:15–21; 21:1–8). La voluntad de Abraham de ofrecer a Isaac fue una similitud de Dios y Su Hijo Unigénito (Jacob 4:5). Isaac fue el heredero de las promesas del convenio de Abraham (Gén. 21:9–12; 1 Ne. 17:40; DyC 27:10).

Nacimiento de Isaac, **Gén.** 21:1–7. Iba a ser sacrificado sobre el monte Moriah, **Gén.** 22:1–19 (DyC 101:4). Su casamiento, **Gén.** 24. Su trato con sus hijos, **Gén.** 27:1–28:9.

Ha recibido su exaltación junto con Abraham y Jacob, **DyC** 132:37 (Mateo 8:11).

Isacar. *Véase también* Israel; Jacob hijo de Isaac

En el Antiguo Testamento, hijo de Jacob y de Lea (Gén. 30:17–18; 35:23; 46:13). Sus descendientes formaron una de las doce tribus de Israel.

La tribu de Isacar: La bendición que Jacob dio a Isacar se encuentra en Gén. 49:14–15. Después de establecerse en Canaán, la tribu recibió algunas de las tierras más fértiles de Palestina, entre ellas, la llanura de Esdraelón. Dentro de esas tierras se hallaban varios lugares de importancia en la historia judía, como por ejemplo, Carmelo, Meguido, Dotán, Gilboa, Jezreel, Tabor y Nazaret (Josué 19:17–23).

Isaí. *Véase también* David

En el Antiguo Testamento, el padre de David y, por consiguiente, antepasado de Cristo y de todos los reyes de Judá.

Obed, el hijo de Rut, fue el padre de Isaí, **Rut** 4:17, 22. Los antepasados de Isaí se remontaban hasta Judá, **1 Cró.** 2:5–12 (Mateo 1:5–6).

Isaías

Profeta del Antiguo Testamento que profetizó desde 740 hasta 701 a.C. Ejerció una gran influencia religiosa y política durante el reinado de Ezequías, de quien fue el consejero principal.

Jesús citó a Isaías con mayor frecuencia que a cualquier otro profeta. En el Nuevo Testamento, también lo citan con frecuencia Pedro, Juan y Pablo. En el Libro de Mormón y en Doctrina y Convenios se citan más las palabras de Isaías que las de cualquier otro profeta y brindan mucha ayuda para interpretar sus pasajes. Nefi empleó sus escritos para enseñar a su pueblo (2 Ne. 12–24; Isa. 2–14). El Señor dijo a los nefitas que "grandes son las palabras de Isaías", y que todas las cosas que este habló se cumplirían (3 Ne. 23:1–3).

El libro de Isaías: Libro del Antiguo Testamento. Muchas de las profecías de Isaías hablan de la venida del Redentor, tanto en lo que concierne a Su ministerio terrenal (Isa. 9:6) como a Su venida como Gran Rey en el día final (Isa. 63). También profetizó mucho acerca del futuro de Israel.

El capítulo 1 sirve de prólogo al resto del libro. En Isaías 7:14; 9:6–7; 11:1–5; 53 y 61:1–3, se predice la misión del Salvador. En los capítulos 2, 11, 12 y 35, se habla de acontecimientos de los últimos días, de la época en que el Evangelio sería restaurado, de que Israel sería congregado y de que el yermo florecería como la rosa. En el capítulo 29, hay una profecía sobre la publicación del Libro de Mormón (2 Ne. 27). En los capítulos del 40 al 46 se proclama la superioridad de Jehová como el verdadero Dios sobre los ídolos de los adoradores paganos. En los capítulos restantes, del 47 al 66, se relatan los acontecimientos de la restauración final de Israel y el establecimiento de Sion cuando el Señor morará entre Su pueblo.

Ismael hijo de Abraham. *Véase también* Abraham; Agar

En el Antiguo Testamento, hijo de Abraham y de Agar, la sierva egipcia de Sara (Gén. 16:11–16). El Señor les prometió tanto a Abraham como a Agar que Ismael llegaría a ser el padre de una gran nación (Gén. 21:8–21).

El Señor confirmó su convenio con Isaac en lugar de Ismael, **Gén.** 17:19–2

(Gál. 4:22–5:1). Dios bendijo a Ismael para que fuera fructífero, **Gén.** 17:20. Ismael ayudó a sepultar a Abraham, **Gén.** 25:8–9. Se nombran los doce descendientes de Ismael, **Gén.** 25:12–16. Muerte de Ismael, **Gén.** 25:17–18. Esaú tomó por mujer a Mahalat, hija de Ismael, **Gén.** 28:9.

Ismael, suegro de Nefi. *Véase también* Lehi, padre de Nefi

En el Libro de Mormón, un hombre que, junto con su familia, acompañó a la de Lehi en su viaje a la tierra prometida.

Nefi y sus hermanos regresan a Jerusalén y persuaden a Ismael y a su familia a acompañar a Lehi y a su familia a la tierra prometida, **1 Ne.** 7:2–5. Los hijos de Lehi se casaron con las hijas de Ismael, **1 Ne.** 16:7. Ismael murió en el desierto, **1 Ne.** 16:34.

Israel. *Véase también* Abraham: La descendencia de Abraham; Adopción; Jacob hijo de Isaac

En el Antiguo Testamento, el Señor dio este nombre a Jacob, el hijo de Isaac y nieto de Abraham (Gén. 32:28; 35:10). El nombre puede referirse a Jacob mismo, a sus descendientes, o al reino que una vez poseyeron esos descendientes en los tiempos del Antiguo Testamento (2 Sam. 1:24; 23:3). Después que Moisés sacó al pueblo de Israel del cautiverio en Egipto (Éx. 3–14), este fue gobernado por jueces durante más de trescientos años. Comenzando con el rey Saúl, Israel unido fue gobernado por reyes hasta la muerte de Salomón, época en que las diez tribus se rebelaron contra Roboam para formar una nación independiente. Después de la división del reino de Israel, las tribus del norte, que era el grupo mayor, retuvieron el nombre de Israel, en tanto que el reino del sur se llamó Judá. La tierra de Canaán también se llama Israel actualmente. En otro sentido, Israel significa "verdadero creyente en Cristo" (Rom. 10:1; 11:7; Gál. 6:16; Efe. 2:12).

Las doce tribus de Israel: Jacob, el nieto de Abraham cuyo nombre fue cambiado a Israel, tuvo doce hijos. Sus descendientes se han llegado a conocer como las doce tribus de Israel o el pueblo de Israel. Las doce tribus son: Rubén, Simeón, Leví, Judá, Isacar y Zabulón (hijos de Jacob y Lea); Dan y Neftalí (hijos de Jacob y Bilha); Gad y Aser (hijos de Jacob y Zilpa); José y Benjamín (hijos de Jacob y Raquel) (Gén. 29:32–30:24; 35:16–18).

Antes de morir, Jacob dio una bendición a cada uno de los líderes de las tribus (Gén. 49:1–28). Para una información más detallada, véase en esta Guía el nombre de cada uno de los hijos de Jacob.

Rubén, el primogénito de Lea, la primera esposa de Jacob, perdió su primogenitura y una doble porción de la herencia como consecuencia de su inmoralidad (Gén. 49:3–4); por ese motivo, se dio la primogenitura a José, el primogénito de Raquel, segunda esposa de Jacob (1 Cró. 5:1–2). Leví, cuya tribu fue escogida por el Señor para servir como Sus ministros en el sacerdocio, no recibió una herencia debido a su llamamiento especial de ministrar entre todas las tribus. Ello permitió que la doble porción de José se repartiera entre Efraín y Manasés, hijos de José (1 Cró. 5:1; Jer. 31:9), quienes fueron contados como tribus de Israel (TJS, Gén. 48:5–6 [Apéndice — Biblia]).

Los miembros de la tribu de Judá debían ser los gobernantes hasta la llegada del Mesías (Gén. 49:10; TJS, Gén. 50:24 [Apéndice — Biblia]). En los últimos días, la tribu de Efraín tiene el privilegio de llevar el mensaje de la restauración del Evangelio al mundo y de congregar al Israel disperso (Deut. 33:13–17). Llegará el momento en que, por medio del evangelio de Jesucristo, Efraín desempeñará la función de dirigir la unificación de todas las tribus de Israel (Isa. 11:12–13; DyC 133:26–34).

El esparcimiento de Israel: El Señor esparció e hizo padecer a las doce tribus de Israel debido a su iniquidad y rebelión; no obstante, también se valió del esparcimiento de Su pueblo escogido entre las naciones del mundo para bendecir a esas naciones.

Os esparciré entre las naciones, **Lev.** 26:33. Jehová te esparcirá por todos los pueblos, **Deut.** 28:25, 37, 64. Los daré por escarnio a todos los reinos de la tierra, **Jer.** 29:18–19. Haré que la casa de Israel sea zarandeada entre todas las naciones, **Amós** 9:9 (Zac. 10:9).

Jesús fue enviado a las ovejas perdidas de la casa de Israel, **Mateo** 15:24. Tengo otras ovejas que no son de este redil, **Juan** 10:16.

Se profetiza que Israel sería esparcido sobre toda la tierra, **1 Ne.** 22:3–8. Jacob cita las palabras de Zenós con la alegoría del olivo cultivado y el olivo silvestre, **Jacob** 5–6. Empezará la obra del Padre entre todos los dispersos de su pueblo, **3 Ne.** 21:26.

La congregación de Israel: La casa de Israel será congregada en los últimos días antes de la venida de Cristo (AdeF 1:10). El Señor congrega a los de Su pueblo Israel cuando estos lo aceptan y guardan Sus mandamientos.

Alzará estandarte, y he aquí vendrá, **Isa.** 5:26. Te recogeré con grandes misericordias, **Isa.** 54:7. Israel y Judá serán recogidos en sus tierras, **Jer.** 30:3. Jehová recogerá a la casa de Israel de los pueblos entre los cuales está esparcida, **Ezeq.** 28:25.

En la dispensación del cumplimiento de los tiempos reunirá todas las cosas en Cristo, **Efe.** 1:10.

Después que Israel sea dispersado, será congregado, **1 Ne.** 15:12–17. El Señor recogerá a todos los que son de la casa de Israel, **1 Ne.** 19:16 (3 Ne. 16:5). Serán sacados de la obscuridad y sabrán que el Señor es su Salvador, **1 Ne.** 22:12. Dios recoge y cuenta a sus hijos, **1 Ne.** 22:25. Las naciones de los gentiles llevarán a Israel a las tierras de su herencia, **2 Ne.** 10:8 (3 Ne. 16:4). Mi pueblo será reunido; y mi palabra se reunirá en una, **2 Ne.** 29:13–14.

Los élderes son llamados para efectuar el recogimiento de los escogidos, **DyC** 29:7 (DyC 39:11). Reuniré a mis escogidos, **DyC** 33:6. Se manda a Israel congregarse para recibir la ley y ser investido, **DyC** 38:31–33. Para restaurar a los de mi pueblo, que son de la casa de Israel, **DyC** 39:11. Los santos saldrán, **DyC** 45:46. Moisés entregó las llaves del recogimiento, **DyC** 110:11.

La justicia y la verdad inundarán la tierra a fin de recoger a los escogidos del Señor, **Moisés** 7:62. Se compara el recogimiento con la forma en que las águilas se juntan alrededor de un cadáver, **JS—M** 1:27.

Las diez tribus perdidas de Israel: Las diez tribus de Israel componían el reino del norte (Israel) y, en el año 721 a.C., fueron llevadas cautivas a Asiria. En esa época fueron a los "países del norte" y se perdieron, en lo que concierne al conocimiento que tenemos de ellas. Regresarán en los últimos días.

Diré al norte: Da acá, **Isa.** 43:6. Estos vendrán del norte, **Isa.** 49:12 (1 Ne. 21:12). Judá e Israel vendrán juntamente de la tierra del norte, **Jer.** 3:18. Vive Jehová, que hizo subir a los hijos de Israel de la tierra del norte, **Jer.** 16:14–16. Yo los hago volver de la tierra del norte, **Jer.** 31:8.

Los nefitas y los judíos tendrán las palabras de las tribus perdidas de Israel, **2 Ne.** 29:12–13. Voy a mostrarme a las tribus perdidas de Israel, **3 Ne.** 17:4. Cuando sea predicado este Evangelio entre el resto de la casa de Israel, las tribus perdidas serán recogidas en la tierra de su herencia, **3 Ne.** 21:26–29.

Moisés entregó las llaves del recogimiento de Israel a José Smith y a Oliver Cowdery, **DyC** 110:11. Los que estén en los países del norte serán recordados ante el Señor, **DyC** 133:26–32.

Creemos en la congregación literal de Israel, **AdeF** 1:10.

Jacob hijo de Isaac. *Véase también* Esaú; Isaac; Israel

Patriarca y profeta del Antiguo Testamento; el menor de los hijos gemelos de Isaac y Rebeca (Gén. 25:19–26). Jacob obtuvo la primogenitura en lugar de su hermano Esaú debido a su rectitud y porque se casó dentro del convenio, mientras que Esaú menospreció su primogenitura y se casó fuera del convenio (Gén. 25:30–34; 26:34–35; 27; 28:6–9; Heb. 12:16).

El Señor le dijo a Rebeca que Esaú serviría a Jacob, **Gén.** 25:23. Compró la primogenitura de Esaú, **Gén.** 25:29–34. Soñó con una escalera que subía al cielo, **Gén.** 28. Se casó con Lea y con Raquel, **Gén.** 29:1–30. Tuvo doce hijos y una hija, **Gén.** 29:31–30:24; 35:16–20. Se casó con Bilha y con Zilpa, **Gén.** 30:3–4, 9. Se le cambió el nombre a Israel, **Gén.** 32:28. Vio a Dios cara a cara, **Gén.** 32:30. Favoreció a José, **Gén.** 37:3. Fue a Egipto con su familia, **Gén.** 46:1–7. Bendijo a sus hijos y a la posteridad de ellos, **Gén.** 49. Muere Israel, **Gén.** 49:33.

Guardó los mandamientos y ha sido exaltado sobre un trono en el cielo, en compañía de Abraham e Isaac, **DyC** 132:37.

Jacob hijo de Lehi. *Véase también* Lehi, padre de Nefi

Profeta del Libro de Mormón y autor de varios sermones que se encuentran en los libros de 2 Nefi y de Jacob (2 Ne. 6–11; Jacob 1–7).

El libro de Jacob: El tercer libro del Libro de Mormón. En el capítulo 1, se relata que Nefi le entregó los anales a Jacob y después los consagró a él y a su hermano José para ser sacerdotes y maestros entre el pueblo. Los capítulos del 2 al 4 contienen sermones en los que se amonesta al pueblo a ser moralmente limpio. Jacob también enseñó acerca de la venida del Mesías, el Redentor, y explicó por qué algunos de Israel no lo aceptarían en Su venida. Los capítulos 5 y 6 contienen el testimonio de Jacob y una alegoría profética sobre la historia y la misión del pueblo de Israel. El capítulo 7 contiene el relato de un hombre instruido y rebelde llamado Sherem que fue herido por el testimonio divino de Jacob.

Jacobo, hermano del Señor (llamado también Santiago)

En el Nuevo Testamento, hermano del Señor (Gál. 1:19) y de José, Simón, Judas y algunas hermanas (Mateo 13:55–56; Mar. 6:3; Judas 1:1). Se le conoció como Jacobo el Justo. Ocupó un puesto importante en la Iglesia en Jerusalén (Hech. 12:17; 15:13; 1 Cor. 15:7; Gál. 2:9–12). Se cree que fue el autor de la Epístola de Santiago.

La Epístola de Santiago: Libro del Nuevo Testamento. Originalmente fue una epístola dirigida a las doce tribus esparcidas, y es muy probable que se haya escrito desde Jerusalén. En ella se encuentran algunos puntos claramente expresados acerca de la religión práctica, incluso el importante consejo que se da en el capítulo 1, que dice que si alguien tiene falta de sabiduría, debe pedirla a Dios (Stg. 1:5–6; JS—H 1:9–20). En el capítulo 2, se trata el tema de la fe y las obras. En los capítulos 3 y 4, se habla de la necesidad de domar la lengua indócil. En el capítulo 5, se exhorta a los santos a tener paciencia y a llamar a los ancianos (élderes) para bendecir a los enfermos; también se enseña acerca de las bendiciones que se reciben cuando se es un instrumento en la conversión de otros.

Jacobo hijo de Alfeo

Uno de los Doce Apóstoles escogidos por Jesús durante Su ministerio terrenal (Mateo 10:3; Mar. 3:18; Lucas 6:15; Hech. 1:13).

Jacobo hijo de Zebedeo (llamado también Santiago)

Llamado Santiago en la revelación de los últimos días, fue uno de los Doce Apóstoles escogidos por Jesús durante Su ministerio terrenal; hermano de Juan. Fue uno de los tres escogidos para estar con nuestro Señor en ciertas ocasiones especiales: cuando la hija de Jairo fue levantada de los muertos (Mar. 5:37), en el monte de la Transfiguración (Mateo

17:1; Mar. 9:2; Lucas 9:28) y en Getsemaní (Mateo 26:37; Mar. 14:33). Jacobo, junto con Pedro y Juan, ordenó a José Smith y a Oliver Cowdery, restaurando así el Sacerdocio de Melquisedec a la tierra (DyC 27:12; 128:20; JS—H 1:72).

Jactancia. *Véase* Orgullo

Jafet. *Véase también* Noé, patriarca bíblico

En el Antiguo Testamento, hijo mayor del profeta Noé (Moisés 8:12).

Noé engendró a Jafet, **Gén.** 5:32 (Gén. 6:10; Moisés 8:12). Jafet y su esposa entraron en el arca de Noé, **Gén.** 7:13. Jafet salió del arca, **Gén.** 9:18. Dios engrandecerá a Jafet, **Gén.** 9:27.

Jardín de Edén. *Véase* Edén

Jardín o Huerto de Getsemaní. *Véase* Getsemaní

Jared. *Véase también* Jared, hermano de; Jareditas

Líder del Libro de Mormón que, junto con su hermano, guio a una colonia desde la Torre de Babel hasta la tierra prometida en el hemisferio occidental (Éter 1:33–2:1).

Jared le pidió a su hermano que suplicara al Señor que no confundiera el lenguaje de su familia y sus amigos, **Éter** 1:34–37. Viajaron hasta la orilla del mar y allí vivieron cuatro años, **Éter** 2:13. Viajaron a la tierra prometida, **Éter** 6:4–12.

Jared, hermano de. *Véase también* Jared; Jareditas

Profeta del Libro de Mormón. Él y su hermano fundaron la nación jaredita cuando guiaron a una colonia desde la Torre de Babel hasta una tierra prometida en el hemisferio occidental (Éter 1–6). Fue un hombre de fe tan grande que habló cara a cara con el Señor (DyC 17:1). Su historia se encuentra en el libro de Éter.

El hermano de Jared era un hombre grande y fuerte, y altamente favorecido del Señor, **Éter** 1:34. Debido a su fe, el hermano de Jared vio el dedo del Señor, **Éter** 3:6–9 (Éter 12:20). Cristo mostró su cuerpo espiritual al hermano de Jared, **Éter** 3:13–20. Jamás se manifestaron cosas mayores que las que le fueron mostradas al hermano de Jared, **Éter** 4:4. El hermano de Jared amonestó a su pueblo en cuanto al peligro de tener una monarquía, **Éter** 6:22–23. El Señor le mostró todas las cosas al hermano de Jared, **Éter** 12:21. El hermano de Jared era fuerte en escribir, **Éter** 12:24. Por medio de la fe, el hermano de Jared apartó el monte de Zerín, **Éter** 12:30.

Jareditas. *Véase también* Jared; Jared, hermano de; Libro de Mormón

Pueblo del Libro de Mormón cuyos integrantes eran descendientes de Jared y de su hermano y de los amigos de ellos (Éter 1:33–41). Dios los guio desde la Torre de Babel hasta las Américas, una tierra prometida (Éter 1:42–43; 2–3; 6:1–18). Aunque en una época su pueblo se componía de millones de personas, como resultado de su iniquidad todas hallaron la muerte en una guerra civil (Éter 14–15).

Jarom

En el Libro de Mormón, hijo de Enós y bisnieto de Lehi. Llevó los anales nefitas durante 60 años, desde el año 420 hasta el 361 a.C. (Enós 1:25; Jarom 1:13). Fue un hombre fiel que decidió no escribir mucho en el registro histórico (Jarom 1:2).

El libro de Jarom: Este libro del Libro de Mormón consta tan solo de 15 versículos. Jarom escribió que los nefitas seguían viviendo la ley de Moisés y esperaban anhelosamente la venida de Cristo. Los gobernaron reyes que fueron hombres de gran fe. Prosperaron al escuchar y obedecer a sus profetas, sacerdotes y maestros.

Jehová. *Véase también* Jesucristo; YO SOY

El nombre del convenio o nombre propio del Dios de Israel. El nombre significa el eterno "YO SOY" (Éx. 3:14; Juan 8:58). Jehová es el Jesucristo preterrenal y vino a la tierra como hijo de María (Mos. 3:8; 15:1; 3 Ne. 15:1–5). Por lo general, cuando aparece el nombre *Señor* en el Antiguo Testamento, está refiriéndose a "Jehová".

Jehová es Cristo: Los profetas antiguos conocían a Jehová (Éx. 6:3; Abr. 1:16). El apóstol Pablo enseñó que Cristo era el Jehová del Antiguo Testamento (Éx. 17:6; 1 Cor. 10:1–4). En el Libro de Mormón, el hermano de Jared vio a Cristo antes de haber nacido este, y lo adoró (Éter 3:13–15). Moroni también llamó "Jehová" a Cristo (Moro. 10:34). En el Templo de Kirtland, José Smith y Oliver Cowdery vieron a Jehová resucitado (DyC 110:3–4).

Jeremías. *Véase también* Lamentaciones, libro de

Profeta del Antiguo Testamento que nació en una familia de sacerdotes y profetizó en Judá desde el año 626 hasta el año 586 a.C. Vivió en los días de otros grandes profetas: Lehi, Ezequiel, Oseas y Daniel.

Jeremías fue ordenado en la vida preterrenal para ser profeta (Jer. 1:4–5). Durante los aproximadamente cuarenta años que sirvió como profeta, predicó en contra de la idolatría y la inmoralidad entre el pueblo judío (Jer. 3:1–5; 7:8–10). Tuvo que hacer frente a la constante oposición y a los insultos (Jer. 20:2; 36:18–19; 38:4–6). Después de la caída de Jerusalén, los judíos que se escaparon a Egipto llevaron consigo a Jeremías (Jer. 43:5–6), en donde, según la tradición, lo mataron a pedradas.

El libro de Jeremías: En los capítulos del 1 al 6, se encuentran las profecías que se dieron durante el reinado de Josías. En los capítulos del 7 al 20, se encuentran las profecías del reinado de Joacim. En los capítulos del 21 al 38, se habla del reinado de Sedequías. En los capítulos del 39 al 44, se encuentran profecías y se describen los acontecimientos históricos que ocurrieron después de la caída de Jerusalén. En el capítulo 45, hay una promesa a Baruc, su escriba, de que se le preservaría la vida. Finalmente, en los capítulos del 46 al 51, hay profecías contra naciones extranjeras. El capítulo 52 constituye una conclusión histórica. Algunas de las profecías de Jeremías se encontraban entre las planchas de bronce de Labán que obtuvo Nefi (1 Ne. 5:10–13). También se menciona a Jeremías dos veces más en el Libro de Mormón (1 Ne. 7:14; Hel. 8:20).

En el libro de Jeremías también se expone la existencia preterrenal del hombre y la preordenación de Jeremías (Jer. 1:4–5); se da una profecía del regreso de Israel de su condición esparcida, del recogimiento en Sion de uno de cada ciudad y de dos de cada familia, una tierra deseable donde Israel y Judá podrán morar seguros y en paz (Jer. 3:12–19); y una profecía de que el Señor recogerá a Israel de los países del norte por medio de muchos "pescadores" y "cazadores" que Él enviará para encontrarlo (Jer. 16:14–21). Este acontecimiento de los últimos días sobrepujará en proporción a la liberación de Israel del cautiverio egipcio llevada a cabo por medio de Moisés (Jer. 16:13–15; 23:8).

Jericó

Ciudad amurallada del valle del Jordán, que se encuentra a 245 metros bajo el nivel del mar y está situada cerca del lugar donde los israelitas cruzaron el río cuando por primera vez entraron en la tierra prometida (Josué 2:1–3; 3:16; 6).

Los israelitas le hicieron la guerra a Jericó, **Josué** 6:1–20. Josué maldijo a Jericó, **Josué** 6:26 (1 Rey. 16:34). Jericó quedaba dentro del territorio adjudicado a Benjamín, **Josué** 18:11–12, 21.

El Señor visitó Jericó durante su último viaje a Jerusalén, **Mar.** 10:46 (Lucas 18:35; 19:1).

Jerobaal. *Véase también* Gedeón (Antiguo Testamento)

Nombre que se dio a Gedeón en el Antiguo Testamento después que destruyó el altar de Baal (Jue. 6:32; 7:1; 9; 1 Sam. 12:11).

Jeroboam

En el Antiguo Testamento, el primer rey del reino del norte después de la división de Israel; miembro de la tribu de Efraín. El inicuo Jeroboam encabezó la rebelión contra la casa de Judá y la familia de David.

Jeroboam hizo ídolos para el pueblo y los puso en Dan y en Bet-el para que el pueblo los adorara, **1 Rey.** 12:28–29. Ahías reprendió duramente a Jeroboam, **1 Rey.** 14:6–16. Se le recordaba por haber llevado a Israel a cometer un terrible pecado, **1 Rey.** 15:34 (1 Rey. 12:30).

Jerusalén

Ciudad ubicada en el Israel moderno. Es la ciudad más importante de la historia bíblica, y en ella se encuentran algunos de los sitios más sagrados de los cristianos, de los judíos y de los musulmanes, los cuales visitan con regularidad muchos creyentes fieles. A menudo se le llama la ciudad santa.

Una vez conocida como Salem (Gén. 14:18; Sal. 76:2), Jerusalén fue ciudad jebusea hasta que David la tomó (Josué 10:1; 15:8; 2 Sam. 5:6–7) y la convirtió en su capital. Hasta entonces había sido principalmente una fortaleza sobre el monte, situada a unos 800 metros sobre el nivel del mar, rodeada de profundos valles por todos sus lados con excepción del norte.

Durante el reinado de David en Jerusalén, este ocupaba un palacio de madera; no obstante, durante el reinado de Salomón, el pueblo trabajó mucho para embellecer la ciudad, construyendo incluso el templo y el palacio del rey.

Después de la división de los reinos de Israel y Judá, Jerusalén siguió como la capital de Judá. Con frecuencia la atacaban ejércitos invasores (1 Rey. 14:25; 2 Rey. 14:13; 16:5; 18–19; 24:10; 25). Bajo el reinado de Ezequías fue declarada el centro de adoración religiosa, pero fue parcialmente destruida en los años 320, 168 y 65 a.C. Herodes reconstruyó las murallas y el templo, pero en el año 70 d.C. la destruyeron completamente los romanos.

Melquisedec fue rey de Salem, **Gén.** 14:18 (Heb. 7:1–2). Isaías le pidió a Jerusalén que se vistiera su ropa hermosa, **Isa.** 52:1. La palabra de Jehová saldría de Jerusalén, **Miq.** 4:2.

Lamento de Jesús sobre el destino de Jerusalén, **Mateo** 23:37–39 (Lucas 13:34). Jerusalén es la ciudad del Dios vivo, **Heb.** 12:22.

Jerusalén sería destruida si no se arrepentía, **1 Ne.** 1:4, 13, 18 (2 Ne. 1:4; Hel. 8:20). Jerusalén volvería a ser habitada después de su destrucción, **3 Ne.** 20:46. Jerusalén sería reconstruida, **Éter** 13:5.

Cristo amonestó a los Santos de los Últimos Días tal como amonestó al pueblo de Jerusalén, **DyC** 5:20. Huyan a Jerusalén los que son de Judá, **DyC** 133:13. El Señor hablará desde Jerusalén, **DyC** 133:21.

Jerusalén, la nueva. *Véase* Nueva Jerusalén; Sion

Jesucristo. *Véase también* Abogado; Agua(s) viva(s); Alfa y Omega; Arrepentimiento, arrepentirse; Ascensión; Buen Pastor; Caída de Adán y Eva; Camino (vía); Conciencia; Consolador; Cordero de Dios; Creación, crear; Crucifixión; Cruz; Emanuel; Engendrado, engendrar; Esposo; Evangelios; Expiación, expiar; Fe; Gólgota; Gracia; Hijo del Hombre; Jehová; Libertador; Luz, luz de Cristo; María, madre de Jesús; Mediador; Mesías; Pan de Vida; Piedra del ángulo; Plan de redención; Primogénito; Principio; Redención, redimido, redimir; Redentor; Remisión de pecados; Resurrección; Roca; Sacrificios; Salvador; Sangre; Santa Cena; Segunda venida de Jesucristo; Señor; Sermón del Monte; Serpiente de bronce; Sin Fin; Transfiguración — La

Transfiguración de Cristo; Trinidad; Ungido, el; YO SOY

Cristo (vocablo griego) y *Mesías* (vocablo hebreo) significan "el ungido". Jesucristo es el Primogénito del Padre en el espíritu (Heb. 1:6; DyC 93:21), y el Unigénito del Padre en la carne (Juan 1:14; 3:16). Es Jehová (DyC 110:3–4) y fue preordenado a Su importante llamamiento antes que el mundo fuese creado. Bajo la dirección del Padre, Jesús creó la tierra y todo lo que en ella hay (Juan 1:3, 14; Moisés 1:31–33). Nació de María en Belén; llevó una vida sin mancha y efectuó la Expiación perfecta en bien de todo el género humano mediante el derramamiento de Su sangre y la muerte sobre la cruz (Mateo 2:1; 1 Ne. 11:13–33; 3 Ne. 27:13–16; DyC 76:40–42). Se levantó de los muertos, asegurando así la resurrección de todo el género humano. Por medio de la expiación y la resurrección de Cristo, todos los que se arrepientan de sus pecados y obedezcan los mandamientos de Dios podrán vivir eternamente con Jesús y con el Padre (2 Ne. 9:10–12; 21–22; DyC 76:50–53, 62).

Jesucristo es el ser supremo de los nacidos en esta tierra. Su vida es el ejemplo perfecto del modo de vida que debe llevar todo el género humano. Toda oración, bendición y ordenanza del sacerdocio debe efectuarse en Su nombre. Es el Señor de señores, el Rey de reyes, el Creador, el Salvador y el Dios de toda la tierra.

Volverá en poder y gloria para reinar sobre la tierra durante el Milenio. En el último día, juzgará a toda la humanidad (Alma 11:40–41; JS—M 1).

Resumen de Su vida (siguiendo el orden de sucesión de los acontecimientos): Se predicen el nacimiento y la misión de Jesús, **Lucas** 1:26–38 (Isa. 7:14; 9:6–7; 1 Ne. 11). Su nacimiento, **Lucas** 2:1–7 (Mateo 1:18–25). Su circuncisión, **Lucas** 2:21. Su presentación en el templo, **Lucas** 2:22–38. La visita de los magos, **Mateo** 2:1–12. José y María huyen con Él a Egipto, **Mateo** 2:13–18. Va a vivir a Nazaret, **Mateo** 2:19–23. Visita el templo a los doce años, **Lucas** 2:41–50. Tuvo hermanos y hermanas, **Mateo** 13:55–56 (Mar. 6:3). Su bautismo, **Mateo** 3:13–17 (Mar. 1:9–11; Lucas 3:21–22). Lo tienta el diablo, **Mateo** 4:1–11 (Mar. 1:12–13; Lucas 4:1–13). Llama a sus discípulos, **Mateo** 4:18–22 (Mateo 9:9; Mar. 1:16–20; 2:13–14; Lucas 5:1–11, 27–28; 6:12–16; Juan 1:35–51). Comisiona a los Doce, **Mateo** 10:1–4 (Mar. 3:13–19; Lucas 6:12–16). Da el Sermón del Monte, **Mateo** 5–7. Predice su propia muerte y resurrección, **Mateo** 16:21 (Mateo 17:22–23; 20:17–19; Mar. 8:31; 9:30–32; 10:32–34; Lucas 9:22; 18:31–34). La Transfiguración, **Mateo** 17:1–9 (Mar. 9:2–8; Lucas 9:28–36). Envía a los setenta, **Lucas** 10:1–20. Hace su entrada triunfal en Jerusalén, **Mateo** 21:1–11 (Mar. 11:1–11; Lucas 19:29–40; Juan 12:12–15). Instituye la Santa Cena, **Mateo** 26:26–29 (Mar. 14:22–25; Lucas 22:19–20). Padece y ora en Getsemaní, **Mateo** 26:36–46 (Mar. 14:32–42; Lucas 22:39–46). Es traicionado, arrestado y abandonado, **Mateo** 26:47–56 (Mar. 14:43–53; Lucas 22:47–54; Juan 18:2–13). Su crucifixión, **Mateo** 27:31–54 (Mar. 15:20–41; Lucas 23:26–28, 32–49; Juan 19:16–30). Su resurrección, **Mateo** 28:1–8 (Mar. 16:1–8; Lucas 24:1–12; Juan 20:1–10). Aparece después de Su resurrección, **Mateo** 28:9–20 (Mar. 16:9–18; Lucas 24:13–48; Juan 20:11–31; Hech. 1:3–8; 1 Cor. 15:5–8). Asciende al cielo, **Mar.** 16:19–20 (Lucas 24:51–53; Hech. 1:9–12).

Se aparece a los nefitas, **3 Ne.** 11:1–17 (3 Ne. 11–26).

Se aparece a José Smith, **JS—H** 1:15–20.

El ejemplo de Jesucristo: Ejemplo os he dado, **Juan** 13:15. Yo soy el camino, y la verdad, y la vida, **Juan** 14:6. Cristo padeció por nosotros, dejándonos el ejemplo, para que sigamos sus pisadas, **1 Pe.** 2:21.

A menos que el hombre siga el ejemplo del Hijo del Dios viviente, no puede ser salvo, **2 Ne.** 31:16. Quisiera que fueseis perfectos así como yo, **3 Ne.** 12:48. Siempre procuraréis hacer esto, tal como yo lo he hecho, **3 Ne.** 18:6. Yo os he dado el ejemplo, **3 Ne.** 18:16. Las obras que me habéis visto hacer, esas también las haréis, **3 Ne.** 27:21, 27. Los discípulos verdaderos de Jesucristo deben ser semejantes a él, **Moro.** 7:48.

El reinado milenario de Cristo: El principado descansará sobre su hombro, **Isa.** 9:6 (2 Ne. 19:6). Moraré en medio de ti, ha dicho Jehová, **Zac.** 2:10–12 (Zac. 14:9).

Dios le dará a Jesús el trono de David su padre, **Lucas** 1:30–33. Cristo reinará por los siglos de los siglos, **Apoc.** 11:15. Los santos reinarán con Cristo mil años, **Apoc.** 20:4 (DyC 76:63).

A causa de la rectitud del pueblo, Satanás no tendrá poder, **1 Ne.** 22:26 (Apoc. 20:1–3).

Moraré en rectitud con los hombres sobre la tierra por mil años, **DyC** 29:11 (DyC 43:29–30). Sujetaos a las potestades existentes, hasta que reine aquel cuyo derecho es reinar, **DyC** 58:22 (1 Cor. 15:25).

Cristo reinará personalmente sobre la tierra, **AdeF** 1:10 (Isa. 32:1).

El tomar sobre sí el nombre de Jesucristo: No hay otro nombre en que podamos ser salvos, **Hech.** 4:12 (2 Ne. 31:21). Los Apóstoles se sintieron gozosos de haber sido tenidos por dignos de padecer afrenta por causa del Nombre, **Hech.** 5:38–42. Este es su mandamiento: Que creamos en el nombre de su Hijo Jesucristo, **1 Juan** 3:23.

Testificad que estáis dispuestos a tomar sobre vosotros el nombre de Cristo por medio del bautismo, **2 Ne.** 31:13. Quisiera que tomaseis sobre vosotros el nombre de Cristo, **Mos.** 5:6–12 (Mos. 1:11). Quienes deseaban tomar sobre sí el nombre de Cristo se unían a la Iglesia de Dios, **Mos.** 25:23. Todos los que eran creyentes verdaderos en Cristo tomaron sobre sí el nombre de Cristo, **Alma** 46:15. La puerta del cielo está abierta para los que quieran creer en el nombre de Jesucristo, **Hel.** 3:28. Bendito es aquel que sea hallado fiel a mi nombre en el postrer día, **Éter** 4:19. Están dispuestos a tomar sobre sí el nombre de tu Hijo, **Moro.** 4:3 (DyC 20:77).

Tomad sobre vosotros el nombre de Cristo, **DyC** 18:21–25.

Es cabeza de la Iglesia: Cristo es cabeza de la iglesia, **Efe.** 5:23 (Efe. 1:22; 4:15). Él es la cabeza del cuerpo que es la iglesia, **Col.** 1:18.

Esta es mi iglesia, **Mos.** 26:22 (Mos. 27:13). Cristo era el autor y perfeccionador de su fe, **Moro.** 6:1–4.

He establecido esta iglesia, **DyC** 33:5 (3 Ne. 27:3–8).

Es juez: Él juzgará al mundo con justicia, **Sal.** 9:8 (3 Ne. 27:16). Jehová viene a juzgar la tierra, **Sal.** 96:13. Al justo y al impío juzgará Dios, **Ecle.** 3:17. Juzgará entre las naciones, **Isa.** 2:4 (Miq. 4:3; 2 Ne. 12:4). Juzgará con justicia a los pobres, **Isa.** 11:2–4.

El Padre todo el juicio dio al Hijo, **Juan** 5:22. Si yo juzgo, mi juicio es verdadero, **Juan** 8:16. Dios lo ha puesto por Juez de vivos y muertos, **Hech.** 10:42 (2 Tim. 4:1). Dios juzgará por Jesucristo los secretos de los hombres, **Rom.** 2:16. Todos compareceremos ante el tribunal de Cristo, **Rom.** 14:10 (2 Cor. 5:10; Alma 12:12; Morm. 3:20; 7:6; Éter 12:38; DyC 135:5).

Todos los hombres vienen a Dios para que él los juzgue de acuerdo con la verdad y santidad que hay en él, **2 Ne.** 2:10. Presentaos ante Dios para ser juzgados de acuerdo con las obras, **Alma** 5:15 (Alma 12:15; 33:22; 3 Ne. 27:14).

Dios y Cristo son los jueces de todo, **DyC** 76:68.

La existencia premortal de Cristo: Apareció Jehová a Abram, **Gén.** 12:7 (Gén. 17:1; 18:1; Abr. 2:6–8). Jehová habló a Moisés cara a cara, **Éx.** 33:11 (Deut. 34:10; Moisés 1:1–2). Vi al Señor que estaba sobre el altar, **Amós** 9:1.

En el principio era el Verbo, y el Verbo era con Dios. Y aquel Verbo fue hecho carne, y habitó entre nosotros, **Juan** 1:1, 14 (1 Juan 1:1–3). Antes que Abraham fuese, yo soy, **Juan** 8:58. Glorifícame tú con aquella gloria que tuve contigo antes que el mundo fuese, **Juan** 17:5.

Isaías verdaderamente vio a mi Redentor, tal como yo y mi hermano Jacob lo hemos visto, **2 Ne.** 11:2–3. Mañana vengo al mundo, **3 Ne.** 1:12–14. Cristo existía desde antes del principio del mundo, **3 Ne.** 26:5 (Juan 6:62). Así como me aparezco a ti en el espíritu, apareceré a mi pueblo en la carne, **Éter** 3:14–17.

Enoc vio al Señor y anduvo con él, **DyC** 107:48–49.

Mi Hijo Amado, que fue mi Amado y mi Escogido desde el principio, **Moisés** 4:2. El Señor dijo: ¿A quién enviaré? Y respondió uno semejante al Hijo del Hombre: Heme aquí; envíame, **Abr.** 3:27.

La gloria de Jesucristo: La gloria de Jehová llenó el tabernáculo, **Éx.** 40:34–38. Toda la tierra está llena de su gloria, **Isa.** 6:3 (2 Ne. 16:3). La gloria de Jehová ha nacido sobre ti, **Isa.** 60:1–2.

El Hijo del Hombre vendrá en la gloria de su Padre, **Mateo** 16:27. Glorifícame tú con aquella gloria que tuve contigo antes que el mundo fuese, **Juan** 17:5.

El Santo de Israel ha de reinar con gran gloria, **1 Ne.** 22:24. Teníamos la esperanza de su gloria, **Jacob** 4:4. El Hijo de Dios viene en su gloria, **Alma** 5:50. Les explicó todas las cosas, desde el principio hasta que él viniera en su gloria, **3 Ne.** 26:3.

Mis apóstoles estarán vestidos en gloria igual que yo, **DyC** 29:12 (DyC 45:44). Vimos la gloria del Hijo, a la diestra del Padre, **DyC** 76:19–23. Juan vio la plenitud de mi gloria y dio testimonio de ella, **DyC** 93:6 (Juan 1:14). Su semblante brillaba más que el resplandor del sol, **DyC** 110:3.

Su gloria me cubrió, y vi su rostro, **Moisés** 1:1–11. Esta es mi obra y mi gloria, **Moisés** 1:39.

Las apariciones de Cristo después de Su muerte: Habiendo resucitado Jesús, se le apareció primeramente a María Magdalena, **Mar.** 16:9 (Juan 20:11–18). Jesús caminó y habló con dos de los discípulos en el camino a Emaús, **Lucas** 24:13–34. Jesús se apareció a los Apóstoles, quienes palparon sus manos y sus pies, **Lucas** 24:36–43 (Juan 20:19–20). Jesús se apareció a Tomás, **Juan** 20:24–29. Jesús se aparece a sus discípulos en el mar de Tiberias, **Juan** 21:1–14. Después de Su resurrección, Jesús ministró durante cuarenta días, **Hech.** 1:2–3. Esteban vio a Jesús que estaba a la diestra de Dios, **Hech.** 7:55–56. Jesús se apareció a Saulo, **Hech.** 9:1–8 (TJS, Hech. 9:7; Hech. 26:9–17). Cristo se apareció a más de quinientas personas, **1 Cor.** 15:3–8.

Jesucristo se mostró al pueblo de Nefi, **3 Ne.** 11:1–17. Unas dos mil quinientas personas vieron y oyeron a Jesús, **3 Ne.** 17:16–25. El Señor visitó a Mormón, **Morm.** 1:15.

José Smith y Sidney Rigdon vieron a Jesús a la diestra de Dios, **DyC** 76:22–23. José Smith y Oliver Cowdery vieron al Señor en el Templo de Kirtland, **DyC** 110:1–4.

José Smith vio a Jesús, **JS—H** 1:15–17.

Profecías acerca de la vida y la muerte de Jesucristo: La virgen concebirá, y dará a luz un hijo, **Isa.** 7:14 (1 Ne. 11:13–20). De Belén saldrá el que será Señor en Israel, **Miq.** 5:2.

Samuel el Lamanita profetizó que habría un día y una noche y un día de luz; una estrella nueva; y muchas otras señales, **Hel.** 14:2–6. Samuel el Lamanita profetizó que habría obscuridad, truenos y relámpagos, y temblores en la tierra, **Hel.** 14:20–27. Se cumplieron las señales del nacimiento de Jesús, **3 Ne.** 1:15–21. Se cumplieron las señales de la muerte de Jesús, **3 Ne.** 8:5–23.

Simbolismos o símbolos de Jesucristo: Abel ofreció de los primogénitos de sus ovejas, **Gén.** 4:4 (Moisés 5:20). Toma ahora tu hijo único, Isaac, y ofrécelo en holocausto, **Gén.** 22:1–13 (Jacob 4:5). El Señor mandó a los hijos de Israel ofrecer en sacrificio ovejas sin defecto, **Éx.** 12:5, 21, 46 (Núm. 9:12; Juan 1:29; 19:33; 1 Pe. 1:19; Apoc. 5:6). Es el pan que Jehová os da para comer, **Éx.** 16:2–15 (Juan 6:51). Golpearás la peña, y saldrán de ella aguas, y beberá el pueblo, **Éx.** 17:6 (Juan 4:6–14; 1 Cor. 10:1–4). El macho cabrío llevará sobre sí todas las iniquidades de ellos, **Lev.** 16:20–22 (Isa. 53:11; Mos.

14:11; 15:6–9). Moisés hizo una serpiente de bronce, la puso sobre un asta y la alzó para salvar a los que la miraran, **Núm.** 21:8–9 (Juan 3:14–15; Alma 33:19; Hel. 8:14–15). Estuvo Jonás en el vientre del pez tres días, **Jonás** 1:17 (Mateo 12:40).

Esto es una semejanza del sacrificio del Unigénito del Padre, **Moisés** 5:4–8.

Su autoridad: El principado sobre su hombro, **Isa.** 9:6 (2 Ne. 19:6).

Jesús enseñaba como quien tiene autoridad, **Mateo** 7:28–29 (Mar. 1:22). El Hijo del Hombre tiene potestad en la tierra para perdonar los pecados, **Mateo** 9:6. Con autoridad Jesús mandó a los espíritus inmundos y le obedecieron, **Mar.** 1:27 (Lucas 4:33–36). Jesús estableció (ordenó) a doce para que tuviesen autoridad, **Mar.** 3:14–15. La palabra de Jesús era con autoridad, **Lucas** 4:32. El Padre todo el juicio dio al Hijo, **Juan** 5:22, 27. Dios ungió a Jesús con el Espíritu Santo y con poder, **Hech.** 10:38. Cristo fue destinado desde antes de la fundación del mundo, **1 Pe.** 1:20 (Éter 3:14). Cristo tiene las llaves de la muerte y del Hades, **Apoc.** 1:18.

Todos los hombres quedan sujetos a Cristo, **2 Ne.** 9:5. Jesucristo, el Hijo de Dios, es el Padre del cielo y de la tierra, el Creador de todas las cosas desde el principio, **Hel.** 14:12.

Cristo vino por la voluntad del Padre para hacer su voluntad, **DyC** 19:24. Jesús recibió la plenitud del Padre; y Jesús recibió todo poder, **DyC** 93:3–4, 16–17 (Juan 3:35–36).

Testimonios sobre Jesucristo: Pablo testificó que Jesús era el Cristo, **Hech.** 18:5. Aun los espíritus malos testificaron que conocían a Jesús, **Hech.** 19:15. Nadie puede llamar a Jesús Señor, sino por el Espíritu Santo, **1 Cor.** 12:3. Se doble toda rodilla y toda lengua confiese que Jesucristo es el Señor, **Filip.** 2:10–11.

Hablamos de Cristo, nos regocijamos en Cristo, predicamos de Cristo, profetizamos de Cristo, **2 Ne.** 25:26. El Libro de Mormón es para convencer al judío y al gentil de que Jesús es el verdadero Cristo, **2 Ne.** 26:12 (portada del Libro de Mormón). Los profetas y las Escrituras testifican de Cristo, **Jacob** 7:11, 19. Buscad a este Jesús de quien han escrito los profetas y apóstoles, **Éter** 12:41.

Lo vimos y oímos la voz testificar que él es el Unigénito, **DyC** 76:20–24. Esto es vidas eternas: Conocer a Dios y a Jesucristo, **DyC** 132:24.

Nosotros creemos en Dios el Eterno Padre, y en su Hijo Jesucristo, **AdeF** 1:1. Creemos que Cristo reinará personalmente sobre la tierra, **AdeF** 1:10.

Jetro. *Véase también* Moisés

En el Antiguo Testamento, príncipe y sacerdote de Madián que dio abrigo a Moisés después que este huyó de Egipto. También se le llamaba Reuel (Éx. 2:18). Posteriormente, Moisés se casó con Séfora, hija de Jetro (Éx. 3:1; 4:18; 18:1–12). Jetro enseñó a Moisés a delegar (Éx. 18:13–27). Moisés recibió el Sacerdocio de Melquisedec de manos de Jetro (DyC 84:6–7).

Jezabel. *Véase también* Acab

En el Antiguo Testamento, mujer inicua de la tierra de Fenicia. Fue la esposa de Acab (1 Rey. 16:30–31), rey de Israel que gobernó durante la época en que Elías fue profeta.

El matrimonio de Jezabel y Acab, más que cualquier otro acontecimiento, ocasionó la caída del reino del norte, ya que Jezabel introdujo en Israel las peores formas de adoración fenicia, reemplazando así la adoración a Jehová (1 Rey. 18:13, 19).

Jezabel mató a muchos profetas de Dios, **1 Rey.** 18:4. Jezabel intentó matar a Elías, **1 Rey.** 19:1–3. La terrible muerte de Jezabel dio fin a su iniquidad, **2 Rey.** 9:30–37.

Job

En el Antiguo Testamento, un hombre justo que sufrió grandes aflicciones y aun así permaneció fiel a su creencia en Dios. Su historia se relata en el libro de Job.

El libro de Job: Aunque en el libro se

exponen los padecimientos de Job, no se da contestación en forma completa a la pregunta de por qué él (o cualquier otro ser humano) había de sufrir dolor y la pérdida de sus familiares y bienes. En el libro se aclara que la aflicción no es necesariamente evidencia de que uno haya pecado. El Señor permite que pasemos tribulaciones para que estas nos sirvan de experiencia, disciplina e instrucción, y a veces también de castigo (DyC 122).

El libro puede dividirse en cuatro partes. Los capítulos 1 y 2 constituyen un prólogo de la historia. En los capítulos del 3 al 31, se relata una serie de conversaciones entre Job y sus tres amigos. En los capítulos del 32 al 37, se encuentran los discursos de Eliú, un cuarto amigo, que condena a Job por razones distintas de las de los tres primeros amigos. En los capítulos del 38 al 42 se concluye el libro y en ellos se le asegura a Job que ha llevado una vida buena desde el principio.

En el libro de Job, se enseña que si una persona tiene un conocimiento correcto de Dios y vive de manera aceptable ante Él, podrá soportar mejor las tribulaciones que le sobrevengan. Caracterizan su inquebrantable fe, exclamaciones tales como: "Aunque él me matare, en él esperaré" (Job 13:15). También se menciona a Job en Ezeq. 14:14; Stg. 5:11; DyC 121:10.

Joel

En el Antiguo Testamento, profeta de Judá. Se desconoce la época exacta en la cual vivió; pudo haber sido en el período comprendido entre el reinado de Joás, antes del año 850 a.C., y el regreso de la tribu de Judá de su cautiverio en Babilonia.

El libro de Joel: Se centra en una profecía que hizo Joel después de que Judá fue asolado con un severo castigo de sequía y una plaga de langostas (Joel 1:4–20). Joel asegura al pueblo que por medio del arrepentimiento nuevamente recibirán las bendiciones de Dios (Joel 2:12–14).

En el capítulo 1, se pide que se convoque una asamblea solemne en la casa del Señor. En el capítulo 2, se habla de la guerra y desolación que precederán al Milenio. En el capítulo 3, se habla de los postreros días y se afirma que todas las naciones estarán en guerra, pero que finalmente el Señor morará en Sion.

Pedro citó la profecía de Joel acerca del derramamiento del Espíritu el día de Pentecostés (Joel 2:28–32; Hech. 2:16–21); el ángel Moroni citó este mismo pasaje a José Smith (JS—H 1:41).

Jonás. *Véase también* Nínive

Profeta del Antiguo Testamento llamado por el Señor a predicar el arrepentimiento a la ciudad de Nínive (Jonás 1:1–2).

El libro de Jonás: Libro del Antiguo Testamento en el que se relata un episodio de la vida de Jonás. Es probable que Jonás no haya sido el autor del libro. El concepto principal del libro es que Jehová reina en todas partes y no limita Su amor a una sola nación o pueblo.

En el capítulo 1, el Señor llama a Jonás a predicar al pueblo de Nínive, pero en lugar de hacer lo que el Señor le manda, Jonás huye en barco y es tragado por un gran pez. En el capítulo 2, Jonás ora al Señor, y el pez lo vomita en tierra. En el capítulo 3, se registra que Jonás va a Nínive y profetiza su caída; sin embargo, el pueblo se arrepiente. En el capítulo 4, el Señor reprende a Jonás por haberse enojado porque el Señor salvó al pueblo.

Jesús enseñó que el que Jonás hubiera sido tragado por el pez sirvió de presagio de Su propia muerte y resurrección (Mateo 12:39–40; 16:4; Lucas 11:29–30).

Jonatán. *Véase también* David; Saúl, rey de Israel

En el Antiguo Testamento, hijo de Saúl, rey de Israel. Jonatán fue íntimo amigo de David (1 Sam. 13–23; 31).

Jordán, río

Se extiende desde el mar de Galilea hasta el mar Muerto. Tiene una longitud de 160 kilómetros y está formado por la unión de varios arroyos que nacen en el monte Hermón. Es el río más importante de Israel.

Dos acontecimientos importantes relacionados con este río son: Cuando el Señor dividió las aguas para que pasaran los hijos de Israel (Josué 3:14–17) y el bautismo de Jesucristo (Mateo 3:13–17; 1 Ne. 10:9).

Josafat

En el Antiguo Testamento, rey fiel de Judá (1 Rey. 15:24; 22).

José de Arimatea

Fue miembro del sanedrín, discípulo de Cristo, rico y fiel israelita que no tomó parte alguna en condenar a nuestro Señor. Después de la Crucifixión, José envolvió el cuerpo del Señor en una sábana limpia y lo puso en su propio sepulcro labrado en la peña (Mateo 27:57–60; Mar. 15:43–46; Lucas 23:50–53; Juan 19:38–42).

José, esposo de María. *Véase también* Jesucristo; María, madre de Jesús

Esposo de María, la madre de Jesús. José era descendiente de David (Mateo 1:1–16; Lucas 3:23–38) y vivía en Nazaret. Se desposó con María, y poco antes de efectuarse el matrimonio, María recibió la visita del ángel Gabriel, quien le anunció que ella había sido escogida para ser la madre del Salvador (Lucas 1:26–35). José también recibió una revelación sobre este nacimiento divino (Mateo 1:20–25).

María fue la única progenitora terrenal de Jesús, ya que fue engendrado por Dios el Padre. Pero los judíos consideraban a José como el padre de Jesús, y el niño Jesús lo trató como a tal (Lucas 2:48, 51). Al ser advertido por medio de sueños celestiales del peligro que corría el pequeño Jesús, José le salvó la vida huyendo a Egipto (Mateo 2:13–14). Después de la muerte de Herodes, un ángel le dio instrucciones a José de llevar al niño de nuevo a Israel (Mateo 2:19–23).

José hijo de Jacob. *Véase también* Israel; Jacob hijo de Isaac

En el Antiguo Testamento, el primogénito de Jacob y Raquel (Gén. 30:22–24; 37:3).

José obtuvo la primogenitura de Israel porque Rubén, el primogénito de la primera esposa de Jacob, perdió ese privilegio a causa de su transgresión (1 Cró. 5:1–2). José, siendo el primogénito de la segunda esposa de Jacob, y debido a su dignidad, era quien tenía derecho a recibir la bendición. José también recibió una bendición de su padre poco antes de que este muriera (Gén. 49:22–26).

José fue un hombre de gran integridad, "entendido" y "sabio" (Gén. 41:39). El que haya rechazado a la esposa de Potifar es un ejemplo de fe, de castidad y de integridad personal (Gén. 39:7–12). En Egipto, cuando José reveló a sus hermanos su verdadera identidad, les dio las gracias en vez de culparlos por la forma en que lo habían tratado. Él creía que la forma en que habían actuado sus hermanos había hecho posible que se cumpliera la voluntad de Dios (Gén. 45:4–15).

La revelación de los últimos días da a conocer la misión más extensa de la familia de José en los últimos días (TJS Gén. 50:24–38; [Apéndice — Biblia]; 2 Ne. 3:3–24; 3 Ne. 20:25–27).

Jacob amaba mucho a José y le hizo una túnica de diversos colores, **Gén.** 37:3. Por celos, los hermanos de José llegaron a odiarlo y conspiraron para matarlo. Sin embargo, finalmente decidieron venderlo a unos mercaderes que iban camino de Egipto, **Gén.** 37:5–36. En Egipto, el Señor hizo prosperar a José y este llegó a ser mayordomo en la casa de Potifar, **Gén.** 39:1–4. La esposa de Potifar mintió, diciendo que José había tratado de seducirla; José, a pesar de ser inocente, fue condenado y enviado a la cárcel, **Gén.** 39:7–20. José interpretó los sueños del jefe de los coperos y del jefe de los panaderos de Faraón, **Gén.** 40. Faraón favoreció a José por haber interpretado uno de sus sueños y lo nombró gobernador de Egipto, **Gén.** 41:14–45. Nacimiento de Efraín y Manasés, **Gén.** 41:50–52. Reunión de José con su padre y sus hermanos, **Gén.** 45–46. Muerte de José en Egipto a la edad de 110 años, **Gén.** 50:22–26.

José, palo de. *Véase* Efraín — El palo de Efraín o palo de José; Libro de Mormón

José Smith, hijo. *Véase* Smith, hijo, José

José Smith, Traducción de (TJS). *Véase también* Smith, hijo, José

Es una revisión o traducción de la versión de la Biblia en inglés conocida como la Versión del rey Santiago, que inició el profeta José Smith en junio de 1830. Dios le mandó hacer la traducción, la cual consideró como parte de su llamamiento como profeta.

Aunque la mayor parte de la obra se había terminado ya para julio de 1833, siguió haciendo modificaciones, mientras preparaba un manuscrito para la imprenta, hasta su muerte en 1844. Aunque partes de la traducción se publicaron mientras aún vivía, es posible que hubiera hecho modificaciones adicionales si hubiese vivido para publicar la obra entera. En 1867, la Iglesia Reorganizada de Jesucristo de los Santos de los Últimos Días publicó la primera edición de la traducción inspirada de José Smith y, desde entonces, ha publicado varias ediciones más.

La obra de la traducción fue una experiencia instructiva para el Profeta, y varias secciones de Doctrina y Convenios se recibieron como consecuencia directa de la obra (por ejemplo, DyC 76; 77; 91 y 132). Además, el Señor le dio a José Smith instrucciones específicas respecto a la traducción, las cuales se encuentran registradas en Doctrina y Convenios (DyC 37:1; 45:60–61; 76:15–18; 90:13; 91; 94:10; 104:58; 124:89). El libro de Moisés y el libro de José Smith—Mateo, que ahora forman parte de la Perla de Gran Precio, se tomaron directamente de la Traducción de José Smith.

Esta traducción ha restaurado algunas de las cosas claras y preciosas que se han perdido de la Biblia (1 Ne. 13). Aunque no es la Biblia oficial de la Iglesia, gracias a esta traducción, hay muchos conceptos que se ven con más claridad. Además, es de gran valor ya que nos brinda una mayor comprensión de la Biblia. A la vez, es un testimonio del llamamiento y ministerio divinos del profeta José Smith.

Josías

Rey justo de Judá desde 641 hasta 610 a.C. (2 Rey. 22–24; 2 Cró. 34–35). Durante su reinado, se encontró el libro de la ley en la casa del Señor (2 Rey. 22:8–13).

Josué. *Véase también* Jericó

Profeta y líder del Antiguo Testamento y sucesor de Moisés. Nació en Egipto antes del Éxodo de los hijos de Israel (Núm. 14:26–31). Él y Caleb fueron dos de los doce espías enviados a Canaán y fueron los únicos que dieron un buen informe de la tierra (Núm. 13:8, 16–33; 14:1–10). Murió a la edad de 110 años (Josué 24:29), habiendo sido un gran ejemplo de lo que es ser guerrero y profeta devoto.

El libro de Josué: Llamado así no porque Josué haya sido el autor, sino porque es el personaje principal de la narración. En los capítulos del 1 al 12, se describe la conquista de Canaán. En los capítulos del 13 al 24, se habla de la repartición de las tierras entre las tribus de Israel y se dan las exhortaciones finales de Josué.

Dos versículos notables del libro son el mandato del Señor a Josué de meditar en las Escrituras (Josué 1:8) y el llamado que hizo Josué al pueblo de ser fieles al Señor (Josué 24:15).

Juan el Bautista. *Véase también* Elías; Sacerdocio Aarónico

En el Nuevo Testamento, el hijo de Zacarías y de Elisabet. La misión de Juan fue preparar al pueblo para recibir al Mesías (Juan 1:19–27). Poseía las llaves del Sacerdocio Aarónico y bautizó a Jesucristo.

Isaías, al igual que otros, profetizó de la misión de Juan, **Isa.** 40:3 (Mal. 3:1; 1 Ne. 10:7–10; 2 Ne. 31:4).

Fue encarcelado y decapitado, **Mateo** 14:3–12 (Mar. 6:17–29). Gabriel anunció a Zacarías el nacimiento y ministerio de Juan, **Lucas** 1:5–25. Jesús enseñó que Juan el Bautista era un gran profeta, **Lucas** 7:24–28. Reconoció a Jesús como el Hijo de Dios, **Juan** 1:29–34. Los discípulos de Juan se convirtieron en discípulos de Jesús, **Juan** 1:25–29, 35–42 (Hech. 1:21–22). No hizo ninguna señal, o sea, no llevó a cabo ningún milagro, **Juan** 10:41.

Como ser resucitado, fue enviado a ordenar a José Smith y a Oliver Cowdery al Sacerdocio Aarónico, **DyC** 13 (DyC 27:7–8; JS—H 1:68–72). Fue ordenado por un ángel a la edad de ocho días, **DyC** 84:28.

Juan hijo de Zebedeo. *Véase también* Apocalipsis; Apóstol; Evangelios; Sacerdocio de Melquisedec; Seres trasladados

Uno de los Doce Apóstoles del Nuevo Testamento, hijo de Zebedeo y hermano de Jacobo (Santiago). En los primeros años de su vida fue pescador (Mar. 1:17–20). Probablemente haya sido el discípulo de Juan el Bautista cuyo nombre no se menciona, y del que se hace referencia en Juan 1:40. Posteriormente recibió el llamamiento de discípulo de Jesucristo (Mateo 4:21–22; Lucas 5:1–11). Escribió el Evangelio según Juan, tres epístolas y el libro de El Apocalipsis. Fue uno de los tres escogidos que estuvieron con el Señor cuando devolvió la vida a la hija de Jairo (Mar. 5:35–42), en el monte de la Transfiguración (Mateo 17:1–9) y en Getsemaní (Mateo 26:36–46). En sus propios escritos se refiere a sí mismo como "el discípulo al cual Jesús amaba" (Juan 13:23; 21:20) y como "el otro discípulo" (Juan 20:2–8). Jesús dio a él y a su hermano Jacobo el apellido de Boanerges, que quiere decir "hijos del trueno" (Mar. 3:17). Hay frecuentes referencias a él en los relatos de la Crucifixión y la Resurrección (Lucas 22:8; Juan 18:15; 19:26–27 20:2–8; 21:1–2). Después fue desterrad a Patmos, en donde escribió el libro d El Apocalipsis (Apoc. 1:9).

Se menciona con frecuencia a Jua en las revelaciones de los últimos día (1 Ne. 14:18–27; 3 Ne. 28:6; Éter 4:16; DyC 7; 27:12; 61:14; 77; 88:141). Estos pasajes sirven para confirmar la narración bíblic de Juan, y también nos dan una ide más clara en cuanto a su grandeza y l importancia de la obra que el Señor l ha dado en la tierra, no solo en la époc del Nuevo Testamento, sino también e los últimos días. Las revelaciones confirman que Juan no murió, sino que s le ha permitido permanecer en la tierr como siervo ministrante hasta el tiemp de la segunda venida del Señor (Jua 21:20–23; 3 Ne. 28:6–7; DyC 7).

Las epístolas de Juan: Aunque en ninguna de estas tres epístolas se identifica al autor por su nombre, el lenguaj es tan similar al de Juan el Apóstol qu se supone que él es el autor de las tres.

En el capítulo 1 de la primera epístol Juan amonesta a los santos a tener comunión con Dios. En el capítulo 2, recalc que los santos llegan a conocer a Dio mediante la obediencia y los exhorta no amar al mundo. En el capítulo 3, exhorta a todos a convertirse en hijos d Dios y a amarse mutuamente. En el capítulo 4, explica que Dios es amor y qu mora en los que le aman. En el capítulo explica que los santos nacen de Dios po medio de su creencia en Cristo.

La segunda epístola es similar a l primera. En ella Juan se regocija po la fidelidad de los hijos de la "señor elegida".

En la tercera epístola encomia a Gay por su fidelidad y por la ayuda qu presta a los que aman la verdad.

El Evangelio según Juan: En este libr del Nuevo Testamento, el apóstol Jua testifica (1) que Jesús es el Cristo, es decir, el Mesías y (2) que Jesús es el Hij de Dios (Juan 20:31). Los acontecimient que él describe de la vida de Jesús se han seleccionado y dispuesto cuidadosamente con tal fin. La historia comienza con una declaración del estado de Cristo en la existencia preterrenal: Jesús era con Dios, era Dios y fue el Creador de todas las cosas. Nació en la carne como el Unigénito del Padre. Juan sigue el curso del ministerio de Jesús, recalcando en gran manera Su divinidad y Su resurrección de entre los muertos. Claramente afirma que Jesús es el Hijo de Dios, atestiguándolo por medio de los milagros, por testigos, por los profetas y por la propia voz de Cristo. Juan enseña mediante contrastes, usando términos tales como luz y tinieblas, verdad y error, bien y mal, Dios y el diablo. Posiblemente en ningún otro registro se encuentre tan claramente declarada la santidad de Jesús y la perfidia de los principales judíos.

Juan escribió principalmente del ministerio de Cristo en Judea, en especial de la última semana de Su ministerio mortal, en tanto que Mateo, Marcos y Lucas escribieron principalmente sobre el ministerio del Señor en Galilea. Varios puntos de este Evangelio se han aclarado mediante las revelaciones de los postreros días (DyC 7 y DyC 88:138–141).

Para ver una lista de los acontecimientos en la vida del Salvador, cual se describen en el Evangelio según Juan, véase la Concordancia entre los Evangelios, en el Apéndice.

El libro de El Apocalipsis: Véase Apocalipsis

Judá. *Véase también* Biblia; Israel; Judíos

En el Antiguo Testamento, el cuarto hijo de Jacob y de Lea (Gén. 29:35; 37:26–27; 43:3, 8; 44:16; 49:8). Jacob dio a Judá una bendición en la que se le dijo que sería un líder natural entre los hijos de Jacob y que Siloh (Jesucristo) sería descendiente suyo (Gén. 49:10).

La tribu de Judá: La tribu de Judá tomó la dirección después de su establecimiento en Canaán, siendo su rival principal la tribu de Efraín. Moisés bendijo a la tribu de Judá (Deut. 33:7). Después del reinado de Salomón, esa tribu llegó a ser el reino de Judá.

El reino de Judá: Durante el reinado de Roboam, los dominios de Salomón se dividieron en dos reinos, sobre todo como consecuencia de los celos que había entre las tribus de Efraín y de Judá. El reino del sur incluía la tribu de Judá y la mayor parte de la de Benjamín, y su capital era Jerusalén. En general permaneció más fiel en la adoración a Jehová que el reino del norte; se vio menos expuesto a los ataques procedentes del norte y del este, y el poder supremo permaneció en manos de la familia de David hasta el destierro del pueblo, cuando fue llevado cautivo a Babilonia. Por consiguiente, el Reino de Judá, el reino más poblado y poderoso de los dos, pudo existir durante 135 años después de la caída de Israel.

El palo de Judá: Referencia que se hace a la Biblia como historia de la casa de Judá (Ezeq. 37:15–19). En los últimos días, cuando las distintas ramas de la casa de Israel sean congregadas, sus anales sagrados también serán unidos. Estos sagrados registros se complementan mutuamente y forman un testimonio unificado de que Jesús es el Cristo, el Dios de Israel y el Dios de toda la tierra (TJS, Gén. 50:24–36 [Apéndice — Biblia]; 2 Ne. 3; 29).

Judas

En el Nuevo Testamento, uno de los hermanos de Jesús y probablemente el autor de la Epístola de Judas (Mateo 13:55; Judas 1:1).

La epístola de Judas: Este libro consta de una carta de Judas dirigida a ciertos santos cuya fe estaba en peligro de debilitarse debido a la presencia entre ellos de unos que profesaban ser cristianos, pero que practicaban una inmoral adoración pagana y declaraban estar por encima de la ley moral. Judas deseaba despertar en los santos la conciencia del peligro espiritual en que se hallaban y motivarles a permanecer fieles.

Algunos pasajes notables son: el versículo 6, donde se menciona la guerra de los cielos y la expulsión de Lucifer y sus ángeles durante el primer estado o existencia preterrenal (Abr. 3:26–28), y los versículos 14 y 15, en los que se cita una profecía de Enoc.

Judas, hermano de Jacobo (Santiago)

En el Nuevo Testamento, uno de los Doce Apóstoles originales de Jesucristo (Lucas 6:13–16). Es probable que se le haya conocido también como Lebeo o Tadeo (Mateo 10:2–4).

Judas Iscariote

En el Nuevo Testamento, uno de los Doce Apóstoles de Jesús (Mateo 10:4; Mar. 14:10; Juan 6:71; 12:4). Su apellido significa "hombre de Queriot". Era de la tribu de Judá y el único Apóstol que no era galileo. Judas traicionó al Señor.

Recibió treinta piezas de plata a cambio de entregar a Cristo a uno de los principales sacerdotes, **Mateo** 26:14–16 (Zac. 11:12–13). Traicionó al Señor con un beso, **Mateo** 26:47–50 (Mar. 14:43–45; Lucas 22:47–48; Juan 18:2–5). Se ahorcó, **Mateo** 27:5. Entró Satanás en Judas, **Lucas** 22:3 (Juan 13:2, 26–30). David habló de la traición a Jesús por parte de Judas, **Hech.** 1:16 (Sal. 41:9).

Judíos. *Véase también* Israel; Judá

Los judíos pueden ser (1) descendientes de Judá, uno de los doce hijos de Jacob, (2) el pueblo del antiguo reino del sur llamado Judá, o (3) los que practican la religión, el estilo de vida y las tradiciones del judaísmo pero que pueden o no ser judíos de nacimiento. Ha llegado a ser costumbre emplear el término *judío* para referirse a todos los descendientes de Jacob, pero el hacerlo es incorrecto. Debe limitarse a los del reino de Judá o, más específicamente hoy día, a los de la tribu de Judá.

No será quitado el cetro de Judá hasta que venga Siloh, **Gén.** 49:10.

El evangelio de Cristo es poder de Dios para salvación, al judío primeramente, **Rom.** 1:16.

Dios levantaría a un profeta entre los judíos: sí, un Mesías, **1 Ne.** 10:4. Cuando el libro salió de la boca del judío, las cosas eran claras y puras, **1 Ne.** 14:23. Los judíos serán dispersados entre todas las naciones, **2 Ne.** 25:15. Los judíos son mi antiguo pueblo del convenio, **2 Ne.** 29:4. Los judíos que estén dispersos empezarán a creer en Cristo, **2 Ne.** 30:7. Los judíos rechazarán la piedra sobre la cual podrían edificar, **Jacob** 4:14–16. Los judíos tendrán otros testimonios de que Jesús era el verdadero Cristo, **Morm.** 3:20–21.

Dos profetas le serán levantados a la nación judía en los postreros días, **DyC** 77:15. Llamad a todas las naciones, primeramente a los gentiles y luego a los judíos, **DyC** 133:8.

En aquellos días vendrá gran tribulación sobre los judíos, **JS—M** 1:18.

Jueces, libro de los

Libro del Antiguo Testamento que contiene la historia de los israelitas desde la muerte de Josué hasta el nacimiento de Samuel.

Los capítulos del 1 al 3 son un prefacio de todo el libro de Jueces. En ellos se explica que debido a que los israelitas no expulsaron a sus enemigos (Jue. 1:16–35), deben padecer las consecuencias: la pérdida de la fe, los matrimonios con personas que no eran creyentes y la idolatría. En los capítulos del 4 al 5, se relatan las experiencias de Débora y Barac, quienes liberaron a Israel del pueblo de Canaán. En los capítulos del 6 al 8, se relatan las experiencias inspiradoras de Gedeón, a quien bendijo el Señor para liberar a Israel de los madianitas. En los capítulos del 9 al 12, se relata que varios hombres sirvieron como jueces en Israel en una época en que la mayoría de los israelitas se hallaban en la apostasía y estaban sujetos a potestades extranjeras

En los capítulos del 13 al 16, se habla del ascenso y la caída de Sansón, el último juez. Los capítulos finales, del 17 al 21, constituyen un apéndice y en ellos se revela la gravedad de los pecados de Israel.

Juicio final. *Véase también* Condenación, condenar; Jesucristo — Es juez; Juicio, juzgar

El Juicio Final que tendrá lugar después de la Resurrección. Por medio de Jesucristo, Dios juzgará a toda persona para determinar la gloria eterna que esta recibirá. Ese juicio se basará en la obediencia personal a los mandamientos de Dios, y en la aceptación del sacrificio expiatorio de Jesucristo.

El Padre todo el juicio dio al Hijo, **Juan** 5:22. Todos compareceremos ante el tribunal de Cristo, **Rom.** 14:10. Fueron juzgados los muertos por las cosas que estaban escritas, **Apoc.** 20:12 (DyC 128:6–7).

Por todos tus hechos serás traído a juicio, **1 Ne.** 10:20. Los Doce Apóstoles y los Doce Discípulos nefitas juzgarán a las doce tribus de Israel, **1 Ne.** 12:9–10 (DyC 29:12). Todos deben comparecer ante el tribunal del Santo, **2 Ne.** 9:15. Preparad vuestras almas para ese día glorioso, **2 Ne.** 9:46. ¿Podéis imaginaros ante el tribunal de Dios?, **Alma** 5:17–25. Jesucristo se presentará para juzgar al mundo, **3 Ne.** 27:16.

El Señor descenderá en juicio sobre el mundo con una maldición sobre los impíos, **DyC** 133:2.

Juicio, juzgar. *Véase también* Condenación, condenar; Jesucristo — Es juez; Juicio final

Evaluar el comportamiento con relación a los principios del Evangelio; decidir; discernir entre el bien y el mal.

Se sentó Moisés a juzgar al pueblo, **Éx.** 18:13. Con justicia juzgarás a tu prójimo, **Lev.** 19:15.

No juzguéis, para que no seáis juzgados, **Mateo** 7:1 (TJS, Mateo 7:1–2; Lucas 6:37; 3 Ne. 14:1). Todos los que bajo la ley han pecado, por la ley serán juzgados, **Rom.** 2:12. Los santos han de juzgar al mundo, **1 Cor.** 6:2–3.

El Hijo del eterno Dios fue juzgado por el mundo, **1 Ne.** 11:32. Los Doce Apóstoles del Cordero juzgarán a las doce tribus de Israel, **1 Ne.** 12:9 (DyC 29:12). La muerte, el infierno y el diablo, y todos los que hayan caído en su poder deben ser juzgados, **2 Ne.** 28:23 (1 Ne. 15:33). Si juzgáis al hombre que os pide de vuestros bienes, cuánto más justa será vuestra condenación por haberle negado vuestros bienes, **Mos.** 4:22. Los hombres serán juzgados según sus obras, **Alma** 41:3. Juzga con rectitud, y la justicia te será restaurada otra vez, **Alma** 41:14. Por los libros que se escribirán será juzgado este pueblo, **3 Ne.** 27:23–26 (Apoc. 20:12). El resto de este pueblo será juzgado por los doce que Jesús escogió en esta tierra, **Morm.** 3:18–20. Mormón explicó la manera de distinguir entre el bien y el mal, **Moro.** 7:14–18.

Pon tu confianza en ese Espíritu que induce a juzgar con rectitud, **DyC** 11:12. Debéis decir en vuestros corazones: Juzgue Dios entre tú y yo, **DyC** 64:11. La Iglesia del Señor juzgará a las naciones, **DyC** 64:37–38. El Hijo visitó a los espíritus encerrados en prisión, para que pudieran ser juzgados según los hombres en la carne, **DyC** 76:73 (1 Pe. 4:6). El obispo será un juez común, **DyC** 107:72–74. El Señor juzgará a todos los hombres según sus obras, según el deseo de sus corazones, **DyC** 137:9.

Juramento. *Véase también* Convenio; Juramento y convenio del sacerdocio

En las Escrituras, este vocablo por regla general significa un convenio o promesa sagrados; no obstante, las personas impías, entre ellas, Satanás y sus ángeles, también hacen juramentos para lograr sus fines inicuos. En los tiempos del Antiguo Testamento, los juramentos eran aceptables; sin embargo, Jesucristo enseñó que no debemos jurar en el nombre de Dios ni de ninguna de Sus creaciones (Mateo 5:33–37).

Confirmaré el juramento que hice a Abraham, **Gén.** 26:3. Cuando alguno hiciere juramento ligando su alma con obligación, no quebrantará su palabra, **Núm.** 30:2. Juraron que andarían en la ley de Dios, **Neh.** 10:29.

Cumplirás al Señor tus juramentos, **Mateo** 5:33 (Ecle. 5:4–5; 3 Ne. 12:33). Dios jura con juramento, **Heb.** 6:13–18.

Cuando Zoram se juramentó, cesaron nuestros temores respecto a él, **1 Ne.** 4:37. El pueblo de Ammón hizo juramento de no verter más sangre, **Alma** 53:11. Los nefitas inicuos hicieron pactos y juramentos secretos con Satanás, **Hel.** 6:21–30.

Los hombres obtienen la vida eterna por medio del juramento y convenio del sacerdocio, **DyC** 84:33–42. Todos los convenios, contratos, vínculos, compromisos y juramentos que no son sellados por el Santo Espíritu de la promesa terminan cuando mueren los hombres, **DyC** 132:7.

Juramento y convenio del sacerdocio. *Véase también* Convenio; Juramento; Sacerdocio

Un juramento es una afirmación solemne de ser fiel a las promesas que se hayan hecho; un convenio es una promesa solemne que se hacen dos personas entre sí. El Sacerdocio Aarónico se recibe solamente por convenio. Los poseedores del Sacerdocio de Melquisedec reciben el sacerdocio tanto por un juramento tácito como por un convenio. Cuando los poseedores del sacerdocio son fieles y magnifican sus llamamientos según la dirección recibida de Dios, Él los bendice. Los que sean fieles hasta el fin y hagan todo lo que Dios les pida recibirán todo lo que el Padre tiene (DyC 84:33–39).

Hizo Jehová un convenio con Abraham, y Abraham obedeció, **Gén.** 15:18; 17:1; 22:16–18. Los sacerdotes de la época de Ezequiel no apacentaron a los rebaños, **Ezeq.** 34:2–3. Los sacerdotes de la época de Malaquías corrompieron el convenio, **Mal.** 1–2.

Jurar. *Véase* Blasfemar, blasfemia; Juramento; Profanidad

Justicia. *Véase también* Andar, andar con Dios; Dignidad, digno; Expiación, expiar; Injusticia, injusto; Integridad; Justo; Mandamientos de Dios; Misericordia, misericordioso; Rectitud, recto

Esta palabra tiene dos sentidos en las Escrituras: (1) Son las bendiciones que se reciben como consecuencia infalible de los pensamientos y de los hechos rectos y el castigo que también se recibe como consecuencia invariable de los pecados de los que no se hayan arrepentido. La justicia es una ley eterna que requiere un castigo cada vez que se quebrante una ley de Dios (Alma 42:13–24). Si no se arrepiente, el pecador tiene que pagar las exigencias de la justicia (Mos. 2:38–39; DyC 19:17). Si se arrepiente, el Salvador paga las exigencias de la justicia por medio de Su expiación, invocando la misericordia (Alma 34:16). (2) Es, además, la dignidad, integridad y santidad de una persona.

En el sentido de bendiciones o de castigos consecuencias invariables de nuestros pensamientos y hechos: El alma que pecare esa morirá, **Ezeq.** 18:4. Qué pide Jehová de ti: solamente hacer justicia, **Miq.** 6:8.

Jesús será fiel y justo para perdonar nuestros pecados, **1 Juan** 1:9.

La justicia de Dios separaba a los malos de los justos, **1 Ne.** 15:30. La expiación satisface lo que su justicia demanda, **2 Ne.** 9:26. Toda la humanidad se halla caída, y está en manos de la justicia, **Alma** 42:14. La expiación apacigua las demandas de la justicia, **Alma** 42:15. ¿Supones que la misericordia puede robar a la justicia?, **Alma** 42:25. La justicia de Dios se cierne sobre vosotros, a menos que os arrepintáis, **Alma** 54:6.

Justicia y juicio escribe mi ley, **DyC** 82:4. La justicia sigue su curso y reclama lo suyo, **DyC** 88:40. A nadie se exime de la justicia y las leyes de Dios, **DyC** 107:84.

En el sentido de ser digno, íntegro y santo: Bienaventurados los que tienen hambre y sed de justicia, **Mateo** 5:6 (3 Ne. 12:6). Buscad primeramente el reino de Dios y su justicia, **Mateo** 6:33.

Habéis buscado la felicidad cometiendo iniquidad, lo cual es contrario a la naturaleza de la justicia, **Hel.** 13:38.

Justificación, justificar. *Véase también* Expiación, expiar; Santificación

Recibir el perdón de los pecados y ser declarado sin culpa. El hombre se justifica mediante la gracia del Salvador y la fe que deposita en Él, la cual demuestra por medio de su arrepentimiento y obediencia a las leyes y a las ordenanzas del Evangelio. La expiación de Jesucristo hace posible que el género humano se arrepienta y sea justificado, o sea, que se le perdone el castigo que de otra manera recibiría.

En Jehová será justificado todo Israel, **Isa.** 45:25.

No son los oidores de la ley sino los hacedores de la ley los que serán justificados, **Rom.** 2:13. El hombre es justificado por medio de la sangre de Cristo, **Rom.** 5:1–2, 9. Sois justificados en el nombre del Señor Jesús, **1 Cor.** 6:11. Justificados por su gracia, seremos herederos, **Tito** 3:7. ¿No fue justificado por las obras Abraham nuestro padre?, **Stg.** 2:21. El hombre es justificado por las obras, y no solamente por la fe, **Stg.** 2:14–26.

Por la ley ninguna carne se justifica, **2 Ne.** 2:5. Mi justo siervo justificará a muchos; porque llevará las iniquidades de ellos, **Mos.** 14:11 (Isa. 53:11). ¿Podríais decir que vuestros vestidos han sido lavados mediante Cristo?, **Alma** 5:27.

La justificación por la gracia de Jesucristo es verdadera, **DyC** 20:30–31 (DyC 88:39).

Por el Espíritu sois justificados, **Moisés** 6:60.

Justo. *Véase también* Andar, andar con Dios; Dignidad, digno; Injusticia, injusto; Integridad; Justicia; Mandamientos de Dios; Rectitud, recto

Ser recto, santo, virtuoso, íntegro; obedecer los mandamientos de Dios; evitar el pecado.

Tú, Jehová, bendecirás al justo, **Sal.** 5:12. Los ojos de Jehová están sobre los justos, **Sal.** 34:15, 17 (1 Pe. 3:12). Cuando los justos dominan, el pueblo se alegra, **Prov.** 29:2 (DyC 98:9–10).

Los justos irán a la vida eterna, **Mateo** 25:46. La oración eficaz del justo puede mucho, **Stg.** 5:16.

El que es justo es favorecido de Dios, **1 Ne.** 17:35. Protegerá a los justos; no tienen por qué temer, **1 Ne.** 22:17, 22. Los justos heredarán el reino de Dios, **2 Ne.** 9:18. Los justos no temen las palabras de verdad, **2 Ne.** 9:40. Los nombres de los justos serán escritos en el libro de la vida, **Alma** 5:58.

La canción de los justos es una oración para mí, **DyC** 25:12. A los justos, la muerte les será dulce, **DyC** 42:46. Los justos serán recogidos de entre todas las naciones, **DyC** 45:71. Los hombres deben efectuar muchas obras justas de su propia voluntad, **DyC** 58:27. El que hiciere obras justas recibirá paz en este mundo y la vida eterna en el mundo venidero, **DyC** 59:23. En la segunda venida, habrá una separación completa de los justos y los malvados, **DyC** 63:54. Entre los justos había paz, **DyC** 138:22.

Kimball, Spencer W. *Véase también* Declaración Oficial 2

El duodécimo Presidente de la Iglesia desde la fundación de esta en 1830. Sirvió en su llamamiento como Presidente desde diciembre de 1973 hasta noviembre de 1985. Nació en 1895 y murió en 1985, a la edad de 90 años.

En junio de 1978, la Primera Presidencia anunció que el presidente Kimball había recibido una revelación que extendía las bendiciones del sacerdocio y del templo a todo varón que fuera miembro digno de la Iglesia, DO 2.

Kishkumen. *Véase también* Gadiantón, ladrones de

En el Libro de Mormón, líder de un grupo de hombres inicuos posteriormente conocidos como los ladrones de Gadiantón (Hel. 1:9–12; 2).

Kólob

La estrella más próxima al trono de Dios (Abr. 3:2–3, 9).

Abraham vio Kólob y las estrellas, **Abr.** 3:2–18. El tiempo del Señor es según el tiempo de Kólob, **Abr.** 3:4, 9 (Abr. 5:13).

Korihor. *Véase también* Anticristo

Un anticristo de los tiempos del Libro de Mormón que demandó una señal como prueba del poder de Dios. El Señor hizo que Korihor quedara mudo (Alma 30:6–60).

Labán, el que tenía en su poder las planchas de bronce. *Véase también* Planchas de bronce

En el Libro de Mormón, el hombre que tenía en su poder las planchas de bronce en Jerusalén durante la época de la familia de Lehi. Labán robó a Nefi y a sus hermanos y trató de matarlos (1 Ne. 3:1–27). El Espíritu le indicó a Nefi que debía matar a Labán para obtener las planchas (1 Ne. 4:1–26).

Labán, hermano de Rebeca. *Véase también* Rebeca

En el Antiguo Testamento, el hermano de Rebeca y padre de Lea y de Raquel, esposas de Jacob (Gén. 24:29–60; 27:43–44; 28:1–5; 29:4–29; 30:25–42; 31).

Lamán. *Véase también* Lamanitas; Lehi, padre de Nefi

En el Libro de Mormón, el hijo mayor de Lehi y Saríah y hermano mayor de Nefi (1 Ne. 2:5). Lamán por lo general escogió el mal en lugar del bien.

Lamán murmuró contra su padre, **1 Ne.** 2:11–12. Se rebeló contra su digno hermano Nefi, **1 Ne.** 7:6 (1 Ne. 3:28–29). En el sueño de Lehi, no comió del fruto del árbol de la vida, **1 Ne.** 8:35–36. Cayó una maldición sobre Lamán y sus seguidores, **2 Ne.** 5:21 (Alma 3:7).

Lamanitas. *Véase también* Lamán; Libro de Mormón; Nefitas

Pueblo del Libro de Mormón, muchos de los cuales descendían de Lamán, el hijo mayor de Lehi. Pensaban que Nefi y sus descendientes los habían agraviado y tratado injustamente (Mos. 10:11–17), por lo que se rebelaron contra ellos y rechazaron reiteradamente las enseñanzas del Evangelio. No obstante, poco antes del nacimiento de Jesucristo, los lamanitas aceptaron el Evangelio y fueron más justos que los nefitas (Hel. 6:34–36). Doscientos años después de la visita de Cristo a las Américas, tanto los lamanitas como los nefitas se volvieron inicuos y emprendieron una guerra entre sí. Cerca del año 400 d.C., los lamanitas destruyeron totalmente a la nación nefita.

Los lamanitas vencieron a la posteridad de Nefi, **1 Ne.** 12:19–20. Los lamanitas odiaban a los nefitas, **2 Ne.** 5:14. Los lamanitas serían un azote a los nefitas, **2 Ne.** 5:25. El Libro de Mormón restaurará a los lamanitas el conocimiento de sus padres y del evangelio de Jesucristo, **2 Ne.** 30:3–6 (portada del Libro de Mormón).

Los lamanitas son un resto de los judíos, **DyC** 19:27. Antes de la venida del Señor, los lamanitas florecerán como la rosa, **DyC** 49:24.

Lamentaciones, libro de

Libro del Antiguo Testamento escrito por Jeremías. Es una recopilación de poemas o cantos elegíacos o de pesar por la caída de Jerusalén y de la nación israelita. Este libro se escribió después de la caída de la ciudad, alrededor del año 586 a.C.

Lamoni. *Véase también* Ammón hijo de Mosíah

En el Libro de Mormón, rey lamanita que fue convertido por el Espíritu del Señor y por las obras y enseñanzas inspiradas de Ammón (Alma 17–19).

Lavado, lavamientos, lavar. *Véase también* Bautismo, bautizar; Expiación, expiar

La purificación física y espiritual. En sentido simbólico, la persona arrepentida puede, por medio del sacrificio expiatorio de Jesucristo, purificarse de una vida llena de pecado y evitar las consecuencias que ese tipo de vida acarrea. Ciertos lavamientos que se llevan a cabo bajo la debida autoridad del sacerdocio son ordenanzas sagradas.

El sacerdote lavará sus vestidos y lavará su cuerpo con agua, **Núm.** 19:7. Lávame y límpiame de mi pecado, **Sal.** 51:2, 7. Lavaos y limpiaos; dejad de hacer lo malo, **Isa.** 1:16–18.

Jesús lavó los pies de Sus Apóstoles, **Juan** 13:4–15 (DyC 88:138–139). Bautízate, y lava tus pecados, **Hech.** 22:16 (Alma 7:14; DyC 39:10).

Nadie puede ser salvo a menos que sus vestidos hayan sido lavados hasta quedar blancos, **Alma** 5:21 (3 Ne. 27:19). Sus vestidos fueron blanqueados mediante la sangre de Cristo, **Alma** 13:11 (Éter 13:10).

De que por guardar los mandamientos pudiesen ser lavados y limpiados de todos sus pecados, **DyC** 76:52. Vuestras unciones y lavamientos son conferidos mediante la ordenanza de mi santa casa, **DyC** 124:39–41.

Lázaro. *Véase también* María de Betania; Marta

En el Nuevo Testamento, hermano de María y de Marta. Jesús lo levantó de entre los muertos (Juan 11:1–44; 12:1–2, 9–11). No es el mismo Lázaro que el mendigo de una de las parábolas de Jesús (Lucas 16:19–31).

Lea. *Véase también* Jacob hijo de Isaac; Labán, hermano de Rebeca

En el Antiguo Testamento, hija mayor de Labán y una de las esposas de Jacob (Gén. 29). Fue madre de seis varones y una mujer (Gén. 29:31–35; 30:17–21).

Lehi, comandante militar nefita

En el Libro de Mormón, comandante militar nefita (Alma 43:35–53; 49:16–17; 52:27–36; 53:2; 61:15–21).

Lehi, misionero nefita. *Véase también* Helamán hijo de Helamán

En el Libro de Mormón, hijo de Helamán, quien a su vez era hijo de Helamán. Lehi fue un gran misionero (Hel. 3:21; 4:14).

Se le dio el nombre de Lehi para que recordara a su antepasado, **Hel.** 5:4–6. Junto con Nefi, tuvo muchos conversos, fue encarcelado, fue envuelto como por fuego y conversó con ángeles, **Hel.** 5:14–48. Recibía muchas revelaciones diariamente, **Hel.** 11:23.

Lehi, padre de Nefi

En el Libro de Mormón, profeta hebreo que guio a su familia y a sus seguidores desde Jerusalén hasta una tierra prometida en el hemisferio occidental, cerca del año 600 a.C. En el Libro de Mormón, fue el primer profeta entre su pueblo.

Lehi huyó de Jerusalén con su familia por mandato del Señor (1 Ne. 2:1–4). Era descendiente de José, el que fue vendido para Egipto (1 Ne. 5:14). El Señor le mostró en una visión el árbol de la vida (1 Ne. 8:2–35). Él y sus hijos construyeron un barco y navegaron hasta el hemisferio occidental (1 Ne. 17–18). Él y sus descendientes se establecieron en una nueva tierra (1 Ne. 18:23–25). Antes de morir, Lehi bendijo a sus hijos y les enseñó acerca de Cristo y de la publicación del Libro de Mormón en los postreros días (2 Ne. 1:1–4:12).

El libro de Lehi: Cuando José Smith inició la traducción del Libro de Mormón, comenzó su obra con el libro de

Lehi, el cual era un compendio, hecho por Mormón, de las planchas de Lehi. Después de terminar 116 páginas del manuscrito traducido de este libro, José Smith le entregó el manuscrito a Martin Harris, quien brevemente había servido como su escriba en la traducción, y las páginas se perdieron. José Smith no volvió a traducir el libro de Lehi para reemplazar el manuscrito perdido, sino que comenzó a traducir otros relatos de las planchas de oro que se relacionaban con las que se habían perdido (véase el encabezamiento de las secciones 3 y 10 de Doctrina y Convenios). Estos relatos son los que ahora componen los primeros seis libros del Libro de Mormón.

Lemuel. *Véase también* Lamán; Lamanitas; Lehi, padre de Nefi

En el Libro de Mormón, el segundo hijo de Lehi y uno de los hermanos mayores de Nefi. Se unió a Lamán en su oposición a Nefi.

Lehi amonestó a Lemuel a ser constante como un valle, **1 Ne.** 2:10. Se irritó con Nefi y se dejó llevar por las palabras de Lamán, **1 Ne.** 3:28. Los lemuelitas se incluían entre los lamanitas, **Jacob** 1:13–14 (Alma 47:35).

Lengua. *Véase también* Lenguas, don de

Símbolo del habla. Los santos deben controlar su lengua, o sea, su forma de hablar. Este vocablo también se refiere a los idiomas y a los pueblos. Finalmente, se doblará toda rodilla, y jurará toda lengua a Dios (Isa. 45:23; Rom. 14:11).

Guarda tu lengua del mal, **Sal.** 34:13 (1 Pe. 3:10). El que guarda su boca y su lengua, su alma guarda de angustias, **Prov.** 21:23.

Si alguno no refrena su lengua, la religión de tal es vana, **Stg.** 1:26. Si alguno no ofende en palabra, este es varón perfecto, **Stg.** 3:1–13. El Evangelio se predicará a toda nación, tribu, lengua y pueblo, **Apoc.** 14:6–7 (2 Ne. 26:13; Mos. 3:13, 20; DyC 88:103; 112:1).

El Señor les concede a todas las naciones que, de su propia nación y lengua, enseñen su palabra, **Alma** 29:8. Estas planchas irán a toda nación, tribu, lengua y pueblo, **Alma** 37:4.

Procura obtener mi palabra, y entonces será desatada tu lengua, **DyC** 11:21. Todo hombre oirá la plenitud del Evangelio en su propia lengua, **DyC** 90:11.

Lenguaje (o lengua)

Palabras, ya sean escritas o habladas, unidas en una estructura específica para comunicar información, pensamientos y conceptos. La forma en que empleamos el lenguaje demuestra nuestros sentimientos hacia Dios y hacia los demás. En la segunda venida de Jesucristo, el Señor dará a todo el género humano un lenguaje puro (Sof. 3:8–9).

Tenía toda la tierra una sola lengua, **Gén.** 11:1. Confundió Jehová el lenguaje de toda la tierra, **Gén.** 11:4–9.

Cada uno les oía hablar en su propia lengua, **Hech.** 2:1–6.

Dios habla a los hombres de acuerdo con el idioma de ellos, **2 Ne.** 31:3 (DyC 1:24). Benjamín enseñó a sus hijos el idioma de sus padres, a fin de que pudieran llegar a ser hombres de entendimiento, **Mos.** 1:2–5.

Aquel cuyo lenguaje es humilde y edifica, tal es de Dios, si obedece mis ordenanzas, **DyC** 52:16. Familiarizaos con los idiomas, lenguas y pueblos, **DyC** 90:15.

Adán poseía un lenguaje puro y sin mezcla, **Moisés** 6:5–6, 46. Dios le dio a Enoc un gran poder de palabra, **Moisés** 7:13.

Lenguas, don de. *Véase también* Dones del Espíritu; Lengua

Un don del Espíritu Santo que permite que las personas inspiradas hablen, comprendan o interpreten lenguas (o idiomas) desconocidas para ellas. Creemos en el don de lenguas (AdeF 1:7).

Fueron todos llenos del Espíritu Santo y comenzaron a hablar en otras lenguas, **Hech.** 2:4. El que habla en lenguas no habla a los hombres, sino a Dios, **1 Cor.** 14:1–5, 27–28. Las lenguas son por señal a los incrédulos, **1 Cor.** 14:22–28.

Entonces viene el bautismo de fuego y del Espíritu Santo; y entonces podéis hablar con lengua de ángeles, **2 Ne.** 31:13–14. Amalekí exhortó a todos los hombres a creer en el don de hablar en lenguas, **Omni** 1:25.

A algunos les es dado hablar en lenguas; y a otros, la interpretación de lenguas, **DyC** 46:24–25 (1 Cor. 12:10; Moro. 10:8, 15–16). Derrámese el don de lenguas, **DyC** 109:36.

Lepra

Una terrible enfermedad de la piel que se menciona tanto en el Antiguo como en el Nuevo Testamento. Muchos personajes destacados de la Biblia fueron afligidos en alguna ocasión con este mal, entre ellos, Moisés (Éx. 4:6–7), su hermana María (Núm. 12:10), Naamán (2 Rey. 5) y el rey Uzías (2 Cró. 26:19–21).

Jesús sanó a varias personas que tenían lepra, **Mateo** 8:2–4 (Mar. 1:40–45; Lucas 5:12–15; 3 Ne. 17:7–9). Jesús sanó a diez leprosos, **Lucas** 17:11–19.

Leví. *Véase también* Israel; Jacob hijo de Isaac

En el Antiguo Testamento, el tercer hijo de Jacob y de Lea (Gén. 29:34; 35:23). Leví fue el padre de una de las tribus de Israel.

La tribu de Leví: Jacob bendijo a Leví y a su posteridad (Gén. 49:5–7, 28). Los descendientes de Leví ministraron en los santuarios de Israel (Núm. 1:47–54). Aarón fue levita, y sus descendientes fueron sacerdotes (Éx. 6:16–20; 28:1–4; 29). Los levitas ayudaban a los sacerdotes, los hijos de Aarón (Núm. 3:5–10; 1 Reyes 8:4), y en ocasiones servían de músicos (1 Cró. 15:16; Neh. 11:22); desollaban los animales destinados a holocaustos (2 Cró. 29:34; Esdras 6:20); y en general ayudaban en el templo (Neh. 11:16). Los levitas estaban dedicados al servicio del Señor para llevar a cabo las ordenanzas a favor de los hijos de Israel. Los levitas mismos fueron ofrecidos como ofrenda en representación de los hijos de Israel (Núm. 8:11–22), por lo que eran una singular propiedad de Dios, dedicados a Él. Él los tomó para Sí en lugar de los primogénitos (Núm. 8:16). Eran consagrados y purificados para desempeñar su oficio (Núm. 8:7–16). No tuvieron heredad en la tierra de Canaán (Núm. 18:23–24), pero recibieron los diezmos (Núm. 18:21), 48 ciudades (Núm. 35:6) y el derecho de recibir la limosna del pueblo (Deut. 12:18–19; 14:27–29).

Levítico. *Véase también* Pentateuco

Libro del Antiguo Testamento que habla de los deberes sacerdotales de Israel. Recalca la santidad de Dios y el código por el cual debe gobernarse Su pueblo para llegar a ser santo. Su finalidad es enseñar los preceptos morales y las verdades religiosas de la ley de Moisés por medio de los ritos. El autor del libro fue Moisés.

En los capítulos del 1 al 7, se explican las ordenanzas relacionadas con los sacrificios. En los capítulos del 8 al 10, se describe el rito que se observaba en la consagración de los sacerdotes. En el capítulo 11, se explica lo que se puede y lo que no se puede comer, lo que es limpio y lo que es inmundo. En el capítulo 12, se habla de la mujer después del parto. En los capítulos del 13 al 15, se exponen las leyes relacionadas con la impureza ceremonial. En el capítulo 16, se habla del rito que debía observarse en el Día de la Expiación. En los capítulos del 17 al 26, se da un código sistemático de leyes que tenían que ver con las observancias religiosas y sociales. En el capítulo 27, se explica que el Señor mandó a Israel consagrar sus cosechas, rebaños y manadas al Señor.

Ley. *Véase también* Bendecido, bendecir, bendición; Ley de Moisés; Mandamientos de Dios; Obediencia, obediente, obedecer

Los mandamientos o reglas de Dios

sobre los cuales se basan todas las bendiciones y los castigos, tanto en el cielo como en la tierra. Los que obedecen las leyes de Dios reciben las bendiciones que se han prometido. El profeta José Smith enseñó que el pueblo también debía obedecer, honrar y sostener las leyes del país (AdeF 1:12).

La ley de Moisés fue una ley preparatoria para llevar a los hombres y a las mujeres a Cristo. Era una ley de restricciones, reglas y ordenanzas. En la actualidad la ley de Cristo, la cual cumplió la ley de Moisés, es la plenitud del Evangelio, o sea, "la perfecta ley, la de la libertad" (Stg. 1:25).

Dios le dio mandamientos a Adán, **Gén.** 1:28; 2:16–17. Dios le dio leyes a Noé, **Gén.** 9:1. La ley de Jehová es perfecta, que convierte el alma, **Sal.** 19:7. Jehová es nuestro legislador, **Isa.** 33:22.

Uno solo es el dador de la ley, **Stg.** 4:12.

Donde no se ha dado ninguna ley, no hay castigo, **2 Ne.** 9:25. Se dio una ley, **Alma** 42:17–22. Los hombres serán juzgados de acuerdo con la ley, **Alma** 42:23. Cristo es la ley, **3 Ne.** 15:9.

Todas las leyes son espirituales, **DyC** 29:34. José Smith recibió la ley de la Iglesia por medio de revelación, **DyC** 42. Quien guarda las leyes de Dios no tiene necesidad de infringir las leyes del país, **DyC** 58:21. La luz de Cristo es la ley por la cual se gobiernan todas las cosas, **DyC** 88:7–13. Dios ha dado una ley a todas las cosas, **DyC** 88:42–43. Las personas deben observar la ley constitucional del país, **DyC** 98:4–5. Cuando recibimos una bendición de Dios, es porque se obedece la ley, **DyC** 130:20–21. La Iglesia declaró sus creencias concernientes a las leyes civiles, **DyC** 134.

El género humano se salva mediante la obediencia a las leyes y ordenanzas del Evangelio, **AdeF** 1:3.

Ley de Moisés. *Véase también* Ley; Limpio e inmundo; Moisés; Sacerdocio Aarónico

Por conducto de Moisés, Dios dio leyes a la casa de Israel para reemplazar la ley mayor que esta no pudo cumplir (Éx. 34; TJS, Éx. 34:1–2; TJS, Deut. 10:2 [Apéndice — Biblia]). La ley de Moisés constaba de muchos principios, reglas, ceremonias, ritos y símbolos, que tenían como fin hacer recordar frecuentemente al pueblo sus deberes y responsabilidades. Incluía una ley de mandamientos y de observancias morales, éticos, religiosos y físicos —que contemplaba sacrificios (Lev. 1–7)— con la finalidad de hacer que el pueblo recordara a Dios y su deber para con Él (Mos. 13:30). La fe, el arrepentimiento, el bautismo en el agua y la remisión de los pecados formaban parte de la ley, así como también los Diez Mandamientos y muchos otros mandamientos de elevado valor ético y moral. Gran parte de la ley ceremonial se cumplió con la muerte y resurrección de Jesucristo, lo que dio fin al sacrificio por derramamiento de sangre (Alma 34:13–14). La ley era administrada bajo el Sacerdocio Aarónico y era el Evangelio preparatorio para llevar a sus seguidores a Cristo.

Les daré la ley, como la primera, pero será según la ley de un mandamiento carnal, **TJS,** Éx. 34:1–2.

La ley ha sido nuestro ayo, para llevarnos a Cristo, **Gál.** 3:19–24.

Observamos la ley de Moisés, y esperamos anhelosamente y con firmeza en Cristo, **2 Ne.** 25:24–30. La salvación no viene solo por la ley de Moisés, **Mos** 12:27–13:32. En mí se ha cumplido la ley de Moisés, **3 Ne.** 9:17. La ley que se dio a Moisés tiene su fin en mí, **3 Ne.** 15:1–10.

Debido a la desobediencia, el Señor tomó a Moisés y el Santo Sacerdocio de entre los hijos de Israel, dejando la ley de mandamientos carnales, **DyC** 84:23–27.

Liahona

En el Libro de Mormón, una esfera de bronce con dos agujas que marcaba el camino que debían seguir —como una brújula— y que también daba instrucciones espirituales a Lehi y sus seguidore cuando eran rectos. El Señor proveyó la Liahona y se valió de ella para dar instrucciones.

Lehi encontró una esfera de bronce con dos agujas que marcaba el camino que debían seguir él y su familia, **1 Ne.** 16:10. La esfera funcionaba de acuerdo con la fe y la diligencia, **1 Ne.** 16:28–29 (Alma 37:40). Benjamín entregó la esfera a Mosíah, **Mos.** 1:16. A la esfera o director la llamaron Liahona, **Alma** 37:38. Se compara la Liahona con la palabra de Cristo, **Alma** 37:43–45.

Los Tres Testigos del Libro de Mormón verían el director que recibió Lehi, **DyC** 17:1.

Libertad, libre. *Véase también* Albedrío; Cautiverio

El poder o facultad para actuar y pensar libremente, sin compulsión. En sentido espiritual, la persona que se arrepiente y obedece la voluntad de Dios queda libre de la esclavitud del pecado (Juan 8:31–36) mediante la expiación de Jesucristo (Mos. 5:8).

Andaré en libertad, porque busqué tus mandamientos, **Sal.** 119:45.

La verdad os hará libres, **Juan** 8:32. Los que son libertados del pecado reciben la vida eterna, **Rom.** 6:19–23. Donde está el Espíritu del Señor, allí hay libertad, **2 Cor.** 3:17. Estad firmes en la libertad con que Cristo nos hizo libres, **Gál.** 5:1 (DyC 88:86).

Los hombres son libres para escoger la libertad y la vida eterna, **2 Ne.** 2:27. Una rama justa de la casa de Israel será sacada del cautiverio a la libertad, **2 Ne.** 3:5. Esta tierra será una tierra de libertad, **2 Ne.** 10:11. Clamaron al Señor a favor de su libertad, **Alma** 43:48–50. Moroni plantó el estandarte de la libertad entre los nefitas, **Alma** 46:36. Moroni se regocijaba en la libertad de su país, **Alma** 48:11. El Espíritu de Dios es el espíritu de libertad, **Alma** 61:15.

Seguidme, y seréis un pueblo libre, **DyC** 38:22. El Señor y sus siervos declaran libertad a los espíritus cautivos, **DyC** 138:18, 31, 42.

Libertador. *Véase también* Jesucristo

Jesucristo es el Libertador de todo el género humano porque rescata a todos de la esclavitud de la muerte y, al arrepentido, de las consecuencias del pecado.

Jehová es mi roca y mi libertador, **2 Sam.** 22:2 (Sal. 18:2; 144:2). Jehová es mi ayuda y mi libertador, **Sal.** 40:17 (Sal. 70:5).

Vendrá de Sion el Libertador, **Rom.** 11:26.

Los santos reconocieron al Hijo de Dios como a su Redentor y Libertador, **DyC** 138:23.

Libre albedrío. *Véase* Albedrío

Libro de la vida. *Véase también* Libro de memorias

En un sentido, el libro de la vida es la suma total de los pensamientos y de los hechos de una persona: la historia de su vida. En otro sentido, las Escrituras también indican que se lleva un registro celestial de los fieles, en el cual se han inscrito sus nombres y un relato de sus obras justas en la tierra.

El Señor raerá de su libro a los pecadores, **Éx.** 32:33.

No se borrará del libro de la vida el nombre del que venciere, **Apoc.** 3:5. Otro libro fue abierto, el cual es el libro de la vida, **Apoc.** 20:12 (DyC 128:6–7).

Los nombres de los justos serán escritos en el libro de la vida, **Alma** 5:58.

Vuestras oraciones están inscritas en el libro de los nombres de los santificados, **DyC** 88:2.

Libro de Mandamientos. *Véase también* Doctrina y Convenios; Revelación

En el año de 1833, se editó una colección de algunas de las revelaciones que el profeta José Smith había recibido, con el título de "A Book of Commandments for the Government of the Church of

Christ" (Un libro de mandamientos para el gobierno de la Iglesia de Cristo). El Señor continuó comunicándose con Sus siervos y, dos años después, se publicó una recopilación mayor de revelaciones, con el título "Doctrine and Covenants" (Doctrina y Convenios).

La sección 1 de Doctrina y Convenios constituye el Prefacio del Señor del libro de sus mandamientos, **DyC** 1:6. El Señor desafía a la persona más sabia a reproducir la menor de sus revelaciones del Libro de Mandamientos, **DyC** 67:4–9. Se nombran mayordomos para publicar las revelaciones, **DyC** 70:1–5.

Libro de memorias. *Véase también* Genealogía; Libro de la vida

Libro que comenzó Adán, en el cual se llevó el registro de las obras de sus descendientes; también cualquier registro similar que los profetas y los miembros fieles hayan llevado desde aquellos tiempos. Adán y sus hijos llevaron un libro de memorias, en el cual escribían por el espíritu de inspiración, y un libro de las generaciones, el cual contenía la genealogía (Moisés 6:5, 8). Puede ser que esos registros cumplan una función importante en la determinación de nuestro juicio final.

Fue escrito libro de memoria, **Mal.** 3:16–18 (3 Ne. 24:16–18).

Todos aquellos cuyos nombres no estén asentados en el libro de memorias, no hallarán herencia en aquel día, **DyC** 85:9. Los muertos fueron juzgados por el relato de sus obras que estaba escrito en los libros, **DyC** 128:7. Presentemos un libro que contenga el registro de nuestros muertos, **DyC** 128:24.

Se llevaba un libro de memorias, **Moisés** 6:5–8. Hemos escrito un libro de memorias, **Moisés** 6:46. Abraham dijo que trataría de escribir un registro para su posteridad, **Abr.** 1:31.

Libro de Mormón. *Véase también* Canon; Efraín — El palo de Efraín o palo de José; Escrituras; Mormón, profeta nefita; Planchas; Planchas de oro; Smith, hijo, José; Testigos del Libro de Mormón

Uno de los cuatro tomos de Escrituras aceptados por La Iglesia de Jesucristo de los Santos de los Últimos Días. Es un compendio que hizo el antiguo profeta Mormón de los anales de antiguos habitantes de las Américas. Se escribió para testificar que Jesús es el Cristo. Con respecto a estos anales, el profeta José Smith, que los tradujo mediante el don y el poder de Dios, dijo lo siguiente: "Declaré a los hermanos que el Libro de Mormón era el más correcto de todos los libros sobre la tierra, y la piedra clave de nuestra religión; y que un hombre se acercaría más a Dios al seguir sus preceptos que los de cualquier otro libro" (véase la introducción al principio del Libro de Mormón).

El Libro de Mormón es un registro religioso de tres pueblos que emigraron desde el Viejo Mundo hasta el continente americano. Estos pueblos fueron guiados por profetas, quienes hicieron un registro sobre planchas de metal de su historia religiosa y seglar. El Libro de Mormón contiene el relato de la visita de Jesucristo a habitantes de las Américas, después de Su resurrección. Tras esta visita siguió un período de paz de doscientos años.

Aproximadamente en el año 421 d.C., Moroni, el último profeta e historiador nefita, selló los anales compendiados de estos pueblos y los escondió. En 1823, el mismo Moroni, habiendo resucitado, visitó a José Smith, y posteriormente le entregó estos anales antiguos y sagrados para que los tradujera y los sacara a luz al mundo como otro testamento de Jesucristo.

Rama fructífera es José, cuyos vástagos se extienden sobre el muro, **Gén.** 49:22–26. La verdad brotará de la tierra, **Sal.** 85:11 (Morm. 8:16; Moisés 7:62). El Señor alzará estandarte a las naciones y les silbará para que vengan, **Isa.** 5:26. Una voz hablará desde la tierra, **Isa.** 29: (2 Ne. 26:14–17). Os será toda visión como palabras de libro sellado, **Isa.** 29:11 (Isa. 29:9–18; 2 Ne. 27:6–26). Los palos de José y de Judá serán uno en la mano del Señor, **Ezeq.** 37:15–20.

Tengo otras ovejas que no son de este redil, **Juan** 10:16 (3 Ne. 15:16–24).

El Libro de Mormón y la Biblia crecerán juntamente, **2 Ne.** 3:12–21. Las palabras del Señor resonarán hasta los extremos de la tierra, **2 Ne.** 29:2. El Señor hizo convenio con Enós de hacer llegar el Libro de Mormón a los lamanitas, **Enós** 1:15–16. El Libro de Mormón se escribió con el fin de que creamos en la Biblia, **Morm.** 7:9. El Libro de Mormón se levantará como testimonio contra el mundo, **Éter** 5:4. Preguntad a Dios si no son verdaderas estas cosas, **Moro.** 10:4.

Cristo dio testimonio de la veracidad del Libro de Mormón, **DyC** 17:6. El Libro de Mormón contiene la plenitud del evangelio de Jesucristo, **DyC** 20:9 (DyC 20:8–12; 42:12).

Creemos que el Libro de Mormón es la palabra de Dios, **AdeF** 1:8.

Libros canónicos. *Véase* Canon

Limhi. *Véase también* Noé hijo de Zeniff

En el Libro de Mormón, rey justo de los nefitas en la tierra de Nefi; era hijo del rey Noé (Mos. 7:7–9). El rey Limhi hizo convenio de servir a Dios (Mos. 21:32). Libró al pueblo del yugo de los lamanitas y juntos volvieron a Zarahemla (Mos. 22).

Limosna. *Véase también* Ayunar, ayuno; Bienestar; Ofrenda; Pobres

Ofrendas para ayudar a los pobres.

No des limosna delante de los hombres, **Mateo** 6:1–4 (3 Ne. 13:1–4). Esta viuda pobre echó más que todos, **Mar.** 12:41–44. Más bienaventurado es dar que recibir, **Hech.** 20:33–35.

Quisiera que de vuestros bienes dieseis al pobre, **Mos.** 4:26. El pueblo de la iglesia debe dar de sus bienes, cada uno de conformidad con lo que tenga, **Mos.** 18:27.

Limpio e inmundo. *Véase también* Inmundicia, inmundo; Ley de Moisés; Pureza, puro

En el Antiguo Testamento, el Señor les reveló a Moisés y a los antiguos israelitas que solo ciertos alimentos se consideraban limpios o, en otras palabras, que se podían usar como alimento. La diferencia que los israelitas establecían entre lo limpio y lo inmundo ejercía un gran impacto en toda su vida religiosa y social. Se consideraban limpios y aceptables como alimento ciertos animales, aves y peces, mientras que otros se consideraban inmundos y estaban prohibidos (Lev. 11; Deut. 14:3–20). A algunas personas enfermas también se las consideraba inmundas.

En un sentido espiritual, estar limpio es estar libre de pecado y de deseos pecaminosos. En este sentido, el vocablo se usa para describir a la persona virtuosa y de corazón puro (Sal. 24:4). El pueblo del convenio de Dios siempre ha contado con instrucciones especiales de ser limpio (3 Ne. 20:41; DyC 38:42; 133:5).

El limpio de manos y puro de corazón subirá al monte de Jehová, **Sal.** 24:3–5.

A ningún hombre se le debe llamar común o inmundo, **Hech.** 10:11–28.

¿Podréis mirar a Dios en aquel día con un corazón puro y manos limpias?, **Alma** 5:19.

El Señor disciplinará a Sion hasta que se purifique, **DyC** 90:36. Sed limpios los que lleváis los vasos del Señor, **DyC** 133:4–5, 14 (Isa. 52:11).

Llamado, llamado por Dios, llamamiento. *Véase también* Autoridad; Escoger, escogido (verbo); Escogido (adjetivo o sustantivo); Mayordomía, mayordomo; Ordenación, ordenar

El recibir un llamamiento de Dios significa recibir un nombramiento o invitación de Él, o de los líderes debidamente autorizados de Su Iglesia, para servirle de una manera particular.

Puso sobre él sus manos, y le dio el

cargo, **Núm.** 27:23. Te di por profeta, **Jer.** 1:5.

Yo os elegí a vosotros, **Juan** 15:16. Pablo fue llamado a ser apóstol, **Rom.** 1:1. Nadie toma para sí esta honra, sino el que es llamado por Dios, **Heb.** 5:4. Jesús fue declarado por Dios sumo sacerdote según el orden de Melquisedec, **Heb.** 5:10.

He sido llamado para predicar la palabra de Dios de acuerdo con el espíritu de revelación y profecía, **Alma** 8:24. Esos sacerdotes fueron llamados y preparados desde la fundación del mundo, **Alma** 13:3.

Si tenéis deseos de servir a Dios, sois llamados, **DyC** 4:3. Consérvate firme en la obra a la cual te he llamado, **DyC** 9:14. No vayas a suponer que eres llamado a predicar sino hasta que se te llame, **DyC** 11:15. Los élderes son llamados para efectuar el recogimiento de los escogidos, **DyC** 29:7. Ninguno predicará mi evangelio ni edificará mi iglesia a menos que sea ordenado, **DyC** 42:11. Muchos son los llamados, y pocos los escogidos, **DyC** 121:34.

El hombre debe ser llamado por Dios, **AdeF** 1:5.

Llaves del sacerdocio. *Véase también* Dispensaciones; Primera Presidencia; Sacerdocio

Las llaves constituyen el derecho de presidencia, o sea, el poder que Dios da al hombre para dirigir, controlar y gobernar el sacerdocio de Dios sobre la tierra. Los poseedores del sacerdocio a quienes se les llama a ocupar cargos de presidencia reciben las llaves de manos de los que tienen autoridad sobre ellos. Los poseedores del sacerdocio solamente ejercen su sacerdocio dentro de los límites designados por los que poseen las llaves. El Presidente de la Iglesia es la única persona en la tierra que posee todas las llaves del sacerdocio y él está autorizado para ejercerlas (DyC 107:65–67, 91–92; 132:7).

Pedro recibió las llaves del reino, **Mateo** 16:19.

Miguel (Adán) recibió las llaves de la salvación bajo la dirección de Jesucristo, **DyC** 78:16. Las llaves del reino siempre corresponden a la Primera Presidencia, **DyC** 81:2. El Sacerdocio de Melquisedec posee la llave de los misterios del conocimiento de Dios, **DyC** 84:19. Los Doce Apóstoles poseen llaves especiales, **DyC** 107:35; 112:16, 32; 124:128. José Smith y Oliver Cowdery recibieron las llaves del recogimiento de Israel, del evangelio de Abraham, y de los poderes de sellamiento, **DyC** 110:11–16. La Primera Presidencia y los Doce poseen las llaves de la dispensación del cumplimiento de los tiempos, **DyC** 112:30–34. Los oficiales en el sacerdocio poseen llaves del sacerdocio, **DyC** 124:123. El que posee llaves puede obtener conocimiento, **DyC** 128:11.

El Sacerdocio Aarónico tiene las llaves del ministerio de ángeles y del Evangelio de arrepentimiento y del bautismo, **JS—H** 1:69 (DyC 13).

Lot. *Véase también* Abraham

En el Antiguo Testamento, hijo de Harán y sobrino de Abraham (Gén. 11:27, 31; Abr. 2:4). Harán murió como consecuencia de la sequía en Ur (Abr. 2:1). Lot partió de Ur con Abraham y Sara y viajó con ellos hasta Canaán (Gén. 12:4–5), después de lo cual eligió vivir en Sodoma. El Señor le envió mensajeros para advertirle que huyera de la ciudad antes que el Señor la destruyera por culpa de la iniquidad del pueblo (Gén. 13:8–13; 19:1, 13, 15); sin embargo, la esposa de Lot miró atrás para ver la destrucción y se convirtió en estatua de sal (Gén. 19:26). En el Nuevo Testamento se habla de él (Lucas 17:29; 2 Pe. 2:6–7). En Gén. 13, 14 y 19 se describe su vida después de separarse de Abraham.

Lucas. *Véase también* Evangelios; Hechos de los Apóstoles

El autor del tercer Evangelio y del libro de los Hechos en el Nuevo Testamento compañero misional de Pablo. Nació de padres griegos y era médico de profesión (Col. 4:14) y una persona muy culta. En Troas se reunió con Pablo (Hech. 16:10–11), haciendo constar así que era su compañero en la obra. Lucas también estuvo con Pablo en Filipos durante el último viaje de Pablo a Jerusalén (Hech. 20:6), y los dos permanecieron juntos hasta llegar a Roma. Lucas se hallaba con Pablo durante el segundo encarcelamiento romano de este (2 Tim. 4:11). Según la tradición, murió como mártir.

El Evangelio según Lucas: Relato que escribió Lucas sobre Jesucristo y Su ministerio mortal. El libro de los Hechos de los Apóstoles es una continuación del Evangelio según Lucas. Lucas dejó un relato bien escrito sobre el ministerio de Jesús, presentándolo como el Salvador tanto de los judíos como de los gentiles. Escribió mucho acerca de las enseñanzas y los hechos de Jesús, y este es el único Evangelio que relata las visitas del ángel Gabriel a Zacarías y a María, la madre de Jesús (Lucas 1); la visita de los pastores al niño Jesús (Lucas 2:8–18); la de Jesús en el templo a la edad de 12 años (Lucas 2:41–52); acerca de los setenta que el Señor designó y envió (Lucas 10:1–24); que Jesús sudó sangre (Lucas 22:44); la conversación de Jesús con el ladrón que estaba colgado sobre la cruz (Lucas 23:39–43); y que Jesús comió pescado y miel después de Su resurrección (Lucas 24:42–43).

Para ver una lista de los acontecimientos en la vida del Salvador, cual se describen en el Evangelio según Lucas, véase la Concordancia entre los Evangelios, en el Apéndice.

Lucifer o Lucero. *Véase también* Anticristo; Destructor; Diablo; Hijos de perdición; Infierno

El término literalmente significa: "El Que Brilla" o "Portador de Luz". También se le conoce como Hijo de la Mañana. Lucifer fue un hijo espiritual del Padre Celestial y dirigió la rebelión en la vida preterrenal. El nombre Lucero, refiriéndose a Lucifer, aparece una sola vez en la Biblia (Isa. 14:12). La revelación de los últimos días proporciona más detalles sobre la caída de Lucifer (DyC 76:25–29).

Lucero (Lucifer) cayó en la existencia preterrenal, **Isa.** 14:12 (Lucas 10:18; 2 Ne. 24:12).

Después de su caída, se convirtió en Satanás, el diablo, **DyC** 76:25–29 (Moisés 4:1–4).

Lugar Santísimo. *Véase también* Tabernáculo; Templo, Casa del Señor

El salón más sagrado del tabernáculo de Moisés y, posteriormente, del templo. Se le llama también "lugar santo" (Éx. 26:33–34).

Luz, luz de Cristo. *Véase también* Conciencia; Espíritu Santo; Inteligencia(s); Jesucristo; Verdad

Energía, poder o influencia divinos que proceden de Dios por medio de Cristo y que dan vida y luz a todas las cosas. Es la ley por la cual se gobiernan todas las cosas tanto en el cielo como en la tierra (DyC 88:6–13). También ayuda a las personas a comprender las verdades del Evangelio y sirve para colocarlas sobre el sendero del Evangelio que conduce a la salvación (Juan 3:19–21; 12:46; Alma 26:15; 32:35; DyC 93:28–29, 31–32, 40, 42).

La luz de Cristo no se debe confundir con la persona del Espíritu Santo, pues la luz de Cristo no es un personaje, sino una influencia que procede de Dios y prepara a la persona para recibir el Espíritu Santo. Es una influencia para bien en la vida de todo ser humano (Juan 1:9; DyC 84:46–47).

Una manifestación de la luz de Cristo es la conciencia del hombre, la cual le ayuda a distinguir entre el bien y el mal (Moro. 7:16). Cuanto más aprende una persona acerca del Evangelio, tanto más sensible se vuelve su conciencia (Moro. 7:12–19). A los que siguen la luz de Cristo, se les guía hacia el evangelio de Jesucristo (DyC 84:46–48).

Jehová es mi luz, **Sal.** 27:1. Venid, y caminaremos a la luz de Jehová, **Isa.** 2:5 (2 Ne. 12:5). Jehová te será luz eterna, **Isa.** 60:19.

La luz verdadera alumbra a todo hombre que viene a este mundo, **Juan** 1:4–9 (Juan 3:19; DyC 6:21; 34:1–3). Yo soy la luz del mundo, **Juan** 8:12 (Juan 9:5; DyC 11:28).

Lo que es luz, es bueno, **Alma** 32:35. Cristo es la vida y la luz del mundo, **Alma** 38:9 (3 Ne. 9:18; 11:11; Éter 4:12). A todo hombre se da el Espíritu de Cristo para que sepa discernir el bien del mal, **Moro.** 7:15–19.

Lo que es de Dios es luz, y aumenta cada vez más en resplandor hasta el día perfecto, **DyC** 50:24. El Espíritu da luz a todo hombre, **DyC** 84:45–48 (DyC 93:1–2). El que guarda sus mandamientos recibe verdad y luz, **DyC** 93:27–28. La luz y la verdad desechan a aquel inicuo, **DyC** 93:37.

Madre. *Véase también* Eva; Familia; Padres

El título sagrado de la mujer que da a luz o adopta hijos. Las madres ayudan a llevar a cabo el plan de Dios al proporcionar cuerpos mortales para los hijos espirituales de Dios.

Llamó Adán el nombre de su mujer, Eva, por cuanto ella era la madre de todos los vivientes, **Gén.** 3:20 (Moisés 4:26). Honra a tu padre y a tu madre, **Éx.** 20:12 (Efe. 6:1–3; Mos. 13:20). No desprecies la dirección de tu madre, **Prov.** 1:8. El hombre necio menosprecia a su madre, **Prov.** 15:20 (Prov. 10:1). Cuando tu madre envejeciere, no la menosprecies, **Prov.** 23:22. Se levantan sus hijos y la llaman bienaventurada; y su marido también la alaba, **Prov.** 31:28.

Estaba junto a la cruz de Jesús su madre, **Juan** 19:25–27.

A los dos mil jóvenes guerreros lamanitas les habían enseñado sus madres, **Alma** 56:47 (Alma 57:21).

Nuestra gloriosa madre Eva se hallaba entre los grandes y poderosos a quienes instruyó el Señor en el mundo de los espíritus, **DyC** 138:38–39.

Maestro. *Véase* Enseñar

Maestro, Sacerdocio Aarónico. *Véase también* Sacerdocio Aarónico

Oficio en el Sacerdocio Aarónico.

El deber del maestro es velar por los miembros de la iglesia, **DyC** 20:53–60. El oficio de maestro es una dependencia necesaria que pertenece al sacerdocio menor, **DyC** 84:30, 111. El presidente de un cuórum de maestros preside veinticuatro maestros, **DyC** 107:86.

Magog. *Véase también* Gog; Segunda venida de Jesucristo

En la Biblia, el nombre de una tierra y de un pueblo cerca del mar Negro. Gog, su rey, dirigirá a los ejércitos de Magog en la última gran batalla antes de la segunda venida de Cristo (Ezeq. 38:2; 39:6). En las Escrituras se habla de otra gran batalla de Gog y Magog al final del Milenio, la cual se entablará entre las fuerzas de Dios y las del mal (Apoc. 20:7–9; DyC 88:111–116).

Malaquías

Profeta del Antiguo Testamento que escribió y profetizó aproximadamente en el año 430 a.C.

El libro de Malaquías: El libro, o la profecía, de Malaquías es el último libro del Antiguo Testamento, y parece cubrir cuatro temas principales: (1) los pecados de Israel: Mal. 1:6–2:17; 3:8–9; (2) los juicios que sobrevendrán a Israel por su desobediencia: Mal. 1:14; 2:2–3, 12; 3:5; (3) las promesas para los obedientes: Mal. 3:10–12, 16–18; 4:2–3; y (4) profecías referentes a Israel: Mal. 3:1–5; 4:1, 5–6 (DyC 2; 128:17; JS—H 1:37–39).

En su profecía, Malaquías escribió acerca de Juan el Bautista (Mal. 3:1; Mateo 11:10), la ley de los diezmos

(Mal. 3:7–12), la segunda venida del Señor (Mal. 4:5) y el regreso de Elías el Profeta (Mal. 4:5–6; DyC 2; 128:17; JS—H 1:37–39). El Salvador citó a los nefitas los capítulos 3 y 4 de Malaquías en su totalidad (3 Ne. 24–25).

Maldecir, maldiciones. *Véase también* Condenación, condenar; Profanidad

En las Escrituras, una maldición es la aplicación de la ley divina que autoriza o inflige juicios y sus correspondientes consecuencias sobre una cosa, una persona o un pueblo, principalmente por motivo de la iniquidad. Las maldiciones son una manifestación del amor y la justicia de Dios, y pueden ser invocadas directamente por Dios o pronunciadas por Sus siervos autorizados. A veces, solo Dios sabe la razón exacta de una maldición. Además, las personas o los pueblos que con obstinación desobedecen a Dios llegan a experimentar las consecuencias de un estado de maldición por motivo de que ellos mismos se apartan del Espíritu del Señor.

El Señor puede quitar una maldición por motivo de la fe en Jesucristo que tengan una o varias personas, así como por su obediencia a las leyes y a las ordenanzas del Evangelio (Alma 23:16–18; 3 Ne. 2:14–16; AdeF 1:3).

Dios maldijo a la serpiente por haber engañado a Adán y a Eva, **Gén.** 3:13–15 (Moisés 4:19–21). La tierra fue maldecida por causa de Adán y Eva, **Gén.** 3:17–19 (Moisés 4:23–25). El Señor maldijo a Caín por haber matado a Abel, **Gén.** 4:11–16 (Moisés 5:22–41). El Señor maldijo a Canaán y a sus descendientes, **Gén.** 9:25–27 (Moisés 7:6–8; Abr. 1:21–27). Israel será bendecido si es obediente a Dios y maldecido si es desobediente, **Deut.** 28 (Deut. 29:18–28). Giezi y su descendencia fueron maldecidos con la lepra de Naamán, **2 Rey.** 5:20–27. El Señor maldijo a la antigua nación de Israel por no haber pagado sus diezmos y sus ofrendas, **Mal.** 3:6–10.

Jesús maldijo una higuera y esta se secó, **Mar.** 11:11–14, 20–21. Jesús maldijo las ciudades de Corazín, Betsaida y Capernaúm, **Lucas** 10:10–15.

Por motivo de que los lamanitas no quisieron escuchar al Señor, fueron separados de la presencia del Señor y fueron maldecidos, **2 Ne.** 5:20–24. Se invita a todos a venir a Dios, **2 Ne.** 26:33. El Señor maldecirá a los que cometan fornicaciones, **Jacob** 2:31–33. Los nefitas han de recibir una maldición peor que la de los lamanitas a no ser que se arrepientan, **Jacob** 3:3–5. Los rebeldes traen maldiciones sobre sí mismos, **Alma** 3:18–19 (Deut. 11:26–28). Korihor fue maldecido por haber alejado de Dios a la gente, **Alma** 30:43–60. El Señor maldijo la tierra y las riquezas de los nefitas a causa de las iniquidades de la gente, **Hel.** 13:22–23 (2 Ne. 1:7; Alma 37:31). El Señor maldijo a los malvados jareditas, **Éter** 9:28–35. La expiación de Cristo quita de los niños pequeños la maldición de Adán, **Moro.** 8:8–12.

Los que se apartan del Señor son maldecidos, **DyC** 41:1. La tierra será herida con una maldición a menos que entre los padres y los hijos exista un eslabón conexivo, **DyC** 128:18 (Mal. 4:5–6).

Profanidad: También es maldecir el usar lenguaje profano, blasfemo o despectivo.

Nadie debe maldecir a su padre ni a su madre, **Éx.** 21:17 (Mateo 15:4). No injuriarás a los que te gobiernen, **Éx.** 22:28 (Ecle. 10:20). Ni hombre ni mujer maldecirá a Dios, **Lev.** 24:13–16.

Pedro maldijo cuando negó conocer a Jesús, **Mateo** 26:69–74.

Los inicuos nefitas maldecían a Dios y deseaban morir, **Morm.** 2:14.

Maledicencia. *Véase* Calumnias

Maná. *Véase también* Éxodo; Pan de Vida

Substancia alimenticia pequeña y redonda, con sabor a hojuelas con miel (Éx. 16:14–31) o aceite nuevo (Núm. 11:7–8). El Señor lo envió para alimentar a los hijos de Israel durante los cuarenta años que pasaron en el desierto (Éx. 16:4–5, 14–30, 35; Josué 5:12; 1 Ne. 17:28).

Los hijos de Israel lo llamaron maná (o *man-hu* en hebreo), lo cual quería decir "¿Qué es esto?", porque no sabían lo que era (Éx. 16:15). También se le llamó "pan de nobles" y "pan del cielo" (Sal. 78:24–25; Juan 6:31). Era símbolo de Cristo, quien sería el Pan de Vida (Juan 6:31–35).

Manasés. *Véase también* Efraín; Israel; José hijo de Jacob

En el Antiguo Testamento, el hijo mayor de Asenat y José, el que fue vendido para Egipto (Gén. 41:50–51). Él y su hermano Efraín eran nietos de Jacob (Israel), pero Jacob los adoptó y los bendijo como si fueran sus propios hijos (Gén. 48:1–20).

La tribu de Manasés: Los descendientes de Manasés se contaron entre las tribus de Israel (Núm. 1:34–35; Josué 13:29–31). La bendición que Moisés dio a la tribu de José, la que también se dio a Efraín y a Manasés, se encuentra en Deut. 33:13–17. El territorio que se les asignó se encontraba parcialmente al occidente del Jordán y colindaba con el de Efraín; además, tenían colonias al oriente del Jordán, en la fértil tierra de pastos de Basán y Galaad. En los postreros días, la tribu de Manasés ayudará a la de Efraín a recoger al Israel disperso (Deut. 33:13–17). El profeta Lehi, del Libro de Mormón, era descendiente de Manasés (Alma 10:3).

Mandamientos de Dios. *Véase también* Diez Mandamientos, los; Ley; Obediencia, obediente, obedecer; Palabra de Dios; Pecado

Las leyes y los requisitos que Dios da a todo el género humano, ya sea individual o colectivamente. El guardar los mandamientos traerá a los obedientes las bendiciones del Señor (DyC 130:21).

Noé hizo conforme a todo lo que Dios le mandó, **Gén.** 6:22. Si anduviereis en mis decretos y guardareis mis mandamientos, **Lev.** 26:3. Guarda mis mandamientos, y vivirás, **Prov.** 4:4 (Prov. 7:2).

Si me amáis, guardad mis mandamientos, **Juan** 14:15 (DyC 42:29). Cualquiera cosa que pidiéremos la recibiremos de él, porque guardamos sus mandamientos, **1 Juan** 3:22. Sus mandamientos no son gravosos, **1 Juan** 5:3.

Sé inmutable en guardar los mandamientos, **1 Ne.** 2:10. El Señor nunca da mandamientos sin preparar la vía, **1 Ne.** 3:7. Debo obrar según los estrictos mandamientos de Dios, **Jacob** 2:10. Según guardéis mis mandamientos, prosperaréis en la tierra, **Jarom** 1:9 (Alma 9:13; 50:20). Aprende en tu juventud a guardar los mandamientos de Dios, **Alma** 37:35.

Estos mandamientos son míos, **DyC** 1:24. Escudriñad estos mandamientos, **DyC** 1:37. Si no guardáis mis mandamientos, no podréis salvaros, **DyC** 18:46 (DyC 25:15; 56:2). Mis mandamientos son espirituales; no son naturales ni temporales, **DyC** 29:35. Se dan mandamientos para que entendamos la voluntad del Señor, **DyC** 82:8.

No sé, sino que el Señor me lo mandó, **Moisés** 5:6. El Señor probará a los hombres para ver si harán todas las cosas que su Dios les mandare, **Abr.** 3:25.

Mandamientos, los Diez. *Véase* Diez Mandamientos, los; Mandamientos de Dios; Moisés

Manifiesto. *Véase también* Declaración Oficial 1; Matrimonio — El matrimonio plural; Woodruff, Wilford

La declaración oficial que hizo el presidente Wilford Woodruff, en el año 1890, en la que afirmaba claramente que la Iglesia y sus miembros se sometían a la ley del país y que ya no contraían matrimonios plurales (DO 1). El presidente Woodruff dio a conocer el Manifiesto después de recibir una visión y una revelación de Dios.

Manos, imposición de. *Véase* Imposición de manos

Mansedumbre, manso. *Véase también* Corazón quebrantado; Humildad, humilde, humillar (afligir); Paciencia

Temeroso de Dios, recto, humilde, presto para aprender y paciente al sufrir. Los mansos están dispuestos a seguir las enseñanzas del Evangelio.

Moisés era muy manso, **Núm.** 12:3. Los mansos heredarán la tierra, **Sal.** 37:11 (Mateo 5:5; 3 Ne. 12:5; DyC 88:17). Buscad a Jehová todos los humildes de la tierra; buscad justicia, buscad mansedumbre, **Sof.** 2:3 (1 Tim. 6:11).

Aprended de mí, que soy manso y humilde de corazón, **Mateo** 11:29. La mansedumbre es un fruto del Espíritu, **Gál.** 5:22–23. El siervo del Señor debe ser amable, apto para enseñar, sufrido; que con mansedumbre corrija a los que se oponen, **2 Tim.** 2:24–25. Un espíritu agradable y apacible es de gran estima delante de Dios, **1 Pe.** 3:4.

Despojaos del hombre natural y sed mansos, **Mos.** 3:19 (Alma 13:27–28). Dios mandó a Helamán que enseñara al pueblo a ser manso, **Alma** 37:33. La gracia del Señor es suficiente para los mansos, **Éter** 12:26. Tenéis fe en Cristo a causa de vuestra mansedumbre, **Moro.** 7:39. Nadie es aceptable a Dios sino los mansos y humildes de corazón, **Moro.** 7:44. La remisión de los pecados trae la mansedumbre y la humildad de corazón, y, por motivo de la mansedumbre, viene la visitación del Espíritu Santo, **Moro.** 8:26.

Camina en la mansedumbre de mi Espíritu, **DyC** 19:23. Gobierna tu casa con mansedumbre, **DyC** 31:9. El poder y la influencia del sacerdocio pueden mantenerse con benignidad y mansedumbre, **DyC** 121:41.

Mar Muerto

También conocido como el mar Salado, se encuentra en el extremo sur del valle del Jordán. Su superficie se encuentra aproximadamente a 915 metros debajo del nivel del mar Mediterráneo. Las ciudades de Sodoma, Gomorra y Zoar, o Bela, se encontraban cerca de sus riberas (Gén. 14:2–3).

En cumplimiento de la profecía, y como una de las señales de la segunda venida del Salvador, las aguas del mar Muerto sanarán y allí florecerá la vida (Ezeq. 47:8–9).

Mar Rojo. *Véase también* Moisés

Una extensión de agua ubicada entre Egipto y Arabia. Los dos golfos septentrionales del mar forman el litoral de la península de Sinaí. El Señor milagrosamente dividió sus aguas para que los israelitas, bajo la dirección de Moisés, pasaran por un lecho de tierra seca (Éx. 14:13–31; Heb. 11:29). La división de las aguas por medio de Moisés se ha confirmado mediante la revelación de los postreros días (1 Ne. 4:2; Hel. 8:11; DyC 8:3; Moisés 1:25).

Marcos. *Véase también* Evangelios

En el Nuevo Testamento, Juan Marcos era hijo de María, quien vivía en Jerusalén (Hech. 12:12); es posible que también haya sido primo (o sobrino) de Bernabé (Col. 4:10). Acompañó a Pablo y a Bernabé desde Jerusalén en su primer viaje misional, y se separó en Perga (Hech. 12:25; 13:5, 13). Posteriormente acompañó a Bernabé hasta Chipre (Hech. 15:37–39). Estuvo con Pablo en Roma (Col. 4:10; Filem. 1:24) y con Pedro en Babilonia (probablemente en Roma) (1 Pe. 5:13). Finalmente, estuvo con Timoteo en Efeso (2 Tim. 4:11).

El Evangelio según Marcos: Segundo libro del Nuevo Testamento; es posible que se haya escrito bajo la dirección de Pedro. Su propósito es describir a nuestro Señor como el Hijo de Dios, que vivió y trabajó entre los hombres. Marcos describe, con energía y humildad, la impresión que causaba Jesús en los espectadores. Según la tradición, después de la muerte de Pedro, Marcos visitó Egipto, fundó la Iglesia en Alejandría y murió como mártir.

Para ver una lista de los acontecimientos en la vida del Salvador, cual se describen en el Evangelio según Marcos, véase la Concordancia entre los Evangelios, en el Apéndice.

María de Betania. *Véase también* Lázaro; Marta

En el Nuevo Testamento, la hermana de Lázaro y de Marta.

Se sentó a los pies de Jesús y oyó su palabra, **Lucas** 10:39, 42. María y su hermana Marta enviaron decir a Jesús de la enfermedad de su hermano, **Juan** 11:1–45. Ungió los pies de Jesús con aceite, **Juan** 12:3–8.

María, hermana de Moisés. *Véase también* Moisés

En el Antiguo Testamento, la hermana de Moisés (Núm. 26:59).

Vigiló la arquilla de juncos, **Éx.** 2:1–8. Dirigió a las mujeres con panderos, **Éx.** 15:20–21. Murmuró contra Moisés y fue castigada con lepra, y después fue sanada, **Núm.** 12:1–15 (Deut. 24:9).

María, madre de Jesús. *Véase también* Jesucristo; José, esposo de María

En el Nuevo Testamento, la virgen escogida por Dios el Padre para ser la madre de su Hijo en la carne. Después del nacimiento de Jesús, María tuvo otros hijos (Mar. 6:3).

María estaba desposada con José, **Mateo** 1:18 (Lucas 1:27). Se aconsejó a José no divorciarse de María ni dejarla, **Mateo** 1:18–25. Recibió la visita de los magos, **Mateo** 2:11. María y José huyeron a Egipto con el niño Jesús, **Mateo** 2:13–14. Después de la muerte de Herodes, la familia regresó a Nazaret, **Mateo** 2:19–23. La visita del ángel Gabriel, **Lucas** 1:26–38. Visitó a su prima Elisabet, **Lucas** 1:36, 40–45. María expresó un salmo de alabanza al Señor, **Lucas** 1:46–55. María fue a Belén con José, **Lucas** 2:4–5. María dio a luz a Jesús y lo acostó en un pesebre, **Lucas** 2:7. Los pastores fueron a Belén para visitar al Cristo, **Lucas** 2:16–20. María y José llevaron a Jesús al templo en Jerusalén, **Lucas** 2:21–38. María y José llevaron a Jesús a la fiesta de la Pascua, **Lucas** 2:41–52. María estuvo en las bodas de Caná, **Juan** 2:2–5. Estando en la cruz, el Salvador le pidió a Juan que velara por su madre, **Juan** 19:25–27. María estaba con los Apóstoles después que Cristo ascendió al cielo, **Hech.** 1:14.

María era una virgen sumamente hermosa y blanca, **1 Ne.** 11:13–20. La madre de Cristo se llamaría María, **Mos.** 3:8. María sería una virgen, un vaso precioso y escogido, **Alma** 7:10.

María, madre de Marcos. *Véase también* Marcos

En el Nuevo Testamento, madre de Juan Marcos, quien fue autor del Evangelio según Marcos (Hech. 12:12).

María Magdalena

Mujer del Nuevo Testamento que se convirtió en discípula devota de Jesucristo. El nombre Magdalena se refiere a Magdala, el lugar de donde era María, ciudad ubicada en la costa occidental del mar de Galilea.

Estuvo cerca de la cruz, **Mateo** 27:56 (Mar. 15:40; Juan 19:25). Estuvo en la sepultura de Cristo, **Mateo** 27:61 (Mar 15:47). Fue al sepulcro la mañana de la resurrección, **Mateo** 28:1 (Mar. 16:1 Lucas 24:10; Juan 20:1, 11). Jesús, después de haber resucitado, se le apareció primeramente a ella, **Mar.** 16:9 (Juan 20:14–18). Salieron de ella siete demonios, **Lucas** 8:2.

Marsh, Thomas B.

Primer Presidente del Cuórum de los Doce Apóstoles después de la restauración de la Iglesia en 1830. Poseía las llaves del reino, en lo que concernía a los Doce (DyC 112:16) y, en 1838, se le mandó por revelación que publicara la palabra del Señor (DyC 118:2). La sección 31 de Doctrina y Convenios se dirige a él. Fue excomulgado de la Iglesia en 1839 pero volvió a bautizarse en julio de 1857

Marta. *Véase también* Lázaro; María de Betania

En el Nuevo Testamento, la hermana de Lázaro y de María (Lucas 10:38–42; Juan 11:1–46; 12:2).

Mártir, martirio

Persona que da su vida antes que negar a Cristo, el Evangelio o sus creencias y principios rectos.

Toda la sangre justa que se ha derramado desde Abel hasta Zacarías testificará contra los inicuos, **Mateo** 23:35 (Lucas 11:50). El que pierda su vida por causa de Cristo y del Evangelio, la salvará, **Mar.** 8:35 (DyC 98:13). Apedrearon a Esteban, **Hech.** 7:59 (Hech. 22:20). Donde hay testamento, es necesario que intervenga muerte del testador, **Heb.** 9:16–17.

Abinadí cayó, habiendo padecido la muerte por fuego, **Mos.** 17:20. Los conversos del pueblo de Ammoníah fueron arrojados al fuego, **Alma** 14:8–11. A muchos los mataron porque testificaron de estas cosas, **3 Ne.** 10:15.

El que diere su vida en mi causa, por mi nombre, hallará la vida eterna, **DyC** 98:13–14. José y Hyrum Smith fueron mártires de la restauración del Evangelio, **DyC** 135. José Smith selló su testimonio con su sangre, **DyC** 136:39.

Matar. *Véase* Asesinato; Pena de muerte

Mateo. *Véase también* Evangelios

Apóstol de Jesucristo y el autor del primer libro del Nuevo Testamento. Mateo era judío y cobrador de impuestos para los romanos en Capernaúm, probablemente al servicio de Herodes Antipas. Antes de su conversión se le conocía como Leví hijo de Alfeo (Mar. 2:14). Poco después de su llamamiento como discípulo de Jesús, hizo un gran banquete en el que estuvo presente el Señor (Mateo 9:9–13; Mar. 2:14–17; Lucas 5:27–32). Es muy probable que Mateo haya poseído un conocimiento amplio de las Escrituras del Antiguo Testamento, por lo que pudo ver en la vida de nuestro Señor el cumplimiento de cada detalle de las profecías. De los últimos años de la vida del Apóstol, es poco lo que se sabe con certeza. Según una tradición, se dice que murió como mártir.

El Evangelio según Mateo: Primer libro del Nuevo Testamento, escrito inicialmente para el uso de los judíos de Palestina; en él se emplean muchas citas del Antiguo Testamento. El objeto principal de Mateo era mostrar que Jesús era el Mesías de quien los profetas del Antiguo Testamento habían hablado. También recalca que Jesús es el Rey y Juez de los hombres.

Para ver una lista de los acontecimientos en la vida del Salvador, cual se describen en el Evangelio según Mateo, véase la Concordancia entre los Evangelios, en el Apéndice.

Matías. *Véase también* Apóstol — La selección de los Apóstoles

La persona que se eligió para ocupar el lugar de Judas Iscariote como miembro del Cuórum de los Doce Apóstoles (Hech. 1:15–26); era discípulo durante todo el curso del ministerio mortal de nuestro Señor (Hech. 1:21–22).

Matrimonio. *Véase también* Divorcio; Familia

Convenio o contrato legal entre un hombre y una mujer que los convierte en marido y mujer. El matrimonio lo decretó Dios (DyC 49:15).

No es bueno que el hombre esté solo, **Gén.** 2:18 (Moisés 3:18). El hombre se unirá a su mujer, y serán una sola carne, **Gén.** 2:24 (Mateo 19:5; Abr. 5:18).

Lo que Dios juntó, no lo separe el hombre, **Mateo** 19:6 (Mar. 10:9). En los postreros tiempos algunos apostatarán de la fe, y prohibirán casarse, **1 Tim.** 4:1–3. El matrimonio es honroso, **Heb.** 13:4.

El Señor mandó a los hijos de Lehi casarse con las hijas de Ismael, **1 Ne.** 7:1, 5 (1 Ne. 16:7–8).

Dios creó a Adán y a Eva para que

fueran marido y mujer, **Moisés** 3:7, 18, 21–25.

El nuevo y sempiterno convenio del matrimonio: El matrimonio que se contrae bajo la ley del Evangelio y del santo sacerdocio es por la vida terrenal y también por la eternidad. Los hombres y las mujeres dignos que hayan sido sellados como matrimonio en el templo podrán seguir siendo marido y mujer durante toda la eternidad.

Jesús enseñó la ley del matrimonio, **Lucas** 20:27–36. En el Señor, ni el varón es sin la mujer, **1 Cor.** 11:11. El esposo y la esposa son coherederos de la gracia de la vida, **1 Pe.** 3:7.

Cuanto sellares en la tierra, sea sellado en los cielos, **Hel.** 10:7 (Mateo 16:19).

Para alcanzar el grado más alto de la gloria celestial, el hombre tiene que entrar en el nuevo y sempiterno convenio del matrimonio, **DyC** 131:1–4. Si un hombre no se casa con una mujer por mí, ninguna validez tendrán su convenio y matrimonio cuando mueran, **DyC** 132:15. Si un hombre se casa con una mujer por mi palabra y por el nuevo y sempiterno convenio, y les es sellado por el Santo Espíritu de la promesa, estará en pleno vigor cuando ya no estén en el mundo, **DyC** 132:19.

El matrimonio entre personas de distintas religiones: El matrimonio entre un hombre y una mujer de distintas creencias y prácticas religiosas.

No tomarás para mi hijo mujer de las hijas de los cananeos, **Gén.** 24:3. Si Jacob toma mujer de las hijas de Het, ¿para qué quiero la vida?, **Gén.** 27:46 (Gén. 28:1–2). Los israelitas no se casarán con los cananeos, **Deut.** 7:3–4. Los israelitas se casaron con los cananeos, adoraron a dioses falsos y fueron maldecidos, **Jue.** 3:1–8. Las esposas de Salomón desviaron su corazón hacia la adoración de dioses falsos, **1 Rey.** 11:1–6. No daríamos nuestras hijas a los pueblos de la tierra, no tomaríamos sus hijas para nuestros hijos, **Neh.** 10:30.

No os unáis en yugo desigual con los incrédulos, **2 Cor.** 6:14.

El Señor Dios puso una señal sobre los lamanitas, a fin de que los nefitas no se mezclaran ni creyeran en tradiciones incorrectas, **Alma** 3:6–10.

Si un hombre no se casa con una mujer por mí, ninguna validez tendrán su convenio y matrimonio cuando mueran, **DyC** 132:15.

Los hijos de los hombres tomaron para sí esposas, según su elección, **Moisés** 8:13–15.

El matrimonio plural: El matrimonio de un hombre con dos o más esposas vivas. Es legítimo que el hombre tenga una sola esposa, a menos que el Señor mande, por medio de la revelación, otra cosa (Jacob 2:27–30). Mediante revelación y bajo la dirección del profeta que poseía las llaves del sacerdocio, se practicó el matrimonio plural en los tiempos del Antiguo Testamento y en los comienzos de la Iglesia restaurada (DyC 132:34–40, 45); pero en la Iglesia en la actualidad, no se practica (DO 1) ni está de acuerdo con los principios del Evangelio que deben vivir los miembros de La Iglesia de Jesucristo de los Santos de los Últimos Días.

Sarai dio a Agar por mujer a Abram su marido, **Gén.** 16:1–11. Jacob recibió a Lea, a Raquel y a sus siervas como esposas, **Gén.** 29:21–28 (Gén. 30:4, 9, 26). Si un hombre tomare para él otra mujer, no disminuirá las posesiones de la primera, **Éx.** 21:10. David subió a Hebrón, y con él sus dos mujeres, **2 Sam.** 2:1–2.

Abraham, Isaac y Jacob hicieron lo que se les mandó al recibir varias esposas, **DyC** 132:37. David y Salomón en nada pecaron sino en las cosas que no recibieron del Señor, **DyC** 132:38–39.

Matusalén. *Véase también* Enoc

En el Antiguo Testamento, hijo de Enoc que vivió 969 años (Gén. 5:21–27; Lucas 3:37; Moisés 8:7). Fue un profeta justo que quedó en la tierra cuando la ciudad de Enoc fue llevada al cielo, a fin de proveer la posteridad de la cual nacería Noé (Moisés 8:3–4).

Mayordomía, mayordomo. *Véase también* Llamado, llamado por Dios, llamamiento

El que vela por los asuntos o la propiedad de otra persona es un mayordomo, y aquello por lo cual vela es su mayordomía. Todas las cosas de la tierra le pertenecen al Señor, y nosotros somos Sus mayordomos. Somos responsables ante Él, pero podemos dar informe de nuestra mayordomía a los representantes autorizados de Dios. Cuando recibimos del Señor o de Sus siervos autorizados un llamamiento para servir, nuestra mayordomía puede abarcar asuntos tanto espirituales como temporales (DyC 29:34).

Sobre poco has sido fiel, sobre mucho te pondré, **Mateo** 25:14–23. A todo aquel a quien se haya dado mucho, mucho se le demandará, **Lucas** 12:48 (DyC 82:3). Jesús dio la parábola del mayordomo infiel, **Lucas** 16:1–8.

El que fuere hallado mayordomo fiel entrará en el gozo de su Señor, **DyC** 51:19. Todo hombre dará cuenta de su mayordomía, **DyC** 72:3–5. El que es mayordomo fiel y sabio heredará todas las cosas, **DyC** 78:22. El Señor hará a todo hombre responsable como mayordomo de las bendiciones terrenales, **DyC** 104:11–17 (DyC 42:32). Serás diligente para que seas mayordomo sabio, **DyC** 136:27.

Mediador. *Véase también* Expiación, expiar; Jesucristo

Intercesor o intermediario. Jesucristo es el Mediador entre Dios y el hombre; Su expiación hizo posible que el hombre se arrepintiera de sus pecados y se reconciliara con Dios.

Nadie viene al Padre sino por Jesucristo, **Juan** 14:6. Hay un solo mediador entre Dios y los hombres, **1 Tim.** 2:5. Cristo es el mediador de un mejor convenio, **Heb.** 8:6 (Heb. 9:15; 12:24; DyC 107:19).

El Santo Mesías intercederá por todos los hijos de los hombres, **2 Ne.** 2:9 (Isa. 53:12; Mos. 14:12). Quisiera que confiaseis en el gran Mediador, **2 Ne.** 2:27–28.

Somos hechos perfectos mediante Jesús, el mediador del nuevo convenio, **DyC** 76:69.

Meditar. *Véase también* Oración; Revelación

Pensar o reflexionar profundamente, a menudo tocante a las Escrituras u otras cosas divinas. Al combinarse con la oración, la meditación sobre las cosas de Dios puede traer consigo la revelación y la comprensión.

María meditaba estas cosas en su corazón, **Lucas** 2:19.

Mientras estaba yo sentado reflexionando, fui arrebatado en el Espíritu, **1 Ne.** 11:1. Mi corazón medita en las Escrituras, **2 Ne.** 4:15. Nefi se dirigió hacia su propia casa, meditando en las cosas que le había manifestado el Señor, **Hel.** 10:2–3. Id a vuestras casas, y meditad las cosas que os he dicho, **3 Ne.** 17:3. Recordad cuán misericordioso ha sido el Señor, y meditadlo en vuestros corazones, **Moro.** 10:3.

Reflexiona sobre las cosas que has recibido, **DyC** 30:3. Mientras meditábamos en estas cosas, el Señor tocó los ojos de nuestro entendimiento, **DyC** 76:19. Me hallaba en mi habitación meditando sobre las Escrituras, **DyC** 138:1–11.

Lo medité repetidas veces, **JS—H** 1:12.

Melquisedec. *Véase también* Sacerdocio de Melquisedec; Salem

En el Antiguo Testamento, un notable sumo sacerdote, profeta y líder que vivió después del Diluvio y durante los tiempos de Abraham. Se le llamó rey de Salem (Jerusalén), Rey de paz, Rey de justicia (el significado del vocablo hebreo *Melquisedec*) y sacerdote del más alto Dios.

Abraham pagó diezmos a Melquisedec, **Gén.** 14:18–20. El pueblo de

Melquisedec obró rectamente y obtuvo el cielo, **TJS,** Gén. 14:25–40.

Cristo fue sumo sacerdote según el orden de Melquisedec, **Heb.** 5:6. Melquisedec fue rey de Salem, sacerdote del más alto Dios, **Heb.** 7:1–3.

Ninguno fue mayor que Melquisedec, **Alma** 13:14–19.

Abraham recibió el sacerdocio de manos de Melquisedec, **DyC** 84:14. Por respeto al nombre del Señor, la iglesia en los días antiguos dio al sacerdocio mayor el nombre de Sacerdocio de Melquisedec, **DyC** 107:1–4.

Melquisedec, Sacerdocio de. *Véase* Sacerdocio de Melquisedec

Mente

Facultades intelectuales; poderes conscientes del pensamiento.

Sírvele con corazón perfecto y con ánimo dispuesto, **1 Cró.** 28:9.

Amarás al Señor tu Dios con toda tu mente, **Mateo** 22:37.

Ser de mente carnal es muerte, y ser de mente espiritual es vida eterna, **2 Ne.** 9:39. La voz del Señor penetró mi mente, **Enós** 1:10. La palabra había surtido un efecto más potente en la mente del pueblo que la espada, **Alma** 31:5.

Hablaré a tu mente, **DyC** 8:2. Debes estudiarlo en tu mente, **DyC** 9:8. Reposen en vuestra mente las solemnidades de la eternidad, **DyC** 43:34. En ocasiones pasadas vuestras mentes se han ofuscado, **DyC** 84:54. Acostaos temprano, levantaos temprano para que vuestros cuerpos y vuestras mentes sean vigorizados, **DyC** 88:124.

Satanás no conocía la mente de Dios, **Moisés** 4:6. El Señor llamó Sion a su pueblo, porque eran uno en corazón y voluntad, **Moisés** 7:18.

Mentiras. *Véase también* Calumnias; Engañar, engaño; Honestidad, honradez

Cualquier comunicación de una falsedad con el fin de engañar.

No hurtaréis, y no engañaréis, ni mentiréis, **Lev.** 19:11. La mentira aborrezco y abomino, **Sal.** 119:163. Los labios mentirosos son abominación a Jehová, **Prov.** 12:22. Mi pueblo son, hijos que no mienten, **Isa.** 63:8.

El diablo es mentiroso, y padre de mentira, **Juan** 8:44 (2 Ne. 2:18; Éter 8:25; Moisés 4:4). No has mentido a los hombres, sino a Dios, **Hech.** 5:4 (Alma 12:3). Si alguno dice: Yo amo a Dios, y aborrece a su hermano, es mentiroso, **1 Juan** 4:20. Todos los mentirosos tendrán su parte en la segunda muerte, **Apoc.** 21:8 (DyC 63:17).

¡Ay del embustero!, porque será arrojado al infierno, **2 Ne.** 9:34. Habrá muchos que enseñarán falsa doctrina y dirán: mentid un poco; en esto no hay mal, **2 Ne.** 28:8–9 (DyC 10:25). ¿Suponéis que podréis mentir al Señor?, **Alma** 5:17. Eres un Dios de verdad, y no puedes mentir, **Éter** 3:12 (Núm. 23:19; 1 Sam. 15:29; Tito 1:2; Heb. 6:18; Enós 1:6).

El que mienta y no se arrepienta, será expulsado, **DyC** 42:21. Los mentirosos heredan la gloria telestial, **DyC** 76:81, 103–106.

Creemos en ser honrados, **AdeF** 1:13.

Mesac. *Véase también* Daniel

En el Antiguo Testamento, Sadrac, Mesac y Abed-nego fueron los tres jóvenes israelitas que, junto con Daniel, fueron llevados al palacio de Nabucodonosor, rey de Babilonia. El nombre hebreo de Mesac era Misael. Los cuatro jóvenes rehusaron contaminarse participando de la carne y el vino del rey (Dan. 1). Por orden del rey, Sadrac, Mesac y Abed-nego fueron arrojados a un horno de fuego ardiente, mas fueron preservados milagrosamente (Dan. 3).

Mesías. *Véase también* Jesucristo; Ungido, el

Vocablo derivado del arameo y del hebreo que significa "el ungido". En el Nuevo Testamento, a Jesús se le llama el Cristo, que es el equivalente griego de *Mesías*, que significa el Profeta, Sacerdote, Rey y Libertador ungido, cuya venida esperaban ansiosamente los judíos.

Muchos judíos esperaban solamente un libertador que los librara del poder romano y que les diera una mayor prosperidad nacional; de manera que cuando vino el Mesías, los líderes y muchos otros más lo rechazaron. Solamente los humildes y fieles pudieron ver en Jesús de Nazaret al verdadero Cristo (Isa. 53; Mateo 16:16; Juan 4:25–26).

El Mesías tendrá el Espíritu, predicará el Evangelio y publicará la libertad, **Isa.** 61:1–3 (Lucas 4:18–21).

Hemos hallado al Mesías (que traducido es, el Cristo), **Juan** 1:41 (Juan 4:25–26).

El Señor levantó un profeta entre los judíos: sí, un Mesías, o en otras palabras, un Salvador, **1 Ne.** 10:4. El Hijo de Dios era el Mesías que habría de venir, **1 Ne.** 10:17. La redención viene en el Santo Mesías y por medio de él, **2 Ne.** 2:6. El Mesías vendrá en la plenitud de los tiempos, **2 Ne.** 2:26. El Mesías resucitará de entre los muertos, **2 Ne.** 25:14.

En el nombre del Mesías, confiero el Sacerdocio de Aarón, **DyC** 13.

El Señor dijo: Yo soy el Mesías, el Rey de Sion, **Moisés** 7:53.

Miguel. *Véase también* Adán; Arcángel

El nombre por el cual se le conocía a Adán en la vida preterrenal. También se le llama el Arcángel. En hebreo el nombre significa "Semejante a Dios".

Miguel, uno de los principales príncipes, vino para ayudar a Daniel, **Dan.** 10:13, 21 (DyC 78:16). En los últimos días se levantará Miguel, el gran príncipe, **Dan.** 12:1.

El arcángel Miguel contendía con el diablo, **Judas** 1:9. Miguel y sus ángeles lucharon contra el dragón, **Apoc.** 12:7 (Dan. 7).

Miguel es Adán, **DyC** 27:11 (DyC 107:53–57; 128:21). Miguel, el arcángel del Señor, tocará su trompeta, **DyC** 29:26. Miguel reunirá a sus ejércitos e irá a la batalla contra Satanás, **DyC** 88:112–115. La voz de Miguel se oyó discerniendo al diablo, **DyC** 128:20.

Milagros. *Véase también* Fe; Señal

Acontecimientos extraordinarios causados por el poder de Dios. Representan un elemento importante de la obra de Jesucristo, e incluyen las sanidades, la restauración de la vida a los muertos y la resurrección. Los milagros forman parte del evangelio de Jesucristo. Es necesario tener fe para que estos se manifiesten (Mar. 6:5–6; Morm. 9:10–20; Éter 12:12).

Si Faraón os respondiere: Mostrad milagro, **Éx.** 7:9.

Ninguno hay que haga milagro en mi nombre, que luego pueda decir mal de mí, **Mar.** 9:39. Jesús efectuó su primer milagro en Caná, **Juan** 2:11.

Soy un Dios de milagros, **2 Ne.** 27:23. El poder de Dios obra milagros, **Alma** 23:6. Cristo pudo mostrar milagros más grandes a los habitantes del continente americano debido a la gran fe de ellos, **3 Ne.** 19:35. Dios no ha cesado de ser un Dios de milagros, **Morm.** 9:15.

No exijáis milagros, a no ser que el Señor os lo mande, **DyC** 24:13–14. A algunos les es dado obrar milagros, **DyC** 46:21 (Moro. 10:12).

Milenio. *Véase también* Infierno; Segunda venida de Jesucristo

El período de mil años de paz que comenzará cuando Cristo regrese para reinar personalmente sobre la tierra (AdeF 1:10).

No alzará espada nación contra nación, ni se adiestrarán más para la guerra, **Isa.** 2:4 (Miq. 4:3; 2 Ne. 12:4). Esta tierra que era asolada ha venido a ser como huerto del Edén, **Ezeq.** 36:35.

Vivieron y reinaron con Cristo mil años, **Apoc.** 20:4.

A causa de la rectitud, Satanás no tiene poder, **1 Ne.** 22:26.

Moraré en rectitud sobre la tierra por mil años, **DyC** 29:11. Cuando hayan terminado los mil años, perdonaré la tierra por un corto tiempo, **DyC** 29:22. Vendrá el gran Milenio, **DyC** 43:30. Los hijos de los justos crecerán sin pecado, **DyC** 45:58. Los niños crecerán hasta envejecer; los hombres serán cambiados en un abrir y cerrar de ojos, **DyC** 63:51. Al principiar el séptimo milenio, el Señor santificará la tierra, **DyC** 77:12. No vuelven a vivir sino hasta que pasen los mil años, **DyC** 88:101. Satanás será atado durante mil años, **DyC** 88:110. Se describe el Milenio, **DyC** 101:23–34.

Por el espacio de mil años la tierra descansará, **Moisés** 7:64.

Ministrar, ministro. *Véase también* Sacerdocio; Servicio

Llevar a cabo la obra del Señor sobre la tierra. Es preciso que sea Dios quien llame a Sus siervos escogidos para que ministren en Su obra. Cuando los verdaderos ministros hacen la voluntad del Señor, lo representan a Él en sus deberes oficiales y actúan como agentes Suyos (DyC 64:29), llevando a cabo de esa manera la obra necesaria para la salvación del género humano. El Señor nos ha dado apóstoles, profetas, evangelistas, sumos sacerdotes, setentas, élderes, obispos, presbíteros, maestros, diáconos, ayudas y gobiernos a fin de perfeccionar a los santos para la obra del ministerio (1 Cor. 12:12–28; Efe. 4:11–16; DyC 20; 107).

Le ha escogido Jehová para administrar en el nombre de Jehová, **Deut.** 18:5. Ministros de nuestro Dios seréis llamados, **Isa.** 61:6.

El Hijo del Hombre no vino para ser servido, sino para servir, **Mateo** 20:26–28. Para esto he aparecido, para ponerte por ministro y testigo, **Hech.** 26:16–18. Dios no es injusto para olvidar vuestra obra de amor al haber ministrado a los santos, **Heb.** 6:10. Si alguno ministra, ministre conforme al poder que Dios da, **1 Pe.** 4:10–11.

Enseñaron y se ministraron el uno al otro, **3 Ne.** 26:19.

Es el deber de los Doce ordenar ministros evangelistas, **DyC** 107:39–40. Se puede apartar a un sumo sacerdote para administrar las cosas temporales, **DyC** 107:71–72. Estos setenta han de ser ministros viajantes, **DyC** 107:93–97. Los élderes son ordenados para ser ministros residentes de mi iglesia, **DyC** 124:137.

Miqueas

Profeta del Antiguo Testamento oriundo de Moreset-gat, de las llanuras de Judá, el cual profetizó durante el reinado de Ezequías (Miq. 1:1–2).

El libro de Miqueas: El único libro del Antiguo Testamento que designa a Belén como el lugar del esperado nacimiento del Mesías (Miq. 5:2). En este libro, el Señor aconsejó a Su pueblo y le recordó la bondad que le había mostrado en el pasado; les pide que sean justos, misericordiosos y humildes (Miq. 6:8).

Mira. *Véase* Ojo(s)

Misericordia, misericordioso. *Véase también* Expiación, expiar; Gracia; Jesucristo; Justicia; Perdonar

El espíritu de compasión, ternura y perdón. La misericordia es uno de los atributos de Dios. Jesucristo nos ofrece misericordia mediante Su sacrificio expiatorio.

Jehová es misericordioso y piadoso, **Éx.** 34:6 (Deut. 4:31). Su misericordia es eterna, **1 Cró.** 16:34. El bien y la misericordia me seguirán, **Sal.** 23:6. El que tiene misericordia de los pobres es bienaventurado, **Prov.** 14:21. Misericordia quiero, y no sacrificio, **Oseas** 6:6. El Señor pidió a su pueblo que mostrara misericordia, **Zac.** 7:8–10.

Bienaventurados los misericordiosos porque ellos alcanzarán misericordia **Mateo** 5:7 (3 Ne. 12:7). Al ver las multitudes, Jesús tuvo compasión de ellas **Mateo** 9:36 (Mar. 1:41). Ay de los hipócritas que pagan diezmos y dejan lo más importante de la ley: la justicia, la misericordia y la fe, **Mateo** 23:23. Sed pues, misericordiosos, como también vuestro Padre es misericordioso, **Lucas** 6:36. Un samaritano fue movido a misericordia, **Lucas** 10:33. Nos salvó, no por obras de justicia, sino por su misericordia, **Tito** 3:5.

Las tiernas misericordias del Señor se extienden sobre todos, **1 Ne.** 1:20. La misericordia no puede reclamar al que no se arrepiente, **Mos.** 2:38–39. Dios es misericordioso para con todos los que creen en su nombre, **Alma** 32:22. La misericordia puede satisfacer las exigencias de la justicia, **Alma** 34:16. ¿Supones tú que la misericordia puede robar a la justicia?, **Alma** 42:25 (Alma 42:13–25). Los niños pequeños viven en Cristo por motivo de su misericordia, **Moro.** 8:19–20 (DyC 29:46).

El brazo de misericordia de Cristo ha expiado vuestros pecados, **DyC** 29:1. En virtud de la sangre que he derramado, he abogado ante el Padre por cuantos han creído en mi nombre, **DyC** 38:4. Aquellos que han guardado el convenio obtendrán misericordia, **DyC** 54:6. Yo, el Señor, perdono los pecados y soy misericordioso con aquellos que los confiesan con corazones humildes, **DyC** 61:2. Yo, el Señor, manifiesto misericordia a todos los mansos, **DyC** 97:2. Quienes te reciban como niños pequeños, recibirán mi reino; porque alcanzarán misericordia, **DyC** 99:3.

La misericordia irá delante de tu faz, **Moisés** 7:31.

Misioneros. *Véase* Obra misional

Misterios de Dios

Los misterios de Dios son verdades espirituales que se dan a conocer solamente por medio de la revelación. Dios revela Sus misterios a los que son obedientes al Evangelio. Algunos de los misterios de Dios aún no se han revelado.

A vosotros os es dado saber los misterios del reino de los cielos, **Mateo** 13:11. Si entendiese todos los misterios, y no tengo amor, nada soy, **1 Cor.** 13:2.

Nefi tenía un conocimiento grande de los misterios de Dios, **1 Ne.** 1:1. A muchos les es concedido conocer los misterios de Dios, **Alma** 12:9. A este le es permitido conocer los misterios de Dios, **Alma** 26:22. No me han sido revelados plenamente estos misterios, **Alma** 37:11. Hay muchos misterios que nadie conoce sino Dios mismo, **Alma** 40:3.

El misterio de la divinidad, ¡cuán grande es!, **DyC** 19:10. Si pides, recibirás revelación, a fin de que conozcas los misterios del reino, **DyC** 42:61, 65 (1 Cor. 2:7, 11–14). A quien guarde mis mandamientos concederé los misterios de mi reino, **DyC** 63:23. A ellos revelaré todos los misterios, **DyC** 76:7. El sacerdocio mayor posee la llave de los misterios, **DyC** 84:19. El día en que el Señor venga, Él revelará cosas ocultas que ningún hombre conoció, **DyC** 101:32–33. El Sacerdocio de Melquisedec tendrá el privilegio de recibir los misterios del reino, **DyC** 107:19.

Misuri. *Véase* Nueva Jerusalén

Moab. *Véase también* Lot

Tierra del Antiguo Testamento que quedaba al este del mar Muerto. Los moabitas eran descendientes de Lot, estaban emparentados con los israelitas y hablaban una lengua muy parecida al hebreo; sin embargo, entre las dos naciones había constantes luchas (Jue. 3:12–30; 11:17; 2 Sam. 8:2; 2 Rey. 3:6–27; 2 Cró. 20:1–25; Isa. 15).

Modelo, norma, ejemplo

Una norma, un ejemplo, etc., que una persona sigue para conseguir ciertos resultados. En las Escrituras, un *modelo* generalmente significa un ejemplo tanto para vivir de cierta manera como un prototipo o plan para edificar algo.

El Señor mandó a Israel edificar un tabernáculo de acuerdo con el modelo que se le mostró a Moisés, **Éx.** 25. David le dio a Salomón los planos para construir el templo, **1 Cró.** 28:11–13.

Para que Jesucristo mostrase en mí un ejemplo de los que habrían de creer en Él, **1 Tim.** 1:16.

Os daré una norma en todas las cosas, para que no seáis engañados, **DyC** 52:14.

Modestia. *Véase también* Humildad, humilde, humillar (afligir)

Comportamiento o apariencia humilde, moderado y decente. La persona modesta evita todo lo que sea superfluo y ostentoso.

Dios hizo túnicas de pieles, y vistió a Adán y a Eva, **Gén.** 3:21 (Moisés 4:27).

Que las mujeres se atavíen de ropa decorosa, **1 Tim.** 2:9. Sed prudentes, castas, cuidadosas de la casa, **Tito** 2:5.

Muchos se envanecen con el orgullo por causa de sus ropas costosas, **Jacob** 2:13.

Sean todos tus vestidos sencillos, **DyC** 42:40.

Creemos en ser castos y virtuosos, **AdeF** 1:13.

Moisés. *Véase también* Aarón, hermano de Moisés; Diez Mandamientos, los; Ley de Moisés; Pentateuco; Transfiguración — La Transfiguración de Cristo

Profeta del Antiguo Testamento que sacó a los israelitas del cautiverio egipcio y que les dio una serie de leyes religiosas, sociales y alimentarias que recibió él de Dios por medio de la revelación.

El ministerio de Moisés se extendió más allá de los límites de su existencia terrenal. José Smith enseñó que Moisés, junto con Elías el Profeta, vino al monte de la Transfiguración y allí confirió las llaves del sacerdocio a Pedro, Santiago y Juan (Mateo 17:3–4; Mar. 9:4–9; Lucas 9:30; DyC 63:21).

Moisés se apareció a José Smith y a Oliver Cowdery el 3 de abril de 1836, en el Templo de Kirtland, Ohio (EE. UU.), y les confirió las llaves del recogimiento de Israel (DyC 110:11).

En la revelación de los postreros días se habla mucho concerniente a Moisés. Se le menciona frecuentemente en el Libro de Mormón, y en Doctrina y Convenios aprendemos concerniente a su ministerio (DyC 84:20–26) y que recibió el sacerdocio de manos de su suegro Jetro (DyC 84:6).

También, en la revelación de los postreros días concerniente a Moisés, se confirma el relato bíblico de su ministerio entre los hijos de Israel y se reafirma que fue el autor de los primeros cinco libros del Antiguo Testamento (1 Ne. 5:11; Moisés 1:40–41).

Lo salva la hija de Faraón, **Éx.** 2:1–10. Huye a Madián, **Éx.** 2:11–22. El ángel del Señor se le aparece en la zarza ardiente, **Éx.** 3:1–15. Anuncia las plagas que sobrevendrían a los egipcios, **Éx.** 7–11. El Señor instituye la Pascua, **Éx.** 12:1–30. Guía a los hijos de Israel a través del mar Rojo, **Éx.** 14:5–31. El Señor envía maná a los israelitas en el desierto, **Éx.** 16. Hace salir agua de la roca en Horeb, **Éx.** 17:1–7. Aarón y Hur le sostienen las manos para que Josué prevalezca contra Amalec, **Éx.** 17:8–16. Jetro aconseja a Moisés, **Éx.** 18:13–26. Prepara al pueblo para la aparición del Señor sobre el monte Sinaí, **Éx.** 19. El Señor le revela los Diez Mandamientos, **Éx.** 20:1–17. Él y setenta ancianos ven a Dios, **Éx.** 24:9–11. Quiebra las tablas del testimonio y destruye el becerro de oro, **Éx.** 32:19–20. Habla con Dios cara a cara, **Éx.** 33:9–11.

Se apareció cuando Jesús fue transfigurado, **Mateo** 17:1–13 (Mar. 9:2–13 Lucas 9:28–36).

Seamos fuertes como Moisés, **1 Ne.** 4:2 Cristo es el profeta semejante a Moisés que el Señor levantaría, **1 Ne.** 22:20–21 (Deut. 18:15; 3 Ne. 20:23).

Condujo a Israel mediante revelación **DyC** 8:3. Se encontraba entre los grandes y poderosos espíritus, **DyC** 138:41.

Vio a Dios cara a cara, **Moisés** 1:2, 31 Fue a semejanza del Unigénito, **Moisés** 1:6, 13. Debía escribir lo que el Señor le revelara acerca de la Creación, **Moisés** 2:1.

El libro de Moisés: Libro de la Perla de Gran Precio que contiene la traducción inspirada que hizo José Smith de los primeros siete capítulos de Génesis.

El capítulo 1 contiene el registro de una visión en la que Moisés vio a Dios quien le reveló todo el plan de salvación

Los capítulos del 2 al 5 son un relato de la Creación y de la Caída del hombre. Los capítulos 6 y 7 contienen una visión acerca de Enoc y su ministerio sobre la tierra. El capítulo 8 contiene una visión de Noé y el gran Diluvio.

Los cinco libros de Moisés: Véase Génesis; Éxodo; Levítico; Números; Deuteronomio; Pentateuco

Los primeros cinco libros del Antiguo Testamento se conocen como los libros de Moisés, los cuales estaban grabados sobre las planchas de bronce que Nefi le quitó a Labán (1 Ne. 5:11).

Nefi leyó muchas cosas que estaban escritas en los libros de Moisés, **1 Ne.** 19:23.

Monte de los Olivos. *Véase* Olivos, monte de los

Moralidad. *Véase* Adulterio; Castidad; Fornicación; Inmoralidad sexual

Mormón. *Véase también* Iglesia de Jesucristo; Iglesia de Jesucristo de los Santos de los Últimos Días, La

El sobrenombre *mormón* es el término que las personas que no eran miembros de la Iglesia emplearon para referirse a los miembros de La Iglesia de Jesucristo de los Santos de los Últimos Días. El nombre se deriva del sagrado libro de Escrituras que recopiló el antiguo profeta Mormón, titulado Libro de Mormón. El nombre que dio el Señor, por el cual se debe conocer a los miembros de la Iglesia, es "santos". El nombre correcto de la Iglesia es: La Iglesia de Jesucristo de los Santos de los Últimos Días.

Mormón, Libro de. *Véase* Libro de Mormón

Mormón, profeta nefita. *Véase también* Libro de Mormón

En el Libro de Mormón, profeta nefita, general militar e historiador. Mormón vivió aproximadamente entre los años 311 a 385 d.C. (Morm. 1:2, 6; 6:5–6; 8:2–3). Fue líder militar durante la mayor parte de su vida, desde la edad de 15 años (Morm. 2:1–2; 3:8–12; 5:1; 8:2–3). Ammarón le instruyó que se preparara para hacerse cargo de los anales y de llevar los registros (Morm. 1:2–5; 2:17–18). Después de escribir la historia que presenció durante su propia vida, compendió las planchas mayores de Nefi en las planchas de Mormón. Posteriormente le entregó este registro sagrado a su hijo Moroni. Estas planchas formaron parte del registro del cual José Smith tradujo el Libro de Mormón.

Las Palabras de Mormón: Libro breve del Libro de Mormón. Mormón, que compendió todos los anales, hizo esta pequeña inserción entre las últimas palabras de Amalekí, en el libro de Omni, y las primeras palabras del libro de Mosíah. (Véase "Una breve explicación acerca del Libro de Mormón", en las primeras páginas del comienzo del Libro de Mormón).

El libro de Mormón: Libro que forma parte del volumen de las Escrituras conocido como el Libro de Mormón. En los capítulos 1 y 2, se habla de Ammarón, un profeta de los nefitas, que dio instrucciones a Mormón en cuanto a cómo y dónde obtener las planchas. También se habla del comienzo de las grandes guerras y de los Tres Nefitas, quienes fueron retirados debido a la iniquidad del pueblo. En los capítulos 3 y 4, se relata que Mormón proclamó el arrepentimiento al pueblo, pero estos habían endurecido sus corazones, y jamás había habido tan grande iniquidad en Israel. En los capítulos 5 y 6, se describen las batallas finales entre los nefitas y los lamanitas, durante las cuales Mormón fue muerto junto con la mayor parte de la nación nefita. El capítulo 7 contiene el llamado al arrepentimiento que, antes de morir, hizo Mormón al pueblo tanto de su época como en el futuro. En los capítulos 8 y 9, se relata que al final solo quedó con vida Moroni, el hijo de Mormón. Moroni escribió el relato de las escenas finales de sangre y mortandad, incluso el fin del pueblo nefita, y dejó un mensaje a las futuras generaciones y a los futuros lectores de dicho registro.

Moroni, capitán. *Véase también* Estandarte de la libertad

En el Libro de Mormón, un justo comandante militar nefita que vivió aproximadamente en el año 100 a.C.

A Moroni se le nombra capitán en jefe de todos los ejércitos nefitas, **Alma** 43:16–17. Inspiró a los soldados nefitas a luchar por su libertad, **Alma** 43:48–50. Tomó un trozo de su túnica e hizo un estandarte de la libertad, **Alma** 46:12–13. Era un hombre de Dios, **Alma** 48:11–18. Se irritó contra el gobierno a causa de su indiferencia en lo concerniente a la libertad del país, **Alma** 59:13.

Moroni hijo de Mormón. *Véase también* Libro de Mormón; Mormón, profeta nefita

Ultimo profeta nefita del Libro de Mormón (alrededor del año 421 d.C.). Poco antes de su muerte, Mormón le entregó a su hijo Moroni un registro histórico llamado las planchas de Mormón (P. de Morm. 1:1). Moroni terminó de recopilar las planchas de Mormón y agregó los capítulos 8 y 9 al libro de Mormón (Morm. 8:1). Compendió e incluyó el libro de Éter (Éter 1:1–2) y agregó su propio libro llamado el libro de Moroni (Moro. 1). Después selló las planchas y las escondió en el cerro Cumorah (Morm. 8:14; Moro. 10:2). En 1823, siendo un ser resucitado, Moroni fue enviado a José Smith para revelarle el Libro de Mormón (DyC 27:5; JS—H 1:30–42, 45). Desde 1823 hasta 1827, se le apareció al joven profeta todos los años para darle instrucciones (JS—H 1:54), y finalmente, en 1827, le entregó las planchas (JS—H 1:59). Después de finalizar la traducción de los anales, José Smith devolvió las planchas a Moroni.

El libro de Moroni: El último libro del Libro de Mormón, escrito por Moroni, el último profeta nefita. En los capítulos del 1 al 3, se habla de la destrucción final de los nefitas y se dan instrucciones concernientes al conferimiento del Espíritu Santo y del sacerdocio. En los capítulos 4 y 5, se explica la forma exacta de administrar la Santa Cena. En el capítulo 6, se resume la obra de la Iglesia. En los capítulos 7 y 8, se encuentran sermones sobre los primeros principios del Evangelio, que comprenden las enseñanzas de Mormón acerca de la fe, la esperanza, la caridad y la forma de discernir entre el bien y el mal (Moro. 7); también se da la explicación de Mormón de que los niños pequeños viven en Cristo y no necesitan el bautismo (Moro. 8). En el capítulo 9, se describe la depravación de la nación nefita. En el capítulo 10, se encuentra el mensaje final de Moroni, que contiene la manera de conocer la veracidad del Libro de Mormón (Moro. 10:3–5).

Moroníah hijo del capitán Moroni

En el Libro de Mormón, un justo comandante nefita (alrededor del año 60 a.C.).

Moroni entregó el mando de sus ejércitos a su hijo Moroníah, **Alma** 62:43. Se apoderó nuevamente de la ciudad de Zarahemla, **Hel.** 1:33. Llevó a los nefitas al arrepentimiento y recuperó la mitad de las tierras, **Hel.** 4:14–20.

Mortal, mortalidad. *Véase también* Caída de Adán y Eva; Cuerpo; Muerte física; Mundo

El período de tiempo comprendido entre el nacimiento y la muerte física. A este período a veces se le llama el segundo estado.

El día que de él comieres, ciertamente morirás, **Gén.** 2:16–17 (Moisés 3:16–17). El espíritu vuelve a Dios y el cuerpo al polvo de la tierra, **Ecle.** 12:7 (Gén. 3:19; Moisés 4:25).

No reine, pues, el pecado en vuestro cuerpo mortal, **Rom.** 6:12. El cuerpo mortal debe vestirse de inmortalidad, **1 Cor.** 15:53 (Enós 1:27; Mos. 16:10; Morm. 6:21).

El estado del hombre llegó a ser un estado de probación, **2 Ne.** 2:21 (Alma 12:24; 42:10). Adán cayó para que los hombres existiesen, **2 Ne.** 2:25. ¿Miráis hacia adelante y veis este cuerpo mortal levantado en inmortalidad?, **Alma** 5:15. Esta vida es cuando el hombre debe prepararse para comparecer ante Dios, **Alma** 34:32.

No temáis la muerte; porque en este mundo vuestro gozo no es completo, **DyC** 101:36.

A quienes guarden su segundo estado, les será aumentada gloria, **Abr.** 3:26.

Mosíah hijo de Benjamín. *Véase también* Benjamín, padre de Mosíah; Mosíah, hijos de

Justo rey y profeta nefita del Libro de Mormón. Mosíah siguió el buen ejemplo de su padre (Mos. 6:4–7). Tradujo las veinticuatro planchas de oro que contenían los anales del pueblo jaredita (Mos. 28:17).

El libro de Mosíah: Se encuentra en el Libro de Mormón. En los capítulos del 1 al 6, se encuentra el potente sermón que el rey Benjamín dirigió a su pueblo. El Espíritu del Señor tocó sus corazones, se convirtieron y no volvieron a tener más disposición a obrar mal. En los capítulos 7 y 8, se habla de un grupo de nefitas que había ido a vivir a la tierra de los lamanitas. Se envió un grupo a buscarlos. Ammón, el líder del grupo, los encontró y se enteró de las pruebas por las que habían pasado bajo la opresión de los lamanitas. En los capítulos del 9 al 24, se describe aquella opresión y la forma en que sus líderes —Zeniff, Noé y Limhi— vivieron bajo el poder de los lamanitas. En ellos también se registra el martirio del profeta Abinadí y que Alma se convirtió durante el juicio de Abinadí. En los capítulos del 25 al 28, se relata la historia de la conversión del hijo de Alma y de los cuatro hijos del rey Mosíah. En el capítulo 29, el rey Mosíah recomienda que se reemplace a los reyes por un sistema de jueces. Alma hijo de Alma, fue elegido para ser el primer juez principal.

Mosíah, hijos de. *Véase también* Aarón hijo de Mosíah; Ammón hijo de Mosíah; Himni; Mosíah hijo de Benjamín; Omner

En el Libro de Mormón, los cuatro hijos del rey Mosíah que se convirtieron después de recibir la visita de un ángel que los llamó al arrepentimiento. Sus nombres eran Ammón, Aarón, Omner e Himni (Mos. 27:34). Pasaron 14 años predicando con éxito el Evangelio a los lamanitas. En los capítulos del 17 al 26 de Alma, se encuentra el registro de su ministerio entre los lamanitas.

Habían sido incrédulos y habían tratado de destruir la iglesia, **Mos.** 27:8–10 (Alma 36:6). Un ángel los reprendió y se arrepintieron, **Mos.** 27:11–12, 18–20. Recibieron permiso para ir a predicar a los lamanitas, **Mos.** 28:1–7.

Mosíah, padre de Benjamín. *Véase también* Benjamín, padre de Mosíah; Zarahemla

Profeta nefita del Libro de Mormón que fue elegido rey del pueblo de Zarahemla.

Se le advirtió que huyera de la tierra de Nefi, **Omni** 1:12. Descubrió al pueblo de Zarahemla, **Omni** 1:14–15. Hizo que al pueblo de Zarahemla se le enseñara su idioma, **Omni** 1:18. Fue nombrado rey de los pueblos unidos, **Omni** 1:19. Su hijo Benjamín reinó después de su muerte, **Omni** 1:23.

Mostaza, grano de

Las semillas de la planta de mostaza. Aunque el grano o la semilla es muy pequeño, la planta en sí es muy grande. Jesús comparó el reino de los cielos con un grano de mostaza (Mateo 13:31).

Si tuviereis fe como un grano de mostaza, podríais mover montes, **Mateo** 17:20.

Muerte espiritual. *Véase también* Caída de Adán y Eva; Condenación, condenar; Diablo; Hijos de perdición; Infierno; Salvación

El estar separado de Dios y de Su influencia; morir en cuanto a las cosas que pertenecen a la rectitud. Lucifer y una tercera parte de las huestes del cielo padecieron la muerte espiritual cuando fueron echados del cielo (DyC 29:36–37).

La Caída de Adán introdujo la muerte espiritual en el mundo (Moisés 6:48). Los seres mortales de pensamientos, palabras y obras inicuos están muertos espiritualmente aunque sigan con vida sobre la tierra (1 Tim. 5:6). Por medio de la expiación de Jesucristo y de la obediencia a los principios y ordenanzas del Evangelio, el hombre llega a quedar limpio del pecado y a vencer la muerte espiritual.

La muerte espiritual también existirá como posibilidad después de la muerte del cuerpo físico. Todos seremos juzgados: tanto los seres resucitados como el diablo y sus ángeles. Los que se hayan rebelado conscientemente contra la luz y la verdad del Evangelio padecerán la muerte espiritual. A esta muerte a menudo se le llama la segunda muerte (Alma 12:16; Hel. 14:16–19; DyC 76:36–38).

Los malignos serán destruidos, **Sal.** 37:9.

El ocuparse de la carne es muerte, pero el ocuparse del Espíritu es vida y paz, **Rom.** 8:6 (2 Ne. 9:39). Las codicias hunden a los hombres en destrucción y perdición, **1 Tim.** 6:9. El pecado da a luz la muerte, **Stg.** 1:15. El que venciere, no recibirá daño en la segunda muerte, **Apoc.** 2:11. El que venciere, no sufrirá daño de la segunda muerte, **Apoc.** 20:6, 12–14. Los inicuos tendrán su parte en el lago que arde con fuego y azufre, que es la muerte segunda, **Apoc.** 21:8 (DyC 63:17–18).

Los hombres son libres para escoger la libertad y la vida eterna, o la cautividad y la muerte, **2 Ne.** 2:27 (2 Nefi 10:23; Alma 29:5; Hel. 14:30–31). Dios ha preparado un medio para que escapemos de la muerte y el infierno, **2 Ne.** 9:10. Libraos de los sufrimientos del infierno para que no sufráis la segunda muerte, **Jacob** 3:11. El hombre natural es enemigo de Dios, **Mos.** 3:19. El Señor os conceda el arrepentimiento para que no sufráis la segunda muerte, **Alma** 13:30. Alma fue ceñido con las eternas cadenas de la muerte, **Alma** 36:18. Los inicuos mueren en cuanto a las cosas concernientes a la rectitud, **Alma** 40:26 (Alma 12:16). La caída trajo una muerte espiritual sobre todo el género humano, **Alma** 42:9 (Hel. 14:16–18).

Cuando Adán cayó, murió espiritualmente, **DyC** 29:40–41, 44.

Muerte física. *Véase también* Caída de Adán y Eva; Mortal, mortalidad; Resurrección; Salvación

La separación del cuerpo y el espíritu. Antes de la caída de Adán, ningún ser viviente sobre la tierra podía morir (2 Ne. 2:22; Moisés 6:48). La Caída trajo el estado mortal y la muerte a la tierra. La expiación de Jesucristo venció la muerte, para que todos pudieran resucitar (1 Cor. 15:21–23). La resurrección es un don gratuito que se da a todo ser humano, sin importar si ha hecho bien o mal en esta vida (Alma 11:42–44). Toda persona padece una sola muerte física, ya que una vez que nuestro cuerpo resucite, no puede volver a morir (Alma 11:45).

Toda carne perecerá, y el hombre volverá al polvo, **Job** 34:15. Estimada es a los ojos de Jehová la muerte de sus santos, **Sal.** 116:15. El polvo vuelva a la tierra, y el espíritu vuelva a Dios, **Ecle.** 12:7.

La muerte entró por un hombre, **1 Cor.** 15:21. El Salvador tiene las llaves de la muerte y del Hades, **Apoc.** 1:18. Ya no habrá muerte, ni llanto, **Apoc.** 21:4.

La muerte ha pasado sobre todos los hombres, **2 Ne.** 9:6, 11 (Alma 12:24). No veían la muerte con ningún grado de terror, **Alma** 27:28. Alma explica el estado del alma entre la muerte y la resurrección, **Alma** 40:11.

Los que mueran en mí no gustarán la muerte, **DyC** 42:46. El que no esté señalado para morir, sanará, **DyC** 42:48. Os probaré en todas las cosas, hasta la muerte, **DyC** 98:14.

Al polvo has de volver, **Moisés** 4:25. Adán cayó, y por su caída vino la muerte, **Moisés** 6:48.

Muerte, segunda. *Véase* Muerte espiritual

Muertos, salvación de los. *Véase* Salvación de los muertos

Mujer(es). *Véase también* Hermano(s), hermana(s); Hombre(s); Esposa

Persona adulta del sexo femenino; una hija de Dios. Por lo general, el vocablo mujer se utiliza en las Escrituras como título de respeto (Juan 19:26; Alma 19:10).

Dios creó al hombre y a la mujer, **Gén.** 1:27 (Moisés 2:27; 6:9; Abr. 4:27). La estima de una mujer virtuosa sobrepasa a la de las piedras preciosas, **Prov.** 31:10–31.

La mujer es gloria del varón, **1 Cor.** 11:7. En el Señor, ni el varón es sin la mujer, ni la mujer sin el varón, **1 Cor.** 11:11. Que las mujeres se atavíen con ropa decorosa, **1 Tim.** 2:9–10.

Yo, el Señor Dios, me deleito en la castidad de las mujeres, **Jacob** 2:28.

Tus pecados te son perdonados, y eres una señora elegida, **DyC** 25:3. Las mujeres tienen el derecho de recibir sostén de sus maridos, **DyC** 83:2.

Mulek. *Véase también* Sedequías

Hijo del rey Sedequías del Antiguo Testamento (aprox. 589 a.C.). La Biblia nos informa que todos los hijos de Sedequías fueron asesinados (2 Rey. 25:7), pero el Libro de Mormón aclara que Mulek sobrevivió (Hel. 8:21).

Zarahemla era descendiente de Mulek, **Mos.** 25:2. El pueblo de Mulek se unió a los nefitas, **Mos.** 25:13. El Señor condujo a Mulek a la tierra del norte, **Hel.** 6:10. Todos los hijos de Sedequías fueron muertos, salvo Mulek, **Hel.** 8:21.

Mundano, lo. *Véase también* Dinero; Orgullo; Riquezas; Vanidad, vano

Los deseos injustos y el empeño por obtener riquezas temporales y bienes materiales si se abandona lo espiritual.

Porque, ¿qué aprovechará al hombre si ganare todo el mundo y perdiere su alma?, **Mateo** 16:26.

Fijaron sus corazones en las cosas vanas del mundo, **Alma** 4:8 (Alma 31:27).

Debemos desechar las cosas de este mundo, **DyC** 25:10. El corazón de los hombres puesto a tal grado en las cosas de este mundo, **DyC** 121:35.

Mundo. *Véase también* Babel, Babilonia; Mortal, mortalidad; Tierra

La tierra; un lugar de probación para los hombres mortales. En sentido figurado, las personas que no obedecen los mandamientos de Dios.

La existencia terrenal: En el mundo tendréis aflicción, **Juan** 16:33.

No temáis a la muerte; porque en este mundo vuestro gozo no es completo, **DyC** 101:36.

Las personas que no obedecen los mandamientos: Castigaré al mundo por su maldad, **Isa.** 13:11 (2 Ne. 23:11).

Si el mundo os aborrece, sabed que a mí me ha aborrecido antes, **Juan** 15:18–19.

El grande y espacioso edificio representaba el orgullo del mundo, **1 Ne.** 11:36.

El mundo está madurando en la iniquidad, **DyC** 18:6. Consérvate sin mancha del mundo, **DyC** 59:9. El que sea fiel y persevere, vencerá al mundo, **DyC** 63:47. No os permito vivir conforme a la manera del mundo, **DyC** 95:13.

El fin del mundo: Yo crearé nueva tierra; y de lo primero no habrá memoria, **Isa.** 65:17 (Apoc. 21:1; AdeF 1:10).

En el fin del mundo, se arrancará la cizaña y se quemará en el fuego, **Mateo** 13:40, 49 (Mal. 4:1; Jacob 6:3).

Haré que mi viña sea quemada con fuego, **Jacob** 5:77 (DyC 64:23–24).

El Señor destruirá a Satanás y sus obras al fin del mundo, **DyC** 19:3. La tierra morirá, pero será vivificada de nuevo, **DyC** 88:25–26.

El Señor le mostró a Enoc el fin del mundo, **Moisés** 7:67.

Mundo de los espíritus. *Véase* Infierno; Paraíso; Vida preterrenal

Murmurar. *Véase también* Rebelión

Quejarse contra los propósitos, planes o siervos de Dios.

El pueblo murmuró contra Moisés, **Éx.** 15:23–16:3.

Los judíos murmuraban contra Jesús, **Juan** 6:41.

Lamán y Lemuel murmuraban en muchas cosas, **1 Ne.** 2:11–12 (1 Ne. 3:31; 17:17).

No murmures a causa de las cosas que no has visto, **DyC** 25:4.

Música. *Véase también* Cantar; Himnos

Melodías y ritmos que se han cantado y tocado desde las primeras épocas bíblicas para expresar gozo, alabanza y adoración (2 Sam. 6:5). La música puede ser una forma de oración. Es posible que los salmos se hayan cantado con melodías sencillas y que se hayan acompañado con instrumentos.

María, la hermana de Aarón y de Moisés, tomó un pandero, y ella y las mujeres danzaron, **Éx.** 15:20. Los levitas cantores estaban con címbalos y salterios y arpas, y con ellos ciento veinte sacerdotes que tocaban trompetas, **2 Cró.** 5:12.

Jesús y los Doce cantaron un himno después de la Última Cena, **Mateo** 26:30. Enseñaos y exhortaos con salmos e himnos y cánticos espirituales, **Col.** 3:16.

¿Habéis sentido el deseo de cantar la canción del amor que redime?, **Alma** 5:26.

El alma de Dios se deleita en el canto del corazón; sí, la canción de los justos es una oración, **DyC** 25:12. Alaba al Señor con cantos, con música, con baile, **DyC** 136:28.

Naamán. *Véase también* Eliseo

En el Antiguo Testamento, capitán del ejército de un rey sirio que enfermó de lepra. Por la fe de una sierva hebrea, fue a Israel para ver al profeta Eliseo. Se curó de la lepra al humillarse y bañarse siete veces en el río Jordán, tal como el profeta Eliseo le había dicho que hiciera (2 Rey. 5:1–19; Lucas 4:27).

Nabucodonosor. *Véase también* Babel, Babilonia; Daniel

En el Antiguo Testamento, rey de Babilonia (604–561 a.C.) que subyugó a Judá (2 Rey. 24:1–4) y sitió a Jerusalén (2 Rey. 24:10–11). Al profeta Lehi se le mandó huir de Jerusalén aproximadamente en el año 600 a.C. para evitar que se le llevara cautivo a Babilonia (1 Ne. 1:4–13) cuando llevaría cautivos Nabucodonosor al rey Sedequías y al pueblo judío (2 Rey. 25:1, 8–16, 20–22). Daniel interpretó los sueños de Nabucodonosor (Dan. 2; 4).

Nacer de Dios, nacer de nuevo. *Véase también* Bautismo, bautizar; Conversión, convertir; Engendrado, engendrar; Hijos de Cristo; Hijos e hijas de Dios; Hombre natural

Ocurre cuando el Espíritu del Señor efectúa un gran cambio en el corazón de una persona, de manera que ya no tiene más deseos de obrar mal, sino de seguir las vías de Dios.

Un espíritu nuevo pondré dentro de vosotros, **Ezeq.** 11:19 (Ezeq. 18:31; 36:26).

Los que creyeron en el nombre de Cristo no fueron engendrados de sangre, sino de Dios, **Juan** 1:12–13. El que no naciere de agua y del Espíritu, no puede entrar en el reino de Dios, **Juan** 3:3–7. Podemos renacer por la palabra de Dios, **1 Pe.** 1:3–23. Todo aquel que es nacido de Dios, no persevera en el pecado, **TJS,** 1 Juan 3:9. Todo lo que es nacido de Dios vence al mundo, **1 Juan** 5:4.

Los que nacen de Cristo conciertan un convenio con Dios, **Mos.** 3:19; 5:2–7. Todo el género humano debe nacer otra vez; sí, nacer de Dios, **Mos.** 27:25–26 (Alma

5:49). ¿Habéis nacido espiritualmente de Dios?, **Alma** 5:12–19. Si no nacéis otra vez, no podéis heredar el reino de los cielos, **Alma** 7:14.

Los que creyeren en mis palabras nacerán de mí, sí, del agua y del Espíritu, **DyC** 5:16.

Tendréis que nacer otra vez en el reino de los cielos, **Moisés** 6:59.

Nahúm

Profeta del Antiguo Testamento oriundo de Galilea, que escribió sus profecías entre los años 642 y 606 a.C.

El libro de Nahúm: En el capítulo 1, se habla de la ira vengadora de Dios en la Segunda Venida y de Su misericordia y poder. En el capítulo 2, se describe la destrucción de Nínive, la cual es un presagio de lo que sucederá en los últimos días. En el capítulo 3, sigue la predicción de la terrible destrucción de Nínive.

Natán. *Véase también* David

Profeta del Antiguo Testamento durante la época del rey David. Cuando David ofreció edificar un templo al Señor, el Señor le dio instrucciones a Natán de decirle que no lo hiciera. Natán también reprendió a David por haber ocasionado la muerte de Urías, uno de sus guerreros, y por haber tomado a Betsabé, la esposa de este (2 Sam. 12:1–15; DyC 132:38–39). Sadoc, junto con Natán, ungió rey a Salomón hijo de David (1 Rey. 1:38–39, 45).

Natanael. *Véase también* Bartolomé

En el Nuevo Testamento, apóstol de Cristo y amigo de Felipe (Juan 1:45–51), originario de Caná de Galilea (Juan 21:2). Cristo dijo que Natanael era un verdadero israelita en quien no había engaño (Juan 1:47). Generalmente se piensa que él y Bartolomé eran la misma persona (Mateo 10:3; Mar. 3:18; Lucas 6:14; Juan 1:43–45).

Nauvoo, Illinois (EE. UU.)

Ciudad del estado de Illinois, en los Estados Unidos de América, fundada en 1839 por los Santos de los Últimos Días. Se encuentra en la ribera del río Misisipí, aproximadamente 320 kilómetros río arriba de Saint Louis, Misuri.

Debido a las persecuciones que habían padecido en el estado de Misuri, los santos se trasladaron unos 320 kilómetros al noreste, del otro lado del río Misisipí, al estado de Illinois, donde encontraron condiciones más favorables. Con el tiempo, los santos compraron terrenos cerca de Commerce, una villa de poco desarrollo. Esos terrenos eran prácticamente pantanos. Había allí apenas unos cuantos edificios sencillos, pero los santos drenaron la tierra y establecieron sus hogares. José Smith mudó a su familia a una pequeña cabaña de troncos. El nombre de la ciudad se cambió de Commerce a Nauvoo, vocablo derivado del hebreo que significa "hermosa".

En Nauvoo se dictaron varias secciones de Doctrina y Convenios (DyC 124–129; 132; 135). Se mandó a los santos edificar un templo en esa ciudad (DyC 124:26–27), lo cual hicieron. También organizaron estacas de Sion antes de ser expulsados de sus hogares en 1846. Como resultado de esa persecución, los santos abandonaron la zona y emprendieron el camino hacia el oeste.

Nazaret. *Véase también* Jesucristo

Pequeño pueblo situado entre cerros al oeste del mar de Galilea. Nazaret fue el lugar donde vivió Jesús durante sus primeros años (Mateo 2:23). Fue en la sinagoga de Nazaret que el Señor enseñó y además declaró que en Él se cumplía la profecía que se encuentra en Isa. 61:1–2. (Mateo 13:54–58; Mar. 6:1–6; Lucas 4:16–30).

Nefi hijo de Helamán. *Véase también* Helamán hijo de Helamán; Lehi, misionero nefita

En el Libro de Mormón, gran profeta y misionero nefita.

Fue el hijo mayor de Helamán, **Hel.** 3:21. Nombrado juez superior, **Hel.** 3:37. Él y su hermano Lehi convirtieron a muchos lamanitas al Evangelio,

Hel. 5:18–19. Fue rodeado de fuego y soltado de la prisión, **Hel.** 5:20–52. Oró desde la torre de su jardín, **Hel.** 7:6–10. Anunció el asesinato del juez principal, **Hel.** 8:25–28; 9:1–38. Recibió gran poder del Señor, **Hel.** 10:3–11. Rogó al Señor que enviara hambre y después que enviara lluvia, **Hel.** 11:3–18.

Nefi hijo de Lehi. *Véase también* Lehi, padre de Nefi; Nefitas

En el Libro de Mormón, hijo justo de Lehi y Saríah (1 Ne. 1:1–4; 2:5). Nefi tenía gran fe en la palabra de Dios (1 Ne. 3:7) y llegó a ser un gran profeta, historiador y líder de su pueblo.

Fue obediente y oró con fe, **1 Ne.** 2:16. Regresó a Jerusalén para obtener las planchas de bronce, **1 Ne.** 3–4. Regresó a Jerusalén para llevar al desierto a la familia de Ismael, **1 Ne.** 7. Recibió la misma visión que había tenido Lehi, **1 Ne.** 10:17–22; 11. Vio en una visión el futuro de su pueblo y la restauración del Evangelio, **1 Ne.** 12–13. Interpretó la visión del árbol de la vida, **1 Ne.** 15:21–36. Rompió su arco, pero por medio de la fe pudo obtener alimento, **1 Ne.** 16:18–32. Construyó un barco y viajó a la tierra prometida, **1 Ne.** 17–18. Separación de los nefitas y los lamanitas, **2 Ne.** 5. Su testimonio final, **2 Ne.** 33.

El libro de 1 Nefi: En los capítulos del 1 al 18:8, se habla mayormente del profeta Lehi y su familia: su partida de Jerusalén y su viaje por desiertos inhóspitos hasta llegar al mar. Desde 1 Nefi 18:9 hasta el capítulo 23, inclusive, se registra su viaje a la tierra prometida, guiados por el Señor, a pesar de la rebelión de Lamán y Lemuel. En los capítulos del 19 al 22, se habla de la finalidad de Nefi de llevar los registros (1 Ne. 6; 19:18), que fue la de persuadir a todos a recordar al Señor su Redentor. Citó a Isaías (1 Ne. 20–21) e interpretó sus mensajes con la esperanza de que todos llegaran a conocer a Jesucristo como su Salvador y Redentor (1 Ne. 22:12).

El libro de 2 Nefi: En los capítulos del 1 al 4, se encuentran algunas de las enseñanzas y profecías finales de Lehi antes de su muerte, entre ellas, la bendición a sus hijos y a los descendientes de cada uno de ellos. En el capítulo 5, se explica por qué los nefitas se separaron de los lamanitas. Los nefitas edificaron un templo, enseñaron la ley de Moisés y llevaron registros. En los capítulos del 6 al 10, se encuentran las palabras de Jacob, el hermano menor de Nefi, el cual proporciona una reseña de la historia de Judá y profetiza acerca del Mesías, tomando parte de sus escritos de Isaías. En los capítulos del 11 al 33, Nefi escribe su testimonio de Cristo, el testimonio de Jacob, las profecías sobre los últimos días y varios capítulos del libro de Isaías del Antiguo Testamento.

Planchas de Nefi: Véase Planchas

Nefi hijo de Nefi, hijo de Helamán. *Véase también* Discípulo; Nefi hijo de Helamán

En el Libro de Mormón, uno de los doce discípulos nefitas escogidos por Jesucristo ya resucitado (3 Ne. 1:2–3; 19:4). Este profeta oró fervorosamente al Señor por el bien de su pueblo. Nefi escuchó la voz del Señor (3 Ne. 1:11–14) y también recibió la visita de ángeles, expulsó demonios, levantó de entre los muertos a su hermano y dio un testimonio convincente (3 Ne. 7:15–19; 19:4). También llevó los anales del pueblo (3 Ne. 1:2–3).

El libro de 3 Nefi: Libro del Libro de Mormón que escribió Nefi, el hijo de Nefi. En los capítulos del 1 al 10, se muestra el cumplimiento de las profecías acerca de la venida del Señor. Se dio la señal del nacimiento de Cristo y el pueblo se arrepintió, pero después volvió a la iniquidad. Finalmente hubo tempestades, terremotos, tormentas violentas y gran destrucción como señales de la muerte de Cristo. Los capítulos del 11 al 28 son un registro de la visita de Cristo a las Américas, que constituye la parte principal del libro de Tercer Nefi Muchas de las palabras de Cristo son similares a Sus sermones que se encuentran registrados en la Biblia (por ejemplo, Mateo 5 al 7 y 3 Ne. 12–14). Los capítulos 29 y 30 contienen las palabras de Mormón a las naciones de los postreros días.

El libro de 4 Nefi: Este libro consta de solo 49 versículos, todos ellos en un solo capítulo, y sin embargo cubre aproximadamente trescientos años de historia nefita (34–321 d.C.). Varias generaciones de autores, entre ellos, Nefi, contribuyeron al registro. En los versículos del 1 al 19, se dice que después de la visita del Cristo resucitado, todos los nefitas y los lamanitas se convirtieron al Evangelio, y reinaron la paz, el amor y la armonía. Los tres discípulos nefitas, a los que Cristo permitió permanecer sobre la tierra hasta Su segunda venida (3 Ne. 28:4–9), ministraron al pueblo. Nefi dejó el registro en manos de su hijo Amós. Los versículos del 19 al 47 son un registro del ministerio de Amós (84 años) y el de su hijo, también llamado Amós (112 años). En el año 201 d.C., el orgullo comenzó a causar problemas entre los del pueblo, los cuales se dividieron en clases y comenzaron a formar iglesias falsas con el objeto de lucrar (4 Ne. 1:24–34).

En los versículos finales de 4 Nefi, se muestra que el pueblo había vuelto de nuevo a la iniquidad (4 Ne. 1:35–49). En el año 305 d.C., murió Amós, el hijo de Amós, y su hermano Ammarón escondió todos los anales sagrados para salvaguardarlos. Posteriormente, Ammarón le encomendó los anales a Mormón, quien primero agregó muchos acontecimientos que habían ocurrido durante su propia vida y después hizo un compendio de los registros (Morm. 1:2–4).

Nefitas. *Véase también* Lamanitas; Libro de Mormón; Nefi hijo de Lehi

Pueblo del Libro de Mormón, muchos de los cuales descendían del profeta Nefi hijo de Lehi. Se separaron de los lamanitas y en general fueron más rectos que estos últimos; sin embargo, debido a su iniquidad, con el tiempo fueron destruidos por los lamanitas.

Los nefitas se separaron de los lamanitas, **2 Ne.** 5:5–17. Los que no eran lamanitas eran nefitas, **Jacob** 1:13. Inspiraba a los nefitas una causa mejor, **Alma** 43:6–9, 45. Jamás hubo época más dichosa para los nefitas que en los días de Moroni, **Alma** 50:23. A causa de las oraciones de los justos, fueron preservados los nefitas, **Alma** 62:40. Los nefitas empezaron a degenerar en la incredulidad, **Hel.** 6:34–35. Jesús enseñó y ministró a los nefitas, **3 Ne.** 11:1–28:12. Se convirtió al Señor toda la gente, y tenían en común todas las cosas, **4 Ne.** 1:2–3. No había contenciones, el amor de Dios moraba en sus corazones, y no podía haber pueblo más dichoso, **4 Ne.** 1:15–16. Los nefitas empezaron a tener orgullo y se envanecieron, **4 Ne.** 1:43. Hubo sangre y mortandad por toda la faz de la tierra, **Morm.** 2:8. Los nefitas aumentaron en iniquidad y Mormón se negó a ser su comandante, **Morm.** 3:9–11. Fueron muertos todos los nefitas, salvo veinticuatro, **Morm.** 6:7–15. Se mataba a todo nefita que no negara al Cristo, **Moro.** 1:2.

Los nefitas fueron destruidos a causa de sus maldades y abominaciones, **DyC** 3:18. Cuidaos del orgullo, no sea que lleguéis a ser como los nefitas, **DyC** 38:39.

Neftalí. *Véase también* Israel; Jacob hijo de Isaac

El sexto de los doce hijos de Jacob y el segundo hijo de Bilha, sierva de Raquel (Gén. 30:7–8). Neftalí tuvo cuatro hijos (1 Cró. 7:13).

La tribu de Neftalí: La bendición que Jacob dio a Neftalí se encuentra registrada en Gén. 49:21. La bendición que Moisés dio a la tribu se encuentra en Deut. 33:23.

Nehemías

En el Antiguo Testamento, un noble israelita de Babilonia (era o levita o miembro de la tribu de Judá) que ocupaba el cargo de copero en la corte de Artajerjes, de quien recibió la comisión real que le autorizaba reconstruir los muros de Jerusalén.

El libro de Nehemías: Este libro es una continuación del libro de Esdras. Contiene un relato del progreso y las dificultades de la obra en Jerusalén después del regreso de los judíos de su cautiverio en Babilonia. En los capítulos del 1 al 7, se relata la primera visita de Nehemías a Jerusalén y la reconstrucción de los muros de la ciudad a pesar de la gran oposición que existía. En los capítulos del 8 al 10, se describen las reformas religiosas y sociales que Nehemías trató de implantar. En los capítulos del 11 al 13, se da una lista de nombres de los que eran dignos y se habla de la dedicación de los muros. En los versículos del 4 al 31 del capítulo 13, se relata la segunda visita de Nehemías a Jerusalén después de doce años de ausencia.

Nehor. *Véase también* Anticristo; Supercherías sacerdotales

Hombre inicuo del Libro de Mormón; fue el primero en practicar las supercherías sacerdotales entre los nefitas. Después de enseñar doctrina falsa y de matar a Gedeón, fue ejecutado por sus crímenes (Alma 1). Los seguidores de Nehor continuaron sus prácticas y enseñanzas inicuas mucho tiempo después de la muerte de este.

Alma y Amulek fueron encarcelados por un juez de la orden de Nehor, **Alma** 14:14–18. Eran de la fe de Nehor los que perecieron, **Alma** 16:11. Muchos pertenecían a la orden de los nehores, **Alma** 21:4. La mayoría de los que mataron a tantos de sus hermanos pertenecían a la orden de los nehores, **Alma** 24:28.

Nicodemo. *Véase también* Fariseos

En el Nuevo Testamento, un gobernante recto de los judíos (probablemente miembro del concilio o sanedrín) y fariseo (Juan 3:1).

Le habló a Jesús de noche, **Juan** 3:1–21. Defendió a Cristo ante los fariseos, **Juan** 7:50–53. Llevó especias a la sepultura de Jesús, **Juan** 19:39–40.

Nínive. *Véase también* Asiria; Jonás

En el Antiguo Testamento, la capital de Asiria, que durante más de 200 años fue un importante centro comercial ubicado sobre el margen oriental del río Tigris. Cayó junto con el Imperio asirio en el año 606 a.C.

Senaquerib, el rey de Asiria, vivía en Nínive, **2 Rey.** 19:36. Jonás fue enviado a la ciudad para llamarla al arrepentimiento, **Jonás** 1:1–2 (Jonás 3:1–4). El pueblo de Nínive se arrepintió, **Jonás** 3:5–10.

Cristo puso a la ciudad de Nínive ante los judíos como un ejemplo del arrepentimiento, **Mateo** 12:41.

Niño(s). *Véase también* Bautismo de los niños pequeños; Bendecido, bendecir, bendición — Bendición de los niños; Expiación, expiar; Familia; Responsabilidad, responsable; Salvación — La salvación de los niños pequeños

Persona de corta edad que aún no llega a la pubertad. Los padres y las madres han de enseñar a sus niños a obedecer la voluntad de Dios. Los niños están sin pecado hasta llegar a la edad de responsabilidad (Moro. 8:22; DyC 68:27).

Instruye al niño en su camino, **Prov.** 22:6.

Dejad a los niños venir a mí, y no se lo impidáis, **Mateo** 19:14. Obedeced a vuestros padres, **Efe.** 6:1–3 (Col. 3:20).

Los niños pequeños tienen vida eterna, **Mos.** 15:25. Jesús tomó a los niños pequeños y los bendijo, **3 Ne.** 17:21. Los niños pequeños no necesitan el bautismo, **Moro.** 8:8–24.

Los niños pequeños son redimidos desde la fundación del mundo, mediante mi Unigénito, **DyC** 29:46–47. Los niños pequeños son santos por la expiación de Jesucristo, **DyC** 74:7. Los niños que mueren antes de llegar a la edad de responsabilidad se salvan en el reino celestial, **DyC** 137:10.

Noé hijo de Zeniff

Rey inicuo del Libro de Mormón que gobernó a un grupo de nefitas en la tierra de Nefi.

Noé cometió muchos pecados, **Mos.** 11:1–15. Ordenó la muerte del profeta Abinadí, **Mos.** 13:1 (Mos. 17:1, 5–20). Padeció la muerte por fuego, **Mos.** 19:20.

Noé, patriarca bíblico. *Véase también* Arca; Arco iris; Diluvio en los tiempos de Noé; Gabriel

En el Antiguo Testamento, hijo de Lamec y décimo patriarca desde Adán (Gén. 5:29–32). Testificó de Cristo y predicó el arrepentimiento a una generación inicua. Cuando el pueblo rechazó su mensaje, Dios le mandó construir un arca para que en ella pudieran sobrevivir su familia y todas las especies de animales cuando Él inundara la tierra para destruir a los inicuos (Gén. 6:13–22; Moisés 8:16–30). El profeta José Smith enseñó que Noé es el ángel Gabriel y que sigue a Adán en poseer las llaves de la salvación.

Él y sus hijos Jafet, Sem y Cam, junto con sus respectivas esposas, se salvaron del Diluvio al construir un arca por mandato de Dios, **Gén.** 6–8 (Heb. 11:7; 1 Pe. 3:20). El Señor renovó con Noé el convenio que había hecho con Enoc, **Gén.** 9:1–17 (TJS, Gén. 9:15, 21–25; Moisés 7:49–52).

Noé tenía diez años de edad cuando Matusalén lo ordenó al sacerdocio, **DyC** 107:52.

Los hombres buscaron a Noé para quitarle la vida, mas el poder de Dios lo salvó, **Moisés** 8:18. Noé se convirtió en pregonero de la justicia y enseñó el evangelio de Jesucristo, **Moisés** 8:19, 23–24 (2 Pe. 2:5).

Noemí. *Véase también* Rut

En el Antiguo Testamento, una mujer recta y la esposa de Elimelec (Rut 1–4). Elimelec y Noemí llevaron a su familia a Moab para escapar del hambre, pero después de morir Elimelec y los dos hijos de ellos, Noemí regresó a Belén con Rut, su nuera.

Nombre de la Iglesia. *Véase* Iglesia de Jesucristo de los Santos de los Últimos Días, La; Iglesia, nombre de la

Nueva Jerusalén. *Véase también* Sion

Lugar donde se reunirán los santos y donde Cristo reinará personalmente entre ellos durante el Milenio. Sion (la Nueva Jerusalén) será edificada sobre el continente americano, y la tierra será renovada y recibirá su gloria paradisíaca (AdeF 1:10). También se refiere a una ciudad santa que descenderá de los cielos al comenzar el Milenio.

De Sion saldrá la ley, **Miq.** 4:2.

El nombre de la ciudad de Dios es la nueva Jerusalén, **Apoc.** 3:12. Juan vio la santa ciudad, la nueva Jerusalén, **Apoc.** 21:1–5.

Estableceré a este pueblo en esta tierra, y será una Nueva Jerusalén, **3 Ne.** 20:22. Una Nueva Jerusalén se edificará en América, **Éter** 13:3–6, 10.

Ha de ser preparada la ciudad de la Nueva Jerusalén, **DyC** 42:9, 35, 62–69. Se manda a los santos congregarse y edificar la Nueva Jerusalén, **DyC** 45:63–75. La Nueva Jerusalén será edificada en Misuri, **DyC** 84:1–5 (DyC 57:1–3). El Cordero estará en pie sobre el monte de Sion y sobre la ciudad santa, la Nueva Jerusalén, **DyC** 133:56.

Mi tabernáculo se llamará Sion, una Nueva Jerusalén, **Moisés** 7:62.

Nuevo Testamento. *Véase también* Biblia; Escrituras

Recolección de escritos inspirados (de textos escritos en griego) acerca de la vida y el ministerio de Jesucristo, de los Apóstoles y de otros seguidores de Jesucristo. Por lo general, el Nuevo Testamento se divide de la siguiente manera: los Evangelios, los Hechos de los Apóstoles, las epístolas de Pablo, las epístolas generales y el libro de El Apocalipsis.

En los cuatro Evangelios —los libros

de Mateo, Marcos, Lucas y Juan— se relata la vida de Cristo. En el libro de Hechos, se registra la historia de la Iglesia y de los Apóstoles, en especial los viajes misionales de Pablo, después de la muerte de Cristo. En las cartas o epístolas de Pablo, se da instrucción a los líderes y a los miembros de la Iglesia. Las demás epístolas las escribieron otros Apóstoles y en ellas dan consejos adicionales a los santos de aquellos tiempos. En el libro de El Apocalipsis, escrito por el apóstol Juan, se encuentran mayormente profecías relacionadas con los últimos días.

Nuevo y sempiterno convenio. *Véase también* Convenio

Es la plenitud del evangelio de Jesucristo (DyC 66:2). Se considera nuevo cada vez que se revela nuevamente después de un período de apostasía; es sempiterno en el sentido de que es el convenio de Dios y se ha disfrutado de él en todas las dispensaciones del Evangelio en que el pueblo ha estado dispuesto a recibirlo. Por medio del profeta José Smith, Jesucristo reveló otra vez sobre la tierra el nuevo y sempiterno convenio a los hombres. Este convenio contiene ordenanzas sagradas que se administran por medio de la autoridad del sacerdocio —tales como el bautismo y el matrimonio eterno, que se lleva a cabo en el templo— y que hacen posible la salvación, la inmortalidad y la vida eterna del hombre. Cuando las personas aceptan el Evangelio y prometen guardar los mandamientos de Dios, Él, a su vez, promete darles las bendiciones de Su nuevo y sempiterno convenio.

Estableceré mi convenio entre mí y ti, **Gén.** 17:7. Tendrá él el convenio del sacerdocio perpetuo, **Núm.** 25:13. El pueblo falseó el derecho y quebrantó el convenio sempiterno, **Isa.** 24:5 (DyC 1:15). Haré con vosotros convenio eterno, **Isa.** 55:3 (Jer. 32:40). Convenio perpetuo será con ellos, **Ezeq.** 37:26.

El Señor hizo un nuevo convenio, y el viejo desapareció, **Heb.** 8:13. Jesús es el Mediador del nuevo convenio, **Heb.** 12:24 (DyC 76:69).

Este es un convenio nuevo y sempiterno, **DyC** 22:1. He enviado al mundo mi convenio sempiterno, **DyC** 45:9 (DyC 49:9). El Señor envió la plenitud de Su Evangelio, Su convenio sempiterno, **DyC** 66:2 (DyC 133:57). Para que el hombre alcance el grado más alto del reino celestial, debe entrar en el nuevo y sempiterno convenio del matrimonio, **DyC** 131:1–2. El nuevo y sempiterno convenio se instituyó para la plenitud de la gloria del Señor, **DyC** 132:6, 19.

Números. *Véase también* Pentateuco

Cuarto libro del Antiguo Testamento, cuyo autor fue Moisés. En el libro de Números, se relata la historia del viaje de Israel desde el monte de Sinaí hasta los llanos de Moab junto a la frontera con Canaán. Una de las lecciones importantes que se enseña es que el pueblo de Dios debe andar por medio de la fe y confiar en Sus promesas si ha de seguir prosperando. También se describe el castigo que impuso Dios sobre Israel por motivo de su desobediencia y se brinda información acerca de las leyes israelitas. El nombre del libro deriva del hecho de que en él se destacan los datos del censo o empadronamiento del pueblo (Núm. 1–2; 26).

En los capítulos del 1 al 10, se habla de los preparativos de Israel para partir de Sinaí. En los capítulos del 11 al 14, se describen la marcha en sí, el envío de espías a Canaán y la obstinación de Israel de no entrar en la tierra prometida. En los capítulos del 15 al 19, se registran varias leyes y acontecimientos históricos. En los capítulos del 20 al 36, se encuentra la historia del último año que pasó el pueblo en el desierto.

Obed. *Véase también* Booz; Rut

En el Antiguo Testamento, el hijo de Booz y Rut y el padre de Isaí, quien llegó a ser el padre del rey David (Rut 4:13–17, 21–22).

Obediencia, obediente, obedecer. *Véase también* Andar, andar con Dios; Bendecido, bendecir, bendición; Escuchar; Gozo; Ley; Mandamientos de Dios

En el sentido espiritual, obedecer significa hacer la voluntad de Dios.

Noé hizo conforme a todo lo que Dios le mandó, **Gén.** 6:22. Abraham obedeció a Jehová, **Gén.** 22:15–18. Haremos todas las cosas que Jehová ha dicho, **Éx.** 24:7. Oye, pues, oh Israel, y cuida de ponerlos por obra, **Deut.** 6:1–3. Amando a Jehová y atendiendo a su voz, **Deut.** 30:20. El obedecer es mejor que los sacrificios, **1 Sam.** 15:22. Teme a Dios, y guarda sus mandamientos, **Ecle.** 12:13–14.

No todos entrarán en el reino de los cielos, sino el que hace la voluntad del Padre, **Mateo** 7:21 (3 Ne. 14:21). El que quiera hacer la voluntad de Dios, conocerá si la doctrina es de Dios, **Juan** 7:17. Es necesario obedecer a Dios antes que a los hombres, **Hech.** 5:29. Hijos, obedeced a vuestros padres, **Efe.** 6:1 (Col. 3:20).

Iré y haré lo que el Señor ha mandado, **1 Ne.** 3:7. Obedeciendo la voz del Espíritu, **1 Ne.** 4:6–18. Si los hijos de los hombres guardan los mandamientos de Dios, Él los alimenta, **1 Ne.** 17:3. Cuidaos, no sea que optéis por obedecer al espíritu malo, **Mos.** 2:32–33, 37 (DyC 29:45). Los hombres reciben su recompensa de acuerdo con el espíritu que quisieron obedecer, **Alma** 3:26–27.

Los hombres deben hacer muchas cosas de su propia voluntad, **DyC** 58:26–29. En nada ofende el hombre a Dios sino aquellos que no confiesan su mano y no obedecen sus mandamientos, **DyC** 59:21. Yo, el Señor, estoy obligado cuando hacéis lo que os digo, **DyC** 82:10. Toda alma que obedezca mi voz verá mi faz y sabrá que yo soy, **DyC** 93:1. Es necesario que mi pueblo sea disciplinado hasta que aprenda la obediencia, **DyC** 105:6. Cuando recibimos una bendición de Dios, es porque se obedece aquella ley sobre la cual se basa, **DyC** 130:21.

Adán fue obediente, **Moisés** 5:5. Con esto los probaremos, para ver si harán todas las cosas que el Señor les mandare, **Abr.** 3:25.

Obispo. *Véase también* Sacerdocio Aarónico

Significa "guardián", e indica un oficio o puesto de responsabilidad. El oficio de obispo pertenece al Sacerdocio Aarónico y se recibe por ordenación (DyC 20:67; 107:87–88). El obispo es juez común en Israel (DyC 107:72, 74).

El Espíritu Santo os ha puesto por obispos, **Hech.** 20:28. Se definen los requisitos de los obispos, **1 Tim.** 3:1–7 (Tito 1:7).

El obispo debe ser ordenado, **DyC** 20:67. Edward Partridge había de servir como obispo de la iglesia, **DyC** 41:9. Al obispo le es concedido discernir los dones espirituales, **DyC** 46:27, 29. Un sumo sacerdote puede desempeñar el oficio de obispo, **DyC** 68:14, 19 (DyC 107:17). Al obispo lo nombra el Señor, **DyC** 72. El obispo debe encargarse de satisfacer las necesidades de los pobres, **DyC** 84:112. El obispo debe administrar todas las cosas temporales, **DyC** 107:68. El obispo es presidente del Sacerdocio Aarónico, **DyC** 107:87–88.

Obispo Presidente

Autoridad General de la Iglesia. Tiene la responsabilidad general sobre el bienestar temporal de la Iglesia (DyC 107:68). El Obispo Presidente y sus consejeros, quienes también son Autoridades Generales, presiden el Sacerdocio Aarónico de la Iglesia (DyC 68:16–17; 107:76, 87–88).

Edward Partridge había de ser ordenado obispo, **DyC** 41:9. Los obispos deben ser llamados y apartados por la Primera Presidencia, **DyC** 68:14–15. Los descendientes literales de Aarón, si son los primogénitos, tienen el derecho de presidir si la Primera Presidencia los llama, aparta y ordena, **DyC** 68:16,

18–20. No ha de ser juzgado, sino ante la Primera Presidencia, **DyC** 68:22–24 (DyC 107:82).

Obra misional. *Véase también* Evangelio; Predicar

Dar a conocer el evangelio de Jesucristo mediante la palabra y el ejemplo.

¡Cuán hermosos son sobre los montes los pies del que publica salvación!, **Isa.** 52:7. Iré a buscar mis ovejas, y las reconoceré, **Ezeq.** 34:11.

Predicad el evangelio a toda criatura, **Mar.** 16:15 (Morm. 9:22). Los campos ya están blancos para la siega, **Juan** 4:35. ¿Cómo predicarán si no fueren enviados?, **Rom.** 10:15.

Enseñábamos la palabra de Dios con toda diligencia, **Jacob** 1:19. El Señor les concede a todas las naciones que enseñen su palabra, **Alma** 29:8.

Que la plenitud de mi evangelio sea proclamada por los débiles y sencillos, **DyC** 1:23. Una obra maravillosa está para aparecer, **DyC** 4:1. Si trabajáis todos vuestros días y me traéis una sola alma, cuán grande será vuestro gozo, **DyC** 18:15. Mis escogidos escuchan mi voz y no endurecen su corazón, **DyC** 29:7. Saldréis de dos en dos, predicando mi evangelio, **DyC** 42:6. El pregón tiene que salir desde este lugar, **DyC** 58:64. Abrid vuestra boca para proclamar mi evangelio, **DyC** 71:1. Proclamad la verdad de acuerdo con las revelaciones y los mandamientos, **DyC** 75:4. Conviene que todo hombre que ha sido amonestado, amoneste a su prójimo, **DyC** 88:81 (DyC 38:40–41). El Señor abastecerá a las familias de los que prediquen el Evangelio, **DyC** 118:3. Los siervos de Dios saldrán proclamando, **DyC** 133:38. Los fieles élderes, cuando salen de la vida terrenal, continúan su obra en la predicación del evangelio, **DyC** 138:57.

Obras

Los hechos y acciones de una persona, sean buenos o malos. Toda persona será juzgada por sus propias obras.

Jehová dará al hombre según sus obras, **Prov.** 24:12.

Así alumbre vuestra luz delante de los hombres, para que vean vuestras buenas obras, **Mateo** 5:16 (3 Ne. 12:16). El que hace la voluntad de mi Padre entrará en el reino de los cielos, **Mateo** 7:21. La fe sin obras es muerta, **Stg.** 2:14–26.

Serían juzgados por sus obras, **1 Ne.** 15:32 (Mos. 3:24). Sabemos que es por la gracia que nos salvamos, después de hacer cuanto podamos, **2 Ne.** 25:23. Enséñales a no cansarse nunca de las buenas obras, **Alma** 37:34. Es indispensable que los hombres sean juzgados según sus obras, **Alma** 41:3. Por sus obras los conoceréis, **Moro.** 7:5 (DyC 18:38).

Yo, el Señor, juzgaré a todos los hombres según sus obras, **DyC** 137:9.

Ociosidad, ocioso

Inactividad; el no tomar parte en las obras de rectitud.

Si alguno no quiere trabajar, tampoco coma, **2 Tes.** 3:10.

Se convirtieron en un pueblo ocioso, lleno de maldad, **2 Ne.** 5:24. Procura evitar la ociosidad, **Alma** 38:12.

El ocioso no comerá el pan ni vestirá la ropa del trabajador, **DyC** 42:42. ¡Ay de vosotros que no queréis trabajar con vuestras propias manos!, **DyC** 56:17. Estad anhelosamente consagrados a una causa buena y haced muchas cosas, **DyC** 58:27. Cesad de ser ociosos, **DyC** 88:124.

Odio, aborrecimiento. *Véase también* Amor; Enemistad; Venganza

El odio es una intensa antipatía y aversión hacia alguna cosa o persona.

Yo, Dios, visito la maldad de los padres sobre los hijos de los que me aborrecen, **Éx.** 20:5. Seis cosas aborrece Jehová, **Prov.** 6:16. El hombre necio menosprecia a su madre, **Prov.** 15:20. Despreciado y desechado entre los hombres, **Isa.** 53:3.

Haced bien a los que os aborrecen, **Mateo** 5:44. O aborrecerá al uno y amará al otro, o estimará al uno y menospreciará al otro, **Mateo** 6:24. Y seréis aborrecidos de todos por causa de mi nombre, **Mateo** 10:22. Todo aquel que hace lo malo, aborrece la luz, **Juan** 3:20. Ninguno tenga en poco tu juventud, **1 Tim.** 4:12.

Porque son ricos desprecian a los pobres, **2 Ne.** 9:30. No despreciéis las revelaciones de Dios, **Jacob** 4:8. Abrigaban un odio eterno contra nosotros, **Jacob** 7:24.

Los hombres desdeñan los consejos de Dios y desprecian sus palabras, **DyC** 3:7.

Se me odiaba y perseguía por decir que había visto una visión, **JS—H** 1:25.

Ofender

Quebrantar una ley divina, pecar o causar incomodidad o daño; también molestar o desagradar a alguien.

El hermano ofendido es más tenaz que una ciudad fuerte, **Prov.** 18:19.

Si tu ojo derecho te es ocasión de caer, sácalo, **Mateo** 5:29. Cualquiera que haga tropezar a alguno de estos pequeños que creen en mí, mejor le fuera que se le hundiese en el mar, **Mateo** 18:6 (DyC 121:19–22). Procuro tener siempre una conciencia sin ofensa ante Dios y ante los hombres, **Hech.** 24:16. Cualquiera que guardare toda la ley, pero ofendiere en un punto, se hace culpable de todos, **Stg.** 2:10.

Si tu hermano o tu hermana te ofende y confiesa, os reconciliaréis, **DyC** 42:88. En nada ofende el hombre a Dios, sino aquellos que no confiesan su mano en todas las cosas y no obedecen sus mandamientos, **DyC** 59:21.

Oficial, oficio. *Véase también* Ordenación, ordenar; Sacerdocio

Cargo de autoridad o responsabilidad en una organización. En las Escrituras, a menudo se emplea este vocablo para representar un cargo de autoridad en el sacerdocio; también puede significar los deberes que son parte del cargo o referirse a la persona que lo ocupe.

No todos los miembros tienen la misma función, **Rom.** 12:4.

Magnificamos nuestro oficio ante el Señor, **Jacob** 1:19. Melquisedec recibió el oficio del sumo sacerdocio, **Alma** 13:18. El oficio del ministerio de los ángeles es llamar a los hombres al arrepentimiento, **Moro.** 7:31.

No se ordenará a ninguna persona a oficio alguno en esta Iglesia sin el voto de dicha iglesia, **DyC** 20:65. Ocupe cada hombre su propio oficio, **DyC** 84:109. Hay presidentes, u oficiales presidentes, nombrados de entre los que son ordenados a los varios oficios de estos dos sacerdocios, **DyC** 107:21. Se describen los deberes de los que presiden sobre los oficios de los cuórums del sacerdocio, **DyC** 107:85–98. Aprenda todo varón su deber, así como a obrar en el oficio al cual fuere nombrado, **DyC** 107:99–100. Os nombro a los oficiales correspondientes a mi sacerdocio, **DyC** 124:123.

Ofrenda. *Véase también* Ayunar, ayuno; Bienestar; Diezmar, diezmo; Limosna; Sacrificios

Una dádiva al Señor. En el Antiguo Testamento, a menudo se usa este vocablo para referirse a los sacrificios u holocaustos. En la actualidad, la Iglesia utiliza las ofrendas de ayuno y otras contribuciones voluntarias (entre ellas, la donación de tiempo, de habilidades y talentos, y de bienes) para ayudar a los pobres y también para otras causas dignas.

Me habéis robado en vuestros diezmos y ofrendas, **Mal.** 3:8–10.

Reconcíliate primero con tu hermano y entonces ven y presenta tu ofrenda, **Mateo** 5:23–24.

Ofrecedle a Cristo vuestras almas enteras como ofrenda, **Omni** 1:26. Si un hombre presenta una ofrenda sin verdadera intención, de nada le aprovecha, **Moro.** 7:6.

El Sacerdocio Aarónico nunca más será quitado de la tierra, hasta que los hijos de Leví de nuevo ofrezcan al Señor un sacrificio en rectitud, **DyC** 13. En este, el día del Señor, ofrecerás tus ofrendas y tus sacramentos al Altísimo, **DyC** 59:12. Ofrezcamos, como iglesia y como pueblo, una ofrenda al Señor en rectitud, **DyC** 128:24.

Oído. *Véase también* Escuchar

En las Escrituras, al oído a menudo se le representa como el símbolo de la facultad que la persona tiene para escuchar y comprender las cosas de Dios.

Orejas tienen, mas no oyen, **Sal.** 115:6. Jehová el Señor despertará oído para que oiga, **Isa.** 50:4–5 (2 Ne. 7:4–5).

El que tiene oídos para oír, oiga, **Mateo** 11:15. Con los oídos oyen pesadamente, **Mateo** 13:15 (Moisés 6:27). Cosas que ojo no vio, ni oído oyó, son las que Dios ha preparado para los que le aman, **1 Cor.** 2:9 (DyC 76:10).

El diablo les susurra al oído, **2 Ne.** 28:22. Para que abráis vuestros oídos para que podáis oír, **Mos.** 2:9 (3 Ne. 11:5). Fui llamado muchas veces, y no quise oír, **Alma** 10:6. Da oído a mis palabras, **Alma** 36:1 (Alma 38:1; DyC 58:1).

No habrá oído que no oiga, **DyC** 1:2. Los oídos se despiertan mediante la humildad y la oración, **DyC** 136:32.

Ojo(s)

En las Escrituras, al ojo a menudo se le representa como el símbolo de la facultad que la persona tiene para recibir la luz de Dios. En sentido simbólico, el ojo de la persona también demuestra la condición de su espíritu y la comprensión que tiene de las cosas de Dios.

El precepto de Jehová alumbra los ojos, **Sal.** 19:8. Los necios tienen ojos y no ven, **Jer.** 5:21 (Mar. 8:18).

La lámpara del cuerpo es el ojo, **Mateo** 6:22 (Lucas 11:34; 3 Ne. 13:22; DyC 88:67). Bienaventurados vuestros ojos, porque ven, **Mateo** 13:16. Alumbrando los ojos de vuestro entendimiento, **Efe.** 1:17–18.

¡Ay de los que son sabios a sus propios ojos!, **2 Ne.** 15:21 (Isa. 5:21). Empezaron a ayunar y a rogar para que los ojos del pueblo fueran abiertos, **Mos.** 27:22. Satanás les cegó los ojos, **3 Ne.** 2:2. Nadie puede tener el poder para sacar a luz el Libro de Mormón salvo que tenga la mira [los ojos] puesta únicamente en la gloria de Dios, **Morm.** 8:15.

Fueron abiertos nuestros ojos e iluminados nuestros entendimientos por el poder del Espíritu, **DyC** 76:12. La luz viene por medio de aquel que ilumina vuestros ojos, **DyC** 88:11. Si vuestra mira está puesta únicamente en mi gloria, vuestro cuerpo entero será lleno de luz, **DyC** 88:67.

Olivo. *Véase también* Aceite; Israel

Árbol común en Israel e importante recurso agrícola de las tierras bíblicas. Se cultiva por su madera, su fruto y su aceite. En las Escrituras, se hace alusión al olivo con frecuencia para simbolizar la casa de Israel.

Se compara la casa de Israel a un olivo, cuyas ramas serían desgajadas y esparcidas, **1 Ne.** 10:12 (1 Ne. 15:12). El Señor compara la casa de Israel a un olivo cultivado, **Jacob** 5–6.

José Smith llamó a la revelación de la sección 88 la "Hoja de Olivo", **DyC** 88 Encabezamiento. Un noble les dijo a sus siervos que fueran a la viña a plantar doce olivos, **DyC** 101:43–62.

Olivos, monte de los. *Véase también* Getsemaní

Cerro situado al este de Jerusalén, y separado de esta ciudad por el valle del Cedrón. En su falda occidental, cerca del pie del monte, se hallaba el Jardín de Getsemaní; y en la parte superior de la falda del este, Betfagé y Betania. Este monte no solamente fue el escenario en el cual ocurrieron muchos hechos en los tiempos bíblicos (Mateo 24:3), sino que también será un lugar muy importante en los acontecimientos de los últimos días (Zac. 14:3–5; DyC 45:48–54; 133:20).

Omega. *Véase* Alfa y Omega; Jesucristo

Omner. *Véase también* Mosíah hijo de Benjamín; Mosíah, hijos de

En el Libro de Mormón, uno de los hijos del rey Mosíah. Omner acompañó a sus hermanos a predicar a los lamanitas (Mos. 27:8–11, 34–37; 28:1–9).

Omni

Historiador nefita del Libro de Mormón que escribió en los anales aproximadamente en el año 361 a.C. (Jarom 1:15; Omni 1:1–3).

El libro de Omni: Libro del Libro de Mormón que se tradujo de las planchas menores de Nefi. Este libro contiene un solo capítulo, en el cual se relatan las guerras entre los nefitas y los lamanitas. Omni solamente escribió los primeros tres versículos del libro, después de lo cual los anales pasaron sucesivamente a Amarón, a Quémis, a Abinadom y finalmente a Amalekí, quien se las entregó al rey Benjamín, el rey de Zarahemla.

Omnipotente. *Véase también* Trinidad

La característica divina de poseer todo poder (Gén. 18:14; Alma 26:35; DyC 19:1–3).

Omnipresente. *Véase también* Trinidad

La capacidad de Dios de estar presente en todas partes por medio de Su Espíritu (Sal. 139:7–12; DyC 88:7–13, 41).

Omnisciente. *Véase también* Trinidad

La característica divina de poseer todo conocimiento (Mateo 6:8; 2 Ne. 2:24).

Oposición. *Véase* Adversidad

Oración. *Véase también* Adorar; Amén; Meditar; Pedir

Comunicación reverente con Dios durante la cual la persona da gracias y pide bendiciones. La oración se dirige a nuestro Padre Celestial en el nombre de Jesucristo y puede hacerse en voz alta o en silencio. Los pensamientos también pueden ser una oración si se dirigen a Dios. La canción de los justos puede ser una oración a Dios (DyC 25:12).

La finalidad de la oración no es cambiar la voluntad de Dios, sino obtener para nosotros y para otras personas las bendiciones que Dios esté dispuesto a otorgarnos, pero que debemos solicitar a fin de recibirlas.

Oramos al Padre en el nombre de Cristo (Juan 14:13–14; 16:23–24). Podemos realmente orar en el nombre de Cristo cuando nuestros deseos también son los de Él (Juan 15:7; DyC 46:30). Al orar así, pedimos lo que es correcto y hacemos posible que Dios nos lo otorgue (3 Ne. 18:20). Algunas oraciones permanecen sin contestar porque no representan en forma alguna el deseo de Cristo, sino que nacen del egoísmo del hombre (Stg. 4:3; DyC 46:9). De hecho, si le pedimos a Dios algo incorrecto, ello se tornará para nuestra condenación (DyC 88:65).

Los hombres comenzaron a invocar el nombre de Jehová, **Gén.** 4:26. En el lugar del altar, Abraham invocó el nombre de Jehová, **Gén.** 13:4. El siervo de Abraham oró pidiendo ayuda para encontrar una esposa para Isaac, **Gén.** 24:10–19. Lejos sea de mí que peque yo contra Jehová cesando de rogar por vosotros, **1 Sam.** 12:23. Jehová oye la oración de los justos, **Prov.** 15:29. Me hallaréis, porque me buscaréis de todo vuestro corazón, **Jer.** 29:12–13.

Orad por los que os ultrajan, **Mateo** 5:44 (Lucas 6:28; 3 Ne. 12:44). Ora a tu Padre que está en secreto, **Mateo** 6:5–8 (3 Ne. 13:5–8). Vosotros, pues, oraréis así, **Mateo** 6:9–13 (Lucas 11:2; 3 Ne. 13:9). Pedid, y se os dará, **Mateo** 7:7 (3 Ne. 14:7; DyC 4:7; 6:5; 66:9). Jesús subió al monte a orar aparte, **Mateo** 14:23. Velad y orad, **Mateo** 26:41 (Mar. 14:38; 3 Ne. 18:15–18; DyC 31:12). Pida con fe, no dudando nada, **Stg.** 1:5–6 (DyC 42:68; 46:7). La oración eficaz del justo puede mucho, **Stg.** 5:16.

Escuchad al Espíritu que enseña al hombre a orar, **2 Ne.** 32:8–9. Clamé a él con potente oración, **Enós** 1:4. He ayunado y orado muchos días, **Alma** 5:45–46 (Alma 26:22). Se habían dedicado a mucha oración y ayuno, **Alma** 17:3. ¿No recordáis haber leído lo que Zenós ha dicho concerniente a la oración o adoración?, **Alma** 33:3. Humillaos, y persistid en la oración, **Alma** 34:18–27. Consulta al Señor en todos tus hechos, **Alma** 37:37. Siempre debéis orar al Padre en mi nombre, **3 Ne.** 18:19–20. Orad en vuestras familias, **3 Ne.** 18:21. Jesús oró al Padre, **3 Ne.** 19:31–34 (Juan 17; 3 Ne. 18:16). Les mandó que no cesaran de orar en sus corazones, **3 Ne.** 20:1. Si ora, a menos que lo haga con verdadera intención, de nada le aprovecha, **Moro.** 7:6–9.

No pidas lo que no debes, **DyC** 8:10. Ora siempre para que salgas triunfante, **DyC** 10:5. Te mando que ores vocalmente así como en tu corazón, **DyC** 19:28. Se os dará el Espíritu por la oración de fe, **DyC** 42:14. Irás a la casa de oración y ofrecerás tus sacramentos, **DyC** 59:9 (Mateo 21:13). Los padres enseñarán a sus hijos a orar, **DyC** 68:28. El Señor su Dios es lento en escuchar sus oraciones, **DyC** 101:7–8 (Mos. 21:15). Sé humilde; y el Señor tu Dios dará respuesta a tus oraciones, **DyC** 112:10.

Se le mandó a Adán invocar a Dios en el nombre del Hijo, **Moisés** 5:8. En respuesta a la oración de José Smith, se le aparecieron el Padre y el Hijo, **JS—H** 1:11–20.

Oración del Señor. *Véase también* Oración

La oración que el Salvador ofreció como ejemplo para Sus discípulos y que sirve de modelo para toda oración (Mateo 6:9–13; 3 Ne. 13:9–13).

Orden Unida. *Véase también* Consagrar, ley de consagración

Organización mediante la cual los santos de los comienzos de la Iglesia restaurada trataron de vivir la ley de consagración. Los miembros compartían su propiedad, sus bienes y sus ganancias, y recibían conforme a sus carencias y necesidades (DyC 51:3; 78:1–15; 104).

En vuestras cosas temporales seréis iguales, **DyC** 70:14. Los santos debían organizarse para ser iguales en todas las cosas, **DyC** 78:3–11 (DyC 82:17–20). El Señor dio a la orden unida una revelación y mandamiento, **DyC** 92:1. John Johnson debía ser miembro de la orden unida, **DyC** 96:6–9. El Señor dio instrucciones sobre la forma en que debía funcionar la orden unida, **DyC** 104. Mi pueblo no está unido conforme a la unión que requiere la ley del reino celestial, **DyC** 105:1–13.

Ordenación, ordenar. *Véase también* Autoridad; Imposición de manos; Llamado, llamado por Dios, llamamiento; Oficial, oficio; Sacerdocio

Nombrar o conferir autoridad u oficio. En la Iglesia del Señor, para que alguien ejerza autoridad, debe ser llamado por Dios, por profecía, y debe haberla recibido por la imposición de manos, de aquellos que poseen la autoridad para hacerlo (AdeF 1:5). Aunque la persona reciba la autoridad mediante la ordenación, la ejerce bajo la dirección de los que poseen las llaves pertinentes a esa autoridad.

Te di por profeta a las naciones, **Jer.** 1:5.

No me elegisteis vosotros a mí, sino que yo os elegí a vosotros, y os he puesto, **Juan** 15:16.

Alma, teniendo autoridad de Dios, ordenó sacerdotes, **Mos.** 18:18. Los hombres son ordenados al sumo sacerdocio con una santa ordenanza, **Alma** 13:1–9. Jesús llamó y ordenó a doce discípulos, **3 Ne.** 12:1. Los élderes ordenan presbíteros y maestros mediante la imposición de manos, **Moro.** 3.

Debes esperar todavía un poco, porque aún no has sido ordenado, **DyC** 5:17. José Smith fue ordenado apóstol de Jesucristo, **DyC** 20:2 (DyC 27:12). No se ordenará a ninguna persona sin el voto de la iglesia, **DyC** 20:65. A ninguno le será permitido predicar mi evangelio a menos que sea ordenado por alguien que tenga autoridad, **DyC** 42:11. Se ordena a los élderes para predicar el Evangelio, **DyC** 50:13–18. Es el deber de los Doce ordenar y organizar a todos los otros oficiales de la Iglesia, **DyC** 107:58.

Busqué las bendiciones de los patriarcas, y el derecho al cual yo debía ser ordenado, **Abr.** 1:2. José Smith y Oliver Cowdery se ordenaron el uno al otro al Sacerdocio Aarónico, **JS—H** 1:68–72.

Ordenanzas. *Véase también* Genealogía; Salvación; Salvación de los muertos; Sellamiento, sellar; Templo, Casa del Señor

Ceremonias y ritos sagrados. Las ordenanzas consisten en ciertos actos que tienen significado espiritual; también pueden ser las leyes y los estatutos de Dios.

En la Iglesia, las ordenanzas incluyen la bendición de los enfermos (Stg. 5:14–15), la bendición de la Santa Cena (DyC 20:77, 79), el bautismo por inmersión (Mateo 3:16; DyC 20:72–74), la bendición de los niños (DyC 20:70), el conferimiento del Espíritu Santo (DyC 20:68; 33:15), el conferimiento del sacerdocio (DyC 84:6–16; 107:41–52), las ordenanzas del templo (DyC 124:39) y el matrimonio en el nuevo y sempiterno convenio (DyC 132:19–20).

Enseña a ellos las ordenanzas y las leyes, **Éx.** 18:20. Anden en mis ordenanzas, y guarden mis decretos, **Ezeq.** 11:20. El pueblo obedecía estrictamente las ordenanzas de Dios, **Alma** 30:3. ¿Y qué nos aprovecha haber guardado sus ordenanzas?, **3 Ne.** 24:13–14.

Al que ora, cuyo espíritu es contrito, yo lo acepto, si es que obedece mis ordenanzas, **DyC** 52:14–19.

Todo el género humano puede salvarse, mediante la obediencia a las leyes y ordenanzas del Evangelio, **AdeF** 1:3.

Ordenanza vicaria: Ordenanza religiosa que una persona viviente lleva a cabo a favor de una persona muerta. Estas ordenanzas se realizan en la actualidad dentro de los templos, pero son valederas solo si las personas por las que se lleven a cabo las aceptan, si guardan los convenios relacionados con ellas y si son selladas por el Santo Espíritu de la promesa.

¿Qué harán los que se bautizan por los muertos, si en ninguna manera los muertos resucitan?, **1 Cor.** 15:29.

El bautismo por los muertos debe efectuarse en los templos, **DyC** 124:29–36. A los espíritus en el mundo de los espíritus se les enseñó el bautismo vicario para la remisión de los pecados, **DyC** 138:29–34.

Orgullo. *Véase también* Dinero; Humildad, humilde, humillar (afligir); Mundano, lo; Riquezas; Vanidad, vano

Falta de humildad o de mansedumbre. El orgullo hace que la gente esté en contra de Dios y de los demás. La persona orgullosa se cree superior a los que le rodean y hace su propia voluntad en lugar de la de Dios. La vanidad, la envidia, la dureza de corazón y la altanería son también características típicas de la persona orgullosa.

Cuídate de no olvidarte de Jehová, y se enorgullezca tu corazón, **Deut.** 8:11–14. La soberbia y la arrogancia aborrezco, **Prov.** 8:13 (Prov. 6:16–17). Antes del quebrantamiento es la soberbia, **Prov.** 16:18. El día de Jehová de los ejércitos vendrá sobre todo soberbio, **Isa.** 2:11–12 (2 Ne. 12:11–12). La soberbia de tu corazón te ha engañado, **Abd.** 1:3. Todos los soberbios serán estopa, **Mal.** 4:1 (1 Ne. 22:15; 3 Ne. 25:1; DyC 29:9).

El que se enaltece será humillado, **Mateo** 23:12 (DyC 101:42). Dios resiste a los soberbios, **1 Pe.** 5:5.

El grande y espacioso edificio representaba el orgullo del mundo, **1 Ne.** 11:36 (1 Ne. 12:18). Cuando son instruidos se creen sabios, **2 Ne.** 9:28–29. Os envanecéis con el orgullo de vuestros corazones, **Jacob** 2:13, 16 (Alma 4:8–12). ¿Os halláis despojados del orgullo?, **Alma** 5:28. Un desmedidamente grande orgullo había entrado en el corazón del pueblo, **Hel.** 3:33–36. ¡Cuán prestos están los hijos de los hombres para ensalzarse en el orgullo!, **Hel.** 12:4–5. El orgullo de esta nación ha sido la causa de su destrucción, **Moro.** 8:27.

Cuidaos del orgullo, no sea que

lleguéis a ser como los nefitas, **DyC** 38:39. Cesad de todo vuestro orgullo y frivolidad, **DyC** 88:121.

Oseas

Profeta del Antiguo Testamento que profetizó en el reino del norte de Israel durante la última parte del reinado de Jeroboam II. Vivió durante un período de decadencia y ruina nacional, lo que fue el resultado de la iniquidad de Israel.

El libro de Oseas: El tema fundamental del libro es el amor de Dios por Su pueblo. Todos los castigos los imponía con amor, y la restauración de Israel también será debido a Su amor (Oseas 2:19; 14:4). En contraste, Oseas describe la traición y la infidelidad de Israel. A pesar de ello, Dios puede ver en lo futuro la redención final de Israel (Oseas 11:12–14:9).

Pablo. *Véase también* Pablo, epístolas de

Apóstol del Nuevo Testamento. Su nombre en hebreo era Saulo, nombre por el cual se le conoció hasta el comienzo de su misión a los gentiles. Anteriormente había perseguido a la Iglesia pero se convirtió a la verdad después de ver una visión de Jesucristo. Pablo emprendió tres importantes viajes misionales y escribió muchas cartas a los santos, catorce de las cuales forman parte del Nuevo Testamento en la actualidad. Finalmente fue llevado prisionero a Roma en donde se le ejecutó, probablemente en la primavera del año 65 d.C.

Consintió en que se apedreara a Esteban, **Hech.** 7:57–8:1. Asolaba la iglesia, **Hech.** 8:3. Se dirigía a Damasco cuando se le apareció Jesús, **Hech.** 9:1–9. Fue bautizado por Ananías, **Hech.** 9:10–18. Después de retirarse a Arabia, regresó a Damasco para predicar, **Hech.** 9:19–25 (Gál. 1:17). Tres años después de su conversión, regresó a Jerusalén, **Hech.** 9:26–30 (Gál. 1:18–19). Emprendió tres viajes misionales, predicando el Evangelio y organizando ramas de la Iglesia en diversas partes del Imperio romano, **Hech.** 13:1–14:26; 15:36–18:22; 18:23–21:15. Cuando regresó a Jerusalén después de su tercera misión, fue arrestado y enviado a Cesarea, **Hech.** 21:7–23:35. En Cesarea, permaneció prisionero dos años, **Hech.** 24:1–26:32. Fue enviado a Roma para ser juzgado y en el camino naufragó la nave en la cual iba prisionero, **Hech.** 27:1–28:11.

Pablo, epístolas de. *Véase también* Pablo; y cada una de las epístolas por su título

Catorce libros del Nuevo Testamento que originalmente fueron cartas que el apóstol Pablo escribió a miembros de la Iglesia. Se pueden dividir en los siguientes grupos:

1 y 2 Tesalonicenses (50–51 d.C.)

Pablo escribió las epístolas a los tesalonicenses desde Corinto durante su segundo viaje misional. Su obra en Tesalónica se narra en el capítulo 17 de Hechos. Era su deseo regresar a Tesalónica pero no pudo hacerlo (1 Tes. 2:18); por lo tanto, envió a Timoteo para animar a los conversos y para que regresara con noticias de ellos. La primera epístola es el resultado del agradecimiento que sintió por el regreso de Timoteo; la segunda se escribió poco tiempo después.

1 y 2 Corintios, Gálatas y Romanos (55–57 d.C.)

Durante su tercer viaje misional, Pablo escribió las epístolas a los corintios con objeto de contestar preguntas y poner fin al desorden que había entre los santos de Corinto.

La epístola a los gálatas posiblemente se haya dirigido a *muchas* unidades de la Iglesia en toda Galacia. Algunos miembros abandonaban el Evangelio para seguir la ley judía. En su carta, Pablo explica el propósito de la ley de Moisés y afirma la importancia de una religión espiritual.

Pablo escribió la epístola a los romanos desde Corinto, en parte para preparar a los santos romanos para la visi que esperaba hacerles. En esta carta también reafirma las doctrinas que refutaban algunos de los judíos que se habían convertido al cristianismo.

Filipenses, Colosenses, Efesios, Filemón y Hebreos (60–62 d.C.)

Pablo escribió estas epístolas estando preso por primera vez en Roma.

Escribió la epístola a los filipenses principalmente para expresarles su agradecimiento y su afecto, y para animarlos en el desaliento que sentían debido al largo encarcelamiento de él.

Pablo escribió la epístola a los colosenses debido a las noticias que había recibido de que estos estaban cayendo en grave error, pues creían que la perfección se lograba mediante la atenta observancia de las ordenanzas externas, en lugar de hacerlo buscando adquirir un carácter semejante al de Cristo.

La epístola a los efesios es de suma importancia, pues contiene las enseñanzas de Pablo acerca de la Iglesia de Cristo.

La epístola a Filemón es una carta personal referente a Onésimo, un esclavo que había robado a su amo Filemón, y había huido a Roma. Pablo lo envió de vuelta a su amo con la carta pidiendo que le perdonara.

Pablo dirigió la epístola a los hebreos a los miembros de la Iglesia de origen judío, a fin de convencerlos de que la ley de Moisés se había cumplido en Cristo y que, por consiguiente, la había reemplazado la ley del evangelio de Cristo.

1 y 2 Timoteo, Tito (64–65 d.C.)

Pablo escribió estas epístolas después de haber obtenido su libertad de su primer encarcelamiento en Roma.

Pablo viajó a Éfeso, donde dejó a Timoteo para que pusiera fin a ciertas especulaciones doctrinales, con la intención de regresar más tarde. Escribió la primera epístola a Timoteo, posiblemente desde Macedonia, para darle consejos y ánimo en el cumplimiento de su deber.

Escribió la epístola a Tito durante una época en la cual se encontraba en libertad de la prisión. Posiblemente haya visitado Creta, donde servía Tito. El tema principal de la carta es la importancia de vivir una vida recta y la disciplina dentro de la Iglesia.

Pablo escribió la segunda epístola a Timoteo durante su segundo encarcelamiento, poco antes de su martirio. Contiene las últimas palabras del Apóstol y muestra el maravilloso valor y confianza con que hizo frente a la muerte.

Paciencia. *Véase también* Mansedumbre, manso; Perseverar

Calma para sufrir; la capacidad de soportar la aflicción, los insultos o los agravios sin quejarse ni buscar venganza.

Guarda silencio ante Jehová, y espera en él, **Sal.** 37:7–8. El que tarda en airarse es grande de entendimiento, **Prov.** 14:29.

Con vuestra paciencia ganaréis vuestras almas, **Lucas** 21:19. A fin de que por la paciencia y la consolación de las Escrituras, tengamos esperanza, **Rom.** 15:4. Sed imitadores de aquellos que por la fe y la paciencia heredan las promesas, **Heb.** 6:12–15. Tenga la paciencia su obra completa, para que seáis perfectos y cabales, **Stg.** 1:2–4. Habéis oído de la paciencia de Job, **Stg.** 5:11.

Se sometieron alegre y pacientemente a toda la voluntad del Señor, **Mos.** 24:15. Sobrellevaste con paciencia todas estas cosas, porque el Señor estaba contigo, **Alma** 38:4–5.

Continuad con paciencia hasta perfeccionaros, **DyC** 67:13.

Pacificador. *Véase también* Paz

Persona que promueve o establece la paz (Mateo 5:9; 3 Ne. 12:9). Un pacificador también puede ser aquel que proclama el Evangelio (Mos. 15:11–18).

Padre Celestial. *Véase también* Trinidad

El Padre de los espíritus de todo el género humano (Sal. 82:6; Mateo 5:48; Juan 10:34; Rom. 8:16–17; Gál. 4:7; 1 Juan 3:2).

Jesús es Su Hijo Unigénito en la carne. Al hombre se le ha mandado obedecer y reverenciar al Padre y orar a Él en el nombre de Jesús.

Si perdonáis a los hombres, os perdonará también vuestro Padre Celestial, **Mateo** 6:14 (Mateo 18:35; 3 Ne. 13:14). Vuestro Padre Celestial sabe que tenéis necesidad de todas estas cosas, **Mateo** 6:26–33 (3 Ne. 13:26–33). ¿Cuánto más vuestro Padre Celestial dará el Espíritu Santo a los que se lo pidan?, **Lucas** 11:11–13. Bendito sea el Dios y Padre de nuestro Señor Jesucristo, **Efe.** 1:3.

Estáis eternamente en deuda con vuestro Padre Celestial, **Mos.** 2:34. Cristo ha glorificado el nombre del Padre, **Éter** 12:8.

Los santos deben dar testimonio de sus persecuciones antes que el Padre salga de su morada oculta, **DyC** 123:1–3, 6.

Sentimos grandes y gloriosas bendiciones de nuestro Padre Celestial, **JS—H** 1:73.

Padre Eterno. *Véase* Padre Celestial; Trinidad

Padre terrenal. *Véase también* Bendiciones patriarcales; Familia; Padres; Patriarca, patriarcal

Título sagrado que se da al hombre que ha engendrado o que legalmente ha adoptado a un hijo.

Honra a tu padre y a tu madre, **Éx.** 20:12 (Deut. 5:16; Mateo 19:19; Mos. 13:20). El padre castiga al hijo a quien quiere, **Prov.** 3:12.

Padres, no provoquéis a ira a vuestros hijos, **Efe.** 6:1–4.

Recibí alguna instrucción en toda la ciencia de mi padre, **1 Ne.** 1:1. Mi padre era un varón justo, pues me instruyó, **Enós** 1:1. Alma oró por su hijo, **Mos.** 27:14. Alma dio mandamientos a sus hijos, **Alma** 36–42. Helamán puso a sus hijos los nombres de sus antepasados, **Hel.** 5:5–12. Mormón siempre tenía presente a su hijo en sus oraciones, **Moro.** 8:2–3.

Se requieren grandes cosas de las manos de los padres, **DyC** 29:48. Todo hombre tiene la obligación de mantener a su propia familia, **DyC** 75:28.

Me mandó ir a mi padre, **JS—H** 1:49.

Padres. *Véase también* Madre; Padre terrenal

Padres y madres. El marido y la mujer dignos, cuyo matrimonio se ha sellado debidamente en el templo de Dios, pueden desempeñar su función de padres durante toda la eternidad. Los padres tienen el deber sagrado de criar a sus hijos con amor y rectitud, de proveer para sus necesidades físicas y espirituales, y de enseñarles a amarse y a servirse el uno al otro, a observar los mandamientos de Dios y a ser ciudadanos respetuosos de la ley dondequiera que vivan ("La Familia: Una Proclamación para el Mundo", *Liahona,* noviembre de 2010, pág. 129).

Hijos, obedeced a vuestros padres, **Efe.** 6:1–3 (Col. 3:20).

Adán y Eva fueron nuestros primeros padres, **1 Ne.** 5:11. La maldición recaiga sobre la cabeza de vuestros padres, **2 Ne.** 4:6. Enseña a los padres que deben arrepentirse y ser bautizados, **Moro.** 8:10.

Se manda a los padres enseñar el Evangelio a sus hijos, **DyC** 68:25. Todos los niños tienen el derecho de recibir el sostén de sus padres, **DyC** 83:4.

Los pecados de los padres no pueden recaer sobre la cabeza de los niños, **Moisés** 6:54.

Pahorán

Tercer juez superior nefita del Libro de Mormón (Alma 50:39–40; 51:1–7; 59–62).

Palabra de Dios. *Véase también* Escrituras; Mandamientos de Dios; Revelación

Instrucciones, mandamientos o un mensaje de Dios. Los hijos de Dios pueden recibir Su palabra en forma directa por revelación, mediante el Espíritu, o por medio de Sus siervos escogidos (DyC 1:38).

De todo lo que sale de la boca de Jehová vivirá el hombre, **Deut.** 8:3 (Mateo 4:4; DyC 84:43–44). Lámpara es a mis pies tu palabra, y lumbrera a mi camino, **Sal.** 119:105.

Todos fueron llenos del Espíritu Santo, y hablaban con denuedo la palabra de Dios, **Hech.** 4:31–33.

La barra de hierro representaba la palabra de Dios, la cual conducía al árbol de la vida, **1 Ne.** 11:25 (1 Ne. 15:23–25). Habíais dejado de sentir, de modo que no pudisteis sentir sus palabras, **1 Ne.** 17:45–46. ¡Ay de aquel que rechace la palabra de Dios!, **2 Ne.** 27:14 (2 Ne. 28:29; Éter 4:8). Debéis marchar adelante, deleitándoos en la palabra de Cristo, **2 Ne.** 31:20 (2 Ne. 32:3). Por motivo de su incredulidad no podían entender la palabra de Dios, **Mos.** 26:3 (Alma 12:10). Habían escudriñado diligentemente las Escrituras para conocer la palabra de Dios, **Alma** 17:2. Poned a prueba la virtud de la palabra de Dios, **Alma** 31:5. Alma comparó la palabra a una semilla, **Alma** 32:28–43.

Lo que hablen cuando sean inspirados por el Espíritu Santo, será la palabra del Señor, **DyC** 68:4. Viviréis de toda palabra que sale de la boca de Dios, **DyC** 84:44–45.

El que atesore mi palabra no será engañado, **JS—M** 1:37.

Palabra de Sabiduría

Ley de salud revelada por el Señor para el bienestar físico y espiritual de los santos (DyC 89), conocida comúnmente como la Palabra de Sabiduría. El Señor siempre ha enseñado principios de salud a Sus seguidores. Le reveló a José Smith qué clase de alimentos se debían tomar y cuáles se debían evitar, al igual que la promesa de recibir bendiciones temporales y espirituales mediante la obediencia a la Palabra de Sabiduría.

No beberéis vino ni sidra, **Lev.** 10:9. El vino es escarnecedor, la sidra alborotadora, **Prov.** 20:1. No beberán vino y la sidra les será amarga a los que la bebieren, **Isa.** 24:9. Daniel propuso no contaminarse con la comida ni con el vino del rey, **Dan.** 1:8.

Si alguno destruyere el templo de Dios, Dios le destruirá a él, **1 Cor.** 3:16–17. Los borrachos no heredarán el reino de Dios, **1 Cor.** 6:10 (Gál. 5:21).

Quien manda abstenerse de la carne, para que el hombre no la coma, no es ordenado por Dios, **DyC** 49:18–21. Todas las cosas que de la tierra salen fueron creadas para usarse con juicio, no en exceso, **DyC** 59:20. El Señor aconsejó a los santos no usar vino, bebidas alcohólicas, tabaco ni bebidas calientes, **DyC** 89:1–9. Se decretan las hierbas, las frutas, la carne y el grano para el uso del hombre y de los animales, **DyC** 89:10–17. La obediencia a la Palabra de Sabiduría trae bendiciones temporales y espirituales, **DyC** 89:18–21.

Palo de Efraín. *Véase* Efraín — El palo de Efraín o palo de José

Palo de José. *Véase* Efraín — El palo de Efraín o palo de José

Palo de Judá. *Véase* Judá — El palo de Judá

Paloma, señal de la. *Véase también* Espíritu Santo

Medio dispuesto de antemano por el cual Juan el Bautista reconocería al Mesías (Juan 1:32–34). José Smith enseñó que esta señal se instituyó desde antes de la creación del mundo como testimonio o testigo del Espíritu Santo; por lo tanto, el diablo no puede presentarse en la señal de la paloma.

El Espíritu de Dios descendía como paloma, **Mateo** 3:16.

Después del bautismo de Jesús, el Espíritu Santo descendió en forma de paloma, **1 Ne.** 11:27.

Yo, Juan, doy testimonio, y he aquí, los cielos fueron abiertos, y el Espíritu Santo descendió sobre Él en forma de paloma, **DyC** 93:15.

Pan de Vida. *Véase también* Jesucristo; Santa Cena

Jesucristo es el Pan de Vida. El pan de la Santa Cena representa simbólicamente el cuerpo de Cristo.

Yo soy el pan de vida, **Juan** 6:33–58.
Comeréis y beberéis del pan y de las aguas de la vida, **Alma** 5:34. El pan se come en memoria del cuerpo de Cristo, **3 Ne.** 18:5–7.
El pan es un emblema de la carne de Cristo, **DyC** 20:40, 77 (Moro. 4).

Parábola

Un relato sencillo que se emplea para ilustrar y enseñar una verdad o un principio espiritual. En la parábola, se compara un objeto o acontecimiento común con una verdad, y el significado o mensaje implícito a menudo está escondido para los oyentes que no estén preparados espiritualmente para recibirlo (Mateo 13:10–17).

Jesús enseñó con frecuencia por medio de parábolas; una lista de Sus parábolas principales se encuentra bajo el título Concordancia entre los Evangelios, en el Apéndice.

Paraíso. *Véase también* Cielo

Esa parte del mundo de los espíritus donde los espíritus de los justos que han partido de esta vida esperan la resurrección del cuerpo. Es un estado de felicidad y paz.

El término *paraíso* también se emplea en las Escrituras para referirse al mundo de los espíritus (Lucas 23:43), al reino celestial (2 Cor. 12:4) y a la condición glorificada que tendrá la tierra durante el Milenio (AdeF 1:10).

Al que venciere, le daré a comer del árbol de la vida, el cual está en medio del paraíso de Dios, **Apoc.** 2:7.
El paraíso de Dios ha de entregar los espíritus de los justos, **2 Ne.** 9:13. Los espíritus de los que son justos serán recibidos en un estado de felicidad que se llama paraíso, **Alma** 40:11–12. Los discípulos de Jesús habían ido todos al paraíso de Dios, con excepción de tres, **4 Ne.** 1:14. Iré a descansar en el paraíso de Dios, **Moro.** 10:34.
Cristo ministró entre los espíritus rectos en el paraíso, **DyC** 138.

Partridge, Edward

Miembro y líder de la Iglesia en sus comienzos, después de su restauración en la época actual. Edward Partridge sirvió como el primer obispo (DyC 36; 41:9–11; 42:10; 51:1–18; 115; 124:19).

Pascua. *Véase también* Cordero de Dios; Última Cena

La Fiesta de la Pascua se instituyó como recordatorio a los israelitas del pasar de largo del heridor sobre las casas de los hijos de Israel, librándolos de los egipcios (Éx. 12:21–28; 13:14–15). Los corderos (o cabritos) sin mancha, cuya sangre se usó como señal para librar a Israel en la antigüedad, se usaron como símbolos de Jesucristo, el Cordero de Dios, cuyo sacrificio redimió a todo el género humano.

Esta es la ordenanza de la pascua, **Éx.** 12:43.
Jesús y Sus apóstoles guardaron la pascua en la Última Cena, **Mateo** 26:17–29 (Mar. 14:12–25). He aquí el Cordero de Dios, que quita el pecado del mundo, **Juan** 1:29, 36. Nuestra pascua, que es Cristo, ya fue sacrificada por nosotros, **1 Cor.** 5:7. Somos redimidos con la sangre de Cristo, como de un cordero sin mancha, **1 Pe.** 1:18–19.
Tened fe en el Cordero de Dios, que quita los pecados del mundo, **Alma** 7:14.
Los santos que vivan la Palabra de Sabiduría serán preservados como lo fueron los hijos de Israel, **DyC** 89:21.
Muerto es el Cordero desde la fundación del mundo, **Moisés** 7:47.

Pascua de Resurrección. *Véase* Jesucristo; Resurrección

Pastor. *Véase también* Buen Pastor; Jesucristo

En sentido simbólico, persona que vela por los hijos del Señor.

Jehová es mi pastor, **Sal.** 23:1. Los pastores deben apacentar al rebaño, **Ezeq.** 34:2–3.

Patriarca, patriarcal. *Véase también* Bendiciones patriarcales; Evangelista; Padre terrenal; Sacerdocio de Melquisedec

En las Escrituras se mencionan dos clases de patriarcas: (1) oficio del Sacerdocio de Melquisedec que se recibe por medio de la debida ordenación, a veces llamado evangelista; (2) padres de familia. Los patriarcas ordenados dan bendiciones especiales a los miembros dignos de la Iglesia.

Patriarcas ordenados: Constituyó a unos profetas; a otros, evangelistas, **Efe.** 4:11 (AdeF 1:6).

Es el deber de los Doce ordenar ministros evangelistas, **DyC** 107:39. Que Hyrum ocupe el oficio de Sacerdocio y Patriarca, **DyC** 124:91–92, 124; 135:1.

Padres: Jacob bendijo a sus hijos y a sus descendientes, **Gén.** 49:1–28.

Se os puede decir libremente del patriarca David, **Hech.** 2:29.

Lehi aconseja y bendice a su posteridad, **2 Ne.** 4:3–11.

Llegué a ser un heredero legítimo, poseedor del derecho que pertenecía a los patriarcas, **Abr.** 1:2–4.

Patriarcales, bendiciones. *Véase* Bendiciones patriarcales

Patten, David W.

Miembro del Cuórum de los Doce Apóstoles a principios de la dispensación de los últimos días. David Patten fue el primer mártir de la Iglesia restaurada, habiendo muerto en la batalla de Crooked River, en Misuri, en el año de 1838.

Llamado a arreglar todos sus asuntos y a cumplir una misión, **DyC** 114:1. El Señor lo ha tomado para sí, **DyC** 124:19, 130.

Paz. *Véase también* Descansar, descanso (reposo); Milenio; Pacificador

En las Escrituras, la paz puede representar tanto la ausencia de conflicto y disensión como la calma y la tranquilidad interior que nacen del Espíritu que Dios da a Sus santos fieles.

Ausencia de conflicto y disensión: Él hace cesar las guerras, **Sal.** 46:9. Ni se adiestrarán más para la guerra, **Isa.** 2:4.

Estad en paz con todos los hombres. No os venguéis vosotros mismos, **Rom.** 12:18–21.

Continuó la paz en la tierra, **4 Ne.** 1:4, 15–20.

Renunciad a la guerra y proclamad la paz, **DyC** 98:16. Izad un estandarte de paz, **DyC** 105:39.

La paz de Dios para los obedientes: Al Salvador se le llamará Príncipe de paz, **Isa.** 9:6. No hay paz para los malos, **Isa.** 48:22.

Apareció una multitud de las huestes celestiales, que alababan a Dios, y decían: ¡Gloria a Dios en las alturas, y en la tierra paz!, **Lucas** 2:13–14. La paz os dejo, **Juan** 14:27. La paz de Dios sobrepasa todo entendimiento, **Filip.** 4:7.

El pueblo del rey Benjamín recibió paz de conciencia, **Mos.** 4:3. ¡Cuán hermosos son sobre las montañas los pies de aquellos que publican la paz!, **Mos.** 15:14–18 (Isa. 52:7). Alma clamó al Señor y halló paz, **Alma** 38:8. Los espíritus de los justos serán recibidos en un estado de paz, **Alma** 40:12.

¿No hablé paz a tu mente en cuanto al asunto?, **DyC** 6:23. Camina en la mansedumbre de mi Espíritu, y en mí tendrás paz, **DyC** 19:23. El que hiciere obras justas recibirá paz, **DyC** 59:23. Vestíos con el vínculo de la caridad, que es el vínculo de la perfección y la paz, **DyC** 88:125. Hijo mío, paz a tu alma, **DyC** 121:7.

Hallando que había mayor paz, busqué las bendiciones de los patriarcas, **Abr.** 1:2.

Pecado. *Véase también* Abominable, abominación; Impío; Inicuo, iniquidad; Injusticia, injusto; Inmundicia, inmundo; Ofender; Rebelión

Desobediencia intencional a los mandamientos de Dios.

El que encubre sus pecados no prosperará, **Prov.** 28:13. Si vuestros pecados fueren como la grana, como la nieve serán emblanquecidos, **Isa.** 1:18. El alma que pecare morirá, y el justo vivirá, **Ezeq.** 18.

El Cordero de Dios quita el pecado del mundo, **Juan** 1:29. Bautízate, y lava tus pecados, **Hech.** 22:16. La paga del pecado es muerte, **Rom.** 6:23. Al que sabe hacer lo bueno, y no lo hace, le es pecado, **Stg.** 4:17.

¿Causarás que yo tiemble al aparecer el pecado?, **2 Ne.** 4:31. ¡Ay de todos aquellos que mueren en sus pecados!, **2 Ne.** 9:38. No podían ver el pecado sino con repugnancia, **Alma** 13:12. No vayas a suponer que serás restaurado del pecado a la felicidad, **Alma** 41:9–10. El Señor no puede considerar el pecado con el más mínimo grado de tolerancia, **Alma** 45:16 (DyC 1:31). Los niños pequeños son incapaces de cometer pecado, **Moro.** 8:8.

Para arrepentirse, el hombre debe confesar y abandonar sus pecados, **DyC** 58:42–43. El mayor pecado permanece en el que no perdona, **DyC** 64:9. El que peque contra mayor luz, mayor condenación recibirá, **DyC** 82:3. Los pecados anteriores volverán al alma que peque, **DyC** 82:7. Cuando intentamos encubrir nuestros pecados, los cielos se retiran, **DyC** 121:37.

Pecado imperdonable. *Véase también* Asesinato; Blasfemar, blasfemia; Espíritu Santo; Hijos de perdición

El pecado de negar al Espíritu Santo, pecado que no tiene perdón.

La blasfemia contra al Espíritu no les será perdonada a los hombres, **Mateo** 12:31–32 (Mar. 3:29; Lucas 12:10). Es imposible que los que fueron hechos partícipes del Espíritu Santo sean otra vez renovados para arrepentimiento, **Heb.** 6:4–6. Si pecáremos voluntariamente después de haber recibido el conocimiento de la verdad, ya no queda más sacrificio por los pecados, **Heb.** 10:26.

Si niegas el Espíritu Santo y sabes que lo niegas, es un pecado que es imperdonable, **Alma** 39:5–6 (Jacob 7:19).

No tienen perdón, habiendo negado al Unigénito del Padre, crucificándolo para sí mismos, **DyC** 76:30–35. La blasfemia contra el Espíritu Santo no será perdonada, y consiste en verter sangre inocente después de haber recibido mi nuevo y sempiterno convenio, **DyC** 132:26–27.

Pectoral. *Véase también* Coraza; Urim y Tumim

Bajo la ley de Moisés, prenda de vestir que utilizaba el sumo sacerdote (Éx 28:13–30; 39:8–21), hecha de lino y adornada con doce piedras preciosas. En ocasiones se le menciona en conexión con el Urim y Tumim (DyC 17:1; JS—H 1:35, 42, 52).

Pedir. *Véase también* Oración

Indagar, preguntar o pedirle a Dios un favor especial.

Pedid, y se os dará, **Mateo** 7:7. Si alguno de vosotros tiene falta de sabiduría, pídala a Dios, **Stg.** 1:5 (JS—H 1:7–20).

Si me pedís con fe, **1 Ne.** 15:11. Si no podéis entender estas palabras, será porque no pedís, **2 Ne.** 32:4. Pedid con sinceridad de corazón, **Mos.** 4:10. Dios os concede cuanta cosa justa le pedís con fe, **Mos.** 4:21. Preguntad a Dios si no son verdaderas estas cosas, **Moro.** 10:4.

Aman las tinieblas más bien que la luz; por tanto, no recurren a mí, **DyC** 10:21. En todo se os manda pedir a Dios, **DyC** 46:7.

Pedro

En el Nuevo Testamento, a Pedro originalmente se le conocía como Simón (2 Pe 1:1), un pescador de Betsaida que vivía en Capernaúm con su esposa. Jesús sanó a la suegra de Pedro (Mar. 1:29–31). Jesús lo llamó a él y a su hermano Andrés, para que fueran Sus discípulos (Mateo 4:18–22; Mar. 1:16–18; Lucas 5:1–11). El Señor le dio el nombre de Cefas, que, en arameo significa "vidente" o "piedra" (Juan 1:40–42; TJS, Juan 1:42 [Apéndice — Biblia]). Aun cuando en el Nuevo Testamento se mencionan algunas de las debilidades humanas de Pedro, también se nos dice que las venció y que fue fortificado mediante su fe en Jesucristo.

Pedro declaró que Jesús era el Cristo y el Hijo de Dios (Juan 6:68–69), y el Señor lo escogió para poseer las llaves del reino sobre la tierra (Mateo 16:13–19). En el monte de la Transfiguración, Pedro vio al Salvador transfigurado, así como a Moisés y al profeta Elías (Mateo 17:1–9).

Pedro fue el principal de los Apóstoles de su época; y después de la muerte, resurrección y ascensión del Salvador, fue él quien convocó a la Iglesia y dirigió el llamamiento de un Apóstol para reemplazar a Judas Iscariote (Hech. 1:15–26). Pedro y Juan sanaron a un hombre cojo de nacimiento (Hech. 3:1–16) y fueron milagrosamente librados de la prisión (Hech. 5:11–29; 12:1–19). Fue mediante el ministerio de Pedro que el Evangelio se llevó por vez primera a los gentiles (Hech. 10–11). En estos postreros días, Pedro, junto con Santiago y Juan, descendió del cielo y confirió el Sacerdocio de Melquisedec y las llaves correspondientes a José Smith y a Oliver Cowdery (DyC 27:12–13; 128:20).

Primera epístola de Pedro: La primera epístola la escribió desde "Babilonia" (probablemente Roma), poco después que Nerón había empezado a perseguir a los cristianos, y la dirigió a los cristianos de la región que hoy día se denomina Asia Menor.

En el capítulo 1, Pedro habla de la función preordenada de Cristo como Redentor. En los capítulos 2 y 3, explica que Cristo es la principal piedra del ángulo de la Iglesia, que los santos tienen un real sacerdocio y que Cristo predicó a los espíritus encarcelados. En los capítulos 4 y 5, explica por qué se predica el Evangelio a los muertos y por qué los ancianos (élderes) deben apacentar la grey.

Segunda epístola de Pedro: En el capítulo 1, el Apóstol exhorta a los santos a hacer firme su vocación y elección. En el capítulo 2, advierte contra los falsos maestros. En el capítulo 3, habla de los últimos días y de la segunda venida de Cristo.

Peleg

En el Antiguo Testamento, el hijo de Eber y tataranieto de Sem. En sus días fue repartida (dividida) la tierra (Gén. 10:22–25).

Pena de muerte. *Véase también* Asesinato

El castigo con la muerte por un crimen cometido, sobre todo el de asesinato.

El que derramare sangre de hombre, por el hombre su sangre será derramada, **Gén.** 9:6 (TJS, Gén. 9:12–13). El homicida morirá, **Núm.** 35:16.

El asesino que mata intencionalmente morirá, **2 Ne.** 9:35. Se te condena a morir, conforme a la ley, **Alma** 1:13–14. El asesino era castigado con la pena de muerte, **Alma** 1:18. La ley exige la vida de aquel que ha cometido homicidio, **Alma** 34:12.

El que matare, morirá, **DyC** 42:19.

Pensamientos. *Véase también* Albedrío; Meditar

Ideas, conceptos e imágenes que se conciben en la mente de una persona. La facultad de pensar es un don de Dios, y tenemos la libertad de escoger cómo usaremos dicho poder. Nuestra manera de pensar afecta profundamente nuestra actitud y nuestro comportamiento, así como también nuestro estado o situación después de esta vida. Los pensamientos rectos conducen a la salvación, así como los inicuos a la condenación.

Jehová entiende todo intento de los pensamientos, **1 Cró.** 28:9. Porque cual es su pensamiento en su corazón, tal es él, **Prov.** 23:7. Mis pensamientos no son vuestros pensamientos, **Isa.** 55:7–9.

Sabiendo Jesús los pensamientos de ellos, **Mateo** 12:25 (Lucas 5:22; 6:8). De dentro, del corazón de los hombres, salen los malos pensamientos, **Mar.** 7:20–23. Llevad cautivo todo pensamiento a la obediencia a Cristo, **2 Cor.** 10:5. Todo lo honesto, justo, puro, o amable, en esto pensad, **Filip.** 4:8.

Tened presente que ser de mente carnal es muerte, y ser de mente espiritual es vida eterna, **2 Ne.** 9:39. Si no os cuidáis a vosotros mismos, y vuestros pensamientos, debéis perecer, **Mos.** 4:30. Nuestros pensamientos nos condenarán, **Alma** 12:14.

No hay quien conozca tus pensamientos y las intenciones de tu corazón sino Dios, **DyC** 6:16 (DyC 33:1). Mirad hacia mí en todo pensamiento, **DyC** 6:36. Atesorad constantemente en vuestras mentes las palabras de vida, **DyC** 84:85. Desechad vuestros pensamientos ociosos, **DyC** 88:69. Serán revelados los pensamientos del corazón del hombre, **DyC** 88:109. Deja que la virtud engalane tus pensamientos incesantemente, **DyC** 121:45.

Dios vio que los pensamientos del corazón de los hombres eran continuamente perversos, **Moisés** 8:22.

Pentateuco. *Véase también* Antiguo Testamento; Deuteronomio; Éxodo; Génesis; Levítico; Moisés; Números

Nombre de los primeros cinco libros del Antiguo Testamento: Génesis, Éxodo, Levítico, Números y Deuteronomio. Los judíos llaman a estos libros la Tora, o la ley de Israel. Moisés es el autor de estos libros (1 Ne. 5:10–11).

Pentecostés. *Véase también* Ley de Moisés

Como parte de la ley de Moisés, la Fiesta de Pentecostés o de las Primicias se observaba cincuenta días después de la Fiesta de la Pascua (Lev. 23:16). Dicha fiesta celebraba la cosecha, y en el Antiguo Testamento se le llama la Fiesta de la Cosecha o la Fiesta de las Semanas. Esta fue la fiesta que se conmemoraba en Jerusalén cuando los Apóstoles fueron llenos del Espíritu Santo y hablaron en lenguas (Hech. 2; DyC 109:36–37).

Perdición. *Véase* Hijos de perdición

Perdonar. *Véase también* Arrepentimiento, arrepentirse; Confesar, confesión; Expiación, expiar; Remisión de pecados

Por lo general, en las Escrituras, el término perdonar tiene dos significados: (1) Cuando Dios perdona a los hombres, suprime o deja a un lado el castigo que se requiere por el pecado. Mediante la expiación de Cristo, el perdón de los pecados está al alcance de todos los que se arrepientan, excepto los culpables de asesinato o del pecado imperdonable contra el Espíritu Santo. (2) Cuando las personas se perdonan entre sí, se tratan con amor cristiano y no tienen malos sentimientos hacia los que las hayan ofendido (Mateo 5:43–45; 6:12–15; Lucas 17:3–4; 1 Ne. 7:19–21).

Jehová es tardo para la ira y grande en misericordia, y perdona la iniquidad y la rebelión, **Núm.** 14:18. Si vuestros pecados fueren como la grana, como la nieve serán emblanquecidos, **Isa.** 1:18.

Perdónanos nuestras deudas, como también nosotros perdonamos a nuestros deudores, **Mateo** 6:12 (Lucas 11:4; 3 Ne. 13:11). El Hijo del Hombre tiene potestad para perdonar pecados, **Mateo** 9:6 (Mateo 18:35; Mar. 2:10; Lucas 5:20–24). ¿Cuántas veces perdonaré a mi hermano que peque contra mí?, **Mateo** 18:21–22 (DyC 98:40). Cualquiera que blasfeme contra el Espíritu Santo no tiene jamás perdón, **Mar.** 3:29 (Alma 39:6). Si tu hermano pecare contra ti y se arrepintiere, perdónale, **Lucas** 17:3. Padre, perdónalos, porque no saben lo que hacen, **Lucas** 23:34.

Los exhorté a que pidieran al Señor que los perdonara, **1 Ne.** 7:21. Aplica la sangre expiatoria de Cristo para que recibamos el perdón de nuestros pecados

Mos. 4:2. Si confiesa sus pecados ante ti y mí, y se arrepiente con sinceridad de corazón, a este has de perdonar, **Mos.** 26:29–31.

El que se arrepienta y cumpla los mandamientos del Señor será perdonado, **DyC** 1:32. Mete tu hoz, y tus pecados te son perdonados, **DyC** 31:5 (DyC 84:61). Quien se ha arrepentido de sus pecados es perdonado; y yo, el Señor, no los recuerdo más, **DyC** 58:42. Yo perdonaré a quien sea mi voluntad perdonar, mas a vosotros os es requerido perdonar a todos los hombres, **DyC** 64:10. Por cuanto os habéis perdonado el uno al otro vuestras transgresiones, así también yo, el Señor, os perdono, **DyC** 82:1. A los que amo también disciplino para que les sean perdonados sus pecados, **DyC** 95:1.

He aquí, te he perdonado tu transgresión, **Moisés** 6:53.

Perfecto

Completo, íntegro y plenamente desarrollado; de una rectitud total. Ser perfecto también puede significar ser sin pecado ni maldad. Solamente Cristo fue totalmente perfecto, pero los verdaderos discípulos de Él pueden llegar a serlo mediante Su gracia y expiación.

Sea, pues, perfecto vuestro corazón para con Jehová, **1 Rey.** 8:61.

Sed, pues, vosotros perfectos, como vuestro Padre que está en los cielos, **Mateo** 5:48 (3 Ne. 12:48). Si alguno no ofende en palabra, este es varón perfecto, **Stg.** 3:2.

Fe no es tener un conocimiento perfecto de las cosas, **Alma** 32:21, 26. Se efectuó una expiación para que Dios sea un Dios perfecto, **Alma** 42:15. Era Moroni un hombre de un entendimiento perfecto, **Alma** 48:11–13, 17–18. A todo hombre se da el Espíritu de Cristo para que sepa juzgar y discernir con un conocimiento perfecto, si algo es de Dios o es del diablo, **Moro.** 7:15–17. Venid a Cristo, y perfeccionaos en él, **Moro.** 10:32.

Continuad con paciencia hasta perfeccionaros, **DyC** 67:13. Son hombres justos hechos perfectos mediante Jesús, **DyC** 76:69. Los oficios de la Iglesia son para la perfección de los santos, **DyC** 124:143 (Efe. 4:11–13). Los vivos no pueden ser perfeccionados sin sus muertos, **DyC** 128:15, 18.

Noé fue un hombre justo y perfecto en su generación, **Moisés** 8:27.

Perla de Gran Precio. *Véase también* Canon; Escrituras; Smith, hijo, José

El reino de Dios sobre la tierra es semejante a una "perla de gran precio" (Mateo 13:45–46).

La Perla de Gran Precio también es el nombre que se ha dado a uno de los cuatro tomos de las Escrituras llamados los "libros canónicos" de La Iglesia de Jesucristo de los Santos de los Últimos Días. La primera edición de este tomo [en inglés] se publicó en 1851 y contenía algo de la materia que ahora forma parte de Doctrina y Convenios. Las ediciones que se han publicado desde 1902 contienen (1) extractos de la traducción de José Smith del libro de Génesis, llamado el libro de Moisés, y del capítulo 24 de Mateo, titulado: José Smith—Mateo; (2) La traducción de José Smith de algunos papiros egipcios que él obtuvo en 1835, llamada el libro de Abraham; (3) Un extracto de la historia de la Iglesia escrita por José Smith en 1838, denominado: José Smith—Historia; y (4) los Artículos de Fe, trece declaraciones de la creencia y doctrina de la Iglesia.

Persecución, perseguir. *Véase también* Adversidad

Causar angustia o dolor a otras personas por motivo de sus creencias o nivel social; hostigar u oprimir.

Bienaventurados los que padecen persecución por causa de la justicia, **Mateo** 5:10 (3 Ne. 12:10). Orad por los que os ultrajan y os persiguen, **Mateo** 5:44 (3 Ne. 12:44).

Porque son ricos persiguen a los mansos, **2 Ne.** 9:30 (2 Ne. 28:12–13). Los justos que esperan anhelosamente y con firmeza en Cristo, a pesar de todas las persecuciones, no perecerán, **2 Ne.** 26:8.

Todas estas cosas te servirán de experiencia, **DyC** 122:7.

Perseverar. *Véase también* Adversidad; Paciencia; Tentación, tentar

Permanecer firme en el compromiso de ser fiel a los mandamientos de Dios a pesar de la tentación, la oposición o la adversidad.

El que persevere hasta el fin, este será salvo, **Mateo** 10:22 (Mar. 13:13). No tienen raíz en sí, sino que son de corta duración, **Mar.** 4:17. La caridad todo lo soporta, **1 Cor.** 13:7. Y habiendo Abraham esperado con paciencia, alcanzó la promesa, **Heb.** 6:15.

Si perseveran hasta el fin, serán enaltecidos en el último día, **1 Ne.** 13:37. Si sois obedientes a los mandamientos, y perseveráis hasta el fin, seréis salvos, **1 Ne.** 22:31 (Alma 5:13). Si marcháis adelante, deleitándoos en la palabra de Cristo, y perseveráis hasta el fin, tendréis la vida eterna, **2 Ne.** 31:20 (3 Ne. 15:9; DyC 14:7). El que tome sobre sí mi nombre, y persevere hasta el fin, este se salvará, **3 Ne.** 27:6.

A los que son de mi Iglesia, y perseveran en ella hasta el fin, estableceré sobre mi roca, **DyC** 10:69. El que persevere con fe vencerá al mundo, **DyC** 63:20, 47. Todos los tronos y dominios serán señalados a todos los que hayan perseverado en el evangelio de Jesucristo, **DyC** 121:29.

Phelps, William W.

Miembro y líder durante los primeros años de la Iglesia después de su restauración en 1830. El Señor llamó a William Phelps como impresor de la Iglesia (DyC 57:11; 58:40; 70:1).

Piedra. *Véase* Roca

Piedra del ángulo. *Véase también* Jesucristo

La piedra principal que forma la esquina de los cimientos de un edificio. A Jesucristo se le llama la principal piedra del ángulo (Efe. 2:20).

La piedra que desecharon los edificadores ha venido a ser cabeza del ángulo, **Sal.** 118:22 (Mateo 21:42–44; Mar. 12:10; Lucas 20:17; Hech. 4:10–12).

Los judíos rechazaron la piedra angular, **Jacob** 4:15–17.

Pilato, Poncio

Gobernador romano de Judea, 26–36 a.C. (Lucas 3:1). Odiaba al pueblo judío y su religión, y mandó matar a varios galileos (Lucas 13:1). Jesús fue acusado y condenado a la crucifixión ante Pilato (Mateo 27:2, 11–26, 58–66; Mar. 15; Lucas 23; Juan 18:28–19:38).

Planchas. *Véase también* Libro de Mormón; Planchas de oro

En la antigüedad, en algunas culturas se escribía la historia del pueblo y sus registros en planchas de metal, tal como fue el caso del Libro de Mormón. Para mayor información, véase "Una breve explicación acerca del Libro de Mormón" que se encuentra en las páginas introductorias del Libro de Mormón.

Planchas de bronce. *Véase también* Planchas

El registro (anales) de los judíos desde el principio hasta el año 600 a.C., el cual contenía muchos escritos de los profetas (1 Ne. 5:10–16). Labán, uno de los ancianos de Jerusalén, tenía estos anales bajo su cuidado. Lehi, estando él y su familia en el desierto, envió a sus hijos de regreso a Jerusalén para conseguir las planchas (1 Ne. 3–4). (Para mayor información, véase "Una breve explicación acerca del Libro de Mormón", que se encuentra al principio del Libro de Mormón).

Planchas de oro. *Véase también* Libro de Mormón; Planchas

Registro escrito sobre planchas de oro que relata la historia de dos grandes civilizaciones que existieron en el continente americano. José Smith tradujo publicó una parte de esas planchas, y esa traducción se titula el Libro de Mormón. (Para mayor información, véase la "Introducción" y "El Testimonio del profeta José Smith", que se encuentran en el Libro de Mormón).

Plan de redención. *Véase también* Caída de Adán y Eva; Evangelio; Expiación, expiar; Jesucristo; Salvación

La plenitud del evangelio de Jesucristo, cuyo propósito es llevar a cabo la inmortalidad y la vida eterna del hombre. Incluye la Creación, la Caída y la Expiación, junto con todas las leyes, ordenanzas y doctrinas que Dios nos ha dado. Este plan hace posible que todas las personas logren la exaltación y vivan para siempre con Dios (2 Ne. 2; 9). Las Escrituras también se refieren a este plan como el plan de salvación, el plan de felicidad y el plan de misericordia.

Herido fue por nuestras rebeliones, **Isa.** 53:5 (Mos. 14:5).

No hay otro nombre bajo el cielo en que podamos ser salvos, **Hech.** 4:12. Así como en Adán todos mueren, también en Cristo todos serán vivificados, **1 Cor.** 15:22. Por gracia sois salvos por medio de la fe, **Efe.** 2:8 (2 Ne. 25:23). Dios prometió la vida eterna desde antes del principio de los siglos, **Tito** 1:2. Jesús es autor de eterna salvación, **Heb.** 5:8–9. El plan de redención se extendió a los muertos, **1 Pe.** 3:18–20; 4:6 (DyC 138).

La muerte cumple el misericordioso designio del gran Creador, **2 Ne.** 9:6. ¡Cuán grande es el plan de nuestro Dios!, **2 Ne.** 9:13. El plan de redención lleva a efecto la resurrección de los muertos, **Alma** 12:25–34. Aarón enseñó al padre de Lamoni acerca del plan de redención, **Alma** 22:12–14. Amulek explicó el plan de salvación, **Alma** 34:8–16. Alma explicó el plan de salvación, **Alma** 42:5–26, 31.

Se afirman en la revelación moderna las doctrinas concernientes a la Creación, la Caída, la Expiación y el bautismo, **DyC** 20:17–29. El plan se decretó antes de existir el mundo, **DyC** 128:22.

Esta es mi obra y mi gloria: Llevar a cabo la inmortalidad y la vida eterna del hombre, **Moisés** 1:39. Este es el plan de salvación para todos los hombres, **Moisés** 6:52–62. Con esto los probaremos, **Abr.** 3:22–26.

Plan de salvación. *Véase* Plan de redención

Plural, matrimonio. *Véase* Matrimonio — El matrimonio plural

Pobres. *Véase también* Ayunar, ayuno; Bienestar; Humildad, humilde, humillar (afligir); Limosna; Ofrenda

En las Escrituras, el vocablo *pobre* puede referirse a (1) las personas que carecen de bienes materiales, tales como alimento, ropa y albergue, o (2) a personas humildes y sin orgullo.

Pobres en cuanto a bienes materiales: No cerrarás tu mano contra tu hermano pobre, **Deut.** 15:7. Con arrogancia el malo persigue al pobre, **Sal.** 10:2. El que da al pobre no tendrá pobreza, **Prov.** 28:27. A los pobres errantes alberga en casa, **Isa.** 58:6–7.

Si quieres ser perfecto, da a los pobres, **Mateo** 19:21 (Mar. 10:21; Lucas 18:22). ¿No ha elegido Dios a los pobres de este mundo?, **Stg.** 2:5.

Porque son ricos desprecian a los pobres, **2 Ne.** 9:30. A fin de retener la remisión de vuestros pecados, quisiera que de vuestros bienes dieseis al pobre, **Mos.** 4:26. Todo hombre repartía de sus bienes a los pobres, **Alma** 1:27. Si no dais de vuestros bienes a los necesitados, vuestra oración es en vano, **Alma** 34:28. Los nefitas tenían en común todas las cosas; por tanto no había ricos ni pobres, **4 Ne.** 1:3.

Te acordarás de los pobres, **DyC** 42:30 (DyC 52:40). ¡Ay de los pobres cuyos corazones no están quebrantados!, **DyC** 56:17–18. Los pobres vendrán a las bodas del Cordero, **DyC** 58:6–11. El obispo debe buscar a los pobres, **DyC** 84:112. La ley del Evangelio manda que se cuide de los pobres, **DyC** 104:17–18.

No había pobres entre ellos, **Moisés** 7:18.

Pobres en espíritu: Más bendecidos son aquellos que se humillan verdaderamente a causa de la palabra, **Alma** 32:4–6, 12–16. Bienaventurados son los pobres en espíritu que vienen a mí, **3 Ne.** 12:3 (Mateo 5:3).

Se predicará el Evangelio a los pobres y a los mansos, **DyC** 35:15.

Poder. *Véase también* Autoridad; Sacerdocio

La capacidad para hacer algo. El tener poder sobre algo o sobre alguien es tener la capacidad para controlarlo o mandarlo. En las Escrituras, el poder a menudo está ligado al poder de Dios o de los cielos. Con frecuencia se relaciona estrechamente con la autoridad del sacerdocio, la cual constituye el permiso o el derecho de actuar por Dios.

Yo te he puesto para mostrar en ti mi poder, **Éx.** 9:16. Dios es el que me ciñe de fuerza, **2 Sam.** 22:33. No te niegues a hacer el bien cuando tuvieres poder para hacerlo, **Prov.** 3:27. Yo estoy lleno de poder del Espíritu de Jehová, **Miq.** 3:8.

Toda potestad me es dada en el cielo y en la tierra, **Mateo** 28:18. Se admiraban de su doctrina, porque su palabra era con autoridad, **Lucas** 4:32. Quedaos vosotros en la ciudad hasta que seáis investidos de poder desde lo alto, **Lucas** 24:49. A todos los que le recibieron, les dio potestad de ser hechos hijos de Dios, **Juan** 1:12 (DyC 11:30). Recibiréis poder, cuando haya venido sobre vosotros el Espíritu Santo, **Hech.** 1:8. No hay autoridad sino de parte de Dios, **Rom.** 13:1. Sois guardados por el poder de Dios mediante la fe, para alcanzar la salvación, **1 Pe.** 1:3–5.

Estoy lleno del poder de Dios, **1 Ne.** 17:48. Me lo ha manifestado el poder del Espíritu Santo, **Jacob** 7:12. El hombre puede recibir gran poder de Dios, **Mos.** 8:16. Enseñaban con poder y autoridad de Dios, **Alma** 17:2–3. Nefi ministró con poder y gran autoridad, **3 Ne.** 7:15–20 (3 Ne. 11:19–22).

Aun cuando un hombre tenga poder para hacer muchas obras poderosas, si se jacta de su propia fuerza, tendrá que caer, **DyC** 3:4. El poder está en ellos para efectuar muchas obras justas, **DyC** 58:27–28. En las ordenanzas del Sacerdocio de Melquisedec se manifiesta el poder de la divinidad, **DyC** 84:19–22. Los derechos del sacerdocio están inseparablemente unidos a los poderes del cielo, **DyC** 121:34–46.

Con mi mano te conduciré, y mi poder descansará sobre ti, **Abr.** 1:18.

Poligamia. *Véase* Matrimonio — El matrimonio plural

Pornografía. *Véase* Adulterio; Castidad; Fornicación

Pratt, Orson

Uno de los primeros hermanos que fue llamado al Cuórum de los Doce Apóstoles después de la restauración de la Iglesia en la época actual (DyC 124:128–129). Hacía tan solo seis semanas que era miembro de la Iglesia cuando el Señor le dio una revelación por medio del profeta José Smith (DyC 34). Sirvió también como misionero de la Iglesia (DyC 52:26; 75:14) y durante varios años como historiador de esta.

Pratt, Parley Parker

Hermano mayor de Orson Pratt y uno de los primeros hermanos que fue llamado al Cuórum de los Doce Apóstoles después de la restauración de la Iglesia en la época actual (DyC 124:128–129). En octubre de 1830, el Señor le dio a Parley Pratt una revelación por conducto de José Smith, llamándolo a servir en la primera de varias labores misionales (DyC 32; 50:37).

Predestinación. *Véase* Preordenación

Predicar. *Véase también* Evangelio; Obra misional

Dar o proclamar un mensaje que no

haga comprender mejor un principio o doctrina del Evangelio.

Me ungió Jehová a predicar buenas nuevas a los abatidos, **Isa.** 61:1 (Lucas 4:16–21). Levántate y vé a Nínive, y proclama el mensaje, **Jonás** 3:2–10.

Desde entonces comenzó Jesús a predicar, **Mateo** 4:17. Id por todo el mundo y predicad el evangelio a toda criatura, **Mar.** 16:15. Nosotros predicamos a Cristo crucificado, **1 Cor.** 1:22–24. Fue y predicó a los espíritus encarcelados, **1 Pe.** 3:19.

No había nada, salvo predicación, agitándolos constantemente para mantenerlos en el temor del Señor, **Enós** 1:23. Les mandó que no predicaran nada, salvo el arrepentimiento y la fe en el Señor, **Mos.** 18:20. La predicación de la palabra tenía gran propensión a impulsar a la gente a hacer lo que era justo, **Alma** 31:5.

No vayas a suponer que eres llamado a predicar sino hasta que se te llame, **DyC** 11:15. A ninguno le será permitido salir a predicar mi evangelio a menos que sea ordenado, **DyC** 42:11. Este evangelio será predicado a toda nación, **DyC** 133:37.

Se empezó a predicar el Evangelio desde el principio, **Moisés** 5:58.

Preordenación. *Véase también* Vida preterrenal

La ordenación preterrenal de Dios a Sus hijos en espíritu que fueron valientes, para que cumplieran ciertas misiones durante su vida terrenal.

Dios estableció los límites de los pueblos, **Deut.** 32:8. Antes que te formase en el vientre te di por profeta, **Jer.** 1:5.

Dios ha prefijado el orden de los tiempos, **Hech.** 17:26. A los que antes conoció, también los predestinó, **Rom.** 8:28–30. Nos escogió en él antes de la fundación del mundo, **Efe.** 1:3–4. Jesucristo fue preordenado para ser el Redentor desde antes de la fundación del mundo, **1 Pe.** 1:19–20 (Apoc. 13:8).

Fueron llamados y preparados desde la fundación del mundo, **Alma** 13:1–9.

Observé a los nobles y grandes que fueron escogidos en el principio, **DyC** 138:55–56.

Mi Hijo Amado y mi Escogido desde el principio, **Moisés** 4:2. Abraham fue escogido antes de nacer, **Abr.** 3:23.

Presbítero, Sacerdocio Aarónico. *Véase también* Aarón, hermano de Moisés; Sacerdocio Aarónico; Sumo sacerdote

Oficio del Sacerdocio Aarónico. En los tiempos antiguos, era el oficio más alto del Sacerdocio Levítico, el cual poseían solamente Aarón y sus descendientes. Cuando Cristo cumplió la ley de Moisés, esa restricción quedó sin efecto.

Se describen los deberes de un presbítero en la Iglesia restaurada, **DyC** 20:46–52.

Presidencia. *Véase* Primera Presidencia

Presidente. *Véase también* Primera Presidencia; Profeta

Título del oficial que preside una organización. El Presidente de la Iglesia es profeta, vidente y revelador (DyC 21:1; 107:91–92), y los miembros de la Iglesia han de dirigirse al profeta de la Iglesia con el título "Presidente" (DyC 107:65). Él es la única persona sobre la tierra que tiene la autoridad para hacer uso del ejercicio de todas las llaves del sacerdocio.

Los líderes de algunos cuórums del sacerdocio y de algunas de las demás organizaciones de la Iglesia también pueden llevar el título de presidente.

El Señor dio las llaves del reino a José Smith, **DyC** 81:1–2. Tres presidentes forman un cuórum de la Presidencia de la iglesia, **DyC** 107:21–24. Los presidentes eran ordenados según el orden de Melquisedec, **DyC** 107:29. Se describen los deberes de los presidentes al presidir ellos los cuórums de los diáconos, los maestros, los presbíteros y los élderes, **DyC** 107:85–89 (DyC 124:136–138, 142). Son siete los presidentes que presiden todos los demás Setentas, **DyC** 107:93–95.

Se nombraron presidentes de estacas, **DyC** 124:133–135.

Primera Presidencia. *Véase también* Llaves del sacerdocio; Presidente; Revelación

El Presidente de la Iglesia y sus consejeros. Ellos forman un cuórum de tres sumos sacerdotes y presiden toda la Iglesia. La Primera Presidencia posee todas las llaves del sacerdocio.

Las llaves del reino siempre corresponden a la Presidencia del Sumo Sacerdocio, **DyC** 81:2. La Presidencia del Sumo Sacerdocio tiene el derecho de oficiar en todos los oficios de la Iglesia, **DyC** 107:9, 22. Quien me recibe a mí, recibe a los de la Primera Presidencia, **DyC** 112:20, 30. La Primera Presidencia debe recibir los oráculos [revelaciones] para toda la iglesia, **DyC** 124:126.

Primera Visión. *Véase* Restauración del Evangelio; Smith, hijo, José

La aparición de Dios el Padre y Su Hijo Jesucristo al profeta José Smith en una arboleda.

En la primavera de 1820, José Smith, hijo, tenía catorce años de edad y vivía con su familia en el poblado de Palmyra, Nueva York, EE. UU. A poca distancia de su casa, hacia el oeste, se encontraba una arboleda compuesta de grandes árboles. Fue allí a donde se dirigió José para orar a Dios con el fin de averiguar cuál iglesia era la verdadera. Al leer la Biblia, había sentido que, para recibir respuesta a su pregunta, debía pedírsela a Dios (Stg. 1:5–6). En contestación a su oración, se le aparecieron el Padre y el Hijo, quienes le dijeron que no se uniera a ninguna de las iglesias que estaban sobre la tierra, porque todas estaban en error (JS—H 1:15–20). Esa sagrada experiencia dio comienzo a una serie de acontecimientos que culminarían con la restauración del Evangelio y de la Iglesia verdadera de Cristo.

Primeros principios del Evangelio. *Véase* Arrepentimiento, arrepentirse; Bautismo, bautizar; Espíritu Santo; Fe

Primicias

Los frutos de la primera cosecha de la temporada. En los tiempos del Antiguo Testamento, estos se ofrecían a Dios (Lev. 23:9–20). Jesucristo es las primicias para con Dios, puesto que Él fue el primero en resucitar (1 Cor. 15:20, 23; 2 Ne. 2:9). Los que aceptan el Evangelio y perseveran hasta el fin, con fidelidad, son, en sentido simbólico, las primicias, porque pertenecen a Dios.

Los que siguen al Cordero por dondequiera que va son primicias para Dios, **Apoc.** 14:4.

Las primicias son los que descenderán con Cristo primero, **DyC** 88:98.

Primogénito. *Véase también* Jesucristo; Primogenitura

En los tiempos de los antiguos patriarcas, el hijo primogénito recibía la primogenitura (Gén. 43:33); por lo tanto, como herencia le correspondía ser el jefe de la familia al morir el padre. El primogénito tenía que ser digno de recibir esa responsabilidad (1 Cró. 5:1–2) y por iniquidad podía perderla.

Bajo la ley de Moisés, se consideraba que el hijo primogénito pertenecía a Dios. El hijo mayor recibía una porción doble de las posesiones de su padre (Deut. 21:17), y después de la muerte de este, era responsable del cuidado de la madre y de las hermanas.

El macho primogénito de los animales también pertenecía a Dios. Para los sacrificios se usaban los animales limpios, mientras que los inmundos o impuros se podían redimir, vender o matar (Éx. 13:2, 11–13; 34:19–20; Lev. 27:11–13, 26–27).

El primogénito simbolizaba a Jesucristo y Su ministerio terrenal, recordando al pueblo que vendría el gran Mesías (Moisés 5:4–8; 6:63).

Jesús es el primogénito de los hijos espirituales de nuestro Padre Celestial, el Unigénito del Padre en la carne y el primero en levantarse de entre los muertos en la Resurrección (Col. 1:13–18). Los santos fieles llegarán a ser miembros de la Iglesia del Primogénito en la eternidad (DyC 93:21–22).

Me darás el primogénito de tus hijos, **Éx.** 22:29. Santifiqué para mí a todos los primogénitos en Israel, **Núm.** 3:13.

Para que él sea el primogénito entre muchos hermanos, **Rom.** 8:29. Introduce al Primogénito en el mundo, **Heb.** 1:6.

Estos son los que constituyen la iglesia del Primogénito, **DyC** 76:54, 94.

Me fue conferido de los patriarcas el derecho del primogénito, **Abr.** 1:3.

Primogenitura. *Véase también* Convenio; Primogénito

El derecho de herencia que pertenece al primogénito varón. En un sentido amplio, la primogenitura abarca cualquiera o todos los derechos o herencia transmitidos a una persona al nacer dentro de cierta familia o cultura.

Véndeme en este día tu primogenitura, **Gén.** 25:29–34 (Gén. 27:36). El primogénito se sentaba conforme a su primogenitura, **Gén.** 43:33. Colocó a Efraín por encima de Manasés, **Gén.** 48:14–20 (Jer. 31:9). El derecho de primogenitura fue de José, **1 Cró.** 5:2.

Esaú vendió su primogenitura, **Heb.** 12:16.

Sois herederos legales, **DyC** 86:9. Sion tiene derecho al sacerdocio por linaje, **DyC** 113:8 (Abr. 2:9–11).

Principio. *Véase también* Creación, crear; Evangelio; Jesucristo; Vida preterrenal

Esta palabra tiene dos sentidos en las Escrituras: (1) Doctrina, verdad o ley básica. Los primeros principios del Evangelio son la fe en el Señor Jesucristo y el arrepentimiento (AdeF 1:4). (2) En términos generales, se refiere al período de tiempo antes de esta vida terrenal, o sea, la vida preterrenal. En ocasiones a Jesucristo se le menciona como el principio.

En el sentido de doctrina, verdad o ley básica: Los élderes, presbíteros y maestros de esta iglesia enseñarán los principios de mi evangelio, que se encuentran en las Escrituras, **DyC** 42:12. Que seáis más perfectamente instruidos en principio, en doctrina, en todas las cosas, **DyC** 88:78 (DyC 97:14). Que todo hombre pueda obrar en doctrina y principio, de acuerdo con el albedrío moral que yo le he dado, **DyC** 101:78. Cualquier principio de inteligencia que logremos en esta vida se levantará con nosotros en la resurrección, **DyC** 130:18–19.

En el sentido de vida preterrenal o relativo a Jesucristo como el principio: En el principio creó Dios los cielos y la tierra, **Gén.** 1:1 (Moisés 2:1).

En el principio era el Verbo, **Juan** 1:1.

Soy el Alfa y la Omega, el principio y el fin, **3 Ne.** 9:18.

Cristo es el principio y el fin, **DyC** 19:1. El convenio nuevo y sempiterno fue desde el principio, **DyC** 22:1. El hombre fue en el principio con el Padre, con Dios, **DyC** 93:23, 29. Espíritus nobles y grandes fueron escogidos en el principio para ser gobernantes en la Iglesia, **DyC** 138:55.

Mi Unigénito fue conmigo desde el principio, **Moisés** 2:26.

Prisión espiritual. *Véase* Infierno

Profanidad. *Véase también* Blasfemar, blasfemia

Despreciar o tratar lo sagrado sin el debido respeto; en especial, la falta de reverencia por el nombre de Dios.

No tomarás el nombre de Jehová tu Dios en vano, **Éx.** 20:7 (2 Ne. 26:32; Mos. 13:15; DyC 136:21). ¿Por qué profanamos el convenio de nuestros padres?, **Mal.** 2:10.

Toda palabra ociosa que hablen los hombres, de ella darán cuenta en el día del juicio, **Mateo** 12:34–37. De una misma boca proceden bendición y maldición. Esto no debe ser así, **Stg.** 3:10.

Nuestras palabras nos condenarán, **Alma** 12:14 (Mos. 4:30).

Cuídense todos los hombres de cómo toman mi nombre en sus labios, **DyC** 63:61–62.

Profecía, profetizar. *Véase también* Profeta; Profetisa; Revelación; Vidente

Una profecía consta de palabras o escritos divinamente inspirados, los cuales se reciben mediante la revelación del Espíritu Santo. El testimonio de Jesús es el espíritu de profecía (Apoc. 19:10). Una profecía puede pertenecer al pasado, al presente o al futuro. Cuando una persona profetiza, habla o escribe aquello que Dios desea que sepa, ya sea para su propio bien o para bien de los demás. Las personas pueden recibir profecía o revelación personal relacionadas con su propia vida.

Ojalá todo el pueblo de Jehová fuese profeta, **Núm.** 11:29. Profetizarán vuestros hijos y vuestras hijas, **Joel** 2:28 (Hech. 2:17–18). El Señor revela su secreto a sus siervos los profetas, **Amós** 3:7.

Ninguna profecía de las Escrituras es de interpretación privada, **2 Pe.** 1:20.

Los nefitas tenían muchas revelaciones y el espíritu de profecía, **Jacob** 4:6, 13. Alma y Amulek conocían las intenciones del corazón de Zeezrom de acuerdo con el espíritu de profecía, **Alma** 12:7. ¡Ay de aquel que diga que el Señor ya no obra por profecía!, **3 Ne.** 29:6. Escudriñad las profecías de Isaías, **Morm.** 8:23.

Las profecías se cumplirán todas, **DyC** 1:37–38.

El hombre debe ser llamado por Dios, por profecía, **AdeF** 1:5.

Profeta. *Véase también* Presidente; Profecía, profetizar; Revelación; Vidente

Persona llamada por Dios para que hable en Su nombre. En calidad de mensajero de Dios, el profeta recibe mandamientos, profecías y revelaciones de Él. La responsabilidad del profeta consiste en hacer conocer a la humanidad la voluntad y la verdadera naturaleza de Dios, y demostrar el significado que tienen Sus tratos con ellos. El profeta denuncia el pecado y predice sus consecuencias; es predicador de rectitud. En algunas ocasiones, puede recibir inspiración para predecir el futuro en beneficio del ser humano; no obstante, su responsabilidad primordial es la de dar testimonio de Cristo. El Presidente de La Iglesia de Jesucristo de los Santos de los Últimos Días es el profeta de Dios sobre la tierra en la actualidad. A los miembros de la Primera Presidencia y del Cuórum de los Doce Apóstoles se les sostiene como profetas, videntes y reveladores.

Ojalá todo el pueblo de Jehová fuese profeta, **Núm.** 11:29. Cuando haya entre vosotros profeta de Jehová, le apareceré en visión, **Núm.** 12:6. Jehová amonestó a Israel por medio de todos los profetas, **2 Rey.** 17:13 (2 Cró. 36:15–16; Jer. 7:25). Te di por profeta a las naciones, **Jer.** 1:5, 7. El Señor revela su secreto a sus siervos los profetas, **Amós** 3:7.

Habló por boca de Sus santos profetas, **Lucas** 1:70 (Hech. 3:21). De Jesucristo dan testimonio todos los profetas, **Hech.** 10:43. Dios puso profetas en la Iglesia, **1 Cor.** 12:28 (Efe. 4:11). La Iglesia está edificada sobre el fundamento de los apóstoles y profetas, **Efe.** 2:19–20.

El pueblo ha rechazado las palabras de los profetas, **1 Ne.** 3:17–18 (2 Ne. 26:3). Por el Espíritu son reveladas a los profetas todas las cosas, **1 Ne.** 22:1–2. Cristo vino al mundo para cumplir todas las cosas que había declarado por boca de Sus santos profetas, **3 Ne.** 1:13 (DyC 42:39).

Aquellos que no prestaren atención a las palabras de los profetas serán desarraigados, **DyC** 1:14. Quienes creen en las palabras de los profetas tienen vida eterna, **DyC** 20:26. Recibiréis la palabra del profeta como si viniera de mi propia boca, **DyC** 21:4–6. Las revelaciones y los mandamientos para la Iglesia se reciben únicamente por conducto de aquel que el Señor ha nombrado, **DyC** 43:1–7. El deber del presidente es presidir a toda la Iglesia, y ser semejante a Moisés, ser profeta, **DyC** 107:91–92.

Creemos en profetas, **AdeF** 1:6.

Profetisa. *Véase también* Profecía, profetizar

Mujer que ha recibido un testimonio de Jesucristo y que disfruta del espíritu de revelación. Una profetisa no posee ni el sacerdocio ni sus llaves. Aunque en las Escrituras se les llama profetisas solo a unas cuantas mujeres, fueron muchas las que profetizaron; por ejemplo, Rebeca, Ana, Elisabet y María.

A María se le llamó profetisa, **Éx.** 15:20. A Débora se le llamó profetisa, **Jue.** 4:4. A Hulda se le llamó profetisa, **2 Rey.** 22:14 (2 Cró. 34:22).

A Ana se le llamó profetisa, **Lucas** 2:36.

Proverbio

Dicho breve, máxima o consejo moral.

El libro de los Proverbios: Libro del Antiguo Testamento que contiene muchas parábolas, máximas y poemas, algunos de los cuales fueron escritos por Salomón. Este libro se cita con frecuencia en el Nuevo Testamento.

En los capítulos del 1 al 9, se encuentra una exposición de lo que es la verdadera sabiduría. En los capítulos del 10 al 24, hay una colección de proverbios y máximas sobre las formas correctas e incorrectas de vivir. En los capítulos del 25 al 29, se encuentran los proverbios de Salomón que registraron los hombres de Ezequías, el rey de Judá. En los capítulos 30 y 31, se describe a la mujer virtuosa.

Publicanos. *Véase también* Imperio romano

En la antigua Roma, recolector de impuestos por parte del gobierno, a los cuales en general aborrecían los judíos. Algunos publicanos aceptaron el Evangelio sin demora (Mateo 9:9–10; Lucas 19:2–8).

Pureza, puro. *Véase también* Limpio e inmundo; Santificación

Estar libre de pecado y de culpa. La persona llega a ser pura cuando sus pensamientos y acciones son limpios en todo sentido. La persona que ha cometido un pecado puede llegar a ser pura mediante la fe en Jesucristo, el arrepentimiento y la recepción de las ordenanzas del Evangelio.

El limpio de manos y puro de corazón recibirá bendición de Jehová, **Sal.** 24:3–5. Purificaos los que lleváis los utensilios de Jehová, **Isa.** 52:11 (DyC 133:4–5).

Bienaventurados los de limpio corazón, **Mateo** 5:8 (3 Ne. 12:8). Todo lo que es puro, en esto pensad, **Filip.** 4:8 (AdeF 1:13).

Todos vosotros que sois de corazón puro, levantad vuestra cabeza y recibid la placentera palabra de Dios, **Jacob** 3:2–3. ¿Podréis mirar a Dios en aquel día con un corazón puro y manos limpias?, **Alma** 5:19. Encontrándose puros y sin mancha ante Dios, no podían ver el pecado sino con repugnancia, **Alma** 13:12. Seamos purificados así como Cristo es puro, **Moro.** 7:48 (Morm. 9:6).

Dios apartará para sí un pueblo puro, **DyC** 43:14. El Señor castigará a Sion hasta que se purifique, **DyC** 90:36. El Señor mandó que se construyera en Sion una casa donde los puros de corazón verán a Dios, **DyC** 97:10–17. Esta es Sion: Los puros de corazón, **DyC** 97:21.

Querubines

Figuras que representan seres celestiales, cuya forma exacta se desconoce. Se ha llamado a querubines para custodiar los lugares sagrados.

Jehová puso querubines para guardar el camino que llevaba al árbol de la vida, **Gén.** 3:24 (Alma 12:21–29; 42:2–3; Moisés 4:31). Colocaron dos imágenes de querubines en el propiciatorio, **Éx.** 25:18, 22 (1 Rey. 6:23–28; Heb. 9:5). Se mencionan querubines en las visiones de Ezequiel, **Ezeq.** 10; 11:22.

Rafael. *Véase también* Ángeles

Ángel del Señor que participó en la

restauración de todas las cosas (DyC 128:21).

Rameúmptom

En el Libro de Mormón, una alta plataforma en la que oraban los zoramitas, los cuales eran nefitas apóstatas (Alma 31:8–14, 21).

Raquel. *Véase también* Jacob hijo de Isaac

En el Antiguo Testamento, una de las esposas de Jacob (Gén. 29–31; 35). También fue la madre de José y de Benjamín.

Realistas

En el Libro de Mormón, un grupo de personas que deseaba derrocar el gobierno de los nefitas (Alma 51:1–8).

Rebeca. *Véase también* Isaac

Esposa de Isaac, patriarca del Antiguo Testamento (Gén. 24–27). Rebeca fue la madre de Esaú y Jacob (Gén. 25:23–26).

Rebelión. *Véase también* Apostasía; Diablo; Murmurar; Pecado

Desobedecer al Señor u oponerse a Él, incluso rehusar seguir a Sus líderes escogidos y desobedecer intencionalmente Sus mandamientos.

No seáis rebeldes contra Jehová, **Núm.** 14:9. El rebelde no busca sino el mal, **Prov.** 17:11. ¡Ay de los hijos que se apartan!, **Isa.** 30:1.

El Señor no redime a ninguno de los que se rebelan contra Él, y mueren en sus pecados, **Mos.** 15:26. Los amlicitas se habían rebelado abiertamente contra Dios, **Alma** 3:18–19.

Los rebeldes serán traspasados de mucho pesar, **DyC** 1:3. El enojo del Señor está encendido contra los rebeldes, **DyC** 56:1 (DyC 63:1–6).

Satanás se rebeló contra Dios, **Moisés** 4:3.

Rectitud, recto. *Véase también* Andar, andar con Dios; Dignidad, digno; Injusticia, injusto; Integridad; Justicia; Justo; Mandamientos de Dios

Ser justo, santo, virtuoso, íntegro; obedecer los mandamientos de Dios; evitar el pecado.

A causa de la rectitud del pueblo del Señor, Satanás no tiene poder, **1 Ne.** 22:26. Si no hay rectitud, no hay felicidad, **2 Ne.** 2:13. Todo hombre debe ser cambiado a un estado de rectitud, **Mos.** 27:25–26.

Seguid firmes, llevando puesta la coraza de la rectitud, **DyC** 27:16 (Efe. 6:14). Los poderes del cielo no pueden ser manejados sino conforme a los principios de la rectitud, **DyC** 121:36.

El pueblo de Sion vivía en rectitud, **Moisés** 7:18. Abraham fue seguidor de la rectitud, **Abr.** 1:2.

Redención, plan de. *Véase* Plan de redención

Redención, redimido, redimir. *Véase también* Caída de Adán y Eva; Expiación, expiar; Jesucristo; Muerte espiritual; Muerte física; Salvación

Liberar, comprar o rescatar, por ejemplo, liberar a una persona de la esclavitud mediante un pago. La *Redención* se refiere a la expiación de Jesucristo y al hecho de que nos liberó del pecado. La expiación de Jesucristo redime a todo el género humano de la muerte física, y, por medio de la expiación, los que tengan fe en Él y se arrepientan son también redimidos de la muerte espiritual.

Yo te redimí, **Isa.** 44:22. Los redimiré de la muerte, **Oseas** 13:14 (Sal. 49:15).

Tenemos redención por la sangre de Cristo, **Efe.** 1:7, 14 (Heb. 9:11–15; 1 Pe. 1:18–19; Alma 5:21; Hel. 5:9–12).

El Señor ha redimido a mi alma del infierno, **2 Ne.** 1:15. La redención viene en el Santo Mesías y por medio de Él, **2 Ne.** 2:6–7, 26 (Mos. 15:26–27; 26:26). Cantaron del amor que redime, **Alma** 5:9 (Alma 5:26; 26:13). Los malvados permanecen como si no se hubiese hecho ninguna redención, **Alma** 11:40–41 (Alma 34:16; 42:13; Hel. 14:16–18). Jesucristo ha efectuado la redención del mundo, **Morm.** 7:5–7. El poder de la redención surte efecto en todos aquellos que no tienen ley, **Moro.** 8:22 (DyC 45:54).

Los que no creyeren no pueden ser redimidos de su caída espiritual, **DyC** 29:44. Los niños pequeños son redimidos desde la fundación del mundo, **DyC** 29:46. El Señor ha redimido a su pueblo, **DyC** 84:99. Joseph F. Smith vio en una visión la redención de los muertos, **DyC** 138.

Adán y Eva se regocijaron en su redención, **Moisés** 5:9–11.

Redentor. *Véase también* Jesucristo; Salvador

Jesucristo es el gran Redentor de la humanidad porque, mediante Su expiación, pagó el precio por los pecados del hombre e hizo posible la resurrección de todo el género humano.

Yo sé que mi Redentor vive, **Job** 19:25. Yo soy tu socorro, dice Jehová; el Santo de Israel es tu Redentor, **Isa.** 41:14 (Isa. 43:14; 48:17; 54:5; 59:20). Yo Jehová soy Salvador tuyo y Redentor tuyo, **Isa.** 49:26 (Isa. 60:16).

Llamarás su nombre Jesús, porque Él salvará a su pueblo de sus pecados, **Mateo** 1:21. El Hijo del Hombre vino para dar su vida en rescate por muchos, **Mateo** 20:28 (1 Tim. 2:5–6). El Señor de Israel ha visitado y redimido a su pueblo, **Lucas** 1:68. Fuimos reconciliados con Dios por la muerte de su Hijo, **Rom.** 5:10. Jesucristo se dio a sí mismo por nosotros para redimirnos de toda iniquidad, **Tito** 2:13–14. Jesucristo nos lavó de nuestros pecados con su sangre, **Apoc.** 1:5.

La redención viene en el Santo Mesías y por medio de Él, **2 Ne.** 2:6–7, 26. El Hijo tomó sobre sí la iniquidad y las transgresiones del hombre, los redimió y satisfizo las exigencias de la justicia, **Mos.** 15:6–9, 18–27. Cristo vino para redimir a aquellos que sean bautizados para arrepentimiento, **Alma** 9:26–27. Vendrá al mundo para redimir a su pueblo, **Alma** 11:40–41. La redención se realiza por medio del arrepentimiento, **Alma** 42:13–26. Jesucristo vino para redimir al mundo, **Hel.** 5:9–12. Cristo redimió a todo el género humano de la muerte temporal y de la espiritual, **Hel.** 14:12–17. La redención viene por Cristo, **3 Ne.** 9:17. Yo soy el que fue preparado desde la fundación del mundo para redimir a mi pueblo, **Éter** 3:14.

El Señor vuestro Redentor padeció la muerte en la carne, **DyC** 18:11. Cristo padeció por todos, si se arrepienten, **DyC** 19:1, 16–20. Los niños pequeños son redimidos mediante mi Unigénito, **DyC** 29:46. He mandado a mi Unigénito Hijo al mundo para la redención del mundo, **DyC** 49:5. Cristo es la luz y el Redentor del mundo, **DyC** 93:8–9. Joseph F. Smith recibió una visión de la redención de los muertos, **DyC** 138.

Creemos que por la expiación de Cristo, todo el género humano puede salvarse, **AdeF** 1:3.

Reino de Dios o de los cielos. *Véase también* Gloria celestial; Iglesia de Jesucristo

El reino de Dios sobre la tierra es La Iglesia de Jesucristo de los Santos de los Últimos Días (DyC 65). La finalidad de la Iglesia es preparar a sus miembros para vivir eternamente en el reino celestial, o reino de los cielos. No obstante, en las Escrituras a veces se hace referencia a la Iglesia como al reino de los cielos, o sea, que la Iglesia es el reino de los cielos sobre la tierra.

Aunque La Iglesia de Jesucristo de los Santos de los Últimos Días es el reino de Dios sobre la tierra, en la actualidad está limitado a un reino eclesiástico. Durante el Milenio, el reino de Dios gobernará tanto eclesiástica como políticamente.

Jehová es Rey eternamente y para siempre, **Sal.** 10:16 (Sal. 11:4). El Dios del cielo levantará un reino que no será jamás destruido, **Dan.** 2:44 (DyC 138:44).

Arrepentíos, porque el reino de los

cielos se ha acercado, **Mateo** 3:2 (Mateo 4:17). Venga tu reino. Hágase tu voluntad en la tierra, **Mateo** 6:10. Buscad primeramente el reino de Dios, **Mateo** 6:33 (3 Ne. 13:33). Te daré las llaves del reino de los cielos, **Mateo** 16:19. Venid, heredad el reino preparado para vosotros, **Mateo** 25:34. Cuando tome los sacramentos con vosotros en el reino de mi Padre, **Mateo** 26:26–29. Veréis a todos los profetas en el reino de Dios, **Lucas** 13:28. Los injustos no heredarán el reino de Dios, **1 Cor.** 6:9. La carne y la sangre no pueden heredar el reino de Dios, **1 Cor.** 15:50.

Antes de buscar riquezas, buscad el reino de Dios, **Jacob** 2:18. Ninguna cosa impura puede heredar el reino del cielo, **Alma** 11:37.

Para que con ellas reposes en el reino de mi Padre, **DyC** 15:6. A vosotros se os ha dado el reino, o en otras palabras, las llaves de la Iglesia, **DyC** 42:69 (DyC 65:2). Extiéndase el reino de Dios, para que venga el reino de los cielos, **DyC** 65:5–6. Las llaves de este reino nunca te serán quitadas, **DyC** 90:3. Quienes te reciban como niños pequeños, recibirán mi reino, **DyC** 99:3. Así se llamará mi Iglesia en los postreros días, a saber, La Iglesia de Jesucristo de los Santos de los Últimos Días, **DyC** 115:4. Los cielos nos fueron abiertos, y vi el reino celestial de Dios, **DyC** 137:1–4.

Remisión de pecados. *Véase también* Arrepentimiento, arrepentirse; Expiación, expiar; Jesucristo; Perdonar

El perdón de las malas acciones después de cumplir con la condición de que primero haya arrepentimiento. La remisión de los pecados se hace posible por medio de la expiación de Jesucristo. El hombre puede obtener la remisión de sus pecados si tiene fe en Cristo, si se arrepiente de sus pecados, si recibe las ordenanzas del bautismo y la imposición de manos para comunicar el don del Espíritu Santo, y si obedece los mandamientos de Dios (AdeF 1:3–4).

Si vuestros pecados fueren como la grana, como la nieve serán emblanquecidos, **Isa.** 1:16–18.

Esto es mi sangre, que por muchos es derramada para remisión de los pecados, **Mateo** 26:28 (Heb. 9:22–28; DyC 27:2). Arrepentíos, y bautícese cada uno para perdón de los pecados, **Hech.** 2:38 (Lucas 3:3; DyC 107:20). Todos los que creen en Jesucristo recibirán perdón de pecados, **Hech.** 10:43 (Mos. 3:13).

Cristo es la fuente a la que han de acudir para la remisión de sus pecados, **2 Ne.** 25:26. A fin de retener la remisión de vuestros pecados, velad por los pobres y los necesitados, **Mos.** 4:11–12, 26. El que se arrepienta tendrá derecho a reclamar la misericordia, para la remisión de sus pecados, **Alma** 12:34. El cumplimiento de los mandamientos trae la remisión de los pecados, **Moro.** 8:25.

El Sacerdocio Aarónico tiene las llaves del bautismo por inmersión para la remisión de pecados, **DyC** 13 (DyC 84:64, 74; AdeF 1:4). Yo, el Señor, no recuerdo más sus pecados, **DyC** 58:42–43 (Ezeq. 18:21–22). A ellos se les enseñó el bautismo vicario para la remisión de los pecados, **DyC** 138:33.

Responsabilidad, edad de. *Véase* Bautismo, bautizar; Bautismo de los niños pequeños; Niño(s); Responsabilidad, responsable

Responsabilidad, responsable. *Véase también* Albedrío

El Señor ha dicho que todas las personas son responsables de sus propias ideas y resoluciones, así como de sus actitudes, deseos y actos.

La edad de responsabilidad es aquella en la que se considera que los niños son responsables de sus actos y son capaces de cometer pecados y de arrepentirse.

Juzgaré a cada uno según sus caminos, **Ezeq.** 18:30.

Darán cuenta de toda palabra ociosa **Mateo** 12:36. Da cuenta de tu mayordomía, **Lucas** 16:2. Cada uno de nosotros dará a Dios cuenta de sí, **Rom.** 14:12. Los muertos serán juzgados según sus obras, **Apoc.** 20:12.

Nuestras palabras, nuestras obras y nuestros pensamientos nos condenarán, **Alma** 12:14. Somos nuestros propios jueces, ya sea para obrar el bien o para obrar el mal, **Alma** 41:7. Se os permite obrar por vosotros mismos, **Hel.** 14:29–31. Esto enseñarás: El arrepentimiento y el bautismo a los que son responsables, **Moro.** 8:10.

Todos los que hayan llegado a la edad de responsabilidad deben arrepentirse y bautizarse, **DyC** 18:42. Satanás no puede tentar a los niños pequeños, sino hasta que empiezan a ser responsables ante mí, **DyC** 29:46–47. Los niños deben ser bautizados cuando tengan ocho años de edad, **DyC** 68:27. Todo hombre responderá por sus propios pecados en el día del juicio, **DyC** 101:78.

A los hombres les es concedido discernir el bien del mal; de modo que, son sus propios agentes, **Moisés** 6:56. Los hombres serán castigados por sus propios pecados, **AdeF** 1:2.

Restauración del Evangelio. *Véase también* Apostasía; Dispensaciones; Evangelio; Smith, hijo, José

El restablecimiento sobre la tierra, por parte de Dios, de las verdades y las ordenanzas de Su Evangelio. El evangelio de Jesucristo fue retirado de la tierra como consecuencia de la apostasía que tuvo lugar después del ministerio terrenal de los Apóstoles de Cristo. Esa apostasía hizo necesario que se restaurara el Evangelio. Mediante visiones, la ministración de ángeles y revelaciones a los hombres sobre la tierra, Dios restauró el Evangelio. La Restauración comenzó con el profeta José Smith (JS—H 1; DyC 128:20–21) y ha continuado hasta el presente mediante la obra de los profetas vivientes del Señor.

Será confirmado el monte de la casa de Jehová como cabeza de los montes, **Isa.** 2:2 (Miq. 4:2; 2 Ne. 12:2). Dios hará un prodigio grande y espantoso, **Isa.** 29:14 (2 Ne. 25:17–18; DyC 4:1). Dios levantará un reino que no será jamás destruido, **Dan.** 2:44.

Elías viene primero, y restaurará todas las cosas, **Mateo** 17:11 (Mar. 9:12; DyC 77:14). Vendrán los tiempos de la restauración de todas las cosas, **Hech.** 3:21 (DyC 27:6). Dios reunirá todas las cosas en Cristo, en la dispensación del cumplimiento de los tiempos, **Efe.** 1:10. Vi volar por en medio del cielo a otro ángel, que tenía el evangelio eterno para predicarlo, **Apoc.** 14:6.

La plenitud del evangelio vendrá a los gentiles, **1 Ne.** 15:13–18. Los judíos serán restaurados a la verdadera iglesia, **2 Ne.** 9:2. La verdad llegará en los últimos días, **3 Ne.** 16:7.

Sobre vosotros confiero el Sacerdocio de Aarón, **DyC** 13 (JS—H 1:69). He encomendado las llaves de mi reino para los últimos días, **DyC** 27:6, 13–14 (DyC 128:19–21). A congregar las tribus de Israel y a restaurar todas las cosas, **DyC** 77:9. Se entregan las llaves de esta dispensación, **DyC** 110:16 (DyC 65:2). Se ha dado el poder de este sacerdocio en la dispensación del cumplimiento de los tiempos, **DyC** 112:30.

Vi a dos Personajes, **JS—H** 1:17. Os revelaré el sacerdocio por medio de Elías el Profeta, **JS—H** 1:38 (Mal. 4:5–6).

Restauración, restitución. *Véase también* Restauración del Evangelio

El restablecimiento de una cosa o de una condición que ha estado perdida o ausente.

El espíritu y el cuerpo serán reunidos otra vez en su perfecta forma, **Alma** 11:43–44. Restauración es volver de nuevo mal por mal, recto por lo que es recto, **Alma** 41:10–15.

Creemos en la restauración de las Diez Tribus y que la tierra será renovada y recibirá su gloria paradisíaca, **AdeF** 1:10 (DyC 133:23–24).

Resurrección. *Véase también* Cuerpo; Espíritu; Expiación, expiar; Inmortal, inmortalidad; Jesucristo; Muerte física

La reunión del cuerpo espiritual y el cuerpo físico de carne y huesos después de la muerte. Después de la resurrección, el espíritu y el cuerpo nunca más volverán a separarse, y la persona será inmortal. Toda persona que nace en la tierra resucitará porque Jesucristo venció la muerte (1 Cor. 15:20–22).

Jesucristo fue el primero en resucitar sobre esta tierra (Hech. 26:23; Col. 1:18; Apoc. 1:5). El Nuevo Testamento aporta amplia evidencia de que Jesús se levantó de la tumba con un cuerpo físico: el sepulcro quedó vacío, comió pescado y miel, tenía un cuerpo de carne y huesos, la gente lo tocó y los ángeles dijeron que había resucitado (Mar. 16:1–6; Lucas 24:1–12, 36–43; Juan 20:1–18). La revelación de los postreros días confirma la realidad de la resurrección de Cristo y de todo el género humano (Alma 11:40–45; 40; 3 Ne. 11:1–17; DyC 76; Moisés 7:62).

No todos resucitarán para recibir la misma gloria (1 Cor. 15:39–42; DyC 76:89–98), ni todos se levantarán al mismo tiempo (1 Cor. 15:22–23; Alma 40:8; DyC 76:64–65, 85; 88:96–102). Muchos santos resucitaron después de la resurrección de Cristo (Mateo 27:52). Los justos precederán a los malvados y saldrán en la primera resurrección (1 Tes. 4:16), en tanto que los pecadores impenitentes saldrán en la última resurrección (Apoc. 20:5–13; DyC 76:85).

Después de deshecha esta mi piel, en mi carne he de ver a Dios, **Job** 19:26 (Moisés 5:10). Yo abro vuestros sepulcros, y os haré subir de vuestras sepulturas, **Ezeq.** 37:12.

Se abrieron los sepulcros, y muchos cuerpos se levantaron, **Mateo** 27:52–53 (3 Ne. 23:9). Ha resucitado el Señor, **Lucas** 24:34. Un espíritu no tiene carne ni huesos, como veis que yo tengo, **Lucas** 24:39. Yo soy la resurrección y la vida, **Juan** 11:25. Los Doce Apóstoles enseñaron y testificaron que Jesús había resucitado, **Hech.** 1:21–22 (Hech. 2:32; 3:15; 4:33). En Cristo todos serán vivificados, **1 Cor.** 15:1–22. Los muertos en Cristo resucitarán primero, **1 Tes.** 4:16. Bienaventurado y santo el que tiene parte en la primera resurrección, **Apoc.** 20:6.

Cristo da su vida y la vuelve a tomar para efectuar la resurrección de los muertos, **2 Ne.** 2:8 (Mos. 13:35; 15:20; Alma 33:22; 40:3; Hel. 14:15). Sin la resurrección, estaríamos sujetos a Satanás, **2 Ne.** 9:6–9. Para que la resurrección llegue a todos los hombres, **2 Ne.** 9:22. Abinadí enseñó acerca de la primera resurrección, **Mos.** 15:21–26. Los malvados permanecen como si no se hubiese hecho ninguna redención, a menos que sea el rompimiento de las ligaduras de la muerte, **Alma** 11:41–45. Alma explicó el estado de las almas entre la muerte y la resurrección, **Alma** 40:6, 11–24.

A la venida del Señor, saldrán los que murieron en Cristo, **DyC** 29:13 (DyC 45:45–46; 88:97–98; 133:56). Lloraréis particularmente por aquellos que no tengan la esperanza de una resurrección gloriosa, **DyC** 42:45. Los que no conocieron ninguna ley tendrán parte en la primera resurrección, **DyC** 45:54. Se levantarán de los muertos y no morirán después, **DyC** 63:49. La resurrección de los muertos es la redención del alma, **DyC** 88:14–16. Espíritu y elemento, inseparablemente unidos, reciben una plenitud de gozo, **DyC** 93:33. Los ángeles que tienen un cuerpo de carne y huesos son personajes resucitados, **DyC** 129:1. Cualquier principio de inteligencia que logremos en esta vida se levantará con nosotros en la resurrección, **DyC** 130:18–19.

Revelación. *Véase también* Espíritu Santo; Inspiración, inspirar; Luz, luz de Cristo; Palabra de Dios; Profecía, profetizar; Sueños; Visión; Voz

Comunicación de Dios con Sus hijos sobre la tierra. La revelación se recibe mediante la Luz de Cristo y el Espíritu Santo, y también por medio de inspiración, visiones, sueños o mediante la visita de ángeles. La revelación brinda la guía que puede conducir a los fieles a la salvación eterna en el reino celestial.

El Señor revela Su obra a Sus profetas y confirma a los creyentes que son verdaderas las revelaciones que estos reciben (Amós 3:7). Por medio de la revelación, el Señor guía individualmente a todo aquel que la busque y que tenga fe, se arrepienta y sea obediente al evangelio de Jesucristo. "El Espíritu Santo es un revelador", dijo José Smith, "y ningún hombre puede recibir el Espíritu Santo sin recibir revelaciones".

En la Iglesia del Señor, los integrantes de la Primera Presidencia y del Consejo de los Doce son profetas, videntes y reveladores para la Iglesia y para el mundo. El Presidente de la Iglesia es la única persona, entre todos ellos, autorizada por el Señor para recibir revelaciones para toda la Iglesia (DyC 28:2–7); sin embargo, toda persona puede recibir revelación personal para su propio beneficio.

De todo lo que sale de la boca de Jehová vivirá el hombre, **Deut.** 8:3 (Mateo 4:4; DyC 98:11). Jehová habla con un silbo apacible y delicado, **1 Rey.** 19:12. Sin profecía el pueblo se desenfrena, **Prov.** 29:18. No hará nada Jehová el Señor, sin que revele su secreto a sus siervos los profetas, **Amós** 3:7.

Bienaventurado eres, Simón hijo de Jonás, porque no te lo reveló carne ni sangre, sino mi Padre, **Mateo** 16:15–19. El Espíritu de verdad os guiará a toda la verdad y os hará saber las cosas que habrán de venir, **Juan** 16:13. Si alguno de vosotros tiene falta de sabiduría, pídala a Dios, **Stg.** 1:5.

Se revelarán todas las cosas, **2 Ne.** 27:11. Daré a los hijos de los hombres línea por línea, **2 Ne.** 28:30. No hay nada secreto que no haya de ser revelado, **2 Ne.** 30:17. El Espíritu Santo os mostrará todas las cosas, **2 Ne.** 32:5. Nadie hay que conozca las sendas de Dios a menos que le sean reveladas, **Jacob** 4:8. Alma ayunó y oró para recibir revelación, **Alma** 5:46. Cosas que nunca se han revelado serán reveladas a los fieles, **Alma** 26:22. Vosotros que negáis las revelaciones no conocéis el evangelio de Cristo y no comprendéis las Escrituras, **Morm.** 9:7–8. No recibís ningún testimonio sino hasta después de la prueba de vuestra fe, **Éter** 12:6.

Mi palabra toda será cumplida, **DyC** 1:38. ¿No hablé paz a tu mente en cuanto al asunto?, **DyC** 6:22–23. Hablaré a tu mente y a tu corazón, **DyC** 8:2–3. Si está bien, haré que tu pecho arda dentro de ti, **DyC** 9:8. No niegues el espíritu de revelación, **DyC** 11:25. Si pides, recibirás revelación tras revelación, **DyC** 42:61. Lo que hablen cuando sean inspirados por el Espíritu Santo, será la voz del Señor, **DyC** 68:4. Dios os dará conocimiento, **DyC** 121:26.

José Smith vio al Padre y al Hijo, **JS—H** 1:17. Creemos todo lo que Dios ha revelado y aún revelará, **AdeF** 1:7, 9.

Revelación de Juan. *Véase* Apocalipsis; Juan hijo de Zebedeo

Reverencia. *Véase también* Estimar; Honra, honrar (honor); Temor

Profundo respeto por las cosas sagradas; veneración.

Jehová mandó a Moisés quitarse el calzado, porque estaba en tierra santa, **Éx.** 3:4–5. Se debe temer a Dios y tenerle en reverencia, **Sal.** 89:7.

Sirvamos a Dios agradándole con temor y reverencia, **Heb.** 12:28.

Moroni se inclinó hasta el suelo y oró fervorosamente, **Alma** 46:13. Los de la multitud cayeron al suelo y adoraron a Cristo, **3 Ne.** 11:12–19.

Postraos ante mí, **DyC** 5:24. Ante el trono de Dios, todas las cosas se inclinan en humilde reverencia, **DyC** 76:93. Vuestras mentes se han ofuscado por haber tratado ligeramente las cosas que habéis recibido, **DyC** 84:54–57. Toda rodilla se doblará, y toda lengua confesará, **DyC** 88:104. Por respeto o reverencia al nombre del Ser Supremo, la iglesia dio a ese sacerdocio el nombre de Melquisedec,

DyC 107:4. Se derramarán bendiciones sobre los que reverencien al Señor en su casa, **DyC** 109:21.

Reyes

Dos libros del Antiguo Testamento que narran la historia de Israel desde la rebelión de Adonías, el cuarto hijo del rey David (aproximadamente en el año 1015 a.C.), hasta el cautiverio final de Judá (aproximadamente en el año 586 a.C.). Comprenden la historia completa del reino del norte (las diez tribus de Israel), desde la separación de Israel en dos reinos hasta que los asirios lo llevaron cautivo a los países del norte. Véase también Cronología, en el Apéndice.

Primer libro de los Reyes: En el capítulo 1, se describen los días finales de la vida del rey David. En los capítulos del 2 al 11, se relata la vida de Salomón. En los capítulos del 12 al 16, se habla de los sucesores inmediatos de Salomón: Roboam y Jeroboam. Este último causó la división del reino de Israel. También se hace mención de otros reyes. En los capítulos del 17 al 21, se relatan partes del ministerio de Elías el Profeta cuando amonestó a Acab, rey de Israel. En el capítulo 22, se relata una guerra contra Siria en la que unieron sus fuerzas Acab y Josafat, rey de Judá. El profeta Micaías profetiza contra los reyes.

Segundo libro de los Reyes: En 2 Rey. 1:1–2:11, sigue el relato de la vida de Elías el Profeta, incluso su subida al cielo en un carro de fuego. En los capítulos del 2 al 9, se habla del ministerio de fe y del gran poder de Eliseo. En el capítulo 10, se habla del rey Jehú y de la forma en que destruyó la casa de Acab y los sacerdotes de Baal. En los capítulos del 11 al 13, se describe el reinado justo de Joás y la muerte de Eliseo. En los capítulos del 14 al 17, se hace mención de varios reyes que reinaron en Israel y en Judá, con frecuencia en iniquidad. En el capítulo 15, se registra la captura de las diez tribus de Israel por parte de los asirios. En los capítulos del 18 al 20, se relata la vida recta de Ezequías, rey de Judá, y del profeta Isaías. En los capítulos del 21 al 23, se habla de los reyes Manasés y Josías, siendo el primero, según la tradición, el responsable del martirio de Isaías, y el segundo, un rey justo que restableció la ley entre los judíos. En los capítulos 24 y 25, se describe el cautiverio en Babilonia.

Rigdon, Sidney

Uno de los primeros conversos y líderes de la Iglesia restaurada durante la década de 1830 y en los primeros años de la de 1840. Sidney Rigdon sirvió un tiempo como Primer Consejero del profeta José Smith en la Primera Presidencia de la Iglesia (DyC 35; 58:50, 57; 63:55–56; 76:11–12, 19–23; 90:6; 93:44; 100:9–11; 124:126). Posteriormente se apartó de la Iglesia y fue excomulgado en septiembre de 1844.

Riñas. *Véase* Contención, contienda

Riquezas. *Véase también* Dinero; Orgullo

Abundancia de bienes. El Señor aconseja a los santos no buscar las riquezas del mundo excepto para hacer el bien. Los santos no deben dar más importancia a la búsqueda de las riquezas del mundo que a la búsqueda del reino de Dios, el cual tiene las riquezas de la eternidad (Jacob 2:18–19).

Si se aumentan las riquezas, no pongáis el corazón en ellas, **Sal.** 62:10. No aprovecharán las riquezas en el día de la ira, **Prov.** 11:4. El que confía en sus riquezas caerá, **Prov.** 11:28. De más estima es el buen nombre que las muchas riquezas, **Prov.** 22:1.

¡Cuán difícilmente entrarán en el reino de Dios los que tienen riquezas!, **Mar.** 10:23 (Lucas 18:24–25). Raíz de todos los males es el amor al dinero, **1 Tim.** 6:10.

¡Ay de los ricos que desprecian a los pobres y cuyo tesoro es su dios!, **2 Ne.** 9:30. Los ricos justos no ponían el corazón en las riquezas, sino que eran generosos con todos, **Alma** 1:30. El pueblo empezó a llenarse de orgullo por motivo de sus grandes riquezas, **Alma** 4:6–8. El pueblo se distinguía por clases, según sus riquezas, **3 Ne.** 6:12.

No busquéis riquezas sino sabiduría, **DyC** 6:7 (Alma 39:14; DyC 11:7). Las riquezas de la tierra son de Dios para dar; mas cuidaos del orgullo, **DyC** 38:39.

Las riquezas de la eternidad: Haceos tesoros en el cielo, **Mateo** 6:19–21.

¡Cuántas veces os he llamado por las riquezas de la vida eterna!, **DyC** 43:25. Las riquezas de la eternidad son mías para dar, **DyC** 67:2 (DyC 78:18).

Robar, robo, hurtar, hurto

Hurtar, tomar en forma deshonesta o ilegal algo que pertenece a otra persona. El Señor siempre ha mandado a Sus hijos a no robar (Éx. 20:15; Mateo 19:18; 2 Ne. 26:32; Mos. 13:22; DyC 59:6).

Haceos tesoros en el cielo, donde ladrones no minan ni hurtan, **Mateo** 6:19–21.

Las grandes pérdidas que sufrieron los nefitas ocurrieron a causa de su orgullo y sus riquezas, robos y hurtos, **Hel.** 4:12.

El que hurte y no se arrepienta, será expulsado, **DyC** 42:20. Los que roben serán entregados a la ley del país, **DyC** 42:84–85.

Roboam. *Véase también* Salomón

En el Antiguo Testamento, hijo del rey Salomón y sucesor de su padre. Reinó durante diecisiete años en Jerusalén (1 Rey. 11:43; 14:21, 31). Durante su reinado se efectuó la división entre el reino de Israel en el norte y el reino de Judá en el sur (1 Rey. 11:31–36; 12:19–20). Roboam quedó como rey de Judá.

Roca. *Véase también* Evangelio; Jesucristo; Revelación

En sentido figurado, es Jesucristo y Su Evangelio, los cuales son un fuerte fundamento y apoyo (DyC 11:24; 33:12–13). El término *roca* también se emplea para referirse a la revelación, por medio de la cual Dios da a conocer al hombre Su Evangelio (Mateo 16:15–18).

Él es la Roca, cuya obra es perfecta, **Deut.** 32:4. Jehová es mi roca; en él confiaré, **2 Sam.** 22:2–3. Una piedra fue cortada, no con mano, **Dan.** 2:34–35.

Estaba fundada sobre la roca, **Mateo** 7:25 (3 Ne. 14:25). Jesucristo es la piedra reprobada, **Hech.** 4:10–11. La roca era Cristo, **1 Cor.** 10:1–4 (Éx. 17:6).

Aquel que está edificado sobre la roca, recibe la verdad con gozo, **2 Ne.** 28:28. Los judíos rechazarán la roca (Cristo) sobre la cual podrían edificar, **Jacob** 4:15–17. Es sobre la roca de nuestro Redentor que debéis establecer vuestro fundamento, **Hel.** 5:12. Los que edifican sobre la doctrina de Cristo edifican sobre su roca, y no caerán cuando vengan las inundaciones, **3 Ne.** 11:39–40 (Mateo 7:24–27; 3 Ne. 18:12–13). Un hombre prudente que edificó su casa sobre una roca, **3 Ne.** 14:24.

Si estáis edificados sobre mi roca, la tierra y el infierno no pueden prevalecer, **DyC** 6:34. El que edifique sobre esta roca nunca caerá, **DyC** 50:44.

Yo soy el Mesías, el Rey de Sion, la Roca del Cielo, **Moisés** 7:53.

Roma. *Véase también* Imperio romano

En el Nuevo Testamento, la capital del Imperio romano, ubicada en Italia a orillas del río Tíber (Hech. 18:2; 19:21; 23:11). Pablo enseñó el Evangelio en Roma mientras se encontraba prisionero del gobierno romano (Hech. 28:14–31; Rom. 1:7, 15–16).

Romanos, epístola a los. *Véase también* Pablo; Pablo, epístolas de

En el Nuevo Testamento, una carta que Pablo escribió a los santos de Roma. Estaba contemplando la posibilidad de visitar Jerusalén, lo cual ciertamente era peligroso, y si escapaba con vida, esperaba visitar Roma más adelante. La carta tenía por objeto, en parte, preparar a los miembros de la Iglesia del lugar para que lo recibieran cuando llegara. También la epístola se puede considerar como una declaración en cuanto a ciertos principios acerca de los cuales había habido polémica, y los que Pablo consideraba que por fin se habían establecido.

En el capítulo 1, se encuentra la salutación de Pablo a los romanos. En los capítulos del 2 al 11, hay varias declaraciones sobre la doctrina de la fe, las obras y la gracia. En los capítulos del 12 al 16, se describen enseñanzas prácticas sobre el amor, el deber y la santidad.

Rostro

La apariencia general del semblante, la cual a menudo refleja la actitud y el estado de mente espiritual de la persona.

La apariencia de sus rostros testifica contra ellos, **Isa.** 3:9. El rostro del rey se demudó y sus pensamientos se turbaron, **Dan.** 5:6.

Su aspecto era como un relámpago, **Mateo** 28:3. Su rostro era como el sol, **Apoc.** 1:16.

¿Habéis recibido la imagen de Dios en vuestros rostros?, **Alma** 5:14, 19. Ammón observó que el semblante del rey había cambiado, **Alma** 18:12.

Orad y ayunad con corazones y semblantes alegres, **DyC** 59:14–15. Su semblante brillaba más que el resplandor del sol, **DyC** 110:3.

Rubén. *Véase también* Israel; Jacob hijo de Isaac

En el Antiguo Testamento, el hijo mayor de Jacob y Lea (Gén. 29:32; 37:21–22, 29; 42:22, 37). Aunque fue el hijo primogénito, perdió su primogenitura por causa de su transgresión (Gén. 35:22; 49:3–4).

La tribu de Rubén: La bendición que Jacob dio a Rubén se encuentra en Génesis 49:3 y en Deuteronomio 33:6. El total de integrantes de la tribu fue disminuyendo paulatinamente, y aunque no dejó de existir como tal, perdió su importancia política. La primogenitura de Rubén recayó sobre José y sus hijos, debido a que José era el hijo primogénito de Raquel, la segunda esposa de Jacob (1 Cró. 5:1–2).

Rumores. *Véase también* Calumnias; Chismes

Satanás esparce rumores y contiendas, basados a veces parcialmente en la verdad, con el fin de hacer que las personas se vuelvan contra Dios y contra lo que es bueno (Hel. 16:22; JS—H 1:1). Una de las señales de la segunda venida de Jesucristo es que la gente oirá de guerras y rumores de guerras (Mateo 24:6; DyC 45:26; JS—M 1:23).

Rut. *Véase también* Booz

En el Antiguo Testamento, la nuera moabita de Noemí y Elimelec, que eran israelitas. Después de fallecer su marido, Rut se casó con Booz, un pariente de Noemí. Su hijo Obed fue antepasado de David y de Cristo. La historia de Rut ilustra en forma hermosa la conversión al rebaño de Israel de una mujer que no era israelita, y la forma en que ella abandonó sus creencias, su dios y su forma de vida anteriores para unirse a la casa de fe y servir al Dios de Israel (Rut 1:16).

El libro de Rut: En el capítulo 1, se describe la vida de Elimelec y su familia en Moab. Después de la muerte de sus respectivos maridos, Noemí y Rut fueron a Belén. En el capítulo 2, se explica que Rut trabajó en la siega recogiendo espigas en el campo de Booz. En el capítulo 3, se relata que Noemí dio instrucciones a Rut de ir a acostarse a los pies de Booz en la era. En el capítulo 4, se relata la historia del casamiento de Rut y Booz, quienes tuvieron un hijo, Obed, mediante cuyo linaje nacieron David y Cristo.

Sabiduría. *Véase también* Conocimiento; Entender, entendimiento; Verdad

La capacidad o el don de Dios de saber juzgar correctamente. La sabiduría se obtiene mediante la experiencia y el estudio y al seguir los consejos de Dios. Si el hombre no cuenta con la ayuda de Dios, no tiene la verdadera sabiduría (2 Ne. 9:28; 27:26).

Dios dio a Salomón sabiduría, **1 Rey.** 4:29–30. Sabiduría ante todo; adquiere sabiduría, **Prov.** 4:7. El que posee entendimiento ama su alma, **Prov.** 19:8.

Jesús crecía y se llenaba de sabiduría, **Lucas** 2:40, 52. Si alguno de vosotros tiene falta de sabiduría, pídala a Dios, **Stg.** 1:5 (DyC 42:68; JS—H 1:11).

Os digo estas cosas para que aprendáis sabiduría, **Mos.** 2:17. Aprende sabiduría en tu juventud, **Alma** 37:35.

Hallarán sabiduría y grandes tesoros de conocimiento, **DyC** 89:19. Aprenda sabiduría el ignorante, humillándose y suplicando al Señor su Dios, **DyC** 136:32.

Sacerdocio. *Véase también* Autoridad; Juramento y convenio del sacerdocio; Llaves del sacerdocio; Ordenación, ordenar; Poder; Sacerdocio Aarónico; Sacerdocio de Melquisedec

La autoridad y el poder que Dios da al hombre para actuar en todas las cosas relacionadas con su salvación (DyC 50:26–27). Los miembros varones de la Iglesia que poseen el sacerdocio se organizan en cuórums y tienen la autorización para efectuar las ordenanzas y llevar a cabo ciertas funciones administrativas de la Iglesia.

Su unción les servirá por sacerdocio perpetuo, **Éx.** 40:15 (Núm. 25:13).

Yo os he puesto, **Juan** 15:16. Sed edificados como casa espiritual y sacerdocio santo, **1 Pe.** 2:5. Vosotros sois linaje escogido, real sacerdocio, **1 Pe.** 2:9 (Éx. 19:6).

Los hombres son llamados a ser sumos sacerdotes por causa de su gran fe y buenas obras, **Alma** 13:1–12. Te doy poder para que bautices, **3 Ne.** 11:21. Tendréis poder para conferir el Espíritu Santo, **Moro.** 2:2.

Os revelaré el sacerdocio, por conducto de Elías el Profeta, **DyC** 2:1 (JS—H 1:38). El Señor confirmó un sacerdocio sobre Aarón y su descendencia, **DyC** 84:18. Este sacerdocio mayor administra el evangelio, **DyC** 84:19. Tomó a Moisés de entre ellos, y el Santo Sacerdocio también, **DyC** 84:25. Se describe el juramento y convenio del sacerdocio, **DyC** 84:33–42. El sacerdocio ha continuado por el linaje de vuestros padres, **DyC** 86:8. En la Iglesia hay dos sacerdocios, **DyC** 107:1. El primer sacerdocio es el Santo Sacerdocio según el Orden del Hijo de Dios, **DyC** 107:2–4. Los derechos del sacerdocio están inseparablemente unidos a los poderes del cielo, **DyC** 121:36. Ningún poder o influencia se puede ni se debe mantener en virtud del sacerdocio, sino por persuasión y amor sincero, **DyC** 121:41. Todo varón que sea miembro digno de la Iglesia puede recibir el sacerdocio, DO 2.

Creemos que el hombre debe ser llamado por Dios, **AdeF** 1:5.

Sacerdocio Aarónico. *Véase también* Aarón, hermano de Moisés; Ley de Moisés; Sacerdocio

El sacerdocio menor (Heb. 7:11–12; DyC 107:13–14). Sus oficios son: obispo, presbítero, maestro y diácono (DyC 84:30; 107:10, 14–15, 87–88). Antiguamente, bajo la ley de Moisés, había sumos sacerdotes, sacerdotes y levitas. Debido a que los antiguos israelitas se rebelaron contra Dios, Moisés y el santo sacerdocio fueron tomados de entre ellos y continuó el sacerdocio menor. Ellos habían rehusado ser santificados y recibir el Sacerdocio de Melquisedec, junto con sus ordenanzas. (Véase DyC 84:23–26). El Sacerdocio Aarónico se encarga de las ordenanzas temporales y exteriores de la ley y del Evangelio (1 Cró. 23:27–32; DyC 84:26–27; 107:20); posee las llaves del ministerio de ángeles, del Evangelio de arrepentimiento y del bautismo (DyC 13). El Sacerdocio Aarónico se restauró a la tierra en esta dispensación el 15 de mayo de 1829, cuando Juan el Bautista se lo confirió a José Smith y a Oliver Cowdery cerca de Harmony, Pensilvania, en los Estados Unidos de América (DyC 13; JS—H 1:68–73).

Y tendrá el convenio del sacerdocio perpetuo, **Núm.** 25:13. El Señor purificará a los hijos de Leví, y los refinará, **Mal.** 3:3 (3 Ne. 24:3).

Nadie toma para sí esta honra, **Heb.** 5:4. La perfección no se alcanza por el sacerdocio levítico, **Heb.** 7:11.

Este sacerdocio no se quitará más de la tierra, hasta que los hijos de Leví ofrezcan un sacrificio, **DyC** 13. José Smith y Oliver Cowdery fueron ordenados al Sacerdocio Aarónico, **DyC** 27:8. El sacerdocio menor tiene las llaves del ministerio de ángeles, **DyC** 84:26 (DyC 13). Hay dos sacerdocios, a saber, el de Melquisedec y el Aarónico, **DyC** 107:1. El segundo sacerdocio es llamado el Sacerdocio de Aarón, **DyC** 107:13.

Sacerdocio de Melquisedec.
Véase también Élder (anciano); Melquisedec; Sacerdocio

El Sacerdocio de Melquisedec es el sacerdocio mayor, mientras que el Sacerdocio Aarónico es el sacerdocio menor. En el Sacerdocio de Melquisedec están comprendidas las llaves de las bendiciones espirituales de la Iglesia. Por medio de las ordenanzas del sacerdocio mayor, se manifiesta a los hombres el poder de la divinidad (DyC 84:18–25; 107:18–21).

Fue Adán el primero a quien Dios le reveló el Sacerdocio de Melquisedec, y los patriarcas y profetas de cada dispensación han tenido esta autoridad (DyC 84:6–17). Primeramente se le llamó el Santo Sacerdocio según el Orden del Hijo de Dios, pero después se le conoció como el Sacerdocio de Melquisedec (DyC 107:2–4).

Cuando los hijos de Israel no pudieron cumplir con los privilegios y convenios del Sacerdocio de Melquisedec, el Señor retiró ese sacerdocio mayor y les dejó un sacerdocio y una ley menores (DyC 84:23–26), llamados el Sacerdocio Aarónico y la ley de Moisés. Cuando Jesús vino a la tierra, restauró el Sacerdocio de Melquisedec a los judíos y comenzó a establecer la Iglesia entre ellos; sin embargo, ese sacerdocio y la Iglesia volvieron a perderse por causa de la apostasía, siendo posteriormente restaurados mediante José Smith, hijo, (DyC 27:12–13; 128:20; JS—H 1:73).

El Sacerdocio de Melquisedec comprende los oficios de élder, sumo sacerdote, patriarca, Setenta y Apóstol (DyC 107), y siempre formará parte del reino de Dios sobre la tierra.

El Presidente de La Iglesia de Jesucristo de los Santos de los Últimos Días es presidente del sumo sacerdocio o Sacerdocio de Melquisedec y posee todas las llaves que corresponden al reino de Dios sobre la tierra. Este llamamiento de Presidente lo desempeña solamente un hombre a la vez, y él es la única persona sobre la tierra que tiene la autoridad de ejercer todas las llaves del sacerdocio (DyC 107:64–67; 132:7).

Cristo será sacerdote para siempre según el orden de Melquisedec, **Sal.** 110:4 (Heb. 5:6, 10; 7:11).

El Sacerdocio de Melquisedec administra el Evangelio, **Heb.** 7 (DyC 84:18–25).

Melquisedec ejerció una fe poderosa y recibió el oficio del sumo sacerdocio, **Alma** 13:18.

A José Smith y a Oliver Cowdery se les confirió el Sacerdocio de Melquisedec, **DyC** 27:12–13 (JS—H 1:72). El sacerdocio se recibe mediante juramento y convenio, **DyC** 84:33–42. Hay dos divisiones o cabezas principales: el Sacerdocio de Melquisedec y el Sacerdocio Aarónico, **DyC** 107:6. El Sacerdocio de Melquisedec posee los derechos de administrar todas las bendiciones espirituales, **DyC** 107:8–18. Moisés, Elías y Elías el Profeta dieron las llaves del sacerdocio a José Smith y a Oliver Cowdery, **DyC** 110:11–16. Ahora os nombro a los oficiales correspondientes a mi sacerdocio, para que tengáis las llaves de este, **DyC** 124:123.

Sacerdocio Levítico. *Véase* Sacerdocio Aarónico

Sacerdocio, llaves del. *Véase* Llaves del sacerdocio

Sacerdocio, ordenación al. *Véase* Ordenación, ordenar

Sacerdote, Sacerdocio de Melquisedec. *Véase también* Sacerdocio de Melquisedec; Sumo sacerdote

Persona que efectúa ceremonias religiosas a favor de otros y que se dirigen a Dios. En las Escrituras, los sacerdotes con frecuencia son en realidad sumos sacerdotes según el orden de Melquisedec (Alma 13:2). Los que reciben una plenitud de la gloria de Dios después de la Resurrección serán sacerdotes y reyes en el mundo celestial.

Melquisedec fue sacerdote del más alto Dios, **Gén.** 14:18. Tú eres sacerdote para siempre según el orden de Melquisedec, **Sal.** 110:4 (Heb. 5:6; 7:17, 21).

Cristo nos hizo reyes y sacerdotes para Dios, su Padre, **Apoc.** 1:6 (Apoc. 5:10; 20:6).

Acordaos de que el Señor Dios ordenó sacerdotes, según su santo orden, **Alma** 13:1–20.

Los que saldrán en la resurrección de los justos son sacerdotes y reyes, **DyC** 76:50, 55–60.

Sacramento. *Véase* Santa Cena

Sacrificios. *Véase también* Corazón quebrantado; Expiación, expiar; Jesucristo; Sangre; Santa Cena

En la antigüedad, el término *sacrificio* significaba santificar algo o a alguien. Actualmente ha cobrado un significado diferente, que es el de renunciar a algo o sufrir la pérdida de lo mundano por el Señor y Su reino. Los miembros de la Iglesia de Jesucristo deben estar dispuestos a sacrificar todo por el Señor. José Smith enseñó que "una religión que no requiere el sacrificio de todas las cosas, nunca tiene el poder suficiente con el cual producir la fe necesaria para llevarnos a vida y salvación". Viéndolo desde una perspectiva eterna, las bendiciones que se obtienen por medio del sacrificio son mucho más grandes que cualquier cosa a la que se renuncie.

Después de la expulsión de Adán y Eva del Jardín de Edén, el Señor les dio la ley de sacrificio. Esta ley consistía en la ofrenda de las primicias de sus rebaños, a semejanza del sacrificio futuro del Unigénito de Dios (Moisés 5:4–8). Esta práctica continuó hasta la muerte de Jesucristo, la cual puso fin al derramamiento de sangre como ordenanza del Evangelio (Alma 34:13–14). En la actualidad, los miembros de la Iglesia participan del sacramento del pan y del agua (Santa Cena) en memoria de la ofrenda de Jesucristo. También se les pide a los miembros de la Iglesia de nuestros días que ofrezcan el sacrificio de un corazón quebrantado y un espíritu contrito (3 Ne. 9:19–22), lo cual significa que deben ser humildes, tener el espíritu de arrepentimiento y estar dispuestos a obedecer los mandamientos de Dios.

Abraham ató a Isaac su hijo, y lo puso en el altar, **Gén.** 22:1–18 (Jacob 4:5). Sacrificarás tus holocaustos, **Éx.** 20:24. Los animales para el sacrificio deben ser sin defecto, **Deut.** 15:19–21. El obedecer es mejor que los sacrificios, **1 Sam.** 15:22.

El amor es más que todos los holocaustos y sacrificios, **Mar.** 12:32–33. Somos santificados mediante el sacrificio de Cristo, **Heb.** 10:10–14.

Cristo se ofreció a sí mismo en sacrificio por el pecado, **2 Ne.** 2:6–7. Ese gran y postrer sacrificio será el Hijo de Dios, sí, infinito y eterno, **Alma** 34:8–14. Ya no me ofreceréis más vuestros holocaustos; me ofreceréis como sacrificio un corazón quebrantado y un espíritu contrito, **3 Ne.** 9:19–20 (Sal. 51:16–17; DyC 59:8).

Hoy es un día de sacrificio, **DyC** 64:23 (DyC 97:12). Todos los que están dispuestos a cumplir sus convenios con sacrificio son aceptados por el Señor, **DyC** 97:8. Joseph F. Smith vio a los espíritus de los justos, quienes habían ofrecido sacrificios a semejanza del sacrificio del Salvador, **DyC** 138:13. La redención se efectuó por medio del sacrificio del Hijo de Dios sobre la cruz, **DyC** 138:35.

Sadrac. *Véase también* Daniel

En el Antiguo Testamento, Sadrac,

Mesac y Abed-nego fueron los tres jóvenes israelitas que, junto con Daniel, fueron llevados al palacio de Nabucodonosor, rey de Babilonia. El nombre hebreo de Sadrac era Ananías. Los cuatro jóvenes rehusaron contaminarse participando de la carne y el vino del rey (Dan. 1). Por orden del rey, Sadrac, Mesac y Abed-nego fueron arrojados a un horno de fuego ardiente, mas fueron preservados milagrosamente (Dan. 3).

Saduceos. *Véase también* Judíos

Un grupo entre los judíos que, aunque pequeño, era poderoso políticamente. A los saduceos se les conocía por su creencia en obedecer rígidamente la letra de la ley mosaica y por rechazar la realidad de los espíritus y ángeles y también las doctrinas de la Resurrección y la vida eterna (Mar. 12:18–27; Hech. 4:1–3; 23:7–8).

Sagrado. *Véase* Santidad; Santo (adjetivo)

Sal

En el mundo antiguo se usaba como un importante agente conservativo de alimentos; se consideraba esencial para mantener la vida.

La mujer de Lot se volvió estatua de sal, **Gén.** 19:26.

Sois la sal de la tierra, **Mateo** 5:13 (Lucas 14:34; 3 Ne. 12:13).

Al pueblo del convenio del Señor se le considera como la sal de la tierra, **DyC** 101:39–40. Si los santos no son salvadores de hombres, son como la sal que ha perdido su sabor, **DyC** 103:9–10.

Salem. *Véase también* Jerusalén; Melquisedec

Ciudad del Antiguo Testamento donde gobernó Melquisedec. Es posible que haya estado localizada en el lugar en que ahora se encuentra la ciudad de Jerusalén. El vocablo *Salem* es muy similar a la palabra judía que significa "paz".

Melquisedec, rey de Salem, sacó pan y vino, **Gén.** 14:18.

Melquisedec, rey de Salem, era sacerdote del más alto Dios, **Heb.** 7:1–2.

Melquisedec era rey de la tierra de Salem, **Alma** 13:17–18.

Salmo. *Véase también* David; Música

Poema o himno inspirado.

El libro de Salmos: Libro del Antiguo Testamento que contiene una colección de salmos, la mayoría de los cuales son acerca de Cristo. El libro de Salmos se cita repetidamente en el Nuevo Testamento.

David fue el autor de muchos de los salmos, los cuales se escribieron para alabar a Dios. Muchos de ellos contaban con acompañamiento musical.

Salomón. *Véase también* Betsabé; David

En el Antiguo Testamento, hijo de David y de Betsabé (2 Sam. 12:24). Salomón fue por cierto tiempo rey de Israel.

David nombró rey a Salomón, **1 Rey.** 1:11–53. David mandó a Salomón andar en los caminos de Jehová, **1 Rey.** 2:1–9. Jehová le prometió a Salomón un corazón entendido, **1 Rey.** 3:5–15. Juzgó a dos mujeres que reclamaban ser la madre de un mismo niño, y él averiguó quién era la verdadera madre, **1 Rey.** 3:16–28. Compuso proverbios y cantares, **1 Rey.** 4:32. Edificó un templo, **1 Rey.** 6; 7:13–51. Dedicó el templo, **1 Rey.** 8. Recibió la visita de la reina de Sabá, **1 Rey.** 10:1–13. Salomón se casó con mujeres que no eran de Israel, y sus esposas volvieron su corazón a la adoración de dioses falsos, **1 Rey.** 11:1–8. Se enojó Jehová contra Salomón, **1 Rey.** 11:9–13. Su muerte, **1 Rey.** 11:43. David profetizó la gloria del reinado de Salomón, **Sal.** 72.

Salomón recibió muchas esposas y concubinas, pero algunas no fueron recibidas del Señor, **DyC** 132:38 (Jacob 2:24).

Salud. *Véase* Palabra de Sabiduría

Salvación. *Véase también* Exaltación; Expiación, expiar; Gracia; Jesucristo;

Muerte espiritual; Muerte física; Plan de redención; Redención, redimido, redimir

Ser salvos, tanto de la muerte física como de la muerte espiritual. Todos se salvarán de la muerte física por la gracia de Dios y mediante la muerte y resurrección de Jesucristo. Toda persona también puede salvarse de la muerte espiritual por la gracia de Dios, mediante la fe en Jesucristo, la cual se manifiesta llevando una vida de obediencia a las leyes y a las ordenanzas del Evangelio, y de servicio a Cristo.

Jehová es mi luz y mi salvación, **Sal.** 27:1. Él solamente es mi roca y mi salvación, **Sal.** 62:2. Nacerá el Sol de justicia, y en sus alas traerá salvación, **Mal.** 4:2.

El evangelio es poder de Dios para salvación, **Rom.** 1:16 (DyC 68:4). Ocupaos en vuestra salvación con temor, **Filip.** 2:12. Dios os ha escogido para salvación, mediante la santificación, **2 Tes.** 2:13.

La salvación es gratuita, **2 Ne.** 2:4.

No hay don más grande que el de la salvación, **DyC** 6:13.

Jesucristo es el único nombre mediante el cual vendrá la salvación, **Moisés** 6:52 (Hech. 4:10–12). Creemos que por la expiación de Cristo, todo el género humano puede salvarse, **AdeF** 1:3.

La salvación de los niños pequeños: Si no os volvéis como niños, no entraréis en el reino de los cielos, **Mateo** 18:3.

Los niños pequeños también tienen vida eterna, **Mos.** 15:25. El bautismo de los niños pequeños es una abominación, y los niños pequeños viven en Cristo por motivo de la Expiación, **Moro.** 8:8–24.

Los niños pequeños son redimidos mediante el Unigénito; Satanás no puede tentarlos, **DyC** 29:46–47. Los padres deben enseñar el Evangelio a los niños y estos deben ser bautizados cuando tengan ocho años de edad, **DyC** 68:25–28. Los niños pequeños son santificados mediante Jesucristo, **DyC** 74:7. El hombre llegó a quedar de nuevo en su estado de infancia, inocente delante de Dios, **DyC** 93:38. Todos los niños que mueren antes de llegar a la edad de responsabilidad se salvan en el reino de los cielos, **DyC** 137:10.

Los niños son limpios desde la fundación del mundo, **Moisés** 6:54.

Salvación de los muertos. *Véase también* Genealogía; Libro de memorias; Plan de redención; Salvación

La oportunidad que tienen los que hayan muerto sin haber recibido las ordenanzas salvadoras del Evangelio de que miembros dignos de la Iglesia efectúen esas ordenanzas por ellos en los templos. En el mundo de los espíritus se predica el Evangelio a los muertos, y estos pueden aceptar las ordenanzas que se lleven a cabo por ellos aquí en la tierra.

Los miembros fieles de la Iglesia hacen investigación y preparan su historia familiar para determinar el nombre y la fecha de nacimiento de sus antepasados a fin de que se puedan efectuar por ellos las ordenanzas de salvación.

Para que digas a los presos: Salid, **Isa.** 49:9 (Isa. 24:22; 1 Ne. 21:9). A publicar libertad a los cautivos, **Isa.** 61:1 (Lucas 4:18). Hará volver el corazón de los padres hacia los hijos, **Mal.** 4:5–6 (3 Ne. 25:5–6; DyC 110:13–16).

Los muertos oirán la voz del Hijo de Dios, **Juan** 5:25. ¿Por qué, pues, se bautizan por los muertos?, **1 Cor.** 15:29. Cristo predicó a los espíritus encarcelados, **1 Pe.** 3:18–20. Por esto también ha sido predicado el evangelio a los muertos, **1 Pe.** 4:6.

El Hijo visitó a los espíritus en prisión y les predicó el Evangelio, **DyC** 76:73. Entonces viene la redención de los que han recibido su parte en aquella prisión, **DyC** 88:99. No hay una pila bautismal sobre la tierra en la que mis santos puedan ser bautizados por los que han muerto, **DyC** 124:29. Todos los que han muerto sin el conocimiento del Evangelio, pero quienes lo habrían recibido, serán herederos del reino celestial, **DyC** 137:7–10. Apareció el Hijo de Dios y declaró libertad a los cautivos que habían sido fieles, **DyC** 138:18.

Salieron cuantos espíritus se hallaban en la prisión, **Moisés** 7:57.

Salvación de los niños pequeños. *Véase* Niño(s); Salvación — La salvación de los niños pequeños

Salvación, plan de. *Véase* Plan de redención

Salvador. *Véase también* Jesucristo

El que salva. Jesucristo, mediante Su expiación, ofreció a todo el género humano la redención y la salvación. El término "Salvador" es uno de los nombres y títulos de Jesucristo.

Jehová es mi luz y mi salvación, **Sal.** 27:1 (Éx. 15:1–2; 2 Sam. 22:2–3). Yo, yo Jehová, y fuera de mí no hay quien salve, **Isa.** 43:11 (DyC 76:1).

Llamarás su nombre Jesús, porque él salvará a su pueblo de sus pecados, **Mateo** 1:21. Os ha nacido hoy un Salvador, que es Cristo el Señor, **Lucas** 2:11. De tal manera amó Dios al mundo que ha dado a su Hijo Unigénito para salvar a todo aquel que en él crea, **Juan** 3:16–17. No hay ningún otro nombre, que no sea el de Cristo, en que podamos ser salvos, **Hech.** 4:10–12 (2 Ne. 25:20; Mos. 3:17; 5:8; DyC 18:23; Moisés 6:52). Desde los cielos esperamos al Salvador, al Señor Jesucristo, **Filip.** 3:20. El Padre ha enviado al Hijo, el Salvador del mundo, **1 Juan** 4:14.

Dios levantaría un Mesías, un Salvador del mundo, **1 Ne.** 10:4. El Cordero de Dios es el Salvador del mundo, **1 Ne.** 13:40. El conocimiento de un Salvador se esparcirá por toda nación, tribu, lengua y pueblo, **Mos.** 3:20. Cristo tuvo que morir para que viniera la salvación, **Hel.** 14:15–16.

La justificación y la santificación por la gracia del Salvador son justas y verdaderas, **DyC** 20:30–31. Soy Jesucristo, el Salvador del mundo, **DyC** 43:34.

Mi Unigénito es el Salvador, **Moisés** 1:6. Cuantos crean en el Hijo, y se arrepientan de sus pecados, serán salvos, **Moisés** 5:15.

Sam. *Véase también* Lehi, padre de Nefi

En el Libro de Mormón, el tercer hijo de Lehi (1 Ne. 2:5). Fue un hombre justo y santo que escogió seguir al Señor (1 Ne. 2:17; 2 Ne. 5:5–6; Alma 3:6).

Samaria. *Véase también* Samaritanos

En el Antiguo Testamento, la capital del reino norteño de Israel (1 Rey. 16:23–24). Debido a que ocupaba una posición estratégica sobre un monte, los asirios no pudieron tomarla sino hasta después de haberla sitiado durante tres años (2 Rey. 17:5–6). Herodes la reconstruyó y la llamó Sebaste. En la época del Nuevo Testamento, Samaria era el nombre de todo el distrito central de Palestina al oeste del Jordán.

Samaritanos. *Véase también* Samaria

Pueblo bíblico que habitó Samaria después que los asirios llevaron cautivo al reino del norte. Los samaritanos tenían sangre israelita y sangre gentil, y su religión era una mezcla de creencias y prácticas judías y paganas. En la parábola del Buen Samaritano, que se encuentra en Lucas 10:25–37, se percibe el odio que los judíos habían llegado a sentir hacia los samaritanos porque estos habían apostatado de la religión israelita. El Señor mandó a Sus Apóstoles enseñar el Evangelio a los samaritanos (Hech. 1:6–8). Felipe tuvo un gran éxito misional al predicar el evangelio de Cristo al pueblo de Samaria e hizo muchos milagros entre ellos (Hech. 8:5–39).

Samuel el Lamanita

Profeta lamanita del Libro de Mormón que el Señor envió para enseñar y amonestar a los nefitas, poco antes del nacimiento del Salvador. Samuel profetizó de las señales relacionadas con el nacimiento y la muerte de Jesucristo y de la destrucción de los nefitas (Hel. 13–16).

Samuel, profeta del Antiguo Testamento

Hijo de Elcana y de Ana, Samuel nació en respuesta a las oraciones de su madre (1 Sam. 1). Desde niño quedó bajo el cuidado de Elí, sumo sacerdote del tabernáculo de Silo (1 Sam. 2:11; 3:1). Todavía siendo niño, el Señor llamó a Samuel como profeta (1 Sam. 3). Después de la muerte de Elí, llegó a ser el gran profeta y juez de Israel, quien restauró la ley, el orden y la adoración religiosa en la tierra (1 Sam. 4:15–18; 7:3–17).

En 1 Sam. 28:5–20 se encuentra un relato en el que se cuenta de una aparición posmortal de Samuel por medio de la adivina de Endor, a solicitud de Saúl. Sin embargo, no pudo haber sido una visión de Dios, porque ninguna adivina, ni ningún otro médium, puede hacer que aparezca un profeta a petición suya.

Primer y Segundo libros de Samuel: En algunas biblias, los libros de Primer y Segundo Samuel constituyen uno solo; y en otras, son dos. Los dos libros cubren un período de aproximadamente 130 años, desde el nacimiento de Samuel hasta poco antes de la muerte del rey David.

Primer libro de Samuel: En los capítulos del 1 al 3, se relata que Jehová maldijo y castigó a la familia de Elí y en cambio llamó a Samuel como sumo sacerdote y juez. En los capítulos del 4 al 6, se relata la forma en que el arca del convenio cayó en manos de los filisteos. En los capítulos 7 y 8, se encuentran las amonestaciones de Samuel en cuanto a tener dioses falsos y un rey inicuo. En los capítulos del 9 al 15, se describen la coronación y el reinado de Saúl. En los capítulos del 16 al 31, se relata la historia de David y cómo obtuvo el poder: Samuel ungió a David, que había matado a Goliat. Saúl odiaba a David, pero David rehusó matar a Saúl aunque tuvo la oportunidad de hacerlo.

Segundo libro de Samuel: Este libro contiene un relato detallado del reinado de David como rey de Judá y finalmente de todo Israel. En los capítulos del 1 al 4, se habla de la larga lucha entre los seguidores de David, después que fue coronado por Judá, y los seguidores de Saúl. En los capítulos del 5 al 10, se hace saber que David llegó a ser poderoso sobre muchas tierras. En los capítulos del 11 al 21, se relata que la fuerza espiritual de David disminuía debido a sus pecados y a la rebelión dentro de su propia familia. En los capítulos del 22 al 24, se describen los esfuerzos de David por reconciliarse con el Señor.

Sanar, sanidades. *Véase también* Bendición de los enfermos; Unción

Hacer que una persona sane, tanto física como espiritualmente. En las Escrituras encontramos muchos ejemplos de sanidades milagrosas que efectuaron el Señor y Sus siervos.

Yo soy Jehová tu sanador, **Éx.** 15:26. Naamán se zambulló siete veces en el Jordán y quedó limpio, **2 Rey.** 5:1–14. Por su llaga fuimos nosotros curados, **Isa.** 53:5 (Mos. 14:5). Nacerá el Sol de justicia y en sus alas traerá sanidad, **Mal.** 4:2.

Jesús iba sanando toda enfermedad y toda dolencia, **Mateo** 4:23 (Mateo 9:35). Les dio autoridad para sanar toda enfermedad y toda dolencia, **Mateo** 10:1. Me ha enviado a sanar a los quebrantados de corazón, **Lucas** 4:18.

Fueron sanadas por el poder del Cordero de Dios, **1 Ne.** 11:31. Si crees en la redención de Cristo, tú puedes ser sanado, **Alma** 15:8. Los sanó a todos, **3 Ne.** 17:9.

El que tuviere fe en mí para ser sanado, sanará, **DyC** 42:48. En mi nombre sanarán a los enfermos, **DyC** 84:68.

Creemos en el don de sanidades, **AdeF** 1:7.

Sanedrín. *Véase también* Judíos

El senado judío y la corte superior de la nación, un consejo que se encargaba tanto de los asuntos eclesiásticos como de los civiles. El sanedrín estaba integrado por 71 miembros llamados de entre los principales sacerdotes, los escribas y los ancianos. En las Escrituras por lo general se le llama concilio (Mateo 26:59; Mar. 14:55; Hech. 5:34).

Sangre. *Véase también* Expiación, expiar; Jesucristo; Sacrificios

Tanto los antiguos israelitas como muchas culturas de la actualidad la consideran la fuente de la vida o la energía vital de toda carne. En la época del Antiguo Testamento, Jehová le prohibió a Israel consumir sangre como alimento (Lev. 3:17; 7:26–27; 17:10–14).

El poder expiatorio del sacrificio se hallaba en la sangre, ya que se consideraba esencial para la vida. El sacrificio de animales en el Antiguo Testamento era un símbolo del gran sacrificio que haría Jesucristo (Lev. 17:11; Moisés 5:5–7). La sangre expiatoria de Jesucristo purifica al que se arrepiente de sus pecados (1 Juan 1:7).

Era su sudor como grandes gotas de sangre, **Lucas** 22:44. Somos santificados por medio del derramamiento de la sangre de Cristo, **Heb.** 10:1–22.

La sangre le brotaría de cada poro, **Mos.** 3:7 (DyC 19:18).

La sangre del Señor se derramó para la remisión de los pecados, **DyC** 27:2. Jesús obró una perfecta expiación derramando su propia sangre, **DyC** 76:69.

Por la sangre sois santificados, **Moisés** 6:60.

Sansón

En el Antiguo Testamento, el duodécimo "juez" de Israel. Se le conoció por su gran fuerza física, pero no demostró sabiduría en algunos de sus hechos y decisiones morales (Jue. 13:24–16:31).

Santa Cena. *Véase también* Agua(s) viva(s); Bautismo, bautizar; Cruz; Expiación, expiar; Jesucristo; Pan de Vida; Sacrificios; Última Cena

Para los Santos de los Últimos Días, la Santa Cena es el sacramento y la ordenanza de tomar el pan y el agua en memoria del sacrificio expiatorio de Cristo. El pan partido representa Su cuerpo quebrantado; el agua representa la sangre que derramó al expiar nuestros pecados (1 Cor. 11:23–25; DyC 27:2). Cuando los miembros dignos de la Iglesia toman la Santa Cena, prometen tomar sobre sí el nombre de Cristo, recordarle siempre y guardar Sus mandamientos. Es mediante esta ordenanza que los miembros de la Iglesia renuevan sus convenios bautismales.

En la Última Cena, al comer con los Doce Apóstoles, Jesús explicó la ordenanza del sacramento de la Santa Cena (Mateo 26:17–28; Lucas 22:1–20).

Tomó Jesús el pan, y bendijo, y lo partió, y tomó la copa y dio gracias, **Mateo** 26:26–28 (Mar. 14:22–24; Lucas 22:19–20). El que come mi carne y bebe mi sangre, tiene vida eterna, **Juan** 6:54. El que come y bebe indignamente, juicio come y bebe para sí, **1 Cor.** 11:29 (3 Ne. 18:29).

Jesús enseñó a sus doce discípulos nefitas acerca de la Santa Cena, **3 Ne.** 18:1–11. Jesús enseñó a estos discípulos que las personas indignas no deben participar de la Santa Cena, **3 Ne.** 18:28–29 (Morm. 9:29). Las oraciones sacramentales, **Moro.** 4–5 (DyC 20:75–79).

Un presbítero o élder debe bendecir la Santa Cena, **DyC** 20:46, 76. Ni los maestros ni los diáconos tienen la autoridad para bendecir la Santa Cena, **DyC** 20:58. Para el sacramento de la Santa Cena se pueden usar otros líquidos que no sean vino, **DyC** 27:1–4.

Santiago. *Véase* Jacobo hijo de Zebedeo (llamado también Santiago)

Santidad. *Véase también* Pureza, puro; Santificación; Santo (adjetivo)

La perfección espiritual y moral. La santidad indica pureza de corazón y de propósito.

Los miembros manifestarán que son dignos de la Iglesia, andando en santidad delante del Señor, **DyC** 20:69. La casa del Señor es un lugar de santidad, **DyC** 109:13.

Hombre de Santidad es uno de los

nombres de Dios, **Moisés** 6:57 (Moisés 7:35).

Santificación. *Véase también* Expiación, expiar; Jesucristo; Justificación, justificar

El proceso por el cual la persona se libra del pecado y se vuelve pura, limpia y santa mediante la expiación de Jesucristo (Moisés 6:59–60).

Dios os ha escogido para salvación, mediante la santificación por el Espíritu, **2 Tes.** 2:13. Somos santificados mediante la ofrenda del cuerpo de Jesucristo, **Heb.** 10:10. Jesús, para santificar al pueblo mediante su propia sangre, padeció, **Heb.** 13:12.

Los sumos sacerdotes fueron santificados, y sus vestidos fueron blanqueados mediante la sangre del Cordero, **Alma** 13:10–12. La santificación viene de entregar el corazón a Dios, **Hel.** 3:33–35. Arrepentíos, para que seáis santificados por la recepción del Espíritu Santo, **3 Ne.** 27:20.

La santificación por la gracia de Jesucristo es justa y verdadera, **DyC** 20:31. Jesús vino para santificar el mundo, **DyC** 76:41. Santificaos para que vuestras mentes se enfoquen únicamente en Dios, **DyC** 88:68.

Santo (adjetivo). *Véase también* Pureza, puro; Santidad; Santificación

Sagrado, de carácter divino, o puro moral y espiritualmente. Lo contrario a lo santo es lo común o profano.

Vosotros me seréis un reino de sacerdotes, y gente santa, **Éx.** 19:5–6 (1 Pe. 2:9). Jehová mandó a Israel: Seréis santos, porque yo soy santo, **Lev.** 11:44–45. El limpio de manos y puro de corazón estará en su lugar santo, **Sal.** 24:3–4. Enseñarán a mi pueblo a hacer diferencia entre lo santo y lo profano, **Ezeq.** 44:23.

Dios nos llamó con llamamiento santo, **2 Tim.** 1:8–9. Desde la niñez has sabido las Sagradas Escrituras, **2 Tim.** 3:15. Los santos hombres de Dios hablaron siendo inspirados por el Espíritu Santo, **2 Pe.** 1:21.

Todos los hombres son juzgados de acuerdo con la verdad y santidad que hay en Dios, **2 Ne.** 2:10. El hombre natural se hace santo por la expiación de Cristo, **Mos.** 3:19. Para que caminéis según el santo orden de Dios, **Alma** 7:22 (Alma 13:11–12). Tres discípulos nefitas fueron santificados en la carne, a fin de que fuesen santos, **3 Ne.** 28:1–9, 36–39.

No juegues con las cosas sagradas, **DyC** 6:12. No puedes escribir lo que es sagrado a no ser que lo recibas de mí, **DyC** 9:9. Os obligaréis a obrar con toda santidad ante mí, **DyC** 43:9. Mis discípulos estarán en lugares santos y no serán movidos, **DyC** 45:32. Lo que viene de arriba es sagrado, **DyC** 63:64. Los niños pequeños son santos, **DyC** 74:7. Yo consagraré ese lugar para que sea santo, **DyC** 124:44.

El Señor recogerá a sus escogidos en una Ciudad Santa, **Moisés** 7:62.

Santo (sustantivo). *Véase también* Cristianos; Iglesia de Jesucristo; Iglesia de Jesucristo de los Santos de los Últimos Días, La

Un miembro fiel de la Iglesia de Jesucristo.

Juntadme mis santos, **Sal.** 50:5.

Saulo asolaba a los santos de Jerusalén, **Hech.** 9:1–21. Pedro vino también a los santos que habitaban en Lida, **Hech.** 9:32. A todos los que estáis en Roma, llamados a ser santos: Gracia y paz, **Rom.** 1:7. Sois conciudadanos de los santos, **Efe.** 2:19–21.

Vi la Iglesia del Cordero, que eran los santos de Dios, **1 Ne.** 14:12. El hombre natural es enemigo de Dios, a menos que se haga santo por la expiación de Cristo, **Mos.** 3:19.

Yo, el Señor, he bendecido la tierra para el uso de mis santos, **DyC** 61:17. Satanás les hace la guerra a los santos de Dios, **DyC** 76:28–29. Trabajad diligentemente, para preparar a los santos para la hora del juicio que ha de venir,

DyC 88:84–85. Corresponde a los santos dar de sus bienes a los pobres y a los afligidos, **DyC** 105:3. He designado los oficios anteriores para la obra del ministerio y la perfección de mis santos, **DyC** 124:143 (Efe. 4:12).

Santo de Israel. *Véase* Jesucristo

Santo Espíritu. *Véase* Espíritu Santo

Santo Espíritu de la promesa. *Véase también* Espíritu Santo

El Espíritu Santo es el Santo Espíritu de la promesa (Hech. 2:33), y confirma, como aceptables ante Dios, los actos, las ordenanzas y los convenios rectos de los hombres. El Santo Espíritu de la promesa testifica al Padre que las ordenanzas salvadoras se han efectuado debidamente y que se han guardado los convenios relacionados con ellas.

Quienes son sellados por el Santo Espíritu de la promesa reciben todas las cosas del Padre, **DyC** 76:51–60 (Efe. 1:13–14). Todos los convenios y prácticas deben ser sellados por el Santo Espíritu de la promesa para tener validez después de esta vida, **DyC** 132:7, 18–19, 26.

Sara. *Véase también* Abraham

En el Antiguo Testamento, la primera esposa de Abraham. En su vejez dio a luz a Isaac (Gén. 18:9–15; 21:2).

Saríah. *Véase también* Lehi, padre de Nefi

En el Libro de Mormón, la esposa de Lehi (1 Ne. 5:1–8; 8:14–16; 18:19) y madre de Lamán, Lemuel, Sam, Nefi, Jacob y José, así como también de algunas hijas (1 Ne. 2:5; 2 Ne. 5:6).

Satanás. *Véase* Diablo

Saúl, rey de Israel

En el Antiguo Testamento, el primer rey de Israel antes de su división. Aunque al principio de su reinado era justo, con el tiempo se llenó de orgullo y fue desobediente a Dios (1 Sam. 9–31).

Saulo de Tarso. *Véase* Pablo

Secretas. *Véase* Combinaciones secretas

Sedequías. *Véase también* Mulek

En el Antiguo Testamento, el último rey de Judá (2 Rey. 24:17–20; 25:2–7). Sedequías envió a prisión al profeta Jeremías (Jer. 32:1–5), quien profetizó el cautiverio de Sedequías (Jer. 34:2–8, 21). Lehi y su familia vivían en Jerusalén durante el primer año del reinado de Sedequías (1 Ne. 1:4). Todos los hijos de Sedequías fueron muertos, con la excepción de uno de ellos, su hijo Mulek, que logró escapar hacia el Hemisferio Occidental (Jer. 52:10; Omni 1:15; Hel. 8:21).

Séfora. *Véase también* Moisés

En el Antiguo Testamento, esposa de Moisés e hija de Jetro (Éx. 2:21; 18:2).

Segunda venida de Jesucristo. *Véase también* Armagedón; Gog; Jesucristo; Magog; Señales de los tiempos

Al principio de la Era Milenaria, Cristo regresará a la tierra. Este acontecimiento dará fin a la probación mortal sobre esta tierra. Los inicuos serán quitados de la faz de la tierra y los justos serán arrebatados en una nube mientras ella se purifica. Aunque ningún hombre sabe exactamente cuándo vendrá Cristo por segunda vez, Él nos ha dado señales que indican que el tiempo se acerca (Mateo 24; JS—M 1).

Yo sé que mi Redentor al fin se levantará sobre el polvo, **Job** 19:25. A mí se doblará toda rodilla, y jurará toda lengua, **Isa.** 45:23 (DyC 88:104). Con las nubes del cielo venía uno como un hijo de hombre, **Dan.** 7:13 (Mateo 26:64; Lucas 21:25–28). Mirarán a mí, a quien traspasaron, **Zac.** 12:10. Le preguntarán: ¿Qué heridas son estas en tus manos?, **Zac.** 13:6 (DyC 45:51). ¿Quién podrá soportar el tiempo de su venida? Porque él es como fuego purificador, **Mal.** 3:2 (3 Ne. 24:2; DyC 128:24).

El Hijo del Hombre vendrá en la gloria de su Padre, **Mateo** 16:27 (Mateo 25:31). El día y la hora nadie sabe, sino solo mi Padre, **Mateo** 24:36 (DyC 49:7; JS—M 1:38–48). Este mismo Jesús, así vendrá como le habéis visto ir al cielo, **Hech.** 1:11. El Señor mismo descenderá del cielo, **1 Tes.** 4:16. El día del Señor vendrá como ladrón en la noche, **2 Pe.** 3:10. Viene el Señor con sus santas decenas de millares, **Judas** 1:14. Viene con las nubes, y todo ojo le verá, **Apoc.** 1:7.

Jesús ha sido levantado para juzgar al mundo, **3 Ne.** 27:14–18.

Preparaos, preparaos, porque el Señor está cerca, **DyC** 1:12. Con poder y gran gloria me revelaré desde los cielos, y moraré en rectitud con los hombres sobre la tierra por mil años, **DyC** 29:9–12. Alza tu voz y proclama el arrepentimiento, preparando la vía del Señor para su segunda venida, **DyC** 34:5–12. Soy Jesucristo, y vendré súbitamente a mi templo, **DyC** 36:8 (DyC 133:2). Pronto vendrá el día en que me veréis, y sabréis que yo soy, **DyC** 38:8. El que me teme estará esperando las señales de la venida del Hijo del Hombre, **DyC** 45:39. La faz del Señor será descubierta, **DyC** 88:95. El día grande y terrible del Señor está cerca, **DyC** 110:16. Cuando se manifieste el Salvador, lo veremos como es, **DyC** 130:1. El Salvador estará en medio de su pueblo y reinará, **DyC** 133:25. ¿Quién es este que desciende de Dios en el cielo con ropas teñidas?, **DyC** 133:46 (Isa. 63:1).

Segundo Consolador. *Véase* Consolador

Segundo estado. *Véase* Mortal, mortalidad

Sellamiento, sellar. *Véase también* Elías el Profeta; Ordenanzas; Sacerdocio

Hacer válidas en el cielo las ordenanzas que se efectúan por la autoridad del sacerdocio en la tierra. Las ordenanzas quedan selladas cuando reciben la aprobación del Santo Espíritu de la promesa, o sea, el Espíritu Santo.

Todo lo que atares en la tierra será atado en los cielos, **Mateo** 16:19 (Mateo 18:18; DyC 124:93; 132:46). Fuisteis sellados con el Espíritu Santo de la promesa, **Efe.** 1:13.

Te doy poder de que cuanto sellares en la tierra, sea sellado en los cielos, **Hel.** 10:7.

A ellos les es dado poder para sellar, tanto en la tierra como en el cielo, **DyC** 1:8. Los de la gloria celestial son sellados por el Santo Espíritu de la promesa, **DyC** 76:50–70. Elías el Profeta entrega las llaves del poder de sellar en manos de José Smith, **DyC** 110:13–16. Este es el poder de sellar y ligar, **DyC** 128:14. La palabra profética más segura significa que un hombre sepa que está sellado para vida eterna, **DyC** 131:5. Todos los convenios que no son sellados por el Santo Espíritu de la promesa terminan cuando mueren los hombres, **DyC** 132:7. La gran obra que ha de efectuarse en los templos incluye el sellamiento de los hijos a sus padres, **DyC** 138:47–48.

Sem. *Véase también* Noé, patriarca bíblico

En el Antiguo Testamento, hijo justo de Noé y el progenitor de las razas semitas, entre ellas, los árabes, hebreos, babilonios, sirios, fenicios y asirios (Gén. 5:29–32; 6:10; 7:13; 9:26; 10:21–32; Moisés 8:12). En la revelación de los últimos días se hace referencia a Sem como el "gran sumo sacerdote" (DyC 138:41).

Semblante. *Véase* Rostro

Sensual, sensualidad. *Véase también* Adulterio; Castidad; Codiciar; Concupiscencia; Fornicación; Inmoralidad sexual

Propensión o afición a los injustos placeres físicos, en especial a la inmoralidad sexual.

La mujer de su amo puso sus ojos en José, **Gén.** 39:7.

Cualquiera que mira a una mujer para codiciarla, ya adulteró con ella en su corazón, **Mateo** 5:28 (3 Ne. 12:28). Os ruego que os abstengáis de los deseos carnales que batallan contra el alma, **1 Pe.** 2:11. Los deseos de la carne y los deseos de los ojos no provienen del Padre, **1 Juan** 2:16.

No te dejes llevar más por las concupiscencias de tus ojos, **Alma** 39:9.

Por haber transgredido las santas leyes, el hombre se volvió sensual, **DyC** 20:20. Si alguien comete adulterio en su corazón, no tendrá el Espíritu, **DyC** 63:16. Cesad de todos vuestros deseos de concupiscencia, **DyC** 88:121.

Los hombres empezaron a ser carnales, sensuales y diabólicos, **Moisés** 5:13 (Mos. 16:3; Moisés 6:49).

Sentir. *Véase también* Espíritu Santo

Percibir las indicaciones del Espíritu.

Habíais dejado de sentir, de modo que no pudisteis sentir sus palabras, **1 Ne.** 17:45. Al percibir esta sensación de crecimiento, empezaréis a decir que esta es una semilla buena, **Alma** 32:28.

Sentirás que está bien, **DyC** 9:8. Que todas las personas que entren en la casa del Señor sientan tu poder, **DyC** 109:13.

Señal. *Véase también* Iglesia verdadera, señales de la; Milagros; Señales de los tiempos

Acontecimiento o experiencia que se entiende como evidencia o prueba de algo. Por lo general, una señal es una manifestación milagrosa de Dios. Satanás también tiene poder para mostrar señales bajo ciertas condiciones. Los santos deben buscar los dones del Espíritu pero no deben buscar señales para satisfacer su curiosidad ni para apoyar su fe, sino que el Señor dará señales cuando lo crea oportuno para los que creen (DyC 58:64).

El Señor mismo os dará señal, **Isa.** 7:14 (2 Ne. 17:14). Dios hace señales y maravillas en el cielo y en la tierra, **Dan.** 6:27.

La generación mala y adúltera demanda señal, **Mateo** 12:39 (Mateo 16:4; Lucas 11:29). Estas señales seguirán a los que creen, **Mar.** 16:17 (Morm. 9:24; Éter 4:18; DyC 84:65).

Sherem demanda una señal, **Jacob** 7:13–20. Korihor exige una señal, **Alma** 30:48–60. Si nos muestras una señal del cielo, entonces creeremos, **Alma** 32:17. La mayor parte del pueblo creyó en las señales y prodigios, **3 Ne.** 1:22. El pueblo olvidó las señales y prodigios, **3 Ne.** 2:1. No recibís ningún testimonio sino hasta después de la prueba de vuestra fe, **Éter** 12:6.

No exijáis milagros, a no ser que os lo mande, **DyC** 24:13. La fe no viene por las señales, mas las señales siguen a los que creen, **DyC** 63:7–11.

En aquellos días también se levantarán falsos Cristos y falsos profetas, y harán grandes señales y prodigios, **JS—M** 1:22.

Señales de la Iglesia verdadera. *Véase* Iglesia verdadera, señales de la

Señales de los tiempos. *Véase también* Segunda venida de Jesucristo; Señal; Últimos días, postreros días

Acontecimientos o experiencias que Dios da a las personas para mostrarles que ha sucedido o que pronto sucederá algo importante relacionado con Su obra. Se ha profetizado que en los postreros días habrá muchas señales de la segunda venida del Salvador. Esas señales permiten que los fieles reconozcan el plan de Dios, sean advertidos y se preparen.

Será confirmado el monte de la casa de Jehová como cabeza de los montes, **Isa.** 2:2–3. Jehová alzará estandarte a naciones lejanas y recogerá a Israel, **Isa.** 5:26 (2 Ne. 15:26–30). El sol se oscurecerá al nacer, y la luna no dará su resplandor, **Isa.** 13:10 (Joel 3:15; DyC 29:14). Los hombres traspasarán las leyes y quebrantarán el convenio sempiterno, **Isa.** 24:5. Los nefitas susurrarán desde el polvo, **Isa.** 29:4 (2 Ne. 27). Israel será recogido con poder, **Isa.** 49:22–23 (1 Ne. 21:22–23; 3 Ne. 20–21). Dios levantará un reino que no será jamás destruido, **Dan.** 2:44 (DyC 65:2). La guerra, los sueños y las visiones precederán a la Segunda Venida, **Joel** 2. Todas las naciones se reunirán para combatir contra Jerusalén, **Zac.** 14:2

(Ezeq. 38–39). Viene el día ardiente como un horno, **Mal.** 4:1 (3 Ne. 25:1; DyC 133:64; JS—H 1:37).

Grandes desastres precederán a la Segunda Venida, **Mateo** 24 (JS—M 1). Pablo describe la apostasía y los tiempos peligrosos, **2 Tim.** 3–4. Dos testigos serán muertos y resucitarán en Jerusalén, **Apoc.** 11 (DyC 77:15). El Evangelio será restaurado en los últimos días mediante el ministerio de ángeles, **Apoc.** 14:6–7 (DyC 13; 27; 110:11–16; 128:8–24). Babilonia se establecerá y caerá, **Apoc.** 17–18.

Israel será recogido con poder, **1 Ne.** 21:13–26 (Isa. 49:13–26; 3 Ne. 20–21). Os doy una señal para que sepáis la época, **3 Ne.** 21:1. El Libro de Mormón aparecerá por el poder de Dios, **Morm.** 8.

Los lamanitas florecerán, **DyC** 49:24–25. Los inicuos matarán a los inicuos, **DyC** 63:32–35 (Apoc. 9). Se derramará la guerra sobre todas las naciones, **DyC** 87:2. Señales, conmociones de los elementos y ángeles preparan el camino para la venida del Señor, **DyC** 88:86–94. Las tinieblas cubrirán la tierra, **DyC** 112:23–24. El Señor manda a los santos prepararse para la Segunda Venida, **DyC** 133.

Señales del nacimiento y la muerte de Jesucristo. *Véase también* Jesucristo

Los acontecimientos que acompañaron el nacimiento y la muerte de Jesucristo.

Su nacimiento: La virgen concebirá, y dará a luz un hijo, **Isa.** 7:14. De Belén saldrá el que será Señor en Israel, **Miq.** 5:2.

Samuel el Lamanita profetizó que habría un día, una noche y otro día de luz; una nueva estrella; y otras señales, **Hel.** 14:2–6. Se cumplieron las señales, **3 Ne.** 1:15–21.

Su muerte: Samuel el Lamanita profetizó que habría obscuridad, truenos y relámpagos, **Hel.** 14:20–27. Las señales se cumplieron, **3 Ne.** 8:5–23.

Señor. *Véase también* Jehová; Jesucristo; Trinidad

Título de profundo respeto y honra hacia Dios el Padre y hacia Jesucristo, nuestro Salvador. El título se refiere a Su posición de señores supremos y amorosos sobre Sus creaciones.

Amarás al Señor tu Dios, **Deut.** 6:5 (Mateo 22:37; Mar. 12:30).

Al Señor tu Dios adorarás, **Mateo** 4:10 (Lucas 4:8). Cuán grandes cosas el Señor ha hecho, **Mar.** 5:19. Hay un Señor, Jesucristo, **1 Cor.** 8:6. Hay un Señor, una fe, un bautismo, **Efe.** 4:5. El Señor mismo descenderá del cielo, **1 Tes.** 4:16.

Iré y haré lo que el Señor ha mandado, **1 Ne.** 3:7. El Señor Jehová es mi fortaleza, **2 Ne.** 22:2. Con justicia juzgará el Señor Dios a los pobres, **2 Ne.** 30:9. El Señor Dios, el Dios de Abraham, los libró del cautiverio, **Alma** 29:11. Nada puede salvar a los de este pueblo sino el arrepentimiento y la fe en el Señor, **Hel.** 13:6 (Mos. 3:12).

Escucha las palabras de Jesucristo, tu Señor, **DyC** 15:1. Buscad siempre la faz del Señor, **DyC** 101:38. Los vestidos del Señor serán rojos en su segunda venida, **DyC** 133:48 (Isa. 63:1–4).

Abraham habló con el Señor cara a cara, **Abr.** 3:11. Creemos que el primer principio del Evangelio es la fe en el Señor Jesucristo, **AdeF** 1:4.

Señor (o Jehová) de los Ejércitos o de las Huestes. *Véase también* Jesucristo

Otro nombre de Jesucristo, que reina sobre los ejércitos (o huestes) del cielo y la tierra y dirige a los justos contra la iniquidad (DyC 29:9; 121:23).

Jehová de los ejércitos es el Rey de gloria, **Sal.** 24:10.

El Dios de Israel es el Señor de los Ejércitos, **1 Ne.** 20:2.

Mi Espíritu no luchará siempre con el hombre, dice el Señor de los Ejércitos, **DyC** 1:33.

Seol. *Véase* Infierno

Sepulcro. *Véase también* Resurrección

Lugar de sepultura del cuerpo mortal. Gracias a la Expiación, todos resucitarán del sepulcro.

Después de la resurrección de Cristo, se abrieron los sepulcros, y muchos cuerpos se levantaron, **Mateo** 27:52–53 (3 Ne. 23:9–13). ¿Dónde está, oh sepulcro, tu victoria?, **1 Cor.** 15:55.

La tumba entregará sus muertos, **2 Ne.** 9:11–13.

Los que hayan dormido en sus sepulcros saldrán, **DyC** 88:97–98. La pila bautismal es una semejanza del sepulcro, **DyC** 128:12–13.

Seres trasladados

Personas que experimentan un cambio de manera que no padecen el dolor ni la muerte hasta el momento de su resurrección a la inmortalidad.

Caminó Enoc con Dios, y desapareció, porque le llevó Dios, **Gén.** 5:24 (Heb. 11:5; DyC 107:48–49). Ninguno conoce el lugar de sepultura de Moisés hasta hoy, **Deut.** 34:5–6 (Alma 45:19). Elías el Profeta subió al cielo en un torbellino, **2 Rey.** 2:11.

Si quiero que él quede hasta que yo venga, ¿qué a ti?, **Juan** 21:22–23 (DyC 7:1–3).

Nunca probaréis la muerte, **3 Ne.** 28:7. Para que no tuviesen que probar la muerte, se verificó un cambio en sus cuerpos, **3 Ne.** 28:38 (4 Ne. 1:14; Morm. 8:10–11).

Juan el Amado vivirá hasta que venga el Señor, **DyC** 7. He llevado la Sion de Enoc a mi propio seno, **DyC** 38:4 (Moisés 7:21, 31, 69). Enoc y sus hermanos son una ciudad reservada hasta que venga un día de rectitud, **DyC** 45:11–12. Elías el Profeta fue llevado al cielo sin gustar la muerte, **DyC** 110:13.

El Espíritu Santo cayó sobre muchos, y fueron arrebatados hasta Sion, **Moisés** 7:27.

Sermón del Monte. *Véase también* Bienaventuranzas; Jesucristo

Discurso del Señor a Sus discípulos poco antes de enviarlos a proclamar el Evangelio (Mateo 5–7; Lucas 6:20–49), y poco después del llamamiento de los Doce.

Aclaran este sermón la Traducción de José Smith de la Biblia y también otro sermón similar que se encuentra en 3 Nefi 12 al 14, los cuales demuestran que se han perdido del relato de Mateo partes importantes del sermón.

Serpiente de bronce. *Véase también* Jesucristo; Moisés

Serpiente de bronce que hizo Moisés por mandato de Dios para que por ella se sanaran los israelitas que habían recibido mordeduras de serpientes ardientes (venenosas) en el desierto (Núm. 21:8–9). El símbolo de la serpiente se colocó en un palo y se levantó "en el desierto, para que quien mirara a él, viviera; y muchos miraron y vivieron" (Alma 33:19–22). El Señor se refirió a la serpiente levantada en el desierto como a un símbolo de que Él mismo sería levantado sobre la cruz (Juan 3:14–15). La revelación de los postreros días confirma el relato de las serpientes ardientes y de cómo se sanó la gente (1 Ne. 17:41; 2 Ne. 25:20; Hel. 8:14–15).

Servicio. *Véase también* Amor; Bienestar

Obras que efectuamos y atenciones que brindamos a favor de Dios y de nuestro prójimo. Al servir a los demás, también servimos a Dios.

Escogeos hoy a quién sirváis, **Josué** 24:15.

En cuanto lo hicisteis a uno de estos mis hermanos más pequeños, a mí lo hicisteis, **Mateo** 25:35–45. Que presentéis vuestros cuerpos en sacrificio vivo, que es vuestro culto racional, **Rom.** 12:1. Servíos por amor los unos a los otros, **Gál.** 5:13. Dios no es injusto para olvidar vuestra obra de amor, habiendo servido a los santos, **Heb.** 6:10.

Tus días se emplearán en el servicio de tu Dios, **2 Ne.** 2:3. Cuando os halláis en el servicio de vuestros semejantes, solo estáis en el servicio de vuestro Dios, **Mos.** 2:17. Quienes poseyeran esta tierra de promisión deberían servir a Dios o serían exterminados, **Éter** 2:8–12.

Vosotros que os embarcáis en el servicio de Dios, servidle con todo vuestro corazón, **DyC** 4:2. El Señor les dio mandamientos de que lo amaran y le sirvieran a él, **DyC** 20:18–19. En el nombre de Jesucristo servirás a Dios, **DyC** 59:5. Yo, el Señor, me deleito en honrar a los que me sirven, **DyC** 76:5.

Adora a Dios, porque a él solamente servirás, **Moisés** 1:15.

Set. *Véase también* Adán

En el Antiguo Testamento, hijo justo de Adán y Eva.

Set fue un hombre perfecto, y su semejanza era la imagen expresa de su padre, **DyC** 107:42–43 (Gén. 5:3). Set era uno de los poderosos en el mundo de los espíritus, **DyC** 138:40.

Dios se reveló a Set, **Moisés** 6:1–3, 8–14.

Setenta. *Véase también* Apóstol; Sacerdocio de Melquisedec

Oficio del Sacerdocio de Melquisedec al cual se ordena a los varones. En la actualidad, son miembros de los cuórums de los Setenta las Autoridades Generales y los Setentas de Área. Los Setenta sirven en el nombre del Señor bajo la dirección de la Primera Presidencia y del Cuórum de los Doce Apóstoles (véase DyC 107:34). Ellos dedican todo su tiempo al ministerio.

Designó el Señor también a otros setenta, **Lucas** 10:1.

Los Setenta son llamados para predicar el Evangelio y para ser testigos especiales de Jesucristo, **DyC** 107:25–26. Los Setenta obrarán en el nombre del Señor bajo la dirección de los Doce, edificando la Iglesia y regulando todos los asuntos de ella en todas las naciones, **DyC** 107:34. Escoge a otros setenta, hasta setenta veces siete, si la obra lo requiere, **DyC** 107:93–97. El cuórum de setentas se ha instituido para los élderes viajantes que han de testificar de mi nombre en todo el mundo, **DyC** 124:138–139.

Sherem. *Véase también* Anticristo

Hombre del Libro de Mormón que negó a Cristo y demandó una señal (Jacob 7:1–20).

Shiblón. *Véase también* Alma hijo de Alma

En el Libro de Mormón, hijo de Alma, hijo. Shiblón enseñó el Evangelio a los zoramitas y fue perseguido por su rectitud. El Señor lo libró de la persecución debido a su fidelidad y paciencia (Alma 38). Durante una temporada, Shiblón se hizo cargo de los anales nefitas (Alma 63:1–2, 11–13).

Shiz. *Véase también* Jareditas

En el Libro de Mormón, dirigente militar jaredita. Murió al finalizar una gran batalla que destruyó enteramente a la nación jaredita (Éter 14:17–15:31).

Siega

En las Escrituras, a veces se utiliza el vocablo *siega* en sentido figurado para referirse a la obra misional de traer almas a la Iglesia, la cual es el reino de Dios sobre la tierra; también puede referirse a un tiempo de juicio, tal como la segunda venida de Jesucristo.

Pasó la siega, terminó el verano, y nosotros no hemos sido salvos, **Jer.** 8:20 (DyC 56:16).

La mies es mucha, mas los obreros pocos, **Mateo** 9:37. La siega es el fin del siglo, **Mateo** 13:39. Todo lo que el hombre sembrare, eso también segará, **Gál.** 6:7–9 (DyC 6:33).

El campo blanco está ya para la siega, **DyC** 4:4. La siega habrá terminado y vuestras almas estarán sin salvar, **DyC** 45:2. Ha llegado la hora de la cosecha, y es menester que se cumpla mi palabra, **DyC** 101:64.

Simbolismo

El usar algo como semejanza o representación de otra cosa. En las Escrituras, el simbolismo se vale de un objeto, una circunstancia o un acontecimiento conocido para representar un principio o enseñanza del Evangelio. Por ejemplo, el profeta Alma, del Libro de Mormón, usó el ejemplo de una semilla para representar la palabra de Dios (Alma 32).

En todas las Escrituras, los profetas han utilizado el simbolismo para enseñar acerca de Jesucristo. Algunos de estos símbolos son las ceremonias y ordenanzas (Moisés 6:63), los sacrificios (Heb. 9:11–15; Moisés 5:7–8), la Santa Cena (TJS, Mar. 14:20–24 [Apéndice — Biblia]; Lucas 22:13–20) y el bautismo (Rom. 6:1–6; DyC 128:12–13). Muchos nombres bíblicos son simbólicos. En el Antiguo Testamento, la ceremonia del tabernáculo y la ley de Moisés simbolizaban verdades eternas (Heb. 8–10; Mos. 13:29–32; Alma 25:15; Hel. 8:14–15). Como ejemplo de otros temas simbólicos, véase Mateo 5:13–16; Juan 3:14–15; Jacob 4:5; Alma 37:38–45.

Simeón. *Véase también* Israel; Jacob hijo de Isaac

En el Antiguo Testamento, el segundo hijo de Jacob y de su esposa Lea (Gén. 29:33; 35:23; Éx. 1:2). Se unió a Leví en la matanza de los siquemitas (Gén. 34:25–31). La profecía de Jacob concerniente a Simeón se encuentra en Génesis 49:5–7.

La tribu de Simeón: Los descendientes de Simeón moraron a menudo con la tribu de Judá y dentro de los límites de ese reino (Josué 19:1–9; 1 Cró. 4:24–33). La tribu de Simeón se unió a Judá en la batalla contra los cananeos (Jue. 1:3, 17). Posteriormente se unieron también a los ejércitos de David (1 Cró. 12:25).

Simiente de Abraham. *Véase* Abraham — La descendencia de Abraham

Simón el Cananita

En el Nuevo Testamento, uno de los Doce Apóstoles originales de Jesucristo (Mateo 10:2–4).

Simón Pedro. *Véase* Pedro

Sin Fin. *Véase también* Trinidad

Uno de los nombres de Dios que refleja Su naturaleza eterna (DyC 19:10–12; Moisés 1:3; 7:35).

Sinagoga. *Véase también* Judíos

Centro de reunión para fines religiosos. En la época del Nuevo Testamento, el mobiliario generalmente era sencillo y constaba de un arca que contenía los rollos de la ley y otros escritos sagrados, un escritorio de lectura y asientos para los feligreses.

Los asuntos de cada sinagoga en particular los dirigía el concilio local de los ancianos, quienes decidían a quién se debía admitir y a quién se debía excluir (Juan 9:22; 12:42). El oficial más importante era el principal de la sinagoga (Mar. 5:22; Lucas 13:14), el cual generalmente era escriba; tenía a su cargo el edificio y supervisaba los distintos servicios. También había un ayudante que desempeñaba tareas menores (Lucas 4:20).

Había sinagogas en todo pueblo en el que había judíos, tanto en Palestina como en otras partes. Eso probó ser una gran ayuda para la expansión del evangelio de Jesucristo, pues por lo general los primeros misioneros cristianos podían hablar allí y proclamar la palabra de Dios (Hech. 13:5, 14; 14:1; 17:1, 10; 18:4). Esta misma práctica existió entre los misioneros en la época del Libro de Mormón (Alma 16:13; 21:4–5; 32:1), así como también entre muchos misioneros en los comienzos de la Iglesia en esta dispensación (DyC 66:7; 68:1).

Sinaí, monte. *Véase también* Ley de Moisés; Moisés

Monte de la península del Sinaí, cerca del cual Moisés y los israelitas acamparon tres meses después de su éxodo de Egipto; también se le llama el monte Horeb (Éx. 3:1). Allí fue donde Dios dio Su ley a Moisés para la casa de Israel, y donde se construyó el tabernáculo (Éx. 19:2; 20:18; 24:12; 32:15).

Sion. *Véase también* Enoc; Nueva Jerusalén

Los puros de corazón (DyC 97:21); también significa el lugar donde estos viven. La ciudad que edificaron Enoc y su pueblo y que posteriormente fue llevada al cielo debido a la rectitud de sus habitantes, se llamó Sion (DyC 38:4; Moisés 7:18–21, 69). En los postreros días se edificará una ciudad llamada Sion cerca del condado de Jackson, estado de Misuri (EE. UU.), en donde se congregarán las tribus de Israel (DyC 103:11–22; 133:18). Se aconseja a los santos edificar Sion dondequiera que vivan en el mundo.

La ciudad de David se llamaba Sion, **1 Rey.** 8:1. De Sion saldrá la ley, **Isa.** 2:2–3 (Miq. 4:2; 2 Ne. 12:2–3). Vendrá el Redentor a Sion, **Isa.** 59:20. Os tomaré uno de cada ciudad, y dos de cada familia, y os introduciré en Sion, **Jer.** 3:14. En el monte de Sion y en Jerusalén habrá salvación, **Joel** 2:32 (Abd. 1:17).

Bienaventurados aquellos que procuren establecer a mi Sion, **1 Ne.** 13:37. Las hijas de Sion son altivas, **2 Ne.** 13:16 (Isa. 3:16). ¡Ay del reposado en Sion!, **2 Ne.** 28:19–25.

Procurad sacar a luz y establecer la causa de Sion, **DyC** 6:6 (DyC 11:6). Yo lo he inspirado para impulsar la causa de Sion con gran poder para hacer lo bueno, **DyC** 21:7. La Nueva Jerusalén se llamará Sion, **DyC** 45:66–67. Independence, Misuri, es el sitio para la ciudad de Sion, **DyC** 57:1–3. Queda por derramarse un azote sobre los hijos de Sion hasta que se arrepientan, **DyC** 84:58.

El Señor llamó Sion a su pueblo, porque eran uno en corazón y voluntad, **Moisés** 7:18–19. Sion (la Nueva Jerusalén) será edificada sobre el continente americano, **AdeF** 1:10.

Smith, Emma Hale. *Véase también* Smith, hijo, José

Esposa del profeta José Smith. El Señor le mandó hacer una selección de himnos para la Iglesia. Ella también sirvió como la primera presidenta de la Sociedad de Socorro.

Se da una revelación sobre la voluntad del Señor concerniente a Emma Smith, **DyC** 25. El Señor aconseja a Emma Smith con respecto al matrimonio, **DyC** 132:51–56.

Smith, hijo, José. *Véase también* Doctrina y Convenios; José Smith, Traducción de (TJS); Libro de Mormón; Perla de Gran Precio; Primera Visión; Restauración del Evangelio

El profeta escogido para restaurar en la tierra la verdadera Iglesia de Jesucristo. José Smith nació en el estado de Vermont en los Estados Unidos de América y vivió desde 1805 hasta 1844.

En 1820, Dios el Padre y Jesucristo se le aparecieron y le informaron que ninguna de las iglesias existentes sobre la tierra era verdadera (JS—H 1:1–20). Posteriormente le visitó el ángel Moroni, quien le reveló el lugar donde estaban escondidas las planchas de oro que contenían los anales de los antiguos pueblos del continente americano (JS—H 1:29–54).

José Smith tradujo esas planchas de oro y en 1830 publicó la traducción con el título de El Libro de Mormón (JS—H 1:66–67, 75). En 1829, recibió la autoridad del sacerdocio de manos de Juan el Bautista y de Pedro, Santiago y Juan (DyC 13; 27:12; 128:20; JS—H 1:68–70).

El 6 de abril de 1830, bajo la dirección y el mandato de Dios, José Smith y varias personas más organizaron la Iglesia restaurada de Jesucristo (DyC 20:1–4). Bajo la dirección de José Smith, la Iglesia creció en Canadá, en Inglaterra, y en la zona este de los Estados Unidos, sobre todo en los estados de Ohio, Misuri e Illinois. Dondequiera que se establecían José Smith y los santos, eran duramente perseguidos. El 27 de junio de 1844, José Smith y su hermano Hyrum murieron como mártires en Carthage, Illinois, en los Estados Unidos de América.

José, el hijo de Jacob, profetizó sobre José Smith, **2 Ne.** 3:6–15.

Sabiendo las calamidades que sobrevendrían a los habitantes de la tierra, llamé a mi siervo José Smith, hijo, **DyC** 1:17 (DyC 19:13). José Smith fue ordenado apóstol de Jesucristo y primer élder de esta iglesia, **DyC** 20:2. Pedro, Santiago y Juan ordenaron a José Smith al apostolado, **DyC** 27:12. José Smith y Sidney Rigdon testificaron que vieron al Unigénito del Padre, **DyC** 76:23. Junto con Oliver Cowdery, José Smith vio al Señor en una visión, **DyC** 110:1–4. El Señor llamó a José Smith a ser el élder presidente, traductor, revelador, vidente y profeta, **DyC** 124:125. José Smith ha hecho más por la salvación del hombre que cualquier otro, exceptuando solo a Jesús, **DyC** 135:3.

Escrituras que han salido a luz por medio del profeta José Smith: José Smith tradujo partes de las planchas de oro que le entregó el ángel Moroni, y esa traducción se publicó en 1830 como el Libro de Mormón. También recibió muchas revelaciones del Señor en las que se establecían las doctrinas y la organización básicas de la Iglesia. Muchas de esas revelaciones se recopilaron para formar lo que ahora se conoce como Doctrina y Convenios. También se debe a él el haber sacado a luz el libro la Perla de Gran Precio, el cual contiene traducciones inspiradas de algunos de los escritos de Moisés, Abraham y Mateo; extractos de su historia y testimonio personal; y trece afirmaciones de la doctrina y las creencias de la Iglesia.

Smith, Hyrum. *Véase también* Smith, hijo, José

Hermano mayor y fiel compañero de José Smith. Hyrum nació el 9 de febrero de 1800. Sirvió como ayudante de José Smith en la presidencia de la Iglesia, y también como segundo Patriarca de esta. El 27 de junio de 1844, murió como mártir al lado de José Smith en la cárcel de Carthage.

Dios reveló instrucciones a Hyrum por medio de su hermano José Smith, **DyC** 11; 23:3. Bendito es mi siervo Hyrum Smith, a causa de la integridad de su corazón, **DyC** 124:15. Se llama a Hyrum Smith a ocupar el oficio de patriarca de la Iglesia, **DyC** 124:91–96, 124. José y Hyrum Smith murieron como mártires en la cárcel de Carthage, **DyC** 135. Hyrum Smith y otros espíritus selectos fueron reservados para nacer en el cumplimiento de los tiempos, **DyC** 138:53.

Smith, Joseph F.

Sexto Presidente de la Iglesia; el único hijo de Hyrum Smith y su esposa Mary Fielding. Nació el 13 de noviembre de 1838 y murió el 19 de noviembre de 1918.

Joseph F. Smith recibió una visión sobre la redención de los muertos, **DyC** 138.

Smith, Lucy Mack. *Véase también* Smith, hijo, José; Smith, padre, Joseph

Madre del profeta José Smith y esposa de Joseph Smith, padre (JS—H 1:4, 7, 20). Nació el 8 de julio de 1776 y murió el 5 de mayo de 1856.

El profeta José Smith vio a su madre en una visión del reino celestial, **DyC** 137:5.

Smith, padre, Joseph. *Véase también* Smith, hijo, José; Smith, Lucy Mack

Padre del profeta José Smith. Nació el 12 de julio de 1771. Se casó con Lucy Mack, con quien tuvo nueve hijos (JS—H 1:4). Fue creyente fiel en la Restauración de los últimos días y fue el primer Patriarca de la Iglesia. Murió el 14 de septiembre de 1840.

El Señor le reveló instrucciones mediante su hijo José, **DyC** 4; 23:5. Continúe con su familia mi anciano siervo Joseph Smith, padre, **DyC** 90:20. Mi anciano siervo Joseph Smith, padre, se sienta a la diestra de Abraham, **DyC** 124:19. José

Smith, hijo, vio a su padre en una visión del reino celestial, **DyC** 137:5.

Un ángel mandó a José Smith, hijo, hablar a su padre acerca de la visión que había recibido, **JS—H** 1:49–50.

Smith, Samuel H. *Véase también* Smith, hijo, José

Hermano menor del profeta José Smith (JS—H 1:4). Nació en 1808 y murió en 1844. Fue uno de los Ocho Testigos del Libro de Mormón y sirvió como uno de los primeros misioneros de la Iglesia restaurada (DyC 23:4; 52:30; 61:33–35; 66:7–8; 75:13).

Sodoma. *Véase también* Gomorra

En el Antiguo Testamento, ciudad inicua que destruyó el Señor (Gén. 19:12–29).

Sofonías

Profeta del Antiguo Testamento que vivió durante el reinado de Josías (639 al 608 a.C.)

El libro de Sofonías: En el capítulo 1, se habla de un día venidero que estará lleno de ira y asolamiento. En el capítulo 2, se amonesta al pueblo de Israel instándolo a buscar la rectitud y la mansedumbre. En el capítulo 3, se habla de la Segunda Venida, cuando todas las naciones se reunirán para entablar la guerra; no obstante, el Señor reinará en medio de ellas.

Sostenimiento de líderes de la Iglesia. *Véase también* Común acuerdo

Prometer prestar apoyo a los que sirven en puestos de liderazgo tanto a nivel general como local de la Iglesia.

Pondrás a Josué delante de toda la congregación, y le darás el cargo en presencia de todos, **Núm.** 27:18–19. El pueblo clamó, diciendo: ¡Viva el rey!, **1 Sam.** 10:24. Creed a sus profetas, y seréis prosperados, **2 Cró.** 20:20.

Obedeced a vuestros pastores, **Heb.** 13:17.

El Señor te favorecerá porque no has murmurado, **1 Ne.** 3:6. Los que recibieron a los profetas fueron preservados, **3 Ne.** 10:12–13. Bienaventurados sois si prestáis atención a las palabras de estos doce, **3 Ne.** 12:1.

Sea por mi propia voz o por la voz de mis siervos, es lo mismo, **DyC** 1:38. Recibiréis su palabra como si viniera de mi propia boca, **DyC** 21:5. El que recibe a mis siervos, me recibe a mí, **DyC** 84:35–38. Quien me recibe a mí, recibe a los que he enviado, **DyC** 112:20. Si los de mi pueblo no escuchan la voz de estos hombres que he nombrado, no serán bendecidos, **DyC** 124:45–46.

Sueños. *Véase también* Revelación

Uno de los medios por los cuales Dios revela Su voluntad a los hombres y a las mujeres sobre la tierra; no obstante, no todos los sueños son revelaciones. Los sueños inspirados son fruto de la fe.

Soñó con una escalera que subía al cielo, **Gén.** 28:12. Soñó José un sueño, **Gén.** 37:5. Le apareceré en visión, en sueños hablaré con él, **Núm.** 12:6. Tuvo Nabucodonosor sueños, **Dan.** 2:1–3. Vuestros ancianos soñarán sueños, **Joel** 2:28 (Hech. 2:17).

Un ángel del Señor le apareció en sueños, **Mateo** 1:20 (Mateo 2:19).

Lehi escribió muchas cosas que había visto en sueños, **1 Ne.** 1:16. Lehi tuvo un sueño, **1 Ne.** 8.

Suertes

Manera de hacer una elección o de eliminar varias posibilidades, lo cual a menudo se hace mediante la selección de un pedazo de papel o de un palito entre varios. A esto se le llama echar suertes.

Repartieron entre sí sus vestidos, echando suertes, **Mateo** 27:35 (Sal. 22:18; Mar. 15:24; Lucas 23:34; Juan 19:24). Les echaron suertes, y la suerte cayó sobre Matías, **Hech.** 1:23–26.

Echamos suertes para ver cuál de nosotros iría a la casa de Labán, **1 Ne.** 3:11.

Sumo consejo

Consejo de doce sumos sacerdotes. En los comienzos de la Iglesia restaurada, el término *sumo consejo* se refería a dos grupos distintos que gobernaban la Iglesia: (1) el Cuórum de los Doce Apóstoles (DyC 107:33, 38) y (2) el sumo consejo que servía dentro de cada una de las estacas (DyC 102; 107:36).

Sumo sacerdocio. *Véase* Sacerdocio de Melquisedec

Sumo sacerdote. *Véase también* Sacerdocio Aarónico; Sacerdocio de Melquisedec

Oficio en el sacerdocio. En las Escrituras se habla del "sumo sacerdote" con dos significados: (1) un oficio en el Sacerdocio de Melquisedec, y (2) el oficial presidente del Sacerdocio Aarónico, bajo la ley de Moisés.

El primer significado se aplica a Jesucristo como el gran Sumo Sacerdote. Adán y todos los patriarcas también fueron sumos sacerdotes. En la actualidad, tres sumos sacerdotes presidentes integran la Presidencia de la Iglesia y presiden a todos los demás poseedores del sacerdocio y miembros de la Iglesia. Hoy día, se ordena a varones dignos como sumos sacerdotes adicionales, según estos se necesiten, en toda la Iglesia. A los sumos sacerdotes se les puede llamar, apartar y ordenar como obispos (DyC 68:19; 107:69–71).

En el segundo significado, bajo la ley de Moisés se llamaba sumo sacerdote al oficial presidente del Sacerdocio Aarónico. Ese oficio era hereditario y lo recibían los primogénitos de la familia de Aarón. Aarón mismo fue el primer sumo sacerdote del orden Aarónico (Éx. 28–29; Lev. 8; DyC 84:18).

Melquisedec era sacerdote del más alto Dios, **Gén.** 14:18 (Alma 13:14).

Los sumos sacerdotes fueron llamados y preparados desde la fundación del mundo, **Alma** 13:1–10.

Los sumos sacerdotes administran las cosas espirituales, **DyC** 107:10, 12, 17.

Supercherías sacerdotales

El que los hombres prediquen y se constituyan a sí mismos como una luz al mundo, con el fin de obtener lucro y la alabanza del mundo, sin buscar, en ningún sentido, el bien de Sion (2 Ne. 26:29).

Apacentad la grey de Dios, no por ganancia deshonesta, **1 Pe.** 5:2.

Las iglesias que se hayan establecido para obtener ganancia, deben ser humilladas, **1 Ne.** 22:23 (Morm. 8:32–41). A causa de supercherías sacerdotales e iniquidades, Jesús sería crucificado, **2 Ne.** 10:5. Si la superchería sacerdotal fuese impuesta sobre este pueblo, resultaría en su entera destrucción, **Alma** 1:12. El día en que los gentiles estén llenos de toda clase de supercherías sacerdotales, **3 Ne.** 16:10.

Tabaco. *Véase* Palabra de Sabiduría

Tabernáculo. *Véase también* Arca del convenio; Lugar Santísimo; Templo, Casa del Señor

Una casa del Señor; centro de adoración de Israel durante el Éxodo de Egipto. En realidad, el tabernáculo era un templo portátil que podía desarmarse y volverse a armar. Los hijos de Israel utilizaron un tabernáculo hasta que se terminó la construcción del templo de Salomón (DyC 124:38).

Dios le reveló a Moisés la forma en que debían hacer el tabernáculo (Éx. 26–27) y los hijos de Israel lo construyeron siguiendo esas instrucciones (Éx. 35–40). Cuando se terminó la construcción, una nube cubrió la tienda de reunión y la gloria de Jehová llenaba el tabernáculo (Éx. 40:33–34). La nube, que era señal de la Presencia Divina, tenía el aspecto de fuego durante la noche; si la nube permanecía sobre la tienda, los hijos de Israel acampaban, pero cuando se alzaba la seguían (Éx. 40:36–38; Núm. 9:17–18). Los hijos de Israel llevaron el tabernáculo consigo durante su peregrinaje por el desierto y durante la conquista de la tierra de Canaán. Terminada la conquista, se asentó el tabernáculo en Silo, lugar que el Señor había elegido (Josué 18:1). Después que los hijos de Israel terminaron de construir el templo de Salomón, el tabernáculo no volvió a mencionarse jamás.

Al hablar del día de la Segunda Venida, el Señor e Isaías usaron el tabernáculo como símbolo de las ciudades de Sion y de Jerusalén. (Isa. 33:20; Moisés 7:62).

Talento

Antigua medida de peso o suma elevada de dinero. Se utilizó también como símbolo de algo de gran valor, como por ejemplo el evangelio de Jesucristo (Mateo 25:14–29; Éter 12:35; DyC 60:2, 13).

Taylor, John

Tercer Presidente de La Iglesia de Jesucristo de los Santos de los Últimos Días.

Se le llamó al Consejo de los Doce, **DyC** 118:6 (DyC 124:128–129). Fue herido en la misma ocasión del martirio, **DyC** 135:2. Estaba entre los grandes que vio Joseph F. Smith en el mundo de los espíritus, **DyC** 138:53–56.

Teáncum

Gran dirigente militar nefita del Libro de Mormón (Alma 50:35; 51–52; 61–62).

Temor. *Véase también* Fe; Reverencia; Valor, valiente

El vocablo *temor* puede tener dos significados: (1) el sentir temor a Dios es sentir reverencia y admiración por Él y obedecer Sus mandamientos; (2) el sentir temor a los hombres, a los peligros mortales, al dolor y al mal es tenerles miedo y pavor.

Temor de Dios: No hay temor de Dios en este lugar, **Gén.** 20:11. A Jehová tu Dios temerás, **Deut.** 6:13 (Josué 24:14; 1 Sam. 12:24). Servid a Jehová con temor, **Sal.** 2:11. El principio de la sabiduría es el temor de Jehová, **Sal.** 111:10. Teme a Jehová, y apártate del mal, **Prov.** 3:7. Les irá bien a los que a Dios temen, **Ecle.** 8:12. Ocupaos en vuestra salvación con temor y temblor, **Filip.** 2:12. Temed a Dios, y dadle gloria, **Apoc.** 14:7 (DyC 88:104).

Los profetas agitaban constantemente al pueblo para mantenerlo en el temor del Señor, **Enós** 1:23. Alma y los hijos de Mosíah cayeron al suelo porque el temor del Señor les sobrevino, **Alma** 36:7. Labrad vuestra salvación con temor y temblor, **Morm.** 9:27.

Aquellos que no me temen, a ellos inquietaré y haré que tiemblen, **DyC** 10:56. El que me teme estará esperando las señales de la venida del Hijo del Hombre, **DyC** 45:39.

Temor al hombre: No temas, porque yo estoy contigo, **Gén.** 26:24 (Isa. 41:10). Con nosotros está Jehová; no los temáis, **Núm.** 14:9. No tengas miedo, porque más son los que están con nosotros, **2 Rey.** 6:16. No temeré; ¿Qué puede hacerme el hombre?, **Sal.** 56:4. No temáis afrenta de hombre, **Isa.** 51:7 (2 Ne. 8:7).

No nos ha dado Dios espíritu de cobardía, **2 Tim.** 1:7. El perfecto amor echa fuera el temor, **1 Juan** 4:18 (Moro. 8:16).

Los hijos de Helamán no temían la muerte, **Alma** 56:46–48. El temor a la muerte llena el pecho de los inicuos, **Morm.** 6:7. No temo lo que el hombre haga, **Moro.** 8:16.

No debiste haber temido al hombre más que a Dios, **DyC** 3:7 (DyC 30:1, 11; 122:9). No tengáis miedo de hacer lo bueno, **DyC** 6:33. Quienes pertenecen a mi iglesia no necesitan temer, **DyC** 10:55. Si estáis preparados, no temeréis, **DyC** 38:30. Si os despojáis de todo temor, me veréis, **DyC** 67:10. Sed de buen ánimo, y no temáis, porque Yo, el Señor, estoy con vosotros, **DyC** 68:6. No temáis a vuestros enemigos, **DyC** 136:17.

Templo, Casa del Señor. *Véase también* Investidura; Lugar Santísimo; Ordenanzas; Tabernáculo

Literalmente, la Casa del Señor. Él siempre ha mandado a Su pueblo edificar templos, santuarios sagrados en los cuales los miembros dignos de la Iglesia efectúan las ordenanzas y ceremonias sagradas del Evangelio por ellos mismos y también a favor de los muertos. Debido a que el Señor visita Sus templos, estos son más sagrados que cualquiera de los centros de adoración de la tierra.

El tabernáculo que erigieron Moisés y los hijos de Israel en realidad era un templo portátil que los israelitas utilizaron durante su éxodo de Egipto.

El templo más conocido de los que se mencionan en el Antiguo Testamento es el que se construyó en Jerusalén en la época de Salomón (2 Cró. 2–5). Los babilonios lo destruyeron casi en su totalidad en el año 587 a.C., y Zorobabel lo restauró unos setenta años después (Esdras 1–6). Este edificio fue incendiado parcialmente en el año 37 a.C., pero más adelante Herodes el Grande lo volvió a reconstruir. Los romanos lo destruyeron en el año 70 de nuestra era.

En el Libro de Mormón los seguidores justos de Dios construyeron templos y adoraron en ellos (2 Ne. 5:16; Mos. 1:18; 3 Ne. 11:1). La construcción y el uso correcto de los templos son, en cualquier dispensación, señales de la Iglesia verdadera, incluso la Iglesia restaurada de nuestros tiempos. El Templo de Kirtland fue el primero que se edificó y se dedicó al Señor en esta dispensación. Desde esa época, se han dedicado templos en muchas partes del mundo.

¿Quién estará en su lugar santo?, **Sal.** 24:3–5. Subamos a la casa del Dios de Jacob, **Isa.** 2:2–3 (Miq. 4:1–2; 2 Ne. 12:2–3). Vendrá súbitamente a su templo el Señor, **Mal.** 3:1 (3 Ne. 24:1; DyC 36:8; 42:36).

Jesús purificó el templo, **Mateo** 21:12–16 (Mar. 11:15–18; Lucas 19:45–48).

El Señor mandó a los santos construir un templo en Misuri, **DyC** 57:3 (DyC 84:3–5). Estableced una casa de Dios, **DyC** 88:119 (DyC 109:8). El Señor reprendió a los santos por no haber construido un templo, **DyC** 95:1–12. No entraré en templos inmundos, **DyC** 97:15–17. He aceptado esta casa, y mi nombre estará aquí, **DyC** 110:7–8. A mi pueblo siempre se le manda construir una casa a mi santo nombre, **DyC** 124:39. La gran obra para efectuarse en los templos del Señor abarca el sellamiento de los hijos a sus padres, **DyC** 138:47–48. En la gran obra de los últimos días se incluye la construcción de templos, **DyC** 138:53–54.

Templo de Kirtland, Ohio (EE. UU.)

El primer templo que edificó la Iglesia en esta dispensación de los últimos días, el cual construyeron los santos en Kirtland, siguiendo el mandato del Señor (DyC 94:3–9). Uno de los propósitos fue proporcionar un lugar donde los miembros dignos de la Iglesia pudieran recibir poder, autoridad e iluminación espiritual (DyC 109–110). Se dedicó el 27 de marzo de 1836; la oración dedicatoria la recibió el profeta José Smith por revelación (DyC 109). El Señor dio varias revelaciones importantes y restauró las llaves esenciales del sacerdocio en ese templo (DyC 110; 137). El templo no se usó para llevar a cabo la plenitud de las ordenanzas que se realizan en los templos de la actualidad.

Templo, matrimonio en el. *Véase* Matrimonio

Tentación, tentar. *Véase también* Albedrío; Diablo; Perseverar

Prueba de la capacidad de una persona para escoger el bien en lugar de escoger el mal. Incitación a pecar y a seguir a Satanás en lugar de seguir a Dios.

No nos metas en tentación, mas líbranos del mal, **Mateo** 6:13 (3 Ne. 13:12). Dios no os dejará ser tentados más de lo que podéis resistir, **1 Cor.** 10:13. Cristo fue tentado en todo según nuestra semejanza, **Heb.** 4:14–15. Bienaventurado el varón que soporta la tentación, **Stg** 1:12–14.

Las tentaciones del adversario no pueden vencer a quienes escuchen la palabra de Dios, **1 Ne.** 15:24 (Hel. 5:12). El hombre no podía actuar por sí a menos que lo atrajera lo uno o lo otro, **2 Ne.** 2:11–16

Velad y orad incesantemente, para que no seáis tentados más de lo que podáis resistir, **Alma** 13:28. Enséñales a resistir toda tentación del diablo, con su fe en el Señor Jesucristo, **Alma** 37:33. Orad siempre, no sea que entréis en tentación, **3 Ne.** 18:15, 18 (DyC 20:33; 31:12; 61:39).

Cuídate del orgullo, no sea que entres en tentación, **DyC** 23:1. Adán vino a quedar sujeto a la voluntad del diablo, por haber cedido a la tentación, **DyC** 29:39–40.

Me vi sujeto a toda especie de tentaciones, **JS—H** 1:28.

Tesalonicenses, epístolas a los. *Véase también* Pablo; Pablo, epístolas de

Dos libros del Nuevo Testamento. Originalmente fueron cartas que escribió Pablo a los tesalonicenses durante su estancia en Corinto, en su primera visita a Europa; esto fue aproximadamente en el año 50 d.C. En el capítulo 17 de Hechos se describe su obra en Tesalónica. Pablo deseaba regresar a ese lugar pero no podía hacerlo (1 Tes. 2:18), por lo que envió a Timoteo a dar ánimo a los conversos y regresar con noticias suyas. La primera carta resultó del agradecimiento que Pablo sintió por el regreso de Timoteo.

Primera Epístola a los Tesalonicenses: En los capítulos 1 y 2, se encuentra la salutación de Pablo y su oración en beneficio de los santos; en los capítulos del 3 al 5, se dan instrucciones relacionadas con el crecimiento espiritual, el amor, la castidad, la diligencia y la segunda venida de Jesucristo.

Segunda Epístola a los Tesalonicenses: En el capítulo 1, hay una oración a favor de los santos. En el capítulo 2, se habla de la apostasía venidera. En el capítulo 3, se encuentra la oración de Pablo por el triunfo de la causa del Evangelio.

Testamento. *Véase* Antiguo Testamento; Nuevo Testamento

Testificar. *Véase también* Testimonio

Dar testimonio por el poder del Espíritu Santo; hacer una declaración solemne de la verdad basada en el conocimiento o la creencia personal.

El Consolador dará testimonio de mí, **Juan** 15:26. Nos mandó que predicásemos y testificásemos, **Hech.** 10:42.

Tres testigos testificarán de la verdad, **2 Ne.** 27:12. El poder del Espíritu Santo lo lleva al corazón de los hijos de los hombres, **2 Ne.** 33:1. Las Escrituras testifican de Cristo, **Jacob** 7:10–11 (Juan 5:39). Os testifico que yo sé que estas cosas de que he hablado son verdaderas, **Alma** 5:45 (Alma 34:8). Tomamos la Santa Cena para testificar al Padre que siempre guardaremos sus mandamientos y nos acordaremos de Jesucristo, **3 Ne.** 18:10–11 (Moro. 4–5; DyC 20:77–79).

Testificaréis de ellas por el poder de Dios, **DyC** 17:3–5. Lo que el Espíritu os testifique, eso quisiera yo que hicieseis, **DyC** 46:7. Os envié para testificar y amonestar, **DyC** 88:81.

Testigo. *Véase también* Testimonio

Alguien que afirma una cosa o la atestigua basándose en su conocimiento personal, o sea, alguien que da testimonio.

Me seréis testigos, **Hech.** 1:8.

Estáis dispuestos a ser testigos de Dios en todo tiempo, **Mos.** 18:8–9.

La ley de testigos: por boca de dos o tres testigos se establecerá toda palabra, **DyC** 6:28 (Deut. 17:6; Mateo 18:16; 2 Cor. 13:1; Éter 5:4; DyC 128:3). Os he ordenado para ser apóstoles y testigos especiales de mi nombre, **DyC** 27:12 (DyC 107:23). Los Setenta son llamados para ser testigos especiales a los gentiles y en todo el mundo, **DyC** 107:25. Que esté presente un registrador para que sea testigo ocular de vuestros bautismos, **DyC** 127:6 (DyC 128:2–4).

Testigos del Libro de Mormón. *Véase también* Libro de Mormón; Testigo

El Señor mandó que otras personas aparte del profeta José Smith dieran testimonio de la divinidad del Libro de Mormón (DyC 17; 128:20). Véase el testimonio de estos testigos en la

"Introducción", que se encuentra en las primeras páginas del Libro de Mormón.

Por las palabras de tres estableceré mi palabra, **2 Ne.** 11:3. Habrá testigos que darán testimonio de su palabra a los hijos de los hombres, **2 Ne.** 27:12–13. En boca de tres testigos se establecerán estas cosas, **Éter** 5:4.

Por medio de la fe, los Tres Testigos verán las planchas, **DyC** 17.

Testimonio. *Véase también* Espíritu Santo; Testificar; Testigo

Conocimiento y confirmación espiritual que da el Espíritu Santo. Un testimonio también puede ser una declaración oficial o legal de lo que una persona percibe que es verdad (DyC 102:26).

No hablarás falso testimonio, **Éx.** 20:16. Yo sé que mi Redentor vive, **Job** 19:25–26.

Será predicado este evangelio en todo el mundo, para testimonio a todas las naciones, **Mateo** 24:14 (JS—M 1:31). El Consolador dará testimonio acerca de mí, **Juan** 15:26. El Espíritu mismo da testimonio a nuestro espíritu, **Rom.** 8:16 (1 Juan 5:6). No te avergüences de dar testimonio de nuestro Señor, **2 Tim.** 1:8. El testimonio de Jesús es el espíritu de la profecía, **Apoc.** 19:10.

Sed testigos de Dios en todo tiempo, **Mos.** 18:9. No vio otra manera de rescatar al pueblo sino con la fuerza de un testimonio puro en contra de ellos, **Alma** 4:19–20. Yo tengo todas las cosas como testimonio de que estas cosas son verdaderas, **Alma** 30:41–44. No recibís ningún testimonio sino hasta después de la prueba de vuestra fe, **Éter** 12:6.

¿No hablé paz a tu mente? ¿Qué mayor testimonio puedes tener que de Dios?, **DyC** 6:22–23. Y ahora, después de los muchos testimonios que se han dado de él, este es el testimonio que nosotros damos de Él, **DyC** 76:22–24. Os envié para testificar y amonestar al pueblo, **DyC** 88:81–82. Los testadores ahora han muerto, y su testamento está en vigor, **DyC** 135:4–5.

Enoc vio que descendían ángeles del cielo, dando testimonio del Padre y del Hijo, **Moisés** 7:27. Aunque se me odiaba y perseguía por decir que había visto una visión, no obstante, era cierto, **JS—H** 1:24–25.

Tierra. *Véase también* Creación, crear; Mundo

El planeta sobre el cual vivimos, creado por Dios por medio de Jesucristo para el uso del hombre durante su probación mortal. El destino final de la tierra es ser glorificada y exaltada (DyC 77:1–2; 130:7–9). La tierra se convertirá en la herencia eterna de los que sean dignos de heredar una gloria celestial (DyC 88:14–26), donde disfrutarán también de la presencia del Padre y del Hijo (DyC 76:62).

Se creó para el hombre: Dios dio al hombre dominio sobre la tierra, **Gén.** 1:28 (Moisés 2:28). De Jehová es la tierra, **Éx** 9:29 (Sal. 24:1). El Señor ha dado la tierra a los hijos de los hombres, **Sal.** 115:16. Yo hice la tierra y creé sobre ella al hombre **Isa.** 45:12.

Por el poder de su palabra el hombre apareció sobre la faz de la tierra **Jacob** 4:9.

A los que han tomado al Santo Espíritu por guía les será dada la tierra **DyC** 45:56–58 (DyC 103:7). Los que han obedecido el Evangelio recibirán como recompensa las cosas buenas de la tierra **DyC** 59:3. Los pobres y los mansos de la tierra la heredarán, **DyC** 88:17 (Mateo 5:5; 3 Ne. 12:5).

Haremos una tierra, y los probaremos **Abr.** 3:24–25.

Una entidad viviente: La tierra siempre permanece, **Ecle.** 1:4.

El mar de vidrio es la tierra en su estado santificado, inmortal y eterno, **DyC** 77:1. La tierra debe ser santificada y preparada para la gloria celestial, **DyC** 88:18–19.

La tierra se lamentó con voz fuerte **Moisés** 7:48.

La división de la tierra: Júntense las aguas en un lugar, **Gén.** 1:9. En lo días de Peleg, la tierra fue dividida, **Gén.** 10:25.

Después que se hubieron retirado las aguas, llegó a ser una tierra escogida, **Éter** 13:2.

La tierra será como en los días antes de ser dividida, **DyC** 133:24.

La purificación de la tierra: Llovió sobre la tierra cuarenta días, **Gén.** 7:4.

La tierra está reservada para el fuego en el día del juicio, **2 Pe.** 3:7.

Después de hoy viene la quema, **DyC** 64:24.

La tierra desea quedar limpia de impureza, **Moisés** 7:48.

El estado final de la tierra: La tierra se plegará como un rollo, y pasará, **3 Ne.** 26:3 (DyC 29:23). Habrá un cielo nuevo, y una tierra nueva, **Éter** 13:9 (DyC 29:23).

El mar de vidrio es la tierra en su estado santificado, inmortal y eterno, **DyC** 77:1. La tierra debe ser santificada y preparada para la gloria celestial, **DyC** 88:18–19. Esta tierra llegará a ser semejante al cristal, y será un Urim y Tumim, **DyC** 130:8–9.

Por el espacio de mil años la tierra descansará, **Moisés** 7:64. La tierra será renovada, **AdeF** 1:10.

Tierra prometida

Tierras que el Señor promete como heredad a Sus seguidores fieles, y a menudo también a los descendientes de ellos. Hay muchas tierras prometidas; la que se menciona a menudo en el Libro de Mormón es el continente americano.

A tu descendencia daré esta tierra, **Gén.** 12:7 (Abr. 2:19). Te daré a ti, y a tu descendencia después de ti, la tierra de Canaán, **Gén.** 17:8 (Gén. 28:13). Moisés designó los límites de las tierras para Israel en Canaán, **Núm.** 34:1–12 (Núm. 27:12).

Seréis conducidos a una tierra de promisión, **1 Ne.** 2:20 (1 Ne. 5:5). El Señor conduce a los justos a tierras preciosas, **1 Ne.** 17:38. Si los descendientes de Lehi guardan los mandamientos de Dios, prosperarán en la tierra de promisión, **2 Ne.** 1:5–9. Israel retornará a sus tierras de promisión, **2 Ne.** 24:1–2 (Isa. 14:1–2). Cualquier nación que posea esta tierra escogida servirá a Dios, o será exterminada, **Éter** 2:9–12.

Esta es la tierra prometida y el sitio para la ciudad de Sion, **DyC** 57:2. Judá comenzará a volver a las tierras que Dios dio a Abraham, **DyC** 109:64.

La Nueva Jerusalén será edificada sobre el continente americano, **AdeF** 1:10.

Timoteo. *Véase también* Pablo

En el Nuevo Testamento, joven compañero misional de Pablo durante el ministerio de este último (Hech. 16:1–3; 2 Tim. 1:1–5); era hijo de padre griego y madre judía; él y sus padres vivían en Listra.

Pablo llamó a Timoteo su propio "hijo en la fe" (1 Tim. 1:2, 18; 2 Tim. 1:2). Timoteo tal vez fue el ayudante más capaz y digno de la mayor confianza de Pablo (Filip. 2:19–23).

Timoteo, epístolas a. *Véase también* Pablo; Pablo, epístolas de; Timoteo

Dos libros del Nuevo Testamento. Ambos fueron originalmente cartas que Pablo escribió y dirigió a Timoteo.

Primera Epístola a Timoteo: Pablo escribió la primera epístola después de su primer encarcelamiento. Había dejado a Timoteo en Éfeso con la intención de regresar (1 Tim. 3:14); sin embargo, presintiendo que tardaría en hacerlo, le escribió a Timoteo, posiblemente desde Macedonia (1 Tim. 1:3), para darle consejos y ánimo en el cumplimiento de su deber.

En el capítulo 1, se encuentra la salutación de Pablo y también sus instrucciones en cuanto a vanas especulaciones que habían comenzado a infiltrarse en la Iglesia. En los capítulos 2 y 3, se dan instrucciones acerca de la adoración pública y en cuanto al carácter y la conducta de los ministros. En los capítulos 4 y 5, se describe la apostasía de los postreros días y se dan consejos a Timoteo respecto a la manera de ministrar a su rebaño. En el capítulo 6, se le exhorta a seguir fiel y a evitar las riquezas mundanales.

Segunda Epístola a Timoteo: Pablo escribió la segunda epístola durante su segundo encarcelamiento, poco antes de su martirio. Contiene las últimas palabras del Apóstol y muestra el maravilloso valor y la confianza con que hizo frente a la muerte.

En el capítulo 1, se encuentra la salutación de Pablo y una encomienda a Timoteo en cuanto a sus responsabilidades y deberes. En los capítulos 2 y 3, se dan varias amonestaciones e instrucciones y la exhortación de persistir al enfrentar los peligros futuros. En el capítulo 4, hay un mensaje a los amigos de Pablo y consejos sobre la manera de tratar a los apóstatas.

Tinieblas de afuera. *Véase* Diablo; Hijos de perdición; Infierno; Muerte espiritual

Tinieblas espirituales. *Véase también* Inicuo, iniquidad

Iniquidad o ignorancia en cuanto a lo espiritual.

¡Ay de los que hacen de las tinieblas luz!, **Isa.** 5:20 (2 Ne. 15:20). Tinieblas cubrirán la tierra, y oscuridad las naciones, **Isa.** 60:2.

Jesús dará luz a los que habitan en tinieblas, **Lucas** 1:79. La luz en las tinieblas resplandece, y las tinieblas no prevalecieron contra ella, **Juan** 1:5 (DyC 45:7). Desechemos las obras de tinieblas, y vistámonos las armas de la luz, **Rom.** 13:12. No participéis en las obras infructuosas de las tinieblas, **Efe.** 5:8–11.

No pedís, así que no sois llevados a la luz; sino que debéis perecer en las tinieblas, **2 Ne.** 32:4. Satanás propaga sus obras de tinieblas, **Hel.** 6:28–31.

Los poderes de las tinieblas prevalecen en la tierra, **DyC** 38:8, 11–12. Todo el mundo gime bajo la obscuridad y el pecado, **DyC** 84:49–54. Si vuestra mira está puesta únicamente en mi gloria, no habrá tinieblas en vosotros, **DyC** 88:67.

Empezaron a prevalecer las obras de tinieblas entre todos los hijos de los hombres, **Moisés** 5:55.

Tito. *Véase también* Pablo; Pablo, epístolas de; Tito, epístola a

En el Nuevo Testamento, converso griego que viajó con Pablo a Jerusalén y que posteriormente prestó servicio como misionero (Gál. 2:1–4; 2 Tim. 4:10). Tito entregó la primera epístola de Pablo a los santos de Corinto (2 Cor. 7:5–8, 13–15).

Tito, epístola a. *Véase también* Pablo; Pablo, epístolas de; Tito

Mientras Pablo se encontraba provisionalmente libre de su encarcelamiento romano, escribió la epístola a Tito, quien se encontraba en Creta. La carta habla de la disciplina interna y la organización de la Iglesia.

En el capítulo 1, se encuentra la salutación de Pablo, así como instrucciones y requisitos generales para los obispos. En los capítulos 2 y 3, se encuentran enseñanzas generales y mensajes personales a Tito respecto a la forma apropiada de tratar a los distintos grupos de la Iglesia en Creta. Pablo insta a los santos a vencer la perversidad, a ser sobrios y fieles y a seguir adelante con sus buenas obras.

Tomás

En el Nuevo Testamento, uno de los Doce Apóstoles originales que escogió el Salvador durante Su ministerio terrenal (Mateo 10:2–3; Juan 14:5). En griego el nombre es Dídimo (Juan 20:24–29; 21:2). Aunque Tomás dudó de la resurrección de Jesús hasta que pudo ver personalmente al Salvador, por su fuerza de carácter estuvo dispuesto a hacer frente a la persecución y a la muerte (Juan 11:16; 20:19–25).

Tradiciones

Creencias y prácticas que se transmiten de una generación a otra (2 Tes. 2:15). En las Escrituras, el Señor constantemente amonesta a los justos a evitar las tradiciones inicuas de los hombres (Lev. 18:30; Mar. 7:6–8; Mos. 1:5; DyC 93:39–40).

Traducción de José Smith. *Véase* José Smith, Traducción de (TJS)

Traducir

Expresar el significado de un concepto que se da en un idioma en términos equivalentes en otro idioma (Mos. 8:8–13; AdeF 1:8). En las Escrituras a menudo se hace referencia a la traducción como un don de Dios (Alma 9:21; DyC 8; 9:7–9). También puede significar mejorar o corregir una traducción existente en un idioma o restaurar un texto perdido (DyC 45:60–61). A José Smith se le mandó emprender la tarea de hacer una traducción inspirada de la Versión del rey Santiago de la Biblia, en inglés (DyC 42:56; 76:15).

José Smith tenía el poder para traducir mediante la misericordia y el poder de Dios, **DyC** 1:29. Tienes un don para traducir, **DyC** 5:4. Te concederé un don para traducir, **DyC** 6:25. Dios le dio a José Smith poder de lo alto para traducir el Libro de Mormón, **DyC** 20:8.

Traduje algunos de los caracteres por medio del Urim y Tumim, **JS—H** 1:62 (Mos. 8:13; 28:13).

Transfiguración. *Véase también* Jesucristo; Llaves del sacerdocio

El estado de las personas cuya apariencia y naturaleza cambian temporariamente —o sea, que son elevadas a un nivel espiritual más alto— a fin de que puedan soportar la presencia y la gloria de seres celestiales.

La Transfiguración de Cristo: Pedro, Santiago y Juan vieron al Señor en un estado glorificado y transfigurado. Anteriormente, el Salvador le había prometido a Pedro que recibiría las llaves del reino de los cielos (Mateo 16:13–19; 17:1–9; Mar. 9:2–10; Lucas 9:28–36; 2 Pe. 1:16–18). En este acontecimiento tan importante, el Salvador, Moisés y Elías el Profeta entregaron las llaves prometidas del sacerdocio a Pedro, Santiago (Jacobo) y Juan. Con estas llaves, recibieron el poder para llevar adelante la obra del reino en la tierra después de la Ascensión de Jesús.

José Smith enseñó que en el monte de la Transfiguración, Pedro, Santiago (Jacobo) y Juan también fueron transfigurados. Tuvieron una visión de la tierra tal como aparecerá en su futura condición glorificada (DyC 63:20–21); vieron a Moisés y a Elías el Profeta, dos seres trasladados, y oyeron la voz del Padre decir: "Este es mi Hijo amado, en quien tengo complacencia; a él oíd" (Mateo 17:5).

Seres transfigurados: Vieron al Dios de Israel, **Éx.** 24:9–11. La piel de su rostro resplandecía, después que hubo hablado con Dios, **Éx.** 34:29 (Mar. 9:2–3).

Resplandeció el rostro de Jesús, **Mateo** 17:2 (Mar. 9:2–3). No pudieron fijar la vista en el rostro de Moisés a causa de la gloria de su rostro, **2 Cor.** 3:7.

El rostro de Abinadí resplandecía con un brillo extraordinario, **Mos.** 13:5–9. Fueron envueltos como por fuego, **Hel.** 5:23, 36, 43–45 (3 Ne. 17:24; 19:14). Estaban tan blancos como el semblante de Jesús, **3 Ne.** 19:25. Les pareció como una transfiguración, **3 Ne.** 28:15.

Ningún hombre en la carne ha visto a Dios, a menos que haya sido vivificado por el Espíritu, **DyC** 67:10–12. Fueron abiertos nuestros ojos por el poder del Espíritu, **DyC** 76:12.

La gloria de Dios cubrió a Moisés, **Moisés** 1:2. Vi su rostro, porque fui transfigurado, **Moisés** 1:11. Vi abrirse los cielos y fui revestido de gloria, **Moisés** 7:3–4.

Trasladar. *Véase* Seres trasladados

Tres Nefitas. *Véase* Discípulos nefitas, los tres

Tribus perdidas. *Véase* Israel — Las diez tribus perdidas de Israel

Trinidad. *Véase también* Espíritu Santo; Jesucristo; Padre Celestial; Señor

Integran la Trinidad tres personajes distintos: Dios el Eterno Padre, Su Hijo

Jesucristo y el Espíritu Santo. Creemos en cada uno de Ellos (AdeF 1:1). Según la revelación de los últimos días, aprendemos que el Padre y el Hijo tienen cuerpos tangibles de carne y huesos, mientras que el Espíritu Santo es un personaje de espíritu sin carne ni huesos (DyC 130:22–23). Estos tres personajes son uno en perfecta unidad y armonía de propósito y doctrina (Juan 17:21–23; 2 Ne. 31:21; 3 Ne. 11:27, 36).

Dios el Padre: Por lo general, es al Padre, o sea, a Elohim, a quien se hace referencia con el título de Dios. Se le llama Padre porque es el padre de nuestros espíritus (Núm. 16:22; 27:16; Mal. 2:10; Mateo 6:9; Efe. 4:6; Heb. 12:9). Dios el Padre es el gobernante supremo del universo; es omnipotente (Gén. 18:14; Alma 26:35; DyC 19:1–3), omnisciente (Mateo 6:8; 2 Ne. 2:24) y omnipresente por medio de Su Espíritu (Sal. 139:7–12; DyC 88:7–13, 41). El hombre guarda una relación especial con Dios que lo distingue de todas las demás criaturas creadas: los hombres y las mujeres son hijos espirituales de Dios (Sal. 82:6; 1 Juan 3:1–3; DyC 20:17–18).

Tenemos registro de pocas ocasiones en que Dios el Padre se haya aparecido al hombre o haya hablado con él. En las Escrituras se nos dice que Él habló con Adán y Eva (Moisés 4:14–31) y que en varias ocasiones presentó a Jesucristo (Mateo 3:17; 17:5; Juan 12:28–29; 3 Ne. 11:3–7). Se apareció a Esteban (Hech. 7:55–56), a José Smith (JS—H 1:17) y posteriormente a José Smith y a Sidney Rigdon (DyC 76:20, 23). A los que aman a Dios y se purifican ante Él, Dios les concede a veces el privilegio de verlo y saber por sí mismos que Él es Dios (Mateo 5:8; 3 Ne. 12:8; DyC 76:116–118; 93:1).

Dios mío, Dios mío, ¿por qué me has desamparado?, **Mar.** 15:34. Estos hombres son siervos del más alto Dios, **Hech.** 16:17. Linaje de Dios somos, **Hech.** 17:28–29.

Ofrecerás tus sacramentos al Altísimo, **DyC** 59:10–12.

Enoc vio los espíritus que Dios había creado, **Moisés** 6:36. Su nombre es Hombre de Santidad, **Moisés** 6:57.

Dios el Hijo: El Dios que se conoce como Jehová es el Hijo Jesucristo (Isa. 12:2; 43:11; 49:26; 1 Cor. 10:1–4; 1 Tim. 1:1; Apoc. 1:8; 2 Ne. 22:2), quien actúa bajo la dirección del Padre y está en completa armonía con Él. Todos los seres humanos son sus hermanos y hermanas, dado que Él es el mayor de los hijos espirituales de Elohim. Algunos pasajes de las Escrituras se refieren a Él con el vocablo *Dios,* por ejemplo, en las Escrituras dice que "Creó Dios los cielos y la tierra" (Gén. 1:1), pero en realidad, el Creador fue Jesús, bajo la dirección de Dios el Padre (Juan 1:1–3, 10, 14; Heb. 1:1–2).

Para Dios no hay cosa difícil, **Gén.** 18:14. Jehová se identifica a sí mismo como YO SOY, **Éx.** 3:13–16. Yo, yo Jehová, y fuera de mí no hay quien salve, **Isa.** 43:11 (Isa. 45:21).

Yo soy la luz del mundo, **Juan** 8:12. Antes que Abraham fuese, yo soy, **Juan** 8:58.

El Señor ministrará entre los hombres en un tabernáculo de barro, **Mos.** 3:5–10. Abinadí explicó por qué Cristo es el Padre así como el Hijo, **Mos.** 15:1–4 (Éter 3:14). El Señor se apareció al hermano de Jared, **Éter** 3. Escucha las palabras de Cristo, tu Señor y tu Dios, **Moro.** 8:8. Jehová es el Juez Eterno de vivos y muertos, **Moro.** 10:34.

José Smith y Sidney Rigdon vieron a Jesucristo, **DyC** 76:20, 23. El Señor Jehová se apareció en el Templo de Kirtland, **DyC** 110:1–4.

Jehová habló a Abraham, **Abr.** 1:16–19. Jesús se apareció a José Smith, **JS—H** 1:17.

Dios el Espíritu Santo: El Espíritu Santo también es un Dios y se le llama el Santo Espíritu, el Espíritu y el Espíritu de Dios, entre otros nombres y títulos similares. Con la ayuda del Espíritu Santo, el hombre puede conocer la voluntad de Dios el Padre y saber que Jesús es el Cristo (1 Cor. 12:3).

El Espíritu Santo os enseñará lo que debáis decir, **Lucas** 12:12. El Espíritu Santo es el Consolador, **Juan** 14:26 (Juan 16:7–15). Jesús dio mandamientos por el Espíritu Santo a los apóstoles, **Hech.** 1:2. El Espíritu Santo es testigo de Dios y de Cristo, **Hech.** 5:29–32 (1 Cor. 12:3). Nos atestigua el Espíritu Santo, **Heb.** 10:10–17.

Por el poder del Espíritu Santo podréis conocer la verdad de todas las cosas, **Moro.** 10:5.

El Espíritu Santo es el espíritu de revelación, **DyC** 8:2–3 (DyC 68:4).

Última Cena. *Véase también* Pascua; Santa Cena

De acuerdo con el Nuevo Testamento, la última comida en la que Jesús participó con los Doce antes de Su arresto y crucifixión (Lucas 22:14–18). Esta última cena, en compañía de los Doce Apóstoles, tuvo lugar durante la fiesta de la Pascua (Mateo 26:17–30; Mar. 14:12–18; Lucas 22:7–13).

Jesús bendijo el pan y el vino y dio a los Apóstoles, **Mateo** 26:26–29 (Mar. 14:22–25; Lucas 22:7–20). Jesús lavó los pies de los Apóstoles, **Juan** 13. Jesús anunció que Judas lo traicionaría, **Juan** 13:21–26 (Mateo 26:20–25).

Últimos días, postreros días. *Véase también* Segunda venida de Jesucristo; Señales de los tiempos

La época en que ahora vivimos. Los días (o la dispensación del tiempo) inmediatamente antes de la segunda venida del Señor.

Os declararé lo que ha de acontecer en los días venideros, **Gén.** 49:1. Mi Redentor al fin se levantará sobre el polvo, **Job** 19:25. En lo postrero de los tiempos, será confirmado el monte de la casa de Jehová, **Isa.** 2:2.

En los postreros días vendrán tiempos peligrosos, **2 Tim.** 3:1–7. En los postreros días los burladores negarán la Segunda Venida, **2 Pe.** 3:3–7.

Os profetizo concerniente a los postreros días, **2 Ne.** 26:14–30.

Así se llamará mi iglesia en los postreros días, a saber, La Iglesia de Jesucristo de los Santos de los Últimos Días, **DyC** 115:4.

Cristo vendrá en los últimos días, **Moisés** 7:60.

Unción. *Véase también* Aceite; Bendición de los enfermos

Antiguamente los profetas del Señor ungían con aceite a las personas que debían desempeñar deberes especiales, tales como Aarón o los sacerdotes o los reyes que gobernarían a Israel. En la Iglesia, actualmente se efectúa la unción echando una pequeña cantidad de aceite consagrado sobre la cabeza de la persona como parte de una bendición especial. Esto solamente puede hacerse por medio de la autoridad y el poder del Sacerdocio de Melquisedec. Después de la unción, y actuando con la autoridad de ese mismo sacerdocio, se puede sellar la unción y dar una bendición especial a la persona que se esté ungiendo.

Los ungirás, y los consagrarás para que sean mis sacerdotes, **Éx.** 28:41 (Lev. 8:6–12, 30). Lo ungirás por príncipe sobre mi pueblo Israel, **1 Sam.** 9:16; 10:1.

Los ancianos (élderes) han de ungir y bendecir a los enfermos, **Stg.** 5:14–15 (DyC 42:44).

Ungido, el. *Véase también* Jesucristo; Mesías

A Jesús se le llama el *Cristo* (vocablo griego) o el *Mesías* (vocablo arameo). Ambas palabras significan "el ungido". Él es el único ungido del Padre para ser Su representante personal en todas las cosas relacionadas con la salvación del género humano.

Me ungió Jehová, **Isa.** 61:1–3.

Él ha ungido a uno para predicar el Evangelio, **Lucas** 4:16–22. Jesús fue ungido por Dios el Padre, **Hech.** 4:27. Dios ungió a Jesús de Nazaret, **Hech.** 10:38.

Unidad. *Véase también* Trinidad

Ser uno en pensamiento, deseo y propósito, primero con nuestro Padre Celestial y Jesucristo, y después con los demás miembros de la Iglesia.

¡Cuán bueno es habitar los hermanos juntos en armonía!, **Sal.** 133:1.

Yo y el Padre uno somos, **Juan** 10:30 (DyC 50:43). Jesús rogó que todos fueran uno así como él y su Padre son uno, **Juan** 17:11–23 (3 Ne. 19:23). Os ruego que no haya entre vosotros divisiones, sino que estéis perfectamente unidos, **1 Cor.** 1:10.

Estad resueltos en una sola voluntad y con un solo corazón, unidos en todas las cosas, **2 Ne.** 1:21. Les mandó tener entrelazados sus corazones con unidad, **Mos.** 18:21. Jesús oró por que hubiera unidad entre sus discípulos nefitas, **3 Ne.** 19:23. Se hallaban los discípulos unidos en poderosa oración y ayuno, **3 Ne.** 27:1.

Padre, Hijo y Espíritu Santo son uno, **DyC** 20:27–28 (DyC 35:2; 50:43). Tu deber es unirte a la iglesia verdadera, **DyC** 23:7. Recibiréis cuanto pidiereis con fe, si estáis unidos en oración, **DyC** 29:6. Si no sois uno, no sois míos, **DyC** 38:27.

El Señor llamó Sion a su pueblo, porque eran uno en corazón y voluntad, **Moisés** 7:18.

Unigénito. *Véase también* Engendrado, engendrar; Jesucristo

Otro nombre de Jesucristo, que es el Hijo Unigénito del Padre (Lucas 1:26–35; Juan 1:14; 3:16; 1 Ne. 11:18–20; 2 Ne. 25:12; Alma 7:10; 12:33; Moisés 7:62).

Uno. *Véase* Trinidad; Unidad

Ur

En el Antiguo Testamento, Ur de los caldeos fue el lugar de origen de Abram (Gén. 11:27–28, 31; 15:7; Neh. 9:7; Abr. 2:1, 4).

Urim y Tumim. *Véase también* Pectoral; Vidente

Instrumentos que Dios preparó para ayudar al hombre a obtener revelaciones del Señor y a traducir idiomas. En el idioma hebreo estos dos vocablos significan "luces y perfecciones". El Urim y Tumim consta de dos piedras en aros de plata que a veces se usa junto con un pectoral (DyC 17:1; JS—H 1:35, 42, 52). Esta tierra, en su condición santificada e inmortal, será un gran Urim y Tumim (DyC 130:6–9).

Pondrás en el pectoral del juicio Urim y Tumim, **Éx.** 28:30.

Al que venciere le daré una piedrecita blanca, **Apoc.** 2:17.

Él tiene algo con que puede mirar y traducir, **Mos.** 8:13. Te daré estas dos piedras, **Éter** 3:23–24, 28 (Éter 4:5).

José Smith recibió revelaciones por medio del Urim y Tumim, DyC, encabezamientos de las **secciones** 6; 11; 14–16. Se te dio el poder de traducir por medio del Urim y Tumim, **DyC** 10:1. Los Tres Testigos verían el Urim y Tumim que le fue dado al hermano de Jared en el monte, **DyC** 17:1. El lugar donde Dios reside es un gran Urim y Tumim. La piedrecita blanca se convertirá en un Urim y Tumim para toda persona que reciba una, **DyC** 130:6–11.

Yo, Abraham, tenía el Urim y Tumim, **Abr.** 3:1, 4.

Valor, valiente. *Véase también* Fe; Temor

No sentir temor, sobre todo, no sentir temor de hacer lo que es correcto.

Esforzaos y cobrad ánimo; no temáis, **Deut.** 31:6 (Josué 1:6–7). Esforzaos mucho en guardar y hacer todo lo que está escrito, **Josué** 23:6.

No nos ha dado Dios espíritu de cobardía, **2 Tim.** 1:7.

Mas cuando oyó, su corazón empezó a animarse, **Alma** 15:4 (Alma 62:1). Los hijos de Helamán eran sumamente valientes en cuanto a intrepidez, **Alma** 53:20–21. Jamás había visto yo tan grande valor, **Alma** 56:45.

¡Valor, hermanos; e id adelante, adelante a la victoria!, **DyC** 128:22.

Vanidad, vano. *Véase también* Mundano, lo; Orgullo

Falsedad o engaño; orgullo. Los vocablos *vano* y *vanidad* también pueden significar estar vacío o no tener valor.

El que no ha elevado su alma a cosas vanas estará en el lugar santo de Jehová, **Sal.** 24:3–4.

Orando, no uséis vanas repeticiones, **Mateo** 6:7.

El vasto y espacioso edificio representa las vanas ilusiones y el orgullo, **1 Ne.** 12:18. ¿Persistiréis aún en poner vuestros corazones en las vanidades del mundo?, **Alma** 5:53. No busques las vanidades de este mundo, porque no las puedes llevar contigo, **Alma** 39:14.

La incredulidad y la vanidad han traído la condenación sobre toda la iglesia, **DyC** 84:54–55. Cuando intentamos satisfacer nuestra vana ambición, los cielos se retiran, **DyC** 121:37.

Velar. *Véase también* Amonestación, amonestar; Atalaya, atalayar

Vigilar o estar de guardia.

Velad, pues, porque no sabéis a qué hora ha de venir vuestro Señor, **Mateo** 24:42–43 (Mateo 25:13; Mar. 13:35–37; DyC 133:10–11). Velad y orad, para que no entréis en tentación, **Mateo** 26:41 (3 Ne. 18:15, 18).

Si no os cuidáis a vosotros mismos, y vuestros pensamientos, y vuestras palabras, y vuestras obras, debéis perecer, **Mos.** 4:30. Alma ordenó sacerdotes y élderes para presidir la Iglesia y velar por ella, **Alma** 6:1.

El que no esté esperando al Salvador será desarraigado, **DyC** 45:44. El obispo y otros son llamados y ordenados para velar por la Iglesia, **DyC** 46:27.

Velo

Vocablo que se usa en las Escrituras con el significado de (1) cortina divisoria que separa ciertas partes del tabernáculo o del templo, (2) símbolo de la separación entre Dios y el hombre, (3) tela delgada que utilizan algunas personas para cubrirse la cara o la cabeza, o (4) un estado de olvido, producido por Dios, mediante el cual quedan borrados los recuerdos de la existencia preterrenal.

El velo os hará separación entre el lugar santo y el santísimo, **Éx.** 26:33.

Cuando Cristo fue crucificado, el velo del templo se rasgó en dos, **Mateo** 27:51 (Mar. 15:38; Lucas 23:45). Ahora vemos por espejo, oscuramente; mas entonces veremos cara a cara, **1 Cor.** 13:12.

El obscuro velo de incredulidad se estaba disipando de su mente, **Alma** 19:6. Al hermano de Jared no se le pudo impedir que viera dentro del velo, **Éter** 3:19 (Éter 12:19).

El velo se rasgará, y me veréis, **DyC** 67:10 (DyC 38:8). El velo que cubre mi templo será quitado, **DyC** 101:23. El velo fue retirado de nuestras mentes, **DyC** 110:1.

Un manto de tinieblas cubrirá la tierra, **Moisés** 7:61.

Venganza. *Véase también* Enemistad

Represalia por una ofensa o un daño.

Porque es día de venganza de Jehová, **Isa.** 35:4.

Mía es la venganza, yo pagaré, **Rom.** 12:19 (Morm. 3:15; 8:20).

La espada de la venganza se cierne sobre vosotros, **Morm.** 8:40–41.

Me vengaré de los malvados, por cuanto no se arrepienten, **DyC** 29:17.

El Señor vino en los días de iniquidad y venganza, **Moisés** 7:45–46.

Venir. *Véase también* Discípulo; Obediencia, obediente, obedecer

En las Escrituras, con frecuencia significa el acercarse a alguien al seguirle u obedecerle, como en la frase "venid a Cristo, y perfeccionaos en él" (Moro. 10:32).

Inclinad vuestro oído, y venid a mí, **Isa.** 55:3.

Venid a mí todos los que estáis trabajados, **Mateo** 11:28. Dejad a los niños venir a mí, **Mateo** 19:14. Si alguno quiere venir en pos de mí, niéguese a sí mismo,

Lucas 9:23. El que a mí viene, nunca tendrá hambre, **Juan** 6:35.

Cristo invita a todos a venir a él, **2 Ne.** 26:33. Venid a mí y sed salvos, **3 Ne.** 12:20. Venid a Cristo, **Moro.** 10:32.

Invitad a todos a venir a Cristo, **DyC** 20:59. Vendréis a mí y vivirán vuestras almas, **DyC** 45:46.

Verdad. *Véase también* Conocimiento; Inteligencia(s); Luz, luz de Cristo

El conocimiento de las cosas como son, como eran y como han de ser (DyC 93:24). La verdad también se refiere a la luz y revelación que se reciben de los cielos.

La verdad brotará de la tierra, **Sal.** 85:11 (Moisés 7:62).

Conoceréis la verdad, y la verdad os hará libres, **Juan** 8:32. Yo soy el camino, y la verdad, y la vida, **Juan** 14:6. Si decimos que no tenemos pecado, la verdad no está en nosotros, **1 Juan** 1:8.

Los culpables hallan la verdad dura, **1 Ne.** 16:2. Los justos aman la verdad, **2 Ne.** 9:40. El Espíritu habla la verdad, y no miente, **Jacob** 4:13. Eres un Dios de verdad, y no puedes mentir, **Éter** 3:12. Por el poder del Espíritu Santo podréis conocer la verdad de todas las cosas, **Moro.** 10:5.

La verdad permanece para siempre jamás, **DyC** 1:39. Te ha iluminado el Espíritu de verdad, **DyC** 6:15. El Libro de Mormón contiene la verdad y la palabra de Dios, **DyC** 19:26. El Consolador fue enviado para enseñar la verdad, **DyC** 50:14. El que recibe la palabra por el Espíritu de verdad, la recibe como la predica el Espíritu de verdad, **DyC** 50:17–22. Proclamad la verdad de acuerdo con las revelaciones que os he dado, **DyC** 75:3–4. Lo que es verdad es luz, **DyC** 84:45. La luz de la verdad es la luz de Cristo, **DyC** 88:6–7, 40. Mi Espíritu es verdad, **DyC** 88:66. La inteligencia, o la luz de verdad, no fue creada, **DyC** 93:29. La gloria de Dios es la inteligencia, o en otras palabras, luz y verdad, **DyC** 93:36. Os he mandado criar a vuestros hijos en la luz y la verdad, **DyC** 93:40.

Mi Unigénito es lleno de gracia y de verdad, **Moisés** 1:6.

Vía. *Véase* Camino (vía)

Vicario. *Véase* Ordenanzas — Ordenanza vicaria; Salvación de los muertos

Vida. *Véase también* Luz, luz de Cristo; Vida eterna

La existencia temporal y espiritual que se hace posible por medio del poder de Dios.

Yo he puesto delante de ti hoy la vida y el bien, **Deut.** 30:15–20. Me mostrarás la senda de la vida, **Sal.** 16:11. El que sigue la justicia hallará la vida, **Prov.** 21:21.

El que halla su vida, la perderá; y el que pierda su vida por causa de mí, la hallará, **Mateo** 10:39 (Mateo 16:25; Mar. 8:35; Lucas 9:24; 17:33). El Hijo del Hombre no ha venido para destruir las almas de los hombres, sino para salvarlas, **Lucas** 9:56. En él estaba la vida, y la vida era la luz de los hombres, **Juan** 1:4. El que cree al que me envió, ha pasado de muerte a vida, **Juan** 5:24. Yo soy el camino, y la verdad, y la vida, **Juan** 14:6. Si en esta vida solamente esperamos en Cristo, somos los más dignos de conmiseración, **1 Cor.** 15:19–22. La piedad tiene promesa de esta vida presente, y de la venidera, **1 Tim.** 4:8.

Nuestros hijos pueden mirar adelante hacia aquella vida que está en Cristo, **2 Ne.** 25:23–27. Esta vida es cuando el hombre debe prepararse para comparecer ante Dios, **Alma** 34:32 (Alma 12:24). Yo soy la luz y la vida del mundo, **3 Ne.** 9:18 (Mos. 16:9; 3 Ne. 11:11; Éter 4:12).

Benditos son aquellos que son fieles sea en vida o muerte, **DyC** 50:5. Esto es vidas eternas: Conocer a Dios y a Jesucristo, **DyC** 132:24.

Esta es mi obra y mi gloria: Llevar a cabo la inmortalidad y la vida eterna del hombre, **Moisés** 1:39.

Vida eterna. *Véase también* Corona; Exaltación; Expiación, expiar; Gloria celestial; Vida

Vivir para siempre como familias en la presencia de Dios (DyC 132:19–20, 24, 55). La vida eterna es el mayor de los dones que Dios da al hombre.

Tú tienes palabras de vida eterna, **Juan** 6:68. Esta es la vida eterna: que te conozcan a ti, el único Dios verdadero, y a Jesucristo, **Juan** 17:3 (DyC 132:24). Pelea la buena batalla de la fe, echa mano de la vida eterna, **1 Tim.** 6:12.

Los hombres son libres para escoger la libertad y la vida eterna, **2 Ne.** 2:27 (Hel. 14:31). Ser de mente espiritual es vida eterna, **2 Ne.** 9:39. Entonces os halláis en este estrecho y angosto camino que conduce a la vida eterna, **2 Ne.** 31:17–20. Creer en Cristo y perseverar hasta el fin es la vida eterna, **2 Ne.** 33:4 (3 Ne. 15:9).

Rico es el que tiene la vida eterna, **DyC** 6:7 (DyC 11:7). La vida eterna es el mayor de todos los dones de Dios, **DyC** 14:7 (Rom. 6:23). El que hiciere obras justas recibirá la paz en este mundo y la vida eterna en el mundo venidero, **DyC** 59:23. Los que perseveran en estas cosas hasta el fin tendrán una corona de vida eterna, **DyC** 66:12 (DyC 75:5). Los que han muerto sin el conocimiento del Evangelio, quienes lo habrían recibido, serán herederos del reino celestial, **DyC** 137:7–9.

La obra y la gloria de Dios es llevar a cabo la inmortalidad y la vida eterna del hombre, **Moisés** 1:39. Dios concede la vida eterna a todos los que son obedientes, **Moisés** 5:11.

Vida preterrenal. *Véase también* Concilio de los cielos; Guerra en los cielos; Hombre(s); Principio

La vida que tuvimos antes de nacer aquí en la tierra. Todos los hombres y las mujeres vivieron con Dios como Sus hijos espirituales antes de venir a la tierra como seres mortales. A esa vida a veces se le llama el primer estado (Abr. 3:26).

Cuando Dios fundó la tierra, se regocijaron todos los hijos de Dios, **Job** 38:4–7. El espíritu volverá a Dios que lo dio, **Ecle.** 12:7. Antes que te formase en el vientre te conocí, **Jer.** 1:4–5.

Linaje suyo somos, **Hech.** 17:28. Dios nos escogió antes de la fundación del mundo, **Efe.** 1:3–4. Debemos obedecer al Padre de los espíritus, **Heb.** 12:9. A los ángeles que no guardaron su dignidad, los ha guardado en prisiones eternas, **Judas** 1:6 (Abr. 3:26). El diablo y sus ángeles fueron arrojados a la tierra, **Apoc.** 12:9.

Fueron llamados y preparados desde la fundación del mundo, **Alma** 13:3.

Cristo contempló la vasta expansión de la eternidad y todas las huestes del cielo antes que el mundo fuese, **DyC** 38:1. También el hombre fue en el principio con Dios, **DyC** 93:29 (Hel. 14:17; DyC 49:17). En el principio se escogieron espíritus selectos para ser gobernantes en la Iglesia, **DyC** 138:53–55. Muchos recibieron sus primeras lecciones en el mundo de los espíritus, **DyC** 138:56.

Todas las cosas se crearon espiritualmente antes que existiesen físicamente sobre la tierra, **Moisés** 3:5. Yo hice el mundo y a los hombres antes que existiesen en la carne, **Moisés** 6:51. Abraham vio las inteligencias que fueron organizadas antes que existiera el mundo, **Abr.** 3:21–24.

Vida sempiterna. *Véase* Vida eterna

Vidente. *Véase también* Profeta; Urim y Tumim

Persona autorizada por Dios para ver con los ojos espirituales las cosas que Dios ha escondido del mundo (Moisés 6:35–38); un revelador y un profeta (Mos. 8:13–16). En el Libro de Mormón, Ammón enseñó que solamente un vidente podía usar los intérpretes especiales, o sea, el Urim y Tumim (Mos. 8:13; 28:16). Un vidente conoce el pasado, el presente y el futuro. En los tiempos antiguos, a los profetas a menudo se les llamaba videntes (1 Sam. 9:9; 2 Sam. 24:11).

José Smith es el gran vidente de los últimos días (DyC 21:1; 135:3). Además, a la Primera Presidencia y al Consejo de los Doce se les sostiene como a profetas, videntes y reveladores.

Este pueblo es rebelde, que dice a los videntes: No veáis; y a los profetas: No nos profeticéis, **Isa.** 30:9–10. Levantaré a un vidente escogido del fruto de tus lomos, **2 Ne.** 3:6–15. En esto hay sabiduría; sí, ser vidente, revelador, traductor y profeta, **DyC** 107:92. El Señor nombró a Hyrum Smith profeta, vidente y revelador de la Iglesia, **DyC** 124:91–94.

Viña del Señor. *Véase también* Campo; Israel

Símbolo de un campo de obras espirituales. Por lo general, en las Escrituras se emplea la expresión *la viña del Señor* para referirse a la casa de Israel o al reino de Dios sobre la tierra, aunque a veces se utiliza para referirse a los pueblos del mundo en general.

La viña de Jehová de los ejércitos es la casa de Israel, **Isa.** 5:7 (2 Ne. 15:7). Jesús dio la parábola de los obreros de la viña, **Mateo** 20:1–16. Israel es semejante a un olivo cultivado que se nutrió en la viña del Señor, **Jacob** 5. Los siervos del Señor podarán su viña por última vez, **Jacob** 6. El Señor bendecirá a todos los que obren en su viña, **DyC** 21:9 (Alma 28:14). Trabajad en mi viña por la última vez, **DyC** 43:28.

Virgen. *Véase también* María, madre de Jesús

Hombre o mujer en edad de matrimonio que nunca ha tenido relaciones sexuales. En las Escrituras, una virgen representa a veces a alguien que es moralmente limpio (Apoc. 14:4).

La virgen concebirá, y dará a luz un hijo, **Isa.** 7:14 (Mateo 1:23; 2 Ne. 17:14). El reino de los cielos será semejante a diez vírgenes, **Mateo** 25:1–13. En la ciudad de Nazaret vi a una virgen, que es la madre del Hijo de Dios, **1 Ne.** 11:13–18. María fue una virgen, un vaso precioso y escogido, **Alma** 7:10.

Virgen María. *Véase* María, madre de Jesús

Virtud. *Véase también* Castidad; Integridad; Poder

Integridad y excelencia moral, poder y fuerza (Lucas 8:46); castidad o pureza sexual (Moro. 9:9).

Eres mujer virtuosa, **Rut** 3:11. El limpio de manos y puro de corazón estará en el lugar santo de Jehová, **Sal.** 24:3–4. La mujer virtuosa es corona de su marido, **Prov.** 12:4. La estima de una mujer virtuosa sobrepasa largamente a la de las piedras preciosas, **Prov.** 31:10–31. Añadid a vuestra fe virtud, **2 Pe.** 1:5 (DyC 4:6). Poned a prueba la virtud de la palabra de Dios, **Alma** 31:5. Deja que la virtud engalane tus pensamientos incesantemente, **DyC** 121:45. Creemos en ser virtuosos, **AdeF** 1:13 (Filip. 4:8).

Visión. *Véase también* Primera Visión; Revelación; Sueños

Revelación visual de algún acontecimiento, persona o cosa mediante el poder del Espíritu Santo.

Entre las visiones importantes de las que se tiene conocimiento, se encuentran las siguientes: La visión que tuvo Ezequiel de los últimos días (Ezeq. 37–39), la visión que tuvo Esteban de Jesús a la diestra de Dios (Hech. 7:55–56), la revelación que tuvo Juan acerca de los últimos días (Apoc. 4–21), la visión que tuvieron Lehi y Nefi del árbol de la vida (1 Ne. 8; 10–14), la visión que tuvo Alma, hijo, de un ángel del Señor (Mos. 27), la visión que tuvo el hermano de Jared de todos los habitantes de la tierra (Éter 3:25), la visión de las glorias (DyC 76), las visiones que se dieron a José Smith y a Oliver Cowdery en el Templo de Kirtland (DyC 110), la que tuvo Joseph F. Smith de la redención de los muertos (DyC 138), la que tuvo Moisés de Dios y Su creaciones (Moisés 1), la que tuvo Enoc de Dios (Moisés 6–7) y la Primera Visión de José Smith (JS—H 1).

Sin profecía, el pueblo se desenfrena, **Prov.** 29:18. Vuestros hijos y vuestras hijas verán visiones, **Joel** 2:28 (Hech. 2:17).

Me ha dado conocimiento en visiones durante la noche, **2 Ne.** 4:23.

Era un mensajero enviado de la presencia de Dios, **JS—H** 1:33. Creemos en profecía, revelación, visiones, **AdeF** 1:7.

Viuda. *Véase también* Bienestar

Mujer cuyo marido ha fallecido y que no se ha vuelto a casar.

Vendrán el huérfano y la viuda, y comerán, **Deut.** 14:29.

Esta viuda de su pobreza echó todo lo que tenía, **Mar.** 12:41–44. El visitar a los huérfanos y a las viudas en sus tribulaciones es parte de la religión pura, **Stg.** 1:27.

El Señor será pronto testigo contra los que defraudan a la viuda, **3 Ne.** 24:5 (Zac. 7:10).

Se proveerá lo necesario a las viudas y a los huérfanos, **DyC** 83:6 (DyC 136:8).

Vivificar. *Véase también* Resurrección

Dar vida, resucitar o cambiar a una persona de manera que le es posible estar en la presencia de Dios.

Dios nos dio vida juntamente con Cristo, **Efe.** 2:4–5 (Col. 2:6, 12–13). Cristo padeció la muerte en la carne, pero fue vivificado en espíritu, **1 Pe.** 3:18 (DyC 138:7).

Ningún hombre ha visto a Dios jamás, a menos que haya sido vivificado por el Espíritu, **DyC** 67:11. La redención viene por medio del que vivifica todas las cosas, **DyC** 88:16–17. Los santos serán vivificados y arrebatados para recibir a Cristo, **DyC** 88:96.

Adán fue vivificado en el hombre interior, **Moisés** 6:65.

Vocación (llamamiento) y elección. *Véase también* Elección

Los justos seguidores de Cristo pueden llegar a contarse entre los escogidos que reciben la certeza de que serán exaltados. La vocación y elección comienza con el arrepentimiento y el bautismo, y se consuma cuando "marchan adelante, deleitándose en la palabra de Cristo, y perseverando hasta el fin" (2 Ne. 31:19–20). En las Escrituras, este proceso se llama "hacer firme vuestra vocación y elección" (2 Pe. 1:4–11; DyC 131:5–6).

Me seréis un reino de sacerdotes, **Éx.** 19:5–6 (Apoc. 1:6).

Dios os ha escogido desde el principio para salvación, **2 Tes.** 2:13. Procurad hacer firme vuestra vocación y elección, **2 Pe.** 1:10.

Para que Cristo pueda sellaros como suyos, **Mos.** 5:15. Hago convenio contigo de que tendrás la vida eterna, **Mos.** 26:20.

Los fieles poseedores del sacerdocio llegan a ser la iglesia y reino, y los elegidos de Dios, **DyC** 84:33–34. La palabra profética más segura significa saber que se está sellado para vida eterna, **DyC** 131:5–6. Sello sobre ti tu exaltación, **DyC** 132:49.

Voto. *Véase* Común acuerdo

Voz. *Véase también* Revelación

En las Escrituras, este vocablo a veces significa un mensaje audible pronunciado por el Señor o por Sus mensajeros. La voz del Espíritu también puede recibirse en forma no audible, sino percibirse directamente en el corazón o la mente.

Adán y Eva oyeron la voz de Jehová Dios, **Gén.** 3:8 (Moisés 4:14). Jehová le habló a Elías el Profeta en un silbo apacible y delicado, **1 Rey.** 19:11–13.

Los justos siguen la voz del buen pastor, **Juan** 10:1–16. Todo aquel que es de la verdad, oye mi voz, **Juan** 18:37.

Obedeciendo la voz del Espíritu, **1 Ne.** 4:6–18. Vino a mí una voz, diciendo: Enós, tus pecados te son perdonados, **Enós** 1:5. Era una voz apacible de perfecta suavidad, y penetraba hasta el alma misma, **Hel.** 5:29–33 (3 Ne. 11:3–7).

Sea por mi propia voz, o por la voz de

mis siervos, es lo mismo, **DyC** 1:38. Lo que hablen cuando sean inspirados por el Espíritu Santo será la voz del Señor, **DyC** 68:2–4. Toda alma que obedezca mi voz verá mi faz y sabrá que yo soy, **DyC** 93:1.

Whitmer, David

Líder de la Iglesia restaurada en sus comienzos y uno de los Tres Testigos del origen divino y de la veracidad del Libro de Mormón (DyC 14; 17–18). El Señor le dio instrucciones personales, las cuales se encuentran en Doctrina y Convenios 14 y en 30:1–4.

Whitmer, hijo, Peter

Uno de los primeros líderes de la Iglesia restaurada y uno de los Ocho Testigos del Libro de Mormón. Véase "El Testimonio de Ocho Testigos" que se encuentra en las páginas introductorias del Libro de Mormón. El Señor le dio instrucciones personales, las cuales se encuentran en DyC 16 y DyC 30:5–8.

Whitmer, John

Líder de la Iglesia restaurada en sus comienzos y uno de los Ocho Testigos del Libro de Mormón. Véase "El Testimonio de Ocho Testigos" que se encuentra en las páginas introductorias del Libro de Mormón. También se le llamó a predicar el Evangelio (DyC 30:9–11).

Whitney, Newel K.

Uno de los primeros líderes de la Iglesia restaurada. Fue obispo en Kirtland, Ohio (EE. UU.), y posteriormente sirvió como Obispo Presidente de la Iglesia (DyC 72:1–8; 104; 117).

Williams, Frederick G.

Líder de la Iglesia restaurada en sus comienzos; sirvió durante una temporada como consejero de la Presidencia del Sumo Sacerdocio (DyC 81; 90:6, 19; 102:3).

Woodruff, Wilford. *Véase también* Declaración Oficial 1; Manifiesto

Cuarto Presidente de la Iglesia después de la restauración del Evangelio mediante el profeta José Smith. Nació en 1807 y murió en 1898.

Se le llamó a ocupar un lugar en el Consejo de los Doce, **DyC** 118:6. Fue uno de los espíritus selectos reservados para nacer en el cumplimiento de los tiempos, **DyC** 138:53. Recibió una revelación en la que se puso fin al matrimonio plural en la Iglesia, **DO** 1.

YO SOY. *Véase también* Jehová; Jesucristo

Uno de los nombres del Señor Jesucristo.

Dijo Dios a Moisés: YO SOY EL QUE SOY, **Éx.** 3:14–15. Yo soy JEHOVÁ, **Éx.** 6:2–3.

Antes que Abraham fuese, yo soy, **Juan** 8:56–59.

Escuchad la voz de Jesucristo, el Gran Yo Soy, **DyC** 29:1 (DyC 38:1; 39:1).

Young, Brigham

Apóstol en los comienzos de esta dispensación y el segundo Presidente de La Iglesia de Jesucristo de los Santos de los Últimos Días. Guio a los santos hacia el oeste de los Estados Unidos de América, desde Nauvoo, Illinois, hasta el valle del Gran Lago Salado y fue un gran colonizador en el occidente del país.

A Brigham Young se le llamó como presidente de los Doce Apóstoles, **DyC** 124:127. Se alaba a Brigham Young por sus obras y se le releva de viajar al extranjero en lo futuro, **DyC** 126. El Señor dio instrucciones a Brigham Young en cuanto a la manera de organizar a los santos para el viaje hacia el oeste, **DyC** 136. Brigham Young estaba entre los espíritus selectos en el mundo de los espíritus, **DyC** 138:53.

Yugo. *Véase también* Discípulo

Artefacto que se coloca alrededor del

cuello de los animales o de los hombres para uncirlos. El yugo de Cristo es un símbolo del discípulo de Cristo, mientras que el yugo de la esclavitud es un símbolo de la opresión.

Mi yugo es fácil, y ligera mi carga, **Mateo** 11:29–30. No os unáis en yugo desigual con los incrédulos, **2 Cor.** 6:14. No estéis otra vez sujetos al yugo de esclavitud, **Gál.** 5:1.

Tampoco deseamos imponer el yugo del cautiverio sobre ninguno, **Alma** 44:2.

Los sufrimientos de los santos son un yugo de hierro, una ligadura fuerte, y las ataduras o grilletes mismos del infierno, **DyC** 123:1–3, 7–8.

Zabulón. *Véase también* Israel; Jacob hijo de Isaac

En el Antiguo Testamento, hijo de Jacob y de Lea (Gén. 30:19–20).

La tribu de Zabulón: Jacob bendijo a la tribu de Zabulón (Gén. 49:13), la cual se unió a Débora y a Barac para luchar contra los enemigos de Israel (Jue. 4:4–6, 10), y también se unió a Gedeón para pelear contra los madianitas (Jue. 6:33–35).

Zacarías (Antiguo Testamento)

Profeta del Antiguo Testamento, contemporáneo del profeta Hageo (Esdras 5:1; 6:14), que profetizó aproximadamente en el año 520 a.C.

El libro de Zacarías: Este libro es notorio por sus profecías acerca del ministerio terrenal de Cristo y Su segunda venida (Zac. 9:9; 11:12–13; 12:10; 13:6). En los capítulos del 1 al 8, se habla de una serie de visiones acerca del futuro del pueblo de Dios. En los capítulos del 9 al 14, se encuentran visiones acerca del Mesías, los últimos días, la congregación de Israel, la gran guerra final y la Segunda Venida.

Zacarías (Nuevo Testamento). *Véase también* Elisabet; Juan el Bautista

En el Nuevo Testamento, el padre de Juan el Bautista. Zacarías era sacerdote y oficiaba en el templo.

Fue muerto entre el templo y el altar, **Mateo** 23:35 (Lucas 11:51). El ángel Gabriel prometió un hijo a Zacarías y a su esposa Elisabet, **Lucas** 1:5–25 (DyC 27:7). Fue suelta su lengua, **Lucas** 1:59–79.

Zarahemla. *Véase también* Ammón, descendiente de Zarahemla; Mulek

En el Libro de Mormón, Zarahemla se refiere a (1) un hombre que guio a la colonia de Mulek, (2) a una ciudad que llevó su nombre, (3) la tierra de Zarahemla, y (4) al pueblo que le siguió.

Zarahemla se regocijó porque el Señor había enviado a los nefitas, **Omni** 1:14. Zarahemla dio una genealogía de sus padres, **Omni** 1:18. Ammón era descendiente de Zarahemla, **Mos.** 7:3, 13. La iglesia se hallaba establecida en la ciudad de Zarahemla, **Alma** 5:2. Por causa de los que son justos se han salvado los inicuos de Zarahemla, **Hel.** 13:12. Cuando murió Cristo, se incendió la ciudad de Zarahemla, **3 Ne.** 8:8, 24.

Zeezrom

En el Libro de Mormón, un abogado de la ciudad de Ammoníah. Alma y Amulek percibieron, mediante el Espíritu, que Zeezrom mentía. Posteriormente se convirtió al evangelio de Cristo (Alma 11:21–46; 15:1–12).

Zeniff

En el Libro de Mormón, un hombre que dirigió al grupo que regresó a la tierra de Nefi; llegó a ser su rey y los gobernó con rectitud (Mos. 9–10).

Zenoc

Profeta de Israel en la época del Antiguo Testamento al cual se le menciona únicamente en el Libro de Mormón.

Profetizó la muerte de Cristo, **1 Ne.** 19:10. Habló del Hijo de Dios, **Alma** 33:15 (Alma 34:7). Fue mártir por la verdad, **Alma** 33:17. Profetizó acerca de la venida del Mesías, **Hel.** 8:20.

Zenós

Profeta de Israel en la época del

Antiguo Testamento cuyas profecías sobre la misión de Cristo se encuentran únicamente en el Libro de Mormón.

Profetizó que Cristo sería enterrado en un sepulcro y que habría tres días de tinieblas, **1 Ne.** 19:10, 12. Predijo la congregación de Israel, **1 Ne.** 19:16. Jacob citó la alegoría de Zenós del olivo cultivado y del olivo silvestre, **Jacob** 5. Jacob explicó la alegoría de Zenós, **Jacob** 6:1–10. Enseñó acerca de la oración y la adoración, **Alma** 33:3–11. Enseñó que la redención viene por medio del Hijo de Dios, **Alma** 34:7. Zenós testificó osadamente; y por tal razón lo mataron, **Hel.** 8:19. Habló de la restauración de los lamanitas, **Hel.** 15:11. Testificó de la destrucción que tendría lugar a la muerte de Cristo, **3 Ne.** 10:15–16.

Zoram, zoramitas

En el Libro de Mormón, el siervo de Labán que se unió a Nefi y a Lehi y viajó con ellos a la tierra de promisión (1 Ne. 4:31–38). Debido a su fidelidad, Lehi lo bendijo junto con sus hijos (2 Ne. 1:30–32). A sus descendientes se les conoció con el nombre de zoramitas (Jacob 1:13).

Zorobabel

En el Antiguo Testamento se indica que cuando Ciro dio permiso a los judíos de volver a Palestina, Zorobabel fue nombrado gobernador o representante de la casa real judía. Su nombre persa era Sesbasar (Esdras 1:8). Participó en la reconstrucción del templo de Jerusalén (Esdras 3:2, 8; 5:2).

CRONOLOGÍA

La breve cronología que aparece a continuación puede dar al lector una idea del orden de sucesión de acontecimientos ocurridos en los tiempos bíblicos y en los del Libro de Mormón. Muchas fechas son aproximadas, en especial en los tiempos del Antiguo Testamento.

Acontecimientos que se verificaron en los tiempos de los primeros patriarcas: (No se dan fechas debido a la dificultad de definirlas con exactitud con relación a los acontecimientos incluidos en esta sección).

a.C. (Antes de Cristo)

4000 Caída de Adán.

Ministerio de Enoc.

Ministerio de Noé; el Diluvio.

Construcción de la Torre de Babel; los jareditas viajan a la Tierra Prometida.

Ministerio de Melquisedec.

Muerte de Noé.

Nacimiento de Abram (Abraham).

Nacimiento de Isaac.

Nacimiento de Jacob.

Nacimiento de José.

José es vendido para Egipto.

José es presentado ante Faraón.

Jacob (Israel) y su familia descienden a Egipto.

Muerte de Jacob (Israel).

Muerte de José.

Nacimiento de Moisés.

Moisés saca de Egipto a los hijos de Israel (el Éxodo).

Moisés es trasladado.

Muerte de Josué.

Después de la muerte de Josué viene la época de los Jueces, de los cuales el primero fue Otoniel y el último Samuel, pero el orden de sucesión de los demás y las fechas en que gobernaron correspondientes a su gobierno son muy inciertos.

Se unge rey a Saúl.

Acontecimientos ocurridos en el Reino Unido de Israel

1095 Comienzo del reinado de Saúl.

1063 Samuel unge por rey a David.

1055 David llega a ser rey en Hebrón.

1047 David llega a ser rey en Jerusalén; Natán y Gad profetizan.

1015 Salomón es nombrado rey de todo Israel.

991 Se termina la construcción del templo.

975 Muerte de Salomón. Las diez tribus del norte se rebelan contra Roboam, su hijo, e Israel queda dividido.

Acontecimientos ocurridos en Israel:	**Acontecimientos ocurridos en Judá:**	**Acontecimientos del Libro de Mormón:**
975 Jeroboam es rey de Israel.		
	949 Sisac, rey de Egipto, saquea Jerusalén.	
875 Acab reina sobre Israel del norte en Samaria; Elías el Profeta profetiza.		
851 Eliseo obra grandes milagros.		
792 Amós profetiza.		
790 Jonás y Oseas profetizan.		
	740 Isaías comienza a profetizar. (Se funda Roma; Nabonasar es rey de Babilonia en 747; Tiglat-pileser III reina en Asiria de 747 a 734).	
	728 Ezequías es rey de Judá. (Salmanasar IV es rey de Asiria).	
721 El reino del norte queda destruido; las diez tribus son llevadas al cautiverio; Miqueas profetiza.		
	642 Nahúm profetiza.	
	628 Jeremías y Sofonías profetizan.	
	609 Abdías profetiza; Daniel es llevado cautivo a Babilonia. (Nínive cae en 606; Nabucodonosor es rey de Babilonia de 604 a 561).	

Acontecimientos ocurridos en Israel:	Acontecimientos ocurridos en Judá:	Acontecimientos del Libro de Mormón:
		600 Lehi parte de Jerusalén.
	598 Ezequiel profetiza en Babilonia; Habacuc profetiza; Sedequías es rey de Judá.	
		588 Mulek parte de Jerusalén hacia la tierra prometida.
		588 Los nefitas se separan de los lamanitas (entre 588 y 570).
	587 Nabucodonosor captura Jerusalén.	

Acontecimientos de la historia judía:	Acontecimientos de la historia del Libro de Mormón:
537 Decreto de Ciro del regreso de los judíos de Babilonia.	
520 Profetizan Hageo y Zacarías.	
486 Época de Ester.	
458 Se comisiona a Esdras para hacer reformas.	
444 Nehemías es nombrado gobernador de Judea.	
432 Malaquías profetiza.	
	400 Jarom recibe las planchas.
	360 Omni recibe las planchas.
332 Alejandro Magno conquista Siria y Egipto.	
323 Muerte de Alejandro.	
277 Se comienza la traducción de las Escrituras judías al griego, llamada Versión de los Setenta (la Septuaginta).	
167 Rebelión de Matatías el macabeo contra Siria.	
166 Judas Macabeo es líder de los judíos.	

Acontecimientos de la historia judía:		**Acontecimientos de la historia del Libro de Mormón:**	
165	Se purifica el templo y se vuelve a dedicar; se origina la fiesta de las luces (Hanuká).		
161	Muerte de Judas Macabeo.		
		148	Martirio de Abinadí; Alma restablece la Iglesia entre los nefitas.
		124	Último discurso del rey Benjamín a los nefitas.
		100	Comienza la obra de Alma, hijo, y de los hijos de Mosíah.
		91	Comienza el gobierno de los jueces entre los nefitas.
63	Pompeyo conquista Jerusalén, finaliza en Israel el reinado de los macabeos y comienzan a gobernar los romanos.		
51	Reinado de Cleopatra.		
41	Herodes y Fasael son tetrarcas de Judea.		
37	Herodes se convierte en líder en Jerusalén.		
31	Batalla de Accio; Augusto es emperador de Roma del 31 a.C. al 14 d.C.		
30	Muerte de Cleopatra.		
17	Herodes reconstruye el templo.		
		6	Samuel el Lamanita profetiza el nacimiento de Cristo.

Acontecimientos de la historia cristiana:		**Acontecimientos de la historia del Libro de Mormón:**	
d.C.		d.C.	
	Nacimiento de Jesucristo.		
30	Comienza el ministerio de Cristo.		
33	Crucifixión de Cristo.	33 o 34	El Cristo resucitado aparece en América.
35	Conversión de Pablo.		
45	Primer viaje misional de Pablo.		
58	Pablo es enviado a Roma.		

Acontecimientos de la historia cristiana:		Acontecimientos de la historia del Libro de Mormón:	
61	Fin de la historia de los Hechos de los Apóstoles.		
62	Incendio de Roma. Se persigue a los cristianos en los días de Nerón.		
70	Los cristianos huyen a Pella; tienen lugar el sitio y la captura de Jerusalén.		
95	Son perseguidos los cristianos por orden de Domiciano.		
		385	Destrucción de la nación nefita.
		421	Moroni esconde las planchas.

CONCORDANCIA ENTRE LOS EVANGELIOS

Las enseñanzas del Salvador que se encuentran en Mateo, Marcos, Lucas y Juan se pueden comparar entre sí y con la revelación de los postreros días de la siguiente manera:

Acontecimiento	Mateo	Marcos	Lucas	Juan	Revelación de los últimos días
Las genealogías de Jesús	1:1–17		3:23–38		
El nacimiento de Juan el Bautista			1:5–25, 57–58		
El nacimiento de Jesús	2:1–15		2:6–7		1 Ne. 11:18–20; 2 Ne. 17:14; Mos. 3:5–8; Alma 7:10; Hel. 14:5–12; 3 Ne. 1:4–22
Las profecías de Simeón y de Ana			2:25–39		
La visita al templo (Pascua)			2:41–50		
Comienza el ministerio de Juan	3:1, 5–6	1:4	3:1–3		DyC 35:4; 84:27–28
El bautismo de Jesús	3:13–17	1:9–11	3:21–22	1:31–34	1 Ne. 10:7–10; 2 Ne. 31:4–21
Las tentaciones de Jesús	4:1–11	1:12–13	4:1–13		
El testimonio de Juan el Bautista				1:15–36	DyC 93:6–18, 26
Las bodas de Caná (primer milagro de Jesús)				2:1–11	
La primera purificación del templo				2:14–17	
Visita de Nicodemo				3:1–21	
La mujer samaritana junto al pozo				4:1–42	
Rechazan a Jesús en Nazaret			4:16–30		
Jesús llama a unos pescadores a ser pescadores de hombres	4:18–22	1:16–20			

Acontecimiento	Mateo	Marcos	Lucas	Juan	Revelación de los últimos días
Las redes se llenan milagrosamente			5:1–11		
Se llama y ordena a los Doce	10:1–4	3:13–19	6:12–16		1 Ne. 13:24–26, 39–41; DyC 95:4
El Sermón del Monte	5–7		6:17–49		3 Ne. 12–14
La oración del Señor	6:5–15		11:1–4		3 Ne. 13:5–15
Jesús levanta de la muerte al hijo de la viuda			7:11–15		
A Jesús lo unge una mujer			7:36–50		

Las parábolas de Jesús son historias cortas en las que se compara un objeto o acontecimiento común con una verdad. Jesús las utilizaba a menudo para enseñar verdades espirituales.

El sembrador:	13:3–9, 18–23	4:3–9, 14–20	8:4–8, 11–15		
El trigo y la cizaña:	13:24–30, 36–43				DyC 86:1–7
La semilla de mostaza:	13:31–32	4:30–32	13:18–19		
La levadura:	13:33		13:20–21		
El tesoro escondido:	13:44				
La perla de gran precio:	13:45–46				
La red:	13:47–50				
Tesoros nuevos y viejos:	13:51–52				
Los dos deudores:	18:23–35				
El buen pastor:				10:1–21	3 Ne. 15:17–24
El buen samaritano:			10:25–37		
Humildad, la fiesta de bodas:			14:7–11		
La gran cena:			14:12–24		
La oveja perdida:	véase también 18:12–14		15:1–7		
La moneda perdida:			15:8–10		

Acontecimiento	Mateo	Marcos	Lucas	Juan	Revelación de los últimos días
El hijo pródigo:			15:11–32		
El mayordomo infiel:			16:1–13		
El rico y Lázaro:			16:14–15, 19–31		
La viuda y el juez injusto:			18:1–8		
Los obreros de la viña:	20:1–16	véase también 10:31			
Las diez minas:			19:11–27		
Los dos hijos:	21:28–32				
Los labradores malvados:	21:33–46	12:1–12	20:9–19		
La fiesta de bodas:	22:1–14		compárese con 14:7–24		
Las diez vírgenes:	25:1–13		véase también 12:35–36		DyC 45:56–59
Los talentos:	25:14–30				
El juicio de las naciones:	25:31–46				
Jesús calma la tormenta	8:23–27	4:35–41	8:22–25		
Jesús hace que una legión de demonios entre en un hato de cerdos	8:28–34	5:1–20	8:26–29		
Jesús levanta de la muerte a la hija de Jairo	9:18–20, 23–26	5:21–24, 35–43	8:41–42, 49–56		
Jesús cura a una mujer enferma	9:20–22	5:25–34	8:43–48		
Mandato a los Doce	10:5–42	6:7–13	9:1–6		DyC 18
La alimentación de los cinco mil	14:16–21	6:33–44	9:11–17	6:5–14	
Jesús anda sobre el agua	14:22–33	6:45–52		6:15–21	
El sermón sobre el pan de vida				6:22–71	

Acontecimiento	Mateo	Marcos	Lucas	Juan	Revelación de los últimos días
El testimonio de Pedro acerca de Cristo	16:13–16	8:27–29	9:18–21		
Jesús promete a Pedro las llaves del reino	16:19				
La Transfiguración: Se entregan las llaves del sacerdocio	17:1–13	9:2–13	9:28–36		DyC 63:20–21; 110:11–13
Se designa a los Setenta y se les envía a cumplir su oficio			10:1–12		DyC 107:25, 34, 93–97; 124:138–140
Jesús cura a un ciego en el día de reposo				9	
Jesús devuelve la vida a Lázaro				11:1–53	
Jesús cura a los diez leprosos			17:11–19		
El Salvador bendice a los niños	19:13–15	10:13–16	18:15–17		
María unge los pies de Jesús	26:6–13	14:3–9		12:2–8	
La entrada triunfal en Jerusalén	21:6–11	11:7–11	19:35–38	12:12–18	
Jesús expulsa del templo a los cambistas	21:12–16	11:15–19	19:45–48		
La ofrenda de la viuda		12:41–44	21:1–4		
Destrucción de Jerusalén y señales de la Segunda Venida	24	13	21:5–38		DyC 45:16–60; JS—M 1
La última Pascua de Jesús, en la que instituye la Cena del Señor, da instrucciones a los Doce y lava los pies de los discípulos.	26:14–32	14:10–27	22:1–20	13–17	
Jesús, la vid verdadera				15:1–8	

Acontecimiento	Mateo	Marcos	Lucas	Juan	Revelación de los últimos días
Sufrimiento de Jesús en Getsemaní	26:36–46	14:32–42	22:40–46	18:1	2 Ne. 9:21–22; Mos. 3:5–12; DyC 19:1–24
La traición de Judas	26:47–50	14:43–46	22:47–48	18:2–3	
Jesús ante Caifás	26:57	14:53	22:54, 66–71	18:24, 28	
Jesús ante Pilato	27:2, 11–14	15:1–5	23:1–6	18:28–38	
Jesús ante Herodes			23:7–12		
Jesús es azotado y escarnecido	27:27–31	15:15–20		19:1–12	
La Crucifixión	27:35–44	15:24–33	23:32–43	19:18–22	Hel. 14:20–27; 3 Ne. 8:5–22; 10:9
La Resurrección	28:2–8	16:5–8	24:4–8		
Jesús se aparece a sus discípulos		16:14	24:13–32, 36–51	20:19–23	
Jesús se aparece a Tomás				20:24–29	
La Ascensión		16:19–20	24:50–53		

ISBN: 978-1-59297-707-9

4 02590 12002 9

SPANISH 59012 002